香港志

自然

自然資源與生態

香港地方志中心　編纂

中 華 書 局

香港志｜自然‧自然資源與生態

責任編輯　黎耀強
裝幀設計　Circle Communications Ltd
製　　作　中華書局（香港）有限公司

編纂　　香港地方志中心有限公司
　　　　香港灣仔告士打道 77-79 號富通大廈 25 樓
出版　　中華書局（香港）有限公司
　　　　香港北角英皇道四九九號北角工業大廈一樓 B
　　　　電話：（852）2137 2338　傳真：（852）2713 8202
　　　　電子郵件：info@chunghwabook.com.hk
　　　　網址：http://www.chunghwabook.com.hk
發行　　香港聯合書刊物流有限公司
　　　　香港新界荃灣德士古道 220-248 號荃灣工業中心 16 樓
　　　　電話：（852）2150 2100　傳真：（852）2407 3062
　　　　電子郵件：info@suplogistics.com.hk
印刷　　中華商務聯合印刷（香港）有限公司
　　　　香港新界大埔汀麗路 36 號中華商務印刷大廈 14 樓
版次　　2023 年 11 月初版
　　　　©2023 中華書局（香港）有限公司
規格　　16 開（285mm×210mm）

ISBN　978-988-8860-79-1

衷心感謝以下機構及人士的慷慨支持，
讓《香港志》能夠付梓出版，永留印記。

*Hong Kong Chronicles has been made possible with the
generous contributions of the following benefactors:*

首席惠澤機構
Principal Benefactor

香港賽馬會慈善信託基金
The Hong Kong Jockey Club Charities Trust
同心同步同進 *RIDING HIGH TOGETHER*

名譽贊助人・顧問・理事・專家委員・委員會名單

名譽贊助人	李家超
名譽顧問	王賡武
當然顧問	陳國基

理 事 會

理事會主席	董建華			
執行委員會主席	陳智思			
理事	孔令成	王葛鳴	李國章	李焯芬
	林詩棋	范徐麗泰	馬逢國	馬豪輝
	張信剛	梁愛詩	梁錦松	黃永光
	楊紹信			
當然委員	李正儀			

專家委員會

丁新豹	李明逵	冼玉儀	張炳良	梁元生	陳坤耀
黃玉山	劉智鵬	譚惠珠			

編審委員會

首席召集人	李焯芬			
召集人	丁新豹	冼玉儀	梁元生	劉智鵬
委員	朱益宜	何濼生	李明堃	李金強
	周永新	周佳榮	梁操雅	陳弘毅
	陳蒨	黃紹倫	葉月瑜	詹志勇
	鄒興華	趙雨樂	劉蜀永	潘耀明
	鄧聰	鄭宏泰	蕭國健	龍炳頤
當然委員	李正儀			

推廣委員會

首席召集人	黃玉山			
召集人	王葛鳴			
委員	李鑾輝	紀文鳳	袁光銘	麥黃小珍
	葉偉儀			
當然委員	李正儀			

審計委員會

主席	孔令成	
委員	伍尚匡	曾順福
當然委員	李正儀	

總 裁	林乃仁

（按筆畫序排列）

編審團隊

主　編	陳龍生
評　審	梁美儀　詹志勇
特聘方志顧問	陳澤泓
編纂總監	孫文彬
編　輯	羅家輝

撰　稿

王展豪　余日東　吳世明　吳德強　宋亦希　沈鼎榮
侯智恒　唐志斌　張　力　梁啟軒　梁耀彰　許天欣
許仲康　陳立橋　陳港生　陳漢輝　陳龍生　彭俊超
曾培蔚　曾顯鋒　黃志俊　葉嘉殷　劉惠寧　鄧銘澤
鄭樂宜　黎育科　蕭天欣　薛綺雯（Yvonne Sadovy）
羅文雪　羅卓文　蘇英健　鐘敏言

協　力

李慶餘　周罟年　明柔佑　侯卓儒　袁榮致　馬昀祺
張　瀚　黃筑君　楊松穎　Wanson Choi

（按筆畫序排列）

2017 年香港特別行政區地形圖（地圖版權屬香港特別行政區政府；資料來源：地政總署測繪處）

香港特別行政區
HONG KONG SPECIAL ADMINISTRATIVE REGION

地政總署測繪處繪製
Cartography by Survey and Mapping Office, Lands Department

序

「參天之木，必有其根；懷山之水，必有其源。」尋根溯源，承傳記憶，是人類的天性，民族的傳統，也是歷代香港人的一個情結，一份冀盼。

從文明肇始的久遠年代，中華民族便已在香港這片熱土上繁衍生息，留下了數千年的發展軌跡和生活印記。然而自清嘉慶年間《新安縣志》以來，香港便再無系統性的記述，留下了長達二百年歷史記錄的空白。

這二百年，正是香港艱苦奮鬥、努力開拓，逐步成為國際大都會的二百年，也是香港與祖國休戚與共、血脈相連，不斷深化命運共同體的二百年：1841 年香港被英國佔領，象徵着百年滄桑的濫觴；1997 年香港回歸祖國，極大地推動了中華民族復興的進程。

回歸以來，香港由一個「借來的地方，借來的時間」，蛻變成為「一國兩制」之下的特別行政區。港人要告別過客心態，厚植家國情懷，建立當家作主的責任意識，才能夠明辨方向，共創更好明天。

地方志具有存史、資政、育人的重要職能，修志過程蘊含了對安身立命、經世濟民、治國安邦之道的追尋、承傳與弘揚，是一項功在當代，利在千秋的文化大業。

香港地方志中心成立之目的，正是要透過全面整理本港自然、政治、經濟、社會、文化、人物的資料，為國家和香港留存一份不朽的文化資產，以歷史之火炬，照亮香港的未來。

凡例

一、香港是中華人民共和國的一個特別行政區。在「一國兩制」原則下，香港修志有別於海峽兩岸官修志書的傳統架構，採用「團結牽頭、政府支持、社會參與、專家撰寫」的方式，即由非牟利團體團結香港基金牽頭，在特區政府和中央政府支持與社會廣泛參與下，由專家參與撰寫而成。

二、編修《香港志》目的在於全面、系統、客觀地記述香港自然和社會各方面的歷史與現狀。在繼承中國修志優良傳統的同時，突出香港特色，力求在內容和形式上有所突破、有所創新。

三、本志記述時限，上限追溯至遠古，下限斷至 2017 年 7 月 1 日。個別分志視乎完整性的需要，下限適當下延。

四、本志記述的地域範圍以 1997 年 7 月 1 日香港特別行政區管轄範圍為主。發生在本區之外，但與香港關係十分密切的重要事務亦作適當記述。

五、為方便讀者從宏觀角度了解本志和各卷、各章的內在聯繫，本志設總述，各卷設概述，各篇或章視需要設無題小序。

六、人物志遵循生不立傳原則。立傳人物按生年先後排列。健在人物的事跡採用以事繫人、人隨事出的方法記載。

七、本志所記述的歷史朝代、機構、職稱、地名、人名、度量衡單位，均依當時稱謂。1840 年中國進入近代以前，歷史紀年加注公元紀年；1841 年以後，採用公元紀年。貨幣單位「元」均指「港元」，其他貨幣單元則明確標示。

八、本志統計資料主要來自香港政府公布的官方統計資料。

九、本志對多次重複使用的名稱，第一次使用全稱時加注簡稱，後使用簡稱。

十、為便於徵引查考，本志對主要資料加以注釋，說明來源。

十一、各卷需要特別說明的事項，在其「本卷說明」中列出。

目錄

第八章　菌類生物

第九章　細菌

附錄

自然

自然資源與生態

本卷說明

一、本卷內容涵蓋香港的自然資源和生態，介紹各類資源和物種的分布和質量。

二、本卷自然資源分為非生物和生物資源兩大類，前者包括水資源、再生能源、礦物和土壤，後者包括動物、植物、真菌、原核生物（含細菌）和藻類。本卷亦會個別簡要記述各類資源的勘察和開採情況。

三、本卷記述主要以政府部門資料、學術著作和期刊為依據，因應個別研究領域的慣例，部分數據和統計資料超出本志下限，但俱以反映最貼近截至2017年的資源和生態實況為要則。

四、本卷所涉人名原文為外文時，會在正文中以括注形式標出；地名、機構名稱、條例、公約、科學名詞和術語，必要時亦會在正文中以括注形式標出原文。

五、生物屬名和種名，一般在章節首次出現時，括注拉丁屬名和種名，其他分類層級的生物名詞，視乎內容需要，部分括注拉丁名稱，部分物種亦提供本地俗名。

六、本卷記述物種數目，有已知數目和實際數目兩類。已知數目即科研錄得數目，內文對科研活動的記述，一般以2017年為下限；實際數目包括截至2017年仍存活、已消失、已滅絕物種，所依據科研紀錄時間不受限於2017年，而以反映最貼近截至2017年的物種存活實況為要則。

概述

人類賴以生存和繁殖的物質資源，包括水、空氣、礦物、樹木、糧食等，均來自地球四大系統：水文圈、岩石圈、大氣圈和生物圈，維持四大系統均衡運作的能量，則來自太陽輻射。四大系統之間互相影響，而人類和這些系統的關係密切且複雜：一方面人類需依賴地球系統所提供的資源，維繫生存和文明發展；另一方面，過度發展可令各地球系統狀態惡化，系統之間關係失衡。在香港這樣一個細小而發達的地方，人類對自然資源的依賴，以及地球系統的脆弱就更加明顯。

香港幅員雖然不大，但其 1,106.42 平方公里的陸地和 1,648.55 平方公里的海域，卻擁有多種自然資源。這些資源大致可分為非生物和生物兩大類。兩類自然資源的質量，一方面受地理、地質、氣候條件支配，另一方面則受城市發展的影響。香港的亞熱帶氣候、長而蜿蜒的海岸線、起伏的丘陵地勢，以及海陸交替的地理條件，造就香港多元的生物地理環境，也讓陸地和海洋成為各種自然資源的來源。

非生物資源主要是水和礦物。香港的水資源包括地下水、地表水和海水。香港年均降雨約 2400 毫米，雨水匯集至河流和水塘，成為食水來源。海水資源主要支援海洋生態系統，小部分作沖廁和消防用水。香港的礦物資源包括金屬礦物和非金屬礦物。曾被開採的金屬礦物主要有鉛、鐵和鎢三大類，非金屬礦物則有石墨、海鹽、花崗石和海砂等。金屬礦物、海鹽和石墨主要是出口的經濟礦物，其他非金屬礦物則主要作內銷。另外，香港多元的生態環境，孕育着眾多生物物種。生物資源包括動物、植物和真菌三大類，個別珍稀動植物物種，為香港社會提供食用、藥用、科研、文娛等用途，亦構成漁農業發展的基礎。

然而，香港近百年來的人口增長、工業化和城市化，令所有生物和非生物資源均承受着過度的開採，生境改變和環境污染也為這些資源帶來的巨大破壞。礦物蘊藏逐漸枯竭，失去持續開採的可能性。土壤流失和大規模的樹木砍伐，令生境退化和生物棲息地萎縮。自 1980 年代以來，香港政府、大專學界、科研組織和其他民間團體，致力恢復和保護自然資源，使香港在生境復修和保護野生生物方面收到顯著的效果，對於一個高度城市化都會而言，是難能可貴的成就。

近年香港對非生物自然資源與再生能源重要性的認識有所提高。長期以來，香港發展所需能源大多來自化石燃料。2017 年本港消耗超過 283,000 太焦耳的能量，以滿足社會要求。地球化石燃料儲量不僅有限，而消耗化石燃料亦帶來碳排放、空氣污染和全球變暖等問題，發展再生能源刻不容緩。香港的地理和氣候環境，提供了利用太陽能和風能作為能源的條件，政府利用水庫提供的大面積空間，建立了太陽能發電系統。兩家電力公司亦已開展了在香港東部及南部海域上建立風力發電場的工程。

香港是世界上人口最稠密城市之一，淡水資源寶貴，而丘陵地勢和淹沒的海岸地形，令本地缺乏大型河流。食水來源是長期面臨的嚴重問題。英佔初期，居民主要依靠地下水作為飲用和灌溉之用。此後人口迅速增長，對淡水需求不斷增加，港府於 1863 年在薄扶林建成了第一個水塘，直至二十世紀中期，香港基本上依靠境內降雨作為食水資源。1962 年至 1964 年間遇上持續乾旱，當時香港人口約 340 萬，為了節約用水，最嚴峻時刻是每 4 天只有 4 小時的食水供應。至 2017 年，人口約 739 萬人，全年食水總用量達到 9.8 億立方米。

為了盡量收集雨水，香港將境內約三分之一陸地劃為集水區，利用廣泛的集水網絡將雨水引流至數個主要水塘，並分別於 1968 年和 1978 年建成船灣淡水湖和萬宜水庫兩個容量最大的水庫，使全港水塘總容量提升至 5.86 億立方米。根據 2008 年至 2017 年數據，平均每年從集水區收集的淡水總量達 2566 萬立方米，約佔降雨量 10%。考慮到水循環中蒸散量通常佔降雨的 60% 至 70%，而且到達地表的降雨大部分滲入地下水系統，此 10% 的集水值比例相對較高。儘管如此，每年從集水區收集的天然雨水，也只能滿足本地食水需求的 20% 至 30%。1960 年代中期，港府與廣東省達成協議，由廣東省向香港供應東江水，香港的食水問題才得以解決。然而社會持續發展和人口增長帶來用水需求的增加，至今仍是香港需要面對的問題。

除了陸地上的淡水，海水也是促進城市和生態持續發展的資源。香港海域和沿岸為眾多動植物物種提供棲息和繁殖的生境。在香港西部水域，海水與來自珠江的河水匯流，締造華南地區最大規模的鹹淡水交界區域，成為各種海洋物種生存和繁殖的生境。另一方面，香港樓宇主要以海水作沖廁和消防救火系統用途。1970 年代中期，港府在屯門興建樂安排海水化淡廠，但營運時間短暫，對本地供水貢獻有限。2010 年代中期，政府再度計劃建設海水化淡設備，以增加淡水供應，目標是令海水資源能發揮更大價值，而對海水水質的保護，亦顯得更為重要。

三

水資源以外，另一個最重要的非生物資源是礦物資源，當中以海鹽開發最早。自西漢以來，大嶼山和九龍等地均是官營鹽業產地。官辦的鹽場運作至宋末，至元明兩代，鹽場逐漸被撤廢或合併。及至清初，朝廷為了打擊台灣的明鄭王朝，下令沿海居民內遷 50 里，鹽業式微。至清末，只剩下屯門及大澳地區尚存鹽田。

相對海鹽，其他礦物資源如鐵、鉛、鎢、石墨等的開採，要到二十世紀初才逐漸具有一定的規模。香港主要礦物資源很大程度與華南地質演變過程有關，特別是在侏羅紀至白堊紀發生的岩漿活動，直接或間接地控制香港各種資源的形成、性質和分布。地質條件和地質資源的關係，大致可歸納為下列幾點：

（一）岩漿活動形成的花崗岩在香港廣泛暴露，佔陸地基岩範圍約 35%。這些岩石適合用作骨料和建築石材。

（二）香港曾被開採的經濟礦產，最重要的有磁鐵礦、黑鎢礦、方鉛礦和石墨，並有少量方鉛礦中伴生的銀，這些礦產的形成與花崗岩侵入造成的變質過程相關。

（三）火成岩覆蓋香港陸地基岩範圍約 85%（當中由約 35% 為花崗岩，約 50% 為火山岩組成），其主要岩性屬酸性，石英質含量高，導致香港普遍屬酸性土壤。

（四）花崗岩的強烈風化，導致風化腐泥土中高嶺土和其他黏土礦物的積累，成為製作瓷器和陶器的寶貴原料。

（五）花崗岩受風化侵蝕後的物質富含石英砂。在冰河時代，河流沉積了厚厚砂層，成為填海的關鍵材料。

（六）花崗岩體的地質條件適合開發洞穴以供發展用途，也是一種自然資源。

英佔初期，已有不少開採上述地質資源的活動。二十世紀前，大部分石礦場以家庭方式經營；進入二十世紀，始有大型企業以大規劃方式開採石礦。位於新界北部蓮麻坑的方鉛礦是香港最早金屬礦場，由葡萄牙人首次開採。1938 年即二戰爆發前夕的產量高峰期時，曾聘用約 2000 名礦工，平均月產量達 300 英噸精煉鉛。

馬鞍山的鐵礦在日佔時期曾僱用 1500 多名礦工，1940 年代後期每年生產約 15 萬噸礦石。而在針山發現的黑鎢礦，曾吸引數千名非法開採者。1950 年代前，這些開採活動曾為大量人口提供生計。不過，因開採礦產需要大片土地，隨着城市擴展，香港再沒有空間支持採石和採礦等行業。開採的金屬礦產主要用作出口，況且產量不高，礦場的關閉對香港經濟影響有限。

岩石圈提供的自然資源，除了礦物資源，同時包括土壤。土壤除了是農林業發展的基礎，也是維持和調節地下水和生態系統中某些元素含量的媒介。二戰前香港長期忽略土壤保育，導致大規模劣地的形成。港府在 1950 年代起，開展全港性大規模植林工作，令香港劣地範圍大幅縮窄，土壤復修取得一定成效。但香港未來繼續發展，將令原生土壤的覆蓋範圍繼續收縮。同時，如何滿足土壤資源的素質和長期供應，仍然是一個挑戰。

四

生物的種類和數量與生態環境多樣性有關。按照全球生物地理分區，香港位於東洋界（生物地理分布區）—印度支那（主要生態區）—南中國 - 越南亞熱帶常綠森林（生態區）。生物區系屬於熱帶及亞熱帶濕潤闊葉林。

鑒於香港的熱帶季風氣候、起伏的地形、靠近海洋的條件，讓香港擁有多樣化的生態環境。香港天氣相對溫和，季節變化明顯，全年無霜，普遍溫暖的溫度和高濕度有利動植物繁殖。香港東部和南部面對強勁東風，岩石海岸特別發育。香港西部與來自珠江的淡水匯合，產生廣闊的鹹淡水地帶，令香港擁有許多高度多樣性的海洋物種。

香港自然生境包括陸上的原生和次生林地、灌木、草地、濕地、河溪等；海岸的岩岸、泥灘、沙灘、紅樹林、等，以及開闊水體的水面和水底。這些生境不只是原生動植物的永久棲息地，也成為部分外來物種的季節性居留地。有些人工結構，如農田、池塘、基圍、城市公園、風水林，以至海濱長廊、碼頭和排水渠口，也成為特定生物群的棲息地。然而，並非所有物種都能適應不斷變化的環境，例如近年逐漸提高的海水溫度，令本地珊瑚群落承受巨大壓力，令到許多珊瑚出現白化情況。

五

對於生物學者來説，香港是一個生物研究的溫床。英佔初期，已有不少歐美博物學者來港搜集動植物標本和記錄物種。目前香港從事生物科研人員雖不多，但研究領域卻非常全面，幾乎包括所有生物界的主要綱目，也有各類專業學會和研究人員，許多物種類別如苔蘚、蕨類、樹木、魚類、昆蟲，甚至真菌也有專門名錄，香港在個別範疇的研究，更位居世界前列。

香港多元生境令物種非常豐富。植物物種方面，香港約有 3700 種植物，植物界的四大門類都有本地分布，包括約 387 種苔蘚、約 233 種蕨類、約 34 種裸子植物，以及約 3000 種被子植物。香港植物中近 100 種被列為珍稀植物，如屬於國家二級保護野生植物的刺桫欏（蕨類）、白髮蘚（苔蘚類）等，被載入《中國植物紅皮書》的有穗花杉和油杉等數種裸子植物，被列為本地珍稀物種的被子植物則有 60 多種，其中包括只在香港兩處地方發現的秀英竹。

在約 3000 種被子植物中，約有三分一為外來物種。不少物種是通過園藝、水族養殖的需要引進來港的。因香港經濟發達，外來物種比例相對較高。一些觀賞植物，譬如鳳凰木、木棉樹等，已在本港落地生根，甚得居民喜愛。但亦有些外來入侵植物，對本地植物界產生危害，被列為惡意入侵及嚴重入侵級別的植物有五爪金龍、鬼針草和薇甘菊等共 40 多種，尤以薇甘菊最具代表性。

動物物種方面，香港有 14,000 種以上脊椎和無脊椎動物，包括仍然存活及本地絕跡物種，其中有約 572 種鳥類，約 84 種哺乳類動物，110 種以上兩棲和爬行類動物，約 194 種淡水魚，約 1250 種海水魚（當中約 371 種珊瑚魚）及 9000 種以上昆蟲。在各類動物中，中華白海豚固然是全球瀕危物種，其他如長翼蝠、香港瘰螈、黑疣大壁虎、克氏小葉春蜓、中國鱟亦均屬全球瀕危物種。香港對於這些物種的觀察和記錄，除了政府專責部門以外，民間興趣組織或志願團體也有深入參與。例如，1957 年成立的香港觀鳥會所設立的平台，讓觀鳥者可自行上報所觀察的鳥種、時間、地點和數目。這些長期性記錄，不單有助研究物種習性，也可對物種瀕危性得出較準確的估算。

除了植物和動物，真菌和細菌也是獨立的生物界別。真菌種類與其附生植物關係密切，目前香港發現的野生真菌已有 2000 種以上，其中大型真菌佔約 500 種。雖然本地真菌科研人員不多，但香港在某些真菌類別的研究，卻佔據國際領導地位，譬如香港中文大學曾是全球食用真菌研究的龍頭。大型真菌中的擔子菌，是菌物中最高等類群，全球有 4 萬多種，在香港錄得有蘑菇目、牛肝菌目合共約 300 多種。微型真菌包括植物病原真菌接近 400 種，淡水真菌接近 150 種，以及各種引致人類疾病的醫學相關真菌。此外，由於香港醫學界中微生物研究屬於前衛，對醫學相關真菌和細菌的研究成果尤其細緻。這些研究包括腸球菌屬、弧菌屬、大腸桿菌、鼠疫桿菌、結核桿菌等與本地醫療、公共衛生和環境監測關係密切的細菌類群。

在眾多生物物種中，首次在香港發現的植物有香港杜鵑、香港山茶、嶺南槭、小花鳶尾、香港過路黃、秀英竹等近 20 種；首次在香港發現的動物超過 300 種，其中以昆蟲和甲殼動物佔多數。香港特有的動植物物種，則有香港鳳仙、香港紅花荷、秀英竹、香港盲蛇、大帽山扁螢、汀角攀樹蟹等。對於一個境域細小、人口稠密、高度城市化的地方而言，香港的生物多樣性可謂豐富。

六

維繫自然資源的關鍵是保護自然棲息地的規模，以及加強公眾環保意識，港府及環保團體的公眾教育工作成績斐然。港府設立的郊野公園、海岸公園、濕地公園、具特殊科學價值地點、米埔自然保護區等，是保護生物多樣性的主要區劃。香港共有 24 個郊野公園和 22 個特區地區，共佔地 443 平方公里，佔香港陸地面積約 40%。香港海域有五個海岸公園及一個海岸保護區，總面積約 34 平方公里。此外，米埔自然保護區和濕地公園佔地共約 4.4 平方公里，大埔滘自然護理區佔地達 4.6 平方公里，讓不少自然棲息地受到保護。同時，許多礦場舊址被用作興建住屋或復修成為綠化空間，部分礦場舊址曾發現野生動物，從改善環境和解決香港住屋角度而言，關閉礦場有其積極意義。

港府制定了嚴格法規，保護本地野生物種和管制非法生物貿易，包括 1976 年制定的《郊野公園條例》、《植物（進口管制及病蟲害控制）條例》、《野生動物保護條例》及《動植物（瀕危物種保護）條例》；1996 年頒布的《海岸公園及海岸保護區規例》；2006 年頒布的《保護瀕危動植物物種條例》等。不過，非法砍伐和採集個案仍不時發生。

儘管香港面積細小，自然資源和生態的研究和教育十分活躍。在非生物資源方面，許多郊野公園和地質公園設有遊客中心；而香港科學館地球科學廳和香港大學許士芬地質博物館，介紹香港主要地質資源。馬鞍山的鞍山探索館，可讓到訪者認識鐵礦場歷史。生物資源方面，成立於 1878 年的香港植物標本室，收藏約 49,000 個植物標本。許多郊野公園設有樹木研習徑，另外除米埔自然保護區和濕地公園內的教育中心，政府部門亦設有林邊生物多樣性自然教育中心、獅子會自然教育中心、龍虎山環境教育中心等。此外，幾乎每個主要動植物門類，民間也有專門教育和保育的組織。透過政府、民間組織、大專院校各類機構的工作，包括保護生境、建立物種名錄、監察和保育物種、公眾推廣活動等，令香港在生物資源教育和保育取得顯著的成果。

第一章
水資源

香港從十九世紀的漁農業社會，發展至 2017 年成為一個近 740 萬人口的國際大都會，其中優質而穩定的食水供應，是香港整體發展重要的一環。2007 年至 2017 年，香港對食水的需求每年約 9.5 億至 10 億立方米。[1] 然而，由於香港缺乏大型天然湖泊、河流及充裕的地下水源，香港政府和社會各界解決水資源問題方面一直面對各種挑戰。

香港的水資源主要由三個部分組成，即本地集水區收集的雨水、從廣東輸入的東江水，以及沖廁用海水。2017 年，該三個水源分別佔總耗水量（12 億 580 萬立方米）的 26%、52% 及 22%。香港憑藉該三個水源，自 1982 年一直有可靠的用水供應，香港政府未曾實行制水措施。

第一節　供水發展概況

一、溪澗水及地下水供應（1841—1862）

1841 年英國佔領香港島後，香港華人居民的主要食水來源為居所附近山澗、溪流，以及開鑿地下水源，當中亦有原居民利用竹枝建造渡槽，將山上溪水引到家園，而歐籍居民則通常在住所附近開掘私家水井取水。

1851 年，港府於維多利亞城興建五口公共水井，為居民提供免費用水，是為香港政府建立公共供水系統之始。1863 年本港第一個水塘薄扶林水塘建成前，港府亦在港島主要的溪流上游蓋建儲水池，以儲存淡水供市民飲用，亦有村落居民自費興建水井取水。英佔香港初期的人口從 1841 年約 7000 人增加到 1862 年約 12.3 萬人，增幅達 17.5 倍，食水需求大增。人口增長主要來自華南地區逃難而來的居民，大部分聚居港島北岸的維多利亞城，而華人以外的外籍人口只佔本港人口不多於 3%。

表 1-1 列出 1841 年至 1862 年香港島和周邊水上人口（1861 年起包括九龍半島）總數，惟確實用水量不詳。1841 年估算全港最低總用水量為 2.98 萬加侖（112.8 立方米），到 1862 年已大幅增加至 49.4 萬加侖（約 1870 立方米）用水。

二、水塘供水（1863—1964）

1863 年，港府建成第一個水塘提供食水，名為薄扶林水塘。水塘建成初期的容量只有 200 萬加侖（約 9100 立方米），以每人每天平均最低用水 4 加侖（18.2 升）計算，即水塘的存水量只足夠供應全港約 12.5 萬人口不多於 4 天的用量。1877 年，薄扶林水塘完成擴

1　本章使用的水量計算單位主要為立方米、加侖和公升。1 公升等如 0.001 立方米；1 公升約等如 0.22 加侖。

表 1-1 　1841 年至 1862 年香港人口分布及估算全港每日最低總用水量統計表

年份	維多利亞城	港島村落	九龍	水上人家	總人口	估算全港最低總用水量（萬加侖／日）
1841	800	4350	不適用	2000	7450	2.98
1842	6081	4180	不適用	2100	12,361	4.94
1843	不詳	不詳	不適用	不詳	不詳	不詳
1844	7093	5068	不適用	5368	19,463	7.79
1845	19,648	4100	不適用	不詳	24,157	9.66
1846	15,675	4774	不適用	不詳	21,835	8.73
1847	17,599	4867	不適用	不詳	23,872	9.55
1848	12,281	4897	不適用	6000	21,514	8.61
1849	15,257	5018	不適用	8022	29,507	11.80
1850	16,712	4898	不適用	10,379	33,292	13.32
1851	15,601	5234	不適用	10,178	32,983	13.19
1852	17,070	6168	不適用	11,829	37,058	14.82
1853	18,017	4820	不適用	13,119	39,017	15.61
1854	26,252	5359	不適用	21,189	55,715	22.29
1855	36,743	6279	不適用	23,529	72,607	29.04
1856	38,007	5800	不適用	19,944	71,730	28.69
1857	43,290	4051	不適用	25,017	77,094	30.84
1858	45,417	4704	不適用	21,925	75,503	30.20
1859	48,219	4574	不適用	30,837	86,941	34.78
1860	56,856	5276	不適用	28,559	94,917	37.97
1861	66,069	6110	5105	30,909	119,321	47.73
1862	68,277	5866	6431	31,639	123,511	49.40

注 1：估算全港最低總用水量，按每人每日平均最少用 4 加侖計算。
注 2：本表「總人口」並不等如四個分區人口欄目的相加。
資料來源：　1. Ho, Pui Yin, *Making Hong Kong — A History of its Urban Development* (United Kingdom: Edward Elgar Publishing Ltd., 2018), Chapter 1 "Duality in Planning (1841-1898)" .
　　　　　　2. 歷年 *Hong Kong Blue Book*；*Historical and Statistical Abstract of the Colony of Hongkong*；1841 年 *The Hongkong Gazette*；1842 年 *The Friend of China and Hongkong Gazette*。

建，容量增至 6800 萬加侖（約 31 萬立方米），但受到降雨量出現季節性波動的影響，旱季時仍然需要利用港府收集到的溪水或地下水以補足社會用水需求。

1894 年，鼠疫由廣州蔓延至香港。1895 年，香港更出現旱情，全年降雨量只有 1160 毫米，只有年平均雨量 2400 毫米的一半。年內，港府鑒於雨量不足，加上須關閉部分水井防止瘟疫蔓延，先後於 4 月至 6 月及 10 月至 12 月分別實施每日供水 3 至 4 小時，是港府首次實行制水。

1895 年 12 月，港府為解決九龍半島食水需求而興建的供水系統投入服務。系統將位於油麻地以北近何文田三個山谷的地下水收集，送往三個開鑿的地下水井，經油麻地的清水池輸送至油麻地及紅磡的配水庫，供應食水給九龍半島居民。1906 年，九龍水塘開始向九龍供水，食水經大埔道沙濾池沿地勢由高至低輸送至九龍（即九龍重力供水自流系統），油麻地山谷的地下水井停用，水塘供水自此取代地下水，成為九龍食水的來源。[2]

1928 年，香港人口已增至 107.5 萬人，惟秋季開始出現旱情。9 月起，鑒於雨量不足，港府於往後近一年的時間逐步實施更為嚴厲的制水措施。1928 年 10 月至年底，天文台錄得降雨量只有 32 毫米。12 月，港府為紓緩限時供水對社會的影響，利用運水船從荔枝角運送食水至西區海濱，再透過喉管將食水注入中上環一帶的水箱，讓市民取水。1929 年，旱情持續，1 月至 4 月只有 90 毫米的降雨量。7 月 2 日，港府實施嚴厲的制水措施，限制街喉每日只供水 4 小時，歷時 20 日，以減少用水，直至月底水荒威脅逐漸解除，港府開始分階段取消供水限制。

1928 年及 1929 年旱情期間，全港全年總用水量分別是 4453 百萬加侖（即 20.2 百萬立方米）及 3683 百萬加侖（即 16.7 百萬立方米），相比 1930 年的 5273 百萬加侖（即 24.0 百萬立方米），分別減少約 16% 及約 30%。1930 年代，香港供水網絡進一步擴充，包括 1930 年及 1935 年兩條連接香港和九龍的輸水管先後落成以及 1937 年城門水塘竣工。

二戰後，大欖涌水塘和石壁水塘分別於 1957 年及 1963 年落成，使全港水塘數目已增至 15 個，總容量達 7519 萬立方米，但仍不足以應付人口急速膨脹下的食水需求。

香港平均年雨量約為 2400 毫米，相對內地其他城市不算少，但降雨量並不穩定，且大約 80% 的雨量集中到 5 月至 9 月。6 月和 8 月通常是最多雨量的月份，颱風雖然經常帶來連場暴雨，但難以在短時間有效全數收集到水塘，而 12 月和 1 月雨量最少。若單靠水塘收集雨水，並不足以滿足社會的用水需求。

1962 年中起，香港持續出現乾旱天氣，最嚴重為 1963 年 5 月至 1964 年 5 月的 13 個月，其間香港只錄得 1041 毫米的雨量，不及正常年降雨量約 2400 毫米一半。1963 年 6 月 1 日，全港水塘總存水量降至非常低的水平（1.75 億加侖，約佔所有水塘總容量的 1.7%），迫使港府實施最為嚴厲的制水措施，每 4 天供水 4 小時，直至 1964 年 5 月 28 日終止，歷時近乎一年。在此期間，港府為解決燃眉之急，在徵得廣東省政府的同意下，派出運油船於珠江抽取淡水輸港，又曾短暫批准開放各區合共近 300 個的水井讓市民取水。

嚴厲的制水措施不但影響市民日常生活，還導致百業蕭條，工人失業和物價飛漲。而更大的危機在於市民的健康。由於夏日缺乏清潔的水源，導致衛生環境惡化，各種傳染病如霍

2　九龍水塘於 1910 年正式落成。

亂、痢疾及傷寒等疫症都有增加的趨勢。

表 1-2 列出 1863 年至 1964 年大部分年份的總用水量。

表 1-2　1863 年至 1964 年若干年份香港人口分布及全港每日總用水量統計表

(1) 1863 年至 1897 年若干年份

| 年份 | 分區人口（人） | | | | 總人口（人） | 估算全港最低總用水量（萬加侖／日）[1] |
	維多利亞城	港島村落	九龍	水上人家		
1863	70,288	7628	4922	30,537	124,850	49.94
1864	73,982	7967	3869	29,334	121,498	48.60
1865	80,639	7220	4151	26,885	125,504	50.20
1866	72,264	6200	3418	26,954	115,098	46.04
1867	82,194	6133	3818	21,323	117,471	46.99
1869	79,698	6696	4468	22,529	119,326	47.73
1871	79,593	5946	4561	23,709	124,198	49.68
1872	82,026	6476	5198	20,199	121,985	48.79
1876	90,304	7526	7704	22,745	139,144	55.66
1881	102,385	7585	9021	28,989	160,402	64.16
1891	145,340	12,493	19,997	32,035	221,441	88.58
1897	160,273	11,644	26,442	31,752	246,907	98.76

注 1：估算全港最低總用水量，按每人每日平均最少用 4 加侖計算。
注 2：本表「總人口」並不等如四個分區人口欄目的相加。
資料來源：　歷年 *Hong Kong Blue Book*；*Historical and Statistical Abstract of the Colony of Hongkong*。

(2) 1898 年至 1939 年

| 年份 | 全港人口（人） | 分區用水量（百萬加侖） | | | 全港總用水量（百萬加侖） | 人均用水量（加侖／日） |
		維多利亞城、半山、山頂	九龍	鄉村及水上		
1898	254,400	1,193.52	77.32	不適用	1,270.84	13.69
1899	259,312	1,206.51	86.58	7.20	1,300.29	13.74
1900	262,678（年中）	1,281.44	101.09	13.72	1,396.25	14.56
1901	386,229（普查）	1,294.38	138.54	12.09	1,445.01	10.25
1902	N/A	972.27	194.92	13.26	1,180.45	N/A
1903	N/A	1,310.98	161.87	13.37	1,486.22	N/A
1904	N/A	1,289.79	169.03	13.74	1,472.56	N/A
1905	N/A	1,567.31	185.70	55.11	1,808.12	N/A
1906	404,814（普查）	1,353.07	179.83	112.05	1,644.95	11.13
1907	N/A	1,542.06	236.27	121.64	1,899.97	N/A

（續上表）

年份	全港人口（人）	分區用水量（百萬加侖）			全港總用水量（百萬加侖）	人均用水量（加侖／日）
		維多利亞城、半山、山頂	九龍	鄉村及水上		
1908	N/A	1,683.40	296.80	93.36	2,073.56	N/A
1909	N/A	1,536.80	293.17	87.55	1,917.52	N/A
1910	N/A	1,636.21	287.76	110.80	2,034.77	N/A
1911	456,739（普查）	1,676.88	307.49	105.07	2,089.44	12.53
1912	459,014（年中）	1,699.82	365.62	107.77	2,173.21	12.97
1913	480,344（年中）	1,604.72	382.30	135.47	2,122.49	12.11
1914	493,594（年中）	1,761.21	422.27	139.53	2,323.01	12.89
1915	509,160（年中）	1,857.84	400.19	148.44	2,406.47	12.95
1916	529,010（年中）	1,894.41	432.18	152.86	2,479.45	12.84
1917	535,100（年中）	1,802.53	447.49	169.30	2,419.32	12.39
1918	561,500（年中）	2,264.67	454.53	157.08	2,876.28	14.03
1919	598,100（年中）	2,482.79	499.31	191.14	3,173.24	14.54
1920	648,150（年中）	2,778.13	603.00	200.24	3,581.37	15.14
1921	625,166（普查）	2,647.96	617.73	223.33	3,489.02	15.29
1922	662,400（年中）	3,019.72	563.73	246.83	3,830.28	15.84
1923	681,800（年中）	2,556.84	689.91	238.19	3,484.94	14.00
1924	799,550（年中）	3,214.36	848.51	257.06	4,100.87	14.05
1925	874,420（年中）	3,056.89	818.78	159.51	4,035.18	12.64
1926	874,420（年末）	2,871.54	832.84	150.44	3,854.82	12.08
1927	977,900（年末）	3,330.67	1,088.73	267.65	4,687.05	13.13
1928	1,075,690（年末）	3,016.43	1,246.55	190.19	4,453.17	11.34
1929	1,143,510（年末）	2,201.47	1,232.36	249.29	3,683.12	8.82
1930	1,171,400	3,488.12	1,593.56	191.23	5,272.91	12.33
1931	840,473（普查）	3,986.21	1,840.39	175.08	6,001.68	19.56
1932	900,796	3,570.41	1,869.15	175.75	5,615.31	17.08

（續上表）

年份	全港人口（人）	分區用水量（百萬加侖）			全港總用水量（百萬加侖）	人均用水量（加侖／日）
		維多利亞城、半山、山頂	九龍	鄉村及水上		
1933	922,643	3,319.74	2,051.84	164.68	5,536.26	16.44
1934	944,492	3,961.91	2,356.25	237.85	6,556.01	19.02
1935	966,341	4,027.72	2,404.40	272.51	6,704.63	19.01
1936	988,190	4,577.55	2,782.85	309.19	7,669.59	21.26
1937	1,006,982	5,122.40	3,362.82	345.21	8,830.43	24.03
1938	1,028,619	5,199.03	3,576.48	270.99	9,046.50	24.10
1939	1,050,256	5,801.98	3,985.95	不適用	不適用	不適用

注：由於 1900 年代《香港藍皮書》的香港人口沒包括新界地區，本表主要採用歷年人口普查報告的數字。從 1901 年起包括新界人口。1901 年、1906 年、1911 年、1921 年、1931 年、1941 年為人口普查數字（1941 年含 34.9 萬居於新界或水上的估計人口），其他年份為人口估計（population estimates）。1930 年、1932 年至 1940 年人口估計的月份不詳。1900 年包括軍人，1937 年至 1941 年不確定，其他年份不包括軍人。1906 年和 1911 年的年增長率為前五年內平均每年增長率。此外，根據《香港藍皮書》，1901 年至 1923 年的香港人口人數依次為 300,660、311,824、325,431、361,206、377,850、329,038、329,357、336,488、343,877、350,975、373,121、450,098、489,114、501,304、517,140、528,090、535,108、468,100、501,000、547,350、585,880、578,200、578,200，1929 年為 1,075,690，1931 年為 849,750。

資料來源： 1. *Report of Director of Public Works*, 1897-1939.
2. 歷年 *Hong Kong Blue Book*；*Historical and Statistical Abstract of the Colony of Hongkong*；歷年人口普查報告。

(3)1947 年至 1964 年

年份	全港年中人口（百萬）	總食水用量（百萬立方米）	人均食水用水量（公升／日）
1947	1.75	48	75
1948	1.80	53	81
1949	1.86	51	75
1950	2.24	56	69
1951	2.02	57	77
1952	2.13	55	71
1953	2.24	55	67
1954	2.36	61	71
1955	2.49	48	53
1956	2.61	59	62
1957	2.74	57	57
1958	2.85	87	84
1959	2.97	91	84
1960	3.08	102	91
1961	3.17	111	96
1962	3.31	136	113
1963	3.42	119	95
1964	3.50	64	50

資料來源： *Hong Kong Annual Report 1959*；Census and Statistics Department, *Hong Kong Statistics 1947-1967*；政府統計處網站：統計數字。

1863 年至 1897 年，香港人口由約 12.5 萬人增至 25 萬人，而同期估算全港最低總用水量由每日 49.94 萬加侖增至 98.76 萬加侖，用水量與人口的增幅皆為一倍左右。

1898 年香港人口約 25.4 萬，總用水量為 1,270.84 百萬加侖，到了 1938 年人口增至 100 萬人左右，總用水量 9,046.5 百萬加侖，人口增幅 4 倍，而用水量卻增加 7.1 倍。人均用水量方面，則由 1898 年每日 13.69 加侖，倍增至 1939 年的 24.1 加侖。

二戰後，1947 年至 1963 年期間，年中人口由 175 萬人增至 342 萬人，每年總食水用量由 48 百萬立方米增至近 120 百萬立方米，惟人均每日食水用水量未有明顯逐年增加的趨勢，大約在每日 60 至 90 升的區間波動。1964 年，年中人口達 350 萬人，然而因嚴重天旱、水源不足，導致人均每日總食水用量，包括家居、工商業和其他用水只有 50 公升，相比 1960 年代初少約一半。

三、水塘及東江水供水（1965—2017）

1960 年，香港政府已意識到單靠儲存天雨，並不能滿足急劇增長的食水需求，而向廣東省購買淡水，是最便捷的途徑。1960 年 11 月，港府和廣東當局達成協議，每年從深圳水庫輸入 2270 萬立方米原水。1963 年，粵港雙方達成共識，興建東深供水系統。同年年底，中央人民政府經國務院總理周恩來親自批准，撥專款興建，東深供水工程於 1965 年完成後，香港開始進入東江輸入原水年代。

1965 年 3 月 1 日起，東深供水有限公司每年從東江輸入原水到香港，首輪是 4900 萬立方米，逐年遞增，1965 年至 2017 年供港量見表 1-7。與此同時，香港政府亦先後在 1968 年和 1978 年建成船灣淡水湖和萬宜水庫兩個「海中水庫」，使香港水塘的總庫存量達到 5.86 億立方米，而香港的供水漸趨穩定，然而香港在 1974 年、1977 年及 1981 年仍需要制水。

由香港政府與廣東省政府於 1960 年簽訂第一份東江水輸港協議起計算，截至 2017 年，兩地政府一共簽訂了 11 份供水協議。所有協議均根據香港的食水需求預測而制定，當中已考慮到人口增長、工商業需求和香港集水區預計集水量等因素。隨着粵港雙方持續透過協議和磋商遞增供水量，自 1982 年開始香港已達致全年 24 小時無間斷供水。

香港政府為保證一旦發生旱災，香港仍然能夠獲得穩定的供水量，保障本港的供水安全，故自 2006 年起與粵方簽訂的供水協議中訂定供水協議條款，以統包總額的原則，訂定每年供水量上限為 8.2 億立方米，並根據廣東省政府於 2008 年頒布的《廣東省東江流域水資源分配方案》，將每年最終供水量定為 11 億立方米，足夠令香港在面對百年一遇的極旱情況下，仍能維持全日供水。

1965 年至 2017 年全港人口及各類別食水用量見表 1-3。自東江水輸港後,人均每日食水用量由 1965 年的 145 公升到 2017 年的 363 公升,其中 1989 年至 1995 年期間更超過 400 公升,反映東江水實際帶動香港的經濟及商業活動和發展。香港的人均國民生產總值,由 1960 年的 424 美元增加至 2017 年的 46,160 美元,增幅約 109 倍。

四、用水量整體趨勢（1989—2017）

1989 年至 2017 年,香港年中人口由 569 萬人增長至 739 萬人,增幅達 29.9%,但總食水用量只增加 16%（見圖 1-1、表 1-3(2) 及表 1-4）,即使 1989 年至 1996 年的人口增幅達 13%,但同期總食水用量只是增加 9.8%,其中一個主因是香港工業自 1980 年代持續北移,工業用水量逐年減少。1989 年至 2017 年,工業用水量銳減 75.3%,同期服務業及商業用水量則大幅增加 53.4%。整體而言,香港政府持續向公眾推廣和宣傳節約用水觀念,並開發新水源及擴大海水沖廁覆蓋的地區（期內海水總用量增加約 1.5 倍）,減少使用食水沖廁,食水總用量遠低於人口增長幅度。2000 年至 2017 年,食水總用量增幅放緩,約 6%,然而 2003 年 3 月至 6 月香港爆發嚴重急性呼吸系統綜合症（SARS）,社會各界用於消毒、清潔的水量大增,使同年總食水用量相比 2002 年,增長 2.6%,增幅較為明顯。

1989 年至 2017 年,香港人均家居每日耗水量為 276 公升,包括 186 公升食水和 90 公升沖廁海水,大幅高於鄰近城市和人均每日總耗水量約 170 公升的國際平均數（見圖 1-2）。然而一個城市的住宅用水量多寡受制於各種因素,包括可使用的水資源、住宅用戶的用水習慣、住戶人數及當地氣候等等。期內人均每年總食水用量,包括住宅、工商業及其他用途的用水量維持在 130-155 立方米之間,平均每人每日 386 公升（見圖 1-3 及表 1-3(2)）。1947 年至 1964 年單靠本地集水年代,人均食水用水量每日約 60 公升,到了 1965 年至 2017 年東江水輸港年代,增加至平均每日約 386 公升,高出 6.4 倍。

按水務署用水類別劃分,可分為家居用水、工業用水、服務業及商業用水、政府用水、建築及船舶用水等（見圖 1-3）。1989 年,家居用水佔總食用水量的 35.7%,工業用水佔 28.8%,服務及商業用水量 19.3%。到了 2017 年,家居用水、服務及商業用水量佔比分別增至 55% 及 25.5%,而工業用水大幅下降至 6.12%。

1989 年至 2017 年的具體數字,可參閱表 1-3(2),按水務署用水類別劃分;以及表 1-4,按水資源來源（本地集水、東江水、海水）劃分。

2011 年,水務署委託顧問公司進行家居用水調查,調查期為 2011 年 9 月 19 日至 2012 年 1 月 15 日。調查成功訪問了 1028 個家庭,獲悉每戶平均的人均每日住宅食水耗水用量整體為 124.7 公升。1 至 2 人家庭每戶平均的人均每日耗水用量為 143.0 公升,3 至 4

人家庭每戶平均的人均每日耗水用量為 113.8 公升，而 5 人或以上家庭每戶平均的人均每日耗水用量為 112.3 公升。公營房屋及中／低密度私人房屋、村屋分別為 120.2 公升及 138.3 公升。

2015／16 年度，水務署再度委託顧問公司進行家居用水調查，以簡單隨機抽取的 1017 個有效樣本計算，平均住戶人均每日用水量是 126.9 公升，如撇除某些特別高用水量的住戶，人均每日用水量則是 115.4 公升。人數較多家庭的人均每日用水量較低，5 人或以上家庭為 110.8 公升，3 至 4 人家庭為 114.7 公升，1 至 2 人家庭為 152.2 公升。公營房屋的住戶人均每日用水量是 118.6 公升，高密度私人樓宇是 131.3 公升，而中／低密度私人樓宇、村屋和其他類型的是 133.5 公升。這些數字跟 2011／12 年度的調查結果相若。由於香港廣泛利用海水沖廁，實際的人均住宅食水用量只略高於每日 170 公升的國際水平。

表 1-3 1965 年至 2017 年按水務署用水類別劃分香港人口及全港食水總用量統計表

(1) 1965 年至 1988 年

| 年份 | 全港年中人口（百萬人） | 家居用水量 | 工商用水量 | 其他用水量 | 總食水用量 | 人均食水用水量 |
		（百萬立方米）				（公升／日）
1965	3.60	不適用	不適用	不適用	191	145
1966	3.63	不適用	不適用	不適用	207	156
1967	3.72	不適用	不適用	不適用	177	130
1968	3.80	109.72	60.95	55.94	227	164
1969	3.86	124.42	69.39	64.84	259	184
1970	3.96	126.57	77.29	73.07	277	192
1971	4.05	128.85	91.00	80.65	301	204
1972	4.12	129.03	98.57	97.73	325	216
1973	4.24	144.79	102.65	110.70	358	231
1974	4.38	142.65	95.56	111.11	349	218
1975	4.46	141.96	100.42	118.31	361	222
1976	4.52	151.18	118.63	135.23	406	246
1977	4.58	150.43	112.85	123.66	387	232
1978	4.67	156.07	118.08	138.22	412	242
1979	4.93	170.14	126.83	170.04	467	260
1980	5.06	184.39	143.58	180.04	508	275
1981	5.18	不適用	不適用	不適用	507	268
1982	5.26	不適用	不適用	不適用	519	270
1983	5.35	不適用	不適用	不適用	592	303
1984	5.40	不適用	不適用	不適用	627	318
1985	5.46	不適用	不適用	不適用	637	320
1986	5.52	不適用	不適用	不適用	703	349

（續上表）

年份	全港年中人口	家居用水量	工商用水量	其他用水量	總食水用量	人均食水用水量
	（百萬人）	（百萬立方米）				（公升／日）
1987	5.58	不適用	不適用	不適用	750	368
1988	5.63	不適用	不適用	不適用	808	393

資料來源： 1. Report of Director of Public Works Department.
2. 政府統計處網站：統計數字。

(2) 1989 年至 2017 年

年份	全港年中人口	家居用水量	工業用水量	服務業及商業用水量	政府用水量	建築及船舶用水量	臨時淡水沖廁用水量	食水總用量	人均食水用量
	（百萬人）	（百萬立方米）							（公升／日）
1989	5.69	302	243	163	46	16	75	845	407
1990	5.70	312	243	174	45	17	82	873	420
1991	5.75	318	240	180	43	15	88	884	421
1992	5.80	325	225	188	44	16	91	889	420
1993	5.90	349	208	199	45	16	98	915	425
1994	6.04	370	171	216	40	20	106	923	419
1995	6.16	383	145	221	44	23	103	919	409
1996	6.44	406	137	229	44	28	84	928	395
1997	6.49	419	120	228	40	28	78	913	385
1998	6.54	436	104	232	41	25	78	916	384
1999	6.61	441	95	235	43	24	73	911	378
2000	6.67	447	91	241	43	28	74	924	380
2001	6.71	468	83	242	43	27	77	940	384
2002	6.74	479	82	241	44	24	79	949	386
2003	6.73	511	77	234	52	18	82	974	397
2004	6.78	493	75	245	42	16	84	955	386
2005	6.81	512	72	244	44	14	82	968	389
2006	6.86	513	69	243	43	13	82	963	385
2007	6.92	509	64	242	44	12	80	951	377
2008	6.96	519	59	241	45	11	81	956	376
2009	6.97	524	55	238	44	11	80	952	374
2010	7.02	509	57	237	42	12	79	936	365
2011	7.07	498	58	236	41	14	76	923	358
2012	7.15	505	59	236	41	18	76	935	358
2013	7.18	504	58	234	41	20	76	933	356
2014	7.23	516	60	240	44	23	76	959	363
2015	7.29	526	60	243	43	24	77	973	366
2016	7.34	537	60	246	43	23	78	987	368
2017	7.39	539	60	250	44	21	66	980	363

資料來源： 1. 香港特別行政區政府水務署。
2. 政府統計處網站：統計數字。

表 1-4　1989 年至 2017 年香港全年總用水量及人均用水量統計表

（按水資源來源〔本地集水、東江水、海水〕劃分）

年份	全港年中人口（百萬人）	全年總用水量（百萬立方米／年）					人均用水量（立方米／年）	
		本地集水	東江水	總食水	海水	合計	食水	食水及海水
1989	5.69	235	610	845	112	957	149	168
1990	5.70	283	590	873	119	992	153	174
1991	5.75	183	701	884	123	1007	154	175
1992	5.80	226	663	889	127	1016	153	175
1993	5.90	288	627	915	129	1044	155	177
1994	6.04	240	683	923	142	1065	153	176
1995	6.16	229	690	919	159	1078	149	175
1996	6.44	208	720	928	185	1113	144	173
1997	6.49	215	698	913	198	1111	141	171
1998	6.54	156	760	916	199	1115	140	170
1999	6.61	173	738	911	212	1123	138	170
2000	6.67	218	706	924	229	1153	139	173
2001	6.71	211	729	940	236	1176	140	175
2002	6.74	205	744	949	235	1184	141	176
2003	6.73	214	760	974	241	1215	145	181
2004	6.78	147	808	955	255	1210	141	178
2005	6.81	197	771	968	263	1231	142	181
2006	6.86	346	617	963	260	1223	140	178
2007	6.92	236	715	951	270	1221	137	176
2008	6.96	303	653	956	275	1231	137	177
2009	6.97	227	725	952	271	1223	137	175
2010	7.02	255	681	936	269	1205	133	172
2011	7.07	105	818	923	270	1194	131	169
2012	7.15	226	709	935	273	1208	131	169
2013	7.18	321	612	933	278	1211	130	169
2014	7.23	235	724	959	271	1230	133	170
2015	7.29	207	766	973	272	1245	133	171
2016	7.34	358	629	987	260	1247	134	170
2017	7.39	329	651	980	278	1258	133	170

資料來源：　1. 香港特別行政區政府水務署。
　　　　　　2. 政府統計處網站：統計數字。

圖 1-1　1989 年至 2017 年香港全年總用水量統計圖

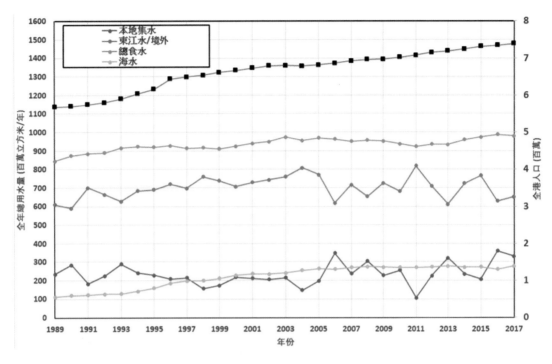

資料來源：　香港地方志中心根據水務署提供數據製作。

圖 1-2　1989 年至 2017 年香港人年均用水量統計圖

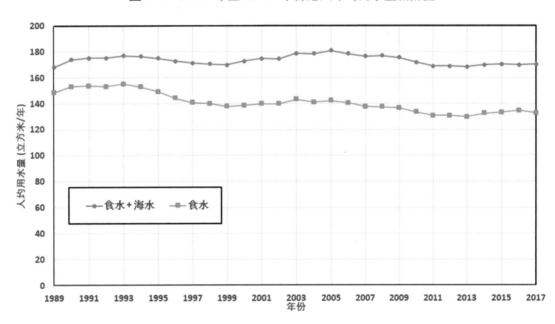

資料來源：　香港地方志中心根據水務署提供數據製作。

圖 1-3　香港按用水類別劃分總用量統計圖

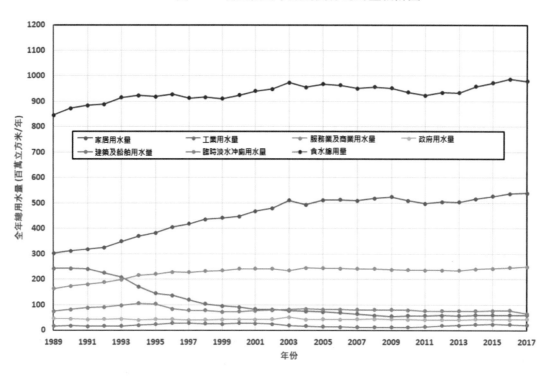

資料來源：　香港地方志中心根據水務署提供數據製作。

第二節　地表水資源

一、水庫及相關設施[3]

香港的天然水源，除受降雨量具有季節性差異的特性影響外，與香港的地質亦有密切的關係。香港大部分露出地表的岩石，都是由火山岩和花崗岩構成，這類岩石大都不能儲存大量地下水，加上降雨量不穩定，使雨水在汛期迅速流失，因此香港的地下水源並不充沛。然而，香港境內多山，山谷也多，為建造水塘儲存雨水提供了天然條件。

香港在 1980 年代以前，因為地理上的限制，降雨量不穩定，以及人口急劇增長對安全食水的需求不斷上升，缺水問題相當嚴重，港府不時需要實施制水措施，惟制水嚴重影響市民日常生活，經濟亦蒙受重大損失。香港政府為了解決供水問題，實施多項重要的水資源管理措施，包括興建新的水庫、利用海水沖廁及與廣東省政府商討，透過東深供水系統增加輸入東江水等，使香港享有的供水系統，成為全球最安全和最可靠的系統之一。2017 年，

3　關於各水塘的工程建設和歷史背景及相關設施在《香港志》《填海與市政工務》卷另作詳細記述。

水務署的食水供應系統不僅覆蓋人口密集的市中心及新市鎮，亦伸展至鄉郊地區，覆蓋全港 99.99% 的人口。另外，沖廁用海水供應系統覆蓋全港約 85% 的人口。

香港最早的食水水塘為 1863 年建成的薄扶林水塘，為應付人口增長而帶來的食水需求，港府於隨後至 1930 年代建成了多個食水水塘，及於 1950 年代至 1960 年代落成了大欖涌水塘和石壁水塘兩個大型食水水塘，但仍不足以應付人口急速膨脹下的食水需求。為此，港府先後在 1968 年和 1978 年建成船灣淡水湖和萬宜水庫兩個「海中水庫」，使全港食水水塘數目達 17 個，總容量達 5.86 億立方米。

截至 2017 年，香港已開發一個龐大的雨水收集及儲存系統，包括於全港各地興建水塘及相關集水區。香港陸地面積約 1100 平方公里，約有三分一的土地被規劃為集水區，用作收集並儲存雨水。大部分集水區屬於郊野公園範圍，並受到《郊野公園條例》保護，區內的發展會受到嚴格控制。2017 年，本港共有 17 個食水水塘（見表 1-5），總儲存量為 5.86 億立方米。其中，萬宜水庫及船灣淡水湖儲存量最大，分別為 2.81 億立方米及 2.30 億立方米，約佔全港水塘總儲存量的 87%。然而，每年從集水區收集的雨水，只佔本地食水需求 20% 至 30%，不足以應付本地的食水需求，故需要輸入東江水加以補足。2007 年至 2017 年香港的集水量見圖 1-4。

表 1-5　香港食水水塘基本情況表

水塘	建成年份	容量（百萬立方米）
薄扶林水塘	1863	0.233
大潭上水塘	1888	1.490
大潭副水塘	1904	0.080
大潭中水塘	1907	0.686
九龍水塘	1910	1.578
大潭篤水塘	1917	6.047
石梨貝水塘	1925	0.374
九龍接收水塘	1926	0.121
香港仔上水塘	1931	0.773
九龍副水塘	1931	0.800
香港仔下水塘	1932	0.486
城門水塘	1937	13.279
大欖涌水塘	1957	20.490
石壁水塘	1963	24.461
下城門水塘	1964	4.299
船灣淡水湖	1968	229.729
萬宜水庫	1978	281.124
總容量		**586.050**

資料來源：　香港特別行政區政府水務署。

圖 1-4　2007 年至 2017 年香港集水量統計圖

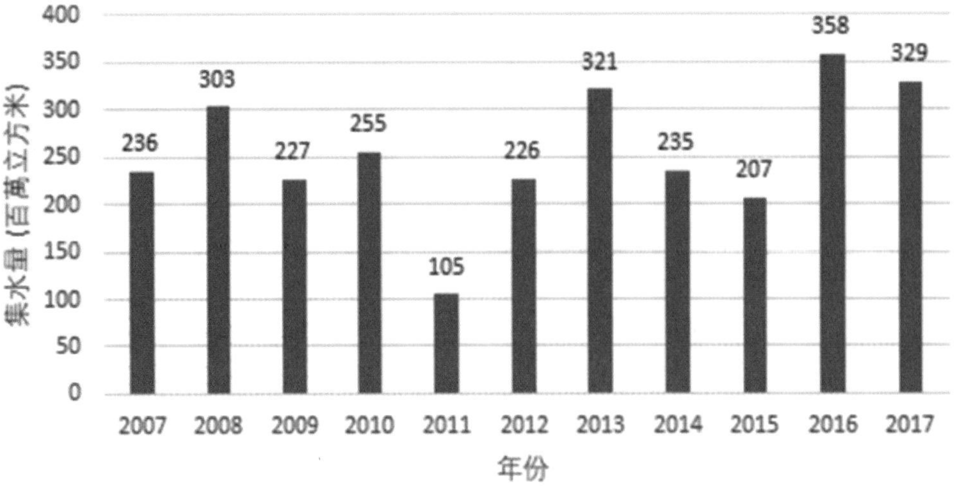

資料來源： 香港地方志中心根據水務署提供數據製作。

除了食水水塘，香港亦有 10 個灌溉水塘（9 個政府、1 個私人），主要供附近農田灌溉之用。部分灌溉水塘是食水水塘工程其中一部分，例如河背灌溉水塘和黃泥墩灌溉水塘是協助從錦田河截流引水到大欖涌水塘，而鶴藪灌溉水塘和流水響灌溉水塘就屬於船灣淡水湖工程一部分。部分灌溉水塘則主要為補償受水塘工程影響的農民提供灌溉用水而興建，如清潭上灌溉水塘及清潭下灌溉水塘（見表 1-6）。

表 1-6　香港灌溉水塘基本情況表

	灌溉水塘	建成年份	容量（百萬立方米）
政府	十塱灌溉水塘	1955	0.13
	藍地灌溉水塘	1957	0.11
	洪水坑灌溉水塘	1957	0.09
	黃泥墩灌溉水塘	1961	0.11
	河背灌溉水塘	1961	0.50
	清潭上灌溉水塘	1962	0.10
	清潭下灌溉水塘	1962	0.06
	流水響灌溉水塘	1968	0.17
	鶴藪灌溉水塘	1968	0.18
私人	愉景灣灌溉水塘	1982	3.50
	總容量		4.95

注：愉景灣灌溉水塘，初期為食水水塘。
資料來源： 香港特別行政區政府水務署。

二、東江水

1965 年東江水開始供港以後，香港人口不斷增加及經濟急劇發展，導致香港不斷要向廣東省要求增加供應量。根據 1989 年的供水協議，1995 年的供水量為 6.9 億立方米，並每年增加 3000 萬立方米，計劃到 2008 年時，每年供水量將達 11 億立方米。1998 年，粵港雙方因應香港工業自 1980 年代相繼北移，考慮到香港實際用水情況，簽訂協議修訂遞增水量，把 1998 年的供水量由 7.8 億立方米減為 7.6 億立方米，每年增加水量由 3000 萬立方米減至 1000 萬立方米，直到 2004 年，其後的供水量再作商討。2007 年至 2017 年，東江水輸港維持在 6.12 億至 8.18 億立方米之間，佔全港食水用量約 70%。1965 年至 2017 年東江水實際供港量見表 1-7。

表 1-7　1965 年至 2017 年東江水實際供港量統計表

年份	東江水供港量 （百萬立方米）	年份	東江水供港量 （百萬立方米）
1965	49	1992	663
1966	61	1993	627
1967	73	1994	683
1968	69	1995	690
1969	68	1996	720
1970	66	1997	698
1971	72	1998	760
1972	82	1999	738
1973	84	2000	706
1974	87	2001	729
1975	93	2002	744
1976	91	2003	761
1977	131	2004	808
1978	144	2005	771
1979	148	2006	617
1980	172	2007	715
1981	211	2008	653
1982	239	2009	725
1983	251	2010	681
1984	285	2011	818
1985	319	2012	709
1986	360	2013	612
1987	432	2014	724
1988	515	2015	766
1989	610	2016	629
1990	590	2017	651
1991	701		

資料來源：　香港特別行政區政府水務署。

三、食水水質

1. 水質監測

自 1902 年，港府開始定期抽取食水樣本化驗，以了解食水水質狀況，尤其是食水中的微生物含量，以保障市民健康。初期港府只會從薄扶林、大潭及九龍水塘等主要供水系統抽取樣本化驗，並定期向外公布各水塘水質的化驗結果。1922 年前，港府每年化驗四次，之後改為每月一次。1924 年起，每月的例行水質化驗，更將抽取樣地點伸展到濾水池、街喉及水龍頭，而抽樣地點更擴充到港九各地，主要包括寶雲道、荔枝角、雅賓利、西區、薄扶林水塘以至私人擁有的太古水塘等。

1965 年，水務局成立水質控制組，從政府化驗所接手負責監控全港食水水質的工作。1971 年，水質控制組更名為水質監控組，至 1977 年起升格為水質科學部。水質科學部的工作與日俱增，由最初的水質測試服務，擴展至協助署方推行一套全面的水質監測計劃，從水源到用戶水龍頭的整個供水流程進行水質監控，從監測點包括木湖原水抽水站、集水區、水塘、濾水廠、配水庫、供水接駁點和公眾可達的用戶水龍頭等抽取水樣本，確保食水水質符合香港及國際標準。水質科學部轄下的水務化驗室擁有先進的分析儀器，化驗人員在嚴格的品質控制系統下進行測試，提供物理、化學、生物、細菌及輻射等項目的精確水質分析結果。[4]

2007 年起，水務署根據世界衛生組織（世衛）的建議，制定和實施水安全計劃，採用風險為本、多重屏障的原則，評估供水系統中可能發生的風險及實施相應的控制措施，以保障食水安全。

2017 年，水務署為進一步提升香港的食水安全，實施綜合性的「食水水質管理系統」，統合署內各分區 / 部的水安全計劃，並優化內部供水系統的風險評估工作；署方同時推出「建築物水安全計劃」指引及範本，供業主及管理人在轄下建築實施相關計劃。年內，本港共設有 20 間濾水廠供應經處理的食水。2016/17 財政年度，署方檢測的水樣本總數達 84,089 個。[5]

水務署經處理的食水可供安全飲用，但用戶水龍頭的食水水質會受到樓宇內部供水系統的維修保養狀況所影響。2017 年起，水務署建議私人大廈實施「建築物水安全計劃」，包括定期安排清洗食水水箱、妥善維修及保養供水系統等。實施上述水質控制措施，有助食水

香 港 志 ── 自 然 · 自 然 資 源 與 生 態

4　截至 2017 年，水務署各主要化驗室已獲得香港認可處的香港實驗所認可計劃（HOKLAS）認證，分析能力達國際水準。

5　該數字包括從濾水廠、配水庫、供水接駁點及公眾可達的客戶水龍頭抽取的樣本總數。若將原水水源樣本亦計算在內，署方每年取樣總數逾 16 萬個。

維持原有水質標準，可以直接飲用，毋須煮沸。

2. 水質控制主要參數

自 1990 年代至 2017 年，水務署一直採用世衞制定的《飲用水水質準則》（世衞準則）中的相關準則值／暫定準則值，包括 1993 年、2004 年及 2011 年的準則／暫定準則值，監測食水水質。世衞準則是由來自多個發達國家和發展中國家的權威機構、數以百計專家共同參與制定及更新，代表全球科學和醫學界對食水水質的共識。世衞準則具權威性、科學化，並以證據為本，多個發達國家均參考世衞準則來監控食水水質。根據世衞 2011 年制定的準則／暫定準則，水務署監測 92 項水質參數，涵蓋 89 項化學參數，1 項生物參數、2 項輻射參數。另外，水務署亦監測 3 項世衞準則沒有涵蓋的微生物參數：總大腸桿菌數、隱孢子蟲及賈第蟲，採用 18 項感官及一般特性的參數，包括酸鹼度、溫度、氣味、味道、混濁度、色度、導電率、總硬度（以碳酸鈣計）、總鹼度、鈣、鎂、氯化物、硫酸鹽、正磷酸鹽、鐵、鋁、二氧化矽和錳，其中碳酸鈣（$CaCo_3$）可標示水的軟硬度。一般情況下，若食水水質符合世衞準則／暫定準則值，即使感官及一般特性的參數讀到較高的數值，亦不會影響市民健康。

世衞以碳酸鈣含量作為水硬度的基準，並分為四類：「軟水」、「稍硬水」、「硬水」及「超硬水」。以每公升的水計算，碳酸鈣含量少於 60 毫克，稱為軟水；60 至 120 毫克，稱為稍硬水；120 至 180 毫克，稱為硬水，而大於 180 毫克，則為超硬水。

水中的碳酸鈣含量受地理位置影響，礦物質主要是隨水沖刷岩石而沉積或溶解於水中。香港食水中的鈣和鎂含量較少。根據水務署 2016 年 4 月至 2017 年 3 月的統計資料，香港全年食水的碳酸鈣含量為每公升 <5 至 56 毫克，平均值為 30 毫克，因此屬於軟水。中國沿江河城市（包括東江沿岸）、大部分東南亞國家的食水普遍屬軟水，反之內地一些內陸城市如北京及歐美、澳洲等國家的水源大多來自地下水，導致碳酸鈣含量偏高，故食水屬於硬水。不論軟水或硬水，只要符合水質標準，一般對身體健康沒有多大影響，惟硬水相較軟水，容易造成水垢及減低肥皂和洗潔液的清潔效果。

3. 食水水質獎勵計劃

儘管水務署供應的食水可供安全飲用，水質仍會受到大廈內部水管系統不同內在因素影響，例如食水水箱的清潔程度、內部水管系統是否妥善保養等等。2002 年 7 月，水務署在「水質事務諮詢委員會」贊同下，推出「食水系統優質維修認可計劃」，鼓勵業主及物業管理人妥善維修大廈內部水管系統，包括至少每三個月檢查水管系統及清洗貯水箱，並且每年抽取水樣本進行測試，保障大廈食水的素質，同時避免或減少供水系統故障。該計劃屬自願參與性質，符合計劃準則的大廈會獲署方頒發證書作為認可。截至 2007 年 12 月，水務署已頒發約 2000 張證書予商住大廈、醫院、酒店、學校、大專院校和公共服務機構。

2008 年 1 月，水務署得到水質事務諮詢委員會贊同，把計劃更名為「大廈優質食水認可計

圖 1-5　2012 年 8 月 21 日「大廈優質食水認可計劃」證書頒發典禮，水務署署長馬利德於台上致辭。同年為計劃舉辦 10 周年。（香港特別行政區政府提供）

劃」，按參加大廈持續參與計劃的年期，設金、銀、藍三類證書（見圖 1-5）。

2015 年，水務署針對計劃的水質化驗標準以及公共屋邨食水樣本出現含鉛量超標的情況，全面檢討計劃，並在「水資源及供水水質事務諮詢委員會」的支持和贊同下，於同年 12 月推出一籃子優化措施，包括把鉛、鎘、鉻和鎳四類重金屬納入為水質測試項目，並擴大抽取水樣本的範圍至用戶單位，計劃亦改為「大廈優質供水認可計劃－食水（2.0 版）」。

4. 本地水塘水質控制及管理

水務署轄下 17 個水塘存水，是本港除東江水以外一個重要的食水來源，故維護存水水質十分重要。全港水塘的存水含有多種生物，如藻類和淡水魚類等，牠們自然地生長達至生態平衡。然而水塘水質會受自然環境或突發事件影響，如受天氣影響令水藻過度生長等，導致出現藻華及味道問題。水塘水面的風向亦可使水藻聚集，嚴重情況下可令部分水體缺氧及水中魚類死亡。

自 1968 年至 1969 年船灣淡水湖藻華事件後，水務局／水務署開始每年於水塘投放魚苗，作為控制水塘水藻繁殖的措施，魚種包括鰱魚（*Hypophthalmichthys molitrix*，又稱鯿魚）、鱅魚（*Hypophthalmichthys nobilis*，又稱大頭魚）和鯪魚（*Cirrhinus molitorella*）等，以維持一定數量的魚類攝食水藻，確保水質優良。1970 年代初期起，船灣淡水湖的水質亦漸趨穩定及維持滿意水平。

另外，水務署會派員利用船隻定期於主要水塘進行湖沼學調查及水質監測。2017 年，水務

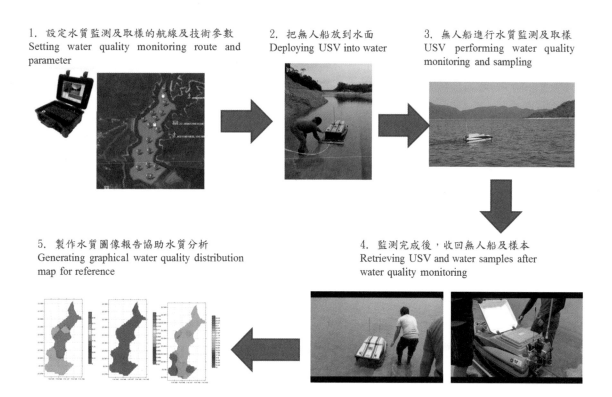

1. 設定水質監測及取樣的航線及技術參數
   Setting water quality monitoring route and parameter

2. 把無人船放到水面
   Deploying USV into water

3. 無人船進行水質監測及取樣
   USV performing water quality monitoring and sampling

5. 製作水質圖像報告協助水質分析
   Generating graphical water quality distribution map for reference

4. 監測完成後，收回無人船及樣本
   Retrieving USV and water samples after water quality monitoring

圖 1-6　水務署人員於水塘使用無人船系統進行監測水質及取樣流程。（香港特別行政區政府水務署提供）

署為進一步加強監測水塘水質及處理緊急水質事故的應變能力，展開無人船先導計劃，收集實質操作經驗和心得（見圖 1-6）。每艘無人船均配置了水質監測裝置，用於監測溫度、導電率、混濁度、溶解氧、酸鹼值、葉綠素 -a 和藍綠藻。每艘無人船上的取水裝置都連接船底的水管，直接將水抽進樣本箱內。水務署人員可通過基站電腦遙距控制無人船，於指定位置取樣。無人船收集得到的水質數據將實時發送至基站電腦，完成分析並製成水質數據分布圖，以便署方評估和採取適當的跟進行動。在緊急情況下，例如水塘出現污染事故，而傳統船隻又難以前往取樣時，便可使用無人船系統進行快速水質監測及取樣，以確保食水安全。

5. 東江水水質控制及管理

根據 2017 年 12 月香港特區政府發展局與廣東省水利廳簽訂的 2018 年至 2020 年東江水供水協議，廣東省當局會致力維持輸港東江水水質以達至符合國家《地表水環境質量標準》第 II 類標準，即用作平常飲用的地表水的最高國家標準。

廣東省水質監控分別由兩個組織單位負責，廣東省生態環境廳負責在太園泵站取水口上游東江幹流的水質監控，而粵港供水有限公司則負責東深供水工程範圍內的水質監控。

1997 年至 2017 年，為確保供港東江水水質，廣東省當局採取了一系列措施防止輸港東江水受到污染，見表 1-8。

表 1-8　1998 年至 2017 年廣東省當局實行有關保護東江水水質主要措施情況表

年份	措施
1998 年	將輸港東江水的取水口上移至水質較佳的地點。
1999 年初	深圳水庫的生物硝化站啟用，採用生物接觸氧化法降解水中污染物以改善水質。
2000 年	興建一條從東江太園泵站到深圳水庫的專用輸水管道。管道於 2003 年啟用後，輸港東江水水質明顯改善。
2005 年	完成東莞市石馬河調污工程。該工程利用一道橡膠壩阻截石馬河污水從太園泵站取水口附近流入東江，令輸港東江水水質更有保證。
2011 年	推展東江流域水資源水量水質監控系統，以有效實施《廣東省東江流域水資源配置方案》，保障香港在內使用東江水城市的供水安全。
2016 年 12 月	展開深圳市沙灣河水環境綜合整治工程，減低深圳水庫受沙灣河排洪污染的風險，以保障深圳水庫的水質。
2017 年	廣東省全省確立省、市、縣、鎮、村五級河長、湖長組織體系，統籌協調東江流域的環境綜合整治、水質管理和保護工作。

資料來源：　香港特別行政區政府水務署。

香港方面，水務署持續監測東江水水質，在木湖抽水站設有在線水質監測系統，對東江水水質進行 24 小時密切監測，實時量度各種不同參數，包括氨氮、溶解氧、酸鹼度、導電率、溫度、葉綠素、混濁度等。署方亦會定期在木湖抽水站抽取東江水樣本，由每天兩次至每三個月一次不等，進行物理、化學、生物、細菌和輻射等項目分析。

2012 年起，水務署為加強快速和預防性監測輸港東江水的能力，於上水濾水廠啟用首套「生物感應預警系統」（見圖 1-7）。該系統設有特製魚缸，並飼養對水中污染物靈敏度高的斑馬魚（Danio rerio），並透過電腦系統自動分析和偵測斑馬魚的行為和活動，對輸港東江

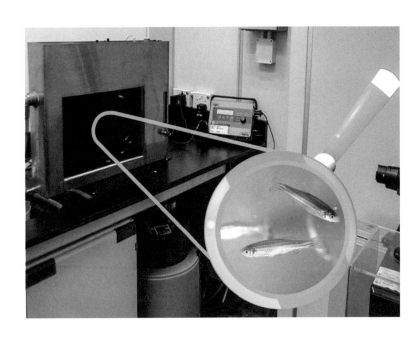

圖 1-7　用以監測輸港東江水水質的生物感應預警系統。系統內有對水中污染物靈敏度高的斑馬魚，電腦系統會分析和偵斑馬魚的行為，以監測水質。（香港特別行政區政府水務署提供）

圖 1-8　2016 年 11 月，水務諮詢委員會成員視察位於廣東省東莞市的太園泵站。（香港特別行政區政府水務署提供）

水的原水水質進行生物監察。該系統並配合了利用發光細菌作快速水質毒性測試的技術，檢測水中有害物質，保障供水安全。截至 2017 年，上水及大埔濾水廠均有安裝該系統，主要監測輸港東江水的原水水質。

根據水務署的恒常水質監測結果顯示，輸港東江水的水質維持穩定和良好，28 項涵蓋物理、化學及生物的監測參數年平均值均符合標準。其中 2015 年 10 月至 2016 年 9 月在木湖抽水站接收的東江水水質，可瀏覽表 1-9 的報告。

水務署若發現東江水水質出現任何異常情況，會加強監測水質並與廣東省當局聯繫，以了解原因及採取適當措施。若有需要時可調配本地水源以供應各濾水廠，甚至在木湖抽水站排放所有已接收的東江水。香港水務署與廣東省當局已建立通報機制，就東江水水質可能出現的污染事故作出警報。

水務諮詢委員會及其前身自 2000 年以來，每年均會前往廣東視察東江水供水系統，旨在讓委員實地考察及跟進廣東省當局為保障東江水水質而推行的最新措施，並藉此與廣東省當局官員直接溝通，反映本港市民對東江水水質的關注（見圖 1-8、1-9）。

圖 1-9　2016 年 11 月，水務諮詢委員會成員視察位於廣東省惠州市的東江流域水量水質監控中心。（香港特別行政區政府水務署提供）

表 1-9　2016 年 10 月至 2017 年 9 月香港木湖抽水站接收之東江水水質情況表

項目	單位	監測結果			國家《地表水環境質量標準 (GB3838-2002)》第 II 類標準	達標（請參閱本表後列明的注意事項）
		最低值	最高值	平均值		
pH 值	pH	7.1	8.3	7.4	6-9	✓
溶解氧 Dissolved Oxygen	毫克 / 公升	5.1	10	7.6	≥6	✓
高錳酸鹽指數 Permanganate Index	毫克 / 公升	1	2	2	≤4	✓
化學需氧量 Chemical Oxygen Demand (COD)	毫克 / 公升	<5	10	<5	≤15	✓
五日生化需氧量 5-Day Biochemical Oxygen Demand (BOD$_5$)	毫克 / 公升	<2.0	2.8	<2.0	≤3	✓
氨氮 (NH$_3$-N) Ammoniacal Nitrogen	毫克 / 公升	<0.02	0.16	0.04	≤0.5	✓
總磷（以 P 計）Total Phosphorus (as P)	毫克 / 公升	0.019	0.100	0.051	≤0.1	✓
銅 Copper	毫克 / 公升	<0.003	0.005	<0.003	≤1.0	✓
鋅 Zinc	毫克 / 公升	<0.01	0.04	<0.01	≤1.0	✓
氟化物（以 F$^-$ 計）Fluoride (as F$^-$)	毫克 / 公升	<0.10	0.27	0.20	≤1.0	✓
硒 Selenium	毫克 / 公升	<0.003	<0.003	<0.003	≤0.01	✓
砷 Arsenic	毫克 / 公升	<0.001	0.002	0.001	≤0.005	✓
汞 Mercury	毫克 / 公升	<0.00005	<0.00005	<0.00005	≤0.00005	✓
鎘 Cadmium	毫克 / 公升	<0.001	<0.001	<0.001	≤0.005	✓
鉻（六價）Chromium (VI)	毫克 / 公升	<0.001[1]	<0.002[1]	<0.001[1]	≤0.05	✓
鉛 Lead	毫克 / 公升	<0.001	0.002	<0.001	≤0.01	✓
氰化物 Cyanide	毫克 / 公升	<0.01	<0.01	<0.01	≤0.05	✓
揮發酚 Volatile Phenols	毫克 / 公升	<0.001	<0.001	<0.001	≤0.002	✓
石油類 Petroleum Hydrocarbons	毫克 / 公升	<0.0125	<0.0125	<0.0125	≤0.05	✓
陰離子表面活性劑 Anionic Surfactants	毫克 / 公升	<0.1	<0.1	<0.1	≤0.2	✓
硫化物 Sulphides	毫克 / 公升	<0.05	<0.05	<0.05	≤0.1	✓
糞大腸菌群 Faecal Coliforms	個 / 公升	10[2]	70000[2]	1100[2]	≤2000	✓
硫酸鹽（以 SO$_4^{2-}$ 計）Sulphate (as SO$_4^{2-}$)	毫克 / 公升	8	12	10	≤250	✓
氯化物（以 Cl$^-$ 計）Chloride (as Cl$^-$)	毫克 / 公升	<5	10	7	≤250	✓

（續上表）

| 項目 | 單位 | 監測結果 | | | 國家《地表水環境質量標準(GB3838-2002)》第II類標準 | 達標（請參閱本表後列明的注意事項） |
		最低值	最高值	平均值		
硝酸鹽（以N計）Nitrate (as N)	毫克／公升	1.0	2.1	1.6	≤10	✓
鐵 Iron	毫克／公升	0.02	0.52	0.07	≤0.3	✓
錳 Manganese	毫克／公升	<0.01	0.19	0.03	≤0.1	✓
苯并(a)芘 Benzo[a]pyrene	毫克／公升	$<2.0 \times 10^{-6}$	$<2.0 \times 10^{-6}$	$<2.0 \times 10^{-6}$	$<2.8 \times 10^{-6}$	✓

注1：鉻（三價）及鉻（六價）之分析結果。
注2：埃希氏大腸桿菌之分析結果。
注意事項：　1. 廣東省當局在 2000 年開始興建一條從東江太園到深圳水庫的專用輸水管道。該管道於 2003 年啟用後，輸港東江水質已明顯改善。
　　　　　　2. 在 2015 年 5 月 28 日所簽署關於從東江取水供給香港的協議中，廣東省當局承諾會維持對香港供水的水質符合國家《地表水環境質量標準（GB3838-2002）》第II類標準（適用於集中式生活飲用水地表水源地一級保護區）。
　　　　　　3. 按國際慣例，水質達標與否乃根據水質監測數據之全年平均值作比較。縱然東江水中某些水質指標偶爾偏離 GB3838-2002 第II類所訂的標準值，例如在 2017 年 7 月、8 月期間，東江流域惠州等上游地區連場暴雨和深圳沙灣河因暴雨而需要洩洪等，使期間東江水的一些參數在一個短時間內偏離相關的標準值，但這些短暫偏離相關標準值的東江水水質仍然在水務署濾水廠處理能力範圍內。事實上所有原水包括東江水，會在水務署的濾水廠內經過多重嚴格的處理程序，包括過濾和消毒後，才供應給市民飲用。這時段內經處理後的食水在化學、細菌學和輻射學質量方面，均完全符合世界衛生組織在 2011 年制定之《飲用水水質準則》。有關詳情，請參閱水務署的食水水質資料。
　　　　　　4. 所有監測水質的水樣本均在木湖抽水站抽取。
　　　　　　5. 這時段內東江水的水質符合國家《地表水環境質量標準（GB3838-2002）》第II類標準。
資料來源：　香港特別行政區政府水務署。

第三節　地下水資源

地球表面約 70% 被水覆蓋，當中約 97% 是鹹水，約 3% 是淡水。淡水當中只有約 30% 是液態可加利用，而當中有 99% 位於地下，可見全球的地下水資源相對豐富。

香港某程度上蘊藏地下水資源，然而地下水蘊藏量多寡、分布情況及存量是否供社會可持續使用，受制於香港的地質、地下水的流失及補給速度等因素。

對於香港應該如何利用這些低鹽度的海床水流作海水化淡，以降低生產成本及能源消耗，又或在個別偏遠地區開井取地下水作飲用，香港政府和社會各界仍未有詳細探討。

一、已開發地下水資源

1. 官井
1841 年，英國佔領香港島後，大多數在維多利亞城的華人仍舊從井和溪澗取水，而歐籍居民一般於住所附近開井取水。1851 年，港府出資興建水井，開始為公眾免費提供用水（見圖 1-10）。1863 年，港府興建的本港第一個食水水塘薄扶林水塘落成，以政府水塘供水主導的公共供水系統不斷擴展，加上 1894 年本港爆發鼠疫，港府基於對公共衞生方面的考慮，逐步關閉所有水井，以保障食水的質素。

1895 年 12 月 24 日，港府按照英國公共衞生專家查維克（Osbert Chadwick）建議興建的九龍地下水地下供水系統投入運作。系統將位於九龍油麻地以北近何文田三個山谷的地下水收集，送往三個開鑿的地下水井，經油麻地抽水站向九龍半島居民供水。1906 年，九龍水塘開始向九龍供水以後，三個地下水井停用，自此本港公共供水系統不再使用井水為水源。

港府曾因應 1929 年及 1963 年至 1965 年出現的旱情，兩度短暫重開部分舊有水井，但呼籲市民必須將食水煮沸方可飲用。其中 1963 年至 1965 年出現的旱情，經港九各區街坊福利會調查發現全港最少共有 3500 口水井，港府批准其中近 300 個短暫重開予市民取水。

2. 民井

香港一些鄉村仍保存不少古井，例如上水上水圍的大元村、門口村、圍內村、甫上村、下北村；元朗的黃屋村、大圍村；大埔安富道七約、林村社山村、元朗屏山坑頭村、古洞北近石仔嶺，及一些離島例如吉澳、西貢鹽田梓等，而市區的古井則位於九龍城宋皇台、九龍寨城、薄扶林村等地，圖 1-11 為部分現存的古井外貌。大部分古井的確實建井年代不詳，

圖 1-10　1851 年，港府興建水井向公眾供水（示意圖）。（香港特別行政區政府水務署提供）

圖 1-11 （上）大埔安富道七約的井神；（左中）上水大元村古井；（左下）九龍寨城古井；
（右下）薄扶林村古井。這些水井大部分已不能再用。（香港地方志中心拍攝）

早年供居民取水，除少數偏遠地區的鄉村外，大部分井水已不作飲用並以水泥封口，而個別水井仍用作灌溉或飼養觀賞魚，附以鐵架保護，以策安全（見圖 1-12）。

二、潛在地下水資源

1. 山區地下水

1982 年，港府完成半山區發展規劃研究，顯示半山區有兩條相互連接的地下水系，一為蘊藏在基岩及風化岩石間的含水層，另外一為表層坡積、殘積土間的含水層。香港半山區的地質主要為火成岩、中間侵入花崗岩及風化火山岩，而斜坡的表面主要是火山岩或花崗岩風化後的坡積、殘積土，研究發現風化的火山岩多處出現孔隙，可積聚地下水。而坡積、殘積土層亦多處出現棲息地下水，主要是因為坡殘積土層往下伏的風化岩及基底岩的透水度不斷下降，導致地下水積聚。

雖然香港山區基岩層有少量的地下水資源，但由於水源的深度，一般是較難於抽取，故市區附近山邊的地下水不利於開拓使用，加上水務署直接供應全港食水，居民無需取用地下水。市區以外山區包括郊野公園的地下水受《水務條例》及《郊野公園條例》保護，保持自然流動，以維持附近的生態活動。

2. 平原集水區地下水

1987 年 9 月，港府進行一項研究，探索元朗區的地下水源，其中一項結論是元朗區的地下水資源有限。1988 年，港府以該份研究收集所得數據為基礎，委託英國地質專家來港進行的元朗—山背河集水區的水文地質研究，以收集一個典型集水區的水文數據。雖然研究發現元朗地下普遍存在兩條相連的含水層，一在沖積層，另一在基岩層，但由於元朗中部，包括市中心以及市中心以北的元朗工業邨，大部分地區已經城市化，而自然斜坡表面都已經被水泥灌漿，附近的河溪，如山背河、錦田河及其支流都已經渠道化，導致地表水迅速徑流入海，而無法補充因早期抽取地下水的損失，使地下水位低陷，引致污染的城市水滲入地下，及海水可能倒灌入地下含水層。研究顯示元朗的地下水鹽度非常參差，除小部分地下水樣本的鹽度低外，大部分的地下水樣本的鹽度都偏高，顯示地下水受到海水的污染。

3. 離岸地下水

2008 年，謝喬中、焦赳赳發表研究結果，透過分析吐露港船灣沿海水域中的氡 -222（^{222}Rn）同位素濃度變化，推測在小潮情況下每日有 8000 立方米海底地下水從陸地滲出，而在大潮情況下會增加至每日 17,000 立方米。

2012 年，李進銘等人發表研究結果，指出進一步利用鐳 -226（^{226}Ra）同位素濃度估算整個吐露港的總離岸地下水排放量達到 8.28 x 10^6 立方米／日，而從陸地淨排放的離岸地下水量只有 2.31 x 10^5 立方米／日，即大部分的離岸地下水是循環流動的。2014 年，羅新

圖 1-12　井水早年負責供應食水，現時大都已停用，又或用作飼養觀賞魚（上）或用作淋花（下）。（陳漢輝提供）

等人發表利用 ^{224}Ra 及 ^{223}Ra 亦估算吐露港的總離岸地下水排放量總量為 1.2-3.0 x 10^6 立方米，包括上層的 5.7-7.9 x 10^5 立方米／日及底層的 0.3-2.0 x 10^5 立方米／日，而從陸地淨排放的離岸地下水量為 2.1-5.5 x 10^5 立方米／日。

2015 年及 2016 年焦赳赳、鄺曉彤等人先後發表研究結果，指出從香港大嶼山南面水域多個離岸鑽孔中的主要離子，包括氯離子（Cl$^-$）、鉀離子（K$^+$）、鈉離子（Na$^+$）、鎂離子（Mg^{2+}）、鈣離子（Ca^{2+}）、硫酸根離子（SO$_4^{-2}$）等的垂直濃度分布研究中，發現香港離岸有可能普遍存在低鹽度的地下水。

綜合以上的學術研究結果，包括分析氯及其他主要離子濃度的垂直分布、放射性同位素活躍度及衛星紅外線影像等，顯示香港多處離岸海牀下有低鹽度的地下水從陸地滲出海中，若適當抽取並經處理後可作飲用，或利用作海水化淡之用。

第四節　海水資源

香港三面環海，有無限的海水資源。海水雖然不能飲用，但可以作為水資源加以善用。水務署自 1957 年起，開始供應海水作沖廁用途。2017 年，水務署供應約 278 百萬立方米的海水，節省了相同份量用於沖廁的食水，相當於本港約兩成的總水用量。

一、海水沖廁

1957 年，水務局（1982 年改組為水務署）於九龍石硤尾和李鄭屋徙置區域安裝本港首個海水沖廁系統，隨後系統陸續擴展到長沙灣、黃大仙、觀塘和北角等地區（見圖 1-13）。

1965 年，港府規定所有新建和重建的樓宇，必須同時安裝食水和沖廁水兩套供水系統，自此海水沖廁網絡逐漸擴展。1960 年代中期以後，水務局更將海水沖廁系統擴展至整個九龍及港島西區。

1972 年，海水沖廁計劃由按量收費改為免費。由於沖廁用海水費用全免，用戶有經濟誘因把食水轉換為海水作沖廁用途。1970 年代至 1990 年代港府推展新市鎮計劃，海水沖廁網絡亦陸續擴展到荃灣、沙田、屯門和將軍澳等地區，2000 年後更進一步擴展到薄扶林及元朗區。

截至 2017 年 3 月 31 日，全港共有 35 座海水抽水站、7 座食水及海水抽水站、54 座海水配水庫及 1582 公里長的海水水管，海水沖廁供應網絡覆蓋約 85% 人口。香港是世界上少數廣泛使用海水沖廁的城市，亦受到國際工程界的認同，其中水務署於 2001 年獲英國

圖 1-13　建築中的佐敦谷海水抽水站，連接九龍區的海水沖廁系統。（攝於 1960 年 6 月，香港特別行政區政府水務署提供）

水務和環境管理學會（The Chartered Institution of Water and Environmental Management (CIWEM)）頒發 Chris Binnie 持續水務管理大獎，以表揚香港廣泛使用海水沖廁的成就。

二、沖廁海水水質

水務署供應的沖廁用海水均會經過處理，雖然處理方法一般不及食水處理般嚴格，但水質仍須符合水務署所訂定的沖廁用鹹水質指標，確保水質在觀感上和衛生方面均達至可接受程度，適合作沖廁用途。

海水被抽入海水抽水站前，會先通過隔網去除水中較大的雜質，再於抽水站加入次氯酸鈉（NaClO）溶液進行消毒，並確認水質符合水務署規定的顏色、混濁度、氣味等要求，才輸送至配水庫予用戶使用。

水務署的海水抽水站設有在線水質監測儀器（見圖 1-14），作實時監察沖廁用海水中的餘氯及混濁度，以確認水質符合規定。

水務署自 1957 年開始定期從沖廁用海水供應系統包括抽水站、配水庫、供水網絡及用戶的廁所水箱抽取水樣本，作簡單分析，及後於 1993 年訂立沖廁用海水的水質指標，進行物理、化學及細菌等項目測試，確保供應給用戶的沖廁用海水在觀感上和衛生方面均符合水務署訂定的水質指標（見表 1-10）。

圖 1-14　在線海水水質監測儀器，用作監察沖廁所海
水的水質。（香港特別行政區政府水務署提供）

表 1-10　香港水務署制定沖廁用鹹水水質指標情況表

參數	沖廁用海水的水質指標 （供水位置）
色度（Hazen）	＜ 40
混濁度 (NTU)	＜ 20
氣味閾值 (TON)	＜ 100
氨氮（毫克 / 公升）	＜ 1
懸浮物（毫克 / 公升）	＜ 20
溶解氧（毫克 / 公升）	＞ 2
五日生化需氧量（毫克 / 公升）	＜ 10
合成清潔劑（毫克 / 公升）	＜ 5
埃希氏大腸桿菌（菌落數 /100 毫升）	＜ 5000

資料來源：　香港特別行政區政府水務署。

自 1993 年，水務署將沖廁用海水水質納入服務目標。服務目標以百分比計算，根據水質監
測結果評估沖廁用海水水質是否達到水務署所訂定的水質指標。歷年來監測結果顯示，沖
廁用海水水質恒常維持穩定，適合作沖廁用途。若發現海水水質變差，水務署會為海水供
應系統提供臨時淡水作沖廁用途，以確保沖廁水的水質穩定。

2013 年 7 月，水務署在水質事務諮詢委員會的支持和贊同下，推行「沖廁水系統優質維修認可計劃」，向妥善保養和維修沖廁系統的樓宇頒發認可證書。2015 年 3 月，計劃改稱「大廈優質供水認可計劃－沖廁水」。

三、沖廁系統規劃與設計

水務署一般在技術可行及符合成本效益的情況下，會把海水供應擴展至仍然使用食水沖廁的地區，當中的主要考慮因素包括地區的人口分布密度及數量，以及海水取水口與供應區域的距離等。截至 2017 年，本港仍使用淡水沖廁的地區有山頂、港島南區部分地區如赤柱和淺水灣、西貢區（不包括將軍澳新市鎮）、北區和大部分離島區等（見圖 1-15）。水務署會適時檢視各區人口分布，並參考統計署的人口推算，以便策劃新的海水或循環再用水供應系統。

海水供應系統採用「調節池」式設計，海水從抽水站的輸水管直接抽送到用戶，而剩餘的水則送往海水配水庫儲存；當用水需求增加時，又能即時將儲存在配水庫的水供應給用戶使用。這設計的優點，在於可節省電費，而用戶又可享用到可靠和穩定的供應。另外，海水配水庫一般位處食水配水庫附近，當有特殊需要時，可臨時把食水通過海水管道輸送給

圖 1-15　2017 年香港海水沖廁供應範圍分布圖

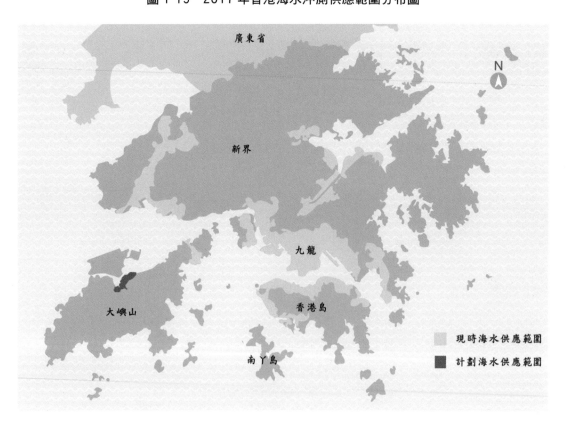

資料來源：　香港特別行政區政府水務署。

圖 1-16　薄扶林鋼線灣海水抽水站電腦模擬鳥瞰圖。薄扶林鋼線灣海水抽水站為薄扶林區海水供應系統一部分。2013 年，該系統竣工，除為區內樓宇提供沖廁用海水外，也為市民提供休憩用地。（香港特別行政區政府水務署提供）

用戶作沖廁用途，確保沖廁水的水質和可靠程度。

由於海水抽水站一般位處海旁位置，隨着市民對海濱的規劃用途的要求日益提高，新建的海水抽水站都加入環境美化的元素，並且盡量預留空間用作公眾休憩用途，使抽水站發揮其原有功能之外，又能促進社區建設（見圖 1-16）。

四、消防用水

水務署除了供水給市民及工商業外，亦供應消防用水作滅火用途。截至 2017 年，消防用水透過遍布全港的消防栓（俗稱「火藠」）供應，總數約 22,000 個。消防栓由水務署負責建造和維修保養，一般而言，街道上大約相隔 100 米便會裝設一個。消防栓可分為座墩消防栓和鵝頸消防栓兩類（見圖 1-17）。前者裝設在直徑較大的喉管上，常見於市區一般的街道，數目較多，佔總數約八成；後者裝設在直徑較小的喉管上，多見於鄉郊地方，數目較少，佔總數餘下約兩成。水源方面，消防用水可分為淡水和鹹水兩類。使用淡水的消防栓會髹上紅色，而使用鹹水的消防栓則會髹上黃色，滅火功能無異。過去香港政府曾使用不同設計的消防栓，大部分已被淘汰，少數仍見於舊區街道（見圖 1-18）。

圖 1-17 本港兩種消防栓：座墩消防栓（上）、鵝頸消防栓（下）。（香港地方志中心拍攝）

圖 1-18　三款舊式消防栓，大部分已被淘汰，只有少數仍未被拆卸。（香港地方志中心拍攝）

五、海水化淡

可靠的食水供應對香港的持續發展及經濟增長尤其重要。香港的食水資源來自本地集水區收集到的雨水和從廣東省東江輸入的原水。然而，這兩種水源均容易受到氣候變化影響。此外，香港食水的可靠供應亦面對其他挑戰，包括人口及經濟增長引致用水需求上升，以及珠江三角洲地區經濟急速發展導致對東江水持續需求殷切。

1. 樂安排海水化淡廠

1973 年，港府為解決水荒問題，於屯門樂安排興建當時全球最大型海水化淡廠（見圖 1-19）。海水化淡廠利用蒸汽鍋爐機組，燃燒石油將海水加熱蒸餾成淡水。海水化淡廠於 1975 年 10 月投產，惟兩年後停產。1978 年至 1979 年第二次全球石油危機，令海水化淡的成本大幅增加，1981 年港府估計每千加侖食水的生產成本需要 38 元，較 1974 年高出 8 倍。1982 年，港府為避免承擔海水化淡的高昂成本，關閉樂安排海水化淡廠。化淡廠在短暫的投產期，只生產不到 140 億加侖淡水（見表 1-11）。

圖 1-19　建於 1970 年代的屯門樂安排海水化淡廠，為當時全球最大的海水化淡廠。（香港特別行政區政府水務署提供）

表 1-11　1975 年至 1977 年樂安排海水化淡廠淡水供應量統計表

年份	供應量（億加侖）
1975	16.82
1976	16.06
1977	107.00
共計	139.88

資料來源：　香港特別行政區政府水務署。

2. 將軍澳海水化淡廠

2002 年及 2007 年，水務署先後完成兩個有關海水化淡技術的可行性研究，確定本港可以採用逆滲透海水化淡技術，生產符合世界衞生組織《飲用水水質準則》的食水。

逆滲透海水化淡技術是利用能源把存在於海水中的鹽份及雜質隔離，其原理主要為應用水分子經半透膜的擴散現象，將海水轉化為食水。在自然滲透的情況下，若在半透膜兩側分別為淡水及含鹽類之溶液，按自然定律，溶液會通過半透膜由較低濃度（淡水）的一邊移動至較高濃度（鹽溶液）的一邊。若在鹽溶液的一邊施以大於滲透壓之壓力時，鹽溶液的化學勢能會高於淡水，從而使鹽溶液中的水份，通過半透膜流向淡水一邊，此種現象即稱為逆滲透（見圖 1-20）。

2008 年，水務署推行「全面水資源管理策略」，一方面着重控制食水需求增長，另一方面亦利用多元化的水資源提升食水供應的應變能力。為應對因氣候變化而出現本地年降雨量低於預測下限的情況，水務署認為發展海水化淡技術，可作為一種不受氣候變化影響的策略性水資源，保障香港供水穩定性。

2012 年，水務署委聘顧問，就於將軍澳興建海水化淡廠，進行策劃及勘查研究。經評估其可行性及成本效益、進行初步設計、制定工程實施策略及時間表，以及進行各項環境影響評估後，確認將軍澳第 137 區是興建海水化淡廠的合適地點。

圖 1-20　海水化淡工作原理示意圖

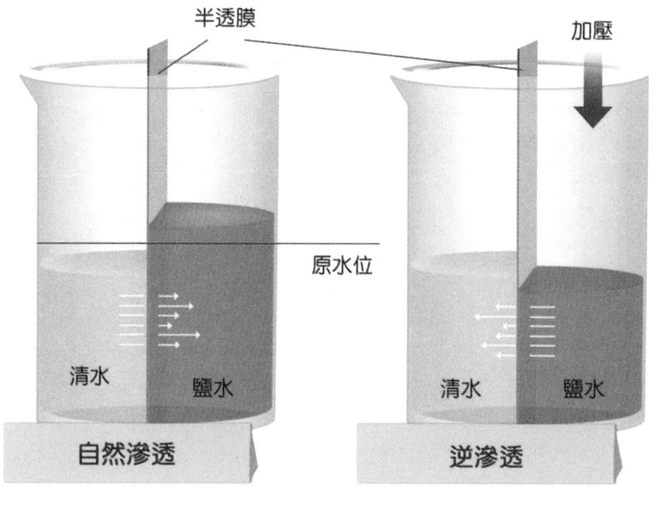

資料來源：　香港特別行政區政府水務署。

2015 年，水務署委聘顧問，開展將軍澳海水化淡廠第一階段的勘查研究檢討、設計及相關工地勘測工程，並就海水化淡廠擬備參考設計。2017 年，水務署開始敷設一條長約 10 公里的食水管，以連接海水化淡廠和將軍澳食水主配水庫（見圖 1-21）。

將軍澳海水化淡廠位置

將軍澳海水化淡廠的建議位置

圖 1-21　將軍澳海水化淡廠位置。（香港特別行政區政府水務署提供）

將軍澳海水化淡廠第一階段採用逆滲透海水化淡技術生產食水，預計 2023 年投入運作，第一階段海水化淡廠生產的食水可符合香港食水標準，其食水產量為每年 5000 萬立方米，其後可擴展至每年 1 億立方米，為本港供應 5% 至 10% 的食水用量。

雖然海水化淡廠的產量不受氣候變化影響，但興建海水化淡廠需要較大面積臨海用地，而且建造和運作成本高、耗電量大和對環境造成影響（例如高碳排放和高濃度鹽水排放），水務署評估海水化淡仍難以取代東江水成為本港主要的食水供應來源。

第五節　水資源管理

一、行政架構及法規

水務署專責管理香港的主要水源（即本地收集的雨水、東江水和沖廁用海水）及其相關設施。渠務署負責管理雨水排放系統及污水收集、處理和排放設施。環境保護署主要監測本港海水、泳灘及河溪水質，並根據《水污染管制條例》管制排放以保障水體環境免受污染。截至 2017 年，香港約有三分一的土地被規劃為集水區，用作收集並儲存雨水。大部分集水區屬於郊野公園範圍，受到《郊野公園條例》保護，區內的發展會受到嚴格控制。

2000 年 4 月 1 日，特區政府旨在鼓勵公眾廣泛參與監察本港供水水質和提高政府在水質資訊方面的透明度，成立水質事務諮詢委員會，作為獨立諮詢組織，透過水務署署長向特區政府就水質事務提供意見。2012 年 4 月 1 日，特區政府鑒於市民對水資源的保護和管理的關注日益增加，擴大委員會職權範圍至水資源事宜，並易名為水資源及供水水質事務諮詢委員會。2016 年 4 月 1 日，特區政府鑒於社會除了對香港水資源及供水水質的關注外，對更廣泛的供水議題，如管網管理的期望日漸提高，擴展委員會職權範圍至管網管理事宜，並將委員會改名為水務諮詢委員會。委員會成員包括學者、環保人士、工程業界人士及有關政府部門和決策局的官員。

二、水資源多元化策略

1. 偏遠鄉村供水
截至 2017 年，全港的自來水供應系統已覆蓋絕大多數的人口，沒有自來水供應的地方主要是一些偏遠及人口稀少的鄉村。這些鄉村雖然沒有自來水供應，但都設有溪水、井水或雨水收集的設施，並沿用多年，當中大部分設施由民政事務總署負責維修保養。此外，食物環境衞生署亦會定期監察水質，確保水源經煮沸後是否適宜飲用。倘若有關水源在某些情況下枯竭或不足，特區政府會提供適時協助，包括運送食水。

1980 年以來，水務署與其他政府部門及鄉議局合作，為全港約 700 多條鄉村研究改善供水工程。截至 2016 年年底，水務署已為 724 條鄉村供應自來水，尚餘 19 條鄉村未有提供。上述偏遠鄉村遠離市區及現有自來水供水網絡，而且人口稀少，在此建造自來水供應系統，將會出現用水量偏低情況，導致食水在水管內長期停留不動而令水質容易變差。此外，這些偏遠鄉村大部分位處高地，自來水供應系統需包括泵房、高地配水缸、長距離的水管及相關測漏和監控設施等，鑒於人口稀少，若要延伸自來水供應系統至此，建造供應系統人均建設成本相對高昂。水務署將持續密切留意及定期檢視未有自來水供應的偏遠鄉村情況。

2. 循環再用水

踏入二十一世紀，水務署積極探討由中央系統供應循環再用水（即再造水、重用中水和回收雨水），以應用於使用臨時淡水沖廁的地區及新發展區域，尤其是位於內陸的地區，以控制食水需求增長。使用循環再用水可以減少排放經處理的排放水至承受水域，從而減少對環境的影響。

再造水

2006 年，渠務署於昂坪污水處理廠推行本港首個再造水試驗計劃，污水處理廠將經過淨化和消毒的污水，用作灌溉、養魚及公眾洗手間沖廁等非飲用用途。截至 2017 年，昂坪、沙田、大埔及西貢的污水處理廠均有生產再造水作非飲用用途，每日總產量合共約 1300 立方米。

中水重用及雨水回收

從浴室、洗手盆、廚房洗滌盆和洗衣機等地方收集得來的水稱為中水，中水與收集的雨水經處理後可予以重用，作沖廁等非飲用用途。

2015 年 4 月，發展局和環境局聯合發布《綠色政府建築》技術通告羅列了詳細指引，要求各部門於可行情況下在新建政府項目安裝中水重用及雨水回收設施，以減少非飲用用途的食水用量，而同年動工的水務署天水圍大樓是其中一個設有有關系統的項目。2016 年，香港綠色建築議會及建築環保評估協會推出的「綠建環評既有建築 2.0 版評估工具」亦增加私人樓宇使用中水重用及雨水回收系統的額外評級得分，以鼓勵發展商提供相關系統，減少使用食水作非飲用用途。

3. 水管維修防漏及食水流失

二戰後，水務署逐漸確立以測漏區檢測法監察水管滲漏情況，署方一般在晚間暫停測漏區的供水，然後派員對管道進行音聽視察、記錄噪聲和測試流量。

2000 年起，水務署推行「更換及修復水管計劃」，分階段更換或修復全港約 3000 公里老化的政府水管，包括約 2500 公里的食水水管和 500 公里的鹹水水管，2015 年年底大

圖 1-22　水務署的工程人員於街道上進行水管修復工程，以防水管老化爆裂而導致供水中斷或水浸等情況。（香港特別行政區政府水務署提供）

致完成（見圖 1-22）。計劃旨在全面及透過具成本效益的方式更新供水網絡，減少老化水管因爆裂及滲漏導致用水流失、供水中斷以至水浸造成交通阻塞的情況，減少對市民造成不便。

2003 年，水務署為監察私人供水系統滲漏情況，推行「監察大型屋邨耗水量計劃」，在選定的公共屋邨和私人屋苑的界線外安裝監察總錶，以監察食水耗用量以及食水配水系統的滲漏問題。2006 年起，水務署開展在屋邨安裝總水錶計劃，與住戶水錶錄得的總耗水量比對，並透過偵查、檢控、宣傳教育、更換水錶等工作，旨在減少用水流失的情況。截至 2017 年，水務署已於 275 個屋邨安裝監察總水錶。

香港審計署在 2010 年、2011 年和 2015 年先後發表三份有關供水流失的審計報告。在 2015 年的報告中，審計署分析 2004 年至 2013 年未經處理的淡水量和經水錶記錄的淡水量，發現兩者有 31% 至 38% 的差異，並提出改善建議。造成差異主要原因包括：

　　（a）水管爆裂、滲漏導致用水流失；

(b) 在處理淡水過程中或其他運作需要的用水，例如沖洗水管、測試新水管及消防處用以滅火等；

(c) 因未獲授權使用而未經水錶記錄的用戶用水；及

(d) 因水錶欠準而未有記錄的用戶用水。

水務署接納審計署建議，並作出改善措施，滲漏情況得以放緩。例如政府水管滲漏所造成的淡水流失量，已由 2010 年的 1.73 億立方米，減至 2013 年的 1.57 億立方米（減幅約 9%）。

審計署在 2015 年的報告中，特別分析 2013 年不同類別的淡水用量，指出未經水錶記錄用水量佔總用水量 31.6%，其中 16.8%（即 1.57 億立方米）來自政府水管爆裂及滲漏，14.8%（即 1.38 億立方米）來自上述 (b)、(c)、(d) 原因及私人喉管爆裂及滲漏。水管爆裂及滲漏的主要原因包括：

(i) 香港地勢環境，造成水壓偏高；

(ii) 政府水管大部分埋在地下，易受附近駛經重型車輛震動影響；及

(iii) 市區地下公共設施擠迫，需要經常掘地維護，影響附近地下水管。

根據水務署數據顯示，至 2015 年年底，已大致完成長約 3000 公里老化公共食水和鹹水水管的更換或修復工程，而水管爆裂導致用水流失的情況有所改善。從 2000 年每年的 2500 宗個案，減至 2017 年的約 90 宗；而整體政府食水水管漏水比率，亦從 2000 年前的超過 25%，降至 2017 年的約 15%。與其他城市、地區或國家比較，香港漏水比率排名位處中等（見圖 1-23）。

在 2015 年完成為期 15 年的更換及修復水管計劃後，水務署推行「風險為本水管資產管理策略」，持續評估水管的狀況，並針對高爆裂和滲漏風險的水管優先進行改善工程。水管爆裂和滲漏風險評估的考慮因素，包括水管爆裂或滲漏的後果、使用年期、物料、過往爆裂或滲漏記錄、周遭環境等。在有關策略下，已持續地為全港各區域制定水管改善計劃，並分階段開展相關的水管更換及修復工程。

三、全面水資源管理策略

2008 年，水務署推行「全面水資源管理策略」（「策略」），當中制定可持續運用水資源的策略，旨在確保香港供水穩定，支持社會發展。「策略」的重點是「先節後增」，強調節約用水，以控制用水需求增長，並開拓新水源。「策略」主要分兩方面：用水需求管理及供水管理。

用水需求管理方面，主要措施為加強節約用水的公眾教育，包括於 2012 年在旺角辦事處開

圖 1-23　2017 年香港與其他城市／地區／國家食水漏水比率統計圖

城市/地區/國家	食水漏水比率
愛爾蘭	47%
馬爾他	42%
意大利	37%
西班牙	28%
斯洛伐克	27%
塞浦路斯	23%
英國	23%
葡萄牙	22%
比利時	21%
法國	20%
芬蘭	19%
瑞典	18%
捷克	17%
台灣	17%
香港	15%
波蘭	15%
美國*	14%
多倫多*	13%
丹麥	8%
德國	7%
荷蘭	5%

注 1：美國實際漏水比率為 10%-18%，在圖上顯示為平均值 14%。
注 2：多倫多實際漏水比比率為 10%-15%，在圖上顯示為平均值 13%。
資料來源：　1. American Institute in Taiwan's Commercial Section: Kaohsiung Branch Office, *Water Technology Industry In Southern Taiwan* (2017).
　　　　　2 Folkman Steven, *Water Main Break Rates In the USA and Canada: A Comprehensive Study* (Utah State University Buried Structures Laboratory, 2018).
　　　　　3. European Federation of National Associations of Water Services, *Europe's water in figures: An overview of the European drinking water and waste water sectors* (2017).
　　　　　4. Water Canada 網站。

設臨時性質的水資源教育中心，[6] 旨在增進年青一代對水資源及節約用水知識，同時設立流動展覽車，在各區定期舉行巡迴展覽，令市民注意和認識節約用水。

另外，水務署擴大以住宅用戶和商業用戶為對象的推廣節約用水計劃。住宅用戶方面，水務署於 2014 年推行「齊來慳水十公升」運動，鼓勵市民改變生活習慣，並向參與的市民提供可安裝於水龍頭或花灑的節流器，幫助市民節約用水。商業用戶方面，水務署於 2016

6　水務署已籌劃於天水圍設立永久的資源教育中心。

年起為主要高用水量行業（例如餐飲、酒店及洗衣等）制定最佳用水指引。2017 年 2 月 1 日，水務署將自願性「用水效益標籤計劃」（2009 年設立）提升至強制性質，凡住宅處所的廚房及所有處所的浴室和洗手間使用的用水裝置和器具，必須採用該計劃下已註冊產品，旨在進一步推廣使用節水器具。[7]

此外，水務署於 2000 年至 2015 年期間透過更換和修復長達 3000 公里的老化水管，以減少水管滲漏，隨後更推行風險為本的水管資產管理策略，以維持供水管網的健康狀況。為節約食水，水務署擴大使用海水沖廁，2017 年水務署的沖廁海水管網覆蓋全港約 85% 人口。

在用水供應管理方面，水務署為應對氣候變化，例如天氣持續乾旱及人口持續增長所帶來的挑戰，着手開拓不受氣候變化影響的新水資源，例如海水化淡及循環再造水。海水化淡方面，水務署於 2015 年完成探討在將軍澳設立一所海水化淡廠的顧問研究，並制定實施策略及時間表。同年，渠務處開始擴建上水石湖墟污水廠，將污水處理水平由二級逐步提升至三級，以提供經污水處理廠處理的排放水，再加工處理為再造水，作洗街及灌溉等非飲用用途，從而減少供應淡水的壓力。

---

7   即沐浴花灑、水龍頭、洗衣機、小便器用具、節流器和水廁。

第二章
可再生能源

能源是宇宙最基本的部分之一，對人們的日常生活至關重要，而社會的日常運作亦有賴於穩定的能源供應。其中可再生能源泛指那些由自然界獲得或產生之能源，如風能、太陽能、地熱能等。根據特區政府機電工程署的定義，可再生能源不包括核能。[1]

一、能源消耗和燃料類型

2017 年，香港人口約 740 萬人，能源消耗（能耗）超過 28.3 萬太焦耳（相等於 790 億千瓦小時[2]），主要來自化石燃料，如煤炭、石油及天然氣等，用於發電、交通運輸及工商業。香港由於地理、經濟和社會因素，幾乎所有的一次能源[3]（primary energy）都是進口所得。

圖 2-1 顯示香港由 1998 年至 2017 年按燃料類型劃分的能耗，以及電力、煤氣和液化石油氣及石油和煤炭三種能源各自消耗的能源比例。在這近 20 年間，整體能耗有逐漸增加的趨勢，由 1998 年的 26.8 萬太焦耳升至 2017 年的 28.3 萬太焦耳，平均每年上升 0.3%。石油和煤炭產品則有明顯下降的趨勢，從 1998 年的 11.5 萬太焦耳下降到 2017 年的 7.7 萬太焦耳，平均每年下降 1.6%，這是由於香港政府和社會對空氣素質的要求持續提高，使發電廠及公共運輸使用更多較清潔燃料，例如天然氣和液化石油氣，取代煤炭及石油。

圖 2-1 顯示，香港消耗的大部分能源來自化石燃料。使用化石燃料的主要缺點是大量空氣污染物和溫室氣體會排放到大氣中，如二氧化碳、二氧化硫和顆粒物，造成空氣污染和加劇全球氣候變化等問題，威脅人類的健康和生態系統。此外，儘管化石燃料既方便又便宜，礙於蘊藏量所限，化石燃料不可能以可持續的方式使用下去。由於可再生能源是潔淨能源，不會排放空氣污染物和溫室氣體，因此有助香港實現減低碳強度的目標，因此香港特區成立以後對可再生能源的重視程度日益提高，以滿足日益增長的能源需求和維持可持續發展的環境。2017 年 1 月，特區政府為應對全球氣候變化，公布《香港氣候行動藍圖 2030+》，其中列明政府目標為 2030 年將香港的碳強度水平[4]相比 2005 年減小 65% 至 70%。

二、可再生能源的應用

踏入二十一世紀，全球持續研究、開發和應用可再生能源的新技術，以減少化石能源在使

1　香港特別行政區政府機電工程署：〈一般資訊 ＞常見問題〉，香港可再生能源網，2023 年 10 月 17 日瀏覽，https://re.emsd.gov.hk/tc_chi/gen/faq/faq.html。

2　1 千瓦小時相等於 1 度電。

3　一次能源是指直接來自自然界的天然能源如柴草及化石燃料等。

4　碳強度是指每一單位國民生產總值（GDP）所產生的二氧化碳排放量。

圖 2-1 1998 年至 2017 年香港按燃料類型劃分每年能源消耗量統計圖

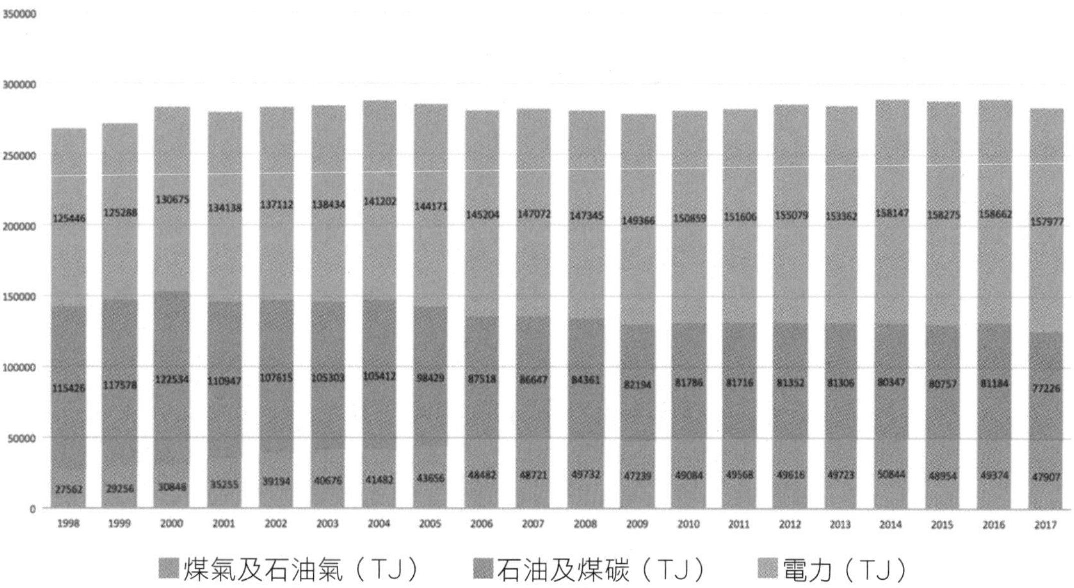

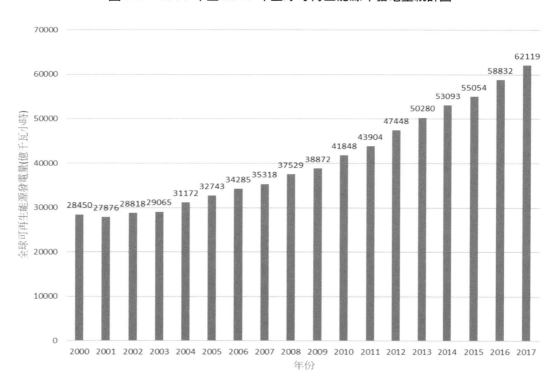

■煤氣及石油氣（TJ） ■石油及煤碳（TJ） ■電力（TJ）

資料來源： 香港地方志中心根據機電工程署《香港能源最終用途數據》製作。

圖 2-2 2000 年至 2017 年全球可再生能源年發電量統計圖

資料來源： 香港地方志中心根據國際再生能源總署（International Renewable Energy Agency）資料製作。

圖 2-3　香港已發展地區和地形影像地圖

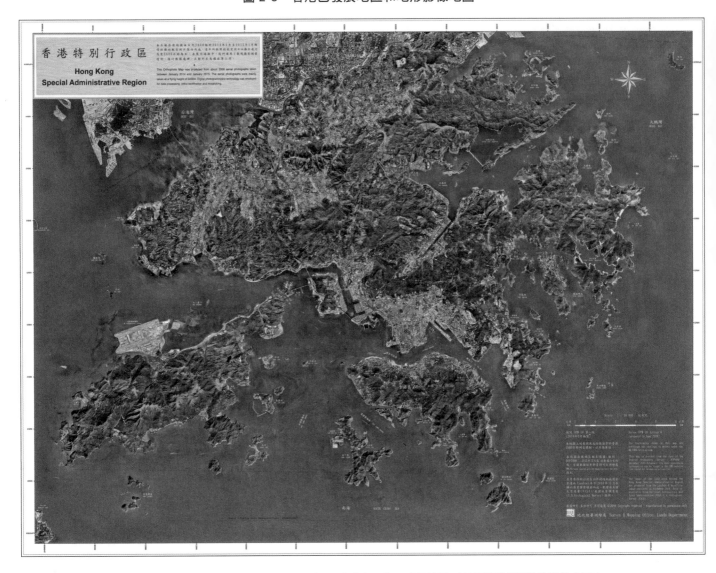

香港地勢山多平地少，綠色部分主要為未開發的郊野地區，灰色部分為已發展地區。（地圖版權屬香港特別行政區政府；資料來源：地政總署測繪處）

用過程中排放的有毒和溫室氣體。2017 年，可再生能源佔全球發電量約 29%。近 20 年來，全球可再生能源發電量呈明顯上升趨勢；圖 2-2 顯示全球由 2000 年至 2017 年間，每年可再生能源之總發電量。在統計期內，全球可再生能源的發電量出現持續增長的趨勢，年增長率達到 4.7%；惟 2001 年有所下降，主要原因是當年水力發電量下降，往後已回復升勢。然而，在香港的總電力供應中，可再生能源只佔有微小的百分比（小於 0.2%）。

由於可再生能源不會產生碳排放，國際社會傾向認同在未來需要以可再生能源逐步取代化石能源。圖 2-3 為香港已發展地區和自然地形的衛星地圖，礙於多山的地理格局，香港僅開發了一小部分土地，加上社會對房屋和城市發展有龐大需求，因此在尋找可發展及廣闊平坦的土地來安裝可再生能源設備方面，極具挑戰性。此外，太陽能光伏電池板和風力渦輪機等可再生能源設施容易受到颱風等自然災害損壞，會大幅提高維修保養成本，亦對本港大規模發展可再生能源造成限制。

2000年11月，機電工程署委託顧問研究在香港發展各種可再生能源的可行性，包括太陽能、風能、生物質能、水能和廢物能源等。此外，生產和儲存能源相關之技術，如燃料電池和其他技術也被納入研究範圍。2002年發表的第一階段研究報告，指出太陽能光伏系統（包括建築式或非建築式）、廢物能源和建築集成燃料電池可能適合在香港大規模應用。研究亦指出，本港風力資源分布不平均，發展大型陸上風力發電機組並不可行，但本港擁有豐富的海上風力資源，發展大型海上風力發電場具可行性。報告沒有詳細研究「轉廢為能」，惟指出香港每年產生大量都市固體廢物及廚餘，可轉化為能源，亦可被視為本港適合發展的可再生能源。

2005年，香港政府提出首個香港可持續發展策略，提出到2012年，可再生能源佔香港總用電量的1%至2%之目標。這將為大約8萬戶家庭提供所需的電力，預計將減少34萬噸至38萬噸二氧化碳和其他空氣污染物。2017年1月，特區政府公布的《香港氣候行動藍圖2030+》，指出香港估計由2017年至2030年間，能夠以風力、太陽能及轉廢為能實現可再生能源的潛力約為3%至4%，政府將會牽動推廣應用可再生能源，並鼓勵更多私營機構支持。

受制於地理環境，並非所有可再生能源都適合在香港發展。本章將集中記述在香港可應用的再生能源發展情況，涵蓋太陽能、風能、生物燃料和其他小型的可再生和清潔能源，例如小型水力發電、堆填沼氣再用和垃圾發電等。

第二節　太陽能

太陽是太陽系的中心，陽光是地球上所有能量的基本來源。太陽能是世界上使用最廣泛的可再生能源之一，產生過程不涉及溫室氣體或其他有毒氣體的釋放，然而產生的能量多寡受制於天氣條件。本港的日照資源足以支持香港發展太陽能，根據天文台的資料，在1993年至2017年間，香港每年平均日照時數波動不大，約在1540至2120小時之間，平均為1814小時，而年平均日照百分比約為41%。香港天文台於1983年至2013年在京士柏氣象站收集的年太陽輻射量為11.8至14.5MJ/m^{2}之間，年平均為13MJ/m^2；太陽輻射一般在7月達到峰值。

香港通常採用兩種類型的太陽能設備：太陽能熱水系統和太陽能光伏電池。太陽能熱水系統收集太陽光的紅外線輻射，直接將其轉化為熱能，並將能量儲存在水中（見圖2-4）。太陽能熱水器通常放置在建築物的屋頂上，然而香港大部分建築物都是高層建築物，安裝太陽能熱水器系統比在唐樓及村屋困難，因此本港無法廣泛應用相關技術。

圖 2-4　太陽能熱水系統機制示意圖

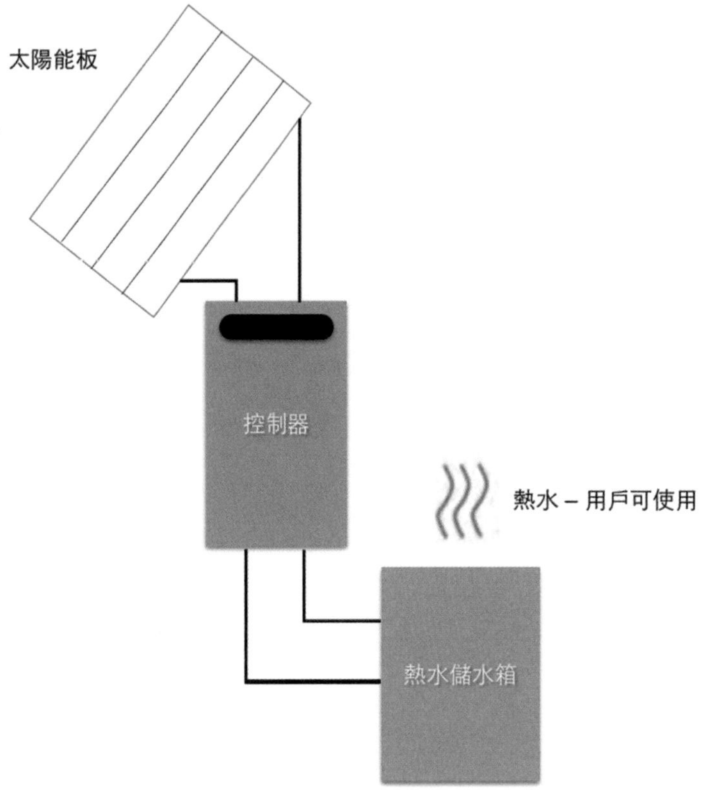
太陽能板
控制器
熱水 – 用戶可使用
熱水儲水箱

（香港地方志中心製作）

某些半導體材料（如矽）暴露於太陽輻射時會產生小電流（見圖 2-5），而太陽能光伏電池正是運用這原理產生電力。太陽能光伏電池是一種結合 p 型和 n 型（pn）二極管的半導體器件。當太陽光子照射在太陽能光伏電池上時，電池的電子被擊散並朝上表面移動，使上表面帶負電，下表面帶正電。當表面與導線連接時，便會產生電位差，使電子在負極和正極之間流動。因此，太陽能光伏電池可將太陽能轉換為直流（DC）電或可發送到電網之交流（AC）電。踏入二十一世紀，全球太陽能光伏電池板技術顯著提升，效率顯著提高，成本則顯著降低，太陽能發電量亦快速增長。圖 2-6 顯示由 2000 年至 2017 年間全球太陽能發電量之趨勢。2017 年的總發電量為 4373 億千瓦小時，與 2008 年相比，10 年間增長了 33 倍，凸顯了太陽能在可再生能源市場中之重要變化。由於太陽能光伏電池板價格持續下降，其在香港的應用亦不斷增加。

與太陽能熱水系統不同，太陽能光伏電池板安裝更靈活，可以放置在平坦的土地上、屋頂上或建築物的側壁上。建築光伏一體化（Building-integrated photovoltaics, BIPV）[5] 是建築材

5　即是將太陽能光伏產品集成到建築上的技術。

圖 2-5　太陽能光伏電池板功能示意圖

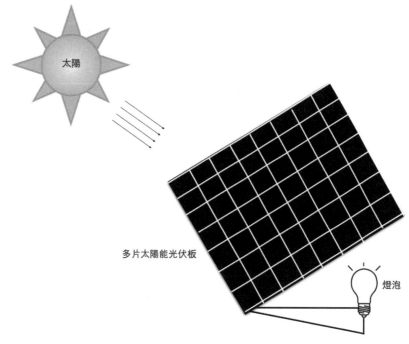

（香港地方志中心製作）

圖 2-6　2000 年至 2017 年全球太陽能年發電量統計圖

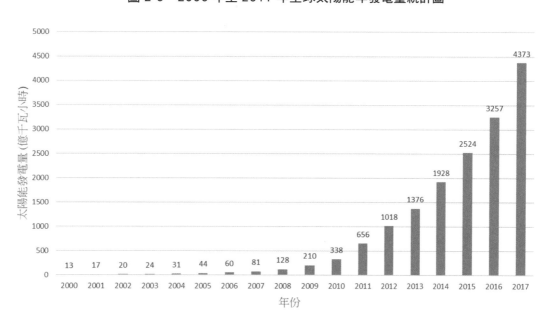

資料來源：　香港地方志中心根據國際再生能源總署（International Renewable Energy Agency）資料製作。

料和光伏系統結合的最可行的方式之一。由於香港有大量建築物，所以建築光伏一體化在香港廣泛發展的可行性也很高。

香港社會於生活處所應用太陽能可追溯至 1970 年代，一般都屬小規模，其中最早的太陽能熱水器由烏溪沙青年新村於 1974 年安裝。1978 年，尖沙咀的香港酒店亦裝置相關設備以提供日常生活用熱水。

1977 年，港府鑒於 1974 年石油危機後石油和煤氣價格急升，由工務司署代表市政事務署委託香港大學機械工程系系主任布格斯（E. A. Burges）開展本港首個正式的太陽能研究，探討於公共泳池和浴室安裝太陽能熱水裝置的可行性，並以灣仔摩利臣山游泳池作為試驗地點，於冬季為泳池提供暖水。1979 年，研究報告完成後提交港府不同部門研究，惟礙於經濟考慮以及技術所限，港府未有進一步廣泛推廣太陽能應用。

1980 年代，港府持續試驗於不同場合應用太陽能，包括將海事處的導航燈改成太陽能操作、為市政局的公共浴室增設太陽能熱水器、為全港的小型自動天氣監察站安裝小型的太陽能光伏電池滿足日常運作所需。

踏入二十一世紀，特區政府更加重視使用可再生能源，無論是通過經濟誘因或是其他方式，以應對因使用不可再生能源而導致的長期環境問題和全球變暖。此外，許多企業將實踐社會責任作為提升形象的重要策略，包括中華電力有限公司（中電）、香港電燈有限公司（港燈）、港鐵和九巴在內的多家公用事業公司及非政府機構，也支持在處所及適當地點安裝太陽能光伏發電裝置，以生產可再生能源。

2000 年起，特區政府率先在政府處所及合適地點安裝各種可再生能源系統，例如 2002 年在灣仔政府大樓及 2005 年在機電工程署總部大樓分別安裝一個 56 千瓦及 350 千瓦之建築整合太陽能光伏系統，以向公眾示範應用太陽能的可行性。

2010 年，港燈在南丫發電廠建造的太陽能發電系統第一期工程投產，裝機容量為 550 千瓦，擁有 5500 個非晶薄膜光伏組件。2013 年，第二期工程投產，該系統總裝機容量擴大至 1000 千瓦，屬全港最大規模的商業太陽能發電系統。全個系統共擁有 8662 個光伏組件，可減少約 900 公噸碳排放。

2012 年，位於九龍灣的建造業零碳天地（見圖 2-7）落成，是香港首個淨零碳排放綜合建設，設有多個可再生能源系統，包括採用了三種不同類型的太陽能光伏電池板的太陽能熱水及光伏系統、生物柴油發電機等，向社會推廣使用零碳能源及可再生能源。

2012 年年底，中電在西貢糧船灣南端晨曦島安裝的首個獨立離網可再生能源供應系統投入使用，為島上的非牟利戒毒中心提供電力。該系統的總發電容量為 200 千瓦，由 672 塊總發電容量為 180 千瓦的太陽能光伏電池板和兩台各 6 千瓦的小型風力發電機組成，是香港

圖 2-7　建造業零碳天地的建築頂部裝設太陽能光伏電池系統。（建造業零碳天地提供）

第一個太陽能 / 風能複合系統。該系統包括一個電池存儲系統，可存儲超過 1000 度的電力，滿足戒毒中心的電力需求，每年可減少 70 公噸碳排放。

2016 年，世界自然（香港）基金會推出「社區太陽能發電計劃」，率先在大嶼山大澳的棚屋安裝多個太陽能系統，並連接至電網，以滿足當地一半家庭的能源需求，旨在展示香港可以長期發展太陽能的能力。同年 12 月，世界自然（香港）基金會為推動工商界發展可再生能源，在香港發行首批「可再生能源證書」供企業申請。證書保證該等企業日常消耗的電力當中，由再生能源生產的部分，全數來自大澳的太陽能發電系統，為期一年，協助企業減少碳排放之餘，提升企業的環保形象。

除了於樓宇安裝太陽能光伏發電系統，於平坦土地上安裝大量太陽能光伏電池板來建造大型的太陽能農場，亦是國際社會發展太陽能發電的常見方法。2016 年，特區政府在大嶼山小蠔灣污水處理廠空地上興建的太陽能光伏發電場（見圖 2-8），當時為全港最大的太陽能發電場之一。發電場裝設 4200 多塊多晶太陽能光伏電池板，於 2016 年 12 月投入使用，每年可產生 100 萬度電力，減少約 770 公噸碳排放。

香港缺乏可安裝大型太陽能光伏系統的大面積平原，故特區政府參考美國、法國、意大利和日本等國經驗，探討於水塘設置浮動式光伏系統，不僅可以生產太陽能，亦可減少水塘水的蒸發，保護食水資源。2017 年，水務署開始在石壁水塘和船灣淡水湖進行示範工程，

圖 2-8　小蠔灣污水處理廠建有太陽能發電場。（香港特別行政區政府渠務署提供）

於兩個水塘分別安裝容量為 100 千瓦的浮動太陽能光伏電池板，每年可產生高達 12 萬度電力，兩套系統可各自供應約 36 個家庭一年的電量，減少約 84 公噸碳排放。

2017 年 4 月，香港政府與本港兩家電力公司簽署的電力管制計劃協議（Scheme of Control）實施了一項可增強再生能源的上網電價（FiT）計劃，[6] 旨在鼓勵更多政府部門、公營機構、學校、非政府組織、個人和企業安裝太陽能光伏或風能系統，幫助擁有者收回發展再生能源系統的安裝、運營和維修成本，為推動社會各界發展可再生能源提供誘因。在香港，太陽能光伏系統作為一個獲上網電價計劃認可的可再生能源系統，與風力渦輪機相比，安裝較為方便、可產生更多電力加上成本較低廉，因而獲得更多市民應用。根據港燈統計，一個典型的 1 千瓦太陽能光伏系統每年可產生約 1000 度電力，假設上網電價機制下，每度電力價格固定為 5 元，則系統回本期可縮短到 8 至 10 年，因此預期上網電價計劃會受到市民歡迎。

截至 2017 年，本港最大的太陽能熱水系統於 2000 年在上水屠房安裝，由合共 882 平方米的太陽能集熱板為屠房提供熱水。特區政府已在 20 多座政府樓宇安裝太陽能熱水系統，而太陽能集熱板的總面積約 2500 平方米。

6　2018 年，特區政府與港燈及中電開始實施上網電價計劃，讓私營界別以較一般電費高的價格（即每度電 3 元至 5 元），向電力公司售賣所生產的可再生能源電力，幫助私營界別收回投資在可再生能源系統和發電的成本。政府希望這個計劃可以提供誘因，鼓勵私營界別投資可再生能源。

同年，香港理工大學發表的一項研究顯示，香港全年有一半以上的天數陽光充足，並提出香港 30 多萬座建築物中有 23 萬座可以安裝太陽能光伏電池板，可建太陽能光伏系統總面積為 39 平方公里，每年最多可輸出約 47 億度電力，相當於香港約 11% 的能源消耗，推算可以顯著減少 300 萬公噸碳排放，結論認為香港適合進一步發展太陽能。

第三節　風能

不均勻的太陽光分布及地勢影響，可引致太陽輻射不均勻地把大氣層加熱，導致不同地方之空氣膨脹差異，因此在較熱的地方和較冷的地方產生壓力差。由於空氣總是從高壓區域移動到低壓區域，因此空氣的這種運動形成風。地形和地球自轉的變化也會產生類似的效果。地球上的風力資源是巨大無窮的。風力渦輪機可以捕獲風的動能並通過旋轉軸將其轉化為機械動能。當旋轉軸連接到發電機時，便可產生電力輸送至變壓站及電網（圖 2-9）。

圖 2-10 顯示 2000 年至 2017 年全球風能年發電量。2017 年，全球風能年發電量約為 11,317 億千瓦小時，佔全球總發電量 5% 以上，與其他再生能源相比，總發電量僅次於水力發電。相比 10 年前（2008 年），全球風能發電量增長約 4 倍。

發展風能需要廣闊的空地及良好的風力資源，一般風速需要達每小時 12 至 14 公里。根據天文台在香港各區氣象監測站的資料，2002 年至 2017 年間市區（如尖沙咀）平均風速只為每小時 8.9 公里，所以在市區安裝大型風力渦輪發電機並不可行。大嶼山昂坪測量的平均風速介乎每小時 24 至 30 公里，而離岸（如橫瀾島）平均風速達每小時 20.9 至 23.8 公里，即離岸及高地的平均風速是市區的 2.3 至 3.4 倍，風力資源相對較大。2002 年，機電

圖 2-9　風力渦輪機運行及電力運輸示意圖

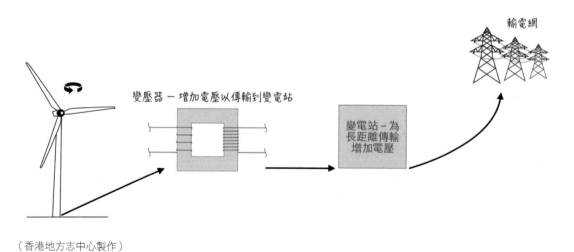

（香港地方志中心製作）

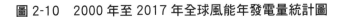

圖 2-10　2000 年至 2017 年全球風能年發電量統計圖

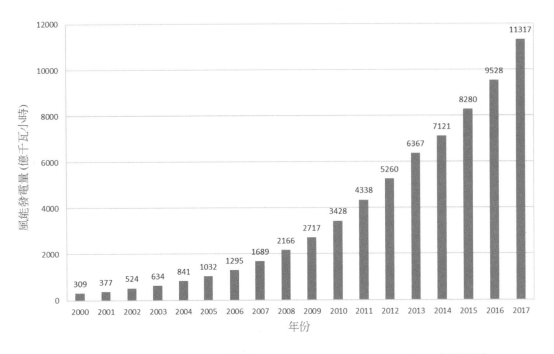

資料來源：　香港地方志中心根據國際再生能源總署（International Renewable Energy Agency）資料製作。

圖 2-11　南丫風采發電站。（2012 年 7 月 19 日拍攝，香港特別行政區政府提供）

工程署發表的顧問報告亦顯示，香港風力資源主要集中於山頂或山丘上，因此香港大部分地方難以大規模安裝風力渦輪機，而離岸海域有巨大的風力資源，每年可產生超過 80 億度電，因此發展海上風力發電場的潛力較大。

2006 年，港燈為試驗本港推廣風力發電的可行性，於南丫島興建首台具商業規模的水平軸風力渦輪發電機 Lamma Winds，即南丫風采發電站（見圖 2-11）。Lamma Winds 的額定功率為 800 千瓦，可在每秒 3 至 25 米的風速範圍內發電，每年可抵消 800 公噸碳排放。

Lamma Winds 雖然是全港最大的商用併網風力發電機，但 800 千瓦的額定功率與香港的實際電力需求相比，仍屬微不足道。鑒於風能系統的性能取決於天氣條件，即發電量會隨天氣波動，如果香港採用風能作為主要能源，可能會導致能源安全問題，所以確保穩定的風電供應極具挑戰性。

由於本港可供發展風力發電站的廣闊平地不足，城市內只能安裝少量的小型風力渦輪發電機，因此本港建設陸上風力發電場的可行性不大。

政府於 2005 年公布的可持續發展策略推動本地兩家電力公司進一步探討在香港發展風力發電。2006 年，中電為配合政府這項策略，與 Wind Prospect (HK) Limited 合作探討於清水灣半島以東 12 公里周邊海域建設風力發電場的計劃。2009 年，風力發電場的環境影響評估完成，建議該項目最多安裝 67 台風力渦輪發電機，總發電量約為 200 兆瓦，約佔全港電力年消耗量 1% 至 2%。環境影響評估指出，計劃對環境造成的負面影響是可控的，並預計風力發電場每年可抵消 34.3 萬噸至 38.3 萬噸的二氧化碳、54 噸至 60 噸的二氧化硫、394 噸至 440 噸的氮氧化物和 14 噸至 16 噸的顆粒物排放。

2006 年起，港燈亦計劃在距離南丫島西南面 3.5 公里處的海域興建一個由 33 台風力渦輪機組成的風力發電場，每台風力渦輪機容量介於 3 至 3.6 兆瓦之間，總容量約為 100 兆瓦，發電量每年約為 1.75 億度電，足夠 5 萬戶 4 人家庭使用。

以上兩個擬建的風電場項目在 2009 年及 2010 年分別通過環境影響評估，但經過考慮造價及成本效益，而延期推行建造，截至 2017 年仍未重啟。

第四節　生物燃料

在香港，以石油為基礎的燃料（如汽油、柴油、液化石油氣等）是各種陸路和海上交通運輸的主要燃料。石油是化石燃料，供應不是無限，因此社會需要減少對其依賴，以促進各種交通工具（包括汽車、飛機和渡輪）的可持續發展。美國國家環境保護局指出，如果有效使用生物燃料，可以確保穩定的燃料供應，減少溫室氣體和污染物排放。2003 年，環境保護署（環保署）委託香港大學進行的研究亦指出，使用生物燃料可優化車輛的機械性能及排放。

生物燃料是由生物質製成的可燃燒燃料，例如農作物及其廢棄物，包括木糠和稻殼。儘管生物燃料可用於固定燃燒裝置以產生能量，但其大部分應用都用作汽車燃料。汽車生物燃料的兩種主要類型是生物乙醇和生物柴油。

由糖、澱粉和纖維素材料生產的生物乙醇用於使用汽油的車輛，以私家車為主。生物柴油由植物油、動物脂肪和使用過的煎炸油製成，適用於各種柴油車，包括巴士和貨車等。

由於使用生物乙醇和生物柴油而不影響汽車內燃機的性能，使用過程所產生的溫室氣體和二氧化硫比化石燃料低，加上生物燃料來自生物質，於使用過程可達致碳中和，因此若僅考慮可再生能源，生物燃料是現時替代石油運輸燃料的最可行替代品。2017 年，全球超過30 個國家使用生物乙醇或生物柴油或兩者兼而有之，年內分別消耗約 200 萬桶和 50 萬桶石油當量。

儘管香港並沒有戰略性地進口上述任何生物燃料，惟柴油車輛是香港空氣污染的主要來源，而生物柴油具有減少柴油車輛排放空氣污染物的潛在優勢，因此香港政府於 2000 年初委託香港大學研究在香港使用生物柴油的可行性。2003 年發表的研究結果表明，20%（B20）生物柴油與超低硫柴油相比，其煙氣不透明度、一氧化碳和碳氫化合物降低了 14%至 16%，而氮氧化物濃度和發動機功率變化則很小。2010 年 7 月 1 日，《2009 年空氣污染管制（汽車燃料）（修訂）規例》（*Air Pollution Control (Motor Vehicle Fuel) (Amendment) Regulation, 2009*）生效，對汽車生物柴油的規格和含量超過 5%（B5）的汽車生物柴油的銷售標籤要求進行法定規管，亦即允許在香港合法使用 B5 生物柴油，從而鼓勵本地使用和生產生物柴油。

在 2007 年至 2017 年期間，香港擁有三家本地生物柴油生產公司（ASB 生物柴油（香港）有限公司、倡威科技有限公司、泰榮環保科技國際有限公司），以廢棄食用油為原料生產生物柴油。ASB 生物柴油（香港）有限公司是香港最大的生物柴油製造商，每年可生產 10 萬公噸生物柴油，但因價格比市面柴油高，在香港市場只屬小規模應用。

整體而言，香港的生物柴油使用量不大。按環保署於 2016 年的統計，在 2014 年及 2015年，本港每年使用量約 900 公噸。特區政府為鼓勵更廣泛使用以生物柴油作為燃料的車輛，推出生物柴油不用課稅的優惠政策。2012 年和 2013 年，特區政府先後啟動了兩項試點計劃，以促進政府部門使用生物柴油。截至 2017 年，政府已將 B5 生物柴油採購視為政府綠色採購規範中的一項可取要求，而政府部門的生物柴油總使用量已從 2012 年約 260萬升增加至 2017 年約 1380 萬升。除了政府車隊使用 B5 生物柴油外，香港機場管理局和太古集團等公營機構和私人企業，旗下部分車隊亦有使用 B5 生物柴油。

第五節　其他可再生能源

一、廢物能源

香港社會每年產生大量廢物，其中廚餘、污水污泥及廢食油等都含有機成分，經處理後可從中提取能量，其中廢食用油已被私人企業用於生產作為車用燃料的生物柴油。踏入二十一世紀，香港政府積極推動城市固體廢物、廚餘及污水污泥等轉廢為能，同時減少堆填區的廢物棄置量，延長堆填區壽命。按機電工程署 2002 年發表的顧問報告，廢物轉化為能源可貢獻香港每年電力需求約 2.6%（按 2017 年使用量計算）。2013 年，特區政府公布《香港資源循環藍圖 2013—2022》，提出「惜物、減廢」的願景，其中一個重點是推廣轉廢為能。

1. 垃圾堆填沼氣

垃圾堆填區會產生大量沼氣，成分包含甲烷和二氧化碳，其中甲烷是一種可燃燒氣體，也是一種溫室氣體，其 100 年內全球變暖潛能值（Global warming potential, GWP）為 28 至 36，即二氧化碳的 28 至 36 倍，因此有系統地收集和再利用這種垃圾堆填沼氣，可以減少溫室氣體排放。

1999 年，香港中華煤氣有限公司（煤氣公司）於船灣堆填區開展使用堆填區沼氣項目，成為本港最早回收使用垃圾堆填沼氣的公司。堆填區的沼氣通過一條 1.3 公里長的管道，輸送到位於大埔的煤氣廠，用作生產煤氣，每年可減少 4600 公噸的二氧化碳排放。

2008 年，打鼓嶺新界東北垃圾堆填沼氣利用項目投入使用，是全球最大型的垃圾沼氣利用項目之一。沼氣主要用於發電供堆填區日常運作使用，亦有部分用作堆填區滲濾污水處理廠的發熱燃料，而餘下的沼氣會通過 19 公里長的管道輸送到煤氣公司位於大埔的煤氣廠，用作生產煤氣，每年可減少排放 13.5 萬公噸二氧化碳及使用 4.3 萬公噸石腦油。

2017 年，煤氣公司在將軍澳新界東南堆填區堆填沼氣使用項目投產，將沼氣轉化為合成天然氣輸送到煤氣網絡，每年可減少 5.6 萬公噸二氧化碳排放。同年，中電亦計劃在新界西堆填區安裝發電機組，利用垃圾堆填的沼氣生產電力。該項目的第一階段由五個各 2000 千瓦的發電機組組成，預計於 2020 年開始營運。

2. 廢物焚化

2011 年，特區政府提出在石鼓洲興建大型焚化爐（即綜合廢物管理設施），以處理香港日益增加的都市固體廢物。政府預計設施於 2024 年投入使用後，每天可燃燒約 3000 公噸都市固體廢物，在全面運作的情況下每年發電量可達 4.8 億度電力，相當於香港總用電量的

1%，可滿足 10 萬個家庭的電力需求。

2016 年，環保署轄下位於屯門的 T · PARK〔源 · 區〕投入使用，是香港首個自給自足的污泥處理設施，亦是全球技術最先進的焚化設施之一。T · PARK 每天最多可處理 2000 公噸來自本港各個污水處理設施的污泥，而污泥經焚化後體積縮小達 90%，可減少佔用堆填區空間。污泥經焚燒產生的熱能可生產電力，足夠 T · PARK 的日常運作需要。T · PARK 的剩餘電力會輸出至公共電網，當局估計焚化設施在最高處理量下，剩餘電力可滿足 4000 個家庭的需要。

3. 廚餘

《2016 年施政報告》提及，渠務署與環保署合作，研究於污水處理設施試驗將廚餘與污泥共同消化的技術（即污泥的厭氧消化），產生甲烷為渦輪機提供動力以發電，為污水處理廠的運行提供電力。2017 年，政府批出大埔污水處理廠「廚餘、污泥共厭氧消化」試驗計劃的設計、興建及營運合約，試驗期為六年。

2017 年，香港每天產生約 3600 公噸廚餘，其中約三分之一來自工商業，其餘來自家庭住戶，廚餘總計佔香港產生的都市固體廢物約 34%。年內，環保署位於北大嶼山小蠔灣的有機資源回收中心第一期（O · PARK1）的建築工程將近完成。該設施利用厭氧消化技術，將廚餘轉化為沼氣發電，同時處理過程產生的殘留物可以用作堆肥，用於其他用途。O · PARK1 預計於 2018 年落成後，每天最多可處理 200 公噸廚餘，每年產生約 1400 萬度電，相當於約 3000 戶家庭的用電量。

二、水力發電

雖然香港沒有天然資源支持發展大型水力發電系統，但小型水力發電仍是可行選項。水務署在屯門濾水廠設計及安裝了小型水力發電系統，該系統分兩期共 500 千瓦，首期在 2013 年 5 月及次期在 2017 年 2 月落成。每年可生產高達 300 萬度電力，減少約 2000 公噸因燃燒化石燃料而產生的碳排放。署方會探討於其他濾水廠安裝類似系統的可行性。

三、波浪能和潮汐能

海洋蘊藏着巨大的水能量，可以通過水力發電機將其轉化為電能。波浪能和潮汐能是從海上獲得的兩種常見水能。許多沿海國家都擁有豐富的波浪能資源，而科學界亦開發不同的方法來轉換波浪能。根據美國能源情報署（Energy Information Administration）的數據，美國沿海海浪的理論能量潛力估計高達每年 2.64 萬億度電力。2009 年，香港大學的研究人員審查了各種波浪能轉換器，包括旋轉發電機類型和線性發電機類型，並開發出一種簡單、易於製造和組裝的直接驅動線性發電機，用於波浪發電。研究人員發現，香港擁有漫長的海岸線，理論上進行波浪發電是可行的，然而本港海上交通繁忙，加上建設水下輸電管道難度大，實際上難以透過具成本效益的方法獲取大量波浪能。

潮汐能是由太陽和月亮的引力引起的潮汐所產生的能量。香港與其他沿海城市一樣，沿岸有潮汐，可以用於發電。香港亦有學者研究香港使用潮汐能發電的可行性，然而根據機電工程署於 2002 年發表顧問報告，香港的平均潮汐能資源潛力僅為每天 13.7 kJ/m^2 或每年 1.39 kWh/m^2，與其他可再生能源資源相比是非常小的（例如太陽能是每天 13 MJ/m^2），因此潮汐能在香港的發展潛力不大。

第三章
礦物資源

一、礦物資源形成背景

香港地區的地質歷史與中國華南，特別是與華夏地塊的地質構造和形成息息相關。香港的陸地面積中，16% 為表層沉積物（第四紀沉積物），84% 為基岩或岩石形成的風化層。在岩石佔比中，火成岩佔比最大，約佔全港陸地面積 76%，岩性以酸性至中酸性為主，其餘 8% 的全港陸地面積為沉積岩（泥岩、粉砂岩、砂岩和礫岩）和變質岩（大理石和千枚岩），主要分布在香港東北、西北和西南（見圖 3-1）。在香港發現最古老的岩石露頭便是沉積岩，距今約有 4 億年。

香港遍地的火成岩，反映在地質歷史中，香港曾經是活躍火山帶。在中生代的中侏羅紀至早白堊紀期間（約 1.65 億年至 1.4 億年間），中國東南部的華夏地塊蓮花山斷層是一活躍構造帶，位處此斷層帶上的香港在該時期經歷激烈的火山活動及大型的花崗岩岩漿侵入。地殼活動導致猛烈的火山爆發，噴出大量含豐富二氧化矽、鈣、鈉、鉀、鐵、鎂等的鋁矽酸鹽礦物的火山灰和熔岩。同期，大規模的岩漿侵入，冷卻結晶形成花崗岩體。岩漿的熱力和其化學成分，加上主要受斷層控制的熱液蝕變作用，是導致金屬礦物局部富集的重要因素。

香港目前基本上沒有採礦活動，但在 1900 年代至 1970 年代，採礦業相當蓬勃。香港雖然面積細小，但金屬礦物種類頗多，一些礦產更曾經有商業性開採（見圖 3-2）。金屬礦床大部分由中生代的岩漿活動造成，當大範圍的岩石受到高壓和高溫作用影響時，會發生區域變質作用。區域變質作用往往是由板塊碰撞等地殼運動引起，形成的岩石一般表現出顯著的結構變化，岩石中的礦物，出現化學成分上的變化和礦物再結晶作用。金屬礦床的形成主要集中在侵入岩的接觸帶以及一些熱溶液作用的石英脈內。

香港所發現的金屬礦物的礦化成因，大致可區分為：

　　1）偉晶岩或相關石英脈侵入和雲英岩化形成的錫─鎢─鉬礦化；

　　2）淺成熱液作用造成金屬礦物富集的鉛─鋅─銅礦化帶；

　　3）以花崗岩侵入形成的鈣矽酸鹽矽卡岩礦床為主的磁鐵礦化。

除了金屬礦物，香港亦有出產非金屬礦物的歷史，其形成亦多數與上述的偉晶岩或花崗岩相關，如石英、長石及綠柱石等（見圖 3-3）。另外，長期而複雜的地殼活動亦導致於石炭紀（約 3.4 億年前）形成的沉積岩出現局部變質，產生豐富的石墨資源。十九世紀以前的採礦紀錄零星不全，及至十九世紀後期至二十世紀開始，有組織的採礦作業才逐漸活躍。初期以銀礦灣及蓮麻坑兩個鉛礦較受關注。由於當時未有正規監管，在有資源潛力的地方存在許多小型採礦作業。至二十世紀中葉，因監管和技術引入，採礦業愈見規模；主要開採的礦物包括方鉛礦（PbS）、黑鎢礦（(Fe, Mn)WO$_4$）、磁鐵礦（Fe$_3$O$_4$）、石墨、石英、長石和高嶺土，亦偶見綠柱石。

二、主要礦種、礦場和開採量統計

香港較大的金屬礦體包括蓮麻坑的方鉛礦、針山的黑鎢礦和馬鞍山的磁鐵礦。馬鞍山鐵礦是香港工業史上唯一進行過大規模機械作業的鐵礦。自 1906 年開始開採了近 70 年，在 1960 年代初，礦場的年產量超過 20 萬噸。在該礦場最蓬勃的時期曾養活近萬名礦工及其家人。在香港針山、蓮花山、沙螺灣等地方，均有鎢礦出露。其中針山的鎢礦礦場約於 1935 年開始被開採，其間經過多次易手，直至 1955 年，總共曾開採超過 6 萬噸礦石，後因興建城門隧道而關閉。另一個歷史悠久的金屬礦場是蓮麻坑的方鉛礦，自 1912 年開始開採，中間斷斷續續營運和多次易主，直至 1960 年代才停止運作。

另外，香港具經濟價值的非金屬礦物資源包括石墨、石英、長石及高嶺土、花崗岩及半寶石礦物、海砂和海鹽等。香港的陶瓷業歷史更長久。在香港的新石器時代遺蹟和漢墓都有陶瓷出土文物，年份可追溯到近五千多年前。但在香港發現的舊窰遺址，出土的陶器多是青花白陶，顯示這些陶窰只經歷上數百年，約追朔至明代（1368—1644）。大埔碗窰是目前香港唯一的青花瓷窰遺址，至於更早期窰爐的位置和所用陶土的來源則不得而知。因為香港地質以酸性花崗岩為主，加上岩石風化方法程度高，容易形成適合做陶瓷用的高嶺土。其中最大的高嶺土礦在九龍茶果嶺，從 1903 年開始，營運商在茶果嶺開採高嶺土達 80 年，礦場佔地 19 畝，合共開採了數千噸高嶺土和長石礦物。至於香港鹽業，最早可以追朔到宋代（960—1279），當時觀塘、九龍城、大嶼山、屯門等地都是主要的鹽場。南宋（1127—1279）有一次由海鹽工人發起、與官府對抗的嚴重衝突，亦是以大嶼山作為中心據點。

香港的多山、花崗岩出露豐富和質量高的地質條件，有利採石行業發展。採石場早在英佔之前已經存在。當時大部分的採石場，是私人在山邊開挖，沒有特別規管。1844 年，採石業開始被港府徵稅，逐步發展出規管模式。1860 年以後，香港開始通過招標或公開拍賣的方式出租採石場。二十世紀香港人口迅速增加，對土地要求大量增加，許多坐落在市中的矮山都被夷平，挖走的石礫就用來填海。1970 年代之前，香港各地有許多小型採石場，由小型公司開採。1974 年後，港府加強監管採石場發展，政策是使用少數但規模更大的採石場。至 1988 年，在境內的採石場數量減少到 1 個，2017 年，基本上所有境內的採石活動都已停止。

圖 3-1　香港地質圖（簡化版）

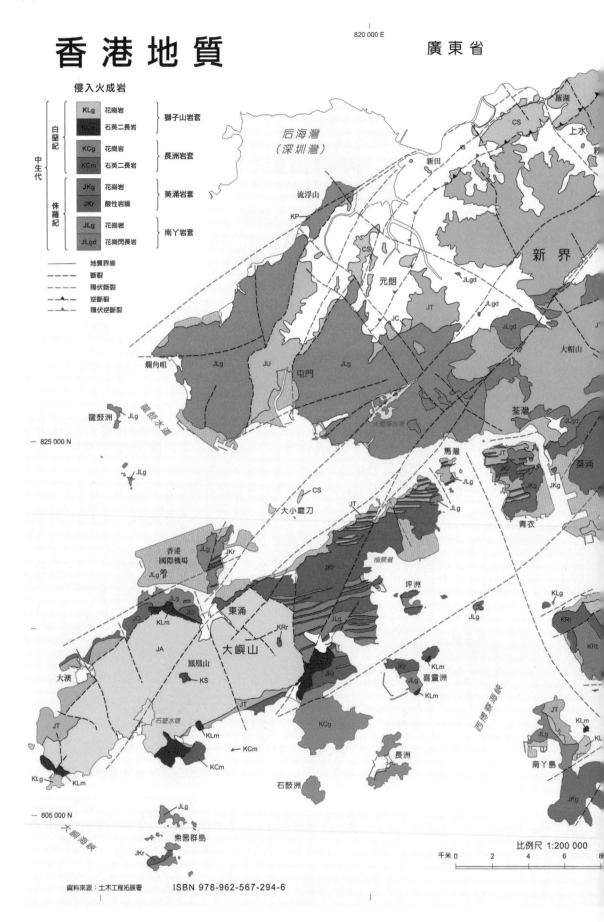

資料來源：　地圖版權屬香港特別行政區政府土木工程拓展署；地政總署提供。

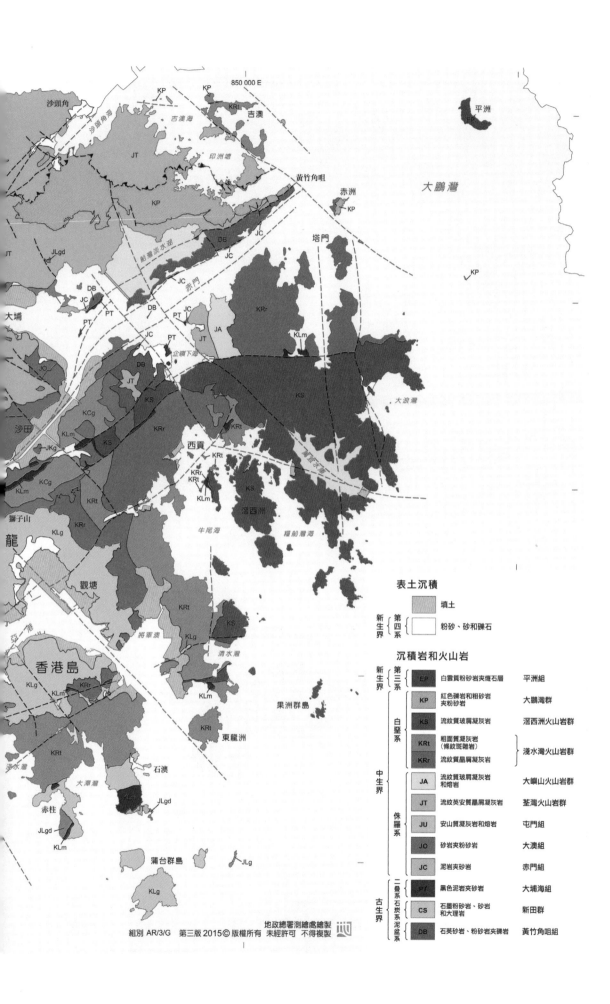

表土沉積

| | | 填土 |
| 新生界 | 第四系 | 粉砂、砂和礫石 |

沉積岩和火山岩

新生界	第三系	EP	白雲質粉砂岩夾燧石層	平洲組
		KP	紅色礫岩和粗砂岩夾粉砂岩	大鵬灣群
中生界	白堊系	KS	流紋質玻屑凝灰岩	滘西洲火山岩群
		KRt	粗面質凝灰岩（條紋斑雜岩）	淺水灣火山岩群
		KRr	流紋質晶屑凝灰岩	
		JA	流紋質玻屑凝灰岩和熔岩	大嶼山火山岩群
	侏羅系	JT	流紋英安質晶屑凝灰岩	荃灣火山岩群
		JU	安山質凝灰岩和熔岩	屯門組
		JO	砂岩夾粉砂岩	大澳組
		JC	泥岩夾砂岩	赤門組
古生界	二疊系	PT	黑色泥岩夾砂岩	大埔海組
	石炭系	CS	石墨粉砂岩、砂岩和大理岩	新田群
	泥盆系	DB	石英砂岩、粉砂岩夾礫岩	黃竹角咀組

圖 3-2 香港主要金屬礦物資源分布圖

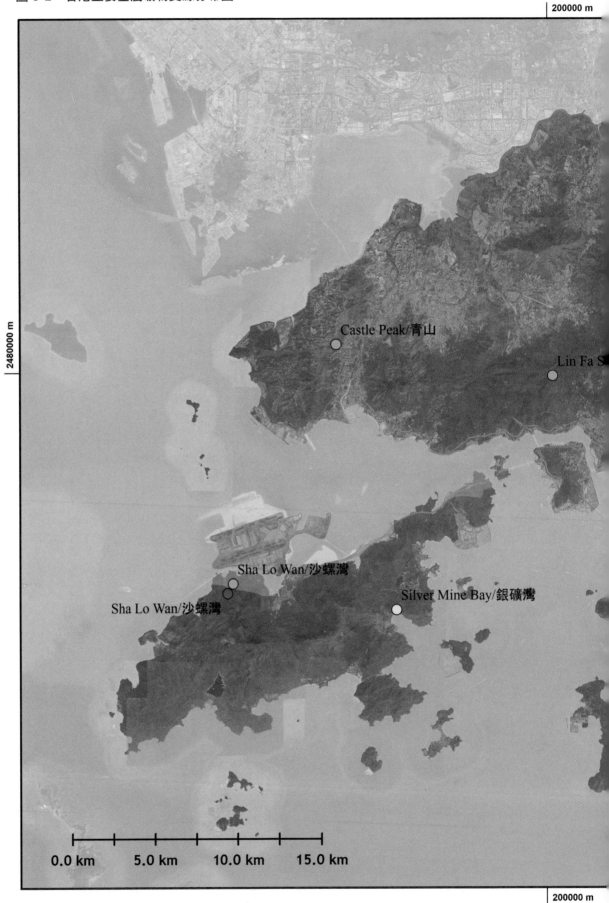

資料來源： Wanson Choi 提供。

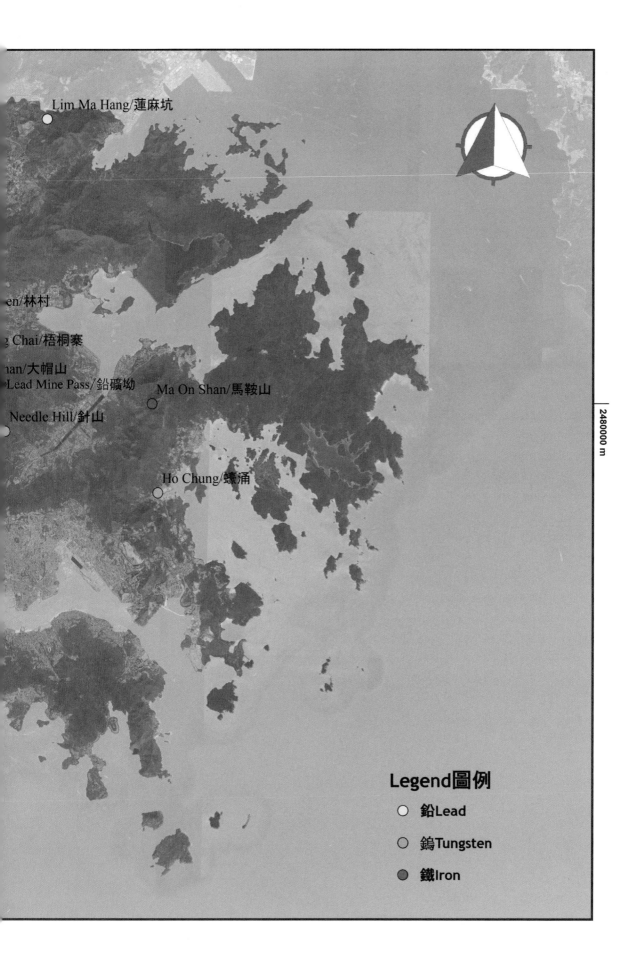

Lim Ma Hang/蓮麻坑

en/林村

g Chai/梧桐寨

han/大帽山

Lead Mine Pass/鉛礦坳

Needle Hill/針山

Ma On Shan/馬鞍山

Ho Chung/蠔涌

2480000 m

Legend圖例

○ 鉛Lead

○ 鎢Tungsten

● 鐵Iron

圖 3-3　香港主要非金屬礦物資源分布圖

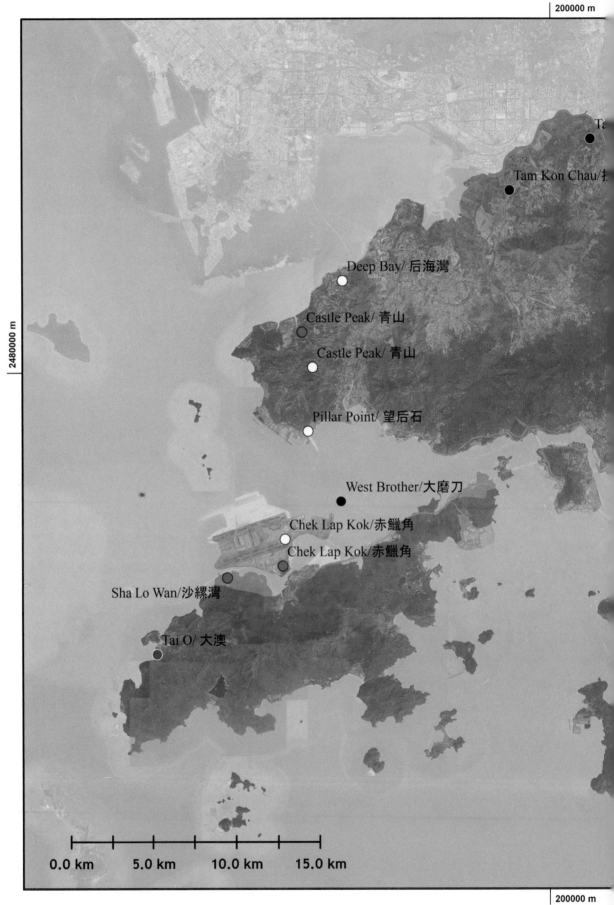

資料來源：　Wanson Choi 提供。

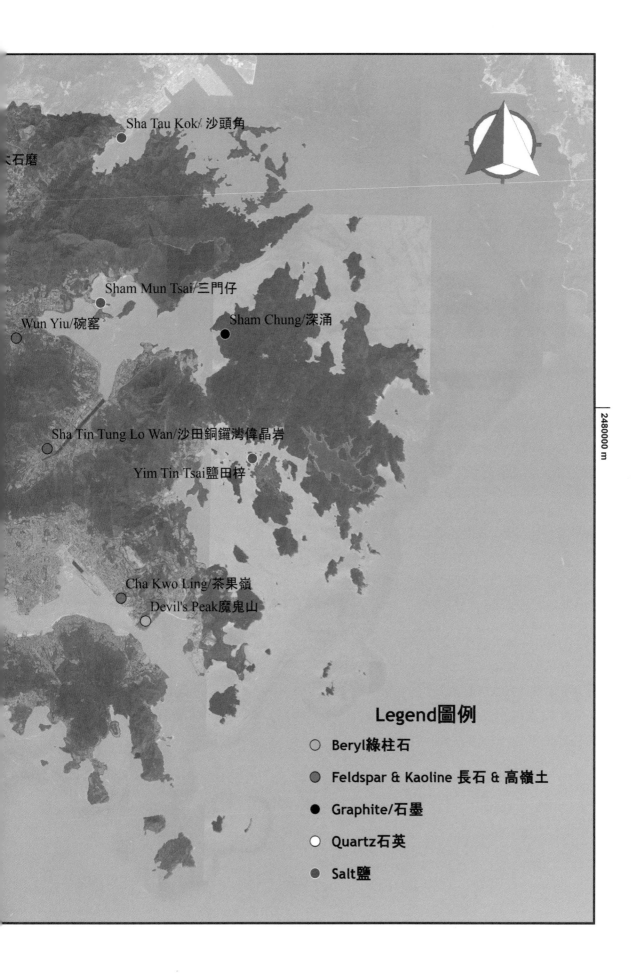

Sha Tau Kok/ 沙頭角

石磨

Sham Mun Tsai/三門仔

Wun Yiu/碗窰

Sham Chung/深涌

2480000 m

Sha Tin Tung Lo Wan/沙田銅鑼灣偉晶岩

Yim Tin Tsai鹽田梓

Cha Kwo Ling/茶果嶺

Devil's Peak魔鬼山

Legend圖例

○ Beryl綠柱石

◉ Feldspar & Kaoline 長石 & 高嶺土

● Graphite/石墨

◉ Quartz石英

◉ Salt鹽

隨着城市發展速度的加快，香港對沙石和填海填土的需求也在增長。早年填海所用沙礫是從香港各地的海灘提取，曾經造成過度開採。到了 1980 年代，填海的規模擴大，對海砂的需求增加，開始有系統地勘探海床下的沙石資源，在海泥以下、上次冰河時期形成的沙層，含有大量沙子，是香港寶貴的沙石資源。1988 年港府開始在香港中西部水域進行勘查，結果找到了在海床底多個沙體，可以用作填海物料。可以說，這是目前在香港唯一仍然活躍的自然資源開採活動。

二戰後至 1970 年代末，本地各類金屬和非金屬礦物持續開採。1948 年至 1979 年，港府礦務處以礦種為單位，記錄了鉛、鐵、鎢、石英、長石、石墨、陶土 / 高嶺土等礦物的開採量。

1950 年代至 1960 年代，香港開採礦物以鐵為大宗，大部分年份每年開採量維持 10 萬英噸以上[1]，除 1953 年產值不如鎢之外，其餘年份產值俱高於其他礦物。陶土 / 高嶺土的產量和產值緊隨其後，除 1951 年外，開採量維持在約 4300 英噸至約 8400 英噸，產值則有明顯上升，從 1953 年的 356,025 元，升至 1959 年的 783,642 元。

鎢的開採量在 1950 年代曇花一現，由於鎢是製作子彈與炮彈的材料，朝鮮戰爭期間（1950 — 1953），每年開採量從戰爭前 1948 年、1949 年的低於 1 英噸，升至 1953 年 140 英噸的高峰，價值達 2,494,827.45 元。自朝鮮戰爭結束，其開採量與價值均一落千丈，反覆跌至 1959 年的 39 英噸和 209,769 元。

石墨開採量隨着時間有增加趨勢，從 1953 年的 200 英噸，上升至 1957 年高峰的 3305 英噸；產值方面，除了 1953 年及 1955 年外，俱保持在 30 萬元以上。1956 年前，石英與長石被歸為同一項目，1957 年起分開記錄。1950 年代，石英的開採量高於長石一倍以上，至 1960 年代，兩者開採量逐漸拉近，而價格方面，長石單價高於石英（見表 3-1）。

1968 年至 1979 年，香港礦務部記錄了鐵、石英、長石、高嶺土的開採量。鐵的開採方面，在 1976 年馬鞍山鐵礦場停產前，本地鐵礦維持每年 15 萬噸以上的開採量。第二同樣為高嶺土，產量在約 1300 噸至約 6753 噸（1978 年的特殊情況除外）。至於石英，經過 1969 年開採量 6318 噸的高峰後回落，跌至 1979 年只剩 2 噸。相比之下，長石在 1974 年後維持每年超過 2000 噸的開採量，至 1979 年才有所回落。整體而言，1970 年代起，各種礦物開採量都呈下降趨向。

1　本章使用重量單位包括噸（公噸）、英噸、盎司和公斤。1 英噸約等於 1.016 噸（公噸）。1 盎司約等於 28.350 克 /0.02835 公斤。

表 3-1　1948 年至 1967 年政府統計處記錄主要礦產開採量統計表

單位：英噸 (Long Ton)

年份	鐵礦	石英	長石	石墨	陶土及高嶺土	鉛及鉛礦	錫礦	鎢及鎢礦	鉬
1948	908	不詳		不詳	3874	不詳	0.8	0.1	不詳
1949	59,181	不詳		不詳	不詳	不詳	*0.4	0.4	不詳
1950	169,374	不詳		不詳	不詳	不詳	0.4	不詳	不詳
1951	160,684	不詳		不詳	620	176	1.1	19.9	0.1
1952	127,512	不詳		不詳	4381	752	0.5	97.0	0.3
1953	123,200	不詳		200	5934	645	0.1	140.0	1.5
1954	90,800	不詳		1841	6053	369	不詳	27.0	0.1
1955	115,500	692		1537	5432	385	不詳	23.0	§
1956	122,963	3005		2441	5464	199	不詳	24.0	不詳
1957	94,182	4192	1156	3305	6961	130	不詳	36.0	不詳
1958	105,125	4484	1653	1934	7621	36	不詳	38.0	不詳
1959	119,893	3571	1716	1925	7256	不詳	不詳	39.0	不詳
1960	117,042	3812	2511	2624	6663	不詳	不詳	31.0	不詳
1961	117,364	4045	1206	1208	8430	不詳	不詳	17.0	不詳
1962	111,537	4156	937	351	6376	不詳	不詳	15.0	不詳
1963	111,865	2997	1680	537	5019	不詳	不詳	7.0	不詳
1964	114,374	1649	1556	617	5043	不詳	不詳	1.0	不詳
1965	131,955	1909	1119	不詳	4712	不詳	不詳	6.0	不詳
1966	134,785	2700	1343	不詳	5771	不詳	不詳	8.0	不詳
1967	141,351	3000	1135	3	8435	不詳	不詳	5.0	不詳

＊ 不包括 584 個重量不明的板體（slab）。

§ 少於 0.05 英噸。

資料來源：*Hong Kong Statistics 1947-1967*, 5.1 Mining: Ores and Minerals, p.71.

第二節　金屬礦物

一、鉛

鉛是一種耐腐蝕、高密度、具延展性的藍灰色金屬，已被人類使用了 5000 多年。過往，鉛曾有許多其他應用，例如彈藥、子彈、陰極射線管、釣魚用鉛墜、燃料添加劑、油漆、管道中的顏料、銲料和輪胎平衡塊等。現在它最主要用來製造鉛酸電池，超過 80% 的鉛用於製造鉛酸電池。

鉛是第五大被消耗金屬（按公噸計），僅次於鐵、鋁、銅和鋅。集中且易於開採的鉛礦床廣泛分布於世界各地。最重要的含鉛礦石是方鉛礦，其次是鉛礬和白鉛礦。鋅元素經常與鉛出現在同一個礦床中，兩者經常被一起開採，然後在選礦時分離。除了來自礦床，亦有精煉廠回收含鉛金屬，例如鉛酸電池，進行提煉，大部分用於製造新電池。在過去 20 年，源自回收來源的精煉鉛比例顯著增加。全球有超過 55 個國家近 250 家原生和再生精煉廠進行鉛開採。

方鉛礦是硫化鉛的天然礦物形式，是世界上主要的鉛礦石，最純的方鉛礦含鉛量為86.6%。該礦物易風化成次生鉛礦物，因此方鉛礦礦床上部常伴生有鉛礬、白鉛礦和磷氯鉛礦（見圖 3-4）。

方鉛礦很容易識別，它的晶體具有明顯的立方解理，通常形成立方體或八面體。礦物脆性強，斷裂面呈次貝殼狀。

方鉛礦的新鮮面／解理面呈鮮明的銀色和明亮的金屬光澤；與空氣接觸日久因氧化而失去光澤，呈暗灰色。因含鉛量高，所以方鉛礦的比重／相對密度高（7.2 克／立方厘米至 7.6克／立方厘米）；礦物柔軟，莫氏硬度在 2.50 到 2.75 之間，並產生灰色至黑色條痕。

方鉛礦的成礦過程主要與中低溫熱液交代作用有關，通常在火成岩和變質岩中，或是岩體周圍，形成礦脈、裂縫或微晶洞填充。在沉積岩中亦會因化學、溫度和壓力的變化導致方鉛礦及其他關聯礦物沉積。方鉛礦多以礦脈、角礫膠結物或獨立晶體形式出現；又或是熱液與石灰岩和白雲岩置換交代所形成的礦物，偶爾被發現交代有機物質，出現在煤層中。

在許多情況下，方鉛礦中亦含有銀，例如香港梅窩的銀礦灣鉛礦，便有提煉銀的紀錄。按

圖 3-4　礦物樣本：方鉛礦，它是世上最主要的鉛礦石。（香港大學許士芬地質博物館提供）

重量計，方鉛礦的含銀量可高達幾個百分點，有時被稱做「含銀方鉛礦」，比起純方鉛礦，含銀方鉛礦的解理面出現彎曲狀態。經常與方鉛礦密切相關的除了銀外，其他具有重要商業價值的礦物還包括銻、銅和鋅等。

1. 香港最大鉛礦場 —— 蓮麻坑

蓮麻坑鉛礦位於香港東北部，是全港規模最大的鉛礦場，於十九世紀已被發現，初期由葡萄牙人開採。由於二戰爆發，1940 年礦山一度暫停採礦，日佔期間日軍曾經進行過小規模作業，直至二戰結束後礦區重新運作，最終於 1962 年初關閉。蓮麻坑礦床共有 5 個工作層，含豐富的金屬礦物，主要的金屬礦物有方鉛礦、黃鐵礦（FeS_2）、閃鋅礦（$(Zn, Fe)S$）、黃銅礦（$CuFeS_2$）以及少量白鉛礦和鉛礬。根據 1930 年代的分析報告，每英噸礦石含有 2 至 3 盎司銀，0.04 盎司金，鉛含量為 10%，銅含量為 1.6%。當中，鉛和銀主要出自方鉛礦，而金和銅則出自黃銅礦。

礦山附近地區的地形非常崎嶇，深圳河上游及其源頭被陡峭的山谷所切割。蓮麻坑礦位於主山谷的南坡，礦床附近較少露頭，主要在厚紅土中發現。以往當採礦活動仍活躍時，開採的精礦主要用卡車經沙頭角 — 粉嶺公路，然後通過鐵路運往 20 英里外的九龍出口。

礦山開發概況

礦山的最低層被稱為「葡萄牙作業區」，開發歷史可追溯到十九世紀。紀錄提及山坡上有四個主要層面切入開採坑道，礦場建造的隧道總長約 2100 米，挖礦深達 600 餘呎。自一戰以後，該礦一直被不定期地開採。蓮麻坑鉛礦的採礦牌照於 1925 年簽發。據紀錄，礦區最興盛時一度有 2000 名礦工工作。1937 年，在礦址主礦區的東面依山而建了一個選礦廠。那時鉛精礦的平均月產量約為 300 英噸，礦石部分經過人手挑選、壓碎、重力選礦和現場冶煉。

日佔時期，因鉛是重要軍需品，可用作製造子彈頭，日軍開始在蓮麻坑鉛礦主礦區開採礦石。二戰後，礦區內大部分主要設備已被拆除，留下的軌道、木材和建築物等亦被人掠取或受到破壞。由於基本採礦和研磨設備全部損失，此後港府便分租給多個承辦商，進行零星採礦。

自 1951 年 11 月以來，礦區有一些小規模的鉛精礦開採，最多曾僱用來自鄰近村莊的 70 名至 80 名礦工，但採礦方式簡陋，選礦用的手動搖床和流礦槽是唯一用於提升破碎礦石品位的設備，每個月的精礦產量很少超過 50 噸。其時，礦區出產的精礦均賣給歐洲的金屬交易商，如英國、荷蘭、比利時等進行冶煉。礦場最終在 1962 年正式關閉。在礦場關閉之前，營運商亦曾嘗試把剩餘的低品位礦石賣出。因金屬含量過低，礦石最終用作鋪設路面。

從蓮麻坑的脈石中分離出的方鉛礦的平均量在 0% 到 15% 之間。表 3-2 記錄了不同年份從各層礦床開採的鉛精礦的英噸數，以及銀和金的盎司數，其中 1936 年至 1939 年期間曾提供穩定年產量。因為礦體中的礦物分布並不平均，該礦在不同年份出產的礦石所含有的礦物不盡相同，當中以金較為稀有。以 1936 年至 1938 年為例，1936 年所開採的礦物就含有金，及後 1937 年及 1938 年則未有開採到含有金礦物的礦石。方鉛礦中亦含具有經濟價值的銀，從每英噸 10 盎司到 15 盎司（oz/ton）或相當於每公噸約 280 克到 420 克（g/tonne）。銀元素是以固溶體形式出現在方鉛礦中，而不是形成獨立的銀礦物。

表 3-2　1915 年至 1953 年若干年份蓮麻坑鉛礦從各層礦床開採的鉛精礦、銀和金產量統計表

年份	鉛精礦 （英噸 / 公噸）	銀 （盎司 / 公斤）	金 （盎司 / 公斤）
1915	100 / 101.6	不詳	不詳
1927	450 / 457.2	不詳	不詳
1936	3600 / 3,657.8	84,000 / 2381	150 / 4.25
1937	3200 / 3,251.4	72,000 / 2041	不詳
1938	3000 / 3,048.1	70,000 / 1984	不詳
1939	3000 / 3,048.1	67,000 / 1899	不詳
1951	176 / 178.8	不詳	不詳
1952	752 / 764.1	不詳	不詳
1953（1 月至 9 月）	400 / 406.4	不詳	不詳

資料來源：　Davis, S. G. & Snelgrove A. K., "The Geology of the Lin Ma Hang Lead Mine, New Territories, Hong Kong," *Mining Magazine*, Vol. 94（1956）: pp. 73-77.

地質概況

蓮麻坑位於香港和深圳的邊界附近。該地區由大帽山組的一層厚凝灰岩夾雜沉積岩層形成。這組凝灰岩在約 1.65 億至 1.6 億年前中侏羅紀時期形成。當時，香港發生猛烈的火山爆發，噴發出來的火山灰、晶體碎屑和岩石碎片形成岩石。後來，這些粗火山灰晶屑凝灰岩因受板塊活動所造成的高溫和高壓影響，經歷不同程度的區域變質作用，造成礦物成分和紋理的改變，部分形成糜棱岩化的變質凝灰岩。

礦區範圍主要的岩石是由粗粒火山凝灰岩變質形成的大帽山組粗粒火山灰—岩屑—晶體凝灰斑岩，以及由粉砂質至砂質—粉砂質沉積岩片理化後形成的落馬洲片岩。區內的構造是由火山噴發的岩漿注射入沉積岩時的斷層錯動相關。

深圳河及其支流的熱帶風化作用和侵蝕作用使大帽山組的凝灰斑岩從山坡上暴露出來。在這套斑岩中，能見落馬洲片岩以頂棚懸掛體或捕虜岩的形態出現。一般來說，片岩在深圳河上方約 90 米高的地方露頭，局部能出現在 400 米以上。

被界定為落馬洲組的片岩是一系列的變質砂岩—粉砂岩和礫岩，在其底部與斑岩接觸的地帶能發現片麻岩。由底而上，變質作用減弱，岩石多呈片理化，出現一系列閃銀白色的雲

母片岩、灰色和粉紅色砂岩和灰色板岩。片岩中含石榴石、黃鐵礦和雲母。

新鮮的凝灰斑岩的基質具有隱晶結構，呈紅棕色，帶有白色長石和油脂光澤的石英斑晶，局部非斑狀結構。在一些地方，長石以互鎖形態的晶體聚集體形式大塊出現。小型微晶洞頗為常見。在沒出現蝕變作用的岩石中，亦偶見綠簾石切割其中，形成長而非常細的石脈。常見晶體有白色長石，常見雙晶結構，還有石英、黑雲母和少量角閃石。斑晶的大小相當均勻，最大維度大約為 1.5 毫米。此岩體與落馬洲片岩的接觸帶被一系列粗石英脈切割。片理化斑岩與真片岩之間是不明顯的漸變帶，無法劃定接觸面。

蓮麻坑礦床的形成

在深圳河切割成的河谷兩側，片理化凝灰斑岩及片岩的接觸帶約在河床以上 90 米左右。具經濟價值的礦化帶位於凝灰斑岩的上部和東部邊界，位於片岩之內，在較低部亦在凝灰岩或變質凝灰岩中內發生（見圖 3-5）。

蓮麻坑鉛礦的地質特徵反映了由火山活動形成的火山岩對在香港最北部形成的鉛鋅礦過程中的作用。導致此區域的變質作用的地殼運動，同時促進熱液活動，使該礦區富集富鉛（方鉛礦）和富鋅（閃鋅礦）的礦石。礦化帶主要出現在經過熱液蝕變作用的片岩及／或凝灰岩中（見圖 3-6）。在片岩中，礦床的大致構造為輕微向北傾斜，呈梯狀帶或透鏡狀，局部收縮或膨脹。礦化通常填充在片理構造或剪切帶中，亦發生在以石英為主填充的裂縫中。在凝灰岩中，礦物則多集中在石英脈內，石英脈呈西北—東南走向，傾角在 25 度至 90 度之間，寬度約 3 毫米至幾米不等。這些石英和混合圍岩中，金屬礦物浸染在不規則的顆粒中，也出現在氣泡和裂縫填充物中。礦物晶體細粒，單個顆粒直徑鮮少超過 10 毫米。

蓮麻坑的礦化推斷是中深至淺成熱液型礦床，成礦的熱液來源自大帽山凝灰斑岩，導致岩體的外圍以及相鄰的片岩進行化學交代作用，圍岩蝕變伴隨石英脈填充在裂縫及劈理面，或是結成晶簇。除了蓮麻坑外，香港另有礦床亦出產過銀及鉛，其母岩與蓮麻坑不同，但成礦時期和過程大致無異，亦是侏羅紀時因熔岩入侵，與母岩的接觸帶發生蝕變和化學交代作用下的產物。其中就包括香港另一重要鉛礦：位於大嶼山銀礦灣的方鉛礦礦床。

2. 其他具經濟價值的鉛礦場

梅窩銀礦灣

<u>開發概況</u>

因年代久遠，大部分有關梅窩的開採紀錄已經遺失，但現時梅窩仍有多個地名與礦場有關，如銀礦灣、白銀鄉和銀河等，印證該礦在梅窩曾有着舉足輕重的地位。由礦區附近的村落和河流等命名，以及明朝萬曆年間（1573—1620）建立的文武廟等種種蛛絲馬跡估算，銀礦灣開採銀礦的歷史能遠溯至四百年前。方鉛礦的礦脈很可能是首先在銀礦灣瀑布頂部被發現，此礦脈穿過河流，促進間歇性露天採礦。銀礦洞的正式開採早於 1862 年已開

圖 3-5　蓮麻坑礦區有關建設分布圖

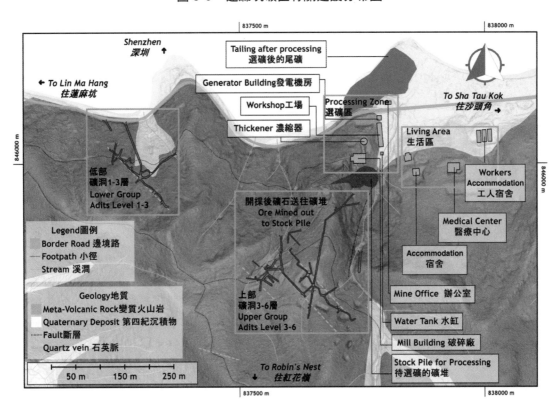

圖片來源：　Wanson Choi。

參考資料：　1）GEO, 1995. Hong Kong Geological Survey Sheet 3 (Sheung Shui), Series HGM20 (1991 Edition I, 1:20,000). Geotechnical Engineering Office, Civil Engineering and Development Department, HK SAR.

2）https://industrialhistoryhk.org/lin-ma-hang-part-3-exploitation/

3）Williams, T., "The Story Of Lin Ma Hang Lead Mine, 1915-1962", *Geological Society of Hong Kong Newsletter,* Vol. 9 (4) (1991): pp. 3-27.

圖 3-6　蓮麻坑內的含方鉛礦岩石樣本，方鉛礦通常在經過蝕變作用的凝灰岩中形成。（Wanson Choi 提供）

始，並於 1886 年進行大規模商業用途開採作業。其時由於有歐洲技工的協助，該礦已經有系統地運用炸藥、蒸汽引擎發動的儀器，及利用礦區以上 100 米的水壩，用水力產生的電力供給礦用紋車、水泵等設備的運作。

報告中曾描述一條 3000 英尺（914 米）的架空索道，有説礦場利用索道將礦石從礦山上運輸到選礦設施，惟現在未能確定選礦廠的具體位置。

1896 年，礦場因礦物素質欠佳而停產。曾有 1905 年的文獻記載，銀礦灣的礦床仍具經濟價值，但自停產後，一直不曾重新開採。

從銀礦灣礦區地圖中可見（見圖 3-7），十九世紀時主要的開採位置有三個礦坑口和四個豎井，而另一個位於礦區偏西的地方建造的豎井，其大小為 2.5 米 x 4 米，與其他豎井不一致，被當地人稱做日本豎井。這暗示了於日佔期間，日軍曾在此開採鉛礦，以滿足製造子彈及車輛電池的鉛需求。

圖 3-7　銀礦灣礦區平面圖

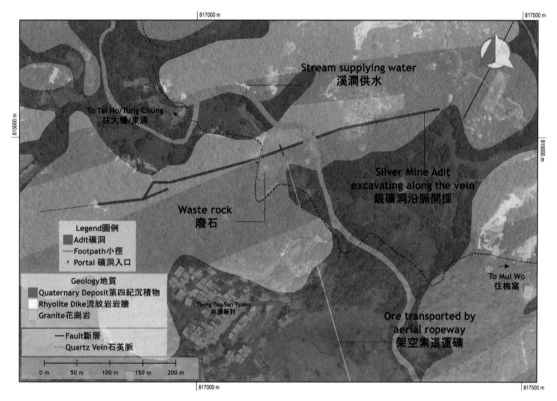

圖片來源：　Wanson Choi。

參考資料：　1) GEO, 1995. Hong Kong Geological Survey Sheet 10 (Silver Mine Bay), Series HGM20 (1991 Edition I, 1:20,000). Geotechnical Engineering Office, Civil Engineering and Development Department, HK SAR.

2) https://industrialhistoryhk.org/mui-wo-silver-mine-part-2-the-mine/

3) https://industrialhistoryhk.org/mui-wo-silver-mine-processing-plant/

梅窩礦區位於大嶼山的東南部，屬香港早期的鉛礦。由於有關礦區的文件和地圖均於日佔期間遺失，所以有關礦區的岩土結構、通風系統和抽水系統等資料難以查獲。該礦區的礦洞沿着一條東西走向的斷層開鑿，銀和鉛為主要提煉金屬。

梅窩的主要岩石是花崗岩，稱為大嶼山花崗岩，這些花崗岩在中侏羅紀的火山爆發時期形成。主要礦物包括石英、長石、角閃石和黑雲母。礦物呈中粒，並可見長達 15 毫米的巨大長石斑晶。

及後，在 1.48 億年至 1.46 億年前期間，岩漿從地底深處注入長英質的岩漿，形成一道道岩牆，屬大嶼山岩牆群。這些岩牆接近互相平行，主要呈東北走向。在岩牆中，可見大小達 30 毫米的巨大長石斑晶。具經濟價值的礦物蘊藏於岩石的石英脈內。主要開採的礦石是方鉛礦，提煉金屬包括鉛和銀。

在礦場位置有一條東西走向的斷層，與垂直方向成 70 度角，斷層的北面是後期侵入的長石斑晶流紋岩岩脈。礦化發生在岩石中與斷層相關的熱液礦脈中。方鉛礦是主要的金屬礦物。鉛和銀，以及其他該礦開採的礦物都包含在方鉛礦中，這些方鉛礦在一系列平行斷層中被發現。

鉛礦坳

鉛礦坳是一個位處城門和大埔之間的小山坳。根據不同的文獻所示，這個山坳並非開採鉛礦的地方，而是一個用作運送鉛礦的山坳。

根據 1866 年由意大利傳教士西米安‧獲朗他尼（Simone Volonteri）繪製的《新安縣全圖》，大帽山和寒山頂之間已標示為「Lead mine」，而此山坳則在旁邊，其位置約於現今城門植林區。因大部分歷史檔案日佔時遺失，加上該區已被密林覆蓋，現已難以發現當年鉛礦的遺跡。

鉛礦坳所指鉛礦的具體位置現時未能確定，只能知道大致範圍。當中，位於鉛礦坳西北面約 3 公里至 4 公里的梧桐寨瀑布、林村和大帽山都曾發現礦產，當與鉛礦坳有所關聯。

梧桐寨

梧桐寨瀑布位於大帽山北面，距離鉛礦坳約 4 公里，共分為 4 個主要的瀑布，從上游至下游順序為散髮瀑、主瀑、中瀑及井底瀑。當中，主瀑上下落差達 30 多米，是全港落差最大的瀑布。梧桐寨瀑布屬林村河的上游，河水終年長流，一直流至林村谷，灌溉着林村河沿岸的農地，最後流入吐露港。

在瀑布旁邊分布零星不具規模的廢棄礦洞，反映梧桐寨的礦化程度或只具有限的經濟效益。根據港府文件,這個地區曾進行鉛和鋅的開採活動。

梧桐寨鉛鋅礦的岩石主要為大帽山火山礫至火山灰晶屑凝灰岩,和蓮麻坑十分相似。礦物
亦是蘊藏在石英脈之內。鉛礦坳主要開採的經濟礦物包括鉛、鋅和銅。儘管岩性和礦化類
型相近,從洞內觀察,礦化程度明顯較蓮麻坑弱。

大帽山

根據土木工程署的資料,大帽山曾登記過一個鉛鋅礦的勘探申請。大帽山位於新界中部,
是香港最高的山峰,海拔 957 米。獲勘探申請的礦區位於大帽山北部,與梧桐寨相鄰。

林村

在 1955 年,鉛礦坳西北面約 5 公里的林村亦曾接獲一個鉛礦勘探申請。礦場面積達 827
英畝,地理上和鉛礦坳接近,可見鉛礦坳附近擁有豐富的鉛礦資源。鉛礦坳命名時有可能
與早期的鉛礦有關,其後才有不同的營運商在周邊地區進行更多採礦活動。

二、鎢

鎢是一種用途廣泛的金屬,具有熔點高、硬度大、化學性質穩定、導電性好、抗磁性和耐
腐蝕性高等優良的特性。鎢用以冶煉硬質合金中的碳化鎢的使用量最大,硬質合金是金屬
加工、採礦和建築行業使用的耐磨材料。在照明、電子、電氣、加熱和焊接等應用中也常
用鎢金屬絲、電極和／或觸點。鎢還用於製造重金屬合金,用於武器、散熱器和高密度用
途,例如配重、渦輪葉片的高溫合金、工具鋼、鑽頭、高精密刀片、耐磨合金零件和塗層
等。鎢複合材料也用作槍械子彈中鉛的替代品。鎢化合物用於催化劑、無機顏料和高溫潤
滑劑。

在自然界中,僅發現有 30 餘種鎢礦物和含鎢礦物,具有工業價值的鎢礦物只有黑鎢礦和白
鎢礦($CaWO_4$)等少數幾種。此兩種開採鎢的主要礦物都出現在硬岩礦床中,而黑鎢礦也
可從砂礫石沉積物中採集(砂礦)。

白鎢礦通常被稱為「白礦」,黑鎢礦通常被稱為「黑礦」,是鎢的主要礦石礦物。純白鎢
礦含有 63.9% 的鎢(按重量計)。黑鎢礦的鎢含量範圍從富鐵端元鎢鐵石的 60.5%,到富
錳端元鎢錳石的 60.8%。鉬可以替代礦物中的鎢元素,而含鉬礦物也經常與鎢礦物伴生,
例如針山便曾發現輝鉬礦(MoS_2)伴生。白鎢礦的晶體透明至透光,呈金剛光澤或油脂光
澤。最常見形態的是雙錐或擬八面體晶體,晶體通常具有三角形生長層,晶體聚集物包括
結殼、粒狀和塊狀。礦物顏色鮮明,多數呈亮橙色、黃色、棕色,而且其熒光明亮,純白
鎢礦普遍發出明亮的藍白色熒光。

黑鎢礦則未被國際礦物學協會（International Mineralogical Association）定義為單礦物種類（見圖 3-8），普遍被認為是一個礦物系列，以富含錳的端元鎢錳礦與富含鐵的端元鎢鐵礦為主要成員。礦物晶體呈深紅色、深褐色、紅黑色、深灰色底黑色。黑鎢礦晶體不透明，半金屬光澤或金剛光澤，在薄刺狀或背光照射時可能透光。最常見的形態有長棱柱狀晶體、柱狀晶體、塊狀和鑿狀晶體，以及扁平的板狀晶體。晶體通常縱向有條紋，並且可能會與另一晶體結成雙晶結構。

目前全球大多數鎢礦開採來自脈狀／網脈狀型礦床、矽卡岩型礦床、斑岩型礦床和層狀礦床。其中，經濟可行的資源儲量以脈／網脈狀型和矽卡岩型礦床為主。在香港出現的鎢礦都是岩脈型礦床，出產的以黑鎢礦石為主。於中生代侏羅紀至早白堊紀期間，今中國東部及東南一帶位置正是燕山造山運動期，香港當時經歷劇烈的花崗岩侵入和火山岩噴發，因而為香港鎢礦床的形成提供了可成礦的地質條件之一。

脈／網脈狀型礦床是一系列的含鎢石英脈或石英網脈，通常發生在花崗岩侵入岩體附近或者其中。這類礦床中主要產生的鎢礦物是黑鎢礦；在某些礦中，白鎢礦的形成也會發生，間或也是主要礦物之一，例如在上塘便有產生白鎢礦。另有一些脈狀／網脈狀鎢礦床中亦會伴生錫、銅、鉬和鉍礦物，有些可能具有重要的經濟意義。

1. 香港最大鎢礦場 —— 沙田針山

香港的黑鎢礦主要集中在偉晶岩、雲英岩，以及石英脈與細粒花崗岩或火山岩的接觸帶，屬於熱液交互作用的產物。黑鎢礦曾於針山、上塘、沙螺灣青山和魔鬼山開採。在黑鎢礦

圖 3-8　礦物樣本：黑鎢礦。（香港大學許士芬地質博物館提供）

礦區，常見其他伴生金屬礦物如輝鉬礦和錫石（SnO_2）等，但輝鉬礦從未在香港進行正式商業開採，而錫石則只曾在上塘進行小規模開採。

沙田針山鎢礦位於城門針山南坡，礦場最高點為海拔 532 米，亦是該帶最高點（見圖 3-9）。針山鎢礦是香港最大型的鎢礦開採場，在 1950 年代初，最高峰時期曾有超過 2000 名工人在此工作。

礦山開發概況

針山鎢礦的第一個採礦許可證於 1917 年發出，初時有經濟價值的礦床只是零星存在。採礦方法遵循傳統的中國技術，似乎沒有使用過大型的機械設備。由於舊式技術簡陋，通風不良，因此礦坑相對淺和短。

1935 年，因興建城門水塘而發現上城門河河床沉積物中有星點的黑鎢礦砂，進一步調查後發現在針山西南方斜坡上，有不少高品位黑鎢礦夾雜在填充裂縫的石英脈之中。很快此地

圖 3-9　針山礦場平面圖

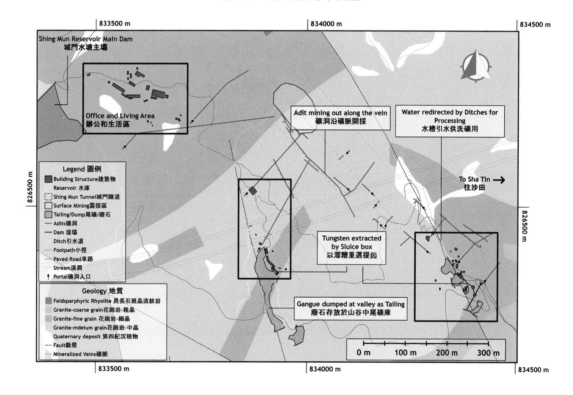

圖片來源：　Wanson Choi。

參考資料：　1）GEO, 2008. Hong Kong Geological Survey Sheet 7 (Shat Tin), Series HGM20 (2008 Edition II, 1:20,000). Geotechnical Engineering Office, Civil Engineering and Development Department, HK SAR.

2）Hui, S. F., "Mining of the wolframite deposit of Needle Hill Mine, Hong Kong. Institution of Mining and Metallurgy," *Tours Guidebook, 11th Commonwealth Metallurgical Congress, Hong Kong*, 1978.

便獲港府發出採礦許可證。直至 1941 年太平洋戰爭爆發以前，針山鎢礦的平均月產量約為每月 7 噸黑鎢礦精礦（65% WO₃）。日佔時期，達到每月 10 噸至 12 噸黑鎢礦精礦量，全部出口至日本。二戰後，營運公司重新掌管礦山，引入先進設備再試圖發展礦山。到了 1950 年代初期，年產量曾一度回到高於 80 噸黑鎢礦精礦量的水平。

1950 年代的採礦高峰期

由於鎢金屬多用於製造子彈與炮彈，其需求於 1950 年朝鮮戰爭爆發時期急速上升，導致鎢價上漲，新界地區陸續出現各人小不同的非法採鎢活動。在針山，其時有約 5000 名非法開採礦工，用簡陋的工具和方式進行地表及小型礦坑挖掘和河砂淘選。於針山以西約 8 公里的蓮花山，亦有數以千計非法開採礦工，甚至有紀錄指多達 10,000 人在開採同種礦物。至 1960 年代，因其時鎢價低，技術人員薪酬上漲，開採活動終告式微，而針山鎢礦亦於 1967 年停止開採。其實於 1977 年，即礦權證有效日期前一年，當時的礦證持有者曾做一次資料儲量估算，估算該範圍仍有 2272 噸 69.6% WO₃ 黑鎢礦精礦量，若果鎢價回升，有可能再開採長達 15 年。然而礦場最終並沒有繼續營運。1981 年，由於港府需興建下城門水塘，原針山礦權範圍的 540 英畝地，縮減至 288 英畝。現時針山礦場已經荒廢。於 1990 年建成的城門隧道於舊礦場的下面穿過。

地質概況

針山地區地貌河谷陡峭，水流湍急。城門河只有在水庫溢流時才會有水流，向東面流過礦區的南部，到達沙田；另外兩條較短、冬季通常乾旱的水道，向南流向城門河。針山是最高點。除了偶爾出現粗糙灌木叢，山坡普遍陡峭而貧瘠，廢棄的露天開採工程和堆積的岩石碎屑留下不少疤痕。

針山鎢礦區主要的岩石是當時稱為「長洲花崗岩」的火成岩，晶體呈中粒至粗粒大小；在西北方另有小部分屬「針山花崗岩」，晶體呈細針大小。這些花崗岩約在 1.48 億至 1.46 億年前的火山活動中形成。

針山鎢礦的礦化作用於上部花崗岩的岩脈中發生，主要為石英岩脈。在晚侏羅紀時期，當高溫熔岩入侵至當時此地的淺水灣火山岩群中，熔岩冷卻，結晶形成花崗時，揮發出的高溫氣體和上移的高溫液體在岩體邊緣填補裂縫，與相鄰岩石產生熱液交互作用，形成岩脈。

針山的礦化作用於上部花崗岩中多條平行的岩脈中發生。岩脈長 30 米至 450 米不等，闊 10 厘米至 70 厘米不等。岩脈走向大致為 N60°W，呈高斜度，大致 75 度向西南傾斜。礦化岩脈主要發現於岩體頂部的 150 米深度，局部密集形成。黑鎢礦通常以塊狀形態出現，最大可達 3 英寸，通常形成在岩脈的邊緣（見圖 3-10）。在出現晶洞的地方，黑鎢礦通常長成棱柱狀晶體，排列成板狀的形式，並經常伴有輝鉬礦。除了黑鎢礦外，岩脈中亦含其他金屬礦物包括輝鉬礦、方鉛礦、黃鐵礦和閃鋅礦。因為礦物在熱液中的穩定性有差異，形成黑鎢礦與輝鉬礦獨特的分布,礦體愈深,則黑鎢礦的比例下降,而輝鉬礦比例增加。但針山的輝鉬礦從未作正式的商業開採。

針山的開採

針山的地下礦道與礦脈呈 90 度角開鑿,一直延伸至與礦脈的交點,再沿礦脈向左右開採。1938 年,營運商在針山建成了一個選礦廠。在這之前,針山礦場以簡單的方法進行選礦,工人會用錘子把開採出來的礦石加以打碎,然後該碎石群會經過流礦槽,再進行淘洗和跳汰以得出精礦。

2. 其他具經濟價值的鎢礦場

同樣因熱液交互作用形成的黑鎢礦在不少新界地區也曾被發現,其中包括青山鎢礦、蓮花山 / 上塘鎢礦、沙螺灣鎢錳鐵礦、蠔涌鎢礦等。這些礦場均活躍於朝鮮戰爭時期,因鎢價上漲,令有牌開採的鑽井及無牌的挖掘採礦活動一時興起,直到 1961 年至 1966 年間鎢價下降,便陸續停產。

上塘 / 蓮花山

上塘和蓮花山一帶主要為具斑狀岩理的花崗閃長岩,於約 1.65 億年至 1.6 億年前形

圖 3-10　針山的黑鎢礦樣本,柱狀黑鎢礦在石英偉晶岩中形成。(香港大學許士芬地質博物館提供)

成，稱為大埔花崗閃長岩。花崗閃長岩相較於花崗岩，其石英含量較少，長石中斜長石（NaAlSi$_3$O$_8$-CaAl$_2$Si$_2$O$_8$）比鉀長石（KAlSi$_3$O$_8$）的成分多，岩石中除黑雲母外亦包含角閃石，因而得名。

上塘和蓮花山一帶的鎢礦礦化於石英岩脈中發生，形成以黑鎢礦為主的金屬礦物，該區其他金屬礦物還包括錫石、白鎢礦、輝鉬礦及黃鐵礦。

上塘開採的規模並不大，該區的開採模式大部分都以簡單方法開採，建有豎井和礦坑，但為保持空氣流通，坑洞既淺且短，限制了其開採速度和規模。直至 1957 年結束開採為止，只開採了共 7.18 噸礦石。正式礦場職員約有 80 名至 100 名，但該區曾一度聚集眾多非法開採者以原始模式開採。按 1951 年 8 月的估算，約有 4000 名至 5000 名非法開採礦工，對當地斜坡安全構成威脅。直至港府介入，終得以有效抑制非法開採。

除了黑鎢礦，上塘還出現另一種鎢礦種類，為呈銀白色結晶的白鎢礦。於上塘洞內，偶見呈深灰色晶體，莫氏硬度由 4.5 至 5 不等，極易粉碎到泥化，其比重較其他礦物高。現場肉眼難以和其他礦物分別，但若以短波紫外線光照射，白鎢礦會發出亮藍熒光，以此便能分別。當年選礦技術專注選取黑鎢，白鎢礦石並未受到重視。

青山

青山一帶曾出現多個不同大小的鎢礦礦場。1941 年以前青山東面部分區域曾被開發。當時主要以簡單工具進行開採，並沒有利用任何機械。1951 年，港府收到青山東部另一採礦證申請，但因部分礦區與操炮區重疊而遭英軍否決。這申請亦遭到地區人士反對：因礦區內有大量祖墳、道觀及佛寺，民眾擔心開採礦石將影響該地風水；另外，改變地形亦會影響附近梯田的灌水資源。後來為了方便警方監察礦區範圍的非法開採活動而獲發臨時採礦證。同期，礦區北面亦有大量非法開採，估算在高峰時期，有多達 3000 名非法開採者。

青山東部的主要岩石為青山花崗岩，近山麓位置是中侏羅紀時期形成的火山岩，主要為安山岩質的變質凝灰岩。青山鎢礦場位處青山花崗岩所在地。青山花崗岩在約 1.65 億年至 1.6 億年前的火山爆發中形成，黑鎢礦和輝鉬礦出現在當中的石英脈之內。黑鎢礦為主要具經濟價值的金屬礦物。

沙螺灣

沙螺灣位於大嶼山的西北部，介乎大澳和東涌之間。根據港府文獻，在沙螺灣曾發現黑鎢礦。在鄰近的磡石灣和深屈一帶，亦有發現磁鐵礦，以及石墨和石英這類非金屬資源。

沙螺灣主要為大嶼山花崗岩，這些花崗岩在中侏羅紀的火山爆發時期形成，具經濟價值的礦物蘊藏於當中的石英脈內，以黑鎢礦為主。位於彌礄石澗內的摩天崖，能發現其含鎢—鉬礦化完整石英脈，應為沙螺灣礦化的延伸。現存的碎石堆內，常見黃鐵礦或小量黑鎢礦。

西貢蠔涌

西貢蠔涌村西北面山坡曾有非本地人開採黑鎢礦,自一戰後,一直斷斷續續地小量開採至 1950 年代。有關當地的資料不足,只能確定土木工程拓展處曾利用光學雷達調查發現當地有兩條舊礦坑,沿東北—西南走向的礦脈開挖。現時該址仍留有多個約深 10 米的礦洞。

三、鐵

鐵是地球上最重要的金屬之一。現時精煉的所有金屬中有 90% 是鐵,清楚地展示了它的重要性。按質量計算,鐵是地殼中第四豐富的元素,而地核則一般被認為主要由鐵、鎳和硫組成。鐵具有許多特性,例如其磁性、軟度、低成本、延展性、酸溶性、電導性等,使其從冶金到回收的廣泛行業中均非常有用。它的用途相當多元化,大多用於製造鋼材,以及土木工程(鋼筋混凝土、樑柱等)和製造業中。不同的鋼材根據其加工所添加的元素,各具有不同的性能和用途,從裝飾、管道、工具、步槍,以至用於橋樑、電塔。

最常見的含鐵礦石是赤鐵礦,不過鐵亦廣泛分布於其他礦物中,如磁鐵礦和鐵燧岩／條狀鐵層。氧化鐵(Fe_2O_3)可以來自赤鐵礦、褐鐵礦、磁鐵礦、黃鐵礦、針鐵礦等。歷史上,工業化社會使用的大部分鐵礦石主要來自鐵品位約達 70% 的赤鐵礦礦床;後因鐵礦石需求不斷增加,加上高品位的赤鐵礦床逐漸貧瘠,二戰後陸續開發鐵礦石品位較低的礦床。

赤鐵礦是一種氧化鐵,是地球表面和淺地殼中最豐富的礦物之一,是最重要的提煉鐵的礦石。赤鐵礦具有極其多變的外觀,顏色包括紅色到棕色,以及黑色到灰色到銀色。赤鐵礦有時具泥土光澤,或者亞金屬至金屬光澤。結構亦多變,能呈雲母狀、塊狀、結晶狀、葡萄狀、纖維狀、鮞狀等。儘管赤鐵礦的外觀變化很大,但它總是會產生紅色條痕。純赤鐵礦不帶磁性,但由於許多赤鐵礦樣本含有足夠的磁鐵礦,能被普通磁鐵吸引,因而常被誤認為磁鐵礦或磁黃鐵礦。

赤鐵礦是火成岩、變質岩和沉積岩中的主要礦物和蝕變產物。它可以在岩漿分化過程中結晶,也可以從岩體中流動的熱液流體中沉澱而成。當熾熱的岩漿與圍岩發生接觸交代變質作用時,赤鐵礦亦是產物之一。

磁鐵礦是自然界中發現磁性最強的礦物,含鐵達 72.4%,是鐵含量最高的礦物。它是一種黑色至銀灰色、不透明、亞金屬到金屬光澤的礦物,莫氏硬度在 5 到 6.5 之間,常以八面體晶形態出現。磁鐵礦是火成岩和變質岩中其中一種普遍存在的副礦物之一,形成條件範圍廣泛,磁鐵礦在含石英的酸性岩中至含橄欖石的基性岩中都是穩定礦(見圖 3-11)。磁鐵礦在層狀超基性岩中很常見,可以形成稱為磁鐵岩的磁鐵礦層,通常富含鈦、鉻和／或釩。磁鐵礦亦能由熱液蝕變形成,大量出現於花崗岩和大理岩之間的矽卡岩礦床中。另外,它亦出現在沉積岩中。

圖 3-11　礦物樣本：磁鐵礦，它是自然界中磁性最強和含鐵量最高的礦物。(香港大學許士芬地質博物館提供)

磁黃鐵礦是第二常見的磁性礦物。它的磁性和硬度都較磁鐵礦低，呈青銅色，很容易識別。

1. 香港最大的鐵礦場 —— 馬鞍山

香港開採的鐵礦石主要為磁鐵礦，馬鞍山是最大的開採地點。馬鞍山鐵礦位於沿着香港主要斷層深入切割進九龍的吐露港海峽側旁，該地區地勢陡峭崎嶇。馬鞍山高地和尖峰是被風化侵蝕後凸出的部分，岩石是香港普遍的酸性岩基。在熱帶潮濕的季候風幫助下，化學風化作用導致主要岩層的差異風化作用明顯。

馬鞍山鐵礦區位於馬鞍山山頂 (700 米) 西南 1300 米，山坡下半部約海拔 250 米處，距離沙田約 10 公里；其蘊藏量估算超過 700 萬噸，是全港最大的鐵礦礦藏，亦曾是香港最大的礦山 (見圖 3-12)。

礦區通過一條 2.5 公里長的蜿蜒、傾度合宜的雙軌公路與沙田海入海口相連。卡車將礦石運送到離海岸 200 米的選礦廠。選礦後，礦石由載駁船裝載到離岸約 1 公里的遠洋貨輪上。

該礦區活躍於 1960 年至 1976 年間，幾經易手，前後共運作了 70 年。礦區附近小村落的村民最初從事漁農業，其後有日本企業在該處開採磁鐵礦，全盛時期每天出產的鐵礦砂達

圖 3-12　馬鞍山礦區分布圖

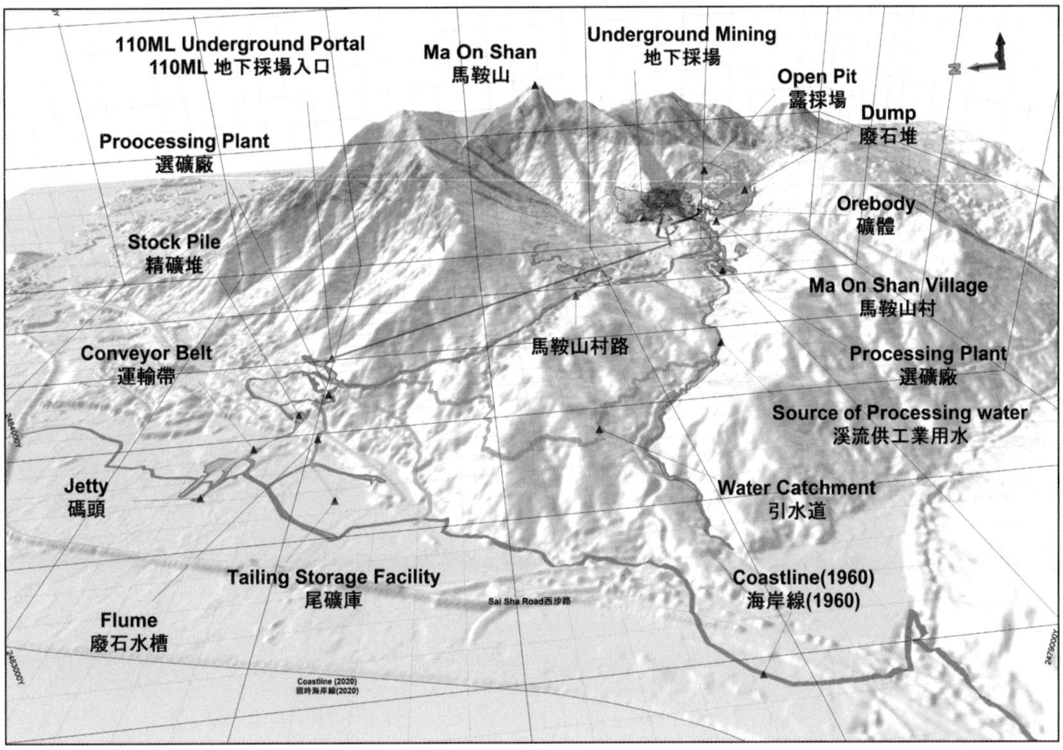

圖片來源：Wanson Choi。
參考資料：Topographic data: 1963 Aerial photo number 1963-0240

800 多噸，有礦工過千人，礦砂主要運往日本。

礦山開發概況

馬鞍山鐵礦由 1906 年至 1959 年主要是由露天開採，露天採坑由十個不同高度的採礦和運輸平台組成，位於礦體出露地表的部分約海拔 300 米左右，大致呈東南至西北方向伸展，長約 500 米，寬約 300 米，向下擴展至大約海拔 240 米左右（見圖 3-13）。

礦山自 1906 年獲批第一張勘探和礦床開採許可證開始進行試掘，1908 年的勘探報告曾估算磁鐵礦資源量達 500 萬噸。日佔時期，由 1942 年到 1944 年，該礦場由日本人零星經營，僱用了大約 1500 名工人，每日產量只有約 100 噸。由於沒有機械運輸，礦石由苦力運到海邊。二戰後接管了礦山採礦權的營運商與駐日盟軍最高司令官總司令部簽訂合同，每年供應礦石 15 萬噸。1954 年在礦址安裝了一間全機械化的選礦廠以提高效率。

1953 年礦區及外圍地區進一步的鑽孔勘探證明，更大的礦體賦存在海拔 240 米以下。也就是說，露天採礦場的底部才剛剛觸及深埋地下的主要礦體。根據當時探明的儲量進行計算，在海拔 240 米以下至 110 米以上礦石儲量超過 455 萬噸。因此，自 1953 年 3 月開始，營運商採用地下坑道採礦，主要採用「層段回採法」，即先將礦道、豎井、溜井等開鑿好，再從上而下逐層開採（見圖 3-14）。地下礦石運送至離海岸約 200 米的礦洞出入口，礦洞旁邊擁有設備完善的選礦廠，採用「磁力濕選法」提高鐵砂純度，然後鐵砂會被運至船隻裝載並送至日本。直至 1950 年代末期，礦區全部轉入地下坑採，露天採礦場被徹底關閉廢棄。

採礦作業遵循中國古老的轉租工作習慣。1959 年的工作被分包給了 9 家公司，這些公司僱用了大約 350 名地下礦工。此外，地面上還有大約 800 名員工。1958 年粗磁鐵礦的半均品位鐵含量為 32%。這在濕式磁選廠中被精選到高達 56% 的鐵。選礦廠日處理能力為 700 噸。

地質概況

馬鞍山鐵礦形成一帶，沉積岩、火成岩和變質岩三大類岩石都有出現，這是由於礦區位處花崗岩侵入至沉積岩及火山岩的接觸帶，侵入的花崗岩體直接頂板的岩石表現出強烈的接觸變質作用，造成該區較為複雜的地質及構造情況。

馬鞍山山頂一帶出露的火山岩屬深涌流紋岩（或城門組火山岩），岩石的特徵變化很大，包括玻屑凝灰岩和沉凝灰岩，而最典型的是流紋斑岩，其基質通常呈深棕色，在顯微鏡下為隱晶質至微晶質。流紋結構很常見，斑晶是約 1 毫米至 1.5 毫米的鹼性及鈉質長石和石英。在變質作用下，岩石變質成近似石英片岩的石英絹雲母岩，通常變得高度硅化和燧石化。常見的紅柱石晶體長度一般可達 3 厘米。

入侵的花崗岩是一種等粒粗粒花崗岩，平均粒度約為 2 毫米。偶見粉紅色長石長達 1 厘米。岩石顏色較淺，根據長石的顏色而帶有白色或粉紅色。石英、正長石、斜長石和通常出現的黑雲母是基本礦物，很容易用肉眼區分。其他在不同樣本中觀察到的礦物包括磁鐵礦、鋯石、角閃石和白雲母。

馬鞍山的火山岩噴發時間為約 1.46 億年前的晚侏羅紀，這一套火山岩直接覆蓋於泥盆紀至石炭紀時期形成的馬鞍山組沉積岩之上，是一個不整合接觸。其後，沉積岩被熾熱的花崗岩岩漿入侵，花崗岩岩漿的結晶作用釋出含矽量高的流體，該流體流動並與周圍的岩石接觸而產生化學作用，使接觸帶經歷區域變質，局部變質成為角岩和矽卡岩。馬鞍山的磁鐵礦正是從矽卡岩內開採而來。

矽卡岩礦床

馬鞍山鐵礦床屬於典型的矽卡岩型接觸交代礦床，一般發生在侵入岩與富含碳酸鹽的岩石，如大理岩、灰岩、白雲岩等的接觸帶上，或其附近，由含礦熱液在接觸帶導致蝕變交代作用而形成的礦床。矽卡岩是一種變質岩，以含大量富鈣或富鎂的硅酸鹽礦物為主要特徵。在馬鞍山礦區出現的礦物組合複雜多變，包括陽起石、綠泥石、綠簾石、硅灰石、透

圖 3-13　馬鞍山鐵礦床。馬鞍山鐵礦曾是香港鐵礦石最大開採地，1906 年開始有人開採，全盛時期有礦工數千人，直至 1976 年才停產。（攝於 1959 年，香港大學圖書館提供）

圖 3-14　馬鞍山地下開採坑道運行原理示意圖

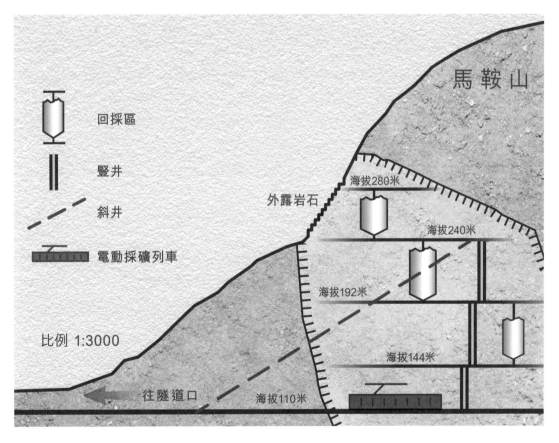

資料來源：　香港地方志中心參考馬鞍山民康促進會網頁刊登、由陳培佳手繪的〈110ML 坑道運行原理圖〉製作。

輝石和石榴石，亦含有少量的螢石、菱錳礦、方鉛礦、方鎂石和蛇紋石（見圖 3-15）等。這些矽卡岩組成礦物多數帶有綠色色調，因此矽卡岩也通常呈現成綠色。

由於矽卡岩型礦床是由酸性岩漿侵入碳酸鹽岩圍岩後，或熔岩源的熱液沿斷層或裂縫滲透到圍岩中，由含礦熱液與圍岩的交代作用而使礦體富集，因此礦床受到矽卡岩化的程度的分布所控制。在熱液擴散或接觸滲濾作用控制下，矽卡岩礦床常具分帶性。因矽卡岩的組成礦物種類繁多，往往呈不同的礦物組合產出，在空間上常具帶狀分布，尤以侵入岩與圍岩的接觸帶附近的分帶特別明顯。在馬鞍山礦區，圍岩及花崗岩體因熱液作用而被硅化，形成石英岩或硅化花崗岩。

馬鞍山鐵礦礦體特徵

馬鞍山矽卡岩鐵礦體可分為兩個組成部分，一是透鏡狀體中央，與赤鐵礦混合的磁鐵礦，一是周圍的矽酸鈣矽卡岩或接觸變質岩。

磁鐵礦是該區主要的開採礦物，呈星散狀分布，不規律地浸染在礦物間（見圖 3-16，圖 3-17）。磁鐵礦由硅酸鹽膠結或固定在一起，形成獨立微細的晶體至重達數噸的塊體。純塊狀的磁鐵礦呈黑色、帶磁性、軟且呈顆粒狀。礦石和脈石之間沒有明確的界線，礦石逐漸過渡至以花崗岩—花崗閃長岩—石英類的基質岩石中。有些岩石的基質是偉晶岩，石英、長石和黑雲母簇發育良好。

鐵礦體的頂盤和下盤是鈣矽酸鹽角岩。形成的接觸變質帶（又稱暈）或矽卡岩中，磁鐵礦、赤鐵礦和其他鐵礦物的含量愈來愈少，尤其是粒矽鎂石。高溫變質礦物曾在露天開採的第五階（Fifth Bench）出露的頂盤中發現，如石榴石—輝石—綠簾石等，局部大石榴石叢佔岩石總體積達一半到四分之三。而在露天開採部分零階磚（Zero Bench）的下盤，曾發現其他與矽卡岩相關等礦物，如小塊粗粒的粉紅色硅灰石晶體；亦有少量硫化物如黃鐵礦、黃銅礦和方鉛礦存在。從下盤鑽取岩心深度約 40 米，有方解石層出露，其中有厚達 20 英尺者。小晶洞中結晶出釘狀及狗牙狀方解石晶體，以及藍色到紫色的立方螢石簇。

在接觸帶以外，沒有發現清晰的變質岩帶。然而，鑽探深度到達超過 80 米的岩心顯示地下亦出現達到變質程度的粒矽鎂石—石英—方解石帶。此外，還有相關礦物如褐色菱錳礦、與絹雲母長石和粒矽鎂石蝕變相關的淡黃色和棕綠色鈣鐵榴石，還有在石英脈中的滑石和蛇紋石。石英脈中偶見石英晶體和小簇磁鐵礦和少量綠色黑雲母呈互鎖結構；與方解石相關的還有硅灰石、橄欖石和蛇紋大理石。

至於在距頂盤接觸帶約 100 米處，石英中出現細長電氣石的輻射簇；白色高嶺土和灰綠色的雲英岩十分常見。石英脈和細脈中，不規則地含黑鎢礦和輝鉬礦。此間的鎢礦石達到一定的經濟數量，鐵礦工在工餘時間便採鎢礦以獲得更多收入。

圖 3-15　礦物樣本：蛇紋石，是馬鞍山鐵礦開採出來的礦物之一。（香港大學許士芬地質博物館提供）

圖 3-16　含有磁鐵礦的矽卡岩，是馬鞍山鐵礦的主要開採礦物。（香港特別行政區政府漁農自然護理署提供）

圖 3-17　馬鞍山鐵礦的矽卡岩，磁鐵礦不規律地侵染在其中。（地球知源有限公司提供）

2. 其他曾被發現的鐵礦

在大嶼山沙螺灣、東涌以西和大小磨刀洲以東，亦曾發現其他含磁鐵礦的矽卡岩礦床，但從未進行正式的商業開採。香港的這些磁鐵礦及其他與矽卡岩有關的礦床一般出現在侏羅紀前的沉積岩中，尤其是石炭紀和二疊紀大理岩。雖然大理岩在地表出露很少，但香港土力工程處於進行地質調查時，在鑽孔岩芯中發現北大嶼山一帶外露的石層底下有屬石炭紀的大理岩，與大澳離岸海床下、大小磨刀洲和元朗組地層相關。而這些位置的矽卡岩礦床是由於後來中侏羅紀至早白堊紀花崗岩的侵入而形成的。

在大嶼山大澳附近的牙鷹角，於 1958 年曾批出勘探許可證，讓有關公司在當地勘探鐵和錳礦物。當時有報章報道此公司已獲取開採鐵礦的許可證，但歷史檔案館並無此紀錄。牙鷹角後來亦沒有正式開採作業。牙鷹角出露的地層相對粗粒，富含鎂鐵質的凝灰岩，屬鹽田仔組的火山岩，而且接近上覆的城門組岩層。城門組岩層在大嶼山此處出露的石層，是含火山灰的晶質玻屑凝灰岩，附近亦出露含火山礫的晶質火山灰凝灰岩，其中夾雜深灰色隱晶質或岩質火山礫。地層經歷過蝕變作用，也許因此局部形成氧化鐵，呈現鏽鐵顏色而被認為該地蘊含鐵礦床，但這程度並不足以達到開採的經濟價值。

另外，有報告指出，在馬鞍山礦場和一些沉積岩的結核中（由化學沉澱作用形成的礦物團塊），發現磁黃鐵礦和赤鐵礦。在蓮麻坑、梅窩和大帽山的鉛—鋅—銅礦床、針山、沙螺灣及魔鬼山的含黑鎢礦石英脈，以及馬屎洲、鴉洲和平洲的沉積岩中，都曾發現黃鐵礦。

3. 蝦螺灣出土的鑄鐵爐

赤鱲角蝦螺灣曾出土 10 個年份屬元代（1271—1368）的鑄爐，並曾發現鐵成分的殘渣，因而大部分人相信，這些鑄爐曾經用來冶鐵。但是至今對於這些元代鑄爐是否煉鐵爐，以及冶煉的方法，仍尚未有確切定論。在地質條件的角度，蘭福德（R. L. Langford）在1991 年及 1994 年進行赤鱲角地質調查時，並無發現矽卡岩，但曾報告島上多條石英岩脈有發現相關的少量氧化鐵。

第三節　非金屬礦物

一、石墨

石墨是碳的其中一個形態，呈深灰至黑色，莫氏硬度為 1 至 2，具半金屬或暗啞的光澤。石墨常見於變質岩之中，由有機物經變質作用形成，亦是其中一種導電的非金屬。由於石墨具有金屬和非金屬的物理和化學特性，適合應用在不同的工業和科技中。現時，石墨的主要用途是製造鉛筆、潤滑劑、電池、耐火材料，以及用作煉鋼製程中的碳源。

石墨是鬆軟狀的碳元素，是工業礦物商品，全球僅少量生產。石墨英語「graphite」的詞源為希臘語「graphein」，意即書寫，反映石墨（與黏土混合）長期用作鉛筆中的「鉛」。石墨具獨特的物理和化學性質，特別是粗晶石墨，可用於許多工業應用，其中一些沒有合適的替代品。天然石墨的工業用途和相關商業價值取決於所開採石墨的特性和結晶度，石墨於礦床中可形成細粒微晶石墨粉（無定形石墨）、呈獨立層狀晶體（片狀石墨）的粗粒結晶石墨，或開採自脈狀礦床（塊狀或片狀石墨）的大塊結晶石墨，後者在商業銷售的天然石墨中，含有最高品位和粒度（見圖 3-18）。

天然石墨廣泛散布於多種變質岩和某些火成岩中，包括大理岩、片岩和片麻岩等，但大多數礦化點沒有經濟價值。重要的石墨礦床賦存碳質沉積岩中，當中的有機沉積物經受區域或接觸變質作用變成石墨，亦有部分賦存於流體沉積的礦脈中。

太平洋戰爭結束後不久，石墨的價格曾一度達到頂峰。繼大磨刀洲成功開採石墨後，在 1950 年代和 1960 年代，礦務部曾發出多張許可證，允許在新界不同地方進行石墨勘探。根據當時礦務部的紀錄，石墨礦和探礦的位置一般在三個地域：大嶼山、新界西北部及西貢北。後來石墨價格隨着世界對鋼鐵的需求降低而下降，且香港亦未有再發現具開發潛力的石墨礦床，曾一度興起的石墨勘探熱潮逐漸褪去。

圖 3-18　礦物樣本：石墨，它可用於製造鉛筆、電池等。（香港大學許士芬地質博物館提供）

1. 大磨刀洲

大磨刀洲位於大嶼山以北對開海域約四公里，介乎屯門和大嶼山之間，與旁邊的小磨刀洲和匙羹洲合稱為大小磨刀。此島面積約為 14 公頃，昔日最高點 67.8mPD（高度相對香港主水平基準）。該島無人居住，植被茂密，由於其交通不便且海灘貧瘠，遊客罕至，卻因曾出產高品質石墨而聞名（見圖 3-19）。大磨刀洲石墨礦於 1952 年至 1971 年期間營運，礦物主要出口至英國和美國。於 1990 年代中期，鄰近赤鱲角興建機場，大小磨刀亦被削平。

大磨刀洲的地質及礦體形成

大磨刀洲主要為一組複雜的石炭紀變質沉積岩，和其近海地區一些已探明的隱伏露頭屬石炭紀變質沉積層序，屬於落馬洲組米埔段，此層局部形成了下伏的大欖花崗岩體的頂蓋層。大欖花崗岩體於晚侏羅紀侵入，熱液導致覆蓋其上的沉積岩層產生變質作用，從而產生了大磨刀洲上的優質石墨礦層。石墨礦層主要出現在陡峭（60 度）向東北傾的岩層中。

圖 3-19　大磨刀洲石墨礦場位置圖

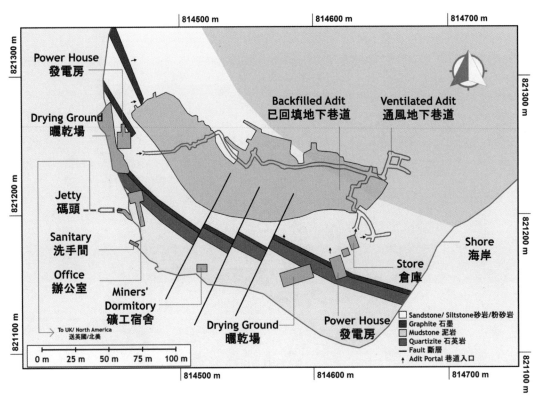

圖片來源： Wanson Choi。

參考資料： 1) GEO, 1995. Hong Kong Geological Survey Sheet 9 (Tung Chung), Series HGM20 (1991 Edition I, 1:20,000). Geotechnical Engineering Office, Civil Engineering and Development Department, HK SAR.

2) Woods, N. W. and Langford, R. L., "The Geology and Exploitation of the West Brother island graphite deposit," *Geological Society of Hong Kong Newsletter,* Vol. 9 (2) (1991): pp. 24-35.

礦體本為石炭紀植物，被掩埋初期變成煤層，高品質石墨是後來因與大欖花崗岩相關的岩基侵入，而把煤層熱變質化形成。

在大磨刀洲發現的岩石包括石英岩、變質砂岩、粉砂岩、泥岩和含石墨粉砂岩或石墨片岩。這些沉積岩層細薄，形成薄薄的互層，並包含諸如荷重構造等沉積構造特徵，顯示岩層並未有倒置。這層序中包括富集石墨礦層，由於受到高度侵蝕，沒有在地表明顯出露，但在礦區營運時期曾有地下繪製地圖的紀錄。這斷傾斜的沉積岩層序並未見到其底部和頂部，但粉砂岩和砂岩層序至少有 200 米厚。

島的北部和東部以淺色砂岩和粉砂岩為主，而島的西岸則以石墨粉砂岩和富含石墨的地層為主，片理化的岩石表面有光澤。在荒廢的礦區和相關建築物附近，海灘主要由含石墨粉砂岩的細礫至中礫卵石組成。舊有的礦井紀錄顯示石墨礦層的厚度從 0.3 米到 4.5 米不等，平均為 1.2 米；另有兩層沉積層序上較高的礦層，最大厚度分別為 0.3 米和 0.15 米。1991 年進行地質調查時報告，石墨層已不再出露，但仍有大量證據表明礦層存在於表層沉積物和廢土堆中。

大磨刀洲的地質構造由一個東北走向的陡峭傾伏向斜構成。按推斷，極有可能受到大欖花崗岩岩體侵入的影響。島西岸的地層呈南東南走向，向東 38 度至 58 度傾斜。但是在島的西南端，走向趨勢突然轉向東，局部達至 80 度傾角，出露了向斜向東北向的軸向線。

開發概況

根據 1956 年 8 月 5 日《南華早報》刊登的一篇文章，石墨由尋找砂岩作磨石的漁民發現，他們最初誤以為是煤炭。後來經確認為石墨。

大磨刀石墨礦由 1952 年獲發採礦許可證開始營運。到 1950 年代後期，年產量已增長到 3000 噸至 3500 噸，並且一直持續增長至 1960 年代初期。1964 年時，礦井的範圍已大大增加。大磨刀石墨礦全為地下採礦。早期，地下礦洞內擁有多層地道和多個豎井，它們在地底互相交錯，故礦場地底擁有良好的自然通風系統，而地下通道內主要以燭光照明。後期因礦場進行更大規模的發展，礦井不僅橫向延伸，亦達至一定的深度。1964 年的開採作業已達到海平面以下約 90 米的深度，通道內逐漸加裝電力照明。而且在這個深度，必需連續抽水確保工作層保持乾燥，並潛在一定的水浸風險。此外，在某些工作區需要利用空氣壓縮機以保持足夠的通風。對這些措施的需求令營運成本大大提高，嚴重影響盈利。1971 年，石墨採礦活動終於停止，礦場於 1973 年 1 月採礦許可證到期時關閉。

礦山運作

由於石墨非常脆弱，大磨刀的礦石主要以鋤及鑿挖掘，只有開發隧道時遇到較硬的石才會用到爆破。地下礦道採用「下向梯段回採法」（underhand stoping）（見圖 3-20），礦石在每一個分層的開採面由上而下開鑿，經由貫穿兩分層的溜井從下一分層的礦道收集，然後運送到豎井。每層的開採面開採完成後，再用尾礦把空間回填以防止塌陷。石墨以籃子運至地面的兩個風乾場，經人手以品質分類後在露天地方風乾，再包裝以便運送。當時，出口英美的石墨據報用作核電廠內的核反應堆控制棒，而剩餘較低素質的石墨則供本地製磚工廠作燃料之用。

2. 其他曾發現石墨的紀錄

在新界西北，曾一度獲發過不少勘探許可證，例如在落馬洲、白石凹、大石磨、羅湖、洲頭一帶，以及米埔新村和担竿洲 帶。當中担竿洲和大石磨一度具備發展潛力。

担竿洲

担竿洲坐落在米埔沼澤中的小山丘上，是一個小村落，四周環繞着魚塘，北面有邊界圍欄。該地區現為世界自然基金會（World Wide Fund for Nature）的米埔遊客中心。地質方面，該區地層屬於落馬洲組米埔段，和大磨刀地層一致。地層由灰綠色千枚岩、灰白色變質砂岩、白色厚層石英岩和石墨片岩組成。含有大量石英的粗粒雲母片岩在山頂出露，山

圖 3-20　下向梯段回採法示意圖

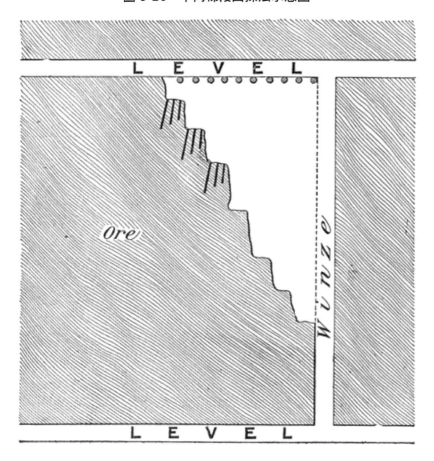

資料來源： Hoover, H., *Principles of Mining: Valuation, Organization and Administration* (Project Gutenberg, www.gutenberg.org, 2008).

側是幼粒度石英片岩。偶見呈黃色的砂岩窄透鏡體。在 1966 年至 1974 年期間，為研究擔竿洲的石墨層，曾在該區進行探勘，共置六個鑽孔和兩個豎井，其間至少發現四層石墨片岩，厚度從 1 米到 12 米不等。

該地區的首張採礦許可證於 1955 年 2 月頒發，本來僅申請開採石墨，後增添了鈦礦物的開採許可申請。該開發區位於深圳河口，佔地 5 英畝。沒有紀錄證明其時曾發現任何有經濟價值的礦物資源。

1964 年 12 月，在擔竿洲佔地 2.7 英畝的勘探許可證被批出，目標礦物為石墨和鈦礦。翌年初主要的豎井開始施工，直至年底豎井已達 16 米深，並在 9 米深處發現含石墨的石英片岩岩層。研究人員曾於 1966 年 3 月對該區發現的石墨進行評估，石墨的品位為 30% 至 80%，亦指出與大磨刀的不規則裂縫礦脈相比，該區的石墨層相對均質，較容易開採。報告指出，該區的石墨是他在香港及至華南地區中見過最具開採遠景的石墨礦產。惟後來更多的評估發現，雖然個別樣本的石墨品位達 18%，但數次測試得出礦石的固定碳品位 / 石墨品位不過 1% 至 2%，無法與大磨刀洲的 76% 石墨相比，無利可圖。1967 年 12 月營運商正式由破產管理人接管。

大石磨

在新界西北落馬洲以東，大約在馬草壟、大石磨一帶，本地稱之為「柯克帕特里克山」（Mount Kirkpatrick）的地方，曾有獲發過石墨勘探許可的紀錄。1957 年 3 月該地區的勘探證與深涌的礦證同時轉讓給了正在經營大磨刀石墨礦的公司。

新界北部的羅湖、大石磨，以及白石坳至落馬洲之間的山丘，大都由石炭紀的「落馬洲組」的岩石組成。「大石磨段」構成該地層上部，主要為變質砂岩夾雜變質礫岩和千枚岩，形成了大石磨山的主體；位於下部的「米埔段」主要由變質粉砂岩、千枚岩夾變質砂岩和石墨片岩組成，只在大石磨山腳出露。

落馬洲組逆衝至大帽山組之上，此主要逆衝斷層被命名為新田大斷裂。斷層兩側的岩石都發生了蝕變（變質），岩層向特定方向扭曲，部分強烈變形（糜棱化），泥岩和碳質泥岩分別蝕變為千枚岩和石墨。

西貢北部：深涌

另外，根據紀錄，深涌於 1955 年 9 月有採礦許可證被批出，同樣於 1957 年 3 月轉讓給大磨刀石墨礦的運營商。許可證覆蓋深涌以北 40 英畝的範圍。1955 年《香港年報》曾指出，新界另外兩處地區正在進行石墨勘查，港府當時對深涌潛在的資源是有良好預期的。然而，該區的實際營運狀況並沒有保存紀錄，只能確定曾有勘探時挖掘的礦坑，和在舊航拍照片中曾出現疑似是礦工居住的臨時建築物。

隨着 1973 年大磨刀石墨礦的關閉，香港對石墨的「一時之興」告一段落。與許多行業一樣，石墨亦因在世界其他地區發現更便宜的礦石資源，最終因香港的有限供應在全球市場環境中失去競爭力。

二、石英

石英的化學程式是二氧化矽，是地殼中最豐富、地球表面分布最廣的礦物。它極耐風化，不容易被物理風化和化學風化作用侵蝕（見圖 3-21）。石英呈油脂光澤，透明度高，能出現多種顏色，因其色彩、光澤和硬度，石英被廣泛用作半寶石。

石英獨特的物理和化學特性使其成為最有用的天然原料之一。它的莫氏硬度為 7，比鋼鐵、玻璃硬度更高，是一種極好的研磨材料。高純度矽砂接近純石英，其中一種廣泛的用途是用於玻璃製造行業，近年亦多用於生產有機矽（矽酮）。石英與大多數物質接觸時不產生化學反應、耐熱，且有特殊電導率和光學特性，常用於電子設備和專用透鏡的生產。更因為它精確的振動頻率，石英廣泛地認用於鐘錶製造。

石英的形成溫度範圍大，能出現在多種火成岩、變質岩和沉積岩中。它的耐風化特性令其普遍成為山尖部分的主要礦物，也是海灘、河流和沙漠沙粒的主要成分。石英無處不在，數量豐富且經久耐用。可開採的礦床遍布世界各地。

在香港，石英、長石和高嶺土均於花崗岩岩體中開採。香港有接近三成表土面積為花崗岩，所以石英、長石和高嶺土礦場分布廣泛，且部分礦場會同時開採多於一種礦物。石英通常於花崗岩風化殘積土壤和厚石英礦脈區中產出，石英沙則是在赤鱲角開採高嶺土時的

圖 3-21　礦物樣本：石英，多用於玻璃和鐘錶製造。（香港大學許士芬地質博物館提供）

副產品。位於白角、望后石、樟樹頭、大嶼山望東坑、小欖、米埔、沙田銅鑼灣、針山、上葵涌和荔枝角的小規模礦場，均曾開採石英礦脈，礦場數目達數十個，大部分屬小規模露天開採。這些礦場主要開採花崗岩風化土或花崗岩中的石英礦脈。花崗岩的主要成分是石英、長石和雲母。因此在風化後的花崗岩中依然可以找到石英礦物的晶體。另外，部分的花崗岩被石英脈穿過。風化後的花崗岩中，這些堅硬的石英脈變得非常明顯。

相較大部分的天然礦物，石英硬度非常高。所以有石英脈出現的地方，往往會發生差異侵蝕。然而，不同岩石的成分和結構不一樣，硬度也有差異。例如泥岩、頁岩和粉砂岩等沉積岩相對較軟，而砂岩或礫岩通常較硬。自然風化和侵蝕過程往往會突出這些差異，差異侵蝕在地形演化的過程中具有強大的影響力。相較堅硬的岩層比較抗侵蝕，因此最後能保持高聳，通常形成地形的高處；而較軟的岩石則將形成較低的區域。差異侵蝕出現在所有規模的侵蝕中，無論是小露頭的石脈，到最高的山脈，原理相同。正因如此，岩體中若是有石英脈，一般很容易被發現。

1. 赤鱲角礦場

赤鱲角香港國際機場發展前，島北的長沙欄附近，曾有開採石英的商業活動。赤鱲角的地質主要是晚侏羅紀和早白堊紀的花崗岩，中間被含長石和石英斑晶的流紋岩切割開。[2] 礦場主要開採已風化的花崗岩中的石英脈。其開採年份約為 1959 年至 1963 年之間。此外，於 1960 年代末至 1970 年代初，赤鱲角深灣的東面亦曾開採高嶺土和石英。此礦集中開採花崗岩中的石英礦脈以及沿脈的高嶺土，於 1973 年關閉。1981 年至 1988 年間赤鱲角亦有開採高嶺土和石英的紀錄，營運商主要出售矽沙。

另外，石英亦曾在沙螺灣地區被開採，但是沒有關於開採量的紀錄。沙螺灣地區曾獲得石英探礦許可證，但未申請採礦許可證。至於東面的鱟殼灣地區則獲得了石英採礦許可證，同樣沒有產量紀錄。鱟殼灣的石英採自海灣西側的一個大型（寬達 30 米）非礦化石英脈。

2. 新界西北：青山、后海灣、望后石礦場

在香港新界西部，沿后海灣、望后石一帶，是香港盛產石英、高嶺土和長石的地方。這一帶主要地質是晚侏羅紀的細粒至中粒花崗岩，岩體東邊與屯門組下部的石英砂岩相接，接觸面不規則。屯門組岩石和青山花崗岩均常見片理化，而在青山花崗岩中，出現多條細岩脈，成為主要開採點。在這一帶，曾開採的礦場大大小小加起來達三十多個，大部分以開採石英和高嶺土為主。

望后石曾於 1955 年至 1968 年間進行石英開採，小冷水於 1956 年至 1960 年間亦有開採。此外，白角也有曾開採石英的紀錄。

2　有關赤鱲角地形和地質更詳細的描述，可參照本章「長石及高嶺土」的內容。

三、長石及高嶺土

長石是長石族礦物的總稱，是一種主要含鉀、鈉、鈣等元素的鋁矽酸鹽礦物，是其中一種最主要的岩石構成成分之一（見圖 3-22）。在香港，普遍的侵入岩如花崗岩、石英二長岩等，以及火山岩如流紋岩、凝灰岩等，大部分屬酸性火成岩，均含有大量長石，包括鹼性長石和斜長石。

商業開採的長石，一般用作燒製陶器、瓷器、瓷磚及玻璃用。燒製瓷器另外兩種不可缺的原料，是高嶺土（黏土礦物之一）和石英，而高嶺土本身正是由長石經風化而成。長石在化學風化作用下，去掉鉀、鈉、鈣等元素後，形成黏土質的含鋁矽酸鹽礦物。因此，在化學風化程度高的地域中，長石含量高的原生岩石是很理想的黏土礦。黏土礦物種類繁多，並非全部皆如高嶺土一般，是製瓷的理想原料。由於香港地質條件適合，又因直面中國南海的長風域，加上位處亞熱帶的氣候，令香港的化學風化程度較高。本地曾經出現過幾個高質量的高嶺土礦，如茶果嶺、大埔、赤鱲角、青衣，以及西北部一些零星地區。而長石則一度在茶果嶺、赤鱲角和沙田銅鑼灣上開採。

高嶺石一詞源於景德鎮東北部的高嶺山，其英語翻譯「Kaolinite」，亦是「高嶺」的音譯。高嶺石不但是一種礦產，亦是我國文化上，將青花瓷器發揚光大的一種重要的石質原料。中國的青花瓷早在十四世紀已聞名於世界。在元、明、清代，適逢大航海時代，青花瓷越洋過海，備受各國貴族愛戴。香港的瓷器生產，雖然未似景德鎮般矚目，但是本地的確曾經出產過青花瓷，其址正在今天的大埔碗窰村。

圖 3-22　礦物樣本：長石，長石族礦物的總稱，是地殼中最重要的造岩成分，可用於燒製陶器和瓷器等。（香港大學許士芬地質博物館提供）

碗窰，地如其名，是製碗的窰址。要燒出潔白光亮的瓷器，坏胎原料需要用到所謂的「瓷石」和高嶺土（見圖 3-23）。「瓷石」其實是一般長石、石英較多的酸性淺成的火成岩，經過熱液蝕變作用之後形成，是一種以高嶺石、絹雲母及石英為主組成的岩石，由於黏土礦物含量多，粉碎後加水會變得有可塑性，因而成為製作瓷器的原料，得名「瓷石」。

高嶺土則是以高嶺石為主要成分的黏土，將之加入瓷器的坏胎原料，增加含鋁的矽酸鹽的比例，令瓷土更耐高溫，不易變形。這都是歸功於高嶺石這種含鋁矽酸鹽在加熱過程中的結構變化。在 1400 度的高溫下，高嶺石會結晶成另一種含鋁矽酸鹽 —— 莫來石結構的晶體，是一種機械強度高，穩定性更強的物質。

香港地質以酸性火成岩為主，正長石、斜長石、石英是岩石組成的基本礦物，是以在曾經歷熱液蝕變的地方，或者是長期受風化淋濾作用影響的地層，高嶺石並不罕見。除了碗窰之外，茶果嶺、赤鱲角、青衣等不少地方，都曾經設有礦場，開採過高嶺土。

主要控制香港高嶺土形成和分布的過程是風化作用，熱液作用只在局部地區有重要影響。就垂直分布而言，高嶺土主要出現在腐泥土的殘留不整合面一帶，這些不整合面包括節理、斷層、剪切帶和地層接觸面。最厚的富含高嶺土的區域通常與自然斜坡和低角度傾斜的不整合面近平行有關，特別是當這不整合面正好在風化面垂直幾米的範圍內，很適合高嶺土形成（見圖 3-24）。

圖 3-23　礦物樣本：高嶺土，是燒製瓷器的坏胎原料。（香港大學許士芬地質博物館提供）

圖 3-24　1999 年於調景嶺西部發現，在岩層的不整合面周圍形成層狀的高嶺土礦物。（香港特別行政區政府土木工程拓展署轄下土力工程處提供）

1. 大埔碗窰

大埔碗窰村後山一帶，現稱「打泥洞」，曾開採瓷土礦。瓷土主要成分為高嶺土，大埔碗窰出產的瓷土亦含有石英和長石成分。碗窰的瓷土開採活動始於明代，採得的瓷土會用以製作青花瓷和青白釉瓷（見圖 3-25，圖 3-26）。瓷土礦附近設有審場，瓷土會先用牛碾碾成粉末，然後再進行多次淘洗和沉澱，選取出最幼滑的瓷土，並搓揉成用來製作瓷器的瓷泥。在過程中，瓷土會加上珊瑚一起碾碎，這有助增加瓷泥的可塑性和提高瓷器的潔白度。

開發概況

大埔碗窰村的歷史，最早可以追溯至明代中葉。明初的海禁政策於隆慶元年（1567）被廢除後，海外對瓷器的需求日漸增加。由於碗窰村所在位置的水源豐富，既可以水力推動水輪車及水碓，且林木茂盛，可維持燃窰所需的燃料，更重要的是因碗窰所在的山上蘊藏豐富的高嶺土礦，供應製瓷器的原材料，加上海路交通方便，令大埔碗窰的陶瓷生產工業得以順利發展，成為香港早期重要工業活動之一（見圖 3-27，圖 3-28）。

明朝萬曆年間（1573—1620），直到清末民初，大埔碗窰一直是出產瓷器的窰場，初時成品多運至福建漳州，甚至遠銷海外。碗窰的生產活動一直持續至二十世紀，1912 年，港府報告記錄了碗窰當時瓷器器皿的生產數量為每年 40 萬件，但其時瓷器不再出口至海外，由於水路交通發達，瓷器大量被運往鄰近地區，如廣東省江門、淡水一帶，以及福建省的村落，部分留在香港本地販售。大埔碗窰村因此曾有「海濱瓷都」之稱。

大埔碗窰製品從清末開始逐漸衰落，到了 1930 年代已完全停產。大埔碗窰窰業的衰落主要由於以往優良的生產技術未能繼承下來，產品愈來愈厚重糊劣，既不及國內其他地區的瓷器優良，亦不及利用機器生產的舶來瓷器精美和低成本，無法與國內外的產品競爭，最終於 1932 年停產。

圖 3-25　大埔碗窰遺址出土的文物，碗窰早於明代時已是瓷土的開採地。（古物古蹟辦事處提供）

圖 3-26　大埔碗窰出土的清代青花纏枝菊花紋杯。（古物古蹟辦事處提供）

圖 3-27　由明朝萬曆年間至清末民初，大埔碗窰一直是本港重要的瓷器出產地，圖為當地開採瓷土的礦洞。（香港特別行政區政府發展局文物保育專員辦事處提供）

圖 3-28　大埔碗窰窰爐，每年可出生瓷器數十萬件。圖為建在斜坡上的窰爐，通稱「龍窰」。（古物古蹟辦事處提供）

地質概況

大埔碗窰附近的原生地質，乃中侏羅紀時期一套火山礫凝灰岩、凝灰角礫岩和同期的一套斑狀細晶花崗閃長岩。侵入岩和火山岩之間的接觸關係複雜不分明，花崗閃長岩並沒有明顯的冷卻作用，兩者間的接觸帶清晰而不規則，且通常被剪切。該地正位處香港主要東北走向的區域性斷層構造與另一組西北走向的斷層相交點，一系列主要和次要花崗閃長岩體被東北向和西北向的斷層切割，因此地的岩石受風化侵蝕程度較發育，造就了高嶺土礦物的形成。

2. 茶果嶺

礦山概況

在觀塘附近，面向維多利亞港的村莊茶果嶺，自清代以來陸續有來自廣東省東北部的客家人南下定居，多為採石工人、理髮師、鐵匠和勞工。十九世紀自英佔時期開始，由於香港島進行大規模建設，石材需求大大提高。當時牛頭角、茜草灣、鯉魚門、茶果嶺合稱「四山」，打石行業發展穩定，遂吸引以採石為生的客家人聚居。除了花崗岩外，茶果嶺亦曾經出產過高嶺土礦物，有紀錄顯示自 1903 年開始已有高嶺土開採的歷史，所出產的高嶺土礦達到本地高嶺土產量的 80%。

茶果嶺高嶺土礦的正式商業開採紀錄在 1928 年，1930 年代初期有營運商在該地 19 英畝的礦場開採。根據 1956 年的一份報告中描述，茶果嶺所開採的高嶺土礦產多「用於本地製造陶瓷，亦有出口到日本，礦產用於製造高檔瓷器、餐具和高電壓絕緣體。近來，對這種黏土用於耐火磚和耐火黏土的需求很大」。自 1935 年到太平洋戰爭前，礦山每年平均產量約 2500 噸高嶺土，二戰後，亦曾一度保持每月平均出產 40 噸礦的產量。除了高嶺土，該礦還出產過長石。根據 1977 年礦產年鑑，當年從茶果嶺礦中開採了 3378 英噸長石。至於鹼性長石及斜長石，則在該礦的一條受風化的大岩脈中被開採。

1978 年，本地企業家高銘勳將他經營平山石礦場時的部分卡車和設備轉移到茶果嶺礦場進行挖掘開採，提升礦場工業化程度。1986 年，礦場附近曾建造了一家瓷磚廠，本該可以採用本地黏土原料出產瓷器，奈何其時意大利里拉貶值，來自意大利等國家的競爭非常激烈，最終礦場於 1990 年無法繼續經營。

高嶺土礦場以露天方式開採。高嶺土乃風化淋溶作用後形成的產物，礦物於淺層發生，採礦工人挖掘移走覆土後便可開採。高嶺土礦經濕選工藝，先將原礦沖洗，礦物在水中解離，製成泥漿，此時礦漿呈膠質狀態。此礦漿經一連串篩隔工序後流入細槽，最後沉積在儲蓄池。礦工按篩分出的粗幼將高嶺土分類，放在層架上風乾。然後將層架上的大塊黏土取下，壓成碎塊後移往空地，攤放太陽下曬乾。為確保礦物徹底曬乾，礦工們必須不時將曬場上的黏土翻動（見圖 3-29，圖 3-30）。

圖 3-29　茶果嶺高嶺土礦場的工作情況：工人在曬場上翻動黏土。（香港大學圖書館提供）

圖 3-30　茶果嶺高嶺土礦場的工作情況：工人將儲蓄池中沉積的黏土按粗幼分類。（香港大學圖書館提供）

地質概況

觀塘一帶的地質屬於在香港島和九龍東部出露的畢拿山花崗岩體，此花崗岩於早白堊紀（約 1.36 億年前）侵入九龍花崗岩東南緣和東緣，形成一個近圓形的白斑二長花崗岩小岩體，是香港最年輕的火成岩之一。相比於早期形成的岩體，此時期的岩漿較鹼性（富含 K_2O）。畢拿山花崗岩中常見有小型偉晶岩體及晶洞結構零星分布，後者是一些小的（少於 30 毫米）不規則孔洞，通常充滿晶狀石英，代表岩漿結晶後期溶出的氣穴。在觀塘附近，畢拿山花崗岩被局部雲英岩化，產生一種等粒、呈砂糖狀結構的岩石，被一組狹窄（0.1 米至 1.5 米）呈西北走向的石英脈切割。

根據調查，在前茶果嶺高嶺土礦址範圍，發現三種形貌不同的花崗岩。東部山脊出露的二長花崗岩最為普遍，斜長石含量相對豐富，通常呈白色；西部和中部山脊上出露的露頭結構相似，但顏色偏粉紅，是鹼性花崗岩，富含鹼性長石，局部含富集鹼性長石，令西部山脊上部的腐泥岩呈鮮明的紅色；第三種是晶粒微細的花崗岩，僅見於西部山脊，通常與偉晶岩伴生。除了花崗岩外，礦場的西部和中部山脊亦發現石英正長岩，其出現的邊界和高度不規則，且與花崗岩的關係並不明確。石英正長岩與鹼性花崗岩的顏色及結構相似，但前者相較後者的石英含量較少而鹼性長石較多。

另外，偉晶岩在花崗岩和石英正長岩之間，或岩體內部，均以侵入岩脈形態出現。岩脈厚度從幾厘米到半米不等，岩體產狀大致呈水平向。最顯著的一條發現在西部山脊的北邊，自南向北延伸超過 20 米，夾在花崗岩和石英正長岩之間，最大厚度為 0.5 米。

礦場中出現兩個斷裂帶，均發生在東部山脊上。第一個約 4 米寬的正斷層，發生在東部山脊以北，東西走向，傾角接近垂直。在斷裂帶內，花崗岩為全風化至強風化，伴隨密集的石英和綠泥石細脈。斷裂帶的南面是弱風化但節理密集的花崗岩。第二個斷裂帶相對小，與第一個相距約 100 米，也呈東西走向和垂直傾角。在斷層面內，出現一段約 0.3 米寬，全風化的花崗岩，附近的節理亦明顯中斷。兩個斷層的走向與已荒廢的礦帶大致相同，並有重疊。因此有指斷裂帶可能是引導熱液或地下水進入岩體、促進高嶺土形成的「管道」。

2001 年，茶果嶺高嶺土礦場已停產超過十年，其時在現場仍然可以看到高嶺土的殘跡，但僅限於中部山脊（見圖 3-31）。在中部山脊的最南端，呈白色、無結構的高嶺土大塊露出，夾在已全風化、含有黏土和粉砂大小的顆粒和非常細小的絹雲母、呈黃褐色的花崗岩中，高嶺土頂部還可見呈圓形的巨礫。鑽孔顯示這層高嶺土約有 3 米厚。幾米外，另一層約 1 米至 2 米厚純白色殘餘高嶺土礦體並出露於全風化的石英正長岩頂部，與高嶺土上部接觸的是全風化花崗岩。

圖 3-31 藍田、茶果嶺鳥瞰圖，茶果嶺高嶺土礦場舊址見照片右方紅框範圍。（攝於 2001 年，資料來源：香港地理數據站；版權屬香港特別行政區政府）

3. 赤鱲角

開發概況

在赤鱲角香港國際機場發展時，島上大部分土地被夷平，並經填海擴充約 10 平方公里，成為機場現址。在那以前，赤鱲角島曾是一窄長狀的島嶼，從東涌灣向北東北方向延伸。島嶼約 4 公里長，其最寬處約 1.5 公里寬，土地面積約 2.8 平方公里。島上最高點是虎頭山，海拔 121 米高。虎頭山向南坡斜度較高，下降至沿海的虎地灣，而北面的斜坡則較緩，下降到沿海的長沙欄。島的東側以山脊線為主，山脊線局部高於 100 米，然後其東邊陡峭地下降到東端的海岸線。島的南端是一個高於海拔 80 米的小半島。

島的北面有一個指狀半島向北東北延伸，夾在此半島與長沙欄中間，形成一個凹入的海灣，名叫深灣。深灣與虎地灣是島上沿着斷層發育的兩個河谷口，深灣地勢平坦，農業發達，虎地灣形成的沖積帶面積較小，亦有一定的農業發展。

1982 年，為擬建新機場，港府在島嶼西邊近海建造了一個試驗堤。該堤的建造物料正是從虎頭山以北挖掘出來的，堤面積約 6 公頃。直至 1988 年，在建堤的取土區和虎頭山之間是高嶺土和石英沙被商業開採的地區。

地質概況

赤鱲角的地質主要是中世代花崗岩，分為晚侏羅紀細粒花崗岩和早白堊紀細粒至中粒花崗岩，其間為一群含長石斑晶的流紋岩脈所分隔，在赤鱲角南部，亦見數條東北走向的含石英斑晶的流紋岩脈。除了受化學風化後形成的高嶺土曾被開採外,在風化殘積土壤中,石英沙和長石亦是開採高嶺土時的副產品。

位於深灣東側的赤鱲角北部半島,曾有採石歷史(見圖 3-32),風化深度大部分淺於 10米。在舊高嶺土礦場,風化深度有所增加,其風化和礦化可能延伸到海平面。島嶼北端附近有高嶺土的記錄。高嶺土化多出現在花崗岩中,是由熱液作用導致的岩石蝕變的產物。在赤鱲角,花崗岩的高嶺土化主要在兩個地方發生,一個面積約 11 公頃,在虎頭山以北,試驗堤以東,另一個面積約 8 公頃,在深灣以東。深灣以東地區在 1960 年代已進行商業開採。至於深灣以西的岩石質量非常好,風化程度低,節理很少。高嶺土礦化的西部邊界尚不明確,這是因為即使高嶺土可能並非達至經濟價值般大量存在,但當年的廣泛挖掘已擴展到附近一帶的風化花崗岩中,令礦帶邊界無法被判斷。

赤鱲角礦區優質的高嶺土出口至日本。開採出來的黏土先按等級風乾,混合,然後出口海外。風乾黏土時,一般會把其平均分布在一個露天混凝土地上,部分黏土亦會在風乾前先

圖 3-32　赤鱲角海沙石英高嶺土礦物的礦場分布圖

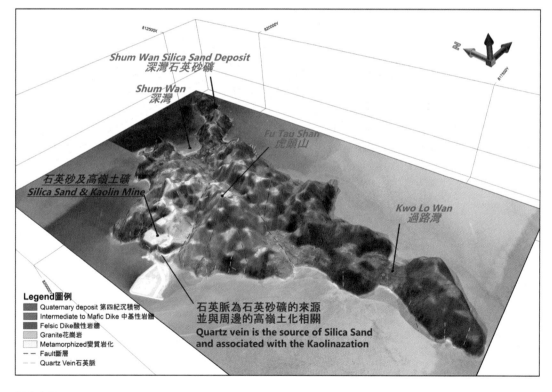

圖片來源: Wanson Choi。

參考資料: 　1)　GEO, 1995. Hong Kong Geological Survey Sheet 9 (Tung Chung), Series HGM20 (1991 Edition I, 1:20,000). Geotechnical Engineering Office, Civil Engineering and Development Department, HK SAR.

　2)　Report Title : Geology of Chek Lap Kok (1994), 10 figures, 3 tables, and 31 plates, https://www.cedd.gov.hk/eng/publications/geo/hong-kong-geological-survey/sheet_g2/index.html

Author: R. L. Langford

放在盆中清洗以清除過多的矽與長石。另外，從花崗岩內的風化岩脈中開採出來的鹼性長石和斜長石，在本地會用以製造陶瓷、瓷磚和玻璃等。

4. 青山

香港新界西部青山附近，主要地質是晚侏羅紀的細粒至中粒花崗岩，是香港盛產石英、高嶺土和長石的地方。沿后海灣、望后石一帶，曾開採的礦場大大小小加起來達三十多個，大部分以開採石英和高嶺土為主。有記錄的如表 3-3 所列。

表 3-3　位於青山一帶部分高嶺土和長石礦場位置情況表

礦物	地點	開採年份
高嶺土	白泥	1955-1960
	大水坑	1955-1959
	曾嘴	1956
	湧浪	不詳
	望后石	1955-1962
	小冷水	1956-1962
	白角	不詳
	新慶村	1970-1972
	沙江圍	不詳
長石	望后石	1956-1968
	小冷水	1956-1962

資料來源：　朱晉德、陳式立：《礦世鉅著：香港礦業史》（香港：ProjecTerrae，2015）。

5. 沙螺灣

在赤鱲角對面的沙螺灣地區也曾進行長石勘探，礦體主要來自零星偉晶岩中含有的少量粉紅色的正長石。沙螺灣地區曾獲得長石和石英的探礦許可證，並已獲發採礦許可證，可以開採長石，但沒有實際產量紀錄。

6. 沙田銅鑼灣偉晶岩

開發概況

高質鹼性長石曾於沙田銅鑼灣的偉晶花崗岩中被開採，這些長石多用於生產陶瓷、搪瓷，以及製造玻璃。該偉晶岩體佔地面積有 25 x 15 米，其時開採深度達 10 米。然而，儘管在 1976 年獲得了採礦許可證，採礦作業並沒有持續很久，於 1984 年，該長石礦床因失去經濟效益而被廢棄。

地質概況

沙田銅鑼灣位處於城門河道北岸，前沙田海以北。該區的地層屬於沙田花崗岩，是一套黑雲母二長花崗岩，主要由石英、鹼性長石、斜長石和黑雲母組成。此花崗岩體呈現出不同的結構，岩體中心呈現粗粒結構，被中粒至細粒花崗岩包圍。

在花崗岩體中局部出現偉晶岩體是正常的岩漿結晶過程的結果，而在沙田銅鑼灣便在沙田花崗岩中發現有一較大型的偉晶岩體。偉晶岩是一種非常粗粒火成岩，其化學成分多以花崗岩為主，個別的晶體大小可達 20 毫米或以上（見圖 3-33）。偉晶岩通常在其源岩體的頂部邊緣附近偏析出來，或是自源岩體侵入到周圍的火成岩及變質岩中的一組岩脈，或在源岩未暴露的情況下，以平面至透鏡狀侵入體的形態出現。它的形成多是在大型花崗岩岩體持續分步結晶過程後期，因熔岩岩漿相對高度飽和的狀態下結晶的結果。偉晶岩的結晶過程允許類似「區域精煉」的過程自然在熔岩中發生，令岩石的礦物分布時有單礦物塊體出現。有些偉晶岩脈在鹼原子可進行長程擴散的情況下，能導致斜長石和鹼性長石空間分離，兩種礦物沿岩脈兩側結晶。因此偉晶岩是很理想的高質長石開採點。

四、綠柱石及半寶石

香港地區半寶石礦物的資源相對有限。一般來說，具價值的半寶石礦物多主要形成於區域變質岩、矽卡岩、熱溶液作用，或是沉積岩形成的次生礦物。而香港地區的這幾類岩石出露相對比較小。就是間中有一些特別礦物出現，但仍不具值得開採的經濟價值。

在香港境內最具觀賞價值的礦物包括下列數種：

（1）黃玉（topaz）：存在於針山黑鎢礦、魔鬼山的石英脈和馬鞍山的雲英岩。多為 1 厘

圖 3-33　偉晶岩是源岩體結晶過程後期的產物。標本非來自沙田銅鑼灣。該地區的岩石受到風化淋濾作用影響，又因植被覆蓋，已無法見到原岩。（香港大學許士芬地質博物館提供）

米至 2 厘米，形成良好的棱柱形晶體。

(2) 鐵鋁榴石（almandine）：主要存在於沙螺灣接觸帶的鈣質矽卡岩，以緻密狀的形式
出現，也有在捕客石內呈紅色、直徑可達 6 厘米的多面體晶體。

(3) 鈣鐵榴石（andradite）：常見於馬鞍山矽卡岩，鈣鐵榴石形成深紅棕色、25 毫米大
小的晶體，鑲嵌於黑雲母、透閃石或陽起石的基體中。在沙螺灣，鈣鐵榴石形成淺
棕紅色的聚集體，常和符山石共生在鈣質矽卡岩中。

(4) 綠柱石：柱石形成綠色至白色六角棱柱狀晶體，主要出現在九龍的魔鬼山。在該處
發現的綠柱石長度可達 30 厘米，在沙螺灣、馬鞍山和花崗岩的偉晶岩中也可見少
量綠柱石。

(5) 薔薇輝石：薔薇輝石呈玫瑰色不規則的微小棱柱狀晶體塊，在馬鞍山矽卡岩中偶有
出現。

五、花崗岩

香港除了擁有天然的金屬礦物外，也有頗多來自本地石礦場的石材資源。這源於香港在地
質歷史上曾位處於火山帶，地質層主要是由中生代的岩漿活動形成的火山岩和侵入火成岩
（花崗岩）組成。花崗岩佔陸地基岩範圍約 35%，當中以因形成時適合的溫度和岩漿成分，
結晶出細到中等粒度的花崗岩為主。這些花崗岩的質地堅硬而無明顯節理，因此適合作為
建築石材，成為石礦場主要開採的岩石。

自 1840 年代以來，花崗岩一直被用作土地擴建和建築業的基本原材料：最初是作為大型
砌塊的石材，後來作為混凝土中的骨料。採石業為香港龐大基礎設施的石材供應作出重要
的貢獻。於 1970 年代，香港石礦能滿足每年約 1000 萬公噸的石料需求，以提供建築行業
中的房屋建造和基建工程所用的石料製品。後因香港經濟轉型，需求增加而本地開採量下
降，便開始依賴進口石料。自 2013 年起，香港高於 80% 的石料供應來自內地。自從安達
臣道石礦場美化及修復工程合約於 2017 年中完成後，至今只餘位於屯門的藍地石礦場仍在
營運中，僅開採每年 100 萬公噸石料。

1. 打石業的發展
打石業是香港歷史最悠久的行業之一，採石活動可追溯至清朝乾隆年間（1735—1796）
（如石塘咀，以及牛頭角、茜草灣、茶果嶺及鯉魚門合稱的四山石場），是香港發展重要的
一部分。自清初遷海復界後，鯉魚門及茶果嶺定居人數漸增，當中以客家人為主。由於鹽
業沒落而農業無法發展，便開展該區的打石業。四山礦場的打石業自道光初年（約 1821 前
後）以前便有跡可尋，維多利亞港東部與南中國有水路交通運輸往來，例如利用筲箕灣及
九龍城一帶的大尾艇以水路運輸，因此石材工場多集中於海岸線一帶。以香港沿海作工場
的地點包括土瓜灣、紅磡、大圍、石塘嘴、大角嘴、鰂魚涌、阿公岩及觀塘的四山地區等

地。四山地區運輸發達，加上花崗石質量好，因此成為本地石材的主要來源。石材遠銷至廣州、台山、順德以及東南亞地區。

香港開採石礦的紀錄始於 1841 年，「公岩」、「掃箕灣」（現為筲箕灣）、「石塘咀」等地方曾為打石村莊及聚居地區。英佔初期，由於需要大量石材建設維多利亞城，因此港府開發多個石礦場。香港島北部及九龍半島的地層是早白堊紀的九龍花崗岩及畢拿山花崗岩為主，石材資源相當充裕，發展之初礦場選址以「鄰近發展地區」及「方便水路運輸」為首要條件，因此港島的筲箕灣、石塘咀及摩利臣山，以及九龍的四山石場和何文田採石山便逐漸發展起來（見圖 3-34）。

1844 年，港府以一張合約批出港島的所有石礦開採權。「揀石仔」一詞源於當時採礦出產，由於沒有碎石機，因此常以人手「揀石」，首先把大岩石敲碎，然後再將碎石混進水泥作建屋之用。當時的打石區以四山區為主，打石業世代相傳，一家大小都參與「揀石」，以每斗計算，碎石尺寸愈小價格愈高。打石工人有鐵匠、鐵工和苦力，而磨石工人多聚居於草蓆房屋並在屋旁種菜，另有堅固完善的房屋提供給高級員工。四山區的每個石場都有主持者負責申請地權和處理土地租務。

隨着城市建設在港島的發展，石礦業日漸蓬勃，港府開始以許可證制度管理石礦業。從 1844 年至 1907 年，本港共有 114 個許可證石礦場（5 個位於港島、8 個位於九龍及 101 個位於新界）。首個由當時港府運營的石礦場亦於 1915 年出現，地點在七姊妹（即現在的北角）。

1950 年代以前的石礦場都是從招標或拍賣中取得採礦牌照或採礦租契，大多是小規模石礦。其後由於興建新市鎮需要穩定的碎石供應，港府修訂了採礦牌照政策。1967 年，港府實行火藥管制，影響石礦場的生產，尤其是以生產碎石為主的石廠，恢復以人手採石，但由於需要人力及時間較多，因此成本大增，石材產量大減，加上港府拒絕為石礦場續約，石礦場陸續倒閉。

1974 年，最後一個位於佐敦谷以許可證經營的平山石礦場正式關閉。同年，港府開始以公開招標形式發放較大型的採礦合約，當年共有六個合約石礦場，包括茶果嶺、藍地、石澳、安達臣道（三個），政府石礦場亦於鑽石山及畢拿山開始營運。1989 年，港府開展了石礦場修復合約，目的是為了在石礦場結束生產時，進行整體景觀美化、種植樹木及灌木叢以恢復自然生態環境，亦包括設置排水系統及岩土侵蝕緩解措施，以保障石礦場停運後的安全狀況，以確保土地適合日後發展用途。其中女婆山石礦場、南丫石礦場、石澳石礦場、安達臣道石礦場及藍地石礦場陸續開始修復工程。現時還在運作的石礦場只剩下藍地石礦場（見圖 3-35）。

圖 3-34 香港有紀錄礦場分布圖

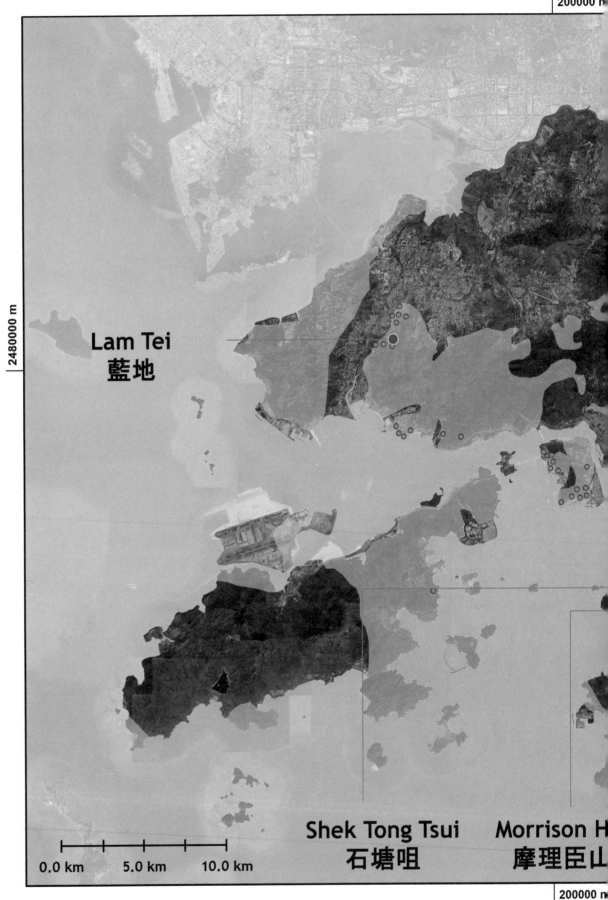

200000 m

2480000 m

Lam Tei
藍地

200000 m

0.0 km　　5.0 km　　10.0 km

Shek Tong Tsui　　Morrison H
石塘咀　　摩理臣山

資料來源： Wanson Choi。參考資料：1.Fig 1.6 in
https://www.cedd.gov.hk/eng/about-us/organisation/geo/pub_info/memoirs/geology/int/index.html
2.https://link.springer.com/chapter/10.1007/978-3-319-93130-2_10

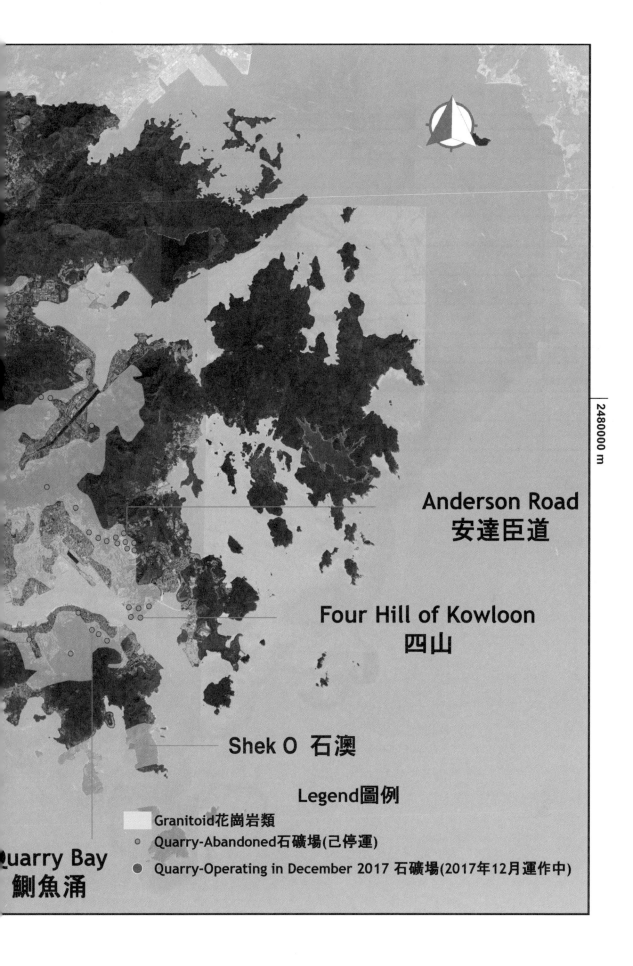

2480000 m

Anderson Road
安達臣道

Four Hill of Kowloon
四山

Shek O 石澳

Legend圖例

Granitoid花崗岩類

○ Quarry-Abandoned石礦場(已停運)

● Quarry-Operating in December 2017 石礦場(2017年12月運作中)

Quarry Bay
鰂魚涌

圖 3-35　石礦場不同時期的經營模式及有紀錄的歷史開採量統計圖

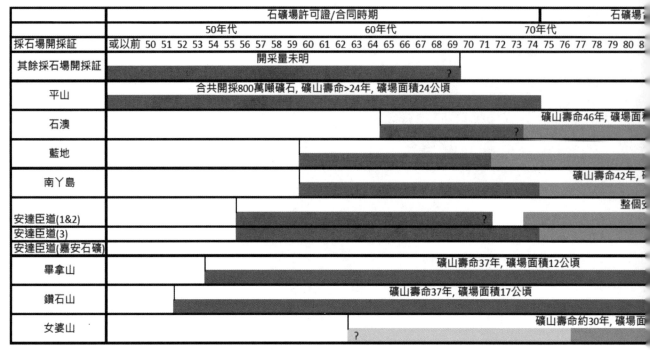

資料來源：　Millis, S., et al., "Aggregate supply in Hong Kong: past, present and looking to the future," *Quarterly Journal of Engineering Geology and Hydrogeology*, Vo1.52 (2) (2019): pp.173-181.

2. 石礦場產量

香港石礦場的發展是結合歷史、人文和地理因素逐步發展而成的。雖然石礦場舊址遍布全港，但有關礦產量的歷史紀錄寡薄。現存十九世紀中有關石礦場的紀錄通常是有關稅收和交易價格，有關產量的線索，通常只能從出口文件中窺得，並由此反映出其時香港的花崗岩礦的確是香港非常重要的工業活動。

例如於 1845 年，港督中文秘書的吉士笠（又譯郭士立，Karl Gutzlaff）曾報告，「香港唯一出口的是花崗岩石，每船能載 70 至 100（英）噸」。當時多數出口交易是以花崗岩件數或是幾多艘運石帆船作紀錄，例如 1848 年至 1851 年間，維多利亞港出口的花崗岩共有 2288 艘運石帆船；1851 年及 1852 年出口至三藩市共 6604 件岩石塊；1879 年出口至悉尼 16,000 件。亦偶有直接記錄噸數者，如 1847 年出口至印度 70（英）噸；1853 年出口至美國 324（英）噸，至新南威爾斯 31.4（英）噸；1854 年出口至美國 9145 件，570（英）噸；至新南威爾斯 375 件，247（英）噸。

二十世紀初期，石礦場逐步工業化，又因建築材料開始轉為混凝土，礦場出產的方式由岩塊變成碎石，作為混凝土的骨料。至 1950 年代，石料多出產於小規模許可證的石礦場，每日碎石開採量大概可達幾百公噸，相比現在，石礦場每日的碎石開採量可達到幾千公噸。

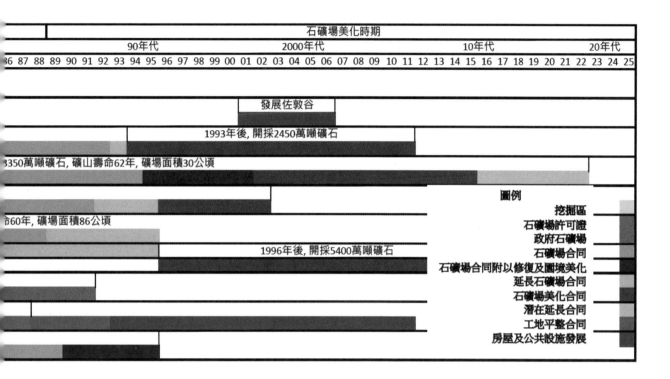

大部分礦場仍然難找到相關歷史產量數據（見圖 3-35），很多石礦場許可證時期的開採量未明。

直至 1970 年，本地的石料供應仍能滿足市場每年 1000 萬公噸的需求。後來隨着城市發展，加上在 1995 年至 1996 年機場核心計劃對石材的需求高，需求達至每年 2500 萬公噸，以致對內地進口的石材料需求增加。現時本港對石材的需求約為每年 1700 萬公噸，並會隨着未來人口增長而提升。藍地石礦場現時仍然營運，每年生產量約 100 萬公噸碎石，佔市場需求約 4% 至 7%。

3. 石材生產技術及用途

自十九世紀以來，香港打石業以人手打石為主，工具包括以大頭錘及鑿子製定石材大小、以鑽機鑽鑿石孔及楔子等，後期生產過程中經過磨光及擦亮的工序也是以人手為主。精緻磨光的工序適用於牆壁及石柱的石材，為了節省成本及時間，一般只以鐵鎚和軋輥磨滑石塊的其中一面。粗略磨光的工序用於道路鋪建及橋樑搭建的石材，磨光後，利用拉曳及託運方法送往碼頭及停泊區，然後以商船運至中國南方。直至 1920 年代，石礦場才引進了爆破法。

1930 年代，三合土被廣泛應用成為主要的建材，加上後來為了節省人力和時間，同時增加產量，石礦場開始以火藥開採石礦，因此對工人的需求相對下降。以火藥引爆開採，首先要在岩石上以風鑽打入深數十呎的孔洞，然後塞入炸藥引爆，岩石被炸開成較大的碎塊，再進一步以人手處理製成適合的石材。於 1950 年代，利用碎石機可將壓碎的石碎（石屎）以大小分類並出售。當時的鯉魚門區，有包括馬環村的利興石廠、馬背村的大興石廠、東方石廠、旺賢石廠，製作三合土的材料。後來，隨着混凝土的廣泛使用，石礦場集中生產碎石作混凝土的原材料，以供應道路建設。

香港有優質的花崗岩石材，一般用作修路填海、興建本地建築之用，石塊用於建築材料，可砌成外牆、打製地牛（將石料打製成長方形石磚以供建屋、修牆等之用）、石橋及石柱，也有不少用於歷史建築物，例如九龍寨城圍牆、砵典乍街（又稱石板街）、樓梯街、舊中區警署建築群、美利樓、茶具博物館、伯大尼修院、前尖沙咀水警總部（現為 1881）、舊最高法院大樓（曾經改為立法會大樓，現為終審法院大樓）、立法會大樓、中銀大廈、東涌炮台、西營盤社區綜合大樓、前司令總部大樓、都爹利街石階等。出產自香港的花崗岩，也曾作為廣州石室聖心大教堂、虎門炮台及美國三藩市的 Parrott Building（已拆卸）的建築材料。

4. 石礦場遺址
香港有部分地名與採石業有關，例如：石匠島（Stonecutters Island，現稱昂船洲）、鰂魚涌（Quarry Bay，意譯打石灣）、阿公岩、石塘咀、石澳、石門等地。自英佔以來，本港在全盛時期有超過一百個石礦場，可是有關石礦場的歷史資料並不豐富。

鰂魚涌石礦場
歷史資料不多，僅有的資料顯示石礦場於十九世紀開採花崗岩。從北角、鰂魚涌至阿公岩的原來海岸線，是早白堊紀的九龍花崗岩，主要岩中粒結構。礦場由於填海工程而被荒廢，後來建立太古工業區、太古城住宅及太古坊商業區。

鯉魚門石礦場
與對岸的鰂魚涌相對，岩石亦屬於九龍花崗岩，結構呈中粒、均勻、等粒，平均粒度剛好超過 2 毫米。偶見呈透鏡狀的偉岩塊，走向大致與該區出露的摩星嶺組火山岩的接觸面平行，或在接觸面形成。此礦場於 1904 年開始獲批准營業，至 1967 年，由於港府收緊對火藥的管制，石礦場不獲續牌，最終被迫轉型，該區後來發展旅遊業以及海鮮供應。

平山石礦場
位於九龍東部觀塘區的平山，岩石亦屬畢拿山花崗岩。位於坪石、佐敦谷一帶的花崗岩呈淡粉色，結構均勻、細粒、等粒，基質平均粒度為 0.5 毫米至 1 毫米，石英巨晶可達 5 毫米，長石巨晶並不常見。黑雲母佔岩石成分不到 3%，以單片形式出現。平山石礦場是香港最後一個以許可證形式經營的石礦場，開採的岩石直接運到啟德機場的地盤。1974年，由於該地區計劃興建地鐵觀塘線隧道而關閉。2001年至2007年間，石礦場以爆破方式整平，進行土地發展。後來該地區被修復規劃為公共屋邨及以石礦場改建的岩石主題地區公園（彩禧路公園）。

鑽石山石礦場

位於九龍黃大仙區如今鳳德邨的位置，岩石屬九龍花崗岩。鑽石山一帶的花崗岩岩中粒、均勻結構，平均粒度為3毫米至5毫米，黑雲母一般只佔岩石的2%至3%，岩石呈淺灰色，花崗岩被一些細晶岩脈切割。該地沒有大的斷層穿過，節理主要是垂直到接近垂直，一般中等到寬間距，主要呈西北—東南走向。礦場範圍的南端有一條東北偏東走向、寬約7米的大玄武岩岩脈，接近垂直侵入花崗岩。在部分採石場開採面觀察到窄條狀，近垂直的綠泥石化礦脈，一般認為這些是受到熱液蝕變的結果，同時也影響了玄武岩岩脈。

石礦場附近的大磡村於1947年建立的「大觀園」，建築物便是由鑽石山石礦場開採的花崗岩建成。礦場1952年時以私人許可證形式開採，1962年開始由港府營運，出產骨料，直至1986年結束。原來的山丘大部分被移平，形成一個個平台，後來用作發展住宅用地。

畢拿山石礦場

位於港島東部渣甸山與柏架山之間，佔地20公頃。岩石屬於畢拿山花崗岩，亦是早白堊紀，但它比九龍崗岩晚約200萬年左右，侵入至在其北面的九龍花崗岩中的一組淺色的二長花崗岩。礦場舊址呈現的花崗岩呈淺灰色至淺粉色，粒度略微不均勻，其基質的平均粒度為1.5毫米至2毫米，屬細粒到中粒結構。片狀黑雲母佔岩石成分不到2%，由於畢拿山花崗岩普遍淺色，令黑雲母清晰可見。畢拿山石礦場是政府石礦場，從1954年開始啟用，1991年停止開採，後來成為香港警察射擊場及爆炸品處理基地。

女婆山石礦場

位於沙田的東北方，岩石屬於早白堊紀形成的水泉澳花崗岩，是一個斑狀細至中粒黑雲母二長花崗岩體。採石場的主要岩石類型是中粒花崗岩，被多條薄層狀細粒花崗岩岩脈侵入。靠近採石場的西端另有一條席狀二長岩，0.8米至1.2米寬，相對較薄，向東南方向傾斜約35度。這層形狀不規則的岩床的廣度未知，且與花崗岩的接觸面是融合的，節理通常中等到寬間距且緊密。女婆山石礦場自1960年代中啟用，佔地25公頃。由1989年至1995年間簽訂修復工程合約期，其間石礦場共開採了850萬公噸石料。現時，石礦場的土地已發展為垃圾轉運站及香港建造學院訓練場，將來會改為骨灰安置所。

南丫石礦場

又名博洞灣石礦場／博東灣石礦場，位於南丫島索罟灣北部。岩石屬於早白堊紀侵入的索罟灣花崗岩，是一小型斑狀二長花崗岩深成岩體。花崗岩的粒度相對多變化，主要以細粒至中粒為主，含石英、斜長石、鹼性長石和黑雲母為主。岩石的特徵是含有豐富的黑雲母，因此通常呈灰色。採石場中最常見的花崗岩類型細粒至中粒結構的花崗岩，呈灰色至粉灰色、等粒狀至不等粒狀，平均晶體大小為 1.5 毫米至 2.5 毫米。另外在採場山部和西部出現一種等粒、中粒結構的花崗岩。於採石場的東面和山頂下方出現獨立的巨晶花崗岩露頭，其達到 30 毫米長的長石晶體大致有定向排列，巨晶周圍的細粒基質呈深灰色。於採石場的西南角向北面，還有一種呈粉灰色、等粒狀的細粒花崗岩，此類在與採場內其他類型花崗岩的接觸面附近出現漸變，但其晶體粒度始終小於 1 毫米。它通常侵入其他類型的花崗岩，接觸面清晰，但非常不規則。花崗岩中，沿着南北、東北—西南、西北偏西—東南偏東走向的斷層帶，有出現高嶺土化和綠泥石化。礦山主要的近垂直節理方向也與主要斷層的方向一致。

南丫石礦場自 1978 年啟用，佔地 49 公頃，沿着 1 公里長的海岸線。修復工程合約期由 1995 年至 2002 年，開採的石料合共 1470 萬公噸，並在環境美化工程中建造了一個 4 公頃的非工程化人工湖，邊沿長有蘆葦圍的庇護。此外，重整及美化工程包括建立新的地形外貌向北伸展與天然山坡融合，並種植土生及非土生的植物。

石澳石礦場

位於南區鶴咀半島西岸，佔地 45 公頃。岩石屬早白堊紀蒲台花崗岩，此岩體於赤柱半島和鶴咀半島出露大片中粒花崗岩露頭。在礦場位置，花崗岩晶體稍微較大，但仍然被認定為中等粒度。它與石澳出露的其他約 1.5 毫米至 2 毫米粒度的（細粒至）中粒花崗岩被認為屬於同一個岩漿侵入階段的結晶。薄層細晶岩脈及石英脈在花崗岩中很常見。石澳石礦場從 1964 年開始運作，修復合約期由 1993 年至 2011 年，合共開採了 2660 萬公噸的石料。在礦場的環境美化工程中，建造了人工海灣以作康樂用途，合約完成後，部分土地也曾用作建造大型沉管隧道預製組件的臨時工場。另外，也包括為石澳道重新定線及進行改善，消除大風拗上的急彎；重新改變礦場的面貌，並融合鶴咀的自然環境；在礦場南面懸崖上建造鷹巢；以及在坡面種植土生及非土生樹木以庇護原屬於林木區的生物種。

安達臣道石礦場

位於九龍大上托西南面山脊。此處亦屬畢拿山花崗岩，與平山石礦場的淺色等晶細粒花崗岩近似。安達臣道礦場有出現由細粒過渡到中粒花崗岩的漸變「邊界」，「邊界」寬度達幾米。但是化學分析得出相同的成分結果，顯示這兩種結構不一致的花崗岩（一為細粒結構，另一為細至中粒結構）很可能是同一個侵入岩體。安達臣道石礦場自 1956 年開採，佔地 86 公頃，開採後平地面積為 40 公頃。修復合約期由 1997 年至 2017 年，共開採了 4300 萬公噸岩石。現時，被開採及修復的石礦場用作房屋規劃發展、石礦公園及文娛區之用。合約的重整及美化項目中，包括重整石礦場的斜坡及綠化坡面融合周圍的自然環境。

藍地石礦場

位於屯門北面 3 公里地區，佔地約 30 公頃。岩石屬於晚侏羅紀侵入的大欖花崗岩，是一套斑狀中粒至等粒細粒二長花崗岩，主要包含斜長石系列（奧長石至鈉長石）、正長石、石英，以及較少量的微斜長石。綠褐色的黑雲母常以聚集晶體形式出現。礦場開採後平地面積為 9 公頃。早於 1960 年代被開採，1982 年港府以合約形式管理，修復合約期為 2006 年 10 月至 2015 年 7 月，共開採了 600 萬公噸岩石。為了維持本地石礦場的運作，新修復合約在 2014 年 3 月簽訂，延長合約時期至 2023 年，預計開採 500 萬公噸岩石，礦場採逾 40 年，佔本地供應 5%，此礦場是現時本港唯一仍在營運的石礦場，藍地礦場每月可產 7 萬公噸石料。開採後，岩石以卡車或運送帶運送到鑰匙破碎機進行壓碎、隔篩及分類。加工後為不同尺寸的碎石，用於建築，包括生產混凝土和瀝青。修復合約的重整美化計劃包括石礦場內的斜坡，以樹木鞏固地形，融合周圍的環境及自然的生態系統，以提供安全的環境供日後土地發展。

5. 石礦場的環境管理

石礦場完成開採後進行修復，便可以釋出土地用作社會及經濟發展的需求。過去 5 年，一共有 150 萬公噸剩餘石料運送到安達臣道石礦場及藍地礦場循環再造。石礦場以循環再造因建造工程產出的優質剩餘石料，充分利用循環再用的本地天然資源，有效提高可持續發展的效益，紓緩從填料接收設施承受的壓力，並為建造業提供工地配套設施，例如作混凝土廠及瀝青廠。此外，石礦場開採後，被夷平的土地將提供給日後發展土地之用。以安達臣道石礦場為例，運作時期由 1956 年至 2017 年，停採後便進行修復，可供發展的面積有 40 公頃。

六、海砂

海砂主要成分是石英，而石英是世界上數量甚多的礦物。石英礦物經過數百萬年的風化和粉碎，然後由海浪不斷沖刷，就慢慢形成沙子狀的顆粒。海砂也是一種物料資源，由於發展時期的香港需要不斷用海砂來填海造地，海砂成為了一種重要且有價值的資源。

1. 海砂需求

隨着城市發展速度的加快，香港對海砂和填海填料的需求不斷增長。早於 1920 年代和 1930 年代，香港各地海灘就廣泛開採細砂。約於 1920 年，港府曾在梅窩一帶發現適合建築用途的優質海砂，海灘因位於較隱蔽的內灣，方便開採，惟早在港府涉足之前，已有私人公司於 1910 年代末獲建築事務監督（Building Authority）批出免費開發許可。後來原土地擁有人投訴海灘被過度開採，經港府官員實地勘察後，認為若繼續濫開發，該地海砂將於 5 至 10 年內耗盡。1920 年至 1921 年，南約助理理民官咸美頓（E. W. Hamilton）決定收回全部海砂開採批核權，取消當地原來的批准，再重新批出付費許可證明予政府承辦商，並向受影響的居民賠償損失。過度開採與規範不足，導致港府於 1935 年制定《1935年沙粒條例》（*Sand Ordinance, 1935*），旨在規範天然海砂的開採。1950 年代首次將海床砂用於重大工程項目。1960 年代，港府進行了砂土調查，並編製了一份被認為適合工程使用的海砂清單，總計約 3000 萬立方米。

從 1982 年開始，香港有系統地進行的地質測繪為近海砂資源的勘探提供了地質框架。1988 年，土力工程處在西部和中部海域進行了勘探調查，確定了 1 億立方米可作填海物料用的海底砂石。後來在一項海底材料（SEAMAT）研究中，搜索範圍擴大到東部水域。這些調查是基於對香港水域地層和古地理及環境的認識，預測了幾個地區中的砂土沉積量。在上次冰河時期形成的赤鱲角組，含有大量河沙，是香港寶貴的砂石資源。隨着調查的進行，近海地質模型不斷完善。SEAMAT 研究定了 14 個主要砂體，可提供總體積為 5.88 億立方米的資源（見圖 3-36）。

1990 年至 2003 年，從香港水域海底抽取的海砂約 2.7 億立方米，迄今為止需用上填海砂石的主要工程項目包括赤鱲角機場、地下鐵路、東西區海底隧道、沿海填海、貨櫃碼頭、竹篙灣主題公園等。由於這些項目的需要，香港地區近海工程勘察做得非常詳盡。在香港水域的工程調查，一方面是利用地球物理探測數據，另一方面是從海底鑽井抽取樣本。這些工作為香港海底地層提供了高分辨率的地層紀錄，有助調查砂石總量、成因和來源。

香港水域海底海砂的類型主要有三種：（1）河流河口潮間帶和近岸潮下帶沉積物和全新世崩積—沖積扇（alluvial fan）；（2）冰期的沖積沉積物和間冰期海洋沉積物，和（3）海侵期間再次被搬運和經過粒度篩選的海洋沉積物。前兩類型的海砂通常出現在花崗岩基岩附近的地區，第三類沉積物包括沉積搬運過程篩選的結果。砂石的年齡可追溯到大約 44 萬年前至今，形成時期可和第四紀最後幾個冰川期對比。根據鑽孔紀錄，上述研究對香港海域 7個砂礫的來源地區的地層作了詳細的描述。

2. 東龍洲水域
東龍洲附近的海域是迄今為止在近海地區開採砂石總量最多的海域，提取的砂石總量接近 8300 萬立方米。具代表性的鑽孔 MD20 來自 26.4mPD 至 33.45mPD 海底，鑽孔底部基岩為火山岩。砂石存在在 28.4mPD 至 32.4mPD、35.8mPD 至 37.4mPD、40.8mPD至 45.9mPD、45.9mPD 至 51.9mPD，以及 54.9mPD 至 57.9mPD 等層位，佔鑽孔的58.7%。除了最表層外，其餘的砂石層主要為冰期的河流沉積物。

3. 蒲台西水域
從西蒲台島以西地區抽取的砂石總量為 2800 萬立方米，這個地區水深平均約 20 米。根據鑽孔 PTMD115 的紀錄，砂石沉積物存在於 19.35mPD 至 24.35mPD、30.45mPD 至

36.65mPD，以及 36.65mPD 至 42.95mPD 等層位，佔鑽孔的 61.2%。毗鄰由花崗岩組成蒲台島，相信是提供了含豐富石英和長石砂石的來源地。

4. 九龍東水域

為東區海底隧道工程而鑽的 M21 鑽孔連續性很強，該鑽孔由 13.49 mPD 穿透到 56mPD 的深度，底部是全風化花崗岩。砂石沉積物存在在 13.49mPD 至 17.49mPD、22.29mPD 至 23.94mPD，以及 23.94mPD 至 44.49mPD 等層位，佔鑽孔 46.8%。全新世砂石含有完整貝殼的沉積物碎片，是由潮汐流選擇性篩選的沉積物，其餘在殘土上的砂石沉積物是第二次到第四次冰川時期的沉積物。

5. 昂船洲水域

1990 年代，昂船洲以北填海後成為九龍西部及八號貨櫃碼頭的一部分。由於該地區水淺、海床淤泥含量低和沙子含量豐富，在這裏抽取沙子填海成本相比其他地區較低。昂船洲以北鑽孔 WKM15 來自 7.9mPD 至 27.45mPD 深度的海床，鑽孔覆蓋着全風化的花崗岩。砂礫沉積物存在在 8.9mPD 至 12.9mPD、12.9mPD 至 17.9mPD、19.9mPD 至 23.9mPD 等層位，佔鑽孔的 47.3%。最高一層砂石含有豐富的貝殼碎片，可能是潮下帶的沉積物。這個鑽孔還擁有崩積或沖積過程形成的砂礫，可能是經歷河流作用的深度風化花崗岩岩礫。

6. 青衣水域

在青衣水域開採了近 3300 萬立方米砂石，在各水域已抽取砂石量總計中排名第二。來自海底深度 16.3mPD 至 31.3mPD 的鑽孔 A1/3，砂石沉積物存在在 26.3mPD 至 33.3mPD、36.4 mPD 至 38.6mPD，以及 42mPD 至 47.3mPD 等層位，佔鑽孔的 28.2%。該鑽孔內所有砂石來自冰川時期沉積物。

7. 沙洲以東水域

北大嶼山、磨刀島及東沙洲 3 個區一共提取了總量為 5800 萬立方米砂石。在青山海峽的鑽孔 ESC37 來自 7.6mPD 至 38.5mPD，底部是微風化花崗岩。砂石層存在在 23.6mPD 至 26.6mPD 和 30.6 mPD 至 45.5 mPD 的層位，佔鑽孔 46.5%。

8. 后海灣水域

天水圍新市鎮發展時在后海灣河口地區開採了 1800 萬立方米砂石，鑽孔 M277 來自海底 14.94mPD 至 25.5mPD 深處，底部是全風花崗岩。砂子和礫石沉積物存在在 26.94mPD 至 38.94mPD，佔鑽孔的 47%。在鑽孔木片的放射性碳測年法結果約為一萬年，被認為是該層最小的年齡。

圖 3-36　2014 年香港海床、挖泥區及淤泥卸置區分布圖

海洋塡料資源

內伶仃島

后海灣

外后海灣

新界

屯門

踏石角

東龍鼓水道

大小磨刀 4 Mm³

大嶼山以北

沙洲以東

香港國際機場

大蠔

東涌

大嶼山

喜靈洲
避風塘

西灣

索罟以西

索罟群島

桂山島

蜘蛛列島

長洲以南

青衣

青洲

青衣以南

硫磺海峽以西
18 Mm³

九龍

灣仔發展計劃
第二期-塡海工程

香港島

南丫島

東博寮海峽之南
44 Mm³

蒲台以西
11 Mm³

長洲

外伶仃島

三門列島

0　2　4　6　8　10

比　例

資料來源：　香港特別行政區政府土木工程拓展署。

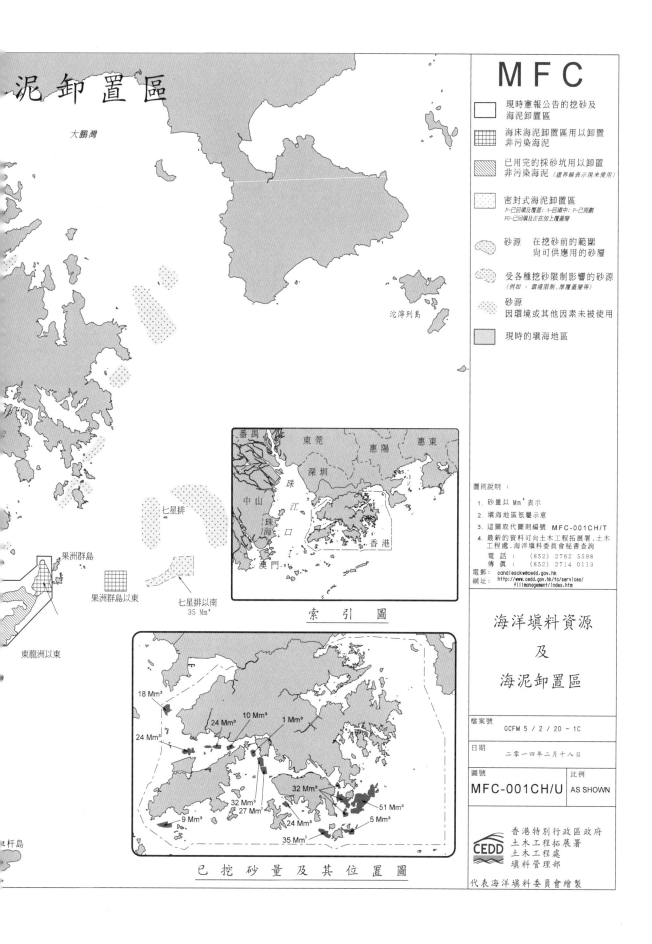

泥 卸 置 區

大鵬灣

沱濘列島

MFC

☐ 現時憲報公告的挖砂及
　　海泥卸置區

▦ 海床海泥卸置區用以卸置
　　非污染海泥

▨ 已用完的採砂坑用以卸置
　　非污染海泥 (虛界線表示現未使用)

⬚ 密封式海泥卸置區
　　F-已回填及覆蓋; A-回填中; P-已規劃
　　FG-已回填及正在加上覆蓋層

◌ 砂源　　在挖砂前的範圍
　　　　　尚可供應用的砂層

◌ 受各種挖砂限制影響的砂源
　　(例如：環境限制,厚覆蓋層等)

◌ 砂源
　　因環境或其他因素未被使用

▧ 現時的填海地區

圖則說明：

1. 砂量以 Mm³ 表示

2. 填海地區祇屬示意

3. 這圖取代圖則編號 MFC-001CH/T

4. 最新的資料可向土木工程拓展署,土木
　工程處,海洋填料委員會秘書查詢
　　電　話：(852) 2762 5598
　　傳　真：(852) 2714 0113
電郵：candiesckw@cedd.gov.hk
網址：http://www.cedd.gov.hk/tc/services/
　　　fillmanagement/index.htm

索引圖

番禺　　東莞　　惠陽　　惠東

深圳

珠江口

中山　　珠　　　香港

澳門

七星排

果洲群島

果洲群島以東

七星排以南
35 Mm³

東龍洲以東

海洋填料資源

及

海泥卸置區

檔案號	GCFM 5 / 2 / 20 - 1C
日期	二零一四年二月十八日

圖號	比例
MFC-001CH/U	AS SHOWN

CEDD　香港特別行政區政府
　　　　土木工程拓展署
　　　　土木工程處
　　　　填料管理部

代表海洋填料委員會繪製

已挖砂量及其位置圖

18 Mm³
24 Mm³　10 Mm³　1 Mm³
24 Mm³
32 Mm³
32 Mm³　27 Mm³　　51 Mm³
9 Mm³　　24 Mm³　　5 Mm³
35 Mm³

桿島

七、海鹽

鹽（NaCl）是人類生活的必需品，也是最普遍的非金屬礦物資源之一。鹽（氯化鈉）的用途廣泛，除了可以作為食用鹽，也用於農業及工業原料中。鹽成分中的氯，可用作漂白及消毒用途。而食用鹽其中的金屬 —— 鈉，是人體所需的礦物質，對身體的新陳代謝有重要作用。在農業上，可用於肥料以增加農作物產量。在工業上，鹽是化學工業的重要原材料，還可以用來製作金屬鈉及氯氣（見圖 3-37）。鹽的主要來源包括海鹽、礦鹽、井鹽、池鹽、土鹽及崖鹽，在香港地區生產的鹽主要以海鹽為主。

1. 海鹽生產過程及用途

自唐宋時期（618—1279），海鹽的生產方式以煎煮法為主。煎煮法是以人工煎煮或真空法從滷水中提取，稱「熟鹽」。至明代，廣東沿海一帶發展曬鹽技術出產「生鹽」，由於煎煮法成本高，因此曬鹽技術被廣泛採用，並沿用至清代。現時，海鹽的生產方式是以海水引入鹽田，將海水過濾成滷水，經過日曬（或灘曬）及風乾作用，鹽田的水份蒸發後結晶而成的，其生產主要分布於沿海地區。海鹽的製作過程比其他種類的鹽較繁複，為了更有效保留海水中的微量元素，製作過程也比較長。從海水引入灘內到鹽體結晶，大概需要一年左右的時間。鹽田的位置也受地理條件所限制，必須是相對較為平坦、近海地區，而且潮汐作用要強烈，讓漲潮時海水可以注入鹽田內。

香港的主流造鹽技術包括水流製鹽法及沙漏製鹽法。以大澳為例，當時使用「水流製鹽」把海水泵到山頂的儲水池，以地心吸力令海水由高到低流灌。海水從儲水塘被引入鹽田，之後為了增加鹽含量，水從一個田地轉移到另一個田地，形成「水漏斗」，這個過程持續七八次，直到水的含鹽量變得濃稠，當「石林機」的測試裝置浮在水面上，便可引進至結晶池進行凝固，利用日曬蒸成鹽。鹽工還不時用濃縮鹽水澆灌鹽田，稱為「撒鹽種」。在旱季，特別是颳北風時，每塊鹽田可產鹽 60 多公斤。此產鹽方法所產出的鹽質粗雜質多，但相對的成本低，因此主要用作醃製食品（見圖 3-38）。

另一種製鹽法為沙漏製鹽法，先把沙和粗鹽混合放在木槽中，透過底部的石頭和小孔排水，再注入清潔的海水進行沙漏，把雜質隔除。被過濾的海水溶掉沙中的鹽，然後被引進淺盆裏，進行日曬。此方法產出的鹽較細而且雜質少，可用作食用鹽。

2. 鹽業發展概況

香港位於華南地區沿海地區，具備三面環海的地理條件，海岸線長，海水含鹽量高，並有充足的潮墩（海濱高地）及草蕩（海濱低地）用作煮鹽，加上季節氣候明顯，日照及雨水充足，適合曬製高素質的海鹽。珠三角沿海東西兩岸在古代曾是海鹽生產的主要地區，香港地區亦不例外（見圖 3-39）。

圖 3-37　礦物樣本：礦鹽，它既是人體重要的礦物質，也是化學工業的重要原材料。
（香港大學許士芬地質博物館提供）

圖 3-38　鹽民在採海鹽。（攝於 1950 年代，香港文化博物館提供）

圖 3-39　宋、元、明時期香港及深圳一帶的鹽場位置圖

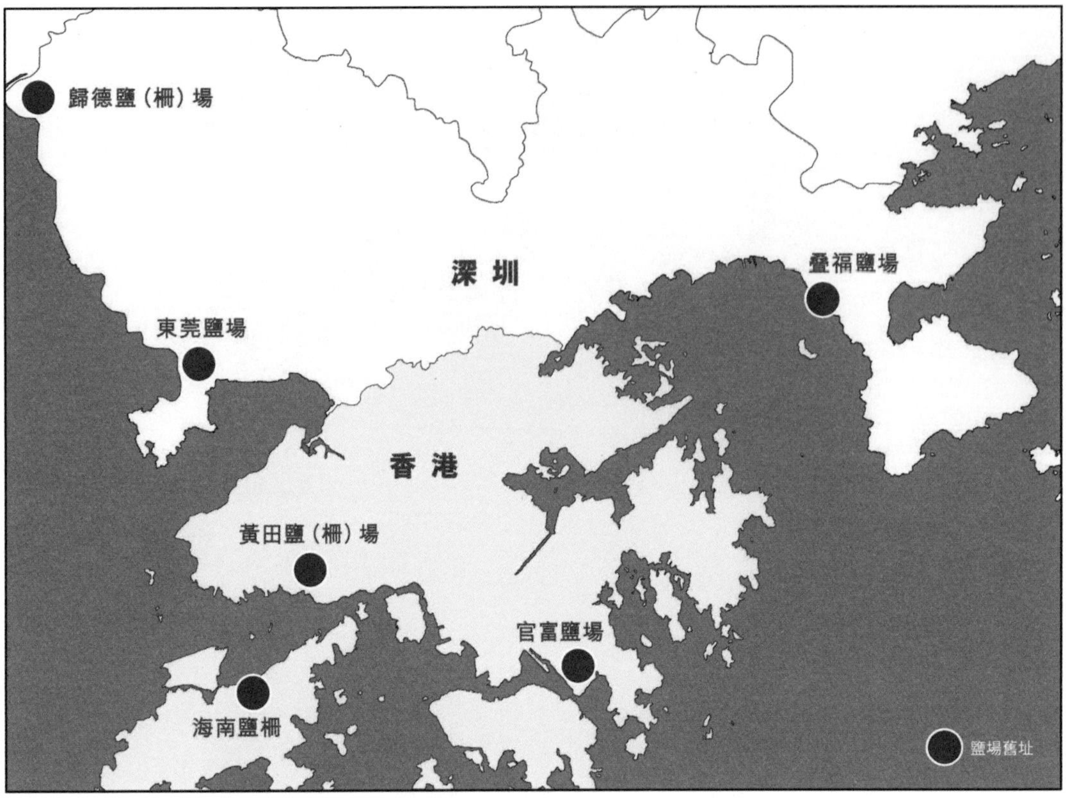

資料來源：　香港地方志中心根據深圳新聞網製作。

考古證據表明，香港的製鹽歷史可追溯到近 2000 年前的西漢（前 202—8）。歷史文獻有關香港鹽業的記載可以追溯到宋代，當時香港的鹽業進入全盛時期。北宋元豐年前（1078前），政府在大奚山（今大嶼山）設置海南柵（後升為海南場）用作產鹽。九龍東部的官富場也是宋代的產鹽重點區域。當時有鹽官管理生產、分配及轉運，也有士兵駐守保護，屬於當時廣東十三個鹽場之一。香港的官辦鹽場運作至宋末，至元、明兩代，鹽場逐漸被撤廢或合併。及至清初，政府頒布遷海法令，全縣內鹽田陸續被撤廢，鹽業日漸式微。

香港曾存在的鹽田，分布於觀塘、西貢、沙頭角、大埔、屯門和大嶼山等地區。其中屯門舊墟、新墟、皇家圍及急水門沿海一帶，由當地的陶氏於明代開始兼營鹽業。及至清代，經歷遷海復界，製鹽業日漸衰退，鹽田主要位於沿海一帶自山貝河至后海灣，包括橫州、穿鼻港及元朗。運輸方面，由於擁有優越的地理位置，方便水陸運輸，路線由大鵬灣開始經梧桐山，送至廣州售賣。1936 年日軍封鎖中國沿海，阻止外國食鹽進口後，大澳居民開始走私食鹽支援內地，大澳鹽走私貿易大幅增加。

港府在二十世紀初將鹽業視為一個潛在的增長產業，鼓勵和發展大澳鹽業。1900年前後至太平洋戰爭前是大澳鹽業發展的興盛期，鹽場面積佔大澳市區一半，年產達到30餘萬擔，當時的鹽工逾百，每天也有大量的船隻進出大澳，產鹽遠銷中國內地。據1898年的土地測量數字，大澳共有107.07畝鹽田；據1903年至1904年的報告，大澳有5個鹽場，最大的佔37.39畝，最小的佔5.66畝。1920年代至1930年代，鹽產量達到高峰，大澳地區擁有620畝鹽田，分別位於大澳村兩旁共四塊。該區在1938年鹽的年產量達到151萬公斤，總值達到27,500港元。

當時香港生產的鹽主要用於出口，很多交易到菲律賓，部分在本地出售，主要用於工業用途，但外國的進口鹽逐漸蓋過了本地生產。二戰後，來自外國進口鹽的競爭日趨激烈，城市發展的需要也令到接近市區的鹽田再沒有經營空間。鹽場業者逐漸歇業，行業最終式微。在二十世紀中一段時間，香港只存在的三個產鹽的地方，包括大澳、屯門新墟和沙頭角八哥灣。當時最大的大澳鹽田佔地70英畝，每年生產1488噸鹽。直到1970年初，大澳道路的建設摧毀了水閘系統，一些老鹽場由老鹽民繼續經營。

3. 鹽田遺址

隨着香港鹽業日漸式微，鹽田被荒廢，現今可見的大多只剩遺址，主要分佈在大澳及西貢，如大澳的泰生、天生及達安鹽業，只有鹽田梓被修復。然而，在部分地區仍能找到與鹽相關的地名，例如：大澳鹽田、沙頭角鹽寮下（鹽寮狘）、沙頭角公路與鹿頸路交接的鹽灶下（鹽灶狘）、大埔鹽田仔（三門仔）、西貢鹽田仔（鹽田梓）、西貢鹽田、青衣鹽田角等，這些地區見證香港曾興盛一時的鹽業生產。

以上地方，以大澳鹽田留下的歷史痕跡最多。從北宋時期（960—1127）大澳被設置為重要鹽場——海南鹽柵至清乾隆年間（1736—1796）興建護鹽圍（壆），印證該區鹽業的重要性。大澳的鹽田主要分佈在現今的北山腳（楊侯廟一帶）、目前大壆旁邊紅樹林和巴士總站，以及龍田邨和筏可中學一帶地區，現時還可見的堤壩，以往是用來抵擋海潮的（見圖3-40）。

其他鹽場遺址包括沙頭角的鹽寮下及鹽灶下，兩個地方取名於生產鹽的地方和工具。鹽寮是用來製煉食鹽的場所，鹽灶是用來煮鹽的爐灶。昔日的鹽田現在已變成新填地，居民已遷到市區居住，後來因為興建大壆（今鹿頸路）堵海造地，導致淺灘被荒廢。

西貢鹽田梓是位於新界西貢海的一個小島，島上的客家村自十九世紀初發展鹽業，一對來自寶安的夫婦引進造鹽曬鹽技術，自行製鹽，並在附近市集及村莊出售。該區鹽田曾佔36畝，後來由於鹽業逐漸式微，至1930年代已停產，鹽田被改作農業用途，至1960年代改為魚塘。由於土地沒被大幅改動，該區仍保留當地製鹽的歷史痕跡。

圖 3-40　大澳舊日鳥瞰圖

圖中鹽田和堤壩清晰可見。（版權屬香港特別行政區政府；資料來源：地政總署測繪處；Wanson Choi 後期製作）

除鹽田梓外，西貢還有其他鹽田遺址，包括南圍及糧船灣沙橋村的沙橋頂。南圍的鹽田位於海邊大堤和天后廟外的水閘地區，而沙橋頂位於糧船灣左角海口，山頂曾被移平改成一層層的製鹽池，現在該區只剩下石屎池。

青衣鹽田角及大埔鹽田仔（今三門仔）的變化較大，加上缺乏相關的文獻記載，因此較難恢復其舊貌。另外，屯門青山新墟曾經是三大鹽區之一，可是該區古鹽場的資料缺乏，同樣較難恢復舊貌。

香港特別行政區政府、民間組織和村民合作，於 2009 年與 2013 年分別在大澳和鹽田梓，將部分荒棄了的鹽田活化，保留和改建作為示範、教育和旅遊用途。

第四章
土壤

土壤是地球岩石圈的一部分，是岩石歷經長時間風化後的產物，是礦物質、氣體、液體和有機物的混合物。土壤為動物、植物、真菌和細菌提供棲息地，直接和間接地提供人類生存所需的養分和食物。土壤除了是調節自然系統平衡的重要單元之外，更是支持多種生命和人為活動的重要資源。香港的農林業固然需要土壤資源，有些社會建設，例如填土、建築工程、興建廢物堆填區、製造陶瓷等，也需要優質和合適的土壤材料。

香港岩石以酸性的花崗岩和凝灰岩為主，在許多地方都發展有非常厚的土壤層，九龍西部和維多利亞公園的土壤層更厚達接近 100 米。土壤中的礦物質來自風化的岩石和河流沖積，一般風化的凝灰岩或在河流沖積平原的土壤礦物質比較豐富，花崗岩或沉積岩風化而成的土壤則相對貧瘠。整體而言，香港土壤發育過程成熟穩定，95% 陸地的土層均超過 1 米厚，而不足 50 公分厚的淺薄土層只出現於山體陡坡及受嚴重侵蝕的花崗岩丘陵地帶。另一方面，在新界北區大埔、粉嶺、元朗一帶，存在着相對廣泛的沖積平原，河流的沉積形成了厚厚的沖積層，是理想的水稻土。

香港陸地面積雖然只有 1,106.42 平方公里，但在 1960 年代之前，農業仍然是香港一個重要經濟活動。根據世界銀行估算，在 1961 年之前農業用地佔香港土地面積接近 14%。1970 年代經濟起飛，農業用地大幅下跌至 8%，2017 年農業用地不超過 5%（見圖 4-1），土壤作為農業資源性質的比重也隨之下降。另一方面，因為香港缺乏空間，許多樓宇和建設都必須在斜坡上發展。山泥傾瀉等地質災害的風險和土壤的結構和特性有莫大的關係，所以相比起鄰近地區，香港的土壤研究更強調對岩土工程的應用。1980 年代以後，香港愈來愈關注城市綠化和環境問題，城市公園或路邊樹木管理的成效，往往和城市內土壤素質有關。城市發展、工業化、汽車排放、燃燒化石燃料、以前農業使用的農藥，都造成不同程度的土壤污染，影響香港土壤素質。

由於上述原因，香港土壤研究較偏重土壤在工程建設、污染評估、城市綠化和樹木管理等應用，與周邊地區的土壤研究強調土壤的基礎分類、區域系統和對農林業的應用，不盡相同。

一、土壤形成因素

影響土壤形成的主要因素，包括氣候、地形、岩石性質、生物、時間，以及人為活動。香港整體氣候是夏天炎熱、冬天涼快，1991 年至 2020 年的平均氣溫為攝氏 23.5 度，最熱的 7 月平均溫度達到攝氏 28.9 度，最冷的 1 月平均溫度約攝氏 16.5 度。年雨量達 2431 毫米，屬於高溫多雨的天氣，大約 80% 的降雨發生在 5 月至 9 月之間。但因為香港的丘陵

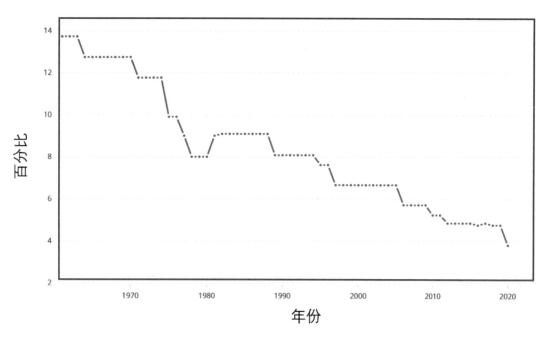

圖 4-1 世界銀行估算 1960 年至 2020 年香港農業土地用地比例變化統計圖

資料來源: 香港地方志中心根據世界銀行資料製作。

地勢和山脈分布,降雨區域分布並不平均,年平均雨量的地區性差異,由東平洲約 1400 毫米至大帽山一帶超過 3000 毫米(見圖 4-2)。所以就算是在同一類岩石生成的土壤,土壤的物理和化學性質也可以有很大的差異。

香港約有 76% 陸地面積由花崗岩和火山岩覆蓋,沉積岩與變質岩則只佔約 8% 面積,其餘 16% 由表層沉積物覆蓋(見圖 4-3)。炎熱潮濕的氣候,加上以花崗質為主的岩石,有利於化學風化,岩石中的礦物容易被氧化、水解,以及其他化學作用分解。暴露在地表的岩石,風化過程首先沿着節理、斷層和其他裂口由上而下、由外而內進行。雨水或地下水滲入的地方會加劇物理和化學風化速度,相關的物理風化過程,包括礦物晶體的體積和應力變化、顆粒剝落等也緊隨發生,形成土壤和殘留在土壤層中的粗沙顆粒和核石。岩石長時間的化學風化,令土壤孔隙度增加,並呈鏽紅色。岩石中的雲母和長石等礦物,在風化過程中變成高嶺土,高嶺土內包含了高嶺石、伊利石和埃洛石等礦物,曾經是昔日香港陶瓷業的主要材料來源。

香港地區岩石的風化過程可能在古近紀(大約 6000 萬年前)已經開始,香港岩石在這段時間內大部分時間外露在地表,令香港的岩石經歷了長時間的風化,形成非常深的土壤層。岩石和地形因素令香港土壤層的厚度和分布存在區域性差異。一般而言,火山岩的孔隙度較低,風化程度較弱,形成的土壤層比較淺和薄。反之,在花崗岩中形成的土壤層一般較厚。強降雨及地下水滲透,加上以酸性火成岩為主的母岩,導致香港地區土壤淋溶過程強

圖 4-2　1991 年至 2020 年香港年平均雨量統計圖

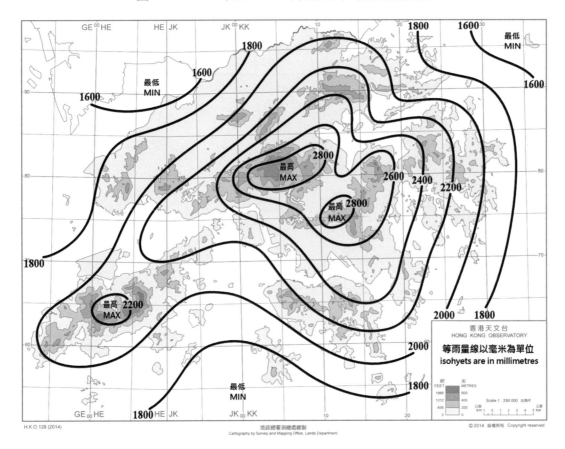

資料來源：　香港天文台。

圖 4-3　香港地質構造示意圖

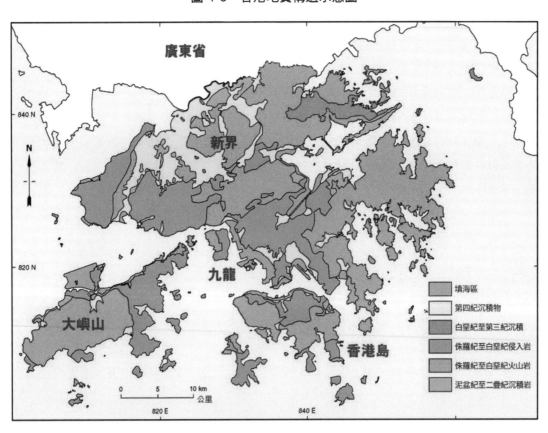

資料來源：　香港特別行政區政府土木工程拓展署轄下土力工程處提供，香港地方志中心加工。

烈，土壤呈酸性，含豐富鐵和鋁氧化物。長時間的淋溶作用，加上沒有因為火山作用形成新的岩石、從而補給土壤的礦物，總體令香港的土壤缺乏礦物質，氮、磷、鉀等元素含量較低。自然過程形成的紅土，本來已經缺乏肥力，加上人類活動，更大大改變了土壤的性質和成分。

有機活動可以對土壤發育產生重要影響，植物根系的生長和死亡會導致土壤的自然酸化，而植物生長也促進土壤結構和有機質的積累，微生物可以將土壤中的有機物變成養分，而蚯蚓等生物又可以分配土壤中養分。香港的高溫和多雨環境本來相對有利土壤生物的發育，但人為活動大大減少了郊野原生動植物的活動地區。太平洋戰爭前後大量砍伐森林，更大規模地減少了森林的覆蓋範圍，增加了水土流失的速率，間接地減少了野生動物的數量。人工建造的風水林，以及後來城市化引入的外來植物物種，也可能對土壤性質造成一定影響。

英佔早期，香港仍然有不少耕作活動。開闢耕地、栽種、疏水等工作都需要翻動泥土，令土壤較深層的有機物質暴露於大氣中，加速有機質的氧化和流失。同時，強烈的淋溶作用令土壤的礦物質和養分大量流失。耕作活動造成土壤顆粒結構的破壞，也改變了土壤中空氣和水的狀態，耕地的土壤已不再是自然形成的土壤，香港早期以種植水稻為主，耕地的土壤可稱為水稻土。

傳統的農業運作，為了補充土壤的養分和礦物質，農民會用含有氮、銨、磷、鉀等礦物質的人畜排泄物和植物殘渣作為耕種用的肥料。早期香港還有收集和處理人畜排洩物作為肥料的操作，1960 年代以後香港社會迅速發展，這種傳統的施肥方式也日漸式微，農民大量使用化學肥料，改變了土壤的性質。

另一方面，因為工程建設和城市發展的需要，許多原生土壤被挖除，並填上人工土壤。用作填土的物理性質、礦物成分、土壤結構和原生土有重大區別，也是形成香港土壤的一大因素。

二、土壤層形成過程

土壤層的特色受四個基本土壤過程控制，包括增添作用（Addition）、流失作用（Losses）、位移作用（Translocation）和變質作用（Transformation）（見圖 4-4），四個過程的結果是於不同深度的土層造成不同的形態和特徵。

增添作用是指物質及能量從外在源頭進入土壤的過程，包括太陽的輻射能量、樹木落葉積聚在土壤表層的腐殖質、人工施肥肥料和除蟲劑等。流失作用是指物質透過物理、化學及生物過程從土壤中被移除，例如土壤中的水分會透過蒸發及植物吸收而流失；土壤生化過

圖 4-4　四種基本成土過程示意圖

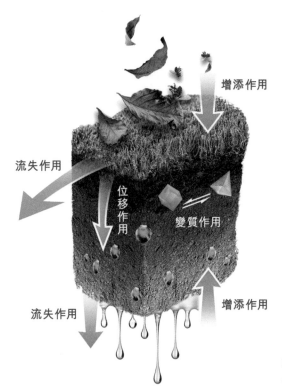

增添作用

流失作用

位移作用

變質作用

流失作用

增添作用

四種基本成土過程包括增添作用、流失作用、位移作用及變質作用。(香港地方志中心製作)

程產生如二氧化碳（CO_2）、氨（NH_3）、甲烷（CH_4）等氣體，也可透過擴散作用進入大氣環境。位移作用涉及土壤物質通過溶解作用、地下水流動、生物活動橫向或縱向遷移。變質作用是指土壤成分經不同物理、化學及生物過程而被改變、破壞及重新構成黏土或其他礦物。其中土壤顆粒群集物（soil aggregate）是一種重要的土壤結構，在維持土壤健康和支持植物生長方面發揮着關鍵作用。四個過程之相對重要性，和香港的自然環境、地質、水文、天氣和人類活動等因素有關。

在四種基本成土過程的影響下，從地表至基岩之間的垂直土壤剖面會發展出一些大致與土壤表面平行的土層。基本土層包括 O、A、E、B、C 及 R 層（見圖 4-5），每一個土層有顯著物理、化學及生物性特徵，這是土壤學內土壤分類的基礎。然而，這與香港岩土工程界所用的土壤分類方法不同，後者較重視土壤的物理狀態和力學性質，表 4-1 是兩個分類方法的比較，從表中可見兩種分類方法不同的目標和重點。各層的主要特性和與岩土工程所用的土壤分類簡述如下。

O 層是有機層，一般處於土壤最表面，在礦質土層之上。此層含豐富有機物，主要從動植物屍體而來，會受到土壤動物及微生物不同程度的分解，當中經高度分解的殘體缺乏可肉眼辨認的組織結構。岩土工程所用的土壤分類不會特別細分這一層。

圖 4-5　典型土壤剖面及其基本發生層示意圖

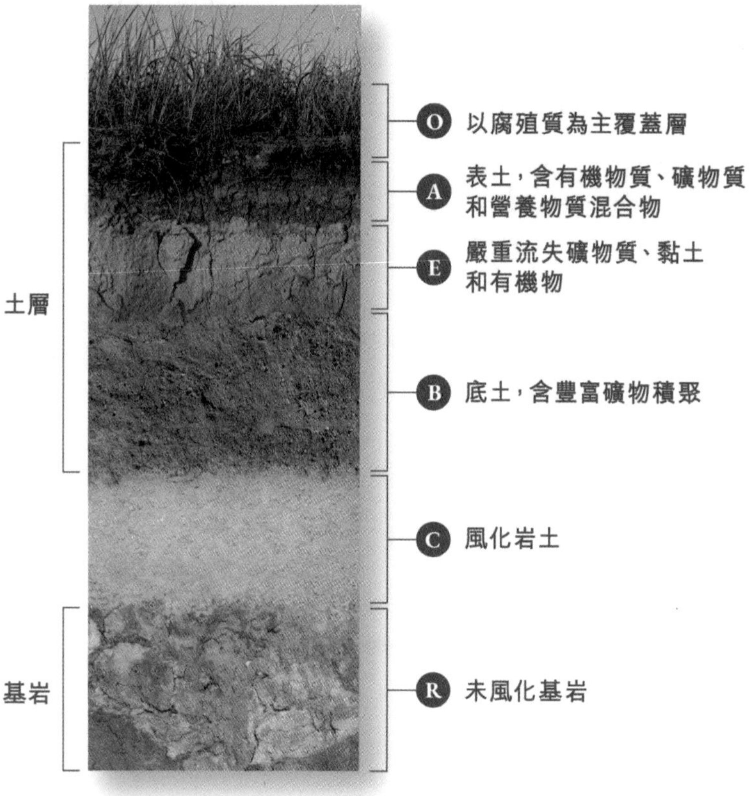

土層

基岩

O 以腐殖質為主覆蓋層

A 表土，含有機物質、礦物質和營養物質混合物

E 嚴重流失礦物質、黏土和有機物

B 底土，含豐富礦物積聚

C 風化岩土

R 未風化基岩

（香港地方志中心製作）

表 4-1　土壤學和香港岩土工程土壤層分層系統大致對比情況表

土壤學土壤分層	岩土工程土壤分層	特徵
O	VI：殘土	有機層，全是有機腐殖質
A		礦物物質與有機物質的混合土層
E		受淋溶作用高度影響土層
B		黏土成分高但土壤的結構難被識別土層
	V：全風化岩石	黏土和石英顆粒成分高，但保留殘留構造土壤層
	IV：高度風化岩石	徒手分解的風化岩石層
C	III：中度風化岩石	風化岩石不容易被徒手分解，但可用錘子分解風化岩石
	II：微風化岩石	不容易被錘子分解，呈現輕度顏色變化的基岩
R	I：基岩	完全沒有受風化的基岩

A 層是最頂端的礦質土層，由礦物物質與有機物質的混合，一般會比下面的土層顏色深。此外，因為土壤中較細的顆粒常被移至較下的發生層，故 A 層土壤質地多較粗糙。

E 層受淋溶作用高度影響，常見於濕潤氣候下的森林土壤。由於水的下滲作用，E 層流失大量有機物、黏土及鐵鋁氧化物，只餘下一些抗禦力較強、顆粒較大如石英及長石等礦物，造成此層顏色較其他發生層偏淺。

圖 4-6　香港地區少數天然土壤剖面，土壤屬濕潤富鐵土，可以看到 A、E+B、C 分層。（陳龍生提供）

B 層位於 O、A 及 E 層之下，主要受澱積作用影響，積聚大量由上面其他土層向下運送而來的物質，土壤於成土過程中已經歷充分的轉變，使原生土壤的結構難以再被識別。在香港的濕潤環境，B 層是積累最多鐵鋁氧化物及硅酸鹽黏土的區域。岩土工程所用的土層分類系統，將這一層連同 O、A、E 層列為第六級殘土層。

C 層土壤主要是由一些鬆散的物質組成，這些物質受很低程度的成土過程影響，處於具劇烈生物活動的土層之下。岩土工程界根據風化程度將這層細分成微風化、中度風化、高度風化和全風化四層。

R 層處於最下層，是難以徒手挖出、堅固且未被風化的岩體。岩土工程界將這一層列為第一級基岩。

並非所有土壤剖面都能清楚看見各土壤層。事實上，由於城市發展和斜坡管理等因素，香港目前仍可以看見完整土壤分層的剖面不多，在圖 4-6 的土壤剖面中，A、B、C、E 等土壤層仍清晰可見。

三、研究概況

二戰後，一些英國研究人員開始對香港土壤和農業進行測量，其中格蘭特（Charles J. Grant）以研究香港土壤作為他的博士論文題目，當時本港土壤普遍被學者視為磚紅壤，惟格蘭特指出本港土壤的矽鋁比值（alumina-silica ratio）大於 2.0，而其他地區的典型磚紅壤矽鋁比值皆低至 1.0，兩者數據明顯有異，故對磚紅壤的分類提出異議。後來他加入了香港大學，針對香港土壤進行更廣泛地區性調查，他的著作《香港的土壤及農業》（*The Soils and Agriculture of Hong Kong*）是香港第一部有關本地土壤的書籍。約在同期，魯克斯頓（Bryan Ruxton）和貝里（Leonard Berry）等地質學者也着手研究香港岩石在風化過程中的化學變化，以及香港花崗岩土壤結構和礦物的淋溶過程。

1970 年代以後香港都市範圍不斷擴展，農業用地面積大幅減少，許多發展地區的土壤層，都因為工程發展經歷了根本性的改變。在 1970 年代至 1990 年代期間，香港土壤研究主要有兩個方向：（1）土壤研究的重點，由郊野或農業地區土壤變成了市區綠化地區土壤，這些研究主要由當時香港大學地理及地質學系詹志勇的團隊主導。他們對人工堆土、市區道路種植、市區休憩空間的土壤進行詳細調查。另外，受到各種工程影響，市郊和市區的土壤都出現不同程度的污染。從 1970 年代末開始，香港大學、香港中文大學、香港理工大學、香港科技大學、中國科學院地理研究所和香港浸會大學多個團隊，先後對香港市郊和市區土壤的重金屬和有機化學等污染物進行調查。

（2）因為發展需要，許多本地建設都位於天然或人工山坡之上。而在香港出現頻繁的山泥傾瀉，除了氣候因素外，也和土壤成分、結構、水文、力學性質有莫大關係。香港大學工程學院的林彼得（Peter Lumb）等人在 1970 年代開始針對土壤的物理和力學性質進行詳細研究，了解土壤在地基建設或山泥傾瀉過程中扮演的角色。其後土力工程處致力研究風化岩土的成分和結構，以及推動土壤形成過程中物理和礦物成分變化的研究，並且根據土壤的結構和力學性質，制定風化岩土分級方法，為土壤斜坡上建設所要求的勘測和管理制定指引。

長期以來，香港未有根據土壤學將全港土壤的綱目分類，而且因為內地採用的土壤分類系統和《香港的土壤及農業》所用的不同，有必要對香港土壤的分類和土壤環境質量進行系統性評估。1990 年代至 2000 年代初，中國科學院南京土壤研究所和香港浸會大學合作，為全港土壤作系統性調查及分類，並且進行了香港土壤肥力、化學成分、微量元素等分析，同時研究土壤環境以及污染和治理等問題。[1] 該研究採集了香港地區 52 個典型土壤剖面和 300 多個土壤樣品，分析數據達 15,000 餘個，是目前針對香港土壤最全面的調查。該研究更進一步建議設立長期性土壤環境監測和信息系統。此調查所用分類方法，與《香港的土壤及農業》在 1960 年代所採用根據國際土壤分類的方法有別，其分類方法以《中國土壤系統分類檢索》作基礎，更適合用於地區性的比對。

除了大學和岩土工程界對香港土壤所做的研究和調查之外，香港天文台在 1949 年開始在總

1　駱永明等：《香港地區土壤及其環境》（北京：科學出版社，2007）。本章引用資料以《香港地區土壤及其環境》一書中的內容及有關著作為基礎。

部進行最低草溫和土壤的溫度觀測，1963 至 1964 年度增加在京士柏氣象站量度最低草溫及土壤溫度，目的是預報霜凍和輔助農業發展。1950 年代的溫度計分別位於地下約 0.3 米及約 1.2 米深度，之後增加了不同深度的溫度計，1977 年安裝的新溫度計位於地下 3 米深處。天文台於 2008 年增加了滘西洲監測點，藉以研究郊野地區的土壤溫度，為土壤的物理特性及長期氣候改變對土壤溫度的影響，提供了不少寶貴資料。

第二節　土壤類型與特性

一、土壤分類系統

香港的土壤一般被稱為紅土或磚紅壤。典型的紅土指在低窪地區而且靠近地下水位、常常含有鐵礦結核的土壤。在香港沒有典型的紅土，只在青山和粉嶺的土壤間中發現了小結核層。格蘭特在他的《香港的土壤及農業》[2] 中按馬伯特（C. F. Marbut）在 1927 年建議給美國農業部所用的土壤分類法，將全港土壤劃分成六大總類（見圖 4-7），該系統強調檢查

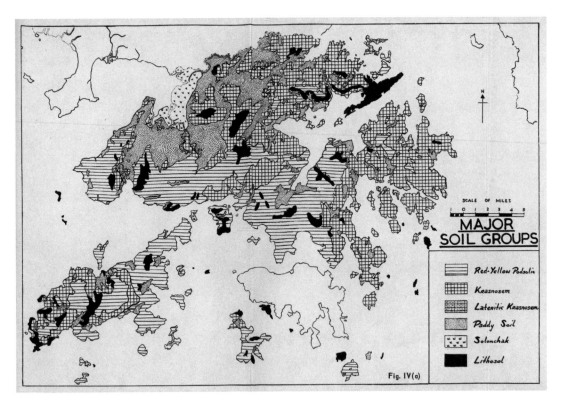

圖 4-7　《香港的土壤及農業》（*The Soils and Agriculture of Hong Kong*）土壤分類法下全港土壤六大總類於境內的分布情況，其中 Paddy Soil（水稻土）乃從沖積土（alluvium）開發。（政府檔案處歷史檔案館提供）

2　C. J. Grant, *The Soils and Agriculture of Hong Kong* (Hong Kong: Hong Kong Government Press, 1963).

土壤特性，如顏色、質地、結構、稠度、排水等，對土壤進行分組。上述研究根據土壤母岩、地形和土壤的物理性質，劃分出 9 個土壤組合，為每種土壤類別加以說明。之後進一步根據土壤地區位置的排水情況，將土壤再細分為 29 個土系，並以地理名稱作為土壤系的命名。該土壤研究的分類，為本地後來土壤分類研究奠定基礎。

《中國土壤系統分類檢索》[3] 中，土壤以六個級別作系統性分類，分別為「土綱」、「亞綱」、「土類」、「亞類」、「土族」和「土系」，當中以「土綱」級別最高，「土系」級別最低。中國土壤系統分類方法強調土壤成土過程、影響成土過程中的因素、成土過程的環境差異，以及相同成土過程下不同級別的分類。土壤學家龔子同於《中國土壤系統分類》[4] 一書中，共列出 14 種不同的「土綱」（見表 4-2）。香港的土壤分類，從此可以依據中國土壤系統作為框架，方便香港和周邊地區土壤分區的結合和比對。

表 4-2　中國土壤系統分類情況表

中國土壤系統分類 （CST,1999）	國際土壤分類參比基礎 （World Reference Base for Soil Resources [WRB], 1998）
有機土（Histosols）	有機土（Histosols）
人為土（Anthrosols）	人為土（Anthrosols）
灰土（Spodosols）	灰土（Podosols）
火山灰土（Andosols）	火山灰土（Andosols）** 冷凍土（Cryosols）*
鐵鋁土（Ferralosols）	鐵鋁土（Ferralsols）** 聚鐵網紋土（Plinthosols）* 低活性強酸土（Acrisols）* 低活性淋溶土（Lixisols）* 其他有鐵鋁層（CST）的土壤
變性土（Vertosols）	變性土（Vertisols）
乾旱土（Aridosols）	鈣積土（Calcisols） 石膏土（Gypsisols）
鹽成土（Halosols）	鹽土（Solonchaks） 鹼土（Solonetz）
潛育土（Gleyosols）	潛育土（Gleyosols）** 冷凍土（Cryosols）*
均腐土（Isohumosols）	黑鈣土（Chernozems） 栗鈣土（Kastanocems） 黑土（Phaeozems）

3　中國科學院南京土壤研究所土壤系統分類課題組：《中國土壤系統分類檢索》（第三版）（合肥：中國科技大學出版社，2001）。

4　龔子同：《中國土壤系統分類》（北京：科學出版社，2001）。

（續上表）

中國土壤系統分類 （CST, 1999）	國際土壤分類參比基礎 （World Reference Base for Soil Resources [WRB], 1998）
富鐵土（Ferrosols）	低活性強酸土（Acrisols）** 低活性淋溶土（Lixisols）* 聚鐵網紋土（Plinthosols）* 黏綈土（Nitisols）* 以及其他有低活性富鐵層的土壤
淋溶土（Argosols）	高活性淋溶土（Luvisols）** 高活性強酸土（Alisols）* 以及其他有黏化層或黏磐的土壤
雛形土（Cambosols）	雛形土（Cambisols）** 以及其他有雛形層的土壤
新成土（Primosols）	沖積土（Fluvisols） 薄層土（Leptisols） 砂性土（Arenosols） 疏鬆岩性土（Regosols） 冷凍土（Cryosols）

**為大部分相當；*為部分相當。
資料來源： 陳龍生。

土壤地圖的製作會用最表層的土壤作為標準，有時候一種土壤會覆蓋在另一種土壤之上。如圖 4-8 所顯示，一層崩土覆蓋在原地形成的土壤層之上。在這種情況，將會以崩積土作為該地點的土壤。

圖 4-8　西貢地區土壤剖面可見崩積土層覆蓋在原生全風化火山岩土壤之上。（陳龍生提供）

土壤學所用的土壤分類系統，主要是為農林業服務，將土壤作為一種自然資源，較偏重土壤的化學性質、有機質含量和泥土的養分。《香港的土壤及農業》和《香港地區土壤及其環境》對香港土壤的分類，基本上是從土壤學的角度出發。而岩土工程較側重土壤的力學和物理性質。以下分別記述《香港的土壤及農業》所用的土壤分類、根據中國土壤系統檢索法的分類，以及應用岩土工程界所用的土壤分類。

二、《香港的土壤及農業》的土壤分類

1. 自然土壤

《香港的土壤及農業》提出在香港六大總類的自然土壤，包括紅壤、磚性紅壤、灰化紅黃壤、粗骨土、沖積土、鹽土，當中以紅壤、灰化紅黃壤及常見於花崗岩露頭侵蝕地的粗骨土於該次調查中分布面積最為廣泛，惟這些土壤大多肥力不足。因為城市發展和斜坡維修的需要，許多原生的土壤層已被改動或覆蓋，現在在香港已很難找到如圖 4-9 等較厚的土壤剖面，本章內土壤層圖片主要來自《香港的土壤及農業》，可觀察當時土壤層的形態和分層。

紅壤（Krasnosem）：紅壤的特徵是缺乏剖面明顯土壤層的發育，腐殖質 A 層非常薄，覆蓋在厚黏土層上。它是香港分布最廣的土壤。除花崗岩外，所有岩石的風化物都發育成這些紅色或紫色的土壤。

磚性紅壤（Lateritic Krasnosem）：磚性紅壤基本上是屬紅壤，但在土壤剖面的間中可見有紅土結核層。這些磚性紅壤在青山和打鼓嶺等排水不暢的地區可以找到（見圖 4-9）。

圖 4-9　石崗磚性紅壤土壤剖面，可見於青山和打鼓嶺等地。（政府檔案處歷史檔案館提供）

灰化紅黃壤（Red-yellow podzolic）：這些是發育良好的酸性土壤，在淺色黏土層上有一層薄薄的有機層。母岩以矽質為主，是由香港花崗岩的強烈風化作用形成（見圖 4-10）。

粗骨土（Skeletal soil / Lithosol）：它們是砂質、石質或礫石土壤，沒有剖面發育。土壤通常與劣地發展和斜坡陡峭有關。

沖積土（Alluvium / Paddy Soil）：幾乎所有的耕地都坐落在沖積層上，沖積層是河流的沉積物。沖積層廣泛分布於境內河流沿岸的低窪地帶（見圖 4-11）。

鹽土（Saline soil / Solonchak）：鹽土是受鹹水影響的泥土，沒有特別的土壤分層。土壤在冬天可以因為乾涸變得很硬，形成龜裂。鹽土分布最廣的區域為后海灣及東涌，均為低鹽度半鹹淡水區。

2. 水稻土

水稻土是沖積土基礎上形成的土壤。農田水稻土和山野的自然土壤不同，水稻土在種植和耕墾過程中被完全改變，無法辨別原來土類。《香港的土壤及農業》建議根據母岩的性質和排水情況，將香港的水稻土劃分為九個土壤組合。分述如下：

赤泥坪土壤組合：分布在錦田、元朗、沙田一帶，主要以大帽山火山岩為母岩，土壤為粉質土壤，土壤排水不完善。

粉嶺土壤組合：分布在粉嶺至羅湖一帶，以黑色土壤為主，土壤排水不完善。

米埔土壤組合：和赤泥坪土壤組合相似，主要在沖積土或崩積土上發育。

青山土壤組合：主要從落馬洲組岩石風化而成，分布在香港新界西北。

石崗土壤組合：發育在大帽山石崗含巨大礫石石林區，一般有機質較高，鉀和磷質含亦高，但氮元素相對比較低。

林村土壤組合：由大埔閃長岩和大帽山火山岩風化而成，主要分布在林村河一帶，土壤排水情況不完善。

新慶土壤組合：分布在青山、坪山、粉嶺至沙頭角一帶，主要是在火山岩的沖積層或崩積層風化而成。

沙田土壤組合：主要在花崗岩形成，在香港地區分布廣泛。

泥炭：出露不多，只在沙田和羅湖兩處地方的沖積土內發現。

《香港的土壤及農業》根據地理位置、當地排水情況、土壤顏色等進一步將 9 個土壤組合分

圖 4-10　大帽山灰化紅黃壤土壤剖面。（政府檔案處歷史檔案館提供）

圖 4-11　大欖涌花崗岩上沖積土土壤剖面。（政府檔案處歷史檔案館提供）

成 29 個土系。圖 4-12 的示例是新界西北地區的土壤組合分區地圖。

三、根據中國土壤系統檢索法的分類

中國科學院南京土壤研究所與香港浸會大學共建的土壤與環境聯合開放研究實驗室，於
2000 年開展了為期四年的《香港地區土壤及其環境》的研究項目。研究團隊進行了系統性

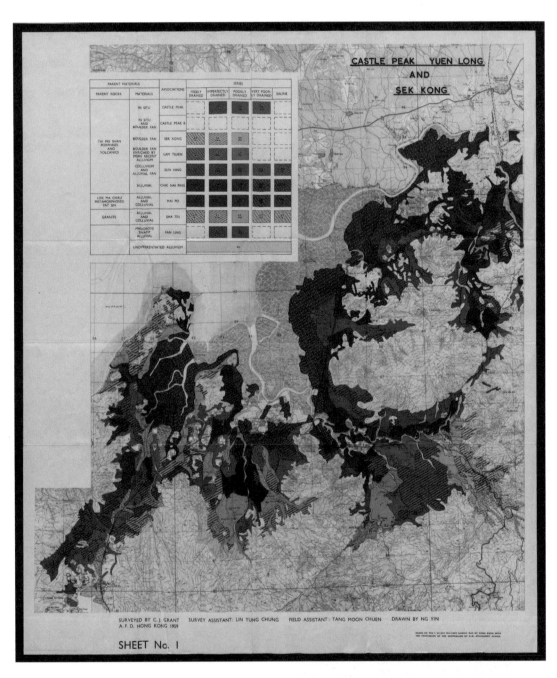

圖 4-12 《香港的土壤及農業》（*The Soils and Agriculture of Hong Kong*）書內展示的 1960 年代新界西北地區土壤
組合分布。（政府檔案處歷史檔案館提供）

的實地勘察，於全港不同地區挖掘了逾 50 多個土壤剖面進行觀察描述，並採集土壤樣本進行物理、化學、生物學及微形態分析。本目有關土壤化學特性和肥力的記述，使用中國土壤系統檢索法所用的分類作為標準。

在中國全國性的土壤調查中，一共發現了 14 個「土綱」，而《香港地區土壤及其環境》的本港土壤調查中，把本港的多個土壤樣本分類至「亞類」，並可大致分類出中國 14 個「土綱」中的 7 個「土綱」，分別為（1）富鐵土、（2）鐵鋁土、（3）雛形土、（4）淋溶土、（5）潛育土、（6）新成土及（7）人為土，並因各地之獨特條件孕育出不同「亞綱」、「土類」、「亞類」之土壤組合。以下部分將介紹在香港土壤調查中土壤剖面歸類的 7 個主要「土綱」土壤（見圖 4-13）：

1. 富鐵土

富鐵土為香港分布面積最廣的土壤，多見於母岩露頭為凝灰岩或花崗岩之地，而這兩大類母岩露頭可見於本港廣泛地區，故富鐵土可視為香港代表性之土壤。富鐵土性質上大致與《香港的土壤及農業》分類中的紅壤相對應，是中國熱帶地區的主要土壤種類。

圖 4-13　按土綱分類，香港主要土壤分布圖

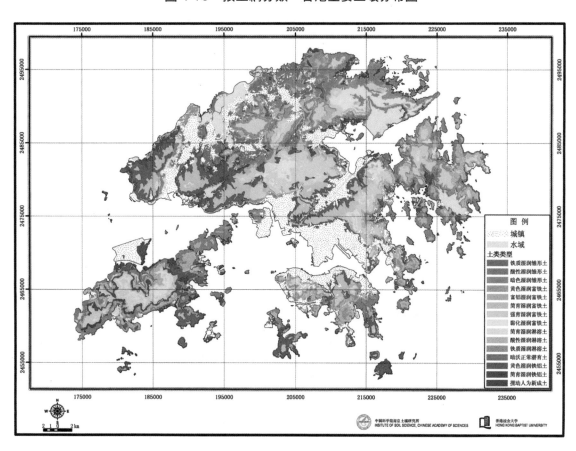

資料來源：　駱永明提供。

富鐵土的 B 土層有低活性黏土結集、鐵及鋁元素富集的特性，但有別於鐵鋁土，鐵鋁層於此土綱之土壤中並不存在。富鐵土主要呈酸性，土壤陽離子交換量可達至 16 至 24 cmol(+) kg^{-1}，而鹽基飽和度大多少於 50%，但鹽基飽和度較鐵鋁土高。富鐵土土壤樣本的表土土壤有機物含量差異較大，土壤肥力亦受總氮、總磷及總鉀水平一般或較低的影響。富鐵土的全鐵及游離鐵含量較其他土綱之土壤高，而全鐵及游離鐵含量可達至 80% 左右的水平。本港的富鐵土因地勢及其他環境因素等，可再細分為黏化富鋁濕潤富鐵土、黃色黏化富鐵土及黏化強育濕潤富鐵土等亞類，並多見於本港較高海拔的丘陵地帶，如馬鞍山、大嶼山等地，以及毗鄰較緩之斜坡地，或表土被侵蝕的地區。

2. 鐵鋁土

鐵鋁土多見於介乎海拔 50 米至 200 米的較低丘陵坡邊及坡麓區域，而這些區域多以凝灰岩、斑岩及流紋岩為母岩露頭，故其面積分布比富鐵土少，只能局部見於馬鞍山、西貢、屯門及太平山等地，而多見於香港境內的郊野公園。

香港鐵鋁土一般呈酸性，陽離子交換量及鹽基飽和度一般偏低〔分別少於 12 cmol(+) kg^{-1}及 50% 的水平〕。鐵鋁土表土土壤有機物含量較其他土壤高，天然肥力雖較高但總養分（總氮及總磷）偏低，亦較其他土綱之土壤更易被侵蝕。土層內有低活性的富鐵層，這特徵跟富鐵土相似，但鐵鋁土因高度富鋁化成土過程，在心土層（20 厘米至 50 厘米）內有明顯黏土沉積的現象。富鋁化及土壤酸性環境下的高強度淋溶等成土過程亦令鐵鋁土的矽鋁比降低至接近 1.0 水平，較其他土壤為低。本港的鐵鋁土隨地勢及其他環境因素等可再細分為普通黃色濕潤鐵鋁土、腐殖簡育濕潤鐵鋁土及表蝕黃色濕潤鐵鋁土等。

3. 雛形土

香港的雛形土多見於海拔介乎 100 米至 300 米間母岩露頭為凝灰岩、花崗岩或砂岩的丘陵邊坡及山麓地帶，主要散布於馬鞍山、西貢、清水灣、大嶼山等地。雛形土土層較其他土壤淺，但土壤內的氮、磷、鉀含量較其他土壤高，故雛形土的天然肥力一般較其他土壤高。相對於淋溶土，雛形土土層中缺少明顯的高活性黏土〔陽離子交換值最少達 24 cmol(+) kg^{-1}〕的沉積層。雛形土的富鋁化成土過程較輕，表土層內矽的淋溶相對較少，故該土壤之土層矽鋁比數值較高。本港的雛形土多呈酸性，土層的全鐵及游離鐵含量較其他土綱之土壤為低。

雛形土亦多見於香港低地的耕作土壤，而在這些「亞綱」土壤中的土壤水含量較高，較多有排水不良的問題，而這些土壤的肥力等特徵多受人為操作（如施肥等）影響。雛形土隨不同環境因素可再衍生出普通酸性濕潤雛形土、暗沃濕潤雛形土及腐殖酸性濕潤雛形土等亞類土壤組合。

4. 淋溶土

香港的淋溶土多見於凝灰岩為母岩露頭的山坡區域，主要分布於馬鞍山、粉嶺、太平山等地。本港的淋溶土一般呈弱酸性，表土土壤有機物含量較其他土壤為高（可達至 5% 水平），陽離子交換量達中高水平〔大於 10-16 cmol (+)kg^{-1}〕，表土層的鹽基飽和度不高，但一般比富鐵土及鐵鋁土為高。淋溶土的 B 層內多含高活性黏土沉積層，而此特徵跟雛形土相異。

淋溶土因受較輕的風化程度，故多以蛭石（Vermiculite）為主要的黏土礦物，並附以高嶺石及少量三水鋁石。其亞綱土壤組合如普通簡育濕潤淋溶土、腐殖鐵質濕潤淋溶土及酸性濕潤淋溶土等可隨地勢及其他環境因素於各地衍生。

5. 潛育土

香港的潛育土多見於成土母岩為第四紀現代淺海沉積物的區域，主要分布於西北區域的米埔自然保護區及其他海洋、河流交替的海濱地區。潛育土多受海水浸泡的影響，土壤的鹽基含量及鹽基飽和度較其他土壤為高，其中土壤鹽基飽和率可超過 100%，與其他本港土壤差異甚大。因潮汐漲退的關係，潛育土多受間竭而有規律的好氧及厭氧環境影響，令土壤內的有機物累積並呈較高的含量。另外，潛育土一般土層較深厚，卻缺乏土層層次結構。一般而言，潛育土多因硫化鐵含量較高，多在好氧環境下呈酸性，惟亦有其他研究指出該地的土壤—沖積物的酸鹼值亦受海水的酸鹼值影響，故土壤—沖積物的酸鹼值與海的距離呈階級性的層遞，當中離岸地區的土壤—沖積物呈中性至弱鹼性。

6. 新成土

新成土為香港人工填海地之海濱地區的代表性人為土壤。香港人工填海地的填充物多以本地風化花崗岩為主，故新成土多以砂質土壤為主，並經常於該土壤內發現較大而未受強度風化的礫石等物質，土層發展亦欠奉。風化花崗岩多缺乏土壤有機物及其他養分，使土壤肥力較其他土壤遜色。風化花崗岩為主的土壤填充物多呈弱酸性，惟在該全港性的土壤研究中，多個新成土土壤樣本的酸鹼值皆呈中性至微鹼性，顯示新成土的酸鹼值多呈現地區性的差異。

四、岩土工程採用的土壤分類

土壤是風化過程的最後產物，不同風化程度的岩土物理性質和礦物成分都有差異。香港岩土工程界將岩石的風化程度分成六級，分別為（I）基岩、（II）微風化、（III）中度風化、（IV）高度風化、（V）全風化和（VI）殘土。這些不同風化程度岩土的物理性質、力學參數、水文條件、彈性或塑性狀態等資料，對工程的設計和施工非常重要。早期有研究將原地風化的岩土稱為殘土，並將殘土分為三種類型，分別為風化花崗岩、紅土、風化流紋岩。三種類型殘土的工程特性差異很大。根據上述研究，三種殘土的性質如下：

風化花崗岩：平均糠粒度 =0.57 毫米；孔隙度 =0.646；抗剪角正切 =0.694

風化流紋岩：平均糠粒度 =0.03 毫米；孔隙度 =0.726；抗剪角正切 =0.596

紅土：平均糠粒度 =0.19 毫米；孔隙度 =0.650；抗剪角正切 =0.540

近年土力工程處發出的指引，對土壤樣本描述的主要特徵包括強度、顏色、顆粒形狀、成分、結構、風化狀態、塑性，以及不連續面。所採用的土壤分類主要為原地風化土壤、搬運土壤、填土等幾大類。

1. 原地風化土壤
在原地岩石風化產生的土壤遍布香港大部分地區，這些土壤可分為兩種主要類型：其一為保留着母岩結構的土壤，也稱為「腐泥土」（saprolite）；其二為岩石質地和結構已被完全破壞的土壤，稱為「殘土」（residual soil）。

第一種的腐泥土相當於全風化和高度風化岩石（IV-V 級），第二類殘土相當為岩土工程 VI 級土壤。

2. 搬運土壤
主要是非原地風化產生的土壤，其中包括沖積土和崩積土。崩積土是由重力作用產生在山的砂土。典型的崩積土含分選度低，不具層理、無內部結構的岩石砂土混合堆積物，一般沉積在斜坡底部。較年輕的崩積層通常較鬆散，較舊的崩積層可能部分或全部膠結。崩積層廣泛分布於香港山區。

3. 填土
基本上是人工填土，物料包括砂石和建築廢料，是在發展地區一種常見的土壤類型，在中國土壤分類索引法中可分類為人工土。在香港填土的範圍很大，從相對較小陡坡上的平台，到大面積的沿海填海地區都可發現。填充物的特徵，例如顏色、緊實度、粒度可以有很大的差異，主要取決於材料的來源，以及放置和壓實的方法。

第三節　土壤物理和化學性質

一、土壤物理性質

1. 密度和強度

土壤的物理特性，泛指土壤的顏色、孔隙度、透水度、密度、硬度、顆粒大小和分布、結構和斑點等參數。相對於土壤的化學特性，不同層位土壤的物理特性差異可以非常大。香港缺乏各類型土壤物理特性有系統的調查，過去針對香港土壤物理特性的研究，主要是要配合岩土工程項目的需要。香港岩土工程界數十年來積累的研究，為土壤的物理特性提供了不少資料（見表 4-3）。

表 4-3　香港岩土密度和參數統計表

工程土壤分類	SPT-N	土壤密度（Mg/m³）	抗剪切強度（kPa）
填土及崩積土	3-6	1200-1400	87.31
	6-12	1400-1600	91.52
	12-24	1600-1750	95.81
	24-42	1750-2000	104.67
腐泥土	8-20	1200-1400	95.82
	20-50	1400-1600	105.93
	50-100	1600-1750	121.55
	100-200	1750-1900	135.00

注：SPT-N 值是土壤強度的指標。此數值可透過一項常用的實地測試取得。在測試中，一個標準重物會從一個標準的高度墜下，撞擊鑽孔內的標準採樣器。把該採樣器打入 300 毫米深所需的撞擊次數，便是 SPT-N 值。數值愈高，土壤的強度愈大。

資料來源：　Wong, Y. W., "Shear strength properties of Hong Kong soils for slope stability," *HKIE Transactions*, Vol. 27, no.1 (2017): pp.48-54.

黏土礦物會導致土壤群集體的形成。群集體在粒度篩分實驗中不易被分解。香港地區缺乏系統性土壤顆粒度的調查結果，圖 4-14 顯示了三個土壤樣本粒度篩分實驗的結果，樣本雖不能代表香港土壤的典型粒度分布，但也可以作為參考示例。另有對大帽山土壤的研究發現，土壤群集性與陽離子交換量及有效鎂成強烈正比，但穩定性會隨着鎂離子佔陽離子總交換量的百分比而下降。此外，正電荷的三氧化鐵鋁可依附着負電荷的黏土礦物，令土壤群集更加穩定。土壤顆粒分布亦會影響土壤群集的穩定性，這研究發現大帽山的土壤群集穩定性跟粉砂有着正面關係，而砂粒質呈相反關係。

土壤群集穩定性亦受土壤有機物的含量所影響。有研究發現土壤有機物的含量若在 2%（w/w）的水平內，土壤群集穩定性會因有機物而增加，惟土壤有機物的含量超過 2%（w/w）的水平，土壤群集穩定性的增加幅度較少。

圖 4-14　三個殘土樣本（LAT：紅土；CDV：全風化火山岩；CDG：全風化花崗岩）粒度篩分實驗結果統計圖

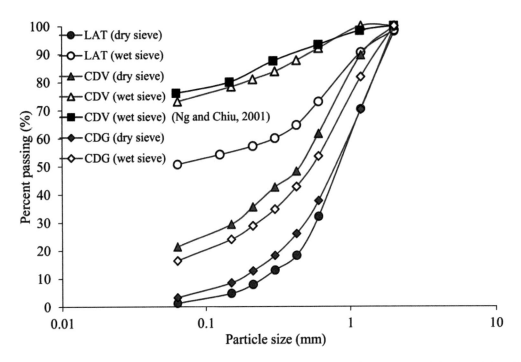

資料來源：　Fig. 1 in Ng, C. W. W., Akinniyi, D. B., Zhou C., and Chiu, C. F., "Comparisons of Weathered Lateritic, Granitic and Volcanic Soils: Compressibility and Shear Strength", *Engineering Geology* vol. 249 (2019): p. 236.

市區樹穴、公園土壤的填土物料，缺乏土壤結構、土壤層次及土壤群集，回填物料與原地土壤性質差異甚大。由於土壤含碳量較低，土壤群集性較弱，土壤群集穩定性低，而土壤塑性低。礙於土壤群集穩定性低的性質，令土壤易受外來因素影響。市區土壤經常因為工程的要求，被重型機械壓實平整，加上反覆踐踏和車輛重量，導致土壤結構崩解、體積減少、土壤孔隙減少，以及土壤密度大增。圖 4-15 為針對香港市區土壤性質較有代表性一個研究的結果，顯示香港市區路邊和休憩公園的許多土壤，大部分土壤質地過於粗糙和多石，普遍存在結構退化和壓實現象。有 40% 樣本體積密度高於 1600 kg/m^3 的臨界值，有些樣本密度超過 2000 kg/m^3，可見都出現土壤被壓實的情況，因而降低土壤孔隙率和吸水能力，使樹林根部難以生長發展。

改善土壤素質、減少水土流失的其中一個有效方法就是植樹。香港早在 1870 年代就已開始植樹造林。香港雖然人口稠密，但同時擁有大量綠化地帶，包括郊野公園、其他自然保護區和市區公園。漁農自然護理署（前身為漁農處）負責管理和維護郊野的樹林和土壤，該署於 2009 年展開了「郊野公園植林優化計劃」，以增加郊野公園內植林區的生態價值及生物多樣性、提高植林區的可持續性，以及改善林區內的樹木健康，減少蟲害爆發。至於城市地區，發展局的綠化、園境及樹木管理組，負責制定和實施城市綠化和園景的策略，目

Attribute	Sample			
	RD-1	RD-2	RD-3	RD-4
Profile and color:				
Depth (cm)	0 to 10	10 to 33	33 to 53	53 to 66
Horizon boundary	gradual	diffuse	clear	n.a.
General description	compacted very firm	compacted very firm	compacted very firm	very stony loose
Moist color (Munsell)	7.5YR 3/4	7.5YR 5/4	7.5YR 6/6	2.5Y 4/3
(name)	dark brown	bright brown	orange	olive brown
Dry color (Munsell)	7.5YR 6/3	7.5YR 8/4	7.5YR 8/4	2.5YR 7/3
(name)	dull brown	light yellow orange	light yellow orange	light yellow
Stone and particle size (USDA):				
Stone content (%)	60.0	16.2	13.4	78.0
Sand (%)	80.0	83.9	83.8	92.1
Silt (%)	12.8	9.7	12.2	6.0
Clay (%)	7.3	6.5	4.0	1.9
Textural class	loamy sand	loamy sand	loamy sand	sand
Structure and consistence:				
Structure type	massive	massive	massive	single-grain
Aggregate stability (%)	91.8	62.5	56.7	n.a.*
Aggregate slaking	some	none	complete	n.a.*
Aggregate strength	strong	firm	firm	weak
Failure characteristics	deformable	semi-deformable	semi-deformable	brittle
Maximum stickiness	non-sticky	non-sticky	non-sticky	non-sticky
Maximum plasticity	non-plastic	non-plastic	non-plastic	non-plastic
Bulk density and porosity:				
Bulk density (Mg/m^3)	2.03	1.75	1.62	n.a.*
Total porosity (%)	23.4	34.0	38.9	n.a.*

*The soil aggregates were too fragile to make meaningful tests.

圖 4-15　1990 年代，詹志勇展開對市區不同深度土壤樣本物理性質的研究，包括顏色、粒徑、結構等，並分析其對樹木生長的影響。

資料來源：　Jim, C. Y., "Physical and chemical properties of a Hong Kong roadside soil in relation to urban tree growth," *Urban Ecosystems*, 2 (1998): pp. 171-181.

標是通過綠化和樹木管理措施，改善空氣和水質、減少城市熱島效應、促進生物多樣性和提高城市居民的生活素質。同時，特區政府還鼓勵私人業主在其物業內種植樹木，許多非政府組織和社區團體也推行了各種植樹計劃，有助增加城市的綠化面積，促進城市樹林的發展。

2. 透氣性、持水與遞水能力

土壤孔隙的分布，可直接影響土壤的透氣性和持水能力。一般而言，土壤孔隙根據功能分為三大類別：（1）大孔隙，又稱作透氣孔隙（Air Capacity pores），直徑大於 60μm，主導土層內透氣及排水；（2）中孔隙，又稱作有效水分孔隙（Available Water pores），直徑介乎於 0.2μm 至 60μm，主導土層內的遞水性及毛細管作用；（3）小孔隙，又稱作無效水分孔隙，孔隙直徑少於 0.2μm，主導土層內的持水性。

在一項對城市路邊樹穴土壤的研究中，結果指出土壤孔隙可視為土壤質量的其中一項指標。土壤可因道路工程而被壓實，較大的土壤孔隙如中、大孔隙因而崩解，而小孔隙相對佔總孔隙的比重因而上升。大孔隙的崩解為土壤透氣性帶來負面影響，而中孔隙多為土壤孔隙水分的存儲空間。土壤孔隙水分則為植物可吸收的有效水分，此類孔隙的崩解令植物可吸收的養分減少，同時令土壤水滲透度下降。

至於香港土壤滲透度的具體調查數據，最具代表性的是香港科技大學團隊在大嶼山進行的滲透度實地調查。他們在崩積土和凝灰岩形成的土壤，分別獲得 4×10^{-7} m/s 至 3×10^{-4} m/s 和 4×10^{-7} m/s 至 1×10^{-4} m/s 滲透度。而土力工程處根據 5 個全風化岩石的土壤樣本的滲透實驗，顯示飽和土壤滲透度的範圍是 10^{-4} m/s 至 5×10^{-8} m/s 之間，在非飽和的土壤，因為水和土壤顆粒之間的黏聚力令滲透率度降低，實驗結果顯示非飽和土壤在 100 kPa 黏聚力情況下，土壤的滲透度大概低 2 個數量級（見表 4-4）。

表 4-4　土力工程處土壤滲透率實驗結果情況表

樣本位置	飽和土壤滲透率（m/s）	100 kPa 滲透率（m/s）
筲箕灣	10^{-7}	10^{-9}
南朗山	5×10^{-8}	2×10^{-10}
柴灣	1×10^{-6}	3×10^{-9}
蝴蝶谷	$10^{-4} - 10^{-6}$	10^{-10}
青山	1×10^{-8}	7×10^{-10}

資料來源：　GEO Report No. 193, 1999.

土壤物理性問題通常比化學性問題更持續，問題難以根治，而土壤物理性問題更對市區樹木的生長表現大有影響。香港市區的土壤多因工程穩定性的原因被壓實，孔隙崩解及體積下降，土壤容積密度上升，而中、大孔隙多崩解成小孔隙，改變土壤的透氣性及持水能力。土壤容積密度與土壤總孔隙度（total porosity）呈相反關係，土壤容積密度愈高，土壤孔隙佔總體積比就愈低。一般而言，香港市區未受壓實的砂質壤土樣本土壤容積密度均值為 1470 kg/m^3，土壤容積密度比同樣壓實之土壤為低。

根據相關研究結果顯示，香港有部分市區土壤的土壤容積密度平均為 1650 kg/m^3，密度最大可以超過 2200 kg/m^3。土壤孔隙佔總體積約為 38%，其中最小值少於 1%，當中中、大孔隙的比例大幅減少。若土壤容積密度達至 1600 kg/m^3（即土壤孔隙佔總體積比約39.6%），植物根部難以生長。大孔隙崩解成中、小孔隙，可為土壤的滲透、排水及透氣能力帶來負面影響。若大孔隙佔總體積比降至 10% 或以下，孔隙的持續性將出現問題，並進一步影響土壤與大氣之間的氣體交換。沒有足夠的土壤孔隙，植物的根系生長一方面可能會導致土壤變形，另一方面被壓實的土壤會阻礙根系生長，甚至迫使樹根伸延到地表。相對市區土壤，香港郊野地區土壤密度均值為 1060-1900 kg/m^3，當中表土的土壤密度一般較高。在市區內花園的草地，多因長期受遊人踐踏而被壓實，令土壤中中、大孔隙崩解，改變了土壤的孔隙分布，對在這些土壤上種植的樹木生長造成長遠影響。

一項大帽山山火後土壤侵蝕的研究結果指出，山火後土壤群集及土壤孔隙瓦解，土壤有機物含量改變。當中若山火溫度達至攝氏 200 度，粉砂及黏土會瓦解，並降低土壤的黏合能力，形成更多砂質顆粒，改變土壤顆粒和孔隙的分布，影響土壤的水滲透度。

3. 土壤結構

香港土壤層部分結構，可以影響土壤的穩定性，以及加強土壤中的淋溶和侵蝕作用。這些結構包括殘餘節理、土管和不連續面。殘餘節理通常是母岩的構造在土壤形成過程中被保留，長度可以從幾厘米到超過 10 米不等，節理表面通常光滑，而且經常塗有一層薄薄的黑褐色氧化錳。殘餘節理的存在可令土壤的滲水率增加。

地下侵蝕和淋溶可以令腐泥土中的殘餘節理空隙互相連上，形成一個地下網絡，如存在於腐泥土的地下水壓梯度足夠大，可能會在土壤中形成土管（見圖 4-16）。土管是影響山坡排水、淋溶和斜坡穩定的重要因素。土管的進一步侵蝕和膨脹，導致土壤層中形成網絡，讓地下水從淺管道匯合，並注入深層的大型土管管道。當土管被堵塞時可能會產生很大的地下水壓，導致斜坡變形，甚至引發山泥傾瀉。

圖 4-16　土壤層中的土管。（香港特別行政區政府土木工程拓展署轄下土力工程處提供）

土壤層中存在的不連續面包括層理、斷裂面和節理。在這些不連續面造成的空隙，經常會積聚大量由淋溶作用帶來的黏土。黏土具有極低的滲水率，並形成淺層地下水台，令地下水壓增加，間接增加山泥傾瀉的風險。

4. 土壤溫度

土壤溫度與氣溫有密切關係，但相對大氣溫度，土壤溫度晝夜之間的變化幅度較低。根據在香港天文台總部錄得的 1991 年至 2020 年土壤溫度數據，在上午 7 時地面下 0.5 米、1.0 米和 1.5 米土壤溫度的年平均值分別為 25.2 度、25.4 度和 25.5 度，而在下午 7 時測量的年平均值分別為 25.1 度、25.4 度和 25.5 度。不同深度的土壤溫度皆呈現夏季高、冬季低的季節性變化（見圖 4-17）。由初春至入夏的上升速率較快，愈接近地面上升得愈快；由初秋至入冬的下降速率較慢大，愈深入地下下降得愈慢。由 4 月至 9 月，愈接近地面的土壤溫度愈高。由 10 月至翌年 3 月，愈深入地下的土壤溫度愈高。此外，不同深度的土壤溫度在夏季差別較少，冬季差別較大。

二、土壤化學性質

1. 酸鹼值

因母岩的化學組成，加上季節性多雨潮濕氣候的影響，本港的土壤內鹽基經淋溶大量流失，土壤一般偏向酸性，圖 4-18 顯示香港地區土壤酸鹼值分布。

圖 4-17　1991 年至 2020 年天文台總部錄得土壤溫度的月平均值統計圖

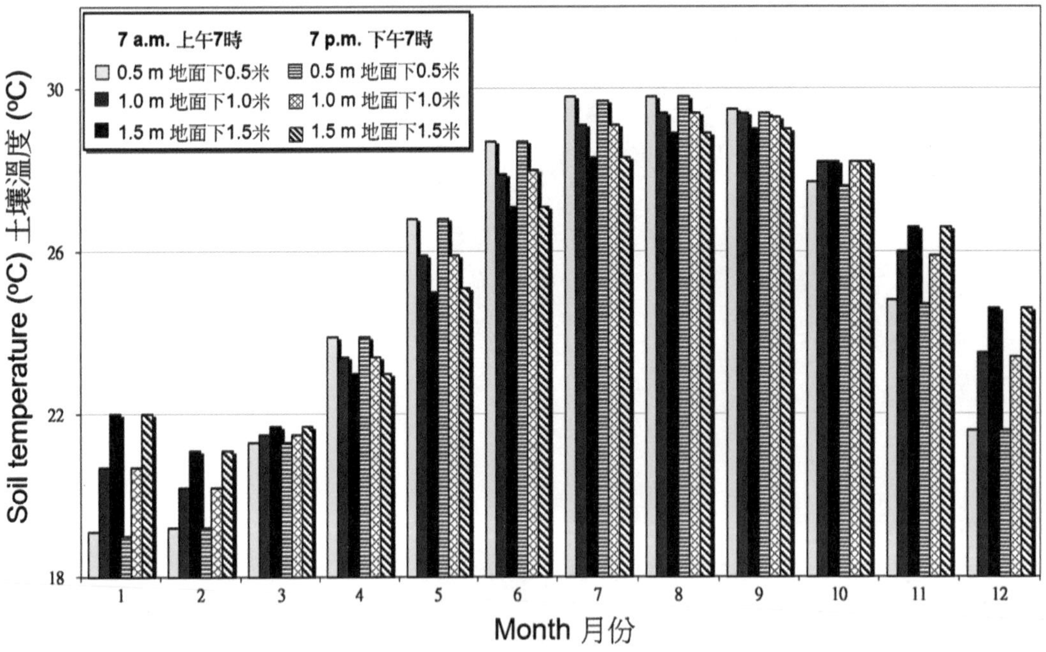

資料來源：　香港天文台提供。

香港土壤酸鹼值呈局部地域性差異。紅樹林地區土壤酸鹼度受潮汐變化影響，較近海一端被海水淹浸時間較長，造成近海至近內陸紅樹林土壤之酸鹼度呈階梯度變化。另外，紅樹林土壤內的硫質多從紅樹林的凋謝物及海水中的硫酸鹽（SO_4^{2-}）累積而來。該土壤酸化的主因是多種厭氧微生物將海水中累積的硫酸鹽分解成硫化氫。而土壤內的有機物為厭氧微生物提供能量，紅樹林富硫酸鹽之土壤氧化令土壤酸化。

市區土壤方面，有別於自然土壤，土壤酸鹼度多受人為因素影響。大部分市區花槽、公園土壤都以風化花崗岩為主，土壤偏向酸性。特別當使用泥炭作為有機補充物或不恰當地施加氮肥，土壤呈更低的酸鹼值。部分市區土壤因為富鈣離子建造的花槽水泥、包含建築廢料的土壤填充物溶解並進入土壤，令土壤呈鹼性。過於鹼性的市區土壤會導致植物缺乏營養。

2. 土壤礦物

土壤源自風化後的岩石，再與侵蝕、氣候、坡度、植被等環境因素互相作用下形成，故土壤成分多由母岩性質決定。母岩礦物可分為原生礦物及次生礦物兩種。原生礦物指源於地表上熔岩、火山碎屑物等，以及地表下岩漿的結晶或其後相關變質作用下形成的礦物；次生礦物則是因風化過程、環境等因素形成的礦物。兩者性質相異，對土壤肥力有着重要而不同的影響。香港土壤，原生礦物如石英多影響土壤的物理性質，而高嶺土、三水鋁石等次生礦石多影響土壤的化學性質。

香港市區位於晚侏羅世和早白堊紀的火山岩及稍後期的花崗岩岩體上，新界西北地區地表下的變質岩及變質沉積岩，影響當地崩積層的構成，新界東北的表層岩體則以沉積岩為主。某些母岩會形成肥力較低的土壤，例如新界東北的晚白堊紀白雲質粉砂岩所產生之土壤即為一例。

在香港，花崗岩和玻屑狀凝灰岩岩體上發展的土壤多因富鉀長石，在風化、淋溶及熱液蝕變下多形成以高嶺土及多水高嶺土為主的次生礦物，並附以少量綠泥石、水雲母及蛭石。有研究指出，如母岩含較高比例的長石，在不同風化等級的樣本中會有較高含量的伊利石。原生礦物的石英亦因抗風化能力強而殘留在風化剖面中。

除了母岩影響外，風化剖面內風化程度及礦物的含量亦受地區海拔差異的影響。雖然香港境內並無超過 1000 米的高山，但以火山岩為主的地區如大帽山等，產生和花崗岩地區不同的風化剖面。一般而言，海拔高的地區，風化剖面內高嶺土、蒙脫石、蛭石、綠泥石、水雲母等含量會相對較少，而三水鋁石的含量相對增加。

圖 4-18　香港土壤酸鹼值分布圖

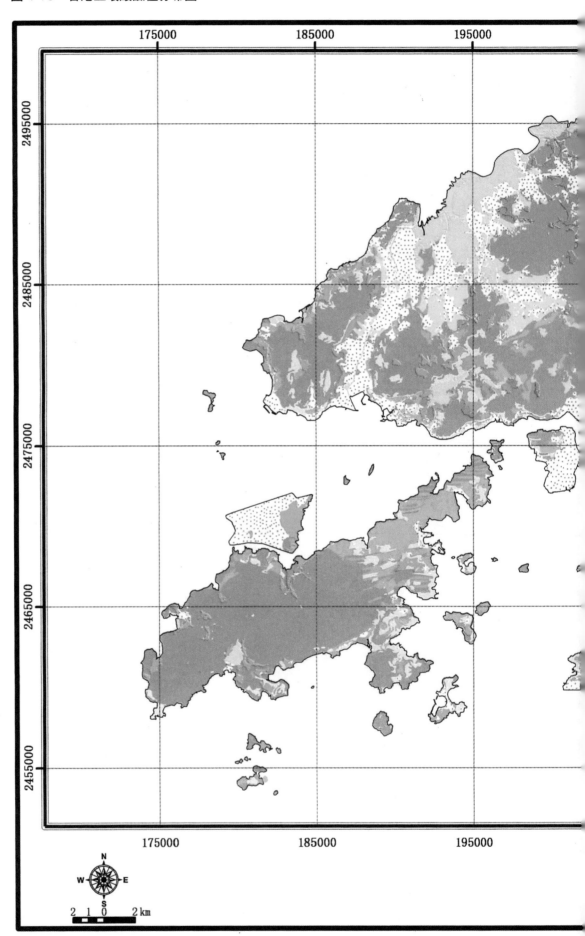

資料來源：　駱永明提供。

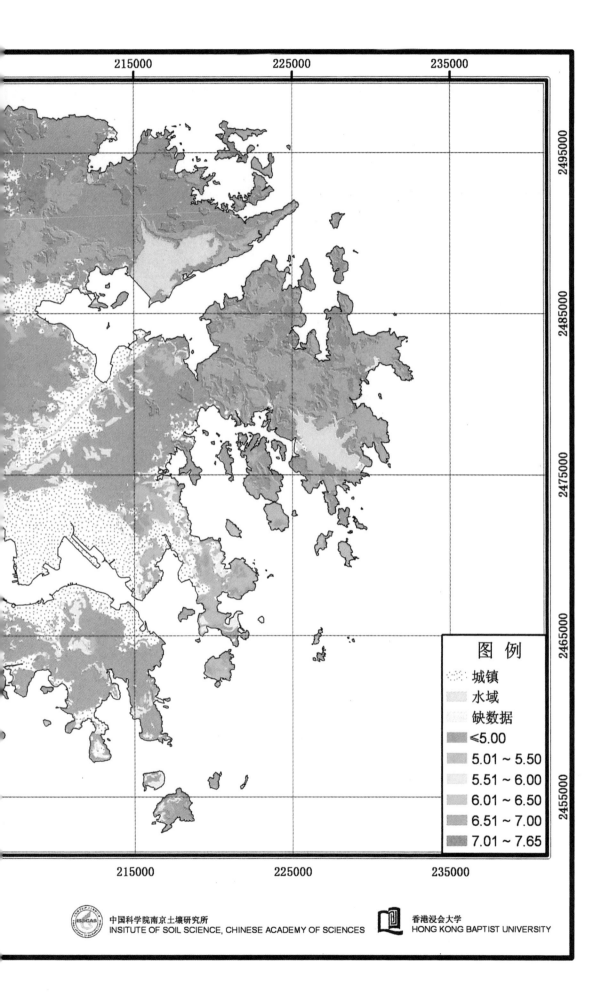

3. 主要和次要元素

主要元素是指在岩土中含量一般大於 1% 的常量元素，而次要元素在岩土中含量在 0.1% 至 1% 之間。一般針對岩土化學成分的分析，會用地球化學儀器量度矽、鈦、鐵、鋁、錳、鎂、鉀、鈉、鈣、磷等元素的氧化物含量，作為主要元素的含量指標。

元素在地球化學系統中流動性很大，導致不同自然過程形成的岩石和土壤存在明顯的化學含量差異。香港土壤中的主要和次要元素含量受兩大因素所控制。其一是母岩的化學成分，因為香港的岩石以酸性火成岩為主，一般石英質含量比較高，除了石英之外，其他的礦物以鉀長石和鈉長石為主，兩者均含有相當高的矽元素，令香港的岩石矽總含量超過 70% 以上。其二是岩石的風化程度。在風化過程中，許多元素會因為氧化、水解、淋溶、積聚等作用，令形成的土壤元素成分和母岩元素成分出現明顯的分別。因為這些原因，難以籠統地歸納香港土壤的主要和次要元素的含量。

過去幾個研究結果顯示，土壤內的主要和次要元素含量，在土壤形成過程中有一定的變化規律。表 4-5 根據數個不同研究結果，比較未經風化或輕微風化的母岩和所形成土壤的化學成分，從表中所列的數據可見以下在風化過程中的各元素的變化規律：

矽含量在土壤形成過程中普遍存在下降現象，下降幅度視乎岩石種類而定。一般花崗岩在土壤形成過程中矽含量變化比例相對較小，在凝灰岩形成的土壤矽元素含量相對母岩可以大幅度減少。

鈦含量在土壤形成過程中保持穩定，或會輕微增加。

鋁含量在土壤形成的過程中顯著增加。鋁元素是黏土礦物中一個主要成分，而香港的土壤亦以鋁元素含量甚高的高嶺土為主。

土壤形成的過程中，氧化亞鐵（FeO）會氧化成三氧化二鐵（Fe_2O_3），令鐵元素在土壤的含量明顯增加。

錳和鎂等次要元素在土壤形成過程中沒有明顯的變化規律。

鉀、鈉、鈣等鹼性元素在風化過程中形成的化合物可溶性大，容易被溶解及移除，令這些鹼性元素在土壤的含量顯著較低。

總體而言，受香港的亞熱帶氣候影響，礦物的分解及強烈的淋溶作用，使土壤中的矽和鹼土金屬等元素流失，造成鋁及鐵在土壤中相對富集。由於母岩本身鈣、鎂、磷及硫含量普遍偏低，加上本港季風性濕暖氣候下的快速淋溶作用，衍生的土壤缺乏鈣、鎂、磷及硫。然而，這些元素是提高土壤肥力的主要元素，往往受人為因素如施加肥料等作業影響，令耕作土壤樣本中鈣、鎂、磷、硫等元素含量比自然土壤高。此外，香港在紅樹林區土壤中硫的含量亦比較其他土壤樣本高，估計土壤中的硫元素是來自海水中的硫酸鹽。

表 4-5 母岩和形成土壤主要和次要元素含量統計表

	二氧化矽 SiO_2	二氧化鈦 TiO_2	氧化鋁 Al_2O_3	氧化鐵 Fe_2O_3	一氧化錳 MnO	氧化鎂 MgO	氧化鉀 K_2O	氧化鈉 Na_2O	氧化鈣 CaO	五氧化二磷 P_2O_5
	Awoleye 1991									
花崗岩	76.85	0.13	11.74	1.59	0.08	0.28	5.53	3.08	0.85	0.02
土壤	75.24	0.08	20.86	2.41	0.02	0.18	0.76	0.00	0.00	0.03
	Irfan 1994									
花崗岩	76.13	0.09	12.72	0.75	0.03	0.01	5.39	3.13	0.72	0.06
土壤	72.90	0.14	17.27	2.44	0.02	0.00	0.55	0.22	0.01	0.06
	Duzgoren-Aydin and Aydin 2003									
花崗岩	74.70	0.11	13.43	1.50	0.07	0.42	4.73	3.58	0.32	0.06
土壤	68.58	0.23	15.88	1.88	0.07	0.49	3.06	1.12	0.16	0.07
凝灰岩	72.35	0.15	14.45	1.62	0.02	0.07	5.09	3.75	0.15	0.08
土壤	50.43	1.27	24.53	6.89	0.16	0.82	1.18	0.09	0.11	0.09

資料來源： Awoleye, O. A., *Weathering and iron oxide mineralogy of Hong Kong Granite* (Scotland: University of Glasgow, 1991); Irfan, T. Y., *Mineralogy and fabric characterization and classification of weathered granite rocks in Hong Kong*, Geotechnical Engineering Office, Civil Engineering Department, GEO Report 41, 1994; Duzgoren-Aydin, N. and Aydin, A., "Chemical heterogeneities of weathered igneous profiles: implications for chemical indices," *Environmental & Engineering Geoscience,* Vol. IX, no. 4 (2003): pp.363-377.

4. 微量元素

微量元素以微量存在於環境中，沒有明確定義，只是相對常量元素而界定。微量元素受到關注，是因為有多種重金屬能對人體健康構成重大風險。這些重金屬多是工商業活動排放的主要污染物，能夠在自然環境中長時間停留而不容易被移除。香港政府和大專學界科研單位都有針對香港土壤的微量元素和重金屬進行調查，調查主要集中在砷、銅、汞、鎳、鉛、硒、鉻、鋅等可能危害人類健康的重金屬。本部分介紹香港自然土壤的微量元素含量。

微量元素的含量分析需要先制定一個化學含量基線，用以分辨微量元素起源於自然或人為因素。香港土壤中的微量元素和鐵元素含量有顯著相關性，許多研究和調查均利用土壤中的鐵元素平均含量，作為預測微量元素自然含量公式的基線值。表 4-6 顯示根據中國土壤研究所調查，香港天然土壤中各種微量元素實質含量，以及根據基線調整的含量均值。

調查顯示，香港地區土壤除砷元素外，所有微量元素的實質含量和從化學基線所得平均含量非常接近。調查所得的微量元素含量以鋅為最高，其次是鉛、鉻、銅、砷和鎳。微量元素含量豐富度的排序，也跟香港火成岩的微量元素豐富度排序相似，結果顯示自然土壤的微量元素含量受人為活動影響較小。

表 4-6　土壤微量元素探測結果和利用鐵元素作為基線值所得的預測均值結果統計表

微量元素	實質含量均值 (mg/kg)	實質含量範圍 (mg/kg)	根據基線調整含量均值 (mg/kg)	根據基線調整含量範圍 (mg/kg)
砷	11.5	0.8-147	4.69	2.08-7.31
鎘	0.41	0.05-1.17	0.39	0-0.82
鈷	4.79	0.13-24.1	3.94	0.96-6.92
鉻	17.1	6.14-35.3	16.1	10.8-21.4
銅	14.7	2.69-83.5	10.2	7.8-12.7
汞	0.045	0.013-0.141	0.041	0.017-0.064
鎳	5.09	0.191-33	5.03	1.99-8.07
鉛	39.7	10.2-128	33.0	25.5-40.5
硒	0.76	0.07-2.26	0.69	0.06-1.32
鋅	92.1	22.0-280	76.5	48.5-104

資料來源：　駱永明等：《香港地區土壤及其環境》（北京：科學出版社，2007）。

調查顯示香港土壤砷含量相對較高，在馬鞍山地區，土壤砷的含量達到 40mg/kg 以上。相信這和母岩的礦物成分有關，因為香港的岩石，尤其是在成礦帶，含有豐富的黃鐵礦，而黃鐵礦含有硫，硫和砷有很好的伴生性，導致形成的土壤會含有較高的砷元素成分。

至於其他的重金屬成分，其中銅、鋅、鉛之間有化學親和性，在土壤中的豐富度相同。這三種重金屬在香港紅樹林和濕地的土壤的含量均較高。至於其他多種重金屬，如鎘、鎳、鈷、汞、硒等，在土壤的含量均未有明顯受人為活動所影響。

中國科學院南京土壤研究所分析香港七種土壤類型中的重金屬含量狀態，並提供表層和深層土壤四種主要重金屬含量的比較資料。表 4-7 顯示各種土壤類型中，以人為新成土和正常潛育土重金屬成分最高。尤其是正常潛育土，幾種重金屬元素的含量，均遠遠超過基線值。正常潛育土主要存在於泥灘和紅樹林濕地之中，這些地方往往是生活和工業廢水的匯集地，受人為污染因素影響較大。

每種微量元素以不同化學形態存在於土壤中，不同化學形態的微量元素化合物有不同的可溶性、可還原性和氧化性。各種不同化學形態存在微量元素含量的比例，決定了土壤的除污和復修難度和成效。其中無法用化學方法或溶解劑移除的成分，代表該重金屬的化學殘留形態。根據南京土壤研究所調查有關香港七種土壤類型，表土和深層土四種重金屬化學形態的組成比例（見圖 4-19），可見大多數土壤之中四種重金屬是以殘留形態為主。殘留態的重金屬化學性穩定，流動性低，可長時間存在於土壤，為香港土壤的除污、復修和活化增添了不少難度。

表 4-7　香港七種土壤類型中的重金屬含量統計表

土壤類型	採樣深度 (cm)	鎘 (mg/kg)	銅 (mg/kg)	鉛 (mg/kg)	鋅 (mg/kg)
人為新成土	0-10	0.24	22.90	200.0	232.0
	35-50	0.35	14.50	95.6	429.0
旱耕人為土	0-10	0.74	20.00	47.5	96.6
	20-30	0.45	18.40	60.7	98.1
濕潤鐵鋁土	0-10	0.43	7.20	52.3	179.0
	30-60	0.12	2.68	76.6	196.0
濕潤富鐵土	0-12	0.44	9.03	69.3	82.5
	30-50	0.66	6.43	65.5	101.0
濕潤淋溶土	0-10	0.33	5.70	52.7	138.0
	20-30	0.25	2.59	72.4	165.0
正常潛育土	0-15	0.50	87.40	124.0	425.0
	40-60	0.51	104.00	73.8	321.0
濕潤雛形土	0-10	0.34	3.68	79.8	59.3
	30-55	0.40	3.05	112.0	91.4
基線		0-0.82	7.8-12.7	25.5-40.5	48.5-104

資料來源：　駱永明等：《香港地區土壤及其環境》（北京：科學出版社，2007）。

5. 離子交換量

香港土壤的離子交換量普遍偏低。香港大部分地區之地表母岩為花崗岩或火山岩，經強烈的風化及熱液蝕變下，母岩中的長石多變為高嶺土，而高嶺土含量高的土壤，因為高嶺土的晶體結構，土壤的離子交換量較其他土壤低。離子交換值以 cmol（+）kg^{-1} 計算，若交換值低於 10 cmol（+）kg^{-1} 的土壤可理解為偏低的水平，而超過 20 cmol（+）kg^{-1} 則可理解為良好的土壤。香港郊野公園的土壤離子交換均值只有 7.62 cmol（+）kg^{-1}，比一般的熱帶雨林及次生林的數值為低。

土壤中有機質的含量與陽離子交換量（cation exchange capacity）之間存在複雜的關係。土壤有機物是離子交換量的主要貢獻者，因土壤有機物多富集於表土層，所以兩者的數值會因土壤深度增加而降低。土壤的陽離子，例如鈣（Ca^{2+}）、鎂（Mg^{2+}）和鉀（K^{+}）等是重要的植物養分。土壤中的有機物帶有負電荷，能吸引和保留陽離子，從而增加土壤的陽離子交換量。有機質也有助於改善土壤結構，增加土壤的孔隙空間，增強水分滲透和通氣，也間接地有助於增加土壤的陽離子交換量。在香港，許多地區因為工程發展，需要移除表土，隨着有機物的流失，會降低土壤的陽離子交換量，影響土壤保持養分的能力。

城市用於市區及生境復修的土壤因多採用風化花崗岩等砂質高的土壤，土壤的離子交換量偏低。當中礦場修復所用回填的風化花崗岩土壤表現出比一般風化花崗岩土壤更低的離子

圖 4-19　微量元素以不同化學形態存在於土壤中的比例統計圖

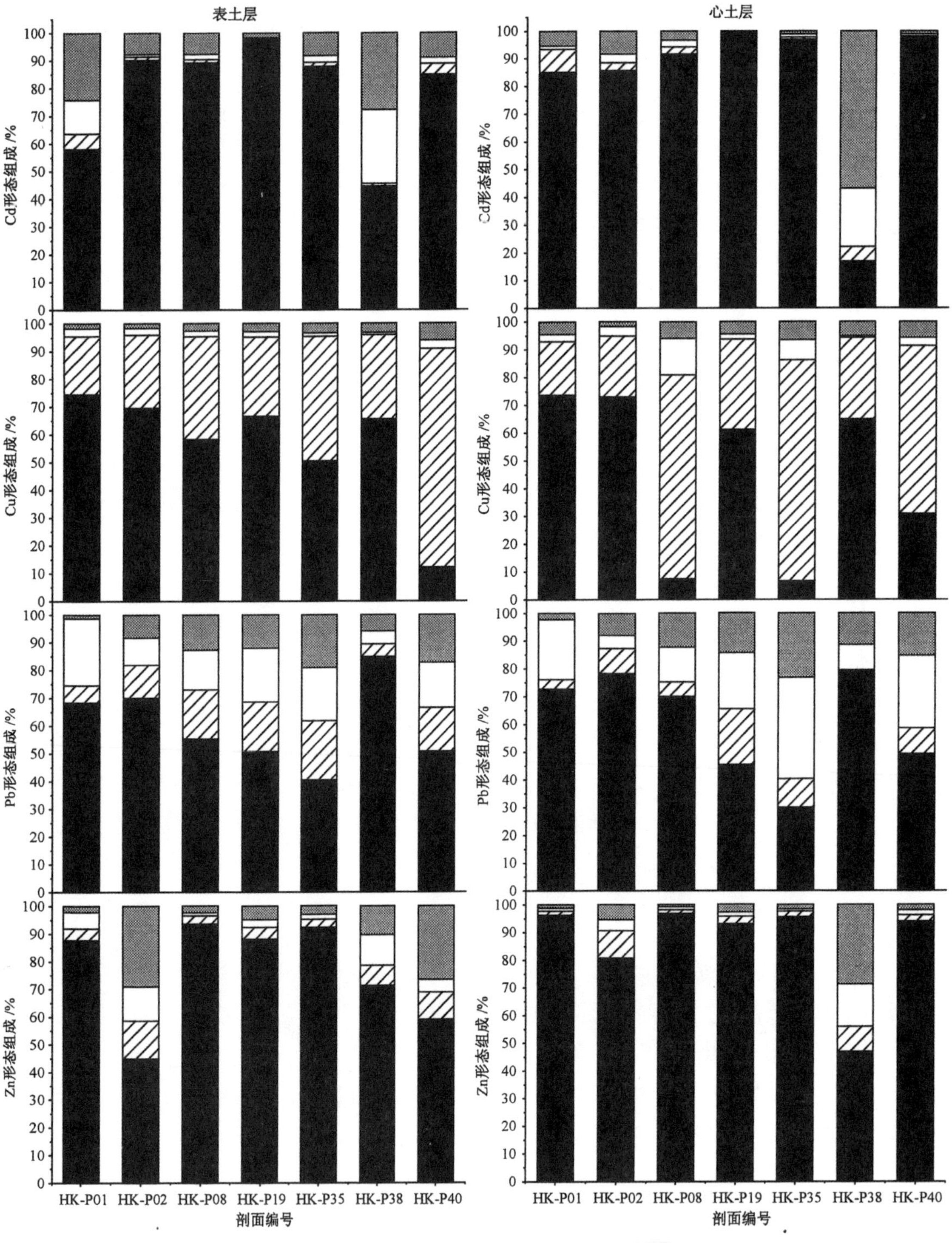

表土层

心土层

資料來源： 駱永明提供。

交換量水平。一般熱帶土壤的離子交換量若低於 5 cmol（＋）kg^{-1}，則被視作非常低的水平，顯示土壤肥力短缺問題（見圖 4-20），需要施加如泥炭苔等有機肥料，提高本來貧乏土壤的離子交換量。

6. 有機質

土壤有機物為另一土壤肥力及健康的重要指標。土壤有機物不僅作為土壤內養分的重要來源，影響着土壤陽離子交換值外，亦影響土壤群集性等物理特性。對於受人為干擾的環境，土壤有機物對土壤及生境修復有決定性的影響。熱帶地區土壤的有機碳含量若少於 2%，則被視為較低水平。

有香港土壤調查發現（見圖 4-21），79.5% 的收集土壤樣本含有超過 2% 有機物。研究中估算，香港 100 厘米上層表土內土壤有機碳存量為 8.85 x 10^6 公噸，其中最高存量見於灌木地，而當中 46.5% 至 70.5% 的土壤有機碳見於香港 40 厘米上層表土。土壤有機碳密度亦按土地類型呈空間上的差異，當中最高見於沼澤及紅樹林。

土壤有機物在表土較為豐富，一般土壤有機物的含量會隨土層深度減少。在紅樹林地區的潛育土長期處於受水淹而產生的厭氧環境，有機物未能有效分解，亦令土壤有機物土層中含量遠比其他土壤高，可達至 5.5% 至 8.8%。

圖 4-20　香港土壤陽離子交換量分布圖

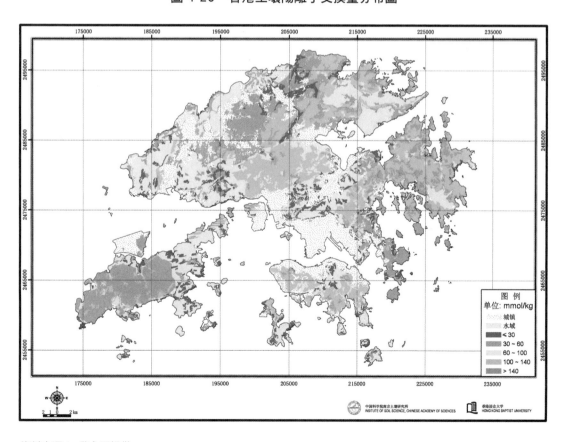

資料來源：　駱永明提供。

図 4-21　香港土壤有機物分布圖

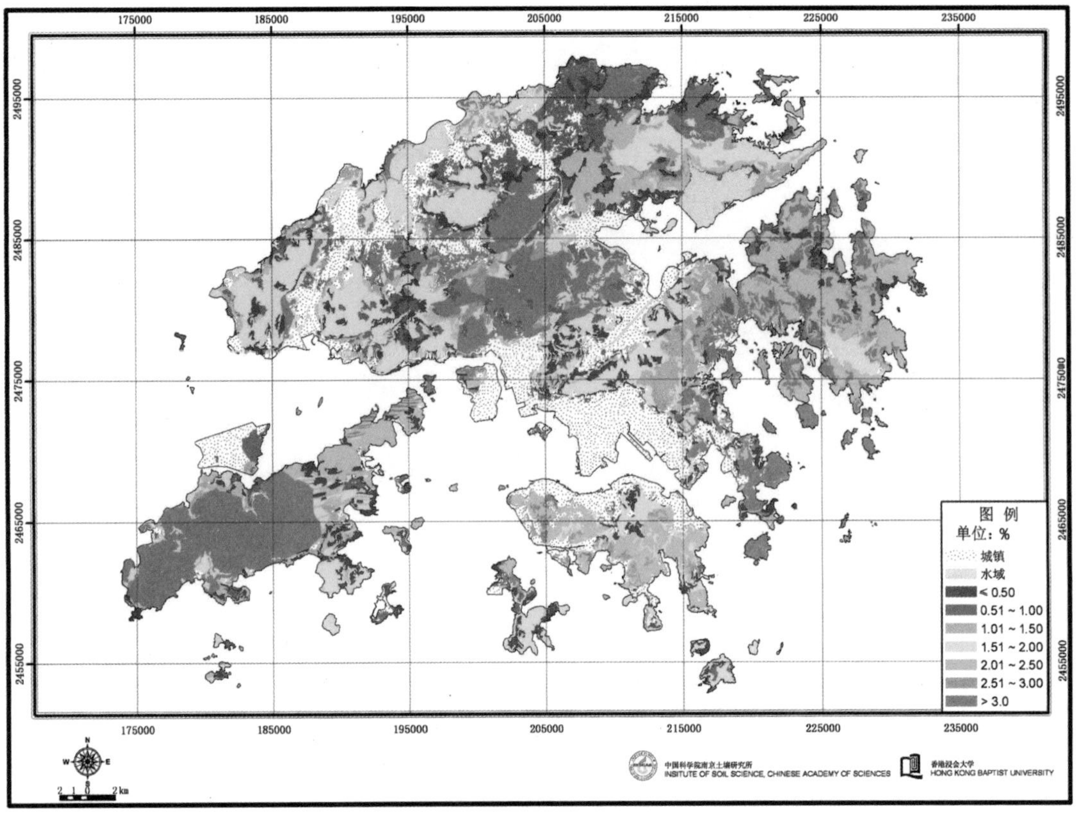

資料來源：　駱永明提供。

由於大量使用風化花崗岩作回填土壤，香港市區土壤有機物含量普遍偏低，例如公園、市區種植之土壤的有機碳嚴重缺乏。市區公園的回填土壤缺乏土壤有機物，加上凋謝物未能回歸土壤，使有機物不能在土壤累積。市區土壤內有機物質的 C/N 比率多超過 10，代表生物固氮活動活躍，同時會因減低土壤中的有效氮而影響植物生長。此外，土壤有機物會因為人為活動如步行踐踏而降低，這些干擾土壤的人為活動多見於本港的都市公園。

在 14 個香港市區草地的土壤樣本研究中顯示，市區草地本可作為碳匯集點，惟亦可因日常管理方案，令市區草地演變為排碳源頭。

7. 氮、磷、鉀

氮、磷和鉀，也稱為 NPK，是植物生長發育所必需的三種主要養分，也是決定土壤肥力的重要因素。氮是葉綠素的重要組成部分，是植物製造氨基酸的基本原料。磷對植物的根系發育、植物 DNA 和細胞膜的形成相當重要。鉀與植物的多種生長、水分調節、光合作用、提高植物抗病能力有關。而土壤中的有機質和腐殖質含量與土壤中的 NPK 含量有非常重要的關係。土壤中有機質的分解和礦物化的過程中釋放出氮和磷，並轉化成銨（NH_4^+）、硝酸鹽（NO_3^-）、磷酸鹽（PO_4^{3-}）等能被植物吸收的無機化合物。除了直接提供氮和磷外，有

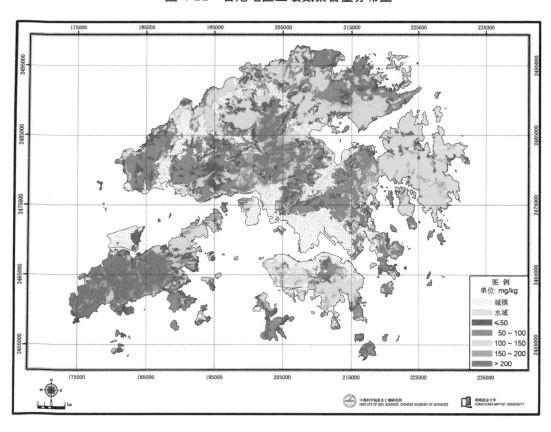

圖 4-22　香港地區土壤氮素含量分布圖

資料來源：　駱永明提供。

機質和腐殖質還能提高土壤保持這些養分的能力。香港土壤的氮和磷含量普遍偏低，鉀含量則和母岩性質有很大關係（見圖 4-22、圖 4-23、圖 4-24）。

有土壤調查結果顯示，香港植被地土壤的有機氮偏低，當中均值只有 1100 mg kg^{-1}。城市土壤有機氮亦只有 2000 mg kg^{-1}，低於一般熱帶土壤的水平。若熱帶土壤內總氮低於 2000 mg kg^{-1}，一般情況下會妨礙植物生長。礦質氮只佔總氮大約 1%，並以氨氮為主。總氮與土壤有機物成正比，因為總氮主要由有機氮構成。有效氮含量處於低至偏低水平，縱然氣候能令有機氮礦化加速，但同時亦容易因淋溶而流失。

香港植被地的總磷呈現偏低水平，於前述土壤調查中均值只有 54.3 mg kg^{-1}。城市土壤更遠低於此水平，只有 6 mg kg^{-1}。一般而言，若熱帶土壤的總磷低於 200 mg kg^{-1} 會被視為貧乏；有效磷若低於 5 mg kg^{-1}，則低於一般受三氧化鐵鋁鉗合作用下的熱帶雨林土壤的水平。磷與母岩種類相關，源自花崗岩及流紋岩的土壤，因為有效磷被三氧化鐵鋁所鎖定，故呈現較少總磷量。另外，強烈的淋溶會令表土層的有效磷流失，並累積於次土層。

土壤中的化學反應，亦可以導致固磷作用（Phosphorus Fixation），導致磷質被固定在土壤中，降低┄┄┄┄┄┄┄┄┄┄┄┄┄┄┄┄，當帶正電荷的磷離子被帶負電

圖 4-23 香港土壤磷素含量分布圖

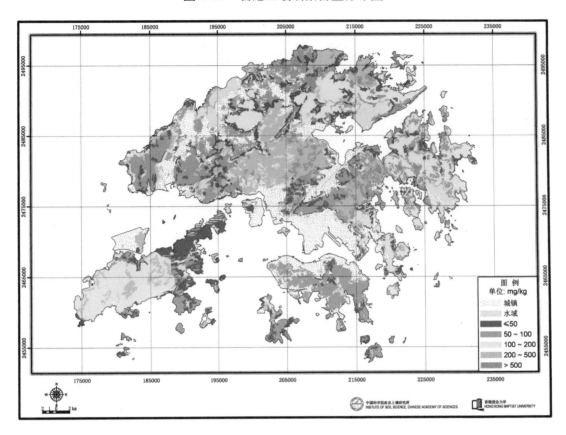

資料來源： 駱永明提供。

圖 4-24 香港土壤鉀素含量分布圖

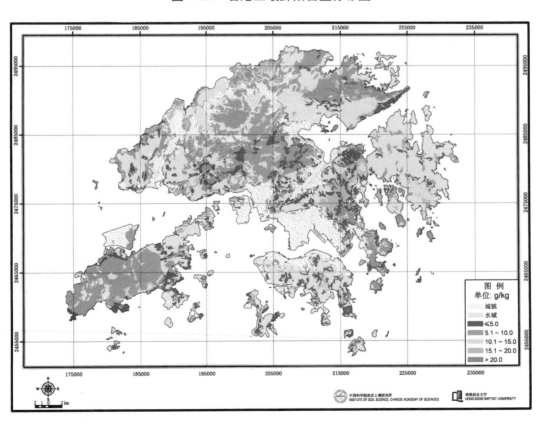

資料來源： 駱永明提供。

荷的土壤礦物質和有機物吸附着,便會發生這種情況。在酸性強的土壤往往含有更高含量的鋁和鐵氧化物,強化土壤的固磷作用。沉澱是導致固磷作用的機制,可溶性磷與鈣或鎂等化合物在化學作用過程中形成不溶性磷化合物,而形成的磷化合物因為沉澱在土壤中而無法被植物吸收,而直接影響香港土壤的肥力。

香港自然土壤內的鉀含量差異相對大,鉀含量多與母岩相關,而本港母岩多含富鉀之長石及雲母礦物。香港土壤包含兩種鉀形態:水溶鉀及有效鉀,而以後者為主。除母岩礦物成分外,鉀含量亦受水淹影響。沿岸潛育土因為受富含鉀質的海水淹浸,因而總鉀及有效鉀含量均為該土壤調查各樣本中最高。

8. 土壤肥力綜合評價

有研究以層級分析法,用十種不同的土壤參數如酸鹼度、土壤有機物、土壤組織等,為香港的土壤樣本作土壤肥力綜合評價。當中,過半的研究樣本土壤肥力指數為中下水平,研究指出香港土壤普遍過酸,缺少土壤有機物、總磷和有效磷等,皆為限制土壤肥力的原因。土壤樣本當中,以農業耕作土壤的土壤肥力指數最高,而自然地形的土壤如林木土壤等皆因土壤過酸,以及總磷、有效磷和土壤有機物流失,導致這些土壤肥力有限。

第四節　土壤時空變化

一、坡面侵蝕與沖溝侵蝕

由於母岩特徵、氣候及大規模伐木等因素,香港廣泛地區受坡面侵蝕與沖溝侵蝕的問題影響,多年來受到研究者關注。坡面侵蝕和沖溝侵蝕的問題多集中於侵入性母岩為主的粗顆粒花崗岩如青山、大欖涌等地區;而其他母岩如噴出式火成岩、凝灰岩及沉積岩的地區,坡面侵蝕和沖溝侵蝕的問題較少出現,侵蝕問題以缺少植被的劣地最為嚴重。

另有研究指出,土壤夥粒結構的穩定性會影響坡面侵蝕,坡面愈穩定,坡面侵蝕的風險愈低。因此山火令土壤夥粒結構崩塌,土壤有機物嚴重流失,以致山火後坡面侵蝕的風險大增。此外,土壤擠壓和植物根部的高密度,可提高土壤的抗侵蝕能力。

坡面侵蝕是沖溝、劣地形成的先決條件。研究指出香港的沖溝多隨表土逕流下切及地下水源源頭侵蝕兩種主要機制形成。坡面侵蝕令表土和有機物流失,導致土壤內總碳、總氮的含量降低。根據 1970 年代的本地研究,有植被覆蓋的集水區,跟有 24% 及 40% 為劣地的地區比較,前者年均地表剝蝕速率分別是後者的 4% 及 7%,顯示土壤植被在控制坡面侵蝕上發揮重要作用。

二、重力侵蝕

香港大約 70% 的陸地屬自然地形，而當中超過 75% 之土地斜度大於 15 度，約 30% 面積是超過 30 度的山坡，重力侵蝕的風險在本地廣泛地區存在。因氣候等原因，這些斜坡的風化剖面多以腐泥土、殘土或崩積土為主，因此香港的山體滑坡作用多以山泥傾瀉為主，崩石現象較少。

香港 70% 的山泥傾瀉發生時，土壤水份接近飽和，其餘 30% 的山泥傾瀉發生在土壤水份低於飽和的情況，惟當土管有大量地下水流動，也可以令地下水壓增加，誘發山泥傾瀉。於強降雨期間發生的山泥傾瀉多以小體積為主（小於 $5m^3$），因地下水位上升或表土逕流滲透需時，強降雨後數日發生的山泥傾瀉相對比較大型。

有研究曾分析兩個山泥傾瀉個案，在結論建議將土壤吸水能力，納入斜坡安全系數的計算中。土壤吸水能力低，會令土壤黏着力下降，表土裂縫將加快水分滲入土壤中，減低斜坡的安全系數。

山泥傾瀉不單能令土壤的 A 層至 C 土層被移除，也為該處的集水區帶來額外沉澱物。有一項針對山泥傾瀉的土壤研究顯示，山泥傾瀉為林村河上游土壤有機物、碳、氮及磷含量帶來負面影響，而林村河下游的沖積物跟山泥傾瀉造成的崩積土有關，跟從正常坡面侵蝕形成的沖積物不同。

三、山火的影響

本地山火大多是人為因素導致，絕少由雷擊造成，並呈現季節性變化，與相對濕度、日照等氣候參數有關。山火影響廣泛，超過一半的郊野公園邊陲地帶在 1987 年至 1999 年間曾受山火影響。山火頻密發生，降低了政府植樹綠化的效率。

在一項針對大刀刃山野的研究中，結果指出山火為該區山坡帶來表土水土流失的問題，令表土中的碳和氮流失，同時令該地區集水區之固體懸浮物總量上升。山火燒光植被，將原生土壤和腐殖物裏的有機氮轉化成氨氮，令表土層的氨氮濃度在短時間內上升，惟因山草火和氨氮有毒性的關係，加上土壤流加上山火後土壤也因缺乏水性，令這些可溶的養分從土壤快速流失。

因山火影響的土層當下含氮量，隨其飽和率，土壤有機物、有機氮都有顯著下降，土壤有機物在山火中容不充足燃燒時普釋放出氮，經由在山火後的不久年在特殊酸性，而鹼性環境下土壤中有效鋁的濃度會降低，從而令土壤離子交換量和酸鹼度降低。

山火除了影響土壤化學特徵外，亦為土壤結構帶來負面影響。山火燃燒的溫度令土壤群集瓦解，也令土壤孔隙減少及密度上升。政府曾致力研究以不同方法建立防火帶，以減少受山火影響的範圍。

四、經濟活動的影響

1. 城市發展對土壤的改變

城市化是土壤退化的主要原因。隨着城市擴張，自然土壤被道路、建築物和人行道等混凝土取代，導致土壤酸鹼度變化、地表徑流和土壤侵蝕增加，以及土壤中生物多樣性降低。香港高樓大廈密布，城市土壤經常受到建築和道路工程影響。開挖、掩埋、壓實等過程除帶來污染物外，土壤的物理和化學性質也被改變。

在城市發展過程中，往往需要將表土移除，混合外來土石，對土壤健康造成重大影響。表土被移除改變了土壤的基本結構，使土壤更緻密，孔隙更少，降低土壤保持水分和養分的能力，限制植物生長。健康的土壤需要有表土有機層，在表土的有機物被土壤中的細菌、真菌和其他微生物分解成更簡單的化合物，如二氧化碳、水和養料，並將這些化合物釋放回土壤中，供應給其他植物和微生物。表土有機物層的移除，會破壞這個循環過程，降低土壤肥力。底土中存在的污染物流到地表，更可能造成土壤污染。香港極高的交通流量也是影響土壤健康的重要因數。車輛的重量會壓縮土壤，同時通過移動土壤顆粒造成土壤侵蝕，導致土壤變得更加均勻，減少土壤中的生物多樣性。車輛洩漏的汽油和排放的化學物，更會污染土壤，並影響土壤微生物活動能力。

城市土壤另一個大問題是土壤被過度壓實和土壤鹼性化。對於香港市區土壤具代表性的研究，是香港大學詹志勇針對路邊和市區公園做的物理和化學性質的調查，調查目的是要了解市區樹木管理和影響樹木發育的因素。根據他在香港廣泛地區和不同深度採集的土壤樣本，發現市區內土壤無論在厚度、結構、密度和成分，均和自然土壤有明顯的差別，分述如下：

顏色：城市土壤表層有機質的腐質土較少，顏色相對較淺。土壤結構相對鬆散。

粒度：城市土壤最大的特色是碎石比例特別高，總體市區土壤平均含沙量在 80% 以上，其中石塊佔超過 40%。相對一般自然土壤，砂石含量特別高。而市區土壤黏土含量較少，由表層的 7.2% 到底層的約 1.9%，數值遠低於天然土壤的黏土含量。嚴格而言，市區內大部分的土壤算是沙質壤土。黏土量低的土壤，會導致土壤結構鬆散，破壞土壤保持水分和養分的能力。

密度：土壤的平均密度達到 1.6 以上，表層土壤密度更超過 2.0。一般超過這個密度極限會影響植物根部發育，並影響土壤的孔隙度，也間接導致土壤有相對高的剪切強度。

孔隙度：市區土壤的孔隙度一般較低，表層土壤孔隙度一般只有 23%。低孔隙度會導致土壤的空氣和水份不足，影響植物根部發育。

化學性質：香港市區土壤呈鹼性，酸鹼值相對較高，可以達到 8.5。而香港一般自然土壤酸鹼值約 5.0 至 7.0。市區內土壤呈鹼性，是因為城市發展用上大量混凝土，混凝土中的石灰質和碳酸質溶解到地下水時會令地下水鹼性增高，導致市區內的土壤呈現鹼性。鹼性土壤對原生植物可能會產生不良影響，因為香港大部分自然土壤屬酸性，原生植物也以耐酸性種類為主，在鹼性土壤發育可能會受限制。

有機質：由於沒有河流或其他農業活動可以讓土壤增加養分，一般市區內土壤的有機質很低。

礦物質：總體而言，市區土壤的礦物成分，尤其是氮、磷等元素比天然土壤低，間接影響土壤的養分。

以上種種因素，導致市區土壤中的地下水迅速排到下層，減低土壤養分和儲備水分能力。與天然土壤相比，土壤的鹼性導致鐵、錳、磷和氮等化學元素含量降低。相反，鉛和砷等重金屬元素含量增加，這些都是市區樹木管理需要妥善處理的問題。另一方面，市區路旁、市區公園和休憩空間的土壤，特別容易被踐踏，表土過度被壓實問題嚴重。

2. 土壤污染

土壤污染和空氣質素密切相關，釋放到空氣的污染物會沉降到地面並污染土壤，其中包括車輛排放物的氮氧化合物（NOx）、燃燒化石燃料、工業過程釋放的二氧化硫（SO_2）、細顆粒物（$PM_{2.5}$）和重金屬。這些沉積在地面的污染物會導致土壤酸化，加上酸雨現象，嚴重影響土壤和水質。其中危害最大的，當屬土壤中的重金屬含量，以及化學肥料和農藥在土壤中積存的有害污染物成分。

中國科學院地理研究所農業生態與環境技術試驗站和浸會大學生物系，在 1997 年對來自香港林地、果園、鄉村、城市和菜園的五種環境 58 個土壤樣本進行了重金屬調查。研究集中在表層 5 厘米的土壤，重金屬含量結果顯示各種環境用地之中，以果園土壤重金屬含量最高，農業區的土壤重金屬含量不是特別高，主要因為香港的果園不是集中在農業區，而是零星地散布在商業區周邊，而土壤的重金屬主要來自商業區的活動。該調查根據重金屬的分布將土壤污染分成四大類型：

重金屬污染程度最輕、鎘含量較高的土壤。這類主要分布在香港新界北區和西貢區林業和菜園的土壤。

鉛、砷和鋅含量較高的土壤。這類土壤主要分布在元朗工業區附近的果園。

污染程度居中、銅和鋅含量較高的土壤。樣本主要來自屯門、荃灣和公路附近的菜園。

砷含量較高土壤。沒有明顯的區域性分布。

2000 年前後，香港理工大學的研究團隊，在香港 15 個郊野公園和 65 個市區公園進行有系統的採集土壤樣本和重金屬調查。團隊按照上述市區公園附近的土地利用，將市區公園性質分為住宅區、商業區、工業區三大類。團隊在郊野公園和市區公園共採集 800 個以上土壤樣本，並且針對鎘、銅、鉛、鋅四種主要重金屬進行化學成分的分析。表 4-8 為各種重金屬的調查結果。

表 4-8　郊野公園和市區公園土壤重金屬含量統計表

	樣本數目	鎘	銅	鉛	鋅
郊野公園	300	0.15 ±0.09	5.17±1.86	8.66±4.84	76.6±22.6
市區公園	594	2.18±1.02	24.8±12.0	93.4±37.3	168±74.8

資料來源： Li, X. D., Poon, C. S. and Liu, P. S., "Heavy metal contamination of urban soils and street dusts in Hong Kong", *Applied Geochemistry*, Vol. 16 (2001): p. 1363.

調查結果顯示，郊野公園的重金屬污染程度總體不算嚴重，因為郊野公園土壤大部分是從火成岩原地風化而成，火成岩重金屬成分不高。加上大部分郊野公園位於較高地勢地區，而且許多處於水塘集水區內，工商業活動受到限制，不接近重金屬污染源頭，土壤重金屬濃度普遍較低。但接近城市的綠化地區，土壤污染情況較為嚴重。

至於市區公園土壤的重金屬成分，香港島和九龍方面，以位於舊商業區的公園土壤重金屬含量最高，其次是位於工業區的公園，最低是住宅區的公園。新界方面，則以工業區內公園土壤的重金屬含量最高，其次是住宅區，商業區內公園重金屬成分反而最低。這反映了香港土地利用的性質和歷史，是影響土壤重金屬含量的關鍵因素。香港島北部和九龍等歷史悠久的已發展地區，商業區內公園重金屬濃度最高。而在新界新建商業發展區一般受重金屬污染較少，與新建公園的土壤主要是來自從未受污染的郊野地區有關。

除了重金屬外，其他可影響健康的污染物，主要是一些有機化學物質，包括由使用化石燃料釋放的多環芳香烴（PAH）、焚化廢物排放的多氯聯苯（PCB），以及農藥中含有的有機氯化合物。香港浸會大學研究人員曾就土壤的各種有害有機化合物進行調查，在全港各地採集的 138 個土壤樣本探測各種有機化合物濃度。結果顯示，在鄉郊地方多環芳香烴的污染水平較低，但在兩處市區公園中發現了濃度高達 19500 μg kg^{-1} 的熱點，包括荃灣工業區和新界西北部地區。

至於土壤樣本中的有機氯殺蟲劑（OCP）和多氯聯苯的含量，138 個土壤樣本中有 18%

未檢測到任何 DDT 殘留成分，25% 含量僅達可檢測量，其餘 57% 含微量 DDT、DDD 和 DDE（2.03 至 1118 µg kg⁻¹）。多氯聯苯含量為 0.22 至 154 µg kg⁻¹，區域性的差異不大，只在數個工業區和高速公路附近收集的土壤樣本中發現較高含量。總體而言，所有地區的土壤中的多環芳香烴、DDT 和多氯聯苯濃度均未超過土壤質量指南的指示值。

3. 森林砍伐

香港森林砍伐活動可追溯至約 1000 年前，當時居民多因輪耕、柴火之用而伐木。泛區域性的林木砍伐一直持續至近代，加上其他人為活動及城市發展，令原生的亞熱帶常綠森林於本港絕跡。

樹木在穩定土壤和防止侵蝕方面，發揮關鍵作用，當樹木被移除，它們為土壤提供的保護層便會消失，土壤更容易受到風雨侵蝕，導致水土流失，嚴重者可導致劣地的形成。樹木提供天然樹冠，一方面直接保護土壤免受雨滴的直接影響，減少雨濺作用直接撞擊地面造成的水土流失，也防止鬆散的物質在強風中被吹走。另一方面，樹冠提供減慢雨水降落地面的緩衝儲備能力，調節地表徑流的強度和速度。

反之，失去了樹木的保護，會增加雨水直接撞擊土壤表面造成的侵蝕。另一方面，樹根在土壤中形成疏水通道，有助地下水滲透和流動。除此之外，樹林和樹林底部的植被是有機質的重要來源，有助維持土壤結構和穩定性。當樹木被移除，它們提供的有機物質就會流失，使土壤更容易受到侵蝕，最後形成劣地。總體而言，森林砍伐會對土壤侵蝕產生重大影響，導致表土流失、土壤肥力下降，並對植物生長和其他生態系統功能產生負面影響。

雖然 1870 年代中以來，港府為了公共衛生和市容等原因，在郊外山坡種植馬尾松（*Pinus massoniana*）等樹種，並於 1920 年代末，嘗試在原馬尾松植林區，引進台灣相思（*Acacia confusa*）。太平洋戰爭時期，因對柴薪的龐大需求，廣泛區域林木被砍伐。伐木令原種植林和山坡的土壤外露，加上本港季節性的雨季及地質因素，水土流失情況惡化。大欖涌至大棠一帶，至 1970 年代初期已是一大片劣地，是戰亂時期大量砍伐樹木的結果。

二戰以後，港府為控制集水區水土流失的問題，大量種植外來先鋒樹種，以植林三寶為代表，即紅膠木（*Tristania conferta*）、台灣相思和濕地松（*Pinus elliottii*，又名愛氏松）。一份研究報告指出，1993 年香港的劣地面積少於 2%。1997 年，次生林和人工植林區佔香港土地面積之 14%，反映植林對保護水土的成效。

4. 採礦與採土

採礦業及採土工程需要將整個土層移除，為土壤及整個生態環境帶來持續的負面影響。港府在 1990 年代已確認礦場為退化地形，並需在運作期間加以生態復修，以土木工程建築、大量植樹及保持水土為主要的生態復修方向。

礦場生態復修所需的土壤，多為從其他地方所採的完全風化花崗岩，但也有回填原來被移除的土層。然而這些土壤多缺乏土壤有機物及其他土壤的養分，而土壤有機物的缺乏，往往令復修礦場的表土無法形成群集體，影響礦場生態復修工作的成效。

復修礦場的表土因斜坡穩定的考慮，多被機器壓實，令表土水份難以滲透，增強的地面徑流亦令表土容易流失，令淺層的表土出現積水現象，從而影響復修斜坡土壤的剪切強度及斜坡的穩定性。此外，礙於完全風化花崗岩的低疏水性，經生態復修的礦場內為數不少的移植樹苗，即使是先鋒樹種，也因土壤缺乏水份在短期內死亡。

有研究指出土壤微生物活動可視作復修礦場內土壤質素的指標，並觀察到經過多年的修復後，在砂質土壤中的革蘭氏陰性菌（Gram negative bacteria）比革蘭氏陽性菌（Gram positive bacteria）有更好的發展土壤群集能力，可增加土壤的透氣度，有利土壤微生物的發育。

另有研究建議限制復修礦場的斜坡於 30 度以內，並在復修的短期內使用有機物覆蓋表土，為土層保濕和減低表土溫度。長期則使用污泥和木屑等物料作土壤有機物之補充，以協助土壤復修和減少水土流失。

香港的借土區與石礦場情況相似，故兩者的復修策略異曲同工。香港的借土區多為由粗顆粒花崗岩發展的劣地，亦有在粗粒凝灰岩的借土區。借土區內表土層之移除，令本來已經缺乏有機物及其他養分的土壤雪上加霜。港府於 1980 年代開始在這類借土區種植台灣相思及耳果相思（*Acacia auriculiformis*）等外來先鋒樹種作生態修復之用，並在研究中發現相思林在中短期為借土區的土層增加有機物和腐殖質，令土壤的養分儲存能力提升。此外，因為相思屬樹種為固氮植物，有助提升借土區的土層內總氮含量。

5. 魚塘養殖

魚塘土壤多源於紅樹林的土壤，而該土壤內的硫質多從紅樹林的凋謝物及海水中的硫酸鹽累積而來。有研究針對魚塘土壤酸化問題，指酸化主因為多種厭氧土壤微生物將從海水累積的硫酸鹽分解成硫化氫，而土壤內的有機物為厭氧土壤微生物提供能量。研究同時發現讓魚塘土壤逐漸風乾及氧化，並未使土壤加速酸化，而風乾後的魚塘土壤酸化情況會在五至六個月後得以穩定。另外，魚塘土壤酸化的程度，不一定跟土壤內硫礦物濃度有關（見圖 4-25、圖 4-26）。研究建議如需開墾魚塘土壤，必須避免水份不流動情況，並需加強水份滲透和土壤透氣，以避免在土層內形成局部性的強酸化土層。

另有，一項魚塘土壤重金屬對漁業影響的研究指出，魚塘土壤內多含有鋅、鉻、銅、鎳、鎘、鉛等重金屬，基圍內幼蝦的內臟呈現鉻及鉛濃度增加的趨勢，鉛在魚類體內濃度累積可為濕地生境帶來長遠影響。

圖 4-25　魚塘放水時露出乾裂的土壤。（攝於 2022 年，南華早報出版有限公司提供）

圖 4-26　魚塘土壤長期暴露空氣下形成鮮紅的氧化物。（攝於 2000 年，黎育科提供）

6. 傳統耕作與有機耕作

1960 年代以前，本地耕作以水稻種植為主，水稻田集中於新界西部和北部，長期墾耕的過程，令當地沖積土逐漸發展成本地特色的水稻土，減低原來土類的排水能力。1960 年代以後，本地耕作以蔬菜種植為主導，礙於空間有限，多採用精耕形式，故多使用大量無機農用化學物，當中低質量的無機農用化學物都含有砷、鉛、銅等重金屬，多年的農業生產為該土壤累積了一定程度的重金屬污染。另外，研究也指出，傳統農業多在土壤施加豬隻、活畜禽等畜肥，因飼料多含銅、鋅等重金屬，使農地土壤存在累積銅和鋅等重金屬的問題。

雖然香港農業用地由 1962 年的約 14,000 公頃，一直下跌至 2017 年的約 4400 公頃，當中大部分農地已被荒廢或改變用途，但重金屬污染問題一直存在，更因土地改變成其他用途，造成更嚴重的重金屬污染問題。長時間耕作如使用化學農藥、化肥等，會破壞土壤結構，同時導致顆粒粗化，亦因土壤外露機會增加，而增加水土流失的風險。而在一個針對荒廢農地上重金屬研究中，多個樣本都呈現了這個現象。

另外，DDT 與其衍生的代謝產物如 DDD、DDE，以及氯化聯苯（PCBs）、多環性芳香化合物（PAHs）等污染物，因以往使用大量無機農用化學物，或在地面使用燃油農業機械，使這些污染物累積在農地土壤上。例如 DDT 化學物雖於 1980 年代已被港府立法禁止使用，惟在多年的研究探測中，仍能探測發現殘留的 DDT 與其衍生的代謝產物。縱使大多數污染物並未超過如荷蘭等地的環境標準，惟污染物在土壤的存在及持續性，可令這些污染物的濃度累積，造成長遠負面影響。

另外，在一項耕地轉型對土壤有機碳含量轉變的研究中發現，由水稻田轉型成果園農地的土壤在表土層（20 厘米）及次土層（100 厘米）含有最高的有機碳含量，有機碳含量亦隨土層深度而有增加的趨勢。果園農地有別於年生的水稻田及蔬菜田，果樹的枯葉等凋謝物得以在土壤上積累，從而讓土壤的活生物質得以提高，亦因不需整棵農作物收割，減少土壤內的碳被氧化下之流失。

五、氣候變化的影響

根據香港天文台的數據分析，香港的年均大氣溫度及年均降雨量在過去半世紀都有上升的趨勢。土壤有機碳沉降跟大氣與陸上生境間的淨碳通量有着重要關聯，而土壤與大氣層之間的淨碳通量受大氣溫度及降雨影響。惟因大氣增溫與降雨量增加對土壤有機碳沉降有着相反的影響，故有研究認為氣候變化對土壤與大氣層之間的淨碳通量不會有太大影響。另有研究分析，表示在氣候變化下，日均相對濕度將會上升而日均蒸騰率將會下降，這些改變將會大大減少自然山火的頻率；而同一研究又指出山火會增加山坡水土流失的機會，從而降低受山火影響的山坡土壤中碳和氮之含量。

氣候變化對山坡的穩定性有着重要影響。根據香港天文台的估算，氣候變化下年均總降雨量將會增加，而地區性的強降雨機率會上升。年均總降雨量和強降雨機率上升令土壤淺層的棲留水面上升，同時令表土層的孔隙水壓上升，降低土壤抗剪強度，增加山泥傾瀉的風險。

根據香港天文台不同深度的土壤溫度數據，氣候暖化的影響已深達地下 3 米。在 1971 年至 2020 年期間，在天文台總部及京士柏氣象站測錄得的草地表面溫度，穩定地以每百年攝氏 5 度至 6 度的速率上升。根據 2000 年後新增的打鼓嶺、滘西洲和大帽山氣象站的資料，在十多年間上升速率依次為每百年攝氏 15.2 度、攝氏 13.0 度和攝氏 17.1 度，顯著高於 1971 年至 2020 年天文台總部及京士柏氣象站的紀錄。

土壤溫度的測度結果也顯示淺層溫度上升速率較高，深層速率較低。1991 年至 2020 年期間在 5 厘米、20 厘米、1 米和 3 米錄得土壤溫度每百年的上升速率分別為每百年攝氏 10.1 度、攝氏 9.7 度、攝氏 6.3 度和攝氏 5.5 度（見圖 4-27）。

第五節　土壤修復

香港長期缺乏土壤修復的目標制定與法律框架，即使 1980 年代起已制定各項環境保護相關的法例，土壤修復及保育並非這些法例的重點。由於香港欠缺針對土壤重金屬、多環性芳香化合物、多氯聯苯等土壤污染物的法律和管制標準，致使香港多項針對土壤污染的研究，均參照荷蘭、瑞典等外地標準作比較。目前香港環境評估針對土壤的基線研究相對粗疏，大多着重土壤的土木工程指標，對土壤養分等項目關注不足，一般環評分析甚至排除土壤生境這項因素。以下介紹較具代表性的本地土壤修復措施及其成效。

圖 4-27　1981 年至 2020 年上午 7 時天文台土壤溫度統計圖

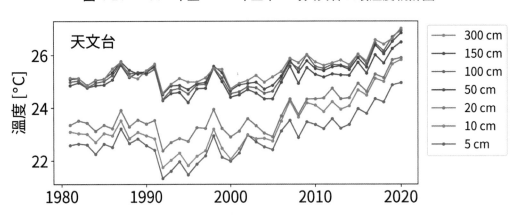

資料來源：　香港天文台提供。

一、郊區植林

香港郊野地區因超過 1000 年的輪耕、柴薪採集等活動，原生的熱帶常綠森林已完全消失。本地郊區綠化歷史可追溯至 1870 年代，早期綠化主要出發點為美化市容和公共衛生，後因太平洋戰爭前後，香港社會對柴薪的需求，大量林木被砍伐。二戰後，港府大規模在郊野地區恢復植林。

在選擇植樹種類的問題上，由於台灣相思、紅膠木等外來樹種能適應香港貧瘠、稀少的山嶺土壤，在其他惡劣環境因素下存活率比其他原生樹種為高，故在二戰後被港府大規模引進種植。這些外來樹種除了有水土保持作用，其中一些樹種根部有固氮菌，大為改善外來種次生林的土壤。

外來種次生林的種植可減少水土流失，加深土層發展，加強深層土壤保濕。另外，外來種次生林的土壤養分等亦得以改善，土壤作為本地原生植物的種子庫，可孕育出更多的本地原生植物。土壤的物理及化學因素，往往是決定次生森林發展及當中物種組成的重要因素，故外來種次生林對土壤的改善，能對往後生境演替帶來正面的影響。

二、市區綠化

香港市區建築稠密，市區植樹經常需與馬路、行人通道等公共設施競爭空間，而市區表土下多設有喉管等地下公共設施，限制了市區種植的土壤空間，樹木得不到足夠的土壤容量，埋下日後移植樹木生長不良的伏線；土壤容量不足，也令市區種植的土壤缺少土層發展。

此外，市區回填土壤大多是風化花崗岩，這些土壤大多缺少有機物、有機氮、礦物氨氮、礦物硝酸氮、鉀、鎂等要素。另外，風化花崗岩土壤多為酸性，但市區種植的情況下，多因受富鈣質的建築廢料影響，使土壤 pH 值隨土層上升，當中鈣離子佔該土壤超過八成的鹽基離子量。

有研究指出，都市綠化工程多着重改善土壤的化學問題，如土壤肥力等，忽略土壤物理性如土壤壓實等問題。都市綠化多因工程考慮，而壓實在地原土壤，而回填表土及土層壓實使土壤出現密度上的土層間斷，導致日後移植樹木的根部無法正常生長。

根據一項市區土壤研究，在兩個地點的泥土加入酸性泥碳蘚和無機氮肥，結果為該處土壤帶來更有效的氮使用率。另有研究指出市區種植在規劃階段，需更精準評估土壤情況，以增加市區種植的成效；並指出回填土壤應先進行測試和分析，然後作工程之用。

三、堆填區綠化與生態種植

香港的都市廢物長期主要採用堆填方式處理。從 1970 年代末至 1990 年代中，共 13 個堆填區容量在飽和後陸續關閉，隨即進行綠化及生態復修。有針對已關閉的新界東南堆填區所作出的十年期生態復修研究顯示，透過種植外來及本地先鋒樹種如台灣相思、銀合歡（*Leucaena leucocephala*）、鴨腳木（*Schefflera heptaphylla*）等，土壤養分得以改善。另外，在十年間該關閉堆填區之生態復修（包括植被及動物），對表土的物理和化學要素如氮、土壤濕度等，均有重要的正面影響。經過十年的改變，已關閉堆填區土壤出現酸化，因填土物料的異質性，使 pH 值在次土層有很大區別，但均呈現較鹼性的特點，影響土壤中有效磷等養分。表土壤酸化可限制固氮菌活動，同時因土壤細菌的活躍程度變化，而影響土壤中氮的礦物化程度，令更多即效氮從土層中淋溶。

另外，土壤因種植了固氮植物如台灣相思等，土壤中總氮、有效氮、總磷及總鉀在經過十年期的發展後得以提高。研究同時顯示已關閉的堆填區，因斜坡穩定性及減少環境污染為由，多以四重不同土壤物料將堆填的廢物牢牢覆蓋，惟表土層及次土層會壓實至最大密度 90% 至 95%，此舉令表土土壤密度大幅提高，從而嚴重影響土壤結構及土壤水分存儲的能力。

另外，九龍醉酒灣堆填區生態復修的研究顯示，堆填廢物腐化時所產生的甲烷及二氧化碳等氣體，間接影響鄰近地區的土壤性質，如土壤微生物活動的分布，亦同時因為土壤含氧率跌至 10%(v/v)，令灌木、喬木等植物難以生長。

四、污染土壤的評估和修復

鑒於土壤污染物危害環境，例如有毒化合物可滲入地下水，甚至水塘、河流或大海，污染飲用水源，並對海洋生物構成不良影響，近年特區政府制定了土壤污染程度評估和復修的指引。

1998 年，特區政府制定《環境影響評估條例》（*Environmental Impact Assessment Ordinance, 1998*），其後環境保護署（環保署）在 2007 年先後推出《受污染土地的評估和整治指引》及《按風險釐定的土地污染整治標準的使用指引》，對土壤評估和除污提出具體指引，包括進行工程項目前，必須收集土壤樣本作分析。指引中列明需要收集的資料，例如土壤處理紀錄、取樣數目和位置、分析結果等，並按情況需要提供獨立查核人的核證書。報告必須提交環保署，以審核報告中土壤評估和除污的工作是否足夠。

指引中亦注明取樣和化學分析的要求。抽取土壤樣本時，必須按照國際慣例在固定網絡模式進行，並於潛在熱點增加抽樣樣本。樣本可用探井、鑽孔之類方式抽取，但必須在不同深度取樣，以評估土壤層垂直的污染狀態。所需要的化學分析，則取決於土地過去及目前進行的活動性質，以及所儲存或使用的化學品危險程度而定。如果牽涉石油污染，化學分析必須包括各種石油碳氫分子含量，特殊情況可能需分析多環芳香烴、甲苯（$C_6H_5CH_3$）、乙苯（C_8H_{10}）、二甲苯（C_8H_{10}）等化合物。受無機物污染的土壤，化學分析主力集中在重金屬和氰化物等。

根據環保署建議，整治土壤污染的措施包括土壤抽氣法、生物處理法、固定法等。假如無法將土壤復修，只能將土壤挖走，並運往堆填區棄置。不同方法適用於含不同污染物的土壤，同時考慮污染的性質、程度、範圍、場地特點和限制，以及可供進行整治時間等因素。環保署建議的整治方法及其效率簡介如下：

生物堆：將受污染的土壤堆成堆，通過通氣和／或添加礦物質、養分和水分來改善土壤，並刺激土壤中需氧微生物活動。環保署建議運用此技術於受到非鹵化揮發性有機化合物和燃料類碳氫化合物污染的土壤，及受半揮發性有機化合物和除蟲劑影響的土壤，其有效程度對各種化合物不同，而且對極度高濃度污染的土壤可能無效。

土壤蒸氣抽取法：提取通過施加真空抽出土壤中被污染的濃蒸汽。環保署建議運用這方法處理揮發性有機化合物（VOC）。極度乾燥的土壤對 VOC 吸收率很高，而有機物含量、土壤粿粒細小、地下水飽和度等因素，也會影響土壤蒸氣抽取法的效率。

穩定化／固化法：將污染物固定在土壤中某些宿主物質，限制污染物的流動，主要是針對重金屬的補救方法。然而，這方法對揮發性有機質效果有限，並且具有深度限制，其長期有效性亦未得到證實。

熱力解給法：加熱土壤，令土壤中污染物蒸發成氣體，隨後收集和處理。熱力解給法對各種有機污染物的成效不同，而對黏土含量高、土壤顆小、腐殖質含量高的土壤效率不高。

生物通氣法：向地下注入空氣，刺激能夠降解有害化合物的微生物繁殖，促進土壤的淨化過程。其方法可能受土壤濕度和透氣度影響。

化學方法：向土壤注入氧化劑或除鹵劑等化學物品，修正表土污染問題。此方法必須由專業承辦商執行，亦可能涉及危險性高的化學物品，從而出現反效果。如香港理工大學於 2017 年嘗試以各種試劑除去土壤的砷結合物，研究結果顯示，在五種試劑（有機配體、還原劑、鹼性溶劑、無機酸和螯合劑）中，只有碳酸氫鹽法和鹼性溶劑（NaOH 和 Na_2CO_3）能提取相對 37% 至 78%，及 26% 至 42% 的砷含量。但這些提取方法也顯著提高了土壤中剩餘砷的浸出性，新釋放的砷易於重新吸附至土壤表面，流動性變高。結論是以化學溶劑提取砷的方法效果成疑。

五、土壤可持續管理原則

土壤的可持續管理成效，除了保持土壤健康，亦對香港的工程建設、農作物、古樹保育和新苗種植、生態系統平衡皆有重大影響。受污染土壤將影響農作物素質；土壤是天然資源，是郊野生態平衡的基礎；市區綠化工程需要良好土壤；而在工程建設中，需要優質土壤作填土、景觀和園林設計等，如堆填區的興建，即需要大量使用天然泥土。截至 2017 年，香港堆填區總面積達超過 550 公頃（包括已關閉及結束修復者），堆填區所用的土壤大多來自附近山坡。

如何處理工程產生的棄土，是香港土壤可持續管理的主要問題。近年有本地非政府團體利用工程棄土，作為製造陶瓷或其他工藝品材料，其所吸納棄土量有限。2016 年，天水圍曾發生非法填土事件，私人公司將大量工程發展棄土堆成小山坡，影響當地生態和公眾安全。

2000 年以後，特區政府曾聘用顧問公司進行研究，相關報告提出指定香港和深圳某些地區作為工程棄土區，香港境內區域有西部水域沙洲東部的污泥傾倒區、新田貨櫃場和深圳河沿岸工地範圍的廢土場。環保署有關廢物棄置的原則，是從陸地上產生的棄土，應盡可能在陸地上棄置，形成工程棄土選址的限制。

近年，香港社會已對土壤可持續管理凝聚共識，認為應該考慮以下原則：保持土壤肥力、減少土壤侵蝕、保持土壤結構和穩定性，以及支持生物多樣性，尤其是在市區土壤，需要確保樹木得到所需的生長空間和養分。具體策略包括：以植樹和工程方法減少水土流失，保持優質原生土壤；使用覆蓋作物和實施保護性耕作，以控制水土侵蝕；適度使用肥料和糞肥，管理養分輸入，實行精準耕作，以保護土壤肥力，建構土壤有機物質；以可持續土地利用政策管理農林業活動和綠化範圍，定期監測土壤健康，以及設立表土儲存庫和回收制度。

第五章
生物地理與物候

本章以生物地理和物候兩個角度，宏觀記述香港動植物的分布和季節變化。香港擁有高度豐富的生物多樣性，包括各類動植物物種和生境類型，特別是海洋和海岸的生物和生境，其中海洋動物物種約佔全中國的 26%。自然條件是生物多樣性形成的最主要背景，香港的地形、地質、水文和氣候環境，形成各類動植物棲息的多元生境。香港自有人類定居以來，人類活動對生物的影響與日俱增，尤其在 1840 年代英國佔領香港以後，人口增長和城市發展迅速，對物種和生境的干擾程度達至高峰。

香港所屬生物地理分布區為東洋界（Oriental Realm or Indomalayan Realm，又稱東洋區或印度馬來亞區），在東洋界中香港所屬的生態區為南中國─越南亞熱帶常綠森林。香港生物地理造就獨特物候形式，物候指生物的周期性現象（如植物的發芽、開花和結果；動物的繁殖、遷徙和冬眠）及其與季節氣候的關係。鑒於政府和大專學術界歷年對生物及生態研究的側重點，本章所記述的植物物候，以開花植物為主；動物物候，則以脊椎類動物為主，以繁殖活動為重點。

香港生境類型豐富，可分為陸地和海水兩大類，本章除記述天然生境，亦記述人為活動形成的半天然或人工生境。陸地生境包括植被和淡水生境，目前本港植被主要為樹林（包括次生林、風水林及人工林）、灌木林及草地。淡水生境分為流水和靜水兩類，涵蓋河流、水塘、魚塘、耕地等生境。

海水生境包括海洋和海岸生境。由於珠江排水和洋流的影響，香港東部和西部的海洋環境有鮮明差異，亦導致部分生境和海洋生物，出現東西地域分布的差異，例如中華白海豚集中在西部水域出現，珊瑚集中分布於東及東北部水域。海岸生境位於潮間帶，本章記述以下八類生境：岩岸、沙灘、泥灘、紅樹林、基圍、海草床、珊瑚群落和海藻林，部分是由個別植物（海草床、紅樹林和海草床）和動物（珊瑚）群落形成的生境。各生境物理和化學環境各異，分布着不同物種，當中的優勢物種發展較有效生存策略。

第一節　生物多樣性構成因素

一個地區的生物多樣性，是指該地區內所有物種、物種基因及生態系統三個層面的多樣性。各個物種在地區內形成錯綜複雜的互動網絡，以維持生態系統平衡和可持續性。地區生物多樣性的構成因素，主要有地理環境、氣候、人類活動、外來物種及自然災害等，因此地區生物多樣性，亦反映該地區地理環境及生境的多樣性。

香港面積雖小，但動植物種類繁多，並存在一些只在香港發現的本地物種（香港特有種）。此外，香港亦擁有多樣化的水陸生境，包括樹林、草地、溪流、紅樹林、珊瑚群落等，而香港濕地也是許多候鳥遷徙路線中的重要停留地。香港豐富的生物多樣性，是數百萬年來地理和氣候演化的結果。

除了自然因素，人為活動對香港生物多樣性的構成亦有很大影響。1870 年代以來，港府展開植林工作，許多劣地環境得以改變，同時亦引入了一些外來植物物種，影響了原有生態系統和生物多樣性帶。香港土地面積有限，要在細小範圍內居住 700 萬人以上，及令香港發展為國際大都會所需的各種建設，對土地供應和自然環境也造成重大壓力。

英佔至今約 170 多年來，香港主要以三個方法增加土地供應。一，開山，開發天然斜坡造地。二，填海，以移山或挖掘海泥作填料。三，在農地及鄉郊進行城市發展（截至 2016 年底，香港約有 4400 公頃農地）。開山固然破壞大範圍自然棲息地，而填海亦帶來海岸環境的永久改變，包括影響海洋生態和水流，開發農地及鄉郊亦導致生境改變、水質污染；再加上樹林砍伐、工業活動、漁業過度捕撈等活動，也是改變本地生物多樣性的人為因素。

一、地理因素

今天香港的自然環境由長期地殼運動、大氣運動、氣候變化、海平面上升下降、風化、侵蝕等的相互作用而成，地表多姿多采的不同地形地貌，為各種生物提供了多元化棲息地。香港位處華南沿海，處於中國南海北緣大陸架上，該大陸架闊約 350 公里，由香港水域向東南伸展至東沙群島一帶，水深在 200 米以內，地域上屬於珠江口盆地。除北面與深圳市接壤外，香港三面環海，擁有曲折的海岸線。自然地貌與廣東地區一脈相承，境內山多平地少，地勢以低於 1000 米山嶺為主，平地集中在九龍半島和新界西北，河流一般都是較短小，大型下游平原不多，境內有超過 260 個大小島嶼。

香港岩石主要是屬酸性的花崗岩質，間接造成表土以酸性土壤為主，這可從香港植物物種反映。酸性土壤不利植被發育，容易造成劣地地貌，是影響動植物物種的重要因素。香港長期受東面吹來的季候風影響，東部海岸侵蝕地貌特別發達，形成鋸齒狀海岸線，擁有各種海蝕地形、岬角、海崖、海蝕洞及海蝕拱等地貌，形成了岩岸、潮池等不同海岸生境。相比之下，西部水域水流動態較少，形成沉積形海岸線，地區內可找到廣泛濕地、淺灘、紅樹林等生境和地貌，例如后海灣拉姆薩爾濕地是天然淺水河口，每年有數以萬計遷徙候鳥在區內濕地停留過冬，生態價值高，被列為國際重要濕地。加上香港與珠江口淡水接壤，西部水域流速慢和海水鹽度低，是中華白海豚（*Sousa chinensis*）等河口物種的重要棲息地，也導致香港東西兩邊海岸生境和生物多樣性出現明顯分別。

二、氣候因素

1. 亞熱帶季風氣候
香港屬於亞熱帶季風氣候，主要由兩大因素導致，一是地理因素，香港接近北回歸線，構成亞熱帶氣候背景；二是環流系統因素，香港處於中國大陸及太平洋之間，因季節變化帶來季風氣候。清嘉慶《新安縣志》對本地氣候概括描述如下：「粵為炎服，多燠而少寒。三冬無雪，四時似夏，一雨成秋……春夏淫霖，庭戶流泉……即秋冬之間，時多南風，而礎潤地濕。」

香港全年平均氣溫、平均日最低氣溫及平均日最高氣溫分別為攝氏 23.5 度、攝氏 21.6 度和攝氏 26.0 度，年平均相對濕度為 78%，年雨量正常值為 2431.2 毫米，每年平均有 139.9 天降雨。香港有明顯的夏季和冬季，春季和秋季則不太明顯。春季約在每年 3 月至 5 月，天氣和暖、潮濕有霧；夏季約在 6 月至 8 月，天氣炎熱，間中有驟雨和雷暴；秋季約在 9 月至 11 月，天氣涼快及乾燥；冬季約在 12 月至翌年 2 月，氣溫較低。

根據天文台的資料，1991 年至 2020 年間，香港平均日最高溫度為 7 月的攝氏 31.6 度，平均日最低則為 1 月的攝氏 14.6 度。香港雨季在 5 月至 9 月，佔了全年雨量大約 80%。6 月和 8 月是最多雨量的月份，降雨日數亦最多；而 1 月和 12 月雨量最少，降雨日數亦較少。1991 年至 2020 年間香港的總雨量月平均值為 33.2（12 月）至 491.5 毫米（6 月）（見圖 5-1）。香港也受厄爾尼諾與拉尼娜現象影響，受厄爾尼諾影響的冬季和春季較多雨，受拉尼娜影響的秋冬季則較冷。

本地生態研究者亦以濕季和旱季劃分香港季節，濕季由 3 月底開始至 10 月左右，其餘月份為旱季（見圖 5-2）。境內氣溫分布，除了山嶺氣溫隨海拔高度下降，其他因素包括與海洋

圖 5-1　1991 年至 2020 年天文台錄得雨量及降雨日數月平均值統計圖

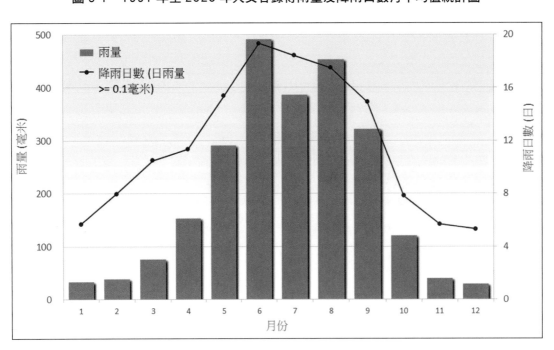

濕季由 3 月底開始至 10 月左右，11 月至 3 月初為旱季。（資料來源：香港天文台）

圖 5-2　根據天文台 1975 年至 2004 年月平均氣溫及總雨量製成的 Walter and Lieth 氣候統計圖

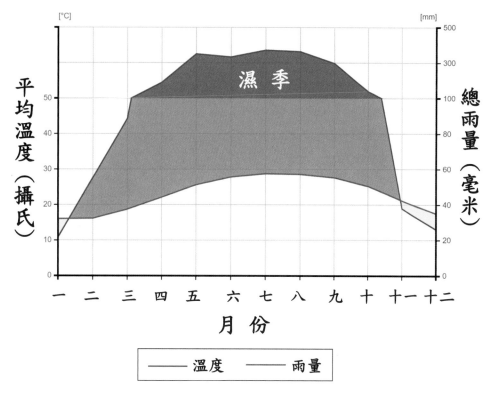

濕季（圖中深藍色部分）由三月初開始至十月中旬，其餘時間（十月下旬至二月底）則為旱季。（資料來源：香港地方志中心參考 ClimateChart.net 製作）

的距離、局部地區的地勢、風向等，境內氣溫差距可達攝氏 10 度；新界北部內陸地區氣溫偏高，與沿岸地區有幾度的差距。這些季節和氣溫的變化，均影響生物分布和生命周期。

日照為影響植物生長的主要因素之一，日照時數被定義為直接的太陽輻照度超過 120W/ m^2 的時間。因香港接近北回歸線，太陽仰角和照射時間有明顯季節變化，影響日照時數的因素包括雲量、雨、霧、大氣懸浮粒子、煙霞及臭氧等。香港年平均日照時數為 1829.3 小時，年平均日照是總日照量 41%。月際變化以上半年較少、下半年較多 ，7 月至 12 月的月日照平均值在 160 小時以上，以 7 月和 10 月較多；1 月至 6 月的日照時數較少，3 月只有 100 小時，是全年最低。

另外一個影響動植物生長因素是年蒸發量和蒸散量。香港年平均蒸發量和可能蒸散量分別為 1,204.1 毫米和 1010.8 毫米。季節性變化明顯，以 7 月最高，月平均蒸發量和可能蒸散量分別為 142.0 毫米和 113.8 毫米；2 月最低，分別為 60.4 毫米和 54.7 毫米。

2. 生物氣候

由於上述獨特氣候因素，加上受物種流動性影響，香港植物群和動物群出現不同的生物氣候。香港位於熱帶雨林的北界，香港植物氣候接近亞熱帶。由於植物不能移動，故分布範圍受耐寒程度影響，並以不同海拔分布模式呈現。

從香港沿海至高山的植物分布，可觀察到植物分布受寒冷天氣限制。香港面積雖小，但有多座高山，海邊至大帽山、鳳凰山的海拔落差超過 900 米。由於氣溫隨海拔下降，山頂氣溫明顯較低，形成不同生境。低地植物以樟科和殼斗科為主，接近熱帶的植物群落，而高地則有較多亞熱帶物種分布，如山茶科、冬青科等。適應低地的植物於氣溫降低至接近零度時較易凍傷變色，而適應高地的植物並無此問題。以往大帽山和附近山脈曾出現大規模結冰，導致山上種植的非原生樹種的台灣相思（*Acacia confusa*）大量死亡，但原生植物所受影響則較少，反映原生植物有較強抗冷能力。

植物分布也受溫度和降雨量影響，熱帶植物生長於多雨和全年溫暖環境，葉片較闊而且不會落葉，形成熱帶雨林；寒冷地區植物，則以不同策略面對嚴寒冬季，有些在冬季落葉，減少負擔，有些則演化出不輕易積雪的針葉。香港林相可說在兩者之間，既有常綠闊葉物種，也有針葉和落葉物種。例如，香港常見的潤楠屬（*Machilus* spp.）和楓香（*Liquidambar formosana*）都是常綠的，但朴樹（*Celtis sinensis*）和楓香等則會落葉。此外，香港也有馬尾松（*Pinus massoniana*）這些針葉樹的自然分布。

動物氣候方面，香港較接近熱帶。與植物相比，動物流動性較大，遇到寒冷的冬天，也可尋找合適的微生境暫避，或透過改變新陳代謝抵禦寒冷天氣。蝴蝶主要以卵或幼蟲的形態過冬，蛇和蜥蜴則會在冬季時較不活躍。從動物地理區角度分析，香港位於東洋區和全北極區之間，動物既能適應炎熱潮濕的夏天，也能度過寒冷的冬天。

香港位於太平洋颱風帶，常受颱風影響，帶來強風、雨水和風暴潮。這些因素對動植物影響重大。例如，部分樹木可能會因颱風折斷或連根拔起。如果樹林結構健康，樹冠層的樹木倒塌後，中層的小樹可藉增加的日照快速生長，填補樹冠層的缺口，而颱風帶來的風暴潮和巨浪也會破壞沿岸生境和植被。

3. 氣候變化

氣候迅速變化可對一個地區的生態系統造成壓力。一般來說，長期性緩慢的氣候變化，可讓各種生物有足夠時間演化和適應氣候改變，但急促氣候變化可導致物種滅絕。檢視香港天文台過去一百多年的氣候數據，1885 年至 2020 年一百多年的年平均氣溫數據，總體呈上升趨勢，平均速率為每百年攝氏 1.31 度。此外，平均每月酷熱天氣日數也由 1891 年至 1920 年的 2.3 日升至 1991 年至 2020 年的 17.5 日。

日平均氣溫長期上升速率四季表現不同，春季（3 月至 5 月）年際變化幅度最大，總體上升速率為每百年攝氏 1.63 度，冬季（12 月至 2 月）上升速率為每百年攝氏 1.32 度，夏季（6 月至 8 月）氣溫年際變化幅度最小，上升速率卻較秋季高，為每百年攝氏 1.16 度，秋季（9 月至 11 月）的上升速率為是四季之中最低，為每百年攝氏 1.12 度。海水變暖對許多海洋生物如珊瑚及海藻等，構成了重大壓力。而水溫上升導致溫帶海藻類減少，影響海膽等無脊椎動物的食糧，導致其逐漸改以岩石和珊瑚表面附生藻類為食，令珊瑚骨骼和組織受到破壞。

氣候變化另一個效應是海水膨漲，加上陸上冰體融化流入海洋，導致海平面上升，全球海平面在 1901 年至 1971 年間每年上升 1.3 毫米，2006 年至 2018 年間上升速率加快至約每年 3.7 毫米，香港的潮汐測量站也錄得海平面上升，1954 年至 2020 年維多利亞港內潮汐測量站資料顯示，海平面高度平均每年上升 3.1 毫米，也逐漸影響着近岸生境。

受全球暖化影響，極端天氣將更常出現，對香港動植物帶來更大壓力。當氣溫上升，原本分布於低地的植物，會向更高海拔遷移，但這間接減少了較高海拔植物的生存空間，因其受地勢所限，已不能再向上遷移擴張分布。如薇甘菊（*Mikania micrantha*）和馬纓丹（*Lantana camara*）等入侵物種本受低溫限制，然而隨着溫度上升，它們能夠入侵的海拔也更高。同時，熱帶蝴蝶在香港也變得更常見，如小豹律蛺蝶（*Lexias pardalis*）和珍灰蝶（*Zeltus amasa*）等原來分布於泰國、馬來西亞等熱帶地區蝴蝶，也能在香港發現踪影。由於香港植被曾受人為干擾，水土流失嚴重，表土比較鬆散，突發暴雨很容易引發山泥傾瀉。根據天文台記錄，極端降水事件發生日益頻繁，雨量也屢破紀錄，山泥傾瀉更為頻發。此外，極端降水事件也導致部分海洋物種存活受威脅。1997 年，本港錄得破紀錄年雨量 3343 毫米，其中七成於 6 月至 8 月錄得。該年夏季，香港珊瑚群落面對比正常時間長的低鹽度及低滲透壓力，出現遍布全港的白化現象。

三、人類活動

香港自然資源和生物多樣性豐富，但自然環境經歷由人為活動帶來的變化，尤以二十世紀為甚。早期香港發展較少文獻記載，直到宋朝（960—1279）才出現零散文獻紀錄，而上述紀錄並未提及自然環境。至十九世紀歐美人士到訪香港，始有較詳細生態文獻紀錄，但當時香港已失卻大量原有植披。香港人類活動變遷，大致可分為四個時期：未有大規模人為干擾前、宋朝至清朝（1644—1912）人口上升期、十九世紀初至 1990 年代，及二十一世紀前後。

1. 未有大規模人為干擾期

智人早在 51,000 年前已在東亞地區活動，過着狩獵採集生活，亦以火燒形式翻山越嶺，是最早期生境改變活動。根據考古紀錄，香港在 7000 年前已有人類踏足，但未有大規模發展。先民以漁獵為生，足跡遍布大嶼山、大埔、屯門及香港島。香港雖然一直有先民居住，但當時人口有限，且主要在沿海以捕魚為生，對自然環境的干擾有限。

直至十一世紀，香港仍是以熱帶雨林或亞熱帶雨林為主，土地肥沃，原始森林由大樹組成，接近海南島現存的熱帶雨林，而目前香港可見樹林大多為二戰後恢復的次生林。動物學者米歇爾（Patricia Marshall）曾指出香港位於古北區和東洋區動物地理區之間，從而推測古代香港熱帶雨林應有象、犀牛、狼等大型哺乳動物類動物分布。生態學者高力行（Richard Corlett）推測香港種子曾由長臂猿傳播，當時的河流也有儒艮和鱷魚。

前人對於野生動物減少與人口增長的關係，已有一定程度觀察，文獻指出東莞一帶「明（1368 — 1644）以前未盡開闢，故野獸至多。……今（民國初年）豹熊麋鹿，並未之見，即虎亦幾絕跡矣。丁口日眾，啼远日稀，自然之勢也」。[1] 據史籍記載，唐朝（618 — 907）時，「廣之屬郡潮、循州，多野象」，至南漢（917 — 971）時，因每年秋天都有象群因覓食而破壞農作，南漢政府下令捕殺，為超渡象群亡魂，於大寶五年（962）由禹餘宮使邵廷琄買地建經幢祭祀，可視為人類活動干擾香港地區自然環境的早期例子（757 年至 1573 年香港地區受東莞縣管轄）。

2. 宋朝至清朝人口上升期

香港原始森林狀態一直維持至約宋朝，才有較大規模的人類定居和開墾活動，東莞縣屬範圍關於野生大象的記載亦逐漸消失，「舊志之不載者，蓋元（1271 — 1368）明以後，山林日啟，象無所容」。南宋（1127 — 1279）末年，宋端宗趙是受元兵追趕逃亡至香港，同時，也有大批民眾逃至香港。對此《廣東新語》有相關的記載：「宋景炎（1276 — 1278）中，御舟駐其下，建有行宮。其前為大奚山（今大嶼山一帶），林木蔽天，人跡罕至，多宋忠臣義士所葬。」其中從「林木蔽天，人跡罕至」一語，至少可反映大嶼山在十三世紀後期，仍然保持原始森林狀態。而根據歷史地理學、環境歷史學者近年的研究，位處嶺南地區的香港，十五世紀前仍屬亞洲象（*Elephas maximus*）的出沒地域（見圖 5-3）。

由上述文獻推測，雖然兩宋前香港已有人居住，植被仍未受大規模開發。隨着宋代以來，更多氏族在港定居，自然環境也出現大幅度變化。宋代考古遺址分布範圍廣泛，顯示人口由大嶼山、屯門、西貢等歷史悠久的聚居地，進一步向荃灣、大埔、沙田等地區擴散，而九龍亦出現人口密集大型聚落（如衙前圍、蒲崗等）。

至明代，香港人口進一步擴散，包括遷移到不宜農耕的山坡和磽确地帶，這與新興經濟活動出現，以及宋、元時期移居香港的氏族分家立業有關。當時經濟朝向多元發展，居民除以傳統的耕種、捕撈、煮鹽、製灰等方式維生外，亦發展培植和出口價格昂貴的莞香、燒

1　陳伯陶：《東莞縣志》，卷 14，〈輿地略十三〉，頁 18 上，總頁 187。

製和轉運外銷的瓷器等。然而,不論是開墾田地、改種外來物種經濟作物,還是開採陶土等,都需要改變原有土地面貌。農民於低地開墾耕地河谷的水被抽走,改為稻田,同時因應在河溪進行小型水利工程,最常見為建造陂堰儲水,如「石湖陂,在石湖墟側,水自塘坑流下,堰以灌田」、「河上鄉陂,在六都,自錦田逕水,入古洞陂流下,堰以灌田」等,

圖 5-3　亞洲象在古代中國分布演變圖

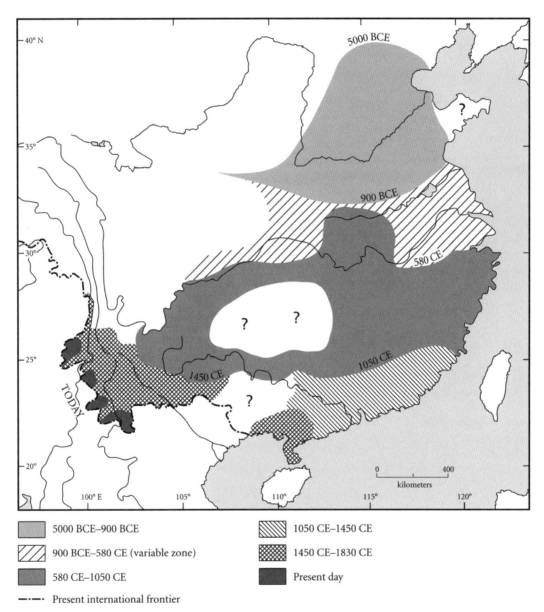

	5000 BCE–900 BCE		1050 CE–1450 CE
	900 BCE–580 CE (variable zone)		1450 CE–1830 CE
	580 CE–1050 CE		Present day

–·–·– Present international frontier

Note: Apart from the variable zone, earlier dates include later dates. Modern coastlines.

中國環境史學者 Mark Elvin 根據文煥然的研究,繪製中國野生亞洲象 (*Elephas maximus*) 古今分布變遷圖,反映由公元前 5000 年起至今天,亞洲象在中國分布範圍日益細小,原本聚居於華東、中原一帶的亞洲象,曾在五代十國時期至宋元之間,出現於包括香港在內的嶺南地區。(Elvin, Mark, *The Retreat of the Elephants: An Environmental History of China*. © 2004 Yale Representation Limited.)

直接干擾了地面水流動。此外，農民亦飼養雞、牛、豬等牲口，為減低老虎和狼等大型野生動物對農耕干擾，村民燃燒和砍伐了大面積的樹林。因環境破壞、食物短缺，犀牛和象群等野生動物遷離香港。此外，因植被逐步開墾，出現水土流失情況，甚至海拔較高的大帽山亦發展為茶園，香港原生雨林幾被全數破壞。

3. 英佔以後至二十世紀的變遷

1816 年（嘉慶二十一年），英國博物學家克拉克・阿裨爾（又譯克拉克・亞卑路，Clarke Abel）隨英國阿美士德（William Amherst）使節團到訪清朝，曾路過香港並踏足香港島、南丫島等地。回英後他把見聞輯錄成書。書中雖然指香港山嶺已頗為光禿，但也有記述個別植物物種，包括香桃木屬（*Myrtus tomentosus*）、野牡丹屬（*Melastoma quinquenervia*）、*Beckia chinensis*、*Limodorum striatum* 等。

1840 年代，英國佔領香港以後，歐美探險家、航海隊伍、動植物學家到訪香港，本地自然環境陸續出現系統文獻紀錄，當時原生植披已接近完全消失。本地山野多次被形容為「光頭山」、「完全沒有樹木」等，反映森林覆蓋已非常少。1840 年，英國外交大臣巴麥尊（Henry John Temple, 3rd Viscount Palmerston）形容香港為「不毛之地」（barren rock）；英國在華外交官阿禮國（Rutherford Aycock）也形容香港是「無盡的花崗岩和荒山」。1860 年代，晚清報人王韜在《弢園文錄外編》中〈香港略論〉亦謂「香港本南徼瀕海一荒島也。……山坡之上，樹木鮮少，以供民樵爨，常被斬伐故也」，可見在宋朝以後接近千年的開墾，已令原有雨林接近完全消失。

儘管如此，仍有很多動植物在村邊風水林或較難踏足地方存活下來。例如，香港仔一帶風水林是少數僅存樹群。邊林（George Bentham）於 1861 年於香港記錄了超過一千種植物，當中更有多種首次發表的植物，如香港巴豆（*Croton hancei*）、香港黃檀（*Dalbergia millettii*）和香港木蘭（*Lirianthe championii*）。此外，雖然大型哺乳類動物已於香港滅絕，當時仍有豺（*Cuon alpinus*）和赤狐（*Vulpes vulpes*）等獵食者，亦有赤麂（*Muntiacus vaginalis*）和今天仍常見的野豬（*Sus scrofa*）。根據紀錄，香港於 1915 年曾有外籍督察和警察被華南虎咬死，至 1947 年仍有華南虎本地出沒的紀錄。

英佔時期是香港自然環境恢復期。經過多年開墾，當時水土流失十分嚴重。為此，港府展開大規模環境改善工作，以廣泛植林為代表。1872 年，港府成立花園及植樹部（Government Gardens and Tree Planting Department），開始在維多利亞城內推行植樹，其後推展至香港島郊區、九龍和新界。此外，為配合城市發展，港府開始興建水塘，確保香港食水供應，建於 1860 年代的薄扶林水塘是香港首個水塘。同時，為減少水土流失，亦在集水區大量植樹。

本地樹種馬尾松為常用的植林樹種。後來亦由外國引進樹種,如桉樹(*Eucalyptus* spp.)和紅膠木(*Lophostemon confertus*)等。除了上述較知名樹種,港府亦由斯里蘭卡、澳洲昆士蘭、毛里裘斯等地引入其他樹種。港府植林計劃雖有成效,但在日佔時期前後的社會動盪付諸一炬。當時居民與日軍大量砍伐樹木作薪柴及工業之用,除了有村民保護的風水林外,由低海拔至山頂樹林無一倖免,香港山頭再度變為光禿。

英國佔領香港 100 多年來,城市人口急速增長,由 1841 年的約 7450 人增至 1941 年的超過 160 萬人。十九世紀中葉以來,香港島尤其是維多利亞城一帶開始城市化,各區填海計劃分期開展,早期集中於維多利亞港旁填海造地。至英國佔領九龍及租借新界後,九龍及新界亦開始城市化,沿海和低地自然生境急劇減少,同時生境破碎化,令物種交流變得困難,如今低地大部分地方,被不少較能適應都市環境的外來植物物種佔據。

1950 年代以來,大量移民由中國內地來港,香港人口急速上升,開展更大規模的城市化。至 1960 年底,本地人口增至約 312 萬人。低地河谷和農地逐漸發展成為新市鎮,大量農地、部分沿海的自然生境、天然海岸線及海洋生境消失。加上 1970 年代以來,農業活動式微,亦令依賴農田等獨特生境的動植物隨之減少。

雖然低地生境減少,香港出現有成效的自然保育工作。二戰結束後,港府重啟郊野植林工作,有助山林逐漸恢復。1976 年港府頒布《1976 年郊野公園條例》(*Country Parks Ordinance, 1976*),開始劃定郊野公園。截至 2017 年,約四成土地面積受到該條例保護,以減低人類開發活動的影響。同時,除了植林之外,本地樹林也透過自然演替逐漸恢復,2017 年林地總面積約 277 平方公里,共佔全港土地面積約 25%,擬啄木鳥等棲息於樹林物種亦愈發常見。此外,1996 年 7 月,港府頒布《1996 年海岸公園及海岸保護區規例》(*Marine Parks and Marine Reserves Regulation, 1996*),並成立海下灣海岸公園、印洲塘海岸公園及鶴咀海岸保護區。截至 2017 年,全港共有五個海岸公園和一個海岸保護區。

4. 二十一世紀前後

二十一世紀前後,由於環保政策的制定、市民環保意識提升等,城市發展和其他人為因素對自然環境的影響開始放緩。《1997 年環境影響評估條例》(*Environmental Impact Assessment Ordinance, 1997*)在 1996 年刊憲,1997 年 2 月頒布,1998 年正式實施,規定所有工程項目需進行環境影響評估,獲批後方可開展工程,以減少對環境的影響。例如 1990 年代末的九鐵落馬洲支線工程,原計劃通過生態價值較高的塱原濕地,在進行環境影響評估時出現反對聲音,最終該工程方案不獲批准,改為以隧道方案建造。踏入二十一世紀初期,對生物多樣性造成影響的大型發展項目仍然持續推行,包括大埔龍尾人工泳灘、港珠澳大橋、機場第三條跑道等。

截至 2017 年,人類活動對香港自然環境構成重大影響。一方面,數千年開墾大幅影響香港植被分布和植物物種構成，當中受影響最大是成熟緩慢的原生林樹種，這些樹種被視為演替晚期物種，耐陰性強、生長緩慢、多靠哺乳類動物傳播種子、自然分布密度不高，其自然更替追趕不及破壞的速度。香港原生林已絕跡，林地多為次生林、人工植林和少量風水林，當中演替晚期樹種亦已近乎絕跡。此外，香港很多於遠古存在的陸棲哺乳動物，如亞洲象、犀牛、長臂猿等，以及進化較晚、會貯藏種子的部分齧齒目動物亦告消失。

第二節　生物地理區、動植物區系及物候

一、生物地理區

香港位處歐亞板塊東端，陸地源起約四億年前的岡瓦納大陸，緊鄰其他內陸板塊。大部分現代動植物的祖先在岡瓦納大陸分裂後才出現，並進行輻射演化。長時間的地理分隔，足以讓不同大陸的熱帶森林區域各自演化出獨特生物群落。在冰河時期，原本分離的陸地因海平面下降而連接，亞洲大陸一度與婆羅洲、爪哇島、蘇門答臘島及台灣相連。不少動植物跨越原本的地理阻隔，擴散到其他島嶼或大陸，亦塑造了目前世界上陸生動植物分布，直至最近代的冰河時期於 10,000 年前結束。

1. 陸地生物地理分布

不同年代的生物學家根據生物時間和空間分布，把地球劃分成不同區域。1857 年，鳥類學家菲利普‧斯克萊特（Philip Lutley Sclater）根據鳥類的分布，將全球分為 6 大鳥區，成為目前世界生物地理分布區前身。在此基礎上，世界自然基金會將全球陸地及淡水劃分為 8 個生物地理分布區及 867 個生態區。生物地理分布區（Biogeographic realm）採用層次結構，由主要生態區（Bioregion）組成，主要生態區則由生態區（Ecoregion）及其下的生物區系（Biome）組成（見表 5-1）。

表 5-1　香港所屬生物地理區情況表

生物地理分布區 （Biogeographic realm）	東洋界（Oriental Realm or Indomalayan Realm， 又稱東洋區或印度馬來亞區）
主要生態區（Bioregion）	印度支那（Indochina）
生態區（Ecoregion）	南中國—越南亞熱帶常綠森林（South China—Vietnam subtropical evergreen forests）
生物區系（Biome）	熱帶及亞熱帶濕潤闊葉林（Tropical & subtropical moist broadleaf forests）

生態區指獨特生物群落分布在環境條件相似的土地或淡水水域中，假如兩個國家或地區劃分在相同的生態區內，可推測兩者具有類似的生物群落及生境。香港位於東洋界—印度支

那─南中國─越南亞熱帶常綠森林。生態區範圍涵蓋南中國沿海地帶（東至東山島，西至北部灣，包括海南島）及越南北部。這個生態區位處過渡地帶，從越南的熱帶森林到南中國的亞熱帶和混交林。生物區系屬於熱帶及亞熱帶濕潤闊葉林。

2. 海洋生物地理分布

海洋沒有明顯的地理分隔，但其動植物分布依然有區域上差異。奧克蘭大學生物信息研究所（Bioinformatics Institute）於 2017 年分析了 65,000 種海洋動植物的分布，並按照物種分布相似度歸納出 30 個海洋區域。根據上述研究的分區，香港水域屬於西北太平洋區，毗鄰熱帶印度洋─太平洋和印度洋沿岸區，及西太平洋離岸區。此區具有 47% 的獨有種，其中以軟體動物和節肢動物獨有種最多。

二、植物區系及物候

1. 植物區系

香港位處北回歸線以南，按照地理學定義屬於熱帶地區。但植物地理學家分析香港植物組成後，傾向將香港植被分類為亞熱帶或熱帶過渡區，這與古代的植被分布有關。從前東亞的森林非常廣闊（於人類活動之前），範圍由赤道一直延伸至北極圈林木線，由於植被及相關的動物分布沒有中斷，因此難以確定熱帶終止及亞熱帶開始的地點。香港剛好位處於熱帶及熱帶過渡區的交界，所以植被同時具有熱帶和亞熱帶特徵。

香港植物物種主要為熱帶和亞熱帶成分，在屬的層面上以熱帶物種為主。最常見和多樣的熱帶植物科包括蝶形花科、蘭科、大戟科、茜草科、桑科等。不過，香港並無發現亞洲純熱帶的科如龍腦香科、肉豆蔻科，反而一些非熱帶的科和屬的分布，例如杜鵑花科、潤楠屬（*Machilus* spp.）和冬青屬（*Ilex* spp.）比一般熱帶低地的更多，這些物種在本港中高海拔生境尤其常見。

香港現存原生林的植物類群與熱帶過渡區的描述較相似。這些原生林的外觀和結構與熱帶雨林相似，但其優勢種與亞熱帶闊葉林較相似，包括喜愛溫暖的殼斗科、山茶科、樟科、金縷梅科及杜英科。這些科與大戟科、野牡丹科、山龍眼科、豆科、桑科、桃金孃科等熱帶喬木混生。這些樹林也同時與位於赤道高山的中海拔森林相似。香港僅存原生林大多位於中高海拔地區的溪谷之間，植物類群同時受海拔高度影響，未必能全面反映原始植被的物種，特別是最有機會類似熱帶雨林的低地森林。

香港植物包括演化歷史非常遠久的古化植物，例如早在古生代（約三億年前）就已出現的蕨類植物蓮座蕨科、松葉蕨科；於中生代初期（約二億五千萬年前）出現的紫萁科、裏白科及桫欏科；中生代晚期（約一億五千萬年前）的瘤足蕨科。香港的原生裸子植物雖不多，但當中亦有演化歷史非常久遠的科屬，包括在第三紀就出現的松科（見圖 5-4）。而被子植物當中亦有不少古老植物，包括在白堊紀就已演化出來的木蘭科、番荔枝科、樟科、殼斗科、金縷梅科、山茶科、八角楓科及胡椒科等。

2. 開花季節

香港四季分明，旱、濕兩季尤其明顯，因此植物繁殖季節帶有穩定而強烈的季節性。大部分植物以動物作為授粉媒介，亦以動物作為主要的種子傳播媒介，為典型的熱帶植物傳播模式。香港植物的花期大多維持二至四個月，當中也有一些比較極端的例子，例如黑面神（*Breynia fruticosa*），花期長達六個月；山油柑（*Acronychia pedunculata*）花期亦長達五個月；九節（*Psychotria asiatica*）花期由 3 月延伸至 9 月，達七個月之久。

多數植物花期集中在 4 月至 7 月，是典型北半球季節性地區的主要花期。這期間氣候和暖潮濕，大部分昆蟲蟄伏於冬季之後於春天活躍起來，昆蟲活躍度和植物花期共同演化相互配合，同於 5 月達至高峰，其時昆蟲得到食物回饋，而植物亦得到昆蟲授粉以利傳播和繁殖。眾多的傳粉昆蟲當中以東方蜜蜂（*Apis cerana*）為最主要的授粉媒介，牠們於氣溫高於攝氏 12 度以上時變得活躍，尤以放晴的日子為甚。5 月主要的常見開花植物包括九節、桃金娘（*Rhodomyrtus tomentosa*）、小果柿（*Diospyros vaccinioides*）、木荷

圖 5-4　在第三紀就出現的油杉。（*Keteleeria fortunei*）
（黃筑君提供）

（*Schima superba*）、山薑屬（*Alpinia* spp.）、毛茶（*Antirhea chinensis*）、崗松（*Baeckea frutescens*）、假蘋婆（*Sterculia lanceolata*）、梔子（*Gardenia jasminoides*）、玉葉金花（*Mussaenda pubescens*）、黃牛木（*Cratoxylum cochinchinense*）、嶺南山竹子（*Garcinia oblongifolia*）及冬青屬等。

6月至9月為香港的雨季，雨天日子漸多而雨量亦大，平均月雨量為全年最高，平均月雨量超過300毫米。開花的植物隨着雨季開始變得更少，以避免花粉被雨水沖洗掉，浪費資源，同時傳粉昆蟲亦較難於雨天活躍，使得傳播花粉更為困難。雨季主要的常見開花植物包括金草（*Hedyotis acutangular*）、山油柑、毛莣（*Melastoma sanguineum*）（見圖 5-5）、白楸（*Mallotus paniculatus*）及香港大沙葉（*Pavetta hongkongensis*）等。

開花植物在秋季至冬季（9月至翌年2月）變得愈來愈少，12月更是全年最少植物開花的時期，這亦與昆蟲活躍度相關。然而，一些耐寒並於冬季活躍的訪花昆蟲，卻相當依賴冬天開花植物作為蜜源，包括大頭茶（*Polyspora axillaris*）、鵝掌柴（*Schefflera heptaphylla*）、吊鐘花（*Enkianthus quinqueflorus*）、柃木屬（*Eurya* spp.）及厚葉山礬（*Symplocos lucida*）等。

3. 結果季節

香港植物的結果時間跟花期剛好相反，季節性更為顯著。秋冬（10月至翌年2月）為大部分植物的結果季節，春夏最少。每種植物的果期一般都比花期長，大多物種的果實不會全部於同一時段成熟，這使得果實能被更多不同的媒介傳播、或在不同時間傳播，減低風險並增加子代的存活率。秋冬之間最常見的結果植物包括九節（見圖 5-6）、石斑木（*Rhaphiolepis indica*）、黃牛木、毛冬青（*Ilex pubescens*）、大頭茶、吊鐘花、山油柑、短序潤楠（*Machilus breviflora*）及白楸等。

香港植物的果期集中於冬季情況不算常見，季節性熱帶地區的果期一般在濕季，而更高緯度的地區則於夏末至秋天。然而植物於冬天結果有明顯優點。香港位處亞熱帶地區並處於主要的鳥類遷徙區帶之上，大量果食性的遷徙鳥種從北方遷徙至香港並度冬，當中包括各種鶇科及鶲科等。另外又因為冬天昆蟲的數量低，很多雜食性的留鳥例如紅耳鵯（*Pycnonotus jocosus*）、白頭鵯（*Pycnonotus sinensis*）及暗綠繡眼鳥（*Zosterops simplex*，又稱相思）等都變得非常依賴果實並作為主食。這兩個原因使得於冬天結果有着顯著優勢，種子能被多樣並為數不少的鳥類傳播，增加成功傳播並繁殖的機會。

然而，冬天結果的植物並不限於生產漿果或核果等依靠動物傳播的物種，依賴風力傳播的植物亦同樣於冬天結果並達至高峰，當中包括大頭茶、黃牛木、吊鐘花、藤黃檀（*Dalbergia hancei*）及芒（*Miscanthus sinensis*）等。冬季季風顯然有利於種子傳播。秋冬間結果的植物，其種子被傳播後往往不會立即發芽，絕大部分的種子都等到翌年春天的來臨，屆時氣溫變得和暖而且潮濕，為種子提供更有利發育條件。另外，部分植物於冬天落葉，空氣於

圖 5-5　毛菍（*Melastoma sanguineum*），雨季常見開花植物之一。（侯智恒提供）

圖 5-6　九節（*Psychotria asiatica*），秋冬間常見的
結果植物之一。（侯智恒提供）

林中的流動增多，加上季候風和少雨的日數，這為依靠風力傳播的植物，製造更有利的條件將種子傳播至遠處。

結果的植物數量隨春天到來急遽下跌，4 月和 5 月為全年最少植物結果的月份，當中包括細軸蕘花（*Wikstroemia nutans*）、梅葉冬青（*Ilex asprella*）及鵝掌柴（見圖 5-7）等。還有一些結果期非常長，多以物理性傳播果實為主的植物，果期由冬季延續至翌年的春季，例如上面已列舉的大頭茶、黃牛木、吊鐘花等。夏季開始之後陸續開始有更多的植物結果，包括假蘋婆、朴樹、銀柴（*Aporusa dioica*）及血桐（*Macaranga tanarius*）等。多數青岡屬（*Cyclobalanopsis* spp.）果實於冬季成熟掉落，但有部分青岡屬物種果實於春季成熟，例如竹葉青岡（*Cyclobalanopsis neglecta*）。如果環境濕度足夠，種子會在七天內快速發芽，並於一個月內長出真葉，成為約 10 至 15 厘米高的小苗。這種情況在本地木本植物中並不常見，相信有助降低果實被動物取食的風險，及對本港濕暖春季的適應。

4. 果實的發育

植物由開花至果實成熟，所需時間都有所不同，當中以開花的月份或季節為主要的控制因素。冬季或初春開花的植物，傾向有着較長的果實發育期，它們的果實大多等待秋天或下一個冬天才成熟，冬青屬是一例子，它們大多於 3 月至 5 月開花，果實經過二百多天的發育期，至冬天成熟。其他例子包括柃木屬、杜鵑屬（*Rhododendron* spp.）、石斑木（見圖

圖 5-7　鵝掌柴（*Schefflera heptaphylla*），少數春天結果的植物之一。照片於 4 月份在蒲台島拍攝。（侯智恒提供）

5-8）及大頭茶等。其他於夏秋開花的植物也有類似情況，果實多等到晚秋或冬季才成熟，最極端的為鵝掌柴，高度壓縮成熟時間，於同一年的冬季開花並結果。未成熟的果實較能抵抗蟲害和真菌的攻擊，因此大部分植物的果實於炎熱和潮濕的夏天維持着未成熟狀態，減低種子被侵害的機會，待至旱季才成熟。

三、動物區系和物候

1. 動物區系

植物學家通常將熱帶的邊界置於北回歸線附近（例如 22°30'N），但脊椎動物學家通常將邊界置於北回歸線更北的位置，大約在 30-35°N。植物及動物具有不同的熱帶邊界，這是因為兩者對短暫的極冷期反應不一。大部分陸上動物能夠移動至較溫暖的南方或遮蔽的生境避寒。相反植物無法移動，地面部分直接受低溫及霜凍影響，因此低溫對植物分布影響較為明顯。

從動物地理學的角度分析，香港的動物種類主要屬於熱帶。雀鳥及哺乳類動物能維持體溫，因此許多科的分布都遍及全球。即使如此，香港留鳥中仍然有集中分布於熱帶物種，包括鵯（*Pycnonotus* spp.）、啄花鳥（*Dicaeum* spp.）、噪鶥（*Garrulax* spp.）、大擬啄木鳥（*Megalaima virens*），以及只分布於熱帶的赤紅山椒鳥（*Pericrocotus flammeus*）和叉尾太陽鳥（*Aethopyga christinae*）。

哺乳類動物方面，果子狸（*Paguma larvata*）、七間狸（*Viverricula indica*）、紅頰獴（*Herpestes javanicus*）、食蟹獴（*Herpestes urva*）、穿山甲（*Manis pentadactyla*）和恒河猴（*Macaca mulatta*）雖也在亞熱帶出沒，但大多分布於熱帶。部分典型的亞洲熱帶科如犀鳥、長臂猿等物種，目前香港並沒有分布，但就如華南虎絕跡於香港一樣，很可能是

圖 5-8　石斑木（*Rhaphiolepis indica*），又名春花，顧名思義，春天開花（右圖），果期 5 月至 12 月，果實旱季成熟（左圖）。（侯智恒提供）

長期人類活動破壞森林的結果。

目前雖然沒有研究説明香港的兩棲及爬行類物種是否具明顯熱帶特徵，變溫動物（包括爬行類及兩棲類）的生命周期及活動能力深受氣溫影響，因此在熱帶的物種多樣性最高。香港共有 90 種原生陸棲兩棲和爬行類動物，豐富的動物多樣性，顯示香港氣候帶有熱帶特點。

雖然無脊椎動物的分布研究較少，但基於目前成果，熱帶類群在北回歸線以北地區仍佔主導地位。例如香港有紀錄的蝴蝶和蛾類物種當中大部分為熱帶種，香港的蜻蜓也幾乎全部都是熱帶種。

香港淡水動物也以熱帶為主，只有少數屬於溫帶種類。甲殼類方面，只生於熱帶溪流的淡水蝦蟹，並沒有常見於北方溫帶河溪中的鉤蝦屬（*Gammarus*）、櫛水蚤屬和克氏原螯蝦（*Procambarus clarkii*，又名小龍蝦）等。軟體動物方面，常見於香港的跑螺科並不分布於溫帶。淡水魚類方面，常見的爬鰍科，如橫紋南鰍（*Schistura fasciolata*）、麥氏擬腹吸鰍（*Pseudogastromyzon myersi*）僅見於熱帶亞洲。絲足鱸科只見於亞洲，主要分布於熱帶，而香港是香港鬥魚（*Macropodus hongkongensis*）和叉尾鬥魚（*Macropodus opercularis*）的分布北限。其他主要水生昆蟲類群也具熱帶特徵。毛翅目方面，溫帶常見的沼石蛾科並不分布於香港，被偏好溫暖枝石蛾科取代。另外在中國北方廣泛分布的襀翅目和角石蛾科，只有少數幾個物種分布於香港。

2. 鳥類物候

鳥類是恒溫動物，活動範圍相對較廣，能遷徙至較溫暖及食物充足的地點越冬或繁殖，其生活史因應季節變化採取多種適應策略。

鳥類的遷移

在北半球緯度較高的地區，春、夏季資源豐富，為雀鳥提供豐富的食物。到了秋季，天氣轉冷，食物減少，令數以百萬計在西伯利亞及中國東北部地區繁殖的雀鳥南遷至較溫暖的地方如中國南部、東南亞、澳洲及紐西蘭等地越冬，待翌年 3 月至 5 月才重返故地繁殖。香港是東亞—澳大利西亞遷飛區的其中一個中途站，大量候鳥在此補給或休息（春秋過境遷徙鳥），部分候鳥更以香港作為終點站，在此越冬（冬候鳥）或繁殖（夏候鳥）。

香港錄得的野生雀鳥為 572 種，按雀鳥的棲息狀況，香港可見的鳥類主要分為五大類（見表 5-2），其中冬候鳥或春秋過境遷徙鳥佔香港錄得物種的 40% 以上，由此可見香港鳥類的物種及數量明顯受季節影響。黑臉琵鷺（*Platalea minor*）是其中一種來港越冬或補給的候鳥，也是香港及東亞鳥類保育的成功例子。

黑臉琵鷺是大型涉禽，鳥喙狀似琵琶，因此得名。黑臉琵鷺在春夏間於朝鮮半島西岸至中國遼寧省之間的小島上繁殖，每年冬天遷徙到南方越冬，台灣和珠三角地區是黑臉琵鷺的主要越冬地，其中在香港米埔及內后海灣濕地越冬的黑臉琵鷺約佔全球數目的 6%。因為濕地生境消失，在 1980 年代全球黑臉琵鷺數目一度跌至 300 隻以下，因而被列為瀕危物種。2001 年起，隨着香港實施有效的保育措施，至 2017 年 1 月米埔及后海灣濕地錄得 375 隻黑臉琵鷺，而全球數量亦呈大幅上升。

表 5-2　按棲息狀況劃分，香港五大鳥類在港棲息情況表

分類	棲息狀況
春秋過境遷徙鳥	遷徙途中在香港短暫休息後，再繼續南遷或北返的雀鳥，佔香港鳥類數目大約 20%
冬候鳥	秋季飛來香港越冬，春季離開的雀鳥，佔香港鳥類數目大約 20%
留鳥	全年可見的雀鳥，佔香港鳥類數目大約 20%
夏候鳥	春季飛來香港繁殖，秋季才離開，佔香港鳥類數目大約 2%
其他	偶然在香港出現、迷途或情況不明

除了水鳥以外，居於森林或田野的雀鳥也會因應食物多寡遷徙至南方越冬。由於歐亞大陸幅員廣闊，這些雀鳥的遷徙路線更加複雜多變，黃胸鵐（*Emberiza aureola*，又稱禾花雀）就是其中之一。黃胸鵐曾極度普遍並廣泛分布於歐洲和亞洲。每逢秋季，黃胸鵐會結集成群，由西伯利亞飛往亞洲南部及東南亞地區越冬。黃胸鵐遷飛時會成群在稻田覓食，加上有食用價值，因此長年遭到大量捕捉。過度捕殺使黃胸鵐的數目在 1980 年至 2013 年間下跌九成，繁殖分布範圍縮減了 5000 公里。由於種群數量跌幅驚人，黃胸鵐於 2017 年被列為極度瀕危物種。

鳥類的繁殖

大部分香港留鳥在春季至初夏繁殖（3 月至 7 月），包括求偶、築巢、交配、育雛，部分物種會於夏季持續營巢。通常具有較長繁殖時間的鳥類一年可以多次生產，例如八哥（*Acridotheres cristatellus*）、樹麻雀（*Passer montanus*，又稱麻雀）及暗綠繡眼鳥。有些雀鳥早於 2 月開始求偶，例如市區常見的噪鵑（*Eudynamys scolopaceus*）。一般而言，啄食昆蟲的鳥類的繁殖季節與昆蟲的數目及種類上升同期，因為親鳥以昆蟲作為食物餵飼幼鳥。當環境中食物資源充沛，幼鳥的生存機會較大。

少數夏候鳥在春夏季遷徙到香港繁殖。訪港的夏候鳥包括褐翅燕鷗（*Onychoprion anaethetus*）、黑枕燕鷗（*Sterna sumatrana*）和粉紅燕鷗（*Sterna dougallii*），牠們廣泛分布於熱帶海域，主要在海洋中生活，每年夏季（4 月至 8 月）以香港水域的小島作繁殖地。

香港野鳥築巢的位置多樣，大部分雀鳥在樹木及灌叢中築巢，部分濕地鳥類在近岸植物中築巢。鳥巢的位置通常比較遮蔽，降低雛鳥被獵食者發現的風險。部分在市區覓食的雀鳥則會利用電塔、建築物遮蔽處或排水孔築巢，例如每年 3 月至 7 月家燕（*Hirundo rustica*）會在村屋或唐樓的屋簷下築巢，屬於較易觀察其繁殖行為的鳥類。多數鳥類在繁殖期後棄巢而去，小白腰雨燕（*Apus nipalensis*）屬於例外，因其鳥爪結構無法站立，全年住在巢中。根據香港觀鳥會於 2003 年至 2008 年的燕巢調查，共發現九百多個小白腰雨燕巢及四百多個家燕巢。

多數林鳥各自築巢，不會聚集；大部分鷺鳥則在繁殖期間聚集（3 月至 8 月），在林地棲息和育雛，形成鷺鳥林。鷺鳥林多數位於后海灣附近範圍，其餘分布於新界各地，部分鷺鳥林被列為具特殊科學價值地點或特別地區，其中有繁殖紀錄的鷺鳥鳥種包括大白鷺（*Ardea alba*）、小白鷺（*Egretta garzetta*）、夜鷺（*Nycticorax nycticorax*）、池鷺（*Ardeola bacchus*）以及牛背鷺（*Bubulcus coromandus*）。其中牛背鷺族群正處於下降趨勢，繁殖個體數目從 2010 年前的每年 60 至 80 對，跌至每年 20 至 40 對，主要原因是棲地破壞和消失，包括農地、開闊草地及淡水沼澤。

3. 哺乳類物候

哺乳類動物也是恒溫動物，能在較寒冷的環境中活動。本地陸棲哺乳動物均屬「真獸類」，其胚胎透過胎盤吸收營養發育成長，直至發育成較健全的幼獸才會離開母體。若按繁殖季節分類的話，本地的陸棲哺乳動物可以分為季節性繁殖動物及連續性繁殖動物。雖然哺乳動物的幼獸在體內發育，環境因素對繁殖影響相對較其他動物輕微，但其生活史仍可反映季節變化。

季節性繁殖動物

季節性繁殖動物為了使幼獸的生存率最大化，牠們只會在一年中的特定時間內交配及生產，其繁殖能力和動機受環境溫度、日照時間、食物來源和降雨量等季節性因素影響。本地的翼手目、鱗甲目及大部分食肉目動物均屬此類，包括所有蝙蝠、穿山甲、食蟹獴、黃腹鼬（*Mustela kathiah*）、小靈貓（*Viverricula indica*）及果子狸。

本地大翼手亞目狐蝠科的蝙蝠以果實為食，在一年間有兩個生產期，分別為春末及初秋。小翼手亞目的蝙蝠以昆蟲為食，在一年間只有一個生產期，集中在 5 月至 6 月。在繁殖期間，穴棲性的蝙蝠如蹄蝠科、菊頭蝠科、長翼蝠科及鼠耳蝠屬（*Myotis* spp.）的物種會在繁殖用的洞穴群集生產及育幼。每一種蝙蝠物種的繁殖習性都不盡相同，例如：中華菊頭蝠（*Rhinolophus sinicus*）的雌性會在生產及哺乳期間大量群集成育幼群，以族群力量協助育幼；大足鼠耳蝠（*Myotis pilosus*）、中華鼠耳蝠（*Myotis chinensis*）、大長翼蝠（*Miniopterus magnater*）及南長翼蝠（*Miniopterus pusillus*）則會在生產及哺乳期間集棲，組成跨物種的育幼群；短吻果蝠（*Cynopterus sphinx*）為一雄多雌的多婚性物種，雄蝠會在繁殖季與一至十多隻雌蝠群棲，組成具領域性的育幼群。

本地食肉目動物的繁殖期比較多樣化，不同物種的繁殖期會根據其食性及食源供應而不同。雜食性的食蟹獴、黃腹鼬及小靈貓的生產期一般在春末至夏初，而植食性的果子狸的生產期比較長，一般在初春至晚秋。鱗甲目的穿山甲的生產期則比較特別，會選擇在冬季生產及育幼。

連續性繁殖動物

連續性繁殖動物可以全年交配繁殖，其繁殖能力和動機與季節無關。雌性會經歷由性荷爾蒙所誘導產生的周期性生理變化（發情周期），吸引雄性交配，而雄性全年均能夠保持交配能力。本地大部分陸棲哺乳動物均屬此類，包括歐亞水獺（*Lutra lutra*）、紅頰獴、鼬獾（*Melogale moschata*）、豹貓（*Prionailurus bengalensis*）及所有鯨偶蹄目、靈長目、真盲缺目和嚙齒目動物。雖然牠們可以全年交配繁殖，不過每個物種都會有各自的繁殖高峰期，例如：豹貓一般會選擇在春季生產，鼬獾較多在夏末到冬季生產，臭鼩及赤麂則主要在春夏季生產。

在各類動物類群中，哺乳類動物的繁殖受到最大規模的人為影響。長期以來，本地所有野生哺乳類動物都自然地生活繁衍，其數量及分布不時受到各種自然因素影響，甚少人為干涉。隨着城市發展，導致各種人類與野生動物接觸日益頻繁，引致各種矛盾和意外，當中以野生猴子、野豬、流浪牛隻問題最具代表性，漁護署自 2000 年代以來，先後推出針對上述物種的避孕及絕育計劃（見圖 5-9）。

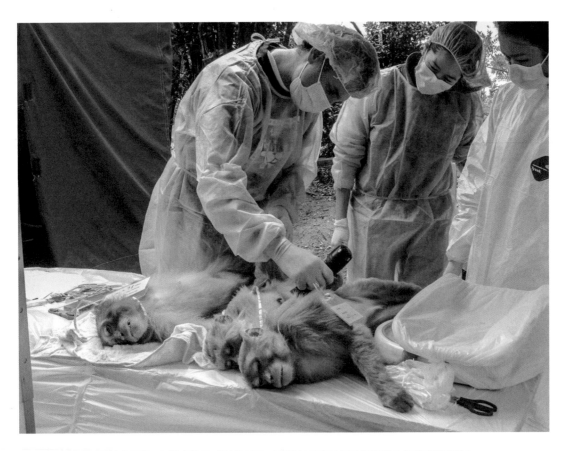

圖 5-9　漁護署獸醫檢查野猴，以進行避孕或絕育處理。（香港特別行政區政府漁農自然護理署提供）

4. 兩棲及爬行類物候

兩棲動物是變溫動物，即體溫跟隨氣溫變化。當氣溫降至攝氏 13 度以下，大部分本地兩棲類物種停止活動，進入休眠狀態，因此秋冬季遇上兩棲類機率大減。兩棲動物的皮膚有重要呼吸功能，需要保持濕潤以便氣體交換，在太乾燥或高溫環境會令牠們失水過多而死亡。本地兩棲類動物的活躍程度同時受溫度及濕度限制，加上牠們需要在水體產卵，因此其生活史具明顯季節性。

兩棲類的物候

香港受季候風影響，降雨、溫度和濕度都季節分明，池塘、沼澤、農田的兩棲類繁殖季節大多在溫暖而潮濕的 3 月至 8 月，黑眶蟾蜍（*Duttaphrynus melanostictus*）繁殖較早，早在 2 月大量雄蟾和雌蟾聚集在靜水處或河流，在幾天內完成抱接及產卵，然後回到陸地生境。

雨後空氣濕度升高，兩棲類就更為活躍。部分姬蛙科偏好於大雨後出現的水窪產卵，這些短暫出現的水窪通常較少獵食者（如淡水魚類、蜻蜓稚蟲），有利於蝌蚪完成幼體階段。一般而言，偏好於水窪產卵的蛙類蝌蚪期較短暫，以降低因水窪乾涸致死的機率。當環境條件適合，花細狹口蛙（*Kalophrynus interlineatus*）最短只需兩周即可由卵變成幼蛙。與其他低地蛙類相比，其蝌蚪發育期短兩周至六周不等。

低地蛙類蝌蚪通常於繁殖季完結前完成變態，以幼蛙姿態越冬。斑腿泛樹蛙（*Polypedates megacephalus*）屬於例外，牠會在繁殖季初期產卵，亦會在夏末繁殖季完結前產卵，此一卵泡孵化的蝌蚪會維持蝌蚪的狀態越冬，於初春回暖後才變態成幼蛙，比其春夏季的蝌蚪期（約 60 天）長一至兩個月。

在樹林內的山溪大多整年都有流水，環境較潮濕，劉氏掌突蟾（*Leptobrachella laui*）和短腳角蟾（*Megophrys brachykolos*）在 1 月便開始鳴叫。不太善於游泳的香港瘰螈（*Paramesotriton hongkongensis*）則主要在旱季（9 月至翌年 3 月份）繁殖，避免大雨時溪流暴漲沖走卵或幼體。雄性瘰螈在繁殖期間尾巴會出現一條淡藍白色的條紋，雌性香港瘰螈把卵黏着在水生植物的葉片之間。繁殖季結束後，香港瘰螈會離開水體，遷移到溪流附近樹林生活。

爬行類的物候

爬行類動物也是變溫動物，其活動能力受限於低溫，因此香港爬行類動物的生活史具季節性適應。本港大部分蛇類及蜥蜴會休眠度冬，淡水龜亦會於攝氏 15 度以下進入休眠狀態。

關於香港蜥蜴和蛇繁殖的研究不多，基於野外和人工飼養下的觀察，以及量度常見種的大量標本，可以推測牠們的產卵、孵化或產子季節。香港蜥蜴和蛇類的繁殖季一般在溫暖和潮濕的 3 月至 9 月，這段時間有充足食物提供養分給卵在母體成長，也能讓剛孵化或出生

的幼體快速生長。白唇竹葉青（*Trimeresurus albolabris*）的交配期在 8 月至 10 月，及後卵
在母體內發育。直至翌年的 7 月至 8 月，母蛇直接生產幼蛇。

變色樹蜥（*Calotes versicolor*）在春季交配，夏季在泥土中產卵。在繁殖期間，雄性變色樹
蜥的頭部和前肢由黃褐色變成朱紅色，喉囊更會變成黑色及紅色，是本港唯一具明顯體色
變化的蜥蜴。

香港的淡水龜在夏天產卵，例如廣泛分布於香港低地池塘、沼澤及溪流的烏龜。烏龜在
春天交配，6 月在濕泥中產卵，其卵在生產後 50 日至 80 日孵化。大頭龜（*Platysternon
megacepahlum*）的卵孵化期特別長，需時超過 100 天，7 月初產卵，至 10 月中才孵出
幼龜。

香港大部分的海龜只間中游到本港水域，唯有綠海龜（*Chelonia mydas*）在香港有繁殖紀錄
（見圖 5-10）。1930 年代紀錄顯示，綠海龜曾在香港數處沙灘產卵。受鄰近地方發展影響
及人為干擾（例如村民採集海龜蛋食用），至 1990 年代只有南丫島深灣定期有綠海龜上岸
產卵。近期產卵紀錄在 2012 年夏季，一隻雌性綠海龜上岸產了 5 窩蛋，隨後漁護署的衛
星追蹤發現牠在南中國海纏上漁網死去。自 1998 年至 2012 年，有超過 2700 顆在南丫島
深灣產下的卵受到保護，成功孵化的小海龜，可於長大後重回香港延續此繁殖種群。

圖 5-10　在南丫島深灣沙灘產卵的綠海龜（*Chelonia mydas*）。（2008 年 9 月拍攝，香港特別行政區政府漁農自然護
理署提供）

5. 魚類物候

淡水魚類物候

繁殖季節

香港年雨量可達 2400 毫米以上，當中約八成的雨量集中在 5 月至 9 月。季候風與熱帶氣旋等天氣現象往往在雨季造成極端降雨，對剛孵化、泳力較差的仔魚及難以自保的魚卵構成危險。為避免卵或仔魚被急流沖走，香港初級性淡水魚類，尤其是棲於山溪的物種，大多在雨季到臨前開始繁殖。於海洋繁殖的魚類大多會產下大量體積細小的卵，孵化後仔魚會經歷一段浮游仔魚期。然而，極端降雨事件對浮游性仔魚十分不利。因此，不少淡水魚類，如棲於山澗的溪吻鰕虎魚（*Rhinogobius duospilus*）、腹吸鰍科及絲唇鰍科的物種，演化出相反的策略，即產下少量體積龐大的卵（直徑可達約 2 毫米），仔魚在卵中成為發育良好的幼體才孵化，不會經歷浮游期。採取這種季節性及直接發育策略的淡水魚，雖然產下較少個體，但個體的存活率較高。

求偶、產卵與親代撫育

每逢繁殖季節，在香港河溪不難發現雌雄異型的魚類。不少物種的雄魚會在發情期展示出不同的外貌，包括鮮艷的顏色、明顯的條紋，用以吸引異性。顯著的例子包括異鱲（*Parazacco spilurus*）、長鰭馬口魚（*Opsariichthys* cf. *evolans*）、高體鰟鮍（*Rhodeus ocellatus*）、溪吻鰕虎魚、枝牙鰕虎魚（*Stiphodon* spp.）、叉尾鬥魚及香港鬥魚等。在繁殖季節，這些雄魚大多具領域性，不但會展示身上的色彩及斑紋警告侵入領域的其他雄魚，甚至會主動攻擊和驅趕。發情期間，雄性異鱲的面頰及下頜會長出角質突起物，又稱珠星（見圖 5-11）。當雄魚爭奪領域或雌魚時，會以鋒利的珠星互相攻擊。除打鬥外，珠星或具有辨識同類，及刺激雌魚排卵等用途。

很多淡水魚會在繁殖的各個階段展現出親代撫育行為，包括隱藏魚卵、護卵或護幼，以提高子代的存活率。例如異鱲和長鰭馬口魚交配時會貼近河床，一邊產卵一邊劇烈擺動身體及尾鰭，使受精卵被河沙掩埋。弓背青鱂（*Oryzias curvinotus*，又稱米魚）的雌魚排卵後，雄魚會將卵子受精，受精卵會先黏附在雌魚的體外，直至雌魚找到合適的位置產卵，例如水生植物叢或河岸植物的根部，為受精卵提供遮蔽。月鱧（*Channa asiatica*）和斑鱧（*Channa maculata*）的親魚更會守護子代，直至仔魚孵出一段時間後。溪吻鰕虎魚則會於大石塊下挖穴築巢，雌魚會將卵產於穴頂，由雄魚守巢至仔魚孵出。高體鰟鮍利用背角無齒蚌（*Sinanodonta woodiana*）隱藏自己的卵，雌魚在繁殖期會長出細長的產卵管（可達體長一至兩倍），透過背角無齒蚌外露的虹管，將卵產在蚌的體內，雄魚繼而上前排出精子，使卵子在蚌內受精，讓受精卵在蚌殼的保護下成長直至孵化成仔魚。

叉尾鬥魚及香港鬥魚的繁殖過程更為特別。雄魚會先於水生植物叢、河岸植物根部或大石塊旁的靜水區找尋合適的地點，然後在水面吞入空氣，混合口中的黏液，再吐出一個個細

圖 5-11　異鱲（*Parazacco spilurus*）雄魚面頰及下頜的角質突起物──珠星。珠星是雄魚在爭奪雌魚時互相攻擊的工具，圖下方的雄魚尤為明顯，其下頜連續排列的白點就是珠星（見圖中箭咀）。（攝於 2008 年 5 月，香港特別行政區政府漁農自然護理署提供）

小的氣泡，形成一個氣泡巢。築巢後，雄魚會張開魚鰭，展示身上奪目的色彩，吸引附近的雌魚。當有發情的雌魚接近並準備與雄魚交配，雄魚會趨前，彷似擁抱一樣將身體捲曲並緊貼雌魚，刺激雌魚排卵。雌魚緩慢地將卵排出，雄魚會同時排出精子將卵受精，並將卵逐一放入氣泡巢中。整個交配過程完成後，雄魚會驅逐雌魚，並會守護巢及卵，直至孵出仔魚的一段時間後。

周緣性淡水魚的繁殖

周緣性淡水魚的生命史牽涉淡水、鹹淡水及海水等鹽度不同的生境，當中以河海迴游魚類的繁殖最為複雜。河海迴游又可細分為溯河迴游、降海迴游與兩側迴游三種型態。溯河迴游魚類，如廣為人知的鮭魚，成魚從海洋逆流而上，遷徙入河溪繁殖，仔魚在河溪中孵出並長成幼魚，再順流降至海洋中達致完全成熟。降海迴游則恰好相反，成魚在河溪返回海洋繁殖，仔魚孵出後以浮游性仔魚的型態，經洋流擴散到沿岸海域並長成幼魚，繼而溯游入河，在淡水中發育成熟。香港並沒有溯河迴游的魚類，但有些降海迴游物種，如日本鰻鱺（*Anguilla japonica*，又稱白鱔）、花鰻鱺（*Anguilla marmorata*）、黑邊湯鯉（*Kuhlia marginata*）及大口湯鯉（*Kuhlia rupestris*）。

兩側迴游魚類同樣會經歷長距離的河海迴游旅程，不過與溯河迴游或降海迴游不同的是，兩側迴游魚類發育成熟及繁殖兩個階段都同樣在淡水生境中發生，而且成魚不會迴游遷徙作繁殖。兩側迴游魚類在河溪中下游交配，仔魚孵出後被水流沖入海中，經過一段浮游期後長成幼魚，再從近岸海域溯游入河，回到淡水生境中發育成熟。在香港，有紀錄的兩側迴游魚類主要為鰕虎目的物種，例如溪鱧（*Rhyacichthys aspro*）、黑點嵴塘鱧（*Butis melanostigma*）、尖頭塘鱧（*Eleotris oxycephala*）、舌鰕虎魚（*Glossogobius giuris*）、紫身枝牙鰕虎魚（*Stiphodon atropurpureus*）等，其他例子包括胡瓜魚目的香魚（*Plecoglossus altivelis*），以及魨形目的弓斑多紀魨（*Takifugu ocellatus*）等。

另一方面，有部分周緣性淡水魚的成魚於海洋中棲息及繁殖，仔魚亦會經歷浮游階段，但部分時間（特別是幼年期）會進入河口甚至上溯進入淡水生境，例子包括海鰱目、鯔形目、銀鱸目、笛鯛目、鯛形目等的魚類。

海水魚類的物候

繁殖季節

香港海水魚類多樣性甚高，約有 1250 種，包括分布在熱帶、亞熱帶及溫帶的物種。不同魚類物種有各自的繁殖季節，並與其分布範圍有較大關係。熱帶或亞熱帶物種如橫紋九棘鱸（*Cephalopholis boenak*，又稱烏絲斑）和黑帶海豬魚（*Halichoeres nigrescens*，又稱蠔妹、青妹、紅妹）會在夏季繁殖。一些亞熱帶及溫帶物種如紅鰭裸頰鯛（*Lethrinus haematopterus*，又稱連尖、泥黃）、黑棘鯛（*Acanthopagrus schlegelii*，又稱黑鱲、黑沙鱲）、二長棘犁齒鯛（*Evynnis cardinalis*，又稱二棘扯旗鱲、扯旗鱲）和真鯛（*Pagrus major*，又稱七星鱲、沙鱲、紅鱲）會往離岸水域繁殖。褐菖鮋（*Sebastiscus marmoratus*，又稱石狗公）和數種適應低溫的石斑都會在冬季繁殖。

在近岸地區方面，珠江河口對於多種海魚及迴游性魚類而言是重要繁殖場。不同魚類會在不同時節聚集繁衍後代，而這些定時定刻群聚的魚類，造就了興盛一時的季節性漁業。每逢冬季，在東部及南部水域群聚繁殖的日本花鱸（*Lateolabrax japonicus*，又稱百花鱸、鱸魚）和尖吻鱸（*Lates calcarifer*，又稱盲鰽）就成為了漁民的理想目標。石首魚科的黃唇魚（*Bahaba taipingensis*，又稱大澳魚）、雙棘原黃姑魚（*Protonibea diacanthus*，又稱鹹魚，黑鱉）和大黃魚（*Larimichthyes crocea*，又稱黃花）曾經每年秋冬都會進行短促的大規模群聚繁殖，為漁民提供數以噸計的收穫。某些魚類更會千里迢迢遷徙到這裏交配繁殖。上述這些大型聚集已成往事，今已不復見。

季節性遷移及行為

香港的魚類多樣性和亞熱帶氣候，讓不少物種展示出季節性遷移和行為模式。中大型和運動能力強的物種隨季節、水溫和生殖周期在香港不同水域間移動，甚或遷徙進出香港水域。體型較小或運動能力較弱的魚類則會在冬季匿藏、休眠或遷移到更深的水域。不少夏季常見魚類在冬季時都會銷聲匿跡，比較活躍的如長圓銀鱸（*Gerres oblongus*，又稱連米）和泥䱉（*Siganus canaliculatus*）會離開原來的珊瑚群落，移至水溫較穩定的深水區域生活。部分小型魚類移動能力較弱，沒法遠離生境，包括多種蝴蝶魚如人字蝶（*Chaetodon auriga*，又稱荷包魚）、黑蝶（*C. auripes*）、黑背蝴蝶魚（*C. melannotus*）、八帶蝴蝶魚（*C. octofasciatus*，又稱花片、荷包魚、八線蝶）和黑尾蝶（*C. wiebeli*）。熱帶物種如黑帶海豬魚等隆頭魚會埋藏在沙泥下度冬。印度三鬚（*Parupeneus indicus*）會減少活動，長期保持靜止，以斑駁的花紋作為保護色隱藏自己。

多數滯留在珊瑚和礁石附近的魚類，如中華沙䱛（*Monacanthus chinensis*）和孟加拉豆娘魚（*Abudefduf bengalensis*，又稱石剎婆）通常會減少活動，克氏雙鋸魚（*Amphiprion clarkii*，又稱小丑魚、新抱魚）會退避到海葵的觸手間，鉛點多紀魨（*Takifugu alboplumbeus*，又稱黃雞泡）則會把自己埋藏在沙泥下，只露出雙眼和上半身。某些雀鯛物種如尾斑光鰓雀鯛（*Chromis notata*，又稱石剎，藍石剎）似乎較耐寒，全年皆常見，甚至會在冬季群聚。

潮池對魚類而言是極為嚴苛的環境，尤其當低潮正值日間加上夏季時水溫急升時則更為惡劣。只有少數魚類能夠長年生存於潮池中，對其他魚類而言潮池只是過渡性生境，會跟隨季節或潮汐移入遷出。研究錄得超過 20 科 50 種魚類會終生或暫居於潮池中，當中大多數都是隨潮汐進出。多種鰕虎魚，其次鰃，以及三鰭鰯科的篩口雙線鰯（*Enneapterygius etheostomus*）是潮池中最為常見的長居者。季節性出沒的只有少於八科十種，其中包括泥䱉、花身鯻（*Terapon jarbua*，又稱釘公）、大鱗鮻（*Planiliza macrolepis*，又稱鰽魚）和褐菖鮋的幼魚較為常見於隆冬至初夏。

就物種而言，梅氏深鰕虎〔*Bathygobius (hongkongensis) meggitti*，又稱香港深鰕虎魚〕是長年棲身於潮池中最常見的魚類，亦是唯一一種能在潮汐區最高位置發現的魚類。其他記錄到在夏季常見的鰕虎魚包括紋縞鰕虎魚（*Tridentiger trigonocephalus*）、裸項縞鰕虎（*T. nudicervicus*，又稱裸頸縞鰕虎魚）和深鰕虎魚（*Bathygobius fuscus*），牠們在冬季會大規模消失。杜氏蛙鯻（*Istiblennius dussumieri*，又稱杜氏動齒鯯）卻反其道而行，在冬季特別常見。斑點肩鰓鯯（*Omobranchus punctatus*）在東西部水域不同季節皆能看見。

6. 無脊椎類動物物候

無脊椎動物體型一般較細小，比例上表面面積較大，較容易受外界溫度影響。低溫及乾燥會限制無脊椎動物的活動，部分類群會選擇以卵、幼蟲或蛹階段去渡冬，或躲藏在溫度或濕度較穩定的地方（例如鑽入木材、泥土或水體中）並減少活動，因此在秋冬季較少發現無脊椎動物。不過無脊椎動物種類繁多，各自有獨特的生活史及相應的季節性適應。

昆蟲的物候

一般而言，香港飛行期昆蟲數量在 4 月急速上升，並於 5 月到達頂峰，及後會稍為下降，在 7 月尾到達小高峰飛行期。昆蟲的數量及物種多樣性在 10 月開始下降，並於 11 月下跌至低水平。數量下降的實際時間取決於當年秋季的溫度及降雨量。然而，不同種類的昆蟲對季節變化反應不一。2002 年的研究顯示，香港次生林內鱗翅目及膜翅目的數量跟隨上述季節趨勢，雙翅目及鞘翅目的數量則沒有明顯趨勢。

淡水昆蟲方面，大部分淡水昆蟲都有着相似的生命周期，就是只有幼蟲階段是完全水生的，當繁殖季節來臨時，便會蛻變成具飛行能力的陸生成蟲。這種兩棲性特質是水生昆蟲賴以存活的其中一項重要因素，即意味着幼蟲與成蟲使用不同的資源，避免造成種內競爭的情況。而當乾旱令魚類無法生存在季節性濕地時，又或棲地破碎化讓貝類和蝦蟹難以擴散種群時，淡水昆蟲憑藉其具飛行能力的成蟲就能迅速另覓居所，協助他們更有效地擴散種群。

蜻蜓目的羽化和飛行期

蜻蜓目（蜻蜓和豆娘）是其中一種具有上述季節性趨勢的昆蟲。蜻蜓目的一生會經歷水陸兩個階段，當成蟲交配後，雌性會在水生植物、濕泥或水中產卵（見圖 5-12）。卵孵化成稚蟲，開始在水中捕食多種生物。稚蟲經歷多次脫皮直至發育成終齡稚蟲，當環境條件適合，終齡稚蟲會離開水體，爬上石面或植物莖部羽化成蜻蜓或豆娘，此時牠們正式進入飛

圖 5-12　正在產卵的雌性黃偉蜓（*Anax aurantiacus*），牠們主要分布於山溪和池塘。（2009 年 6 月拍攝，香港特別行政區政府漁農自然護理署提供）

行期，展開陸上生活。蜻蛉目的生命周期，反映牠們同時受水陸生境的環境條件影響，包括氣溫、降雨量、水質等。

香港的蜻蜓和豆娘最早在冬末春初開始羽化，飛行期一般由 4 月到 9 月，大部分物種以稚蟲狀態越冬。棲息在河溪的物種多為一年一代或兩年一代，牠們多數在夏季前羽化，降低稚蟲被急流沖走的風險；出沒在沼澤或靜水的物種則可一年多代，在春夏季間都會羽化，沒有固定月份。另外香港亦有春季物種 —— 牠們會在春天同步羽化，成蟲數量大多於 5 月達到高峰。春季物種包括扁蟌科豆娘及部分棲息於山澗的蜻蜓，例如緒芳華扁蟌（*Sinostieta ogatoi*）及朝比奈虹蜻（*Zygonyx asahinai*）。

斑蝶遷飛越冬

部分蝴蝶與鳥類一樣能長途飛行，並會跟隨季節變化遷飛。本港有紀錄的斑蝶共 13 種。除金斑蝶（*Danaus chrysippus*）外，所有斑蝶物種皆有群集越冬的習性。每年 10 月，當北方天氣開始轉冷，斑蝶開始聚集南飛，尋找較溫暖的地點越冬，直至翌年 2 月至 3 月才北返。每年冬季（10 月至 2 月）都有斑蝶來港越冬，已知的越冬棲地約十個，均屬背風地形，擁有水源及可供斑蝶停棲的林木。

亞洲有不少地區都有發現越冬斑蝶，包括日本、台灣地區及海南地區，但亞洲區內的斑蝶遷移路線仍然成謎。通過斑蝶標放研究，鳳園蝴蝶保育區人員於 2011 年發現一隻由日本遷飛至香港的大絹斑蝶（*Parantica sita*）。綠色力量自 2009 年開展「越冬斑蝶調查」，發現每年來港的斑蝶數量、停棲地點、停留時間及群飛的物種構成都不相同，數據顯示香港是亞洲區內斑蝶遷飛中途站或終點站。屯門小冷水是其中一個斑蝶越冬地，在 1999 年首次錄得越冬斑蝶群集，在 2002 年冬季更錄得 3 萬至 4 萬多隻蝴蝶，亦因此被列為具特殊科學價值地點。

淡水甲殼類的繁殖策略

棲息於淡水生境的無脊椎動物更受到河溪季節性水量變化的影響。濕季暴雨產生的山洪暴發能重塑整個河床環境，並沖走河溪中大量生物。另外，河溪流量會在乾季下降，流速及水質均受影響，較小的山溪甚至會斷流或乾涸。部分水棲無脊椎生物採取獨特的繁殖策略以適應這種環境變化。例如香港南海溪蟹（*Nanhaipotamon hongkongense*）會生產較大的卵，雌蟹以腹部抱卵，並可隨意在河溪或附近樹林間移動；同時亦採取直接發育策略，其卵在濕季開始前孵化，幼蟹不會經歷浮游期，與成蟹外型相若，只有大小分別。另外香港溪流常見的海南沼蝦（*Macrobrachium hainanense*）、廣東米蝦（*Caridina cantonensis*）及三紋米蝦（*Caridina trifasciata*）也採取相同策略，以減少幼體被急流沖走的機會。

淡水軟體動物的多種繁殖模式

並非所有無脊椎動物的繁殖周期，都會明顯受季節變化影響，香港的淡水軟體動物沒有統一的季節性生殖模式。淡水雙殼貝類之中，泥蜆科的小型貝類全年皆可繁殖，沼蛤（*Limnoperna fortunei*）及砂蚌（*Corbicula fluminea*）每年繁殖兩次，背角無齒蚌（*Sinanodonta woodiana*）只在初夏繁殖。

部分淡水螺（錐蜷科及其近親）在頭部具有孵化袋，以孕育卵和幼體，並會於適當時間放出幼螺。瘤擬黑螺（*Melanoides tuberculata*）的孵化袋中全年有幼螺，但牠們只會在春夏水溫上升時才放出小螺。海南蜷螺（*Brotia hainanensis*）會在夏季前後各繁殖一次，塔蜷（*Thiara scabra*）則在冬季繁殖。

石珊瑚同步排出精卵

海洋中無脊椎生物的繁殖模式也具有明顯的季節性適應。香港水域至少記錄到來自 30 個屬 84 種造礁石珊瑚，扁腦珊瑚（*Platygyra spp*）是其中具代表性的珊瑚種類。部分石珊瑚物種一年只會產卵一次。受制於固著生長，牠們無法靠近另一群落進行繁殖。於是牠們採取同步繁殖策略 —— 不同群落同時在短時間內排出大量的精卵，提高海水中的精卵濃度，增加受精成功率。

香港的石珊瑚也會同步繁殖，例如尖邊扁腦珊瑚（*Platygyra acuta*）在每年 5 月或 6 月的滿月後數天同步排出精卵，中華扁腦珊瑚（*Platygyra sinensis*）、環菊珊瑚（*Favia speciosa*）及粗糙角星珊瑚（*Goniastrea aspera*）則在每年的 6 月或 7 月。多項研究指出海水溫度與石珊瑚的繁殖月份有密切關係，台灣有研究更發現綠島的石珊瑚多數在 4 月至 6 月間產卵，即海水溫度急升至月平均溫度攝氏 26 度至 29 度時。當海水溫度未達此溫度範圍，石珊瑚會延後繁殖。

第三節　生境類型

一、陸地生境

1. 植被

原始林

原始林是一種生態演替晚期的頂級群落，其間土地和環境多年來大致維持不變，需要非常漫長的時間方能孕育已成。香港位處亞熱帶地區，雨量充足，在人類踏足香港以前，香港植被普遍相信為茂密且物種豐盛的熱帶闊葉林，當中樹種高大且耐陰，林內結構複雜，包含樹冠層、幼樹層、矮樹層、地面層，各自被不同物種所佔據。根據鄰近地區原始林的植被狀況估計，香港原有原始林的物種密度每公頃應可達至 150-180 木本物種。然而，自人類生活於香港之後，生境遭到多次廣泛破壞，絕大部分林地都經歷過人為砍伐或改造，香港原始林基本已完全消失，只有具備部分原生林特徵的次生林分布（見圖5-13）。

目前要尋找史前森林組成成分並不簡單，除了分析沉積於香港的花粉或種子，參考鄰近地區的原始林，亦可得知香港頂級群落的大致成分。整個華南地區的氣候相對接近，然而當中大部分原始林或其他頂級群落，亦因人為活動而已告消失。廣東肇慶鼎湖山國家級自然保護區保存較接近香港的原始林群落，位處香港西北方190餘公里，兩地俱屬熱帶季風濕潤型氣候，以常綠闊葉林為主。

鼎湖山國家級自然保護區頂級群落以厚殼桂（*Cryptocarya chinensis*）、黃果厚殼桂（*Cryptocarya concinna*）、木荷和桂林栲（*Castanopsis chinensis*）為主要樹種。前三者於香港亦有分布，當中木荷於風水林及次生林相當常見。此外錐屬（*Castanopsis*）或其他殼斗科樹種在香港亦有分布，大都集中於山地之上。在大嶼山東北的一個沿海考古位置曾發現大量錐屬（*Castanopsis*）、青岡屬及櫟屬（*Quercus*）的種子，可追溯至6000年前，相信殼斗科古時在低地森林佔有相當的優勢。

香港殼斗科樹種大都依賴有分散囤積習性的嚙齒動物作為傳播媒介，這些鼠類收集、囤積殼斗科種子作食糧之用，殘存種子得以發芽成長作育成樹。然而這些嚙齒動物都已因過去過度伐林而滅絕，如今大部分殼斗科樹種分布狹窄而不常見，例如華南錐（*Castanopsis concinna*）、吊皮錐（*Castanopsis kawakamii*）、雷公青岡（*Cyclobalanopsis hui*）、粉葉柯（*Lithocarpus macilentus*）和麻櫟（*Quercus acutissima*）等，缺乏種子傳播媒介使其擴張變得困難，一些稀有樹種亦需以遷地保育的方式加以保護。

圖5-13　大埔滘自然護理區內次生林非常茂密，今香港少數具備原生林特徵的林地。（侯智恒提供）

現存香港最古老，植物成分最接近原始林的植被為風水林。風水林歷來受村民保護而幸存。然而不少風水林因非常靠近民居和村落，植物成分少不免混進一些外來物種，例如荔枝（*Litchi chinensis*）、龍眼（*Dimocarpus longan*）等，而有別於原始林。

次生林

次生林是指原始林遭到人為破壞或砍伐之後，經過若干年後再度自然演替而成的森林植被和生態系統。很多植物物種都於破壞時遭到滅絕，次生林的植物甚至生物多樣性，一般都遠不及未被破壞前的原始林。在香港而言，大部分次生林都是二戰後由草地自然演替而成，需時約 30 年至 40 年。香港次生林覆蓋面積在 1980 年代末以來持續增加，由 1989 年的 9.4%，於 1998 年增至 16.5%，至 2022 年佔全港陸地面積約 24%，是佔地面積最廣的生境。

香港早年次生林以馬尾松為主，馬尾松是華南地區常見的先鋒針葉樹種，亦是港府太平洋戰爭前的主要植林樹種。但於 1980 年代因意外引入的松材線蟲（*Bursaphelenchus xylophilus*）而發生極嚴重的松枯萎病，導致馬尾松大量枯萎和死亡。松材線蟲源自北美，相信經受感染的松木木材傳到世界各地。線蟲由天牛科（主要為松墨天牛 *Monochamus alternatus*）傳播，線蟲寄宿在天牛成蟲的呼吸系統之中，在成蟲進食樹皮時感染松木。松枯萎病一般可於六個月之內殺死松樹，其中馬尾松受災非常嚴重，另一用於植林的外來樹種濕地松（*Pinus elliottii*，又名愛氏松）亦受影響。但此蟲害也令香港因禍得福，松樹的死亡，反而讓出空間予林下的原生樹苗，加快了森林演替的進程，基本改寫了香港次生林的面貌及其植物成分。

目前演替初期的次生林以鵝掌柴為優勢種，是主要的樹冠層樹種，遮蔽並淘汰林下大部分不耐陰的草本和灌木。鵝掌柴為其他樹種提供適合的孕育條件，包括潤楠屬、山油柑、羅浮柿（*Diospyros morrisiana*）、山杜英（*Elaeocarpus sylvestris*）、嶺南山竹子、山烏桕（*Sapium discolor*）等，其中多種潤楠屬樹種逐漸於次生林佔優，如浙江潤楠（*Machilus chekiangensis*）、短序潤楠、絨毛潤楠（*Machilus velutina*）、刨花潤楠（*Machilus pauhoi*）等，取代鵝掌柴成為主導的樹冠層樹種。次生林的林下結構簡單，林下層以九節為主要灌木，矮小而耐陰的小樹如羅傘樹（*Ardisia quinquegona*）和多種山礬屬（*Symplocos* spp.）亦相當常見，底層植物多樣性不高，多集中於溪澗旁，一般多見山薑屬植物和一些常見蕨類如金毛狗（*Cibotium barometz*）和華南毛蕨（*Cyclosorus parasiticus*）等。然而，香港原有耐陰的頂級群落植物大都已滅絕，或僅餘非常狹隘的分布，鵝掌柴和多種潤楠屬等樹冠層優勢樹種本應是演替階段的過渡性樹種，它們的種子於遮蔽環境並不容易萌芽成長，因此種子都需要等待樹木倒塌之後有更多陽光穿透至林下底層才能持續更替並成長。

香港境內經年最久的次生林集中在新界中部一帶，當中以大埔滘自然護理區和城門郊野公園的次生林最為成熟（見圖 5-14），演替至今已超過 60 年，這兩片次生林亦互相靠攏，連貫而成境內最大片的次生林林地。大帽山以西荃錦拗和甲龍一帶、以北的林村谷和梧桐寨

圖 5-14　城門郊野公園內次生林樹冠茂密，可媲美大埔滘自然護理區的次生林。（侯智恒提供）

亦有不少次生林，其他地區例如港島大潭郊野公園、大嶼山中部、馬鞍山以至水牛山一帶的次生林，亦因近年郊野公園管理，令更多草坡、灌叢演替而成更多林地，次生林面積因此持續擴大。

風水林

風水林是華南地區特有的文化景觀，村民多會選擇座北向南、背靠山丘、面向河溪及洪泛平原的地方建村，村後樹林會被保存下來，形成環抱村落之狀（見圖 5-15），以遮擋日落西斜及冬季季候風，令村落達到冬暖夏涼的效果。因此，風水林的樹木保存良好，當中樹種亦較豐富。風水林的樹冠層大多高於 15 米，胸徑超過一米的原生大樹並不罕見（見圖5-16）。風水林歷史悠久，以城門風水林為例，至今已有超過 400 年的歷史。雖然香港鄉郊經歷數百年人為干預，至今仍能保存獨特而富高生態價值的風水林。

風水林雖然面積普遍不大，但物種豐富，林中垂直結構比低地次生林複雜，林中植物組成成分亦跟次生林大為不同。有研究者比較了低地次生林和風水林的組成成分，發現低地次生林中過半數的樹底面積為樟科，意味林中優勢種明顯，被寥寥數種佔優。反之，風水林的樹底面積平均分配於多個科屬植物之間，包括大戟科、樟科、薔薇科和山茶科等，喬木物種多樣性高而優勢種較不明顯，接近古老的原始林結構。

圖 5-15　沙頭角鳳坑的風水林，形成環抱之狀，世世代代保護該村。(攝於 2021 年，侯智恒提供)

圖 5-16　新界東北禾徑山村風水林，長有多棵百年以上的大樟樹。(攝於 2022 年，侯智恒提供)

香港的風水林樹冠層一般以黃桐（*Endospermum chinense*）、臀果木（*Pygeum topengii*）、木荷為優勢種；林下層以肉實樹（*Sarcosperma laurinum*）、假蘋婆、厚殼桂屬（*Cryptocarya* spp.）佔多數；底層以九節、粗葉木屬（*Lasianthus* spp.）、谷木屬（*Memecylon* spp.）為主。此外，木質藤本植物亦常見於風水林，例如廣東蛇葡萄（*Ampelopsis cantoniensis*）、羅浮買麻藤（*Gnetum luofuense*）和馬錢屬（*Strychnos* spp.）。

2002 年，漁護署展開全港風水林調查，考察了本地 116 個風水林。調查結果顯示大部分風水林面積細小，平均只有約一公頃 [2]，面積最小的西貢黃竹洋風水林只有 600 平方米，而最大的為城門風水林，面積約六公頃。大部分村莊位處低地，約八成風水林低於海拔 100 米，當中只有一片風水林（馬鞍山昂平）海拔高度超過 300 米。

香港大部分風水林位於新界東北部，例如荔枝窩、上禾坑、木棉頭、鹿頸、蓮澳、三椏村、谷埔三肚等；西貢和馬鞍山一帶亦有不少風水林，包括蠔涌、白沙澳、荔枝莊、黃竹洋、梅子林、茅坪新屋等。至於沙田、大埔和林村的傳統村落密集，大都保存了典型風水林，包括鳳園、城門、下田寮下、觀音山、坑下莆、大庵等。大嶼山風水林亦為數不少，但一般面積較小，例如白芒、散頭、水口、塘福等；新界西北部跟大嶼山情況相若，林地面積一般較少而人為干擾多，包括掃管笏村、八鄉古廟、元崗村等；至於香港島則只有南風道一個風水林。

人工林

本地人工造林（植林）始於約 1870 年代，至 1880 年每年種植超過百萬樹苗和種子。人工林先於香港島開始種植，其後推廣至九龍和新界等地。1938 年，香港島有超過七成土地被人工林所覆蓋，而新界亦已建立多片大面積的人工林，當中包括大埔滘一帶。早期植林以改善衛生和景觀、保護水土流失、抵禦山泥傾瀉、水源涵養為主，因此樹種選擇較為單一，以馬尾松為主，輔以少量原生或外來樹種。

直至抗戰時期，因往來中國內地和香港供應鏈遭到切斷，燃料供應變得緊張，居民繼而砍伐大量松木作燃料之用；港府於戰後重啟人工造林計劃，但於 1980 年代又因意外引入松材線蟲導致樹種單一的馬尾松人工林大片消失。由於馬尾松種子供應不穩定，1960 年代起，人工造林逐步改為大量種植數種生長快速、適應劣地的外來樹種，包括原產於美國東南部的濕地松（*Pinus elliottii*）、台灣的台灣相思、澳洲東部的紅膠木、白千層（*Melaleuca cajuputi* subsp. *cumingiana*）和數種桉樹，另外亦有種植數種原生樹，包括木荷、黧蒴錐（*Castanopsis fissa*）和楓香。

香港人工林覆蓋約 5% 土地面積，絕大部分人工林於 1950 年代以來種植。人工林內結構

2　1 公頃 = 10,000 平方米。

232

簡單，大多數樹苗於同一時段種植，林內樹木胸徑相似且年齡相若，有別於次生林或原始林的多層結構（見圖 5-17）。人工林內植物多樣性不高，樹冠層多以一或數種樹種主導，成熟的人工林樹冠層茂密，陽光穿透度低，林下層以九節為主要灌木。國內外很多研究結果顯示，雖然人工林能相對快速地修復嚴重退化的林地，人工林生物多樣性偏低，森林演替十分緩慢，有些外來樹種如台灣相思更具相剋作用，根部或落葉向土壤釋出異種相剋物質，抑制其他植物生長，影響自然演替。因此，漁護署於 2009 年展開了「郊野公園植林優化計劃」，透過疏伐人工林內老弱的樹木，騰出空間，種植耐陰的原生樹木，提高生物多樣性，促進天然的森林演替。

人工林常用的外來樹種在本地生態價值一般不及原生樹林高。當中大部分樹種出產乾燥的果實，例如紅膠木和白千層的木質蒴果或台灣相思的豆莢，果實難以被雀鳥等野生動物進食，導致人工林中的鳥類多樣性遠低於同齡的低地次生林。而且林中結構簡單，又缺乏大型木質藤本以致遮蔽度不足，大多數鳥類都不以人工林作營巢之用。另外，外來樹種的化學防禦機制，跟本地原生植物不同，大多數節肢動物（例如昆蟲）都未能利用外來樹種作資源存活，因此林中的整體生物多樣性不高。有見及此，漁護署透過「郊野公園植林優化計劃」，種植原生樹木以改善生物多樣性。在 2009 年至 2021 年期間，植林優化工作已擴展至約 120 公頃的外來樹種人工林區。漁護署於優化中的人工林內栽種了超過 80 種原生樹的樹苗，總數近 110,000 株。種植的原生樹種主要以大頭茶、潤楠屬、紅花荷（*Rhodoleia championii*）和楓香為主。

圖 5-17　大欖郊野公園內的人工紅膠木（*Lophostemon confertus*）純林，結構簡單。（攝於 2010 年，侯智恒提供）

圖 5-18　馬鞍山上的年幼灌木林，以桃金娘（*Rhodomyrtus tomentosa*）為優勢種。（攝於 2012 年，侯智恒提供）

灌木林

灌木林在香港山野上十分常見，為「草地→灌叢→森林」演替進程的過渡性生境。當草地未被山火波及，以風媒或雀鳥傳播的灌木植物種子能迅速發芽生長並取締草地，由劣地演替至灌木林一般需時十多年。當劣地演替至灌木林階段，此階段的抗火能力仍然很低，不過有些木本植物被燒毀後，還能恢復過來，於近基部處萌芽重生。當中桃金娘是表表者，牠亦因此是灌木林初期的優勢種（見圖 5-18）。在一些容易發生山火的山坡，例如村落後山的墓地，山坡的植被在草地和灌木林的階段不斷互相交替，難以發展至次生林階段。

灌木林為本港其中一種佔地廣泛的自然生境，2017 年灌叢面積約 263 平方公里，約覆蓋23.7% 土地面積。灌木林的植物多樣性非常豐富，常見的灌木包括桃金娘、柃木屬、冬青屬、豺皮樟（*Litsea rotundifolia*）、野牡丹屬（*Melastoma* spp.）、石斑木和山黃麻（*Trema tomentosa*）等。木質藤本亦於灌木林開始變得多樣，常見的包括雞血藤屬（*Callerya* spp.）、酸藤子屬（*Embelia* spp.）、山橙（*Melodinus suaveolens*）、羊角拗（*Strophanthus divaricatus*）、錫葉藤（*Tetracera asiatica*）和花椒屬（*Zanthoxylum* spp.）等。除一般的灌木林外，以崗松為主的灌木林亦常見於土層淺薄或十分當風的山坡。有別於草地，大部分常見的灌木林植物都產細小的漿果或核果，它們非常吸引鳥類、小型哺乳動物例如果子狸和鼠類動物，因此灌木林生物多樣性相比起草地變得更高。

灌木林演替後期開始有多種喬木物種建立起來，形成一個過渡性的半樹林─半灌木的生境，當中大部分樹種都帶有先鋒植物特性，多為不耐陰、生長快速、樹冠較闊而不高、多

圖 5-19　大帽山上的草坡。（攝於 2005 年，侯智恒提供）

以風力或鳥類傳播、對生境要求低，例如鵝掌柴、羅浮柿、白楸、山烏桕、山油柑、老鼠刺（*Itea chinensis*）、黃牛木、大頭茶和鹽膚木（*Rhus chinensis*）等。喬木的出現有助引來更多鳥類作休息之用，包括本地常見的白頭鵯、紅耳鵯和暗綠繡眼鳥等，牠們將鄰近喬木種子經腸道帶到灌木林，加快演替至早期樹林或次生林的階段。

灌木林在香港廣泛分布，常見於港島、西貢、新界、大嶼山及離島，由低地至高地皆有分布，但植物組成成分受鄰近植被及海拔高度所影響。向南的坡地更易受到山火所影響，較多的面積維持於草地─灌木林的演替階段，因此灌木林於向南的山坡較為常見。

除灌木林外，本地另有矮竹林跟灌木林有相似的植被高度，但其演替過程並不完全清楚。矮竹林的擴展主要依靠無性繁殖，因此擴展範圍和速度有限，在本地並不太常見，主要見於大帽山、馬鞍山一帶、鳳凰山、大東山等高地。矮竹林的植物多樣性低，多以矢竹屬（*Pseudosasa* spp.）或箬竹屬（*Indocalamus* spp.）為主。矮竹林抗火能力高，一般非常茂密，但偶然會與灌木林混合生長。

草地

香港自然生態演替大致上以「草地→灌叢→森林」的形式發展。草地是最先於劣地或山火後發展出來的自然生境。草地主要以禾本科植物所覆蓋，大部分禾本科植物以風力作傳播媒介，是良好而有效的先鋒植物，因而能夠快速於沒有植被的空地建立群落（見圖 5-19）。

圖 5-20　由於山火頻繁，錦田雞公嶺的西南坡以草地為主。（攝於 2019 年，侯智恒提供）

香港最常見的草地群落有兩種，一種以刺芒野古草（*Arundinella setosa*）、青香茅（*Cymbopogon mekongensis*）和芒萁（*Dicranopteris pedate*）為主導，而另一種則以芒草和細毛鴨嘴草（*Ischaemum ciliare*）為主。另外常見的草種還包括其他香茅屬（*Cymbopogon* spp.）、四脈金茅（*Eulalia quadrinervis*）和其他鴨嘴草屬（*Ischaemum* spp.）。

香港氣候和暖，雨量充足，自然環境中缺乏穩定而大量的草食動物，草地一般難以維持，於十年內便能發展成灌叢或灌木林。目前的草地群落主要以山火所維持，而華南地區一般沒有自然山火，山火大部分由人為因素而起，主要源於春秋二祭，掃墓時留下無撲滅火種所致。單次山火便足以排除不耐火的物種，而抗火能力較高的植物亦需重新長出嫩葉才能繼續成長，因此連連發生的山火有助抗火能力高的植物排除其他植物並建立群落。發生山火時，地面溫度非常高，離地 5 厘米的地方超過攝氏 600 度，但地下溫度卻不高，地下 3 厘米深的泥土一般不會超過攝氏 40 度。禾本科植物的營養儲存器官和嫩芽一般都藏於地下，因此重要的器官和組織能抵禦山火，於山火後能快速重新成長並佔據火後劣地。

本地草地覆蓋率由 1989 年的 16.7%，一度增加至 1998 年的 23.3%，至 2017 年草地面積約 190 平方公里，約覆蓋香港土地 17.11%（見圖 5-20）。縱使頻繁的山火使「草地→灌叢→森林」的自然演替變得困難和緩慢，但經過近幾十年的郊野公園管理和人工植林，更多的草地和灌木林正轉變成低地次生林或人工林。雖然一般認為草地的生態價值不及灌木林和次生林，但本地卻有不少物種依賴草地作為主要生境，當中不乏稀有甚至受保護的物種，包括多種植物，例如徐長卿（*Cynanchum paniculatum*）、光萼茅膏菜（*Drosera peltata*）、香港雙袋蘭（*Disperis lantauensis*）、多種蕊蘭屬（*Peristylus* spp.）、腎葉玉鳳花（*Habenaria reniformis*）和淺裂沼蘭（*Crepidium acuminatum*）等；亦包括數種稀有野生動物，例如大草鶯（*Graminicola striatus*）、草鴞（*Tyto longimembris*）和南草蜥（*Takydromus sexlineatus ocellatus*）等。

山火往往由低地往高處蔓延，因此山嶺尤其近山頂處為主要草地分布地點，又因香港位處北半球，向南的坡地較向北的坡地接受更多的陽光和較乾燥，更易受到山火所影響，因此草地於向南的山坡更為常見。香港的草地主要分布在各個山嶺之上，包括新界中部至北部各山嶺、西貢東部、清水灣，以及多個主要離島如大嶼山、南丫島、蒲台島、東龍島、滘西洲、東坪洲等。當中幅員較廣的草地分布於青山至流浮山一帶、大欖郊野公園、雞公嶺南坡、大帽山、鳳凰山、大東山，以及萬宜水庫一帶。

2. 淡水生境

香港的淡水生態系統大致可以分為流水系統（lotic system）和靜水系統（lentic system），流水系統包括河流、山溪和人工化渠道；由於香港沒有大型的天然湖泊，靜水環境主要有水塘、漁塘、濕耕農地，以及由荒廢農地演替而成的淡水沼澤。根據 2000 年特區政府文件顯示，香港淡水環境合共佔地約 9970 公頃，當中以濕耕農地、淡水沼澤和水塘為最主要的生境。而漁護署 2020 年最新的數字顯示，香港濕地佔地面積在過去 20 年減少約三分之一，其中以濕耕農地和淡水沼澤的面積減少尤為明顯，前者銳減近 90%，後者則下降接近 50%（見表 5-3）。

表 5-3　1999 年至 2020 年香港淡水生境組成與佔地面積變化統計表

淡水生境	1999 年佔地面積（公頃）	2020 年佔地面積 （公頃）	淨改變（公頃）	百分比（%）
1. 水塘	2477	2480	3	0.1
2. 魚塘／基圍	1790	1590	-200	-11.2
3. 渠道	423	720	297	70.2
4. 河流溪澗	393	460	67	17.0
5. 濕耕農地	2786	290	-2496	-89.6
6. 淡水沼澤	2101	1100	-1001	-47.6
合計	9970	6640	-3330	-33.4

資料來源： 香港特別行政區立法會文件、漁農自然護理署網站。

流水生境

水往低處流是自然定律，亦造就了河溪如同一條單向運輸帶的獨特環境，流水把有機物、礦物和其他物質從上游搬運到下游地區。河水搬運和沉澱作用受到地勢和水量等因素影響，因此河流上、中、下游的環境和生態均有着明顯差異。本地一般以「山溪」形容處在山巒之間，流動比較急速的上、中游流域，而以「河流」代表位於水量充沛且較為寬闊的下游河道。

無論是河流還是山溪，河溪環境一般都是由淺流區（riffle）和水潭（pool）相間組成（見圖 5-21），淺流區流速快而且水中溶氧量高；水潭則水深和水流緩慢。除了這兩種主要微生境（microhabitat）外，河溪生態環境亦受水量、流速、河床基質、河岸植被、林蔭等物理

圖 5-21　南大嶼山貝澳坳山溪（雙龍石澗），上方為淺流區，下方為水潭。（攝於 2023 年，香港地方志中心拍攝）

參數影響，因此每一條河溪環境和物種組成都不盡相同，例如喜好躲藏於沙底基質的蜻蜓稚蟲，如薩默碩春蜓（*Megalogomphus sommeri*），便較難在只由石頭組成的河流中找到；而以樹葉建造居所的雙葉石蛾幼蟲（*Anisocentropus* sp.），也不會出現在樹葉貧乏的河溪之中。

香港河溪總長度超過 2500 公里，但由於地理環境山多平地少，大部分河道都是位於高地的山溪。另一方面，低地河流環境受人類活動的影響而被改變，故香港並沒有大型且完全天然的低地河流。香港河溪主要依賴降雨或露水維持水量，而香港位於亞熱帶季風區，每年有接近八成的降雨量在 5 月至 9 月的雨季發生，因此河溪水量在旱季時會較為稀少，部分更會完全乾涸，為季節性或間歇性河流。2017 年，香港河道和明渠共有約 5 平方公里，佔陸地面積約 0.4%。

高地山溪

在香港，山溪一般在海拔 50 米或以上的地方，有不少坐落在郊野公園範圍中，受到《郊野公園條例》保護，保留了相對天然的面貌。然而，生活在山溪的生物，要面對急湍水流的重大挑戰。被水流沖走意味着生物有機會被沖離合適的棲息地，到達下游，甚至鹹淡水交界的河口。在雨季溪水暴漲時，更有機會被翻動的卵石擊中，或是被水流直接衝擊，無論哪種情況，都很有可能導致死亡。因此，山溪中的生物皆演化出各種方法適應和抵禦水流，當中包括特殊的身體結構，如扁平的身軀、吸盤和利爪等（見圖 5-22）。另外，山溪物種群落主要由昆蟲組成，牠們大部分都會在雨季期間蛻變成具飛行能力的成蟲，從而逃到陸地中躲避洪水的侵襲。

圖 5-22　在本地山溪常見、擁有扁平身軀的麥氏擬腹吸鰍（*Pseudogastromyzon myersi*）。（攝於 2021 年，香港特別行政區政府漁農自然護理署提供）

山溪包括了上游和中游的河段。上游山溪處在一條河流的開端，闊度一般少於兩米，河床基質由大石和卵石組成。上游山溪養份主要僅靠陸地系統提供，如落葉或誤墮水中的陸生昆蟲，養份因而較中下游缺乏。另外，由於在旱季期間接收到的逕流（runoff）十分稀少，大部分上游山溪只在雨季的部分時間流動，並非全年有水，水生環境相對中下游較為不穩定，對於一生都需要活在水中的生物，如大部分魚類物種，都是極為嚴苛的環境。在香港，只有極少數魚類能在上游的季節性山溪出沒，代表物種為平頭嶺鰍（*Oreonectes platycephalus*），有研究發現該魚可在已乾涸水池中存活，並躲藏在濕潤的樹葉、淤泥和細石之中。這種細小淡水魚能夠棲息在非常狹小的水體，以小型無脊椎動物和有機碎屑為食。除平頭嶺鰍外，上游山溪一般只適合兩棲性（amphibiotic）的物種居住，例如昆蟲和兩棲類，但由於養份較難獲取，上游山溪的物種多樣性並不高。

與上游相反，香港中游山溪擁有豐富多姿的物種。1980 年代，淡水生態學者杜德俊（David Dudgeon）曾在大埔滘中游流域，一日內採集到 94 種大型無脊椎動物。中游山溪不單水量穩定、養份充足，而且微生境的多樣性亦相當高，能夠提供合適棲地予不同種類的生物。開闊的河段會有較多的陽光支持藻類生長（圖 5-23），從而吸引麥氏擬腹吸鰍、海南溝蜷

圖 5-23　大嶼山東涌河受陽光照射的山溪河床，適合不同動物和藻類的生長。（攝於 2022 年，香港地方志中心拍攝）

（*Sulcospira hainanensis*）和扁蜉科（Heptageniidae）幼蟲等初級消費者；而林蔭河段則有較多的落葉，引來不少廣東米蝦和枝石蛾科（Calamoceratidae）幼蟲等喜好腐殖質的物種前來享用。急速流動的淺流區便利蚋科（Simuliidae）和紋石蛾科（Hydropsychidae）幼蟲等濾食性生物覓食；而相對穩定的水潭則成為異鱂、仰泳蝽科（Notonectidae）和水黽科（俗稱水鉸剪；Gerridae）等捕食者的狩獵場。

低地河流

香港大部分民居皆建於低地，為了防止洪水、保障經濟活動和市民安全，港府早年積極進行河道治理工程，所有位於市區或靠近民居的低地河流，皆受過不同程度的改造，即使是香港最長的低地河流 —— 位於新界北部的深圳河，也曾於 1995 年至 2017 年期間，分四階段接受大規模整治。

河道治理工程包括拉直河曲、擴闊和挖深河道、築堤護岸、在河床鋪上混凝土等，旨在盡快排走洪水。這些工程都改變了河流天然的水文和生態，當中以河床混凝土化影響尤為嚴重，多樣化的河床環境被單一的混凝土表面取代，讓植物難以生長，大幅減少了微生物和其他生物的生存空間，而這些生物對於養份循環和控制水質至關重要（見圖 5-24）。完全混凝土化河道的生態價值極低，住客通常只有一些適應力強的外來入侵物種，如尼羅口孵非鯽（*Oreochromis niloticus*）和尖齒鬍鯰（*Clarias gariepinus*）等。目前香港仍有部分未被嚴重混凝土化的河流，主要集中在大嶼山、新界東部和東北部。這些河流因保留了泥沙和石塊等天然的河床基質，有着較完整的生態系統和較豐富的生物多樣性。

天然的低地河流十分適宜淡水生物生長，水流相對緩慢，意味游泳能力較差的物種也能安居於此，這亦包含偏好靜水的物種，例如淡水魚高體鰟鮍和豆娘丹頂斑螆（*Pseudagrion rubriceps rubriceps*）等。另外，流速慢也有利懸浮顆粒和有機物停留、沉澱和進一步分解，釋出的養份為藻類生長提供基礎營養。而且由於低地河流寬闊，兩岸植被難以遮蔽整條河流，陽光的直接照射亦增加了河流的初級生產力。豐富的有機物、藻類和植物提供營養根基和資源支撐更高的低地河流物種生物量（Biomass）（見圖 5-25）。

此外，低地河流河口接壤海洋，受潮汐漲退的影響，物理環境與物種組成較上游河段截然不同。水中鹽度的上升，讓純淡水生物無法生存，取而代之的是能適應鹹淡水環境的生物。典型例子有鹹淡水和迴游的魚類，牠們被統稱為周緣性淡水魚類（Peripheral Freshwater Fish），一般只出沒在河口附近和海洋之中，此類物種數量遠超純淡水的初級淡水魚（Primary Freshwater Fish）。比較常見於香港各個河口的周緣性魚類包括各種食用魚類，如鯔魚（*Mugil cephalus*，又稱烏頭）、金錢魚（*Scatophagus argus*，又稱金鼓）和紫紅笛鯛（*Lutjanus argentimaculatus*，又稱紅友）等。這些物種都依賴河口及紅樹林作為繁殖的場所。

縱然香港低地河流在過去數十年間，受到各種各樣的人為影響和改造，但其對於淡水生物來說仍是很重要的生境。近年渠務署加強推動低地河道活化工程，包括去渠道化（Dechannelization），並恢復河道天然複雜的河床基質，有助水生生物多樣化的可持續發展。

靜水生境

自 7000 年前香港有人類定居以來，香港的靜水環境便不斷被改造，衍生出農田、魚塘和水塘等人工生境，改變了原來天然生境的景貌。至今，香港已沒有完全天然靜水環境。另外，除了水塘，大部分靜水環境皆位於低地的私人土地之上，受到經濟發展等人類活動的威脅。

水塘

香港共有 17 個食水水塘、10 個灌溉水塘和 1 個康樂用水塘（見表 5-4），2017 年佔地約 25 平方公里，約佔香港陸地面積約 2.3%。除了愉景灣灌溉水塘外，香港水塘全部位於郊野公園範圍內（見圖 5-26）。最細小水塘為黃泥涌水塘，容量僅有 12,000 立方米，1986 年港府改造其為康樂用的划艇公園（今名黃泥涌水塘花園）；而香港容量最大的兩個水塘是萬宜水庫和船灣淡水湖，均在海中興建，兩者容量分別為 281 和 230 億立方米，佔

圖 5-24　大嶼山東涌河下游的人工河段，天然河床已被混凝土取代，以致植物難以生長。（攝於 2022 年，香港地方志中心拍攝）

圖 5-25　大嶼山貝澳河的低地河段，物種多樣性較高，甚至可吸引大型哺乳動物停留。（攝於 2022 年，香港地方志中心拍攝）

表 5-4　香港水塘基本情況表

類型		水塘	郊野公園	所屬分區	落成年份	容量（百萬立方米）
食水水塘	1	薄扶林水塘	薄扶林	南區	1863	0.233
	2	大潭上水塘	大潭	東區	1888	1.490
	3	大潭副水塘	大潭	東區	1904	0.080
	4	大潭中水塘	大潭	東區	1907	0.686
	5	九龍水塘	金山	沙田區	1910	1.578
	6	大潭篤水塘	大潭	東區	1917	6.047
	7	石梨貝水塘	金山	沙田區	1925	0.374
	8	九龍接收水塘	金山	沙田區	1926	0.121
	9	香港仔上水塘	香港仔	南區	1931	0.773
	10	九龍副水塘	金山	沙田區	1931	0.800
	11	香港仔下水塘	香港仔	南區	1932	0.486
	12	城門水塘	城門	荃灣區	1937	13.279
	13	大欖涌水塘	大欖	屯門區	1957	20.490
	14	石壁水塘	南大嶼	離島區	1963	24.461
	15	下城門水塘	城門	荃灣區	1964	4.299
	16	船灣淡水湖	船灣	大埔區	1968	229.729
	17	萬宜水庫	西貢東	西貢區	1978	281.124
灌溉水塘	1	十塱灌溉水塘	南大嶼	離島區	1955	0.130
	2	藍地灌溉水塘	大欖	屯門區	1957	0.110
	3	洪水坑灌溉水塘	大欖	屯門區	1957	0.090
	4	黃泥墩灌溉水塘	大欖	屯門區	1961	0.110
	5	河背灌溉水塘	大欖	元朗區	1961	0.500
	6	清潭上灌溉水塘	大欖	元朗區	1962	0.100
	7	清潭下灌溉水塘	大欖	元朗區	1962	0.060
	8	鶴藪灌溉水塘	八仙嶺	北區	1968	0.180
	9	流水響灌溉水塘	八仙嶺	北區	1968	0.170
	10	愉景灣水塘	不在郊野公園	離島區	1982	3.500
康樂水塘	1	黃泥涌水塘	大潭	南區	1899	0.012

注：愉景灣水塘落成時為食水水塘，後改為灌溉水塘，此容量是作為食水水塘計算。
資料來源：　綜合各項資料，包括水務署資料、何佩然《點滴話當年：香港供水一百五十年》（香港：商務印書館，2001）、香港地方志中心編纂《香港志·總述　大事記》（香港：中華書局，2020）。

所有食水水塘總容量（約 5.86 億立方米）的 87%。為了控制食水水塘中的藻類數量，確保水質穩定，政府會定期把偏好浮游生物和濾食性的魚類放入水塘之中，當中包括白鰱魚（*Hypophthalmichthys molitrix*，又稱鯿魚）和鱅魚（*Hypophthalmichthys nobilis*，又稱大頭魚）等。

圖 5-26　大欖涌水塘（俗稱千島湖）是港人喜愛的郊遊地點之一。（攝於 2020 年，吳長勝提供）

就生態而言，香港鮮有在水塘中進行的研究，對水塘生物群落的實際組成認知並不全面。由於交通便利，水塘是放生活動和外來物種的熱點。具競爭優勢的入侵物種如不同種類的非洲慈鯛（Coptodon spp./ Tilapia spp./ Oreochromis spp.）、食蚊魚（Gambusia affinis）、巴西龜（Trachemys scripta elegans）等，早已於各個水塘建立了穩定種群，而一些體型龐大的外來凶猛捕食者如大鱷龜（Macrochelys temminckii）和小盾鱧（Channa micropeltes）亦偶見於個別水塘。

這些外來物種對於原生植物、魚類、蛙類和無脊椎動物的影響甚為巨大。以食蚊魚為例，就曾有研究以對照實驗的方式，把五種香港蝌蚪物種分別放入有食蚊魚與沒有食蚊魚的實驗環境之中，結果顯示有四種蝌蚪的存活率會因食蚊魚出現而下降，存活率最多相差接近六倍。近年亦有研究指出食蚊魚對於本地無脊椎動物有着負面影響。由此可見，原生物種要在入侵物種繁多的水塘掙扎求存並不簡單。更嚴重的是，外來入侵物種出現、甚至成功於水塘繁衍的案例仍然有增無減，例如 2000 年代以後，薄扶林水塘已多次發現淡水龍蝦（小龍蝦），反映水塘生態平衡受到不同外來物種的持續挑戰。

魚塘

1930 年代前，香港濕地環境主要供種植稻米之用。至 1930 年代起，部分位於新界西北的稻田開始改建成魚塘。1940 年代起，本地對淡水魚需求上升，促使魚塘面積大幅度擴張至 1971 年的 2255 公頃。其後因外地食品輸入和城市發展等因素，魚塘面積逐步減少至 2017 年的 1132 公頃（不包括基圍），同年年產量達 2543 公噸。主要養殖魚類包括鯇魚

（*Ctenopharyngodon idella*）、鯆魚、烏頭、福壽魚（*Oreochromis niloticus*）、鯿魚、鯉魚（*Cyprinus carpio*）及鯪魚（*Cirrhinus molitorella*）等。

魚塘環境與水塘相似，相對沼澤和河溪等環境不單水深，而且水生植物一般只會在魚塘邊緣生長，中央開闊的水體結構因而顯得比較單一（圖 5-27）。對於體形細小的昆蟲及無脊椎動物來說，魚塘中能夠藏身的地方不多，四周亦滿布魚類和鳥類等捕食者，只有防衛能力及適應力較強的物種能夠穩定繁衍，如擁有硬殼的動物，包括腹足綱（螺類）、雙殼綱（貝類）及甲殼動物（蝦蟹等）。儘管昆蟲及無脊椎動物的多樣性不高，香港魚塘整體生態價值卻不容忽視，部分魚塘更被指定為拉姆薩爾濕地，剩下亦有不少被城市規劃委員會劃入「濕地保育區」或「濕地緩衝區」。

魚塘生態價值在於其管理模式能恰巧配合候鳥遷徙的季節，在合適的時間排水，可吸引候鳥在魚塘覓食棲息，並為牠們提供食物，補充能量。雖然深水魚塘一般並不有利於涉禽（泛指涉水生活的長腳鳥類）和水鳥停棲覓食，但養魚戶普遍會於冬季期間乾塘及曬塘，在收獲塘魚時亦會降低水位。這些管理措施吸引大量過境、越冬及居留本地的涉禽和其他水鳥，例如鷺、鴴、鷸及鸛等前來覓食，其中比較為人所知的就有黑臉琵鷺。根據香港觀鳥會資料，新界西北的魚塘每年記錄超過 200 種雀鳥，佔香港雀鳥種類總數的三分一以上。

淡水沼澤
1970 年代，香港大部分稻田已荒廢。在缺乏人類管理和干預的情況下，不少處於地勢較高

圖 5-27　位於落馬洲蠔殼圍的一大片魚塘區域,將被規劃為北部都會區其中一個自然公園。(攝於 2017 年,侯智恒
提供)

圖 5-28　大嶼山貝澳的淡水濕地。(攝於 2020 年 3 月 9 日,香港特別行政區政府發展局提供)

位置的稻田在數十年間演替成灌木林，而部分位於低地，且水源充足的稻田則演變成沼澤濕地。目前淡水沼澤佔地約 1100 公頃，主要集中在大嶼山及新界北和東北部，例如水口、貝澳、馬草壟和鹿頸等地（圖 5-28）。

淡水沼澤雖屬靜水生境，但環境與魚塘和水塘迥異，由於昔日是稻田的緣故，水深一般較淺，通常不超過一米。開闊的環境亦讓陽光得以直接照射水體，十分有利水生植物生長，因此有着非常高的水生植物多樣性，大部分沼澤都被密密麻麻的水生植物佔據。漁護署植物工作小組於 2003 年至 2009 年間進行全港淡水及鹹淡水沼澤植物調查，當中錄得了191 種挺水、沉水或漂浮的水生或濕生植物。

豐富多姿的水生植物不但能提供養分，同時亦為淡水沼澤建構複雜的環境。儘管如此，要適應淡水沼澤環境卻殊不簡單，靜止的淺水和暴曬造就高溫和低氧的惡劣環境，杜絕了像石蠅目（Plecoptera）和大部分蜉蝣目（Ephemeroptera）物種等需要高氧環境的物種。部分魚類如具保育價值的叉尾鬥魚等，就演化出結構如同迷宮的特殊呼吸器官 —— 迷路器（labyrinth organ），迷路器能讓牠們從水面直接攝取大氣中的氧氣。另外，不少居住在沼澤的昆蟲，如水螳螂（*Ranatra* sp.）和食蚜蠅幼蟲（Syrphidae）等，也進化出長長的呼吸管（Siphon），讓牠們能直接呼吸大氣，對抗沼澤水中低氧環境。

在無數次的適應和進化下，嚴苛環境並不能阻止淡水沼澤成為眾多蛙類、魚類及淡水無脊椎動物的重要棲息地。超過五成的香港原生蛙類物種能夠在淡水沼澤中找到。淡水無脊椎動物方面，雖然有關的生態研究並不多，但蘇英健等研究者曾於 2014 年至 2017 年期間，到訪過香港 26 個不同的淡水沼澤，並採集到 272 種大型水生無脊椎動物，當中包括被世界自然保護聯盟（IUCN）《瀕危物種紅色名錄》列為瀕危物種（Endangered）的鐮刀束腰蟹（*Somanniathelphusa zanklon*），和全球數量正急劇下降的真龍蝨屬物種（如黑綠龍蝨 *Cybister sugillatus*；此種在多年前被證實在新加坡滅絕）等等。

香港部分淡水沼澤位於私人土地，雖然有部分被劃入「自然保育區」或「海岸保護區」等保育相關的分區規劃，但部分沼澤仍未受法例保護。在 1999 年至 2020 年約 20 年間，因各種天然和人為因素，香港的淡水沼澤濕地減少了約 1000 公頃。

濕耕農地

1950 年代至 1960 年代是香港農業高峰時期，農地面積超過 14,000 公頃，而當中超過六成為淡水稻田（約 8820 公頃）。1970 年代以後，農地被大規模荒廢，其後有不少被填平發展。2017 年香港約有 710 公頃常耕農地，僅剩全盛時期約 5%，主要種植蔬菜、花卉、雜糧作物及果樹，而濕耕農地只佔全部農地約 40%，集中在新界和大嶼山，地點包括塱原、荔枝窩、林村、川龍和二澳等（圖 5-29），主要出產稻米、馬蹄、西洋菜和通菜。

圖 5-29　水稻田是塱原的濕耕農地之一。（攝於 2015 年，侯智恒提供）

以生態學角度來說，濕耕農地是個不穩定的生境。本地濕耕農地並非全年性濕地，土壤被水淹浸的時期取決於耕作需要。香港水稻種植通常只在 4 月至 11 月期間進行，農地在其餘時間通常處於沒有浸水的休耕狀態，而農民亦會在稻米收成時，把水從田地中放乾。另外，施肥、翻土、修剪雜草等農業操作亦對生境產生不同程度的干擾，而且這些干擾對於生物而言，都是突如其來、不可預測。儘管如此，因農業運作的關係，田地鄰近的水溝、水圳、蓄水池等人工淡水生境甚少完全乾涸，這些地方能在水生生物受到干擾時，提供一個合適的臨時避難所。

另一方面，不少本地物種亦已適應了這種有着上千年歷史的人工生境，部分更十分依賴濕耕農地或水稻田，當中包括全球瀕危的黃胸鵐，牠們每年於秋季由西伯利亞遷徙至熱帶地區渡冬，途經香港休息及補給，由於牠們主要的食物是穀物，所以稻田對牠們尤其重要。其他棲息在濕耕農地的物種有：弓背青鱂、虎紋蛙（*Hoplobatrachus rugulosus*，又稱田雞）、中國浮蛙（*Occidozyga obscura*）及龍蝨（Dytiscidae）等。這些物種都有着不同的結構或行為適應濕耕農地的環境，例如米魚會在農夫放乾農地的水時，順着水流逃到田邊的水溝之中。

過往不少科學家將濕地消失歸咎於農業活動，亦認為傳統的農業操作，如使用化學肥料和單一種植等，對於自然生態產生不少負面影響，讓生物多樣性下降。農業改造了天然濕地原有地貌，影響物種的生存。然而，隨着時間流逝，很多濕地物種亦慢慢適應和依賴濕耕農地的環境。至今，香港濕耕農地的消失，讓這些物種的種群受到莫大威脅，其中原生的中國浮蛙更因而在本地滅絕。近年政府和社會大力支持鄉村可持續發展，推動鄉村復育和稻田復耕（例如荔枝窩和二澳），有利瀕危的濕耕農地和濕地物種存活。

二、海洋及海岸生境

1. 海洋生境

季風和洋流

香港海岸線長約 1189 公里，海域約 1649 平方公里，處於中國南海北垂，整體海洋環境屬熱帶海域（見圖 5-30），每年海水溫度維持在約攝氏 17 至 30 度。香港地理位置受兩股主要季候風影響，並帶動冬夏交替的洋流，進而影響海洋環境。在夏季月份（約 6 月至 9 月），西南季候風從熱帶吹往本港，帶來溫暖而潮濕的空氣。同時，隨着東北季候風的減弱，一股中國南海洋流從北部灣一帶海域北上至廣東沿岸，該洋流名為南海暖流（海南洋流），水溫溫暖（約攝氏 29 度），鹽度大約在 34.5 PPT，為本港海域帶來和暖的海水以及熱帶海洋生物。水層在夏天的垂直混合一般較弱，加上較多的珠江淡水湧入本港海域，因而容易出現鹹淡水分層的水體，但水層會在颱風或強力季後風的影響下混合。

在冬季月份（約 12 月至 3 月），季候風方向改變，從北面溫帶地區吹往本港。這股季候風

圖 5-30　西貢海下的海洋環境。（攝於 2014 年，楊松穎提供）

乾燥而寒冷，並帶動洋流從北方東海等地流入中國南海，稱為中國沿岸流（台灣洋流）。這股洋流水溫較冷，只有約攝氏 20 度，鹽度則約為 32 PPT。然而，與此同時一股洋流從菲律賓呂宋海峽北上西太平洋，再回流南下中國南海。這股洋流為黑潮（Kuroshio Current）的支流，水溫和暖（約攝氏 29 度），提高了南來洋流的溫度。因此，香港冬天的海水溫度不至過低。在強勁東北季候風影響下，水層的垂直混合度在冬天一般較夏天為高。

不少海洋生物靠洋流傳播或遷徙至不同海域，而生物幼體時期的隨流傳播，是影響海洋生物地理的關鍵因素。其中，熱帶和溫帶海域的生物幼體會分別隨南海暖流和中國沿岸流來港，當中部分個體會找到合適基質／生境，並開始變態（從幼體變成幼年的成體）成長，成為香港海域生物多樣性的其中一員。因此，本港既可找到熱帶海洋生物，例如紅樹、珊瑚；個別分類群的熱帶物種如塔結節濱螺（*Echinolittorina malaccana*）、中型股窗蟹（*Scopimera intermedia*）、粗紋蜑螺（*Nerita undata*）、僧帽牡蠣（*Saccostrea cuccullata*）和馬六甲緋鯉（*Upeneus moluccensis*）等；也可找到溫帶海洋生物如馬尾藻（*Sargassum* spp.）、紫孔雀殼菜蛤（*Mytilisepta virgata*）、斑鰶（*Konosirus punctatus*）、中華哲水蚤（*Calanus sinicus*）、日本海馬（*Hippocampus mohnikei*）等。

熱帶和溫帶洋流的季節交替，配合香港有如熱帶氣候的夏季和溫帶氣候的冬季，使來自兩個生物地理區的海洋生物得以在本港生長。因此，香港海洋生物多樣性異常豐富：軟體動物（包括螺、雙殼類、海兔等）約有 1200 種、節肢動物（包括蝦、蟹等）約有 1100 種、海水魚類約有 1250 種、棘皮動物（包括海星、海膽等）約有 150 種，已記載的海洋物種約有 5900 種，約佔全中國的 26%。

珠江流域的影響

除了冬夏的洋流交替，因受西面珠江河流的淡水和沙泥影響，本港海域東西兩面也有截然不同的海洋環境。珠江為中國流量第二大河流（僅次於長江），每年為本港西面海域帶來 3500 億立方米的淡水和 8500 萬噸的沙泥，使該處鹽度徘徊在 20 PPT，比東面低 40%。每逢夏天雨季，西面海域的鹽度更會進一步下降，低見 0.6 PPT（見表 5-5）。同時，珠江也帶來大量的有機沉積物和養份，故西面海域的磷、氮等養份較東面為高，在岸邊的岩石上往往會看見較厚的藻膜依附在上；頻密的微生物活動也使該處的溶氧度較低。大量隨珠江而來的沙泥使西面的海水變得混濁，混濁度可超過 100 NTU，是典型河口環境，吸引了中華白海豚棲息其中。

然而，珠江水流影響對香港西南部與大嶼山北部的海域，不論在鹽度、養份（磷、氮）或混濁度等的物理環境均有差異。因此，大嶼山南至港島一帶的海域已逐漸由西面的河口環境，過渡成東面的大洋性環境。在東面海域，由於缺乏如珠江般的大型河口，海洋環境會直接受西太平洋影響。東面海水鹽度高，約為 32 PPT，並因強勁的海浪沖刷而帶有更高的溶氧（約為 6.4 mg/L）；混濁度也因缺乏沙泥沉積而較西面低，是偏向大洋性的環境。香港大學海洋生物學者莫雅頓（Brian Morton）將本港海域大致分成西面河口環境、中部過渡環境和東面大洋環境，是香港海洋的主要環境梯度。

表 5-5　香港海域環境分區的物理和化學數據統計表

區域	水溫 (°C)	鹽度 (PPT)	混濁度 (NTU)	總含磷量 (mg/L)	總含氮量 (mg/L)	溶氧量 (mg/L)
東北、東部	24.6 (14.1 - 31.3)	32.1 (25.2 - 34.4)	2.2 (0.1 - 22.0)	0.02 (0.01 - 0.13)	0.39 (0.05 - 1.32)	6.4 (3.4 - 9.8)
吐露	25.2 (16.6 - 32.8)	30.2 (18.2 - 33.3)	2.7 (0.1 - 15.1)	0.02 (0.01 - 0.11)	0.44 (0.11 - 1.11)	6.6 (4.3 - 9.3)
牛尾海	24.9 (14.0 - 33.4)	31.3 (15.9 - 33.8)	2.4 (0.1 - 12.4)	0.02 (0.01 - 0.10)	0.37 (0.05 - 1.52)	6.3 (3.4 - 10.5)
南部、西南	24.8 (15.9 - 30.5)	30.0 (10.4 - 34.0)	3.8 (0.1 - 21.9)	0.03 (0.01 - 0.14)	0.59 (0.05 - 1.88)	6.4 (4.1 - 13.2)
大嶼北	25.2 (15.8 - 32.3)	25.4 (7.6 - 33.4)	5.5 (0.5 - 24.9)	0.05 (0.01 - 0.35)	0.89 (0.26 - 1.93)	6.3 (4.1 - 10.3)
后海灣	25.6 (17.3 - 32.6)	19.1 (0.6 - 31.6)	15.7 (1.8 - 134.4)	0.14 (0.03 - 0.74)	1.78 (0.51 - 5.52)	5.7 (1.5 - 9.6)

注：數據為平均值及最大／小值（括號）。
資料來源：　環境保護署環境保護互動中心海水水質數據網站，2023 年 7 月 7 月日瀏覽，https://cd.epic.epd.gov.hk/EPICRIVER/marine/?lang=zh ，每區共有 5 至 18 個監察站的數據用以計算統計量。

浪力、水流、潮汐和海床環境

香港東面海域的外海沒有大型島嶼作為屏障，由西太平洋開始的風浪區可伸延數百公里才抵達本港（以 200 公里為限，西貢大浪西灣和港島東石澳的風浪區分別為 611 和 616 公里），湧浪和風浪均頗為強勁；相反，西面海域外海尚有擔桿洲、萬山群島、索罟群島等作為阻隔風浪的島鏈，故東面的海岸浪力較西面大（嶼南石壁和中部水域坪洲的風浪區為 463 和 59 公里）。香港東北岸和吐露港一帶在地理上則頗為封閉，分別被深圳大鵬灣和赤門海峽兩岸阻隔，故浪力又比東、東南面海岸為低（印洲塘紅石門和大埔馬屎洲的風浪區分別為 23 和 28 公里）。

除了浪力，本港海域的水流速度也視乎地區而有所不同，大數據模擬顯示大嶼東北角汲水門水流強勁，每秒超逾 2.5 米，汲水門亦有「急水門」之稱；大埔吐露港則水流緩慢，水體從赤門進出至大埔交換平均需時達 28 天，故吐露港海水缺乏強力沖刷，容易在初夏出現因微藻或甲藻爆發而引起的紅潮。東西兩岸的浪力差異，加上各個離岸島嶼（香港共有 260 個大小不同的島嶼）或內海海灣，多樣的海洋風浪區使本港的海岸線上擁有不同的海岸生境。此外，本港冬夏兩季的浪高也會因太平洋風勢改變：夏天的浪高平均較冬天低，但颱風來襲時浪高可達 6.8 米，有機會引發風暴潮，影響沿岸地區（見表 5-6）。

香港位處南海北部大陸架南端，第四紀外海地層的赤鱲角組約在距今 13.5 萬年或之前在風化基岩上形成，以河流沖積沙泥為主；依次覆以深屈組（本港西面和東南面，含海洋沉積

表 5-6　香港不同月份的平均浪高和浪向統計表

月份	有效浪高（米）		浪向（°）	
	蒲台	西博寮	蒲台	西博寮
1	1.62 (0.72 - 2.92)	0.29 (0.00 - 0.74)	81	139
2	1.49 (0.57 - 3.03)	0.27 (0.01 - 0.93)	85	144
3	1.23 (0.43 - 2.79)	0.14 (0.00 - 0.49)	92	130
4	1.04 (0.40 - 2.59)	0.23 (0.01 - 0.56)	100	131
5	0.86 (0.30 - 3.00)	0.28 (0.07 - 0.57)	125	144
6	1.02 (0.34 - 3.51)	0.41 (0.11 - 1.43)	180	172
7	1.12 (0.48 - 4.08)	0.42 (0.10 - 1.36)	167	174
8	1.20 (0.41 - 5.30)	0.47 (0.07 - 1.65)	175	175
9	1.06 (0.36 - 10.52)	0.34 (0.09 - 4.37)	122	155
10	1.58 (0.28 - 5.39)	0.32 (0.07 - 1.65)	83	143
11	1.65 (0.59 - 3.81)	0.33 (0.11 - 0.79)	81	148
12	1.73 (0.66 - 3.10)	0.37 (0.10 - 0.82)	77	146

注 1：蒲台數據摘自歐洲中期天氣預報中心（ECMWF）的 ERA5 每小時水文數據庫，數據以衞星監測配以過往氣象
　　　資料估算而成；數據年份由 2017 至 2020 年，地點為蒲台島東南 60 公里。

注 2：西博寮數據摘自本土工程拓展處於交椅洲和西博寮海峽 2017 年至 2020 年的每小時實地監測資料。有效浪高數
　　　據為平均值和最大 / 小值；浪向數據為平均與正北方順時針方向相距的角度。

資料來源：　香港特別行政區政府土木工程拓展署：〈波浪測量〉，香港特別行政區政府土木工程拓展署網站，2022
　　　　　　年 3 月 25 日瀏覽，https://www.cedd.gov.hk/eng/public-services-forms/port-and-marine/wave-
　　　　　　measurement/index.html；Hersbach et al., "ERA5 hourly data on single levels from 1979 to present,"
　　　　　　Copernicus Climate Change Service (C3S) Climate Data Store (CDS), 2018；歐洲中期天氣預報中心
　　　　　　（ECMWF）ERA5 水文數據庫。

的黏土）、橫瀾組（本港東南面，以幼沙和黏土為主的海洋沉積物）和坑口組（距今 9000
年前形成，海洋沉積物最厚約 30 米），形成本港現今海床的基礎。在海床表面，則大致被
淤泥或淤泥質沙覆蓋；西面海域的沙泥較東面的稍粗和均一，在潮流道（tidal channel）的
沙泥也會較粗，如汲水門和鯉魚門一帶。海水深度約由 0 米至 40 米不等，西面海域的深度
約為 0 米至 10 米，較東面約 20 米至 30 米的為淺；維港內水深一般則在 10 米至 30 米左
右，鯉魚門一帶可達 40 米。然而，本港水下人造結構繁多，尤在維港一帶，如隧道、填海
地基等，故水深也會受這些結構影響。

在海床生境方面，在沙泥為主的底質海床中，底棲動物物種豐富，包括多毛綱、軟體
類、甲殼類和棘皮動物成為本港海域的主要底棲動物，如西面的絲鰓科多毛綱動物
（Cirratulidae，如 *Tharyx* spp.）、港島東南的不倒翁蟲（*Sternaspis scutata*）、港島東北側
的菲律賓簾蛤（*Ruditapes philippinarum*）和東面的齒吻沙蠶科（Nephtyidae，如 *Nephtys*
spp. 和 *Aglaophamus* spp.）及蛇尾（Ophiurida）等。本港自 2012 年 12 月 31 日起全面
禁止拖網捕魚，使海床環境得以改善，底棲物種的生物多樣性廣泛恢復；東、西部水域魚
類和甲殼類動物的數量或食物鏈長度，均有不同程度的增長。

水深除了受海床和海浪影響外，還會隨潮汐改變。本港位處的海域受混合半日潮影響，每日均有兩次潮漲潮退，而潮幅隨日子改變，除風暴潮外整體潮幅約 2.5 米。潮汐的規律受季節和月相影響，每天的退潮時間均會比前一天後約 50 分鐘。在本港海域，潮汐時間和幅度呈東西走向的差異：東部較早潮漲（早 1.5 小時）、潮退（早 2.5 小時）和有較小的潮幅（比西面少約 0.4 米）。在夏季月份，潮退時間多為下午；而在冬季月份，潮退時間變成上午或清晨時段。

因此，夏季時本港海岸會因潮退和強烈日照的時間偶合而急劇升溫，使開闊的潮間帶如岩岸和沙灘等的基質溫度分別高達攝氏 40 和 65 度。潮汐漲退幅度在月相半月時（約農曆初七、八或廿二、廿三）較少，約為一米或以下，稱為小潮；在月相為新月或滿月時（約農曆初一或十五）則漲退幅度較大，可超過二米，稱為大潮。若然颱風風暴潮遇上大潮日子，則水位會進一步上升，危及沿岸低窪地區。而且，隨着全球氣候暖化，香港海平面正以每 10 年 31 毫米速度上升，加劇未來風暴潮的危害。

海港經濟活動

香港為世界上其中一個最繁忙港口，在 2004 年及以前，長期是全球最多標準貨櫃量的港口（2004 年有 2198 萬個標準貨櫃）；捕魚作業的小艇舢板更不計其數，集中於西貢、香港仔、大埔等地。因此，繁忙的水上交通是本港海洋不能忽視的人為影響元素。在 1950 年代至 1970 年代，香港漁業發展蓬勃，漁船快速機動化，捕撈量增長迅速，拖網作業使海床和整體海洋環境受到破壞。港府於 2012 年 12 月 31 日起禁止拖網捕魚，減低漁業活動對海洋的影響。

二戰後香港轉型為轉口港經濟，抵港大型貨輪數量日漸增長。貨船除了增加拍打海岸的浪力，也會透過排放壓載水（ballast water）釋出來自遠洋的生物，引入本地海洋生態系統。例如目前在本港岩岸常見的拖鞋舟螺（*Crepidula onyx*）和斧形殼菜蛤（*Xenostrobus securis*），分別是由北美洲和澳洲引入的外來物種。此外，以往船隻上的防污漆亦含有毒有機物三丁基錫（tributyltin, TBT）和三苯基錫（triphenyltin, TPT），使香港海岸螺類如疣荔枝螺（*Reishia clavigera*）等出現性變異現象（imposex）；儘管國際海事組織在 2008 年禁止有機錫用於防污漆，而香港亦於 1994 年禁止小型船隻使用有機錫，並於 2017 年立例，把此禁令擴展至其他大型商船，但螺類性變異情況和體內有機錫含量在 2010 年至 2015 年間仍未有下降跡象。

頻密的船運和水上交通也影響大型海洋動物行為，如西面水域的中華白海豚的數目，活動範圍在 2000 年代以後逐年遞減，高速船和填海工程更使其在大嶼山一帶海域的活動範圍和時間受到限制。香港海洋環境複雜多變，既有東部和西部水域之別，也有冬季和夏季之分；如此多變的生境，得以孕育豐富的生物多樣性。

2. 海岸生境

香港海岸線蜿蜒曲折，超過 260 個大小島嶼星羅滿布，提供各式各樣的海岸生境，予逾 5900 種海洋生物置身其中。本港東西沿岸一帶的海岸彎曲度（總長與直線距離的比例）高達 17.1，冠絕華南地區（香港以外平均值為 6.4），堪比長江口舟山群島（彎曲度為 20.1）。在如此複雜自然海岸線上，可找到岩岸、沙灘、泥灘、紅樹林、海草床、珊瑚群落、海藻林等不同海岸生境。多樣化的海岸生境及位處熱帶近北回歸線的和暖氣候，加上冬夏交替的季候洋流，使香港海洋物種量異常豐富：縱使本港海洋面積只佔全中國的 0.03%，海洋物種卻佔全國 26%。

香港海岸生境的形成和分布，大致受到地質、海岸浪力、鹽度和混濁度影響。香港大部分陸地由堅硬的火成岩組成，風化侵蝕速度較慢，因此海岸線基本以相對完整的岩體為主，小部分地方會形成海蝕平台；而在沉積岩範圍如西北及東北海岸，則由於沉積岩硬度較低而較易風化，形成較多沙質或泥質海岸。香港東面和東南面海浪力強，在岬角造成大小不同的岩岸。在浪力稍小的海灣，則沙泥等沉積物容易累積，形成沙灘和泥灘等軟灘。在浪力較低的內灣，若然配合適當的沙泥基質和河口淡水，更會找到紅樹林，如本港西面米埔至白泥一帶，或東北赤門海峽一帶的內海。在本港一些浪力低，或處於紅樹林近海前的沙泥灘，有機會找到由不同物種所組成的海草床，如大嶼山礖頭、流浮山白泥、東北面海岸如荔枝窩、吐露港一帶等。本港東面海岸淡水排放較西面少，沖刷力大，混濁度低；在淺水區域可找到珊瑚群落組成的生境。

除了自然海岸生境外，早年的沿海村落常在海岸內灣開掘利用潮汐成池的堤圍，稱為基圍，作水產養殖用途，以米埔一帶及新界東北海岸較為集中。雖然基圍建造並非為了提供生境，但在其運作甚至荒廢之時，其獨特水文也為不少生物提供適合棲息的生境。

上述海岸生境特點各異，但都一致受到潮汐影響而產生獨特於陸地或海洋系統的生態，稱為潮間帶生態。潮間帶是高潮線（不受潮水淹浸而最接近海洋的陸地邊沿）和低潮線（不會曝露於空氣中而最接近陸地的海洋邊沿）之間的地域，是海陸交替的生境。因此，除了珊瑚群落外，本節所介紹海岸生境均屬潮間帶生境。潮間帶生境往往較陸地或海洋生境有更強烈的環境變異，數米至數十米間即由完全海洋過渡至完全陸地的環境，當中物種一般只能在特定潮間高度生活，較少可演化海陸皆宜的適應策略。因此，潮間帶有不同適應特定微生境的物種，使狹窄的海岸線擁有不亞於陸地或海洋的豐富生物多樣性。綜合 1999 年以來的各項研究數據和成果，本節整理香港各類海岸生境的長度，以及其所佔本港海岸總長之百分比（見表 5-7）。

從表 5-7 可見，香港佔地面積雖少，但複雜地形使本港的海岸線曲折多變。當中硬質海岸（碎石灘〔gravel shores〕和岩岸）佔本港天然海岸（不包括人工海岸線）最多，約有 63%，其次為沙灘和泥灘類，包括泥灘、碎石泥灘、沙灘和碎石沙灘，四者合共佔本港天然海岸約 29%；再其次者為紅樹林，約佔 7%。各類海岸生境特徵各有異同，不同生物群

表 5-7　香港海岸生境長度統計表

區域	海岸生境長度（公里）								
	碎石灘	岩岸	泥灘	碎石泥灘	沙灘	碎石沙灘	紅樹林	礫石灘	人工海岸線
東北	12.3	23.0	15.5	11.1	14.5	19.4	10.3	0.1	3.1
吐露	13.1	2.6	5.0	1.7	12.8	17.6	11.9	0	21.2
東部	61.4	168.6	6.2	2.6	21.8	26.0	16.4	4.4	27.1
中部	23.1	97.8	0.7	0	13.1	8.1	0.5	1.1	132.3
西南	54.4	63.8	6.9	4.8	27.8	18.9	4.4	0	67.9
西北	11.8	2.9	1.5	0.1	9.0	2.3	17.0	0	35.9

注 1：生境釋義：
「碎石灘」：碎石組成約佔 90% 或以上的硬質海岸；鮮有連續的岩石基質或沙泥。
「岩岸」：具有連續岩石基質的海岸線。
「泥灘」：由沙泥組成的海岸，碎石只佔約少於 10%；衛星圖片會顯得較沙灘深色。而在衛星圖片上有清晰紅樹林植被分布的泥灘段落，歸入「紅樹林」海岸長度計算。
「碎石泥灘」：碎石組成約佔 10% 至 90% 的泥灘。
「沙灘」：由沙粒組成的海岸，碎石只佔約少於 10%；衛星圖片會顯得較泥灘淺色。
「碎石沙灘」：碎石組成約佔 10% 至 90% 的沙灘。
「紅樹林」：具有紅樹的海岸線。
「礫石灘」：由卵石組成的碎石灘，常見於岩岸之間。
「人工海岸線」：人為建築的海岸線，如海濱、碼頭、堤圍、防波堤等。
注 2：區域釋義（關於各區域的具體位置，請參見以下地圖）：
「東北」：赤門海峽以北，包括沙頭角、鹿頸、印洲塘、東平洲一帶等。
「吐露」：赤門海峽內海，包括大埔、馬鞍山、榕樹澳等。
「東部」：赤門海峽以南至將軍澳一帶，包括西貢及其島嶼、布袋澳、東龍島等。
「中部」：維港兩岸和港島南部海岸，包括石澳、鴨脷洲、南丫島等。
「西南」：大嶼山及附近一帶島嶼，包括東涌、坪洲、石壁、大澳和赤鱲角等。
「西北」：汲水門及其西北一帶，包括小欖、龍鼓灘、白泥、尖鼻咀等。
注 3：根據 Kwong I. H. Y., Wong, F. K. K., Fung, T., Liu, E. K. Y., Lee, R. H., Ng, T. P. T., "A Multi-Stage Approach Combining Very High-Resolution Satellite Image, GIS Database and Post-Classification Modification Rules for Habitat Mapping in Hong Kong," ，若以面積計算，本港岩岸、軟灘（包括沙灘和泥灘）、紅樹林和海草床分別共佔 9.7、8.0、6.2 和 0.4 平方公里。
資料來源：　鄧淑明在 1999 年建立海洋地理資訊系統，整合了本港不同海洋生物和生境的分布；在往後的 2003 年至 2008 年，則有環評公司 Environmental Resources Management 聯合香港中文大學製作全港生境地圖。隨後本港缺乏有關計量調查，並沒有更新各類海岸生境的分布和面積數據。直至 2021 年，香港中文大學與漁護署合作以衛星技術量化香港各生境的分布，得出岩岸、軟灘（沙灘和泥灘）、紅樹林和海草床等海岸生境的分布資料。另外，過去本港生態學者或漁護署亦就個別生境，進行全港規模普查，包括沙灘和泥灘、紅樹林、海草床和岩岸等，劃出大致海岸生境和物種分布地圖。世界自然（香港）基金會亦在 2012 年製作「海寶圖」，整合了一系列重點保育海洋物種在本港的分布。本表綜合上述資料，利用 Google Earth 在 2021 年的衛星圖片和 QGIS 軟件，計算不同的海岸生境所佔本港海岸總長之百分比。

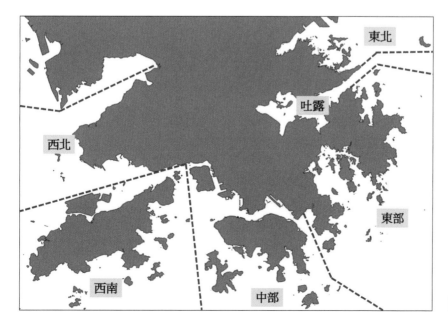

區域釋義圖

圖 5-31　東平洲岩岸環境。（攝於 2009 年，楊松頴提供）

落適應其中；加上香港東西海域和冬夏兩季的環境差異，形成豐富的海岸生態多樣性。以下為岩岸、沙灘、泥灘、紅樹林、基圍、海草床、珊瑚群落和海藻林，共八類海岸生境的介紹。

岩岸

本地岩岸約佔 9.7 平方公里。岩岸是由強浪力沖刷拍打而形成的海岸，常在地形突出岬角找到。強力的波浪使沙泥等沉積物難以累積，海岸會以該地區岩石為主要基質（見圖 5-31）。香港地質多樣複雜，令岩岸基質也因應地區而改變（見表 5-8），東北部岩岸地質多變（包括凝灰岩、粉砂岩、泥岩等）；吐露港一帶則以砂岩為主，因此有較鬆散、孔隙度高的岩石。東部西貢海岸和牛尾海一帶，則有凝灰岩和流紋熔岩。香港島南部岩岸基質以凝灰岩和花崗岩為主，至大嶼山南部也有由剛硬的花崗岩岩牆構成的岩岸（如坪洲、梅窩以南等）。大嶼山北部分別有以砂岩、凝灰岩和凝灰角礫岩為主的岩岸。香港西北部雖以軟灘生境為主，但也可找到以二雲母花崗岩為基質的岩岸。

不同岩石基質有不同物理條件，如水份、硬度等，均影響岸上生物群落組成。但在影響本港岩岸生物群落的芸芸因素中，浪力是其中關鍵。香港海岸線曲折複雜，岬角和內灣連綿不斷。因此，本港既有開闊、大浪的，也有封閉、弱浪的岩岸（見表 5-8）。西貢東面和港島東南面外海地形開闊，拍岸浪力強勁，如西貢長咀、大浪西灣；港島石澳、哥連臣角（見

圖 5-32　港島東部石澳岩岸，開闊大浪。（攝於 2021 年，許天欣提供）

圖 5-32）；離島如東龍島和蒲台島等。大嶼山以南外也鮮有離島遮擋，加上繁忙的船運，使一些嶼南海岸也因船浪頻仍而承受強勁的海浪，如石壁、芝麻灣一帶。反之，在被岬角遮擋的內灣，則可找到浪力弱小的岩岸，例如吐露港一帶、西貢內海如鹽田梓、滘西洲；港島的大潭港；大嶼山北岸的欣澳長索等地。在強和弱浪力的海岸間則為中等浪力的岩岸，遍布全港：東北島嶼、牛尾海、港島南如淺水灣、中灣等；坪洲和大嶼山東南一帶；汲水門兩岸如小欖、大轉二轉等，以及大嶼山北部如大澳、龍鼓灘等海岸。

表 5-8　香港岩岸地質和風浪區長度分區情況表

區域	主要地質	風浪區長度（公里）
東北	水晶凝灰岩、凝灰岩、粉砂岩、泥岩	23.3 - 82.2
吐露	砂岩、粉砂岩、水晶凝灰岩、黑雲母花崗岩	21.3 - 56.2
東部	玻璃凝灰岩、流紋溶岩	11.0 - 610.6
南部	玻璃凝灰岩、黑雲母花崗岩、石英二長岩	29.6 - 615.5
西南	花崗岩牆、黑雲母花崗岩	59.3 - 462.9
西北	凝灰岩、二雲母花崗岩、黑雲母花崗岩	42.4 - 328.5

注 1：風浪區數據摘自區內四處不同浪力的岩岸，隨 Burrows, M. T., Harvey, R., and Robb, L., "Wave exposure indices from digital coastlines and the prediction of rocky shore community structure" 方法計算。

注 2：有關不同區域的釋義和表格資料來源，詳見表 5-7。

資料來源：　香港特別行政區政府土木工程拓展署 2006 年地質圖；Gray A. Williams, "Baseline evaluation of Hong Kong's rocky shore biodiversity," ECF Project (ECF2019-105).

生態方面，不同物種演化出一系列的策略，以適應石面上的生活。有別於軟灘生物，岩岸上物種並不能以挖掘藏於沙礫之中，故既會受海浪拍打，又會因缺乏遮閉處而暴露在烈日或暴雨之下，往往需面對較嚴苛的物理環境。大嶼山南岩岸的石面曾錄得攝氏 64.5 度的高溫；而在夏季，香港岩岸石面溫度時常超過攝氏 50 度，已高於大部分岩岸物種可承受的溫度。由於石面溫度受潮間高度影響，因此香港岩岸上物種分布會受限於潮間高度，展現出明顯的垂直成帶現象。

岩岸上動物主要由軟體動物組成，並以腹足綱和雙殼綱為主。上潮帶鮮有被潮水掩蓋，環境最為極端，可找到各種生理承受力極高的濱螺，如塔結節濱螺和輻射濱螺（*Echinolittorina radiata*），及一些可承受高溫的藍綠藻，如班點海電藻（*Kyrtuthrix maculans*）等。中至低潮帶常被潮水掩蓋，故環境不如上潮帶極端，能找到更多不同的腹足綱動物：單齒螺（*Monodonta labio*）、平軸螺（*Planaxis sulcatus*）、不同的帽貝如斗笠螺（*Cellana grata*）等；多板綱的日本花棘石鱉（*Liolophura japonica*）也頗為常見。然而，岩岸強勁的浪力，迫使這些生物需穩固地依附在石面之上，故帽貝和石鱉等演化出強壯的肌肉作吸盤之用。一些固着生物（不能隨意走動的生物）則多由雙殼綱、甲殼類動物或覆蓋性藻類（crustose algae）組成，覆蓋着石面，如僧帽牡蠣、笠籐壺（*Tetraclita* spp.）、紫孔雀殼菜蛤、各類紅藻（Ochrophyta，包括珊瑚藻 coralline algae）、褐藻（Phaeophyceae）和綠藻（Chlorophyta）等。

隨着冬季的季候風和洋流，一些大型藻類亦在香港岩岸生長，如紫菜（*Phycocalidia* spp.）、馬尾藻等，待初夏氣溫回升時便會慢慢消逝。除了上述行動能力較弱或完全固着的生物外，在本地岩岸也可找到可靈活移動的等足目動物海蟑螂（*Ligia exotica*）和各種蟹類，如小相手蟹（*Nanosesarma minutum*）、斑點擬相手蟹（*Parasesarma pictum*）、酋婦蟹（*Eriphia* spp.）、白紋方蟹（*Grapsus albolineatus*）等。上述的物種組成會隨岩岸的浪力大小而改變，略表列如下（見表 5-9）。

除了上述無脊椎動物的粗略分布外，在岩岸亦可找到如岩鷺（*Egretta sacra*）、藍磯鶇（*Monticola solitarius*）等常見鳥類。在一些遙遠及無人定居的小島上，每年夏季都會有黑枕燕鷗、粉紅燕鷗及褐翅燕鷗回來繁殖。部分無脊椎動物也會隨香港海水鹽度變化而影響其分布。其中，日本花棘石鱉在西北面岩岸數量極少；反之，在東面或東南面岩岸則較豐富。同樣情況也在一大型帽貝星笠螺（*Scutellastra* spp.）上看到，這種生活於下潮帶至潮下帶的帽貝，只有在東面或東南面的大浪岩岸找到。與此相反，齒紋蜑螺（*Nerita yoldii*）主要分布在本港西北面岩岸，在東面則相當稀少。如此多樣的環境和物種組成，使本港岩岸生態複雜多變，而由於香港大部分海岸線是堅硬的火成岩，因此硬質海岸為主要的海岸生境，是構成香港豐富海洋生物多樣性的重要元素。

表 5-9　香港不同浪力岩岸上常見物種情況表

岩岸種類	常見可動物種	常見固着物種
封閉	單齒螺（*Monodonta labio*）、 粒花冠小月螺（*Lunella granulata*）、 花笠螺（*Cellana toreuma*）、 疣荔枝螺（*Reishia clavigera*）	僧帽牡蠣（*Saccostrea cuccullata*）、 青鬚魁蛤（*Barbatia virescens*）
中等浪力	日本花棘石鱉（*Liolophura japonica*）、 鶇足青螺（*Patelloida saccharina*）、 琉球擬帽貝（*Patelloida ryukyuensis*）	僧帽牡蠣、龜足（*Capitulum mitella*）
開闊	斗笠螺（*Cellana grata*）、 雜斑蓮花青螺（*Lottia luchuana*）	紫孔雀殼菜蛤（*Mytilisepta virgata*）、 笠籐壺（*Tetraclita* spp.）、 巨籐壺（*Megabalanus* spp.）

注：有關不同區域的釋義，詳見表 5-7。
資料來源：　Morton, B., Morton, J., *The Sea Shore Ecology of Hong Kong* (Hong Kong: Hong Kong University Press, 1983)；Kaehler, S., Williams, G. A., "Distribution of algae on tropical rocky shores: spatial and temporal patterns of non-coralline encrusting algae in Hong Kong," *Marine Biology*, Vol.125 (1996): pp.177-187；Williams, G. A., Chan, B. K. K., Dong, Y. W., "Rocky shores of mainland China, Taiwan and Hong Kong," in *Interactions in the Marine Benthos - Global Patterns and Processes*, Eds. S. J. Hawkins, K. Bohn, L. B. Firth, G. A. Williams (Systematics Association, Cambridge University Press, 2019), pp. 360-390.

沙灘

相對於岩岸而言，沙灘在地理上多位處內灣，或被突出的岬角遮擋而浪力較弱，沙泥等沉積物可隨時間累積，聚沙成灘（見圖 5-33）。然而，沙灘所承受浪力也未至於如泥灘和紅樹林般小，故過於幼小的泥濘顆粒（小於 0.063 毫米）較少，主要為較粗糙的沙粒（0.063-2 毫米）。在香港，大大小小的沙灘遍布海岸線，既有在岩岸旁的、較大浪的沙灘，如西貢的浪茄、白臘；南大嶼山長沙；西北岸的龍鼓灘等地；也有在內灣和紅樹林附近、浪力較弱的沙灘，如吐露港的海星灣、南大嶼山水口等。

在不同的沙灘上，沙粒大小和分布各有不同。沙粒的大小和密度是影響沙灘物理環境的重要因素：粗顆沙粒排列鬆散，疏水通氣度較高，故沙面內的氧氣含量較高，水分較少；反之，幼小的沙粒排列緊密，疏水通氣度較低，故沙面內的氧氣含量較低，水分較高。由於沙土內的水分和氧氣是影響沙灘物種組成和分布的關鍵因素，故沙灘的生態往往會被沙粒大小所左右。一般而言，在大浪的沙灘上沙粒會較粗，沙面較斜，例如西貢或港島東南面的沙灘，物種數量較少；相反，在浪力較低的沙灘，沙粒則會較幼，沙面平坦，物種數量會較多，如大嶼山的水口和吐露港的海星灣等（見表 5-10）。香港西部海岸沙灘的沙粒顏色一般較黑，有如龍鼓灘、貝澳、水口等，參考澳門南部黑沙礦物組成，上述沙灘的黑沙或源於砂土中黑雲母碎片和綠泥石（chlorites）成分。鑒於本港沙灘環境各異，不同物種置身其中。

圖 5-33　西貢大浪西灣沙灘。（攝於 2016 年 12 月，香港特別行政區政府漁農自然護理署提供）

表 5-10　香港沙灘物理環境分區統計表

區域	平均開闊度 （1 = 極遮閉；4 = 極開闊）	平均斜率	平均沙粒大小 （mm）	平均沙土有機碳含量（%）
東北	2.2	0.03	0.62	0.35
東部	2.6	0.06	0.35	0.38
西南	3.0	0.07	0.72	0.25
西北	2.4	0.06	0.90	0.47

注：每區數據由 7 至 12 處沙灘平均而得；公共泳灘不包括在內；有關不同區域的釋義，詳見表 5-7。
資料來源：　Shin, P. K. S., S. G. Cheung, A study of soft shore habitats in Hong Kong for conservation and education purposes. Environment and Conservation Fund (ECF) Project 23/99. Final Report (2005).

有別於岩岸，沙灘或其他軟灘的動物可挖掘沙泥，利用沙土建造洞穴或遮蓋自己，以逃避捕獵者或嚴苛的物理環境。沙粒也可讓微生物如微藻、細菌等依附在上；亦提供了微小的隙縫予細小的生物如蛔蟲（Nematode）、橈足動物（Copepod）等游走其中，這些細小生物和其他有機的沉積物提供了沙灘食物鏈的基礎。

本地沙灘動物大多為攝食沉積物的腹足綱和蟹類，如在香港常見的中型股窗蟹、北方丑招潮蟹（*Gelasimus borealis*）、短指和尚蟹（*Mictyris brevidactylus*）；灘棲螺如縱帶灘棲螺（*Batillaria zonalis*）等。沙泥下也會找到不同種類的蜆，如在塘福廟灣（近水口）常見的文蛤（*Meretrix* cf. *meretrix*，又稱沙白），和吐露港常見的歪廉蛤（*Anomalodiscus squamosus*）、中華尖峰蛤（*Coecella chinesis*）和紫晃蛤（*Asaphis violascens*）等。在開闊而浪力較高的沙灘，如大浪西灣，則可找到衞氏毛帶蟹（*Dotilla wichmanni*）和會隨潮汐上下移動的斧蛤（*Donax* spp.）。有活化石之稱的文昌魚（*Amphioxus*）也可在東面較大浪的沙灘近岸海域找到。

在沙粒較粗、近岩岸的沙泥碎石灘可找到菲律賓簾蛤。除了沉積物外，沙灘上也偶爾會有動物屍體被沖到岸上，為可攝食腐肉的動物如角眼沙蟹（*Ocypode ceratophthalmus*）、織紋螺（*Reticunassa* spp.）和活額寄居蟹（*Diogenes* spp.）等提供額外的能量補充。這些無脊椎動物構成了海岸食物網的重要一環，為常見的鳥類捕獵者如鵲鴝（*Copsychus saularis*）、黑領椋鳥（*Gracupica nigricollis*）或冬候鳥如沙鴴（*Charadrius* spp.）、灰尾漂鷸（*Tringa brevipes*）等提供食物。1980 年代以前，南丫島深灣或香港其他沙灘更有綠海龜上岸產卵，但近年已驟然大減。

香港沙灘既有豐富的生態，也為市民大眾提供康樂場地。每逢炎夏，大嶼山水口和吐露港海星灣等沙灘均吸引大批市民玩樂、掘蜆，或進行其他水上活動。除天然沙灘外，本港也有 42 個康文署轄下的泳灘，遍布港九新界，偶然也會隨地理位置和季節，遇到某些海洋生物的大量爆發，如甲藻（Dinoflagellates）和海毛蟲（*Chloeia* spp.）等。康文署泳灘的生物多樣性一般低於天然沙灘，如大埔龍尾的人工泳灘，其原有泥灘和礫石蓋被移除，河口生境大幅改變，灘上的生物多樣性已大不如前。

泥灘

泥灘是比沙灘浪力更小的海岸生境，只能在相當遮閉地形找到。弱小浪力令即使是小於 0.063 毫米的微小顆粒也可隨時間累積，並為其他海岸生境如紅樹林和海草床等提供基質。大埔吐露港位處赤門海峽內海，南北兩側被黃竹角咀、大埔地區、西貢半島北部、馬鞍山地區遮擋，海浪相當弱小，港內分布多處泥灘，包括大埔滘老圍、榕樹澳、西徑和瓦窰頭等地。本港西面海岸也有不少浪力相當弱小的海灣和泥灘，如東涌、深屈、上下白泥和尖鼻咀一帶等（見圖 5-34）。由於只有在相當遮閉的海岸才能遠離風浪，故本港由泥灘所佔海岸線不多，大多分布於東北和西面海岸（見表 5-7）。

香港自 1840 年代英佔以來持續填海造地，沙田和東涌在 1980 年代以前曾有大片泥灘，但隨着沙田、大埔等新市鎮和赤鱲角機場填海工程，這些地區泥灘面積大幅下降，例如部分東涌泥灘，已因東涌新市鎮和北大嶼公路的填海工程被移除，泥灘生態也隨之改變。目前這些泥灘上可見生物已跟莫雅頓在 1983 年出版的《香港海岸生態》（*Seashore Ecology of Hong Kong*）書中所描述不同。例如，當時在香港分布頗廣的腕足動物（Brachiopod）如海豆芽（*Lingula anatina*）已變得十分罕見，只在西貢部分泥灘尚有一定數量。

圖 5-34　東涌河河口一帶的泥灘。（攝於 2015 年，羅家輝提供）

有別於沙灘，泥灘基質由幼細顆粒組成，一般少於 0.063 毫米。如此細小的沙泥排列緊密，水分難以滲入並進行交換，使沙泥下氧氣含量極低。這令沙中容易出現缺氧層，有利厭氧細菌的生長和繁殖，並透過無氧呼吸製造硫化物，而使沙泥變黑和產生臭蛋味。在泥灘內生活的物種為了適應缺氧環境，演化出不同策略以加強對氧氣的攝取，如在吐露港泥灘下常見的環節動物絳體管口螠（*Ochetostoma erythrogrammon*），則具有大量的血紅蛋白運輸氧氣以維持其新陳代謝。

幼細沙泥和濕潤難乾的表面使一些沙灘常見、喜好較乾環境的動物如中型股窗蟹、清白招潮蟹（*Austruca lactea*）和莫氏擬蟹守螺（*Cerithidea moerchii*）等數量減少，只能在泥灘上潮帶較乾的地方找到。取而代之的是一些喜好濕潤沙泥的動物，如大眼蟹（*Macrophthalmus* spp.）、長方蟹（*Metaplax* spp.）、泥蟹（*Ilyoplax* spp.）、灘棲螺（*Batillaria* spp.）、小塔螺（*Pirenella* spp.）和彩螺（*Clithon* spp.）等。大嶼山和白泥一帶也可以找到長葡萄螺科（Haminoeidae）的螺類。

泥灘沙泥內外可找到不同的雙殼類動物，如附在石頭上的僧帽牡蠣，沙泥下的加夫蛤（*Gafrarium pectinatum*）、格特蛤（*Marcia* sp.）、蟶子，如毛蟶蛤（*Sinonovacula constricta*）以及環節動物中的多毛綱物種（Polychaete）等。在泥灘表面上常見的飲管狀物就是由多毛綱燐沙蠶科（Chaetopteridae）物種所製造。在吐露港的泥灘，角海葵（*Cerianthus* sp.）較常見於下潮帶；初夏時則可找到透明如啫喱般的多毛綱動物卵團或殼蛞蝓卵團，如東方殼蛞蝓（*Philine orientalis*）散布在沙面之上。西北面尖鼻咀的泥灘位處米埔拉姆薩爾濕地內，退潮時面積龐大而廣闊，是米埔候鳥重要覓食場地。在春秋遷徙及隆冬月份，每當退潮也可看見大量涉禽如鷸（Sandpiper, Scolopacidae）、鴴（Plover, Charadriidae）、鷺（Egret, Ardeidae），甚至黑臉琵鷺等在尖鼻咀的泥灘上覓食。其中，斜肋齒蜷（*Sermyla riquetii*）為米埔泥灘上主要的螺類，是候鳥的重要食物來源。

俗稱「活化石」的馬蹄蟹偏好攝食沙泥中的蚊蟲孑孓（蚊的幼蟲）、環節動物及小蟹等，也會進食如蟶子等的雙殼類動物，曾常見於本港泥灘，在東西兩岸如白泥、大埔、沙頭角等均可找到，包括中國鱟（*Tachypleus tridentatus*）和圓尾鱟（*Carcinoscorpius rotundicauda*）。然而隨着近數十年的海岸發展，泥灘面積減少，馬蹄蟹也喪失了不少棲息地，數目不斷下降。近年本港有生態學家進行復育工作，以維持這種「活化石」在香港的數量。

另一種在本港泥灘常見的動物是彈塗魚，尤其是廣東彈塗魚（*Periophthalmus modestus*）和大彈塗魚（*Boleophthalmus pectinirostris*），在東涌磡頭或尖鼻咀等地也可找到青彈塗魚（*Scartelaos histophorus*）。彈塗魚在退潮時會離開其洞穴活動，並用其鰓篩選大小合適的沉積物攝食。在尖鼻咀一帶的泥灘彈塗魚頗多，除了為水鳥提供食物，更引來漁民捕捉。總的來說，泥灘為各類無脊椎動物和鳥類等提供了重要生境，是維持本港海岸生境多樣性和生態系統的重要元素。

紅樹林

本地紅樹林約佔 6.2 平方公里，全港有超過 60 個紅樹林，可在東西兩岸不少具淡水補充的泥灘上找到，形態和物種數量各異（見表 5-11）。在香港東北面海岸，紅樹林面積較西北海岸小，但分布頗廣，在鹿頸、荔枝窩、三椏村等印洲塘一帶，以及在汀角、榕樹澳、西徑等吐露港一帶；西貢海沿岸如早禾坑、大環村；白沙灣一帶如蠔涌、南圍；以及海下、赤徑、黃宜洲一帶等均可找到。在本港西面海岸，紅樹林則分布在大嶼山及后海灣沿岸（如米埔、尖鼻咀和白泥）一帶。在南大嶼山水口和貝澳，均可在河口位置找到紅樹林，而在北大嶼山，則可在東涌、磡頭、深屈和大澳一帶找到，大澳更有大片因興建赤鱲角機場而補償種植的紅樹林。雖然港島南的大潭紅樹林面積只有大概 0.2 至 0.3 公頃，卻是港島唯一的紅樹林分布。

整體而言，本港東面的紅樹林較西面矮小，這與兩個海岸的環境差異不無關係：東面的泥灘沉積物顆粒較大，也缺乏如西面珠江大量的養份和淡水補充，故生長環境較差而高度較矮；反之，在本港西面海岸，沉積物顆粒較小，並配合珠江帶來的養份和淡水，故紅樹林生長環境較佳；米埔地區的紅樹林面積約 170 公頃，而米埔的紅樹更可生長至約五米高。

表 5-11　香港各區域紅樹物種、腹足類動物物種及蟹類動物物種數量統計表

區域	紅樹物種數量		腹足類動物物種數量		蟹類動物物種數量
	1990 年代	2010 年代	1990 年代	2010 年代	2010 年代
東北	4 - 7	1 - 6	16	10 - 22	7 - 21
吐露	3 - 8	2 - 6	25 - 26	23 - 51	11 - 22
東部	3 - 8	3 - 7	8 - 28	1 - 15	6 - 18
中部	1	4	*	6	17
西南	3 - 7	1 - 6	8 - 20	5 - 17	4 - 26
西北	4 - 6	2 - 4	26	8 - 17	8 - 16

注 1：物種數量摘自區內各紅樹林數據最少至最多者。2000 年前的數據擇自 Yipp et al. (1995) 或 Tam et al. (1997)；
　　　2010 年後的數據擇自 Williams et al. (2018) 或 Cannicci (2019)。

注 2：＊為缺乏相關數據。港島只顯示單一數值，因只有一處紅樹林（大潭）數據。

資料來源：Yipp, M. W., Hau, C. H., Walthew, G., "Conservation evaluation of nine Hong Kong mangals," *Hydrobiologia*, Vol.295（1995）: pp.323-333；Tam, N. F. Y., Wong, Y. S., Lu, C. Y., Berry, R., "Mapping and characterization of mangrove plant communities in Hong Kong," *Hydrobiologia*, Vol.352（1997）: pp.25-37；Williams, Gray Argust, *Assessing the Marine Biodiversity and Ecology of Tolo Harbour and Channel, with Particular Reference to Coastal Marine Environments of Ting Kok and Shuen Wan Hoi — Phase II*, ECF Project（ECF 79/2016）；Cannicci, S, *Hong Kong mangroves: where are they now?*, ECF Project（ECF 69/2016）.

本港原生紅樹林由八種系屬喬木或灌木的真紅樹組成，包括水筆仔（*Kandelia obovata*）、木欖（*Bruguiera gymnorrhiza*）、桐花樹（*Aegiceras corniculatum*）、白骨壤（*Avicennia marina*）、欖李（*Lumnitzera racemosa*）、海漆（*Excoecaria agallocha*）、銀葉樹（*Heritiera littoralis*）和老鼠簕（*Acanthus ilicifolius*）。緊貼真紅樹近陸地處常會雜以露兜樹（*Pandanus tectorius*）、黃槿（*Hisbiscus tiliaceus*）、鹵蕨（*Acrostichum aureum*）或海芒果（*Cerbera manghas*）等類紅樹。[3] 在八種真紅樹中，以水筆仔的分布最廣，其餘則視乎香港不同地區的紅樹林而數量會有所不同，甚至只有在特定地方才會找到。例如在東涌，木欖數量頗豐；銀葉樹就以荔枝窩較多。

儘管不同的真紅樹均要面對潮水漲退、水陸交替和泥土氧氣稀少環境（見圖 5-35），但其適應策略各有差異。常見的策略包括利用不同的根部結構以獲取氧氣和鞏固樹身，如出水通氣根（白骨壤）和板根（水筆仔、銀葉樹）等；及利用不同的方法排走多餘鹽份，如葉上的鹽腺（白骨壤、桐花樹），儲鹽落葉（木欖、欖李）等。於是，基於物種對海水環境的適應程度，不同的紅樹會在潮間帶不同的高度找到：由近海的白骨壤、桐花樹，至中潮帶的木欖、水筆仔等，至上潮帶的欖李等，像潮間帶動物般形成明顯的成帶現象。

紅樹林是重要的生態系統工程師，意即紅樹自身製造了生境予其他物種。本港紅樹林內可

3　有關香港真紅樹的物種數量，研究者另有其他兩種說法。一，八種（包括鹵蕨，而不包括老鼠簕）；二，八種（包括老鼠簕，而不包括鹵蕨）。

圖 5-35　大埔汀角的紅樹林，後方山脈為八仙嶺。（攝於 2020 年，許天欣提供）

找到多樣的軟體動物和蟹類，如不同螺類：小塔螺、莫氏擬蟹守螺、溝紋荀光螺（*Terebralia sulcata*）、大耳螺（*Ellobium* spp.）、黑線蜑螺（*Nerita balteata*）等；及不同的雙殼類如僧帽牡蠣、扁平鉗蛤（*Isognomon ephippium*）、掉地蛤（*Geloina expansa*）等。

蟹類方面則可找到不同的招潮蟹和相手蟹，如弧邊管招潮蟹（*Tubuca arcuata*）、麗彩擬瘦招潮蟹（*Paraleptuca splendida*）、大陸擬相手蟹（*Parasesarma continentale*）和褶痕擬相手蟹（*P. affine*）等。紅樹林的相手蟹除了會進食泥土上的有機物，部分更會以紅樹落葉為食，促進紅樹林內的養份循環；其建造的洞穴也會提高泥土內的氧氣含量，有利紅樹林的生長。因此，相手蟹和紅樹林關係密切，是維持紅樹林生態系統的重要元素。

在生境方面，紅樹林內縱橫交錯，樹枝、樹根空間結構複雜，在潮漲時為魚蝦提供了重要的微生境。然而，正因如此，不少紅樹林的蟹和螺均會在潮漲時往樹上爬，以逃離隨潮水而來的大型捕獵者。汀角攀樹蟹（*Haberma tingkok*）（2017 年於汀角紅樹林被發現）更會時常在樹上出沒。除了海洋生物，本地紅樹林也為不少陸生昆蟲如螞蟻、飛蛾等動物提供棲息地。

本地紅樹林生物多樣性豐富，2000 年後外來物種海桑屬（*Sonneratia* spp.）卻愈為常見，為紅樹林生態帶來潛在未知影響。無瓣海桑（*Sonneratia apetala*）是源自孟加拉和印度一帶的熱帶紅樹物種，原是引入深圳灣用作復育紅樹林的先鋒樹種，2000 年於米埔被首次發現，近年在白泥、東涌及水口等地頗為常見。其生長速度快，往往會較本地紅樹為高，可對當地紅樹林生態產生負面影響。大米草（*Spartina* spp.）亦為外來入侵物種，能迅速生長並佔領大片泥灘範圍，阻礙紅樹的生長及不同動物的覓食，甚至導致其死亡。因此，如何有效監察本港紅樹林的狀態（如利用衞星作長期監察），有效清除外來入侵物種，保育原生紅樹林生境，發揮其生態系統工程師角色，是維持本港海岸生物多樣性的關鍵。

基圍

香港除了有一系列不同天然海岸生境和淺海的珊瑚群落外，還有不少人工建造的海岸結構（見表 5-12）。雖然當中大部分的現代人工海岸線如防波堤、碼頭等均缺乏生物多樣性，分布於村落、歷史悠久的基圍卻因其結構和運作，而發展出自成一格的生態環境。一般來說，基圍是靠開挖河口岸邊成塘，興建堤圍和水閘，並利用潮汐漲退而引苗飼養的沿海養殖業建設，常見於華南和東南亞等地。本地基圍主要集中於新界西北面向珠江河口的后海灣沿岸村落，如米埔及南生圍（圖 5-36）；新界東北海岸如南涌、榕樹凹、紅石門等地亦有分布，但規模和面績不及后海灣沿岸（見表 5-12）。由於基圍大多是村落建築，在河口或近岸進行半人工的漁業養殖，皆位於浪湧弱小、附近有紅樹林作育苗生境的海岸。

基圍巧妙地利用了潮汐漲退以獲取魚、蝦的幼體，並養育至成體以供買賣食用。村民會趁水漲時打開水閘，讓海水流入基圍。其時，魚蝦的幼體、甚至是紅樹的胚軸可隨水流入，並會因水閘關上而停留在基圍之內。因此，魚蝦和紅樹等動植物會在基圍內成長，並以基圍內的有機物或養份作為營養來源，例如附近紅樹林和泥沼上的有機物。因此，村民會特意保留紅樹林在基圍內，既可讓其落葉和有機物提供食物，也可製造複雜的微生境予魚蝦幼體成長。基圍因位處河口，故可找到常見的河口動物，包括本地聞名的基圍蝦（*Metapenaeus ensis*）和鋸緣青蟹（*Scylla serrata*）等。河口魚類如烏頭等也常見於基圍。其他動物如紅樹蟹類、腹足類和多毛綱動物也會以基圍作生境，如螳臂蟹（*Chiromantes* spp.）、齒蜷（*Sermyla* spp.）、山椒蝸牛（*Assiminea* spp.）和鰓沙蠶（*Dendronereis* spp.）等。這些動物透過進食紅樹或蘆葦產生的有機物和排泄，加速基圍內的養份循環，是維持基圍生態價值的重要成員。

村民會定期開啟水閘以排放基圍的儲水，並在水閘處網捕成體魚蝦作食用或出售。除經濟價值外，基圍也可與鄰近的紅樹林組合成獨特生境，為涉禽提供覓食場地；各種鷺鳥、鴨和鷸等均會藉基圍排水或水位下降期間前來捕食暴露在外的魚蝦。米埔的基圍則曾記錄得近 1600 隻不同雀鳥在同一基圍覓食，足見基圍的生態價值。然而，人為管理如挖掘和排水等也易使蘆葦（*Phragmites australis*）在基圍內繁殖生長，導致基質上升而減少涉禽的使用，故基圍需配以有效的管理以發揮其生態功能。

1950 年代基圍蝦甚受香港大眾歡迎，市場獲利不俗，吸引不少村民投入基圍漁業。可是，

表 5-12　香港基圍分布和附近景觀生境情況表

區域	地點	基圍一帶景觀和生境
東北	鹿頸、南涌	池塘、紅樹林
	鳳坑、谷埔	紅樹林、蘆葦
	榕樹凹、鎖羅盆	紅樹林、海草床
	小灘、三椏村	池塘、紅樹林、海草床
	紅石門	淺灘、紅樹林
東部	曝罟灣	淺灘、小量紅樹
	斬竹灣	海草床
	南圍	紅樹林
西北	南生圍、大生圍	魚塘、蘆葦
	米埔	魚塘、蘆葦、紅樹林

圖 5-36　位於米埔的基圍，設有水閘控制海水進出。（攝於 1996 年 6 月 27 日，南華早報出版有限公司提供）

隨着西北河口水質污染，本地水產養殖業息微，很多基圍早已不再用以養殖，甚至丟棄荒廢。失去了水閘的定期開關和漁民的網捕，基圍卻仍然為不少的河口生物提供生境。而且，基圍的海堤有防波堤的作用，可令海浪進一步減弱，使基圍內的生物有相當穩定的基質。因此，很多荒廢的基圍均發展出成熟的紅樹林系統，例如東北面鹿頸至鎖羅盆一帶的基圍。某些荒廢的基圍更被海草佔據，形成紅樹和海草雜陳而生的生態系統。鹵蕨也常見於荒廢基圍，如東北鳳坑和谷埔等村落。成熟的紅樹林和海草床則進一步吸引不同的河口生物以基圍作為生境，故即使是人工結構，基圍的生物多樣性卻頗為豐富。基圍以簡單的構造滿足了小規模漁業和生態兩方面功能，是規劃人工海岸時可用作借鑒的傳統智慧。

海草床

本地海草床約佔 0.2 平方公里。除紅樹林外，在香港某些浪力較低的泥灘或沙灘上，可找到不同物種的海草。大部分海草床均可在紅樹林近海方向前的軟灘找到，如礦頭和白泥等（圖 5-37）。在遠離紅樹林的沙灘，偶爾也會找到一些細小而間歇性出現的海草群落，如吐露港的海星灣。然而，本港海草床面積遠較紅樹林為少，隨年月的面積改變也較紅樹林為大。海草床在軟灘表面生長，故易受沙泥沉積的過程影響。因此，每當颱風過後或鄰近海域有海床浚挖工程時，海草床面積便會因沙泥沉積和海水混濁而減少，此特性亦使海草成為監察海岸環境狀態的指標物種之一。然而，海草床的面積也會因冬夏兩季之環境差異而改變，故隨年月的轉變頗為明顯。

本港共有五種海草，以喜鹽草（*Halophila ovalis*）分布最廣，在東西兩岸均可找到。在香港還可以找到與卵葉喜鹽草同屬的貝克喜鹽草（*H. beccarii*）和小喜鹽草（*Halophila minor*）。其中，貝克喜鹽草較多分布在西北海岸白泥一帶。喜鹽草和小喜鹽草外表接近，只有以葉片大小和葉脈排列加以分別。矮大葉藻（*Zostera japonica*）則分布較窄，例如在西貢相思灣和大嶼山礦頭河找到。另一分布較窄的海草為川蔓藻（*Ruppia maritima*），分布在米埔。海草床的分布和物種表列如下（見表 5-13）。

海草如紅樹林一般，同樣是開花植物，但因其生長模式和形態，海草的葉和根一般會貼近泥面或埋於沙土內，故在潮漲時整棵植物都會被海水覆蓋。因此，海草的開花和授粉過程均需適應海水環境。喜鹽草和川蔓藻屬的花粉會結成浮團，利用海水的浮力傳播。另外，海草也會利用橫枝伸展進行無性繁殖，故在沙泥下的根部網絡交錯複雜，使個體可在表面結構受破壞時以餘下的根莖生長恢復。

海草床是海岸生境中重要的生態系統工程師，在世界各地海岸提供了生境和食物予無脊椎動物，甚至是如儒艮、海龜等的巨型草食動物。在本港，縱然海草床面積隨年月改變甚大，但也有不少潮間帶動物會選擇在海草床上棲息或覓食，如灘棲螺、小塔螺、蟹守螺（*Cerithium* spp.）、粒花冠小月螺（*Lunella granulata*）和彩螺等腹足綱動物；也會找到如僧

圖 5-37　東涌礮頭紅樹林前的海草床。（攝於 2020 年，許天欣提供）

表 5-13　香港海草物種分布情況表

區域	海草物種					主要分布地點
	矮大葉藻	卵葉喜鹽草	貝克喜鹽草	小喜鹽草	川蔓藻	
東北	✓	✓	✓	✓		鹿頸、荔枝窩、三椏村等
吐露		✓				海星灣、汀角
東部	✓	✓		✓	✓	蠔涌、海下、土瓜坪、相思灣等
中部		✓	✓	✓	✓	大潭、石澳
西南	✓	✓	✓	✓		礮頭、大蠔、稔樹灣、欣澳
西北		✓	✓		✓	尖鼻咀、米埔、白泥等

資料來源：　Fong, T. C. W., "Some aspects of the ecology of the seagrass Zostera japonica in Hong Kong" (MPhil Thesis, University of Hong Kong, 1998)；Fong, T. C. W., "Habitat preservation or transplantation: which is better for Hong Kong seagrass conservation?," *Porcupine!*, Vol.20 (1999): pp.12-14；Yip, K. I., Lai, P. C. C., "Halophila minor (Hydrocharitaceae), a new record with taxonomic notes of the Halophila from the Hong Kong Special Administrative Region, China," *Acta Phylotaxonomica Sinica*, Vol.44 (2006): pp.457-463；Wong, P. L., "An assessment of seasonal abundance of Halophila ovalis (R. Brown) Hooker f. and potential for conservation in Hong Kong" (Master's dissertation, University of Hong Kong, 2018)．

帽牡蠣的雙殼類動物，可與海草發展出互利共生的生態關係。

在養份循環方面，海草床比一般泥土有着更多由海草碎屑分解而成的有機物，其葉片亦可減少潮水沖刷速度，使其他有機沉積物更易留在海草床內。因此，不少以沉積物為食的動物均偏好以海草床作為棲息地。另外，海草床也會在潮漲時以其複雜的形態為潮間帶動物提供躲避捕獵者的生境。因此海草床往往具有重要的生態價值。

然而，本地海草床面積卻在近數十午持續下降。赤鱲角機場興建時大量浚挖海沙，使附近的海岸沙泥沉積嚴重，東涌礮頭一帶的矮大葉藻在當時亦大幅減少。有本地生態學者以重置的方法復育海草，並進行基因研究以量化海草在本港的基因多樣性，以便制定保育策略，延續海草床生境。

珊瑚群落

除了一系列潮間帶生境，本港淺海（海圖基準面下 0 至 10 米）亦有豐富的珊瑚群落，主要由六放珊瑚（Hexacoral，包括石珊瑚 Scleractinia 和黑珊瑚 Antipatharia）和八放珊瑚（Octocoral, Alcyonaria）組成，孕育着不同的魚類、甲殼類及軟體動物等多樣的海洋生物。由於西面海域受珠江帶來的沉積物影響，海水混濁度高，鹽度在夏季可降至 10 PPT 以下，故珊瑚數量較低。反之，本港東面海域遠離珠江影響，海浪沖刷較強，混濁度較低，鹽度也較穩定，故不少地方也可找到珊瑚群落：西貢一帶如海下、火石洲、牛尾海等；東北岸如紅石門、往灣洲一帶、外島東平洲，甚至在吐露港一帶的內海。香港各區石珊瑚覆蓋率和主要的屬類如下（見表 5-14）。

表 5-14　香港石珊瑚分布和各區海域主要石珊瑚屬情況表

區域	覆蓋率（%）	主要石珊瑚屬
東北	2 - 70	扁腦珊瑚、濱珊瑚、牡丹珊瑚
吐露	0.2 - 20	黑星珊瑚、濱珊瑚、角孔珊瑚
西貢內海	47 - 79	扁腦珊瑚、濱珊瑚、牡丹珊瑚
東南	15 - 56	扁腦珊瑚、濱珊瑚、角蜂巢珊瑚、鹿角珊瑚
南至西南	4 - 27	沙珊瑚、刺星珊瑚、黑星珊瑚

資料來源：　數據擇自 Yeung, Y. H. et al., "Hong Kong's subtropical scleractinian coral communities: baseline, envrional drivers and management implications," *Marine Pollution Bulletin*, Vol.167 (2021): pp.112289；Wong, K. T. et al., "A 30-year monitoring of changes in coral community structure following anthropogenic disturbances in Tolo harbour and channel, Hong Kong," *Marine Pollution Bulletin*, Vol.133 (2018): p.900-910；每區的數據由 4 至 18 處珊瑚群落取樣而得。

本港東面的珊瑚群落因環境差異而由不同物種組成。整體而言，濱珊瑚（*Porites* spp.）、刺星珊瑚（*Cyphastrea* spp.）和角蜂巢珊瑚（*Favites* spp.）分布最廣，在東北至東南水域均可找到。扁腦珊瑚（*Platygyra* spp.）和牡丹珊瑚（*Pavona* spp.）常見於東北和東面水域；沙珊瑚（*Psammocora* spp.）則主要分布在西南水域；吐露港內近年則以黑星珊瑚（*Oulastrea* spp.）為主要物種。縱然香港海域只有約 1650 平方公里，卻有至少 84 種石珊瑚物種，比加勒比海還要多（見圖 5-38）。原因除了香港位處熱帶太平洋，接近東南亞物種豐富的珊瑚大三角外，海域環境多變也是關鍵因素。在不同浪力和水深的海域，可找到形態和生長模式不同的珊瑚：巨大團塊形珊瑚常在風浪較小的海灣找到，如扁腦和濱珊瑚；較大浪的海域如西貢或港島東面則可找到覆蓋形的角蜂巢珊瑚。

珊瑚本屬刺胞動物門，自身可靠捕獵附近的浮游動物以獲得營養，但在演化史上某些珊瑚物種卻與蟲黃藻（Zooxanthellae）發展出共生關係，使珊瑚在提供基質予蟲黃藻的同時，獲得蟲黃藻以光合作用所製造的營養。因此，石珊瑚數量在光線較弱的深水區域（海圖基準下 5 米至 10 米）相對較少，卻能找到如黑珊瑚和八放珊瑚等主要為非蟲黃藻共生（azooxanthellate）的物種，靠自身捕獵浮游動物以獲取營養。

蟲黃藻和珊瑚的共生關係密切，故蟲黃藻的健康會直接影響珊瑚的生長。在氣候變化的趨勢下，全球海水溫度日益增加，加上熱浪頻仍，使世界各地不少海洋生物死亡或需遷徙至更高緯度、水溫較低的海域。香港每年海水溫度也從 1900 年的平均攝氏 25 度增至 2020 年的平均攝氏 26 度。1 度的增幅足以使大量海洋生物生理受到影響。蟲黃藻是芸芸受海水暖化影響的海洋生物之一，過暖的海水會使蟲黃藻離開共生珊瑚，使其失去重要的營養攝取途徑；由於珊瑚會因失去表面的蟲黃藻而外觀變淡，故在海水暖化下出現珊瑚白化現象。

圖 5-38　東平洲水域石珊瑚生境，孕育了豐富的石珊瑚物種。（攝於 2007 年，楊松頴提供）

然而，部分石珊瑚也可透過與不同的蟲黃藻共生以應對各種環境；本港的珊瑚則多與蟲黃藻 C1 共生，以應對季節性的溫度變化。

另外，極端的鹽度、海水溫度和溶氧量的改變，也可導致白化現象，如 1997 年和 2017 年出現珊瑚白化，主要由於暴雨致海水過淡所導致，而 2017 年的白化事件，亦與海水高溫和低溶氧量有關。香港海域溫度和鹽度均隨季節改變；浚挖海床、石灰工業和海水污染等問題，亦使本港珊瑚受到嚴重破壞，例如吐露港內珊瑚覆蓋率曾在 1980 年至 1986 年間下跌八成。本地珊瑚群落一直在挑戰和多變環境下繁衍，韌性甚大。近年有生態學者在本地不同的海域如吐露港和海下進行珊瑚復育，旨在重塑本港曾經豐盛的珊瑚群落及其生物多樣性。

在如此具挑戰的環境下，珊瑚群落仍然為海洋生物提供重要的生境，猶如陸地系統的熱帶雨林，有着複雜的微生境讓多樣的生物居住其中（見圖 5-39）。本地珊瑚群落中可找到各種魚類，如雀鯛科的藍石剎、小丑魚；蝴蝶魚科的荷包魚（*Chaetodon* spp.）；鸚鵡魚科的黃衣（*Scarus ghobban*）和箱魨科的角箱魨（*Lactoria cornuta*，又稱牛角）等。其中，油䲁（*Gymnothorax* spp.）和部分石斑類（*Epinephelus* spp.）常藏於珊瑚群落的礁石之間，

圖 5-39　東平洲珊瑚群落的黃尾石剎（*Neopomacentrus bankieri*）魚群。（攝於 2012 年，楊松穎提供）

伺機捕獵；鸚鵡魚和荷包魚甚至直接以珊瑚為食。

不少甲殼類動物也會在珊瑚群落出沒，其中槍蝦（*Alpheus* spp.）、斑紋鮮艷的活額蝦（*Rhynchocinetes* spp.）和扇蟹科（Xanthidae），的正直愛潔蟹（*Atergatis integerrimus*）和花瓣蟹（*Liomera* spp.）等頗為常見；也可找到外觀像蟹但並非真蟹的岩瓷蟹（Porcelain crab，屬於瓷蟹科 Porcellanidae）和裝飾擬豆瓷蟹（*Enosteoides ornatus*）。除了不同的腹足類動物如寶螺科的物種、以珊瑚為食的鏈結螺（*Drupella rugosa*）、芋螺（*Conus* spp.）和多樣的裸鰓動物如多彩海蛞蝓（*Chromodoris* spp.）和枝鰓海牛（*Dendrodoris* spp.）外，一些大型的軟體動物如章魚（*Amphioctopus* spp.）也有機會在珊瑚群落找到。以往香港珊瑚群落更可找到巨型貝類長硨磲蛤（*Tridacna maxima*），但近年已十分罕見。另外，不少棘皮動物如蛇尾如長大刺蛇尾（*Macrophiothrix longipeda*）、海百合（Crinoidea），如脊羽枝（*Tropiometra* spp.）和海膽等會也以珊瑚群落為生境；其中刺冠海膽（*Diadema setosum*）亦會侵蝕及食用某些珊瑚物種，如扁腦珊瑚，是影響珊瑚群落狀態的重要生態過程。

海藻林

在香港各區海岸或海洋環境中，均能發現海藻的分布。目前於香港已記錄到 264 種海藻，當中包括 82 種褐藻、141 種紅藻和 41 種綠藻。它們是多細胞組成、相對原始的植物，與海草等高等植物不同，它們沒有維管束和不會開花結果，並且沒有根、莖和葉等部分，由葉狀體及附着器組成，附着器黏附在穩固的基底上，例如岩石或珊瑚礁石等，而非如其他植物般在泥沙上生長並以根部固定。海藻組織中含有葉綠素及其他輔助色素，可以進行光合作用（見圖 5-40），因此是海洋食物網中最重要的初級生產者之一，當海藻大規模生長時能為不同的海洋生物提供重要的棲息地和食物，例如魚類、甲殼類和其他軟體動物等於海藻林覓食，並以此作為庇護所、育苗場，加上吸引其他獵食動物到臨覓食，形成食物網，在海洋生態系統中支持碳和其他養分的循環。

在香港水域中，海藻的豐富度和組成具有季節性差異，各物種之間有不同的生長周期，有全年持續生長的，也有只在某些季節才出現的種類，整體上冬末至春天（2 月至 5 月）為香港的海藻生長高峰期，海藻物種多樣性最高，海藻群落亦長得最茂盛，例如能生長至兩、三米長的大型褐藻馬尾藻，在潮間帶下部至潮下帶十米水深範圍內會形成樹林般的茂密冠層（見圖 5-41）。石蓴（*Ulva lactuca*）常見於水深 1 米至 3 米、受中等海浪影響的岩石和人造物件上，綠色的藻體大小約 30 厘米，於春季大量石蓴一同生長時可覆蓋數百平方米範圍。經過水溫較低的繁盛生長期後，部分海藻於至春末夏初開始枯萎；而一些海藻例如長松藻（*Codium cylindricum*）則可生長至仲夏。當進入枯萎期，由海藻斷裂出來的葉狀體會在海中漂浮或沖刷到岸邊，一段時間內繼續成為不同物種的食物，然後逐漸腐化重新進入養份循環。馬尾藻和珊瑚藻（*Corallina* spp.）等海藻的附着器會繼續保留於基質上，在下一

圖 5-40　西貢白沙灣老虎岩水域的海藻，可利用其組織中的葉綠素及其他輔助色素，進行光合作用。（攝於 2013 年，楊松穎提供）

圖 5-41　白沙灣老虎岩水域的馬尾藻林（*Sargassum* spp.）。馬尾藻生長至兩、三米高，茂密程度堪比樹林。（攝於 2013 年，楊松穎提供）

個生長季節再次生長。

於秋天生長的海藻物種相對少，匍扇藻（*Lobophora variegata*）和脆弱網地藻（*Dictyota friabilis*）較為常見。至冬天時鵝腸菜（*Petalonia binghamiae*）及刺紫菜（*Phycocalidia acanthophora*）等及其他海藻物種亦會逐漸開始生長，包括於夏天枯萎剩下固定體的馬尾藻等亦會重新長出葉狀體部分，重新開始季節性生長周期。

香港海藻多樣性熱點包括東面的龍蝦灣、東平洲海岸公園、赤柱、沙塘口山和牛尾洲。在香港東面水域眾多的海藻物種當中，馬尾藻是當中的優勢種，它們能抵禦較強或中等強度的海浪，例如東平洲、赤洲、大浪灣、浪茄等環境適合它們生長。馬尾藻林是一種很重要的海洋生境，能為不同的生物提供繁殖和育幼場。然而，有研究亦發現，在東平洲海岸公園的龍落水有馬尾藻林由於紫海膽（*Anthocidaris crassispina*）的過度刮食，於 2006 年至 2007 年起產生裸露地面的情況，引起了科學家與環保團體對於重要海藻林生境喪失、生態失衡的憂慮。

第六章
動物物種

第一節　概況

動物界屬多細胞真核生物，動物分類乃基於生物體的共同特徵，例如型態、細胞結構和基因組成。香港約有 572 種鳥類、約 84 種哺乳類動物、約 117 種兩棲和爬行類動物、約 194 種淡水魚、約 1250 種海水魚及 9000 種以上昆蟲（包括約 245 種蝴蝶和約 130 種蜻蜓）。對於一個版圖細小、人口稠密和高度城市化地方而言，生物多樣性異常豐富。

本章介紹動物界各門類在香港的研究和分類概況、分布、習性、珍稀物種及保育措施，亦提供物種名錄。香港動物可分為脊椎和無脊椎動物兩大類，前者包括魚類、兩棲類、爬行類、鳥類和哺乳類；後者包括昆蟲、蜘蛛、甲殼類、馬蹄蟹等節肢動物，以及軟體動物、棘皮動物、刺胞動物、環節動物等。因動物綱目繁多，而且對各物種的記錄和研究細緻程度不同，難以涵蓋動物界所有綱目。某些結構較簡單的低等無脊椎動物，如苔蘚動物門、線形動物門、紐形動物門、扁形動物門、多孔動物門、輪蟲動物門、星蟲動物門、緩步動物門（包括水熊蟲）等，因本地缺乏研究，未有納入本章記述範圍。

一、研究與記錄

香港地區動物記錄和研究由來已久，清代兩本《新安縣志》已從物產角度（新安縣包含香港地區），記載各種陸上和水生脊椎類、無脊椎類動物，包括「鳥」、「獸」、「鱗」、「介」、「蟲」類別。

1840 年代以來，歐美博物學者開始在香港記錄各類動物物種。過去 170 多年來，政府、學者、環保團體、各動物學會等進行各種研究工作，有助建立並更新本地動物名錄。漁護署經《生物多樣性策略及行動計劃》開發的網絡平台 ──「香港生物多樣性資訊站（HKBIH）」，提供了本地物種資料和數據。香港大學於 1990 年在鶴咀成立太古海洋科學研究所，為海洋科學家提供優良研究環境。同時，本地各大專院校生物學、生態學、環境科學等學系所培育的畢業生，當中有不少人成為了各個動物類別的專家。此外，香港專門的動物科研和保育團體，包括香港博物學會（Hong Kong Natural History Society）、嘉道理農場暨植物園、香港觀鳥會、世界自然（香港）基金會、綠色力量、香港昆蟲學會、香港鱗翅目學會、香港兩棲及爬蟲協會、香港魚類學會、香港海豚保育學會、BLOOM Hong Kong 等，亦為本港動物種群的發現、記錄和分類方面，發揮不少貢獻。

二、特色物種與保育

儘管香港面積有限，卻有不少動物是首先在香港被發現，估計總數接近 400 種，當中不少以「香港」，甚至發現該物種的地區命名，包括脊椎類的香港鬥魚、香港瘰螈、香港湍蛙、香港盲蛇、香港雙足蜥、香港半葉趾虎；無脊椎類的香港南海溪蟹、汀角攀樹蟹、*Lantauia taylori*（在大嶼山發現的河口螺科物種）、大帽山扁螢、大嶼瘤頸家蟻、香港遠盲蚓等；部分更是香港特有種，如香港盲蛇、汀角攀樹蟹、大帽山扁螢等。

隨着香港城市發展，本地動物皆面臨棲息地縮小、環境污染、非法偷獵和外來物種入侵帶來的挑戰。昔日博物學者和生物學者曾報告的多個物種，近年於本地已大量減少、或不再被發現，部分估計已在香港絕跡或滅絕，包括不少標誌性物種，如華南虎、大靈貓、儒艮等。部分物種因社會和科學因素，得到政府和社會各界採取額外措施以保護其棲息地，例如受到重點保育的黑臉琵鷺、中華白海豚、綠海龜等。

保護生物多樣性的關鍵，是保護自然棲息地的規模和環境，以及加強公眾的環保意識和教育。香港已有法律禁止野生動物買賣，不少物種包括所有鳥類，都列入法例保護名單。漁護署及環保團體長期推動公眾教育，香港各類保護區，如郊野公園、海岸公園、米埔自然保護區等，以及濕地公園和多個具特殊科學價值地點，是研究和學習生物多樣性的熱點。

第二節　脊椎類動物

一、魚類

1. 研究概況

香港魚類研究以 1938 年香港大學臨時漁業研究站的成立為分水嶺。1938 年以前，研究活動以古代方志的記載、歐美博物學者考察為主；1938 年以來則集中於政府和大專院校。

1938 年以前的考察和研究活動

清康熙《新安縣志》（1688）鱗類條目（共 60 項）列出至少 50 個魚類名目，包括海水、原生淡水、養殖淡水魚類。清嘉慶《新安縣志》（1819）鱗類條目（共 35 項），記述至少 29 個魚類名目，絕大部分為經濟海水魚類，附有簡短型態、習性、食味和漁業活動介紹，例如在「黃花魚」名目有「採於大澳海中」之語。兩本《新安縣志》記載的海水魚類，目前大部分仍在香港水域出沒；而兩縣志對原生淡水魚類記載較少，尤其是小型物種。

1840 年代英佔香港以後，促進歐美博物學者前往香港和鄰近地區考察，有關香港魚類的生物學文獻開始出現。1846 年，理查森（John Richardson）根據里夫斯（John Reeves）在廣州、香港及澳門收集的樣本，編著香港首份珊瑚魚正式紀錄，包括數個新發現物種，相關論文及物種名錄陸續於 1930 年創刊的《香港博物學家》（*The Hong Kong Naturalist*）發表，以及在美國魚類學者福勒（H. W. Fowler）於 1930 年至 1962 年撰寫《中國魚類檢索》

（*Synopsis of the Fishes in China*）發表，同時福勒亦於 1931 年至 1938 年間，在《香港博物學家》發表〈香港魚類的研究〉（*Studies of Hong Kong Fishes*）系列論文。

淡水魚類方面，1860 年代至 1938 年前的主要考察者包括施泰因達克納（Franz Steindachner）、京特（Albert Günther）、喬丹（David Starr Jordan）、西爾（Alvin Seale）、赫爾（Albert William Herre）、邁爾斯（George Sprague Myers）和霍夫曼（Willam Edwin Hoffmann）等人。在上述博物學者考察之下，香港成為一些淡水魚類的模式產地。例如：1868 年，英國動物學家京特根據採自香港山溪的異鱲（*Parazacco spilurus*）標本，在《大英博物館藏魚類目錄》（*Catalogue of the Fishes in the British Museum*）第 VII 卷中首次記載該物種；美國魚類學者赫爾於 1930 年代來港考察，採集和記述淡水魚類標本，成果發表於《香港博物學家》和《嶺南科學學報》（*Lingnan Science Journal*），包括模式標本採自於香港島、1932 年首次被記載於《嶺南科學學報》的麥氏擬腹吸鰍（*Pseudogastromyzon myersi*）（見圖 6-1）。

1938 年以後的研究和考察活動

1930 年代末至今，香港大學生物學者和港府漁政人員是魚類研究的主要力量。1938 年 12 月，英國政府通過 10,000 英鎊撥款，計劃於香港成立漁業研究站，並於該站落成前，在香港大學生物系設置臨時研究站，由在該系任職的英國博物學者香樂思（G. A. C. Hecklots）、中國內地魚類學者林書顏管理。臨時研究站以經濟魚類為研究重點，1940 年

圖 6-1　麥氏擬腹吸鰍（*Pseudogastromyzon myersi*）擁有扁平身軀，在本地山溪常見。（2015 年攝於大埔滘，許仲康提供）

2 月，出版《香港漁業研究所彙刊》（*Hong Kong Fisheries Research Station Journal*），登載文章以魚類和漁業研究為主。同年，香樂思和林書顏出版中英對照的《香港食用魚類圖志》（*Common Marine Food-Fishes of Hong Kong*），是香港首本普及魚類讀物。日佔時期該站停辦，1946 年由港府漁務部復辦，仍由已轉職港府的上述兩人管理。林書顏加強淡水魚類研究，總括過去文獻記載，1949 年在《香港漁業研究所彙刊》發表論文〈香港的淡水魚類〉（*Fresh Water Fishes of Hong Kong*），列出香港錄得的共 34 種淡水魚類，同年該站因林書顏離港而停辦。

1952 年，香港漁業研究組（The Fisheries Research Unit）成立，由農林漁業管理處與港大合辦，由港大生物系提供實驗室。1954 年，該組出版《港大漁業彙刊》（*Hong Kong Universities Fisheries Journal*），延續《香港漁業研究所彙刊》業務，至該刊於 1960 年停刊時共出版三卷，刊載包括金線魚（*Nemipterus virgatus*，又稱紅衫、長尾衫）、大黃魚（*Larimichthys crocea*，又稱黃花）在內個別經濟魚類的研究文章。1960 年 7 月，該組移歸政府單方面管理，由同年成立的新部門合作事業及漁業管理處接手。同年，港府漁業研究站正式開辦，設於香港仔魚類批發市場內，自此成為香港魚類研究的重要據點，主要從事魚類種群、經濟水產等研究。

1952 年以來，香港漁業研究組開始收集魚類標本，1957 年加速收集工作，至 1970 年代中期，收集達至高峰，有助分類學研究，協助政府和社會辨別經濟魚類。由 1953 年至 1984 年，香港漁業研究組和漁農處曾經營五艘漁業研究船，在本地水域和中國南海從事魚類、漁業研究。此外，1960 年代以來，除了香港仔漁業研究站，漁農處亦在凹頭和吉澳設有漁業研究站，分別從事淡水魚養殖和海魚養殖的研究。

1968 年，漁農處出版《香港的海水魚類（第一冊）》（*Marine Fishes of Hong Kong Part I*），由陳禮宜編寫、唐英偉繪圖，成為香港首本海魚手冊，共介紹 71 種經濟海魚。1960 年代至今，漁農處亦從事涉及香港海魚的大型漁業調查，部分委託環境顧問公司進行，包括於 1990 年代委託香港環境資源管理顧問有限公司（Environmental Resources Management, ERM）的香港水域漁業調查。漁護署於 2002 年開展全港生態基線調查計劃，定期進行野外調查，記錄本港野外動植物類群，至今錄得 194 個淡水魚類物種，並分別於 2002 年及 2004 年先後出版兩本淡水魚類文獻。

香港漁業研究組於 1960 年移交政府後，港大仍是漁業研究重鎮。1970 年，英國海洋生物學者莫雅頓（Brian Morton）來港，任職香港大學動物學系講師，成為香港海洋生物學奠基人，培養大量包括魚類學者在內的海洋生物學者，並於 1990 年帶領成立太古海洋實驗室（現名太古海洋科學研究所）。1981 年，曾於港大就讀和任教的文錫禧和韓國章（Ivor John Hodgkiss）出版《香港淡水魚類》，是香港首本淡水魚類圖鑑；1992 年，動物學系研究人員杜德俊（David Dudgeon）和莊棣華根據 1980 年代以來的全港淡水魚類普查錄得的 113 個物種，發表淡水魚類名錄，收入 96 個物種，其中 17 個屬當時新發現物種。

1993 年，曾任職於美國國家海洋漁業局、專研珊瑚魚的英國魚類學者薛綺雯（Yvonne Sadovy）來港任教港大動物系，推動珊瑚魚的研究和保育，培育了不少本地海洋魚類學者。隨着科研和潛水運動在港的普及，以潛水普查研究魚類日漸普及，發現的海魚數量隨之增加，尤其是珊瑚魚。2000 年，薛綺雯與鄺力存（Andy Cornish）出版圖鑑《香港珊瑚魚類》（Reef Fishes of Hong Kong），記錄 320 種以上珊瑚魚，是香港首次全面珊瑚魚普查的成果。另外，2002 年，海洋生態學者梁美儀加入港大生態及生物多樣性學系，對本地海域漁業資源及物種多樣性，展開有系統及長期野外調研，2004 年至 2016 年期間共記錄 315 種底棲魚類。

除了港大，香港中文大學（中大）、香港科技大學（科大）和香港城市大學（城大）等院校亦貢獻本地魚類的研究。1970 年，中大生物系成立海洋科學實驗室（現為李福善海洋科學研究中心），推動海洋科研。1970 年代，專研石斑魚類繁殖的台灣魚類學者曾文陽於中大生物系任教，期間與本地學者和漁民合作嘗試孵化紅斑魚苗，加強本地石斑魚類的研究。1990 年代，台灣魚類學者倪怡訓任職於科大生物系，在香港和鄰近水域展開基線調查及文獻分析，並整理出香港首個詳盡海魚名錄，列出共 124 科、834 個物種，其中 97 個為香港新發現物種。中大生物學者朱嘉濠長期從事本地淡水魚類研究，曾分析河道工程對部分原生淡水魚種基因多樣性和進化的影響。自 2013 年起，城大海洋污染國家重點實驗室與港大梁美儀等人合作，研究本地海岸保護區及海岸公園內外的幼魚多樣性。

除了政府和大專院校，本地漁民和其他非政府團體亦參與魚類研究。2013 年，杜偉倫、程詩灝、佘國豪出版新版珊瑚魚圖鑑。珊瑚魚研究在近年的發展，逐步平衡香港海魚研究以經濟物種為主流的傳統。2016 年，佘國豪及杜偉倫發起 114°E 珊瑚魚普查，由海洋生物研究員監督及指導，結合公民科學家的力量進行，目的是建立香港水域珊瑚魚的基線資料，普查採用「巡回潛水技術」（RDT）進行，即是潛水員可自由在某一潛點中潛水，而不須跟隨固定樣線，以便不同組合的潛水員覆蓋不同的區域及深度，讓普查有更大的包容性，並增加遇到更多物種的機會。截至 2017 年，114°E 珊瑚魚普查共發現 15 個香港珊瑚魚的新紀錄。

此外，香港魚類學會、香港自然探索學會等非政府團體亦有魚類學者參與科研，例如香港魚類學會曾與兩岸魚類學者編著《拉漢世界魚類系統名典》（2012 年出版），是華文魚類分類學的重要參考著作。此外，香港漁民長居海上，由於作息和生計，對海魚形成一套傳統生態知識，尤其是經濟魚類；亦為政府和大學相關研究單位提供標本和船隻，直接和間接參與魚類科研。

2. 分類概況

香港魚類由淡水魚類和海水魚類組成，兩者並不截然分明，通常棲息河口地區的鹹淡水魚類，以及河海迴游魚類，則同屬於淡水和海水魚類的範疇。除了原生魚類，在天然和半天然水生環境亦可找到外來物種，這是源於養殖魚逃逸、放生活動和寵物魚棄養等因素。

淡水魚類

一般而言，「淡水魚」是指其生活史中至少某階段，或者終其一生生活在淡水（即鹽度低於千分之三至千分之五的水體）中的魚類。根據其生命史型態，淡水魚又可細分為初級淡水魚、次級淡水魚和周緣性淡水魚三大類。[1]

原生物種

香港約有 194 種淡水魚類，其中有 157 種為原生物種，包括 34 種初級淡水魚，1 種次級淡水魚及 122 種周緣性淡水魚（見附錄 6-1）。34 種原生初級性淡水魚類中，以鯉形目為優勢類（共 8 科、21 種），當中可大致分為鰍亞目及鯉亞目兩大類。

香港有記錄的鰍亞目共 7 種，包括鰍科的中華花鰍（*Cobitis sinensis*）及泥鰍（*Misgurnus anguillicaudatus*），後者廣泛分布於全港的低地生境。鰍亞目亦包括腹吸鰍科（共 2 種）及絲唇鰍科（共 3 種）魚類，計有擬平鰍（*Liniparhomaloptera disparis*）、麥氏擬腹吸鰍、平頭嶺鰍（*Oreonectes platycephalus*）、橫紋南鰍（*Schistura fasciolata*）及無斑南鰍（*Schistura incerta*），棲息於流速及溶氧量較高的上游山溪，其中以無斑南鰍最為罕見。鯉亞目方面，香港共錄得 5 科 14 種，包括鱊科（共 1 種）、鯉科（共 4 種）、魛科（共 1 種）、唐魚科（共 1 種）、異鯉科（共 7 種），分布於中上游河溪、人工河道、水塘等生境，其中最為常見的包括鯉科的條紋小鲃（*Barbodes semifasciolatus*）及異鯉科的異鱲（見圖 6-2）。

鯉形目以外，其他原生初級性淡水魚類分為鯰形目、鰕虎目、合鰓魚目及攀鱸目。鯰形目即俗稱的鯰魚，在香港的原生物種共 4 科 5 種，當中以糙隱鰭鯰（*Pterocryptis anomala*）最為常見，廣泛分布於上游山溪。而鬍鯰（*Clarias fuscus*）主要見於低地河流、農地、沼澤等生境。其餘 3 種，包括鯰（*Silurus asotus*）、三線擬鱨（*Pseudobagrus trilineatus*）及白線紋胸鮡（*Glyptothorax pallozonus*）均屬罕見，而且分布狹窄。

鰕虎目主要為海洋魚類或周緣性淡水魚，初級性物種在香港僅有 1 科 2 種，包括常見及廣泛分布於中上游流域的溪吻鰕虎魚（*Rhinogobius duospilus*），以及分布較為局限的李氏吻鰕虎魚（*Rhinogobius leavelli*）。

合鰓魚目在香港僅錄得兩種，分別為刺鰍科的大刺鰍（*Mastacembelus armatus*）及合鰓魚科的黃鱔（*Monopterus albus*），前者屬罕見，僅見於個別低地河流（見圖 6-3），後者則廣布於各種低地中下游生境，如河流、渠道、農田及沼澤等。

1　一，初級淡水魚：整個生命史都只可在淡水生境中度過，對鹽度的耐受性低，生理上無法適應鹽度較高的環境。二，次級淡水魚：大部分時間生活在淡水水域，可在淡水中完成整個生命史，但對鹽度的耐受性較高，可偶然進入鹹淡水甚至海水生境活動。三，周緣性淡水魚：廣鹽性物種，對鹽度變化的適應力高，可長時間在海水生境中棲息，但其生命史中會有部分時間進入淡水或鹹淡水域中棲息。周緣性淡水魚包括河海迴游魚類、棲息於河口汽水域的魚類，以及一些間中進入河溪或河口生活的海水魚類。

圖 6-2　異鱲（*Parazacco spilurus*）為少數在香港首先發現及命名，以香港為模式產地的物種。牠在香港分布廣泛，數量甚多，容易觀察。（2014 年攝於大埔滘，許仲康提供）

圖 6-3　大刺鰍（*Mastacembelus armatus*）為低地河溪的捕食者，喜潛伏於石塊、枯木等遮蔽物中。河流渠道化令適合大刺鰍的微生境消失，目前大刺鰍僅見於新界東北個別溪流及水塘中。（2016 年攝於新界東北，許仲康提供）

攀鱸目在香港的原生物種共 2 科 4 種，主要棲息於低地河流及沼澤等生境，包括絲足鱸科的香港鬥魚（*Macropodus hongkongensis*）（見圖 6-4）及叉尾鬥魚（*Macropodus opercularis*），與鱧科的月鱧（*Channa asiatica*）及斑鱧（*Channa maculata*）。

香港目前僅有一種原生的次級性淡水魚，即怪頜鱂科的弓背青鱂（*Oryzias curvinotus*，又稱米魚）（見圖 6-5）。隨着農業沒落，弓背青鱂現時在香港並不常見，零散分布於新界北部及大嶼山。

香港共錄得 122 種周緣性淡水魚，佔原生淡水魚類超過 70%，當中以鰕虎目為優勢類（共 5 科，56 種）。本港錄得的鰕虎目魚類中，大部分為兩側迴游魚類，主要棲息於河口汽水域的潮間帶生境。紫身枝牙鰕虎魚（*Stiphodon atropurpureus*）為香港原生的兩側迴游魚類中較為常見的一種（見圖 6-6）。其他迴游性物種包括如日本鰻鱺（*Anguilla japonica*，又稱白鱔）（見圖 6-7）、花鰻鱺（*Anguilla marmorata*）、黑邊湯鯉（*Kuhlia marginata*）及大口湯鯉（*Kuhlia rupestris*）等，分布大多廣泛，但並不常見，而且種群數量頗低。偶爾進入河溪或河口生活的海水魚中，較為常見及數量較多的類群包括鯡形目、鯔形目、銀鱸目、笛鯛目及鯛形目等。

外來物種
香港淡水魚類中，約有 33 種為外來物種，約佔 17%。外來淡水魚類可以依照其引入香港的原因或途徑分為四類。一，引入作水產養殖用途的魚類，例如鯪魚（*Cirrhinus molitorella*）、鰱魚（*Hypophthalmichthys molitrix*）、鱅魚（*Hypophthalmichthys nobilis*，又稱大頭魚）、尼羅口孵非鯽（*Oreochromis niloticus*，又稱非洲鯽）等。二，經觀賞魚貿易引入本港的魚類，例如黑點無鬚魮（*Dawkinsia filamentosa*）、縱帶黑麗魚（*Melanochromis auratus*）、孔雀花鱂（*Poecilia reticulata*）等。三，引入本港作生物防治的魚類，例如引入作控制蚊患的食蚊魚（*Gambusia affinis*），以及水務署放流到水塘控制藻類及水生植物生長的鰱魚及鱅魚等。四，經東江輸水管道抵達香港的魚類，例如瓦氏擬鱨（*Pseudobagrus vachellii*）及條紋鮠（*Tachysurus virgatus*）。

海水魚類
香港地理上只佔中國 0.05% 的海洋面積，卻擁有非常豐富的魚類多樣性，涵蓋目前分類中的硬骨魚綱及軟骨魚綱中約有 1250 個來自最少 146 科的物種，擁有全國約 3300 個海魚物種中的約 35%（見附錄 6-2）。香港位處亞熱帶地區，擁有獨特複雜的海流系統。同時，香港亦有多樣化海岸和海洋生境，從東部的珊瑚群落，到西部的鬆軟沙泥河口，再到紅樹林、海草床，季節性的海藻叢生如馬尾藻林等，以及離岸深水層和遠洋生境。上述因素造就香港豐盛的海水魚類物種。

圖 6-4 香港鬥魚（*Macropodus hongkongensis*）是唯一一種以香港命名的初級淡水魚。（2015 年攝於大埔滘，許仲康提供）

圖 6-5 弓背青鱂（*Oryzias curvinotus*），俗稱米魚，在大小河溪的中下游以下河段以及相連的沼澤與水田生活。（2015 年攝於北大嶼山，許仲康提供）

圖 6-6　紫身枝牙鰕虎魚（*Stiphodon atropurpureus*）為香港原生的兩側迴游魚類中較為常見的一種。偏好清澈及有陽光照射的溪流。（2015 年攝於香港島，許仲康提供）

圖 6-7　日本鰻鱺（*Anguilla japonica*）為香港少數降海迴游物種之一，圖中幼魚於河口錄得，可能正在遷徙往河流的中上游。本種因為過度捕撈及生境被破壞等因素，目前已列入世界自然保護聯盟（IUCN）《瀕危物種紅色名錄》中，成為瀕危物種。（2016 年攝於北大嶼山，許仲康提供）

硬骨魚綱方面，香港有 12 個科涵蓋最多海魚物種，即鰕虎科、鯵科（包括本地通稱黃鱲鱠、章雄等）、石斑魚科（Epinephelidae）[2]、笛鯛科（包括本地通稱紅友、牙點、火點等）、隆頭魚科（包括本地通稱蘇眉、青衣、蠔妹等）、石首魚科（包括本地通稱鹹魚、黃花等）、天竺鯛科（包括本地通稱蔬蘿等）、緋科（包括本地通稱青鱗、黃澤／橫擱、公魚等）、雀鯛科（包括本地通稱石剎、新抱魚等）、鰨科（包括本地通稱咬手仔等）、四齒魨科（包括本地通稱雞泡等）和蝴蝶魚科（包括本地通稱荷包魚等）。上述 12 個科每科至少有 25 個物種；當中以鰕虎科尤其多樣，在香港已錄得至少 97 個物種。因鰕虎魚特別擅於隱藏蹤跡，較需要利用化學品將其捕捉研究，目前仍有不少有待發現的鰕虎魚物種。此外，包括 10 至 25 個物種的硬骨魚科亦有 27 科。

軟骨魚綱方面，在香港水域出沒者主要有通稱鯊魚和魟魚的兩大類群，涵蓋最多物種來自白眼鮫科（包括本地通稱黑鰭鯊、寬尾斜齒鯊等鯊魚）、天竺鮫科（包括本地通稱狗女鯊）、土魟科和鱝科（此兩科涵蓋本地通稱魟魚或魔鬼魚的物種）。狗女鯊（*Chiloscyllium plagiosum*）和寬尾斜齒鯊（*Scoliodon macrorhynchos*，又稱尖頭鯊）是本地水域較常見的鯊魚，在個別零售市場亦有出售；邁氏條尾魟（*Taeniura meyeni*，又稱黑點土魟）及尖嘴魟（*Dasyatis zugei*，又稱黃魟）則是本地水域較常見的魟魚。

近年以港大年青學者為主的研究人員在紅樹林、河口，以及潮池等生境進行詳細野外調查，再到潮池等各類生境進行野外調查，加上本地潛水員亦相繼發現更多新物種，逐漸增潤本地的海魚物種紀錄。以珊瑚魚為例，截至 2022 年本地錄得的珊瑚魚物種數量為 371 種，在 20 年間增加 50 種，當中甚至有全球新發現物種，屬於隆頭魚科的三帶項鰭魚〔*Iniistius（Xyrichtys）trivittatus*，又稱石馬頭〕在 2000 年於香港首次被發現。此外，雖然目前仍待證實，香港絨棘鮋（*Paraploactis hongkongiensis*，又稱香港副絨皮鮋）很可能成為唯一一種香港獨有魚類。

在香港涉及入侵海水魚類物種的記錄不多，但在海洋及河口區域曾發現的外來物種有不少，亦存在多種非原生物種輸入香港的渠道。目前較為人所認知的外來物種包括尼羅口孵非鯽、莫桑比克口孵非鯽（*Oreochromis mossambicus*，又稱金山鯽）、眼斑擬石首魚（*Sciaenops ocellatus*，又稱星鱸，紅鼓），以及人為混種棕點石斑魚（*Epinephelus fuscoguttatus*，又稱老虎斑）及鞍帶石斑魚（*Epinephelus lanceolatus*，又稱龍躉）而產生的品種沙巴龍躉（*Epinephelus fuscoguttatus* X *Epinephelus lanceolatus*）。當中星鱸早已在香港落地生根，另外亦曾在野外發現性成熟、能夠繁殖的沙巴龍躉。外來物種的主要入侵途徑包括從養殖魚排中逃逸、宗教放生以及水族棄養。

2　本部分魚類分類法是將鱸形目石斑魚類群視為一個科，名為 Epinephelidae（石斑魚科），內地和台灣亦有魚類學者視石斑魚類群為鮨科（Serranidae）的一個屬 *Epinephelus*（石斑魚屬）。

3. 分布與習性

淡水魚類

初級和次級淡水魚類分布於高地山溪、低地河流，以及其他類型濕地，如水塘、淡水沼澤和濕耕農地。

高地山溪

在香港，只有極少數的魚類能在上游的季節性山溪出沒，代表物種為平頭嶺鰍。平頭嶺鰍身型細小，能夠棲息在非常狹小的水體，甚至在已乾涸水池中存活，躲藏於濕潤的樹葉、淤泥和細石之中，以小型無脊椎動物和有機碎屑為食。與上游相反，中游山溪擁有較豐富的魚種。中游水量穩定、養份充足，微生境多樣性亦較高。此外，開闊河段有較多的陽光支持藻類生長，從而吸引麥氏擬腹吸鰍等初級消費者，而相對穩定的水潭則成為異鱲等捕食者的狩獵場。

低地河流

由於歷年河道治理工程頻繁，完全人工化河道的生態價值極低，通常只有一些適應力較強的外來入侵物種，如尼羅口孵非鯽和尖齒鬍鯰（*Clarias gariepinus*）等。在香港少數僅存的天然低地河流中，由於相對緩慢的水流，較適宜淡水生物生長，泳力較差的物種也能安居於此，包括偏好靜水的物種如高體鰟鮍（*Rhodeus ocellatus*）。至於常見於香港各個河口的周緣性淡水魚，包括各種食用魚類，如鯔魚（*Mugil cephalus*，又稱烏頭）、金錢魚（*Scatophagus argus*，又稱金鼓）和紫紅笛鯛（*Lutjanus argentimaculatus*，又稱紅友）等，上述物種皆依賴河口及紅樹林作為繁殖的場所。

其他濕地

為控制食用水塘中的藻類數量、確保水質穩定，政府會定期把偏好進食浮游生物和濾食性的淡水魚類引入水塘，常見者包括鰱魚和鱅魚等。交通便利的水塘有利宗教善信放生水生動物或市民棄養水族物種，因此是外來魚種的熱點，具競爭優勢的入侵物種如通稱為非洲鯽的不同物種（*Coptodon* spp./ *Oreochromis* spp.）、食蚊魚等，早已於各大水塘建立了穩定種群。以食蚊魚為例，曾有研究以對照實驗的方式，把五種香港蝌蚪物種分別放入有食蚊魚與沒有食蚊魚的實驗環境之中，結果顯示有四種蝌蚪的存活率會因食蚊魚攻擊而導致明顯下降。

在淡水沼澤和濕耕農地亦是魚類棲息地，分別以叉尾鬥魚和弓背青鱂為代表。因靜止的淺水、暴曬造就高溫和低氧的惡劣環境，叉尾鬥魚演化出結構如同迷宮的特殊呼吸器官 —— 迷路器（labyrinth organ），能讓牠們從水面直接攝取大氣中的氧氣。弓背青鱂常見於濕耕農地，尤其是水稻田，因此有「米魚」之稱。弓背青鱂會在農民放乾農地的水時，順着水流逃到田邊水溝之中。

海水魚類

本部分介紹各種主要海魚生境，包括珊瑚群落、岩礁、河口，以及近岸環境如紅樹林、海草床等，概述棲息於該生境的海魚在不同成長階段、季節、日夜時間的習性。各類海岸和海洋生境是互為影響、唇齒相依的一個整體。不少魚類因應各種不同需要，如成長、覓食、繁殖和遷移，在不同生境之間遷移。

大多數中大型魚類在幼年期以近岸淺水區作庇護，及後移居至更深水的位置，當中多種經濟魚類幼魚會以河口、紅樹林、潮池或海草床作育幼場，隨成長遷移到更深的珊瑚群落和沙泥區域，如笛鯛屬（*Lutjanus*）的縱帶笛鯛（*Lutjanus vitta*，又稱畫眉）、勒氏笛鯛（*Lutjanus russellii*，又稱火點）、約氏笛鯛（*Lutjanus johnii*，又稱牙點）、黃足笛鯛（*Lutjanus fulvus*，又稱畫眉）、馬拉巴笛鯛（*Lutjanus malabaricus*，又稱紅魚）、紫紅笛鯛；鯛科的黃鰭棘鯛（*Acanthopagrus latus*，又稱黃腳鱲）、黑棘鯛（*Acanthopagrus schlegelii*，又稱黑鱲、黑沙鱲）、灰鰭鯛（*Acanthopagrus pacificus*，又稱牛屎鱲）、真鯛（*Pagrus major*，又稱七星鱲、沙鱲、紅鱲）、平鯛（*Rhabdosargus sarga*，又稱金絲鱲），以及青石斑魚（*Epinephelus awoara*，又稱黃釘、黃斑）和緇魚。較小型的物種如條紋豆娘魚（*Abudefduf vaigiensis*，又稱石剎、石剎婆）、梭地豆娘魚（*Abudefduf sordidus*，又稱石剎婆）、緇形湯鯉（*Kuhlia mugil*）、星沙鮻（*Sillago aeolus*，又稱沙鑽、有斑沙鑽）和花身鯻（*Terapon jarbua*，又稱釘公）也有類似習性，但相對之下牠們需要花費更長時間在紅樹林、海草床或潮間帶，直至長大和成熟才移動到鄰近的珊瑚群落間。

不同生境的運用，亦跟日照和時間有關。有些魚類如黑帶棘鰭魚（*Sargocentron rubrum*，又稱將軍甲、硬殼魚）和天竺鯛科的黑似天竺鯛（*Apogonichthyoides niger*，又稱蔬蘿、龍躉蘿、印度疏蘿）、庫氏鸚天竺鯛（*Ostorhinchus cookii*，又稱紅蔬蘿、蔬蘿）、稻氏鸚天竺鯛（*Ostorhinchus doederleini*，又稱十線疏蘿）、條石鯛（*Oplegnathus fasciatus*，又稱石金鼓，假金鼓）、斑柄鸚天竺鯛（*Ostorhinchus fleurieu*，又稱金蔬蘿，蔬蘿），以及烏伊蘭擬金眼鯛（*Pempheris oualensis*，又稱胭脂刀），習慣在日間單獨或成群躲藏在珊瑚岩石的罅隙間，只在入夜後出沒，或僅僅在匿藏處周邊覓食。亦有日間在沙坪、海草床間覓食，夜裏躲藏在礁石間的魚類如雙帶海緋鯉（*Parupeneus biaculeatus*，又稱三鬚）和印度海緋鯉（*Parupeneus indicus*，又稱印度三鬚）。此外，邵氏豬齒魚（*Choerodon schoenleinii*，又稱青衣）（見圖 6-8）會在洞穴中睡覺，紅頸擬隆頭魚（*Pseudolabrus eoethinus*，又稱蠔魚）休息時會把自己卡在石縫中，黑帶海豬魚（*Halichoeres nigrescens*，又稱蠔妹，青妹，紅妹）和絲鰭鱚（*Trichonotus setiger*，又稱毛背魚）會在危險或寒冷時躲在沙底。花尾唇指鶲（*Cheilodactylus zonatus*，又稱斬三刀）能夠用胸鰭抵住兩旁的礁石抵禦水流，與之同科的物種僅有兩個，而且只出現在北半球地方。

某些生物能為其他物種提供生境，例如一些常見於香港水域的大型水母就為鰺科幼魚提供流動庇護所。某些海葵則成為克氏雙鋸魚（*Amphiprion clarkii*，又稱小丑魚、新

圖 6-8 邵氏豬齒魚（*Choerodon schoenleinii*，又稱青衣）。（Cherry Ho @114°E Hong Kong Reef Fish Survey 提供）

抱魚）（見圖 6-9）賴以為生的棲息環境。冠海膽屬（*Diadema*）的尖刺為斑氏新雀鯛（*Neopomacentrus bankieri*，又稱黃尾石剎）等雀鯛科魚類提供保護。通常在沙坪上找到的鈍塘鱧屬（*Amblyeleotris*）及絲鰕虎屬（*Cryptocentris*）物種會與蝦類分享同一個洞穴，互惠互利。

珊瑚群落、石礁和周邊生境

珊瑚魚是指在一生或部分時間，其生活直接或間接依賴珊瑚礁生境的魚類。本地珊瑚為超過 70 科 370 種熱帶及溫帶魚類提供棲身之所，數量佔香港所有魚類接近三分之一，當中約四分三屬於如隆頭魚、石斑、蝴蝶魚和雀鯛等熱帶物種，另外四分一屬於如鯛科、唇指䲢科及鱗魨科等溫帶物種。

根據水底樣帶觀察調查，本地淺水珊瑚群落及周邊範圍最常見且佔大多數的魚類物種包括斑氏新雀鯛、烏伊蘭擬金眼鯛、長鰭藍子魚（*Siganus canaliculatus*，又稱泥鯭）（圖 6-10）、黑帶海豬魚、長圓銀鱸（*Gerres oblongus*，又稱連米）、尾斑鈍鰕虎（*Amblygobius phalaena*，又稱尾斑鈍鰕虎魚）、孟加拉豆娘魚（*Abudefduf bengalensis*，又稱石剎婆）、尾斑光鰓雀鯛（*Chromis notata*，又稱石剎，藍石剎）、稻氏鸚天竺鯛和史氏擬鱸

圖 6-9　克氏雙鋸魚（*Amphiprion clarkii*），俗稱小丑魚、新抱魚。（Stan Shea @114°E Hong Kong Reef Fish Survey 提供）

圖 6-10　藍子魚科物種長鰭藍子魚（*Siganus canaliculatus*，又稱泥鯭），是本地珊瑚礁常見魚類。（Stan Shea @114°E Hong Kong Reef Fish Survey 提供）

（*Parapercis snyderi*，又稱紅腸）。潛水員較難發現隱匿能力較強，或是移動瞬速的魚類，如石首魚科等魚類會主動躲避潛水員和發出噪音的潛水裝備，因此觀察調查亦有機會忽略了這些物種和個體。

珊瑚魚以獵食性為主，取決於牠們的移動速度、隱匿和引誘獵物能力，各物種已發展出各種主動和被動的覓食方式。有如康氏馬鞭魚（*Fistularia commersonii*，又稱鶴針）、斑馬短鰭簑鮋（*Dendrochirus zebra*，又稱紅鬚魚）、巴拉金梭魚（*Sphyraena barracuda*，又稱大鱗魣、竹簽）和數種笛鯛科魚類等，是能夠輕易被潛水員看見的活躍捕獵者；也有具強大保護色、擅於隱藏的「守株待兔」型捕獵者如鬚擬鮋（*Scorpaenopsis cirrhosa*，又稱石崇）和多種石斑魚，除了少數石斑魚是例外，如會主動出擊狩獵的東星斑（*Plectropomus leopardus*）。不少棲息於沙泥區域魚類都具備保護色，例如東方飛角魚（*Dactyloptena orientalis*，又稱角須紋、飛機魚）和日本眼眶牛尾魚（*Inegocia japonica*，又稱鱷魚鰍、牛鰍）及西里伯多棘牛尾魚（*Thysanophrys celebica*，又稱牛鰍、西里伯繼䱁）。

雖然有數個較大的類群如鸚哥魚、刺尾鯛、籃子魚之類均以植食性物種為主，可是植食性魚類在珊瑚和礁石間相對少見。除了藍點鸚哥魚（*Scarus ghobban*，又稱黃衣）以外，大型鸚哥魚目前在香港已不常見。藍頭綠鸚嘴魚（*Chlorurus sordidus*，又稱污色綠鸚嘴魚）幼魚會在日間聯群結隊覓食。刺尾鯛、籃子魚等科的物種，如額帶刺尾魚（*Acanthurus dussumieri*，又稱杜氏刺尾鯛）、一字刺尾鯛（*Acanthurus olivaceus*，又稱一字吊、橙斑刺尾魚）、黑豬哥魚（*Prionurus scalprum*）、假泥鯭（*Siganus punctatus*）和長鰭籃子魚則會單獨或是群體覓食。某些魚類因其獨特食性，使其存活極為依賴活珊瑚，例如月斑蝴蝶魚（*Chaetodon lunula*，又稱白眉、荷包魚）、八帶蝴蝶魚（*Chaetodon octofasciatus*，又稱花片、荷包魚、八線蝶）和川紋蝴蝶魚（*Chaetodon trifascialis*，又稱排骨蝶）（見圖 6-11）。

紅樹林、大型藻類、濕地及潮池

紅樹林、大型藻類、濕地及岩岸潮池等各種海岸生境遍布香港海域，提供長期及暫時的棲息地予各種魚類，當中包括經濟魚類的幼魚，這些近岸生境較受陸上人為活動影響。潮池對魚類而言，是極為嚴苛的環境，尤其當低潮正值日間，加上夏季時水溫急升則更為惡劣，只有少數魚類能夠長年生存於潮池中。對其他魚類而言，潮池只是過渡性生境，會跟隨季節或潮汐移入和遷出。研究錄得至少 20 科、50 種魚類終生或暫居於潮池中，當中大多數是隨潮汐進出。多種鰕虎魚，其次是鯙魚及三鰭鯙科的篩口雙線鳚（*Enneapterygius etheostomus*）是潮池中最為常見的長居者。季節性出沒的只有少於 8 科 10 種，其中包括長鰭籃子魚、花身鯻、大鱗鮻（*Planiliza macrolepis*，又稱鯔魚）和褐菖鮋（*Sebastiscus marmoratus*，又稱石狗公）（見圖 6-12）的幼魚較為常見於隆冬至初夏。

以物種級別而言，梅氏深鰕虎〔*Bathygobius*（*hongkongensis*）*meggitti*，又稱香港深鰕虎魚〕是長年棲身於潮池中最常見的魚類，亦是唯一一種能在潮間帶最高位置發現的魚

圖 6-11 黑尾蝶（*Chaetodon wiebeli*），俗稱荷包魚，屬於蝴蝶魚科。（Eric Keung @114°E Hong Kong Reef Fish Survey 提供）

圖 6-12 褐菖鮋（*Sebastiscus marmoratus*），又稱石狗公。（Andrew Cornish @114°E Hong Kong Reef Fish Survey 提供）

類。其他夏季常見的鰕虎魚包括紋縞鰕虎魚（*Tridentiger trigonocephalus*）、裸項縞鰕虎（*Tridentiger nudicervicus*）和深鰕虎魚（*Bathygobius fuscus*），在冬季月份的數量大幅減少。杜氏蛙鳚（*Istiblennius dussumieri*，又稱杜氏動齒鳚）卻反其道而行，在冬季特別常見於潮池。斑點肩鰓鳚（*Omobranchus punctatus*）則在東西部水域不同季節皆可發現。

某些重要經濟魚類年幼時，會以岩岸潮池作過渡性生境，包括勒氏笛鯛、青石斑魚、長鰭藍子魚、布氏鯧鰺（*Trachinotus blochii*，又稱黃鱲鯧）、日本眼眶牛尾魚、黃鰭棘鯛、黑棘鯛和一些鳚魚。某些鳚科魚類經常會躲藏在貝類的空殼中，如萊特氏間頸鬚鳚（*Entomacrodus lighti*，又稱賴氏犁齒鳚）和斑頭肩鰓鳚（*Omobranchus fasciolatoceps*），及有相同習性的紋縞鰕虎。

濕地和沙坪包含沙質及泥質基底以及邊緣的紅樹林，當中以受《拉姆薩爾公約》保護的米埔為代表。米埔位處新界西北部，河口區域的水深平均約 1.4 米，最少 15 科 30 種海水及鹹淡水魚類已在米埔記錄，當中大多屬鰕虎魚。同在米埔出沒的主要經濟魚類包括印度牛尾魚（*Platycephalus indicus*，又稱牛鰍、沙鰍、印度鯒）、日本花鱸（*Lateolabrax japonicus*，又稱百花鱸、鱸魚）、尖吻鱸（*Lates calcarifer*，又稱盲鰽）、黃鰭棘鯛、灰鰭鯛、緇魚、綠平鮻（*Planiliza subviridis*，又稱鯔魚）、多鱗沙鮻（*Sillago sihama*，又稱沙鑽、沙熄、沙瘟）、奧奈鑽嘴魚（*Gerres oyena*，又稱連米）、曳絲鑽嘴魚（*Gerres filamentosus*，又稱銀米、三角連米）、黑點多紀魨（*Takifugu niphobles*，又稱雞泡）、花身鯻、鯔魚（*Liza* spp.）、透明疏鱨（*Ambassis* spp.）及日本鰻鱺。大型泥灘上最常見者為能適應長時間離水、仍能保持鰓部濕潤的多種鰕虎魚和彈塗魚，例如大彈塗魚（*Boleophthalmus pectinirostris*）（見圖 6-13），以及彈塗魚屬（*Periophthalmus*）和擬鰕虎屬（*Pseudogobius*）的魚類。

大型藻類屬於季節性生境，如同其他近岸生境，亦有各類長期或過渡性棲息於此的魚類，亦能充當重要育幼場。馬尾藻在每年約 1 月至 5 月特別茂盛，是不少魚類庇護所，例如年幼的長鰭藍子魚、緇魚、前鱗龜鮻（*Liza affinis*，又稱鯔魚）、斑點多紀魨（*Takifugu poecilonotus*，又稱雞泡）、日本金梭魚（*Sphyraena japonica*，又稱日本魣）、短頭跳岩鳚（*Petroscirtes breviceps*，又稱咬手仔，咬手銀）、平鯛、黃鰭棘鯛和黑棘鯛等。冬季時褐藻會在較平靜的水域增生，為多種擬金眼鯛科、天竺鯛科及馬鞭魚科幼魚提供暫時充足的糧食來源和保護。

紅樹林亦是多種魚類的育幼場，例如銀紋笛鯛、烏帽龍占魚（*Lethrinus lentjan*，又稱連尖）、沙鮻屬（*Sillago* spp.）、尾紋雙邊魚（*Ambassis urotaenia*，又稱透明疏鱨）、花身鯻、日本鰻鱺、黑點多紀魨、線紋鰻鯰（*Plotosus lineatus*，又稱坑鰶）和奧奈鑽嘴魚。其他棲息於紅樹林與鄰近生境的魚類包括彈塗魚屬的彈塗魚（*Periophthalmus modestus*）及大彈塗魚。在東域水域紅樹林捕捉到的魚類超過一半都是幼魚，約八成至九成都屬於單單幾種

圖 6-13　大彈塗魚（*Boleophthalmus pectinirostris*），常見於大型泥灘。（Yvonne Sadovy 提供）

鰕虎魚，其他物種包括眶棘雙邊魚（*Ambassis gymnocephalus*，又稱透明疏蘿）、窩斑鰶（*Konosirus punctatus*，又稱黃魚）、前鱗龜鮻和多鱗沙鮻。在天氣回暖的月份通常能找到較多不同魚類。

河口及砂泥質海床

河口及砂泥基質海床主要分布在香港西部水域，受到珠江水流及其季節性轉變的影響。除了某些長期棲息於河口及沙泥基質物種，部分魚類數量和繁殖周期皆受季節性影響。珠江口對於多種海魚及迴游性魚類而言是重要的繁殖場，不同魚類在不同季節聚集繁衍後代，這些定時定刻群聚的魚類，也造就漁民季節性的密集式捕撈。

恒常能在河口範圍找到的魚類包括鯷科、石首魚科、鰺科、鯧科及狗母魚科的物種，如杜氏稜鯷（*Thryssa dussumieri*，又稱尖鼻、黃姑）、銀鯧（*Pampus argenteus*，又稱白鯧、粉鯧）、克氏副葉鰺（*Alepes kleinii*，又稱青基）、印度鐮齒魚（*Harpadon nehereus*，又稱九肚）、金帶細鰺（*Selaroides leptolepis*，又稱黃紋蝦鰺、金邊鰺）、皮氏叫姑魚（*Johnius belangerii*，又稱老鼠鰔、鰔魚）和勒氏枝鰾石首魚（*Dendrophysa russelii*，又稱大口鰔、鰔魚）。伴隨着合適的海水鹽度而偶爾會大規模出現的物種包括日本花鱸、花鰶（*Clupanodon*，又稱黃魚、盾齒鰶）、弓斑多紀魨（*Takifugu ocellatus*，又稱雞泡）和鯔魚。

棲息於香港及周邊水域沙泥海床生境的魚類曾被頻繁捕撈，尤其是使用各類拖網漁法，漁獲主要來自舌鰨科、鯒科、石首魚科、牙鮃科、銀鱸科、牛尾魚科、鯛科、天竺鯛科、狗母魚科、帶魚科、金線魚科、藍子魚科、鼠鰤科、鰕虎科等，包括六指多指馬鮁

（*Polynemus sextarius*，又稱馬友仔、馬友郎）、棘頭梅童魚（*Collichthys lucida*，又稱獅頭魚，黃皮）、皮氏叫姑魚、大黃魚、褐菖鮋、馬拉巴若鰺（*Carangoides malabaricus*，又稱大魚仔，水珍）、白帶魚（*Trichiurus lepturus*，又稱牙帶）、棕斑兔頭魨（*Lagocephalus spadiceus*，又稱雞泡）、二長棘犁齒鯛（*Evynnis cardinalis*，又稱二棘扯旗鱲、扯旗鱲）、日本金線魚（*Nemipterus japonicus*，又稱瓜衫）、長鰭藍子魚、短吻鰏（*Leiognathus brevirostris*，又稱花鰏，油力）、大鱗舌鰨（*Cynoglossus arel*，又稱粗鱗撻沙、撻沙）、原鶴康吉吻鰻（*Congresox talabonoides*，又稱黃門鱔）、大眼鯛（*Priacanthus* spp.，又稱木棉）、鹹魚（*Argyrosomus* spp.）、鯧魚（*Stromateoides* spp.）等種屬。

此外，深水拖網作業可季節性捕獲某些石斑魚如褐帶石斑魚（*Epinephelus bruneus*，又稱泥斑、雙牙仔）和南海石斑魚（*Epinephelus diacanthus*，又稱象皮斑）的幼魚。其他經常捕獲的小型魚類包括鰕虎科的長絲犁突鰕虎魚（*Myersina filifer*，又稱花柳鰙）和多鬚擬矛尾鰕虎（*Parachaeturichthys polynema*，又稱擬矛尾鰕虎），以及鼠鱚科的李氏斜棘䲗（*Repomucenus richardsonii*，又稱彎角䲗、潺鰍）。

離岸、遠洋和深水域

目前對此魚類認知較少，只有較少文獻記載。多種魚類只在特定季節或成長階段，通常長成大型成魚後，才會在這些水域出沒，環顧其他地區，亦有類似觀察。香港曾有多次目擊鯊魚的文獻紀錄，主要集中在春秋兩季的東部水域。對於商業捕魚及康樂釣魚而言，重要魚類包括棲身深水區的金線魚、笛鯛、石斑魚，與鯖科的康氏馬加鰆（*Scomberomorus commerson*，又稱竹鮫、鮫魚）以及鰺科的布氏鯧鰺、斐氏鯧鰺（*Trachinotus bailloni*，又稱章白、白泥䱥）、藍圓鰺（*Decapterus maruadsi*，又稱白頂鰽魚、青鰽）、日本竹筴魚（*Trachurus japonicas*，又稱日本鰽、石鰽）、巴布亞鰺（*Carangoides praeustus*，又稱青基）和六帶鰺（*Caranx sexfasciatus*，又稱大魚仔、六帶水珍）。

某些物種絕大部分時間、甚至一生都在遠洋水域渡過，僅在遷徙途中經過香港水域。鬼頭刀（*Coryphaena hippurus*，又稱牛頭魚）偶爾可在夏季在離岸水域捕捉。潛水員亦偶爾看見眼斑鷂鱝（*Aetobatus ocellatus*，又稱斑點鷂鱝、睛斑鷂鱝）在珊瑚礁游弋。眼斑鷂鱝通常單獨或以小組行動，也有目擊記錄超過15條個體游經海岸。大多數鯊魚出沒於遠洋水域，只有牠們背鰭劃過水面的時候，才能發現牠們。遠洋水域生境魚類的生態習性仍有待進一步的研究。

4. 珍稀物種、價值及保育

淡水魚類

香港陸地面積細小，地理上又與珠江、北江及東江等廣東水系相連，因此香港沒有淡水魚特有種。不過，有些淡水魚類是在香港首先發現及命名，即以香港為模式產地，包括異鱲、麥氏擬腹吸鰍、平頭嶺鰍、林氏細鯽（*Aphyocypris lini*）、溪吻鰕虎魚，以及香港鬥魚。

不少香港的淡水魚類在近代因城市發展、河道工程、河溪污染等各種原因面臨威脅。目前，具保育關注的淡水魚主要包括鱂亞目、鯉亞目、鯰形目、攀鱸目和頜針魚目的物種，分布於河溪上游至河口，當中以鯉亞目佔最多。其中唐魚（*Tanichthys albonubes*）及林氏細鯽在過去 30 年未有任何原生個體的野外紀錄，幾乎可確信已在本港絕跡；斯氏波魚（*Rasbora steineri*）（見圖 6-14）、台細鯿（*Metzia formosae*）、線細鯿（*Metzia lineata*）、北江光唇魚（*Acrossocheilus beijiangensis*）（見圖 6-15）等在香港野外分布極為狹窄，僅存零星野外種群，屬於急需特別保育的初級性淡水魚類；而高體鰟鮍則僅在新界數個地點有記錄。

鱂亞目方面，中華花鱂多年未有明確野外紀錄，相信已於本地滅絕；無斑南鱂亦較為罕見。鯰形目方面，三線擬鱨及白線紋胸鮡均屬罕見，而且分布狹窄，屬廣東省特有種。攀鱸目中最為罕見的物種為香港鬥魚，是唯一以香港命名的初級淡水魚；而頜針魚目的弓背青鱂（米魚）亦受農業式微、水稻田消失等原因影響，野生個體在最近數十年劇減。

保護生境是保育淡水魚類的主要方法，港府透過不同法例和政策，保護河溪和相關水體。大蠔河是香港魚類最豐富的河溪，曾有香魚（*Plecoglossus altivelis*）分布的記錄，1999 年大蠔河被劃為具特殊科學價值地點。大蠔亦在新自然保育政策下的 12 個「須優先加強保育地點」中排行第三。東涌河是北江光唇魚的主要分布點，2003 年曾發生河道卵石被非法採挖事件（東涌河事件），隨後由政府修復河道，其東河（兩大支流之一）並於 2010 年代籌劃的東涌新市鎮擴展研究中，計劃建為河畔公園。蓮麻坑河亦因淡水魚豐富，並有斯氏波魚、線細鯿和大刺鰍等珍稀魚類出沒的記載，在 2007 年列為具特殊科學價值地點，隨後政府在制定發展審批地區草圖時，將河道兩旁劃為綠化地帶。

海水魚類

香港擁有豐富漁業資源，漁業亦是香港重要的傳統產業。二戰以後，捕撈技術急速發展，但港府缺乏捕撈力度的管理措施，導致出現過度捕撈，1960 年代以後問題日益嚴峻；加上大規模的填海和基礎建設，以及排污和海上疏浚計劃，造成各種物理及化學污染，威脅本地海洋生境，令海洋生物失去重要繁殖和育幼場所。上述因素導致魚類數量下跌、體型縮小、物種多樣性下降。

因各種人為活動的影響，一些曾在香港水域常見物種，近年也變得稀有、甚至消失得無影無蹤，尤其是超過一米身長的大型魚類，涵蓋硬骨和軟骨魚類，例如石斑魚、隆頭魚、鸚哥魚、石首魚、鯊魚和鰤魚，部分已經在世界自然保護聯盟（IUCN）《瀕危物種紅色名錄》中亦被列為全球性瀕危或近危，例如庫達海馬（*Hippocampus kuda*，又稱管海馬）、赤點石斑魚（*Epinephelus akaara*，又稱紅斑）（見圖 6-16）、點帶石斑魚（*Epinephelus coioides*，又稱青斑）、褐帶石斑魚、黃唇魚（*Bahaba taipingensis*，又稱大澳魚）（見圖 6-17）、大黃魚、眼斑鷚鰭、日本鰻鱺、邵氏豬齒魚。

圖 6-14　斯氏波魚（*Rasbora steineri*）為典型的低地初級性淡水魚，昔日廣泛分布於新界北部，近年僅餘下不多於兩個野生種群。（2015 年攝於新界東北，許仲康提供）

圖 6-15　北江光唇魚（*Acrossocheilus beijiangensis*）在本港僅有數個種群，零散分布於香港島、新界東部及大嶼山，各種群之間相距甚遠。（2014 年攝於北大嶼山，許仲康提供）

圖 6-16 赤點石斑魚（*Epinephelus akaara*），俗稱紅斑。（Yiu Wai Hong @114°E Hong Kong Reef Fish Survey 提供）

圖 6-17 1990 年代香港仔圍網漁民在汲水門水域捕獲的黃唇魚（*Bahaba taipingensis*）。（鄭華明提供）

硬骨魚類方面，昔日香港水域可找到世上罕見的最大珊瑚魚鞍帶石斑魚，而同屬大型物種的近親瑪拉巴石斑魚（*Epinephelus malabaricus*，又稱花鬼斑）與褐帶石斑魚，亦曾常見於本地水域。無獨有偶，大型的青衣、盲鰽、馬鮫、烏頭、紅友、紅魚等常見食用魚類，目前已買少見少。較為人所熟知的例子如曲紋唇魚（*Cheilinus undulatus*，又稱蘇眉）曾於離岸水域有零星捕獲記錄，都已消失數十載；曾經盛產的雙棘原黃姑魚（*Protonibea diacanthus*，又稱鹹魚、黑鱉）與黃唇魚已變得極為稀罕。

此外，日本鰻鱺已被列為瀕危物種。從前中華鱘（*Acipenser chinensis*，又稱鱘龍鯊、鱘龍）曾在本地水域捕捉，當時被漁民珍視為上佳祭品。密點少棘胡椒鯛（*Diagramma pictum*，又稱細鱗）（見圖6-18）成為少數仍頻繁出現的大型魚類物種。巴拉金梭魚與近親斑條金梭魚（*Sphyraena jello*，又稱竹簽、斑條鯸），以及大形裸胸鱔屬（*Gymnothorax*）的大斑裸胸鯙（*Gymnothorax favagineus*，又稱花鰭）及淡網紋裸胸鯙（*Gymnothorax pseudothyrsoideus*，又稱泥婆鰍）偶爾可在珊瑚群落周邊被潛水員發現。

軟骨魚類方面，文獻記載曾有至少17種鯊魚及鯆魚在香港水域出沒，當中16種屬於近危、易危或瀕危。根據近年一項海鮮市場調查，目前只有少數6種小型鯊魚及7種鯆魚存活於本地水域。1930年代至1940年代，鯊魚在香港非常常見，包括大澳、長洲、南丫島及東龍島附近，長年也能找到鯊魚。香港曾一年四季也能捕獲大量尖頭曲齒鯊（*Rhizoprionodon acutus*，又稱尖頭鯊），尤其盛產於夏季。

圖6-18　密點少棘胡椒鯛（*Diagramma pictum*），俗稱細鱗。（Marco Chan @114°E Hong Kong Reef Fish Survey 提供）

鯊魚捕撈曾在 1960 年代盛極一時，多達 50 艘漁船，年產量高達 2400 噸，直至 1980 年代急轉直下。昔日香港尤其在離岸水域時，常發現超過一米長的鯊魚，例如路易氏雙髻鯊（*Sphyrna lewini*，又稱鎚頭鯊）、鼬鯊（*Galeocerdo cuvier*，又稱虎鯊）、烏翅真鯊（*Carcharhinus amblyrhynchos*，又稱黑鰭鯊）、鐮狀真鯊（*Carcharhinus falciformes*）、低鰭真鯊（*Carcharhinus leucas*，又稱公牛鯊）、麥氏真鯊（*Carcharhinus macloti*）、沙拉真鯊（*Carcharhinus sorrah*）。

1990 年代曾記錄有小鋸齒鰩（*Pristis microdon*，又稱小齒鋸鰩）及鈍鋸鰩（*Anoxypristis cuspidate*）在近岸和河口水域被拖網漁船誤捕。目前最為常見鯊魚大多屬小型，包括狗女鯊（見圖 6-19）和寬尾斜齒鯊。

至於大型鰩魚，如邁氏條尾魟、雙吻前口蝠鱝（*Manta birostris*，又稱魔鬼魚、角鵬），以及有機會途經香港的世上最大鯊魚鯨鯊（*Rhincodon typus*）仍偶有目擊紀錄。

有關海魚保育的主要法例和措施，大多在二十世紀出現。1911 年，港府訂立《1911 年

圖 6-19　狗女鯊（*Chiloscyllium plagiosum*），偶見於本地街市海鮮檔。（Stan Shea @114°E Hong Kong Reef Fish Survey 提供）

漁業（炸藥）條例》（*Fisheries（Dynamite）Ordinance, 1911*），禁止使用炸藥捕魚，是最早針對海魚保育的法例；1962 年，由《1962 年漁業保護條例》（*Fisheries Protection Ordinance, 1962*）取而代之，該新例附有《1962 年漁業保護規例》（*Fisheries Protection Regulations, 1962*），將使用有毒物質捕魚納入禁令。2010 年代港府推動修訂《漁業保護條例》，將香港水域拖網納入禁令，2012 年 12 月 31 日生效，禁拖成為保護海魚的最重要措施。本地大學研究人員已證明禁拖網可令底棲海洋生物多樣性增加，同時令香港東部及西部水域的漁業資源顯著增加。此外，1996 年成立的海岸公園和香港海岸區也是保護海魚主要方法。截至 2017 年，香港共設六個海岸公園和海岸保護區。

二、兩棲及爬行類

1. 研究概況

英佔香港之前，關於兩棲爬行類記載甚少。清康熙《新安縣志》（1688）〈方產〉中記載了黿（*Pelochelys cantorii*），此種大形鱉通常出沒於大河、湖泊、河口紅樹林和泥灘，深圳河及后海灣一帶河口是其合適的生境，但此後再無此物種的地區紀錄。清嘉慶《新安縣志》（1819）卷三〈輿地略·物產〉中亦記載了蚺蛇，蚺在通用語言也常代表蟒，對照今天物種分布，應該是華南地區唯一屬於蟒科的蟒蛇（*Python bivittatus*）。古人會食其肉，用其皮作鼓風器，或以其膽入藥。

十九世紀以來，歐美博物學者陸續訪港，並採集兩棲爬行類標本。其中美國動物學家斯廷遜（William Stimpson）於 1850 年代在香港採集了斑腿泛樹蛙（*Polypedates megacephalus*）的模式標本。1928 年，香樂思來港並任教於香港大學，他對香港動植物有廣泛興趣，採集了不少兩棲類標本送至燕京大學研究者博愛理（Alice Boring）鑒定，後者以三篇文章首次介紹了香港的兩棲類。香樂思亦發表了香港蛇類名錄和對爬行動物的觀察。

發掘出香港豐富兩棲爬行類動物的關鍵人物是約翰·盧文（John D. Romer），他於 1947 年來港加入政府，擔任防治蟲鼠主任，閒時研究兩棲爬行和哺乳類動物，直至 1980 年退休離港。他為香港添加了 25 個物種紀錄，並發現了 4 個科學新種，即香港瘰螈（*Paramesotriton hongkongensis*）、短腳角蟾（*Megophrys brachykolos*）、香港湍蛙（*Amolops hongkongensis*），及以他命名的盧氏小樹蛙（*Liuixalus romeri*），並出版了本地兩棲類、龜類、蜥蜴類和蛇類的名錄，還有介紹香港毒蛇的小冊子。盧文亦影響了卡遜（Steven J. Karsen）和於聖類斯中學執教的神父鮑嘉天（Anthony Bogadek），兩人與鮑嘉天的學生劉惠寧根據多年野外調查與在學校飼養時觀察所見行為習性，在 1986 年出版了《香港的兩棲及爬行類》（*Hong Kong Amphibians and Reptiles*），是香港首本兩棲爬行動物圖鑒，中文版《香港的兩棲類和爬行類》亦於 1988 年刊印。

隨後由他們和其他兩棲爬行動物愛好者、特別是威洛特（David Willott）的新發現，加上美國專家拉澤爾（James Lazell）自 1987 年起專注於海島調查，以及香港大學於 1996 年至 1997 年開展的香港生物多樣性調查，為香港添加了數個紀錄和四個新發現的物種，包括鮑嘉天於 1987 年發現、以他命名的香港雙足蜥（*Dibamus bogadeki*，又稱鮑氏雙足蜥），及劉惠寧於 1992 年找到的半葉趾虎（*Hemiphyllodactylus* sp.），[3] 這些物種皆收錄於 1998 年第二版的《香港的兩棲和爬行類》之中。2002 年，漁護署成立兩棲及爬行動物工作小組，進行野外考察和監測，隨後並出版了兩棲動物和陸棲毒蛇的圖鑒。

自 1990 年代起，除了物種及基線調查以外，本港開始有學者研究兩棲爬行類物種的生態學及習性，及至近年研究課題更加多樣化。劉惠寧於 1990 年代在香港大學修讀博士，研究本地兩棲類的生境利用和盧氏小樹蛙保育。卡拉克（Nancy Karraker）於 2009 年至 2011 年在香港大學從事兩棲類生態研究，其研究生曾對白唇竹葉青（*Trimeresurus albolabris*，又名青竹蛇）的行為、浮蛙的遺傳多樣性、香港瘰螈的保護與種群生物學作研究。宋亦希是 Nancy Karraker 其中一位研究生，其博士研究為香港平胸龜（*Platysternon megacephalum*）的生態及威脅，其後宋亦希透過基因分析對兩爬物種進行分類，並與其他專家描述了分布在華南地區包括香港的兩個科學新種 —— 劉氏掌突蟾（*Leptobrachella laui*）和白刺湍蛙（*Amolops albispinus*）。

在港大和中大進行的研究還有三線閉殼龜（*Cuora trifasciata*）生態和淡水龜貿易、香港瘰螈的種群動態和食性，以及胚胎學、淡水濕地的蝌蚪組合和躲避天敵反應、蛇毒、兩棲爬行動物的生理、內分泌和生物化學等。

2005 年，香港兩棲及爬蟲協會註冊成立，是香港首個關注兩棲及爬行類的動物保育組織，致力研究、保育、教育和領養工作。

2. 分類概況

兩棲類

原生物種

香港複雜的地貌和多樣的生境，令香港兩棲類的多樣性非常豐富。目前香港有記錄的原生兩棲類共 24 種，包括 1 種有尾目和 6 科 23 種無尾目（見附錄 6-3）。有尾目只有屬於蠑螈科的香港瘰螈。在無尾目之中，以蛙科（共 7 種）及叉舌蛙科（共 6 種）物種數目最多，其次是狹口蛙科（共 5 種）、樹蛙科（共 2 種，包括盧氏小樹蛙[4]）、角蟾科（共 2 種）和蟾

3　後來被宋亦希等於 2018 年鑒定為新種，並命名為香港半葉趾虎（*Hemiphyllodactylus hongkongensis*）。Sung Y.H., Lee W.H., Ng H.N., Zhang Y. and Yang J.H. (2018). A new species of *Hemiphyllodactylus* (Squamata: Gekkonidae) from Hong Kong. Zootaxa. 2018 Mar 8;4392(2):361-373. doi: 10.11646/zootaxa.4392.2.8.

4　截至 2017 年，盧氏小樹蛙只在香港有記錄，因此長期被認為是香港特有種。但在 2021 年中國廣東省珠海市淇澳―擔杆島省級自然保護的基線調查，在擔杆島和二洲島亦發現了盧氏小樹蛙。

蛙科（共 1 種）。其中以水稻田為主要棲地的中國浮蛙（*Occidozyga obscura*，過去被認為是尖舌浮蛙 *Occidozyga lima*）可能已在本地消失。

外來物種

自 2000 年起，本港開始有溫室蟾（*Eleutherodactylus planirostris*）的零星記錄。溫室蟾來自中美洲，屬卵齒蟾科。由於其體型細小，通常匿藏於盆栽之中，隨園藝貿易運送至世界各地。目前已在本港許多地點建立種群。

另外本港曾錄得黑斑側褶蛙（*Pelophylax nigromaculatus*）的標本，其採集地點位於大埔。由於此物種分布在較北的緯度，而近年大量野外調查未有再次發現其蹤影，加上本地街市偶有出售，因此推斷該些標本來自市場逃逸的個體。

爬行類

原生及外來物種

目前香港有記錄的原生爬行類共 80 種，包括 49 種蛇（蛇亞目）、21 種蜥蜴（蜥蜴亞目）及 10 種龜（龜鱉目）（見附錄 6-4）。除了水龜、鱉和部分水棲的物種，爬行類不像兩棲類必須在潮濕環境生活，亦毋需在淡水中繁殖。作為外溫動物，牠們雖然沒有體內調溫系統，但能透過曬太陽將體溫提升至適合活動的水平，在寒冷的冬季則降低活躍程度或冬眠。由於牠們適應能力強，很多物種都能在數種生境出沒。若按區系分類，香港的陸生爬行類以熱帶物種為主，多數分布在華南區、華中區、西南區以至中南半島，只有烏龜（*Mauremys reevesii*）和鱉（*Pelodiscus sinensis*）分布至溫帶的華北區。

蛇類佔全港爬行類原生種超過六成。香港的蛇亞目共有 11 科 49 種，其中以游蛇科（共 12 種）、眼鏡蛇科（共 11 種）及水游蛇科（共 11 種）物種數目較多。其餘 8 科物種數目較少，水蛇科、盲蛇科及蚓科各有 3 種，鈍頭蛇科有 2 種，閃皮蛇科、蟒科、屋蛇科及兩頭蛇科則只有 1 種。若按其主要棲地分類，香港蛇類多數棲息於陸地、淡水或鹹淡水生境（共 43 種），只有 6 種在海洋生活。青環海蛇（*Hydrophis cyanocinctus*）可能曾於香港有繁殖種群，直至 1980 年代還常常被漁民在近岸海域捕獲。除了青環海蛇外，其餘 5 種海蛇的記錄均來自 1950 年代至 1970 年代間被漁民捕獲的標本。由於此後再無其他紀錄，相信牠們已絕跡於本港海域。

另有 3 種蛇未能確定是否在香港有野生種群，包括香港過樹蛇（*Dendrelaphis hollinrakei*）、綠瘦蛇新亞種（*Ahaetulla prasina medioxima*）及頸槽游蛇（*Rhabdophis nuchalis*）。這三個物種在香港並沒有在野外目擊紀錄，而且每種只有一至兩個缺乏採集資料的標本，因此作存疑種處理。自 2000 年後，黑眉錦蛇（*Elaphe taeniura*）在本港野外有不少紀錄，包括成體和幼蛇。由於牠常被進口作食用販售，估計在本港發現的個體很大機會源自放生或逃逸。不過這種樹棲蛇類廣泛分布在東亞至東南亞，亦可能曾經在香港出沒，但隨着原始森林被破壞而消失。

蜥蜴類佔全港爬行類原生種約 26%。香港蜥蜴亞目共有 6 科 21 種，其中石龍子科物種數目最多（共 11 種），其次是壁虎科（共 6 種）。其餘 4 科各有 1 種，包括鬣蜥科、蜥蜴科、巨蜥科及雙足蜥科。巨蜥（*Varanus salvator*）曾一度在香港絕跡，近年在新界及九龍水塘附近出沒的個體，有機會是放生或逃脫的。外來種方面，白唇樹蜥（*Calotes mystaceus*）、中國水龍（*Physignathus cocincinus*）、密疣蜥虎（*Hemidactylus brookii*）及疣尾蜥虎（*Hemidactylus frenatus*）在本港有多個紀錄，前三種更已經建立了繁殖種群。

龜類佔全港爬行類原生種約 13%。香港的龜鱉目有 5 科 10 種，地龜科有 3 種，鱉科和平胸龜科各有 1 種，海龜科有 4 種，棱皮龜科有 1 種。若按其主要棲地分類，5 種出現於淡水生境，另外 5 種棲息於海洋。巴西龜（*Trachemys scripta elegans*）屬外來種，同時是本港最常見的龜類。另有 3 種龜未能確定是否在香港有野生種群，黃喉擬水龜（*Mauremys mutica*）、花龜（*Mauremys sinensis*）和山瑞鱉（*Palea steindachneri*）有野外紀錄，但很可能是被放生的個體或其後代。不過這 3 種龜天然分布於華南地區，可能因生境消失或其他原因而一度絕跡香港，因此不能排除其原生種的可能性。

特有種

香港有三種爬行類特有種，包括香港雙足蜥、香港半葉趾虎和香港盲蛇（*Indotyphlops lazelli*）（見圖 6-20）。這三個特有種在香港分布狹窄，很可能是遺子種。[5]

圖 6-20　香港盲蛇（*Indotyphlops lazelli*）是香港特有種，在香港島被發現及命名，近年在新界也有紀錄。（宋亦希提供）

5　2022 年在新界也有一個香港盲蛇的紀錄。

3. 分布和習性

兩棲類

兩棲類包括青蛙、蟾蜍及蠑螈。成體都是捕獵者，大部分食性廣，主要捕食小生物例如各種昆蟲。蝌蚪等則大多以水中的有機物質如碎屑、枯葉、藻類及動物屍體為食物，也有以水中微細有機物質或微生物作為養份的。同域的物種在微生境、身體大小、食性等存在差異，資源分割和對環境的不同適應性，令多種兩棲類能出沒在同一生境，避免競爭過於激烈。

兩棲類皮膚有滲透作用，不能在鹹水生活。大部分兩棲類都有在水中生長的幼體或有蝌蚪，成長時會變態成為在陸上生活的成體。香港的原生兩棲類全都在淡水生境繁殖，沼蛙（*Sylvirana guentheri*）是唯一能夠在低鹽度的魚塘棲息和繁殖的物種。

目前香港有記錄的原生兩棲類共 24 種，包括 1 種有尾目及 23 種無尾目。若按區系劃分，香港兩棲類包含熱帶和亞熱帶的物種，當中有 6 種只分布於華南區中的閩廣沿海亞區。按習性和繁殖生境分類，香港的兩棲類可劃分成三大類型：山溪、樹林內的靜水或緩流，以及靜水（見表 6-1）。

山溪繁殖類型

七種蛙類及香港瘰螈在山溪繁殖，各自演化出不同外貌及生命史以適應山溪生境。香港湍蛙和白刺湍蛙生活在溪流中小瀑布旁邊，牠們身體扁平，指趾上的吸盤讓牠們可攀附在濕滑石面。香港湍蛙在瀑布濺水區的垂直石面上產卵，讓卵免受流水衝擊同時維持濕潤。湍

表 6-1　香港兩棲動物繁殖生境類型情況表

山溪繁殖類型	靜水繁殖類型	樹林繁殖類型
香港瘰螈	黑眶蟾蜍	大頭蛙
劉氏掌突蟾	花細狹口蛙	闊褶蛙
短腳角蟾	花狹口蛙	盧氏小樹蛙
香港湍蛙	粗皮姬蛙	
白刺湍蛙	飾紋姬蛙	
大綠蛙	花姬蛙	
小棘蛙	澤蛙	
棘胸蛙	虎紋蛙	
	中國浮蛙	
	沼蛙	
	長趾蛙	
	台北蛙	
	斑腿泛樹蛙	

資料來源：　根據 Lau Wai Neng Miguel, "Habitat Use of Hong Kong Amphibians with Special Reference to the Ecology and Conservation of *Philautus romeri*" (PhD thesis, University of Hong Kong: 1998), p.227 加以增補。

蛙蝌蚪腹部有大吸盤，讓牠們能依附在急流中的岩石上。棘胸蛙（*Quasipaa spinosa*）和小棘蛙（*Quasipaa exilispinosa*）在溪流中的小水潭生活和繁殖。這兩種蛙腳上有全蹼，游泳能力強。

大綠蛙（*Odorrana graminea* 或 *Odorrana leporipes*）為本港常見的山溪繁殖蛙類之一，多數出沒於樹冠茂密的中大型山溪及附近。成蛙日間多隱身於石隙或樹林枯葉層，晚上常見於溪邊岩石上。繁殖期間，白色卵群成團黏附在溪邊石底，減少被水沖走的機會。

香港瘰螈和短腳角蟾（見圖 6-21）平時在樹林生活，在繁殖期才到溪澗。牠們的蝌蚪在水潭中生活，常常躲在枯葉堆中。這類型兩棲類的蝌蚪對水質要求較高，通常在含氧量高、清澈及未經污染的溪水中出現。

劉氏掌突蟾出沒於樹冠茂密的山溪及附近，嶺南大學的研究發現，本種的交配方式與現存蛙類已知的交配方式不同，由雄蛙背起雌蛙帶至隱蔽的地方，並在該處完成交配及產卵。這種交配行為為世界首次發現，其演化原因及優勢則尚待進一步研究。

山溪繁殖類型的成蛙和瘰螈主要捕食無脊椎動物，體形相對較大的棘胸蛙更會吞食蟹類和小型脊椎動物包括蛙類，香港瘰螈會吃同類的卵。山溪繁殖類型的蝌蚪食性各有不同，香港瘰螈幼體捕食細小的水生生物。湍蛙蝌蚪口部呈吸盤狀，以便刮食岩石上的藻類。短腳角蟾蝌蚪的口部朝上成漏斗狀，進食時口部會在水面張開，收集並過濾漂浮在水面的有機物質。其餘物種的蝌蚪則吃水中的動植物碎屑或殘體。

此類型兩棲類物種主要分布在中、高海拔地區。如果環境合適，牠們也會出現在海拔 30米以下。棘胸蛙是本港唯一只分布於高山溪流的物種，在新界大帽山 600 米以上的溪澗繁殖。白刺湍蛙分布最狹窄，只在大嶼山兩個地點有記錄。

靜水繁殖類型

13 種蛙類在靜水繁殖，按偏好可分為池塘類和沼澤類。長趾蛙（*Hylarana macrodactyla*）是典型沼澤繁殖類型，大部分時間（包括非繁殖期）也生活在長草的沼澤中。其餘靜水型蛙類對水體的偏好較不明顯，只要環境條件適合，大多能在池塘、沼澤和濕田繁殖。一般而言，沼蛙、虎紋蛙（*Hoplobatrachus rugulosus*）、台北蛙（*Hylarana taipehensis*）及中國浮蛙對水體較為依賴，非繁殖期也會出現在上述生境。黑眶蟾蜍（*Duttaphrynus melanostictus*）、花細狹口蛙（*Kalophrynus interlineatus*）、花狹口蛙（*Kaloula pulchra*）、花姬蛙（*Microhyla pulchra*）、粗皮姬蛙（*Microhyla butleri*）、飾紋姬蛙（*Microhyla fissipes*）和斑腿泛樹蛙在非繁殖期會出沒在農田、樹林或其他陸地生境。

與山溪繁殖型相比，靜水型蛙類的蝌蚪對水質要求較低，能忍受混濁、含氧量低和富含有機物質的水體。飾紋姬蛙蝌蚪能在幾星期內變態成蛙，特別能適應在短暫出現的小水池繁

圖 6-21　短腳角蟾（*Megophrys brachykolos*）平時在陸地如樹林中生活，只在繁殖時才到溪澗活動。（宋亦希提供）

殖。這些小水池內的獵食者較少，蝌蚪長成幼蛙的成功率較高。池塘、水塘這些大形水體內獵食者則較多，包括蛇、魚和蜻蜓稚蟲等，蝌蚪演化出不同策略以降低被捕食的風險，例如黑眶蟾蜍的卵和蝌蚪具有毒性，沼蛙蝌蚪則會減少活動時間和躲藏。

靜水型蛙類食性多樣，屬於此類的姬蛙專門捕食螞蟻，虎紋蛙則可捕食較大的動物如小蛙和小鼠。其餘物種食性較廣，能捕食多種昆蟲和無脊椎動物。靜水型的蝌蚪具各種食性，姬蛙科蝌蚪在水中過濾有機物質、藻類和浮游生物為食，虎紋蛙蝌蚪則會捕食其他蝌蚪及蛙卵，其餘物種的蝌蚪主要以有機碎屑為食。

靜水型的蛙類在新界和多個離島都有分布，主要出沒在低海拔的鄉郊平地，亦能見於海拔高度 300-400 米的合適生境。由於靜水型的成蛙和蝌蚪能適應多種環境，其中包括不少常見種，牠們甚至已經適應城市生活，例如黑眶蟾蜍和沼蛙會在市區公園內的水池繁殖。

樹林繁殖類型
三種蛙類在樹林的靜水或緩流中繁殖。大頭蛙（*Limnonectes fujianensis*）多出沒在林中小溪或滲流中的水潭，闊褶蛙（*Hylarana latouchi*）和盧氏小樹蛙（見圖 6-22）則在林下生活。牠們的蝌蚪生活在水質清澈且有樹蔭的小水體，沒有專化的食性。大頭蛙及闊褶蛙只在新界有紀錄。

圖 6-22　盧氏小樹蛙（*Liuixalus romeri*）是樹林繁殖類型蛙類，曾被認為是香港特有種，只天然分布在香港的四個離島，屬於遺子種，推測原來分布區包括新界大陸和香港島。（宋亦希提供）

盧氏小樹蛙長期被認為是香港特有種，原本只見於香港境內的四個島嶼。專家推測牠們原本也分布於新界和香港島，因為生境破壞令牠消失於人口稠密的地方，只在偏遠人少的海島留存下來，屬於遺子種。盧氏小樹蛙在靜水或緩流繁殖，多數出沒在較平坦的低中海拔樹林，捕食枯葉中的小型節肢動物。赤鱲角是盧氏小樹蛙原本分布的四個離島之一，並於1990年代初成為新機場選址（即今香港國際機場），其種群恐受到機場興建工程的影響。香港大學在香港賽馬會慈善信託基金的資助下，於1991年展開研究和保育項目，將島上盧氏小樹蛙及其後代搬遷到位於新界和香港島的8個受保護地點。經過20多年的持續監察，發現盧氏小樹蛙成功在5個地點建立種群，部分種群更開始向外擴散。

樹林繁殖類型的兩棲類物種貧乏，是香港原始森林消失殆盡的結果。本港兩棲類的調查和鑒定始於1930年代，當時原始植被已遭破壞，因此並無植被破壞前的物種紀錄，只能參照區內其他原生林的物種組成推測消失的種類。相較之下，香港明顯缺乏在樹冠層生活、並廣泛分布於華南成熟樹林的綠色樹蛙（*Rhacophorus* 屬的樹蛙）。這種生態位最受森林破壞影響，由於這類樹蛙的遷移能力低，同時對森林環境要求高，當牠們隨原生樹林消失後，亦難以重返回新近長成的次生林。

外來物種

溫室蟾具有特別的繁殖模式，牠通常在陸地上潮濕的枯葉堆或木塊下產卵，大約兩星期後直接發育成小蛙，不需依賴淡水生境完成生命周期。加上牠適應能力強，可在樹林、灌叢、農田、魚塘、公園甚至是貨櫃場邊出沒。溫室蟾與盧氏小樹蛙體形相若，同樣捕食細小昆蟲，甚至已擴散至後者的棲息地，至於牠會否對盧氏小樹蛙造成負面影響則尚待研究。

爬行類

大部分本港蛇類及蜥蜴能出現在多於一種生境，包括樹林、開闊生境、淡水生境，甚或市區（見表 6-2）。即使如此，牠們對部分生境有明顯偏好，在該處發現牠們的機率也較高。當中只有少數物種對生境忠誠度高，或局限分布於狹窄範圍內。淡水爬行類可再細分為河溪及池塘濕地類型。由於香港爬行類的生態研究主要集中於淡水龜，其餘物種的科學研究較少。以下的分布及習性資料，主要來自主要研究者長期野外的調查經驗和飼養觀察所得。

表 6-2　香港爬行類動物生境情況表

樹林生境	開闊生境*	市區生境	淡水生境	鹹淡水生境	海洋生境
原生林 次生林 植林	灌叢 草地 農田 鄉村	城市民居	溪澗 河流 沼澤 濕田 魚塘	基圍 紅樹林 河口泥灘	海洋

* 注：由於爬行類能利用太陽照射調節體溫，其出沒生境亦與開闊程度有關，因此生境分類與其他動物類群稍有不同。

爬行類的習性

所有蛇都是捕食者，專門捕食某一類或幾類動物，甚至擁有特化器官去搜尋獵物或攝食。香港蛇種眾多，體型差異甚大，由 20 厘米長的鉤盲蛇（*Indotyphlops braminus*）至長達 6 米的蟒蛇都有分布，亦因此蛇類捕獵對象廣泛，包括體型較小的昆蟲、蜘蛛、蝸牛、蚯蚓和甲殼類，以及較大的魚類、兩棲類、爬行類、鳥類、鼠類，甚至大形哺乳類動物。蟒蛇是香港現存最大型的捕獵者，能吞食野狗、野豬、赤麂和小牛。眼鏡王蛇（*Ophiophagus hannah*，又稱過山烏）是世界上最長的毒蛇，平均長 3-4 米，捕食體型比牠細小的蛇類，具高度攻擊性。相對於蛇類而言，香港原生的蜥蜴體形不大（除巨蜥外），主要捕食昆蟲和其他小型無脊椎動物。至於淡水龜鱉則多為雜食性，亦會食腐肉。

蛇類也有來自鷹科和食肉目獸類的天敵。當面臨危機時，本地各種眼鏡蛇科的劇毒蛇會宣揚自身有毒，而眼鏡蛇（*Naja atra*）和眼鏡王蛇會擴張頸部及豎起前半身，並發出嘶嘶聲，以嚇退對方。金環蛇（*Bungarus fasciatus*）、銀環蛇（*Bungarus multicinctus*）、珊瑚蛇（*Sinomicrurus macclellandi*）和眼鏡王蛇的幼蛇全身都有醒目的環紋作警告用途。而無毒的福清白環蛇（*Lycodon futsingensis*）和細白環蛇（*Lycodon subcinctus*）同樣有黑白相間的斑紋，模仿銀環蛇的外貌來保護自己。

爬行類的分布

樹林生境

由於香港原始森林消失已久，樹棲性的爬行類紀錄很少而且不完整，生活在樹林生境的穴棲蛇類和蜥蜴則局限分布在幾個地點，包括鈍尾兩頭蛇（*Calamaria septentrionalis*）、白頭盲蛇（*Indotyphlops albiceps*）、香港盲蛇、香港雙足蜥，牠們也是原生林破壞後殘留下來的物種。

隨着次生林覆蓋率增加，香港部分原本為稀有蛇種的分布範圍亦有所擴展。在 1960 年代至 1980 年代，5 個稀有蛇種僅分布於 700 米以上的高山，包括福清白環蛇（過去被錯定為黑背白環蛇 *Lycodon ruhstrati*）、紫灰錦蛇（*Oreocryptophis porphyracea nigrofasciata*）、無顳鱗游蛇（*Hebius atemporale*）、鈍頭蛇（*Pareas chinensis*，過去被錯定為緬甸鈍頭蛇 *Pareas hamptoni*）、越南烙鐵頭（*Ovophis tonkinensis*，過去被錯定為山烙鐵頭 *Trimeresurus monticola*）。自 1990 年代以後，牠們陸續在較低海拔的次生林被發現。由於這些物種多在成熟森林出沒，自香港原生林被砍伐後，牠們一直殘存在潮濕和較涼的高山草坡，直到附近次生林變得成熟才往下擴散。銅蜓蜥（*Sphenomorphus indicus*）亦顯示類似的擴散模式，在 1975 年前全港只錄得來自 2 個地點的 3 個標本，至 2000 年代牠已經常見於新界的林區。

本港尚存一些偏好在林底生活的蛇和蜥蜴，包括棕脊蛇（*Achalinus rufescens*）、黑頭劍蛇（*Sibynophis chinensis chinensis*）、銅蜓蜥及壁虎（*Gekko chinensis*），亦有不少物種同時出現在樹林、植林、灌叢和農田，包括白唇竹葉青、橫紋鈍頭蛇（*Pareas margaritophorus*）及南滑蜥（*Scincella reevesii*）。

開闊生境

香港的開闊生境主要由人類開發而成，其中出沒的爬行類大多對環境沒有嚴格要求，能適應灌叢、草地、農田及附近的林緣和鄉村生境。唯一的特化種是南草蜥（*Takydromus sexlineatus ocellatus*），牠有一條超過身長三倍具纏繞性的尾巴，能在長草叢中快速滑行。另有數種善於攀爬的蛇和蜥蜴出沒在灌叢，如繁花林蛇（*Boiga multomaculata*）和變色樹蜥（*Calotes versicolor*），牠們會在灌木和地上覓食。

市區生境

個別壁虎物種已完全適應市區生活，截趾虎（*Gehyra mutilata*）與原尾蜥虎（*Hemidactylus bowringii*）主要棲息於民居，晚上較為活躍，以被燈光吸引的小昆蟲為食。黑疣大壁虎（*Gekko reevesii*）對環境有特別要求，牠偏好生活在岩壁和大石之間的縫隙，偶見於老舊的建築物內和人造石牆。

淡水生境

引水道以上的山溪是相對較少受人類干擾的生境，保留了完整的爬行動物群落，包括三種淡水龜：三線閉殼龜、眼斑水龜（*Sacalia bealei*）、平胸龜，以及兩種蜥蜴：棱蜥（*Tropidophorus sinicus*）、股鱗蜓蜥（*Sphenomorphus incognitus*）。蛇類更出現明顯資源分割的情況。不同蛇種生態位各異，香港後棱蛇（*Opisthotropis andersonii*）生活在陡峭的小山溪或滲流，捕食石底或沙中的蚯蚓。掛墩後棱蛇（*Opisthotropis kuatunensis*）在較大的山溪出沒，以蝌蚪、蛙卵和小魚為食。側條後棱蛇（*Opisthotropis lateralis*）在較平緩的溪流出沒，以蝦和小蟹為食。環紋游蛇（*Trimerodytes aequifasciatus*）棲息在低、中海拔較大的溪流，以淡水魚類為食，烏游蛇（*Trimerodytes percarinatus percarinatus*）則較多在支流出沒，主要捕食蛙類。

在低地的大形水體棲息的有烏龜、鱉和黃斑漁游蛇（*Xenochrophis flavipunctatus*），鉛色水蛇（*Hypsiscopus plumbea*）多在沼澤、水田出沒，捕食蛙類，中國水蛇（*Myrrophis chinensis*）在河流和魚塘出沒，以魚類為食。黑斑水蛇（*Myrrophis bennettii*）分佈在本港西部鹹淡水交界的河口、紅樹林、泥灘和基圍，捕食彈塗魚等小型魚類。

海洋生境

大部分香港爬行類活動範圍有限，甚少超出香港範圍，不過棲息於海洋的蛇類和龜類則不盡相同。香港有記錄的海龜主要在熱帶地區沙灘繁殖，並會長途遷徙至熱帶、亞熱帶甚或溫帶海域覓食。綠海龜（*Chelonia mydas*）廣泛分佈在熱帶及亞熱帶海域，蠵龜（*Caretta caretta*）分佈更廣，可見於溫帶到熱帶地區。棱皮龜（*Dermochelys coriacea*）能維持體溫，所以亦會出現在寒冷海域。牠們一生都大海中游弋，在覓食及產卵地點之間來回。綠海龜有回到出生地點產卵的習慣，香港幾個小島的沙灘亦曾有綠海龜產卵紀錄。香港有記錄的海蛇則在亞洲以至澳洲、波斯灣近岸海域出沒，只有長吻海蛇（*Hydrophis platurus*）生活在遠至美洲西岸和非洲東岸的太平洋。

4. 珍稀物種、價值與保育

兩棲類

<u>兩棲類的價值</u>

大形蛙類皆可食用，清康熙《新安縣志》（1688）已記載田雞（即虎紋蛙）。在 1930 年代，虎紋蛙在香港野外還是十分普遍，到 1970 年代數量下降，其中一個原因是被捕捉往市場販售。及至 1990 年代，市場售賣的虎紋蛙均屬進口，再無售賣本地個體。

香港瘰螈曾在水族市場用作寵物販售（詳見物種保育），隨着牠在 1992 年被列入《1980 年野生動物保護條例》（*Wild Animals Protection Ordinance, 1980*）成為香港受保護物種，及在多年的環境教育下，市民的物種保育意識增強，因此並未出現大規模的商業利用。反而兩棲類的非消耗性利用有所增加，主要來自夜間生態旅遊或相關課程產生的經濟和社會效益。

兩棲類亦在生態系統中擔當重要角色。香港兩棲類物種豐富，由身長 1.5 厘米的盧氏小樹蛙至超過 14 厘米的棘胸蛙，分布於各種陸地和淡水生境。成蛙捕食多種昆蟲和其他小型動物，牠們在農田中能有效控制害蟲，這對於有機耕種尤其重要。蝌蚪在部分水體是最主要的生物，其密度最高。兩棲類在淡水和陸地系統之間的養分循環有着關鍵作用，並且在生態系統中支撐多種陸地和水中的捕獵者。

珍稀物種

根據世界自然保護聯盟（IUCN）的《瀕危物種紅色名錄》評估，香港有六種原生兩棲類具滅絕危機，列為全球瀕危及全球易危各有三種，包括因分布狹窄、種群分割和棲地衰退而歸類的劉氏掌突蟾、短腳角蟾、香港湍蛙、白刺湍蛙和盧氏小樹蛙，還有因濫捕和環境破壞以致數量大幅下跌的棘胸蛙。在香港，這些物種都有數量穩定的種群在郊野公園及具特殊科學價值地點內。

根據《中國物種紅色名錄》，虎紋蛙和小棘蛙同樣面臨滅絕風險，其種群數量主要因濫捕和生境破壞而下降。兩者在香港仍有穩定的數量和分布。

中國浮蛙曾出現在香港島、大嶼山和新界的水稻田及小池塘。後來農地面積因都市化大幅減少，其種群數目亦隨之下降。中國浮蛙在香港的最後一個目擊紀錄在 1995 年，位於大嶼山大澳的一小片水田及旁邊沼澤。自從這片水田消失後，至今再無其他目擊紀錄，因此中國浮蛙被認為在香港絕跡。

生境保育

香港的山溪及附近的樹林大多位於郊野公園範圍內，或被劃為自然保育區，亦有不少位於水塘集水區內，受不同的法例保護，因此山溪的兩棲類數量及分布都大致穩定。另外香港的次生林日趨成熟，面積日增，樹林繁殖類型的蛙類如盧氏小樹蛙也跟隨樹林面積增加，從原來的分布區逐漸向外擴散。

相反，棲息於鄉郊及靜水型的蛙類，因為都市化、土地用途改變和農業式微，導致其生境及繁殖地面積減小和退化。在 1970 年代常見於農田的部分廣布蛙種例如花姬蛙，現已變得不常見。

物種保育

港府通過立法，加強對野生兩棲類的保護。1992 年，港府修訂《1980 年野生動物保護條例》的附表 2〈受保護野生動物〉，加入巨蜥及三種當時被認為是香港特有的兩棲類，即香港瘰螈、香港湍蛙和盧氏小樹蛙，任何人不得狩獵、干擾、售賣、出口或管有這些受保護的本地野生動物。這項修訂有助保護香港瘰螈的野生種群。自 1970 年代起，香港瘰螈在本地水族店當作寵物販售，當中部分貨源很可能源於本地採集。隨着香港瘰螈在 1992 年被列入《1980 年野生動物保護條例》，野生種群的數量亦回復穩定。為控制非法國際貿易，其於 2016 年亦被加進《瀕危動植物種國際貿易公約》（Convention on International Trade in

Endangered Species of Wild Fauna and Flora）。

爬行類

爬行類的價值

爬行類自古便被人利用，清康熙《新安縣志》（1688）便在藥類中記載了蚺蛇膽（亦即蟒蛇膽），清嘉慶《新安縣志》（1819）亦有記載蚺蛇肉可食，皮可製鼓等樂器，膽可作為跌打藥。早於 1950 年代，已有記載本地的蛇舖售賣黑疣大壁虎（過去認作大壁虎）和幾種大型蛇類作食用、藥用或浸酒。龜鱉類也具有相似用途，出售的個體只有少量採自本地，大部分從其他地方進口。香港所有野生龜鱉、蟒蛇和巨蜥已受《野生動物保護條例》所保護，野生爬行類數量有限，繁殖率不高，加上市民保育意識強，目前並無大量商業販賣本地的野生爬行動物。

珍稀物種與保育

香港擁有不少爬行類的珍稀物種，包括列為全球極危的綠海龜和三線閉殼龜，以及全球瀕危的香港雙足蜥，香港原生爬行類在全球和國家的生物多樣性保育上具有重要地位。

根據世界自然保護聯盟（IUCN）的《瀕危物種紅色名錄》評估，香港的 10 種原生龜鱉都受滅絕威脅。其中四種屬全球極危、三種屬瀕危、三種屬易危。根據《中國物種紅色名錄》，極危有七種、瀕危有三種。自 1990 年代起，亞洲龜類被大量捕獵以滿足區內貿易需求，導致幾乎所有龜種野外數量大幅下滑，多種香港淡水龜亦受影響。雖然國際之間和出產地已加強保護，但野外種群仍未恢復。其中三線閉殼龜（即金錢龜）（見圖 6-23）被世界自然保護聯盟（IUCN）《瀕危物種紅色名錄》列為「極危」物種，而非法偷獵是導致牠在香港的數目稀少的主要原因。

自 1990 年代後期起，香港便出現針對極高商業價值的三線閉殼龜的非法偷獵。由於寵物、養殖、藥用等需求甚殷，三線閉殼龜身價極高，強大金錢誘因令偷獵頻生，導致野外個體數目大幅下跌。其後平胸龜（大頭龜）（見圖 6-24）亦成為偷獵目標，部分溪流的成龜已被捕光。自 2000 年起，漁護署與嘉道理農場暨植物園聯合展開保育三線閉殼龜的繁殖計劃，亦定期巡邏溪澗及消毀捕龜籠，並於 2016 年制定《三線閉殼龜物種行動計劃》。目前雖已有多項措施保護三線閉殼龜，但由於偷獵威脅尚未解除，其野生種群數量仍然處於極低水平。

1930 年代的紀錄顯示，綠海龜曾在香港幾個小島的沙灘產卵。受鄰近地方發展影響及人為干擾（例如村民採集海龜蛋食用），至 1990 年代只剩南丫島的深灣定期有綠海龜上岸產卵。深灣沙灘除了是本港僅存的綠海龜產卵地點，也是華南地區為數甚少的綠海龜產卵場之一。漁護署在 1998 年制定了「香港綠海龜護理計劃」，並於 1999 年將深灣沙灘和附近的淺水水域劃為具特殊科學價值地點。深灣沙灘更被指定為限制地區，禁止公眾在海龜繁殖期（即每年 6 月 1 日至 10 月 31 日）內進入，期間有自然護理員執行陸上及海上巡邏，以防止公眾擅進和監察綠海龜的產卵情況。在繁殖季節開始前亦會維護生境,確保沙灘適合母海龜產卵。

在香港 21 種原生蜥蜴中,特有種香港雙足蜥(見圖 6-25)被評為全球瀕危。香港雙足蜥僅在香港幾個離島有少量紀錄,本種未受法律保護。周公島是牠其中一個分布點,並於 2015 年被列為具特殊科學價值地點,漁護署會定期進行監察種群數目。另外根據《中國物種紅色名錄》評估,黑疣大壁虎和巨蜥因數量在中國大幅下降被評為極危,越南石龍子因分布區狹窄和種群數目少被評為易危。

在香港 43 種原生陸棲或淡水蛇類中,特有種香港盲蛇被評為全球極危,眼鏡蛇、眼鏡王蛇與蟒蛇這 3 種因濫捕和貿易影響的被評為易危。根據《中國物種紅色名錄》評估,7 種在中國常見食用蛇的種群亦受威脅,其中銀環蛇、金環蛇、三索錦蛇(Coelognathus radiatus)和滑鼠蛇(Ptyas mucosus)被列為瀕危,而灰鼠蛇(Ptyas korros)、中國水蛇及鉛色水蛇被列為易危。在香港並無食用蛇的大規模捕獵,本地種群數目穩定,並具有區域重要性。

相對而言,蛇類和蜥蜴在香港未遭受大規模捕獵,多數物種尚存有健康種群。香港的次生林逐漸成長,面積也在擴大,有助於部分棲息在樹林的爬行類繁衍。另外香港的山溪和附近樹林大多位處郊野公園範圍內,棲息於山溪的蛇類和蜥蜴多具有穩定的種群數量和分布。相反,隨着都市化及農業式微,農田面積大幅下降,一些原本常見於農田的物種如草游蛇(Amphiesma stolatum)已愈來愈少。

圖 6-23 金錢龜(Cuora trifasciata)有極高商業價值,因非法偷捕令數目大幅下跌,在香港已沒有健康的野外種群。(宋亦希提供)

圖 6-24　平胸龜（*Platysternon megacephalum*，又名大頭龜）在香港的種群一直相比其他地方數量較多，可是近年也同樣遭到非法採捕而令數量大幅下降，尤其大的成龜從一些溪流消失。（宋亦希提供）

圖 6-25　香港雙足蜥（*Dibamus bogadeki*）是香港特有種，只分布在南面的數個島嶼。（宋亦希提供）

三、鳥類

1. 研究概況

香港鳥類研究以 1957 年香港觀鳥會成立為分水嶺，在此以前研究活動以歐美博物學者考察為主；此後則集中於香港觀鳥會、政府和大專院校的研究。

1957 年以前的考察和研究活動

清嘉慶《新安縣志》（1819）〈物產〉部分「鳥」門類，共列出六個條目，包括鷓鴣、鵪鶉、畫眉、兜兜雀、豁雞及江鷗，是香港地區最早的鳥類紀錄，當中「兜兜雀」更記載為「產邑之大奚山中（今大嶼山）」。

1840 年代以來，歐美博物學家和鳥類學者因各種身份，居留於香港及華南沿岸，其間記錄、採集當地鳥類標本，並發表學術文章及書籍，多數同時考察其他動物物種。這些發現和紀錄，有助初步了解尚未被大規模研究的華南鳥類的分布，並為日後研究奠定基礎。

最早的本港鳥類紀錄來自英美學者。美國鳥類學家約翰卡森（John Cassin）專注於鳥類系統分類學，他整理並發表由美國海軍於 1853 年至 1855 年間在香港、澳門，乃至廣州一帶調查所得的鳥類紀錄。來自英國的殖民地醫生夏蘭（W. A. Harland）是業餘植物學家，自 1850 年代在香港居住，並為約翰卡森提供鳥類紀錄。

郇和（Robert Swinhoe，又譯史溫候）是來自英國的外交官，也是一位博物學家，1850 年代起活躍於鳥類研究。早年曾在香港接受在職訓練，後在廈門、台灣及其他中國內地沿海地區任職，搜集鳥類動物活體及標本，定期寄送至倫敦動物園等機構。郇和曾發表多份鳥類論文，多種鳥類亦以他命名，其鳥類發現大部分收錄於約翰古爾德（John Gould）所著的《亞洲的鳥類》（*Birds of Asia*）。

愛爾蘭博物學者拉圖許（John La Touche）是駐中國海關人員，1880 年代起活躍於鳥類研究。英國茶商斯泰恩（Frederick Styan）是業餘鳥類學家，主要活躍於長江和上海一帶，1890 年代起活躍於鳥類研究。他所收集的標本包括港澳鳥類，為英國自然史博物館提供館藏。拉圖許多次與斯泰恩共同探索及搜集標本，所著的《華東鳥類手冊》（*A Handbook of the Birds of Eastern China*）於 1925 年出版，是研究鳥類的重要歷史文獻。

太平洋戰爭前後，香港主要鳥類考察者包括香樂思、克蘭普頓（John Crampton）、柯蕭（Wilkinson Kershaw）、范恩（Robert Vaughan）、鍾斯（Kenneth Jones）和梅爾（Rudolf Mell）等人，他們在華南地區探索及採集標本，發表有關廣東一帶的鳥類學術文章。1930 年，香港大學博物學者香樂思和當時剛卸任的皇仁書院校長祈祿（Alfred Crook）共同創辦及主編《香港博物學家》，是以香港及華南生態為主題的科普季刊，亦記錄了本地鳥類的發現及研究結果。香樂思的其他著作《香港鳥類》（*Hong Kong Birds*）及《野外香港歲時記》

（*The Hong Kong Countryside*）亦記錄不少本港鳥類物種及行為習性。1950 年代，來自英國的軍官達夫（RS Dove）和古德哈特（H James Goodhart）在新界進行田野考察，為香港增加了 40 個鳥類物種紀錄。

1957 年以後的考察和研究活動

<u>香港觀鳥會的研究工作</u>

弗蘭克沃克（Frank Walker）是來自英國的空軍上士，於 1950 年代在新界進行田野考察，編寫成小冊子《香港鳥類名錄》（*Checklist of the Birds of Hong Kong*）初稿。此後隨着觀鳥紀錄積累，陸續更新。1957 年，弗蘭克沃克倡議並成立香港觀鳥會。首份《香港鳥類報告》（*Hong Kong Bird Report*）於 1958 年出版，記錄了香港鳥類概況、鳥類名錄及鳥巢和鷺科繁殖野外調查結果，是為第一份本地鳥類狀況的全面紀錄。

香港觀鳥會早期主力推廣觀鳥，收集觀鳥紀錄、彙整並按年出版《香港鳥類報告》。其後工作日漸多元化，包括開展生境管理、環境監察、政策倡議及公眾教育。其進行的鳥類調查及研究包括黑臉琵鷺（*Platalea minor*）全球同步普查、米埔內后海灣水鳥普查計劃、香港鳥類分布地圖，以及鳥類環誌等。近年更進行衛星追蹤研究，掌握候鳥停棲覓食的位置，並於國際期刊上發表研究成果。近年香港觀鳥會積極與國際組織聯繫和合作，並於 2013 年成為國際鳥盟成員。

鳥類環誌是香港觀鳥會其中一個重要項目。鳥類環誌即在牠們腳上套上獨一無二的金屬環或顏色旗，研究人員可以憑藉環上號碼追蹤過去紀錄，了解牠們的習性、數量變化、遷徙狀況等。香港的鳥類環誌始於 1960 年代，中途一度暫停，至 1980 年代中期才恢復。米埔是當時主要的鳥類環誌地點，以濕地及開闊原野鳥種為目標。及後亦開展了在新界為林鳥環誌的工作。部分候鳥如紅喉歌鴝（*Calliope calliope*）及東方大葦鶯（*Acrocephalus orientalis*）經常藏身在茂密的植被中，難以靠目測數算，唯有使用網捕及環誌，才能獲取這些鳥種的可靠數據。

透過分析這些數據，能夠有效監測鳥類群落數目變化，例如 1980 年代以來出現在米埔的中華攀雀（*Remiz consobrinus*）數量正在上升，而灰頭鵐（*Emberiza spodocephala*）的數字則大幅下跌，同時亦能了解其遷徙路線及停留狀況，例如在米埔曾捕獲日本環誌的東方大葦鶯，在香港環誌的黑臉琵鷺亦曾在深圳、台灣及韓國出現。

隨着科技的進步，通過衛星追蹤，研究員能夠找出水鳥的遷徙路線、重要中途站，以及繁殖地。舉例說，近年為大濱鷸（*Calidris tenuirostris*）、青腳鷸（*Tringa nebularia*）、反嘴鷸（*Recurvirostra avosetta*）、黑尾塍鷸（*Limosa limosa*）、白腰杓鷸（*Numenius arquata*）繫上衛星追蹤器，結果發現牠們的停棲地眾多 —— 由中國沿海灘塗包括廣東、福建、浙江、江蘇、遼寧等至內陸的江西鄱陽湖濕地。部分更會遷徙到更遠的地方，例如韓國、朝鮮及俄羅斯，有的亦會南下到菲律賓及印尼。

港府在 1977 年出版了《香港鳥類彩色圖鑒》（*A Colour Guide to Hong Kong Birds*），由尹璉（Viney Clive）所著、野生動物插畫藝術家費嘉倫（Karen Phillipps）繪圖，是為香港首本彩色鳥類圖鑒。其後在 1983 發行增訂版《香港鳥類彩色圖鑒（增訂）》（*New Colour Guide to Hong Kong Birds*），還有 1994 年出版的《香港及華南鳥類》（*The Birds of Hong Kong and South China*），均以初代鳥類圖鑒為基礎增補物種。《香港及華南鳥類》中文版由林超英協助翻譯，同於 1994 年出版，是本港第一本中文鳥類圖鑒，亦是華南地區觀鳥人士的重要參考書籍。隨着數碼攝影的普及，香港觀鳥會於 2004 年出版了第一本《香港鳥類攝影圖鑒》。

香港觀鳥會在 1986 年以書籍格式出版了《香港鳥類名錄註解》（*Annotated Checklist of the Birds of Hong Kong*），在原有的香港鳥類圖鑒及出版物的基礎上，為所有鳥種增添說明，包括生境、季節和數量等，2001 年大幅修訂和增補信息，包括鳥種數量的多年變化等，出版了《香港鳥類名錄》（*The Avifauna of Hong Kong*），成為香港鳥類狀況的基本參考書。

政府和其他團體的研究工作

漁護署與本地團體如香港觀鳥會合作，進行各項鳥類研究。漁護署亦長期監察一些具保育價值的鳥類物種，如白腹海鵰（*Haliaeetus leucogaster*）、鷺鳥、燕鷗等，以了解種群數量趨勢、繁殖狀況及其生態需求，以便制定及推行相關的保育措施，例如為部分在香港繁殖的鳥類提供適合的人工巢箱。

世界自然（香港）基金會自 1983 年開始管理米埔自然保護區，在濕地鳥類保育方面發揮重要作用。該會於保護區內進行研究和公眾教育，同時負責生境管理及維護，使濕地生境適合留鳥及每年到訪的大量候鳥棲息；該會亦與中國沿海各個濕地自然保護區開展合作項目，例如共同研究極度瀕危物種如中華鳳頭燕鷗（*Thalasseus bernsteini*）和勺嘴鷸（*Eurynorhynchus pygmeus*）的群落變化。

1990 年代至今，本港大學研究人員亦展開專門的鳥類研究。其中以香港大學的鳥類研究最多樣及全面，包括鳥類食性及其傳播種子能力、不同生境的鳥類群落及其季節性變化、市區雀鳥生態、噪音對鳴禽的影響，香港的入侵種及放生雀、氣候變化對候鳥的影響及相應生境管理策略。香港中文大學亦有針對小白腰雨燕（*Apus nipalensis*）（見圖 6-26）食性及都市化對市區雀鳥群落組成的影響。香港城市大學亦有研究關於環境污染物在水鳥蛋中濃度。

2. 分類概況

原生物種

在香港鳥類名錄有紀錄的 572 種鳥類之中（見附錄 6-5），549 種在香港具明確野生紀錄，可歸類為原生物種。牠們分別來自 22 個目，其中以雀形目（共 40 科、253 種）和鴴形目

圖 6-26　小白腰雨燕（*Apus nipalensis*），攝於草山。雨燕科雀鳥，可築巢於屋簷下，腿部短小無力，本地有無腳雀仔稱號。（林釗提供）

（共 12 科、101 種）數目最多，其次是雁形目（共 1 科、36 種）、鷹形目（共 2 科、26 種）和鵜形目（共 3 科、23 種）。其餘 17 個目所佔的鳥類各少於 20 種，本部分重點介紹物種較多的 5 個目。

雀形目是鳥綱之中最大的一個目，廣泛分布在全世界的陸地環境，當中不少物種適應城市環境，與人類為鄰。牠們大多善於築巢，具複雜的營巢及求偶行為。在本港原生物種中，雀形目佔其中 46%，共計 40 科，包括鶲科（45 種）、柳鶯科（29 種）、鴉科（19 種）、鶺鴒科（15 種）、鶇科（13 種）、椋鳥科（10 種）、鴉科（10 種）、葦鶯科及蝗鶯科（各 9 種）。其他科物種較少，但較具代表性的包括山椒鳥科、燕科、伯勞科、鶇科、繡眼鳥科及啄花鳥科。牠們體形多屬中至小型，食性多樣，遍布全港所有陸地生境。常見市區留鳥包括樹麻雀（*Passer montanus*）、紅耳鵯（*Pycnonotus jocosus*）、白頭鵯（*Pycnonotus sinensis*）、暗綠繡眼鳥（*Zosterops simplex*）、鵲鴝（*Copsychus saularis*）、八哥（*Acridotheres cristatellus*）、黑臉噪鶥（*Pterorhinus perspicillatus*）、黑領椋鳥（*Gracupica nigricollis*）、噪鵑（*Eudynamys scolopaceus*）（見圖 6-27），常見候鳥包括家燕（*Hirundo rustica*）（見圖 6-28）、北紅尾鴝（*Phoenicurus auroreus*）、灰背鶇（*Turdus hortulorum*）、紅脇藍尾鴝（*Tarsiger cyanurus*）及灰鶺鴒（*Motacilla cinerea*）、黃眉柳鶯（*Phylloscopus inornatus*）等。

圖 6-27　噪鵑（*Eudynamys scolopaceus*）。春天有時發出徹夜不停的叫聲，類似「ko-el」。（林釗提供）

圖 6-28　家燕（*Hirundo rustica*），攝於壆原。本地居民最熟識的燕子，多於屋簷下築巢，腳部短小纖弱，不能在地上行走。（林釗提供）

鴴形目佔本港原生物種約 18%，共計 12 科，大多屬小型涉禽。其中以鷸科（41 種）物種最多，其次是鷗科（32 種）和鴴科（13 種）。其餘科物種較少，包括賊鷗科（3 種），海雀科、燕鴴科、反嘴鷸科和三趾鶉科（各 2 種），石鴴科、蠣鷸科、雉鴴科和彩鷸科（各 1 種）。牠們多數出沒於海岸及泥灘，部分出現於淡水濕地及農田，少數出沒於森林。牠們多以無脊椎動物為食，飛行能力強，大部分更能作長途遷徙，在本港多為候鳥或過境遷徙鳥。常見物種包括黑翅長腳鷸（*Himantopus himantopus*）、青腳鷸、紅腳鷸（*Tringa totanus*）、紅嘴鷗（*Chroicocephalus ridibundus*）、白腰杓鷸、林鷸（*Tringa glareola*）。

雁形目佔本港原生物種約 7%，只有鴨科 1 科。本目鳥類皆擅於游泳，具備粗長的脖子、扁平的鳥喙、長蹼的腳掌，並能作長途飛行，繁殖期間通常雌雄異色。在香港為冬候鳥或過境遷徙鳥，通常出現於濕地，包括泥灘和魚塘，以水草或水中生物為食。常見的物種包括針尾鴨（*Anas acuta*）、琵嘴鴨（*Spatula clypeata*）、白眉鴨（*Spatula querquedula*）及赤頸鴨（*Mareca penelope*）。

鷹形目佔本港原生物種約 5%，分別是鷹科（25 種）及鶚科（1 種）。本目的物種均為日行性猛禽，具有鉤狀的嘴、強壯的腿和利爪來捕捉獵物，長而寬闊的翅膀以便盤旋或滑翔。通常是肉食性，部分為腐食性，廣泛分布於多種生境，包括樹林、開闊原野、農田、濕地及海岸。多數為留鳥，部分物種同時也有過境遷徙鳥。常見的物種包括黑鳶（*Milvus migrans*，又稱麻鷹）、普通鵟（*Buteo japonicus*）及鳳頭鷹（*Accipiter trivirgatus*）。

鵜形目佔本港原生物種約 4%，分別是鷺科（18 種）、鹮科（4 種）及鵜鶘科（1 種）。本目的鳥類為大、中型涉禽，主要出沒在濕地、農地、魚塘及附近林地，部分物種常見於人工水池或渠道化的河流。通常具有長喙、長頸和長腿，以水生動物如魚蝦、青蛙、昆蟲等為食。具有結群營巢的行為，常見物種包括池鷺（*Ardeola bacchus*）、大白鷺（*Ardea alba*）（見圖 6-29）、小白鷺（*Egretta garzetta*）（見圖 6-30）、夜鷺（*Nycticorax nycticorax*）（見圖 6-31）和蒼鷺（*Ardea cinerea*）。

歸化種

在香港鳥類名錄有紀錄的 572 種鳥類之中，有 23 種屬於源自外地引入，在香港有穩定的繁殖群落。其中部分物種明顯來自其他區系，另一些物種的原始分布或許包括香港，但目前在香港出現的個體很可能來自外地輸入。雀鳥貿易及放生，使部分鳥種該分類為原生種或外來種的界線模糊。

鳥類跟人類淵源甚深，最明顯例子是籠養鳥類。目前不少在鳥類市場販賣的雀鳥仍然是野外捕捉回來的，在販賣及飼養過程當中，一部分的鳥類會被遺棄及逃脫，回到野外。此外，宗教活動的放生儀式更會大規模地把鳥類野放。儘管只有部分放生雀在野放後存活，並適應野放地的生境，這些雀鳥若能繁衍後代，就有機會建立歸化群落。

圖 6-29　大白鷺（*Ardea alba*），大型鷺鳥，黃嘴黑腳，繁殖期嘴會變成黑色。（林釗提供）

圖 6-30　小白鷺（*Egretta garzetta*），攝於南生圍。黑嘴黑腳，外型與大白鷺相似，但體型較小。（林釗提供）

圖 6-31　夜鷺（*Nycticorax nycticorax*），攝於大尾篤。中型鷺鳥，腳黃色，翅膀和腹部呈灰白二色。（林釗提供）

隨着時間，一些外來鳥種會適應香港環境及氣候，找到替代生境後繁衍後代，逐漸建立野外的種群，以下為幾個外地引入物種的例子。小葵花鳳頭鸚鵡（*Cacatua sulphurea*）於太平洋戰爭時期被駐守的英軍野放，及後亦有部分是被遺棄的寵物，野外族群就慢慢在香港島北面山坡建立起來。

二十一世紀初，家鴉（*Corvus splendens*）開始在香港出現及群聚。牠的原產地是泰國、緬甸及印度一帶，是一種適應力強又具侵略性的鴉科雀鳥，會捕食體型較少的鳥類。家鴉曾見於香港的鳥類市場，有一說法是一些船運工人把牠們帶到遠洋船上作寵物，因此在世界不同港口都有牠們的紀錄。香港是國際航運中心之一，所以最後亦到達香港。家鴉的分布集中在九龍西部（大量貨船都停泊在附近），也有繁殖族群。由於牠們的數量上升速度快，為了預防家鴉對本地生態系統造成影響，漁護署自 2004 年開始監察家鴉，避免牠在香港進一步擴散。

灰喜鵲（*Cyanopica cyanus*）的原生地是華北平原到長江流域一帶，在 1970 年代首個發現紀錄於香港動植物公園，相信是從該處逃逸出來，在往後二十年都穩定地在該處出沒，直到 1990 年代後期慢慢消失。2002 年另一群灰喜鵲在米埔出現，開始時大約只有 10 隻，及至 2016 年，已經繁殖至 80 多隻，而且有擴散到其他地區的紀錄，包括新界北部的馬草壟、塱原，以至大埔及九龍市區。

在新界中部林區出現的銀耳相思（*Leiothrix argentauris*）和藍翅希鶥（*Actinodura cyanouroptera*），本身是中國西南部的留鳥，沒有已知的遷移習性。牠們在 1980 年代末至 1990 年代初在大埔滘初次出現，其來源相信是人類所為。牠們一直居留至今，其活動範圍更擴散到鄰近的林區，如今在城門水塘及甲龍有穩定的族群。銀耳相思鳥在港島薄扶林一帶亦有族群，相信都是被人為野放的，藍翅希鶥則已擴散到西貢地區。

鳥類販賣市場乃至放生活動的運作，大多不顧及其對本地及鄰近地區自然環境的影響。一些在鄰近地區有分布、但仍未在香港有正式紀錄的鳥類，都會被運送到香港的市場。當這些鳥種在香港的野外被發現後，其出現及居留狀況難以判斷是自然現象，還是人為影響使然。

棕頸鉤嘴鶥（*Pomatorhinus ruficollis*）、紅頭穗鶥（*Cyanoderma ruficeps*）、黑眉雀鶥（*Alcippe hueti*）等鶥科鳥類是在華南廣東一帶很普遍的森林鳥種。然而，牠們在 1950 年代至 1960 年代的香港鳥類紀錄均沒有出現過，牠們之後陸續在 1970 年代及 1980 年代被發現。棕頸鉤嘴鶥的紀錄始於香港島，因此判斷牠較大機會是逸鳥，或者放生鳥。反之，紅頭穗鶥及黑眉雀鶥的紀錄則始於大埔滘，這兩種鳥難以判斷是自然擴散還是籠鳥野放。

至於較多人熟悉的噪鶥科的鳥種，如黑喉噪鶥（*Pterorhinus chinensis*）及白頰噪鶥（*Pterorhinus sannio*），牠們鳴唱悅耳，一直是籠養鳥種的熱門，牠們在香港野外出現的紀錄有更長歷史。來源最難判斷是紅耳鵯，其在香港野外地方廣泛分布，但於 1860 年代來港的博物學家並未在港紀錄過紅耳鵯。

3. 分布和習性

主要鳥類生境
鳥類移動能力強，活動範圍廣泛，一般需要較完整及範圍較大的生境。即使以下各種生境交織於香港境內，但仍然能觀察到鳥類集中於部分地區的趨勢。下文會按生境分類，介紹香港各種鳥類的主要分布區域。

濕地
香港濕地主要分布在新界西北部，包括米埔及內后海灣濕地、香港濕地公園、南生圍，以及尖鼻咀、下白泥和深灣路一帶的灘塗。自 1995 年起，《拉姆薩爾公約》把米埔及內后海灣 1500 公頃的濕地正式指定為「國際重要濕地」。此外，米埔及內后海灣濕地連同深圳河下游的濕地包括塱原及馬草壟，以及尖鼻嘴至下白泥的潮汐灘塗，亦位於國際鳥盟指定的「內后海灣深圳河集水區」重點鳥區之內。米埔自然保護區及周邊地區擁有六種濕地生境，包括基圍、淡水池塘、潮潤帶泥灘、紅樹林、蘆葦叢及魚塘，是香港最重要水鳥棲地。冬季或春、秋時節可見數以萬計的水鳥和涉禽在保護區範圍內，包括瀕危鳥種如黑臉琵鷺、小青腳鷸（*Tringa guttifer*）、勺嘴鷸（*Calidris pygmaea*）等。

開闊原野

香港有不少開闊原野，包括草地、農地及廢棄田野。主要集中分布在新界北部及大嶼山南部，包括塱原、林村、鹿頸、南涌、貝澳等，佔地 25 公頃的塱原是其中一個具代表性例子。塱原一帶屬於泛濫平原，後來種植了通菜、西洋菜的濕農田，以及紅蟲塘和荷花，形成各種不同的小生境，吸引一些喜愛淡水濕地及開闊原野的鳥類，包括鷺、秧雞、鷓鴣、家燕、伯勞、卷尾、椋鳥等。

林地

香港新界中部的成熟次生林為本港林鳥重要棲地，範圍包括大埔滘自然護理區、城門郊野公園、大帽山郊野公園、大欖郊野公園及甲龍。其中大埔滘自然護理區是構成國際鳥盟指定的「大埔滘、城門、大帽山」重點鳥區的一部分，具有很多東喜馬拉雅山系亞熱帶樹林特有的雀鳥物種，亦是南中國山脈具代表性的鳥區，吸引喜愛林地的鳥種，如擬鶲、山椒鳥、鶥鶥、鶯、山雀、太陽鳥、鶇及啄花鳥等。另外馬鞍山、西貢、大嶼山及香港島上亦具有不少成熟次生林，同為林鳥會使用的棲地。

高地

香港高地植被主要為草坡或灌叢，視野較為開闊，是觀察猛禽如鷹、鵟、鵟、隼的理想地點。另外鷓鴣（*Francolinus pintadeanus*）、大草鶯（*Graminicola striatus*）及山鷚（*Anthus sylvanus*）都較常出沒在這類生境。

海洋、沿岸和海島

部分水鳥及岩鷺常見於香港的海岸生境，另外香港東面海域的一些小島更是燕鷗每年夏季繁殖的地點。部分過境遷徙鳥會在中途稍作休息，香港離島如蒲台島和東龍洲便是其中一些牠們會停靠的補給站，遷徙的林鳥、水鳥或離岸生活的海鳥都有機會在上面遇到。

市區公園

部分鳥類已適應市區生活，市區公園更成為牠們覓食和棲息的地點。其中九龍公園是市區的大型公園，公園內有各種生境，例如草地、灌叢、人工林、水池等，普遍易見的市區鳥類如樹麻雀（見圖 6-32）、紅耳鵯、暗綠繡眼鳥、鵲鴝、八哥、黑臉噪鶥、黑領椋鳥都可在其中觀察到。

留鳥、候鳥、過境遷徙鳥

按鳥類停留在香港的時間及出沒季節，可分為留鳥、候鳥及過境遷徙鳥。

圖 6-32　樹麻雀（*Passer montanus*），攝於荃灣公園。香港市區常見鳥類之一。（林釗提供）

留鳥

在約 572 種香港出沒的野生鳥類中，接近 120 種鳥為留鳥。這些鳥種在香港全年可見，例如樹麻雀、紅耳鵯、珠頸斑鳩（*Spilopelia chinensis*）、黑臉噪鶥及黑鳶，以及較少見到的白腹海鵰、白頸鴉（*Corvus torquatus*）、鷦鶯等等。香港的留鳥遍及各種生境，在濕地、森林、市區、高地，以及離島，都能看見不同種類的留鳥。然而，部分物種雖被視作留鳥，實際上牠們同時是候鳥或過境遷徙鳥。研究人員發現部分鳥種數量具季節性變化，例如后海灣每月水鳥普查中，秋冬月份白鷺的數目較高，夏季則較低，因為一些北方繁殖的種群會南下到香港度冬。此外，池鷺、白頭鵯、暗綠繡眼鳥等的紀錄，都有季節性波動的情況。

候鳥及過境遷徙鳥

候鳥是指會隨季節變化而遷徙的鳥種。香港雖然位於熱帶地區，季節變化尚算分明，因此隨着季節轉變，來香港棲息的野生鳥類會有所不同。在亞洲大陸北方繁殖的鳥種，很多都會來到氣候溫和的華南一帶（包括香港）過冬，牠們的遷徙路線單程距離由 1000 至 6000 公里不等。亦有不少的遷徙鳥會作更長途的飛行，由亞洲最北面及北極圈出發，經過亞洲東部地區飛往東南亞以至大洋洲過冬，飛行距離達到 8000 公里以上。這些會跨越赤道的遷徙鳥會在春秋兩季到臨香港稍事休息，短暫停留後又繼續牠們的鳥界馬拉松。

按《香港鳥類名錄》統計，香港冬候鳥超過 160 種，春秋過境的遷徙鳥超過 130 種，而夏候鳥則不夠 20 種。即使已知香港位處東亞─澳大利西亞遷飛區之中，候鳥出發的地區十分多樣。來自俄羅斯遠東地區乃至日本繁殖的物種有白腹姬鶲（*Cyanoptila cyanomelana*）、極北柳鶯（*Phylloscopus borealis*）及日本歌鴝（*Larvivora akahige*），他們會在春秋途經或冬季停留於香港。一些在中國中部繁殖的鳥種，如黑鳽（*Ixobrychus flavicollis*）、灰卷尾（*Dicrurus leucophaeus*）及白眉姬鶲（*Ficedula zanthopygia*），非繁殖期都會南下到香港度冬。隨着觀鳥紀錄的累積，近年更發現來自中亞及中國西北的黑頭鵐（*Emberiza melanocephala*）及粉紅椋鳥（*Pastor roseus*），另外還有來自亞洲北部的多個地方的鷸鴴、鷗鷗、歌鴝、鶯、鶲、鶇等。

少數夏候鳥每年 4 月至 5 月來港繁殖，並在 8 月離開，包括褐翅燕鷗（*Onychoprion anaethetus*）、海南藍仙鶲（*Cyornis hainanus*）及幾種杜鵑。這些夏候鳥在香港幾乎沒有冬季紀錄，而且在東南亞地區全年可見，相信他們從香港以南地區而來。由此可見，在香港出現的候鳥來自南北兩邊。

在香港出現的候鳥廣泛分布於不同生境。較為人知的是米埔后海灣一帶的濕地，這是很多過冬及遷徙水鳥的重要棲息地，高峰期有 70 種水鳥，合共 9 萬多隻雀鳥度冬（當中包括部分留鳥）。數量較多的包括鸕鷀（*Phalacrocorax carbo*）、琵嘴鴨、鳳頭潛鴨（*Aythya fuligula*）、黑腹濱鷸（*Calidris alpina*），以及反嘴鷸等。春秋兩季的調查期間，遷徙水鳥最多的時候高達 2 萬隻，當中以彎嘴濱鷸（*Calidris ferruginea*）及紅腳鷸的數量較多。除了米埔自然保護區及后海灣泥灘外，鄰近的新界西北地區內的魚塘，都會見到他們的影蹤。后海灣水鳥的數字來自拉姆薩爾濕地生態基線監測計劃，至於其他生境的候鳥具體數目則比較缺乏，但來自各區的目擊記錄仍然反映他們的分布。

每年秋冬季在新界郊野地方，都會錄得北紅尾鴝、樹鷚（*Anthus hodgsoni*）、黑喉石䳭（*Saxicola stejnegeri*）等候鳥，黃眉柳鶯及褐柳鶯（*Phylloscopus fuscatus*）則可見於農田、郊野及公園。多種鵐見於新界北部農田，鶇及柳鶯則出沒在新界中部樹林。港九市區上空時會見到普通鵟及紅隼（*Falco tinnunculus*）飛過，至於離岸海面，則可見到稀有的扁嘴海雀（*Synthliboramphus antiquus*）或數量繁多的紅頸瓣蹼鷸（*Phalaropus lobatus*）。由此可見，候鳥廣泛分布於香港每一個角落。

4. 珍稀物種、價值與保育

珍稀物種及價值

<u>觀賞飼養價值</u>

早於 1870 年代，香港已有鳥類寵物貿易，但規模不大。在 1872 年至 1891 年間，當時全港鳥類賣家仍然少於 10 人。及後在 1920 年代至 1930 年代，售買雀鳥的店舖在中環一帶湧現，其顧客包括華人及歐洲人。部分店舖會從鄰近的廣州進口鳥類到香港販售，亦會將雀鳥出口到海外。當時亦有不少鳥類俱樂部，成員多聚集在茶館，以籠養鳥進行歌唱和格

鬥比賽。這些比賽通常具賭博成分，畫眉（*Garrulax canorus*）則是常用於比賽的鳥類物種。

1970 年代至 1980 年代，香港經濟起飛後，籠養雀鳥成為年長一輩的嗜好，以及消磨時間方法，當年傾向飼養鳴唱悅耳的鳥種，一般包括暗綠繡眼鳥、畫眉、鵲鴝等。同時，也有飼養山藍仙鶲（*Cyornis whitei*）、白班黑石鵰（*Saxicola caprata*）、紅嘴相思鳥（*Leiothrix lutea*）及小雲雀（*Alauda gulgula*）等在鳥類市場出售的雀鳥，而這些鳥種大多分布於華南及中國西南一帶，估計也是其來源地。所以，當時的逸鳥紀錄大多會涉及這些鳥種。

人為因素將影響鳥類（尤其是在華南有分布的鳥類）在本地生態的位置。舉例說，山藍仙鶲的首個紀錄是 1968 年 12 月在薄扶林錄得，地點位於市區外圍，然而山藍仙鶲一直是鳥類市場中常被販賣的鳥種，因此牠以前被視為逃逸鳥種。不過在二十一世紀的紀錄中，山藍仙鶲的紀錄都來自郊外，包括遷徙鳥的熱點，而且都在秋冬季節，加上最近鄰近地區的觀察都發現山藍仙鶲有季節性的遷移，所以山藍仙鶲最近終於得到重新確認，牠是香港的野生鳥種。

宗教放生價值

宗教放生儀式通常在不公開或半公開的情況下進行，善信藉放生動物以祈福消災，其中鳥類是常見的放生物種。在鳥類市場中，一籠籠雀鳥會標籤為放生鳥作販賣。牠們大多是數十隻擠在一個籠裏，不像寵物鳥般一籠一鳥。大量放生鳥在捕捉、籠養及運送過程中死亡，放生後存活率亦很低。放生鳥通常體色暗淡、不會鳴唱，常見種包括白腰文鳥（*Lonchura striata*）、班文鳥（*Lonchura punctulata*）、樹麻雀，以及近年流行的外來種黑頭文鳥（*Lonchura malacca*）及白頭文鳥（*Lonchura maja*）。近來在塱原出現數以十計的栗腹文鳥（*Lonchura atricapilla*）及白頭文鳥，估計都是放生後飛到塱原覓食。加上在珠江三角洲一帶亦觀察到白頭文鳥，說明這些放生鳥會到處遊蕩。

消閒文娛價值

根據《1899 年至 1912 年新界報告》（*Report on the New Territories for the Years 1899 to 1912*）的記錄，狩獵在新界不算流行，而獵禽如沙錐類、野鴨類、鵪鶉（*Coturnix japonica*）、鷸鴴等在秋冬季數目甚多。在 1930 年出版的《香港博物學家》，仍有文章詳細介紹獵禽出沒月份、地區、生境和其習性，相信當時在新界各地仍有打獵活動。常見獵禽包括扇尾沙錐（*Gallinago gallinago*）、針尾沙錐（*Gallinago stenura*）、大沙錐（*Gallinago megala*）、彩鷸（*Rostratula benghalensis*）及丘鷸（*Scolopax rusticola*）。及後由於城市發展及野生動物數量下降，港府逐步加強規管狩獵行為，香港狩獵活動隨之式微。

黃胸鵐（*Emberiza aureola*，又稱禾花雀），是其中一種為人熟悉的食用野鳥，在 1930 年代至 1980 年代廣州及香港的部分酒樓，每年秋季會以禾花雀入饌，製作時令菜式招徠食客。本港食用禾花雀主要從中國內地進口，後因為野生禾花雀數目暴跌，及市民普遍具有物種保育意識，自 2000 年後香港甚少見食肆以禾花雀入饌。

香港觀鳥會自 1957 年成立以來，一直透過出版及舉辦不同活動來推廣觀鳥。隨着數碼攝影普及，鳥況資訊流通速度加快，加上社交媒體盛行，賞鳥的風氣及習慣亦有所轉變。早期觀鳥者主要使用望遠鏡觀察鳥類外觀及行為，對照圖鑑辨認物種。由於觀鳥人數不多，以獨行或三數友好結伴同行為主。近年鳥類攝影愛好者大幅增加，其樂趣通常源自攝影多於賞鳥。每當發現罕見鳥種或親鳥育雛，近百人圍觀拍攝成為常態，以食餌誘拍亦時有發生。

珍稀物種及保育

<u>整體鳥類保育</u>

本地法規

1870 年，港府訂立《1870 年鳥類保存條例》（*Preservation of Birds Ordinance, 1870*），保護香港野生的雀鳥，獵禽如丘鷸、沙錐、野鴨、海鳥則屬除外。港府其後分別於 1885 年和 1922 年，制定《1885 年野禽和狩獵動物保存條例》（*Wild Birds and Game Preservation Ordinance, 1885*）和《1922 年野禽條例》（*Wild Birds Ordinance, 1922*），以發牌制度和禁捕期規管禽鳥的狩獵。

1976 年，港府訂立《1976 年野生動物保護條例》（*Wild Animals Protection Ordinance, 1976*），該條例列明香港所有野生雀鳥及其鳥巢、鳥蛋皆受到保護，一般的鳥類狩獵行為屬於非法。漁農處在 1979 年停發狩獵牌照，並於 1981 年 1 月 1 日取消已發牌照，從此狩獵活動在香港全面禁止。

此外，鷺鳥和燕鷗具群聚築巢習性，較容易受到干擾或傷害。由於牠們繁殖地點多數位於郊野公園或特別地區之外，故被列為具特殊科學價值地點以加強保護，包括赤洲、南丫島南部、鹽灶下鷺鳥林、三門仔鷺鳥林等。

受威脅鳥類

在 572 個野生雀鳥物種之中，其中 34 個鳥種被世界自然保護聯盟（IUCN）《瀕危物種紅色名錄》列為受威脅：5 種屬極危，7 種屬瀕危及 22 種屬易危。5 個極危物種包括青頭潛鴨（*Aythya baeri*）、白鶴（*Leucogeranus leucogeranus*）、勺嘴鷸、黃胸鵐（見圖 6-33）及小葵花鳳頭鸚鵡。除小葵花鳳頭鸚鵡外，其餘物種屬遷徙候鳥，數量因狩獵和棲息地破壞持續呈下降趨勢。7 個瀕危包括紅腰杓鷸（*Numenius madagascariensis*）、大濱鷸、小青腳鷸、東方白鸛（*Ciconia boyciana*）、黑臉琵鷺、草原鵰（*Aquila nipalensis*）及鵲色鸝（*Oriolus mellianus*），同樣因棲息地破壞而數量下降。由於這些鳥類通常廣泛分布於其遷徙路線途經的國家，唯有加強區域合作，同時保護其繁殖地、中途站及越冬地，才有機會阻止這些物種滅絕。

濕地生境管理

濕地內的環境變化亦會影響鳥類數量，生境管理能為鳥類提供更多適合其覓食和停棲的地點。工作包括清除外來植物、清除淤泥、減少流浪動物對野生雀鳥的干擾及傷害等。自從

圖 6-33　黃胸鵐（*Emberiza aureola*），俗稱禾花雀，攝於塱原。2017 年，世界自然保護聯盟（IUCN）將禾花雀的保育級別，升級為極度瀕危。（林釗提供）

1983 年米埔自然保護區成立後，水鳥數目由 2 萬、3 萬隻上升到 2008 年至 2009 年的高峰 9 萬多隻。

各種水鳥數量也有變化，例如國際瀕危的黑臉琵鷺。1980 年代，只有 40 至 50 隻黑臉琵鷺在香港度冬，現時則增加到大約有 300 至 400 隻度冬。多了黑臉琵鷺在港度冬，跟保護區能有效減少人為干擾不無關係。相反，部分鳥種錄得下降數量，例如香港最大型鳥類卷羽鵜鶘（*Pelecanus crispus*）。1980 年代曾有 60 至 70 隻卷羽鵜鶘在后海灣泥灘上過冬，其後卷羽鵜鶘的數目一直下降。直到 2010 年，更只得單隻紀錄，此後卷羽鵜鶘未有再訪后海灣濕地。生境管理雖然有助提升保護區內的生境質素，但亦難以扭轉附近大型城市發展對候鳥選擇棲地的影響。

其他鳥類生境管理
香港陸地面積只有約 1100 平方公里，人口卻有七百多萬，香港鳥類面對的生存壓力來自人類經濟活動，如與新市鎮發展、基建運輸系統有關的土地開發。香港境內的低地及平地之

中，有些生境（例如農地、開闊原野、沼澤、濕地）容易受到人為破壞或污染。此外，部分生境位於私人土地中，鑒於地權問題，保護這些生境中的野生鳥類及其生態系統，成為複雜的問題，在這些生境棲息的鳥種有下降跡象。按《香港鳥類分布地圖》的調查結果顯示，2000 年後在這類生境的鳥種分布，包括山斑鳩（*Streptopelia orientalis*）、理氏鷚（*Anthus richardi*）以及棕背伯勞（*Lanius schach*）都有大幅下降。喜鵲（*Pica serica*）原本屬常見留鳥，從 1990 年代以來的 30 年，牠們分布縮窄了 60%，與開闊草地愈來愈少有關。

香港自然環境的另一個特色，是山地較多。過去數十年的城市發展都集中在低地，山坡上的植被亦慢慢成長，由灌木叢轉變成次生林，雀鳥群落亦有所轉變。根據橫跨 20 年的調查，發現了很多林鳥的分布範圍正在增長，包括海南藍仙鶲、黑領噪鶥（*Pterorhinus pectoralis*）、赤紅山椒鳥（*Pericrocotus speciosus*）等。最驚人的例子是金頭縫葉鶯（*Phyllergates cucullatus*）。2000 年代起，金頭縫葉鶯的分布範圍增加了約 20 倍。很多山區都是郊野公園範圍，裏面的森林鳥類多樣性也有所增多。1990 年代至 2000 年代初，香港林區難以找到啄木鳥，目前黃嘴栗啄木鳥（*Blythipicus pyrrhotis*）和斑姬啄木鳥（*Picumnus innominatus*）皆可在新界中部林區經常碰到，反映保育日見成效。

雀鳥亦因應生境轉變而改變居留習性。目前各區較易見到的叉尾太陽鳥（*Aethopyga christinae*），在十九世紀末到華南一帶探險的博物學家不曾在香港記錄過。叉尾太陽鳥的首個香港紀錄是 1959 年 6 月在大埔滘，其後各區皆可見，更有繁殖紀錄。情況類似的還有栗背短腳鵯（*Hemixos castanonotus*），在 1960 年代至 1980 年代，栗背短腳鵯是冬候鳥，此後開始出現栗背短腳鵯度夏及育雛的紀錄，現在栗背短腳鵯已經成為香港林區經常見到的留鳥。小鷦鶥（*Pnoepyga pusilla*）也是另一個例子，首次紀錄是 2000 年在大埔滘，相信很多鳥友都曾在大埔滘及城門林區聽見過小鷦鶥的獨特叫聲。

香港最高的山脈都具有高地草坡生境，包括大帽山、鳳凰山、大東山、馬鞍山、八仙嶺及飛鵝山。大草鶯、山鷚及理氏鷚的繁殖種群只在這類生境出現。近年隨氣候變化，冬季溫度上升，這些草坡生境逐漸被灌叢取代。草地面積減少，導致上述三種鳥的分布亦減少，其中山鷚及理氏鷚的目擊記錄明顯下降。

針對個別類群保育

水鳥監測計劃

水鳥監測計劃始於 1980 年代的水鳥普查，其中錄得大量極具價值的鳥類數據，足以使米埔及內后海灣一帶被列為拉姆薩爾國際重要濕地。成為國際重要濕地的其中一個條件，是該地方有超過兩萬隻水鳥定期聚集，而米埔的冬季平均鳥類總數為五萬，反映其具國際重要性。1983 年，米埔自然保護區成立；1995 年，保護區再被劃定為拉姆薩爾濕地，紓緩了區內發展濕地壓力，體現香港對候鳥保育責任的承擔。

黑臉琵鷺

黑臉琵鷺（見圖 6-34）是全球瀕危物種、亦是國家二級保護動物，米埔及后海灣濕地未受保育管理之前，每年冬天只記錄到少於 30 隻。漁護署委託世界自然（香港）基金會為其制定的《黑臉琵鷺保育計劃》，自 2001 年實施，包括保護后海灣濕地、專門管理米埔保護區北面的基圍，以提供棲息和覓食生境、進行監測和生態研究、開展公眾教育，以及加強區域合作。保育成效顯著，米埔和后海灣濕地已成為其重要越冬地，數量增加至 2017 年 1 月的 375 隻，而全球數量更呈大幅上升。

燕鷗

夏天訪港的三種燕鷗，包括褐翅燕鷗（見圖 6-35）、黑枕燕鷗（*Sterna sumatrana*）、粉紅燕鷗（*Sterna dougallii*），亦面對人為干擾的問題。牠們體型細小，又沒有強壯的嘴及利爪保護，因此選擇在島上繁殖。漁護署在 2003 年至 2004 年為燕鷗設置人工巢箱，在巢箱內的燕鷗蛋的孵化率達 80%，比天然沒有庇護的 28% 高。漁護署同時亦豎立警告標語，提醒遊人不要登上燕鷗繁殖的島嶼，並會定期巡邏。但仍有登島攝影者和遊客騷擾燕鷗繁殖。

圖 6-34　黑臉琵鷺（*Platalea minor*），攝於新田。全球瀕危物種，亦是香港最受保育關注的鳥類。（林釗提供）

圖 6-35　褐翅燕鷗（*Onychoprion anaethetus*），攝於香港南面水域。本地三種繁殖燕鷗中體型最大，數目也最多。
（林釗提供）

黃胸鵐

黃胸鵐（俗稱禾花雀）曾極度普遍並廣泛分布於歐洲和亞洲。因具食用價值，長年遭到大量捕捉。過度捕殺使黃胸鵐的數目在二十世紀下半業大跌，1959 年香港錄得的黃胸鵐數目約 3000 隻，至 2000 年代最高紀錄只有 25 隻，由於種群數量跌幅驚人，黃胸鵐於 2017 年被列為極度瀕危物種。2005 年起，香港觀鳥會及長春社在上水塱原濕地展開「塱原自然保育管理計劃」，以水耕方法種植作物，為訪港的禾花雀提供額外棲地。

四、哺乳類

1. 研究及分類概況

研究概況

哺乳動物文獻上通稱為「獸類」，清嘉慶《新安縣志》（1819）中描述於新安縣出現的陸上哺乳動物共六種，包括虎（華南虎）、猴（獼猴）、黃麖（被誤認，實為「赤麂」）、地壟豬（野豬）、山豬（東亞豪豬）、獺（歐亞水獺）；另外海洋哺乳動物有三種，包括鱀魚（中華白海豚）、海豬（江豚）和海牛（儒艮），以當時分類方式，這些海洋哺乳動物被歸為「鱗」部而非「獸」部。

英佔早期的哺乳動物研究主要由外籍專家進行，香樂思於 1930 年至 1941 年出版的《香港博物學家》科學季刊，記錄了最少 12 種大型哺乳動物，其後於 1951 年出版著作《野外香港歲時記》，整理了 21 種本地非飛行性陸棲哺乳動物的名錄。1960 年，英國動物學家盧文首次編纂了本地蝙蝠名錄，記錄了 8 種蝙蝠，後於 1966 年再發現了 4 種。1967 年香港大學動物學講師米歇爾（Patricia Marshall）編撰的《香港野生哺乳動物》（*Wild Mammals of Hong Kong*），介紹了 19 種本地野生哺乳動物，並指出當中有 9 種因人類活動影響而瀕臨滅絕；1976 年蘭斯（VA Lance）於《香港動物》（*The Fauna of Hong Kong*）一書中撰寫〈香港陸棲脊椎動物〉（The Land Vertebrates of Hong Kong）部分，列出 40 種本地陸棲哺乳動物，同樣表示農業和鄉村發展對自然生境的影響，導致野生動物數量下降，包括赤狐和食蟹獴等於 1950 年代已絕跡；但一些小型哺乳動物因適應人居環境而獲益，數量反而上升。

1980 年代至 1990 年代，科學家亦對各種哺乳動物進行更專門的研究，例如獼猴、蝙蝠、松鼠等的物種分類、分布和群落數量等。海洋哺乳動物的科研亦於 1990 年代開展，當時由於在大嶼山北面興建新機場，因此漁農處委託香港大學進行中華白海豚基線調查，並於 1996 年委託海洋公園鯨豚保護基金解斐生（Thomas Jefferson）對中華白海豚進行全面的多學科深入研究；而江豚生態、擱淺情況等研究亦於同期陸續開展。

二十一世紀起，香港發表的哺乳動物研究開始使用新科技作長期野外監察記錄，包括 2001 年台灣屏東科技大學裴家麒在香港 24 個主要郊野公園及自然護理區內，利用紅外線自動攝影機錄得 25 種非飛行陸棲哺乳動物，以及 2003 年漁護署通過分析紅外線自動攝影機的調查數據，將歐亞水獺、食蟹獴和穿山甲列為「具保育價值物種」等，為野外哺乳動物的研究及調查工作提供重要支持。

分類概況

哺乳動物是恒溫脊椎動物，隸屬於哺乳綱（Mammalia）。他們是脊椎動物演化過程中最晚出現的一類，身體結構也最為複雜。其中，乳腺、聽骨鏈及由角蛋白組成的毛髮是哺乳動物最大的共同點。至 2017 年香港共記錄得 84 種哺乳動物，根據他們的棲息環境和飛行特性可以分為 3 大類，包括非飛行性陸棲哺乳類、飛行性陸棲哺乳類及海洋哺乳類。當中非飛行性陸棲哺乳類包括黃牛、野豬、赤麂、獴、水獺、穿山甲、獼猴、豪豬、松鼠等，共 6 目 14 科 36 種，飛行性陸棲哺乳類為各種蝙蝠，共 7 科 27 種，而海洋哺乳動物包括各種鯨豚以及已於香港絕跡的儒艮，共 2 目 5 科 21 種（見附錄 6-6）。

2. 分布及習性

非飛行性陸棲哺乳類

鯨偶蹄目

洞角科

本地黃牛（*Bos taurus*）及水牛（*Bubalus bubalis*）群落源自於 1970 年代時農民遺棄的耕

牛,均屬植食性日行動物。黃牛主要棲息於農地、草原、灌林或市區,屬十分常見物種;
而水牛則常見於淡水沼澤、河溪旁或沿岸地區,屬不常見物種。牠們主要分布於大嶼山、
西貢及馬鞍山、新界中部及東北部。

鹿科

赤麂(*Muntiacus vaginalis*)首記載於 1819 年,主要棲息於多斜坡的灌木草原和有刺灌林,
日夜都會活動,屬植食性動物。其分布十分廣泛,在新界、香港島及大嶼山均有紀錄,屬
十分常見物種。

豬科

野豬(*Sus scrofa*)首記載於 1819 年,可棲息於林地、草原和農田等多種生境,屬雜食性
夜行動物。其分布十分廣泛,在新界、香港島及大嶼山郊區、甚至市區均有紀錄,屬十分
常見物種。

食肉目

犬科

赤狐(*Vulpes vulpes*)首記載於 1933 年,可棲息於林地、光禿山丘,掘洞而居,屬雜食
性夜行動物。在 1930 年代時常見於新界及香港島郊區,群體最高紀錄為六隻。但在 1950
年代,其數量已經逐漸減少,於 1967 年更被描述為「非常罕見」,只有極少個體生活在新
界。在 1992 年被確認在本地絕跡。

豺(*Cuon alpinus*),身被紅色毛髮,屬肉食性日行動物。牠於 1949 年之前在新界各處群
居生活,在啟德機場舊址、九龍山、大帽山及青山有紀錄,但此後一直沒有可靠紀錄,直
至 1965 年被確認在本地絕跡。

貓科

華南虎(*Panthera tigris amoyensis*)曾常見於香港及鄰近地區,最早的紀錄是清康熙《新
安縣志》(1688),縣志記載指新安縣常有虎蹤,傷人眾多。在十九世紀,本港虎蹤依然不
絕,每逢冬季,都會有一兩隻居於外地華南虎短暫訪港,通常是雌虎,有時獨行,有時帶
着幼虎。1911 年至 1947 年間於大嶼山(1911)、上水(1915)、新界某地(1925)、
大埔鳳園(1929)、大埔泮涌(1931)、荃灣老圍(1935)、赤柱(1942)、沙田大圍
(1947)有零星出沒紀錄;其中於 1915 年,上水有老虎出沒,警察到場圍捕,事件造成三
人死亡。直至 1965 年華南虎被確認在本地絕跡。

豹(*Panthera pardus*)比華南虎更為罕見,偶爾訪港,其可靠紀錄只有兩個,分別在 1931
年(八仙嶺涌背村)及 1957 年(沙田和沙頭角)。直至 1965 年被確認在本地絕跡。

豹貓(*Prionailurus bengalensis*)(見圖 6-36)首記載於 1940 年,可棲息於林地、灌木叢、

圖 6-36　豹貓（*Prionailurus bengalensis*），頭小眼大，體型如家貓的小型獵豹，又名山狸、石虎、銅錢貓。（香港特別行政區政府漁農自然護理署提供）

植林區及濕地，屬肉食性夜行動物。其分布甚廣，除了大嶼山外，新界及香港島都有其蹤跡，屬不常見物種。

獴科

食蟹獴（*Herpestes urva*）（見圖 6-37）首記載於 1951 年，喜愛棲息於溪澗附近的林地，屬雜食性日行動物。在 1950 年代，牠在香港島及新界均有紀錄，但十分罕見。在 1965 年，牠曾被認為在本地絕跡，但在 1990 年初，其本地族群被確認仍然存在，主要分布於米埔及尖鼻嘴一帶，在石岡、屯門及大美督亦有紀錄。其分布狹窄，只在新界東北部有紀錄，屬稀有物種。

紅頰獴（*Herpestes javanicus*）在 1990 年於米埔被首次發現，可棲息於多種生境如濕地、空曠平原等，屬肉食性日行動物。其分布頗為廣泛，除了主要分布在米埔及后海灣內灣一帶，亦常見於新界部分地區，屬不常見物種。

鼬科

鼬獾（*Melogale moschata*）首記載於 1951 年，主要棲息於林地及草原，掘洞而居，屬肉食性夜行動物。其分布十分廣泛，在香港島、新界及大嶼山均有紀錄，屬不常見物種。

圖 6-37　食蟹獴（*Herpestes urva*），又名山獺、水獺，尾巴底部有一對香腺，可射出惡臭液體作自衛。（香港特別行政區政府漁農自然護理署提供）

黃腹鼬（*Mustela kathiah*）在 2001 年於八仙嶺郊野公園被首次發現，喜愛棲息於密林，屬肉食性日行動物。其分布狹窄，主要集中在新界東北的郊區及零星分布於新界中部及馬鞍山郊野公園，屬稀有物種。

歐亞水獺（*Lutra lutra*）（見圖 6-38）首記載於 1819 年，主要棲息於毗鄰水域的陸地或紅樹林，屬半水棲的肉食性夜行動物。在 1945 年至 1951 年，歐亞水獺的分布甚廣，在香港島、新界及大嶼山均有紀錄，主要在后海灣地區出沒，但並不常見。在 1981 年，牠在新界西部沿海地區仍有紀錄，但已經變得非常稀少。1992 後其數量仍然非常稀少，並只棲息在米埔內后海灣拉姆薩爾濕地及新界北部漁塘一帶，屬稀有物種。

靈貓科

小靈貓（*Viverricula indica*）首記載於 1934 年，主要棲息於空曠的林地，習慣於地面活動及覓食，甚少上樹，屬雜食性夜行動物。在 1981 年，牠曾存活於香港島、大嶼山及新界許多地區。在 2002 年後已絕跡大嶼山，但廣泛分布香港島及新界，屬十分常見物種。

果子狸（*Paguma larvata*）首記載於 1934 年，主要棲息於樹木茂密的林地，能在樹上或地上活動及覓食，屬半樹棲的植食性夜行動物。在 1967 年，牠曾廣泛分布於新界，但在香港

圖 6-38　歐亞水獺（*Lutra lutra*），半水棲，手指有蹼，善於游泳。（香港特別行政區政府漁農自然護理署提供）

島及大嶼山則甚為罕見。在 2002 年後已絕跡大嶼山，但廣泛分布於香港島及新界，屬常見物種。

五間狸（*Viverra zibetha*）首記載於 1934 年，主要棲息於茂密的林地及灌木叢，習慣於地面活動及覓食，甚少上樹，屬雜食性夜行動物。在 1959 年至 1967 年，只有數量極少的種群仍存活在新界。在 1976 年被確認在本地絕跡。

鱗甲目
穿山甲科
穿山甲（*Manis pentadactyla*）（見圖 6-39）身披鱗甲、無牙齒，屬肉食性夜行動物，主要以白蟻及螞蟻為食，挖洞而居，主要棲息於林地及其周邊的灌木叢。其分布廣泛，於新界、香港島及大嶼山均有紀錄，但數量稀少，屬稀有物種。

靈長目
猴科
獼猴（*Macaca mulatta*）首記載於 1819 年，為原生物種，可棲息於多種生境，如林地、草原或市郊邊緣，屬半樹棲的雜食性日行動物。在 1947 年，於大潭水塘、大平山頂及深水灣仍能發現原生獼猴的蹤跡。在 2001 年，這些原生獼猴已在香港島中絕跡。

圖 6-39　穿山甲（*Manis pentadactyla*），全身披滿鱗甲，食蟻專家，受驚時會捲成球狀。（香港特別行政區政府漁農自然護理署提供）

於 1910 年代初，一群不多於 10 隻的獼猴被外來引入至九龍水塘一帶，其後逐漸建立起族群。在 1950 年代，另有 5 隻長尾獼猴（*Macaca fascicularis*）被放生在九龍水塘區，並在 1966 年確認其繁殖紀錄。在 1983 年，更發現這兩種獼猴的雜交種。在 2007 年，純種的長尾獼猴已少於 5 隻。在 2017 年，野生猴子總數約為 1650 隻，由獼猴、長尾獼猴及他們的雜交種構成，主要分布於金山、獅子山及城門郊野公園，屬常見物種。

齧齒目
豪豬科
東亞豪豬（*Hystrix brachyura*）首記載於 1819 年，主要棲息於林地、灌木叢、草原及農地，群居活動，屬植食性夜行動物。其分布十分廣泛，除大嶼山外，在新界及香港島均有紀錄，屬十分常見物種。

鼠科
本港曾記錄得 10 種鼠科物種，均屬雜食性夜行動物。屋頂鼠（*Rattus rattus*）、小家鼠（*Mus musculus*）和褐家鼠（*Rattus norvegicus*）均是主要與人共棲的外來引入物種，而且只在市區或市郊邊緣出沒。針毛鼠（*Niviventer fulvescens*）及印支林鼠（*Rattus andamanensis*）主要棲息在郊區，甚少進入市區。板齒鼠（*Bandicota indica*）、黃毛鼠（*Rattus losea*）和田鼷鼠（*Mus caroli*）則主要在農郊及濕地出沒。黃胸鼠（*Rattus*

tanezumi）的適應力極強，能棲息在多種生境，包括農地、灌林、濕地及市區。而北社鼠（*Niviventer confucianus*）則是在 2013 年才被首次記錄，其本地分布仍有待研究。

松鼠科

赤腹松鼠（*Callosciurus erythraeus*）屬植食性日行動物，來自 1960 年代末被放生或逃脫的寵物，在 1976 年已在香港島建立起族群。在 1981 年，在新界也發現其蹤跡。在 1994 年，本地的赤腹松鼠被確認分為兩個亞種，分別是在香港島棲息的泰國亞種（*C. erythraeus thai*）及在新界棲息的安徽亞種（*C. erythraeus styani*）。其分布頗為廣泛，在新界及香港島很多地方都有紀錄，屬常見物種。

真盲缺目

鼩鼱科

臭鼩（*Suncus murinus*）及灰麝鼩（*Crocidura attenuata*）分別在 1951 年及 1963 年被首次記錄。牠們的分布頗為廣泛，能適應多種生境，如林地、草原及農地等。灰麝鼩為肉食性夜行動物，主要在郊區棲息，屬不常見物種，而臭鼩則為雜食性夜行動物，除了野外環境，也可在鄉郊地區與人類共棲，屬常見物種。

飛行性陸棲哺乳類 —— 蝙蝠

香港的蝙蝠均屬夜行動物，除狐蝠科物種為植食性外，其餘均屬肉食性動物。

穴棲性蝙蝠

狐蝠科

棕果蝠（*Rousettus leschenaultii*）在 1876 年被首次發現，是本地體型最大的果蝠。牠主要居於空氣流通的山洞內，如輸水隧道、廢棄礦洞及海蝕洞。其分布頗為廣泛，屬常見物種。本地群落大小不一，可由數隻至數千隻組成。

蹄蝠科

大蹄蝠（*Hipposideros armiger*）及小蹄蝠（*Hipposideros gentilis*）分別在 1956 年及 1953 年被首次發現。牠們主要棲息於引水道及廢棄礦洞內。其分布十分廣泛，屬十分常見物種。牠們群落大小不一，可由數隻到千餘隻組成。在濕季，部分大蹄蝠會遷移到較小型的居所棲息，如廢棄建築物或橋底。

菊頭蝠科

中華菊頭蝠（*Rhinolophus sinicus*）、中菊頭蝠（*Rhinolophus affinis*）和小菊頭蝠（*Rhinolophus pusillus*）均在 1964 年被首次發現。牠們的分布均十分廣泛，主要棲息於引水道及廢棄礦洞，群落大小不一。中華菊頭蝠屬十分常見物種，群落可由數隻到千餘隻組成；中菊頭蝠屬不常見物種，群落則由數隻至近百隻組成，有時會與中華菊頭蝠共棲；而小菊頭蝠亦屬不常見物種，多數獨棲，群落由數隻至數十隻組成。

長翼蝠科

長翼蝠（*Miniopterus fuliginosus*）及南長翼蝠（*Miniopterus pusillus*）在 1964 年於大嶼山銀礦洞被首次發現，而大長翼蝠（*Miniopterus magnater*）則在 1990 年於香港島及蓮麻坑礦洞被首次記錄。三種長翼蝠主要棲息於引水道及廢棄礦洞，群落由數隻到數百隻組成。大長翼蝠及南長翼蝠的分布十分廣泛，在蓮麻坑礦洞曾錄得由逾千隻大長翼蝠及 500 多隻南長翼蝠組成的越冬群落。長翼蝠則較不常見，其分布仍有待研究。

蝙蝠科

大足鼠耳蝠（*Myotis pilosus*）（見圖 6-40）、中華鼠耳蝠（*Myotis chinensis*）、毛腿鼠耳蝠（*Myotis fimbriatus*）及霍氏鼠耳蝠（*Myotis horsfieldii*）（見圖 6-41）均在 1964 年於大嶼山被首次發現，而水鼠耳蝠（*Myotis daubentonii*）則在 1989 年於大欖涌被首次發現。大足鼠耳蝠和中華鼠耳蝠主要棲息於引水道及廢棄礦洞內，分布頗為廣泛，屬不常見物種。大足鼠耳蝠群落大小不一，最大型的群落曾記錄得 1000 多隻個體；中華鼠耳蝠群落最多曾記錄得 120 多隻個體。霍氏鼠耳蝠偏好水源充足的林地生境，通常棲息於引水道的縫隙或狹窄的疏水孔內。牠曾於大嶼山銀礦洞、石崗、洞梓、南涌及米埔有紀錄，屬稀有物種。毛腿鼠耳蝠及水鼠耳蝠各只有一個紀錄，屬資料不詳的物種。

圖 6-40　大足鼠耳蝠（*Myotis pilosus*），中型捕魚蝙蝠，足部特大，長有彎曲長爪。（香港特別行政區政府漁農自然護理署提供）

圖 6-41　霍氏鼠耳蝠（*Myotis horsfieldii*），稀有的小型棲性鼠耳蝠。（香港特別行政區政府漁農自然護理署提供）

非穴棲性蝙蝠

狐蝠科

短吻果蝠（*Cynopterus sphinx*）在 1955 年被首次發現，可適應林地、低地、山嶺及市區多種生境。雄性會利用蒲葵或大絲葵的樹葉改建成帳篷狀的巢，招待雌蝠同住，但偶爾也會棲息在建築物內。其分布十分廣泛，屬十分常見物種。

蝙蝠科

東亞家蝠（*Pipistrellus abramus*）及灰伏翼（*Hypsugo pulveratus*）均在 1955 年被首次發現，可適應郊區及市區大部分生境，多棲息於建築物的縫隙內。牠們的分布均十分廣泛，屬十分常見物種。

中華山蝠（*Nyctalus plancyi*）及小伏翼（*Pipistrellus tenuis*）分別在 1870 年和 2005 年被首次發現，可適應郊區及市區大部分生境，能棲息於建築物或樹木的縫隙內。牠們的分布均頗為廣泛，屬常見物種。

尚未確認的伏翼蝠（*Pipistrellus* sp.1）（見圖 6-42）在 2005 年於烏蛟騰被首次發現，只於船灣郊野公園及附近有紀錄，屬稀有物種。

圖 6-42　尚未確認的伏翼蝠（*Pipistrellus* sp.1），2005 年首次在香港發現，前臂長達 38 厘米。（香港特別行政區政府漁農自然護理署提供）

中黃蝠（*Scotophilus kuhlii*）在 1968 年被首次發現，可適應郊區及市區大部分生境，一般棲息於建築物的縫隙中。其分布頗為廣泛，屬不常見物種。

扁顱蝠（*Tylonycteris fulvida*）及褐扁顱蝠（*Tylonycteris tonkinensis*）（見圖 6-43）分別在 1996 年及 2005 年被首次發現，均棲息於竹樹的竹節空腔中。扁顱蝠的分布十分廣泛，可適應郊區及市區大部分生境，屬十分常見物種。而褐扁顱蝠只於船灣郊野公園及附近有紀錄，屬稀有物種。

大棕蝠（*Eptesicus pachyomus*）（見圖 6-44）只有一個在 2014 年於灣仔的紀錄，屬大型棕蝠，可適應郊區及市區大部分生境。其分布及自然度仍有待研究。

喜山鼠耳蝠（*Myotis muricola*）在 2005 年被首次發現，偏好長滿樹木的地區，可棲息於洞穴的縫隙及香蕉樹的卷葉中。牠曾於南涌、河背及礦頭有紀錄，但其分布仍有待研究，屬稀有物種。

過境性蝙蝠

皺唇犬吻蝠（*Chaerephon plicatus*）在 1957 年被首次發現，習慣於洞穴大群密集地棲息。雖然其本地分布頗為廣泛，在新界、香港島及大嶼山都有入屋紀錄，但並沒有其棲息地紀

圖 6-43　褐扁顱蝠（*Tylonycteris tonkinensis*），2005 年首次發現的竹棲性蝙蝠，眼睛細小，尾長而完全被股間膜包裹。（香港特別行政區政府漁農自然護理署提供）

圖 6-44　大棕蝠（*Eptesicus pachyomus*）長臂可長達 51 厘米。2014 年在灣仔香港愛護動物協會總部辦公大樓被發現，是香港錄得的第 27 種蝙蝠，亦是截至 2017 年最後一種發現的蝙蝠。（香港特別行政區政府漁農自然護理署提供）

錄，牠可能是過境覓食或迷途的物種。

黑鬚墓蝠（*Taphozous melanopogon*）只有一個在 1993 年於鰂魚涌的紀錄，可棲息於洞穴、石縫及建築物。本地並沒有其棲息地紀錄，牠可能是過境覓食或迷途的物種。

海洋哺乳類

香港水域共記錄過 21 種海洋哺乳動物，包括 20 種鯨下目及早已絕跡的儒艮（*Dugong dugon*）。鯨下目中大多是偶爾來訪物種，只有中華白海豚（*Sousa chinensis*）（見圖 6-45）和江豚（*Neophocaena phocaenoides*）經常在香港水域出現。

中華白海豚在 1637 年於珠江口發現被首次記錄，遍布於印度洋和西太平洋的近岸水域，在中國南部沿海地區大約有 6 至 8 個已知的族群，而香港水域的中華白海豚則屬於其中一個位於珠江口一帶的族群。牠主要分布在大嶼山西部水域，在后海灣和南大嶼山附近的水域亦有少量分布。根據香港大學研究，2010 年至 2014 年累計有超過 368 條中華白海豚曾使用香港西部水域作為棲息地。由於棲息地的減少和其他人類活動影響，香港水域的平均中華白海豚估算數量由 2003 年 188 條減少至 2017 年 47 條。

江豚遍布於印度洋和西太平洋北部附近的淺海沿岸水域，通常在香港南部和東部水域出沒。其數量及分布具有季節性，旱季時集中於南大嶼山和南丫島水域；而雨季時則多在蒲台島和果洲群島附近的東部水域。據研究估計香港水域最少有 217 條江豚，但由於相關研究較缺乏，實際數目應該更多。

圖 6-45　中華白海豚（*Sousa chinensis*），幼體灰色，成體粉紅色，又名印度太平洋駝背豚，以其背鰭下方微微隆起背部而得名。（香港大學太古海洋科學研究所鯨豚生態研究小組陳釗賢拍攝，世界自然（香港）基金會提供）

除了長居於香港水域的中華白海豚和江豚以外，香港歷來亦有其他鯨豚於香港水域出現或擱淺的記錄，當中包括鬚鯨科（Balaenopteridae）的布氏鯨（*Balaenoptera edeni*）、角島鯨（*Balaenoptera omurai*）、座頭鯨（*Megaptera novaeangliae*）、抹香鯨科（Physeteridae）的抹香鯨（*Physeter macrocephalus*）；海豚科（Delphinidae）的真海豚（*Delphinus delphis*）、短肢領航鯨（*Globicephala macrorhynchus*）、花紋海豚（*Grampus griseus*）、弗氏海豚（*Lagenodelphis hosei*）、偽虎鯨（*Pseudorca crassidens*）、熱帶斑海豚（*Stenella attenuata*）、條紋海豚（*Stenella coeruleoalba*）、飛旋海豚（*Stenella longirostris*）、糙齒海豚（*Steno bredanensis*）、印度太平洋瓶鼻海豚（*Tursiops aduncus*）、瓶鼻海豚（*Tursiops truncates*）；小抹香鯨科（Kogiidae）的小抹香鯨（*Kogia breviceps*）、侏儒抹香鯨（*Kogia sima*），以及鼠海豚科（Phocoenidae）的窄脊江豚（*Neophocaena asiaeorientalis*）。

1955 年 4 月 12 日，一條長約 27 呎、不足兩個月大的雄性鬚鯨科物種的幼體在上環明生碼頭被發現擱淺，造成海上安全問題，警察與漁民合力捕殺，並送往香港仔由香港漁業研究組進行化驗，為香港最為罕見的鯨魚出沒紀錄（該鯨後被稱為「香港鯨」，研究者曾長期認為是長鬚鯨 *Balaenoptera physalus*）。1990 年，位於鶴咀的港大太古海洋實驗室成立，該鯨遺體被製作為鯨骨標本公開展示。1960 年代至 1980 年代，《香港年報》所記載主要鯨魚本地出沒紀錄，包括 1963 年西貢白沙灣的小抹香鯨 、1978 年荔枝窩的小鰮鯨（*Balaenoptera acutorostrata*，又稱明克鯨）和 1986 年大潭灣的小抹香鯨等。另外，據《新安縣志》記載，香港附近水域曾有儒艮出沒，但其後沒有其他文獻的正式紀錄。

3. 珍稀物種、價值與保育

香港據估計於 3000 多年前曾長滿熱帶闊葉林，哺乳動物種類繁多，但由於農業及城市發展等活動，導致自然環境發生巨大改變，野生哺乳動物的生存空間被壓縮，加上十九至二十世紀各種捕獵行為，包括白人社會以狩獵作為社交活動、華人打獵赤麂等動物作食用用途，捕殺老虎、豹等猛獸以保護人身安全，以及捕捉被指具中藥價值的穿山甲等動物，致多個哺乳動物物種已於香港絕跡，或成為珍稀物種。華南虎、豹、豺等於二十世紀中期已再有沒紀錄，穿山甲、黃腹鼬、歐亞水獺數量稀少，食蟹獴亦一度被認為已絕跡，後期才再次被發現。

據科學家研究，哺乳動物對生態系統有重要的價值，例如食蟲性蝙蝠可控制夜行昆蟲群落的數量，當中包括害蟲如蚊蠅、甲蟲和飛蛾以減少蟲害；果蝠亦為本港農作物傳播花粉，以及作為最少三種榕屬植物的主要種子傳播媒介。多種小型及大型哺乳動物亦透過將收集到的種子埋在泥土裏或枯葉層下，或吞食果實後排出種子等，為多種植物傳播種子。另外，哺乳動物亦具有文化價值，例如虎為十二生肖之一，亦為中國傳統文化的重要象徵。1997年香港回歸祖國，中華白海豚成為回歸吉祥物。以上均顯示哺乳動物從生態價值和文化意義等佔重要地位。

為保護野生哺乳動物，政府推行多項保護措施，1885 年頒布《1885 年野禽和狩獵動物保存條例》，引入狩獵發牌制度；1914 年將多種哺乳動物納入休捕措施，2 月初至 10 月中禁止狩獵；其後相關規管愈加嚴格，1979 年漁農處停發狩獵牌照，1981 年起取消已發牌照，從此狩獵活動在香港全面禁止。

由於數量較稀少或只有極為局限的分布，漁護署將 8 種陸棲哺乳動物列為具特別保育價值的物種，當中包括霍氏鼠耳蝠、喜山鼠耳蝠、褐扁顱蝠、灰伏翼及尚未確認的伏翼蝠 5 種蝙蝠，以及食蟹獴、穿山甲及歐亞水獺 3 種大型哺乳動物；而 2 種常住於香港的海洋哺乳動物中華白海豚和江豚均為全球易危物種。根據 1976 年訂立及隨後修訂的《野生動物保護條例》，所有在香港的指定野生動物（包括所有蝙蝠、靈長屬動物、穿山甲、箭豬、松鼠、獴屬動物、水獺、鼬獾、豹貓、鯨屬動物）均受保護，不許狩獵、管有、售賣和輸出。香港設立的 24 個郊野公園和 22 個特別地區亦有效保護哺乳動物的重要棲息地，例如礦洞、輸水隧道和洞穴是絕大部分蝙蝠白天的棲所與育幼場，甚至是一些物種的冬眠之地，不少已在郊野公園範圍受到保護。

除政府以外，多個非政府組織亦以多種方式開展哺乳動物保育工作，例如物種調查、棲息地管理、保育計劃倡議、公眾宣傳教育等。嘉道理農場暨植物園於 1994 年成立野生動物拯救中心，接收受傷及患病的哺乳動物進行檢查、治療，並於合適情況下進行放歸前護理，提高野放後的存活率。

香港哺乳動物的保育工作中，中華白海豚保育具有多方合作的代表性。全球易危的中華白海豚是國家一級保護動物，亦載列於《瀕危野生動植物種國際貿易公約》附錄 I，受到本港《2006 年保護瀕危動植物物種條例》（Protection of Endangered Species of Animals and Plants Ordinance, 2006）和《野生動物保護條例》保護。由於 1990 年代初的赤鱲角新機場和相關工程，填海範圍正是牠們出沒的水域，香港社會才開始關注這種海洋哺乳動物，1993 年漁農處委託香港大學太古海洋科學研究所對香港水域的中華白海豚進行基線研究；1996 年再委託海洋公園鯨豚保護基金聘請專家進行跨學科研究，收集更深入資料，以確定在香港的狀況，並制定香港中華白海豚護理計劃。香港鯨豚保育學會（今香港海豚保育學會）、海洋公園保育基金、世界自然（香港）基金會等環保組織均持續關注中華白海豚的數量變化、棲息海域狀況等，並透過研究工作、舉辦論壇、推動跨境合作、政策倡議及宣傳教育等方式，推動政府及社會各持份者共同保育中華白海豚。政府亦按保育建議，分別於 1996 年和 2016 年設立沙洲及龍鼓洲海岸公園及大小磨刀海岸公園，並於 2010 年代籌劃大嶼山西南海岸公園、南大嶼海岸公園。

根據《生物多樣性策略及行動計劃》所述，除了中華白海豚為現有行動計劃加以保護的哺乳動物物種，進行管理、研究和跨境合作等保育工作，漁護署已識別穿山甲為優先保育類別之一，為其制定物種行動計劃，亦會進行物種評估以識別更多需優先保育的物種，透過保育行動計劃或其他保育措施加以保護。

第三節　無脊椎類動物

一、昆蟲

1. 研究概況

古代方志對本地昆蟲只有零星的紀錄。清康熙《新安縣志》（1688）「羸類」條目中，曾列出多個昆蟲名目，包括青蜓、螽斯、螟蛉等。清嘉慶《新安縣志》（1819）「蟲」條目中，只列出一種蜂類「石蜜」，附有簡單的型態、習性及相關經濟活動介紹。香港昆蟲的主要研究活動於二十世紀初開展。

1930 年代，港府聘請積臣（Robert Best Jackson）為瘧疾學家，在港任職期間，他發表有關蚊子物種論文，開啟香港對昆蟲系統性的研究。1967 年，漁農處昆蟲主任蘇培業出版《香港重要農業昆蟲初步名錄》（A Preliminary List of the Insects of Agricultural Importance in Hong Kong），系統地記錄昆蟲和寄主的關係。

1978 年至 1982 年，許狄思（Dennis Stanley Hill）等人先後出版了數冊有關香港昆蟲的書籍，並發表了數百種香港昆蟲的資料和圖片。1982 年，昆蟲學家李熙瑜和溫禮賢出版《香港農作昆蟲名錄》，對蚜蟲、飄蟲、天牛和螞蟻等昆蟲進行研究鑒定和記錄。及後，許多本地和海外的昆蟲學家根據他們對香港多種昆蟲，包括飛蛾、蝴蝶、竹節蟲、木蝨、粉蝨、隱翅蟲、甲蟲、蜻蜓、螞蟻、蜜蜂、黃蜂及白蟻等的研究成果，發表了許多學術論文。

1999 年，香港鱗翅目學會成立；2008 年，香港昆蟲學會成立，上述兩個學會先後出版了香港地區螢火蟲、甲蟲、螳螂等普及讀物。2014 年，香港昆蟲學會成員饒戈等人出版《香港昆蟲圖典》，記敘 1985 個物種和刊載 2000 多張圖片。2010 年代，李熙瑜出版昆蟲科普讀物《尋蟲記》系列書籍，而劉紹基開展編著《香港昆蟲名錄》，整合前人出版的昆蟲名錄、中國昆蟲資料，以及各學者在科學雜誌的文章，是目前最全面和具有系統性的的昆蟲名錄。

2. 分類概況

香港約有 9436 種昆蟲，可分為 24 目、488 科（見附錄 6-7）。當中鱗翅目（Lepidoptera）數目最多，共紀錄有 71 科、2952 種，以裳蛾科（Erebidae）物種最為豐富，共有 593 種。其次為鞘翅目（Coleoptera）、半翅目（Hemiptera）和膜翅目（Hymenoptera），皆有 1000 個物種以上；其中鞘翅目共紀錄有 77 科、2242 種，以隱翅蟲科（Staphylinidae）物種最為豐富，共有 421 種。半翅目共紀錄有 91 科、1433 種，當中以蚜科（Aphididae）

物種最為豐富，共有 138 種。膜翅目共紀錄有 56 科、1068 種，以蟻科（Formicidae）物種最為豐富，共有 308 種。

其他有 50 個物種以上的目如下：雙翅目（Diptera）共紀錄有 64 科、867 種，以蚊科（Culicidae）物種佔最多，共有 93 種。直翅目（Orthoptera）共紀錄有 14 科、231 種，以劍角蝗科（Acrididae）物種最為豐富，共有 62 種。蜻蜓目（Odonata）共紀錄有 16 科、130 種，以蜻科（Libellulidae）的物種數目佔最多，共有 45 種。蜚蠊目（Blattodea）共紀錄有 9 科、103 種，以碩蠊科（Blaberidae）昆蟲物種最為豐富，共有 21 種。纓翅目（Thysanoptera）共紀錄有 3 科、95 種，以薊馬科（Thripidae）物種最為豐富，共有 56 種。嚙蟲目（Psocoptera）共紀錄有 19 科、73 種，以嚙科（Psocidae）物種最為豐富，共有 28 種。毛翅目（Trichoptera）共紀錄有 20 科、55 種，以紋石蛾科（Hydropsychidae）及小石蛾科（Hydroptilidae）的物種數目佔最多，各有 11 種。蜉蝣目（Ephemeroptera）共紀錄有 9 科、50 種，以四節蜉科（Baetidae）的物種數最豐富，共有 24 種。

物種數目不足 50 種的目如下：革翅目（Dermaptera）共紀錄有 8 科、33 種蠼螋（Labiduridae）。脈翅目（Neuroptera）共紀錄有 6 科、31 種，以草蛉科（Chrysopidae）的物種數目最豐富，共有 12 種。螳螂目（Mantodea）共紀錄有 6 科、28 種，以螳科（Mantidae）物種最為豐富，共有 12 種。䗛目（Phasmida）共紀錄有 5 科、20 種，當中以長角棒䗛科（Lonchodidae）物種最為豐富，共有 11 種。廣翅目（Megaloptera）共紀錄有 2 科、11 種，以齒蛉科或魚蛉科的物種數目佔最多，共有 10 種，一般被人稱作魚蛉。襀翅目（Plecoptera）共紀錄有 4 科、10 種，當中以石蠅科的物種數目佔最多，共有 6 種。蚤目（Siphonaptera）共紀錄有 3 科、7 種，當中以蚤科（Pulicidae）物種佔最多，共有 5 種。捻翅目（Strepsiptera）共紀錄有 2 科、3 種。紡足目（Embioptera）、衣魚目（Zygentoma）、長翅目（Mecoptera）及石蛃目（Archaeognatha）各有 1 科。

香港昆蟲擁有豐富的多樣性，但只有少數類群有較詳盡的分類和記錄，包括蜻蜓、蝴蝶、飛蛾和部分黃蜂，而雙翅目、半翅目、直翅目、螳螂目、廣翅目等目則較缺乏研究。

3. 分布與習性

整體而言，香港昆蟲的分布受到各種因素影響，如氣候、人類活動和棲息地類型。昆蟲數量一般在 5 月最多，冬季最少，數量下降實際時間取決於秋季溫度及降雨量。部分物種在市區更常見，而另一些則較常於農村或自然保護區發現。由於大部分昆蟲有飛行習性，地形和水體對飛行昆蟲難以形成天然屏障。其次，為數不少的昆蟲為植食性，當一種植物被引入一個新地區時，通常會有一系列種屬的昆蟲跟隨，反之昆蟲亦會隨着某種樹木消失而絕跡。雖然難以籠統地描述昆蟲的分布，但可根據棲息地生境和習性進行概括的分類。根據生態棲息地，描述主要昆蟲類型如下。

土壤昆蟲：土壤昆蟲可以是肉食性、植食性、食腐性或微生物攝食者。許多昆蟲在未成熟階段存在於土壤中，例如，一些甲蟲幼蟲可在地下度過長達一年。但有些昆蟲如鱗翅目，僅使用土壤作為化蛹的媒介。

草地昆蟲：草地昆蟲基本僅限於喜歡禾本科作寄主植物的物種，有些是幼蟲生活在草原土壤中物種。在香港發現的草地昆蟲多為短角蚱蜢、葉蟬（Cicadellidae）、盾蝽（Scutelleridae）、蛾類的幼蟲和弄蝶，其中有些在未成熟階段存在於土壤中。

灌木叢昆蟲：灌木叢是草原和林地之間的過渡植物群，一般擁有較多蜜源昆蟲，吸引鱗翅目、膜翅目及雙翅目等傳粉昆蟲。

林地昆蟲：在香港除了部分人工種植地區外，天然林地大多較小和稀疏，大埔滘自然保護區比較例外，但林區內也沒有一種樹木佔主導地位。林地昆蟲是與樹木種屬相關，包括食用某種樹的葉、花和果實，也有許多昆蟲專門以禾本科和森林竹子為食。1990 年代以後，香港林地面積逐漸恢復，當中以大埔滘自然保護區較為成熟，亦是本地觀察林地昆蟲熱點之一。

淡水昆蟲：香港淡水昆蟲包含十二個大類，分別是：蜉蝣目、蜻蛉目、襀翅目、鞘翅目、半翅目、鱗翅目、廣翅目、毛翅目、雙翅目、直翅目、脈翅目和膜翅目。不同種類的淡水昆蟲皆演化出迥異的生存策略，以適應多變的淡水環境。大部分物種屬於底棲，但同時亦有小部分在水中和水表活動，例如半翅目的仰蝽和水黽。

海洋昆蟲：鹹淡水區、紅樹林可吸引昆蟲，如后海灣等水域。

城市昆蟲：包括以人類及其寵物為寄主或宿主，以及進食人類的生活垃圾、食物殘渣等為生的昆蟲類別。

農業昆蟲：本地昔日有蠶蟲養飼，目前人工飼養的昆蟲類包括蜜蜂和黑水虻（*Hermetia illucens*），後者用於把廚餘轉化為有價值的動物飼料。

共生昆蟲：該類昆蟲與其他生物有共生的關係。

石蛃目
屬小至中型昆蟲。有呈絲狀的長觸角，胸部較粗，背側隆起，腹部漸幼，腹部末端有三根尾絲而中尾絲明顯長於兩側的一對側尾絲，體表常密披鱗片，無翅（見圖 6-46）。

衣魚目
屬小至中型昆蟲，家居常見。觸角呈長絲狀，頭部複眼互不相連，背腹扁平而不隆起，腹部有成對的刺突，末端有三根長度相若的尾絲，體表披鱗片，無翅。

圖 6-46　石蛾目比氏跳蛾（*Pedetontus bianchii*）。石蛾成蟲缺翅，體表密披鱗片。（沈鼎榮提供）

蜻蜓目

蜻蜓目屬於不完全變態昆蟲，稚蟲和成蟲皆為肉食性，棲息於各類淡水環境。

絕大部分蜻蜓目稚蟲生活在水體之中，具有一個可延長、摺疊的下唇，通常摺疊在頭部之下，能快速伸出捕捉獵物。蜻蜓目成蟲頭部、胸部和腹部分節明顯。比起其他昆蟲有較大的複眼、較短小的觸角、腹部更為細長和擁有狹長的翅膀。

蜻蜓屬於差翅亞目（Anisoptera），物種體型較大而粗壯，停棲時翅膀於身體兩旁展開，後翅略大於前翅。頭部正面近圓形或橢圓形，複眼距離較近，大多數物種的複眼在頭頂交匯。豆娘屬於束翅亞目（Zygoptera），物種體型較小而纖細，大部分豆娘停棲時合起翅膀，豎立於胸部背面，前翅和後翅形狀基本相同。頭部正面呈啞鈴形，複眼相距較大（見圖 6-47）。

部分蜻蜓目物種只會出現在指定的水生生境，例如所有扁螆（Platystictidae）和溪螆（Euphaeidae）就只會出現在河溪或滲流地一帶。某些蜻蜓更只會在特定微生境中繁衍，例如克氏頭蜓（*Cephalaeschna klotsae*）的稚蟲只會在瀑布附近有流水或滲流的石壁或苔蘚上找到。此外，雖然蜻蜓成蟲有着高超的飛行能力，但部分物種對自己的出生地有着很高忠誠度（breeding-site fidelity），致使牠們有着非常狹窄的分布，譬如克氏小葉春蜓（*Gomphidia kelloggi*）便只在沙羅洞和鶴藪一帶棲息（見圖 6-48）。

圖 6-47 蜻蜓目大溪螁（*Philoganga vetusta*）。豆娘體型一般較蜻蜓小而纖細，但同樣是自然界中優秀的捕食者。
（沈鼎榮提供）

圖 6-48 蜻蜓目克氏小葉春蜓（*Gomphidia kelloggi*）。春蜓體型碩大，飛行迅速有力，是自然界中優秀的捕食者。
（沈鼎榮提供）

蜉蝣目

蜉蝣目屬於原變態昆蟲,大部分稚蟲棲息於河溪之中,現時已知只有二翅蜉屬(*Cloeon sp.*)的物種棲息於沼澤和池塘等靜水環境。稚蟲的身軀扁平或呈流線型,從而減輕水阻,防止被急流沖走。蜉蝣稚蟲是雜食性初級消費者,以藻類和有機碎屑為食。

稚蟲經過亞成蟲期,才羽化為成蟲。蜉蝣目昆蟲的觸角短,呈剛毛狀;複眼發達;口器為咀嚼式,但退化後無咀嚼功能,成蟲不進食。翅膀膜質,呈三角形,具網狀翅脈,不能摺疊;前翅明顯比後翅大,亦有後翅退化的物種。腹部末端有兩或三條尾絲,尾絲細長多節(見圖6-49、圖6-50)。

革翅目

革翅目即蠼螋,屬於小至中型昆蟲,體長而扁平。頭部扁闊,複眼多呈圓形,觸角呈線形,口器咀嚼式。前翅革質,後翅膜質。腹部細長,末端尾鬚特化呈鋏狀。

襀翅目

襀翅目的昆蟲通稱為石蠅,此目稚蟲水生,屬於不完全變態昆蟲。稚蟲棲息於本港清澈的河溪,對水質有很高要求,通常只在溶氧量高而且水溫低的淡水環境中找到。襀翅目昆蟲的觸角絲狀、多節,可長達體長一半或以上;複眼發達;口器為咀嚼式,成蟲多不進食。翅膀膜質,後翅明顯比前翅大,部分物種翅膀退化後無翅。腹部末端有一對尾絲,尾絲細長多節。

雄性石蠅成蟲尋覓伴侶的方式十分特別,牠們會以腹部接觸植物表面,透過震動腹部產生頻率獨特的震動波,震動波經由植物組織能傳達到同一棵植物的較遠處,當雌性腳部接收到震動波後,便能知曉雄性石蠅的所在位置,進行配對。

直翅目

直翅目屬中至大型昆蟲,即蝗蟲、蚱蜢、蟋蟀、螽斯等的統稱。直翅目均為漸變態昆蟲,觸角長而多節,多為絲狀;口器咀嚼式;複眼發達;前翅革質、狹長,停棲時覆蓋膜質的後翅;多數直翅目昆蟲後足強壯,特化為跳躍足。(見圖6-51)

直翅目物種主要棲息在林地,並不會在水中長時間生活。但部分直翅目物種擅於游泳,在受驚或受騷擾時會跳到水中躲避。某些直翅目物種更要依靠浮水和挺水的水生植物進行產卵和繁殖,因此被歸類為半水生的水生昆蟲。在香港,與濕地環境密不可分的直翅目主要來自劍角蝗科及稻蝗亞科(Oxyinae)的物種。

紡足目

紡足目即足絲蟻,屬於小至中型昆蟲。體細長而扁平。複眼發達,觸角絲狀或念珠狀。胸腹長度相若。雄蟲有膜質翅,雌蟲則無翅。足短,前足第一跗節特化成絲腺,能製絲結網。

圖 6-49　蜉蝣目桶形贊蜉（*Paegniodes cupulatus*）。蜉蝣成蟲口器退化，不能進食，腹部末端有兩或三條細長的尾絲。（沈鼎榮提供）

圖 6-50　蜉蝣目蜉蝣屬（*Ephemera* sp.）。蜉蝣成蟲口器退化，不能進食，腹部末端有兩或三條細長的尾絲。（沈鼎榮提供）

圖 6-51　直翅目大棉蝗（*Chondracris rosea*）。蝗蟲具咀嚼式口器，後足強壯，特化成跳躍足。（沈鼎榮提供）

䗛目

䗛目即竹節蟲（Maldanidae）及葉形蟲的統稱，屬漸變態昆蟲，口器咀嚼式，多為植食性。
䗛目昆蟲頭部及複眼細小，觸角長絲狀或短刺狀；胸、腹及腿一般修長，善於模仿竹節或
樹枝（見圖 6-52、圖 6-53）。

螳螂目

螳螂目即螳螂的統稱，屬於中至大型昆蟲。身體細長，頭部呈三角形，複眼發達。前胸延
長，捕捉式前足脛節有利刺，呈鐮刀狀。前翅革質，後翅膜質。腹部肥大（見圖 6-54）。

蜚蠊目

蜚蠊目包括蟑螂及白蟻，屬漸變態昆蟲。蜚蠊目口器咀嚼式，觸角多為絲狀，複眼大多發
達；體形較為扁平，足發達，善於疾走；腹背常有臭腺（見圖 6-55）。白蟻原屬等翅目，
但於較新的研究顯示應歸併入蜚蠊目。白蟻為多型社會性昆蟲，觸角念珠狀，多數工蟻視
力退化缺失。

纓翅目

纓翅目即薊馬，屬於小型昆蟲。纓翅目昆蟲體細長，頭部有不對稱口器，複眼發達，觸角
形狀多變。前胸發達。翅狹長，邊緣有纓狀長毛。腹部無尾鬚。

半翅目

半翅目屬於漸變態類昆蟲，若蟲與成蟲的外貌和生態習性相當相似，唯若蟲轉化為成蟲時
生殖器官發育成熟，同時長出完整的翅膀。半翅目的棲息環境廣泛，划蝽科（Corixidae）、

圖 6-52　螩目廣西異瘤螩（*Orestes guangxiensis*）。竹節蟲胸、腹及腿一般修長，善於擬態成樹枝。（沈鼎榮提供）

圖 6-53　螩目棉管螩（*Sipyloidea sipylus*）。竹節蟲胸、腹及腿一般修長，善於擬態成樹枝。（沈鼎榮提供）

圖 6-54　螳螂目廣斧螳（*Hierodula patellifera*）。螳螂擁有特化成鐮刀狀的前足，善於捕捉其他昆蟲。（張嘉詠提供）

圖 6-55　蜚蠊目蔗蠊（*Pycnoscelus surinamensis*）。蜚蠊體形扁平，足部發達，善於疾走。（沈鼎榮提供）

仰蝽科（Notonectidae）、負蝽科（Belostomatidae）及蝎蝽科（Nepidae）等為完全水生的物種；水黽科或黽蝽科（Gerridae，又稱為水鉸剪）、尺蝽科（Hydrometridae）、寬肩蝽科（Veliidae）等為只在水面活動的半水生物種；蟬科（Cicadidae）、木蝨科（Psyllidae）等為棲息在林地及灌叢的陸生物種。

半翅目為香港昆蟲綱物種多樣性第三高的目，香港錄有其中三個亞目，即異翅亞目、胸喙亞目及頸喙亞目。異翅亞目即各類蝽、水黽的統稱，這類昆蟲具刺吸式口器，前翅膜質但基部骨化為半鞘翅，部分物種有臭腺（見圖 6-56）；胸喙亞目即蚜蟲、介殼蟲及粉蝨的統稱，這類昆蟲觸角長，呈絲狀，喙從前足基節之間伸出，具刺吸式口器以植物汁液為食；頸喙亞目即各類蟬及飛蝨，這類昆蟲刺吸式喙部從頭部腹面後方長出，觸角短，剛毛狀、線狀或念珠狀，前後翅同為膜質（見圖 6-57）。當中水生半翅目的多樣性很高，不同科的物種都有着獨特的習性，例如仰泳蝽為了保持仰泳的姿勢，牠們的腹部有高濃度的血紅蛋白，用來調節體內氧氣的多寡，從而控制自身的浮力；雌性負子蝽會把卵產到雄性的背部之上，讓雄性負子蝽保護身上的卵直至孵化。

嚙蟲目

嚙蟲目屬小型昆蟲。頭部較發達，複眼發達，觸角呈長絲狀，唇基大而突出。胸部大多隆起，前胸呈頸狀，中、後胸長分離，翅膜質，腹部無尾鬚。

膜翅目

膜翅目昆蟲包括各類的蜂、蟻，屬完全變態昆蟲。膜翅目昆蟲口器為咀嚼式或嚼吸式，複眼較為發達；前後翅均為膜質；雌性產卵器發達，多為鋸狀、刺狀或針狀，部分特化成螫針。部分物種如胡蜂（見圖 6-58）、蟻（見圖 6-59）及蜜蜂為社會性昆蟲。

膜翅目物種大部分為陸生物種，只有極少數的寄生蜂（Parasitica）被界定為水生昆蟲。寄生蜂會以其他水生昆蟲（如石蛾、水螟等）作為寄生對象，把卵產在其身體之中，孵化後幼蟲便會慢慢蠶食宿主的組織，之後蛻變為成蟲進行繁殖。香港有關水生寄生蜂生態資訊貧乏，未能確認其本地紀錄。根據貝納特（Bennett）於 2008 年的記載，約兩成已知水生寄生蜂分布在包含香港在內的東洋界（Oriental Realm）之中。

廣翅目

廣翅目昆蟲包括魚蛉、齒蛉及泥蛉，此目的昆蟲均屬於完全變態。廣翅目昆蟲的觸角多為絲狀、細長；口器為咀嚼式，上顎發達，但成蟲多不進食。翅膀膜質、寬大，具網狀翅脈；前後翅大小相似。

廣翅目幼蟲為棲息在清澈溪流的石下，部分幼蟲物種體長可達六厘米以上，以鉗狀的口器進食其他細小的水生昆蟲。此外，第一至第八節的腹部具肉質的外鰓，身上亦有眾多氣孔，能直接攝取大氣中的氧氣，即使被迫離開水體，仍不會缺氧身亡。

圖 6-56　半翅目麻皮蝽（*Erthesina fullo*）。蝽的前翅基部骨化為鞘翅，但末端仍呈膜質，所以稱為「半翅目」。（沈鼎榮提供）

圖 6-57　半翅目龍眼雞（*Pyrops candelaria*）。蠟蟬擁有刺吸式口器，用於吸食植物的汁液。（沈鼎榮提供）

圖 6-58 膜翅目叉胸腹胡蜂（*Parapolybia nodosa*）。側異腹胡蜂屬真社會性昆蟲，成蟲共同生活，並合作照顧年幼個體。（沈鼎榮提供）

圖 6-59 膜翅目獵鐮猛蟻（*Harpegnathos venator*）。螞蟻屬真社會性昆蟲，工蟻沒有翅膀，會外出搜集食物，餵養年幼個體。（沈鼎榮提供）

脈翅目

脈翅目的昆蟲通稱為蛉，包括草蛉、蟻蛉（Myrmeleontidae）、蝶角蛉（Ascalaphidae）等，屬完全變態昆蟲，大部分為肉食性。脈翅目昆蟲的觸角細長，多為絲狀或念珠狀；複眼大；口器為咀嚼式。翅膀膜質、透明；翅脈網狀，有許多橫脈及縱脈；前翅及後翅的形狀大小相若（見圖 6-60）。

本港暫時只有記錄溪蛉科（Osmylidae）為水生昆蟲，有着半水生或完全水生的幼蟲階段，幼蟲通常棲息在水體附近的枯葉或石頭之下，以其他昆蟲作為食糧。

捻翅目

捻翅目昆蟲體型細小，雌性無足無翅，呈幼蟲狀寄生於宿主體內，只有頭及胸部露出宿主體外，雄性前翅退化，後翅寬大，能自由活動。

鞘翅目

鞘翅目即各種甲蟲的統稱，屬完全變態昆蟲，是昆蟲綱內物種最為豐富、分布最為廣泛的一個目。鞘翅目昆蟲的前翅角質化成堅硬的鞘甲，沒有翅脈，用來保護膜質的後翅（見圖 6-61）。口器咀嚼式；觸角 10-11 節，形狀多變；幼蟲多為寡足型或無足型。

圖 6-60　脈翅目蟻蛉科（Myrmeleontidae）的蝶角蛉物種。蝶角蛉絲狀觸角細長，前後網狀翅形狀大小相若。（沈鼎榮提供）

圖 6-61　鞘翅目波緣櫛角螢（*Vesta sinuata*）。甲蟲的前翅角質化成堅硬的鞘甲，沒有翅脈，用以保護膜質的後翅。（沈鼎榮提供）

水生甲蟲有着形形色色的生命周期，一些物種成蟲生活在水中，例如龍蝨（Dytiscidae）和牙甲（Hydrophilidae，又稱水龜甲）等；而一些則是陸生，包括扁泥甲（Psephenidae）和沼甲（Scirtidae）等。有少數來自細牙蟲科（Hydraenidae）和泥甲科（Dryopidae）的甲蟲，有着陸生幼蟲和水生成蟲，這在水生昆蟲中極為罕見。只有少數水生甲蟲成蟲能適應香港河溪環境，比較常見的是溪泥甲科（Elmidae）物種，足上的利爪讓牠們有能力抵禦急流的衝擊，避免被沖走。除了長角泥蟲外，在河流水潭和流速較慢的地方也能找到龍蝨和豉甲（Gyrinidae）等具一定泳力的物種。但是對於體型較大或泳力一般的物種而言，靜水的環境還是較為理想的，例如體長約三厘米的真龍蝨（*Cybister* spp.，又稱「和味龍」）及大牙蟲（*Hydrophilus* spp.）就只可在靜水生境繁衍。

毛翅目

毛翅目的昆蟲通稱石蛾，外貌與蛾相近，此目的昆蟲均屬於完全變態。毛翅目昆蟲的觸角細長，絲狀多節，約等同體長。口器為咀嚼式，但咀嚼功能弱或退化成無咀嚼功能。翅膀膜質、狹窄，翅面具毛；休息時翅呈屋脊狀覆於體背（見圖 6-62）。

石蛾幼蟲為水生物種，不同科的幼蟲有不同的食性和生活習性。例如原石蛾（Rhyacophilidae）有強壯的前足用以捕食；紋石蛾習慣依附在急流的石塊上，以吐絲結網的

圖 6-62　毛翅目異距枝石蛾屬（*Anisocentropus* sp.）。石蛾成蟲貌似飛蛾，但翅膀具毛，沒有鱗片覆蓋。（沈鼎榮提供）

方式過濾水流中的食物；舌石蛾（Glossosomatidae）則如同一般螺類刮食石頭表面的藻類。石蛾幼蟲牠們會利用水中不同種類的物件去製作居所，而每一種石蛾幼蟲所建造的居所都有所不同：如雙葉石蛾（*Anisocentropus* sp.）會用其口器剪裁落葉，做成一大一小的橢圓形葉片包裹身軀；鉤翅石蛾（Helicopsychidae）用沙粒或細石組成如同蝸牛殼一樣的家；小石蛾則會以絲製作一個透明的囊，讓自己完全躲進其中。

鱗翅目

鱗翅目即蝴蝶及飛蛾的統稱，屬完全變態昆蟲，於昆蟲綱中物種數量僅次於鞘翅目。鱗翅目成蟲的口器為虹吸式，由下顎的外顎葉特化而成，多吸食花蜜、腐果及糞便；翅膀膜質，密披鱗片；幼蟲為多足型，有三對胸足，口器咀嚼式（見圖 6-63）。

香港並沒有任何水生的蝴蝶，只有少數能夠適應水生環境的鱗翅目物種，皆屬於草螟（Crambidae）一類小型飛蛾物種。草螟是植食性的初級消費者，主要攝食水生植物。為了適應在水中生活，部分草螟幼蟲的腹部長有外鰓，例如波水螟屬（*Paracymoriza* spp.）、斑水螟屬（*Eoophyla* spp.）和筒水螟屬（*Parapoynx* spp.）等物種。另外，塘水螟（*Elophila* spp.）會以絲線和葉裹着自己的身體，從而減低被其他捕食者發現的機會。

圖 6-63　鱗翅目青鳳蝶（*Graphium sarpedon*）。蝴蝶具虹吸式口器，翅膀被細小的鱗片覆蓋。（沈鼎榮提供）

蚤目

蚤目昆蟲身體多為側扁，成蟲沒有翅膀，後足特化成跳躍足，體表多鬃毛，具刺吸式口器，多吸食其他動物血液為生。

長翅目

長翅目昆蟲即蠍蛉的統稱，屬於中形昆蟲。身體細長，喙部較寬，複眼發達，觸角呈長絲狀。中及後胸發達，有兩對大小相若的膜質狹長翅膀；腹部末端上彎，如蠍子尾巴（見圖6-64）。

雙翅目

雙翅目即蚊及蠅（Muscidae）的統稱，屬完全變態昆蟲。雙翅目體小至中型，複眼發達，常佔據頭的大部分，口器為刺吸式及舐吸式，多吸食花蜜、腐液或其他動物體液為生；翅膀膜質，後翅退化成平衡棒，於飛行時用以協助平衡（見圖6-65）。幼蟲的特徵是牠們細長的身軀上，並沒有長有任何節足。

雙翅目是在所有水生昆蟲中，多樣性最高的一個類別，全球已知水生的雙翅目超過 40,000種。比較為人熟悉的有蚊（見圖6-66）和蠓（Ceratopogonidae）等會叮人和傳播疾病的物種。水生雙翅目還包括超過 20 多個科的物種，生態習性琳瑯滿目，例如有數量龐大，擔任其他動物重要食物來源的搖蚊（Chironomidae）、在河溪中以頭上的特殊結構「口扇」來進行濾食的蚋科（Simuliidae）。

圖 6-64　長翅目新蠍蛉屬（*Neopanorpa* sp.）。蠍蛉喙部較寬長，腹部末端上彎，如蠍子尾巴。（沈鼎榮提供）

圖 6-65　雙翅目裸芒寬盾蚜蠅（*Phytomia errans*）。蠅的複眼發達，口器為舐吸式，後翅退化為平衡棒。（沈鼎榮提供）

圖 6-66　雙翅目華麗巨蚊（*Toxorhynchites splendens*）。蚊的口器為刺吸式，前翅膜質，後翅退化成平衡棒。（沈鼎榮提供）

4. 珍稀物種、價值及保育

香港昆蟲物種豐富，相對其他動物種群，有較多本地特有種分布，尤其是螢火蟲和蜻蜓，具代表性者有香港曲翅螢（*Pteroptyx maipo*），2009 年於香港濕地公園首次發現物種；大帽山扁螢（*Lamprigera taimoshana*），主要分布於海拔 600 米以上的大帽山和大東山；鄭凱甄怪眼螢（*Oculogryphus chenghoiyanae*），是世界上首個以香港市民名字命名的螢火蟲。蜻蜓目方面，則包括賽芳閩春蜓（*Fukienogomphus choifongae*）、香港纖春蜓（*Leptogomphus hongkongensis*），前者分布十分狹窄，只於烏蛟騰有紀錄。至 2010 年代，仍可在本地發現昆蟲新紀錄，例如：漁護署甲蟲工作小組於 2014 年至 2016 年進行糞金龜生態調查期間，發現在香港屬首次記錄的羅氏嗡蜣螂（*Onthophagus roubali*）、四川糞蜣螂（*Copris szechouanicus*）及近小糞蜣螂（*Microcopris propinquus*）。

部分昆蟲綱物種較具經濟價值，在嘉慶《新安縣志》（1819）已有養蜂業記載，「石蜜，蜂屬也……今邑人斫竹為籠，蓄以為業，至四月取其釀，曰百花糖」。至二十世紀初，新界各地村民仍普遍養蜂以驅趕害蟲及供製造藥物。1940 年代，寶生園在香港粉嶺設立第一家商業養蜂場。1950 年代，養蜂業發展至沙田、大埔等地。隨着新界城市化，導致果木數量日益減少、環境污染與殺蟲劑的使用，亦增加蜂群的死亡率。本地養蜂業逐漸無利可圖，至 2017 年僅餘少量專業養蜂場仍然營運，包括寶生園。

除養蜂業外，香港亦曾發展紅蟲養殖業。1960 年代香港興起養殖觀賞魚類，血蟲（*Chironomus* sp.，又稱紅蟲）即搖蚊的幼蟲，是觀賞魚類常用的糧食。紅蟲棲息於水塘、湖泊或水流緩慢的溪澗底部之泥濘。清洗後的紅蟲運往上水火車站旁邊金魚集散地出售。除本地銷售外，紅蟲亦出口至歐洲各地。隨後元朗、新田一帶魚塘或水稻田，亦以雞糞大量養殖紅蟲。至內地改革開放後，本地紅蟲養殖業受入口紅蟲競爭的影響，因而逐漸式微。

然而，香港未有大量捕撈昆蟲作商業用途，本地昆蟲面對的威脅主要來自兩方面。一、生境變化和適宜生境的破碎化。香港許多昆蟲，包括蝴蝶、飛蛾、蜻蜓等，均面對棲息地範圍縮小的威脅。香港許多濕地處於郊野公園範圍以外及為私人擁有，增加保育及管理措施的挑戰，不易得到長期性保護。此外，河流渠化令下游低地及沖積平原大範圍收窄，嚴重影響昆蟲的棲息地。城市發展亦令許多城市邊緣的郊野地方受光污染，而缺乏夜間環境，影響許多夜間昆蟲的繁殖和發育。二、氣候變化。物種的豐富度和多樣性，取決於每個物種適應的氣候溫度、緯度和海拔條件。全球變暖間接影響森林和植物的存活，影響螞蟻等昆蟲的棲息地，以至影響整體食物鏈的運作及生物多樣性。

生境範圍和環境的改變會影響個別種類昆蟲的數量。當昆蟲數量下降至某一臨界點時，將對其繁殖帶來問題，甚至導致滅絕。被列為瀕危或受威脅的物種分布較為狹窄或零散，例如全球瀕危的克氏小葉春蜓，只在沙羅洞和鶴藪一帶棲息。該報告建議多種昆蟲應列入為瀕危物種，或監察名單之內。

香港地區已知昆蟲物種多屬於鱗翅目（蝴蝶、蛾類），整個鱗翅目共約 3000 種，其中不乏稀有和受關注的物種。根據 1976 年訂立的《1976 年野生動物保護條例》，所有在香港的裳鳳蝶（*Troides helena*）都受保護，不許狩獵、管有、售賣和輸出，是本港受保護野生動物中唯一的昆蟲物種。城門郊野公園等數個漁護署管理的地點與嘉道理農場暨植物園，種植了蝴蝶幼蟲食用植物和蜜源植物，以增加蝴蝶多樣性，特別是具保育價值的物種，有利市民觀察。

大埔鳳園亦是數種罕見蝴蝶的繁殖地之一，於 1980 年列為具特殊科學價值地點，亦是新自然保育政策下須優先加強保育的地點。自 2005 年以來，大埔環保協進會（現為環保協進會）獲得環境及自然保育基金資助，開展管理協議項目，種植更多的蝴蝶幼蟲食用植物和蜜源植物、管理植被和遊人、監察物種，以及組織教育活動，鳳園的蝴蝶紀錄已增加至超過 200 種。

香港還有另外兩個重要蝴蝶棲息地點。小冷水內的植林是斑蝶（Danainae）群集過冬重要地點，於 2008 年成為具特殊科學價值地點。據漁護署考察資料顯示，約有 32,000 至 45,000 隻斑蝶在 2002 年至 2003 年間在此度冬。龍鼓灘谷內的風水林、樹林、山坡和溪澗是本港最重要蝴蝶生境之一，記錄有超過 130 種蝴蝶，包括本港最大的紅鋸蛺蝶

（*Cethosia biblis*）種群，在 2012 年加進具特殊科學價值地點名冊。

此外，蜻蜓和螢火蟲亦是本港昆蟲保育的重點。1990 年代，沙羅洞記錄全球首次發現的伊中偽蜻（*Macromidia ellenae*），確立沙羅洞為本港重要的蜻蜓棲息地。沙羅洞錄得超過 80 種蜻蜓，當中包括克氏小葉春蜓、天使大偽蜻（*Macromia katae*）及扭尾曦春蜓（*Heliogomphus retroflexus*）等分別列入《瀕危物種紅色名錄》及《中國國家重點保護野生動物名錄》的珍稀物種。惟本港發展商早已收購沙羅洞土地作發展用途，本港環保團體為保育本港蜻蜓及當地生態，大力反對發展沙羅洞，終令發展計劃擱置。2017 年 6 月，港府原則上同意沙羅洞非原址換地建議，以保育沙羅洞內具高生態價值的土地。

螢火蟲也是本地受到較多關注的昆蟲物種之一。部分螢火蟲習慣生活於潔淨水源的環境。成蟲發出的光，主要目的為吸引異性，但隨着城市發展迫近鄉郊地區，嚴重光污染擾亂螢火蟲的求偶行為。螢火蟲生境逐漸減少，導致數量下降。本地螢火蟲的物種豐富，香港昆蟲學會發現本港約有 30 個物種。2008 年，螢火蟲保育基金會成立，並於大嶼山大浪村設立「香港螢火蟲館」，推動螢火蟲的復育和教育工作。

二、蜘蛛

1. 研究概況

二十世紀前，香港蜘蛛缺乏紀錄。清康熙《新安縣志》（1688）蠃類條目中曾列出蜘蛛，但並無更多資訊。本地蜘蛛的生物學紀錄和文獻，可追溯至太平洋戰爭前出版的《香港博物學家》，該刊 1930 年代共出版七篇文章，描述香港常見的蜘蛛。1997 年，內地蜘蛛學者宋大祥及其研究生胡嘉儀合撰《香港蜘蛛初報》，共列出香港已知的 24 科 122 種蜘蛛物種。同年，宋大祥與朱明生等蜘蛛學者共發表 4 篇文章，記錄有寬胸蛛屬（*Euryopis* sp.）新種、七紡蛛屬（*Heptathela* sp.）新種、跳蛛科 4 種新種和數個蜘蛛新種記述。

1998 年，胡嘉儀於香港大學發表碩士論文，研究季節和生境對香港蜘蛛群落的影響及變化。研究顯示三個大科即球蛛科、跳蛛科和園蛛科，佔整體物種多樣性超過一半。而蜘蛛族群會隨着季節而變化，蜘蛛數量和多樣性由 4 月開始增加，到 7 月達到高峰，進入較冷的旱季（11 月至 2 月）會跌至最低。其碩士論文共收入 171 個物種，當中最少有 10 種是新物種。宋大祥與朱明生為表達對胡嘉儀在蜘蛛研究上的貢獻，從她所收集的平腹蛛科訂立了一個新屬新種，命名為胡氏香港蛛（*Hongkongia wuae*）。

2006 年，徐湘及李樞強發表香港蜘蛛區系的研究文章，共計香港有 24 科 90 屬 148 種，特有種佔兩成，指出區系組成與新加坡相似。2008 年，徐湘等人亦發表文章，介紹在香港發見的三個蟹蛛科新種。

2006 年，詹肇泰出版《香港跳蛛圖鑑》，是香港首本針對蜘蛛的科普書籍，該書收錄了 77 種香港可見跳蛛，名錄內列出共 84 種香港跳蛛物種，約佔全中國 400 多種跳蛛的五分之一。2016 年，黃志俊出版《香港蜘蛛圖鑑》，記錄了 30 科 222 種蜘蛛物種。該圖鑑進行物種鑑別時，主要參考外地書籍和網上資料，未有使用生殖器解剖對照。2017 年，《中國蜘蛛生態大圖鑑》出版，讓蜘蛛愛好者積極拍攝蜘蛛生態，並提交更多的紀錄。以上三本圖鑑，對香港蜘蛛的科普教育發揮重要作用。

2010 年代，全球興起推動公民科學家活動，iNaturalist 網頁與應用程式也愈發普及。2017 年起，黃志俊在 iNaturalist 開設「香港蜘蛛」項目，期望透過公眾參與記錄本地蜘蛛多樣性，包括其分布與季節變化等。根據其截至 2022 年 5 月的紀錄，香港已有超過 46,000 筆蜘蛛紀錄，物種數量更高達 434 種。根據香港戶外生態教育協會於 2020 年所主辦「香港蜘蛛大搜查生態教育計劃」增添的 5000 筆本地蜘蛛紀錄中，園蛛科是最多紀錄的科，達到 1785 筆，佔全部紀錄三分之一；而新園蛛屬（*Neoscona* sp.）比斑絡新婦（*Nephila pilipes*，又稱木林蜘蛛）多出三倍的紀錄，是香港蜘蛛目中的優勢類別。

根據該 5000 筆的紀錄，園蛛科（1785 筆）、球蛛科（937 筆）和跳蛛科（510 筆）三個大科共佔超過六成的蜘蛛紀錄，而分別記錄的物種數為 34 種、28 種和 37 種，若計算每個記錄平均種數（種／筆），跳蛛科較其餘兩科高出 2 至 3 倍。而蟹蛛科只有 169 筆記錄，但記錄的物種數為 21 種，比跳蛛科每個紀錄平均種數高出接近一倍。

2. 分類概況
蜘蛛在生物分類學上不屬於昆蟲綱，而是屬節肢動物門的蛛形綱，蛛形綱包括真蜱目（Ixiodida）、恙蟎目（Trombidiformes）、蠍目（Scorpiones）、蜘蛛目（Araneae）等。而本部分的「蜘蛛」僅指「蜘蛛目」物種，並不泛指所有「蛛形綱」的物種。

香港有 342 種以上的蜘蛛，分為 42 個科，當中以跳蛛科（Salticidae，86 種）、園蛛科（Araneidae，60 種）、球蛛科（Theridiidae，39 種）、蟹蛛科（Thomisidae，34 種）、肖蛸科（Tetragnathidae，15 種）、狼蛛科（Lycosidae，12 種）尤其多樣，共佔超過本港蜘蛛目多樣性的七成（見附錄 6-8）。

根據世界蜘蛛目錄（World Spider Catalog），目前全球有 50,000 種被接納並確認的蜘蛛目物種，雖然香港種數不及全球 1%，但在中國內地有紀錄的 71 科 4300 多種蜘蛛目物種之中，香港佔接近 8%。若以每平方公里計算蜘蛛種類，香港蜘蛛多樣性較中國內地為高。

3. 分布與習性
本地蜘蛛物種繁多，本部分選介本港多樣性較高的科種，以介紹園蛛科、球蛛科和跳蛛科分布與習性為主，另選介個別常見蜘蛛物種。

園蛛科

園蛛科分布在本港陸地的生境如：林地、灌木叢，甚至城市環境。園蛛科的物種一般雌性體形較大，雄性體形較小。園蛛科會結一個大型的圓形蜘蛛網，然後將前後腳伸直成一個交叉的形象，並待於蜘蛛網中央，透過蜘蛛網捕獲獵物。

斑絡新婦是香港錄得最多發現紀錄的蜘蛛，普遍分布於全港的林地生境。斑絡新婦數量眾多，雌蛛成體巨大，長度可以超過 50 毫米，並擁有奪目的黃黑斑紋；蜘蛛網的直徑可達一米，並具有金色絲線，因此是本港最容易被人發現和記錄的蜘蛛物種。而體形較小的雄性斑絡新婦一般會躲於雌性所編織的蜘蛛網的邊緣，等候時機與雌性交配，一個蜘蛛網上同時可以有數隻雄性斑絡新婦。

球蛛科

球蛛科分布在本港陸地生境如林地。球蛛科腹部一般呈球形，故被稱為球蛛科，但亦有不少本科物種的腹部呈非球形，如蚓腹阿里蛛（*Ariamnes cylindrogaster*）。球蛛科的行為多元，較常建三維立體網，有些物種不織網，懸於一絲線上或寄居在其他大型蜘蛛的網上，甚至有些物種在樹葉及樹枝上生活。

珍珠銀板蛛（*Thwaitesia margaritifera*，又稱士多啤梨蛛）（見圖 6-67），其腹部呈三角錐體形，滿布銀斑，腹部中央有紅斑，外形與士多啤梨相似。珍珠銀板蛛腹部的銀斑可以改

圖 6-67　珍珠銀板蛛（*Thwaitesia margaritifera*），本地俗稱士多啤梨蛛。（黃志俊提供）

變大小和形狀，並透過反射光線作為防衛機制。

跳蛛科

跳蛛科分布在本港陸地生境如林地、城市環境如欄杆及家居牆壁等。跳蛛科最大特徵是擁有一對很大的前中眼，具有極佳的視力，故在日間覓食。跳蛛科的物種一般不織網，透過跳躍的方式捕捉獵物。部分跳蛛科如蟻蛛屬（*Myrmarachne* sp.）會透過擬態成螞蟻捕食獵物。跳蛛科個體細小，雌雄個體大小差別不大，惟跳蛛科的顏色鮮艷，如黃毛寬胸蠅虎（*Rhene flavicomans*）和布氏艷蛛（*Epocilla blairei*），較容易被人發現及記錄。

花哈沙蛛（*Hasarius adansoni*，又名 Adanson's House Jumper），活躍於屋內牆壁，捕捉蒼蠅或其他細小的昆蟲。

卡氏毛蟲跳蛛（*Uroballus carlei*）（見圖 6-68）與安土苔蛾（*Brunia antica*）的幼蟲相似，因此以著名兒童圖書《好餓的毛毛蟲》（*The Very Hungry Caterpillar*）的作者艾瑞·卡爾（Eric Carle）命名。此物種為 2019 年英國學者洛古諾夫（Dmitri V. Logunov）與香港生態愛好者奧貝納（Stefan M. Obenauer）在以色列昆蟲學期刊發表的新跳蛛物種。

其他類別

白額巨蟹蛛（*Heteropoda venatoria*，又稱蟧蜋）屬巨蟹蛛科（Sparassidae），是本港體形

圖 6-68　卡氏毛蟲跳蛛（*Uroballus carlei*），以兒童圖書 *The Very Hungry Caterpillar* 作者 Eric Carl 命名。（黃志俊提供）

較大的蜘蛛。白額巨蟹蛛喜歡棲息於人類居所之中，常在夜間才外出覓食，不會結網，擅長捕食屋內的昆蟲如蟑螂、飛蛾等。

鮑氏焰美蛛（*Phlogiellus bogadeki*）（見圖 6-69）屬捕鳥蛛科（Theraphosidae），於 2016 年重新檢視研究後確立為新的物種。1982 年，鮑嘉天神父於香港沙田發現此物種，為了表揚鮑嘉天神父在香港多年對爬行動物學的研究和教學，故以他命名。

莊氏亞妖面蛛（*Asianopis zhuanghaoyuni*）（見圖 6-70）屬妖面蛛科（Deinopidae），最大的特徵是擁有一對很大的後中眼，在比例上是蜘蛛目中最大的。這個特徵讓他能夠在微弱的光線下仍能捕捉獵物。其捕捉獵物的方法亦十分罕見，會利用前兩對步足織成一個長方形的可伸縮網，當獵物靠近時就利用伸縮網捕捉獵物。

香港狼逍遙蛛（*Thanatus hongkong*）（見圖 6-71），屬逍遙蛛科（Philodromidae），1997 年由內地蜘蛛學者宋大祥與胡嘉儀共同發表的新種之一，是其中一種以香港命名的蜘蛛。香港狼逍遙蛛外貌與巨蟹蛛科相似，惟體形較細小，四對步足長度相若，頭胸部和腹部呈卵形，身體中央有一條黑色縱帶貫穿全身，全身滿布花斑。

4. 珍稀物種、價值與保育

香港缺乏針對蜘蛛目保育的措施。本地有一種傳統遊戲，稱為鬥金絲貓或鬥豹虎，豹虎在分類學上屬跳蛛科的戰鬥蜘蛛（*Thiania* spp.）。戰鬥蜘蛛腿短，擅長跳躍，視力良

圖 6-69　鮑氏焰美蛛（*Phlogiellus bogadeki*），以爬蟲類學者、神父鮑嘉天命名。（黃志俊提供）

圖 6-70　莊氏亞妖面蛛（*Asianopis zhuanghaoyuni*），又稱鬼臉蜘蛛。（黃志俊提供）

圖 6-71　香港狼逍遙蛛（*Thanatus hongkong*），身型細小，體長僅有約 1 厘米。（黃志俊提供）

好。本地較常見戰鬥蜘蛛包括細齒方胸蛛（*Thiania suboppressa*）、巴莫方胸蛛（*Thiania bhamoensis*）和非武氏方胸蛛（*Thiania inermis*）。進行遊戲前，小童或到山上捕捉，或在店舖購買跳蛛，遊戲時將兩隻跳蛛放進草籠或小盒內等，任由跳蛛互相格鬥，直至一隻咬住另一隻，或使對方落荒而逃，以分辨輸贏。

大部分本地蜘蛛可生活在林地及農田生境，並且大多為肉食性，大部分農業害蟲是其捕食對象。因此，蜘蛛是農地生物多樣性指標物種之一，農田蜘蛛數量與其他物種的數量形成正比，蜘蛛數量愈多，代表農田生態豐富及健康。但香港評估農地生態及農地研究時，蜘蛛仍未普遍被視為指標物種。

三、馬蹄蟹（鱟）

1. 研究概況

「鱟」英文是 Horseshoe Crab，因此又名「馬蹄蟹」。根據古生物化石紀錄，馬蹄蟹祖先早於晚奧陶紀（即距離現今超過四億年）已在地球上出現，比恐龍更古老。即使地球的環境出現多次巨變或生物大滅絕，這種古老海洋節肢動物的外貌與其祖先的化石紀錄甚為相似，因此有「活化石」之稱。

清嘉慶《新安縣志》（1819）中記載鱟屬於「介」部，形容了鱟的形態特徵、習性、移動方式和繁殖方式等，為馬蹄蟹最早期的研究紀錄。根據 1958 年出版的《香港方物誌》，其中一節描述香港的鱟，提及當時有本地居民將鱟當作山珍海錯，亦有提及牠們的生態、演化和習性，更有記錄到鱟在銅鑼灣鵝頸橋爬到跑馬地，從而得知古時馬蹄蟹在本港水域分布甚廣。

早期鱟在香港的分布，至今仍是有跡可尋。就以「鱟」字命名的地方名便有兩處，荃灣的鱟地坊和大嶼山的鱟殼灣。大嶼山鱟殼灣是一個位於磡頭和沙螺灣之間的內灣，文獻曾記錄這裏有鱟的出沒，後因環境變遷，近年已沒有發現幼鱟的紀錄。而荃灣鱟地坊的命名有不同說法，其中說法是該處在 1950 年代填海前地形與鱟形相似。

至於跟科學相關的本地研究，米基辛（Tom Mikkelsen）於 1988 年出版著作《藍血的秘密》（*The Secret in the Blue Blood*）中曾提及香港有紀錄三種均於亞洲棲息的馬蹄蟹，但後來政府部門與不少本地學者均認為本港只有兩種馬蹄蟹紀錄。而較早期有紀錄本港馬蹄蟹分布有海洋生物學者莫雅頓撰寫並於 1983 年出版的《香港海岸生態》。在該書「軟灘」（soft shore）的章節中，提及大嶼山水口灣有中國鱟（*Tachypleus tridentatus*）的棲息。於 1999 年，有文獻正式紀錄本港兩種鱟，中國鱟和圓尾鱟（*Carcinoscorpius rotundicauda*）於 1975 年至 1998 年期間的數據，並記錄牠們在本港不同海岸的分布，例如赤門海峽內的企嶺下和海星灣、后海灣一帶及大嶼山沿岸等。近年，本港兩種馬蹄蟹的生態、習性、地理空間分布和及保育相關研究日漸成，張肇堅、單錦城等學者持續進行相關研究和公眾教育。

2. 分類概況

生物分類學上，鱟是一種屬節肢動物門肢口綱（Merostomata）動物，雖有「蟹」之稱，但其身體結構與一般螃蟹截然不同，在生物演化上反而與蜘蛛和蠍子的關係更密切，不同之處是牠有比其他節肢動物中發展得更完好的複眼結構。牠的身體主要分為頭胸部、腹部和尾部。

頭胸部是一個半圓形的盾狀結構，表面有一對單眼和一對複眼。單眼的結構很簡單，功能是感受光源和亮度。而馬蹄蟹的複眼（Lateral compound eye，又稱「側複眼」）由約1000 個感光器組成，於 1956 年被發現其複眼有一種側抑制現象（Lateral inhibition），即當每個感光器接受到光線時，會降低相鄰感光器神經元的活動能力，使馬蹄蟹複眼看到明顯的光暗差異，使物體的圖像更清晰。頭胸部的腹面有口器，口器的旁邊有六對附肢（包括步足和螯肢）。第一對是螯肢，用以捕捉蠕蟲、軟體動物等食物，而另外五對步足就是於潮間帶沙泥灘步行用和協助把食物放進口器。馬蹄蟹的腹部有六對厴，第一對厴內是生殖器官，第二至第六對厴下有書鰓，用作呼吸和游泳；最後是尾部，一條筆直且長的劍尾，主要是用作平衡和當身體意外被翻轉時，尾部翹起能幫助自己翻轉為原狀。

目前全世界錄有共四種馬蹄蟹，是肢口綱中僅存的生物（見表 6-3），在分類學上屬劍尾目（Xiphosurida）和鱟科（Limulidae）中的三個屬，包括美洲鱟屬（*Limalus*）的美洲鱟（*Limulus polyphemus*），主要分布於美洲大西洋沿岸，從北美東部至墨西哥灣；蠍鱟屬（*Carcinoscorpius*）的圓尾鱟，常見於東南亞和中國南部沿海的河口環境；還有鱟屬（*Tachypleus*）的南方鱟（*Tachypleus gigas*）和中國鱟，前者主要分布在東南亞和印度沿海地區，而後者的分布為四種鱟之中最廣，從日本、南中國沿岸至東南亞均可發現其蹤跡。

表 6-3　現存四種鱟的生物分類系統情況表

綱 Class	目 Order	科 Family	屬 Genus	種 Species
肢口綱 Merostomata	劍尾目 Xiphosurida	鱟科 Limulidae	美洲鱟屬 *Limalus*	美洲鱟 *Limulus polyphemus*
			蠍鱟屬 *Carcinoscorpius*	圓尾鱟 *Carcinoscorpius rotundicauda*
			鱟屬 *Tachypleus*	南方鱟 *Tachypleus gigas*
				中國鱟 *Tachypleus tridentatus*

根據漁護署資料，香港曾錄有三個出沒在亞洲的馬蹄蟹物種（中國鱟、南方鱟和圓尾鱟），但在署方調查只發現中國鱟和圓尾鱟。以下介紹香港現存的兩個馬蹄蟹物種的特徵和分布等。

中國鱟

中國鱟又稱三棘鱟（見圖 6-72），尾棘表面帶刺，橫截面呈三角形。中國鱟比圓尾鱟較重，而且有着較長的身體和殼。后海灣的白泥和下白泥分布着香港最大的幼中國鱟群落。1996 年在世界自然保護聯盟（IUCN）《瀕危物種紅色名錄》中列為「資料不足」。[6]

圓尾鱟

圓尾鱟（見圖 6-73）的尾棘表面平滑，橫截面呈圓形，尾棘長度較殼身為長。圓尾鱟比中國鱟較輕，身體和殼身也比較短。幼午的圓尾鱟常見於沙頭角海內的泥灘上，尤其是接近紅樹林的潮位較高位置。1996 年在世界自然保護聯盟（IUCN）《瀕危物種紅色名錄》中列為「資料不足」。

3. 分布和習性

歷史上馬蹄蟹在香港的分布比較廣泛，有研究員透過採訪漁民和村民，並結合文獻紀錄梳理，總結出馬蹄蟹於 1980 年代前在香港的所有泥灘、沙灘和水域平均分布，但由於城市化和其他人為影響，一些以「鱟」命名的地方已發生較大變化，例如北大嶼山的鱟殼灣近年沒發現幼年馬蹄蟹，而荃灣的鱟地已經於 1950 年代填海。而龍鼓灘、吐露港等馬蹄蟹歷史上的分布地，已沒有馬蹄蟹出現，后海灣的馬蹄蟹數量亦大幅減少。雖然如此，在白泥和下白泥仍可找到中國鱟的蹤影。

自 1999 年起，本地研究員持續記錄和監察兩種馬蹄蟹在本港的群落數目和分布，且發現多年來有着明顯變化。在 2012 年及 2014 年於本港 18 個泥灘進行馬蹄蟹的生態基線調查中，兩年分別有 10 個和 11 個泥灘有兩種馬蹄蟹的紀錄（見表 6-4），當中包括新界西北的尖鼻咀、白泥、下白泥；新界東北的鹿頸、沙頭角；大嶼山的水口灣、磡頭、大蠔灣、深屈、二澳、東涌灣。研究發現，大嶼山水口灣和新界西的下白泥是中國鱟於本港水域的重要繁殖地，2012 年該地幼年中國鱟的估算數目分別佔整體約 40% 和 30%，當年全港約有 4300 隻中國鱟（見圖 6-74）；而新界東北的沙頭角和大嶼山的磡頭則是圓尾鱟於本港水域的重要繁殖地，2014 年該地幼年圓尾鱟的估算數目分別佔整體約 30% 和 20%，當年全港約有 3000 隻圓尾鱟。由 2012 年至 2014 年，兩種鱟的數量均呈現下降，尤其是中國鱟。然而，2014 年中國鱟的數量仍比 2004 年香港城市大學研究結果增加 1.5 倍。除了上述地點，亦有一些地方有零星紀錄。例如近年有數個在香港島大潭篤紅樹林內發現的中國鱟個體和東涌河口紅樹林內發現的圓尾鱟個體紀錄。

馬蹄蟹是肉食性動物，會以螯肢捕食蠕蟲、軟體動物和死魚等。初生馬蹄蟹大小約半厘米，幼年的馬蹄蟹在沙質和泥質的潮間帶生活約十年，潮漲時他們通常會將身體藏在泥中躲避捕食者，潮退時再出來活動與覓食。脫殼約 17 次後進入成熟期。中國鱟體型較圓尾鱟

---

6 在 2019 年，IUCN《瀕危物種紅色名錄》中提升為瀕危級別。

圖 6-72　中國鱟（*Tachypleus tridentatus*），又稱三棘鱟，攝於白泥。（羅卓文提供）

圖 6-73　圓尾鱟（*Carcinoscorpius rotundicauda*），尾棘表面平滑，攝於東涌灣。（羅卓文提供）

表 6-4 香港兩種馬蹄蟹於十八個泥灘的群落估算數目統計表

	中國鱟（*Tachypleus tridentatus*）的總個體估算數目		圓尾鱟（*Carcinoscorpius rotundicauda*）的總個體估算數目	
	2012 年	2014 年	2012 年	2014 年
新界西北				
尖鼻咀	沒有發現分布	沒有發現分布	195	293
上白泥	沒有發現分布	沒有發現分布	沒有發現分布	沒有發現分布
白泥	1015	945	沒有發現分布	436
下白泥（上）	84	42	沒有發現分布	沒有發現分布
下白泥（下）	1334	268	356	沒有發現分布
新界東北				
鹿頸	沒有發現分布	沒有發現分布	1646	72
沙頭角	沒有進行調查	沒有發現分布	沒有進行調查	706
荔枝窩	沒有發現分布	沒有發現分布	沒有發現分布	沒有發現分布
白角灣	沒有發現分布	沒有發現分布	沒有發現分布	沒有發現分布
大嶼山				
貝澳	沒有發現分布	沒有發現分布	沒有發現分布	沒有發現分布
水口灣	1723	124	沒有發現分布	沒有發現分布
磡頭	57	505	337	505
大蠔灣	沒有發現分布	沒有進行調查	67	沒有進行調查
深屈	65	16	沒有發現分布	沒有發現分布
二澳	63	153	430	246
東涌灣	沒有發現分布	43	沒有發現分布	107
鱟殼灣	沒有發現分布	沒有發現分布	沒有發現分布	沒有發現分布
南丫島				
索罟灣	沒有發現分布	沒有發現分布	沒有發現分布	沒有發現分布
總數	**4341**	**2112**	**3032**	**2365**

資料來源： Kwan, Billy K.Y., Hsieh Hwey Lian, Cheung Siu Gin, Shin Paul K.S., "Present population and habitat status of potentially threatened Asian horseshoe crabs *Tachypleus tridentatus* and *Carcinoscorpius rotundicauda* in Hong Kong: a proposal for marine protected areas," *Biodiversity and conservation*, Vol. 25 (2016): p.673-692.

圖 6-74 幼年中國鱟（*Tachypleus tridentatus*），攝於大嶼山水口灣。（羅卓文提供）

為大，成年中國鱟寬約 20 厘米以上，長約 40 厘米以上，兩種鱟雌性體型皆較雄性大。

在成長後馬蹄蟹會遠離淺灘，遷移到水深 20 米至 30 米的海底生活。到了繁殖季節，雄性和雌性馬蹄蟹在漲潮時聚集在海灘上交配。雄性馬蹄蟹找到合適的雌性後，會用螯肢緊抓雌性的背部，由雌性帶領在海灘上合適地點挖洞產卵，然後雄性把卵子受精，繁殖後的馬蹄蟹會回到海底繼續生活。每次繁殖雌性會產下 6 萬至 12 萬顆卵子，當中能成長至年幼馬蹄蟹的只有萬分之一。

4. 珍稀物種、價值與保育

由於馬蹄蟹有獨特的醫學價值，過去被人類大量捕獵。馬蹄蟹體內的血液與人類不同，當血液暴露於空氣中會慢慢轉為藍色，這是因為其血蛋白載有銅離子。當馬蹄蟹的血液受細菌感染便會凝結，因此一直以來被人類用以製作「鱟試劑」，以快速且準確的檢測由細菌產生的內毒素來反映細菌污染，於全球醫學發展有重大貢獻。可是，全球不同生產線對於製作「鱟試劑」的守則不同，馬蹄蟹可能會因為過度抽取血液而導致失血過多死亡。

馬蹄蟹經常成為漁民捕魚時的誤捕對象，且有經濟價值，所以漁民會將誤捕的馬蹄蟹作海螺魚餌或賣到海鮮餐廳。西貢、鯉魚門及屯門三聖等海鮮銷售熱點，均有餐廳會將馬蹄蟹被當作商品出售及展示，並銷售作食用和宗教放生活動等用途。此外，馬蹄蟹重要棲息地亦受人類活動嚴重影響，包括牠們賴以繁殖產卵以及供年幼馬蹄蟹成長的海灘，因香港頻繁的海岸發展工程和河流、海岸污染等威脅而遭破壞甚至消失。馬蹄蟹亦受海洋垃圾的影響，例如牠們會被俗稱「鬼網」的棄置漁網或漁具纏繞致死，而海灘上的海洋垃圾亦會妨礙馬蹄蟹的繁殖。本地大學研究發現，誤食微塑膠會影響馬蹄蟹幼體的生長。

由於成年馬蹄蟹主要在淺海生活，只有繁殖期才到沿岸環境交配，世界各地的研究員一直難以為馬蹄蟹進行有系統且全面的生態調查。根據世界自然保護聯盟（IUCN）《瀕危物種紅色名錄》，1996 年全球四種馬蹄蟹中有三種未有足夠數據進行相關評估，包括中國鱟、南方鱟和圓尾鱟。根據中國鱟專家小組 2019 年發表的評估報告指出，全球有紀錄中國鱟的地區，包括日本、中國、越南、菲律賓、馬來西亞、文萊和印尼，其個體數目於近 20 年來不斷下降。中國鱟全球群落不斷減少是由不同的人為威脅所導致的，包括過分捕獵、棲息地嚴重退化或喪失、生命周期長及幼鱟死亡率高等。報告又強調，如上述威脅一直持續，可能會造成不可逆轉的局面。

香港城市大學得到環境及自然保育基金資助，在 2004 年至 2006 年開展香港馬蹄蟹保育項目，發現白泥和下白泥的中國鱟幼體數量與 2002 年的研究相比下降約 80% 至 90%，而每年有少量中國鱟成體被捉作食用。同時，城大研究者張肇堅和單錦城亦成功在實驗室人工繁殖馬蹄蟹，惟當時產出的幼體死亡率高。其後他們獲香港海洋公園保育基金撥款資助研究改善人工繁殖、幼體野放方法及效果。經過多次試驗，成功誘導中國鱟在實驗室自然產卵受精，而幼體的成活率超過 43%，幼鱟被放後的三個月更可長大 30%。

多年來，港府與本港馬蹄蟹的保育專家和環保團體一直透過不同方法保育中國鱟，嘗試逆轉生物多樣性損失所導致的種種危機。根據 2016 年 12 月公布的《生物多樣性策略及行動計劃》，馬蹄蟹是其中一種須予優先保育的物種，漁護署將制定《馬蹄蟹物種行動計劃》。在擬訂計劃的過程中，漁護署會徵詢相關專家及非政府機構的意見，同時亦會進行研究，收集對落實計劃至關重要的資料。

為提高公眾對保育鱟及其棲息地的重要性的認識，並將幼鱟野放以補充野外數量，城大與香港海洋公園保育基金合作，在 2009 年開展「馬蹄蟹校園保母計劃」，讓本港中學生和老師在學校裏照顧人工培育的年幼馬蹄蟹，並在數個月後將牠們放歸野外。自 2015 年起，計劃更擴展至商界。

另外，香港海洋公園保育基金亦推動馬蹄蟹的國際保育合作，2011 年在香港贊助舉行「亞洲馬蹄蟹保育國際工作坊」，與會國際專家共同商討區域內的保育策略；並於 2014 年與來自中國大陸、香港和台灣的機構共同成立了「兩岸三地鱟保育聯盟」，聯合三地的專家力量支持馬蹄蟹及其棲息地的保護。

世界自然（香港）基金會自 2016 年起獲環境及自然保育基金資助，於大嶼山水口進行地區為本的保育方案。透過計劃鼓勵遊客減少於水口掘蜆等休閒活動而造成的生態影響，並延伸至建議政府劃定一部分的水口灣為海岸保護區，以保育馬蹄蟹。

四、甲殼動物

1. 研究概況

甲殼動物（crustaceans）是分布範圍廣泛的無脊椎動物，屬於節肢動物門，當中包括大型甲殼動物如蟹、蝦和龍蝦，小型甲殼類動物如磷蝦、橈足類和端足類，以及成年後會固着在堅硬物體上生活的藤壺等。甲殼動物於淡水及海洋中生活，當中在香港的海洋甲殼類動物約有 948 種，可分為 26 目、207 科、409 屬，佔香港海洋動物物種約五分之一。至二十世紀中葉前，有關香港甲殼類的生物相，於歐美各地出版的文獻有零散記載。根據近年文獻整理工作，本部分集中記述香港大型甲殼動物，包括十足目（Decapoda）及口足目（Stomatopoda）。經百餘年來文獻紀錄的累積，現時本港大型甲殼動物約有 624 種（見附錄 6-9）。至於其他甲殼亞門（Crustacea）下體型及類群較小的種類，包括介形綱（Ostacoda）、橈腳類（Copepoda）、蔓足類（Cirripedia），以及囊蝦總目（Peracarida），共約 400 種。

香港及鄰近地區甲殼動物的記述，可追溯至清代初年。清康熙《新安縣志》（1688）中的「介類」，記錄包括「銀蝦」、「龍蝦」、「蟛」（多種蟹類）等當地物產。清嘉慶《新安縣志》（1819）中的「介」描述了「蟛」、「蝦」的形態特徵、習性、移動方式和味道等，如「蟛族類不一，水鄉皆有，扁大足闊者日蟳蜅，兩螯無毛異於常蟛」。

本地甲殼類物種的生物學記錄，始於十九世紀中葉，始見於美國北太平洋探索遠航（North Pacific Exploring Expedition）船隊的研究成果。船隊於 1854 年至 1855 年間於香港逗留約九個月，於附近一帶水域頻繁採集，初步結果見於隨船動物學家斯廷遜發表的一系列的論文。在內容簡短的報告中，世界各地十足目甲殼動物共有 488 種（其中 243 種為新種），而香港一帶水域共記錄 122 種，當中包含 55 個新種，包括常見的鋸齒長臂蝦（*Palaemon serrifer*）、紅紋鞭腕蝦（*Lysmata vittata*）、長足長方蟹（*Metaplax longipes*）及麗彩擬瘦招潮（*Uca splendidus*；現稱 *Paraleptuca splendidus*）等。船隊世界各地採獲的甲殼類標本數量龐大，不少常見物種的模式產地都採自香港，當中包括多種淺海及潮間帶物種。

至十九世紀末二十世紀初，歐美各地自然博物館的館藏豐碩，當中不乏研究報告來自香港水域的標本，包括克爾貝爾（Károly Koelbel）發表的新種角眼拜佛蟹（*Tmethypocoelis ceratophora*）、伍德‧梅森（James Wood-Mason）描述的窄額琵琶蟹（*Lyreidus stenops*）；阿爾科克（Alfred William Alcock）亦對印度洋十足目甲殼類作出詳盡整理，當中報道 28 種作參考對照的香港物種，其中一種命名為亨氏仿對蝦（*Alcockpenaeopsis hungerfordii*）；肯普（Stanley Wells Kemp）報道 10 種採自香港的物種，當中包括採自香港太平山的淡水蟹鰓刺溪蟹（*Potamon anacoluthon*，現為 *Cryptopotamon anacoluthon*），是華南珠江口一帶溪流的特有種。德籍學者拜爾思（Heinrich Balss）於 1913 年至 1924 年間，主要根據歐洲各地博物館館藏報道的東亞地區十足目物種進行研究，包括莫斯科博物館收藏的 15 個採自香港的物種紀錄。

太平洋戰爭前是本地甲殼類研究成果豐碩的時期。香港甲殼類標本見於大英博物館館藏，是香港大學生物學系兩名講師邦尼（Richard William Durbin Barney）及香樂思的採集成果，兩人採集的一系列標本促成哥頓（Isabella Gordon）記述中國沿岸的共 98 種甲殼類物種；而香樂思的採集促成了內地學者沈嘉瑞編著《香港的蟹類》（*Crabs of Hong Kong*）系列論文。沈氏至少來港採集兩次（1932 年和 1938 年），記載了本地甲殼類物種，包括數種海岸蟹類、一種癭蟹新種 *Cryptochirus hongkongensis*，現稱 *Neotroglocarcinus hongkongensis*。1940 年，沈氏發表兩篇研究報告，其一發表本港及深圳一帶特有的淡水蟹香港南海溪蟹（*Potamon hongkongensis*，現稱 *Nanhaipotamon hongkongense*）及缺刻圓方蟹（*Cyclograpsus incisus*）；另一篇根據過往數十年的文獻資料、大英博物館館藏及個人採集，沈氏發表名錄《香港的短尾下目》（*The Brachyuran Fauna of Hongkong*），共記 187 種短尾類螃蟹。

二戰後漁業發展興旺，唯資源調查局限於經濟價值物種，尤以對蝦類為甚。至 1970 年代末，對本地物種記錄的工作如雨後春筍，較具規模的研究成果見於香港大學動物學系多次籌辦以海洋生物學為題的工作坊及研討會，在一系列相關論文集中，發表了豐碩的研究果，其中不乏本地甲殼類物種的記述，涵蓋對蝦類、真蝦類、龍蝦類及各類螃蟹等。2000 年代，太古海洋科學研究所莫雅頓等人，在東部水域以潛水方式探索水底洞穴生態，發現屬原足目（Tanaidacea）的一些全球首次發現的新種。[7]

2000 年代起，漁護署亦透過出版刊物及網站，促進經濟甲殼類知識的科普，包括於 2004 年出版《香港的經濟甲殼類動物》，介紹了 24 種對蝦、8 種蟹類及 9 種口足類（瀨尿蝦、蝦蛄），並設立「香港魚網」網站，提供各物種的照片、主要形態特徵及相關資料，有助於學者、漁民等辨別及認識甲殼類動物。

2. 海水蝦類分類概況、分布與習性

香港近海捕撈的甲殼類海產大致可分為：（1）底棲蝦類、（2）水層蝦類、（3）龍蝦類，以及（4）蟹類。2012 年 12 月 31 日起，香港水域實施禁止拖網，此後本地發售的甲殼類漁獲大部分捕撈自境外水域。

底棲蝦類

以底拖漁法捕獲的底棲蝦類來自近海及河口，按照型態這些物種可分為對蝦類和口足類兩大類。

對蝦類

對蝦類是十足目甲殼類下的枝鰓亞目（Dendrobrachiata），與其他大型甲殼類物種的差異在於雌性沒有抱卵行為，把受精卵直接散發於水層中。香港錄得 32 種，物種多屬分布於河口及淺海的對蝦科（Penaeidae；28 種）。體型龐大的對蝦屬（*Penaeus* sensu lato），全長可超 20 厘米，具有中上經濟價值。此屬特徵包括額角下緣具鋸齒，頭胸甲及各腹節表面光滑，且不少物種具鮮豔體色。本地常見物種包括短溝對蝦（*Penaeus semisulcatus*，又稱熊蝦）、日本對蝦（*Penaeus japonicus*，又稱斑節蝦）、斑節對蝦（*Penaeus monodon*，又稱虎蝦），以上三者具顯眼橫紋深淺相間。寬溝對蝦（*Penaeus latisulcatus*，又稱竹節蝦、藍尾蝦）體節淡綠，尾肢鮮藍。墨吉對蝦（*Penaeus merguiensis*，又稱白蝦）、長毛對蝦（*Penaeus penicillatus*）、印度對蝦（*Penaeus indicus*）三種體色淡綠且密布小點，尾肢鮮黃，邊緣深紅。

俗稱中蝦的新對蝦屬（*Metapenaeus*）數個物種體型較大，全長可達 16 厘米，具中上經濟價值。此屬包括以下數個本地物種：近緣新對蝦（*Metapenaeus affinis*，又稱麻蝦）體色淡棕，泳足及尾肢鮮紅；刀額新對蝦（*Metapenaeus ensis*，又稱麻蝦）體色淡綠，尾肢暗藍，邊緣深紅。亨氏仿對蝦及哈氏仿對蝦（*Mierspenaeopsis hardwickii*，又稱劍蝦）頭胸甲及

7　*Unguispinosus hodgsoni*　為香港記錄的 Parapseudidae 科 3 個物種的其中一種。雄性體長 4.35 毫米，雌性較大，體長可達 6.56 毫米。於香港東面水域的西貢飯甑洲 18 米深的水底洞穴中被發現，生活於含有有機碎屑和貝殼／藤壺碎片的細淤泥中，是該水下洞穴中佔優勢的原足目動物。
　　Paratanais clarkae　為香港記錄的 Paratanaidae 科 2 個物種的其中一種。雄性體長 1.7 毫米，雌性較大，體長可達 3.8 毫米。於香港東面水域的西貢飯甑洲 14 米至 16 米深的水底洞穴和香港島鶴咀 3.5 米深的海底泥沙中被發現。雄性的數量比雌性明顯的少，在 49 個採集到的樣本中只有 2 個是雄性。

各體節光滑，甲殼稍厚，具眼窩向後延的縱溝與側緣的橫溝，額角下緣無齒。兩者體型較小，全長不超過 12 厘米，價格中下。

赤蝦屬（*Metapenaeopsis*）俗稱「赤米」，體型中小，全長約 8 厘米。本屬額角下緣無齒，頭胸甲及各腹節密布短絨毛，體色灰白且帶不規則紅斑。香港近海採獲並發售的「赤米」主要包括兩種：婆羅門赤蝦（*Metapenaeopsis palmensis*）及鬚赤蝦（*Metapenaeopsis barbata*），兩者俱為常見。管鞭蝦屬（*Solenocera*）包括生活於大陸棚較深水的物種，體色大致淡紅，於香港近海常見的是中華管鞭蝦（*Solenocera crassicornis*，又稱紅蝦、大頭蝦），體型中小，全長約 7 厘米。底棲的管鞭蝦白天隱沒於海床的軟泥中，僅突出帶狀的第一觸角鞭至水層中呼吸。

口足目（瀨尿蝦、蝦蛄）

與其他十足目甲殼類相比，口足目甲殼動物是截然不同的演化分支，見於體節及附肢的數量及建構：口足目具五雙顎足，其中第二雙特化成捕肢，末節鐮刀狀、具長刺，或是基部膨大呈錘狀，俱為有效率的捕獵工具。口足動物鰓部組織附於腹足，而母蝦有抱卵行為，卵團攜於頭胸甲下方，以較小的顎足不斷揉動以確保通氣。於香港附近海域採集的蝦蛄最早由伍德·梅森於 1895 年描述了窩紋網蝦蛄（*Squilla foveolata*），而肯普於 1913 年整理印度太平洋區的口足類時，記錄了九個採自香港的物種。近年較完整的整理來自阿永（Shane T. Ahyong）、朱嘉濠等人於 1999 年的研究，記述了於西面海域採集的九個物種，主要包括常見棲息於河口軟泥底質海域的蝦蛄科（Squillidae）物種，以呈鐮刀狀、內緣滿布長刺的捕食爪，捕足捕獵底棲生物，包括移動速度較高的魚類。

香港共記有 20 種蝦蛄，體型較大且較具經濟價值的包括以下數種：猛蝦蛄（*Harpiosquilla harpax*）是體型較大物種，全長可超過 20 厘米，活體體色淡綠，頭胸甲外後角缺如，捕足前節內緣具長短相隔的刺，尾節具兩深褐色斑；口蝦蛄（*Oratosquilla oratoria*）、斷脊小口蝦蛄（*Oratosquillina interrupta*）及長叉三宅蝦蛄（*Miyakella nepa*）亦為最常見的三種，三者形態相似，俱棲息於淺海及河口水域海床，全長可達約 15 厘米，是價格中下海產物種。

水層蝦類

相較前述的底棲蝦類，水層蝦類於靠近河口的海面大量群居。於香港西面珠江口一帶採集的毛蝦類（Sergestidae，又稱櫻蝦科）通稱「銀蝦」，體型細小，額角短，第四及五雙步足退化，活體體色大致半透明，雙目角膜黑色，尾肢或具細小紅點。香港目前記錄三種：紅毛蝦（*Acetes erythraeus*）、日本毛蝦（*Acetes japonicus*）以及中國毛蝦（*Acetes chinensis*），鑒定依據亦包括雄蝦交接器。香港西面水域銀蝦的產量豐富，在大澳及馬灣沿岸較深水域所採的漁獲較少混雜淤泥及碎屑。銀蝦是製作蝦醬的主要材料，1980 年代是本地蝦膏、蝦醬生產高峰期，主要是家庭式生產，自 2012 年 12 月 31 日本地禁止拖網作業起，銀蝦轉向華南一帶入口，本地生產及技術因此走向式微。

龍蝦類

所謂「龍蝦」包含十足目以下數個不同的演化分支，大致可根據各胸足末端是否呈螯狀，以及第二觸角的型態加以區分。自 1980 年代起，本港近岸海域漁業資源漸見枯竭，根據 1960 年代進行漁業資源調查結果，至少兩種後海螯蝦（*Metanephrops*）產自中國南海北部，但其後多年來漁民甚少遇見。無螯下目（Achelata）物種的五雙步足皆無螯，下分兩科，俱包括經濟物種：龍蝦科（Palinuridae）第二觸角末節細長呈桿狀；蟬蝦科（Scyllaridae）第二觸角末節扁平呈槳狀。本地龍蝦屬（*Panulirus*）方面，已由前人記錄者包括 *Panulirus dasypus*、*Panulirus versicolor*、*Panulirus ornatus* 以及中國龍蝦（*Panulirus stimpsoni*），唯前三種紀錄可能是中國龍蝦的誤認。本地市面出售的龍蝦屬物種達七種之多，但可能只有中國龍蝦及波紋龍蝦（*Panulirus homarus*）產自香港水域。

3. 海水蟹類分類概況、分布與習性

香港水域蟹類

香港海鮮蟹類通常是體型較大的螃蟹物種，於河口或淺海捕撈，以梭子蟹科（Portunidae）物種為主，重要特徵包括第五雙胸足扁平呈槳狀，用作於水中作橫向衝刺，游泳能力優秀，大多為雜食者，而體型較大者是兇猛捕食者。最常見的梭子蟹科本地物種包括以下數種：

擬曼賽因青蟹（*Scylla paramamosain*，又稱青蟹、擬穴青蟳）（見圖 6-75），體型龐大，頭胸甲寬可達 18 厘米，眼後前側緣具九小齒，雙螯相當粗壯，活體橄綠色，雙螯外面下方淡黃且具淡橘紅色斑。擬穴青蟳生活於河口一帶的紅樹林沼澤地，挖洞而居。廣泛分布於印度洋至西太平洋海域，只有青蟹及橄綠青蟳（*Scylla olivacea*）見於香港水域，以前者較常見。

梭子蟹屬（*Portunus*）包括常見的海鮮物種，如遠海梭子蟹（*Portunus pelagicus*，又稱花蟹）、紅星梭子蟹（*Portunus sanguinolentus*，又稱三點蟹）及三疣梭子蟹（*Portunus trituberculatus*，又稱白蟹）等。三種頭胸甲呈紡錘形，寬達 15 至 20 厘米，大致是中價位的海鮮。梭子蟹類多棲息於砂泥底質的淺海，捕食底棲生物，可依活體體色可鑑別。遠海梭子蟹雄蟹頭胸甲為深藍色，具有白色花紋，雌蟹大致暗綠，幼蟹偶見於潮間帶沙岸；紅星梭子蟹頭胸甲為墨綠或灰藍色，後半具三個深紅色眼斑；三疣梭子蟹體色為暗橄綠色，與遠海梭子蟹母蟹較相似。漢氏單梭蟹（*Monomia haani*）頭胸甲呈紡錘形，寬達 14 厘米，活體大致橘紅色，頭胸甲上突出的顆粒鏽紅。

蟳屬（*Charybdis*）物種頭胸甲呈六角形，前側緣具六齒，同樣是棲息於砂泥底質的淺海捕食者。常見物種包括鏽斑蟳（*Charybdis feriatus*，又稱紅花蟹）、晶瑩蟳（*Charybdis lucifera*，又稱石蟹）及顆粒蟳（*Charybdis granulata*，又稱石蟹）。鏽斑蟳是蟳屬中體型較

圖 6-75　俗稱「青蟹」的擬曼賽因青蟹（*Scylla paramamosain*）體型龐大，雙螯粗壯（王展豪提供）

大的物種，寬達 20 厘米；晶瑩蟳是近岸水域的常見物種；顆粒蟳在近岸水域亦頗為常見。而體型較大的紅花蟹，在潮州酒家售價可以是過千元一隻，甚具經濟價值。

以蟹籠或刺網等方法採自沿岸淺海的逍遙饅頭蟹（*Calappa philargius*），頭胸甲寬約 10 厘米，呈隆起的橢圓形，體色淡褐，眼窩具深棕色「眼圈」。

王展豪等人詳細分析從 2012 年至 2018 年拖網獲得的海蟹物種，錄得短尾甲殼類動物 108 種，包括梭子蟹總科（Portunoidea）30 種、毛刺蟹總科（Pilumnoidea）17 種和玉蟹總科（Leucosioidea）13 種，當中包括 16 個新紀錄。王展豪亦在當中發現了一種新的底棲蟹物種，名為 *Mariaplax exigua*。

潮間帶蟹類
潮間帶包含岩岸、沙灘、泥灘及紅樹林等生境，是不少本地蟹類棲息之地。分布於潮間帶的蟹類主要屬於短尾類螃蟹中一個稱作胸孔亞派（Thoracotremata）的大類，當中包括方蟹總科（Grapsoidea）及沙蟹總科（Ocypodoidea）的物種，大部分見於淺海、潮間帶以至淡水生境。根據近年分子親緣關係分析結果，方蟹及沙蟹兩個總科皆非單系群（monophyletic group），而是包含多個獨立演化的分支，對潮間帶、淡水以至陸地生境的適應，在不同類群之間皆不盡相同。本部分介紹常見的潮間帶蟹類類群，按其食性分為藻食、植食與雜食蟹科動物，以及泥食蟹科動物兩大類。

藻食、植食與雜食蟹類

方蟹科

在香港海岸常見的方蟹科（Grapsidae）成員包括於岩岸活躍的白紋方蟹（*Grapsus albolineatus*），以及泥灘礫石間常見的兩種大額蟹（*Metopograpsus*）。白紋方蟹在開放岩岸十分常見，大致徘徊於水位上方的岩壁，以岩石表面藻類為食，被騷擾（如水鳥或人類的靠近）即迅速跳往水中躲避，相當靈敏，不易捕捉。鱗形斜紋蟹〔*Plagusia squamosa*；斜紋蟹科（Plagusiidae）〕以及中華盾牌蟹〔*Percnon sinense*；盾牌蟹科（Percnidae）〕亦同樣見於本地受海浪沖刷的岩岸潮間帶。這些蟹類螯足，兩指末端呈湯匙狀，刮食岩石表面的藻類，於冬季主要進食滿布岩岸的絲狀藻。香港常見的大額蟹物種，包括寬額大額蟹（*Metopograpsus frontalis*）及四齒大額蟹（*Metopograpsus quadridentatus*），見於紅樹林旁邊的泥灘生境，於滿布蠔殼的石塊間活動。前種見於本地東面生境；後者常見於西面海水鹽度較低的灘塗。寬額大額蟹是雜食者，除進食各式藻類外，亦攝食落葉及沉積物，以及捕食其他蟹類，如和尚蟹、短槳蟹等。

相手蟹

相手蟹科（Sesarmidae）的背甲呈方形或近方形，表面具橫向或斜向淺紋，前額較寬，甚至比後緣寬，前緣不多於兩齒；頰板區（pterygostomian region）具排列成網格狀的膝狀剛毛，每根剛毛從外至內連結至鰓室（branchial chamber）。相手蟹可透過鰓腔的細槽和頰板區上的膝狀剛毛，把排出的水分循環，保持鰓部濕潤，從而呼吸，且增加離水活動的時間。相手蟹的螯足粗壯，左右幾乎對稱，雄性螯足較大；四對步足通常具有剛毛和短剛毛。相手蟹科是半陸生的蟹類，常見於中至高潮間帶，個別物種甚至棲息在潮間帶以上的紅樹林，主要攝食紅樹及其他植物的落葉。

香港相手蟹科物種多樣化，相手蟹科共記錄 21 種。紅螯螳臂蟹（*Chiromantes haematocheir*）常見於河口泥岸及附近植被，是本地相手蟹類中較能適應淡水生境的物種（見圖 6-76）。米埔擬相手蟹（*Parasesarma maipoense*）背甲灰色，前側緣具兩齒，螯足掌節白色，此物種的模式產地在米埔，在香港的分布相當狹窄，只在米埔和東涌有過零星記錄，僅見於潮間帶邊緣的堤防和基圍紅樹林裏。柏氏東相手蟹（*Orisarma patshuni*）背甲淺褐色至深褐色，表面相對平滑，外眼窩角銳利（見圖 6-77），只在珠江口兩岸有分布，僅見於香港和澳門，模式產地在大嶼山水口，也常見於在香港東部和南部（大潭地區），棲息於河流下游的樹林。

香港紅樹林生境中最常見的相手蟹是大陸擬相手蟹（*Parasesarma continentale*，前稱雙齒近相手蟹），以橄欖綠色的頭胸甲、橘紅色的螯掌和兩指辨識，能有效適應人為干擾嚴重的

圖 6-76　紅螯螳臂蟹（*Chiromantes haematocheir*）是濕地常見物種，於相手蟹類當中較能適應淡水生境，因此亦見於遠離海岸的溪流。（左圖：鄭樂宜提供；右圖：王展豪提供）

圖 6-77　僅見於香港和澳門的柏氏東相手蟹（*Orisarma patshuni*）雙螯鮮紫色，背甲深紫色，也能適應淡水生境。（左圖：王展豪提供；右圖：鄭樂宜提供）

潮間帶生境，群居在紅樹的洞穴，洞穴結構複雜，有多個出入口和室，以落葉為主食，或會攝食紅樹的花或胚芽，亦偶爾會進食動物、海藻等補充營養。牠們夏季較活躍，而冬季多留在洞穴，於 3 至 9 月繁殖，高峰則為 5 月至 6 月和 8 月至 9 月，壽命長達兩年半，而高密度群居和攝食大量落葉的行為是促進養分循環的主要因素。

靠陸地方向的紅樹樹蔭下常見直徑數厘米的洞口。洞穴通常深且彎曲，亦纏繞在植物根部之間。挖掘此類洞穴的本地物種包括印度新脹蟹（*Neosarmatium indicum*）及弓蟹科的隆背張口蟹（*Chasmagnathus convexus*）。印度新脹蟹行動緩慢，只見於洞口附近，但對外來干擾相當敏感，稍有騷擾就往洞穴中躲藏。

2017 年發表的汀角攀樹蟹（*Haberma tingkok*）（見圖 6-78）背甲寬約 7 毫米，近方形，深褐色；螯足掌節淺橙色，兩指較深色；步足修長。汀角攀樹蟹是香港唯一生活於紅樹林樹冠層中的蟹類，在樹洞藏身，甚少走到地上。此物種的模式產地在吐露港汀角紅樹林，亦偶見於吐露港西徑和西貢土瓜坪的紅樹林，目前只有香港有記錄。

弓蟹科

弓蟹科（Varunidae）包括多種常見於潮間帶、紅樹林及淡水蟹類，型態及生態各異。潮間帶礫石灘石塊下常見的平背蜞（*Gaetice depressus*），顧名思義頭胸甲平坦，寬約 2 厘米，體色多變且具不規則斑駁。除攝食藻類外，平背蜞可於海水淹蓋時揮動特化的第三顎足（口器），以抓取水中有機物進行濾食。紅樹林邊緣和泥灘上棲息着長方蟹（*Metaplax*），頭胸甲近方形，邊緣具最多五齒，深褐色，步足修長。香港記錄共有三種，包括長足長方蟹、秀麗長方蟹（*Metaplax elegans*）和十三疣長方蟹（*Metaplax tredecim*），當中長足長方蟹是以香港為模式產地的物種。長足長方蟹主要分布於香港西部，東部的則以十三疣長方蟹較常見。

隆背張口蟹見於紅樹林樹蔭下，於稍堅固的泥岸挖洞而居，生態與相手蟹類相似，大致雜食性。隆背張口蟹體型較大，頭胸甲近圓形，寬約 4 厘米，灰紫色或土黃色，前側緣橙紅色。日本絨螯蟹（*Eriocheir japonica*）體型較大，頭胸甲寬達 8 厘米，前側緣具三齒，雙螯粗壯，掌部外裏兩面密布軟剛毛。絨螯蟹是迴游物種，受精卵需於海水中孵化發育，幼蟹自河口遷徙至淡水溪流生活，在河岸挖洞而居，直至性成熟再至河口生產。

圖 6-78　汀角攀樹蟹（*Haberma tingkok*）是近年在香港發表的新種，體型細小，步足幼長，在紅樹上棲息。（鄭樂宜提供）

泥食蟹類動物

屬沙蟹總科的毛帶蟹科（Dotillidae）、大眼蟹科（Macrophthalmidae）、和尚蟹科（Mictyridae）及招潮蟹等物種，俱為泥食動物，即攝食沉積物中的有機物，如線蟲、微型藻類、細菌等，而非無機的礦物碎屑。進食時，牠們先用螯足把沉積物送到口中。蟹類的顎足是處理食物的肢體，從外到內為第三至第一顎足；第一和二顎足上有特化的剛毛，把可食的有機物從沉積物中分開，帶到口腔。口腔裏充滿從鰓腔來的水，較輕的食物在水上浮起，被送至食道進行消化，而較重的沉積物，如無機的沙泥則下沉，並經口中排出，形成「擬糞」。這攝食模式稱為鰓水浮水機制（flotation feeding），是泥食蟹類的主要覓食方法。第二顎足上的特化剛毛跟物種的棲息地相關：分布於沙地物種的特化剛毛較堅硬，末端呈匙狀，有助把黏在粗糙的沙粒上的食物刮下。相反，分布於泥灘地物種的特化剛毛呈羽毛狀，以處理較幼細的顆粒。

毛帶蟹科

毛帶蟹科物種體型細小，眼柄長，有些物種螯足和步足長節具鼓膜，用作氣體交換，現時香港記錄共 13 種，當中角眼拜佛蟹是以香港為模式產地的物種，也是香港紅樹林和軟灘為數最多的蟹類之一。角眼拜佛蟹背甲只有約 1 厘米寬，呈長方形，前側緣具兩齒，顏色多樣；雄性眼睛上有一條針狀突出物。棲息於紅樹林邊緣和接連的沙坪，潮退時拜佛蟹經常站在洞穴旁揮動螯足，動作有如進行拜禮，又像武士切腹，故牠們也被稱為「角眼切腹蟹」。中型股窗蟹（*Scopimera intermedia*）是另一種常見物種，背甲寬約 1 厘米，球狀，焦糖色，表面具深色斑點。牠們棲息在高潮間帶的沙坪，以沙中的底棲微藻、線蟲等為主食。日間潮退的時候，牠們從洞穴出來活動，以自己洞穴為中心，向不同方向邊走邊濾食，留下放射式的擬糞。近年本地海岸亦見原產自海南的短尾股窗蟹（*Scopimera curtelsona*），數量日漸增多，很可能是因數十年來華南一帶海面水溫上升有關。

大眼蟹

大眼蟹屬（*Macrophthalmus*）物種背甲橫寬且扁平，表面平滑或具細微顆粒和短剛毛，側緣兩至五齒，眼柄細長如火柴狀。香港記錄大眼蟹屬共九種，當中齒大眼蟹（*Macrophthalmus dentatus*）於香港發現。多種大眼蟹常見於新界西北后海灣一帶，多棲息在中至低潮間帶的泥灘，而隆背大眼蟹（*Macrophthalmus convexus*）、短身大眼蟹（*Macrophthalmus abbreviatus*）及悅目大眼蟹（*Macrophthalmus erato*）等，亦常見於其他地區的泥灘生境。拉氏大眼蟹（*Macrophthalmus latreillei*）僅於潮下帶以底拖網採集。

和尚蟹

和尚蟹科於香港僅錄得一種，即短指和尚蟹（*Mictyris brevidactylus*），由斯廷遜於 1858 年發表，以香港為模式產地。此物種背甲球形，淺藍色；螯足乳黃色，向下彎曲，可動指內緣有一扁平的齒；步足細長，基部紅色。牠們棲息在中至低潮間帶的沙坪。潮退時，尤其於夏季的下午,體型較大的和尚蟹,多為成年雄性,數以百計到沙坪表面覓食,如軍隊般壯觀。於吐露港海星灣和企嶺下海泥灘,曾記錄過 25 平方米的範圍內超過 700 至 800 隻和尚蟹集體覓食。至於雌蟹和幼蟹,則在沙泥表面下進食,邊走邊把濾食後的沙粒推到沙坪表面,形成一道道彎彎曲曲的鬆散沙堆;牠們也是水鳥的食物。

招潮蟹

招潮蟹屬於沙蟹科(Ocypodidae),頭胸甲方形或梯形,顏色較豐富,表面平滑,眼柄幼長。招潮蟹兩性異形明顯,雄性其中一隻螯足特大,另一隻卻細小;雌性兩隻螯足也細小。香港紀錄共 6 種,包括弧邊管招潮蟹(*Tubuca arcuata*)、銳齒管招潮蟹(*Tubuca acuta*)、擬屠氏管招潮蟹(*Tubuca paradussumieri*)、北方丑招潮蟹(*Gelasimus borealis*)、麗彩擬瘦招潮蟹(*Paraleptuca splendida*)(見圖 6-79),以及乳白南方招潮蟹(*Austruca lactea*)。數種當中,麗彩擬瘦招潮蟹由斯廷遜於 1858 年發表,以香港為模式產地。此物種配色鮮豔,俗稱「西瓜蟹」,背甲淡藍色,配上黑色橫紋;眼柄淺紅到橙紅色;螯掌橙紅色,可動指和不可動指淺粉紅色或白色。此六種招潮蟹均可以顏色及雄蟹大螯鑒別。

招潮蟹廣泛分布於香港各地潮間帶生境,而各物種偏好不同棲息地,例如麗彩擬瘦招潮蟹、弧邊管招潮蟹、銳齒管招潮蟹棲息在中到高潮間帶的紅樹林,乳白南方招潮蟹見於較高潮間帶的沙坪,而擬屠氏管招潮蟹及北方丑招潮蟹則分布於較低潮間帶的泥灘。另外,偏好軟泥的管招潮蟹屬在香港西邊比較常見。

沙蟹

沙蟹屬(*Ocypode*)與招潮蟹同屬沙蟹科,親緣關係相近,但生態卻大相逕庭。沙蟹多分布於較開放的沙灘,因迴避日間的猛烈日照及地面超過攝氏 50 度的高溫,多數物種於潮上帶挖掘洞穴躲藏,而於夜間活動獵食,亦偶見攝食沉積物。沙蟹的洞穴遠較招潮蟹

圖 6-79 麗彩擬瘦招潮蟹(*Paraleptuca splendida*)配色鮮豔,眼柄也呈橙紅色。(左圖:鄭樂宜提供;右圖:羅卓文提供)

的深，可達一米，形態呈管狀、J形或螺旋彎曲。沙蟹頭胸甲方形，雙螯大小稍不一，角膜膨大呈橢圓形，步足粗壯。香港共記錄三種沙蟹，分別是常見的角眼沙蟹（*Ocypode ceratophthalmus*）及中華沙蟹（*Ocypode sinensis*），及近年較罕見的摩氏沙蟹（*Ocypode mortoni*）。摩氏沙蟹模式產地是西貢西灣，僅分布於華南一帶。

4. 淡水甲殼類動物分類概況、分布與習性

較常見的淡水甲殼動物俱為十足目成員，諸如蝦、蟹和小龍蝦等。十足目動物俱擁有五對胸足（pereiopod），以作爬行（步足）、協助進食或防衛（螯）。所有淡水十足目都是底棲生物，多為雜食性。其餘的甲殼類，除了體形較大的等足目（Isopoda）和端足目（Amphipoda）外，大部分都是比米粒還要細小的微型甲殼動物（microcrustaceans），例子有介形蟲（Ostracods）、橈足類（Copepods）和枝角類（Cladocera，通稱水蚤）等，牠們大多屬於浮游動物，由於數量繁多，是支撐着各水生環境食物網的重要成員。

淡水蝦

香港記錄到的溪蝦約有八種，主要是匙指蝦科（Atyidae）和長臂蝦科（Palaemonidae）物種，分別包括河溪常見的各類米蝦（*Caridina*）和沼蝦（*Macrobrachium*）物種。海南沼蝦（*Macrobrachium hainanense*）是最常見的長臂蝦，以一雙長螯為其最大型態特徵，年幼時色淺至幾乎透明，成年後顏色轉深，主要棲息於山溪水潭，5月至6月為其繁殖季節。

香港共有四種匙指蝦科物種，其中廣東米蝦（*Caridina cantonensis*）（見圖6-80）是香港河溪常見的淡水蝦，在河溪的密度能達到每平方米100隻以上。廣東米蝦身體透明且有不規

圖 6-80　東涌河棲息的廣東米蝦（*Caridina cantonensis*）。（攝於 2022 年 7 月，香港地方志中心拍攝）

則黑點紋理，身體可以有藍色、紅色或透明等不同顏色，只能在優質水質生活，米蝦的前兩雙胸足呈螯狀，螯指末端各具一小束剛毛，用以拭刷並收集岩石或枯葉表面的有機物或藻類，然後用第三顎足送入嘴巴。由於種群龐大，廣東米蝦每日刮取和收集的有機物份量亦驚人，因此牠們對於水中的養份循環非常重要。三紋米蝦（Caridina trifasciata）是另一種本地匙指蝦科物種，2003 年首次於香港發現，主要分布於西貢鯽魚湖和滘西洲溪流。

淡水蟹

相對於海蟹，香港溪蟹種類不多。溪蟹分布廣闊，一般身型細小。香港共有四種溪蟹，包括鰓刺溪蟹和鐮刀束腰蟹（Somanniathelphusa zanklon），及俗稱為「山蟹」的香港南海溪蟹和尖肢南海溪蟹（Nanhaipotamon aculatum）。鰓刺溪蟹和鐮刀束腰蟹的甲殼均為啡綠色，由於牠們通常蟄伏於水底，因此較難被觀察。香港南海溪蟹的甲殼為鮮紅色，於高山小溪均有分布，間中亦會離開溪流，在附近岸上出現。雖然香港的淡水蟹只有寥寥數種，但不少在保育上都有重要價值，例如在香港及廣東沿岸特有的鐮刀束腰蟹，便被列為全球瀕危。

5. 珍稀物種、價值和保育

香港海蝦與海蟹一般具有經濟價值，在本地濃厚海鮮文化背景之下，針對此類物種的漁業相對盛行，例如蝦艇於吉澳、大埔海、石牛洲及長洲等海域進行近岸拖網捕撈，常見漁獲為花尾蝦、花蟹等；另有針對銀蝦供製作蝦醬、蝦糕的漁業，因應銀蝦晚間會浮近水面的特性，漁民於晚上在蒲台尾、下尾（索罟灣）、長洲頭及陰澳等海域利用網眼較小的拖網捕捉。由於拖網漁業對海床造成破壞，而且容易造成過度捕撈問題，影響海洋生態系統。除了捕撈的影響外，挖泥和填海工程等亦會對甲殼類造成生存壓力，導致香港水域蝦類的減少，包括大澳銀蝦。

此外，香港亦有於海床放置蟹籠、操作基圍以養殖天然魚蝦等傳統漁業方法。基圍漁業由於經濟發展及水質問題導致利潤降低，於 1970 年代起式微，目前只餘下米埔自然保護區中保留的基圍，養殖「基圍蝦」供候鳥覓食，並展示具傳統智慧的漁業方式；而蟹籠放置則仍為香港漁業常用的漁具，對環境影響相對較少。

除了上述具經濟價值的甲殼類以外，香港亦有具保育價值的甲殼類物種。在四種產自香港的淡水蟹，當中鐮刀束腰蟹於 2008 年被列入世界自然保護聯盟（IUCN）《瀕危物種紅色名錄》中的瀕危物種，研究顯示牠所依賴的溪流及沼澤生境受城市發展及河道人工化的威脅。縱然本地生境持續備受威脅，不少有趣的甲殼類物種仍有待發掘，例如 2017 年於大埔汀角路沿海地區發現一種棲於紅樹冠叢中的蟹，為全球首次發現的新種，冠名為汀角攀樹蟹，其甲殼寬度不到一厘米，在紅樹林樹枝上爬行，牠亦為該屬中的首個樹棲物種。

整體上，香港未有針對甲殼類物種的保育，保育措施主要是其生境的保育，例如設立郊野公園、海岸公園及保護區，以保育相對完整的生態系統，並監察河流及海水水質，管理工程的選址及施工方式等，以保護天然河溪免受污染和破壞。另外政府亦制定可持續漁業管理措施，於 2012 年底已全面禁止在香港水域拖網捕魚，以保育海洋生態及漁業資源，經過禁拖後數年的管理，東部和西部水域的海洋底棲甲殼類生物數量明顯回升，顯示措施對漁業資源保護有效。

五、軟體動物

1. 研究和分類概況

研究概況

香港軟體動物的研究，以海水物種為主。清康熙《新安縣志》（1688）「鱗類」及「介類」列出多個軟體動物名目，包括章魚、蠔和沙螺等。清嘉慶《新安縣志》（1819）「鱗」及「介」門類亦有記述多種軟體動物，並附有簡單物種介紹，包括型態、生活習性、味道及經濟價值等，例如「鰇魚」條目有「身如革囊，旁有兩翼，頭生八爪」的記載。而古人習慣將有殼的軟體動物，不論單殼、雙殼，均通稱為「螺」，縣志中記有大量螺類，包括其經濟價值。

1860 年代，歐美博物學家如戴比（Jean-Odon Debeaux）、郇和和亞當斯（Henry Adams）等人陸續開始採集和鑒定來自香港和華南地區的軟體動物標本；加上斯廷遜同期在美國北太平洋探索遠航船隊工作時，在本港海域鑒定了大量海洋生物，為本港的海洋生物狀況，包括軟體動物提供了初步資料。1930 年代，中國內地生物學家金紹基和秉志發表了四篇關於本港軟體動物的論文。

1960 年代，漁護署在吉澳設立珍珠養殖研究中心，對本港兩種主要養殖珍珠貝類企鵝鶯蛤（*Pteria penguin*，又稱丫螺）及凹珠母蛤（*Pinctada fucata*，又稱珠螺或馬氏貝）進行養殖實驗及研究。1970 年，專研軟體動物的英國海洋生物學者莫雅頓來港，於香港大學動物學系任教，並於 1977 年至 2002 年間舉行一系列貝類和海洋生物研討會，發表多篇研究論文及書籍，如 1983 年出版的《香港海岸生態》，為香港軟體動物的研究奠定基礎。

陸生和淡水物種方面，1930 年代後期，嚴敦建對香港陸生蝸牛進行研究，記錄了中國各地的淡水蝸牛，包括近 40 種來自香港的蝸牛物種。李氏於 1971 年研究了在香港菜地發現的蝸牛，勃蘭特（Brandt）在 1977 年嘗試建立香港陸地蝸牛的清單。1994 年，何慧紅展開首個有系統的蝸牛普查，列出在香港的 39 種陸生蝸牛與蛞蝓物種，包括 10 個在香港的新發現物種，該文獻指出香港特有的 9 種蝸牛物種。加上甄氏 1939 年記錄了是次調查中未發現的另外 19 個物種，鍾斯（K. H. Jones）和普雷斯頓（H. B. Preston）記錄了 1 個物種，米德（A. R. Mead）記錄了 1 個物種，勃蘭特記錄了另外 4 個物種，估計香港地區陸生蝸牛物種的總數至少為 58 種。何慧紅的調查更指出在香港島薄扶林郊野公園倍唇螺（*Diplommatina* sp.）蝸牛密度最高，總計每平方米蝸牛數量為 38.8±19.1 隻（平均值 ± 標準差）。

分類概況

香港軟體動物由海水軟體動物、淡水軟體動物及陸生軟體動物組成，本港共有約 1200 種軟體動物（見附錄 6-10）。以腹足綱佔大多數，共有 31 目／總科共約 750 種，當中以螺類為優勢類，包括新進腹足目（11 科、59 種）、新腹足目（23 科、144 種）、玉黍螺目（25 科、165 種）及鐘螺目（7 科、37 種）。螺類以外，其他海水腹足綱軟體動物包括蓮花青螺總科（3 科、20 種）及笠螺總科（2 科、7 種），一般稱作帽貝；海鹿目（1 科、6 種），俗稱海兔；裸鰓目（20 科、106 種），俗稱海牛等等。

腹足綱以外，其他的軟體動物類別為雙殼綱、頭足綱和多板綱和掘足綱。香港約有雙殼綱共 19 目 58 科 394 種，當中包括鳥蛤目（6 科、63 種）、牡蠣目（8 科、47 種）及簾蛤目（9 科、86 種）等。香港約有頭足綱共有 4 目 9 科 40 種，分別為閉眼目（1 科、8 種）、章魚目（3 科、11 種）、開眼目（2 科、4 種）及烏賊目（3 科、17 種）。香港的多板綱只有 1 目，即石鱉目（5 科、18 種）。掘足綱物種只錄得膠州灣角貝（*Episiphon kiaochowwanense*）1 種。

2. 分布與習性

香港軟體動物的種類繁多，本部分選介本地具代表性物種的分布和習性，以海水腹足綱和雙殼綱物種為主。

海水軟體動物

腹足綱動物

腹足綱海水軟體動物分布在本港岩岸、泥灘、紅樹林、海洋及淺水的海草床及珊瑚群落。部分腹足綱海水軟體動物有靨（operculum），如一般螺類，在有需要時能將身體與外間環境隔絕。在不同浪力的岩岸可找到不同的螺類群落，但一些物種卻在本港不同浪力的岩岸均可找到，如單齒螺（*Monodonta labio*）、疣荔枝螺（*Reishia clavigera*）和鑲珠核果螺（*Tenguella musiva*）等。即使是同一類物種，但在不同浪力或被捕獵風險下的個體卻有不同的生長形態。

一般來說，在浪力較大的岩岸，螺體會較短、開口會較闊而足部會較大，分別用以減少海浪施在螺體的力度和增加抓着岩石的力量；反之，在浪力較低的港灣，則螺體會較長和足部比例會較低。在本港東南、較大浪的岩岸（如西貢、石澳、鶴咀等）可找到體型較矮的鑲珠核果螺和單齒螺；相反，在浪力較低的岩岸（如吐露港馬屎洲、荔枝莊，港島大潭港等），則可找到體型較長，但系屬同一物種的螺類。

部分腹足綱海水軟體動物缺乏靨，例如帽貝，故其足部會常與基質直接接觸，只能將外殼緊貼基質表面以減少身體暴露在外間環境，常見的物種諸如琉球擬帽貝（*Patelloida ryukyuensis*）和花笠螺（*Cellana toreuma*）等，在岩岸均可找到。

螺類和帽貝的口部均有齒舌（radula），用以刮食基質表面上的生物膜，如岩石上、沙粒上或樹皮上的微藻和細菌等有機物。因此，在不同基質上的腹足綱動物有不同硬度的齒舌，例如岩岸上的帽貝，則有着堅硬的齒舌用以刮食石面，其抗拉強度為已知自然生物材料中最高。

部分腹足綱海水軟體動物的外殼完全退化，如海兔及海牛，故有比較不同的習性，例如利用保護色作防衛，海兔主要以藻類為食，而不同科的海牛之間食性亦不盡相同。

濱螺科

濱螺科（Littorinidae）物種可在本港岩岸和紅樹林的上潮帶找到，如岩岸上的塔結節濱螺（*Echinolittorina malaccana*）、輻射濱螺（*Echinolittorina radiata*）和變化結節濱螺（*Echinolittorina vidua*）；牠們只有約 10 毫米大小，殼上帶有結節或刻紋；紅樹林上的黑口濱螺（*Littoraria melanostoma*）（見圖 6-81）和斑肋濱螺（*Littoraria ardouiniana*）；以及岩岸和紅樹皆可找到的中華濱螺（*Littoraria sinensis*）和蔴花濱螺（*Littoraria articulata*）。這些濱螺生活在環境極端的中、上潮帶，往往有着非凡的生理容忍能力。其中，以岩岸濱螺的耐熱度最強；儘管體型細小，但塔結節濱螺體內的蛋白酶在攝氏 40 度的高溫下仍然只有少量變形，一般個體更可承受攝氏 55 度的體溫。進入「夏眠」狀態的個體可連續至少 50 天不沾海水和不活動，故塔結節濱螺往往可在岩岸最高、環境最極端的區域找到。然而，縱使濱螺有着頑強的耐熱能力，岩石上最熱卻可逾攝氏 60 度，故濱螺亦需透過一系列行為避免體溫過熱。其中，建塔行為最為獨特，個體會攀爬至其他個體身上，以減少接觸炙熱的石面和石面上酷熱的空氣，塔高有時更可達四至五隻螺。

海蜷螺科

海蜷螺科（Potamidae）成員可在本港沙泥灘和紅樹林找到，包括不同的小塔螺（*Pirenella* spp.）、擬蟹守螺（*Cerithidea* spp.）和體型巨大的溝紋荀光螺（*Terebralia sulcata*）。其中，不論在沙灘上潮帶的鹽地鼠尾粟（*Sporobolus virginicus*）或在紅樹林的枝幹，均可找到莫氏擬蟹守螺（*Cerithidea moerchii*）伏於其上（見圖 6-82）；即使是在退潮時段，部分個體也會如此，並無隨潮水下降爬至沙泥面上。當中原因眾說紛紜，有學者認為此舉是為逃避水生捕獵者而演化出的行為，以往上爬來遠離隨潮水而來的捕獵威脅；但也有學者提出爬樹的擬蟹守螺可能是為了要遠離較熱和乾燥的沙泥表面；研究顯示在草地上的濱螺（*Littoraria* spp.）也可因而逃避較熱的基質，雖然效用未必很大，但此舉在炎熱的沙灘上可能具有重要功能。在吐露港一帶的沙泥灘和紅樹林可清楚觀察此現象，當中真正機制則尚待研究。

河口螺科

河口螺科（Iravadiidae）的成員屬淺海螺類，可在本港紅樹林及河口沙泥灘潮間帶找到。河口螺科的體型較小，一般擁有細長且有螺旋紋的圓錐型或長錐型外殼，香港常見的物種包括：方格河口螺（*Iravadia quadrasi*）及柏衲埃列螺（*Iravadia bombayana*）等。1994 年，

圖 6-81　黑口濱螺（*Littoraria melanostoma*），生活在紅樹林的中上潮帶，耐熱度較強。（香港特別行政區政府漁農自然護理署提供）

圖 6-82　莫氏擬蟹守螺（*Cerithidea moerchii*），經常伏於樹上。（香港特別行政區政府漁農自然護理署提供）

龐德（W. F. Ponder）於第三屆香港和華南貝類國際研討會發表在香港新發現的螺 *Lantauia taylori*。此螺以大嶼山作為屬名，自成一屬，暫時只有北大嶼海域有發現紀錄。*Lantauia taylori* 形態獨特，與其他親近的種在外觀、足部和內部器官結構有顯著的分別，因此賦以科學上全新的屬，成為以大嶼山命名的腹足類分支。然而，這個獨特物種亦受到赤鱲角機場工程的威脅。

海兔和海牛

香港共記錄過約 250 種海蛞蝓，其中海兔和海牛共估當中約 75%。海兔和海牛分別是海鹿目（Aplysiida）和裸鰓目（Nudibranchia）的俗稱，大部分海兔和海牛棲息於海洋岩礁、人工魚礁、海草床或珊瑚群落。而在岩岸的潮池和礫石灘的卵石底亦可發現牠們蹤影，諸如煙色枝鰓海牛（*Dendrodoris fumata*）（見圖 6-83）、黃色裸海牛（*Gymnodoris citrina*）和蓑海牛（*Anteaeolidiella* spp.）。海鹿目動物頭上有兩對觸角，猶如兔子耳朵，故被稱作海兔；裸鰓目動物則有用於呼吸的鰓羽（branchial plumes）於背部突出體外，可用以和海兔作區分。海兔和海牛的外殼均已退化為內殼或完全退化消失，故需靠其他策略保護自己。海兔以藻類為食，並會以藻類的顏色獲取與外在環境一般的保護色；在受攻擊時海兔也會利用墨腺（ink gland）和蛋白腺（opaline gland）的分泌以分別遮擋和干擾捕獵者的視覺和味覺。部分海牛則會以海葵和其共生的蟲黃藻為食，這些外來物（海藻的葉綠體、海葵的刺細胞、蟲黃藻）可被攝取並儲存在海牛背上的角突（ceras）之中，以達致防衛、氣體交

圖 6-83　煙色枝鰓海牛（*Dendrodoris fumata*）。（梁啟軒提供）

換或攝取養分等不同功能。不同科的海牛會捕食海綿或甚至其他海牛，食性不盡相同。

雙殼綱動物

雙殼綱海水軟體動物的分布與腹足綱大致相同，無論在東西海域、岩岸或沙泥灘、紅樹林生境，甚至在人工結構如碼頭等均可找到牠們，遍布本港各類海岸生境。海水雙殼類動物大部分有左右兩塊硬殼，透過殼內兩側的肌肉控制硬殼。不同的雙殼綱動物習性有差別，大多為濾食性動物，以鰓攝食懸浮顆粒；而部分則為腐食性，例如蛀船蛤科（Teredinidae）。當中部分雙殼綱動物為棲息於海床底部，利用足部挖掘，將身體藏匿在沙泥之中，例如文蛤（*Meretrix* cf. *meretrix*，又稱沙白）和竹蟶（*Solen strictus*）等。

大部分雙殼綱是固着動物，會用足絲固着在不同物件，必要時仍能斷開足絲移動，例如：紫孔雀殼菜蛤（*Mytilisepta virgata*）。部分雙殼綱用貝殼的一側固着在石頭或人工結構上，這類雙殼綱動物基本上不能移動，例如僧帽牡蠣（*Saccostrea cuccullata*，又稱石蠔）（見圖 6-84），是其中一種在本港潮間帶分布最廣的雙殼類動物；然而，僧帽牡蠣在外觀上有着巨大個體差異：扁平貼近基質的、突起遠離基質的、右殼帶小棘的、殼面粗糙卻缺乏小棘的等等不同形態。

本港有學者就香港和印度洋—太平洋海域的石蠔作出基因分析，指出以上看似不同的個體其實均屬僧帽牡蠣，基因親緣關係接近，並與黑齒牡蠣（*Saccostrea scyphophilla*）組成本港兩種 *Saccostrea* 屬的牡蠣。其中，莫雅頓提出帶有小棘的個體，只是僧帽牡蠣年幼時的身體結構，在浪力低的海岸尤為常見；但有其他學者指出有棘與否是區分物種的其中主要

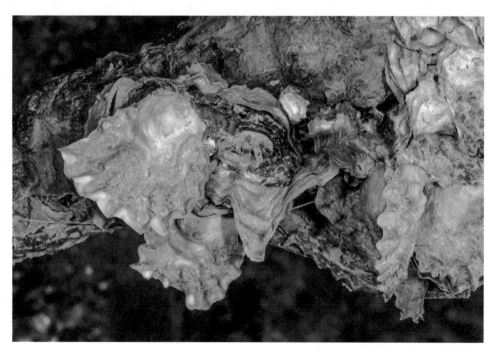

圖 6-84　僧帽牡蠣（*Saccostrea cuccullata*）又稱石蠔，廣泛分布於全港潮間帶。（香港特別行政區政府漁農自然護理署提供）

特徵，並有機會與在基因上不同的蠔種相關。因此，隨着基因技術進步，提高對此廣泛分布物種的認知，本港的牡蠣分類將會更為清晰。

頭足綱及多板綱動物

頭足綱軟體動物大部分習慣生活在深水層及底層軟灘。頭足綱左右對稱，可分為頭部、軀體兩部分，頭部周圍長有條狀的足部。本港頭足綱可大致分為三類，包括八爪魚、墨魚及魷魚。八爪魚頭部周圍有八足，體內無內殼。墨魚及魷魚頭部周圍有十足，其中一對為較長的觸手。墨魚身軀周圍的肉鰭與軀體長度幾乎相同，體內有硬質內殼。大部分魷魚的肉鰭較短，長於軀體之後，惟部分魷魚的肉鰭長度與軀體幾乎相同，因此又名「擬烏賊」，體內有軟質內殼。

八爪魚習慣以強壯的八足在海底爬行，而墨魚及魷魚利用肉鰭在水中游泳，因此墨魚及魷魚離開水體後便不能移動，而八爪魚離開水體後仍能利用八足爬回海中。由於大部分頭足綱動物沒有外殼，故需依靠其他策略保護自己。頭足綱動物的軀體能夠變色，透過保護色與周圍環境融為一體，受威脅時能夠噴墨遮擋捕獵者的視線，然後加速逃走。而八爪魚如膜蛸（*Amphioctopus membranaceus*）習慣將自己身軀躲藏在螺類及雙殼綱的空殼內。頭足綱為肉食性動物，以魚類、甲殼類及其他軟體動物為食。

多板綱動物又稱為石鱉，分布在本港潮間帶的岩礁及珊瑚群落。石鱉身體扁平，行動緩慢，背部長有八片堅硬且重疊的殼板，殼的周圍是肉質邊，能依靠腹足吸附在岩石表面。石鱉的吸附力強，能抵禦海浪的衝擊，一般能夠在退潮時的岩石表面上找到，常見的物種如日本花棘石鱉（*Liolophura japonica*）。部分物種如錦石鱉（*Onithochiton hirasei*）則棲息在珊瑚礁，殼板顏色比其他石鱉較為鮮艷。石鱉均有齒舌以刮食石頭表面上的生物膜，如下潮帶或岩礁上的微藻和細菌等有機物。

淡水和陸生軟體動物

淡水軟體動物

香港的淡水軟體動物種類不多，牠們主要棲息在魚塘或沼澤等靜水環境，常見的物種可分為兩個大類：腹足綱（螺類）和雙殼綱（貝類），包括扁蜷科（Planorbidae）、椎實螺科（Lymnaeidae）、台灣蜆（*Corbicula fluminea*，又稱河蜆），以及一些外來入侵物種，例如尖膀胱螺（*Physella acuta*）及福壽螺（*Pomacea canaliculata*）。而比較廣泛分布於香港河溪的物種就有海南溝蜷（*Sulcospira hainanensis*）。

淡水螺根據其用作呼吸的器官，亦分有前鰓亞綱（Prosobranchia）與肺螺亞綱（Pulmonata）兩個組別。前鰓亞綱的物種擁有鰓蓋，當鰓蓋緊閉時，能讓其無視外間環境，保持身體內部濕潤，使到鰓部能夠持續運作。肺螺亞綱的螺則用類似肺部的結構，直接呼吸內腔保有的空氣。不管哪一類淡水螺，牠們都是憑藉名為齒舌的結構去刮食藻類或植物等食物。雙殼綱方面，作為濾食性生物，淡水貝的氣體交換和進食主要都是依賴入水管和出水管進行。

陸生軟體動物

香港的陸生軟體動物不多,只有腹足綱軟體動物為陸生,牠們主要棲息在林地、草地、農地、山坡灌叢及市區,一般生活在潮濕的植披及泥地,部分為半樹棲性及樹棲性。陸生軟體動物可分為蝸牛及蛞蝓兩類,兩者最大分別在於蝸牛有明顯的外殼,而蛞蝓則沒有,部分蛞蝓有未完退化的背甲或用皮肉包裹外殼,稱為半蛞蝓。目前香港至少有 58 種陸生蝸牛。

常見陸生軟體物種包括山蝸牛科(Cyclophoridae)、黏液蛞蝓科(Philomycidae)、擬阿勇蛞蝓科(Ariophantidae),以及外來入侵物種非洲大蝸牛(Achatina fulica)(見圖 6-85)等。蝸牛根據其用作呼吸的器官亦分有前鰓亞綱與肺螺亞綱兩個組別。前鰓亞綱的物種擁有鰓蓋,例如豆蝸牛(Pupina pulchella)。而大部分蝸牛及蛞蝓均為肺螺亞綱,用類似肺部的結構呼吸,沒有鰓蓋。不同的蝸牛及蛞蝓食性不盡相同,大部分的蝸牛及蛞蝓均為植食性或腐食性,憑藉齒舌進食植物、枯葉、藻類等食物。部分蝸牛為肉食性,例如扭蝸牛,主要以其他陸生軟體動物為食物,也有一些陸生螺如福壽螺是雜食性的。

3. 珍稀物種、價值及保育

軟體動物有一定經濟價值,當中大部分雙殼類都是重要經濟物種,例如蠔、青口、蜆和珍珠貝(見圖 6-86)等。吐露港至西貢北一帶曾盛產企鵝鶯蛤和凹珠母蛤。早於五代十國時期,已開始採集貝類珍珠。至 1950 年代,本地更曾嘗試發展養珠業,港府更於 1958 年刊憲《1958 年珍珠養殖(管制)條例》(Pearl Culture (Control) Ordinance, 1958),規定除持牌珍珠養殖公司外,任何人不得捕撈體型較小的企鵝鶯蛤,以保障其能夠在野外自然生長。但養珠業因港府興建船灣淡水湖及颱風頻仍等種種問題而擱置,《珍珠養殖(管制)條例》亦已於 1995 年被廢除。2016 年起,貝類研究者甄華達研究並協助本地漁民重新養殖凹珠母蛤,以出產珍珠、珍珠粉和蚌肉,以提升漁民收入。近年部分本地漁民已重新在大埔及西貢海域成功養殖馬氏貝,並以教育導賞的方式延續本地珍珠養殖業。流浮山一帶素有漁民利用河口環境養殖生蠔,本地養蠔業最少已有 300 年歷史。2003 年,莫雅頓等學者證實本港體型較大的蠔為新物種,並命名為香港牡蠣(Magallana hongkongensis)(見圖 6-87)。

此外,包括螺、蜆、八爪魚、墨魚及魷魚等軟體動物,亦是本地漁船捕撈對象,例如圍網漁船一般以燈光圍捕魷魚。昔日每逢合適季節,香港東部漁民會以潛水方式捕撈較高經濟價值的腹足類和雙殼類軟體動物,如鮑魚、帶子等。部分遊樂船隻亦於夏季舉行夜釣魷魚的消閒活動,透過魷魚趨光特性,讓遊人釣魷及吃鮮魷為樂。

另一方面,不少市民會趁夏日到大嶼山水口、大埔汀角等地的泥灘和河口掘蜆,作為戶外休閒活動,通常在退潮時採集,每月在個別沙泥灘被採集的蜆估計可高達 6 萬隻。如此頻密的人為採集,將使灘上各種的蜆類生長受阻,並導致其體型隨年減小。其中文蛤(又稱

圖 6-85　非洲大蝸牛（*Achatina fulica*），本地其中一種主要外來入侵物種。（長春社提供）

圖 6-86　香港養殖的其中兩種珍珠貝，左邊兩隻為企鵝鶯蛤（*Pteria penguin*，又稱丫螺），右邊兩隻為凹珠母蛤（*Pinctada fucata*，又稱珠螺或馬氏貝），兩者體型差異明顯。（攝於 2021 年 12 月，香港地方志中心拍攝）

圖 6-87　新界流浮山蠔排養殖的香港牡蠣（*Magallana hongkongensis*）。（攝於 2015 年 12 月，南華早報出版有限公司提供）

沙白）因其體型較大而常被遊人採集食用。沙白呈三角狀，殼表光滑，顏色多變但以啡白色為主。根據近年水口村民所述，當地沙白已愈來愈小（最大殼長從 30 年前 130 毫米減至現時的 98 毫米）。在本港沙白可在大嶼山的沙泥灘，如水口、塘福廟灣、長沙、貝澳或大澳等地找到，但近年數目已大為減少。同時，遊人在本地頻繁的挖掘活動，也使其他蜆類如歪廉蛤（*Anomalodiscus squamosus*）、菲律賓簾蛤（*Ruditapes philippinarum*）、加夫蛤（*Gafrarium* spp.）、格特蛤（*Marcia* spp.）等數目減少，亦使沙泥灘物理環境和其他生物受到影響。

除了部分雙殼類動物會攝食沉積物外，很多雙殼類動物均是濾食性動物，濾食海水中的微生物和有機物以獲取營養。因此，海水內含的污染物也會被雙殼類進食，部分更會殘留體內，長期累積，使雙殼類可用以監察水質和用作衡量污染的指標。在 1970 年代和 1980 年代馬鞍山仍有礦業開採之時，吐露港一帶的雙殼類則被驗出含有大量與石礦有關的重金屬。

維港兩岸碼頭常見的翡翠貽貝（*Perna viridis*，又稱青口）也常被檢驗體內的污染物含量，用作反映維港水質，更有研究利用模仿青口濾食的化學裝置安裝（又稱「人工青口」）在維港岸邊，作長期監察之用。此外，疣荔枝螺在生物指標監測計劃中，也常被用作監測三丁基錫（Tributyltin, TBT）污染程度的指標生物。近年本港學者在本港海岸的雙殼類中找到不少微塑膠，顯示本港海域受微塑膠污染嚴重。因此，有賴雙殼類的濾食習性，使本港水域的污染情況可得到長期的監察。

雖然軟體動物面對海水污染和過度採集的挑戰，但目前本地缺乏具體措施以保育軟體動物，只能靠一些環保團體的宣傳教育，例如世界自然（香港）基金會近年推廣《掘蜆守則》，以提醒遊人留意採集蜆蛤大小。

六、 棘皮動物

1. 研究和分類概況

研究概況

清康熙《新安縣志》（1688）及清嘉慶《新安縣志》（1819）「介類」中只記有一個棘皮動物名目：海膽。清嘉慶《新安縣志》（1819）並附有海膽介紹，包括型態和味道等。

太平洋戰爭前，歐美博物學家前往香港及鄰近地區考察，並搜集棘皮動物樣本，有關香港棘皮動物的生物學文獻開始出現。1922 年，費沙（W. K. Fisher）根據在香港收集的樣本，發表論文指香港發現新種海星，並簡介其生態及命名為 *Asterina orthodon*，亦即直齒海燕（*Indianastra sarasini*）。1934 年，莫廷臣（T. Mortensen）和赫丁（S. Heding）於《香港博物學家》發表了有關本港棘皮動物的物種名錄及海參研究，為本港的棘皮動物提供初步資料。

1980 年代至 1990 年代期間，本地學者繼續研究本港棘皮動物。海星綱方面，趙善德、單錦城及林慧慧就砂海星科及多棘槭海星（*Astropecten polyacanthus*）的攝食習慣進行研究。海膽綱方面，湯森（G. B. Thompson）對海膽及吐露港珊瑚礁一帶的棘皮動物進行研究，相關論文於莫雅頓舉行的一系列海洋生物研討會中發表。此外，趙善德亦就紫海膽（*Heliocidaris crassispina*）的生態發表多篇研究文章。海參綱方面，王純琳（Rosita G. Ong Che）就玉足海參（*Holothuria leucospilota*）的繁殖周期、攝食習慣等生態發表多篇研究文章。但相對其他海洋無脊椎動物，如軟體類、甲殼類而言，香港棘皮動物的生態，受關注程度仍然較低。2008 年至 2010 年間，韋德祥獲環境保育基金支持，詳細研究了香港海膽的種群及生態狀況。

分類概況
香港約有 140 種棘皮動物，可按生物分類學分為海星綱、海參綱、海膽綱、蛇尾綱及海百合綱（見附錄 6-11）。當中以蛇尾綱的種類最多，共有 4 目 10 科 41 種，包括陽燧足目（5 科、34 種）、蔓蛇尾目（2 科、3 種）、棘蛇尾目（2 科、3 種）及真蛇尾目（1 科、1 種）。

海參綱共有 4 目 7 科 30 種，包括無足目（2 科、4 種）、枝手目（3 科、10 種）、海參目（1 科、14 種）及芋參目（1 科、2 種）。

海星綱共有 4 目 9 科 28 種，包括鉗棘目（1 科、4 種）、柱體目（2 科、9 種）、有棘目（1 科、1 種）及有瓣目（5 科、14 種）。

海膽綱共有 5 目 13 科 27 種，包括拱齒目（4 科、11 種）、盾形目（1 科、1 種）、冠海膽目（1 科、3 種）、Echinolampadacea（2 科、4 種）及猬團目（5 科、8 種）。

香港有紀錄的海百合綱只有 1 目，即海羊齒目（8 科 15 種）。

2. 分布和習性

海星綱
海星綱（Asteroidea）棲息在本港沙石灘、岩岸、珊瑚群落或沙泥海床，可在下潮帶及潮下帶找到，除了潮池外，難以在中潮帶或以上存活。海星有由高鎂方解石（high magnesium calcite）組成的骨骼，並以多樣的小骨組成表面和支撐網絡。海星一般會以身體正中為中心發展出五隻對稱的腕，外形猶如五角星而得海星之名。部分海星視乎物種及個體，腕的數目及長度未必一致，例如在吐露港一帶常見的飛白楓海星（*Archaster typicus*），部分個體只有四隻腕，有些在一隻觸手上分支成兩隻腕，亦有些有五隻長度不一的腕等。此外，本港也有海星擁有七至九隻腕，如斑砂海星（*Luidia maculata*）。

腕數及長度不一致原因，乃是棘皮動物獨特的斷肢重生或癒合傷口的能力，令受傷或斷裂的腕可慢慢重生。腕的修補過程需耗費海星體內能量，甚至會令海星的行動和攝食減慢。

部分海星能進行有性生殖及無性生殖，如尖棘篩海盤車（*Coscinasterias acutispina*），牠們能夠主動斷腕，斷腕能夠重新長出新的海星。在夏天飛白楓海星在本地常見之時，往往是其交配季節，因各種人為活動的干擾，其數量有日益下降趨勢。海星會透過腕下方的管足爬行，管足上亦有吸盤以捕捉獵物。當中部分海星綱為肉食性，例如斑砂海星（見圖6-88），主要捕食其他棘皮動物及軟體動物如貝類，而部分海星則攝食沉積物，例如飛白楓海星，主要以沙泥有機物為食。

海參綱

海參綱（Holothuroidea）棲息於本地沙石灘、岩岸、珊瑚群落或沙泥海床的下潮帶及潮下帶（見圖6-89）。海參缺乏如海星及海膽般堅韌的外皮或硬刺以作防衛，其柔軟的身體直接暴露在環境之中，因此演化出不同的防衛行為，例如：海參習慣躲藏在石頭下方，退潮時在沙石灘上的玉足海參、棕環參（*Holothuria fuscocinerea*）和紫輪參（*Polycheira rufescens*）等會躲在濕潤的石底下，防止水份流失。此外，在吐露港常見的玉足海參及西貢海岸常見的棕環參會在被騷擾時噴出居維氏管（cuvierian tubules），居維氏管即使在水中亦極具黏性，可以纏繞捕獵者，提高自身的存活率。海參在噴出居維氏管後，可在約五星期後重生回復原狀。有學者提出熱帶海參因應熱帶比溫帶海洋有更多的捕獵性魚類，而較多攜有居維氏管或具帶毒性的身體。另外，海參在被騷擾時可切除和排放內臟（evisceration），但此功能未必是作防衛之用，因部分物種也會隨季節自然排放，故可能也作移除代謝廢物和寄生蟲等的用途。

海膽綱

海膽綱（Echinoidea）棲息在本地岩岸的下潮帶及潮下帶珊瑚群落（見圖6-90），例如在吐露港的下潮帶沙泥基質上可常見雜色角孔海膽（*Salmacis sphaeroides*），而在浪力較大的岩岸，可找到紫海膽。雜色角孔海膽常把貝殼或小石放置在身體上，以減少太陽紫外光的直接照射或緩阻浪力之用，並以攝食底質上的沉積物或藻類為主。刺冠海膽（*Diadema setosum*，又稱長刺海膽）常見於本港東部和東北海岸，並會以海藻、珊瑚及珊瑚上生長的藻類為食。近年有研究及報道指出，隨着海洋暖化，本地刺冠海膽的數量大增，同時暖化亦有機會使海藻減少，使刺冠海膽主要刮食基質上的有機物作食物，導致破壞及攝食珊瑚，對生態系統構成威脅。

蛇尾綱

蛇尾綱（Ophiuroidea）棲息在本港下潮帶及潮下帶的海床及珊瑚群落，例如綠珠蛇尾（*Ophiarachnella gorgonia*）、長大刺蛇尾（*Macrophiothrix longipeda*）及日本片蛇尾（*Ophioplocus japonicus*），均可在本港珊瑚群落找到。蛇尾外型猶如擁有幼長腕部的海星，也是由中央盤和多數五隻手腕組成。然而，有別一般常見的海星，蛇尾的中央盤與手腕之間有明顯的分界，亦不會使用管足移動，而是透過神經環協調手腕擺動以作單一方向移動。某些蛇尾物種體形細小，如混棘鞭蛇尾（*Ophiomastix mixta*）只有約五毫子硬幣的大小，常匿藏於潮間帶碎石灘的石頭下方，實際上可能比海星及海膽更為常見（見圖6-91）。

圖 6-88 斑砂星科（Luidiidae），肉食性，主要捕食棘皮及軟體動物。（香港特別行政區政府漁農自然護理署提供）

圖 6-89 豹斑海參（*Holothuria pardalis*），其中一種分布在本港岩岸的棘皮動物。（梁啟軒提供）

圖 6-90　梅氏長海膽（*Echinometra mathaei*），其中一種分布在本港岩岸的棘皮動物。（梁啟軒提供）

圖 6-91　蛇尾綱（Ophiuroidea），棲息在下潮帶及潮下帶海床及珊瑚群落。（香港特別行政區政府漁農自然護理署提供）

海百合綱

海百合綱（Crinoidea）的動物主要棲息在潮下帶的海床。海百合外形猶如毽子一般，以羽毛狀分叉的腕部游泳和在身體上方捕捉浮游生物。今天的海百合估計為由一小部分歷經二疊紀至三疊紀滅絕事件（Permian‐Triassic extinction event，約 2.52 百萬年前）而存活的祖先物種演化而成。本港海百合物種包括太陽頭星（*Comatula solaris*）、脊羽枝（*Tropiometra afra*）和鋸翅寡羽枝（*Oligometra serripinna*）等約 15 種，出現在不同水深，即使在維港水域亦可找到（見圖 6-92）。

3. 珍稀物種、價值和保育

棘皮動物具有經濟價值，在本地石灰業盛行年代，曬乾後的海星可與蠔殼一起燒成石灰，用作肥料及建造材料等等。此外，海星外體含有一種材料，具有治療關節炎和花粉症等人類炎症的能力，因此能被用作中藥。海參是一種粵菜美食，具有很高食療效用及經濟價值，但本港常見的玉足海參並非具經濟物種，同時因烹飪及處理海參程序繁複，只有少數市民及漁民捕捉。

圖 6-92　海百合綱（Crinoidea），主要棲息於潮下帶海床，外形猶如毽子。（香港特別行政區政府漁農自然護理署提供）

海膽是市場價值較高的食材，當中以紫海膽為主，昔日每年 1 月至 5 月期間，本地漁民會出海捕捉紫海膽。捕獲後取出其生殖腺，當中以金黃色、寬度超過 1 厘米為最佳品質。大部分海膽會即日冷藏後出口至日本及韓國，其餘才在本地出售，高峰時期紫海膽捕撈漁業每年能捕獲約 60 噸至 80 噸紫海膽，價值約 50 萬元。1980 年代後，隨着本港填海、環境污染及過度捕撈等問題，紫海膽的數量漸減少，亦令紫海膽捕撈業逐漸式微。現時只有少量漁民在合適季節出海捕撈，已沒有大規模捕撈。刺冠海膽由於味道欠佳，經濟價值較低，即使本港刺冠海膽數量眾多，亦只有小部分漁民會捕捉後自行食用。

近年部分旅行社舉辦本地生態團，讓市民在退潮時能夠近距離考察海星等棘皮動物，以認識及了解棘皮動物的生態。惟部分市民會拿起海星、海參等棘皮動物拍照，此舉動騷擾底棲的棘皮動物，大部分海參更會因此觸發防衛機制，噴出居維氏管及內臟，減弱其野外生存能力。部分市民拿起海星等棘皮動物後，亦不會將其放回原生地，甚至拿回岸邊暴曬，長時間離開水面會導致棘皮動物難以呼吸甚至死亡。目前香港沒有針對棘皮動物的保育政策，惟根據《1996 年海岸公園及海岸保護區規例》（*Marine Parks and Marine Reserves Regulation, 1996*）規定，未經許可不得在海岸公園及保護區範圍非法捕魚及採集海洋生物，當中包括棘皮動物。漁護署有推出《自然導賞約章》及〈郊區守則〉，鼓勵市民在郊遊時尊重及愛護自然生態環境，切勿騷擾及撿取活生或已死的海洋生物。

七、刺胞動物

1. 研究概況

刺胞動物是一類水生無脊椎動物，具有可用於捕捉獵物或作防禦的刺絲胞，內藏具毒素的卷曲刺絲，因而得名。刺胞動物主要包括海葵、珊瑚、海筆、水母及水螅等，全世界約有 15,500 個物種。清嘉慶《新安縣志》（1819）中，介部描述了香港及附近水域發現的水母，指其又稱蚱或石鏡，於海中生活，經常有蝦跟隨；商人會在夏季將其醃製售賣，產品名為海蜇。其他刺胞動物，於《新安縣志》中則未有記載。

1854 年，美國北太平洋探索遠航船隊途經香港，隨隊斯廷遜在港採集珊瑚樣本，後由維里爾（A. E. Verrill）於 1869 年發布研究成果，記錄了三種柳珊瑚和兩種軟珊瑚。1930 年，香樂思描述了每年 8 月至 9 月水母於香港島附近海岸大量出現的情形，介紹了兩種常見水母，以及牠們的刺細胞作用機制。內地學者沈嘉瑞在 1940 年於《香港漁業研究所彙刊》發表關於軟珊瑚「海雞冠」（*Dendronephthya* sp.、*Nephthya* spp.）的分類學研究，指出在陽光充足及潮退時，海雞冠於香港仔海底岩石上經常被發現。1970 年代初，亦有香港大學和香港中文大學學者分別研究魚類和蟹類與水母的共生關係。1980 年代前，刺胞動物研究均主要以船隻於海上進行採樣，或者於淺水範圍進行。

1970 年代末，隨着水肺潛水的普及化，珊瑚這種在海底形成重要棲息地的類別，成為主要的研究對象，包括珊瑚分類學、生態學、地理分布等研究。澳洲珊瑚礁學者韋倫（J. E. N. Veron）於 1980 年發布了〈香港的造礁石珊瑚〉（*Hermatypic Scleractinia of Hong Kong - An Annotated List of Species*），為香港首個完整的石珊瑚物種清單，鑒定了 49 種造礁石珊瑚。中國科學院研究員鄒仁林分別於 1980 年和 1984 年發布香港水域的柳珊瑚及黑珊瑚研究成果，錄得柳珊瑚 15 屬 26 種和黑珊瑚 2 屬 6 種。香港大學研究員史葛（P. J. B. Scott）於 1984 年出版專著《香港珊瑚》（*The Corals of Hong Kong*），介紹了珊瑚生物學、香港珊瑚群落的組成及分布，簡介了香港珊瑚群落的常見動植物及保育工作，並以彩色插圖和描述，介紹了包括造礁和非造礁的 50 種石珊瑚。1980 年代和 1990 年代，香港大學海洋生物學者莫雅頓在本地積極推動海洋生物的研究，透過舉辦學術研討會，聚集本地及海外的專家學者進行研究，發現了不少香港海洋生物新種，包括大量珊瑚物種。

2000 年以後，香港刺胞動物研究仍以珊瑚為主流，當中以中大李福善海洋科學研究中心、港大太古海洋科學研究所和香港浸會大學生物系邱建文研究團隊發表的研究結果較多。中大李福善海洋科學研究中心伍澤賡研究團隊自 1990 年代開始於東平洲及其他珊瑚區開展珊瑚群落的生物多樣性及生態學研究，並於全港水域進行全面的石珊瑚、八放珊瑚和黑珊瑚的調查。漁護署人員倫翠婉於 2003 年出版了一本類似《香港珊瑚》的科普讀物《海岸情報 —— 珊瑚篇》，書內「香港造礁珊瑚物種概覽」列出 84 種石珊瑚，並詳細介紹了當中 17 種常見種。2005 年，漁護署人員陳乃觀等人，聯同中大李福善海洋生物研究中心蔡莉斯等人，出版了中英雙語《香港石珊瑚圖鑑》，圖文並茂介紹全港 84 種石珊瑚及其分布。2008 年，莫雅頓與其研究生林景瑤共同發表論文，介紹香港海底洞穴的軟珊瑚、柳珊瑚及黑珊瑚物種，包括六放珊瑚亞綱及八放珊瑚亞綱的物種名錄。

2. 分類概況

刺胞動物門（Cnidaria）分為四大綱，包括珊瑚蟲綱（Anthozoa）、立方水母綱（Cubozoa）、水螅綱（Hydrozoa）和缽水母綱（Scyphozoa），約有 300 個物種（見附錄 6-12）。香港珊瑚蟲綱在刺胞動物門中錄得最多物種，共有 224 種，包括珊瑚、海筆、海葵等。珊瑚在分類學上可根據其水螅體（又稱珊瑚蟲）的觸手和腸腔內分隔的數目，分作六放珊瑚（Hexacorallia）和八放珊瑚（Octocorallia）兩大亞綱，六放珊瑚亞綱中的物種數量，包括石珊瑚目（Scleractinia）108 種、黑角珊瑚目（Antipatharia）12 種；八放珊瑚亞綱則有 Malacalcyonacea 及 Scleralcyonacea 共 73 種（例如軟珊瑚、柳珊瑚、海筆等）。雖然香港石珊瑚物種豐富，但香港位於全球造礁石珊瑚分布範圍的北部邊緣，海水溫度較低，因此珊瑚只能組成群落，並未能形成珊瑚礁。另外，香港錄得的海葵目（Actiniaria）物種有 30 種，Spirularia 物種有 1 種。

香港的水螅蟲綱共有 63 個種，水螅綱是一個多樣化群體。除了水螅（Hydra）外，還包括所有淡水刺胞動物以及一部分水母。缽水母綱錄得 11 個種，包括多種香港水域常見的大型水母。立方水母綱則只有於 2020 年首次發現，並於 2023 年命名的米埔三槳水母

（*Tripedalia maipoensis*）一種。

3. 分布與習性

海葵類

香港海域的海葵分布非常廣泛，從潮間帶的潮池、淺海岩礁或珊瑚群落，一直到較深水域的沙泥底質生境均可發現。海葵身體結構可分為由口盤和觸手組成的頭部、近圓柱形狀的軀幹和具吸附力的足盤三部分，根據棲息的微生境基質類別而異，海葵的身體形態，尤為足盤形狀也有相應變化（見圖 6-93）。

本港海葵的足盤形狀可大致歸類為吸附型和挖掘型兩種類別。在潮池和下潮帶常見的布氏襟疣海葵（*Anthopleura buddemeieri*）、縱條全叢海葵（*Diadumene lineata*）（見圖 6-94）、等指海葵（*Actinia equina*）和叉側花海葵（*Anthopleura dixoniana*）均擁有吸附型的足盤，透過肌肉收縮使足盤呈吸盤狀以及從腺體細胞分泌的黏液，將身體牢固吸附在岩石或貝殼等硬基質上。此外，如日本美麗海葵（*Calliactis japonica*）和伸展蟹海葵（*Cancrisocia expansa*）等更特化至吸附在寄居蟹或蟹類的外殼上與之共生，不僅能夠獲得棲息所需的硬基質，更能夠在螃蟹移動時增加捕食機會，有效地適應空間和食物資源短缺、且競爭嚴重的海岸環境。而棲息於淺水區沙泥底質表面的多琳巨指海葵（*Condylactis doreensis*）具挖掘型足盤，其末端脹大成球狀結構，依靠軀幹肌肉纖維交替收縮和鬆弛，製造有節奏的蠕動以掘進軟基質中，足盤外胚層性細褶（rugae）分泌的黏液有助海葵在沙中固定身體。

海葵通常固定在相同位置，部分在受刺激時，會將觸手和口盤全部縮入體內變成球狀。此外，海葵可透過肌肉運動控制足盤伸展和收縮作緩慢移動；在生命受威脅情況下，如持續遭受其他生物滋擾和受海星或裸鰓目動物（即上文介紹的海牛）等掠食者攻擊捕食時，更可放鬆其固定用的足盤，主動被水流沖走離開，或者依靠扭動身軀作短距離的游泳。馬氏漂浮海葵（*Boloceroides mcmurrichi*）在被捕食時會丟棄多條觸手，自截（autotomy）的觸手會持續扭動分散捕食者的注意力，從而讓本體透過擺動其餘觸手游泳逃跑。生命周期方面，海葵受精卵於兩星期內逐漸發育成幼體型態，隨即向水底游動並固定在海床基質之上，此後便終生保持水螅體型態不再游動。

石珊瑚類

石珊瑚在分類上屬於六放珊瑚亞綱的其中一目，珊瑚蟲觸手數量均為六的倍數，需依附在穩固的硬基質上生長，珊瑚蟲透過分泌碳酸鈣形成堅硬的骨骼，在這些鈣化骨骼的長年累積之下，石珊瑚體積不斷增大及形成不同形態，例如板狀、團塊形、分枝形、表覆形等，並透過大範圍生長建立珊瑚群落而改變地形結構，成為不同海洋物種的重要棲息地。

石珊瑚分為造礁和非造礁兩類，大部分石珊瑚為造礁珊瑚，依靠共生於內胚層細胞組織中的蟲黃藻（zooxanthellae）透過光合作用提供氧氣和碳水化合物，因此一般分布在光線充足的淺海區；而非造礁珊瑚由於細胞組織只有少量或甚至沒有共生藻，只靠觸手捕食水中的

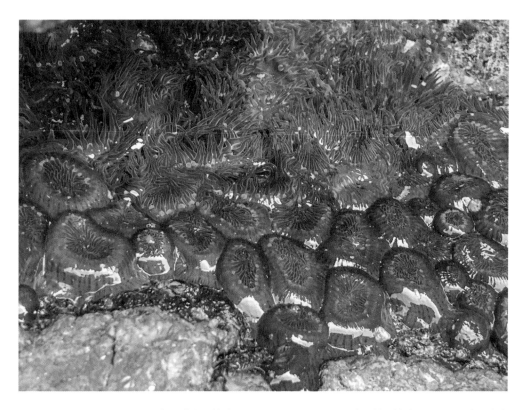

圖 6-93　香港西部岩岸常見的布氏襟疣海葵（*Anthopleura buddemeieri*），於石縫或石頭下濕潤的環境中群居。（梁啟軒提供）

圖 6-94　縱條全叢海葵或縱條磯海葵（*Diadumene lineata*）是香港岩岸其中一種最為常見的海葵，柱體有鮮艷黃色、綠色或橙色縱向條紋。（梁啟軒提供）

浮游動物以獲得營養，因此生長及碳酸鈣骨骼累積的速度比造礁珊瑚慢，一般體型也較小。

此外，石珊瑚較適應海洋性環境，由於香港西部水域受珠江所排出的淡水及懸浮物的影響，賴以光合作用為主的造礁珊瑚難以存活；因此普遍於香港東北及東部水域的珊瑚生長狀況較佳，物種豐富度亦較高（見圖 6-95、圖 6-96）。例如東北水域的東平洲、吉澳、娥眉洲和海下灣等水域的石珊瑚覆蓋率和物種豐富度均屬全港較高水平，優勢物種包括裸肋珊瑚科的扁腦珊瑚（*Platygyra* spp.）、盤星珊瑚（*Dipsastraea* spp.）和角蜂巢珊瑚（*Favites* spp.）等團塊狀的珊瑚（見圖 6-97）。東至東南水域例如橋咀洲、牛尾洲、甕缸灣、果洲群島、宋崗等地方，則有較多牡丹珊瑚（*Pavona* sp.）、濱珊瑚（*Porites* spp.）和陀螺珊瑚（*Turbinaria* spp.）等大面積生長（見圖 6-98）。在不同地方亦時有分枝狀珊瑚如鹿角珊瑚（*Acropora* spp.），板狀珊瑚如薔薇珊瑚（*Montipora* spp.）等佔生長優勢。至於在海洋環境過渡區域的南至西南海域，由於海水鹽度、沉積物、風浪等因素，南丫島、長洲和大嶼山等的石珊瑚覆蓋率和物種豐富度均較低。至接近珠江河口的西面水域分布則甚少，如在索罟群島一帶只有零散的石珊瑚群落。近年吐露港內下潮帶常見的石珊瑚是黑星珊瑚（*Oulastrea crispata*），牠們能在沉積物較多或水質較惡劣的淺水海域適應生存。

由於海底生長位置有限，珊瑚以不同方式進行空間競爭。本港珊瑚群落中常見的扁腦珊瑚和盔形珊瑚（*Galaxea* spp.）具特化的攻擊性觸手（sweeper tentacle），觸手上滿布強烈毒性的刺細胞，且長度遠超珊瑚蟲用於捕食的觸手，可主動向外伸展攻擊及傷害鄰近的珊瑚個體，以佔領更多生長空間。

石珊瑚繁殖方式一般是把配子（成熟的卵子和精子）排出體外，在水中完成受精過程，形成幼蟲於水體漂流十數天後，再於合適的地方附着並變態成為杯狀的珊瑚蟲；也有些物種會進行體內受精，受精後卵子在珊瑚空腔內形成幼蟲，成熟後一般會在母體附近完成變態的過程。

其他珊瑚類

除了石珊瑚外，香港其他類別珊瑚包括六放珊瑚亞綱中的黑珊瑚，以及八放珊瑚亞綱中的軟珊瑚、柳珊瑚和海筆。軟珊瑚、柳珊瑚和黑珊瑚在香港南面的海洋性水域分布相對較多，而且由於它們大部分沒有與蟲黃藻共生（香港記錄的所有黑珊瑚及近九成的八放珊瑚亞綱物種體內組織沒有蟲黃藻），因此相對石珊瑚而言，它們一般分布於光線較弱的深水區域，並且偏好定居於水流速度較快的位置，以助其更有效捕食。黑珊瑚和八放珊瑚具有重要的生態價值。由於香港水域海水混濁度較高，在光照條件不足以支撐石珊瑚生長的海域，它們能取代造礁珊瑚為海洋生物提供重要的棲息地。

軟珊瑚結構上與石珊瑚相似，但不具石珊瑚般堅硬的碳酸鈣骨骼，而是依靠藉由吸入海水維持體內共肉組織水壓的水骨骼系統（hydroskeleton）及散布體內的細小鈣質骨針支撐身體，各物種生長形態多樣化，包括團塊、表覆、分枝、蘑菇狀等。柳珊瑚的骨骼由角

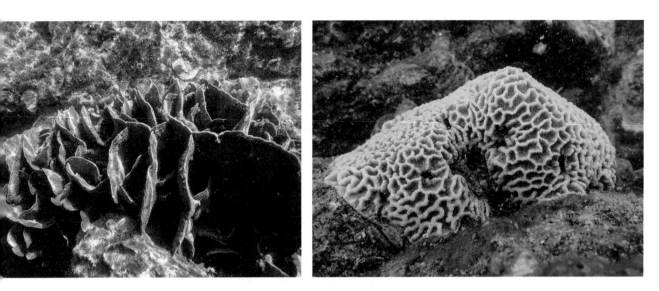

圖 6-95　香港東面水域常見的石珊瑚有十字牡丹珊瑚（*Pavona decussata*）（左圖）和扁腦珊瑚（*Platygyra* spp.）（右圖）。（梁啟軒提供）

圖 6-96　吐露港內下潮帶常見的石珊瑚黑星珊瑚（*Oulastrea crispata*），在沉積物較多或水質較惡劣的海域仍能適應生存。（梁啟軒提供）

圖 6-97　香港東部水域常見的石珊瑚角蜂巢珊瑚（*Favites* spp.）。（梁啟軒提供）

圖 6-98　香港東部水域常見的石珊瑚濱珊瑚（*Porites* spp.）。（梁啟軒提供）

蛋白及細小鈣質骨針形成，物種形態分別呈柳形、扇形和鞭形。黑珊瑚的骨骼同樣由角蛋白及細小的鈣質骨針形成，但其角蛋白骨骼呈黑色，並表面有小鉤或棘刺，形態為鞭狀或樹狀，而海筆形狀像羽毛筆。雖然不具碳酸鈣骨骼，但近年有研究指出部分指形軟珊瑚物種，例如本港東面水域分布的蕈狀指形軟珊瑚（*Sinularia fungoides*），具有將沉積在其基部的鈣質骨針以膠狀物質黏合並鞏固形成堅硬的骨針岩（spiculite），在長時間堆積下甚至可達岩礁的規模，故部分軟珊瑚也有不容小覷的造礁潛力。

軟珊瑚競爭方式與石珊瑚不同，有部分物種如肉質軟珊瑚（*Sarcophyton* spp.）和葉形軟珊瑚（*Lobophytum* spp.）體內含有毒化學物質萜類化合物（terpenoids），並透過把這種有毒物質釋放於海水中，抑制鄰近競爭對手生長，甚至於高濃度情況下殺死對方。此外，軟珊瑚更可藉由其高效的無性繁殖方式和生長速度快的優勢，優先快速依附在可使用的基質上，不讓其他底棲生物佔據，再透過改變其高可塑性的身體形態及生長方向，覆蓋在其他物種上，導致競爭者因缺少蟲黃藻進行光合作用供給的養分而死亡。

水母類

水母於香港水域廣泛分布，以東面和南面水域較多。牠們與海葵和珊瑚的生長方式有較大差別，水母不會長期維持於定點生長的水螅體型態，而繼續發育轉化成水母體型態（見圖6-99）。水母作為浮游生物主要隨着水流移動，亦能透過反覆收縮傘部邊緣的肌肉纖維，把海水擠壓噴出，從而獲取推力在水中進行緩慢移動。較弱的游泳能力導致水母有時候會隨水流漂浮到沙灘或岩岸，並在退潮時擱淺死亡。

圖 6-99　漲潮時被海浪衝至潮池的黃斑海蜇（*Rhopilema hispidum*）。（梁啟軒提供）

自二十世紀末期，水母族群大量繁殖現象漸趨頻繁和嚴重，世界各地均有水母數量大規模爆發，導致當地海域海洋生態失衡的紀錄，於香港水域常見的大型水母如海月水母（*Aurelia aurita*）和白色霞水母（*Cyanea nozakii*）因擁有較強的環境適應力，以及生長和繁殖速度較快等優勢，多次在內地海域大量增生，不但導致魚類資源和可食用水母物種數量銳減，嚴重影響捕撈漁業和水產養殖業，甚至堵塞沿海工廠甚至核電站的海水冷卻系統，影響人類日常活動。

4. 珍稀物種、價值和保育

在香港刺胞動物之中，鑒於其生態和經濟價值，以珊瑚在本地社會具有較高保育地位。生態價值方面，由於珊瑚群落能於海底環境形成複雜的立體構造，為海洋生物提供棲息地及避開獵食者的避難所。珊瑚群落是海螺、海蛞蝓、八爪魚、蝦、蟹、海星、海參、魚類等海洋生物的棲息地，並且是多個物種的產卵場、育苗場，生物多樣性非常高。同時，依靠珊瑚的共生蟲黃藻可進行光合作用，蟲黃藻作為初級生產者，形成複雜的食物網。

除了生態值價外，不少經濟物種，例如具食用價值的石斑魚類、蝦蟹、貝類均依賴珊瑚生態系統繁衍及成長。同時，各類珊瑚本身亦具有觀賞價值，成為潛水活動中具吸引力的景點，是香港生態旅遊的重要資源。此外，珊瑚體內有豐富的天然化學物質，有醫學及工業研究價值，而較大型珊瑚群落亦可保護海岸抵禦風浪侵蝕。

此外，由十九世紀至 2000 年代，本地珊瑚群落經歷多重威脅。石灰業是香港於十九世紀至太平洋戰爭前，其中一個重要的傳統產業，主要從珊瑚及蠔殼提煉石灰作農業和建築用途，海下灣是石灰業重地，十九世紀已建有四個石灰窰，全盛時期有多達 400 艘船艇及超過 2000 名工人參與生產，於海下灣一帶水域大量開採珊瑚，對該水域珊瑚群落影響深遠。二戰後雖然石灰業式微，珊瑚群落亦受到炸藥及山埃等破壞性捕魚方法、過度捕撈，以及海岸工程帶來的污染等影響，加上近年潛水及水上活動普及，亦帶來了船隻拋錨、潛水員接觸等損害。香港珊瑚持續受到各類人為活動的威脅，再加上氣候變化帶來的各方面負面影響，1980 年代以來，珊瑚白化、病變等健康問題偶有發生。

1911 年，港府訂立《1911 年漁業（炸藥）條例》（1962 年廢除），禁止使用炸藥或其他爆炸品捕魚，以防止爆炸對生境與海洋生物的衝擊。1962 年，港府制定《1962 年漁業保護條例》，包括禁止使用炸藥、有毒物質等。上述均為涉及保護刺胞動物及其生境的保育措施。1990 年代中以來，政府和非政府組織推出刺胞動物的針對性保育措施，尤其是珊瑚物種的保護。

1995 年，港府制定《1995 年海岸公園條例》（*Marine Parks Ordinance, 1995*），並於翌年制定《1996 年海岸公園及海岸保護區規例》，明確限制在海岸公園及海岸保護區採集海洋生物及資源。1996 年，港府成立海下灣海岸公園、印洲塘海岸公園、沙洲及龍鼓洲海岸公園及鶴咀海岸保護區,並於 2001 年成立東平洲海岸公園,進一步保護重要的珊瑚生境。
漁護署亦於 2000 年代初在一些重要珊瑚區,如赤洲、橋咀洲、甕缸灣等設置標置浮標,減
低船錨對珊瑚的破壞。

此外,香港所有石珊瑚和黑珊瑚都載列於《瀕危野生動植物種國際貿易公約》(1973 年簽
訂)附錄中,受到《2006 年保護瀕危動植物物種條例》保護;而索利鹿角珊瑚(*Acropora
solitaryensis*,又稱單獨鹿角珊瑚)及大穴孔珊瑚(*Alveopora gigas*)等更屬全球易危類別
物種。此外,《保護瀕危動植物物種條例》監管了石珊瑚出入口以及管有珊瑚等行為。

珊瑚礁普查基金(Reef Check Foundation)在 1997 年首次開展香港珊瑚礁普查,漁護署
由 2000 年起與珊瑚礁普查基金合作,統籌一年一度的珊瑚普查,並進行相關的公眾教育及
能力培訓工作。自 2005 年,該普查加入珊瑚檢視項目,加強監察珊瑚健康狀況。

2003 年,在港大教授莫雅頓的帶領下,世界自然(香港)基金會於海下灣成立海洋生物中
心,開展珊瑚主題的教育工作,提升學生及公眾的珊瑚保育意識;並於 2016 年聯同海洋生
態專家評估香港的海洋生態熱點,發布香港海洋生態熱點地圖,並邀請社區持份者共同商
討保育措施等,以更全面推動包括重要珊瑚群落等海洋生態系統的保育工作。

2016 年,漁護署與香港大學太古海洋科學研究所合作,在海下灣海岸公園展開了石珊瑚修
復項目,將侵蝕較為嚴重的扁腦珊瑚放置到海床上的育養平台,讓其恢復和慢慢成長,一
年後再移植至合適的岩石或已死珊瑚骨骼上。根據 2016 年的《生物多樣性策略及行動計
劃》,珊瑚是漁護署其中一類優先保護類群。

八、環節動物

1. 研究概況
清康熙《新安縣志》(1688)蠃類條目中只列出一種環節動物:水蛭,但並無更多資訊提供。
清嘉慶《新安縣志》(1819)鱗條目中列出沙蠶,並附有簡單物種介紹,包括型態、外貌、
生境及食味等。

1870 年代,外國學者開始為從中國各地搜集的物種樣本進行分類及命名,有關香港環節
動物的生物學文獻開始出現。環帶綱寡毛亞綱的研究方面,1872 年至 1899 年間,貝達德
(Beddard)、麥可森(W. Michaelsen)在香港記錄了約九種巨蚓科(Megascolecidae)的
蚯蚓。1910 年,麥可森根據在香港採集的標本,並將其命名為 *Pheretima hongkongensis*
(香港遠盲蚓;新名 *Amynthas hongkongensis*)。1930 年代,內地蚯蚓分類學家陳義在香
港和海南等地進行大規模調查,並於 1935 年在《靜生生物調查所彙報》(*Bulletin of the
Fan Memorial Institute of Biology*)發表有關香港蚯蚓的學術文獻,當中記述了 10 種蚯

蚓，其中 4 種為新物種，包括：直管遠盲蚓（*Amynthas directus*）（圖 6-100）、洛氏遠盲蚓（*Amynthas rockefelleri*）、嘗膽遠盲蚓（*Amynthas ultorius*）及黃竹腔蚓（*Metaphire flavarundoida*）。

在 2015 年至 2017 年間，羅文雪在本港四類土地利用及土地覆蓋（Land use and land cover），包括天然次生林、天然草地、市區公園中的草披，以及無耕犁有機農地，共錄得巨蚓科蚯蚓 23 種（圖 6-101），及兩種吻蚓科（Rhinodrilidae）外來物種南美岸蚓（*Pontoscolex corethrurus*，又稱黃頸蜷蚓）和 *Pontoscolex guangdongensis*，連同有機會錄得的新種，令本地蚯蚓物種數量增至近 30 種。

蛭亞綱研究方面，香港學界對水蛭（又稱螞蟥）的研究和認識較缺乏，於《中國動物誌》及相關文獻記錄的物種共五種，包括醫蛭科（Hirudinidae）的菲擬醫蛭（*Hirudinaria manillensis*，又稱菲牛蛭）、軟體黏蛭（*Myxobdella annandalei*）、光潤金線蛭（*Whitmania laevis*）（圖 6-102）、寄生蛭科（Praobdellidae）的鼻蛭（*Dinobdella ferox*）和山蛭科（Haemadipsidae）的台灣三顎四環蛭（*Tritetrabdella taiwana*）。

多毛綱研究方面，1970 年代，單錦城及湯森在香港不同海域進行了底棲動物生態調查，在 200 個採樣點收集到約一萬多個底棲物種，當中高達七成是多毛綱物種，共錄得 78 種，為

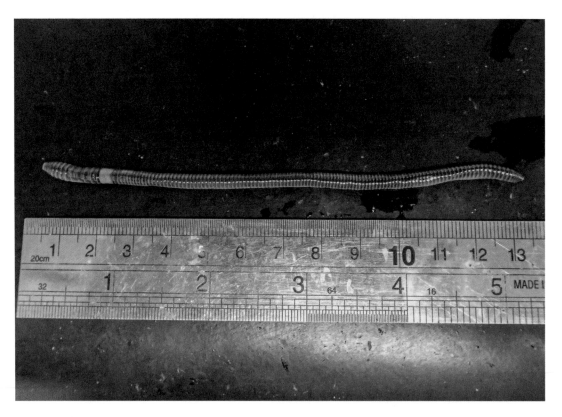

圖 6-100　直管遠盲蚓（*Amynthas directus*），早於 1935 年在香港被發現，並發表為新物種。（羅文雪提供）

圖 6-101　屬巨蚓科的壯偉遠盲蚓（*Amynthas robustus*），在本地的市區公園及次生林都能找到其蹤影，淺色環帶及大而明顯的前列腺是其外觀特徵。（羅文雪提供）

圖 6-102　光潤金線蛭（*Whitmania laevis*），是不會吸血的蛭類，以進食水生螺為主。背部綠色，有五條淺黃至金黃色的虛線。（羅文雪提供）

往後海洋多毛綱物種研究奠定基礎。1970 年代至 1990 年代，研究者繼續鑑定及重新分類多個香港海域的多毛綱物種，並在港大教授莫雅頓舉辦的一系列海洋生物研討會中發表研究成果。

直至二十一世紀，香港仍然錄得多毛綱的新物種，例如：2009 年至 2010 年間，邱建文研究團隊在米埔后海灣濕地的潮間帶泥灘中發現蟄龍介目的新物種 *Lagis crenulatus*，並在 2012 年成功發表於學術期刊。

2. 分類概況

目前香港共約有 508 種環節動物門物種，可按生物學分類為多毛綱及環帶綱，環帶綱以下又分為寡毛亞綱及蛭亞綱（見附錄 6-13）。當中以多毛綱物種最多，共有 7 目 54 科 408 種，包括葉鬚蟲目（Phyllodocida；17 科，149 種）、蟄龍介目（Terebellida；8 科，69 種）、纓鰓蟲目（Sabellida；2 科，43 種）、磯沙蠶目（Eunicida；5 科，41 種）、海稚蟲目（Spionida；3 科，33 種）、仙蟲目（Amphinomida；2 科，11 種）、螠蟲目（Echiuroidea；3 科，6 種）。

寡毛亞綱共有 3 目 4 科 95 種，包括顫蚓目（Tubificida；1 科，60 種）、厚環帶目（Crassiclitellata；2 科，26 種）、Enchytraeida（1 科，9 種）。

蛭亞綱只有 1 目 3 科 5 種，即無吻蛭目（Arhynchobdellida；3 科 5 種）。香港環節動物由海洋環節動物、淡水環節動物及陸生環節物組成，當中以海洋環節動物為主，有 478 種，而大部分陸生及淡水環節動物均為蚯蚓及蛭，有 30 種。

3. 分布和習性

多毛綱

多毛綱物種大部分是底棲動物，是本港海洋底棲生物群落的主要組成部分。另外亦可在本港軟灘的沙泥或石縫，以及在珊瑚群落和污着群落（Fouling communities）中找到。有兩個多毛綱物種以香港或區域地名命名，分別是磯沙蠶科（Eunicidae）的 *Marphysa hongkongensa*（圖 6-103）和燐蟲科（Chaetopteridae）的 *Mesochaetopterus tingkokensis*，兩者均於吐露港一帶被發現，而後者以汀角命名。多毛綱軀體大多呈長圓柱體、身體扁平、有明顯的體節、具疣足、全身布滿剛毛或足刺，以輔助運動、捕食等功能。多毛綱物種因應生活環境及生活方式的不同，可分為游走型及固着生活型。

游走型多毛綱具較發達的口前葉、觸手及觸角，大多為肉食性，捕捉珊瑚蟲、水螅及蠕蟲等生物為食。常見的物種包括仙蟲科（Amphinomidae）的海毛蟲（*Chloeia* spp.）、沙蠶科（Nereididae），以及多鱗蟲科（Polynoidae）等物種。仙蟲科梯斑海毛蟲（*Chloeia parva*）體型呈梭狀，體長約 4 至 10 毫米，有 33 至 39 剛節（chaetigers），活體背部和剛毛淡黃色，每節環節上有深色如希臘文「Y」的斑紋（圖 6-104）。底棲海毛蟲偶爾大量出現於

圖 6-103　*Marphysa hongkongensa*，磯沙蠶科，在吐露港一帶被發現，並以「香港」命名。（邱建文提供）

圖 6-104　體型呈梭狀的梯斑海毛蟲（*Chloeia parva*），本地標本採集自荃灣麗都灣泳灘、釣魚灣泳灘以及吐露港。
（邱建文提供）

沙灘或沿岸地區，海毛蟲剛毛含有毒素，刺傷泳客後能導致皮膚痕癢、紅腫及疼痛。而固着型多毛綱多為濾食性，口前葉多數退化，特化出具濾食和呼吸功能的鰓冠，部分能夠分泌出黏液與附近泥沙形成硬質的棲管，常見的物種包括纓鰓蟲科（Sabellidae）、龍介蟲科（Serpulidae）等物種。

環帶綱寡毛亞綱

寡毛亞綱物種分布在本港海洋、陸地潮濕和有機質豐富的土壤中，亦有少數物種棲息於淡水濕地。寡毛亞綱物種大部分均為蚯蚓，軀體呈長圓筒形，由多個體節形成，頭部退化，沒有疣足，體節之間有剛毛協助移動。寡毛亞綱主要為腐食性，進食林地有機物例如枯葉、枯枝等。由於香港位處亞洲地區，蚯蚓物種分布主要由巨蚓科的遠盲蚓屬（*Amynthas* spp.）組成。當中，巨蚓科遠盲蚓屬的參狀遠盲蚓（*Amynthas aspergillum*）分布相對普遍，能在本港次生林、市區公園及農地中發現，而簡潔遠盲蚓（*Amynthas gracilis*）就只在人為干擾較嚴重的公園和農地中發現；腔蚓屬（*Metaphire* spp.）的加州腔蚓（*Metaphire californica*）更只有在農地有紀錄。

環帶綱蛭亞綱

蛭亞綱物種分布於本港淡水湖泊和溪澗，少數生活在海水或林地草叢之中，當中軟體黏蛭棲息地為海拔較高的山溪。蛭亞綱物種大多身軀呈扁筒狀，分多個環節，無剛毛，前後端具吸盤（圖 6-105）。部分本地蛭亞綱物種為外寄生或寄生動物，口內有顎，用以刺穿宿主的皮膚，並能夠分泌出蛭素，阻止宿主血液凝固，例如山蛭科的台灣三顎四環蛭及寄生

圖 6-105 菲擬醫蛭（*Hirudinaria manillensis*，又稱菲牛蛭），活躍於水田、沼澤等環境，會利用其吸盤黏附宿主身上吸血。（蘇英健提供）

蛭科的鼻蛭。陸棲並無游泳能力的台灣三顎四環蛭靠吸食兩棲爬行類動物例如黑眶蟾蜍、花狹口蛙的血液為生，偶然也會吸食人類血液。而鼻蛭普遍寄主在人類及中大型哺乳類的鼻腔中，但亦會侵襲尿道、陰道和肛門等部位。鼻蛭棲息於沼澤、池塘等水流較慢的靜水或淺水處，幼體靜止時身體呈灰白色，肉眼不易察覺，當哺乳類動物或人類在水潭飲水或游泳時，幼蛭能鑽入寄主的鼻腔和口腔並附在呼吸道壁上，2005 年本地醫學界發表了首宗鼻蛭寄生於人體的病例報告。而部分本地蛭亞綱物種為肉食性，例如光潤金線蛭以捕食蝸牛、蛞蝓及其他軟體動物為生。

4. 珍稀物種、價值與保育

環節動物經濟價值較低，清嘉慶《新安縣志》（1819）曾記載沙蠶食味，證明曾是香港地區漁民食材之一，而蚯蚓加工處理後能製成中藥材地龍。此外，環節動物分布於香港各個生境，對生態系統擔當重要角色，例如多毛綱物種多樣化的生活習性，讓各物種在生態系統中有不同的角色，包括生物擾動、提升沉積物穩定性、加快沉積物的養份循環，以及有助有機質的裂殖（即碎片化）。而龍介蟲科、纓鰓蟲科和蟄龍介科（Terebellidae）等管棲或穴居的多毛蟲在活動和覓食時會製造暫時性或永久的管道，能增加沉積物與水體接觸的面積，從而增加沉積層的通氣度，有助氧化物如氧氣（O_2）和硝酸鹽（NO_{3-}）由水體輸送到深層沉積物中。

蚯蚓作為土壤生態系統中的大型動物，在泥土中移動、覓食、以至排泄都會改變泥土的物理結構和生物與化學特性，被譽為生態系統工程師。不同體形大小的蚯蚓於泥土中製造的管道、糞土，以及在泥土表面的糞塔，在結構上大有不同，與此同時，令牠們對土壤結構和特性的影響也有分別。羅文雪與黎育科透過人工降雨來模仿土壤在自然環境中受雨水淋濕後風乾的情況（即「潤濕—乾燥循環」），了解不同的蚯蚓糞土結構在「潤濕—乾燥循環」中的碳氮動態。結果發現，球狀糞塔狀及堆積型糞土在「潤濕—乾燥循環」之下，一般能有效減少土壤中 60% 至 70% 的累積二氧化碳（CO_2）通量及氧化亞氮（N_2O）通量。2009 年，嘉道理農場暨植物園推出「化廢為糧——廚餘蚯蚓堆肥社區先導項目」，嘗試透過蚯蚓進食有機物的特性，以解決香港家庭廚餘問題，並將廚餘轉化為有機肥料。

香港沒有瀕危的環節動物物種，亦沒有針對本地環節動物的保育政策，惟根據《海岸公園及海岸保護區規例》規定，未經許可不得在海岸公園及保護區範圍非法捕魚及採集海洋生物，當中包括海洋環節動物。而根據《1977 年郊野公園及特別地區規例》（*Country Parks and Special Areas Regulations, 1977*）及《1937 年林區及郊區條例》（*Forests and Countryside Ordinance, 1937*）規定，市民不得在郊野公園或特別地區、林區或植林區內挖出、開墾或擾亂土壤，此舉能直接保護土壤生態系統，並間接保護在土壤中生活的蚯蚓等環節動物。

第七章
植物物種

第一節　概況

香港位於華南沿海、北回歸線以南 130 公里，陸地面積約 1106 平方公里。香港雖然面積不大，卻因地處熱帶北緣，水量豐沛，地形以山地為主，地勢陡峭，溝谷縱橫，生境多樣，蘊含豐富的生物多樣性。

由於地形環境和潮濕和暖的氣候條件，香港擁有豐富的植物種類，包括本地物種、引進物種和栽培植物。雖然砍伐活動、城市發展令許多本地原生森林被破壞，但在高山地區還可見一些近原生或次生森林。植物界幾個主要的門類，包括苔蘚、蕨類、裸子植物、被子植物均在香港分布，有一些稀有、甚至香港獨有的物種，也是香港重要自然遺產。

一、研究與記錄

清代（1644—1912）《新安縣志》已記載香港地區原生和外來植物。清康熙《新安縣志》（1688）將植物分作多個名目，包括「稻類」、「麥類」、「菽類」、「蔬類」、「菓類」、「茶類」、「竹類」、「木類」、「花類」、「草類」，而「藥類」及「雜產」名目中部分條目均為植物，當中以「蔬類」列出的植物數目最多，達 41 種。

清嘉慶《新安縣志》（1819）在「穀類」、「菜」、「茶」、「果」、「花」、「草」、「木」、「竹」、「藤」條目中記述多種植物，並附有簡單的物種介紹，包括：分布、形態、味道、四季變化、經濟作用等，例如「木」條目中有「木棉樹大可合抱，高十數丈，葉如香樟，花瓣極厚，正二月開」的記載。

《新安縣志》未按現代生物分類學作出系統分類，惟康熙《新安縣志》中「蔬類」、「草類」記有蕨、蘋等蕨類植物；「木類」中記有杉、松等裸子植物，其餘記載植物大多為被子植物；而嘉慶《新安縣志》記載的植物多數為被子植物。

香港地區植物系統性的記載和研究活動，始於 1840 年代英國佔領香港以後。1841 年，英國外科醫生軒氏在香港採集和記錄了 140 種植物物種，是香港最早的正式植物採集紀錄。1878 年，港府成立香港植物標本室，開始搜集植物標本，目前由漁農自然護理署管理。香港植物標本室共有約 49,000 個植物標本，可供參考研究，比起周邊許多地區的植物資料庫更為完善。館藏中有不少標本是在 100 年前採集的，並且約有 300 個模式標本，亦即科學上發現的新種的憑證標本。

香港植物標本室的館藏主要是本地蕨類、裸子植物及被子植物等維管束植物的標本，亦有來自華南地區及東南亞國家的標本。同時香港植物標本室亦設有網上資料庫，記載超過 3300 種香港維管束植物的資料，涵蓋原生及外來物種。

香港志－自然‧自然資源與生態

428

香港各大學亦有不少研究本地植物的學者。其中國際著名植物學家胡秀英在 1968 年自美國返港，出任香港中文大學（中大）崇基學院高級講師，此後在香港進行大量野外考察，共採集超過 30,000 個植物標本。香港特有種秀英竹及秀英耳草的學名，便以胡秀英之名命名，以表揚她對植物學研究的貢獻。中大亦設有胡秀英植物標本館，現藏逾 40,000 份植物標本，絕大部分由胡秀英搜集及整理。該館除了推行本地植物分類學及相關研究項目外，亦推動植物科普教育。

本地亦有其他團體從事植物記錄、鑒定和教育工作。其中嘉道理農場暨植物園的標本館成立於 1990 年，目前館藏超過 18,000 份標本。園內植物學家自 2000 年起在華南地區進行生物多樣性調查，其間所採集的植物標本亦存放於標本館內。自 2010 年起，園內植物學家亦在香港發現超過 50 個植物新紀錄，標本館同時保存這些物種的憑證標本。嘉道理農場暨植物園亦致力栽培各類原生珍稀植物，主要用於遷地保育及森林恢復，部分物種亦供應予其他本地團體及政府機構作教育及綠化用途。

二、特色物種與保育

香港面積較小，但仍有不少本地特有珍稀植物。除了在香港被發現及記錄的香港杜鵑、香港茶、嶺南槭、小花鳶尾、香港過路黃外，有幾種還是僅見於香港的特有種，包括香港鳳仙和香港細辛等。洋紫荊是香港的市花及標誌，也是在香港首次發現，是由兩種羊蹄甲屬物種雜交而成的品種。

香港本地亦有一些藥用的草本植物，例如山藥、夏枯草、虎杖、蒲公英、金銀花、茯苓等。李甯漢和劉啟文所著《香港中草藥》及《香港中草藥大全》，詳細介紹了香港可供藥用的本土植物。兩人亦舉辦超過三十屆草藥班，教育大眾認識本土植物及其藥用價值，補足早年本地較為缺乏的植物科普部分。香港主要的草藥園包括香港動植物公園、中大百草園、香港醫學博物館草藥園和龍虎山環境教育中心草藥園等，可供遊客欣賞和認識各種藥用植物。

香港擁有一千多種的非原生或外來物種，約佔本地維管束植物三分之一。這些物種部分由人類主動引入作植林、園藝及農業用途，部分經由貿易或貨運意外進入香港。早年因香港郊野地區劣地範圍廣闊，水土流失問題嚴重，當局多次引入外來樹木作植林用途，以鞏固水塘附近山坡及確保水源潔淨。最後成功適應當時惡劣環境的物種有台灣相思、紅膠木和濕地松（又稱愛氏松）三種，合稱香港「植林三寶」。園藝物種及行道樹包括早期引入的鳳凰木、木棉、石栗、假檳榔及江邊刺葵，還有近年引入作觀賞用途的黃鐘木、富士櫻、吉野櫻等。

人類在香港定居歷史至少上千年，對本地自然環境、生物多樣性帶來長久和複雜的影響。

人為干擾主要發生於較平坦的低海拔地區，因先民需要開墾農地種植莊稼，低地和低海拔山坡森林（除了少量風水林外）幾乎全被破壞，分布於其間的各類生物遭受嚴重影響。而位於山地的森林，只有偏僻的溪谷或懸崖保有少數原生植被。及後因為郊野公園相關條例實施，香港森林植被面積增加，部分保留於原生植被的物種分布得以擴展，尤其是梧桐寨、石崗後山、大城石澗中段、鳳凰山、黃龍坑等地區，目前具有比較豐富的植物多樣性。

三、分類系統

本章介紹的香港植物分為苔蘚、蕨類、裸子植物和被子植物四大類，而涉及真菌和藻類的相關內容，將在本卷其他章節介紹。植物界兩大類植物是維管植物和非維管植物。苔蘚屬於非維管植物，而維管植物又分為如無籽的蕨類植物和種子植物，後者包括裸子和被子植物，當中被子植物根據其子葉形態，再進一步分為單子葉和雙子葉植物兩大類。

香港約有 3700 種植物，包括約 387 種苔蘚（共 72 科）、約 233 種蕨類（共 46 科）、約 34 種裸子植物（共 10 科），以及約 3000 種被子植物（又稱開花植物）（共 207 科）。其中熱帶及亞熱帶分布的科佔明顯優勢，亦有部分溫帶分布的科。在苔蘚類植物中，以細鱗苔科、鳳尾蘚科、灰蘚科物種數目最多；蕨類植物以金星蕨科、水龍骨科、鱗毛蕨科及卷柏科物種數目最多。在裸子植物之中，柏科、杉科及南洋杉科物種數目最多，不過這些科均源自外地，原生裸子植物只佔約兩成，屬於少數。被子植物可分類為雙子葉植物及單子葉植物，雙子葉植物以蝶形花科、菊科、大戟科、茜草科及唇形科物種數目最多，單子葉植物則以禾本科、莎草科、蘭科、百合科及天南星科數目最多（見附錄 7-1、7-2、7-3、7-4 及 7-5）。

本章對苔蘚植物的介紹，主要參照《廣東苔蘚志》分類系統，而對蕨類植物和種子植物的介紹，主要參照香港植物標本室的館藏分類系統。該標本室館藏標本以科歸類，蕨類植物採用 1978 年秦仁昌系統，裸子植物採用 K. Kubitzki（1990）系統，被子植物採用 A. Cronquist（1988）系統。根據 Kubitzki（1990）分類系統，裸子植物是一類種子不包含在子房或果實中的植物，包括蘇鐵科、銀杏、針葉樹、買麻藤等類群。至於 Cronquist（1988）的分類系統則將被子植物分為單子葉和雙子葉植物兩大類，其中屬於雙子葉植物的薔薇類植物估計有超過 100,000 種，包括許多豆類、水果和蔬菜等糧食作物，以及多種觀賞花卉，是在香港非常普遍的一個植物亞綱。

第二節　苔蘚植物

苔蘚植物是苔類、蘚類和角苔類的總稱，全世界苔蘚植物接近 21,000 種，物種數量僅次於被子植物。在現存陸地植物中，苔蘚植物被認為是最早從水生環境登上陸地的類群，登陸時間大約發生於至少距今 4 億至 5 億年前。苔蘚登陸後，逐步改善陸地環境，提升大氣中

圖 7-1　卷葉濕地蘚（*Hyophila involuta*）。華南地區常見的先鋒植物。（張力提供）

氧氣含量，影響後來陸上生物的演化路線。

苔蘚植物結構簡單，葉片僅一層細胞厚，表面缺乏角質層，亦無維管束輸送水份及養份。植株高度因此受限，通常僅數毫米到厘米，貼近基質生長。它們以孢子繁殖，靠風力傳播。

苔蘚植物廣泛分布於大部分陸上生境，包括南北極和沙漠。在某些生態系統中，苔蘚更具生長優勢，例如熱帶山地雨林、泥炭蘚沼澤地和高海拔山地。由於個體較小，其生態功能常被低估，但愈來愈多研究顯示，苔蘚植物在維持水份平衡、減少土壤侵蝕、固碳（主要是二氧化碳和甲烷）及減緩全球暖化等方面發揮重要作用。另外，苔蘚是受干擾生境（例如礦山、採石場、混凝土護坡等環境）的先鋒植物（見圖 7-1），亦為小型無脊椎動物和昆蟲提供棲所及食物。苔蘚容易受大氣或水體中的污染物影響，因此也常作為環境污染指示植物。

苔蘚植物之中，最具經濟價值者當屬泥炭蘚屬（*Sphagnum*）的某些種類。一戰期間（1914—1918），脫脂棉短缺，泥炭蘚被用作替代品以包紮傷口，緣於它們透氣、吸水力強而且具抗菌性。這些特質亦讓泥炭蘚被用作栽培觀賞植物的介質，它們在園藝市場中通稱為水苔，常用作培植蘭花和蕨類植物。另外，近年開始流行以苔蘚造景，小至生態瓶和盆景，大至垂直綠化和庭園，導致對苔蘚的需求增加，特別是泥炭蘚屬和白髮蘚屬（*Leucobryum*）的種類。

在傳統中國文化中，苔蘚也兼具歷史、文學和美學價值。古代詩詞歌賦中，苔蘚連同柳、松、竹、荷、梅等植物，都是文人雅士主要的吟誦對象。據報道在中國有數十種苔蘚被民間用作草藥，最有名的當屬大葉蘚屬（*Rhodobryum*）的種類，它們對於心血管疾病有一定效果。

一、研究概況

香港苔蘚植物調查和研究起點可追溯至 1840 年代。英國佔領香港後，英國人和其他外籍人士容易抵達香港，開展自然考察和收集的工作。當時對苔蘚植物的調查和研究並非重點，但也被某些考察者關注。1845 年 12 月至 1846 年 3 月間，安達臣（T. Anderson）在香港考察和採集苔蘚，是本港最早涉及苔蘚的調查。直至二十一世紀初，對香港苔蘚植物的多樣性了解才較全面。回溯過往，葉國偉的〈香港苔蘚學史〉（History of Bryology of Hong Kong）和張力、林邦娟的〈香港苔蘚植物名錄〉（A Checklist of Bryophytes of Hong Kong）對香港苔蘚研究歷史曾有較全面的回顧，以下選記重要的時間節點或階段性成果。

1848 年，英國人威爾遜（W. Wilson）在《倫敦植物學報》（*The London Journal of Botany*）刊登一篇有關香港苔蘚植物研究的論文，同時是第一篇關於中國苔蘚植物的研究論文。威爾遜研究安達臣從香港採集的標本，記載了大鳳尾蘚（*Fissidens nobilis*）等七種苔蘚植物（見圖 7-2）。

圖 7-2　大鳳尾蘚（*Fissidens nobilis*）。其中一種 Anderson 於 1845 年在香港採集的苔蘚植物。（張力提供）

1854 年至 1855 年期間，美國北太平洋考察隊隨船植物學家懷特（Charles Wright）和助手施莫爾（James Small）在香港採集了大量苔蘚標本。1859 年，美國苔蘚學家蘇利雲（W. Sullivant）和勒斯奎勞（L. Lesquereux）根據懷特及施莫爾採集的植物標本進行研究並發表文章，其中描述了包括卵葉麻錦蘚（*Taxithelium oblongifolium*，最初定名為 *Hypnum oblongifolium*）在內的六個新種。兩位專家同時準備了一份詳盡書稿，包括線描圖，但遺憾當時未有發表。

1872 年，英國外交官漢斯（H. F. Hance）編寫《香港島植物誌補遺》（*Florae Hongkongensis Supplementum*），包含了第一版香港苔蘚植物名錄，當中列舉了 20 種苔蘚。1933 年，英國苔蘚學家迪臣（H. N. Dixon）根據香港大學講師香樂思（G. A. C. Herklots）提供的標本，在《香港博物學家》（*The Hong Kong Naturalist*）發表了題為〈香港的苔類：及其他中國的苔類〉（Mosses of Hong Kong: With Other Chinese Mosses）論文，描述了 14 個新分類群，其中多數已成為異名，異枝蓑蘚（*Macromitrium heterodictyon*）和香港蓑蘚（*M. tuberculatum*）這兩種則仍然成立。

1966 年，日本苔蘚學家岩月善之助研究懷特及施莫爾搜集的標本。1978 年，哈佛大學的苔蘚學家塞爾（Geneva Sayre）在蘇利雲和勒斯奎勞未發表原稿的基礎上，整合岩月善之助的研究結果，補充在標本袋上的紀錄，並整理成文。同年，由哈佛大學出版《1853 — 1856 年間美國北太平洋遠征隊發現的隱花植物》[1]，該書是有關香港苔蘚植物早期最重要的研究，相關標本主要收藏於哈佛大學標本館。

1988 年至 2009 年，本地苔蘚植物研究經數十年停頓後迎來高潮，來自內地和香港的學者，如高彩華、畢培曦、蘇美靈、朱瑞良、葉國樑、吳鵬程、張力等人對香港苔蘚進行更全面和深入調研，發表更多論著，報道更多新記錄物種，包括兩個新種。

1995 年至 1996 年，蘇美靈及朱瑞良先後出版《香港的蘚類和苔類》（*Mosses and Liverworts of Hong Kong*）和《香港的蘚類和苔類第 2 卷》（*Mosses and Liverworts of Hong Kong: Volume 2*），兩書圖文並茂，每個介紹物種配以簡潔的描述和野外拍攝彩圖，部分種類還附有顯微鏡下拍攝的形態照片和線條圖，是香港苔蘚植物的入門讀物，分別記錄了 156 個種和 103 個種（見圖 7-3）。

1997 年，張力等發表香港苔蘚植物名錄，是第一篇香港苔蘚植物最為專業的名錄，基於 1996 年初以前的相關論著，引證了每個物種的文獻出處，共記錄苔蘚植物 198 種。

2003 年，張力編寫了《香港苔蘚植物的最新和注釋編目》（*An Updated and Annotated Inventory of Hong Kong Bryophyted*），對香港苔蘚進行更詳盡的野外調查，研究早年被外

---

1 該書原文全名為 *Cryptogams of the United States North Pacific Exploring Expedition, 1853-1856: unpublished manuscripts of Fungi by Miles Joseph Berkeley and Moses Ashley Curtis, Lichens by Edward Tuckermen, Musci by William Starling Sullivant and Leo Lesquereux*.

圖 7-3　左為蘇美靈著《香港的蘚類和苔類》（1995）封面；右為蘇美靈、朱瑞良合著《香港的蘚類和苔類 第 2 卷》（1996）封面。（基督教環球佈道會提供）

籍人士從香港採集和研究過的大部分標本，主要為收藏於哈佛大學和大英博物館的標本，同時綜述文獻，得出更為全面的香港苔蘚植物名錄，共記錄香港苔蘚植物 372 種，其中蘚類 238 種，苔類 130 種，角苔類 4 種。

2009 年，吳鵬程和畢培曦出版了《香港苔類志》（*Hepatica Flora of Hong Kong*），是有關香港苔類最專業志書，記載苔類植物 115 種，書中還描述了一個新種長瓣疣鱗苔（*Cololejeunea caihuaella*），但未將所有香港苔類植物種類收錄。

本節參考最新相關文獻及分類學處理，在 2003 年張力編寫的《香港苔蘚植物的最新和注釋篇目》基礎上，提出了新的香港苔蘚植物名錄（見附錄 7-1），共收錄 72 科 160 屬 387 種，比張力的編目多出 15 種。

二、區系特徵

除了全球廣泛分布物種外，大多數生物生活於一定範圍內（又稱分布區）。依照某個物種的具體分布範圍，可從植物地理學角度，將該物種再細分到某一類型的分布區。若要討論某地區的植物區系特徵（植物地理學特徵），可透過統計該地相關類群所有種類的分布區類型（一般分成十多類），然後得出顯示各分布區類型百分比的匯總表。植物區系的形成和演變，與地球古環境和板塊運動存在必然關係。有研究認為當代華夏植物區系與晚古生代華夏植物區系一脈相承，淵源深刻。香港現存植物區系可追溯到晚古生代華夏植物群的發展。

有研究按照上述方法對香港蘚類植物進行分析，主要結論如下：（1）116 種（佔 33.4%）蘚類屬於熱帶性質，東亞類型有 87 種（佔 25.0%），溫帶類型有 57 種（佔 16.4%），因而可以將香港蘚類植物地理特性描述為熱帶北緣性質，但受東亞和溫帶的影響較大；（2）與維管束植物、脊椎動物和無脊椎動物相比，蘚類植物熱帶類群的比例較低；（3）把香港和 11 個國家及地區（海南、湖南、江西、台灣、雲南、浙江；澳大利亞、婆羅洲、日本、泰國、菲律賓）相比，最相似的地區依次是海南和台灣。香港和海南共有物種多為熱帶物種，如花葉蘚科和油蘚科；與台灣共有的主要是熱帶物種，但共有的東亞和溫帶性質物種比例則增加。[2]

三、分布

香港苔蘚植物的多樣性及分布具以下特點，包括：（1）多樣性高、主要分布於新界內陸；（2）以山地為中心；（3）風水林有較多熱帶類群；（4）小生境也能支援高多樣性；（5）深受坡向影響。

1. 多樣性高、主要分布於新界內陸

香港陸地面積不大，且經歷長期人為干擾，仍然保持高度的生物多樣性。本地苔蘚植物約 72 科 160 屬 387 種，其中苔類 29 科 52 屬 143 種，蘚類 40 科 103 屬 239 種，角苔類 3 科 5 屬 5 種。而全世界的苔蘚植物接近 21,000 種，其中蘚類約 13,000 種，苔類約 7500 種，角苔類約 200 種；中國苔蘚植物有 3114 種，其中蘚類 2006 種，苔類 1081 種，角苔類 27 種。香港的苔蘚植物分別佔世界 1.8%，以及全國的 12.4%。若考慮香港佔全球及全國的面積百分比，香港苔蘚植物多樣性甚高（見圖 7-4）。

本地苔蘚當中，種類最多的科為細鱗苔科，包含 56 個種，其次是鳳尾蘚科（28 種）、灰蘚科（21 種）、曲尾蘚科（20 種）、花葉蘚科（18 種）、叢蘚科（15 種）、錦蘚科（15 種）；最大的屬為鳳尾蘚屬（*Fissidens*），包含 28 種，其次為疣鱗苔屬（*Cololejeunea*）（17 種）、細鱗苔屬（*Lejeunea*）（11 種）、網蘚屬（*Syrrhopodon*）（9 種）、耳葉苔屬（*Frullania*）（8 種）、扁萼苔屬（*Radula*）（8 種）、白髮蘚屬（8 種）和蓑蘚屬（*Macromitrium*）（8 種）。其中，花葉蘚科為熱帶性質的科，全國產 37 種，而香港佔了 48.7%；鳳尾蘚屬以熱帶、亞熱帶分布為主，香港的種數接近全國種數（58 種）的一半，高達 48.3%。

香港產的苔蘚中，目前有 5 種為本地特有（全球僅見於香港）：長瓣疣鱗苔、香港網蘚（*Syrrhopodon hongkongensis*）、異枝蓑蘚、短芒尖蓑蘚（*M. subincurvum*）、香港蓑蘚，佔本地總種數的 1.3%。與中國的苔蘚特有種佔全國總數的 17.4% 相比，明顯偏低。

---

2 在進行上述研究時，因廣東苔蘚植物多樣性數據缺乏，因而未能與香港直接比較。在鄰近地區比較而言，香港和廣東省的苔蘚多樣性相似度應屬最高的。

圖 7-4　香港苔蘚植物多樣性（按從左到右，從上到下次序，依次名稱為：小蛇苔（*Conocephalum japonicum*），尖葉薄鱗苔（*Leptolejeunea elliptica*），節莖曲柄蘚（*Campylopus umbellatus*），卷葉鳳尾蘚（*Fissidens dubius*），紅蒴立碗蘚（*Physcomitrium eurystomum*），比拉真蘚（*Bryum billardieri*），柔葉真蘚（*Bryum cellulare*），鈍葉蓑蘚（*Macromitrium japonicum*），粗枝蔓蘚（*Meteorium subpolytrichum*），擬草蘚（*Pseudoleskeopsis zippelii*），仙鶴蘚多蒴變種（*Atrichum undulatum* var. *gracilisetum*），褐角苔（*Folioceros fuciformis*）。（張力提供）

若按主要地區劃分，新界內陸共有苔蘚植物約 305 種，佔全港 78.8%，其次大嶼山有約 153 種（佔 39.5%），香港島有約 92 種（佔 23.8%），離島共有約 48 種（佔 12.4%）。由此可見新界內陸是本地苔蘚植物最豐富地區，其中大帽山周邊約 236 種（佔全港 61.0%），馬鞍山則有約 84 種（佔全港 21.7%），顯示在森林覆蓋率高、且海拔較高的山區，苔蘚多樣性明顯較高。

2. 以山地為中心

香港苔蘚植物的分布以較大面積的山地為中心，例如新界內陸的大帽山、馬鞍山、八仙嶺，香港島太平山，以及大嶼山的鳳凰山和大東山等，並且以海拔 500 米至 600 米以上的地區多樣性最高，特別是溪流兩岸。當海拔上升，氣溫隨之下降，降雨量和濕度增加，加上山頂常有霧籠罩，環境比較清涼和潮濕，較為適合大多數苔蘚生長。

3. 風水林有較多熱帶類群

在新界一些村落附近，特別是林村谷以及烏蛟騰、沙頭角一帶，至今還保留不少完好的風水林。風水林由於海拔較低，面積小且破碎化，整體而言苔蘚物種數量不及山地森林，不過其植被長久以來受到良好保存，仍有一些具典型熱帶性質的珍稀物種，例如匍網蘚（*Mitthyridium fasciculatum*）和種類繁多的葉附生苔。1999 年發現的新種香港網蘚，便產自上禾坑村後的風水林。

4. 小生境也能支援高多樣性

本地森林長期受到人為干擾，森林砍伐導致棲息地縮小和生境破碎化，對於棲息其間的其他生物帶來負面影響。與開花植物相比，苔蘚植物個體矮小，即使較小面積的生境亦足以維持種群生存（主要是森林斑塊、溪流旁的狹窄的森林地帶）。加上人類干擾主要集中在低地，而苔蘚分布中心多數位於中高海拔山地，大量物種因此得以保存，這亦有助解釋香港苔蘚植物超乎尋常的多樣性。

有研究者透過設置樣方的方法，研究香港不同陸地生境的苔蘚植物多樣性。他們在全港各處的森林、風水林、灌叢、草坡、農地和市區不同生境設置了 47 個面積為 16 平方米的樣方，結果顯示每個樣方的苔蘚多樣性最少者僅有 1 種，最多者則有 29 種，森林是物種最豐富的生境（平均每個樣方有 18.4 種），而風水林、灌叢、草坡、農地和市區的物種較少（平均每樣方少於 3.5 種），可見苔蘚植物並非平均分布於不同生境。如果把 47 個樣方的面積相加，總面積僅為 0.08 公頃（面積少於兩個標準籃球場），當中卻發現了 161 種苔蘚植物，佔本地苔蘚植物總數的 41.6%，印證了小生境仍能支援高的苔蘚植物多樣性的假設。

5. 深受坡向影響

苔蘚多樣性明顯受到坡向影響，北坡的苔蘚多樣性明顯高於南坡。例如在大東山北坡黃龍坑和南坡礖石灣，在同等海拔的情況下，北坡苔蘚的多樣性比南坡高出約 35%。香港位於北半球，在北半球山地，北坡大部分時間被山脊的陰影遮擋，溫度及濕度變化幅度較小，生長條件較南坡為佳，因而森林覆蓋率一般較高，利於喜陰濕的苔蘚生存。

四、珍稀蘚類和保育

香港至今未有關於苔類和角苔類保育的評估報告。至於蘚類方面，有學者曾研究香港蘚類的珍稀種類和保育問題。香港產蘚類植物共約 238 種，其中 16 種可能已在本地滅絕（見表 7-1），佔蘚類總數的 4.1%。另外，有 127 種屬生存受威脅的類群，同屬珍稀種類，佔所有蘚類的 53.8%。

由於早期確認香港蘚類植物滅絕的標準比較寬鬆，實際上已滅絕物種的數量可能較少。其一是該名單包含了一些較為廣布的種類，例如叢蘚科的扭口蘚（*Barbula unguiculata*）、濕地蘚（*Hyophila javanica*）、皺葉小石蘚（*Weissia longifolia*）和真蘚科的紅荋真蘚（*Bryum atrovirens*），上述種類被先前的調查忽略，因而被誤以為滅絕。其二是一些歷史文獻中記錄的種類可能有誤，這些物種實際上並無分布於香港，例如《中國苔蘚志（第 8 卷）》和該書英文版 *Moss Flora of China English Version (Vol. 8)* 均無記載彎葉明葉蘚（*Vesicularia inflectens*），香港的記錄很可能基於錯誤鑒定。若重新修訂名單，已滅絕的種類有可能大幅減少。

表 7-1　可能已於香港滅絕的蘚類植物情況表

種名 Species	科名 Family
齒邊曲柄蘚（*Campylopus serratus*）	曲尾蘚科 Dicranaceae
長荋錦葉蘚（*Dicranoloma cylindrothecium*）	曲尾蘚科 Dicranaceae
花葉蘚（*Calymperes lonchophyllum*）	花葉蘚科 Calymperaceae
兜葉花葉蘚（*Calymperes molluccense*）（原為 *C. palisotii* var. *molluccense*）	花葉蘚科 Calymperaceae
扭口蘚（*Barbula unguiculata*）	叢蘚科 Pottiaceae
濕地蘚（*Hyophila javanica*）	叢蘚科 Pottiaceae
四川濕地蘚（*Hyophila setschwanica*）	叢蘚科 Pottiaceae
皺葉小石蘚（*Weissia longifolia*）（原為 *W. crispa*）	叢蘚科 Pottiaceae
紅荋真蘚（*Bryum atrovirens*）	真蘚科 Bryaceae
細枝羽蘚（*Thuidium delicatulum*）（原為 *T. recognitum* var. *delicatum*）	羽蘚科 Thuidiaceae
尖葉擬絹蘚（*Entodontopsis anceps*）	硬葉蘚科 Stereodontaceae
錦蘚三列葉變型（*Sematophyllum subpinnatum* f. *tristiculum*）	錦蘚科 Sematophyllaceae
擬硬葉蘚（*Stereodontopsis pseudorevoluta*）	灰蘚科 Hypnaceae
彎葉明葉蘚（*Vesicularia inflectens*）	灰蘚科 Hypnaceae

資料來源：　Zhang, L., Corlett, R. T., "Conservation of Mosses of Hong Kong," *Journal of Fairylake Botanical Garden*, Vol.11, no. 3-4 (2012): pp.12-26. (with Chinese abstract)

若以區域層面考慮本港蘚類植物的珍稀程度，根據《廣東高等植物紅色名錄》（2022 年出版），香港產的以下物種被列入保護等級：（1）EN（瀕危）：粗葉白髮蘚（*Leucobryum*

圖 7-5　檜葉白髮蘚（*Leucobryum juniperoideum*）為國家二級保護野生植物。（張力提供）

boninense）、狹葉白髮蘚（*L. bowringii*）、爪哇白髮蘚（*L. javense*）、陳氏網蘚
（*Syrrhopodon chenii*）；（2）VU（易危）：彎葉白髮蘚（*Leucobryum aduncum*）、白髮
蘚（*L. humillimum*）、檜葉白髮蘚（*L. juniperoideum*）、疣葉白髮蘚（*L. scabrum*）、暖地
大葉蘚（*Rhodobryum giganteum*）。上述種類除了陳氏網蘚、圓葉裸蒴苔（*Haplomitrium
mnioides*）、鞍葉苔（*Tuyamaella mollischii*）、彎葉白髮蘚、白髮蘚、暖地大葉蘚等幾種本
地比較少見，其餘均為常見，沒有生存風險。

《國家重點保護野生植物名錄》（2021 年 9 月發布）首次列入了五種苔蘚為國家二級保護
野生植物，其中香港產有一種，即檜葉白髮蘚（見圖 7-5）。但本種在本港中低海拔山地常
見，沒有生存風險。

1. 特點和分布

在香港 127 種珍稀蘚類植物中，特點如下：（1）非熱帶性質的種類，比熱帶性質的種類
更易於稀有，並受到威脅；（2）分布於高海拔地區的珍稀種類，比低海拔地區較高，而且
它們分布在北坡的比例也比預期的較高；（3）87 種受威脅的種類（佔所有受威脅種類的
73.7%）完全或大部分分布於保護區域（郊野公園或其他自然護理區）內，僅 31 種（佔所
有受威脅種類的 26.3%）完全或大部分分布於保護區域以外。

根據珍稀蘚類分布的種類多寡，全港共識別出 16 個熱點（hotspots）（見表 7-2），每個熱

圖 7-6　梧桐寨瀑布下的苔蘚群落。（張力提供）

點至少有 6 個珍稀蘚類。16 個熱點共有 93 種珍稀蘚類，佔所有珍稀物種接近四分之三，其中大城石澗的珍稀蘚類最多（23 種）。16 個熱點當中有 11 個位於保護區內（郊野公園或其他自然護理區），佔 68.8%，生存在上述熱點的物種相對安全（見圖 7-6）。3 個熱點位於保護區外，其中嘉道理農場暨植物園因屬私人範圍得以受到保護，而上禾坑風水林和牛鼓塱位於陡峭斜坡之上，受干擾的風險較低。另有 2 個熱點橫跨保護區和非保護區，其一是大刀岃，近林村谷一側的斜坡大部分在保護區外，不過由於地勢陡峭，難以接近，受干擾的風險較低；另一個是位於大老山附近的觀音山，此熱點只有一小部分範圍落在保護區外，大部分範圍受到保護。

另外部分苔蘚植物分布異常狹窄，存在於上述植物熱點之外。例如上水古洞水庫岸邊（面積約 0.2 公頃）是 2 個珍稀蘚類的分布點，即龍骨裂蒴蘚（*Eccrimidium brisbanicum*）（見圖 7-7）在全國唯一已知的分布點，小蓑蘚（*Micromitrium tenerum*）在全國的少數幾個確認的分布點之一。

2. 保育

全球苔蘚植物面臨的最嚴重威脅是生境破壞和生境退化，原因包括森林砍伐、農業活動、空氣和水體污染、商業開發、城市化、入侵物種、採集和山火等。香港苔蘚植物亦同樣面對類似威脅。

表 7-2　香港珍稀蘚類分布熱點情況表

熱點	位於保護區域	珍稀種類數量	佔珍稀總數的百分比
大城石澗	內	23	19.5%
梧桐寨石澗	內	21	17.8%
黃龍坑東龍石澗	內	21	17.8%
鳳凰山北坡	內	17	14.4%
礦石灣石澗	內	14	11.9%
黃龍坑キ澗	內	15	12.7%
鶴咀山	內	13	11.0%
石崗石澗	內	11	9.3%
鳳凰山南坡	內	10	8.5%
馬鞍山吊手岩	內	10	8.5%
大刀岃	部分	9	7.6%
嘉道理農場	外	9	7.6%
上禾坑風水林	外	7	5.9%
川龍	內	7	5.9%
大老山觀音山	部分	6	5.1%
牛鼓塱	外	6	5.1%

資料來源： Zhang, L., Corlett, R. T., "Conservation of Mosses of Hong Kong," *Journal of Fairylake Botanical Garden*, Vol.11, no. 3-4 (2012): pp.12-26. (with Chinese abstract)

圖 7-7　龍骨裂萼蘚（*Eccrimidium brisbanicum*）。分布於上水古洞水庫岸邊的兩種珍稀苔蘚植物之一，為中國唯一已知的分布地點。（張力提供）

生境破壞

在包括香港在內的許多國家和地區，生境破壞是苔蘚植物面臨的主要威脅。部分具典型熱帶性質的珍稀苔蘚植物僅分布於新界低海拔的風水林中，而這些風水林亦面對土地發展及人為干擾等壓力。例如部分接近村邊的風水林遭傾倒泥頭垃圾，或受附近房屋的發展而影響日照及水文，偷伐樹木或惡意破壞亦時有發生。若風水林面積持續縮小及其生境素質下降，長遠而言亦會影響低地苔蘚植物的存活。

空氣污染

苔蘚植物是對空氣污染最敏感的生物之一。在城市和工業環境中，空氣污染不可避免地減少苔蘚植物的多樣性。2011 年以來香港整體空氣品質一直在改善，苔蘚所受威脅得以減緩。

全球暖化

根據世界氣象組織（WMO）2021 年的全球氣候狀態報告，該年全球平均氣溫比 1850 年至 1900 年工業化前平均氣溫高出約 1.11± 0.13°C。過去七年（2015 年至 2021 年）是有紀錄以來最熱的七年。氣候變暖已證明主要是由人類活動導致，如不能有效減排，全球地表溫度將持續升高，到二十一世紀末，全球變暖將超過攝氏 1.5 度，甚至攝氏 2 度，對生物多樣性帶來長期而有害的影響。香港亦受全球氣溫上升的影響，對包括苔蘚在內的生物帶來威脅。全球變暖導致大多數生物必須遷移至新地方，而大量棲息地碎片化，使部分生物較難遷移，因而增加珍稀物種的比例和滅絕數量，高海拔類群較低海拔的類群，更易受到危害。

商業利用

苔蘚在香港的商業用途十分有限，主要應用於園藝，包括用作種植介質的泥炭蘚，及用於苔蘚園藝的活苔蘚，上述苔蘚產品大多由外地進口。

山火

香港在乾燥（冬季和春季）季節，草地及灌叢經常發生山火。本地主要受山火威脅物種包括無軸蘚（*Archidium ohioense*）、台灣曲柄蘚（*Campylopus taiwanensis*）和台灣擬金髮蘚（*Polytrichastrum formosum*）（見圖 7-8）。

公眾知識缺乏

與維管束植物相比，苔蘚植物的資訊較不普及，市民普遍對此認識較少，導致部分受威脅的苔蘚植物和其生境受到意外破壞。

有研究估計約有 19% 維管束植物屬於本地滅絕或非常稀有，同類數值遠較蘚類（53.8%）為低。由於苔蘚個體較小，野外鑒定難度較高，與維管束植物相比更容易受到忽視。

超過 70% 本地珍稀蘚類植物分布於郊野公園和其他自然護理區，其餘大多位於陡峭和其他

圖 7-8　濕潤和乾燥狀態的台灣擬金髮蘚（*Polytrichastrum formosum*）。（張力提供）

難以接近的地點，相對上受干擾的風險較低。自二戰結束以來，本地植被在持續恢復，以森林為生的物種數量不斷增加。由於香港苔蘚分布以山地為中心，偏好比較清涼和潮濕環境，森林覆蓋率持續上升有利於苔蘚植物的生長及保育。

苔蘚植物在香港的科普教育資源不多，包括蘇美靈及朱瑞良撰寫的兩卷本的《香港的蘚類和苔類》，為認識本地苔蘚植物的入門讀物；另外，香港電台電視部於 1999 年製作的節目《山水傳奇》，其中有一集專門介紹苔蘚；2013 年，張力撰寫文章〈苔蘚之雙城故事：香港 vs 澳門〉，上述科普教育資源有助公眾了解苔蘚植物。

目前香港主要有三個適合苔蘚觀察地點，即嘉道理農場暨植物園、大埔滘自然護理區和太平山盧吉道。嘉道理農場暨植物園位於大帽山北麓，該園地形陡峭，次生林繁茂。園內苔蘚植物共 139 種，其中蘚類 89 種，苔類 50 種。沿溪潤的小徑，特別是彩虹亭以上及園路兩旁直至觀音山頂，分布不少香港常見的苔蘚。大埔滘自然護理區位於新界中部，該區地勢為低海拔丘陵，森林茂密，溪流眾多，其間有一條自然教育徑和 4 條林徑環繞，可供大眾認識低地苔蘚。盧吉道位於太平山半山，沿途路邊古舊混凝土牆和石壁，長滿各類苔蘚，同時有不少藻類、地衣和蕨類，是認識苔蘚及相關生物的場所。

第三節　蕨類植物

蕨類是最早於陸地出現、以孢子繁殖的高等維管束植物，蕨類化石可追溯至古生代志留紀中期（約 4.1 億年前）。這些最早的陸生蕨類，被稱為頂囊蕨或光蕨。蕨類植物其後發展成兩個演化支，其一是在志留紀與泥盆紀過渡時期發展而來的石松類；另一支是在泥盆紀早期，由裸蕨發展而來的木賊和真蕨類。到了晚泥盆世（約 3.8 億年前），在早、中泥盆世盛極一時的裸蕨逐漸消失，石松類、木賊和真蕨類取而代之，繁榮起來。

到了白堊紀早期（約 1.5 億至 6 千萬年前），蕨類佔有統治性地位，物種爆發性增多，發展出不少現代的蕨類科屬，當中包括石松科。現存蕨類植物共有接近 12,000 種，隸屬於 50 個科、260 至 280 個屬。蕨類分布遍及全球，大部分集中分布於潮濕而溫暖的熱帶及亞熱帶地區。

蕨類植物隨着演化發展出維管束來協助運輸水分並支撐植株，以至蕨類能夠直立而且長得較為高大。特化的植物結構和有性繁殖對蕨類植物的演化起了很大作用，令其在隨後的時代佔有主導地位。

不少蕨類形態特別，例如松葉蕨科的松葉蕨（*Psilotum nudum*）（見圖 7-9），酷似成簇松葉；又如石松科的藤石松（*Lycopodiastrum casuarinoides*）（見圖 7-10），多棲於樹幹或石上、莖上有明顯節間，葉片退化而輪生在節上；再如木賊科（見圖 7-11），外形與被子植物「木麻黃」相似，桫欏科的筆管草（*Equisetum debile*）（見圖 7-12）則呈樹狀形態等。

一、研究概況

蕨類植物分類學隨着分子分類學的發展，經歷了巨大變化。傳統分類方法將蕨類植物分為五個亞門：松葉蕨亞門、石松亞門、水韭亞門、楔葉蕨亞門和真蕨亞門，首四個亞門稱為擬蕨類植物，真蕨亞門稱為真蕨類植物。根據最新分子分類研究，石松類（包括石松科、水韭科和卷柏科）已不再屬於蕨類。

圖 7-9　形態特別、酷似松葉的松葉蕨（*Psilotum nudum*）。（香港特別行政區政府漁農自然護理署提供）

圖 7-10　多棲於樹幹或石上、莖上有明顯節間，葉片退化而輪生在節上的藤石松（*Lycopodiastrum casuarinoides*）。（香港特別行政區政府漁農自然護理署提供）

圖 7-11　外形與被子植物木麻黃（*Allocasuarina littoralis*）相似的筆管草（*Equisetum debile*）。（香港特別行政區政府漁農自然護理署提供）

圖 7-12　筆筒樹（*Sphaeropteris lepifera*）為直立樹狀形態、葉片為二至三回羽狀複葉。（香港特別行政區政府漁農自然護理署提供）

香港蕨類植物系統化研究始於十九世紀，隨着更多歐美學者參與本地蕨類植物研究，採集和記錄趨向系統化。十九世紀至今，眾多本地和外地學者作出研究貢獻，包括威廉胡克（W. J. Hooker）、貝克（J. G. Baker）、司密斯（J. Smith）、福布斯（F. B. Forbes）、克利斯特（H. Christ）、科潑蘭特（E. B. Copeland）、馬叔（C. G. Matthew）、鄧恩（S. T. Dunn）、德邱（W. J. Tutcher）、吉布斯（L. Gibbs）、秦仁昌、霍爾通（R. E. Holttum）、奧斯頓（A. H. G. Alston）、艾迪（H. H. Edie）、蘇美靈、桑德士（R. M. K. Saunders）等人。

1861 年，英國植物學家邊林（George Bentham）出版《香港島植物誌》（*Flora Hongkongensis: A Description of the Flowering Plants and Ferns of the Island of Hongkong*），便載有香港蕨類植物名錄，記錄物種共 81 種。1912 年，植物及林務部監督鄧恩和副監督德邱出版《廣東及香港植物誌》（*Flora of Kwangtung and Hongkong (China)*），記錄的蕨類物種增至 178 種。1994 年，市政局出版蘇美靈所著《香港蕨類》（*Hong Kong Fern*），圖文介紹本地主要蕨類植物。1997 年香港特別行政區成立後，內地和香港蕨類學者加強合作交流。2003 年，李添進、周錦超和吳兆洪編著《香港植物志·蕨類植物門》，以秦仁昌主張的系統作為蕨類分類依歸，被視為近年香港最重要的蕨類志。

二、區系特徵

在早、中泥盆世（距今 4.1 億至 3.8 億年），華南地區經歷加里東造山運動後，陸地面積不斷增加，一些海濱地帶首先孕育最早的裸蕨綱植物，[3] 這不但說明香港和鄰近地區的陸地相當古老，更創造了日後孕育維管束植物的良好條件。

中國土地幅員廣闊，蕨類植物非常豐富。有研究於 2016 年利用最新分子分類學研究成果，以及近幾年發表的新資料，對中國石松類和蕨類植物多樣性和地理分布數據進行統計和分析，指出中國的石松類和蕨類多達 2147 種（另含 5 個亞種和 118 個變種），佔全球蕨類物種約 19%，其中 839 個為特有種。中國西南地區為蕨類分布熱點，當中以雲南、四川及貴州三省的蕨類多樣性最高。

香港位處中國東南部沿海地區，雖然並未位於中國蕨類分布熱點之中，但蕨類物種也豐富繁多。香港約有 233 種蕨類植物，分隸於 46 科、93 屬，當中原生種佔 225 種，外來引入種佔 8 種，其中約 15 種蕨類以香港作為模式產地（見附錄 7-2）。

香港蕨類佔中國蕨類約 10%，包括多個演化支的蕨類，亦有多個古老的分支，例如古生代出現的石松科、蓮座蕨科、松葉蕨科；中生代初期出現的紫萁科、裏白科，侏羅紀時期出現的桫欏科、蚌殼蕨科等。

在香港 46 個蕨類科中，大部分為泛熱帶分布，包括金星蕨科、水龍骨科、卷柏科、鱗毛蕨科、鐵角蕨科、鳳尾蕨科、膜蕨科、蹄蓋蕨科、烏毛蕨科等。另外，香港的亞熱帶氣候讓熱帶和溫帶科屬植物能同時分布於境內，例如帶有熱帶性質且主要分布於東洋界的瘤足蕨科、槲蕨科；又如主要分布在溫帶的紫萁科、石杉科、箭蕨科和木賊科等。

三、分布

香港生境多樣性高，在約 1106 平方公里的陸地中，蘊藏多種生境和微氣候。香港境內幾乎全部的生境也有蕨類蹤跡，其中以烏毛蕨（*Blechnum orientale*）、海金沙（*Lygodium japonicum*）和小葉海金沙（*Lygodium scandens*）的分布最廣泛，遍布香港島、九龍、新界內陸和多個離島（見圖 7-13）。它們能適應不同生境，包括劣地、草坡、灌叢，甚至陰暗的林下環境。

除了以上的泛化種[4]，部分蕨類物種在特定生境中具有生長優勢，例如在草地佔優的有芒

3　裸蕨綱植物是已滅絕的陸生維管束植物，被認為是蕨類植物演化成種子植物的重要環節。

4　泛化種指能夠適應各種不同的環境條件，生於多種不同生境的物種。

圖 7-13 小葉海金沙（*Lygodium scandens*），是香港常見蕨類植物，分布遍及香港全境，能適應不同生境。（香港特別行政區政府漁農自然護理署提供）

萁（*Dicranopteris pedata*）、鋪地蜈蚣（*Palhinhaea cernua*）和烏毛蕨。在灌木林佔優的有海金沙、小葉海金沙、異葉鱗始蕨（*Lindsaea heterophylla*）、劍葉鱗始蕨（*Lindsaea ensifolia*）和團葉鱗始蕨（*Lindsaea orbiculata*）。於次生林佔優的有半邊旗（*Pteris semipinnata*）、單葉新月蕨（*Pronephrium simplex*）、普通針毛蕨（*Macrothelypteris torresiana*）和金毛狗（*Cibotium barometz*）等。芒萁和烏毛蕨能夠在草地或山泥傾瀉後的山坡形成非常密集的植被，雖然能夠鞏固泥土，但常會遮蔽其他植物的種子和幼苗，減慢生境演替的進程。

香港林地蘊藏豐富的蕨類植物，其中物種最多可數香港島中部一帶的低地至中海拔的次生林（太平山、柏架山一帶），新界中部的大埔滘、大帽山山脈（包括林村谷、城門）、馬鞍山，大嶼山的鳳凰山及大東山。蕨類多樣性與海拔呈正相關，海拔較高的林地通常有較高的多樣性，反之亦然。這是因為都市化主要集中在低地，部分山林溝谷位置偏遠，受干擾程度亦較低地為少，較多物種避過滅絕危機存活至今。其次是山上溫度較低且濕度較高，適合孕育多種蕨類，其中大部分珍稀蕨類都可見於山嶺林地之中，例如多種膜蕨科、江南短腸蕨（*Allantodia metteniana*）、華南馬尾杉（*Phlegmariurus fordii*）等。

四、用途

蕨類具有重要生態價值，例如先鋒蕨類可鞏固劣地土壤。除此以外，蕨類經常出現在本地民族植物學之中，對於香港及廣東一帶居民，具有醫藥、經濟、庭園觀賞等多種價值。

藥用蕨類最早見於約秦漢時期（公元前 221 —公元 220）成書的《神農本草經》，當中記載了石韋（*Pyrrosia*）、貫眾（*Dryopteridis*）、狗脊（即金毛狗）、卷柏（*Selaginella*）、石長生（即鐵線蕨 *Adiantum*）及烏韭（即烏蕨 *Sphenomeris chinensis*）等。1995 年版《中華人民共和國藥典》也收錄 19 種蕨類。

金毛狗（見圖 7-14）是其中一種最廣為人知的藥用蕨類。金毛狗常於潮濕林下形成成片的群落，是民間常用的中草藥。崖薑（*Pseudodrynaria coronans*）（見圖 7-15）是另一種著名的中藥，常附生於大樹、林中或岩石上，被視為有舒筋活絡之用，故又稱骨碎補。本港還有多種蕨類入藥，如腎蕨（*Nephrolepis auriculata*）、鐵線蕨（*Adiantum capillus-veneris*）、烏毛蕨、松葉蕨等。

蕨類植物可供食用。中國食用蕨菜歷史悠久，在《爾雅‧釋草》中已有記載。香港並不流行食用蕨類，可食用的物種不多，部分數量更是相當稀少，例如水蕨（*Ceratopteris thalictroides*）、刺桫欏（*Alsophila spinulosa*）等。

蕨類植物亦用作肥料和飼料，例如生長在水田或池塘中的水生蕨類植物滿江紅（*Azolla imbricata*），它通過與藍藻的共生作用，從空氣中吸取、積累大量的氮，成為一種良好的綠肥植物，也是家畜、家禽的飼料植物。

蕨類植物曾是香港鄉郊地區使用的燃料。在供電和供氣尚未普及前，本地鄉村居民普遍到所屬村落後山割草，搜集作生火煮食日常燃料，芒萁屬（*Dicranopteris*）是經常被採集的蕨類植物（見圖 7-16）。

不少蕨類植物的形態獨特優美，而且能夠以無性繁殖，因此常用於園藝和綠化。原生種腎蕨便是其中一種廣泛種植的蕨類。腎蕨能夠適應強風、乾旱、陰暗等環境，耐修剪兼且對肥料需求不大，因此常被用作屋頂綠化、垂直綠化及人工斜坡，其應用亦收錄於發展局編製的《香港高空綠化的植物應用圖鑑》。

五、珍稀蕨類和保育

1. 珍稀蕨類

高力行（R. T. Corlett）等人於 2000 年發表的《香港維管束植物：分布與現狀》（*Hong Kong Vascular Plants: Distribution and Status*）是香港迄今最全面的維管束植物分布及保

圖 7-14　金毛狗（*Cibotium barometz*）是常用中草藥，在香港以外地區因採挖入藥，數量日漸減少。（香港特別行政區政府漁農自然護理署提供）

圖 7-15　崖薑（*Pseudodrynaria coronans*）常附生於大樹、林中或岩石上，被視為有舒筋活絡之用，又稱骨碎補。（香港特別行政區政府漁農自然護理署提供）

圖 7-16　芒萁（*Dicranopteris pedata*），昔日香港鄉郊地區使用的燃料。（香港特別行政區政府漁農自然護理署提供）

育評估報告。文中收錄 215 種本地蕨類植物，當中 19 種被評為非常常見、41 種為常見、59 種屬局部分布、38 種為稀有、58 種為非常稀有。

根據珍稀蕨類分布的種類多寡，全港共識別出 5 個熱點區域（見表 7-3），每個熱點至少分布了 11 種珍稀蕨類。大帽山山脈蘊含最多珍稀蕨類，達 51 種之多，佔珍稀蕨類總數的 53.1%；其次是新界東北一帶的林地，共 18 種，佔 18.8%；大嶼山兩座高峰（鳳凰山和大東山）錄得 16 種，佔 16.7%；香港島多個山嶺共錄得 14 種，佔 14.6%；馬鞍山有 11 種，

表 7-3　香港珍稀蕨類分布熱點統計表

熱點	珍稀種類數量	佔珍稀總數的百分比
大帽山山脈（包括林村、梧桐寨、嘉道理農場暨植物園、石崗）	51	53.1%
新界東北一帶（沙頭角、八仙嶺、船灣等）	18	18.8%
大嶼山（鳳凰山、大東山）	16	16.7%
香港島（柏架山、太平山、聶高信山等）	14	14.6%
馬鞍山	11	11.5%

資料來源：　Corlett, R. T., "Environmental heterogeneity and species survival in degraded tropical landscapes", in *The ecological consequences of environmental heterogeneity*, edited by M. J. Hutchings, E. A. John, A. Stewart (Oxford: Blackwell Science), pp.333-355.

佔 11.5%。大部分珍稀蕨類分布於郊野公園範圍內，或隱蔽且難以踏足的山溪旁，受干擾的風險較低。

漁護署於 2003 年出版《香港稀有及珍貴植物》，羅列出 100 種香港稀有及珍貴植物，當中蕨類佔 9 種，包括刺桫欏、福建蓮座蕨（*Angiopteris fokiensis*）、蘇鐵蕨（*Brainea insignis*）、水蕨、金毛狗、細齒黑桫欏（*Gymnosphaera hancockii*）、黑桫欏（*Gymnosphaera podophylla*）、華南瘤足蕨（*Plagiogyria tenuifolia*）、華南長筒蕨（*Selenodesmium siamense*）。

其中福建蓮座蕨、蘇鐵蕨、水蕨、金毛狗、細齒黑桫欏、黑桫欏及刺桫欏（見圖 7-17、圖 7-18）是國家二級保護野生植物，刺桫欏更同時載入《中國植物紅皮書》和《廣東珍稀瀕危植物圖譜》。它是非常古老的孑遺植物，其化石曾於侏羅紀地層中被發現，目前因為森林生境被破壞及人為砍伐等威脅而成為瀕危物種。

粵紫萁（*Osmunda mildei*）（見圖 7-19）曾是本港蕨類特有種，直至近年於廣東省被發現，才從香港獨有植物之列除名。其物種地位亦因分子分析而修改為紫萁（*Osmunda japonica*）和華南紫萁（*Osmunda vachellii*）的雜交種。雖然如此，粵紫萁仍是香港最為珍稀的蕨類之一，由於其全球地理分布狹窄，保育需求較為迫切。

大部分珍稀蕨類生於林地或溪邊，亦有一些物種分布於其他生境類型，例如光葉藤蕨（*Stenochlaena palustris*）只分布在米埔、匙羹洲、沙洲等近岸處；隱囊蕨（*Notholaena hirsuta*）局限分布於東龍島、蒲台島等數個離岸島嶼；槐葉蘋屬（*Salvinia*）（見圖 7-20）偶見於池塘、濕田中。香港多樣的生境為各種珍稀蕨類提供棲所，亦解釋了本港蕨類的高度多樣性。

2000 年代以來的調研為香港蕨類植物增添不少新紀錄，包括台灣軸脈蕨（*Tectaria kusukusensis*）、掌葉線蕨（*Leptochilus digitatus*）、德化鱗毛蕨（*Dryopteris dehuaensis*）、海島鱗始蕨（*Lindsaea bonii*）、石松（*Lycopodium clavatum*）、唇邊書帶蕨（*Haplopteris elongata*）、無配膜葉鐵角蕨（*Hymenasplenium apogamum*）、似薄唇蕨（*Leptochilus decurrens*）、深裂迷人鱗毛蕨（*Dryopteris decipiens* var. *diplazioides*）、小黑桫欏（*Gymnosphaera metteniana*）、錢氏鱗始蕨（*Lindsaea chienii*）、合生瘤足蕨（*Plagiogyria adnata*）、毛軸蕨（*Pteridium revolutum*）等。香港自英佔以來，百多年來經歷不同年代的植物學家多次搜索和調查，至目前新物種仍屢被發現，可見香港野外環境仍存有不少珍貴且需予關注的自然資源。

2. 保育

香港蕨類資源豐富，蘊含多種珍稀蕨類，但有效的蕨類保育措施，卻只集中在過去幾十年實施。嘉道理農場暨植物園是本港蕨類（以至整個維管束植物）的重要保育機構，對蕨類在

圖 7-17　孑遺植物刺桫欏（*Alsophila spinulosa*）是國家二級保護野生植物蕨類植物，亦同時列入100種香港稀有及珍貴植物。（香港特別行政區政府漁農自然護理署提供）

圖 7-18　黑桫欏（*Gymnosphaera podophylla*）是國家二級保護野生植物蕨類植物，亦同時列入100種香港稀有及珍貴植物。（香港特別行政區政府漁農自然護理署提供）

圖 7-19　粵紫萁（*Osmunda mildei*）由於全球地理分布狹窄，是香港其中一種最珍稀的蕨類植物。（香港特別行政區政府漁農自然護理署提供）

圖 7-20　勺葉槐葉蘋（*Salvinia cucullata*）偶見於濕地或池塘，是稀有蕨類植物（屬於外來物種）。（香港特別行政區政府漁農自然護理署提供）

內的香港植物保育不遺餘力。其中最重要的措施之一是設立蕨類植物小徑，其佔地面積半公頃，是香港首個戶外蕨類植物園。蕨類植物小徑以遷地保育的方式保護原生蕨類植物，至今已有超過 170 種蕨類植物被移植到植物園中，是蕨類遷地保育的重要例子。植物園亦以孢子繁殖珍稀瀕危的蕨類植物，包括筆筒樹（*Sphaeropteris lepifera*）（見圖 7-21）。除此之外，植物園持續進行野外蕨類考察和生物多樣性調查，為香港留下不少重要的蕨類文獻和紀錄。

政府也制定法規保育珍稀蕨類，防止過度採集和開發利用。香港有 7 種具特殊保育價值的蕨類，受到《林務規例》（*Forestry Regulations*）和《保護瀕危動植物物種條例》（*Protection of Endangered Species of Animals and Plants Ordinance*）保護，包括刺桫欏、細齒黑桫欏、黑桫欏、金毛狗、福建蓮座蕨、巢蕨（*Neottopteris nidus*）和筆筒樹。其中金毛狗由於可用於入藥，在香港以外地區數量已日漸減少。惟本種在香港受《保護瀕危動植物物種條例》保護，仍在香港有廣泛分布，種群並未受任何特別威脅。

圖 7-21　筆筒樹（*Sphaeropteris lepifera*）是一種瀕臨絕種的蕨類植物，圖中筆筒樹存在於香港動植物公園附近，顯示其孢子排列。（香港特別行政區政府漁農自然護理署提供）

第四節　裸子植物

裸子植物是地球史上最早出現的種子植物。裸子植物靠種子繁殖，但其種子裸露，與果實包覆種子的被子植物不同。根據化石紀錄，最早的裸子植物（前裸子植物，progymnosperms）很可能起源於古生代，約 3.9 億年前的泥盆紀中期。在泥盆紀和石炭紀，蕨類具主導的地位，大部分陸地面積主要由蕨類覆蓋。進入二疊紀後，氣候變得寒冷而乾燥，為種子植物提供了有利繁殖條件。由於種子植物在整個傳粉和授精過程都無須依賴水份作為傳播媒介，比蕨類植物更適應乾旱時期，因此在二疊紀開始，蕨類的主導地位逐漸被裸子植物取代。此後種子植物愈趨繁榮，至今仍是陸上主導的植物類群。

裸子植物分布非常廣泛，遍及全球，但物種數量遠不及被子植物豐富，現存只約有 1000 種。裸子植物包含四個門：蘇鐵門、銀杏門、松柏門、買麻藤門，各演化支形態可追溯至非常遠古的時期，各具獨特形態。當中現存的松柏門物種數目雖然不多，但數量卻非常驚人，全球 39% 的森林都由松柏門所組成，在南、北半球的林業經濟擔當着無可取代的角色。雖然裸子植物屬重要自然資源，但根據英國的邱園（Kew Gardens）發現，裸子植物是世上最受威脅的生物類群，近 40% 裸子植物物種瀕臨滅絕的邊緣，受到全球科學家的高度關注。

一、研究概況

香港原生裸子植物有七種。早期裸子植物研究，主要由歐美植物學家進行。1842 年，英國外科醫生軒氏（R. B. Hinds）於《倫敦植物學報》記錄了香港的松樹（*Pinus sinensis* Lamb），後來確認為馬尾松（*Pinus massoniana*）。1885 年，威士蘭（A. B. Westland）在大帽山採得穗花杉（*Amentotaxus argotaenia*）模式標本。

1880 年代以後，針對裸子植物研究較少，大多以馬尾松為主。1870 年代至 1960 年代，馬尾松受到港府青睞，成為香港最重要的植林樹種。有關馬尾松的研究，大多圍繞其生長、病蟲害及生態功能等問題，以供植林實務用途。1938 年，位於大埔滘的大埔樹林護理區增建林木實驗場，研究不同播種方式對馬尾松種子生長的效果。1970 年代末由於松突圓蚧（*Hemiberlesia pitysophila*）和松材線蟲（*Bursaphelenchus xylophilus*）構成的蟲害，馬尾松遭到滅絕性破壞，相關研究亦基本中斷。

近年，水松（*Glyptostrobus pensilis*）是較受本地學者關注的裸子植物。水松原產於華南地區，包括廣東、廣西、雲南、四川、江西和福建等地。水松是否香港原生樹種，還是外地引入的觀賞樹種，長期是研究者的焦點。1912 年，粉嶺泰亨村曾採集到一棵水松標本，當年被視為栽培個體，但該棵水松後來不知所終。根據嘉道理農場暨植物園於 2010 年代以數學模型重新推敲水松自然分布的研究，香港屬於水松的天然分布帶。

二、區系特徵

香港至今共記錄了 34 種裸子植物，分隸於 10 科、22 屬，當中原生種佔 7 種，分別為穗花杉、羅浮買麻藤（*Gnetum luofuense*）（見圖 7-22）、小葉買麻藤（*Gnetum parvifolium*）、油杉（*Keteleeria fortunei*）、馬尾松、羅漢松（*Podocarpus macrophyllus*）和百日青（*Podocarpus neriifolius*）（見附錄 7-3）。香港全部的裸子植物都深具熱帶至亞熱帶特色（見表 7-4），主要分布於中國華南一帶，部分分布至東南亞、南亞一帶。

香港原生裸子植物在英佔初期已被外國學者完整記錄，當中穗花杉的模式標本，在 1885 年由威士蘭在大帽山採得。除馬尾松、羅浮買麻藤和小葉買麻藤三者外，另外四種原生裸子植物，即穗花杉、油杉、羅漢松、百日青，在香港並不常見，部分甚至非常稀有。香港地區沒有蘇鐵門、銀杏門的原生植物，在香港可見的蘇鐵（*Cycas revoluta*）和銀杏（*Ginkgo biloba*）都是引入物種，主要作為觀賞植物之用。

圖 7-22　羅浮買麻藤（*Gnetum luofuense*）是香港其中一種常見的原生裸子植物。（香港特別行政區政府漁農自然護理署提供）

表 7-4　香港原生裸子植物情況表

學名	中文名稱	科	主要分布地區
Amentotaxus argotaenia	穗花杉	三尖杉科	中國、越南
Gnetum luofuense	羅浮買麻藤	買麻藤科	中國華南地區
Gnetum parvifolium	小葉買麻藤	買麻藤科	中國東、東南、南部；寮國、越南
Keteleeria fortunei	油杉	松科	中國東南、南部；越南
Pinus massoniana	馬尾松	松科	長江以南地區、越南
Podocarpus macrophyllus	羅漢松	羅漢松科	中國、日本
Podocarpus neriifolius	百日青	羅漢松科	中國、印度、東南亞多國、太平洋島嶼

三、分布

香港裸子植物當中，可自然成林者主要是馬尾松。在森林受人類活動干擾以前，馬尾松或有可能於本地山嶺上構成亞熱帶針葉林，或散生於山地的亞熱帶常綠闊葉林中。目前香港的針葉林為人工植林，樹林結構簡單，以馬尾松或濕地松為主要樹冠層樹種，林下多為崗松（*Baeckea frutescens*）、烏毛蕨、桃金娘（*Rhodomyrtus tomentosa*）及芒萁。

本港最常見的裸子植物是羅浮買麻藤和小葉買麻藤，兩者均為木質藤本植物，多見於灌叢和次生林，能纏繞在其他植物之上成片生長。其種子於秋季成熟，表面由綠色轉變為紅色，受雀鳥及哺乳動物歡迎，能被傳播到遠離母株的地方發芽生長，而且存活率高，是其常見於香港郊野的主要原因。

羅漢松主要分布在香港東部的山坡，如西貢和東龍島。在其他地區，羅漢松能長成逾十多米高的喬木，但是香港的羅漢松植株大都矮小，僅長成如三米到四米高的小喬木。相信與風剪作用，或過往的非法砍伐或採挖有關。羅漢松偶然也會密集地生長在向陽、受風的山坡上，但極少單獨成林，常與大頭茶（*Polyspora axillaris*）、黃瑞木（*Adinandra millettii*）混生。

至於穗花杉、油杉和百日青不但個體數量稀少，分布亦很狹窄。穗花杉分布於高地森林，包括大東山、馬鞍山、大帽山、鳳凰山、大金鐘，全部位於郊野公園範圍內。油杉只分布在港島南部，母樹至今保存良好，本種亦受法例保護，並無明顯生存威脅。百日青於香港島有紀錄，近年亦於新界被發現，由於分布在郊野公園範圍內，其個體及生境受到一定程度保護。

四、用途

1. 植林用途

裸子植物是香港早期的主要植林樹種。馬尾松因發芽率高、生長快速（見圖 7-23），並能適應劣地；同時也是當年唯一一種能以直接播種，甚至飛機播種方法來造林的樹種，能有效、快速達到護土的作用，因此得到港府的青睞。自 1870 年代起，港府致力種植針葉林以恢復山坡植被，馬尾松種植面積與年俱增，至 1883 年，每年種植超過 100 萬株松樹或松樹種子，以作保護水土、鞏固山坡之用。至 1890 年，馬尾松植林已遍布香港島，甚至擴展至九龍紅磡。

1904 年，港府推出松山牌照以鼓勵鄉民在山坡重新種植馬尾松，持有土地的鄉民只須繳付象徵式的牌照費用，其土地範圍內的樹木所有權可獲保障。及至 1908 年，馬尾松植林基本上已遍布港九新界及大嶼山，政府種植的馬尾松林面積為 9246 英畝，而松山牌照覆蓋的植林面積為 58,947 英畝。除了馬尾松外，早期試種的裸子植物包括黑松（*Pinus thunbergii*，1881）和日本柳杉（*Cryptomeria japonica*，1890）。

部分種植的馬尾松亦用作本地燃料供應。1883 年植物及植林部年報提及，植林中的馬尾松砍伐後會當場被分解作柴薪出售。1902 年年報統計了新界出產的部分松柴，指出本地柴薪供應不足以應付日常使用，其餘主要靠中國內地進口。根據 1938 年年報的記錄，約 52% 柴薪自南中國進口，其種類繁雜但以木荷（*Schima superba*）數目最多。當年由於政局不穩，運輸受到影響，因此本地植林採收的馬尾松木材不再在市場發售，全數轉送至政府物料管理處供內部使用。二戰時期，因往來中國內地和香港的燃料供應被切斷，居民便大量砍伐松木作燃料之用，其數量一度急遽減少。二戰以後，人工造林再度興起，於香港島、新界等地重新建立多片人工針葉林。

近百年以來，馬尾松在香港肩負保持水土、提供森林生境的生態功能，直至 1970 年代末，松突圓蚧經聖誕樹、松材線蟲經木材進口，由美洲傳至香港，成為當時馬尾松的主要蟲害。線蟲由天牛科（主要是松墨天牛 *Monochamus alternatus*）傳播，線蟲寄宿在天牛成蟲的呼吸系統，在成蟲進食樹皮時感染松木。松枯萎病一般可於六個月之內殺死松樹，馬尾松受災情況非常嚴重，為香港帶來毀滅性的生態破壞，而另一外來樹種濕地松（*Pinus elliottii*，又名愛氏松）災情則較輕，因此後來的植林計劃均以抗病能力較佳的濕地松作主要植林樹種，從而取代了馬尾松，或轉為種植其他樹種以作替代。

除了松樹（*Pinus*）外，1887 年從廣東引入種子的杉木（*Cunninghamia lanceolata*）亦是早期植林計劃中實驗種植的物種，至今仍可見於植林區域（如大埔滘自然護理區）或散見於本地次生林中。在香港，杉木常與紅膠木（*Lophostemon confertus*）、白千層（*Melaleuca cajuputi* subsp. *cumingiana*）混合種植，林下多為金毛狗、烏毛蕨、九節（*Psychotria asiatica*）等常見植物。

圖 7-23　馬尾松（*Pinus massoniana*）是香港早期植林的主要樹種。（香港特別行政區政府漁農自然護理署提供）

2. 觀賞和醫藥用途

香港多種原生和引入裸子植物都具很高的觀賞價值，包括原生的羅漢松，以及外來引入的南洋杉（*Araucaria cunninghamii*）、異葉南洋杉（*Araucaria heterophylla*）、側柏（*Platycladus orientalis*）、蘇鐵、銀杏、水松、水杉（*Metasequoia glyptostroboides*）及落羽杉（*Taxodium distichum*）等。這些樹種古老奇特，形態各異，常種植於公園、庭園、校舍、屋苑及近郊作觀賞之用。

羅漢松（見圖 7-24）是本地其中一種最具特色的裸子植物，其名字瀰漫佛教色彩，常栽種於佛寺和公園。羅漢松被命名為「羅漢」，是因其肉質種托在成熟時轉為紅色，如同僧人的身軀；而球狀種子長於種托之上，則如同僧人的頭部，整體上有如一個身被袈裟僧人。羅漢松在香港數量不少，主要分布在東岸的山坡。香港曾有不少非法採挖羅漢松的案例，被非法砍伐的羅漢松栽種在家中作觀賞用，這與本地俗語「家有羅漢松，一世唔使窮」（家中種有羅漢松，一生不會貧窮）有關，因而其野生群落一直受到威脅。

近年，樹葉於冬天轉紅的落羽杉特別受到公眾喜愛，成列種植在元朗濕地公園、流水響水塘、青衣公園及北區公園等地，觀賞落羽杉也成為公眾冬日活動之一。

圖 7-24　羅漢松（*Podocarpus macrophyllus*），主要分布在香港東岸的山坡，曾遭大量非法採挖作觀賞用途。（香港特別行政區政府漁農自然護理署提供）

圖 7-25　屬羅漢松科的百日青（*Podocarpus neriifolius*）在香港數量十分稀少，保育價值極高。（香港特別行政區政府漁農自然護理署提供）

裸子植物具很高的醫藥價值，例如馬尾松有多個藥用部位，中醫以其花粉（松花粉）治創傷出血；瘤狀節（松節）用於風濕痺痛；油樹脂（松香）有祛風燥濕、排膿拔毒之用。其中松節的應用早已載於北宋淳化三年（992）成書的《太平聖惠方》，具非常悠久的藥用歷史。

五、珍稀物種和保育

根據高力行等人在 2000 年的評估，七種原生裸子植物中，只有三種（羅浮買麻藤、小葉買麻藤、馬尾松）是本地常見裸子植物；羅漢松只局部分布於次生林或灌木林；另外三種（穗花杉、油杉和百日青）（見圖 7-25）皆屬稀有種。

穗花杉和油杉是本港最受保育關注的兩種裸子植物，兩者皆受《林務規例》保護，被列為香港稀有及珍貴植物。它們同時被載入《中國植物紅皮書》和《廣東珍稀瀕危植物圖譜》，可見具非常高保育價值。

穗花杉僅零散分布於中國和越南北部，對於研究中國植物區系具有科學意義。在香港，穗花杉分布於高地森林，天然種群主要生長在郊野公園範圍內。穗花杉生長緩慢，種子具休眠期，發芽率低且易遭鼠害，種群天然更新能力弱，未來或有衰退及滅絕風險。

油杉特產於中國及越南北部，是古老的孑遺種類，對研究中國南方的植物區系具有較高學術價值。在香港，油杉只分布於香港島南部一帶灌木林，由於其種子空粒率高，以至種群天然更新困難。為存護稀有的油杉，漁護署採種育苗，並將樹苗種植至合適地點。目前已在郊野公園範圍內其他地點建立油杉種群，是遷地保育的成功例子。

在香港，百日青數量非常稀少，目前尚未有本地繁殖紀錄。

另外，國際自然保護聯盟的瀕危物種紅色名錄（IUCN Red List）把羅浮買麻藤列為近危種（NT），由於其原生地生境遭破壞，大片的原生林、次生林被轉成農地或劣地，植株數量正在減少。在香港，羅浮買麻藤主要生長在郊野公園範圍內，其生境受到相對較好的保護，暫時未見威脅。

第五節　被子植物

被子植物又稱有花植物，是陸地近億年以來最具優勢的一大植物類別。中生代時，全球氣溫漸升，氣候變得和暖，為被子植物的演化提供有利條件。最新近的化石證據指出被子植物很可能起源於侏羅紀晚期，距今超過 1.45 億年。被子植物維管束發達、有性繁殖使得基因交流頻繁有利演化，它們出現後迅速增多，踏入白堊紀早期更發生巨大的適應輻射，被子植物種類更豐富多元，被稱為白堊紀陸地革命（Cretaceous Terrestrial Revolution，KTR），很多科屬亦起源於此時期，包括楊柳科、桑科、樟科、木蘭科等。另外，昆蟲也在這時期變得更多樣化，與植物共同演化，並發展出各式各樣的特化關係。直至白堊紀晚期，被子植物已成了陸生植物的優勢類群，持續至今。

被子植物與裸子植物最大分別在於其獨有的花朵和果實結構。被子植物的花朵形態多變，以適應不同的授粉媒介及採取不同傳粉策略。部分物種與特定昆蟲共同演化，例如香港常見的野牡丹，其花粉藏於長型的花藥中，只有木蜂屬（*Xylocopa*）及熊蜂屬（*Bombus*）的翅膀振動頻率才能促使花粉噴出，使其免於其他非授粉昆蟲的干擾，提高授粉效率。另外被子植物的種子受到較佳保護，自胚胎時期即被子房包覆，其果實類型多樣，以提升傳播範圍及適應不同生境。

至今，全球已發現超過 35 萬種被子植物，其分布極廣，近乎遍及全球每個角落，分布熱點主要是熱帶東南亞、熱帶非洲和熱帶美洲。從林奈時代（Carl Linnaeus, 1707—1778）以來，被子植物的系統分類一直是國際植物學研究的熱點問題，二十世紀更是百家爭鳴，代表性成果包括真花學派各系統（如：Takhtajan 系統、Cronquist 系統等）和假花學派的 Engler 系統。

近年，以 DNA 排序為基礎的分子系統學更日趨成熟，利用分子系統學以得到更自然的系統演化關係，已成為有效且普遍的方法。另外，被子植物分類系統出現了眾多新變化，APG III 系統甚至成為近年全球學術界的主流系統。中國近十年開始融入 APG III 系統，並依此整理中國被子植物的科屬概覽。中國植物多樣性非常高，主要分布在華南地區（廣東、廣西等地）和西南地區（四川、雲南等地），至今已發現近三萬種被子植物，其中原產 258 科、2872 屬，可說是被子植物於亞洲的分布熱點。

一、研究概況

1. 十九世紀的研究活動

香港具系統性的被子植物採集和研究始於 1840 年代。英國佔領香港後，英國探險家、收集家、自然博物學家紛紛來到香港和鄰近的港口研究中國植物。1841 年，「硫磺號」（*H. M. S. Sulpur*）船醫軒氏在香港旅程期間，共採集了 140 個植物標本，成為香港有史以來最早的正式植物標本紀錄，其中 21 種為科學全新物種（例如以其名稱命名的青江藤 *Celastrus hindsii*）。其後的 30 年間，更多外國學者前來香港探索，並發表更多的新物種，甚至出版了很多本地植物著作。

1844 年，當時 17 歲的漢斯隨父親來港，留港 12 年期間，專注研究本地植物，一共發表了 66 個全新物種，包括黑老虎（*Kadsura coccinea*）和大球油麻藤（*Mucuna macrobotrys Hance*），是英佔初期香港最重要的植物學家。同時，香港博物館館長兼「殖民地外科醫生」夏蘭（W. A. Harland）與漢斯一同在香港採集植物標本，發現多種植物新種並以其命名，包括夏氏蛇菰（*Balania harlandii*）（經分類修訂後現名為 *Balanophora harlandii*，紅莘蛇菰）、圓葉挖耳草（*Utricularia striatula*）、夏蘭柯（*Quercus harlandii*）（經分類修訂後現名為 *Lithocarpus harlandii*，又稱港柯）。1851 年，漢斯將所有香港採集的植物標本交給施曼（B. Seemann），為其著作提供重要研究材料。

1849 年至 1857 年間，杉彼安（J. G. Champion）及其他植物學家在《胡克植物學報》（*Hooker's Journal of Botany*）發表了多篇關於香港植物的論文，當中涉及 593 種植物。其後杉彼安將香港採集所得的私人植物標本收藏交託予邊林，經其仔細研究後，當中 100 種被辨認為全新物種，包括短柄紫珠（*Callicarpa brevipes*）和紅紫珠（*Callicarpa rubella*）（見圖 7-26）。

另外，還有多位英國植物學家和自然博物學家，為香港植物學作出貢獻，包括：1857 年，英國皇家海軍艦艇「先驅號」（*H. M. S. Herald*）駐船博物學家施曼發表《香港島的植物》（*Flora of the Island Hongkong*），是早期有關香港植物研究較全面的著作之一，共記錄 773 種香港植物；1849 年，埃爾（J. Eyre）在香港島初次發現香港茶（*Camellia hongkongensis Seem.*），並於 1859 年被鑒定為新種；1852 年至 1859 年間，香港總督寶寧（John Bowring）在香港採集植物標本。

1861 年，英國植物學家邊林集結眾多在香港採集的植物標本，編寫香港英佔以來第一本正式植物志《香港島植物誌》，此書亦是東南亞地區第一本近代植物志（見圖 7-27）。該書描述了 1056 種於香港島採集得來的植物（當中大部分是被子植物），並概述西方主流的植物分類學、香港自然探索史和主要植被，是近代東方具代表性的植物志。1872 年，漢斯發表《香港島植物誌補遺》，為《香港島植物誌》新增了 76 種維管束植物，被視為重要的增訂本。

圖 7-26　屬馬鞭草科的短柄紫珠（*Callicarpa brevipes*）（左）和紅紫珠（*Callicarpa rubella*）（右）都是在香港被發現的全新物種，由杉彼安採集、邊林確認它們科學上新種的地位。（香港特別行政區政府漁農自然護理署提供）

FLORA HONGKONGENSIS:

A DESCRIPTION

OF

THE FLOWERING PLANTS AND FERNS

OF THE

Island of Hongkong.

BY

GEORGE BENTHAM, V.P.L.S.

WITH A MAP OF THE ISLAND.

PUBLISHED UNDER THE AUTHORITY OF HER MAJESTY'S SECRETARY
OF STATE FOR THE COLONIES.

LONDON:
LOVELL REEVE, HENRIETTA STREET, COVENT GARDEN.
1861.

圖 7-27　第一本有系統地記述香港植物的書籍是邊林於 1861 年出版的《香港島植物誌》(Flora Hongkongensis: A Description of the Flowering and Plants and Ferns of the Island of Hongkong)。

圖 7-28　福氏馬兜鈴 (Aristolochia fordiana)，其命名是紀念植物公園首位園林監督福特，他亦是植物標本室的倡議人。(香港特別行政區政府漁農自然護理署提供)

福特（Charles Ford）是香港植物學發展的重要人物。1864 年，香港植物公園（Botanical Garden）部分落成啟用，至 1871 年全面落成，福特獲委任為花園部監督。1872 年，福特提議建立本地標本室，於公園內存放乾燥的植物標本。1878 年，香港第一個植物標本室正式投入使用，最初的館藏多為福特的私人標本，其後陸續收到來自海南、台灣、寧波、四川、雲南、湖南、山東、福建，甚至韓國的標本。直至 1884 年，其館藏標本數量已達 2000 多份，其中的 113 份標本是香港植物新種。福特為東方植物學貢獻良多，很多植物學家將他採集的標本列為新種，並以福特命名（見圖 7-28），例如福氏馬兜鈴（*Aristolochia fordiana*）、木蓮（*Manglietia fordiana*）、山薯（*Dioscorea fordii*，又稱福氏薯蕷）、廣東紫薇（*Lagerstroemia fordii*，又稱福德紫薇）等。

1898 年英國租借新界以後，植物學者可探索新界內陸及 200 多個離島，快速增加標本的採集量，同時外國學者亦有更多渠道到中國內地考察。

2. 二十世紀至今的研究活動

1912 年，植物及林務部監督鄧恩和副監督德邱共同編撰第二本香港植物志《廣東及香港植物誌》，是繼 1861 年出版的《香港島植物誌》後第二本重要的本地植物著作，當中包括 1580 種維管束植物的檢索、植物分布地點等重要資訊。二十世紀初期的研究成果，為日後本地植物探索和研究建立穩健基礎。

1928 年，香樂思到香港展開植物研究，是推廣並普及本地植物學的先驅。香樂思於香港大學任職生物系教授，課餘時間在野外觀察自然生態，並創辦季刊《香港博物學家》。此外，香樂思出版了不少有關本地植物的科普書籍及文章，包括《香港有花灌木和樹木》（*The Flowering Shrubs and Trees of Hong Kong*）、《香港蘭花》（*The Orchidaceae of Hong Kong*）和退休後出版的《野外香港歲時記》等。

二戰以後至今，香港出現多名重要華人植物學者，參與香港植物研究。胡秀英是其中一位世界植物學權威，[5] 對香港植物研究貢獻良多，出版多本植物學著作，包括 1977 年出版的《香港四季花畫譜》（*Wild Flowers of Hong Kong*）和《香港蘭科屬誌》（*The Genera of Orchidaceae in Hong Kong*），並於 1972 年出版的《崇基學報》發表一篇名為〈香港植物研究〉的文章，提出重編自 1912 年後未再更新的本地植物志。

5　胡秀英（1910 — 2012），江蘇人，農村家庭長大。1933 年，廣州嶺南大學擔任植物學助教，立志為中國建立植物資料庫，走遍四川、蒙古、長白山一帶採集植物標本，尤其專注冬青的研究，撰寫接近 300 篇有關論文。後獲得獎學金前往美國哈佛大學深造，繼續研究冬青。1949 年，取得哈佛博士學位，在大學進行植物學研究。全球 400 多種冬青中，有 300 多種是由胡博士命名，所以她又被稱為「冬青之母」。1968 年，胡秀英到香港中文大學任教植物學，創辦了中大生物系植物標本室。此後 30 多年來每天都上山採集植物，為香港和中國植物研究留下紀錄，直至 90 多歲從不間斷，一生採得 20,000 個植物標本，分送給北京中國科學院植物研究所、哈佛大學等。

2002 年，香港植物標本室正式開展編寫新版香港植物志的計劃，邀請多名本地學者和中國科學院華南植物園的專家合力編撰。2007 年，新版《香港植物誌》第一卷出版，全書共四卷，另外三卷分別已於 2008 年、2009 年及 2011 年出版。全套植物誌共描述了 2541 種植物（大部分為被子植物），涉及 210 科、1121 屬，書內有 1050 幅植物繪圖和 2241 幅彩照，是至今最全面的香港植物誌。

除了標本收集和整理外，近年也有不少華人和外國專家學者為香港植物學作出貢獻，包括杜華（L. B. Thrower）、杜詩雅（S. L. Thrower）、艾迪（H. H. Edie）、顧雅綸（D. A. Griffiths）、韓國章（Ivor John Hodgkiss）、白理桃（G. Barretto）、高力行、桑德士（R. M. K. Saunders）、辛世文、畢培曦、蘇美靈、詹志勇、譚鳳儀、黃玉山等人，至今他們的著作，仍然影響深遠。

二、區系特徵

香港位處中國植物區系數量較為豐富的地區，被子植物的區系特徵，與蕨類植物區系特徵相似，香港與廣東、廣西東部、福建西南部和中部的植物區系最為密切，亦與海南、中南半島北部相似。香港植物區系處於逐漸過渡地帶，融入台灣、福建、廣東、廣西、海南至越南北部、雲南南部和西南部等植物區系，屬於東亞植物區系範圍。

香港被子植物區系可追溯至非常遠古的時期，古老植物類群較多，包括金縷梅科、山茶科、木蘭科、番荔枝科、樟科、冬青科、殼斗科、八角科等。這些科主要由華夏古陸或華南地台鄰近地區發展而來，其中有一特有屬 —— 孔藥楠屬（*Sinopora*），屬內只有一種孔藥楠（*Sinopora hongkongensis*），跟瓊楠屬（*Beilschmiedia*）有親緣關係（見圖 7-29），其演化很可能可追溯至五千萬年前的早始新世（Early Eocene）。孔藥楠於 2005 年被發現，僅見於香港大帽山，野生個體數目十分稀少，非常珍稀。

香港自然植被種類豐富，尤以被子植物多樣性最高。根據漁護署的紀錄，香港錄有 3080 種被子植物，包括 2190 種雙子葉植物和 890 單子葉植物，分隸於 207 科、1316 屬，其中原生種佔 1945 種，外來引入種佔 1135 種（見附錄 7-4 及 7-5）。

眾多原生種中，草本植物的群體數量最多，主要包括禾本科（177 種）（見圖 7-30）、莎草科（139 種）、蘭科（118 種）、蝶形花科（100 種）、菊科（99 種），成為香港植物資源中最大的科。這些草本類群主要分布在林下植被、矮灌叢、草坡及農田雜草等生境，大部分都於生態演替的早期階段擔當重要生態角色。

木本種類較多的科有茜草科（79 種）、大戟科（65 種）、樟科（47 種）、殼斗科（36 種）；主要的屬為榕屬（35 種，樟科）、冬青屬（21 種，冬青科）、山礬屬（16 種，山礬科）、

圖 7-29　孔藥楠（*Sinopora hongkongensis*）是樟科孔藥楠屬內唯一物種，全球僅見於香港大帽山。（香港特別行政區政府漁農自然護理署提供）

圖 7-30　芒（*Miscanthus sinensis*）是常見禾本科植物，當山野出現一大片芒時，非常壯觀，具觀賞價值。（香港特別行政區政府提供）

柯屬（14 種，殼斗科）、紫金牛屬（14 種，紫金牛科）、山茶屬（14 種，山茶科）、潤楠屬（13 種，樟科）。這些木本為主的科，是香港常綠闊葉林主要組成成分，如今在各天然森林如低地次生林、山地次生林、風水林佔優。

另有研究顯示，在被子植物區系中，若以科的主要分布形態來分析，熱帶及亞熱帶分布的科佔明顯優勢。本港被子植物中，物種最多的科為禾本科、蘭科、蝶形花科、莎草科、菊科、茜草科、大戟科和樟科。其中茜草科和樟科主要分布在熱帶及亞熱帶，其餘各科雖然廣泛分布於全球，但仔細分析其屬的分布，同樣以熱帶及亞熱帶成分為主，只有少數產於溫帶。部分溫帶的科亦分布於香港，例如杜鵑花科、桔梗科、胡頹子科和槭樹科，説明溫帶成分對本區系仍存有影響力。在森林群落中，熱帶及亞熱帶成分同樣佔有重要地位。樟科、大戟科、茜草科、殼斗科、桑科、山茶科及紫金牛科是香港森林群落的主要構成，同時反映出本區系有較強的熱帶性質。

三、分布

被子植物是香港數量最多且分布最廣的一大植物類群，分布於各個郊野公園、特別地區、具特殊科學價值地點、綠化帶之外，一些人為干擾較多的環境亦以被子植物佔優（如農田雜草、荒地等）。

闊葉次生林是被子植物的主要生境。林內結構簡單，佔優的喬木一般是鵝掌柴（*Schefflera heptaphylla*）、潤楠屬（*Machilus*）、山油柑（*Acronychia pedunculata*）、羅浮柿（*Diospyros morrisiana*）、杜英屬（*Elaeocarpus*）、嶺南山竹子（*Garcinia oblongifolia*）、山烏桕（*Sapium discolor*）等。林下耐陰的小樹主要為九節、羅傘樹（*Ardisia quinquegona*）、山礬屬（*Symplocos*）。林下被子植物的優勢減少，蕨類增多，但一些保存較良好的低地次生林和山地次生林也有為數不少的山薑屬（*Alpinia*）、薹草屬（*Carex*）等草本植物。

人工林植物多樣性低，以被子植物佔主導。然而，人工林植物組成主要受人為因素影響，天然演替的過程極為緩慢。1980 年代以前，大部分人工林都是針葉人工林，絕多數由屬裸子植物的馬尾松所組成。其後，因意外引入松材線蟲導致大量松樹死亡，政府加強引入國外一些生長快速的被子植物喬木取代松樹，包括台灣相思（*Acacia confusa*）、紅膠木、白千層和多種桉樹（*Eucalyptus*），及後又開始種植更多的原生樹種，以增強生態價值，包括木荷、黧蒴錐（*Castanopsis fissa*）和楓香（*Liquidambar formosana*）等，如今的人工林已多由被子植物所主導。

灌木林的植物組成同樣由被子植物所主導，常見灌木包括桃金娘（*Rhodomyrtus tomentosa*）、柃木屬（*Eurya*）、冬青屬（*Ilex*）、豺皮樟（*Litsea rotundifolia* var. *oblongifolia*）、野牡丹屬（*Melastoma*）、石斑木（*Rhaphiolepis indica*）、山黃麻（*Trema*

圖 7-31　崗松（*Baeckea frutescens*），香港酸性土壤中非常常見的雙子葉植物，常密集地覆蓋整個山坡，形成矮灌叢。（香港特別行政區政府漁農自然護理署提供）

tomentosa）；常見的攀緣植物包括崖豆藤屬（*Millettia*）、酸藤子屬（*Embelia*）、山橙（*Melodinus suaveolens*）、羊角拗（*Strophanthus divaricatus*）、錫葉藤（*Tetracera asiatica*）、花椒屬（*Zanthoxylum*）等。另外，值得一提的是，崗松常以單一、密集地覆蓋整個山坡，形成約兩米的矮灌叢（見圖 7-31）。

有別於上述幾個主要生境，被子植物在草地的優勢相對較低，蕨類植物在此環境生長非常茂盛，尤以芒萁和烏毛蕨的數量最多。而禾本科植物在草地也相當豐富，最常見的有刺芒野古草（*Arundinella setosa*）、青香茅（*Cymbopogon mekongensis*）、芒（*Miscanthus sinensis*）、鴨嘴草屬（*Ischaemum*）、四脈金茅（*Eulalia quadrinervis*）等。此外，隸屬禾本科的竹亞科植物常在高地草坡成片生長，其中以矢竹屬（*Pseudosasa*）和箬竹屬（*Indocalamus*）為主。

生長於沿岸潮間帶的紅樹林亦由被子植物所主導，只有少量其他植物，如屬蕨類的鹵蕨（*Acrostichum aureum*）（見圖 7-32）。香港真紅樹為數不多，根據漁護署記錄共有八種，包括秋茄（*Kandelia obovata*）、白骨壤（*Avicennia marina*）（見圖 7-33）、桐花樹（*Aegiceras corniculatum*）（見圖 7-34）、海漆（*Excoecaria agallocha*）、銀葉樹（*Heritiera littoralis*）、木欖（*Bruguiera gymnorhiza*）、欖李（*Lumnitzera racemosa*）和老鼠簕（*Acanthus ilicifolius*），以上俱為被子植物。[6] 另禾本科和莎草科同時也常見於潮間帶的沙質

6　有關香港真紅樹的物種數量，研究者另有其他兩種説法：一，八種（包括鹵蕨，而不包括老鼠簕）；二，八種（包括老鼠簕，而不包括鹵蕨）。

圖 7-32　鹵蕨（*Acrostichum aureum*），生長於潮間帶紅樹林的蕨類植物。（香港特別行政區政府漁農自然護理署提供）

圖 7-33　白骨壤（*Avicennia marina*），香港紅樹林內常見的被子植物。（香港特別行政區政府漁農自然護理署提供）

圖 7-34　桐花樹（*Aegiceras corniculatum*），香港紅樹林內常見的被子植物。（香港特別行政區政府漁農自然護理署提供）

土壤中，例如結縷草屬（*Zoysia*）和飄拂草屬（*Fimbristylis*）等。

四、雙子葉植物

根據種子內子葉或胚葉的數量，被子植物可分為單子葉植物和雙子葉植物兩大類。雙子葉植物是最常見的被子植物類群，是指植物種子內有兩片子葉。它們的葉片通常具網狀脈，花朵各部分通常是四或五的倍數。近代生物分類學將演化關係納入該學科中，雙子葉植物並未有包含所有演化支（單子葉植物），因而被視為一個並系群（paraphyletic group）。

雙子葉植物是香港最繁茂和分布最廣的一個被子植物類群，在香港植物標本室最少記錄了2190 種的雙子葉植物，分布於 166 科之中。雙子葉植物形態極為多樣，體型變化巨大，例如有大如近百米高的桉樹，小如長度不足一毫米的無根萍。除高大的喬木外（如樟樹），雙子葉植物當中亦有灌木（如桃金娘）、巨大的木質藤本（如梘藤）、纏繞藤本（如多種葫蘆科藤本）、食蟲草本（如茅膏菜科）、陸生草本（如菊科）。這些種群有效填補各個生態位（ecological niche），在不同的生態演替階段都能看見其蹤影。

1. 用途

香港的雙子葉植物數量繁多，包括與人類息息相關的物種，提供非常廣泛的生態服務（ecological services），例如提供食物和原料、潔淨空氣、調節大氣、保護水土，甚至一些文化象徵等，用途廣泛，不能盡錄，以下介紹在本地主要的原生雙子葉植物。

香港有不少能食用的原生雙子葉植物，例如鏽毛莓（*Rubus reflexus*，又稱蛇泡簕），其莓果表面披有鐵鏽色的細毛，於 8 月及 9 月結果，味道頗佳；另一為灌叢常見的桃金娘（見圖 7-35），其果實於秋天成熟，略帶甜味。南酸棗（*Choerospondias axillaris*），是常見的喬木樹種，在貧瘠土壤上仍能迅速生長，其果實呈黃色，種子有五個凹孔，亦屬可食用果實。眾多可食用的雙子葉植物之中，最為人所知的可説是楊梅（*Morella rubra*）。楊梅的果期主要在 6 月及 7 月，核果球狀，外果皮肉質，多汁而味酸甜，成熟時深紅色。楊梅是少有香港原產的水果樹種，由於山野間楊梅未經人工培植，野果一般較市場所見者細小且味道更酸，但楊梅仍是山間遊人喜愛的解渴野果。

香港原生的藥用雙子葉植物數量眾多，大部分藥用植物都為中醫藥所採用。土茯苓（*Smilax glabra*）是本地常見的中草藥，為菝葜科植物。由於土茯苓解毒利濕，經常與一些藥材合製成涼茶，如龜苓膏，以治療痤瘡、濕疹等華南地區常見皮膚病。

廿四味是最具代表性的廣東涼茶之一，配方一般多達 20 多種植物，因此得名。其中大部分屬雙子葉植物，包括梅葉冬青（*Ilex asprella*）、金櫻子（*Rosa laevigata*）、布渣葉（*Microcos nervosa*）、黃牛木（*Cratoxylum cochinchinense*）、金錢草（*Desmodium styracifolium*）、

圖 7-35　桃金娘（*Rhodomyrtus tomentosa*），灌叢常見的雙子葉植物，其果實於秋天成熟，略帶甜味。（香港特別行政區政府漁農自然護理署提供）

水翁（*Cleistocalyx nervosum*）、鵝掌柴（又稱鴨腳木）、無患子（*Sapindus saponaria*）、草珊瑚（*Sarcandra glabra*）、山芝麻（*Helicteres angustifolia*）、火炭母（*Persicaria chinensis*）、相思子（*Abrus precatorius*）、鐵冬青（*Ilex rotunda*）、露兜樹（*Pandanus tectorius*）、牡荊（*Vitex negundo* var. *cannabifolia*）、三椏苦（*Melicope pteleifolia*）、地膽草（*Elephantopus scaber*）、絲茅（*Imperata cylindrica* var. *major*，為單子葉植物）、淡竹葉（*Lophatherum gracile*，為單子葉植物）、海金沙（為蕨類植物）等。涼茶主要功效是化濕利尿、健胃消滯，其功效顯著，在西醫尚未普及的 1950 年代以前，是香港民間常見的保健或治療飲品。

原生雙子葉植物當中有數種與香港淵源深厚，例如洋紫荊（*Bauhinia* × *blakeana*）（見圖 7-36）。1965 年，洋紫荊被選定為香港市花，在 1997 年 7 月 1 日香港特別行政區成立時，洋紫荊更被選為特區區徽。洋紫荊在香港的公園、花園、路旁花圃，以及世界各地廣泛栽種，其花朵艷麗，外觀酷似蘭花，所以英文名稱又作 Hong Kong Orchid Tree，於冬季開花，相當引人注目，為廣大市民所熟悉。最早發現洋紫荊的是一位法國傳教士，他在十九世紀末，於香港島摩星嶺附近的一間廢棄房屋發現洋紫荊，並將其移植至附近的薄扶林療養院（今伯大尼修院），後來引入香港植物公園，及後種出的一株，並於 1914 年後用作無性繁殖，今天在香港和其他地方的洋紫荊個體，大部分是這棵樹的後代。

另一種與香港有莫大淵源的雙子葉植物是土沉香（*Aquilaria sinensis*）（見圖 7-37），是「香港」得名的其中一個由來。土沉香原產於華南地區，屬常綠喬木，有平滑及淺灰色的樹幹、細小而帶黃綠色的小花，是一種高度芳香樹脂木，樹木受真菌感染後會產樹脂，可製香料或供藥用，故又稱「沉香」，價值非凡。其木材可製線香，樹皮則可用於造紙。

根據學者羅香林的研究，宋朝時期（960—1279），東莞一帶及香港地區的瀝源（今沙田）及沙螺灣（大嶼山西部）曾大量種植土沉香。當時，香農將沉香從陸路運到尖沙頭（今尖沙咀），再用舢舨運往石排灣（今香港仔），從而轉運至中國內地及東南亞，甚至遠達阿拉伯地區。因此，石排灣這個販運香品的港口被稱為「香港」，即「香的港口」。

至今大規模的土沉香耕作已於香港絕跡，現存種群受到非法砍伐的威脅。土沉香現被國際自然保護聯盟（IUCN）評定為易危種，亦被國務院列入為國家二級重點保護植物，需要高度保育。

樟樹（*Cinnamomum camphora*）亦與粵港居民關係密切，其木貴重堅實，是製作家具的常用木材，例如從前常用的嫁妝樟木櫳。樟樹中含樟腦油，可製成樟腦丸，用於驅蟲、除臭。此外，成熟的樟樹樹冠廣闊，樹形壯觀。香港已登記的 456 株古樹名木（Old and valuable trees）中，就有 44 株為樟樹，足證樟樹具很高的觀賞價值（見圖 7-38）。

在香港，榕樹（*Ficus microcarpa*）是最廣為人知的原生樹種之一，常見於新界村落和風水林，或土地公旁邊作為伯公樹，市區中亦有不少栽種個體（見圖 7-39）。榕樹體形闊大，樹根濃密，可遮風擋雨。本地村民大多篤信風水，常視成熟的榕樹為風水樹，能擋煞辟邪、保平安。目前共有 223 株榕樹被列為古樹名木。約於英佔初期，在油麻地天后廟前的一塊空地，因植有數株巨大榕樹而被稱為榕樹頭。昔日常有賣藝者在榕樹下聚集，包括占卦算命、粵曲演唱、說書講「故」等。榕樹改變了居民對社區空間的利用，發揮類似「社區中心」角色，提供了社區脈絡及凝聚力。

馬錢科的鉤吻（*Gelsemium elegans*，又稱斷腸草）（見圖 7-40）含有劇毒鉤吻生物鹼，全株有毒，尤以嫩葉毒性最強，是傳統新界客家婦女自殺時最普遍使用的毒物，服用三片鉤吻葉，已可引致死亡。新界客家人俗稱其為大茶藥、採茶藥。1938 年，新界北約錄得兩宗新婚客家少婦服用鉤吻葉片自殺身亡的個案。

除上述數種植物外，還有很多植物跟香港居民生活息息相關，例如昔日居民以潺槁樹（*Litsea glutinosa*）的樹皮泡水，取其帶有黏性的分泌物來漿衣服，讓衣服筆直堅挺，同時也作髮蠟之用，讓頭髮更貼服、亮麗；另外，又有錫葉藤，其葉面粗糙如沙紙，過去用作清潔廚具；又有馬藍（*Strobilanthes cusia*）可作染料之用等。

圖 7-36　洋紫荊（*Bauhinia ✕ blakeana*）在十九世紀末於香港島摩星嶺被發現，是香港市花及特區區徽。（香港特別行政區政府漁農自然護理署提供）

圖 7-37　土沉香（*Aquilaria sinensis*）原產於華南地區，其樹幹受真菌感染後會產樹脂，所製成的香料稱為「沉香」。（香港特別行政區政府漁農自然護理署提供）

圖 7-38　位於沙螺灣的巨型樟樹（*Cinnamomum camphora*），估計樹齡近 400 年，為香港已登記古樹名木之一。（吳韻菁拍攝；香港 01 有限公司提供）

圖 7-39　錦田水尾村樹屋的榕樹（*Ficus microcarpa*），為香港已登記古樹名木之一。（攝於 2020 年，香港地方志中心拍攝）

圖 7-40　鉤吻（*Gelsemium elegans*），又稱斷腸草，葉片含有劇毒。（香港特別行政區政府漁農自然護理署提供）

2. 珍稀物種

高力行等人於 2000 年發表的〈香港維管束植物：分布與現狀〉一文，收錄了 1349 種本地雙子葉植物，當中 136 種被評為「非常常見」、454 種為「常見」、356 種屬「局部分布」、193 為「稀有」、210 種為「非常稀有」。根據珍稀雙子葉植物分布的種類多寡，全港共識別出 5 個熱點區域。大嶼山蘊含最多珍稀雙子葉植物，達 93 種之多，佔總數的 23.1%；其次是大帽山山脈，至少有 90 種珍稀雙子葉植物，佔 22.3%；香港島又次之，有 80 種，佔 19.9%；馬鞍山有 79 種，佔 19.6%；新界東北亦有 61 種，佔 15.1%。大部分珍稀雙子葉植物都分布在郊野公園範圍內，或多於難以踏足的山谷，受干擾的風險較低。

漁護署於 2003 年出版了《香港稀有及珍貴植物》，該名錄主要以香港特有種、中國國家保護類別、廣東省提議保護類別或稀少而具重要科研價值而選出珍稀原生物種，當中羅列出 100 種香港稀有及珍貴植物，其中有 68 種雙子葉植物（見表 7-5）。

近年科學研究和調查，持續為香港帶來全新的雙子葉物種和分布紀錄。根據 2012 年至 2022 年間香港共錄得的 1 個雙子葉植物新物種及 26 個新紀錄，以下 27 種亦為本地分布的雙子葉植物。首先是 2014 年發表的新種香港鵝耳櫪（*Carpinus insularis*）（見圖 7-42），同時是香港特有種，僅見於香港境內兩個地點。其分布狹窄，加上種群個體數目稀少，具極高保育價值。另外 26 種是 2012 年發現的的杯藥草（*Cotylanthera*

表 7-5　香港珍稀雙子葉植物情況表

學名	中文名稱
1. Acer tutcheri	嶺南槭
2. Ailanthus fordii	常綠臭椿
3. Anneslea fragrans var. hainanensis	海南茶梨
4. Aquilaria sinensis	土沉香
5. Aristolochia championii	長葉馬兜鈴
6. Aristolochia thwaitesii	海邊馬兜鈴
7. Aristolochia westlandii	香港馬兜鈴
8. Artabotrys hongkongensis	香港鷹爪花
9. Artocarpus hypargyreus	白桂木
10. Asarum hongkongense	香港細辛
11. Barthea barthei	棱果花
12. Boeica guileana	紫花短筒苣苔
13. Buxus harlandii	匙葉黃楊
14. Camellia crapnelliana	紅皮糙果茶
15. Camellia granthamiana	大苞山茶
16. Camellia hongkongensis	香港茶
17. Castanopsis concinna	華南錐
18. Castanopsis kawakamii	吊皮錐
19. Codonopsis lanceolata	羊乳
20. Croton hancei	香港巴豆
21. Cynanchum insulanum	海南杯冠藤
22. Drosera indica	長葉茅膏菜
23. Drosera oblanceolata	長柱茅膏菜
24. Putranjiva formosana	台灣假黃楊
25. Dysoxylum hongkongense	香港樫木
26. Entada phaseoloides	榼藤
27. Euonymus tsoi	長葉衛矛
28. Exbucklandia tonkinensis	大果馬蹄荷
29. Glehnia littoralis	珊瑚菜
30. Gmelina chinensis	石梓
31. Illicium angustisepalum	大嶼八角
32. Illigera celebica	寬藥青藤
33. Impatiens hongkongensis	香港鳳仙
34. Ixonanthes reticulata	黏木
35. Lagerstroemia fordii	廣東紫薇
36. Ligustrum punctifolium	斑葉女貞
37. Lithocarpus konishii	油葉柯
38. Lithocarpus macilentus	粉葉柯
39. Lysimachia alpestris	香港過路黃
40. Machilus wangchiana	信宜潤楠

（續上表）

學名	中文名稱
41. *Mahonia oiwakensis*	海島十大功勞
42. *Manglietia fordiana*	木蓮
43. *Marsdenia lachnostoma*	毛喉牛奶菜
44. *Michelia chapensis*	樂昌含笑
45. *Michelia maudiae*	深山含笑
46. *Mucuna championii*	港油麻藤
47. *Nauclea officinalis*	烏檀
48. *Neolitsea kwangsiensis*	廣西新木薑子
49. *Nepenthes mirabilis*	豬籠草
50. *Ormosia pachycarpa*	茸莢紅豆
51. *Pertya pungens*	尖苞帚菊
52. *Platycodon grandiflorus*	桔梗
53. *Pogostemon championii*	短穗刺蕊草
54. *Polygala latouchei*	大葉金牛
55. *Popowia pisocarpa*	嘉陵花
56. *Rehderodendron kwangtungense*	廣東木瓜紅
57. *Rhododendron championiae*	毛葉杜鵑
58. *Rhododendron hongkongense*	香港杜鵑
59. *Rhododendron moulmainense*	羊角杜鵑
60. *Rhododendron simiarum*	南華杜鵑
61. *Rhodoleia championii*	紅花荷
62. *Sarcococca longipetiolata*	長柄野扇花
63. *Sinopora hongkongensis*	孔藥楠
64. *Ternstroemia kwangtungensis*	廣東厚皮香
65. *Loropetalum subcordatum*	四藥門花
66. *Tournefortia montana*	紫丹
67. *Michelia odora*	觀光木
68. *Viburnum hanceanum*	蝶花莢蒾

資料來源： 香港特別行政區漁農自然護理署：《香港稀有及珍貴植物》（香港：漁農自然護理署，2003）。

paucisquamum）；2018 年發現的四川輪環藤（*Cyclea sutchuenensis*）、山黑豆（*Dumasia truncata*）、倒心葉珊瑚（*Aucuba obcordata*）、竹葉榕（*Ficus stenophylla*）、長葉冠毛榕（*F. gasparriniana* var. *esquirolii*）、硬葉冬青（*Ilex ficifolia*）、假福王草（*Paraprenanthes sororia*）；2020 年發現的丹草（*Hedyotis herbacea*）、小耳草（*Hedyotis pumila*）和蘊璋耳草（*Scleromitrion koanum*）；2021 年發現的穿心藤（*Amydrium hainanense*）、毛背桂櫻（*Laurocerasus hypotricha*）、寒莓（*Rubus buergeri*）、毛果青岡（*Quercus pachyloma*）、粉綠柯（*Lithocarpus glaucus*）、龍眼柯（*L. longanoides*）、豆葉九里香（*Murraya euchrestifolia*）、崖柿（*Diospyros chunii*）、打鐵樹（*Myrsine linearis*）、針齒鐵仔（*M. semiserrata*）、疏齒木荷（*Schima remotiserrata*）、台灣醉魂藤（*Heterostemma*

圖 7-41　香港馬兜鈴（*Aristolochia westlandii*），
香港稀有雙子葉馬兜鈴屬植物。（香港特別行政區
政府漁農自然護理署提供）

圖 7-42　香港鵝耳櫪（*Carpinus insularis*）為香港特有種，由於分布狹窄，加上種群個體數目稀少，具極高保育
價值。（香港特別行政區政府漁農自然護理署提供）

brownii）、華南水壺藤（*Urceola napeensis*）、斜果挖耳草（*Utricularia minutissima*）、馥芳艾納香（*Blumea aromatica*）。

上述新種及大部分新紀錄均於郊野公園內所錄得。本地植被經歷多次毀滅性的破壞，以及自英佔以來不同植物學家仔細調查，至今仍屢屢發現新物種和新紀錄，反映郊野公園蘊含較高生態價值，同時有助保護殘存原生植被。

3. 保育

漁護署肩負大部分本地植物存護工作，主要透過在地保育（*in-situ* conservation）來保護物種。香港野生植物物種受《林區及郊區條例》（*Forests and Country Parks Ordinance*）保護，任何人不得損毀在政府土地上林區及植林區內的植物。一些稀有及觀賞價值較高的植物，例如各種茶花（*Camellia*）、香港四照花（*Dendrobenthamia hongkongensis*）（見圖7-43）及香港鳳仙（*Impatiens hongkongensis*）等，更被列入該法例的附例《林務規例》內，嚴禁管有及售賣（見表 7-6，圖 7-44）。

漁護署同時推動本地生境保護，截至 2017 年，香港約 40% 土地已劃為「郊野公園」及「特別地區」，《郊野公園條例》（*Country Parks Ordinance*）保護，由漁護署負責保育及管理。本港很多稀有及瀕危植物物種的生境，亦位於受法例保護的郊野公園及特別地區內。

圖 7-43　香港四照花（*Dendrobenthamia hongkongensis*）被列入香港法例第 96 章《林區及郊區條例》的附例，嚴禁管有及售賣。（香港特別行政區政府漁農自然護理署提供）

表 7-6 《林務規例》受保護的植物情況表

學名	英文名稱	中文名稱
1. *Ailanthus fordii*	Ailanthus	福氏臭椿
2. *Amentotaxus argotaenia*	Amentotaxus	穗花杉
3. *Angiopteris evecta*	Mules-foot Fern	觀音座蓮
4. *Aristolochia tagala*	India Birthwort	印度馬兜鈴
5. *Asplenium nidus*	Bird's-nest Fern	雀巢芒
6. *Camellia species*	Camellias	各種茶花
7. *Cyatheaceae species*	Tree Ferns	桫欏科植物
8. *Dendrobenthamia hongkongensis*	Hong Kong Dogwood	香港四照花
9. *Drosera eltate var. glabrata*	Crescent-leaved Sundew	茅膏菜
10. *Enkianthus quinqueflorus*	Chinese New Year Flower	吊鐘
11. *Illicium species*	Star-anises	各種八角
12. *Illigera celebica* (= *Illigera platyandra*)	Illigera	青藤
13. *Impatiens hongkongensis*	Hong Kong Balsam	香港鳳仙
14. *Iris speculatrix*	Hong Kong Iris	小花鳶尾
15. *Keteleeria fortunei*	Keteleeria	油杉
16. *Lagerstroemia species*	Crape Myrtles	各種紫薇
17. *Lilium brownii*	Chinese Lily	淡紫百合
18. *Magnoliaceae species*	Magnolias	木蘭科植物
19. *Nepenthes mirabilis*	Pitcher-plants	豬籠草
20. *Orchidaceae species*	Orchids	各種蘭花
21. *Pavetta hongkongensis*	Pavetta	茜木（或稱香港大沙葉）
22. *Platycodon grandiflors*	Balloon Flower	桔梗
23. *Rehderodendron kwangtungense*	Kwangtung Redertree	廣東木瓜紅
24. *Rhododendron species*	Azaleas	各種杜鵑
25. *Rhodoleia championi*	Rhodoleia	紅花荷（紅苞木）
26. *Tutcheria spectabilis*	Tutcheria	石筆木
27. *Schoepfia chinensis*	Schoepfia	青皮樹

資料來源： 香港特別行政區法例《林區及郊區條例》第 3 條《林務規則》。

而具特殊科學價值地點則旨在促使各政府部門在規劃或發展這些地點前，須考慮其科學上的重要性。截至 2017 年，香港先後劃定過 72 個具特殊科學價值地點，其中很多是為保護重要植物生境而劃定，例如馬鞍山茅坪，內有一個全港最大的紅皮糙果茶（*Camellia carpnelliana*）種群；如大東山，支撐着良好的中果馬蹄荷（*Exbucklandia tonkinensis*）、光蠟樹（*Fraxinus griffithii*）、深山含笑（*Michelia maudiae*）種群，這些地區因而被劃為「具特殊科學價值地點」。

圖 7-44 青藤（*Illigera celebica*）（左）和紅花荷（*Rhodoleia championii*）（右）都是香港受保護植物。（香港特別行政區政府漁農自然護理署提供）

除在地保育之外，漁護署亦推行遷地保育（*ex-situ* conservation），在苗圃繁殖稀有及瀕危植物，包括使用採種繁殖、插枝及高空壓條等方法培育種子及幼株，長成後送回自然生境繼續繁衍。紅皮糙果茶、大苞山茶（*Camellia granthamiana*）便是一些受威脅而被成功移植的例子。此外，在城門建立標本林也為植物存護工作奠定穩固的基礎，林內種植了超過 300 種植物，以作存護及教育之用。

針對本地植物保育，嘉道理農場暨植物園扮演關鍵角色。植物園持續進行野外植物調查和研究，並展開多個保育相關項目，包括利用分子生物學分析應對非法野生植物貿易、培育珍稀植物物種以進行遷地保育、將稀有本地物種重新引入野外、恢復香港森林植被及結構，以及保護受威脅的野外植物群落。

五、單子葉植物

另一被子植物類群是單子葉植物，其種子內的胚只有一子葉，主根不發達，多為鬚狀根，莖內維管束散生。通常有長而窄的葉子和平行的葉脈，花朵各部分通常是三的倍數。單子葉植物是由遠古的雙子葉植物，約在 1.4 億年前分化出來的一個演化支，是一個有效的單系群。大多數單子葉植物為草本植物，全球約有六萬種，當中最多物種的科是蘭科，約有二萬種；其次為禾本科，約有 1.2 萬種，包括大部分人類主食，例如稻米、小麥、大麥、燕麥、玉米、甘蔗，是所有植物中對人類最為重要的科，具重要經濟價值。

香港單子葉植物豐富，香港植物標本室記錄了 890 種，加上新近發現的紀錄，估計超過 900 種。禾本科為香港最大的科，含 293 種；其次是莎草科，有 148 種；蘭科又次之，有

圖 7-45 蒲葵（*Livistona chinensis*）是棕櫚科植物，用途非常廣泛，葉子可製成葵扇、蓑衣、掃帚等日常用具。（香港特別行政區政府漁農自然護理署提供）

133 種；百合科有 72 種。香港大部分單子葉植物為草本植物，亦有小部分為藤本植物（如薯蕷科），只有少數為喬木（多數屬棕櫚科）。當中也有一些特別的腐生植物，不進行光合作用，而是從土壤中的有機物獲得養分，例如蘭科的天麻屬、水玉簪科、霉草科等。

1. 用途

單子葉植物包含全球重要的作物類植物，如稻、小麥、粟米、燕麥等多種穀物類植物。香港原生單子葉植物中並未產高商業價值的物種，但卻有很多觀賞價值較高的物種（如蘭科），導致非法採集活動頻繁，令部分物種面臨嚴重生存威脅。

蒲葵（*Livistona chinensis*）是香港最常應用於日常生活的單子葉植物之一（見圖 7-45）。蒲葵原產於華南近岸地區，葉片生在樹幹頂部，葉大而呈扇形，葉柄底部有刺。全株皆可用，例如葉片可用來製造葵扇、蓑衣、笠帽等；葵骨（中葉脈）可製造掃帚、牙籤；葉柄外皮可以編織成葵花蓆。

不少單子葉植物都被村民用作民俗植物。例如短葉莞茳（*Cyperus malaccensis* var. *brevifolius*）的莖，曬乾後成為鹹水草，由於其柔韌不易斷，昔日多用作綑菜或紮糉。各種竹類亦用途廣泛，用作建築材料、編織竹製用品、採作糉葉或容器。金錢蒲（*Acorus gramineus*，又稱石菖蒲）全株具特殊香氣，香港部分客家村村民（如林村一帶及鎖羅盆、

圖 7-46 紫紋兜蘭（*Paphiopedilum purpuratum*）受非法採集威脅，被國際自然保護聯盟（IUCN）瀕危物種紅色名錄列為極度瀕危物種，有迫切的保育需要。（香港特別行政區政府漁農自然護理署提供）

荔枝窩）逢年三十會用「石姜符」（即石菖蒲的客家名字）加上「碌柚葉」煮水洗澡，認為其氣味芳香，可以辟穢化濁，驅除晦氣帶來好兆頭。

部分單子葉植物具藥用價值，美花石斛（*Dendrobium loddigesii*）是其中之一。美花石斛以莖入藥，可提高免疫力、延緩衰老，並改善白內障。此外，美花石斛也具觀賞價值，野外群落被過度採集，如今數量已變得非常稀少。

紫紋兜蘭（*Paphiopedilum purpuratum*）（見圖 7-46）是本地觀賞價值較高的植物之一，亦是香港唯一兜蘭屬原生物種。紫紋兜蘭約於 1850 年在香港島被發現，廣泛遍布各地，但個體數目不多，亦受非法採集威脅，被國際自然保護聯盟（IUCN）瀕危物種紅色名錄列為極度瀕危物種，是本港少數的極危種，有迫切的保育需要。

除上述功用外，單子葉植物在香港也有其生態功能，例如蘆葦（*Phragmites australis*），是香港濕地佔優的禾本科植物。米埔沼澤有全港面積最大的蘆葦群落，為不少雀鳥提供了寶貴棲息地。蘆葦根部能有效去除水中的污染物，香港濕地公園的蘆葦床是公園保育區濾水系統的一個重要部分。

2. 珍稀物種

雖然香港單子葉植物數量遠比雙子葉植物少，但當中珍稀植物的比例相當高。根據高力行等人發表的〈香港維管束植物：分布與現狀〉，列為稀有的植物比例達 38.7%，比雙子葉植物的 29.7% 更高。該文共記載了 558 種本地單子葉植物，當中 86 種被評為「非常常見」、133 種為「常見」、123 種屬「局部分布」、95 種為「稀有」、121 種為「非常稀有」。大帽山山脈蘊含着最多珍稀單子葉植物，共 65 種，佔總數的 30.3%；其次是大嶼山，錄有 63 種珍稀雙子葉植物，佔 28.9%；香港島有 50 種，佔 22.9%；新界東北一帶亦有 39 種，佔 17.9%；西貢群山有 30 種，佔 13.8%。大部分珍稀單子葉植物都分布在郊野公園中，受到法例的保護，不過當中有不少物種已近百年沒有再次被記錄，究竟它們是否仍存活於本港，也是未知之數。

另外，漁護署把 21 種單子葉植物列為香港稀有及珍貴植物，包括畫筆南星（*Arisaema penicillatum*）、秀英竹（*Oligostachyum shiuyingiana*）（見圖 7-47）、煥鏞簕竹（*Bambusa chunii*）、二色卷瓣蘭（*Cirrhopetalum bicolor*）、箭藥叉柱蘭（*Cheirostylis monteiroi*）、美花石斛、香港玉鳳花（*Habenaria coultousii*）、細裂玉鳳花（*Habenaria leptoloba*）、喜鹽草（*Halophila ovalis*）、小花鳶尾（*Iris speculatrix*）、血葉蘭（*Ludisia discolor*）、雲葉蘭（*Nephelaphyllum tenuiflorum*）、紫紋兜蘭、華重樓（*Paris polyphylla* var. *chinensis*）、光笹竹（*Sasa subglabra*）、大柱霉草（*Sciaphila secundiflora*）、多枝霉草（*Sciaphila ramosa*）（見圖 7-48）、南方安蘭（*Ania ruybarrettoi*）、全唇薑（*Zingiber integrilabrum*）、矮大葉藻（*Zostera japonica*）、中華結縷草（*Zoysia sinica*），當中絕大部分物種在香港只餘下較少群落（見圖 7-49），一但自然災害發生，如山泥傾瀉、颱風等，也足以把僅餘的細小群落滅絕。為了降低這些珍稀物種在野外滅絕的風險，有需要制定更完善保育措施。

單子葉植物目前已知的特有種，包括箭藥叉柱蘭、香港玉鳳花、煥鏞簕竹、光笹竹和全唇薑。其中全唇薑已多年並未在野外發現，有較大機會已經滅絕。

在香港稀有單子葉植物中，秀英竹有較重要的科研價值。秀英竹是香港獨有竹子，禾本科少穗竹屬，1981 年在香港首次發現，可見於尖山、香港中文大學校園、西貢、梧桐寨、烏蛟騰等地。秀英竹一般高約 4 米至 6 米，直徑 1 厘米至 2 厘米，特色是節間幼時常呈現紫色斑點，並有疏生短刺毛，節下常披有一圈白粉，下部分之一側扁平。秀英竹以胡秀英之名命名，以表揚她對香港植物研究的貢獻。

2012 年以後，香港一共錄得 2 個單子葉植物新種及 9 個新紀錄，反映以下 11 個物種在本地有分布。其中新種包括嘉道理盆距蘭（*Gastrochilus kadooriei*）（見圖 7-50）和香港水玉杯（*Thismia hongkongensis*）。嘉道理盆距蘭於 2012 年在新界高地被嘉道理農場暨植物園的植物學家潘傑志（Pankaj Kumar）發現，確認是一種科學上從未收錄過的新種。曾有其他植物學家早前在香港以外的地方採集過本種，不過一直被錯認為另一種蘭花。香港水玉

圖 7-47　秀英竹（*Oligostachyum shiuyingiana*）是香港特有種，是 100 種香港稀有及珍貴植物之一。（香港特別行政區政府漁農自然護理署提供）

圖 7-48　多枝霉草（*Sciaphila ramosa*）是腐生草本，體型細小，是 100 種香港稀有及珍貴植物之一。（香港特別行政區政府漁農自然護理署提供）

圖 7-49　在香港的珍稀單子葉植物，包括小花鳶尾（*Iris speculatrix*）（左上）、箭藥叉柱蘭（*Cheirostylis monteiroi*）（右上）和美花石斛（*Dendrobium loddigesii*）（下），均長有可觀的花朵。（香港特別行政區政府漁農自然護理署提供）

圖 7-50　嘉道理盆距蘭（*Gastrochilus kadooriei*）於 2012 年在新界高地被發現，野生種群細小。（Pankaj Kumar 提供）

杯是 2015 年發表的新種，是水玉簪科的腐生草本植物，分布於香港新界及大嶼山。其體積細小，高度小於兩厘米，僅於開花結果期間出現在地面，加上顏色與枯葉類似，單憑肉眼難以發現。

其餘 9 個物種為 2013 年發表的細小叉柱蘭（*Cheirostylis pusilla*）；2018 年的雷公連（*Amydrium sinense*）、百足藤（*Pothos repens*）、2020 年的台灣金線蓮蘭（*Anoectochilus formosanus*）、白花長距蝦脊蘭（*Calanthe × dominyi*）、錨鉤金唇蘭（*Chrysoglossum assamicum*）、閉花赤箭（*Gastrodia clausa*）、插天山羊耳蒜（*Liparis sootenzanensis*）和 2021 年的穿心藤。相關植物的野外調查和探索已展開逾百年，而近十年仍在不斷發現新物種，除了因其數量和分布均屬非常稀有，亦反映香港山野尚有不少新種有待發現。

3. 保育

如同雙子葉植物的存護，漁護署重視稀有及瀕危植物的保育工作。署方以執行法例、保護生境、人工繁殖和遷地保育來保護物種。野外勘察組位於大棠苗圃的溫室備有自動化系統，如自動灑水、溫度與濕度調控系統，全自動植物栽培箱和種子儲存庫，為珍貴及稀有的植物提供合適的存放和生長環境。苗圃現已存護了超過 100 種本地較脆弱的珍稀植物及種子，包括一些蘭花，以作保育用途。

另外，城門標本林是本港最大的遷地保育場所，由漁護署管理，佔地約四公頃，該地原為荒廢梯田，自 1970 年代初開始種植原生植物，現已收集超過 330 個本地或華南地區原生植物物種。標本林存護了不少本土的稀有及瀕危植物，當中包括 40 種單子葉植物，大部分為禾本科的竹類植物，亦有不少棕櫚科和百合科植物。

荔枝窩及礵頭具有本港面積較大的海草床，分別以矮大葉藻及喜鹽草為主要物種，是各種海洋生物的庇護所和覓食地。這兩個地點亦因此被列為具特殊科學價值地點，以加強對整體生境的保護。

眾多單子葉植物中，蘭花最引人注目、精緻艷麗，往往吸引非法野外採集，作家中觀賞，甚至商業用途。香港盛產蘭花，已記錄超過 130 種蘭科植物。嘉道理農業輔助會（嘉道理農場暨植物園的前身）成立初期已察覺保育本地蘭花的需要，由該會白理桃牽頭成立了香港野生蘭花組，自 1965 年開始記錄本地野生蘭花，為其後蘭花保育奠定基礎。如今嘉道理農場暨植物園是本地最主要的蘭花保育組織，園方獲得漁護署許可，在野外採集蘭花的果莢，將種子帶到微繁殖實驗室繁殖，並策劃野化放歸的研究，成功例子包括美花石斛、長距蝦脊蘭（*Calanthe sylvatica*）、紫紋兜蘭等。近年更與特區政府合作，草擬涵蓋全港 135 種本土蘭花的紅色名錄。該名錄將重點凸顯最需保護的蘭花物種，推動《生物多樣性策略及行動計劃》（2016 年）的實施。

不少單子葉植物十分稀有，其中禾本科和莎草科等缺乏艷麗花朵的稀有種常被忽略，當中某些物種全球分布較少、其生境易受破壞，例如彌勒山薹草（*Carex pseudolaticeps*）、阿里山薹草（*Carex arisanensis*）（見圖 7-51）、纖細飄拂草（*Fimbristylis leptoclada*）、日本看麥娘（*Alopecurus japonicus*）等。由於這些物種在非開花季節難以被人察覺，即使開花也不易辨認，只能依賴標本比對，於現行的環境評估機制下容易被忽略。它們棲地較具獨特性，例如山邊溪流、低地沼澤、近岸沙地等，保護這些稀少的生境，往往能存護一些特別的植物組成。

圖 7-51 阿里山薹草（*Carex arisanensis*）是稀有的禾本科植物，因外觀類似一般雜草而容易被忽略。（香港特別行政區政府漁農自然護理署提供）

第六節　外來植物物種

一、引入目的和途徑

香港引入外來植物的歷史悠久。自宋元時期（960 — 1368）以來，香港經歷多次人口移入，不但促進本地經濟發展，同時引入多種農作物。加上香港作為廣東沿岸重要港口，明朝（1368 — 1644）以前已有商船航經或停泊於維多利亞港內，其間亦有機會引進外來植物。

最早引入外來植物的文字紀錄來自 1873 年植林部的年度報告，收到來自英國邱園超過 400 個不同種類植物的種子。除了邱園以外，當時植林部亦與世界各地的植物園及英屬殖民地交換種子及植株。1879 年的報告提及，當年向 48 個單位送出 3687 個植株及 295 包種子，同時亦獲得來自 31 個單位、共 903 個植株及 233 包種子，分別來自中國內地、日本、菲律賓、新加坡、澳洲、紐西蘭及比利時。同年報告列出植物公園（香港動植物公園前身）內 66 個首次開花的植物物種，其中只有 9 種為香港原生，其他均為外地引入物種，當中較常見的園藝種包括藍花楹（*Jacaranda mimosifolia*）、銀樺（*Grevillea robusta*）、紅木（*Bixa orellana*）、南天竺（*Nandina domestica*）等，可見香港自英佔初期已頻繁引入多種外來植物。

目前香港有為數不少外來物種，在本地 3000 多種維管束植物中，約有三分一（超過 1100種）為外來物種。這些物種進入香港的途徑，分為主動引入和意外引入兩大類。主動引入的物種多帶有一定的農業、商業及觀賞價值，或適用於園藝、綠化及植林用途。而意外引入則主要經由貨運傳入，如藏於貨櫃的植物或依附在泥土的種子等。

其中超過 150 種外來植物為農作物，包括一些常見的果樹，例如為人所熟悉的荔枝（*Litchi chinensis*）、龍眼（*Dimocarpus longan*）、楊桃（*Averrhoa carambola*）、杧果（*Mangifera indica*）等。亦有市場上常見的蔬菜如莧菜（*Amaranthus tricolor*）、胡蘿蔔（*Daucus carota*）、菜心（*Brassica rapa* var. *parachinensis*）及冬瓜（*Benincasa hispida*），辛香料包括蔥（*Allium fistulosum*）、蒜頭（*Allium sativum*）、薑（*Zingiber officinale*）、臭草（*Ruta graveolens*），穀物包括稻米（*Oryza sativa*）及玉蜀黍（*Zea mays*）。

另外亦有大量引入外來植物作園藝觀賞用途，它們通常被種植於公園、馬路旁或花圃。早年較為流行種植棕櫚科、柏科、南洋杉科植物，由於它們形態獨特，別具異國風情，多栽種於公園或早年興建的私人花園。其中常見的物種包括異葉南洋杉、假檳榔（*Archontophoenix alexandrae*）、江邊刺葵（*Phoenix roebelenii*）、大王椰子（*Roystonea regia*）、圓柏（*Juniperus chinensis*）、側柏。

昔日常見的行道樹包括木棉（*Bombax ceiba*）、鳳凰木（*Delonix regia*）、樹頭菜（*Crateva unilocularis*）、宮粉羊蹄甲（*Bauhinia variegata*）、紅花羊蹄甲（*Bauhinia purpurea*）、石栗（*Aleurites moluccana*）等。隨着城市發展，市區樹的生存空間愈發受到限制，包括樹根生長空間須讓步予馬路、行人路及地底水電氣管線，而樹冠生長範圍亦受限於附近建築物，同時亦須考慮一旦塌樹造成的人命及財物損失。部分市區大型喬木因為病害、老化或具風險而逐步被移除。在各種因素影響之下，近年較為流行種植中小型喬木、且開花時具吸引力的物種，包括黃鐘木（*Tabebuia chrysantha*）、紅花風鈴木（*Tabebuia rosea*）、荷花玉蘭（*Magnolia grandiflora*）、二喬木蘭（*Yulania x soulangeana*）、金蒲桃（*Xanthostemon chrysanthus*）等。由於外來園藝物種對惡劣環境的適應力一般較好，業內人士對於照顧、修剪及處理其病蟲害亦有一定經驗，加上苗木市場供應穩定，即使近年提倡於市區種植更多原生種代替外來種，目前此做法仍未成為主流。表 7-7 是發展局綠化、園境及樹木管理組所列的市區內常見樹種，其中仍包含了不少的外來物種。

此外，港府曾主動引入多種生長快速的外來樹種以作造林之用，例如台灣相思、白千層、桉樹等。台灣相思（見圖 7-52）是作為植林引進的具代表性外來物種，二戰結束後初期，港府為復修土壤，大規模種植台灣相思。台灣相思屬含羞草科，為被子植物雙子葉植物，原產華南地區及東南亞一帶。特點是粗生耐旱，生長快速，其落葉造成的腐殖質，為貧瘠土壤提供有機質和養分，可迅速改善土壤條件。台灣相思樹幹幼而高，容易老化，單是港

表 7-7　香港市區常見樹種情況表

樹木種名	學名	原生／外來	常綠／落葉
柱狀南洋杉	*Araucaria columnaris*	外來	常綠
假檳榔	*Archontophoenix alexandrae*	外來	常綠
秋楓／茄苳	*Bischovia javanica*	原生	常綠
串錢柳	*Callistemon viminalis*	外來	常綠
木麻黃	*Casuarina equisetifolia*	外來	常綠
陰香	*Cinnamomum burmannii*	原生	常綠
樟	*Cinnamomum camphora*	原生	常綠
水石榕	*Elaeocarpus hainanensis*	外來	常綠
垂葉榕	*Ficus benjamina*	外來	常綠
榕樹（細葉榕）	*Ficus microcarpa*	原生	常綠
銀樺	*Grevillea robusta*	外來	常綠
藍花楹	*Jacaranda mimosifolia*	外來	常綠
大花紫薇（洋紫薇）	*Lagerstroemia speciosa*	外來	落葉
蒲葵	*Livistona chinensis*	外來	常綠
荷花玉蘭	*Magnolia grandiflora*	外來	常綠
白楸	*Mallotus paniculatus*	原生	常綠
白千層	*Melaleuca cajuputi* subsp. *cumingiana*	外來	常綠
樂昌含笑	*Michelia chapensis*	原生	常綠
大王椰子	*Roystonea regia*	外來	常綠
鵝掌柴（鴨腳木）	*Schefflera heptaphylla*	原生	常綠
火焰樹	*Spathodea campanulata*	外來	常綠
假蘋婆	*Sterculia lanceolata*	原生	常綠
黃鐘木	*Tabebuia chrysantha*	外來	落葉
紅花風鈴木	*Tabebuia rosea*	外來	落葉
欖仁樹	*Terminalia catappa*	外來	落葉
小葉欖仁	*Terminalia mantaly*	外來	落葉
二喬木蘭	*Yulania* × *soulangeana*	外來	落葉
木棉	*Bombax ceiba*	外來	落葉
鳳凰木	*Delonix regia*	外來	落葉

資料來源： 香港特別行政區政府發展局 ─ 綠化、園境及樹木管理組。

府路政署管轄的台灣相思樹已超過 75,000 棵，樹齡大多已超過 40 年，2012 年至 2017 年間，有超過 13,000 棵因健康或結構問題要被移除。路政署於 2016 年推出「斜坡植林優化計劃」，在香港各地開始更替老化的台灣相思，主要種植原生草本、灌木和喬木作為替代，其中亦包括花朵極具吸引力的物種。

二、外來入侵種

大部分外來植物不會對生態造成不良影響，它們很多都不育或需要得充分照顧才能於有限

圖 7-52　台灣相思（*Acacia confusa*）是引進
作植林用途的外來物種。（香港特別行政區政
府漁農自然護理署提供）

地方繁殖。當中有些植物會逃逸到野外自行繁衍，又稱為歸化植物。其繁殖速度快慢不
等，但一般不會對其他植物的生存構成嚴重影響。早於 1857 年，施曼已開始記載香港的歸
化外來物種，其後植物學家持續記錄了更多的外來植物，近數十年在全球化的影響下，外
來植物進入香港的數目迅速增加。

雖然大部分外來植物繁殖率低，但是仍有少數外來植物生長非常迅速、繁殖率高、遮蔽土
地，使得其他植物無法生長、甚至具攀緩性，能纏繞其他植物，以致它們無法有效利用陽
光進行光合作用。這些植物被視為外來入侵植物，除了破壞生態之外，甚至會影響漁農
業，並帶來較大經濟損失。香港早於十九世紀中葉開始，就有植物入侵的紀錄，其中薇甘
菊（*Mikania micrantha*）是最具代表性的外來入侵種（見圖 7-53），原產於中南美洲，早
在 1884 年已有本地分布記錄。薇甘菊常在低地樹林邊緣蔓生，覆蓋本地樹種的樹冠（見圖
7-54），阻隔陽光並減少樹木進行光合作用的效率，最後導致樹木死亡。這樣亦間接影響在
樹林棲息的動物，例如位於沙頭角丫洲的鷺鳥林，本來是多種鷺鳥的繁殖地點，但因為薇
甘菊纏繞鷺鳥依賴的樹木，並導致它們死亡，結果該處被鷺鳥屏棄，失去原有的生態價值
及功能。

圖 7-53　薇甘菊（*Mikania micrantha*）生長迅速，可導致原生樹木死亡，是外來入侵植物的代表。（香港特別行政區政府漁農自然護理署提供）

在香港，薇甘菊在受干擾生境具生長優勢，尤其喜好土壤濕度高且陽光充沛的地點，並能在短時間內覆蓋荒廢農地、淡水濕地、漁塘周邊及受破壞的林地溪邊，對於生境管理造成莫大困難和挑戰。目前主要靠人手定期清除薇甘菊以控制其蔓延速度，通常會連根拔除並移走所有薇甘菊的枝葉，或用打草機先割斷地面的莖，再以人手移除可見的根部。若要有效控制薇甘菊生長，在春夏季期間至少需除草兩至三次，另一除草時機於夏末秋初、薇甘菊結果散播種子之前。

根據蔣奧林等於 2018 年發表的文章《中國香港外來入侵植物》，列出共 101 種外來入侵植物，隸屬於 36 科、77 屬，當中菊科種類最多，達 17 種。以生活形態而言，絕多數為草本植物（81 種）；其餘為灌木（8 種）和藤本（8 種）；喬木佔極少數，有 3 種；最少為蕨類，只有 1 種。作者又將它們分為五個危害等級，達最高危害級別（惡意入侵類別）的植物有 19 種，包括大薸（*Pistia stratiotes*）、鳳眼藍（*Pontederia crassipes*）、光莢含羞草（*Mimosa bimucronata*）、小葉冷水花（*Pilea microphylla*）、空心蓮子草（*Alternanthera philoxeroides*）、刺莧（*Amaranthus spinosus*）、青葙（*Celosia argentea*）、土荊芥（*Dysphania ambrosioides*）、闊葉豐花草（*Spermacoce latifolia*）、五爪金龍（*Ipomoea cairica*）、圓葉牽牛（*Ipomoea purpurea*）、馬纓丹（*Lantana camara*）、藿香薊（*Ageratum conyzoides*）、鑽形紫菀（*Aster subulatus*）、鬼針草（*Bidens pilosa*）、小蓬草

圖 7-54　大帽山林地被正在開花的薇甘菊（*Mikania micrantha*）覆蓋（圖中央的淺綠色區域）。（香港中文大學提供）

（*Erigeron canadensis*）、蘇門白酒草（*Erigeron sumatrensis*）、薇甘菊、假臭草（*Praxelis clematidea*）。另外，屬「嚴重入侵類別」有 23 種，「局部入侵類別」有 24 種，「一般入侵類別」有 14 種，「有待觀察類別」有 21 種。

全球各地嘗試控制外來入侵物種的影響，香港亦不例外。漁護署依據《生物多樣性公約》，提倡通過風險評估機制，採取以預防、及早發現與快速反應為主的應對策略，輔以適當的控制和管理措施，應對外來入侵物種，期望減低其帶來的危害。

第八章
菌類生物

菌類生物，簡稱「菌物」（fungi），是指具有真細胞核、沒有葉綠素及可產生孢子的一群生物，在特徵上與綠色植物和動物不同，也和絕大多數細菌和更為原始的其他類群不同。「菌物」一詞的出現，是因為 2000 年代後「真菌」一詞的定義因分子生物學的發展而起了重大變化。一些類群，例如卵菌（Oomycetes）、絲壺菌（Hyphochytriomycetes）和黏菌（slime mold），基於親緣關係研究的結論下，已被剔出真菌界（Kingdom Fungi）。為方便日後討論及把相關類群繼續視為真菌研究者研究的領域，「菌物」（fungi）一詞於是應運而生。以後的研究者，如果想包含卵菌、絲壺菌和黏菌在其研究中，便會使用「菌物」，否則也仍會使用「真菌」一詞，亦即是廣義和狹義使用的分野。

真菌普遍可分為兩大類（並不是自然分類方法）：一種是能以肉眼觀察的「大型真菌」或稱「菇菌」，另一種是難以肉眼觀察的「微型真菌」或稱「霉」（黴），此分類方法有其功能性。大型真菌子實體（mushrooms）一詞在中文有很多種說法，例如菇、菇菌、菌子、蘑菇等，是指大型真菌用以傳播孢子的「生殖結構」，此結構出現於其生活史一個短暫階段。大多數真菌是腐生性，它們生長在枯枝、樹樁、葉片、腐殖質、泥土、糞便及其他碎屑上，亦有些以寄生形式從活體中獲得營養。在不同生態系統中，真菌提供適當的條件讓其他生物存在，並持續驅動物質循環，在生態系統過程中擔當重要角色。據估計，世界真菌多樣性應介乎於 220 萬至 380 萬種之間，惟至今全世界只有 12 萬種紀錄，換句話說，研究人員對真菌只有 3.5%-5% 認知。真菌對溫度、濕度、養份等環境條件敏感，生長是否旺盛取決於環境的微妙變化，而明白這些變化有助保護菌物多樣性。

本章共分三節，第一節為概況，記述菌物研究及產業化情況，包括多樣性調查和研究、真菌價值及其與人類的關係。第二節為微型真菌，闡述在不同生境（包括陸地、淡水和海洋）生長的微型真菌，當中有些具致病能力，有些只生長在腐木中，也有些和植物根部共生的種類。第三節為大型真菌，闡述本地子囊菌（Ascomycota）、擔子菌（Basidiomycete）、地衣（lichens）、有毒菇類及藥用真菌的基本情況。

第一節　概況

一、菌物分類學

菌物是眾多分類學中爭議最大的領域，在傳統上菌物常被劃分在植物學範疇中，而且菌物有相對其他生物更複雜的生活史，在觀察鑑定的過程中常存在同一物種不同時期的不同生態類型，因此常常產生同物異名（即有兩個名稱）的現象。目前許多分類學家正在努力建立更一致的命名系統，甚至提出「一菌一名」的原則，希望能貼近「自然」的分類方法。

歷史上曾使用許多方法來鑑定菌物，主要以形態學為主，如孢子或子實體的大小、形狀、顏色等，另一種方法是透過生理與生化性質，如以其生長溫度範圍、營養需求或化學測試的結果來分辨。自分子生物學在 1990 年代興起後，科學界以特定基因序列來分析種類間的親緣關係，對研究菌物多樣性起了決定性的作用，大大提高了對新物種的分辨能力，且能反映不同類群在演化上的關聯。

最新的菌物分類方法是結合了《菌物詞典》第十版（2008 年）及《蕈菌分類學》（2018）的系統，把菌物分為三大類群：原生動物界、藻物界和真菌界。真菌界下分子囊菌門、擔子菌門、芽枝菌門、壺菌門、球囊菌門、微孢子菌門、新麗鞭毛菌門和接合菌門（見表 8-1）。

表 8-1　菌物三大類群情況表

類群	門
原生動物界 Protozoa	黏菌門（Myxomycota） 集胞菌門（Acrasiomycota） 網柄菌門（Dictyosteliomycota） 根腫菌門（Plasmodiophoromycota）
藻物界 Chromista	卵菌門（Oomycota） 絲壺菌門（Hyphochytriomycota） 網黏菌門（Labyrinthulomycota）
真菌界 Fungi	子囊菌門（Ascomycota） 擔子菌門（Basidiomycota） 芽枝菌門（Blastocladiomycota） 壺菌門（Chytridiomycota） 球囊菌門（Glomeromycota） 微孢子菌門（Microsporidia） 新麗鞭毛菌門（Neocallimastigomycota） 接合菌門（Zygomycota）

資料來源： Kirk, P. M., Cannon, P. F. and Minter, D. W. et al (eds), *Dictionary of the Fungi, 10th Edition* (UK: CABI, 2010)；圖力古爾主編：《蕈菌分類學》（北京：科學出版社，2018 年）

二、菌物研究及產業化

1. 菌物學產業化

菌物對人類有利亦有害，既可幫助解決人類不同問題，在不同範疇提供策略，同時亦能損害人類及植物的健康。菇菌具食用、藥用、藥妝以及保護植物生長的天然生物防治劑，擁有抗害蟲、抗微生物及除草等活性功效。單就生物科技而言，若把真菌開發得宜，其酵素可用於食品加工、化學工業、農業及醫用藥物之上。

受惠於中國內地生產全球近九成食用菌的產業地位，香港作為毗連地區，一直為內地食用菌的其中一個進口重地。目前世界上針對菇菌產業有四個大型國際機構組織／會議，其中「世界蕈菌生物學與產品協會」（The World Society for Mushroom Biology and Mushroom Products，簡稱 WSMBMP），於 1993 年在香港成立，每三年舉辦一次國際會議，屬全球關注食用菌科學研究、產品研發和市場貿易人士的重要交流平台。

回顧二戰後本地食用菌類的生產，1950 年代至 1960 年代，香港已有草菇（*Valariella volvacea*）生產，農民主要利用本地稻草作栽培基質。自 1960 年代起，適逢當時紡織業蓬勃，廢棉供應不缺，香港中文大學研究者張樹庭研究以廢棉種植草菇，降低生產成本。1970 年代至 1980 年代，草菇種植繼續進一步發展，菇場由 1974 年的 13 間、產量 110 公噸，上升至 1980 年的 80 間、產量 620 公噸。踏入 1980 年代，香港工業轉型，紡織業式微，影響廢棉供應，加上人工成本、內地草菇競爭等因素，導致不少菇場結業，數目由 1980 年的 80 間，下跌至 1983 年的 40 間。新鮮菇類年產量由 1985 年的超過 2000 公噸，跌至 1993 年大約只有 30 公噸。

1990 年代，香港中文大學牽頭成立食用菌研究中心，嘗試以科研技術優化栽培成效，但中心隨着幾位教授退休後便關閉，而香港現時也沒有其他學術單位提供指引或教育，以至不利於鼓勵在本地種植菇菌的產業。2000 年起，漁農自然護理署（漁護署）推廣環控溫室及有機耕作，透過技術指導和宣傳單張，推介栽培不同物種。截至 2017 年，香港只有少數經營菇菌種植的菇場，例如上水金錢村的香港有機資源再生中心、大埔圍頭村的青坪農場、屯門藍地的香城遺菇、大埔林村白牛石的菇菌圓及元朗牛潭尾的香港澳登有限公司等。它們由材料混合到種菌和行菌，都需要技術及長期試驗，才可掌握香港天氣、季節、可用植料、生長條件等細節。

2. 真菌多樣性研究概況

回顧以往真菌多樣性相關的研究，亞洲幾個國家或地區（包括日本、韓國、泰國、馬來西亞、新加坡，以及中國內地、台灣及香港等）都有從事真菌分類的研究團隊。然而，從 2010 年開始，活躍在學術界的真菌研究者人數已經有所減少，其原因包括有關專家的退休或過世，以及研究人員改為專注其他學科的研究（例如生物科技，醫學及藥物學等）。香港亦不例外，除了欠缺資優導師外，近年甚少年輕一代有接受真菌分類的培訓。總括而言，香港真菌多樣性研究大致可分為三個階段：

第一階段：1970 年代以前

此階段以非居港外籍專家零散研究為主，未見本地研究者開展研究。美國北卡羅來納植物園（North Carolina Botanical Garden）的真菌學家查爾斯‧賴特（Charles Wright），曾在 1853 年至 1856 年參與美國北太平洋探險隊，在港考察期間收集本地 96 種真菌樣本，是香港最早期的紀錄。另外，英國真菌學家伯克利（M. J. Berkeley）及美國真菌學家科蒂斯（M. A. Curtis）在 1860 年也發表論文，交代他們對香港盤菌（*Peziza hongkongensis*）的發現和研究。然而這些早期所記錄的物種，其鑑定方法與現代不同，不甚可靠。

香港早期對植物病原真菌種類的記載，也見於外國研究者的著作。英國植物病理學家安東尼‧約翰斯頓（Anthony Johnston），在 1963 年首次列出了香港的植物病害紀錄。隨後，力達（Leather）和賀爾（Hor）兩位植物病理學家於 1969 出版《香港植物病害初步名錄》（*A*

Preliminary List of Plant Diseases in Hong Kong），記載了 300 種植物病原真菌。

第二階段：1970 年代至 1990 年代

在此階段開始有外籍居港的研究者研究真菌，如：1977 年，市政局為香港大學植物系的顧雅倫（David Griffiths）出版了《香港菌類》（*Hong Kong Fungi*），書中記錄了 99 種大型真菌。香港中文大學生物系杜詩雅（S. L. Thrower）在 1979 年開展「空氣污染與地衣生長關係」調查計劃，並於翌年為該計劃出版小冊子《潔淨空氣與地衣》（"Clean Air and Lichons"）作為學校教材，內容簡介空氣污染、地衣物種、調查計劃的方法，封面及封底印製了八種地衣彩圖。杜詩雅於 1988 年出版《香港地衣》（*Hong Kong Lichons*），是香港首本地衣圖鑒書籍，書中記錄百多種本地常見地衣，並附有彩色圖片，是當時極具價值的參考書籍。

第三階段：1990 年代以來

此階段走向全盛期，以華人研究者為主，並出現本地研究者，香港亦漸漸成為亞洲地區的真菌研究中心。在 1990 年代初，香港中文大學的張樹庭在華南地區及香港進行多次大型真菌調查，出版了《香港蕈菌》，在書中記錄了 388 種大型真菌。1993 年，為協助發展中國家大規模種植食用蕈菌，以促進經濟發展，聯合國工業發展組織（UNIDO）撥款予香港中文大學，成立「國際蕈菌生物技術服務中心」，並由張樹庭出任中心主任。中心工作除向發展中國家提供訓練及顧問服務外，亦有推動其他工作，如：成立菌種庫及基因庫以保存蕈菌遺傳資源；加強研究蕈菌栽培技術、遺傳及分子生物學、農工業廢料的生物轉化、蕈菌產品加工及市場營銷等。香港浸會大學生物系蘇美靈於 1991 年著有《香港植物病害》（*Hong Kong Plant Diseases*），該書圖文並茂地記載了 80 種植物病原真菌。

在香港大學任教 15 年的奇文·海德（Kevin Hyde），自 1992 年至 2007 年期間，積極推動微型真菌研究，並於 2000 年成立真菌多樣性研究中心。中心成立後，吸引了許多來自不同國家的留學生報讀香港大學的碩士及博士課程，使香港菌類研究報告及相關出版在 1990 年代至 2007 年迅速增加，且發現不少新物種。1998 年，海德創辦具國際水平的期刊《真菌多樣性》（*Fungi Diversity*）和《真菌多樣性研究系列》（*Fungal Diversity Research Series*），他也得到資金在香港大學開發工業菌株保存中心，名為香港大學菌種保存庫，收集了 8000 多種真菌菌株，並開啟與工業界合作，提供生物技術項目所需的菌株。

國際學術會議交流是促進菌物學科研究和教學效益的主要手段。在亞太地區，最具規模的協會是亞洲真菌學協會（Asian Mycological Association），此協會曾在亞洲不同國家及地區舉辦大型真菌學術會議。香港曾於 2000 年主辦此會議，促進了香港學生與海外頂尖專家的交流機會。

由海德團隊在 2000 年出版的《香港真菌名錄》（*Checklist of Hong Kong Fungi*），共列出

2125 種已被發現的香港真菌，包括黏菌類 60 種、卵菌類 18 種、接合菌類（Zygomycota）3 種、子囊菌類 478 種、擔子菌類 474 種、無性態（anamorph）菌類 833 種和地衣 259 種。該書除列出學名外，也提供該菌種的相關資訊，包括其寄主、棲息地、標本館編號及文獻等。時至今日，此書仍是香港唯一的真菌名錄。

本地研究者鄧銘澤在 2008 年開始記錄香港各區大型真菌，並於 2013 年至 2016 年期間出任漁護署《生物多樣性策略及行動計劃》諮詢委員會專題小組成員，專責檢視香港的真菌多樣性現狀、趨勢和提出建議。2016 年，鄧銘澤出版《一菇一世界——菇菌趣味新知》，書中附有菌物類圖鑑 103 種，幫助大眾辨識常見菇類。其他近年活躍的真菌研究者包括香港浸會大學的吳德強、香港理工大學的黃家興和吳建勇、香港中文大學的張志強及香港大學的袁國勇等。

第二節　微型真菌

一、植物病原真菌

由真菌引起的植物病害約佔 70%-80%，亞熱帶和熱帶的主要病害有烟煤病、炭疽病、疫病等，溫帶的主要病害有菌核病（由核盤菌屬〔*Sclerotinia*〕引起）、葉斑病（由殼針孢屬〔*Septoria*〕和殼二孢屬〔*Ascochyta*〕引起）等。擔子菌、子囊菌及其無性世代均是主要的植物病原真菌，當中部分大型擔子菌是常見的樹木病原菌，可引致褐根病、根腐病、根朽病等病害。1963 年，前英聯邦真菌學研究所主任、英國植物病理學家安東尼·約翰斯頓（Anthony Johnston）首次列出香港植物病害紀錄。隨後 1969 年出版的《香港植物病害初步名錄》和 1991 年出版的《香港植物病害》兩書，分別記述了 300 種和 68 種植物病原真菌。

2000 年出版的《香港真菌名錄》列出了 397 種植物病原真菌，包括 4 種低等真菌和 393 種高等真菌。4 種低等真菌包括引發葛藤赤澀病（false rust of kudzu vine）的小集壺菌（*Synchytrium minutum*），及 3 個屬於接合菌綱（Zygomycetes）的根霉（*Rhizopus*）及毛霉（*Mucor*）。393 種高等真菌分為 3 類，包括子囊菌（75 種）、擔子菌（98 種）、無性態真菌（220 種）。

香港植物病原性子囊菌導致的主要病害包括白粉病、炭疽病、黑痣病、葉斑病及枝條潰瘍等。其中引起黑霉病（煤烟病）者，包括可見於圓葉豺皮樟（*Litsea rotundifolia*）的星盾殼屬（*Asterina*）、見於菠蘿上的小星盾煤菌屬（*Asterinella*）、黃皮（*Clausena lansium*）上的小煤炱屬（*Meliola*）、多種棕櫚科（*Arecaceae*）植物的小盾殼屬（*Microthyrium*）及沙柑上的煤炱屬（*Capnodium*）等。

香港植物病原性擔子菌導致的主要病害包括鏽病（*Puccinia* spp.）、黑穗病（黑粉病）等，當中有 46 個擔子菌種可引發鏽病，分屬於 16 個屬；而引發黑穗病者分屬於黑粉菌屬（*Entyloma*）、黑穗菌屬（*Ustilago*）、團黑穗菌屬（*Sorosporium*）及軸黑粉菌屬（*Sphacelotheca*）。這些黑穗病可見於香港的水稻、甘蔗、雀稗、百慕達草和鴨嘴草。

二、植物腐生真菌

真菌因其降解木質素及纖維素的能力，可分解已死亡的植物組織至腐爛的程度，在自然界元素循環的過程中扮演着非常重要的角色。本節主要介紹陸生系統上腐生真菌的多樣性情況，尤以 1995 年至 2002 年期間的研究成果為依據，包括棕櫚、竹子、禾草、莎草、露兜及香蕉等腐生真菌。

1. 棕櫚科植物上的腐生真菌

研究人員曾研究香港常見棕櫚科植物如蒲葵（*Livistona chinensis*）、刺葵（*Phoenix loureiroi*）等的腐生真菌（見圖 8-1），也有研究一些藤本類棕櫚（Arecaceae），包括白藤（*Calamus tetradactylus*）、毛鱗省藤（*Calamus thysanolepis*）、多果省藤（*Calamus*

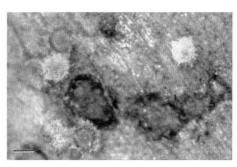

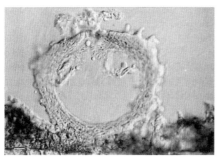

圖 8-1　香港星冠殼菌（*Ijuhya hongkongensis*）（生赤殼科 Bionectriaceae），上圖為解剖顯微鏡下的子囊果；下左圖為 100 倍顯微鏡下的子囊果；下右圖為 200 倍顯微鏡下的子囊（Jane Fröhlich 提供）

香港星冠殼菌（*Ijuhya hongkongensis*）的辨認特徵：子囊果固定在基質上，初期淡黃色，後轉為橙色，覆蓋着淡白硬毛，子囊果近球形，具有孔口。子囊紡錘形，含有八個子囊孢子。此新種首次於 1994 年在薄扶林郊野公園蒲葵上發現，後來也在深水灣、大潭郊野公園和香港仔郊野公園發現。

walkerii）及真白藤（*Daemonorops margaritae*）等。香港棕櫚科植物的真菌多樣性豐富，其中以星裂球腔菌屬（*Astrosphaeriella*）、線孢囊殼菌屬（*Linocarpon*）、小花口殼菌屬（*Anthostomella*）、辣椒孢屬（*Capsulospora*）、檳榔殼菌屬（*Arecomyces*）、莫惹殼菌屬（*Morenoina*）及尖銳座囊菌屬（*Oxydothis*）等菌最為常見。

其中一項研究在八種棕櫚科植物葉片上，共記錄了 306 種真菌，其中包括一個在大帽山發現的子囊菌新種異形紅樹孢殼菌（*Mangrovispora irregularis*）和 12 個新的絲孢菌（hyphomycetes），包括四個新屬：擬短蠕孢屬（*Brachysporiopsis*）、小麥肯齊菌屬（*Mackenziea*）、偉康菌屬（*Waihonghopes*）及透明皮菌屬（*Hyaloepiderma*）。

2. 竹子上的腐生真菌

到目前為止，香港共有 58 種竹子上的腐生真菌。竹子上最常見的子囊菌有肉座菌科（Hypocreaceae）、黑痣菌科（Phyllachoraceae）和炭角菌科（Xylariaceae），分別以叢赤殼菌屬（*Nectria*）（見圖 8-2）、黑痣菌屬（*Phyllachora*）和炭團菌屬（*Hypoxylon*）為代表。而最具代表性絲孢菌綱的屬（hyphomycetes）有密隔孢屬（*Acrodictys*）、假黑粉屬（*Coniosporium*）、黑團孢屬（*Periconia*）、束柄霉屬（*Podosporium*）和葚孢菌屬（*Sporidesmium*）。

3. 禾草及莎草上的腐生真菌

香港六種禾草和一種莎草上腐生真菌的多樣性、寄主偏好性和垂直分布模式，都是學者研究的對象。1997 年至 1999 年間，研究人員從四個地點（香港大學校園、域多利道、南涌及米埔沼澤地）收集腐朽的禾草和莎草樣本，共鑑定出約 205 種腐生真菌，包括 61 種子囊菌、1 種擔子菌和 144 種無性態真菌，並描述了 2 個新屬及 12 個新種。

禾草和莎草上常見的腐生真菌種類有：互生鏈隔孢（*Alternaria alternata*）（見圖 8-3）、枝狀枝孢菌（*Cladosporium cladosporioides*）、半裸鐮刀菌（*Fusarium semitectum*）、稻穀黑孢菌（*Nigrospora oryzae*）和麥穗四縊孢菌（*Tetraploa aristata*）。

以真菌的屬別來統計，常見的子囊菌有間座殼菌屬（*Diaporthe*）、小球腔菌屬（*Leptosphaeria*）、透孢黑團殼屬（*Massarina*）、蛇孢腔菌屬（*Ophiobolus*）；常見的腔孢菌有炭疽菌屬（*Collectotrichum*）、小球殼孢屬（*Microsphaeropsis*）、莖點霉屬（*Phoma*）、擬莖點霉屬（*Phomopsis*）、殼針孢菌屬（*Septoria*）；常見的絲狀菌有單隔孢子屬（*Monodictys*）、黑團孢屬（*Periconia*）、喙枝孢菌（*Rhinocladiella*）及葚孢菌屬（*Sporidesmium*）。

在多樣性研究方面，研究人員發現有木質組織的材料，比草本組織的材料具有較高多樣性指數。最高的多樣性指數來自禾本科的象草（*Pennisetum purpureum*），最低的來自莎草科的鑽苞藨草（*Schoenoplectus litoralis*）。

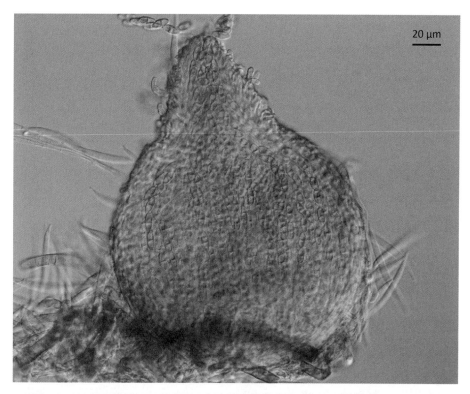

20 μm

圖 8-2：叢赤殼菌屬 *Nectria*（叢赤殼菌科 Nectriaceae），上圖為解剖顯微鏡下的子囊果；下圖為 100 倍顯微鏡下的子囊果。（吳德強提供）

叢赤殼菌屬的辨認特徵：在寄主植物上呈紅色的子囊殼。子囊殼內可見有許多子囊及雙室的子囊孢子；子囊殼外或有其無性態的鐮刀菌孢子（*Fusarium* sp.）。

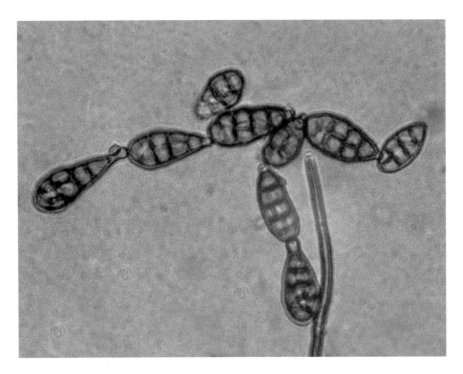

圖 8-3　互生鏈隔孢（*Alternaria alternata*）（格孢菌科 Pleosporaceae），圖為 400 倍顯微鏡下的孢子。（吳德強提供）

互生鏈隔孢的辨認特徵：菌落在基質上生長迅速，呈黑色至橄欖黑色或淺灰色，呈麂皮狀至絮狀。在顯微鏡下，多細胞分生孢子由簡單的、分枝的、短的或細長的分生孢子梗產生。分生孢子有橫隔及縱隔，呈倒棒狀、倒梨形，有時呈卵形或橢圓形，常具短圓錐形或圓柱形喙，淡褐色，孢子壁光滑或具疣狀。這是一種常見的腐生真菌物種。

4. 露兜樹科上的腐生真菌

研究人員在香港採集分叉露兜（*Pandanus urophyllus*）及露兜樹（*P. tectorius*）的標本中，分別發現 45 種及 35 種真菌，其中只有 10 種能在兩種露兜樹中找到。這兩種露兜之間的真菌物種組成，出現較明顯差異，原因是它們形態、環境和生態各異。常見的菌屬有小花口殼屬（*Anthomella*）、叢赤殼屬（*Nectria*）、圓盤菌屬（*Orbilia*）、指毛殼菌屬（*Dictyochaeta*）、網孢殼屬（*Dictyosporium*）、黏鞭霉屬（*Gliomastix*）、黑團孢屬（*Periconia*）及小鏈孢腔菌屬（*Sporidesmiella*）。研究人員在 1995 年至 1998 年間，在南丫島的露兜樹發現 3 個新物種：南丫島密格孢菌（*Acrodictys lamma*）、南丫島小花口殼菌（*Anthostomella lamma*）及南丫島節瓶梗裂孢菌（*Arthrowallemia lamma*）。

5. 香蕉上的腐生真菌

2001 年，研究人員在香港大嶼山愉景灣的稔樹灣村及新界大埔區的鳳園村採集香蕉葉柄及葉片時，鑑定了 46 種腐生真菌，包括 14 種子囊菌和 32 種無性態真菌的種類。最常見的物種是略簡褐污霉菌（*Memnoniella subsimplex*），其次是輪枝孢屬（*Verticillium*）及衞矛囊狀接合孢菌（*Zygosporium oscheoides*）。

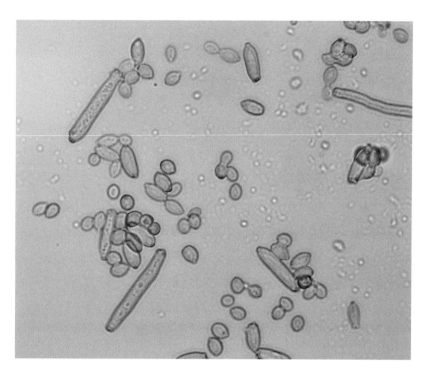

圖 8-4　枝狀枝孢菌（*Cladosporium cladosporioides*）（枝孢霉科 Cladosporiaceae），
圖為 400 倍顯微鏡下的孢子。（吳德強提供）

枝狀枝孢菌的辨認特徵：菌落在基質呈橄欖褐色至黑褐色，但有時呈灰色、淺黃色或褐
色，絨面狀至絮狀，常因分生孢子增多而呈粉狀。分生孢子光滑、多疣或具刺，具有一
至四個細胞，並有明顯的深色喙，是一種常見的腐生真菌物種。

6. 松科植物針葉上的腐生真菌

研究人員在香港石澳以南的鶴咀及西貢的榕樹澳兩個地點採集了油杉（*Keteleeria fortunei*）、濕地松（*Pinus elliottii*，又名愛氏松）和馬尾松（*Pinus massoniana*）3 種松科植物腐朽的針葉，共鑒定了 48 種真菌，其中 3 種為子囊菌，37 種為無性態的絲孢菌及 1 種卵菌，另外還得出 7 個不產孢子的種類。研究發現濕地松枯葉的真菌多樣性最高，共鑒定出 31 個種類。比較普遍出現的真菌都是絲孢菌，例如枝狀枝孢菌（*Cladosporium cladosporioides*）（見圖 8-4）及木黴菌（*Trichoderma* sp.）等。除了憑形態來鑒定真菌種類外，該研究人員也用變性梯度凝膠電泳法（Denaturing Gradient Gel Electrophoresis，簡稱 DGGE）來確定松科物種針葉上真菌的基因型之多樣性。[1] 該研究發現這種 DGGE 方法所揭示的真菌與傳統以培養方法及形態鑒定法所找出的真菌相完全不同，例如可以找出這些無性態的真菌之有性世代及鑒定不產生孢子的種類等。

1　變性梯度凝膠電泳法是一種根據 DNA 片段的熔解性質而使之分離的凝膠系統。方法是把凝膠設置在雙重變性
　　條件下，可以檢測 DNA 分子中的任何一種單鹼基的替代、移碼突變以及少於 10 個鹼基的缺失突變。

三、蘭花共生真菌

蘭花的根與某些真菌種類之間存在關聯，這種關係稱為蘭菌根，是在種子萌發時形成。蘭花種子比其他植物的種子較小，通常呈粉塵狀，因缺乏足夠的食物儲備組織，發芽必需依賴與其相容的共生真菌提供外部營養，以真菌異營（myco-heterotrophy）的方式，透過真菌以獲取有機養分。蘭花和菌根真菌有複雜的共生關係，蘭花每個生命階段都要依賴特定真菌。

蘭菌根是一種內生菌根，真菌的菌絲進入蘭花體內後，會在蘭花根部的細胞內形成稱為菌絲團的捲曲狀構造。形成蘭菌根的真菌多屬擔子菌門，包括角擔菌屬（*Ceratobasidium*）、蠟殼耳屬（*Sebacina*）、膠膜菌屬（*Tulasnella*）與紅菇屬（*Russula*）等，但也有屬於子囊菌門的。這些真菌多為腐生真菌或寄生真菌，但也有可能同時與其他進行光合作用的綠色植物形成外生菌根的物種，即包含蘭科植物、真菌與其他綠色植物三者的交互作用，真菌從綠色植物取得有機物後，蘭花再藉由蘭菌根取得這些有機物。

蘭花共生真菌種類的研究，有助蘭花的栽培和保育，特別對於瀕危且具商業價值的蘭花種類，如香莢蘭（*Vanilla planifolia*）等特別有用。一般來說，兼性真菌異營的蘭科植物，可以與多種真菌形成蘭菌根，例如長苞頭蕊蘭（*Cephalanthera longibracteata*）可與紅菇科（Russulaceae）、口蘑科（Tricholomataceae）、蠟殼耳科（Sebacinaceae）與革菌科（Thelephoraceae）等多種真菌形成菌根。然而，絕對真菌異營的蘭花物種，對共生真菌專一性則較高，如斑點珊瑚蘭（*Corallorhiza maculata*）與紅菇科真菌有很密切的關係。

香港有關蘭花的種類及其共生真菌的研究，主要來自三個機構：漁護署、香港大學及嘉道理農場暨植物園。2014年，香港兩位外籍研究人員紀仕勳（Stephen Gale）及官達（Gunter Fischer），連同漁護署發表暹邏錨柱蘭（*Didymoplexiella siamensis*）和北插天天麻（*Gastrodia peichatieniana*）兩種蘭花的香港新記錄種。這兩種蘭花都是植株矮小，生命短暫，沒有葉子，行全真菌異營的植物。根據Gale等人對香港四種新記錄蘭花的調研，長距白鶴蘭（*Calanthe × dominyi*）、錨鉤金唇蘭（*Chrysoglossum assamicum*）、黃花羊耳蘭（*Liparis sootenzanensis*）三者為明顯的地生蘭，閉花天麻（*Gastrodia clausa*）則為腐生蘭，是一種沒有葉子、絕對菌異營，個體微小而不顯見的蘭花物種。2015年，香港發現蘭花新種，命名為香港水玉杯（*Thismia hongkongensis*）。這個新種蘭花也是一個細小、不顯眼，行全菌異營的植物。[2]

2　香港水玉杯除了與真菌共生外，其傳粉過程也需要一種媒介生物，即稱為蕈蚊的小型昆蟲，屬於雙翅目蕈蚊科。此昆蟲幼蟲通常與腐爛的有機物有關，並且經常以真菌為食糧。研究人員推斷蕈蚊可能基於蘭花的結構擬態，例如，花被管內表面的花被片之延伸和網狀圖案、花被顏色和所散發類似真菌的花香味所吸引，而為香港水玉杯這種蘭花授粉。

絲核菌（*Rhizoctonia*）常與附生蘭形成蘭菌根，是一種只產生菌絲而不產生孢子的無性真菌，在自然界存在許多菌絲融合群，造成鑒定的困難。有研究者曾探討蘭花根部類似絲核菌的內生菌的多樣性及分類地位，從香港幾個地點採集四種地生蘭花，並從根部分離出 21 種類絲核菌的真菌菌株。該研究發現菌株大多數與擔子菌門角擔菌科的角菌根菌屬（*Ceratorhiza*）及膠膜菌科的瘤菌根菌屬（*Epulorhiza*）有關，而且菌株之間存在遺傳多樣性。研究也使用共生萌發法探討真菌與蘭花共生特性，發現瘤菌根菌屬（*Epulorhiza*）的菌株強烈刺激了竹葉蘭（*Arundina chinensis*）、苞舌蘭（*Spathhoglottis pubescens*）和香港綬草（*Spiranthes hongkongensis*）三種蘭花物種的萌發和發育，而角菌根菌屬的菌株可以與齒片鷺蘭（*Habenaria dentata*）成功地形成共生體。

四、淡水真菌

廣義上，「淡水真菌」涵蓋任何水棲的菌物，它們於整個或部分的生命周期必須在淡水中度過，包括那些在淡水環境中明顯水生的物種或生長在半水生基質上的菌物。淡水真菌是一種多樣性高的生物群，成員來自不同的真菌群組，包括會產生游動孢子的菌物、絲孢菌、子囊菌、擔子菌、腔孢菌，還有來自接合菌綱和毛菌綱的物種。在這些不同的水生菌物當中，研究人員對淡水絲孢菌的研究比較深入及廣泛，而對其他真菌群組的研究則較少，故對它們的認識也不多。森林和林地接壤的河流、溪流、池塘、湖泊和池塘都有大量的植物體掉入水中，如枝條、葉子、花瓣、花粉、果實及種子等。這些植物材料正是水生環境中非常重要的能源和碳來源。水棲真菌在淡水生態系統中的作用是降解這些植物材料，並釋放能源及促進物質循環。

淡水真菌在數量、分類群和生態作用方面各不相同，直至過去 30 年，仍然是一個相對被忽略的生物群。香港對淡水真菌的研究，始於香港大學的海德及其帶領的研究團隊。該團隊於 1996 年至 2006 年的 10 年中，主要研究淡水系子囊菌及絲孢菌的生態學及物種多樣性。有關香港淡水真菌的刊物，除了在國際真菌期刊發表的上百篇論文外，還有《淡水真菌學》（*Freshwater Mycology*）及《淡水真菌屬》（*Genera of freshwater fungi*）。《淡水真菌屬》分別介紹了香港子囊菌屬及絲孢菌屬的淡水真菌，它們大多長在水中枯木上。比較常見的淡水子囊菌有環囊菌屬（*Annulatascus*）、梭單隔孢菌屬（*Jahnula*）、小撒夫菌屬（*Savoryella*）（見圖 8-5）及毛筒殼菌屬（*Tubeufia*）等，而常見的淡水絲孢菌有細管囊菌屬（*Canalisporium*）、磚隔網孢殼菌屬（*Dictyosporium*）（見圖 8-6）、指毛殼菌屬（*Dictyochaeta*）及束囊菌屬（*Ellisembia*）等。

另外，有些產生螺旋孢子的絲孢菌，如卷毛筒殼菌屬（*Helicoma*）、卷絲殼菌屬（*Helicomyces*）（見圖 8-7）、旋孢殼菌屬（*Helicosporium*）及小卷毛筒殼菌屬（*Helicoon*）等，也經常在淡水環境的枯木上找到。暗色絲孢菌是淡水系統落葉及枯木上常見的菌類，

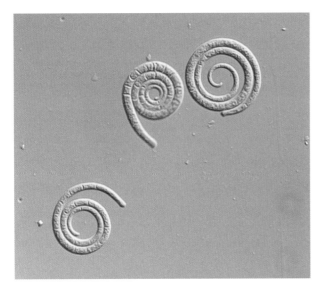

圖 8-5　加勒比細管囊菌 *Canalisporium caribense*
（小撒夫菌科 Savoryellaceae），圖為 400 倍顯微
鏡下的孢子。（吳德強提供）

加勒比細管囊菌（*Canalisporium caribense*）的
辨認特徵：分生孢子梗簡單或分枝，有隔膜，透
明至非常淺的棕色，光滑。分生孢子頂生，單
生，近球形，扁平，光滑，橄欖色棕色至棕色，
5-7 個橫隔和 4-5 個縱隔，基底細胞楔形，截形。
這是一種常見的淡水真菌物種。

圖 8-6　華麗磚隔網孢殼菌 *Dictyosporium elegans*
（磚隔網孢殼科 Dictyosporiaceae），圖為 400 倍顯
微鏡下的孢子。（吳德強提供）

華麗磚隔網孢殼菌（*Dictyosporium elegans*）**的辨
認特徵**：菌落疏展於基質，分生孢子呈金黃色或紅
棕色，扁平，由 51-96 個細胞組成，大部分排列成
5 行。這是一種常見的淡水真菌物種。

圖 8-7　玫瑰卷絲殼菌 *Helicomyces roseus*（毛筒
殼科 Tubeufiaceae），圖為 400 倍顯微鏡下的孢
子。（吳德強提供）

玫瑰卷絲殼菌（*Helicomyces roseus*）**的辨認特
徵**：菌絲（hypha）並不顯眼，在基質上呈片狀、
白色或棕色疏鬆的棉質層。分生孢子梗在基質呈微
線狀，側生於菌絲。分生孢子線圈形，無色。這是
一種常見的淡水真菌物種。

此類真菌種類繁多，研究人員於 2003 年為此類絲孢菌編撰檢索表，以方便上述水生真菌的鑒定。

五、紅樹林及海洋真菌

海洋真菌，或稱海生真菌，是生活在海洋或潮間帶中的真菌，泛指分屬於不同的分類群。專性海生真菌只生長於海洋中，但亦正因它生長在深海之下，所以研究人員也無法得知其生長情況。至於兼性海生真菌則通常生長於陸地上或淡水中，但也有能力生長在海洋中，甚至在海洋中產生孢子繁殖。香港位於溫帶與熱帶區的邊緣，四周臨海及擁有紅樹林，適合海洋真菌的研究。

香港約有 60 個紅樹林，其總面積約 600 公頃，分布於全港六個區域：西貢、新界東北、吐露港、后海灣、大嶼山和香港島。本地紅樹林生態研究人員曾於這些區域探索及採集樣本，尤其是西貢的海下、土瓜坪、赤徑、企嶺下老圍及北潭涌，大埔區的汀角及天水圍的香港濕地公園等熱門地點。

全球已知的海洋真菌共有 1112 種，其中有 805 種子囊菌、21 種擔子菌、3 種接合菌、43 種為絲狀的無性態真菌。香港記錄了全球逾一成海洋真菌物種，共 141 種的真菌種類，包括 125 種子囊菌、3 種擔子菌（見圖 8-8）和 13 種無性態真菌，其中在香港發現的新物種共有 16 種。香港記錄的子囊菌種類當中以微囊菌目（Microascales）的海球殼菌科（Halosphaeriaceae）為數最多，共有 42 種；其中最常見的是無盤皮菌屬（Aniptodera），共記錄了 9 種。其他比較普遍的屬包括海球菌屬（Halosarpheia）5 種，花冠菌屬（Corollospora）4 種，海洋殼菌屬（Oceanitis）3 種及健傘殼菌屬（Saagaromyces）3 種。香港也有 13 種見於紅樹林沉積物中的線蟲捕食菌，包括以黏着性網捕抓線蟲的節叢孢屬（Arthrobotrys）（11 種）及以收縮環（constricting rings）或黏着球（adhesive knobs）捕食線蟲的單頂孢黴屬（Monacrosporium）2 種。

除了上述潮間帶紅樹林漂移的枯枝及葉子上行腐生的真菌之研究外，香港亦有少量探討紅樹葉面真菌的研究。研究人員在桐花樹（Aegiceras corniculatum）上發現了三個在葉面上造成污斑的粉粒座孢屬（Trimmatostroma）真菌，皆為新種。

研究人員曾研究米埔自然保護區紅樹林秋茄（Kandelia candel）的內生真菌（endophyte），他們檢查了來自成熟健康秋茄植株的樹皮、木質組織和葉子，進行了內生真菌的採樣，總共獲得了 880 個分離株，其中從樹皮中培養出的內生真菌數量最多（674 株），而來自葉子的有 63 株。其中，有 3 種子囊菌、18 種無性態真菌和 29 種菌絲體型。從秋茄健康組織分離出來的內生真菌當中，主要可以產孢的種類有擬莖點黴屬（Phomopsis）、擬盤多毛孢黴屬（Pestalotiopsis）、球座腔菌屬（Guignardia）和炭角菌屬（Xylaria），是全球常見的內生物種。

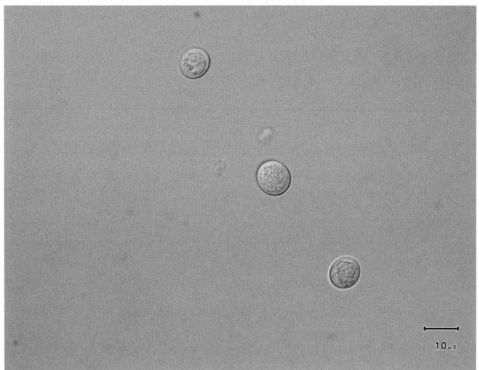

圖 8-8　毛狀鹽瘤傘菌 *Halocyphina villosa*（尼阿菌科 Niaceae），上圖為解剖顯微鏡下的擔子果；下圖為 400 倍顯微鏡下的擔孢子。（彭家禮提供）

毛狀鹽瘤傘菌（*Halocyphina villosa*）的辨認特徵：擔子果白色或淡黃色，倒錐形或棍棒狀，最終呈漏斗狀或杯狀，有柄，柔軟，被絨毛，在木材的表面單生或群生（圖上）。擔孢子亞球形（圖下），單細胞，光滑，透明。此物種是少數擔子類的海洋真菌，其他物種均為子囊菌。

六、醫學相關真菌

醫學相關真菌，泛指具有感染動物或人類能力的真菌，這些感染簡稱為真菌病（mycoses）。全球已知約有 300 種真菌能對人類致病。臨床上，真菌病可依照感染的部位而分類，分成表淺真菌病（superficial mycoses）、皮膚真菌病（cutaneous mycoses）、皮下真菌病（subcutaneous mycoses）和全身性真菌病（systemic mycoses）四大類。根據一項在 2020 年的統計，全世界每年發生超過 1.5 億個嚴重的真菌感染病例，導致每年約 170 萬人死亡。

1. 腳癬及甲癬

甲癬（onychomycosis），俗稱臭甲、灰指甲，是影響腳趾或手指甲的真菌感染。甲癬的流行病學在發達國家和溫帶國家已被廣泛地報道，但此病在香港及其他不發達的熱帶地區的流行情況就缺乏數據。有研究發現，香港的氣候條件變化對皮膚癬菌的影響比酵母菌（*Saccharomyces*）的影響更大。最常見的甲癬病原有紅色毛癬菌（*Trichophyton rubrum*）、念珠菌屬（*C. parapsilosis*、*C. quiillierntondii* 和 *C. tropicalis*）、指間鬚毛癬菌（*Trichophyton mentagrophytes* var. *interdigital*）及偶而也發現分離到的有小孢癬菌屬（*Microsporum* spp.）、絮狀表皮癬菌（*Epidermophyton floccosum*）、毛孢菌屬（*Trichosporon* spp.）及紅酵母菌（*Rhodotorula* spp.）。

2. 引致全身性真菌病（systemic mycoses）的真菌

由莢膜組織胞漿菌（*Histoplasma capsulatum*）引起的組織胞漿菌病（histoplasmosis）一般只在某特定地區流行，包括美國中西部、非洲和拉丁美洲的大部分地區。在 1990 年至 2011 年期間，中國內地有 300 個組織胞漿菌病的病例，其中 75% 來自長江流域地區，香港只有 3 例，佔全國的 1%。大多數患者是愛滋病毒感染者、糖尿病患者或有肝臟疾病的病人。

3. 眼部相關真菌

在香港，眼部相關真菌的感染個案並不多。屯門眼科中心在 2016 年曾報道香港首宗由可可球二孢菌（*Lasiodiplodia theobromae*）引起的角膜炎案例。該個案涉及一名 43 歲有糖尿病病史的男子，在砍伐樹木時受外傷後出現左眼角膜炎，鑒定為可可球二孢菌的機會性真菌感染。可可球二孢菌是子囊菌葡萄座腔菌科（Botryosphaeriaceae）的一種暗色真菌，也是一種在熱帶和亞熱帶地區常見的植物病原真菌，主要引起果實腐爛和各種寄主植物的萎凋病，人類感染極為罕見。

4. 毛霉目真菌

毛霉目（Mucorales）真菌分布遍及全球，普遍存在於空氣、土壤和有機基質上，包括麵包、腐爛水果、農作物殘骸、堆肥和動物排泄物。此類真菌可感染人類，導致機會性真菌感染毛霉菌病（Mucormycosis）；感染途徑包括空氣吸入真菌孢子、進食霉變食物或傷口被孢子污染。致病的毛霉目真菌約有 10 個屬，最常見者包括根霉屬（Rhizopus）、毛霉屬（Mucor）、犁頭霉屬（Absidia）、橫梗霉屬（Lichtheimia）和小克銀漢霉屬（Cunninghamella）。

由 2004 年至 2017 年期間，香港至少錄得 10 宗毛霉菌感染病例，途徑包括呼吸、皮膚及腸道感染，致病菌類來自根霉屬（Rhizopus）和犁頭霉屬（Absidia），包括根霉屬的小孢根霉（Rhizopus microsporus）和犁頭霉屬的 Lichtheimia ramosa。2009 年，小孢根霉引發瑪麗醫院毛霉菌污染事件，導致八名癌症病人因腸道感染而死亡。2015 年 6 月至 7 月，瑪麗醫院出現五宗毛霉菌感染，其中兩名受感染者死亡，包括一名肝移植病人和肺炎病人。事後醫管局成立專家小組，追蹤毛霉菌源頭。毛霉菌病香港首例患者是一名糖尿病控制不佳的腎臟移植受者，於 2012 年首次被診斷感染了根霉（Rhizopus sp.）引起的肺毛霉菌病（pulmonary mucormycosis），並接受為期一年的抗真菌藥物治療。

5. 馬爾尼菲籃狀菌

馬爾尼菲籃狀菌（Talaromyces marneffei；舊稱 Penicillium marneffei）能令人全身受真菌感染，可導致青霉菌病（penicilliosis）。此病是東南亞特有的地方性真菌病，包括在泰國、緬甸、印度東北部、老撾（寮國）、柬埔寨、馬來西亞、菲律賓、印尼和越南等國家和台灣、香港地區。在中國內地也有此感染症的案例，主要在中國西南地區（尤其是廣西省）流行，從 1984 年至 2009 年間共有 668 例。在香港，此病的案例並不算常見，在 1997 年的一項研究中，共報道了 11 個兒童感染馬爾尼菲籃狀菌病例，其中的 5 例患者免疫能力正常，6 例則因為垂直感染或通過輸血感染愛滋病因而免疫力較弱。

另一項於 2017 年研究報告，記載了香港從 1983 年至 2009 年間，有五名兒科患者在同一所診療中心被診斷此病，其中四名患者接受了徹底的免疫學檢查和基因研究，均發現患者在細胞和分子生物學層面上都有明顯缺陷，包括受慢性皮膚黏膜念珠菌、復發性鼻竇炎、皰疹病毒、肺結核和播散性麴霉等病感染。

6. 腸道真菌菌群 [3]

除了細菌之外，人體胃腸道還含有種類繁多的真菌，統稱為腸道真菌菌群。根據一項香港與雲南六個民族（漢、藏、白、哈尼、傣、苗）城鄉居民腸道真菌群的比較研究，不同人群生活特徵的差異，如居住地區、種族、飲食習慣、生活方式等，都會影響不同群體的代

香
港
志
—
自
然
·
自
然
資
源
與
生
態

3　自 2019 年年底開始由新型冠狀病毒（SARS-CoV-2）引起的新冠肺炎（COVID-19）在全世界大流行，世界各國都有與新冠肺炎相關的研究正在進行中。香港有研究發現，新冠肺炎患者住院至出院期間，糞便中真菌微生物組群發生顯著變化，腸道菌群結構比健康人的有較高的異質性，患者的糞便真菌量較常人多。研究報告指出患者由於受病毒感染而造成的微生物群變化，可能至少有一部分是隨機發生的，導致腸道菌群結構持續性失調，因而導致腸道中真菌的擴增。新冠肺炎患者腸道真菌繁殖量提升，與其相關的繼發性真菌感染等問題，受到許多學者的關注。

謝和健康，導致腸道真菌群組成的地區差異。香港居民腸道真菌豐富度，明顯地較雲南居民低，反映城市化相關因素，對腸道菌群變動影響最大，其次為地理、飲食習慣和種族差異。鑒於香港高度城市化，居民腸道中釀酒酵母菌（*Saccharomyces cerevisiae*）的數量（與肝病病理學指標相關），較居於低度城市化的雲南農村人口為高，而香港居民都柏林念珠菌（*Candida dubliniensis*）的數量（與血液代謝指標相關），則不及上述農村人口。

7. 其他與醫學相關的真菌

部分真菌除直接感染人類，導致人類出現真菌病，亦會產生其他嚴重健康問題，例如：（一）某些霉菌食物上生長，並產生真菌毒素，導致中毒；（二）因吸入某些室內空氣真菌所產生的孢子，導致嚴重的併發症。真菌毒素是真菌產生的有毒物質，可導致人類和其他動物中毒，嚴重者或會導致死亡。可產生毒素的真菌包括一些蘑菇（大型真菌）及霉菌（微型真菌）。

由微型真菌引起人類和動物疾病的霉菌毒素例子，包括黃曲霉毒素（aflatoxin）、桔霉素（citrinin）、伏馬菌素（fumonisins）、赭曲霉毒素 A（ochratoxin A）、棒曲霉素（patulin）、單端孢菌素（trichothecenes）、玉米赤霉烯酮（zearalenone）和麥角生物鹼（ergot alkaloids）等。這些霉菌毒素是霉菌生長所產生的次級代謝產物，通常透過污染食品或飼料，對人類和動物造成傷害，例如在穀類作物生長的麥角菌（*Claviceps purpurea*）產生有毒的生物鹼，中毒症狀包括產生幻覺和肌肉痙攣，進而發展為四肢動脈的持續性變窄而發生壞死。

根據 2013 年食物環境衛生署發表《香港首個總膳食研究：霉菌毒素》，香港居民每年因攝入黃曲霉毒素而引致肝癌的病例約為八宗，佔 2010 年香港肝癌的年齡標準化發病率不足 1%。港府以 1983 年生效的《1983 年食物內有害物質規例》（*Harmful Substances in Food Regulations, 1983*）規管食物的霉菌毒素，訂明食物中黃曲霉毒素的最高准許含量。

香港曾進行一項全世界十大危害人類真菌的研究，並依據「可怕的程度」，把經常在食物出現的黃曲霉列為第五，又把能在居住環境中生長，並導致健康問題的黑葡萄穗霉（*Stachybotrys chartarum*）列為第六，而有毒野生蘑菇中最致命的鵝膏菌（*Amanita phalloides*）則被列為第七。黑葡萄穗霉偏愛生長在乾草桿上，或受潮害的紡織品、紙張、紙板和石膏牆板上，經常引起受潮的建築物呈黑色的發霉，成為臭名昭著霉菌毒素生產者。動物和人類感染霉菌毒會引起皮膚炎、血性鼻炎、胸悶等症狀。另有一項本地研究發現，紅樹林的老鼠簕（*Acanthus ilicifolius*）莖可釋出黑葡萄穗霉，該霉菌可造成室內環境污染，並導致嚴重的急性霉菌中毒反應。

第三節　大型真菌

香港約有 503 種大型真菌，按生物分類學，可分為子囊菌和擔子菌兩大類（見附錄 8-1）。子囊菌類的大型真菌分屬地舌菌綱（Geoglossomycetes）、錘舌菌綱（Leotiomycetes）、盤菌綱（Pezizomycetes）和糞殼菌綱（Sordariomycetes），共有 5 目 10 科 27 種。子囊菌優勢科屬於炭團菌科（Hypoxylaeae；2 屬，8 種）。此類大型真菌的生態習性有土棲腐生、木棲腐生、糞生和蟲寄生等。

另一方面，擔子菌類大型真菌種類最多，包括 14 目 68 科 477 種，分屬蘑菇綱、花耳綱和銀耳綱，以蘑菇目（Agaricales）的種類最多，共有 27 科 265 種。擔子菌的優勢科包括蘑菇科（Agaricaceae；11 屬，45 種）、牛肝菌科（Boletaceae；18 屬，35 種）、多孔菌科（Polyporaceae；17 屬，34 種）、鵝膏科（Amanitaceae；2 屬，25 種）和紅菇科（Russulaceae；3 屬，23 種）。此類大型真菌的生態習性有土棲共生、土棲腐生、木棲腐生和糞生等。

一、大型子囊菌

子囊菌門（Ascomycota）是真菌界中種類最多的一個門，因有性生殖階段形成子囊和子囊孢子而得名。子囊菌門真菌統稱為子囊菌，至今已知約 64,163 種。因其結構複雜，與擔子菌目真菌合稱為高等真菌。大型子囊菌是指子實體或菌核肉眼可見的類群，在子囊菌門佔較低的比例；主要種類包括錘舌菌綱、地舌菌綱、盤菌綱及糞殼菌綱。香港大型子囊菌主要來自盤菌綱及糞殼菌綱。

1. 盤菌綱

香港至少有 30 種盤菌（Pezizales）物種。香港盤菌（Peziza hongkongensis）是最早記錄的本地大型子囊菌，由英國真菌學家伯克利（M. J. Berkeley）及美國真菌學家科蒂斯（M. A. Curtis）在 1860 年發表，在 1889 年和 1898 年分別被更名為香港柔膜菌（Helotium hongkongense）及香港似杯盤菌（Calycina hongkongensis）。

馬鞍菌屬（Helvella）可見於大嶼山南郊野公園；葡萄紫盤菌、爪哇肉盤菌（Galiella javanica）和緋紅肉杯菌（Sarcoscypha coccinea）曾見於大埔滘自然護理區，上述類群分別於 1991 年至 1992 年被發見。

孢粒毛盤菌（Lachnum cylindricum）見於烏蛟騰，絲粒毛盤菌（Lachnum granulatum）和香港鈍囊盤菌（Perrotia hongkongensis）可見於大埔滘自然護理區，上述類群於 1998 年 7 月至 8 月期間曾被發見，成為世界上首次被描述的新種。

中國毛杯菌（*Cookeina sinensis*）（見圖 8-9）、中華歪盤菌（*Phillipsia chinensis*）及爪哇肉盤菌（*Galiella javanica*），可見於大埔滘自然護理區和新娘潭。

2. 糞殼菌綱

香港至少有 40 種糞殼菌物種。黑輪層炭球菌（*Daldinia concentrica*）及 4 種炭角菌可見於大帽山、西貢及梧桐寨，上述類群曾於 1991 年至 1992 年被發現。光輪層炭球菌（*Daldinia eschscholtzii*）可見於郊外枯木上或家中木材上。

香港炭角菌（*Xylaria hongkongensis*）可見於港島區瀑布灣公園，曾於 2011 年在該公園宮粉羊蹄甲上被發現並定名為新種（見圖 8-10）。

江西線蟲草（*Ophiocordyceps jiangxiensis*）可見於海拔 400-500 米大帽山地區，是大青叩頭蟲的寄生真菌；螞蟻線蟲草（*Ophiocordyceps myrmecophila*）可見於大埔滘自然護理區、山頂克頓道、薄扶林郊野公園等。

圖 8-9　中國毛杯菌（*Cookeina sinensis*）（肉杯菌科 Sarcoscyphaceae）。（鄧銘澤提供）

中國毛杯菌的辨認特徵：子實體數周生，肉質，淺杯狀，杯裏粉色至橘紅色，外被白至棕色長毛，子實體具柄。子囊孢子棱形，成熟時微黃色，平滑，內含兩個大油滴。此菌在 1997 年於雲南西雙版納被發現，並分布於華南及西南地區。此菌形態細小，食用價值不高，毒性未明。

圖 8-10　屬炭角菌科（Xylariaceae）的香港炭角菌（*Xylaria hongkongensis*）（鄧銘澤提供）

香港炭角菌的辨認特徵：子座一年生，單生或叢生，棍棒狀，頂端圓錐形至近球形；表面黑褐色，粗糙，有皺紋。子囊孢子八粒，棕色至深棕色，單細胞，不等邊橢圓形，光滑。炭角菌類子囊菌形成的菌核是一種名貴的中藥，稱為烏靈參，具有健脾除濕、鎮靜安神、補氣固腎、養血等功效。

二、大型擔子菌

擔子菌門（Basidiomycota）真菌統稱為擔子菌，是菌物中最高等的類群，目前全球已知約有 4 萬種。當中包括 4 個亞門、18 個綱、68 個目、241 個科。擔子菌中有許多是重要的植物病原菌，例如對本地樹木構成倒塌風險的褐根病及靈芝菌，也有數目繁多的腐生性真菌，這些真菌以腐朽死去的有機物作為養份，生長在木材、枯枝、落葉、土壤或動物糞便上。有些擔子菌可與植物形成共生菌根，有利於植物吸收水分和礦物質養料。

香港至少有 400 種擔子菌物種。當中常見科有蘑菇科、鵝膏科、牛肝菌科、多孔菌科以及紅菇科；常見屬有小皮傘屬（*Marasmius*）、鵝膏屬（*Amanita*）、粉褶菌屬（*Entoloma*）、栓孔菌屬（*Trametes*）以及紅菇屬（*Russula*）（見圖 8-11）。研究人員在香港中文大學

圖 8-11　靛藍乳菇（*Lactarius indigo*）（紅菇科 Russulaceae）（伍潔芸提供）

靛藍乳菇（*Lactarius indigo*）的辨認特徵：菌蓋直徑 5-15 厘米，初期菌蓋突出，繼而中央凹陷，隨着年齡凹陷得愈多。初期菌蓋邊向內捲曲，成熟時就不再捲曲並向上升。菌蓋表面呈靛藍色，逐漸變成淡灰藍色或銀藍色，有時有綠色疙瘩。有同心環紋，有淡色及深色的區域，有時也有深藍色斑點。初長的菌蓋有黏性的觸感。菌肉易脆，菌柄屈曲時可以發出清脆的聲音。受損的組織會流出乳汁，乳汁靛藍色，乳汁量不多，同樣暴露在空氣下會變成綠色。擔孢子橢圓形至接近球狀，奶白色至黃色。據稱，此菌是一種食用菇，但味道不佳，味道微帶甘苦，也有胡椒味，口感粗糙，烹煮後顏色會由藍色轉為灰色。此菇於墨西哥、危地馬拉及中國雲南市場中售賣。

校園內曾記錄豐富的菇類物種，單是可食用的種類就有 20 多種，包括花臉香蘑（*Lepista sordida*）、斜蓋傘（*Clitopilus prunulus*）、靴柄小皮傘（*Marasmius peronatus*）、黑柄銛囊蘑（*Melanoleuca melaleuca*）、美麗草菇（*Volvariella speciosa*）、泡囊側耳（*Pleurotus cystidiosus*）、四孢蘑菇（*Agaricus campestris*）、田野蘑菇（*Agaricus arvens*）和松乳菇（*Lactarius deliciosus*）等，也包括在新亞及聯合書院樹林草地生長的蘑菇圈（或稱「仙女環」），即有以下物種：柄小皮傘（*Marasmius oreades*）、櫟小皮傘（*M. dryophilus*）、絨柄小皮傘（*M. confluens*）和硬柄小皮傘（*M. oreades*）。

漁護署香港植物標本室曾出版三份有關真菌單張，包括兩份《香港常見的木材腐朽真菌》及《香港常見的有毒菇類》，共介紹 30 種擔子菌。2016 年，鄧銘澤出版《一菇一世界──菇菌趣味新知》，書中共介紹了大型擔子菌共 89 種。上述出版物有助公眾辨識本地常見菇類。

發光菇物種南比新假革耳（*Neonothopanus nambi*）（見圖 8-12）可在每年 5 月見於香港各個郊野公園，於 2016 年經鄧銘澤確認後，開始為本地媒體廣泛報道，自此每年均有發光菇生態導賞活動。及後，鄧銘澤再確認香港三個發光菇物種：潔小菇（*Mycena pura*）、暗藍小菇（*Mycena lazulina*）及小扇菇（*Panellus pusillus*）。

圖 8-12　南比新假革耳（*Neonothopanus nambi*）（光茸菌科 Omphalotaceae）（簡偉發提供）

南比新假革耳（*Neonothopanus nambi*）的辨認特徵：子實體直徑 3-6 厘米，近半圓形到寬腎形，菌柄偏生，表面白色並在儲存後保持原樣或變軟至蒼白的赭色淺黃色。菌褶延生至菌柄，不等長。擔孢子橢圓形，光滑，無色，非澱粉質。此菌在每年 5 月見於各大郊野公園，晚上會出微弱綠色螢光。此菌形態細小，以觀賞為主，毒性未明，可能有毒。

三、地衣

地衣是共生菌（mycobiont）和共生藻（photobiont）互惠共生的生物複合體，真菌是主要成員，其形態及後代的繁殖均依靠真菌。地衣也被認為是一個生態學概念，每一個地衣體就像一個微型的生態系統。全世界已記錄的地衣有 19,387 種，其中內地已記錄 3000 多種。

香港最早地衣記錄是 1882 年由福特（Charles Ford）採集的標本，以及 13 份由鄧恩（ST Dunn）在 1903 年至 1905 年在不同地方採集的標本。因標本保存狀態不佳，至今亦未被鑒定。

香港首本地衣圖鑒《香港地衣》，是由香港中文大學生物系杜詩雅編寫，並於 1988 年出版。書中記錄百多種本地常見地衣，附有彩色圖片，是當時極具價值的參考書籍。1979年，杜詩雅開展空氣污染與地衣生長關係調查計劃，並為該計劃出版小冊子《潔淨空氣與地衣》作為學校教材。

荷蘭地衣學家安德烈・阿普特魯特（Andre Aptroot）和英國真菌及地衣學家斯華德（Mark R. D. Seaward）在 1999 年發表了香港地衣名錄。此名錄主要依據阿普特魯特於 1998 年 6 月在香港兩星期所採集的 261 個地衣物種，以及其他曾出版的文獻。其後，阿普特魯特在 2005 年於世界各地地衣名錄網站中更新至 431 種，在 2010 年修訂至 396 種，在 2016 年修訂至 393 種。

在 2000 年出版的《香港真菌名錄》中，第二部分整合了多份地衣文獻，記錄了共 259 個地衣物種。2017 年，業餘地衣愛好者呂德恒出版了《地衣概覽》，書中包含基礎地衣知識以及介紹大約 50 多個地衣物種或類別，並輔以清晰的野外微距照片。

香港地衣主要見於兩種生長基質，即樹皮和石面。廣泛常見生長在樹皮的物種包括：有色黑囊基衣（*Dirinaria picta*）（見圖 8-13）、椰子黑盤衣（*Pyxine cocoes*）、癩屑茶漬（*Lecanora leprosa*）、燭金絮衣（*Chrysothrix candelaris*）（見圖 8-14）等；在石面常見的物種有全橙衣（*Caloplaca holochracea*）和淡綠雞皮衣（*Pertusaria flavicans*）等。在香港曾發現數個新物種，包括：桑氏毛蠟衣（*Tricharia santessonii*）、異形菌兩種（球果異形菌 *Anisomeridium conorostratum* 及海德異形菌 *A. hydei*）、骨橙衣（*Caloplaca pulicarioides*）及岬類盾鱗衣（*Placidiopsis poronioides*）。

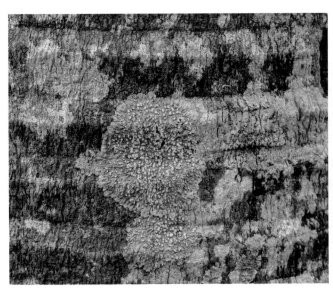

圖 8-13　有色黑囊基衣（*Dirinaria picta*）（蜈蚣衣科 Physciaceae）（呂德恒提供）

有色黑囊基衣的辨認特徵：地衣體鱗葉狀，表面較平滑，灰綠色。邊緣裂片細密，呈耳朵狀稍微浮凸。地衣體中部密集地出現獨立的圓球狀粉芽堆，顏色與地衣體相近的灰綠色。大致呈圓形片貼生在樹幹上，見於開揚地方，廣泛易見。

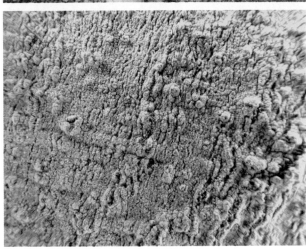

圖 8-14　燭金絮衣（*Chrysothrix candelaris*）（金絮衣菌科 Chrysotrichaceae）（呂德恒提供）

燭金絮衣的辨認特徵：燭金絮衣通常生長在樹皮上，但也有在岩石上生長的紀錄。地衣體殼狀，不分層或分層不明顯，稀薄，不規則分布，有時形成分散的顆粒，鮮明黃色、橙黃色或黃綠色，呈粉末狀緊密生長。伏生在樹幹上，有時面積覆蓋範圍大，通常見於光線充足的開揚地方。在郊外或近郊樹上常見，生長在充足光線的開揚位置，多霧濕的樹群會更易見。

四、有毒菇類

有毒菇類，是指人類或動物食用後導致中毒，甚至死亡的大型真菌。全中國目前約有 520
種有毒菇類，約佔世界上的一半。由於不同地方野生菇類生長習性、環境條件和分布不
一，以及各地民眾對於野生菇類的知識和食用習慣差異，因此，中毒事件發生案例多寡也
有所不同。一般中毒原因是由誤採、誤食或採購了有毒菇類導致。中毒反應大致分為七種：
腸胃炎型、急性肝損害型、急性腎衰竭型、迷幻型、溶血型、橫紋肌溶解型及光敏皮炎型。

香港每年都有市民因誤食有毒菇類導致食物中毒個案，醫管局轄下急症部門處理有關中毒
個案後，會把數據收集，並由香港中毒諮詢中心，聯同衛生署毒物安全監察組，進行本港
中毒監測工作。從 2005 年 7 月 1 日至 2015 年 6 月 30 日期間，共有 67 例相關中毒個
案，其中 60 例（90%）出現嘔吐、腹瀉和腹痛的腸胃症狀，當中 53 例個案為早發性（即
進食菇類後 6 小時內發病）的腸胃症狀，患者均屬於輕微中毒個案，於接受症狀治療和短
暫住院後康復；7 例個案的腸胃症狀為晚發性（即進食菇類後 6 小時或以後才發病），患者
全屬可致命的鵝膏毒肽（amatoxin）中毒個案。

所有鵝膏毒肽中毒患者進食的均為野生採摘菇類，包括 3 名患者在其他國家進食有毒菇類
後來港，和 4 例進食採自香港的鵝膏菌類。7 例鵝膏毒肽中毒的病例中，6 例屬危重個案，
其中 1 例死亡，2 例須接受肝臟移植。另外，有 1 例在進食市場上購買的菇類後出現迷幻
型中毒，中毒源頭為黑粉孢牛肝菌（*Tylopilus nigerrimus*）。另有數宗中毒個案涉及從市面
上購買的野生乾牛肝菌。

香港食物安全中心曾提醒本地居民切勿採摘及進食野生菇類，該中心舉例其中一種曾經引
致中毒的菇類為小托柄鵝膏菌（*Amanita farinosa*），如進食此菇會導致肝功能受損，或須
接受肝臟移植保命。此種菇類毒素是由真菌自然產生，不能以烹煮、冷藏或其他食物加工
方法清除。

根據香港植物標本室發表的《香港常見的有毒菇類》單張，內容有觀賞菇類應注意的事項和
九種最常見的毒菇物種，旨在幫助讀者辨識其外觀特徵、所含毒素及食用後的發病症狀。醫
院管理局編撰的《香港有毒植物圖鑒——臨床毒理學透視》，糅合了本地有毒植物在醫學、
植物學和毒理分析學各方面的知識，為讀者提供一本以實證為基礎的植物中毒指南。書中
也記錄兩種有毒菇類，包括小托柄鵝膏菌及綠褶菇。

香港常見有毒菇類至少有 40 種，包括鵝膏屬（*Amanita*）、粉褶菇屬（*Entoloma*）、
裸傘屬（*Gymnopilus*）、錐蓋傘屬（*Conocybe*）、小鬼傘屬（*Coprinellus*）、擬鬼傘屬
（*Coprinopsis*）、白鬼傘屬（*Leucocoprinus*）、小菇屬（*Mycena*）、鬼筆屬（*Phallus*）、小
脆柄菇屬（*Psathyrella*）、裂蓋傘屬（*Pseudosperma*）、裸蓋菇屬（*Psilocybe*）及硬皮馬勃
屬（*Scleroderma*）（見圖 8-15 至圖 8-19）。

圖 8-15 致命白鵝膏（*Amanita exitialis*）（鵝膏科 Amanitaceae）（鄧銘澤提供）

白鵝膏（*Amanita exitialis*）的辨認特徵：菌蓋白色，有時中央輕微下陷，平滑，邊緣不具長條紋。菌褶密，離生，淡白色。菌柄淡白色，平滑，有時帶有細小的纖維質鱗片。菌托白色，膜質。菌環膜質，白色，生於菌柄上部，持續或短暫存在。此菇含劇毒，中毒症狀分三階段出現。初期：誤食 6 小時至 24 小時後會出現腸胃炎症狀，包括口乾、噁心、嘔吐、腹部劇痛、腹瀉（通常便中帶血及黏液）等。中期：約 24 小時後，這些症狀會暫時緩解，進入 2 天至 4 天的「假癒期」。後期：患者會進入最嚴重的中毒階段，肝及腎臟出現衰竭現象，若不處理，患者可能在 7 天至 10 天內死亡。

圖 8-16　純黃白鬼傘（*Leucocoprinus birnbaumii*）（蘑菇科 Agaricaceae）（馮寶儀提供）

純黃白鬼傘（*Leucocoprinus birnbaumii*）的辨認特徵：菌蓋黃色，初期鐘形，後呈圓錐形至近平展，中央臍突形，表面帶有鱗片或被有粉末，邊緣具條紋。菌褶密，離生，薄，奶黃色。菌柄黃色，修長但基部稍為膨大，平滑或覆有粉末，菌環易碎，黃色，生於菌柄上部。孢子透明，光滑，橢圓形，厚壁，頂端有孔。此物種常見於家中花盆或路旁花槽的泥土上，屬有毒菇類，含有多種腸胃刺激物，於進食後的 6 小時內出現腸胃炎型症狀，症狀類似典型的食物中毒，例如腹痛、噁心、嘔吐和腹瀉等。

圖 8-17　假褐雲斑鵝膏（*Amanita pseudoporphyria*）（鵝膏科 Amanitaceae）（危令敦
提供）

假褐雲斑鵝膏（*Amanita pseudoporphyria*）**的辨認特徵**：菌蓋淡灰色至灰褐色，闊 4 厘
米至 12 厘米，上部凸起至近平展，中央部分顏色較深，被有纖毛，無毛或附有少許污白
色的膜質殘餘物，邊緣平滑，常有殘餘物懸掛在邊緣。菌褶白色，密，離生。菌柄白色，
基部稍為膨大，被白色纖毛狀及粉末狀鱗片覆蓋。菌托薄，膜質，邊界分明，可達 5 毫米
高，外表面白色至污白色，內表面白色。菌環生於菌柄頂部至近上部，白色，易碎，持續
或短暫存在。孢子無色，光滑，闊橢圓形至橢圓形。臨床特徵：此種菇類含有白胺酸毒素。
病人於進食後最少 12 小時後出現腸胃炎型症狀。發病時間有時可延遲至數日以至數周。
發病後期出現尿頻、劇渴、面部浮腫及急性腎功能衰竭。

圖 8-18　裂蓋傘（*Pseudosperma rimosum*）
（絲蓋傘科 Inocybaceae）（鄧銘澤提供）

裂蓋傘（*Pseudosperma rimosum*）**的辨認特
徵**：菌蓋草黃色至黃褐色，闊 2 厘米至 10 厘
米，圓錐形或鐘形，頂部突出，覆有絲質纖
毛，後呈輻射狀開裂。菌褶彎生或直生，初期
淡黃色，成熟後轉為淡褐色。菌柄上端白色，
往下呈淡暗黃色，基部稍為膨大。孢子胡桃褐
色，光滑，豆形。此種菇類含有毒蕈鹼，中毒
症狀一般於進食後 30 分鐘至 2 小時內發病。
症狀包括出汗、流涎及流淚（PSL 綜合症）
等。症狀有時可能包括流涎、流淚、排尿、排
便、腸胃不適和嘔吐（SLUDGE 綜合症）等。
部分患者還可能伴有其他症狀，包括視覺模
糊、瞳孔收縮、血壓下降導致的頭暈及脈率明
顯下降等。

圖 8-19　晶粒小鬼傘（*Coprinellus micaceus*）（小脆柄菇科 Psathyrellaceae）（鄧銘澤提供）

晶粒小鬼傘（*Coprinellus micaceus*）的辨認特徵：菌蓋黃褐色或古銅色，通常中央部分顏色較深，闊 1 厘米至 2.5 厘米，橢圓至圓柱形，但開展後呈鐘形，初期表面覆有白色或淡白色晶體，但這些晶粒在後期容易被沖走，溝棱紋由邊緣至中央。隨着年齡增長，這些溝棱會從底部裂開，最後溶化成墨汁狀，將孢子釋放出來。菌褶密，離生，初期白色，後轉變為深褐色，最後呈黑色。菌柄長中空，光滑或覆有粉末。孢子紅褐色，橢圓形或杏仁形。此種菇類含有一些氨基酸衍生物如鬼傘素，這些化學物質會干擾人體的酒精代謝功能。因此，此菇菌的毒性只有在酒精存在下才引致進食者發病，症狀通常於 30 分鐘內出現，一般維持約兩小時。如果在毒發後的數天內再喝含酒精的飲品，患者可能會再次復發。主要的症狀可能包括臉和脖子發紅、胸部疼痛、出汗、心跳加速、低血壓、手腳腫脹、口部有金屬味、噁心、嘔吐、視覺障礙和頭暈等。

五、藥用真菌

中國有紀錄的大型真菌約有 1662 種，其中約 692 種是藥用真菌。藥用真菌指在生長、發育的代謝活動中，能於菌絲體、菌核或子實體內產生酶、蛋白質、脂肪酸、氨基酸、肽類、多醣、生物鹼、甾醇、萜類、苷類以及維生素等具有藥理活性或對人體疾病有抑制或治療作用的物質。中國利用真菌作為藥物治病至少已有 2500 年歷史，最早的藥物書《神農本草經》及歷代本草書中記載了不少藥用真菌，包括有靈芝（*Ganoderma lingzhi*）、茯苓（*Wolfiporia extensa*）、豬苓（*Polyporus umbellatus*）、蟲草（*Ophiocordyceps sinensis*）等，這些真菌在傳統中藥中佔了極重要的地位（見圖 8-20 至圖 8-24）：其中主要五種的潛在藥用功效如下：

靈芝：提升免疫力、改善高血壓、保持肝臟健康、抗氧化、防治癌症、改善認知障礙、幫助治療關節發炎。

圖 8-20　靈芝（*Ganoderma lingzhi*）（靈芝科 Ganodermataceae）（鄧銘澤提供）

圖 8-21　雲芝（*Trametes versicolor*）（多孔菌科 Polyporaceae）（鄧銘澤提供）

圖 8-22　蟲草（*Ophiocordyceps sinensis*）（線蟲草菌科 Ophiocordycipitaceae）（鄧銘澤提供）

圖 8-23　香菇（*Lentinula edodes*）（光茸菌科 Omphalotaceae）（鄧銘澤提供）

圖 8-24　桑黃（*Sanghuangporus sanghuang*）（刺革菌科 Hymenochaetaceae）（鄧銘澤提供）

雲芝（*Trametes versicolor*）：提升免疫力、抗氧化、抗癌、紓緩癌症化療電療的副作用、阻止異細胞過度生長。

蟲草：補腎益肺、防治癌症、降低血脂、調整血糖與免疫系統、抑制尿酸。

香菇（*Lentinula edodes*）：增強免疫力、防治癌症、改善高血壓、改善心血管問題。

桑黃（*Sanghuangporus sanghuang*）：防癌抗癌、保護肝臟、降低血脂、調整血糖與免疫系統。

1990 年代以來，科學家透過菌種分離、培養、液態發酵、萃取、藥效成分、藥理分析、毒性試驗，以至臨床研究等現代科學方法，期望證實一些真菌的特定生物活性化合物，對於治病和保健具有一定成效。至今，世界各地已發展出數百種由藥用真菌衍生的商業產品，例如靈芝、雲芝、蟲草、白樺茸（*Inonotus obliquus*）、虎奶菇（*Lignosus rhinocerus*）、桑黃、香菇、猴頭菇（*Hericium erinaceus*）、茯苓、舞茸菇（*Grifola frondosa*）及姬松茸（*Agaricus subrufescens*）等。

香港有關藥用真菌的研究，主要集中於菇類多糖的抗腫瘤活性、免疫調節活性、結構特徵和抗腫瘤機制等。各院校都有研究傳統的食藥用物種，如靈芝、牛樟芝（*Antrodia cinnamomea*）、香菇及蟲草等。有研究團隊發現香菇可抑制白血病細胞，並嘗試揭示雲芝的抗癌機制。也有不少的蟲草研究，如探討蟲草多醣在人體腸道菌群中的活性關係、蟲草菌絲體提取物對護膚的益處和抗氧化活性等。這些研究均致力於探討如何應用多醣以保護和改善健康、預防和治療常見疾病。部分研究已進展至臨床測試，即涉及真實病人的測試，並能證實有關真菌的實際醫療功效。

猴頭菇有效改善阿茲海默症（即認知障礙症），在臨床前測試和臨床後測試均有良好效果。例如在輕度阿茲海默症患者中，參與者每天服用 350 mg 猴頭菇菌絲體膠囊，持續 49 周，結果發現治療組在日常生活活動、認知能力和精神狀態評分方面，皆表現出顯著改善。

根據 2018 年一項有關具潛力藥用真菌的研究，證明虎乳靈芝菌核含數種多醣，或有助調節人體免疫力，對於未來設計量身定制免疫調節藥物有重要啟示。香港科學家已掌握技術，將虎乳靈芝多醣合成高穩定性的納米複合物，應用於癌症免疫療法。利用蘑菇多糖製備納米硒，是新型藥物和保健品研發的大趨勢，因納米硒具有高生物利用度、低毒性和顯著的抗癌活性，是有潛力的抗癌劑。

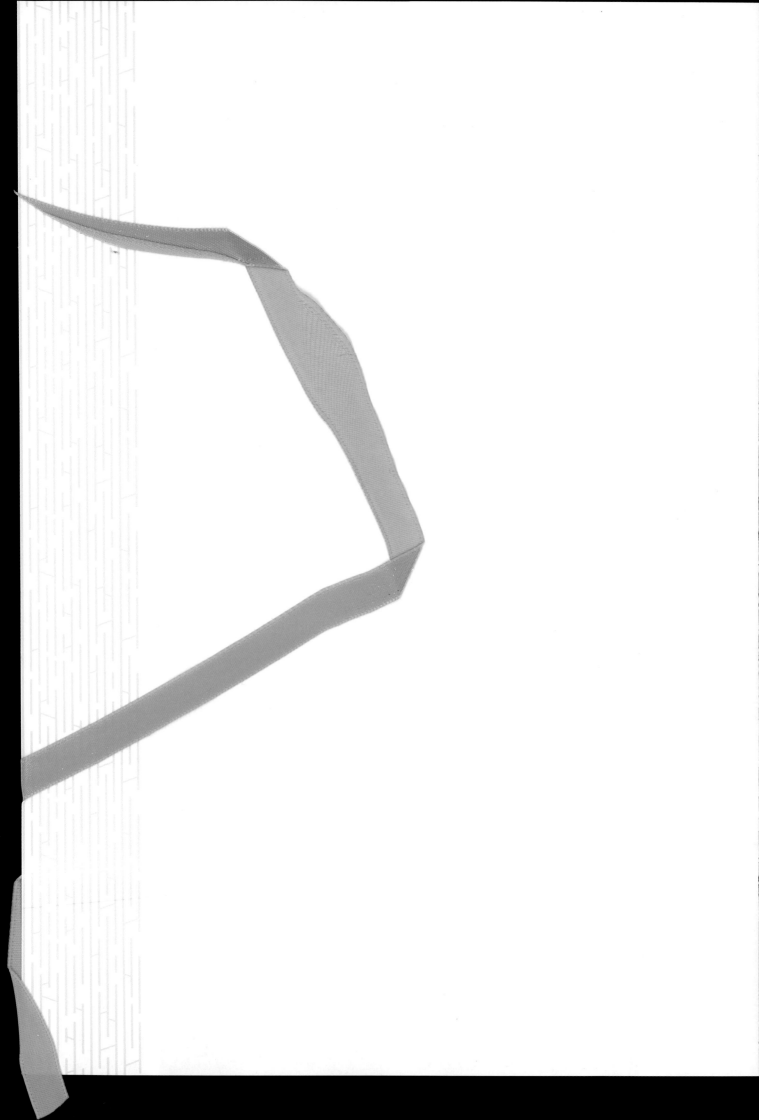

第九章
細菌

細菌是單細胞原核生物（prokaryote），體積極小，人類只能在顯微鏡下對它們作出觀察。細菌也是地球上數量最多的一種生物，廣泛地分布在不同環境中，包括土壤、空氣、水體，以至人類和動植物體表和體內。根據近年香港科學家聯同內地及外國研究人員從全球 63 個地點收集的空氣樣本基因分析中發現，單單在一立方米的空氣中，已含有超過 10,000 種細菌，反映細菌與現代人類生活密不可分。以下是 14 個與香港市民日常生活息息相關的細菌類別。

第一節　大腸桿菌

大腸桿菌（*Escherichia coli*）在分類學上屬腸桿菌目（Enterobacterales）、腸桿菌科（Enterobacteriaceae）、埃希氏菌屬（*Escherichia*），是革蘭氏陰性菌的一種，在顯微鏡下呈短桿狀（見圖 9-1）。[1] 大腸桿菌是一種兼性厭氧性（facultative anaerobic）細菌，能存活於有氧或無氧的環境之中。此外，它們具有形成生物膜的能力，能與其他微生物共同建構生物膜。[2] 大腸桿菌具移動性，可利用本身的鞭毛移動。

大腸桿菌常見於人類和其他溫血動物的腸道內，所以人類和其他動物的糞便中都含有大量大腸桿菌群。大腸桿菌亦存在於水和泥土等自然環境中，是十分常見的細菌。大部分大腸桿菌對人類無害，不會致病，但有一部分大腸桿菌，例如產志賀毒素大腸桿菌（Shiga toxin-producing *Escherichia coli*，簡稱 STEC）就能產生強烈毒素，引致人類感染嚴重的腸胃病。

另外，大腸桿菌含量亦經常作為評估食水和泳灘水質的細菌性指標，若在食水中檢測到大量大腸桿菌群時（見圖 9-2），即代表該水源可能在儲存或運送過程中受到人類或動物的糞便所污染，不宜飲用。

在香港，根據食物安全中心（食安中心）對食品中的微生物含量所制定的標準和指引，100 毫升的瓶裝飲用水樣本中，沒有驗出大腸桿菌才適宜供人飲用。泳灘海水樣本中若發現過量大腸桿菌時（即每 100 毫升海水中的大腸桿菌數量不應超過 180 個菌落），則代表該水域的水質不適合游泳。環境保護署（環保署）會在香港 76 個海水監測站採集海水樣本，及在主要河溪採集河溪水樣本，以監測香港海洋及河溪主要水質指標（如溶解氧〔DO〕、非

1　革蘭氏染色法（Gram stain）是指利用不同細菌細胞壁性質，從而把細菌分類的染色方法，利用革蘭氏染色法，絕大部分的細菌都可以被分成革蘭氏陽性（Gram positive）細菌與革蘭氏陰性（Gram negative）細菌兩類。

2　生物膜（Biofilm）是指由依附在同一表面上，由一種或多種微生物自身所產生的胞外聚合物（extracellular polymeric substances）包圍而共同形成的微生物群落。生物膜具結構性，可以經由許多不同種類的微生物，例如細菌（Bacteria）、古菌（Archaea）、真菌（Fungi）等共同參與建造而形成，在形成生物膜後，在生物膜內的微生物對抗生素及清潔劑的對抗性可提高數百倍，並且可因應外界環境條件而作出改變，例如改變酸鹼度、離子濃度、滲透壓等。

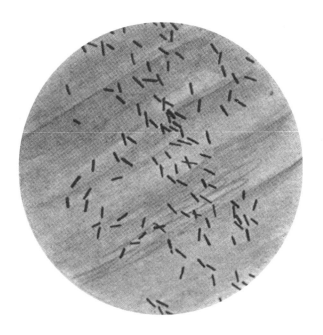

圖 9-1　在顯微鏡下觀察到的大腸桿菌（*Escherichia coli*）（經過革蘭氏染色後）（Smith Collection / Gado via Getty Images 提供）

圖 9-2　大腸桿菌（*Escherichia coli*）形成的菌落。大腸桿菌在培養基（血瓊脂平板）上會形成表面光滑、扁平或凸起、邊沿齊整的圓形菌落，其菌落呈深灰色。（曾顯鋒提供）

離子氨氮〔NH₃-N〕、無機氮〔TIN〕、大腸桿菌等）的達標率。在「次級接觸康樂活動」或「養魚」區的水質管制區內，水樣本內的大腸桿菌數量的全年幾何平均值需為每 100 毫升水內不多於 610 個菌落，否則該區的水質便不達標。

第二節　克雷伯氏菌屬

克雷伯氏菌屬（*Klebsiella*）在分類學上屬於腸桿菌目、腸桿菌科，是革蘭氏陰性菌的一種，在顯微鏡下呈短桿狀。克雷伯氏菌是一種兼性厭氧性細菌，能存活於有氧或無氧的環境中。它們亦具有形成生物膜的能力，但由於克雷伯氏菌沒有鞭毛幫助移動，因此並不具移動性。

至今已知的克雷伯氏菌有 12 種，例如克雷伯氏肺炎菌（*Klebsiella pneumoniae*）（見圖9-3）、產氣克雷伯氏菌（*Klebsiella aerogenes*）和產酸克雷伯菌（*Klebsiella oxytoca*）等。

克雷伯氏菌普遍存在於自然環境中，在泥土、水、植物、動物和人類身上都可以找到它們。基於大部分的克雷伯氏菌都可還原土壤中的硝酸鹽（NO₃⁻），所以能在自然界氮循環中產生固氮作用。克雷伯氏菌屬中的克雷伯氏肺炎菌（*Klebsiella pneumoniae*）能對人體造成呼吸道、尿道、傷口及其他感染，引起肺炎、敗血症等。

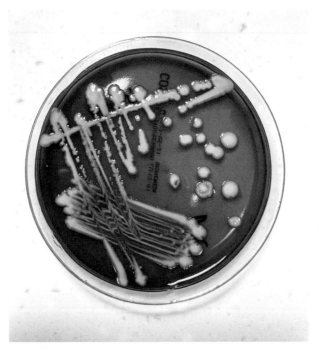

圖 9-3　克雷伯氏肺炎菌（*Klebsiella pneumoniae*）形成的菌落。克雷伯氏肺炎菌在培養基（血瓊脂平板）上會形成表面光滑、灰白色、濕潤且有黏性的菌落，其菌落的體積較大。（曾顯鋒提供）

第三節　變形桿菌屬

變形桿菌屬（*Proteus*）在分類學上屬於腸桿菌目、腸桿菌科，是革蘭氏陰性菌的一種，在顯微鏡下呈短桿狀。變形桿菌是一種兼性厭氧性細菌，能存活於有氧或無氧的環境中，它們也具有形成生物膜的能力，能與其他微生物共同建構生物膜。此外，變形桿菌具有鞭毛幫助移動，具移動性。

變形桿菌是一種腐敗細菌，具有還原硝酸（HNO_3）的能力，因此能夠分解環境中的硝酸鹽。變形桿菌廣泛地存在於自然界中，常寄存於泥土、水、污水、動物、植物及人體內。

另外，變形桿菌是其中一種常見於人類和動物腸道內的腸桿菌，因此可作為評估水質的細菌性指標，以評估水源在儲存或運送過程中是否受到人類或動物糞便的污染。變形桿菌、大腸桿菌及其他腸桿菌科細菌亦是食安中心用作評估食物衛生情況的衛生指示微生物，如果在經過加熱的食物上發現變形桿菌或其他腸桿菌科細菌，即表示該食物可能烹煮不足，或可能在烹煮後受到污染。

此外，有些變形桿菌，如奇異變形桿菌（*Proteus mirabilis*）（見圖 9-4）及普通變形桿菌（*Proteus vulgaris*）較常在人體引起感染，例如腦膜炎、腹膜炎、尿道炎和皮膚及傷口感染等。香港理工大學的一項研究發現，在公共洗手間的潔手衛生設備上存在大量細菌，當中包括奇異變形桿菌，這些細菌不單能感染人類，也會引發社區感染。

圖 9-4　奇異變形桿菌（*Proteus mirabilis*）形成的波紋狀菌落（遷徙生長現象）。奇異變形桿菌在培養基（血瓊脂平板）上會形成灰色和扁平的菌落。由於奇異變形桿菌在血瓊脂平板上生長時會出現遷徙生長現象，因此會形成波紋狀的菌落。（曾顯鋒提供）

第四節　鼠疫桿菌

鼠疫桿菌（*Yersinia pestis*）在分類學上屬腸桿菌目、腸桿菌科、耶爾辛氏菌屬（*Yersinia*），是革蘭氏陰性菌的一種，經過染色後的鼠疫桿菌由於兩端較圓鈍，顏色亦較深色，因此在顯微鏡下觀察呈短桿狀，如同一個安全扣針。耶爾辛氏菌屬細菌，包括鼠疫桿菌，在自然界中的宿主是齧齒目動物，例如鼠類。鼠疫桿菌可通過齧齒動物身上的跳蚤，吸食受感染動物帶菌的血液後，經叮咬而傳播。若人的皮膚上帶有傷口，而又與帶菌動物的血液、體液或組織接觸，或吸入患者的飛沫等途徑，便會感染鼠疫。鼠疫是嚴重疾病並具極高傳染性，患者會持續發高燒，又會感到淋巴腺腫脹及痛楚，如沒有即時接受合適的治療，可引致死亡。

由於香港醫療制度的迅速發展和公共衛生措施的持續改善，鼠疫現時已絕跡於香港，全球鼠疫的病例很少。但鼠疫曾是香港醫療史上重大事件之一。1894 年，本港爆發首宗鼠疫，港府宣布香港為疫埠，並設立專責醫治鼠疫的醫院，但仍有 2552 人死亡，其後的 1896年、1898 年、1899 年，鼠疫分別導致 1078、1175、1434 名患者死亡。直至 1929年，鼠疫死亡人數才開始減少。1894 年 6 月，法國細菌專家耶爾辛（Alexandre Yersin）發明鼠疫的抗血清療法，鼠疫桿菌的學名因此被名為耶爾辛氏桿菌，以紀念他的貢獻。

另一種有機會影響香港市民的鼠疫桿菌是耶爾辛氏腸炎桿菌（*Yersinia enterocolitica*），它們存在於泥土、水和動物身上。人類主要經由進食污染的食品，例如肉類、牛奶和蔬菜後受到感染。受到耶爾辛氏腸炎桿菌感染後會引發腸胃炎症狀，例如發燒、腹痛、腹瀉和嘔吐等。

第五節　假單胞菌屬

假單胞菌屬（*Pseudomonas*）在分類學上屬於假單胞菌目（Pseudomonadales）、假單胞菌科（Pseudomonadaceae），是革蘭氏陰性菌的一種，在顯微鏡下呈長桿狀（見圖 9-5）。假單胞菌是一種兼性厭氧性細菌，能存活於有氧或無氧的環境中。假單胞菌具有形成生物膜的能力，能與其他微生物共同建構生物膜。

假單胞菌具移動性，可利用本身的鞭毛移動。另外，有一部分的假單胞菌，例如螢光假單胞菌（*Pseudomonas fluorescens*）和銅綠假單胞菌（*Pseudomonas aeruginosa*）（見圖9-6），在缺乏鐵的環境下會產生一種螢光的鐵載體，因此，假單胞菌會在紫外光的照射下發出螢光。

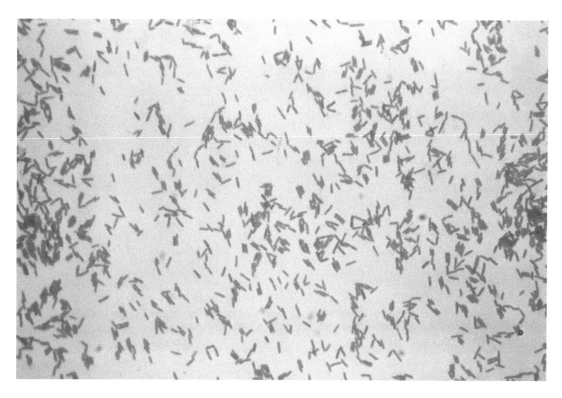

圖 9-5　在顯微鏡下觀察到的銅綠假單胞菌（*Pseudomonas aeruginosa*）（經過革蘭氏染色後）（Centers for Disease Control and Prevention/ Dr. W.A. Clark 提供）

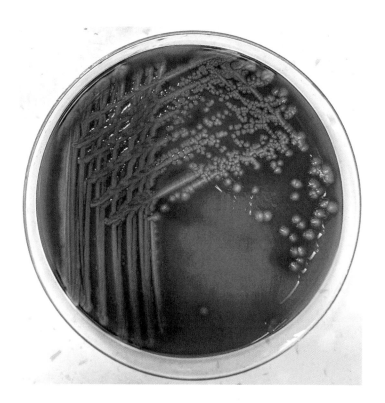

圖 9-6　銅綠假單胞菌（*Pseudomonas aeruginosa*）形成的菌落。銅綠假單胞菌在培養基（血瓊脂平板）上會形成扁平、邊沿有時並不齊整的菌落，其菌落有時候會呈金屬色。另外，銅綠假單胞菌在培養基上會產生如葡萄般的氣味。（曾顯鋒提供）

全球已發現的假單胞菌種類多達 191 種，最常見的假單胞菌有銅綠假單胞菌（*Pseudomonas aeruginosa*）、戀臭假單胞菌（*Pseudomonas putida*）等。

假單胞菌常見於水和泥土等自然環境中，也會在植物、動物和人類身上出現，並造成感染，例如銅綠假單胞菌就能造成呼吸道、尿道、傷口及其他感染等。戀臭假單胞菌常見於土壤中，是一種腐生性（saprotrophic）細菌，它們會分解土壤中有機物以獲取能量，甚少感染人類。

假單胞菌能夠在水中或在與水有接觸的有機物質表面上生存及繁殖。假單胞菌亦被用作水源或瓶裝飲用水在包裝過程中受到污染的細菌性指標。在香港，根據食安中心對食品中的微生物含量所制定的標準和指引，若 250 毫升的瓶裝飲用水樣本中，沒有驗出假單胞菌，才適宜供人飲用。

第六節　不動桿菌屬

不動桿菌屬（*Acinetobacter*）在分類學上屬於假單胞菌目、莫拉氏菌科（Moraxellaceae），是革蘭氏陰性菌的一種，在顯微鏡下呈桿狀。不動桿菌是一種兼性厭氧性細菌，能存活於有氧或無氧的環境中。它們具有形成生物膜的能力，但沒有鞭毛，不具移動性。

不動桿菌廣泛地存在於自然界中，由於它們能夠抵禦乾燥環境，因此在潮濕或乾燥的表面上，例如泥土、水、蔬果表面、動物及人體上，均可發現不動桿菌的存在。香港大學的一項研究更發現，不動桿菌也常寄存於香港流通的鈔票上。

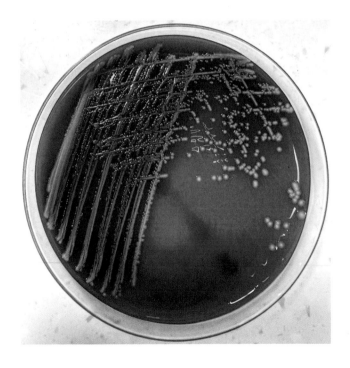

圖 9-7　鮑氏不動桿菌（*Acinetobacter baumanii*）形成的菌落。鮑氏不動桿菌在培養基（血瓊脂平板）上會形成表面光滑，灰白色的圓形菌落。（曾顯鋒提供）

有些不動桿菌能夠在動物和人類身上造成感染,例如魯氏不動桿菌(*Acinetobacter lwoffii*)及皮特不動桿菌(*Acinetobacter pittii*),便是常令魚類感染的病菌,而鮑氏不動桿菌(*Acinetobacter baumanii*)(見圖 9-7)則是其中一種常在醫院內找到,能感染人類的病菌。這種病菌能引致肺炎、腦膜炎、腹膜炎、尿道炎和皮膚及傷口感染等。近年,香港和世界各地亦出現多重抗藥性鮑氏不動桿菌,它們對多類常用的抗生素均帶有抗藥性,令治療難度增加。

第七節　弧菌屬

弧菌屬(*Vibrio*)在分類學上屬弧菌目(Vibrionales)、弧菌科(Vibrionaceae),是革蘭氏陰性菌的一種,在顯微鏡下呈彎曲弧狀(見圖 9-8)。弧菌是一種兼性厭氧性細菌,能存活於有氧或無氧的環境之中。另外,弧菌具移動性,可利用本身的鞭毛移動。弧菌在自然環境中,普遍存在於海洋或河口環境中,是一種常見於魚類及貝類的病菌。

除感染魚類及貝類外,弧菌亦是一種經常感染人類的病菌,如霍亂弧菌(*Vibrio cholerae*)就可引起霍亂這種急性腸道傳染病。人若進食受霍亂弧菌污染的海產、食物或水,就有機會受到感染。霍亂患者會出現嚴重腹瀉和嘔吐等徵狀,若未能及時接受適當治療,有機會因嚴重脫水而死亡。

霍亂早於 1858 年在香港出現,並導致 34 人死亡;1896 年時,更導致 41 人死亡。1937年,香港爆發霍亂,共有 1690 人染病,其中 1082 人死亡。其後霍亂多次在香港爆發,

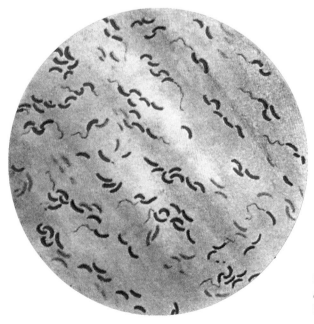

圖 9-8　在顯微鏡下觀察到的霍亂弧菌(*Vibrio cholerae*)(經過革蘭氏染色後)(Centers for Disease Control and Prevention 提供)

1940 年的爆發引致 543 人死亡，而 1961 年、1964 年和 1986 年的爆發，更迫使港府宣布本港為疫埠。

另一種在香港常見的弧菌是創傷弧菌（*Vibrio vulnificus*），創傷弧菌是食肉菌的一種，如果外露的傷口接觸到含有創傷弧菌的海水，創傷弧菌就有機會感染傷口，引發潰爛，導致組織壞死，患者可能需要截肢，嚴重的情況更會導致死亡。

第八節　鏈球菌屬

鏈球菌屬（*Streptococcus*）在分類學上屬於乳桿菌目（Lactobacillales）、鏈球菌科（Streptococcaceae），是革蘭氏陽性菌的一種，在顯微鏡下呈球狀（見圖 9-9）。鏈球菌是一種兼性厭氧性細菌，能存活於有氧或無氧的環境中。由於鏈球菌沒有鞭毛，所以不具移動性。鏈球菌一般會以成對或以鏈狀的形式存在，並且能夠按蘭斯菲爾德分類法（Lancefield classification）被分為 A、B、C、D、F 和 G 型鏈球菌。

鏈球菌廣泛地存在於自然界內，在泥土、空氣、水、動物和人體（如：腸道、口腔黏膜、鼻咽黏膜和皮膚上）中，都可找到它。A 型鏈球菌一般較少在動物身上找到，但在人體上，A 型鏈球菌能夠形成各種感染，例如猩紅熱、傷口發炎、敗血病及關節炎等。B 型鏈球菌常存在於人體內，例如腸道和生殖系統內等。人類如受到 B 型鏈球菌感染，有機會造成敗血病、關節炎及腦膜炎等嚴重病症。此外，B 型鏈球菌亦存於動物身上，如淡水魚身上等。

鏈球菌屬中也有一些未能以蘭斯菲爾德分類法分類的鏈球菌，例如肺炎球菌（*Streptococcus pneumoniae*）（圖 9-10）。人類如果感染到肺炎球菌可引致多種疾病，如：中耳炎和肺炎等，亦有機會引致腦膜炎和敗血病等致命的疾病。

草綠色鏈球菌（Viridans group Streptococci），例如口腔鏈球菌（*Streptococcus oralis*）和副血鏈球菌（*Streptococcus parasanguinis*）等，都是 α 溶血性鏈球菌，它們常於人類的上呼吸道、口腔、腸道等部位找到。在一般情況下，草綠色鏈球菌是人體內的正常菌群，但若心臟瓣膜出現缺陷或損傷時，草綠色鏈球菌亦可入侵血液造成敗血症及引發心瓣炎等嚴重疾病。

第九節　腸球菌屬

腸球菌屬（*Enterococcus*）在分類學上屬於乳桿菌目、腸球菌科（Enterococcaceae），是革蘭氏陽性菌的一種，在顯微鏡下呈球狀（見圖 9-11）。腸球菌經常會以成對或以鏈狀的形式存在，是一種兼性厭氧性細菌，能存活於有氧或無氧的環境中。此外，腸球菌沒有鞭毛，不具移動性。

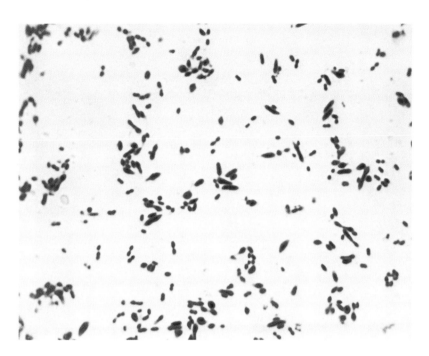

圖 9-9　在顯微鏡下觀察到的肺炎球菌（*Streptococcus pneumoniae*）（經過革蘭氏染色後）（Centers for Disease Control and Prevention/ Arnold Kaufman 提供）

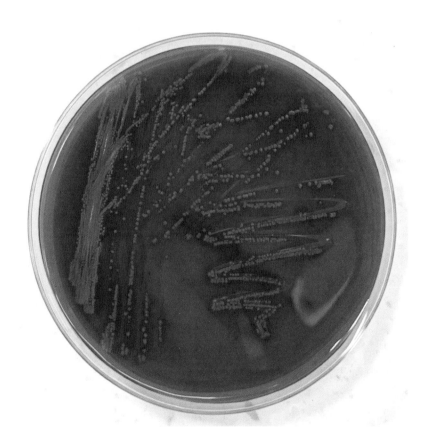

圖 9-10　肺炎球菌（*Streptococcus pneumoniae*）形成的菌落。肺炎球菌在培養基（血瓊脂平板）上會形成體積細小、表面光滑、扁平、灰白色的圓形菌落，在其菌落的周圍亦會形成草綠色的溶血圈，由於肺炎球菌在培植期間會產生能夠溶解其菌落的酶，因此肺炎球菌的菌落在形成後大約 48 小時會開始出現中央下陷的外觀。（曾顯鋒提供）

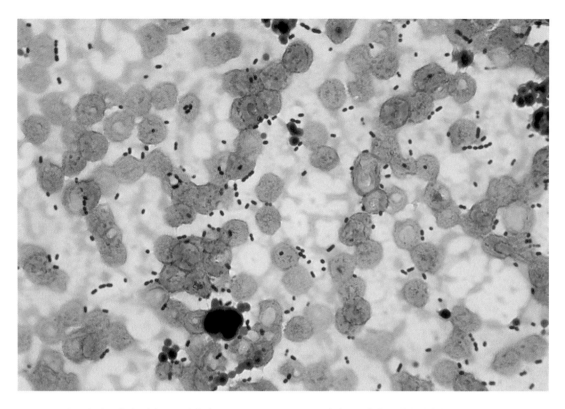

圖 9-11　在顯微鏡下觀察到的屎腸球菌（*Enterococcus faecium*）（經過革蘭氏染色後）（Centers for Disease Control and Prevention/ Dr. Mike Miller 提供）

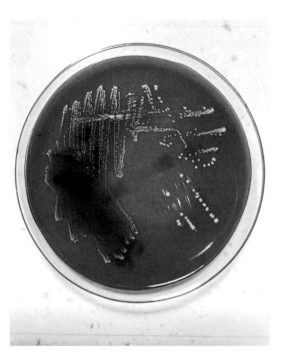

圖 9-12　屎腸球菌（*Enterococcus faecium*）形成的菌落。屎腸球菌在培養基（血瓊脂平板）上會形成表面光滑，灰色的圓形菌落。（曾顯鋒提供）

腸球菌廣泛地存在於水、泥土等自然環境中，也有一些腸球菌存活於人類和動物體內，例如糞腸球菌（*Enterococcus faecalis*）和屎腸球菌（*Enterococcus faecium*）（見圖 9-12）就是一些常見於人類和溫血動物腸道內的腸球菌，因此，腸球菌是大腸桿菌以外，另一種經常被用作評估食水和泳灘水質的細菌性指標。每當在食水中檢測到大量腸球菌時，即代表該水源可能在儲存或運送過程中受到人類或動物的糞便污染，不宜飲用。腸球菌在水中存活的時間比大腸桿菌更長。在香港，根據食安中心對食品中的微生物含量所制定的標準和指引，在 250 毫升的瓶裝飲用水樣本中沒有驗出腸球菌，才適宜供人飲用。

除此之外，腸球菌能引起不同的感染，例如敗血症、腦膜炎、腹膜炎、心瓣炎、尿道炎和皮膚及傷口感染等。近年來，香港和世界各地亦相繼發現耐藥性腸球菌，如耐萬古霉素腸球菌（Vancomycin-resistant Enterococcus，簡稱 VRE），若被耐藥性腸球菌感染，不但較難治癒，甚至需要使用非常規的抗生素作為替代治療。

第十節　葡萄球菌屬

葡萄球菌屬（*Staphylococcus*）在分類學上屬於芽孢桿菌目（Bacillales）、葡萄球菌科（Staphylococcaceae），是革蘭氏陽性菌的一種，在顯微鏡下呈球狀（見圖 9-13）。葡萄球菌是一種兼性厭氧性細菌，能存活於有氧或無氧的環境中。葡萄球菌並沒有鞭毛幫助移動，不具移動性。

葡萄球菌對於熱、乾燥及高鹽度的環境具有耐受性，因此它們能夠廣泛地存在於自然界中，在泥土、空氣、水、動物身上和人體上（如：口腔黏膜、鼻咽黏膜和皮膚上等）都可找到它們。由於葡萄球菌的營養要求較低，所以它們是食品中極為常見的一種細菌，而由金黃色葡萄球菌（*Staphylococcus aureus*）所產生的腸毒素（Enterotoxin）更經常引致人類食物中毒。

葡萄球菌可以根據它們生產凝固酶的能力而被分成凝固酶陰性葡萄球菌（Coagulase-negative staphylococci，簡稱 CoNS）和凝固酶陽性葡萄球菌（Coagulase-positive staphylococci，簡稱 CoPS）兩種，大部分的凝固酶陰性葡萄球菌屬於不致病的腐生菌，例如表皮葡萄球菌（*Staphylococcus epidermidis*）、人葡萄球菌（*Staphylococcus hominis*）、山羊葡萄球菌（*Staphylococcus caprae*）、沃氏葡萄球菌（*Staphylococcus warneri*）等，而凝固酶陽性葡萄球菌，例如金黃色葡萄球菌等的致病性則較強（見圖 9-14）。

金黃色葡萄球菌能夠在人體內引起侵襲性感染，例如組織及傷口的化膿性炎症、內臟感染及系統性感染等，而攝入金黃色葡萄球菌生產的腸毒素會引致食物中毒。在香港，金黃色葡萄球菌常寄存於燒味（如：白切雞等）上，如果處理食物的人沒有注意個人衛生，在儲存食物時又沒有適當冷藏，金黃色葡萄球菌就有機會生長和形成毒素。由於金黃色葡萄球

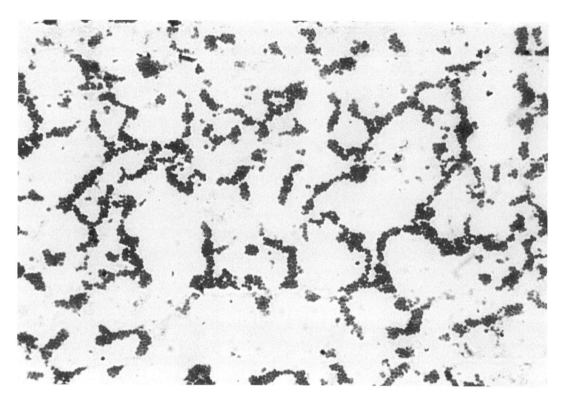

圖 9-13　在顯微鏡下觀察到的金黃色葡萄球菌（*Staphylococcus aureus*）（經過革蘭氏染色後）（Centers for Disease Control and Prevention/ Dr. Richard Facklam 提供）

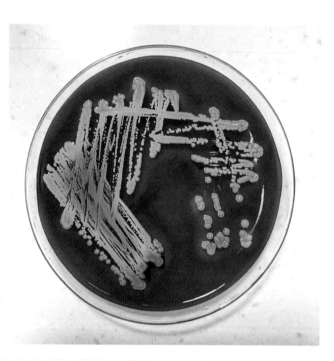

圖 9-14　金黃色葡萄球菌（*Staphylococcus aureus*）形成的菌落。金黃色葡萄球菌在培養基（血瓊脂平板）上會形成表面光滑而凸起的圓形菌落，其菌落有時候會呈金黃色。由於金黃色葡萄球菌能夠製造可以破壞紅血球的毒素，因此在其菌落的周圍會形成透明的溶血圈。（曾顯鋒提供）

菌所產生的腸毒素耐熱，因此能夠在已經煮熟的食物中存在，並引致食物中毒。另外，抗藥性金黃色葡萄球菌（Methicilin-resistant Staphylococcus aureus，簡稱 MRSA）是其中一種最常見的多重抗藥性細菌，它們能夠在醫院及社區內引起感染，又因它們對多類常用的抗生素均有抗藥性，以致治療難度倍增。

第十一節　棒狀桿菌屬

棒狀桿菌屬（*Corynebacterium*）在分類學上屬於放線菌目（Actinomycetales）、棒狀桿菌科（Corynebacteriaceae），是革蘭氏陽性菌的一種，在顯微鏡下呈桿狀。棒狀桿菌是一種兼性厭氧性細菌，能存活於有氧或無氧的環境中。由於棒狀桿菌沒有鞭毛，因此不具移動性。

棒狀桿菌廣泛地存在於不同的自然環境中，如泥土、水、植物及動物身上等。棒狀桿菌也寄存於人體上，但除了白喉棒狀桿菌（*Corynebacterium diphiheriae*）能引致白喉病外，大部分的棒狀桿菌都不致病，如紋帶棒狀桿菌（*Corynebacterium striatum*）（見圖 9-15）等，在大部分情況下都不會為人類帶來感染。

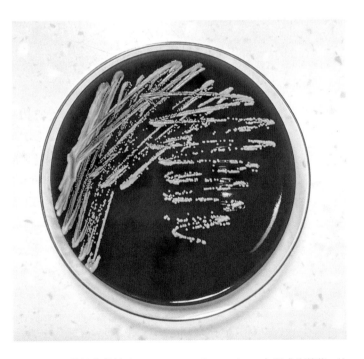

圖 9-15　紋帶棒狀桿菌（*Corynebacterium striatum*）形成的菌落。紋帶棒狀桿菌在培養基（血瓊脂平板）上會形成白色，乾燥且帶有黏性的菌落。（曾顯鋒提供）

結核桿菌（*Mycobacterium tuberculosis*）在分類學上屬放線菌目（Actinomycetales）、分枝桿菌科（Mycobacteriaceae）、分枝桿菌屬（*Mycobacterium*），是抗酸性（acid-fast）菌的一種，在顯微鏡下呈桿狀（見圖 9-16）。[3] 結核桿菌是一種需氧性（aerobic）細菌，只能存活於氧氣充足的環境之中。結核桿菌沒有鞭毛，不具移動性。

結核桿菌是引起結核病（Tuberculosis）（俗稱肺癆）的病菌，主要影響肺部，亦可以入侵並影響身體其他部分，例如淋巴結、腎、骨、關節等，這種病稱為肺外結核病（extrapulmonary tuberculosis）。結核桿菌傳播力高，肺結核患者咳嗽或打噴嚏時，可將結核桿菌散播到空氣中，並作出傳播。

早於 1849 年，本港已出現肺結核病，1921 年時，共有 1343 人死於此病；1940 年時，死亡人數攀升至 5751 人。二戰後，肺結核繼續在香港肆虐，1946 年，呼吸系統結核病導致 1475 人死亡；1951 年，死亡人數升至 3006 人。為遏止病情，港府推行多項措施，包

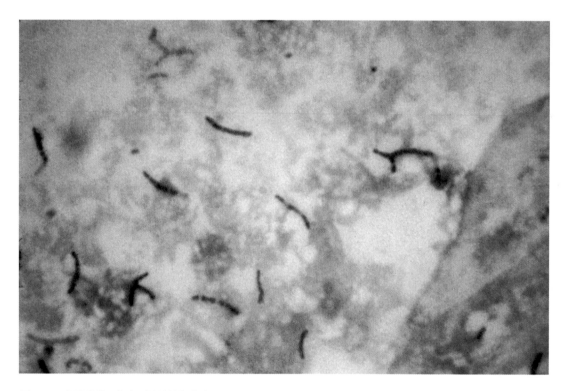

圖 9-16　在顯微鏡下觀察到的結核桿菌（*Mycobacterium tuberculosis*）（經過抗酸染色後）（Centers for Disease Control and Prevention/ Dr. George P. Kubica 提供）

3　抗酸染色法（acid fast stain）是指利用細菌細胞壁能夠抵抗酸性的能力，從而把細菌分類的染色方法。利用抗酸染色法，細菌可以被分成抗酸性（acid-fast）細菌與非抗酸性（non acid-fast）細菌兩類。

括成立肺癆診所、引入卡介苗等。然至，至今結核病仍為香港須呈報的傳染病之一。[4]

第十三節　鐵氧化細菌

鐵氧化細菌（iron-oxidizing bacteria）是一群能夠透過氧化鐵質而獲得能量的細菌，它們能夠生存在一些含氧量低，但鐵濃度較高的環境中，如：含鐵的淡水環境。由於它們能夠氧化水中的氫氧化亞鐵（Iron (II) hydroxide），因此在有鐵氧化細菌存在的地方就會出現褐色的沉澱物。鐵氧化細菌能夠把自然環境中的鐵濃縮和積累，幫助形成天然的褐鐵礦，但若鐵氧化細菌存在於水管內，就會加速鐵鏽層的形成，令水管的壽命縮短，也會增加水流的阻力，導致管道堵塞，令管道內的水質受到污染。

本地一些科學家近年來致力就鐵氧化細菌能夠氧化金屬的特性作出研究，希望能把此特性應用於污水處理中，以協助分解污泥中的重金屬成分。實驗結果證實，鐵氧化細菌能有效降低污泥中的重金屬含量。

第十四節　鐵還原細菌

鐵還原細菌（iron-reducing bacteria）是一種能夠透過還原鐵質而獲得能量的細菌，它們大都屬厭氧性（anaerobic）細菌，需要在沒有氧氣的環境下生存。鐵還原細菌可在海洋沉積物、淡水沉積物、土壤、蓄水層等環境中生存，而鐵還原細菌的作用亦影響了鐵在自然環境中的分布。本地科學家近年來致力把鐵還原細菌應用於污水處理中，實驗結果證實，鐵還原細菌能有效降低污水中的其中一種有毒污染物——硫化氫（Hydrogen sulfide）的含量。

4　根據香港《預防及控制疾病條例》，香港共有 53 種須呈報的傳染病。所有註冊醫生若發現懷疑或證實屬須呈報的傳染病，均須通知衛生防護中心，以對這些疾病進行監察及控制。

附錄

資料來源及備注

本名錄是根據漁農自然護理署網頁所載之《香港淡水魚名錄》（截至 2022 年）整理而成，並採用 2017 年 Betancur-R 等人發表的 *Phylogenetic Classification of Bony Fishes* 中的分類系統。

「原生」，指有關物種在本港野外有原生種群（但不排除個別物種除原生種群外，有因為人為引入而在本地建立的非原生種群）；「外來」，指有關物種在本港野外的種群及任何個體均為人為引入；「不明」，指根據目前所有相關資料，未能判斷有關物種是否原生。

本名錄的初級性淡水魚類、次級性淡水魚類、周緣性淡水魚類的分類，是參考 2009 年 Helfman 等人所著之 *The Diversity of Fishes: Biology, Evolution, and Ecology*（第二版）。

Elopiformes 海鰱目

　Elopidae 海鰱科

　　Elops machnata　海鰱（原生 - 周緣性）

　Megalopidae 大海鰱科

　　Megalops cyprinoides 大眼海鰱（原生 - 周緣性）

Anguilliformes 鰻鱺目

　Anguillidae 鰻鱺科

　　Anguilla japonica 日本鰻鱺（原生 - 周緣性）

　　Anguilla marmorata 花鰻鱺（原生 - 周緣性）

　Ophichthidae 蛇鰻科

　　Pisodonophis boro 雜食豆齒鰻（原生 - 周緣性）

　　Pisodonophis cancrivorus 食蟹豆齒鰻（原生 - 周緣性）

Clupeiformes 鯡形目

　Clupeidae 鯡科

　　Konosirus punctatus 斑鰶（原生 - 周緣性）

　　Nematalosa come 西太平洋海鰶（原生 - 周緣性）

　Engraulidae 鯷科

　　Coilia grayii 盾齒鰶、七絲鱭（外來 - 周緣性）

　　Stolephorus chinensis 中華側帶小公魚（原生 - 周緣性）

　　Thryssa hamiltonii 漢氏梭鯷（原生 - 周緣性）

Cypriniformes 鯉形目

　Cobitidae 鰍科

　　Cobitis sinensis 中華花鰍（原生 - 初級性）

　　Misgurnus anguillicaudatus 泥鰍（原生 - 初級性）

　Gastromyzontidae 腹吸鰍科

　　Liniparhomaloptera disparis 擬平鰍（原生 - 初級性）

　　Pseudogastromyzon myersi 麥氏擬腹吸鰍（原生 - 初級性）

　Nemacheilidae 絲唇鰍科

　　Oreonectes platycephalus 平頭嶺鰍（原生 - 初級性）

　　Schistura fasciolata 橫紋南鰍（原生 - 初級性）

　　Schistura incerta 無斑南鰍（原生 - 初級性）

　Acheilognathidae 鱊科

　　Rhodeus ocellatus 高體鰟鮍（原生 - 初級性）

　Cyprinidae 鯉科

　　Acrossocheilus beijiangensis 北江光唇魚（原生 - 初級性）

　　Acrossocheilus parallens 側條光唇魚（原生 - 初級性）

　　Barbodes semifasciolatus 條紋小鲃（原生 - 初級性）

　　Barbonymus schwanenfeldii 施氏鲃（外來 - 初級性）

　　Carassius auratus 鯽（原生 - 初級性）

　　Cirrhinus molitorella 鯪魚（外來 - 初級性）

　　Cyprinus carpio 鯉（外來 - 初級性）

　　Dawkinsia filamentosa 黑點無鬚鲃（外來 - 初級性）

　　Osteochilus salsburyi 紋唇魚（外來 - 初級性）

　Danionidae 鲃科

　　Rasbora steineri 斯氏波魚（原生 - 初級性）

　Gobionidae 鉤科

　　Pseudorasbora parva 麥穗魚（不明 - 初級性）

Tanichthyidae 唐魚科

　　Tanichthys albonubes 唐魚（原生－初級性）

Xenocyprididae 異鯉科

　　Aphyocypris lini 林氏細鯽（原生－初級性）

　　Aphyocypris normalis 擬細鯽（原生－初級性）

　　Chanodichthys erythropterus 紅鰭鮊（外來－初級性）

　　Ctenopharyngodon idella 草魚（外來－初級性）

　　Culter recurviceps 海南鮊（外來－初級性）

　　Hemiculter leucisculus 藍刀（原生－初級性）

　　Hypophthalmichthys molitrix 鰱魚（外來－初級性）

　　Hypophthalmichthys nobilis 鱅魚（外來－初級性）

　　Metzia formosae 台細鯿（原生－初級性）

　　Metzia lineata 線細鯿（原生－初級性）

　　Opsariichthys bidens 馬口魚（外來－初級性）

　　Opsariichthys cf. evolans 長鰭馬口魚（原生－初級性）

　　Parazacco spilurus 異鱲（原生－初級性）

　　Toxabramis houdemeri 海南似鱎（不明－初級性）

Siluriformes 鯰形目

　Bagridae 鱨科

　　Pseudobagrus trilineatus 三線擬鱨（原生－初級性）

　　Pseudobagrus vachellii 瓦氏擬鱨（外來－初級性）

　　Tachysurus virgatus 條紋鮠（外來－初級性）

　Clariidae 鬍鯰科

　　Clarias fuscus 鬍鯰（原生－初級性）

　　Clarias gariepinus 尖齒鬍鯰（外來－初級性）

　Plotosidae 鰻鯰科

　　Plotosus lineatus 線紋鰻鯰（原生－周緣性）

　Siluridae 鯰科

　　Pterocryptis anomala 糙隱鰭鯰（原生－初級性）

　　Silurus asotus 鯰（原生－初級性）

　Sisoridae 鮡科

　　Glyptothorax pallozonus 白線紋胸鮡（原生－初級性）

Osmeriformes 胡瓜魚目

　Plecoglossidae 香魚科

　　Plecoglossus altivelis 香魚（原生－周緣性）

Syngnathiformes 海龍目

　Syngnathidae 海龍科

　　Hippichthys penicillus 筆狀多環海龍（原生－周緣性）

　　Hippichthys spicifer 帶紋多環海龍（原生－周緣性）

Gobiiformes 鰕虎目

　Rhyacichthyidae 溪鱧科

　　Rhyacichthys aspro 溪鱧（原生－周緣性）

　Butidae 嵴塘鱧科

　　Bostrychus sinensis 中華烏塘鱧（原生－周緣性）

　　Butis koilomatodon 鋸嵴塘鱧（原生－周緣性）

　　Butis melanostigma 黑點嵴塘鱧（原生－周緣性）

　　Oxyeleotris marmorata 雲斑尖塘鱧（外來－次級性）

　Eleotridae 塘鱧科

　　Eleotris acanthopoma 刺蓋塘鱧（原生－周緣性）

　　Eleotris fusca 褐塘鱧（原生－周緣性）

　　Eleotris melanosoma 黑體塘鱧（原生－周緣性）

　　Eleotris oxycephala 尖頭塘鱧（原生－周緣性）

　　Giuris margaritacea 珍珠塘鱧（原生－周緣性）

　　Hypseleotris cyprinoides 似鯉黃�黝魚（原生－周緣性）

　Gobiidae 鰕虎魚科

　　Acentrogobius brevirostris

　　Acentrogobius caninus 犬牙細棘鰕虎魚（原生－周緣性）

　　Acentrogobius pflaumii 普氏細棘鰕虎魚（原生－周緣性）

　　Acentrogobius viridipunctatus 青斑細棘鰕虎魚（原生－周緣性）

　　Amblygobius phalaena 尾斑鈍鰕虎魚（原

555

生－周緣性）

Bathygobius fuscus 褐深鰕虎、深鰕虎魚
（原生－周緣性）

Bathygobius meggitti 香港深鰕虎魚（原生－
周緣性）

Drombus sp.1 捷鰕虎魚屬（原生－周緣性）

Favonigobius gymnauchen 裸項蜂巢鰕虎魚
（原生－周緣性）

Favonigobius reichei 賴氏蜂巢鰕虎魚（原
生－周緣性）

Glossogobius giuris 舌鰕虎魚（原生－周
緣性）

Glossogobius olivaceus 斑紋舌鰕虎魚（原
生－周緣性）

Mangarinus waterousi 芒鰕虎魚（原生－周
緣性）

Psammogobius biocellatus 雙斑砂鰕虎魚
（原生－周緣性）

Wuhanlinigobius polylepis 多鱗伍氏鰕虎魚
（原生－周緣性）

Oxudercidae 背眼鰕虎魚科

Acanthogobius flavimanus 黃鰭刺鰕虎魚
（原生－周緣性）

Awaous melanocephalus 黑首阿胡鰕虎魚
（原生－周緣性）

Boleophthalmus pectinirostris 大彈塗魚（原
生－周緣性）

Gobiopterus macrolepis 大鱗鰭鰕虎魚（原
生－周緣性）

Hemigobius crassa 厚身半鰕虎魚（原生－周
緣性）

Luciogobius guttatus 竿鰕虎魚（原生－周
緣性）

Mugilogobius abei 阿部鯔鰕虎魚（原生－周
緣性）

Mugilogobius chulae 諸氏鯔鰕虎魚（原生－
周緣性）

Mugilogobius myxodermus 粘皮鯔鰕虎魚
（原生－周緣性）

Mugilogobius sp.1 鯔鰕虎魚屬（原生－周
緣性）

Mugilogobius sp.2 鯔鰕虎魚屬（原生－周
緣性）

Oligolepis acutipennis 尖鰭寡鱗鰕虎魚（原

生－周緣性）

Pandaka bipunctata 雙斑矮鰕虎魚（原生－
周緣性）

Periophthalmus magnuspinnatus 大鰭彈塗
魚（原生－周緣性）

Periophthalmus modestus 彈塗魚（原生－
周緣性）

Pseudogobius javanicus 爪哇擬鰕虎魚（原
生－周緣性）

Pseudogobius taijiangensis 台江擬鰕虎魚
（原生－周緣性）

Redigobius bikolanus 斑紋雷鰕虎魚（原生－
周緣性）

Redigobius sp.1 雷鰕虎魚屬（原生－周緣性）

Rhinogobius duospilus 溪吻鰕虎魚（原生－
初級性）

Rhinogobius leavelli 李氏吻鰕虎魚（原生－
初級性）

Rhinogobius similis 真吻鰕虎魚（原生－周
緣性）

Scartelaos histophorus 青彈塗魚（原生－周
緣性）

Sicyopterus longifilis 長絲瓢鰭鰕虎魚（原生－
周緣性）

Stiphodon atropurpureus 紫身枝牙鰕虎魚
（原生－周緣性）

Stiphodon imperiorientis 明仁枝牙鰕虎魚
（原生－周緣性）

Stiphodon multisquamus 多鱗枝牙鰕虎魚
（原生－周緣性）

Stiphodon palawanensis 巴拉望枝牙鰕虎魚
（原生－周緣性）

Stiphodon percnopterygionus 黑鰭枝牙鰕虎
魚（原生－周緣性）

Synechogobius ommaturus 斑尾复鰕虎魚
（原生－周緣性）

Taenioides cirratus 鬚鰻鰕虎魚（原生－周
緣性）

Tridentiger bifasciatus 雙帶縞鰕虎魚（原生－
周緣性）

Tridentiger nudicervicus 裸頸縞鰕虎、裸項
縞鰕虎魚（原生－周緣性）

Tridentiger trigonocephalus 紋縞鰕虎魚（原
生－周緣性）

Synbranchiformes 合鰓魚目
  Mastacembelidae 刺鰍科
    Mastacembelus armatus 大刺鰍（原生 - 初級性）
  Synbranchidae 合鰓魚科
    Monopterus albus 黃鱔（原生 - 初級性）

Anabantiformes 攀鱸目
  Anabantidae 攀鱸科
    Anabas testudineus 攀鱸（不明 - 初級性）
  Osphronemidae 絲足鱸科
    Macropodus hongkongensis 香港鬥魚（原生 - 初級性）
    Macropodus opercularis 叉尾鬥魚（原生 - 初級性）
  Channidae 鱧科
    Channa asiatica 月鱧（原生 - 初級性）
    Channa gachua 緣鱧（外來 - 初級性）
    Channa maculata 斑鱧（原生 - 初級性）
    Channa striata 線鱧（外來 - 初級性）

Incertae sedis 未定目
  Centropomidae 鋸蓋魚科
    Lates calcarifer 尖吻鱸（原生 - 周緣性）

Pleuronectiformes 鰈形目
  Paralichthyidae 牙鮃科
    Paralichthys olivaceus 牙鮃（原生 - 周緣性）

Incertae sedis 未定目
  Ambassidae 雙邊魚科
    Ambassis gymnocephalus 眶棘雙邊魚（原生 - 周緣性）
    Ambassis vachellii 維氏雙邊魚（原生 - 周緣性）

Cichliformes 慈鯛目
  Cichlidae 慈鯛科
    Coelotilapia joka 喬克非鯽（外來 - 次級性）
    Coptodon zillii 齊氏非鯽（外來 - 次級性）
    Hemichromis fasciatus 條紋伴麗魚（外來 - 次級性）
    Hemichromis stellifer 星點伴麗魚（外來 - 次級性）
    Heterotilapia buttikoferi 布氏非鯽（外來 - 次級性）
    Melanochromis auratus 縱帶黑麗魚（外來 - 次級性）
    Oreochromis mossambicus 莫桑比克口孵非鯽（外來 - 次級性）
    Oreochromis niloticus 尼羅口孵非鯽（外來 - 次級性）
    Pelmatolapia mariae 點非鯽（外來 - 次級性）
    Vieja fenestrata 馬頭副尼麗魚（外來 - 次級性）

Beloniformes 頜針魚目
  Adrianichthyidae 怪頜鱂科
    Oryzias curvinotus 弓背青鱂（原生 - 次級性）
  Belonidae 鶴鱵科
    Strongylura strongylura 斑尾柱頜針魚（原生 - 周緣性）
    Xenentodon cancila 異齒頜針魚（外來 - 周緣性）
  Hemiramphidae 鱵科
    Rhynchorhamphus georgii 喬氏吻鱵魚（原生 - 周緣性）

Cyprinodontiform 鱂形目
  Poeciliidae 花鱂科
    Gambusia affinis 食蚊魚（外來 - 次級性）
    Poecilia reticulata 孔雀花鱂（外來 - 次級性）
    Xiphophorus hellerii 劍尾魚（外來 - 次級性）
    Xiphophorus variatus 雜色劍尾魚（外來 - 次級性）

Mugiliformes 鯔形目
  Mugilidae 鯔科
    Mugil broussonnetii 布氏鯔（原生 - 周緣性）
    Mugil cephalus 鯔魚（原生 - 周緣性）
    Planiliza macrolepis 大鱗鮻、大鱗平鮻（原生 - 周緣性）
    Planiliza subviridis 綠平鮻、綠背平鮻（原生 - 周緣性）
    Osteomugil cunnesius 長鰭骨鯔（原生 - 周緣性）
    Osteomugil perusii 帕氏骨鯔（原生 - 周緣性）

Blenniiformes 鳚形目
  Blenniidae 鳚科

Omobranchus fasciolatoceps 斑頭肩鰓鳚
（原生 - 周緣性）

Omobranchus ferox 猛肩鰓鳚（原生 - 周
緣性）

Omobranchus punctatus 斑點肩鰓鳚（原
生 - 周緣性）

Incertae sedis 未定目

Monodactylidae 大眼鯧科

Monodactylus argenteus 銀大眼鯧（原生 -
周緣性）

Scatophagidae 金錢魚科

Scatophagus argus 金錢魚（原生 - 周緣性）

Sciaenidae 石首魚科

Collichthys lucida 棘頭梅童魚（原生 - 周
緣性）

Siganidae 籃子魚科

Siganus canaliculatus 泥鯭、長鰭籃子魚（原
生 - 周緣性）

Siganus fuscescens 褐籃子魚（原生 - 周
緣性）

Siganus guttatus 星籃子魚（原生 - 周緣性）

Sillaginidae 鱚科

Sillago japonica 少鱗鱚（原生 - 周緣性）

Sillago sihama 多鱗沙鮻、多鱗鱚（原生 - 周
緣性）

Gerreiformes 銀鱸目

Gerreidae 銀鱸科

Gerres filamentosus 曳絲鑽嘴魚、長棘銀鱸
（原生 - 周緣性）

Gerres longirostris 長吻銀鱸（原生 - 周緣性）

Gerres macracanthus 大棘銀鱸（原生 - 周
緣性）

Gerres oyena 奧奈鑽嘴魚、奧奈銀鱸（原
生 - 周緣性）

Chaetodontiformes 蝴蝶魚目

Leiognathidae 鰏科

Equulites rivulatus 條鰏（原生 - 周緣性）

Leiognathus brevirostris 短吻鰏（原生 - 周
緣性）

Nuchequula nuchalis 頸斑鰏（原生 - 周緣性）

Lutjaniformes 笛鯛目

Haemulidae 仿石鱸科

Pomadasys argenteus 銀石鱸（原生 - 周
緣性）

Pomadasys kaakan 點石鱸（原生 - 周緣性）

Pomadasys maculatus 大斑石鱸（原生 - 周
緣性）

Lutjanidae 笛鯛科

Lutjanus argentimaculatus 紫紅笛鯛（原生 -
周緣性）

Lutjanus johnii 約氏笛鯛（原生 - 周緣性）

Lutjanus russellii 勒氏笛鯛（原生 - 周緣性）

Spariformes 鯛形目

Sparidae 鯛科

Acanthopagrus chinshira 琉球棘鯛（原生 -
周緣性）

Acanthopagrus latus 黃鰭棘鯛（原生 - 周
緣性）

Acanthopagrus pacificus 太平洋棘鯛（原
生 - 周緣性）

Acanthopagrus schlegelii 黑棘鯛（原生 - 周
緣性）

Pagrus major 真鯛（原生 - 周緣性）

Rhabdosargus sarba 金絲鱲（原生 - 周
緣性）

Tetraodontiformes 魨形目

Tetraodontidae 四齒魨科

Takifugu alboplumbeus 鉛點東方魨（原生 -
周緣性）

Takifugu niphobles 黑點多紀魨、星點多紀
魨（原生 - 周緣性）

Takifugu ocellatus 弓斑多紀魨（原生 - 周
緣性）

Monacanthidae 單棘魨科

Monacanthus chinensis 中華單角魨（原生 -
周緣性）

Pempheriformes 擬金眼鯛目

Lateolabracidae 花鱸科

Lateolabrax japonicus 日本花鱸、花鱸（原
生 - 周緣性）

Centrarchiformes 日鱸目

Centrarchidae 太陽魚科

Micropterus salmoides 大口黑鱸（外來 - 初級性）

Kuhliidae 湯鯉科

 Kuhlia marginata 黑邊湯鯉（原生 - 周緣性）

 Kuhlia rupestris 大口湯鯉（原生 - 周緣性）

Terapontidae 䱅科

 Rhynchopelates oxyrhynchus 突吻䱅（原生 - 周緣性）

 Terapon jarbua 細鱗䱅（原生 - 周緣性）

Scorpaeniformes 鮋形目

 Tetrarogidae 真裸皮鮋科

  Vespicula trachinoides 粗高鰭鮋（原生 - 周緣性）

資料來源及備註

此為根據出版及網上文獻和物種紀錄所整理的香港原生海水魚類名錄。輻鰭魚綱的資料，主要整理自香港大學太古海洋研究所製作的香港海洋物種名冊（Hong Kong Register of Marine Species），網址：https://www.marinespecies.org/hkrms/

本名錄只涵蓋辨識至物種層次的魚類，不少魚類只辨認至屬的層次，反映仍有機會增添更多新物種記錄。部分科名、種名缺乏華文魚類學界通用的中文名稱，只提供拉丁文學名。

Actinopterygii 輻鰭魚綱

Acanthuridae 刺尾鯛科

Acanthurus bariene 橙波紋吊、鰓斑刺尾魚、肩斑刺尾鯛

Acanthurus dussumieri 額帶刺尾魚、杜氏刺尾鯛

Acanthurus japonicus 日本吊、日本刺尾魚、日本刺尾鯛

Acanthurus leucopareius 白頰刺尾魚、白斑刺尾鯛

Acanthurus nigricans 金邊倒吊、白面刺尾魚、白面刺尾鯛

Acanthurus nigrofuscus 褐斑刺尾魚、褐斑刺尾鯛

Acanthurus olivaceus 一字吊、橙斑刺尾魚、一字刺尾鯛

Acanthurus triostegus 斑馬吊、橫帶刺尾魚、綠刺尾鯛

Ctenochaetus binotatus 雙斑櫛齒刺尾魚、雙斑櫛齒刺尾鯛

Naso annulatus 突角鼻魚、環紋鼻魚

Naso brevirostris 短吻鼻魚、短喙鼻魚

Naso lituratus 金毛吊、頰吻鼻魚、黑背鼻魚

Naso unicornis 單角鼻魚

Prionurus scalprum 黑豬哥魚、三棘多板盾尾魚、鋸尾鯛

Zebrasoma flavescens 黃三角吊、黃高鰭刺尾魚、黃高鰭刺尾鯛

Zebrasoma scopas 小高鰭刺尾魚、小高鰭刺尾鯛

Zebrasoma velifer 帆翅吊、橫帶高鰭刺尾魚、橫帶高鰭刺尾鯛

Acipenseridae 鱘科

Acipenser chinensis 鱘龍鯊、鱘龍、中華鱘

Acropomatidae 發光鯛科

Malakichthys griseus 灰軟魚

Albulidae 北梭魚科

Albula glossodonta 爛肉蔬、圓頜北梭魚、北梭魚

Albula vulpes 大肉梳、爛肉梳、北梭魚

Ambassidae 雙邊魚科

Ambassis ambassis

Ambassis buruensis 彎線雙邊魚

Ambassis gymnocephalus 透明疏蘿、眶棘雙邊魚、裸頭雙邊魚

Ambassis interrupta 斷線雙邊魚

Ambassis miops 疏蘿仔、少棘雙邊魚

Ambassis urotaenia 透明疏蘿、尾紋雙邊魚、細尾雙邊魚

Ammodytidae 玉筋魚科

Ammodytes personatus 太平洋玉筋魚

Bleekeria viridianguilla 青鱔、綠鰻布氏筋魚

Anguillidae 鰻鱺科

Anguilla japonica 白鱔、日本鰻鱺、日本鰻

Antennariidae 躄魚科

Antennarius biocellatus 紅公、雙斑躄魚

Antennarius commerson 康氏躄魚

Antennarius hispidus 毛躄魚

Antennarius pictus 白斑躄魚

Antennarius striatus 帶紋躄魚

Antennatus nummifer 錢斑躄魚、眼斑躄魚

Histrio histrio 裸躄魚、斑紋光躄魚

Apistidae 鬚簑鮋科

Apistus carinatus 白老虎、棱須簑鮋、棱須簑鮋

Aploactinidae 絨皮鮋科

Acanthosphex leurynnis 單棘鮋

Erisphex pottii 虻鮋、蜂鮋、絨鮋

Paraploactis hongkongiensis 香港絨棘鮋、香港副絨皮鮋

Paraploactis kagoshimensis 斑鰭絨棘鮋、鹿兒島副絨皮鮋

Apogonidae 天竺鯛科

Apogon carinatus 蔬蘿、斑鰭銀口天竺鯛

Apogon doederleini 十線疏蘿、稻氏鸚天竺鯛

Apogon ellioti 蔬蘿、黑邊天竺鯛

Apogon erythrinus 蔬蘿、粉紅天竺鯛

Apogon lineatus 蔬蘿、細條銀口天竺鯛

Apogon semilineatus 大眼蔬蘿、半線天竺鯛

Apogon striatus 蔬蘿、橫帶天竺鯛、條紋銀口天竺鯛

Apogon unicolor 單色天竺鯛

Apogonichthyoides c. f. timorensis 蔬蘿、帝汶似天竺魚、帝汶似天竺鯛

Apogonichthyoides niger 蔬蘿、龍蓼蘿、印度疏蘿、黑似天竺魚、黑似天竺鯛

Apogonichthyoides nigripinnis 蔬蘿、黑鰭似天竺魚、黑鰭似天竺鯛

Apogonichthyoides pseudotaeniatus 擬雙帶似天竺魚

Apogonichthyoides taeniatus 雙帶似天竺鯛

Archamia bleekeri 蔬蘿、布氏長鰭天竺鯛

Archamia fucata 蔬蘿、紅紋長鰭天竺鯛、褐斑帶天竺鯛

Cheilodipterus artus 縱帶巨牙天竺鯛、縱帶巨齒天竺鯛

Nectamia bandanensis 蔬蘿、頰紋聖竺鯛、頰紋聖天竺鯛

Ostorhinchus doederleini 十線疏蘿、稻氏鸚天竺鯛

Ostorhinchus aureus 金疏蘿、環尾鸚天竺鯛

Ostorhinchus cookii 紅蔬蘿、蔬蘿、庫氏鸚天竺鯛

Ostorhinchus endekataenia 蔬蘿、細線鸚天竺鯛

Ostorhinchus fasciatus 四間疏蘿、寬條鸚天竺鯛

Ostorhinchus fleurieu 金蔬蘿、蔬蘿、斑柄鸚天竺鯛

Ostorhinchus holotaenia 蔬蘿、全紋鸚天竺鯛

Ostorhinchus kiensis 紅梳籮、蔬蘿、中線鸚天竺鯛

Ostorhinchus novemfasciatus 蔬蘿、九線鸚天竺鯛

Ostorhinchus taeniophorus 紅蔬蘿、蔬蘿、褐帶鸚天竺鯛

Pristiapogon fraenatus 蔬蘿、棘眼鋸天竺鯛

Rhabdamia gracilis 細箭竺鯛、箭天竺鯛

Sphaeramia orbicularis 蔬蘿、紅尾圓竺鯛、環紋圓竺鯛

Rhabdamia cypselurus 燕尾箭天竺鯛

Ariidae 海鯰科

Arius maculatus 庵釘、赤魚、斑海鯰、斑海鯰

Netuma thalassina 赤魚、大海鯰

Plicofollis nella 庵釘、內爾海鯰

Tachysurus sinensis 中華瘋鱯

Ariommatidae 無齒鯧科

Ariomma indica 叉尾、印度無齒鯧、印度無齒鯧

Atherinidae 銀漢魚科

Atherinomorus insularum 海島美銀漢魚

Atherinomorus lacunosus 重鱗、藍美銀漢魚、南洋銀漢魚

Hypoatherina tsurugae 後肛下銀漢魚

Hypoatherina valenciennei 凡氏下銀漢魚

Aulostomidae 管口魚科

Aulostomus chinensis 中華管口魚

Balistidae 鱗魨科

Abalistes stellaris 寬尾剝皮魚、寬尾鱗魨

Balistapus undulatus 波紋鉤鱗魨

Canthidermis maculata 疣鱗魨

Odonus niger 紅牙鱗魨

Sufflamen chrysopterum 黃鰭多棘鱗魨、金鰭鼓氣鱗魨

Pseudobalistes fuscus 黑副鱗魨

Rhinecanthus aculeatus 叉斑銼鱗魨、尖吻棘魨

Belonidae 鶴鱵科

Ablennes hians 青鶴、橫帶扁頜針魚、扁鶴鱵

Strongylura anastomella 青咀、青鶴、尖嘴柱頜針魚、鶴鱵

Strongylura leiura 青鶴、無斑柱頜針魚、臺灣圓尾鶴鱵

Strongylura strongylura 青鶴、斑尾柱頜針

魚、圓尾鶴鱵

Tylosurus acusmelanotus 青鶴、黑背圓頜針魚、叉尾鶴鱵

Tylosurus crocodilus 青鶴、鱷形圓頜針魚、鱷叉尾鶴鱵

Berycidae 金眼鯛科

Centroberyx lineatus 日本大眼魚、線紋擬棘鯛

Blenniidae 䲁科

Aspidontus dussumieri 絲尾盾齒䲁

Aspidontus taeniatus 縱帶盾齒䲁

Cirripectes filamentosus 絲背穗肩䲁、絲鰭頸須䲁

Entomacrodus lighti 萊特氏間頸鬚䲁、賴氏犁齒䲁、星斑蛙䲁

Entomacrodus stellifer 橫帶間項鬚䲁

Entomacrodus striatus 點斑犁齒䲁

Istiblennius dussumieri 杜氏動齒䲁、杜氏蛙䲁

Meiacanthus grammistes 黑帶稀棘䲁

Mimoblennius atrocinctus 黑點仿䲁、擬䲁

Omobranchus elongatus 長肩鰓䲁

Omobranchus fasciolatoceps 斑頭肩鰓䲁

Omobranchus germaini 吉氏肩鰓䲁

Parablennius thysanius 纓副䲁

Parablennius yatabei 八部副䲁

Petroscirtes breviceps 咬手仔、咬手銀、短頭跳岩䲁、短頭跳岩䲁

Petroscirtes mitratus 高鰭跳岩䲁

Petroscirtes springeri 史氏跳岩䲁

Petroscirtes variabilis 變色跳岩䲁

Plagiotremus rhinorhynchos 粗吻短帶䲁、橫口䲁

Plagiotremus tapeinosoma 窄體短帶䲁、黑帶橫口䲁

Praealticus tanegasimae 種子島矮冠䲁

Salarias fasciatus 細紋鳳䲁、細紋唇齒䲁

Scartella emarginata 緣敏䲁、緣頂須䲁

Xiphasia setifer 帶䲁

Istiblennius edentulus 暗紋動齒䲁、暗紋蛙䲁

Omobranchus aurosplendidus 金燦肩鰓䲁

Omobranchus loxozonus 雲紋肩鰓䲁

Omobranchus punctatus 斑點肩鰓䲁

Bothidae 鮃科

Arnoglossus japonicus 日本羊舌、日本舌鮃

Arnoglossus tapeinosoma 長鰭羊舌鮃

Arnoglossus tenuis 細羊舌鮃

Asterorhombus intermedius 地寶、左口、中間角鮃、間星羊舌鮃

Bothus mancus 綠點地寶、左口、凹吻鮃、蒙鮃

Bothus myriaster 左口、繁星鮃

Bothus pantherinus 左口、豹鮃、豹紋鮃

Chascanopsetta lugubris 大口長頜鮃、黑大口鮃

Crossorhombus azureus 左口、青纓鮃

Crossorhombus kobensis 高本纓鮃

Crossorhombus valderostratus 寬額青纓鮃

Engyprosopon grandisquama 左口、偉大短額鮃、大鱗短額鮃

Engyprosopon latifrons 寬額短額鮃

Engyprosopon mogkii 黑斑短額鮃

Engyprosopon multisquama 多鱗短額鮃

Laeops kitaharae 北原左鮃、北原氏左鮃

Psettina brevirictis 小口鰊鮃

Psettina hainanensis 海南鰊鮃

Psettina iijimae 鰊鮃

Psettina tosana 大鳥、大口鰊

Taeniopsetta ocellata 眼斑線鰭鮃

Bregmacerotidae 海鰤鰍科

Bregmaceros lanceolatus 尖鰭犀鱈、尖尾犀鱈

Bregmaceros mcclellandi 麥氏犀鱈

Caesionidae 烏尾鮗科

Caesio caerulaurea 蕃薯魚、褐梅鯛、烏尾鮗

Caesio cuning 海利、黃尾梅鯛

Caesio lunaris 新月梅鯛、花尾烏尾鮗

Caesio teres 黃藍背梅鯛、黃藍背烏尾鮗

Callionymus altipinnis 大鰭鰷、高鰭鰷

Dipterygonotus balteatus 雙鰭梅鯛、雙鰭烏尾鮗

Pterocaesio digramma 雞魚、雙帶鱗鰭梅鯛、雙帶烏尾鮗

Pterocaesio tile 蕃薯、黑帶鱗鰭梅鯛、蒂爾烏尾鮗

Pterocaesio chrysozona 金帶鱗鰭梅鯛、金

香港志—自然・自然資源與生態

帶梅鯛、金帶鱗鰭烏尾鮗

Pterocaesio marri 馬氏鱗鰭梅鯛、馬氏鱗鰭烏尾鮗

Callionymidae 鼠䲗科

Bathycallionymus kaianus 基島䲗

Callionymus belcheri 貝氏美尾䲗

Repomucenus richardsonii 棘斜棘䲗、彎棘斜棘䲗

Callionymus enneactis 斑鰭䲗

Callionymus hindsii 海氏美尾䲗、漢氏美尾䲗

Callionymus huguenini 長崎䲗

Callionymus japonicus 老鼠魚、日本美尾䲗

Callionymus octostigmatus 斑臀䲗、八斑䲗

Callionymus pleurostictus 白臀䲗

Dactylopus dactylopus 指腳䲗、指鰭䲗

Diplogrammus xenicus 暗帶雙線䲗、雙線䲗

Synchiropus grinnelli 角魚、格氏連鰭䲗、格氏連鰭䲗

Synchiropus lateralis 側斑連鰭䲗

Synchiropus lineolatus 線紋連鰭䲗

Carangidae 鰺科

Alectis ciliaris 白鬚公、短吻絲鰺、絲鰺

Alectis indica 白鬚公、長吻絲鰺、印度絲鰺

Alepes djedaba 蝦鰽、蝦尾鰽、及達副葉鰺、吉打鰺

Alepes kleinii 克氏副葉鰺、青基、副鰺

Alepes melanoptera 黑鰭青基、黑鰭副葉鰺

Atropus atropos 黑翼排、走排、溝鰺

Atule mate 離鰭青基、游鰭葉鰺

Carangoides armatus 大魚仔、長鰭水珍、甲若鰺、鎧鰺

Carangoides chrysophrys 大魚仔、長吻若鰺、冬瓜鰺

Carangoides coeruleopinnatus 水珍、走排、青羽若鰺、青羽鰺

Carangoides equula 大魚仔、高體若鰺、平鰺

Carangoides ferdau 大魚仔、黃點水珍、平線若鰺、印度平鰺

Carangoides malabaricus 馬拉巴若鰺、大魚仔、水珍、馬拉巴若鰺、瓜仔鰺

Carangoides praeustus 巴布亞鰺、青基、褐背若鰺

Caranx ignobilis 大魚仔、珍鰺、浪人鰺

Caranx melampygus 黑尻鰺、藍鰭鰺

Caranx sexfasciatus 大魚仔、六帶水珍、六帶鰺

Decapterus kurroides 紅尾鰽、無斑圓鰺

Decapterus macarellus 頜圓鰺

Decapterus macrosoma 長體圓鰺、長身圓鰺

Decapterus maruadsi 藍圓鰺、白頂鰽魚、青鰽、紅背圓鰺、藍圓鰺

Decapterus russelli 竹鰽魚、青基、紅鰭圓鰺

Elagatis bipinnulata 紡綞鰤

Gnathanodon speciosus 黃水珍、黃鸝無齒鰺、無齒鰺

Megalaspis cordyla 甲鰽、倒甲鰽、大甲鰺

Naucrates ductor 帶水魚、舟鰤

Parastromateus niger 黑鰮、烏鰺、烏鯧

Pseudocaranx dentex 長鼻水珍、木黃、黃帶擬鰺、縱帶鰺

Scomberoides lysan 黃祥、長頜似鰺、逆鉤鰺

Selar boops 石鰽、牛目凹肩鰺

Selar crumenophthalmus 大眼鰽、脂眼凹肩鰺

Selaroides leptolepis 金帶細鰺、黃紋蝦鰽、金邊鰽、金帶細鰺、細鰺

Seriola dumerili 章雄、杜氏鰤、高體鰤、紅甘鰺

Seriolina nigrofasciata 油甘、黑紋小條鰤、小甘鰺

Trachinotus baillonii 斐氏鯧鰺、章白、白泥鯭、小斑鯧鰺、斐氏黃臘鰺

Trachinotus blochii 布氏鯧鰺、黃鑞鯧、獅鼻鯧鰺、黃臘鰺

Trachurus japonicas 日本鰽、石鰽、日本竹筴魚、真鰺

Trachurus trachurus 竹筴魚

Ulua mentalis 長鰓水珍、黑面神、短絲羽鰓鰺、絲口鰺

Uraspis helvola 白口水珍、白舌尾甲鰺、沖鰺

Uraspis uraspis 大魚仔、白口尾甲鰺、正沖鰺

Scomberoides commersonnianus 黃祥、康氏似鰺、大口逆溝鰺

Scomberoides tol 革似鰺、托爾逆鉤鰺

Centrolophidae 長鯧科

Psenopsis anomala 瓜核鯧、刺鯧

Cepolidae 赤刀魚科

  Acanthocepola krusensternii 長尾魚、克氏棘赤刀魚

  Acanthocepola limbata 背點棘赤刀魚

Chaetodontidae 蝴蝶魚科

  Chaetodon auriga 荷包魚、人字蝶、絲蝴蝶魚、揚旛蝴蝶魚

  Chaetodon auripes 荷包魚、黑蝶、叉紋蝴蝶魚、耳帶蝴蝶魚

  Chaetodon bennetti 荷包魚、太陽蝶、金日蝕、雙絲蝴蝶魚、本氏蝶魚

  Chaetodon decussatus 橫紋蝴蝶魚

  Chaetodon ephippium 荷包魚、月光、鞭蝴蝶魚、鞍斑蝴蝶魚

  Chaetodon guentheri 貢氏蝴蝶魚

  Chaetodon kleinii 荷包魚、藍頭蝶、珠蝴蝶魚、克氏蝴蝶魚

  Chaetodon lineolatus 荷包魚、細紋蝴蝶魚、紋身蝴蝶魚

  Chaetodon lunula 荷包魚、白眉、新月蝴蝶魚、月斑蝴蝶魚

  Chaetodon lunulatus 弓月蝴蝶魚

  Chaetodon melannotus 荷包魚、單印、黑背蝴蝶魚

  Chaetodon octofasciatus 荷包魚、花片、八線蝶、八帶蝴蝶魚

  Chaetodon ornatissimus 荷包魚、風車蝶、華麗蝴蝶魚

  Chaetodon plebeius 荷包魚、雲蝶、四棘蝴蝶魚、藍斑蝴蝶魚

  Chaetodon punctatofasciatus 斑帶蝴蝶魚

  Chaetodon speculum 荷包魚、豆豉蝶、鏡斑蝴蝶魚

  Chaetodon trifascialis 荷包魚、箭蝶、排骨蝶、三紋蝴蝶魚、川紋蝴蝶魚

  Chaetodon trifasciatus 荷包魚、冬瓜、三帶蝴蝶魚

  Chaetodon ulietensis 鞍斑蝴蝶魚

  Chaetodon vagabundus 荷包魚、假人字蝶、斜紋蝴蝶魚、飄浮蝴蝶魚

  Chaetodon wiebeli 荷包魚、黑尾蝶、麗蝴蝶魚、魏氏蝴蝶魚

  Chaetodon xanthurus 荷包魚、橙尾蝶、黃蝴蝶魚、紅尾蝴蝶魚

  Chelmon rostratus 荷包魚、畢畢、鑽嘴魚、長吻鑽嘴魚

  Coradion altivelis 荷包魚、大斑馬

  Coradion chrysozonus 荷包魚、少女魚、金斑少女魚

  Heniochus acuminatus 關刀、馬夫魚、白吻雙帶立旗鯛

  Roa modesta 黑點魚、荷包魚、蝴蝶魚、樸蝴蝶魚、尖嘴蝴蝶魚

Champsodontidae 鱷齒鰧科

  Champsodon capensis 鱷齒魚

  Champsodon snyderi 短鱷齒魚、斯氏鱷齒魚

Chanidae 虱目魚科

  Chanos chanos 虱目魚

Cheilodactylidae 唇指鰶科

  Cheilodactylus quadricornis 三刀、背帶隼、背帶鷹

  Cheilodactylus zonatus 花尾唇指鰶、斬三刀、帶唇指鰶、花尾帶鰶

Chirocentridae 寶刀魚科

  Chirocentrus dorab 寶刀、布刀、西刀、寶刀魚

  Chirocentrus nudus 寶刀、長頜寶刀魚、長頜寶刀魚

Chlorophthalmidae 青眼魚科

  Chlorophthalmu salbatrossis 大眼青眼魚

Cirrhitidae 鰶科

  Cirrhitichthys aprinus 荔枝魚、哨牙婆、斑金鰶

  Cirrhitichthys aureus 荔枝魚、哨牙婆、金鰶

  Cirrhitichthys falco 尖頭金鰶

  Cirrhitichthys oxycephalus 尖頭金鰶、尖鰭金鰶

Citharidae 棘鮃科

  Brachypleura novaezeelandiae 紐西蘭短鰈

  Lepidoblepharon ophthalmolepis 鱗眼鮃

Clupeidae 鯡科

  Amblygaster clupeoides 勃氏鈍腹鯡

  Amblygaster leiogaster 平胸鈍腹鯡

  Amblygaster sirm 青鱗、斑點鈍腹鯡、西姆圓腹沙丁魚

  Clupanodon thrissa 七點黃魚、黃魚、花鰶、盾齒鰶

Herklotsichthys quadrimaculatus 四點似青鱗魚
Konosirus punctatus 黃魚、斑鰶、窩斑鰶
Nematalosa come 黃魚、西太平洋海鰶、環球海鰶
Nematalosa japonica 黃魚、日本海鰶
Nematalosa nasus 黃魚、圓吻海鰶、高鼻海鰶
Opisthopterus tardoore 曹白、翹頭扁、後鰭魚
Opisthopterus valenciennesi 伐氏後鰭魚
Sardinella albella 青鱗、白小沙丁魚、白腹小沙丁魚
Sardinella aurita 黃澤、圓小沙丁魚、金色小沙丁魚
Sardinella brachysoma 青鱗、高體小沙丁魚
Sardinella fimbriata 黃澤、縫鱗小沙丁魚、黑小沙丁魚
Sardinella gibbosa 隆背小沙丁魚
Sardinella hualiensis 花蓮小沙丁魚
Sardinella jussieu 青鱗、裘氏小沙丁魚、逑氏小沙丁魚
Sardinella lemuru 青鱗、黃澤小沙丁魚、黃小沙丁魚
Sardinella melanura 黑尾小沙丁魚
Sardinella richardsoni 里氏小沙丁魚
Sardinella sindensis 青鱗、信德小沙丁魚、中國小沙丁魚
Sardinella zunasi 青鱗、壽南小沙丁魚、錘氏小沙丁魚
Sardinops sagax 南美擬沙丁魚
Spratelloides delicatulus 公魚仔、鏽眼銀帶鯡
Spratelloides gracilis 公魚、日本銀帶鯡
Tenualosa reevesii 三鯠魚、鰣
Hilsa kelee 花點鰣

Congridae 糯鰻科

Ariosoma anago 貓鳩、穴美體鰻、白錐體康吉鰻
Conger myriaster 星康吉鰻、繁星糯鰻
Rhynchoconger ectenurus 黑尾吻鰻、突吻鰻
Uroconger lepturus 黃門鱔、惡鱔、尖尾鰻、狹尾糯鰻

Coryphaenidae 鬼頭刀科

Coryphaena equiselis 棘鯕鰍、棘鬼頭刀
Coryphaena hippurus 牛頭魚、鯕鰍、鬼頭刀

Cynoglossidae 舌鰨科

Cynoglossus abbreviatus 幼鱗撻沙、撻沙、短吻舌鰨、短舌鰨
Cynoglossus abrilden
Cynoglossus arel 粗鱗撻沙、撻沙、印度舌鰨、大鱗舌鰨
Cynoglossus bilineatus 撻沙、雙線舌鰨
Cynoglossus gracilis 撻沙、窄體舌鰨
Cynoglossus interruptus 鰨沙、斷線舌鰨
Cynoglossus itinus 撻沙、單孔舌鰨
Cynoglossus joyneri 撻沙、焦氏舌鰨
Cynoglossus kopsii 撻沙、格氏舌鰨
Cynoglossus lida 撻沙、南洋舌鰨、利達舌鰨
Cynoglossus monopus 高眼舌鰨
Cynoglossus puncticeps 撻沙、斑頭舌鰨
Cynoglossus robustus 方利、撻沙、寬體舌鰨、粗體舌鰨
Cynoglossus semilaevis 方利、撻沙、半滑舌鰨
Cynoglossus trulla 尖脷、婆羅舌鰨
Paraplagusia bilineata 撻沙、長鉤須鰨、須鰨
Paraplagusia blochii 撻沙、短鉤須鰨、布氏須鰨
Paraplagusia japonica 撻沙、日本須鰨

Dactylopteridae 飛角魚科

Dactyloptena gilberti 角須紋、飛機魚、吉氏豹魴鮄
Dactyloptena orientalis 東方飛角魚、角須紋、飛機魚、東方魴鮄、東方豹魴鮄
Dactyloptena peterseni 角須紋、飛機魚、單棘魴鮄、皮氏豹魴鮄

Diodontidae 二齒魨科

Cyclichthys orbicularis 棘泡、短棘圓刺魨、圓點短刺魨
Diodon holocanthus 棘泡、六斑刺魨、六斑二齒魨
Diodon hystrix 密斑刺魨、密斑二齒魨

Drepaneidae 雞籠鯧科

Drepane longimana 雞籠鯧、條紋雞籠鯧

Drepane punctata 雞籠鯧、斑點雞籠鯧

Dussumieriidae 圓腹鯡科

Dussumieria acuta 海河、尖吻圓腹鯡、尖尾圓腹鯡

Dussumieria elopsoides 海河、細圓腹鯡、尖杜氏鰮

Etrumeus teres 大眼鱒、脂眼鯡

Echeneidae 䲟科

Echeneis naucrates 魚攍、鱭魚、柴狗、印魚、長印魚

Eleotridae 塘鱧科

Bostrychus sinensis 烏魚、中華烏塘鱧、中國塘鱧

Butis butis 嵴塘鱧

Butis humeralis

Butis koilomatodon 黑鰜、鋸塘鱧

Eleotris acanthopoma 刺蓋塘鱧、塘鱧

Eleotris melanosoma 黑體塘鱧、黑塘鱧

Eleotris oxycephala 尖頭塘鱧

Elopidae 海鰱科

Elops machnata 爛肉蔬、大眼海鰱、海鰱

Engraulidae 鯷科

Coilia grayii 盾齒鰶、鳳尾魚、七絲鱭

Coilia mystus 鳳尾魚、鳳鱭

Coilia nasus 鳳尾魚、刀鱭

Encrasicholina devisi 戴氏半稜鯷

Encrasicholina heteroloba 公魚、尖吻半稜鯷、異葉公鯷

Encrasicholina punctifer 公魚、布氏半稜鯷、刺公鯷

Engraulis japonicus 馬口絲、日本鯷

Setipinna taty 公魚、太的黃鯽

Setipinna tenuifilis 黃鯽、絲翅鯽

Stolephorus chinensis 中華側帶小公魚

Stolephorus commersonnii 康氏側帶小公魚、孔氏小公魚

Stolephorus indicus 反肚泡、印度側帶小公魚、印度小公魚

Stolephorus insularis 公魚、島側帶小公魚、島嶼小公魚

Thryssa chefuensis 黃姑、煙臺棱鯷、芝蕪綾鯷

Thryssa dussumieri 杜氏稜鯷、尖鼻、黃姑、杜氏棱鯷、杜氏綾鯷

Thryssa hamiltonii 黃姑、漢氏棱鯷、漢氏綾鯷

Thryssa kammalensis 黃姑、赤鼻棱鯷、

Thryssa mystax 姑仔、黃姑、中頜棱鯷

Thryssa setirostris 黃姑、長頜棱鯷、長頜綾鯷

Thryssa vitrirostris 黃吻棱鯷

Ephippidae 白鯧科

Ephippus orbis 白鯧、圓白鯧

Platax orbicularis 石鯧、屎窟鯧、圓燕魚、圓眼燕魚

Platax pinnatus 石鯧、屎窟鯧、彎鰭燕魚、圓翅燕魚

Platax teira 石鯧、屎窟鯧、燕魚、尖翅燕魚

Epinephelidae 石斑魚科

Aethaloperca rogaa 黑瓜子斑、紅嘴煙鱸

Anyperodon leucogrammicus 臘腸斑、白線光腭鱸

Cephalopholis argus 藍點星班、斑點九棘鱸、斑點九刺鮨

Cephalopholis boenak 烏絲、橫紋九棘鱸、橫紋九刺鮨

Cephalopholis formosa 藍線九棘鱸、臺灣九刺鮨

Cephalopholis miniata 青星九棘鱸、青星九刺鮨

Cephalopholis sonnerati 紅瓜子斑、蕃茄斑、紅九棘鱸、宋氏九刺鮨

Cephalopholis urodeta 白尾斑、尾紋九棘鱸、尾紋九刺鮨

Cromileptes altivelis 老鼠斑、駝背鱸

Diploprion bifasciatum 火燒腰、雙帶黃鱸、雙帶鱸

Epinephelus akaara 紅斑、赤點石斑魚

Epinephelus amblycephalus 鑲點石斑魚

Epinephelus areolatus 齊尾芝麻斑、芝麻斑、寶石石斑魚、寶石斑魚

Epinephelus awoara 黃釘、黃釘斑、黃斑、青石斑魚

Epinephelus bleekeri 芝麻斑、橙色石斑魚、布氏石斑魚

Epinephelus bruneus 褐帶石斑魚、泥斑、雙牙仔、褐石斑魚、雲紋石斑魚

Epinephelus chlorostigma 深水芝麻斑、芝麻

斑、網紋石斑魚、密點石斑魚

Epinephelus coioides 青斑、點帶石斑魚、點帶石斑

Epinephelus corallicola 珊瑚石斑魚、黑駁石斑魚

Epinephelus cyanopodus 藍瓜子斑、細點石斑魚

Epinephelus diacanthus 南海石斑魚、象皮斑、雙棘石斑魚

Epinephelus epistictus 黑點斑、小紋石斑魚

Epinephelus fasciatomaculosus 石釘、擬青石斑魚

Epinephelus fasciatus 紅釘、黑邊石斑魚、赤石斑魚

Epinephelus fuscoguttatus 老虎斑、棕點石斑魚

Epinephelus lanceolatus 龍躉、鞍帶石斑魚

Epinephelus latifasciatus 蔬蘿斑、寬頻石斑魚

Epinephelus longispinis 長棘石斑魚

Epinephelus macrospilos 大斑石斑魚

Epinephelus maculatus 長棘斑、花英斑、花點石斑魚

Epinephelus malabaricus 花鬼、瑪拉巴石斑魚

Epinephelus melanostigma 黑斑石斑魚

Epinephelus merra 花頭梅、金錢斑、蜂巢石斑魚、網紋石斑魚

Epinephelus morrhua 油斑、黃鱲、弓斑石斑魚、吊橋石斑魚

Epinephelus ongus 假杉斑、紋波石斑魚、紋波斑魚

Epinephelus polyphekadion 杉斑、清水石斑魚

Epinephelus quoyanus 花頭梅、花狗斑、玳瑁石斑魚

Epinephelus radiatus 雲紋石斑魚

Epinephelus rivulatus 白點斑、半月石斑魚、霜點石斑魚

Epinephelus stictus 南海石斑魚

Epinephelus tauvina 花鬼、青斑、巨石斑魚、鱸滑石斑魚

Epinephelus trimaculatus 鬼頭斑、花鬼頭、花斑、三斑石斑魚

Hyporthodus septemfasciatus 泥斑、七帶石斑魚

Plectropomus areolatus 西星、藍點鰓棘鱸

Plectropomus laevis 皇帝星、黑鞍鰓棘鱸、横斑刺鰓鮨

Plectropomus leopardus 東星斑、豹紋鰓棘鱸、花斑刺鰓鮨

Triso dermopterus 鳶鮨、鳶鱠

Variola albimarginata 燕尾星、白邊側牙鱸、白緣星鱠

Variola louti 燕尾星、側牙鱸、星鱠

Exocoetidae 飛魚科

Cheilopogon simus 單峰燕鰩魚

Fistulariidae 馬鞭魚科

Fistularia commersonii 康氏馬鞭魚、鶴針、無鱗煙管魚、棘馬鞭魚

Fistularia petimba 鶴針、紅殼、鱗煙管魚、馬鞭魚

Gerreidae 銀鱸科

Gerres decacanthus 銀米、十刺銀鱸

Gerres erythrourus 連米、短體銀鱸、短鑽嘴魚

Gerres filamentosus 銀米、三角連米、長棘銀鱸、曳絲鑽嘴魚

Gerres japonicus 銀米、連米、日本銀爐、日本鑽嘴魚

Gerres limbatus 連米、短棘銀鱸、短棘鑽嘴魚

Gerres longirostris 強棘銀鱸

Gerres oblongus 連米、長圓銀鱸、長身鑽嘴魚

Gerres oyena 連米、奧奈銀鱸、奧奈鑽嘴魚

Pentaprion longimanus 五棘銀鱸、長臂鑽嘴魚

Glaucosomatidae 葉鯛科

Glaucosoma buergeri 大眼容、灰葉鯛

Glaucosoma hebraicum 青葉鯛

Gobiesocidae 喉盤魚科

Discotrema crinophilum 盤孔喉盤魚

Pherallodus indicus 印度細喉盤魚、印度異齒喉盤魚

Gobiidae 鰕虎科

Acanthogobius flavimanus 黃鰭刺鰕虎魚

Acanthogobius lactipes 乳色刺鰕虎魚

Acentrogobius brevirostris
Acentrogobius caninus 犬牙細棘鰕虎魚
Acentrogobius chlorostigmatoides 綠斑頰溝鰕虎魚
Acentrogobius nebulosus 雲紋裸頰鰕虎魚、雲紋鰕虎
Acentrogobius viridipunctatus 青斑細棘鰕虎魚、青斑細棘鰕虎
Amblychaeturichthys hexanema 六絲鈍尾鰕虎魚、六線長鯊
Amblyeleotris gymnocephala 咬手銀、裸頭鈍塘鱧
Amblyeleotris japonica 日本鈍塘鱧
Amblyeleotris periophthalma 圓眶鈍塘鱧
Amblyeleotris wheeleri 威氏鈍塘鱧
Amblygobius albimaculatus 白條鈍鰕虎魚
Amblygobius phalaena 尾斑鈍鰕虎魚、尾斑鈍鰕虎
Amblyotrypauchen arctocephalus 鈍孔鰕虎魚
Apocryptes bato 棘平牙鰕虎魚
Apocryptodon madurensis 馬都拉叉牙鰕虎魚
Asterropteryx semipunctata 星塘鱧
Aulopareia unicolor 單色頰溝鰕虎
Awaous ocellaris 睛斑阿胡鰕虎魚、厚唇鯊
Bathygobius cyclopterus 圓鰭深鰕虎魚、肩斑黑鰕虎
Bathygobius fuscus 褐深鰕虎、深鰕虎魚、黑鰕虎
Bathygobius (hongkongensis) meggitti 梅氏深鰕虎、香港深鰕虎魚
Boleophthalmus boddarti 薄氏大彈塗魚
Boleophthalmus pectinirostris 大彈塗魚
Brachyamblyopus brachysoma 短體盲鰕虎魚
Bryaninops amplus 狹鰓珊瑚鰕虎
Callogobius maculipinnis 斑鰭美鰕虎魚
Callogobius tanegasimae 種子島美鰕虎、種子島硬皮鰕虎
Caragobius urolepis 高體盲鰕虎魚、高體短鰻鰕虎
Chaeturichthys stigmatias 矛尾鰕虎魚
Cryptocentrus leptocephalus 小頭絲鰕虎魚
Cryptocentrus strigilliceps 紋斑絲鰕虎魚、紋斑猴鯊
Ctenotrypauchen chinensis 紅檀、中華櫛孔鰕虎魚
Drombus triangularis 三角捷鰕虎
Eviota abax 磯塘鱧
Eviota storthynx 顳斑磯塘鱧
Favonigobius gymnauchen 裸項蜂巢鰕虎魚
Favonigobius reichei 乳突鰕虎魚、雷氏鯊
Glossogobius giuris 花鶴、舌鰕虎魚
Glossogobius olivaceus 斑紋舌鰕虎魚、點帶叉舌鯊
Gobiopsis arenaria 砂鬚鰕虎
Gobiopsis macrostoma 大口鬚鰕虎
Hazeus otakii 大瀧氏粗棘鰕虎
Hemigobius hoevenii 斜紋半鰕虎魚
Istigobius campbelli 凱氏銜鰕虎魚、康培氏銜鯊
Istigobius decoratus 華麗銜鰕虎魚、華麗銜鰕虎
Istigobius diadema 銜鰕虎魚
Istigobius hoshinonis 和歌銜鰕虎
Istigobius ornatus 飾銜鰕虎魚、飾銜鯊
Luciogobius guttatus 竿鰕虎魚
Luciogobius platycephalus 平頭竿鰕虎魚
Mahidolia mystacina 大口巨頜鰕虎魚、大口巨頜鰕虎
Mugilogobius abei 阿部鯔鰕虎魚、阿部氏鯔鰕虎
Mugilogobius chulae 諸氏鯔鰕虎
Myersina filifer 長絲犁突鰕虎魚、花柳鶴、咬手指、長絲絲鰕虎魚、絲鰭猴鯊
Myersina macrostoma 大口犁突鰕虎、大口鋤突鰕虎
Odontamblyopus rubicundus 石泥、紅狼牙鰕虎魚、盲條魚
Oxyurichthys microlepis 小鱗溝鰕虎魚
Oxyurichthys ophthalmonema 眼瓣溝鰕虎魚、眼絲鴿鯊
Oxyurichthys papuensis 巴布亞溝鰕虎魚、眼角鴿鯊
Oxyurichthys saru 帚形溝鰕虎
Oxyurichthys tentacularis 觸角溝鰕虎魚
Parachaeturichthys polynema 擬矛尾鰕虎

魚、多鬚擬鰕鯊、多鬚擬矛尾鰕虎

Paratrypauchen microcephalus 紅檀、小頭
櫛孔鰕虎魚、櫛赤鯊

Periophthalmus modestus 彈塗魚

Priolepis nuchifasciatus 頸紋鋸鱗鰕虎魚

Priolepis semidoliata 多紋鋸鱗鰕虎魚

Psammogobius biocellatus 雙斑舌鰕虎魚、
雙斑叉舌鯊

Pseudogobius javanicus 爪哇擬鰕虎魚、爪
哇擬鰕虎

Pterogobius elapoides 蛇首高鰭鰕虎魚

Pterogobius virgo 縱帶高鰭鰕虎

Rhinogobius giurinus 子陵吻鰕虎、極樂吻鰕
虎

Scartelaos histophorus 田柳、青彈塗魚

Stenogobius ophthalmoporus 眼帶狹鰕虎

Synechogobius hasta 沙鮻、矛尾刺鰕虎
魚、長身鯊

Synechogobius ommaturus 斑尾複鰕虎魚

Taenioides anguillaris 鰻鰕虎魚、鱧形灰盲條
魚

Taenioides cirratus 須鰻鰕虎魚、灰盲條魚

Tomiyamichthys oni 奧奈氏富山鰕虎

Tomiyamichthys russus 紅絲鰕虎魚

Tridentiger barbatus 張飛鮻、髭縞鰕虎魚、
須縞鰕虎

Tridentiger nudicervicus 裸頸縞鰕虎、裸項
縞鰕虎魚

Tridentiger obscurus

Tridentiger trigonocephalus 紋縞鰕虎魚

Trypauchen taenia 紅檀、中華櫛孔鰕虎魚

Trypauchen vagina 赤鱧魚、木泥、紅枝筆
泥、紅壇、孔鰕虎魚、赤鯊

Valenciennea helsdingenii 雙帶凡塘鱧、雙帶
范式塘鱧

Valenciennea immaculata 無斑凡塘鱧、無斑
範氏塘鱧

Valenciennea muralis 花鮻、石壁凡塘鱧、石
壁範氏塘鱧

Valenciennea puellaris 大鱗凡塘鱧、點帶塘
鱧

Valenciennea strigata 絲條凡塘鱧、紅帶范
氏塘鱧

Valenciennea wardii 鞍帶凡塘鱧、沃德范氏
塘鱧

Vanderhorstia puncticeps 斑頭梵鰕虎

Yongeichthys criniger 雲斑裸頰鰕虎魚

Amblyeleotris guttata 點紋鈍塘鱧、斑點鈍
鯊

Cryptocentrus cinctus 黑唇絲鰕虎

Haemulidae 石鱸科

Diagramma pictum 密點少棘胡椒鯛、細鱗、
少棘胡椒鯛、花石鱸

Parapristipoma trilineatum 雞魚、三線磯
鱸、三線雞魚

Plectorhinchus chaetodonoides 鐵鱗、細
鱗、斑胡椒鯛、厚唇石鱸

Plectorhinchus cinctus 包公、細鱗、花尾胡
椒鯛、花軟唇

Plectorhinchus diagrammus 花細鱗、四帶胡
椒鯛、雙帶石鱸

Plectorhinchus faetela 紅海胡椒鯛

Plectorhinchus gibbosus 厚唇細鱗、駝背胡
椒鯛

Plectorhinchus lineatus 細鱗、條紋胡椒鯛、
條紋石鱸

Plectorhinchus picus 白細鱗、正細鱗、暗點
胡椒鯛、花石鱸

Plectorhinchus schotaf 邵氏胡椒鯛

Plectorhinchus vittatus 條斑胡椒鯛

Pomadasys argenteus 頭鱸、銀石鱸、銀雞
魚

Pomadasys kaakan 頭鱸、點石鱸、星雞魚

Pomadasys maculatus 大斑石鱸、斑雞魚

Pomadasys quadrilineatus 四帶石鱸、四帶
雞魚

Hapalogenyidae 髭鯛科

Hapalogenys analis 打鐵鑞、橫帶髭鯛

Hapalogenys nigripinnis 鐵鱗、黑鰭髭鯛

Hemiramphidae 鱵科

Hemiramphus far 青針、斑鱵

Hyporhamphus dussumieri 青針、杜氏下鱵
魚、杜氏下鱵

Hyporhamphus gernaerti 鶴針魚、簡牙下鱵
魚、簡氏下鱵

Hyporhamphus intermedius 鱵魚、間下鱵
魚、間下鱵

Hyporhamphus limbatus 緣下鱵魚、緣下鱵

Hyporhamphus paucirastris 少耙下鱲魚
Hyporhamphus quoyi 瓜氏下鱲魚
Hyporhamphus sajori 日本下鱲魚、日本下
鱲
Rhynchorhamphus georgii 水針、青針、喬
氏吻鱲魚、喬氏吻鱲

Holocentridae 金鱗魚科
Myripristis botche 柏氏鋸鱗魚
Myripristis hexagona 六角鋸鱗魚
Myripristis murdjan 將軍甲、硬殼魚、白邊
鋸鱗魚、赤松球
Ostichthys japonicus 將軍甲、硬殼魚、骨鱗
魚
Sargocentron rubrum 黑帶棘鰭魚、將軍
甲、硬殼魚、點帶棘鱗魚、點鰭棘鰭魚

Isonidae 浪花銀漢魚科
Iso flosmaris 浪花銀漢魚、浪花魚

Istiophoridae 正旗魚科
Istiompax indica 旗魚、印度槍魚、立翅旗魚
Istiophorus platypterus 旗魚、平鰭旗魚、雨
傘旗魚

Kuhliidae 湯鯉科
Kuhlia mugil 緇形湯鯉、銀湯鯉

Kyphosidae 舵魚科
Girella mezina 冧蚌、綠帶魢、黃帶瓜子鱲
Girella punctata 冧蚌、斑魢、瓜子鱲
Kyphosus cinerascens 冧蚌鯔、冧鯔、長鰭
舵、天竺舵魚
Kyphosus vaigiensis 冧蚌鯔、冧鯔、低鰭
舵、低鰭舵魚
Microcanthus strigatus 花並、斑馬蝶、細刺
魚、柴魚

Labridae 隆頭魚科
Anampses caeruleopunctatus 熒斑阿南魚、
青斑阿南魚
Bodianus axillaris 四點牙衣、腋斑普提魚、
腋斑狐鯛
Bodianus bilunulatus 黑點牙衣、雙帶普提
魚、雙帶狐鯛
Bodianus diana 鰭斑普提魚、對斑狐鯛
Bodianus macrourus 黑帶普提魚
Bodianus mesothorax 中胸普提魚、中胸狐
鯛
Bodianus oxycephalus 黃牙衣、尖頭普提

魚、尖頭狐鯛
Cheilinus chlorourus 綠尾唇魚
Cheilinus trilobatus 三葉唇魚
Cheilinus undulatus 蘇眉、波紋唇魚、曲紋
唇魚
Choerodon anchorago 鞍斑豬齒魚、楔斑豬
齒魚
Choerodon azurio 綠衣、牙衣、藍豬齒魚
Choerodon schoenleinii 邵氏豬齒魚、青衣、
黑斑豬齒魚、舒氏豬齒魚
Coris gaimard 露珠盔魚、蓋馬氏盔魚
Epibulus insidiator 伸口魚
Gomphosus varius 雜色尖嘴魚、染色尖嘴魚
Halichoeres bicolor 雙色海豬魚
Halichoeres hartzfeldii 縱帶海豬魚
Halichoeres melanurus 黑尾海豬魚
Halichoeres nebulosus 星雲海豬魚、雲紋海
豬魚
Halichoeres nigrescens 黑帶海豬魚、蠔妹、
青妹、紅妹、杜氏海豬魚
Halichoeres tenuispinis 蠔魚、細棘海豬魚
Halichoeres trimaculatus 蠔魚、三斑海豬魚
Hemigymnus melapterus 黑鰭厚唇魚
Iniistius dea 石馬頭、洛神連鰭唇魚、紅虹彩
鯛
Iniistius evides 淡綠連鰭唇魚、麗虹彩鯛
Iniistius pavo 孔雀連鰭唇魚、巴父虹彩鯛
Iniistius pentadactylus 五指連鰭唇魚、五指
虹彩鯛
Iniistius trivittatus 石馬頭、三帶虹彩鯛、三
帶連鰭唇魚、三帶虹彩鯛
Iniistius verrens 薔薇連鰭唇魚、薔薇虹彩鯛
Labroides dimidiatus 裂唇魚
Oxycheilinus bimaculatus 雙斑尖唇魚、雙斑
唇魚
Oxycheilinus unifasciatus 紋頭衣、單帶尖唇
魚、單帶唇魚
Parajulis poecilepterus 花鰭海豬魚
Pseudolabrus eoethinus 紅頸擬隆頭魚、遠
東擬隆頭魚
Pseudolabrus japonicus 蠔魚、日本擬隆頭
魚
Pteragogus enneacanthus 九棘高體盔魚
Pteragogus flagellifer 牙衣、高體盔魚

Semicossyphus reticulatus 羊頭衣、金黃突額隆頭魚

Stethojulis balteata 圈紫胸魚

Stethojulis bandanensis 黑星紫胸魚、黑星紫胸魚

Stethojulis interrupta 蠔魚、斷帶紫胸魚、斷紋紫胸魚

Stethojulis trilineata 三線紫胸魚

Suezichthys gracilis 細長蘇彝士隆頭魚、薄蘇彝士魚

Thalassoma amblycephalum 龍船魚、鈍頭錦魚

Thalassoma hardwicke 鞍斑錦魚、哈氏錦魚

Thalassoma lunare 龍船魚、新月錦魚

Oxycheilinus orientalis 東方尖唇魚

Lactariidae 乳鯖科

Lactarius lactarius 海鰱、乳香魚、乳鯖

Lateolabracidae 花鱸科

Lateolabrax japonicus 日本花鱸、百花鱸、鱸魚、花鱸、日本真鱸

Latidae 尖吻鱸科

Lates calcarifer 盲鰽、尖吻鱸

Psammoperca waigiensis 西鱔、紅眼沙鱸、紅眼鱸

Leiognathidae 鰏科

Equulites elongatus 長鰏、長身鰏

Equulites leuciscus 大梗、曳絲鰏

Equulites rivulatus 條鰏

Eubleekeria splendens 油力、黑邊鰏

Gazza minuta 大梗、小牙鰏

Leiognathus berbis 油力、沙椎力、大梗、細紋鰏

Leiognathus brevirostris 花鱠、油力、短吻鰏

Leiognathus daura 黑斑鰏

Leiognathus dussumieri 杜氏鰏

Leiognathus equulus 大梗、短棘鰏

Leiognathus lineolatus 大梗、粗紋鰏

Nuchequula nuchalis 油力、頸斑鰏、頸帶鰏

Photopectoralis bindus 油力、大梗力、黃斑鰏

Secutor insidiator 竹梯橫、花鱠、靜仰口鰏、長吻仰口鰏

Secutor ruconius 花鱠、水泡力、大梗、鹿斑仰口鰏、仰口鰏

Lethrinidae 龍占魚科

Gnathodentex aureolineatus 金帶齒頜鯛

Gymnocranius elongatus 長裸頂鯛、長身白鱲

Gymnocranius euanus 白果、真裸頂鯛、日本白鱲

Gymnocranius grandoculis 藍紋白果、藍線裸頂鯛

Gymnocranius griseus 白果、灰裸頂鯛、白鱲

Gymnocranius microdon 小齒裸頂鯛、小齒白鱲

Lethrinus atkinsoni 連尖、太平洋裸頰鯛

Lethrinus erythracanthus 連尖、黃點裸頰鯛、紅棘龍占

Lethrinus haematopterus 連尖、泥黃、紅鰭裸頰鯛、正龍占

Lethrinus lentjan 烏帽龍占魚、連尖、扁裸頰鯛、烏帽龍占

Lethrinus microdon 小齒裸頰鯛、小齒龍占魚

Lethrinus miniatus 連尖、大連尖、長吻裸頰鯛

Lethrinus nebulosus 連尖、泥黃、星斑裸頰鯛、青嘴龍占

Lethrinus obsoletus 連尖、桔帶裸頰鯛

Lethrinus ornatus 馬面連尖、黃帶連尖、短吻裸頰鯛、黃帶龍占

Lethrinus reticulatus 連尖、網紋裸頰鯛、網紋龍占

Lethrinus rubrioperculatus 連尖、紅裸頰鯛、紅鰓龍占

Lethrinus variegatus 連尖、雜色裸頰鯛

Lethrinus xanthochilus 連尖、黃唇裸頰鯛、紅胸龍占

Monotaxis grandoculis 單列齒鯛

Wattsia mossambica 莫桑比克脊頜鯛

Lobotidae 松鯛科

Lobotes surinamensis 大木魚、木鱲、木魚、松鯛

Lophiidae 鮟鱇科

Lophiomus setigerus 黑大口魚、大口魚、黑鮟鱇、鮟鱇

Lutjanidae 笛鯛科

Aprion virescens 海鯇、地瓜、綠短鰭笛鯛、藍笛鯛

Etelis carbunculus 深海哥鯉、哥鯉、紅鑽魚、濱鯛

Etelis coruscans 絲尾紅鑽魚、長尾濱鯛

Lipocheilus carnolabrum 海鯉、葉唇笛鯛

Lutjanus argentimaculatus 紅友、紫紅笛鯛、銀紋笛鯛

Lutjanus bohar 紅鱠、白斑笛鯛、雙斑笛鯛

Lutjanus boutton 油眉、海鯽、藍帶笛鯛

Lutjanus carponotatus 胸斑笛鯛

Lutjanus erythropterus 紅魚、紅鰭笛鯛、赤鰭笛鯛

Lutjanus fulviflamma 五間畫眉、火點、金焰笛鯛、火斑笛鯛

Lutjanus fulvus 畫眉、焦黃笛鯛、黃足笛鯛

Lutjanus gibbus 尖咀紅魚、紅魚、隆背笛鯛、隆背笛鯛

Lutjanus johnii 牙點、約氏笛鯛、黑斑笛鯛

Lutjanus kasmira 四間畫眉、四帶笛鯛、四線笛鯛

Lutjanus lemniscatus 褶尾笛鯛

Lutjanus lutjanus 紅畫眉、油眉、黃笛鯛、正笛鯛

Lutjanus malabaricus 紅魚、馬拉巴笛鯛、摩拉吧笛鯛

Lutjanus monostigma 單斑笛鯛

Lutjanus ophuysenii 畫眉、奧氏笛鯛

Lutjanus quinquelineatus 畫眉、五間畫眉、五線笛鯛

Lutjanus rivulatus 石旁、藍點笛鯛、海雞母笛鯛

Lutjanus russellii 火點、勒氏笛鯛、黑星笛鯛

Lutjanus sanguineus 紅笛鯛

Lutjanus sebae 紅魚、千年笛鯛、川紋笛鯛

Lutjanus stellatus 石蚌、星點笛鯛、白星笛鯛

Lutjanus vitta 畫眉、畫眉笛鯛、縱帶笛鯛

Macolor niger 黑木魚、黑體羽鰓笛鯛、黑背笛鯛

Paracaesio xanthura 雞魚、蕃薯、黃背若梅鯛、黃擬烏尾冬

Pinjalo pinjalo 紅雞、斜鱗笛鯛、斜鱗笛鯛

Pristipomoides argyrogrammicus 藍紋紫魚、藍紋姬鯛

Pristipomoides auricilla 日本紫魚、黃尾姬鯛

Pristipomoides filamentosus 絲鰭紫魚、絲鰭姬鯛

Pristipomoides typus 哥鯉、尖齒紫魚

Symphorichthys spilurus 立皇、帆鰭笛鯛

Symphorus nematophorus 藍線畫眉、絲條長鰭笛鯛、曳絲笛鯛

Symphurus orientalis 撻沙、東方無線鰨

Lutjanus ehrenbergii 埃氏笛鯛

Macrouridae 鼠尾鱈科

Ventrifossa divergens 歧異凹腹鱈

Malacanthidae 軟棘魚科

Branchiostegus albus 金馬頭、馬頭、白方頭魚、白馬頭魚

Branchiostegus argentatus 青根、銀方頭魚、銀馬頭魚

Branchiostegus auratus 馬頭、斑鰭方頭魚、斑鰭馬頭魚

Branchiostegus japonicus 馬頭、日本方頭魚、日本馬頭魚

Megalopidae 大海鰱科

Megalops cyprinoides 大青鱗、扁竹魚、大海鰱、大眼海鰱

Menidae 眼眶魚科

Mene maculata 豬刀、補鞋刀、眼鏡魚、眼眶魚

Molidae 翻車魨科

Mola mola 翻車魚、翻車魨

Monacanthidae 單棘魨科

Aluterus monoceros 牛鯭、大沙鯭、單角革魨、單角革單棘魨

Aluterus scriptus 沙鯭、擬態革魨、長尾革單棘魨

Cantherhines dumerilii 沙鯭、刺尾前孔魨、杜氏刺鼻單棘魨

Cantherhines fronticinctus 沙鯭、縱帶前孔魨、斑刺鼻單棘魨

Cantherhines pardalis 沙鯭、細斑前孔魨、細斑刺鼻單棘魨

Monacanthus chinensis 沙鯭魚、中華沙鯭、中華單角魨、單棘魨

Paramonacanthus japonicus 沙鮡、日本副單角魨

Paramonacanthus nipponensis 長吻副單角魨

Paramonacanthus sulcatus 長腰鮡、沙鮡、絨紋線鱗魨、絨鱗單棘魨

Pervagor c. f. aspricaudus 粗尾前角魨、粗尾前角單棘魨

Pervagor janthinosoma 沙鮡、紅尾前角魨、前角魨

Rudarius ercodes 粗皮魨

Stephanolepis cirrhifer 沙鮡、沙鮡仔、肉鮡、絲背細鱗魨、冠鱗單棘魨

Stephanolepis setifer 刺毛細鱗魨、刺毛冠鱗單棘魨

Thamnaconus hypargyreus 剝皮魚、長腰鮡、黃鰭馬面魨、圓腹短角單棘魨

Thamnaconus modestoides 沙鮡、擬綠鰭馬面魨、擬短角單棘魨

Thamnaconus modestus 沙鮡、馬面魨、短角單棘魨

Thamnaconus tessellatus 沙鮡、密斑馬面魨

Acreichthys hajam 琉球鬃尾魨、琉球鬃尾單棘魨

Monocentridae 松毬魚科

Monocentris japonica 松子魚、鳳梨魚、日本松球魚、松球魚

Monodactylidae 銀鱗鯧科

Monodactylus argenteus 黃鰭鯧、銀大眼鯧、銀鱗鯧

Moringuidae 蚓鰻科

Moringua macrochir 大鰭蚓鰻

Mugilidae 鯔科

Chelon planiceps 尖頭鯪

Crenimugil crenilabis 鱗魚、粒唇鯔

Liza affinis 前鱗龜鮻、鱗魚、前鱗鮻、前鱗鮻

Liza carinata 沙白、棱鮻

Liza macrolepis 鱗魚、大鱗鮻

Liza melinoptera 烏頭、灰鰭鮻

Liza subviridis

Liza vaigiensis 截尾鮻、黃鯔

Moolgarda perusii 帕氏凡鯔

Moolgarda seheli 圓吻凡鯔

Mugil cephalus 烏頭、鯔

Oedalechilus labiosus 鱗魚、角瘤唇鯔、瘤唇鯔

Paramugil parmatus 盾鮻

Valamugil cunnesius 鱗魚、長鰭凡鯔、

Valamugil engeli

Valamugil formosae 鱗魚、臺灣凡鯔

Valamugil speigleri 斯氏凡鯔

Mullidae 鬚鯛科

Mulloidichthys flavolineatus 三須、黃帶擬羊魚

Mulloidichthys vanicolensis 無斑擬羊魚、金帶擬鬚鯛

Parupeneus barberinoides 三須、似條斑副緋鯉、須海緋鯉

Parupeneus barberinus 三須、條斑副緋鯉、單帶海緋鯉

Parupeneus biaculeatus 三須

Parupeneus c. f. indicus 印度三須、三須、印度副緋鯉、印度海緋鯉

Parupeneus chrysopleuron 三須、黃帶副緋鯉、紅帶海緋鯉

Parupeneus ciliatus 三須、短須副緋鯉、短須海緋鯉

Parupeneus crassilabris 粗唇副緋鯉、粗唇海緋鯉

Parupeneus heptacanthus 七棘副緋鯉、七棘海緋鯉

Parupeneus indicus 印度三鬚、印度副緋鯉、印度海緋鯉

Parupeneus multifasciatus 三須、多帶副緋鯉、多帶海緋鯉

Parupeneus pleurostigma 三須、黑斑副緋鯉、黑斑海緋鯉

Parupeneus spilurus 三須、點紋副緋鯉、大型海緋鯉

Parupeneus trifasciatus 三須、三帶副緋鯉

Upeneus japonicus 朱筆、三須、日本緋鯉、三帶海緋鯉

Upeneus moluccensis 紅線、麻六甲緋鯉、條紋緋鯉

Upeneus quadrilineatus 甲線、四帶緋鯉、麻六甲緋鯉

Upeneus subvittatus 石須、三須、縱帶緋鯉

Upeneus sulphureus 黃線、甲線、黃帶緋鯉、四線緋鯉

Upeneus tragula 三須、石須、紅線、黑斑緋鯉

Upeneus vittatus 三須、甲線、多帶緋鯉

Muraenesocidae 海鰻科

Congresox talabon 原鶴海鰻

Congresox talabonoides 黃門鱔、印度原鶴海鰻

Muraenesox bagio 門鱔、褐海鰻、百吉海鰻

Muraenesox cinereus 青門鱔、門鱔、海鰻

Muraenidae 鯙科

Echidna nebulosa 青鯙、雲紋蛇鱔、雲紋海鱔、星帶蝮鯙

Echidna polyzona 多帶蛇鱔、多帶海鱔

Enchelycore schismatorhynchus 油鯙、裂紋澤鱔、裂吻勾吻鯙

Gymnothorax albimarginatus 白緣裸胸鱔、多環蝮鯙、白緣裸胸鯙

Gymnothorax favagineus 花鯙、豆點裸胸鱔、大斑裸胸鯙

Gymnothorax flavimarginatus 黃邊裸胸鱔、黃邊鰭裸胸鯙

Gymnothorax isingteena 花鯙、豆點裸胸鱔、大斑裸胸鯙、魔斑裸胸鯙

Gymnothorax monochrous 黃紋裸胸鱔、黃紋裸胸鯙

Gymnothorax pseudothyrsoideus 泥婆鯙、淡網紋裸胸鱔、淡網紋裸胸鯙

Gymnothorax punctatofasciatus 油鯙、斑條裸胸鱔

Gymnothorax reevesii 泥婆、花鯙、勻斑裸胸鱔、雷福氏裸胸鯙

Gymnothorax reticularis 油鯙、花鯙、環紋花鯙、網紋裸胸鱔、疏條紋裸胸鯙

Gymnothorax richardsonii 油鯙、花鯙、環紋花鯙、異紋裸胸鱔、李氏裸胸鯙

Gymnothorax thyrsoideus 泥抽、澳洲雙犁海鱔、密點星鯙

Gymnothorax undulatus 杉鯙、波紋裸胸鱔、疏斑裸胸鯙

Gymnothorax unicolor 單色裸胸鱔、單色裸胸鯙

Strophidon sathete 硬骨龍、長尾彎牙海鱔、長鯙

Uropterygius c. f. micropterus 小鰭尾鱔、小鰭尾鯙

Myctophidae 燈籠魚科

Benthosema pterotum 長鰭底燈魚、七星魚

Nemipteridae 金線魚科

Nemipterus bathybius 黃肚、深水金線魚、黃肚金線魚、底金線魚

Nemipterus furcosus 橫斑金線魚

Nemipterus hexodon 八齒金線魚

Nemipterus japonicus 瓜衫、日本金線魚

Nemipterus marginatus 緣金線魚

Nemipterus peronii 沙衫、斐氏金線魚

Nemipterus virgatus 紅衫、長尾衫、金線魚

Parascolopsis inermis 沙衫、橫帶副眶棘鱸、橫帶赤尾冬

Pentapodus setosus 線尾錐齒鯛

Scolopsis affinis 安芬眶棘鱸、烏面眶棘

Scolopsis bilineata 雙帶眶棘鱸

Scolopsis bimaculata 白板、沙衫、雙斑眶棘鱸

Scolopsis ciliata 齒頜眶棘鱸

Scolopsis lineata 三帶眶棘鱸、黃帶赤尾冬

Scolopsis monogramma 白板、單帶眶棘鱸、黑帶赤尾冬

Scolopsis taenioptera 條紋眶棘鱸

Scolopsis trilineata 三帶眶棘鱸

Scolopsis vosmeri 白頸老鴉、白頸鹿、伏氏眶棘鱸、白頸赤尾冬

Nettastomatidae 鴨嘴鰻科

Saurenchelys fierasfer 線尾蜥鰻

Nomeidae 圓鯧科

Cubiceps whiteleggii 懷氏方頭鯧

Ogcocephalidae 棘茄魚科

Halieutaea stellata 娃娃魚、棘茄魚

Malthopsis annulifera 環紋海蝠魚

Ophichthidae 蛇鰻科

Brachysomophis cirrocheilos 須唇短體鰻、大口蛇鰻

Brachysomophis crocodilinus 鱷形短體鰻

Cirrhimuraena chinensis 中華須鰻、中國須蛇鰻

Muraenichthys thompsoni 湯氏蟲鰻

Ophichthus apicalis 肉鱔、尖吻蛇鰻、頂蛇

鰻

Ophichthus celebicus 西裏伯蛇鰻

Ophichthus cephalozona 肉鰭、頸帶蛇鰻

Ophichthus lithinus 艾氏蛇鰻

Ophichthus urolophus 鰭、裙鰭蛇鰻、裾鰭
蛇鰻

Pisodonophis boro 骨鰭、雜食豆齒鰻、波
路荳齒蛇鰻

Pisodonophis cancrivorus 骨鰭、食蟹豆齒
鰻、食蟹荳齒蛇鰻

Scolecenchelys macroptera 大鰭蟲鰻

Ophidiidae 鼬鳚科

Brotula multibarbata 多鬚鼬鳚

Hoplobrotula armata 棘鼬鳚

Lepophidium marmoratum

Neobythites sivicola 坑鰊斑、黑潮新鼬鳚、
新鳚

Neobythites unimaculatus 坑鰊斑、黑斑新
鼬鳚、黑斑新鳚

Sirembo imberbis 仙鼬鳚

Opistognathidae 後頜鳚科

Opistognathus evermanni 艾氏後頜鳚、艾氏
後頜鳚

Stalixhistrio 紅海叉棘䲁、紅海叉棘魚

Oplegnathidae 石鯛科

Oplegnathus fasciatus 石金鼓、假金鼓、條
石鯛

Oplegnathus punctatus 花金鼓、斑石鯛

Ostraciidae 箱魨科

Lactoria cornuta 三旁龜、三黃雞、牛角、
角箱魨

Ostracion cubicus 雞泡、木盒、粒突箱魨

Ostracion immaculatus 雞泡、無斑箱魨

Ostracion rhinorhynchos 雞泡、突吻箱魨、
吻鼻箱魨

Rhynchostracion nasus 三黃雞、大鼻箱魨

Tetrosomus concatenatus 三黃雞、雙峰真
三棱箱魨、雙峰三棱箱魨

Paralichthyidae 牙鮃科

Paralichthys olivaceus 大烏、左口、牙鮃

Pseudorhombus arsius 左口、地寶、大牙斑
鮃、大齒斑鮃

Pseudorhombus cinnamoneus 沙烏、左口、
桂皮斑鮃、檸檬斑鮃

Pseudorhombus dupliciocellatus 大烏、左
口、雙瞳斑鮃、重點斑鮃

Pseudorhombus javanicus 左口、爪哇斑鮃

Pseudorhombus levisquamis 左口、圓鱗斑
鮃、滑鱗斑鮃

Pseudorhombus malayanus 左口、馬來斑鮃

Pseudorhombus oligodon 左口、少牙斑鮃

Pseudorhombus pentophthalmus 左口、五
眼斑鮃

Pseudorhombus quinquocellatus 左口、五點
斑鮃、五目斑鮃

Tarphops oligolepis 左口、大鱗鮃

Tephrinectes sinensis 大烏、左口、花布
帆、花鮃

Pegasidae 海蛾魚科

Eurypegasus draconis 海雀、海蛾、龍海蛾
魚、寬海蛾魚

Pegasus volitans 飛海蛾魚

Pempheridae 擬金眼鯛科

Pempheris molucca 胭脂刀、單鰭魚

Pempheris oualensis 胭脂刀、黑梢單鰭魚、
烏伊蘭擬金眼鯛

Pempheris schwenkii 銀腹單鰭魚、南方擬金
眼鯛

Pempheris vanicolensis 胭脂刀、黑緣單鰭
魚、黑緣擬金眼鯛

Pentacerotidae 五棘鯛科

Histiopterus typus 帆鰭魚

Peristediidae 黃魴鮄科

Peristedion nierstraszi 角魚、黑帶黃魴鮄、
黑帶黃魴

Satyrichthys rieffeli 瑞氏紅魴鮄

Pinguipedidae 擬鱸科

Parapercis cylindrica 圓擬鱸

Parapercis hexophtalma 花線鱸、尾斑擬
鱸、多斑擬鱸

Parapercis kamoharai 蒲原擬鱸、蒲原氏擬
鱸

Parapercis maculata 中斑擬鱸、美擬鱸

Parapercis ommatura 眼斑擬鱸、真擬鱸

Parapercis pulchella 美擬鱸

Parapercis punctulata 斑點擬鱸

Parapercis sexfasciata 黑腸、六帶擬鱸、六
橫斑擬鱸

Parapercis snyderi 紅腸、史氏擬鱸

Platycephalidae 牛尾魚科

Cociella crocodilus 牛鰍、沙鰍、鱷鯒

Cociella punctata 點斑鱷鯒、點斑鱷牛尾魚

Grammoplites scaber 牛尾魚、牛鰍、棘線鯒、橫帶牛尾魚

Inegocia guttata 石鰍、斑瞳鯒、眼眶牛尾魚

Inegocia japonica 日本眼眶牛尾魚、牛鰍、鱷魚鰍、日本瞳鯒、日本牛尾魚

Kumococius rodericensis 留尼旺凹鰭鯒、凹鰭鯒

Onigocia macrolepis 石鰍、大鱗鱗鯒、大鱗牛尾魚

Platycephalus indicus 牛鰍、沙鰍、鯒、印度鯒、印度牛尾魚

Ratabulus megacephalus 石鰍、犬牙鯒、大齒鯒

Rogadius asper 牛鰍、倒棘鯒、松葉牛尾魚

Sorsogona tuberculata 牛鰍、瘤倒棘鯒

Suggrundus macracanthus 大棘大眼鯒、大棘大眼牛尾魚

Thysanophrys celebica 牛鰍、西裏伯繼鯒、西里伯多棘牛尾魚

Thysanophrys longirostris 牛鰍、長吻大眼鯒、長吻牛尾魚

Plecoglossidae 香魚科

Plecoglossus altivelis 香魚

Pleuronectidae 鰈科

Pleuronichthys cornutus 大地魚、木葉鰈

Poecilopsetta colorata 地寶、黑斑瓦鰈

Pseudopleuronectes herzensteini 赫氏鰈

Plotosidae 鰻鯰科

Plotosus lineatus 坑鰊、線紋鰻鯰、鰻鯰

Polynemidae 馬鮁科

Eleutheronema tetradactylum 馬友、四指馬鮁

Polydactylus microstomus 馬友郎、小口馬鮁

Polydactylus plebeius 馬友郎、五指馬鮁、

Polynemus sextarius 馬友仔、馬友郎、六指馬鮁、黑斑多指馬鮁、六絲馬鮁

Pomacanthidae 蓋刺魚科

Centropyge nox 黑仙、黑刺尻魚

Centropyge tibicen 鎖匙窿、白斑刺尻魚

Centropyge vrolikii 紅眼仙、珠點刺尻魚、福氏刺尻魚

Chaetodontoplus septentrionalis 金蝴蝶仙、藍帶荷包魚

Pomacanthus annularis 白尾藍紋、白尾藍環、環紋刺蓋魚、環紋蓋刺魚

Pomacanthus imperator 皇帝、主刺蓋魚、條紋蓋刺魚

Pomacanthus semicirculatus 北斗、藍紋（幼魚）、半環刺蓋魚、迭波蓋刺魚

Pomacentrus philippinus 石剎、菲律賓雀鯛

Pomacentrus chrysurus 金尾雀鯛、白尾雀鯛

Pomacentrus coelestis 黃尾石剎、霓虹雀鯛

Pomacentrus moluccensis 黃雀鯛、摩鹿加雀鯛

Pomacentridae 雀鯛科

Abudefduf bengalensis 石剎婆、孟加拉豆娘魚

Abudefduf septemfasciatus 七帶豆娘魚、七帶雀鯛、立身仔

Abudefduf sexfasciatus 石剎、石剎婆、六帶豆娘魚、六線豆娘魚

Abudefduf sordidus 石剎婆、豆娘魚、梭地豆娘魚

Abudefduf vaigiensis 石剎、石剎婆、五帶豆娘魚、條紋豆娘魚

Amphiprion bicinctus 二帶雙鋸魚

Amphiprion clarkii 小丑魚、新抱魚、克氏雙鋸魚、克氏海葵魚

Amphiprion frenatus 新抱魚、蕃茄、白條雙鋸魚、白條海葵魚

Amphiprion percula 新抱魚、背心小丑、海葵雙鋸魚

Amphiprion polymnus 新抱魚、馬鞍公、鞍斑雙鋸魚、鞍斑海葵魚

Chromis cinerascens 灰光鰓魚、灰光鰓雀鯛

Chromis fumea 煙色光鰓魚、燕尾光鰓雀鯛

Chromis lepidolepis 石剎、細鱗光鰓魚、細鱗光鰓雀鯛

Chromis notata 尾斑光鰓雀鯛、石剎、藍石剎、斑鰭光鰓魚、斑鰭光鰓雀鯛

Chromis weberi 石剎、韋氏光鰓魚、魏氏光鰓雀鯛

Chromis xanthochira 石剎、黃光鰓魚、黃腋光鰓雀鯛

Chrysiptera unimaculata 石剎、無斑金翅雀鯛、無斑金翅雀鯛魚

Dascyllus aruanus 宅泥魚、三帶圓雀鯛

Dascyllus reticulatus 石剎婆、琉球、網紋宅泥魚、網紋圓雀鯛

Dascyllus trimaculatus 三點白、三斑宅泥魚、三斑圓雀鯛

Neopomacentrus azysron 黃尾石剎、黃尾新雀鯛、黃尾新雀鯛

Neopomacentrus bankieri 斑氏新雀鯛、黃尾石剎、斑刻新雀鯛

Neopomacentrus cyanomos 石剎、藍黑新雀鯛、新雀鯛

Neopomacentrus taeniurus 條尾新雀鯛

Neopomacentrus violascens 黃尾石剎、紫色新雀鯛

Plectroglyphidodon lacrymatus 眼斑椒雀鯛

Stegastes fasciolatus 石剎、胸斑眶鋸雀鯛、藍紋高身雀鯛

Stegastes lividus 長吻眶鋸雀鯛、鈍頭真雀鯛

Stegastes obreptus 石剎、斑棘眶鋸雀鯛

Teixeirichthys jordani 喬氏蜥雀鯛、喬丹氏細鱗雀

Priacanthidae 大眼鯛科

Cookeolus japonicus 深水木棉、黑鰭木棉、日本牛目鯛、紅目大眼鯛

Heteropriacanthus cruentatus 深水木棉、黑鰭木棉、灰鰭異大眼鯛、血斑大眼鯛

Priacanthus hamrur 深水木棉、金目大眼鯛、寶石大眼鯛

Priacanthus macracanthus 齊尾木棉、短尾大眼鯛、大眼鯛

Priacanthus tayenus 長尾木棉、長尾大眼鯛、曳絲大眼鯛

Pristigenys niphonia 木棉、日本鋸大眼鯛、大鱗大眼鯛

Pristigasteridae 鋸腹鰳科

Ilisha elongata 曹白、鰳魚、鰳、長鰳

Ilisha melastoma 曹白、黑口鰳

Psettodidae 鰊科

Psettodes erumei 大烏、大口鰊

Ptereleotridae 凹尾塘鱧科

Oxymetopon compressus 側扁窄顱塘鱧

Parioglossus dotui 尾斑舌塘鱧

Ptereleotris evides 黑尾鰭塘鱧、瑰麗塘鱧

Ptereleotris hanae 絲尾鰭塘鱧

Ptereleotris microlepis 細鱗鰭塘鱧、細鱗鰕虎

Rachycentridae 海鱺科

Rachycentron canadum 魚仲、懵仔、軍曹魚、海鱺

Salangidae 銀魚科

Salanx ariakensis 白飯魚、有明銀魚

Salanx chinensis 白飯魚、銀魚、中國銀魚

Samaridae 冠鰈科

Samaris cristatus 沙地、冠鰈

Samariscus huysmani 胡氏沙鰈

Plagiopsetto glossa 舌形斜頜鰈、縱帶斜頜鰈

Scaridae 鸚哥魚科

Calotomus carolinus 星眼絢鸚嘴魚、卡羅鸚鯉

Calotomus spinidens 凹尾絢鸚嘴魚、臺灣鸚鯉

Chlorurus japanensis 雜衣、日本綠鸚嘴魚、紅尾鸚哥魚

Chlorurus microrhinos 獠牙衣、小鼻綠鸚嘴魚、小鼻鸚嘴魚

Chlorurus sordidus 藍頭綠鸚嘴魚、汙色綠鸚嘴魚、白斑鸚哥魚

Hipposcarus longiceps 長頭馬鸚嘴魚、長吻鸚哥魚

Leptoscarus vaigiensis 纖鸚嘴魚、纖鸚鯉

Scarus dimidiatus 新月鸚哥魚、弧帶鸚嘴魚

Scarus ferrugineus 鏽色鸚哥魚、鏽色鸚嘴魚

Scarus forsteni 綠唇鸚嘴魚、福氏鸚哥魚

Scarus frenatus 網紋鸚嘴魚、黃鸚哥魚

Scarus ghobban 黃衣、青點鸚嘴魚、藍點鸚哥魚

Scarus niger 紅頭、鶯哥鯉、黑鸚嘴魚、頸斑鸚哥魚

Scarus ovifrons 鬼頭衣、突額鸚嘴魚、卵頭鸚哥魚

Scarus prasiognathos 新加坡鸚嘴魚、綠頜鸚哥魚

Scarus rivulatus 雜衣、截尾鸚嘴魚、疣鸚哥魚

Scarus rubroviolaceus 鈍頭鸚嘴魚、紅紫鸚哥魚

Scatophagidae 金錢魚科

Scatophagus argus 金鼓、金錢魚

Sciaenidae 石首魚科

Argyrosomus japonicus 青鱸、日本白姑魚、日本銀身鹹

Atrobucca nibe 黑姑魚

Bahaba taipingensis 大澳魚、黃唇魚

Chrysochir aureus 鹹魚、牙鹹、尖頭黃鰭牙鹹、黃金鰭鹹

Collichthys lucida 獅頭魚、黃皮、棘頭梅童魚

Dendrophysa russelii 大口鹹、鹹魚、勒氏枝鰾石首魚

Johnius amblycephalus 老鼠鹹、團頭叫姑魚、頓頭叫姑魚

Johnius belangerii 老鼠鹹、鹹魚、皮氏叫姑魚

Johnius carutta 白條叫姑魚

Johnius distinctus 鱗鰭叫姑魚、丁氏叫姑魚

Johnius dussumieri 白鹹仔、白鹹、杜氏叫姑魚

Larimichthyes crocea 黃花、大黃魚

Larimichthys polyactis 黃花、小黃魚

Nibea albiflora 白花鹹、花鹹、黃姑魚

Nibea coibor 淺色黃姑魚

Nibea semifasciata 白鹹、半花黃姑魚、半斑黃姑魚

Nibea soldado 黑緣黃姑魚

Otolithes ruber 牙鹹、紅牙鹹

Pennahia anea 雞蛋鹹、大口鹹、灰鰭彭納石首魚、大眼白姑魚

Pennahia argentata 白鹹、銀彭納石首魚、白姑魚

Pennahia macrocephalus 黃鹹、大頭彭納石首魚、大頭白姑魚

Pennahia pawak 白鹹、斑鰭彭納石首魚、斑鰭白姑魚

Protonibea diacanthus 鹹魚、黑鱉、雙棘原黃姑魚、雙棘原始黃姑魚

Johnius borneensis 婆羅叫姑魚

Johnius carouna 卡氏叫姑魚

Johnius macrorhynus 白鹹、大吻叫姑魚、大鼻孔叫姑魚

Johnius trewavasae 屈氏叫姑魚

Johnius weberi 韋氏叫姑魚

Scombridae 鯖科

Acanthocybium solandri 竹鮫、沙氏刺鲅、棘鰆

Auxis rochei 鮫魚、雙鰭舵鰹、圓花鰹

Auxis thazard 杜仲、扁舵鰹、扁花鰹

Euthynnus affinis 小杜仲、杜仲、鮪、巴鰹

Gymnosarda unicolor 大杜仲、裸狐鰹、裸鰆

Katsuwonus pelamis 杜仲、鰹、正鰹

Rastrelliger faughni 花鮫、福氏羽鰓鮐、富氏金帶花鯖

Rastrelliger kanagurta 花鮫、花鮫鱍、大口鮫、羽鰓鮐、金帶花鯖

Scomber japonicus 花鮫、花鮫鱍、大口鮫、日本鯖、白腹鯖

Scomberomorus commerson 康氏馬加鰆、竹鮫、鮫魚、康氏馬鮫、鰆

Scomberomorus guttatus 線鮫、泥鮫、斑點馬鮫、臺灣馬加鰆

Scomberomorus koreanus 扁鮫、朝鮮馬鮫、高麗馬加鰆

Scomberomorus lineolatus 線紋馬鮫、線紋馬加鰆

Scomberomorus niphonius 藍點馬鮫、日本馬加鰆

Scomberomorus sinensis 青鮫、牛皮鮫、中華馬鮫、中華鰆

Thunnus albacares 黃鰭杜仲、黃鰭金槍魚、黃鰭鮪

Scorpaenidae 鮋科

Dendrochirus zebra 斑馬短鰭簑鮋、紅鬚魚、花斑短鰭蓑鮋、斑馬紋多臂蓑鮋

Ebosia bleekeri 布氏盔蓑鮋

Neomerinthe rotunda 深水石狗公、鈍吻新棘鮋

Paracentropogon longispinis 老虎魚、牛尾撐、長棘擬鱗鮋

Paracentropogon rubripinnis 老虎魚、紅鰭赤鮋

Parascorpaena mossambica 莫三比克圓鱗
鮋

Parascorpaena picta 花鮋

Pterois antennata 紅鬚魚、觸角蓑鮋

Pterois lunulata 環紋蓑鮋、龍鬚蓑鮋

Pterois russelii 紅鬚魚、勒氏蓑鮋、羅素氏
蓑鮋

Pterois volitans 紅鬚魚、翱翔蓑鮋、魔鬼蓑
鮋

Rhinopias frondosa 前鰭吻鮋、伊豆鮋、

Scorpaena neglecta 石崇、穗鮋、斑鰭鮋

Scorpaena onaria 石崇、後頜鮋、斑點圓鱗
鮋

Scorpaenodes guamensis 關島小鮋

Scorpaenopsis cirrosa 鬚擬鮋、石崇、須擬
鮋、鬼石狗公

Scorpaenopsis diabolus 石獅、毒擬鮋、駝
背石狗公

Scorpaenopsis neglecta 石獅、魔擬鮋、斑
鰭鮋

Scorpaenopsis venosa 枕脊擬鮋

Vespicula trachinoides 老虎魚、粗高鰭鮋

Scorpaenopsis macrochir 大手擬鮋

Sebastidae 平鮋科

Sebastiscus albofasciatus 石崇、石狗公、
白斑菖鮋、白條紋石狗公

Sebastiscus marmoratus 石狗公、褐菖鮋

Sebastiscus tertius 石狗公、三色褐菖鮋、
三色石狗公

Serranidae 鮨科

Grammistes sexlineatus 六帶線紋魚、六線
黑鱸

Pseudanthias rubrizonatus 紅帶擬花鮨、紅
帶花鮨

Pseudanthias squamipinnis 絲鰭擬花鮨

Siganidae 藍子魚科

Siganus argenteus 假泥鯭、銀色藍子魚、銀
藍子魚

Siganus canaliculatus 泥鯭、長鰭藍子魚

Siganus fuscescens 泥鯭、褐藍子魚

Siganus puellus 眼帶藍子魚、黃斑藍子魚

Siganus punctatus 假泥鯭、斑藍子魚

Siganus unimaculatus 單斑籃子魚、單斑臭
肚魚

Siganus guttatus 泥鯭、星藍子魚、點藍子
魚

Siganus spinus 刺籃子魚、刺臭肚魚

Siganus vulpinus 狐狸、狐藍子魚、狐面藍
子魚

Sillaginidae 鱚科

Sillago aeolus 沙鑽、有斑沙鑽、雜色鱚、星
沙鮻

Sillago asiatica 亞洲鱚、亞洲沙鮻

Sillago japonica 沙鑽、少鱗鱚、青沙鱚

Sillago maculata 斑鱚、斑沙鮻

Sillago sihama 多鱗沙鮻、沙鑽、沙熜、沙瘄

Soleidae 鰨科

Aesopia cornuta 鬼婆裙、撻沙、角鰨

Aseraggodes kobensis 撻沙、褐斑櫛鱗鰨、
可勃櫛鱗鰨沙

Brachirus orientalis 七日鮮、寬箬鰨、箬鰨

Brachirus swinhonis 斯氏寬箬鰨

Heteromycteris japonicus 日本鉤嘴鰨

Liachirus melanospilos 星點圓鱗鰨、黑斑圓
鱗鰨沙

Solea ovata 撻沙、卵鰨

Synaptura marginata 暗斑箬鰨、黑緣箬鰨

Zebrias quagga 峨嵋條鰨、格條鰨

Zebrias zebra 撻沙、條鰨

Solenostomidae 剃刀魚科

Solenostomus cyanopterus 藍鰭剃刀魚、鋸
吻剃刀魚

Sparidae 鯛科

Acanthopagrus australis 白鱲、澳洲棘鯛、
澳洲黑鯛

Acanthopagrus pacificus 牛屎鱲、灰鰭棘
鯛、灰鰭鯛

Acanthopagrus chinshira 沖繩棘鯛、琉球棘
鯛

Acanthopagrus latus 黃腳鱲、黃鰭棘鯛、黃
鰭鯛

Acanthopagrus schlegelii 黑鱲、黑沙鱲、黑
棘鯛、黑鯛

Argyrops bleekeri 扯旗鱲、四長棘鯛、小長
棘鯛

Argyrops spinifer 扯旗鱲、高體四長棘鯛、
長棘鯛

Dentex hypselosomus 波鱲、黃背牙鯛

Evynnis cardinalis 紅鋤齒鯛、二棘扯旗鱲、扯旗鱲、二長棘犁齒鯛、魟鯛

Pagrus major 七星鱲、沙鱲、紅鱲、真赤鯛、真鯛、嘉鱲魚

Rhabdosargus haffara 紅海平鯛、

Rhabdosargus sarba 金絲鱲、平鯛、黃錫鯛

Sphyraenidae 金梭魚科

Sphyraena barracuda 竹簽、大鱗魣、巴拉金梭魚

Sphyraena flavicauda 竹簽、黃尾魣、黃尾金梭魚

Sphyraena helleri 黃帶魣、黃帶金梭魚

Sphyraena japonica 日本魣、日本金梭魚

Sphyraena jello 斑條金梭魚、竹簽、斑條魣、竹針魚

Sphyraena obtusata 鈍魣、鈍金梭魚

Sphyraena pinguis 竹簽、油魣

Sphyraena putnamae 竹錦、倒牙魣、布氏金梭魚

Sphyraena acutipinnis 竹簽、尖鰭魣、尖鰭金梭魚

Sphyraena forsteri 大眼魣、大眼金梭魚

Sphyraena novaehollandiae 箭魣、箭金梭魚

Sphyraena putnamae 倒牙魣、布氏金梭魚

Stromateidae 鯧科

Pampus argenteus 白鯧、粉鯧、銀鯧、銀鯧

Pampus chinensis 英鯧、中國鯧

Synanceiidae 毒鮋科

Erosa erosa 獅頭毒鮋、達摩毒鮋

Inimicus cuvieri 石獅、居氏鬼鮋

Inimicus didactylus 雙指鬼鮋

Inimicus japonicus 日本鬼鮋

Minous monodactylus 單指虎鮋

Minous pusillus 絲棘虎鮋、細鰭虎鮋

Minous quincarinatus 白尾虎鮋、五脊虎鮋

Synanceia horrida 毒鮋

Synanceia verrucosa 石頭魚、玫瑰毒鮋、腫瘤毒鮋

Trachicephalus uranoscopus 大口魚、騰頭鮋、瞻星粗頭鮋

Synaphobranchidae 合鰓鰻科

Dysomma anguillare 前肛鰻

Syngnathidae 海龍科

Corythoichthys flavofasciatus 海龍、黃帶冠海龍、黃帶海龍

Dunckerocampus dactyliophorus 帶紋斑節海龍

Hippichthys cyanospilos 海龍、藍點多環海龍、藍點海龍

Hippocampus kelloggi 海馬、大海馬、克氏海馬

Hippocampus kuda 海馬、管海馬、庫達海馬

Hippocampus trimaculatus 海馬、三斑海馬

Microphis leiaspis 海龍、無棘腹囊海龍、無棘海龍

Phoxocampus diacanthus 海龍、橫帶錐海龍、橫帶海龍

Syngnathus acus 海龍、尖海龍

Syngnathus pelagicus 漂海龍

Syngnathus schlegeli 舒氏海龍、薛氏海龍

Trachyrhamphus serratus 海龍、鋸粗吻海龍、鋸吻海龍

Synodontidae 狗母魚科

Harpadon microchir 九肚、短臂龍頭魚、小鰭鐮齒魚

Harpadon nehereus 九肚、龍頭魚、印度鐮齒魚

Saurida elongata 泥釘、長蛇鯔、長體蛇鯔

Saurida gracilis 沙釘、細蛇鯔

Saurida tumbil 狗棍、多齒蛇鯔

Saurida undosquamis 狗棍、花斑蛇鯔、花斑蛇鯔

Saurida wanieso 狗棍、鱷蛇鯔

Synodus dermatogenys 狗棍、革狗母魚

Synodus jaculum 狗棍、沙釘、斑尾狗母魚、射狗母

Synodus rubromarmoratus 杉釘、紅花斑狗母魚、紅花斑狗母

Synodus ulae 狗棍、紅斑狗母魚、紅斑狗母

Synodus variegatus 石狗棍、狗棍、雜斑狗母魚、紅斑狗母

Trachinocephalus myops 花棍、花狗棍、沙棍、大頭狗母魚、大頭花杆狗母

Terapontidae 䱗科

Helotes sexlineatus 唱歌婆、釘公、六帶牙䱗

Pelates quadrilineatus 唱歌婆、釘公、紅口

釘公、四帶牙䱛、四線列牙䱛

Rhynchopelates oxyrhynchus 唱歌婆、釘公、尖鼻釘公、突吻䱛

Terapon jarbua 釘公、細鱗䱛、花身䱛

Terapon theraps 釘公、大鱗釘公、䱛、條紋䱛

Tetraodontidae 四齒魨科

Amblyrhynchotes honckenii 雞泡、白點寬吻魨

Amblyrhynchotes rufopunctatus 棕斑寬吻魨

Arothron hispidus 雞泡、紋腹叉鼻魨

Arothron manilensis 雞泡、線紋叉鼻魨、菲律賓叉鼻魨

Arothron meleagris 雞泡、白點叉鼻魨

Arothron nigropunctatus 雞泡、黑斑叉鼻魨

Arothron reticularis 雞泡、網紋叉鼻魨

Arothron stellatus 雞泡、星斑叉鼻魨

Canthigaster bennetti 雞泡、點線扁背魨、笨氏尖鼻魨

Canthigaster papua 巴布亞扁背魨

Chelonodon patoca 雞泡、凹鼻魨

Lagocephalus gloveri 雞泡魚、黃泡、青雞泡、暗鰭兔頭魨、克氏兔頭魨

Lagocephalus inermis 雞泡、黑鰓兔頭魨、光兔頭魨

Lagocephalus lunaris 雞泡、月兔頭魨、月尾兔頭魨

Lagocephalus sceleratus 銀間雞泡、雞泡、圓斑兔頭魨、凶兔頭魨

Lagocephalus spadiceus 青雞泡、雞泡、棕斑兔頭魨

Lagocephalus wheeleri 雞泡、淡鰭兔頭魨、懷氏兔頭魨

Takifugu alboplumbeus 黃雞泡、鉛點多紀魨

Takifugu bimaculatus 雞泡、雙斑多紀魨

Takifugu flavidus 菊黃多紀魨

Takifugu niphobles 黑點多紀魨、星點多紀魨

Takifugu oblongus 雞泡、橫紋多紀魨

Takifugu ocellatus 雞泡、弓斑多紀魨

Takifugu poecilonotus 斑點多紀魨、網紋多紀魨

Takifugu porphyreus 雞泡、紫色多紀魨

Takifugu vermicularis 蟲紋多紀魨

Takifugu xanthopterus 雞泡、黃鰭多紀魨、黃鰭多紀魨

Torquigener hypselogeneion 雞泡、頭紋窄額魨、寬吻魨

Tylerius spinosissimus 長刺泰氏魨

Triacanthidae 三棘魨科

Triacanthus biaculeatus 雀仔魚、雙棘三刺魨、三棘魨

Triacanthodidae 擬三棘魨科

Bathyphylax bombifrons 長棘衞淵魨、長棘深海擬三棘魨

Paratriacanthodes retrospinis 倒棘副三棘魨

Triacanthodes anomalus 擬三刺魨

Trichiuridae 帶魚科

Benthodesmus tenuis 叉尾深海帶魚

Eupleurogrammus muticus 長毛帶、小帶魚

Lepturacanthus savala 沙帶魚

Trichiurus brevis 短帶魚

Trichiurus lepturus 牙帶、高鰭帶魚、白帶魚

Trichiurus nanhaiensis 牙帶、南海帶魚

Tentoriceps cristatus 狹顱帶魚、隆頭帶魚

Trichonotidae 毛背魚科

Trichonotus setiger 毛背魚、絲鰭鱔

Triglidae 角魚科

Chelidonichthys kumu 花角魚、角魚、綠鰭魚、黑角魚

Chelidonichthys spinosus 棘綠鰭魚、棘黑角魚

Lepidotrigla alata 角魚、翼紅娘魚、紅雙角魚

Lepidotrigla guentheri 角魚、貢氏紅娘魚、貢氏角魚

Lepidotrigla japonica 角魚、日本紅娘魚、日本角魚

Lepidotrigla kanagashira 尖鰭紅娘魚

Lepidotrigla microptera 角魚、短鰭紅娘魚

Lepidotrigla punctipectoralis 角魚、斑鰭紅娘魚、臂斑角魚

Pterygotrigla hemisticta 角魚、尖棘角魴䱬、尖棘角魚

Tripterygiidae 三鰭䲁科

Enneapterygius etheostomus 篩口雙線䲁

Uranoscopidae 䲢科

Ichthyscopus sannio 桑尼披肩䲢

Uranoscopus bicinctus 打銅錘、雙斑騰、雙斑瞻星魚

Uranoscopus japonicus 望天魚、打銅錘、日本騰、日本瞻星魚

Uranoscopus oligolepis 打銅錘、少鱗騰、寡鱗瞻星魚

Uranoscopus tosae 打銅錘、土佐騰、土佐瞻星魚

Xenocephalus elongatus 打銅錘、青騰、青瞻星魚

Zanclidae 鐮魚科

Zanclus cornutus 神像、角鐮魚

Zeidae 的鯛科

Zeus faber 日本旗、遠東海魴、日本的鯛

Zenarchopteridae 異鱗鱵科

Zenarchopterus striga 條紋異鱗鱵

Zenionidae 甲眼的鯛科

Zenion japonicum 日本小海魴、日本甲眼的鯛

Elasmobranchii 板鰓亞綱

Anacanthobatidae 無鰭鯆科

Sinobatis melanosoma 鯆魚、黑體無鰭鯆

Carcharhinidae 白眼鮫科

Carcharhinus amblyrhynchos 烏翅真鯊、黑鰭鯊、黑尾真鯊、黑印白眼鮫

Carcharhinus dussumieri 齊頭鯊、杜氏真鯊、杜氏白眼鮫

Carcharhinus falciformes 鐮狀真鯊、平滑白眼鮫

Carcharhinus leucas 公牛真鯊、低鰭真鯊

Carcharhinus limbatus 黑班鯊、黑梢真鯊、黑邊鰭白眼鮫

Carcharhinus macloti 麥氏真鯊、槍頭鮫

Carcharhinus melanopterus 烏翅真鯊、汗翅白眼鮫

Carcharhinus sorrah 沙拉真鯊、沙拉白眼鮫

Galeocerdo cuvier 虎鯊、鼬鯊、鼬鮫

Rhizoprionodon acutus 尖頭曲齒鯊、尖頭鯊、尖吻斜鋸牙鯊、尖頭曲齒鮫

Rhizoprionodon oligolinx 短鰭斜鋸牙鯊、短鰭尖吻鯊、短鰭曲齒鯊

Scoliodon macrorhynchos 尖頭鯊、寬尾斜齒鯊、寬尾曲齒鮫

Dasyatidae 土魟科

Dasyatis akajei 黃鯆、赤魟、赤土魟

Dasyatis bennettii 鯆魚、黃魟、黃土魟

Dasyatis zugei 鯆魚、尖嘴魟、尖嘴土魟

Himantura gerrardi 鯆魚、傑氏窄尾魟、齊氏土魟

Neotrygon kuhlii 魔鬼魚、鯆魚、古氏魟、古氏土魟

Taeniura meyeni 鯆魚、邁瓦條尾魟、邁氏條尾魟

Gymnuridae 燕魟科

Gymnura bimaculata 鯆魚、雙斑燕魟、戴星鳶魟

Gymnura poecilura 花尾燕魟

Hemigaleidae 半沙條鯊科

Chaenogaleus macrostoma 大口尖齒鯊

Hemipristis elongata 鈍吻鯊、半鋸鯊、長半鋸鯊

Paragaleus tengi 鄧氏副沙條鯊

Hemiscylliidae 天竺鮫科

Chiloscyllium indicum 九更鯊、九女鯊、印度斑竹鯊、印度狗鮫

Chiloscyllium plagiosum 狗女鯊、狗鯊魚、條紋斑竹鯊、斑竹狗鮫

Myliobatidae 鱝科

Aetobatus flagellum 無斑鷂鱝

Aetobatus ocellatus 眼斑鷂鱝

Aetomylaeus milvus 鷹狀無刺鱝、鷹形圓吻燕魟

Aetomylaeus nichofii 長鷹、鯆魚、聶氏無刺鱝、青帶圓吻燕魟

Manta birostris 魔鬼魚、角鵬、雙吻前口蝠鱝、鬼蝠魟

Rhinoptera javanica 鯆魚、和尚頭、爪哇牛鼻鱝、叉頭燕魟

Narcinidae 雙鰭電鱝科

Narcine timlei 電鯆魚、丁氏雙鰭電鱝、丁氏木鏟電鱝

Narkidae 單鰭電鱝科

Narke japonica 鯆魚、日本單鰭電鱝、日本電鱝

Pristidae 鋸鱝科

Anoxypristis cuspidate 鈍鋸鱝、鈍鋸鱝、尖齒鋸鱝

Pristis microdon 小鋸齒鰩、小齒鋸鰩

Rajidae 鯆魮科

Dipturus kwangtungensis 鯆魚、廣東鰩、廣東老闆鯆

Okamejei hollandi 鯆魚、何氏鰩、何氏老闆鯆

Okamejei kenojei 鯆魚、斑鰩、平背老闆鯆

Rhincodontidae 鯨鮫科

Rhincodon typus 鯨鯊、鯨鮫

Rhinobatidae 琵琶鱝科

Platyrhina sinensis 黃鯆、鯆魚、中國團扇鱝、中國黃點鯆

Scyliorhinidae 貓鯊科

Atelomycterus marmoratus 白斑斑鯊、斑貓鯊

Sphyrnidae 雙髻鯊科

Sphyrna lewini 路易氏雙髻鯊、鎚頭鯊、無溝雙髻鯊、八鰭丫髻鮫

Squalidae 角鯊科

Squalus japonicus 日本角鯊

Squatinidae 扁鯊科

Squatina nebulosa 星雲扁鯊

Triakidae 平滑鮫科

Mustelus griseus 鯊魚、灰星鯊、灰貂鮫

附錄 6-3　香港兩棲動物名錄

資料來源及備注

本名錄乃根據漁護署香港生物多樣性資訊站之物種數據庫和其他研究整理而成。IUCN《瀕危物種紅色名錄》所載物種保育狀況截至 2022 年至 2023 年。附錄內「中國紅色名錄」即《中國脊椎動物紅色名錄》（2016），所載物種保育狀況截至 2016 年。

Caudata 有尾目

Salamandridae 蠑螈科

Paramesotriton hongkongensis 香港瘰螈（原生）（IUCN《瀕危物種紅色名錄》：近危）（中國紅色名錄：近危）

Anura 無尾目

Bufonidae 蟾蜍科

Duttaphrynus melanostictus 黑眶蟾蜍（原生）（IUCN《瀕危物種紅色名錄》：無危）（中國紅色名錄：無危）

Eleutherodactylidae 卵齒蟾科

Eleutherodactylus planirostris 溫室蟾（外來）（IUCN《瀕危物種紅色名錄》：無危）（中國紅色名錄：未予評估）

Megophryidae 角蟾科

Leptobrachella laui 劉氏掌突蟾（原生）（IUCN《瀕危物種紅色名錄》：易危）（中國紅色名錄：未予評估）

Megophrys brachykolos 短腳角蟾（原生）（IUCN《瀕危物種紅色名錄》：瀕危）（中國紅色名錄：易危）

Microhylidae 狹口蛙科

Kalophrynus interlineatus 花細狹口蛙（原生）（IUCN《瀕危物種紅色名錄》：無危）（中國紅色名錄：近危）

Kaloula pulchra 花狹口蛙（原生）（IUCN《瀕危物種紅色名錄》：無危）（中國紅色名錄：無危）

Microhyla butleri 粗皮姬蛙（原生）（IUCN《瀕危物種紅色名錄》：無危）（中國紅色名錄：無危）

Microhyla fissipes 飾紋姬蛙（原生）（IUCN《瀕危物種紅色名錄》：無危）（中國紅色名錄：無危）

Microhyla pulchra 花姬蛙（原生）（IUCN《瀕危物種紅色名錄》：無危）（中國紅色名錄：無危）

Dicroglossidae 叉舌蛙科

Fejervarya limnocharis 澤蛙（原生）（IUCN《瀕危物種紅色名錄》：無危）（中國紅色名錄：無危）

Hoplobatrachus rugulosus（又稱 *Hoplobatrachus chinensis*）虎紋蛙（原生）（IUCN《瀕危物種紅色名錄》：無危）（中國紅色名錄：瀕危）

Limnonectes fujianensis 大頭蛙（原生）（IUCN《瀕危物種紅色名錄》：無危）（中國紅色名錄：近危）

Occidozyga obscura 中國浮蛙（原生、可能消失）（IUCN《瀕危物種紅色名錄》：未予評估）（中國紅色名錄：未予評估）

Quasipaa exilispinosa 小棘蛙（原生）（IUCN《瀕危物種紅色名錄》：無危）（中國紅色名錄：易危）

Quasipaa spinosa 棘胸蛙（原生）（IUCN《瀕危物種紅色名錄》：易危）（中國紅色名錄：易危）

Ranidae 蛙科

Amolops hongkongensis 香港湍蛙（原生）（IUCN《瀕危物種紅色名錄》：瀕危）（中國紅色名錄：瀕危）

Amolops albispinus 白刺湍蛙（原生）（IUCN《瀕危物種紅色名錄》：易危）（中國紅色名錄：未予評估）

Sylvirana guentheri 沼蛙（原生）（IUCN《瀕危物種紅色名錄》：無危）（中國紅色名錄：無危）

Hylarana latouchii 闊褶蛙（原生）（IUCN《瀕危物種紅色名錄》：無危）（中國紅色名錄：無危）

Hylarana macrodactyla 長趾蛙（原生）（IUCN《瀕危物種紅色名錄》：無危）（中國紅色名錄：近危）

Hylarana taipehensis 台北蛙（原生）（IUCN《瀕危物種紅色名錄》：無危）（中國紅色名錄：近危）

Odorrana graminea 或 *Odorrana leporipes*（過去被認為是 *Odorrana chloronota*）大綠蛙（原生）（IUCN《瀕危物種紅色名錄》：數據缺乏）（中國紅色名錄：無危）

Rhacophoridae 樹蛙科

Liuixalus romeri 盧氏小樹蛙（原生）（IUCN《瀕危物種紅色名錄》：瀕危）（中國紅色名錄：易危）

Polypedates megacephalus 斑腿泛樹蛙（原生）（IUCN《瀕危物種紅色名錄》：無危）（中國紅色名錄：無危）

附錄 6-4 香港爬行動物名錄

資料來源及備注

本名錄乃根據漁護署香港生物多樣性資訊站之物種數據庫和其他研究整理而成。IUCN《瀕危物種紅色名錄》所載物種保育狀況截至 2022 年至 2023 年。附錄內「中國紅色名錄」即《中國脊椎動物紅色名錄》(2016),所載物種保育狀況截至 2016 年。

Testudines 龜鱉目

Cheloniidae 海龜科

Caretta caretta 蠵龜(偶然到訪)(IUCN《瀕危物種紅色名錄》:易危)(中國紅色名錄:極危)

Chelonia mydas 綠海龜(原生)(IUCN《瀕危物種紅色名錄》:瀕危)(中國紅色名錄:極危)

Eretmochelys imbricate 玳瑁(偶然到訪)(IUCN《瀕危物種紅色名錄》:極危)(中國紅色名錄:極危)

Lepidochelys olivacea 太平洋麗龜(偶然到訪)(IUCN《瀕危物種紅色名錄》:易危)(中國紅色名錄:極危)

Dermochelyidae 棱皮龜科

Dermochelys coriacea 棱皮龜(偶然到訪)(IUCN《瀕危物種紅色名錄》:極危)(中國紅色名錄:極危)

Emydidae 龜科

Trachemys scripta elegans 巴西龜(外來)(IUCN《瀕危物種紅色名錄》:無危)(中國紅色名錄:未予評估)

Geoemydidae 地龜科

Cuora trifasciata 三線閉殼龜(原生)(IUCN《瀕危物種紅色名錄》:極危)(中國紅色名錄:極危)

Mauremys reevesii 烏龜(原生)(IUCN《瀕危物種紅色名錄》:瀕危)(中國紅色名錄:瀕危)

Mauremys sinensis 花龜(不確定)(IUCN《瀕危物種紅色名錄》:極危)(中國紅色名錄:瀕危)

Mauremys mutica 黃喉擬水龜(不確定)(IUCN《瀕危物種紅色名錄》:極危)(中國紅色名錄:瀕危)

Sacalia bealei 眼斑水龜(原生)(IUCN《瀕危物種紅色名錄》:瀕危)(中國紅色名錄:瀕危)

Platysternidae 平胸龜科

Platysternon megacephalum 平胸龜(原生)(IUCN《瀕危物種紅色名錄》:極危)(中國紅色名錄:極危)

Trionychidae 鱉科

Pelodiscus sinensis 鱉(原生)(IUCN《瀕危物種紅色名錄》:易危)(中國紅色名錄:瀕危)

Palea steindachneri 山瑞鱉(不確定)(IUCN《瀕危物種紅色名錄》:極危)(中國紅色名錄:瀕危)

Lacertilia 蜥蜴亞目

Agamidae 鬣蜥科

Calotes versicolor 變色樹蜥(原生)(IUCN《瀕危物種紅色名錄》:無危)(中國紅色名錄:無危)

Calotes mystaceus 白唇樹蜥(外來)(IUCN《瀕危物種紅色名錄》:無危)(中國紅色名錄:無危)

Physignathus cocincinus 中國水龍(外來)(IUCN《瀕危物種紅色名錄》:易危)(中國紅色名錄:瀕危)

Lacertidae 蜥蜴科

Takydromus sexlineatus ocellatus 南草蜥(原生)(IUCN《瀕危物種紅色名錄》:無危)(中國紅色名錄:無危)

Scincidae 石龍子科

Ateuchosaurus chinensis 光蜥（原生）（IUCN《瀕危物種紅色名錄》：無危）（中國紅色名錄：無危）

Eutropis longicaudata 長尾南蜥（原生）（IUCN《瀕危物種紅色名錄》：無危）（中國紅色名錄：無危）

Plestiodon chinensis chinensis 石龍子（原生）（IUCN《瀕危物種紅色名錄》：無危）（中國紅色名錄：無危）

Plestiodon elegans 藍尾石龍子（原生）（IUCN《瀕危物種紅色名錄》：無危）（中國紅色名錄：無危）

Plestiodon quadrilineatus 四線石龍子（原生）（IUCN《瀕危物種紅色名錄》：無危）（中國紅色名錄：無危）

Plestiodon tamdaoensis 越南五線石龍子（原生）（IUCN《瀕危物種紅色名錄》：無危）（中國紅色名錄：易危）

Scincella modesta 寧波滑蜥（原生）（IUCN《瀕危物種紅色名錄》：無危）（中國紅色名錄：無危）

Scincella reevesii 南滑蜥（原生）（IUCN《瀕危物種紅色名錄》：無危）（中國紅色名錄：無危）

Sphenomorphus incognitus 股鱗蜓蜥（原生）（IUCN《瀕危物種紅色名錄》：無危）（中國紅色名錄：近危）

Sphenomorphus indicus 銅蜓蜥（原生）（IUCN《瀕危物種紅色名錄》：無危）（中國紅色名錄：無危）

Tropidophorus sinicus 棱蜥（原生）（IUCN《瀕危物種紅色名錄》：無危）（中國紅色名錄：無危）

Varanidae 巨蜥科

Varanus salvator 巨蜥（原生，未確定有持續種群）（IUCN《瀕危物種紅色名錄》：無危）（中國紅色名錄：極危）

Dibamidae 雙足蜥科

Dibamus bogadeki 香港雙足蜥（原生）（IUCN《瀕危物種紅色名錄》：瀕危）（中國紅色名錄：易危）

Gekkonidae 壁虎科

Gehyra mutilata 截趾虎（原生）（IUCN《瀕危物種紅色名錄》：無危）（中國紅色名錄：易危）

Gekko chinensis 壁虎（原生）（IUCN《瀕危物種紅色名錄》：無危）（中國紅色名錄：無危）

Gekko reevesii（從 *Gekko gecko* 分出來）黑疣大壁虎（從大壁虎分出來）（原生）（IUCN《瀕危物種紅色名錄》：無危）（中國紅色名錄：極危）

Hemidactylus bowringii 原尾蜥虎（原生）（IUCN《瀕危物種紅色名錄》：無危）（中國紅色名錄：無危）

Hemidactylus brookii 密疣蜥虎（外來）（IUCN《瀕危物種紅色名錄》：無危）（中國紅色名錄：無危）

Hemidactylus frenatus 疣尾蜥虎（外來，未確定有持續種群）（IUCN《瀕危物種紅色名錄》：無危）（中國紅色名錄：無危）

Hemidactylus garnotii 鋸尾蜥虎（原生）（IUCN《瀕危物種紅色名錄》：無危）（中國紅色名錄：無危）

Hemiphyllodactylus hongkongensis 香港半葉趾虎（原生）（IUCN《瀕危物種紅色名錄》：近危）（中國紅色名錄：未予評估）

Serpentes 蛇亞目

Calamariidae 兩頭蛇科

Calamaria septentrionalis 鈍尾兩頭蛇（原生）（IUCN《瀕危物種紅色名錄》：無危）（中國紅色名錄：無危）

Colubridae 游蛇科

Ahaetulla prasina 綠瘦蛇（不確定）（IUCN《瀕危物種紅色名錄》：無危）（中國紅色名錄：無危）

Boiga multomaculata 繁花林蛇（原生）（IUCN《瀕危物種紅色名錄》：無危）（中國紅色名錄：無危）

Coelognathus radiatus 三索錦蛇（原生）（IUCN《瀕危物種紅色名錄》：無危）（中國紅色名錄：瀕危）

Dendrelaphis hollinrakei 香港過樹蛇（不確定）（IUCN《瀕危物種紅色名錄》：數據缺乏）（中國紅色名錄：近危）

Elaphe taeniura 黑眉錦蛇（不確定）（IUCN《瀕危物種紅色名錄》：易危）（中國紅色名錄：瀕危）

Lycodon capucinus 白環蛇（原生）（IUCN《瀕危物種紅色名錄》：無危）（中國紅色名錄：未予評估）

Lycodon futsingensis 福清白環蛇（原生）（IUCN《瀕危物種紅色名錄》：無危）（中國紅色名錄：近危）

Lycodon subcinctus 細白環蛇（原生）（IUCN《瀕危物種紅色名錄》：無危）（中國紅色名錄：無危）

Oligodon cinereus 紫棕小頭蛇（原生）（IUCN《瀕危物種紅色名錄》：無危）（中國紅色名錄：無危）

Oligodon formosanus 台灣小頭蛇（原生）（IUCN《瀕危物種紅色名錄》：無危）（中國紅色名錄：近危）

Oreocryptophis porphyracea nigrofasciata 紫灰錦蛇（原生）（IUCN《瀕危物種紅色名錄》：無危）（中國紅色名錄：無危）

Ptyas korros 灰鼠蛇（原生）（IUCN《瀕危物種紅色名錄》：近危）（中國紅色名錄：易危）

Ptyas major 翠青蛇（原生）（IUCN《瀕危物種紅色名錄》：無危）（中國紅色名錄：無危）

Ptyas mucosus 滑鼠蛇（原生）（IUCN《瀕危物種紅色名錄》：無危）（中國紅色名錄：瀕危）

Sibynophis chinensis chinensis 黑頭劍蛇（原生）（IUCN《瀕危物種紅色名錄》：無危）（中國紅色名錄：無危）

Elapidae 眼鏡蛇科

Bungarus fasciatus 金環蛇（原生）（IUCN《瀕危物種紅色名錄》：無危）（中國紅色名錄：瀕危）

Bungarus multicinctus multicinctus 銀環蛇（原生）（IUCN《瀕危物種紅色名錄》：無危）（中國紅色名錄：瀕危）

Hydrophis curtus 平頦海蛇（原生，可能已消失）（IUCN《瀕危物種紅色名錄》：無危）（中國紅色名錄：無危）

Hydrophis cyanocinctus 青環海蛇（原生）（IUCN《瀕危物種紅色名錄》：無危）（中國紅色名錄：近危）

Hydrophis gracilis 小頭海蛇（原生，可能已消失）（IUCN《瀕危物種紅色名錄》：無危）（中國紅色名錄：近危）

Hydrophis ornatus 淡灰海蛇（原生，可能已消失）（IUCN《瀕危物種紅色名錄》：無危）（中國紅色名錄：無危）

Hydrophis platurus 長吻海蛇（原生，可能已消失）（IUCN《瀕危物種紅色名錄》：無危）（中國紅色名錄：無危）

Hydrophis viperinus 海蝰（原生，可能已消失）（IUCN《瀕危物種紅色名錄》：無危）（中國紅色名錄：無危）

Naja atra 眼鏡蛇（原生）（IUCN《瀕危物種紅色名錄》：易危）（中國紅色名錄：易危）

Ophiophagus hannah 眼鏡王蛇（原生）（IUCN《瀕危物種紅色名錄》：易危）（中國紅色名錄：瀕危）

Sinomicrurus macclellandi 珊瑚蛇（原生）（IUCN《瀕危物種紅色名錄》：無危）（中國紅色名錄：易危）

Homalopsidae 水蛇科

Myrrophis bennettii 黑斑水蛇（原生）（IUCN《瀕危物種紅色名錄》：數據缺乏）（中國紅色名錄：無危）

Myrrophis chinensis 中國水蛇（原生）（IUCN《瀕危物種紅色名錄》：無危）（中國紅色名錄：易危）

Hypsiscopus plumbea 鉛色水蛇（原生）（IUCN《瀕危物種紅色名錄》：無危）（中國紅色名錄：易危）

Lamprophiidae 屋蛇科

Psammodynastes pulverulentus 紫沙蛇（原生）（IUCN《瀕危物種紅色名錄》：無危）（中國紅色名錄：無危）

Natricidae 水游蛇科

Hebius atemporale 無顳鱗游蛇（原生）（IUCN《瀕危物種紅色名錄》：數據缺乏）（中國紅色名錄：

近危）

Hebius boulengeri 白眉游蛇（原生）（IUCN《瀕危物種紅色名錄》：無危）（中國紅色名錄：無危）

Amphiesma stolatum 草游蛇（原生）（IUCN《瀕危物種紅色名錄》：無危）（中國紅色名錄：無危）

Opisthotropis andersonii 香港後棱蛇（原生）（IUCN《瀕危物種紅色名錄》：近危）（中國紅色名錄：近危）

Opisthotropis kuatunensis 掛墩後棱蛇（原生）（IUCN《瀕危物種紅色名錄》：無危）（中國紅色名錄：無危）

Opisthotropis lateralis 側條後棱蛇（原生）（IUCN《瀕危物種紅色名錄》：無危）（中國紅色名錄：無危）

Rhabdophis nuchalis nuchalis 頸槽游蛇（不確定）（IUCN《瀕危物種紅色名錄》：無危）（中國紅色名錄：無危）

Rhabdophis subminiatus helleri 紅脖游蛇（原生）（IUCN《瀕危物種紅色名錄》：無危）（中國紅色名錄：無危）

Trimerodytes aequifasciatus 環紋游蛇（原生）（IUCN《瀕危物種紅色名錄》：無危）（中國紅色名錄：易危）

Trimerodytes balteatus 橫紋環游蛇（原生）（IUCN《瀕危物種紅色名錄》：數據缺乏）（中國紅色名錄：無危）

Trimerodytes percarinatus percarinatus 烏游蛇（原生）（IUCN《瀕危物種紅色名錄》：無危）（中國紅色名錄：易危）

Xenochrophis flavipunctatus 黃斑漁游蛇（原生）（IUCN《瀕危物種紅色名錄》：無危）（中國紅色名錄：無危）

Pareatidae 鈍頭蛇科

Pareas chinensis 鈍頭蛇（原生）（IUCN《瀕危物種紅色名錄》：無危）（中國紅色名錄：無危）

Pareas margaritophorus 橫紋鈍頭蛇（原生）（IUCN《瀕危物種紅色名錄》：無危）（中國紅色名錄：近危）

Boidae 蚺科

Python bivittatus 蟒蛇（原生）（IUCN《瀕危物種紅色名錄》：易危）（中國紅色名錄：極危）

Typhlopidae 盲蛇科

Indotyphlops albiceps 白頭盲蛇（原生）（IUCN《瀕危物種紅色名錄》：無危）（中國紅色名錄：數據缺乏）

Indotyphlops braminus 鉤盲蛇（原生）（IUCN《瀕危物種紅色名錄》：無危）（中國紅色名錄：數據缺乏）

Indotyphlops lazelli 香港盲蛇（原生）（IUCN《瀕危物種紅色名錄》：極危）（中國紅色名錄：極危）

Viperidae 蝰科

Trimeresurus albolabris 白唇竹葉青（原生）（IUCN《瀕危物種紅色名錄》：無危）（中國紅色名錄：無危）

Ovophis tonkinensis 越南烙鐵頭（原生）（IUCN《瀕危物種紅色名錄》：無危）（中國紅色名錄：無危）

Protobothrops mucrosquamatus 烙鐵頭（原生）（IUCN《瀕危物種紅色名錄》：無危）（中國紅色名錄：無危）

Xenodermatidae 閃皮蛇科

Achalinus rufescens 棕脊蛇（原生）（IUCN《瀕危物種紅色名錄》：無危）（中國紅色名錄：無危）

附錄 6-5　香港鳥類名錄

資料來源及備注

鳥種類別的定義如下：

第 I 類：在香港有明確野生紀錄。

第 IIA 類：中國東南部地區繁殖的鳥種，現時在香港的繁殖群落被認為是由逃逸的籠鳥所繁衍的，但亦可能在棲息地出現變化前已在香港出沒。

第 IIB 類：非原居鳥種；經人為引入香港，現無需靠額外幫助已能繼續繁衍。

第 IIC 類：曾經在香港有野生群落的鳥種。

本名錄只包括第 I 類及第 II 類，上述類別雀鳥已由香港觀鳥會紀錄委員會確認通過其在香港的野生紀錄。下表詳列香港鳥類名錄共 572 種雀鳥，最後更新於 2022 年 4 月 26 日。

Anatidae 鴨科

Dendrocygna javanica 栗樹鴨（類別：I）

Anser anser 灰雁（類別：I）

Anser fabalis 寒林豆雁（類別：I）

Anser serrirostris 凍原豆雁（類別：I）

Anser albifrons 白額雁（類別：I）

Anser erythropus 小白額雁（類別：I）

Cygnus cygnus 大天鵝（類別：I）

Tadorna tadorna 翹鼻麻鴨（類別：I）

Tadorna ferruginea 赤麻鴨（類別：I）

Aix galericulata 鴛鴦（類別：I）

Nettapus coromandelianus 棉鳧（類別：I）

Sibirionetta formosa 花臉鴨（類別：I）

Spatula querquedula 白眉鴨（類別：I）

Spatula clypeata 琵嘴鴨（類別：I）

Mareca strepera 赤膀鴨（類別：I）

Mareca falcata 羅紋鴨（類別：I）

Mareca penelope 赤頸鴨（類別：I）

Mareca americana 綠眉鴨（類別：I）

Anas luzonica 棕頸鴨（類別：I）

Anas poecilorhyncha 印緬斑嘴鴨（類別：I）

Anas zonorhyncha 中華斑嘴鴨（類別：I）

Anas platyrhynchos 綠頭鴨（類別：I）

Anas acuta 針尾鴨（類別：I）

Anas crecca 綠翅鴨（類別：I）

Anas carolinensis 美洲綠翅鴨（類別：I）

Netta rufina 赤嘴潛鴨（類別：I）

Aythya ferina 紅頭潛鴨（類別：I）

Aythya baeri 青頭潛鴨（類別：I）

Aythya nyroca 白眼潛鴨（類別：I）

Aythya fuligula 鳳頭潛鴨（類別：I）

Aythya marila 斑背潛鴨（類別：I）

Melanitta stejnegeri 斑臉海番鴨（類別：I）

Melanitta americana 黑海番鴨（類別：I）

Bucephala clangula 鵲鴨（類別：I）

Mergellus albellus 白秋沙鴨（類別：I）

Mergus serrator 紅胸秋沙鴨（類別：I）

Phasianidae 雉科

Francolinus pintadeanus 中華鷓鴣（類別：I）

Coturnix japonica 鵪鶉（類別：I）

Caprimulgidae 夜鷹科

Caprimulgus jotaka 普通夜鷹（類別：I）

Caprimulgus affinis 林夜鷹（類別：I）

Apodidae 雨燕科

Aerodramus brevirostris 短嘴金絲燕（類別：I）

Hirundapus caudacutus 白喉針尾雨燕（類別：I）

Hirundapus cochinchinensis 灰喉針尾雨燕（類別：I）

Hirundapus giganteus 褐背針尾雨燕（類別：I）

Apus apus 普通雨燕（類別：I）

Apus pacificus 白腰雨燕（類別：I）

Apus nipalensis 小白腰雨燕（類別：I）

Cuculidae 杜鵑科

Centropus sinensis 褐翅鴉鵑（類別：I）

Centropus bengalensis 小鴉鵑（類別：I）

Clamator coromandus 紅翅鳳頭鵑（類別：I）

Clamator jacobinus 斑翅鳳頭鵑（類別：I）

Eudynamys scolopaceus 噪鵑（類別：I）

Cacomantis merulinus 八聲杜鵑（類別：I）

Surniculus lugubris 烏鵑（類別：I）

Hierococcyx sparverioides 大鷹鵑（類別：I）

Hierococcyx hyperythrus 北鷹鵑（類別：I）

Hierococcyx nisicolor 霍氏鷹鵑（類別：I）

Cuculus poliocephalus 小杜鵑（類別：I）

Cuculus micropterus 四聲杜鵑（類別：I）

Cuculus optatus 東方中杜鵑（類別：I）

Cuculus canorus 大杜鵑（類別：I）

Columbidae 鳩鴿科

Columba livia 原鴿（類別：IIB）

Streptopelia orientalis 山斑鳩（類別：I）

Streptopelia decaocto 灰斑鳩（類別：IIB）

Streptopelia tranquebarica 火斑鳩（類別：I）

Spilopelia chinensis 珠頸斑鳩（類別：I）

Macropygia unchall 斑尾鵑鳩（類別：I）

Chalcophaps indica 綠翅金鳩（類別：I）

Treron bicinctus 橙胸綠鳩（類別：I）

Treron curvirostra 厚嘴綠鳩（類別：I）

Treron sphenurus 楔尾綠鳩（類別：I）

Treron sieboldii 紅翅綠鳩（類別：I）

Treron permagnus 紅頂綠鳩（類別：I）

Rallidae 秧雞科

Rallus aquaticus 西方秧雞（類別：I）

Rallus indicus 普通秧雞（類別：I）

Lewinia striata 灰胸秧雞（類別：I）

Gallinula chloropus 黑水雞（類別：I）

Fulica atra 骨頂雞（類別：I）

Porphyrio poliocephalus 紫水雞（類別：I）

Zapornia fusca 紅胸田雞（類別：I）

Zapornia paykullii 斑脇田雞（類別：I）

Zapornia akool 紅腳苦惡鳥（類別：I）

Zapornia pusilla 小田雞（類別：I）

Rallina eurizonoides 灰腳秧雞（類別：I）

Poliolimnas cinereus 白眉田雞（類別：I）

Gallicrex cinerea 董雞（類別：I）

Amaurornis phoenicurus 白胸苦惡鳥（類別：I）

Gruidae 鶴科

Leucogeranus leucogeranus 白鶴（類別：I）

Grus grus 灰鶴（類別：I）

Podicipedidae 鸊鷉科

Tachybaptus ruficollis 小鸊鷉（類別：I）

Podiceps cristatus 鳳頭鸊鷉（類別：I）

Podiceps auritus 角鸊鷉（類別：I）

Podiceps nigricollis 黑頸鸊鷉（類別：I）

Turnicidae 三趾鶉科

Turnix tanki 黃腳三趾鶉（類別：I）

Turnix suscitator 棕三趾鶉（類別：I）

Burhinidae 石鴴科

Esacus recurvirostris 大石鴴（類別：I）

Haematopodidae 蠣鷸科

Haematopus ostralegus 蠣鷸（類別：I）

Recurvirostridae 反嘴鷸科

Himantopus himantopus 黑翅長腳鷸（類別：I）

Recurvirostra avosetta 反嘴鷸（類別：I）

Charadriidae 鴴科

Vanellus vanellus 鳳頭麥雞（類別：I）

Vanellus cinereus 灰頭麥雞（類別：I）

Pluvialis apricaria 歐金鴴（類別：I）

Pluvialis fulva 太平洋金斑鴴（類別：I）

Pluvialis squatarola 灰斑鴴（類別：I）

Charadrius hiaticula 劍鴴（類別：I）

Charadrius placidus 長嘴鴴（類別：I）

Charadrius dubius 金眶鴴（類別：I）

Charadrius alexandrinus 環頸鴴（類別：I）

Charadrius dealbatus 白臉鴴（類別：I）

Charadrius mongolus 蒙古沙鴴（類別：I）

Charadrius leschenaultii 鐵嘴沙鴴（類別：I）

Charadrius veredus 東方鴴（類別：I）

Rostratulidae 彩鷸科

Rostratula benghalensis 彩鷸（類別：I）

Jacanidae 雉鴴科

Hydrophasianus chirurgus 水雉（類別：I）

Scolopacidae 鷸科

Numenius phaeopus 中杓鷸（類別：I）

Numenius minutus 小杓鷸（類別：I）

Numenius madagascariensis 紅腰杓鷸（類別：I）

Numenius arquata 白腰杓鷸（類別：I）

Limosa lapponica 斑尾塍鷸（類別：I）

Limosa limosa 黑尾塍鷸（類別：I）

Arenaria interpres 翻石鷸（類別：I）

Calidris tenuirostris 大濱鷸（類別：I）

Calidris canutus 紅腹濱鷸（類別：I）

Calidris pugnax 流蘇鷸（類別：I）

Calidris falcinellus 闊嘴鷸（類別：I）

Calidris acuminata 尖尾濱鷸（類別：I）

Calidris ferruginea 彎嘴濱鷸（類別：I）

Calidris temminckii 青腳濱鷸（類別：I）

Calidris subminuta 長趾濱鷸（類別：I）

Calidris pygmaea 勺嘴鷸（類別：I）

Calidris ruficollis 紅頸濱鷸（類別：I）

Calidris alba 三趾濱鷸（類別：I）

Calidris alpina 黑腹濱鷸（類別：I）

Calidris minuta 小濱鷸（類別：I）

Calidris subruficollis 飾胸鷸（類別：I）

Calidris melanotos 斑胸濱鷸（類別：I）

Limnodromus semipalmatus 半蹼鷸（類別：I）

Limnodromus scolopaceus 長嘴鷸（類別：I）

Scolopax rusticola 丘鷸（類別：I）

Gallinago stenura 針尾沙錐（類別：I）

Gallinago megala 大沙錐（類別：I）

Gallinago gallinago 扇尾沙錐（類別：I）

Xenus cinereus 翹嘴鷸（類別：I）

Phalaropus lobatus 紅頸瓣蹼鷸（類別：I）

Phalaropus fulicarius 灰瓣蹼鷸（類別：I）

Actitis hypoleucos 磯鷸（類別：I）

Tringa ochropus 白腰草鷸（類別：I）

Tringa brevipes 灰尾漂鷸（類別：I）

Tringa flavipes 小黃腳鷸（類別：I）

Tringa totanus 紅腳鷸（類別：I）

Tringa stagnatilis 澤鷸（類別：I）

Tringa glareola 林鷸（類別：I）

Tringa erythropus 鶴鷸（類別：I）

Tringa nebularia 青腳鷸（類別：I）

Tringa guttifer 小青腳鷸（類別：I）

Glareolidae 燕鴴科

Glareola maldivarum 普通燕鴴（類別：I）

Glareola lactea 灰燕鴴（類別：I）

Laridae 鷗科

Anous stolidus 白頂玄燕鷗（類別：I）

Anous minutus 玄燕鷗（類別：I）

Rissa tridactyla 三趾鷗（類別：I）

Chroicocephalus genei 細嘴鷗（類別：I）

Chroicocephalus brunnicephalus 棕頭鷗（類別：I）

Chroicocephalus ridibundus 紅嘴鷗（類別：I）

Chroicocephalus saundersi 黑嘴鷗（類別：I）

Hydrocoloeus minutus 小鷗（類別：I）

Leucophaeus pipixcan 弗氏鷗（類別：I）

Ichthyaetus relictus 遺鷗（類別：I）

Ichthyaetus ichthyaetus 漁鷗（類別：I）

Larus crassirostris 黑尾鷗（類別：I）

Larus canus 海鷗（類別：I）

Larus brachyrhynchus 美洲海鷗（類別：I）

Larus delawarensis 環嘴鷗（類別：I）

Larus glaucescens 灰翅鷗（類別：I）

Larus hyperboreus 北極鷗（類別：I）

Larus vegae 織女銀鷗（類別：I）

Larus schistisagus 灰背鷗（類別：I）

Larus fuscus 烏灰銀鷗（類別：I）

Gelochelidon nilotica 鷗嘴噪鷗（類別：I）

Hydroprogne caspia 紅嘴巨鷗（類別：I）

Thalasseus bergii 大鳳頭燕鷗（類別：I）

Sternula albifrons 白額燕鷗（類別：I）

Onychoprion aleuticus 白腰燕鷗（類別：I）

Onychoprion anaethetus 褐翅燕鷗（類別：I）

Onychoprion fuscatus 烏燕鷗（類別：I）

Sterna dougallii 粉紅燕鷗（類別：I）

Sterna sumatrana 黑枕燕鷗（類別：I）

Sterna hirundo 普通燕鷗（類別：I）

Chlidonias hybrida 鬚浮鷗（類別：I）

Chlidonias leucopterus 白翅浮鷗（類別：I）

Stercorariidae 賊鷗科

Stercorarius pomarinus 中賊鷗（類別：I）

Stercorarius parasiticus 短尾賊鷗（類別：I）

Stercorarius longicaudus 長尾賊鷗（類別：I）

Alcidae 海雀科

Synthliboramphus antiquus 扁嘴海雀（類別：I）

Synthliboramphus wumizusume 冠海雀（類別：I）

Phaethontidae 鸏科

Phaethon lepturus 白尾鸏（類別：I）

Gaviidae 潛鳥科

  Gavia stellata 紅喉潛鳥（類別：I）

  Gavia pacifica 太平洋潛鳥（類別：I）

  Gavia adamsii 黃嘴潛鳥（類別：I）

Hydrobatidae 海燕科

  Hydrobates monorhis 黑叉尾海燕（類別：I）

Procellariidae 鸌科

  Pterodroma heraldica 信使圓尾鸌（類別：I）

  Calonectris leucomelas 白額鸌（類別：I）

  Ardenna pacifica 楔尾鸌（類別：I）

  Ardenna tenuirostris 短尾鸌（類別：I）

  Bulweria bulwerii 褐燕鸌（類別：I）

Ciconiidae 鸛科

  Ciconia nigra 黑鸛（類別：I）

  Ciconia boyciana 東方白鸛（類別：I）

Fregatidae 軍艦鳥科

  Fregata andrewsi 白腹軍艦鳥（類別：I）

  Fregata minor 黑腹軍艦鳥（類別：I）

  Fregata ariel 白斑軍艦鳥（類別：I）

Sulidae 鰹鳥科

  Sula dactylatra 藍臉鰹鳥（類別：I）

  Sula sula 紅腳鰹鳥（類別：I）

  Sula leucogaster 褐鰹鳥（類別：I）

Phalacrocoracidae 鸕鷀科

  Phalacrocorax capillatus 綠背鸕鷀（類別：I）

  Phalacrocorax carbo 普通鸕鷀（類別：I）

Threskiornithidae 䴉科

  Threskiornis melanocephalus 黑頭白䴉（類別：I）

  Plegadis falcinellus 彩䴉（類別：I）

  Platalea leucorodia 白琵鷺（類別：I）

  Platalea minor 黑臉琵鷺（類別：I）

Ardeidae 鷺科

  Botaurus stellaris 大麻鳽（類別：I）

  Ixobrychus sinensis 黃葦鳽（類別：I）

  Ixobrychus eurhythmus 紫背葦鳽（類別：I）

  Ixobrychus cinnamomeus 栗葦鳽（類別：I）

  Ixobrychus flavicollis 黑鳽（類別：I）

  Gorsachius goisagi 栗鳽（類別：I）

  Gorsachius melanolophus 黑冠鳽（類別：I）

  Nycticorax nycticorax 夜鷺（類別：I）

  Butorides striata 綠鷺（類別：I）

  Ardeola bacchus 池鷺（類別：I）

  Bubulcus coromandus 牛背鷺（類別：I）

  Ardea cinerea 蒼鷺（類別：I）

  Ardea purpurea 草鷺（類別：I）

  Ardea alba 大白鷺（類別：I）

  Ardea intermedia 中白鷺（類別：I）

  Egretta garzetta 小白鷺（類別：I）

  Egretta sacra 岩鷺（類別：I）

  Egretta eulophotes 黃嘴白鷺（類別：I）

Pelecanidae 鵜鶘科

  Pelecanus crispus 卷羽鵜鶘（類別：I）

Pandionidae 鶚科

  Pandion haliaetus 鶚（類別：I）

Accipitridae 鷹科

  Elanus caeruleus 黑翅鳶（類別：I）

  Pernis ptilorhynchus 鳳頭蜂鷹（類別：I）

  Aviceda leuphotes 黑冠鵑隼（類別：I）

  Aegypius monachus 禿鷲（類別：I）

  Spilornis cheela 蛇鵰（類別：I）

  Circaetus gallicus 短趾雕（類別：I）

  Nisaetus nipalensis 鷹鵰（類別：I）

  Clanga clanga 烏鵰（類別：I）

  Aquila nipalensis 草原鵰（類別：I）

  Aquila heliaca 白肩鵰（類別：I）

  Aquila fasciata 白腹隼鵰（類別：I）

  Accipiter trivirgatus 鳳頭鷹（類別：I）

  Accipiter soloensis 赤腹鷹（類別：I）

  Accipiter gularis 日本松雀鷹（類別：I）

  Accipiter virgatus 松雀鷹（類別：I）

  Accipiter nisus 雀鷹（類別：I）

  Accipiter gentilis 蒼鷹（類別：I）

  Circus spilonotus 白腹鷂（類別：I）

  Circus cyaneus 白尾鷂（類別：I）

  Circus melanoleucos 鵲鷂（類別：I）

  Milvus migrans 黑鳶（類別：I）

  Haliastur indus 栗鳶（類別：I）

Haliaeetus leucogaster 白腹海鵰（類別：I）
Butastur indicus 灰臉鵟鷹（類別：I）
Buteo japonicus 普通鵟（類別：I）

Tytonidae 草鴞科

Tyto longimembris 草鴞（類別：I）

Strigidae 鴟鴞科

Ninox japonica 鷹鴞（類別：I）
Taenioptynx brodiei 領鵂鶹（類別：I）
Glaucidium cuculoides 斑頭鵂鶹（類別：I）
Otus sunia 紅角鴞（類別：I）
Otus lettia 領角鴞（類別：I）
Asio flammeus 短耳鴞（類別：I）
Bubo bubo 鵰鴞（類別：I）
Ketupa zeylonensis 褐漁鴞（類別：I）
Strix leptogrammica 褐林鴞（類別：I）

Upupidae 戴勝科

Upupa epops 戴勝（類別：I）

Coraciidae 佛法僧科

Coracias garrulus 藍胸佛法僧（類別：I）
Eurystomus orientalis 三寶鳥（類別：I）

Alcedinidae 翠鳥科

Halcyon coromanda 赤翡翠（類別：I）
Halcyon smyrnensis 白胸翡翠（類別：I）
Halcyon pileata 藍翡翠（類別：I）
Todiramphus chloris 白領翡翠（類別：I）
Alcedo atthis 普通翠鳥（類別：I）
Ceyx erithaca 三趾翠鳥（類別：I）
Megaceryle lugubris 冠魚狗（類別：I）
Ceryle rudis 斑魚狗（類別：I）

Meropidae 蜂虎科

Merops philippinus 栗喉蜂虎（類別：I）
Merops viridis 藍喉蜂虎（類別：I）

Megalaimidae 鬚鴷科

Psilopogon virens 大擬啄木鳥（類別：I）
Psilopogon faber 黑眉擬啄木鳥（類別：I）

Picidae 啄木鳥科

Jynx torquilla 蟻鴷（類別：I）
Picumnus innominatus 斑姬啄木鳥（類別：I）

Dendrocopos hyperythrus 棕腹啄木鳥（類別：I）
Picus canus 灰頭綠啄木鳥（類別：I）
Blythipicus pyrrhotis 黃嘴栗啄木鳥（類別：I）
Micropternus brachyurus 栗啄木鳥（類別：I）

Falconidae 隼科

Falco tinnunculus 紅隼（類別：I）
Falco amurensis 阿穆爾隼（類別：I）
Falco subbuteo 燕隼（類別：I）
Falco peregrinus 遊隼（類別：I）

Cacatuidae 鳳頭鸚鵡科

Cacatua sulphurea 小葵花鳳頭鸚鵡（類別：IIB）

Psittaculidae 鸚鵡科

Psittacula eupatria 亞歷山大鸚鵡（類別：IIB）
Psittacula krameri 紅領綠鸚鵡（類別：IIB）

Pittidae 八色鶇科

Pitta moluccensis 藍翅八色鶇（類別：I）
Pitta nympha 仙八色鶇（類別：I）

Artamidae 燕鵙科

Artamus fuscus 灰燕鵙（類別：I）

Campephagidae 山椒鳥科

Pericrocotus solaris 灰喉山椒鳥（類別：I）
Pericrocotus speciosus 赤紅山椒鳥（類別：I）
Pericrocotus divaricatus 灰山椒鳥（類別：I）
Pericrocotus tegimae 琉球山椒鳥（類別：I）
Pericrocotus cantonensis 小灰山椒鳥（類別：I）
Pericrocotus roseus 粉紅山椒鳥（類別：I）
Coracina macei 大鵑鵙（類別：I）
Lalage melaschistos 暗灰鵑鵙（類別：I）

Laniidae 伯勞科

Lanius tigrinus 虎紋伯勞（類別：I）
Lanius bucephalus 牛頭伯勞（類別：I）
Lanius cristatus 紅尾伯勞（類別：I）
Lanius collurio 紅背伯勞（類別：I）
Lanius schach 棕背伯勞（類別：I）
Lanius tephronotus 灰背伯勞（類別：I）

Lanius sphenocercus 楔尾伯勞（類別：I）

Vireonidae 綠鵑科

Erpornis zantholeuca 白腹鳳鶥（類別：I）

Oriolidae 黃鸝科

Oriolus mellianus 鵲色鸝（類別：I）

Oriolus chinensis 黑枕黃鸝（類別：I）

Dicruridae 卷尾科

Dicrurus annectens 鴉嘴卷尾（類別：I）

Dicrurus hottentottus 髮冠卷尾（類別：I）

Dicrurus leucophaeus 灰卷尾（類別：I）

Dicrurus macrocercus 黑卷尾（類別：I）

Monarchidae 王鶲科

Hypothymis azurea 黑枕王鶲（類別：I）

Terpsiphone incei 綬帶（類別：I）

Terpsiphone atrocaudata 紫綬帶（類別：I）

Corvidae 鴉科

Garrulus glandarius 松鴉（類別：I）

Cyanopica cyanus 灰喜鵲（類別：IIB）

Urocissa erythroryncha 紅嘴藍鵲（類別：I）

Dendrocitta formosae 灰樹鵲（類別：I）

Pica serica 喜鵲（類別：I）

Coloeus dauuricus 達烏里寒鴉（類別：I）

Corvus splendens 家鴉（類別：IIB）

Corvus frugilegus 禿鼻烏鴉（類別：I）

Corvus corone 小嘴烏鴉（類別：I）

Corvus torquatus 白頸鴉（類別：I）

Corvus macrorhynchos 大嘴烏鴉（類別：I）

Bombycillidae 太平鳥科

Bombycilla japonica 小太平鳥（類別：I）

Stenostiridae 鶯鶲科

Culicicapa ceylonensis 方尾鶲（類別：I）

Paridae 山雀科

Cephalopyrus flammiceps 火冠雀（類別：I）

Pardaliparus venustulus 黃腹山雀（類別：I）

Sittiparus varius 雜色山雀（類別：I）

Parus minor 遠東山雀（類別：I）

Machlolophus spilonotus 黃頰山雀（類別：IIA）

Remizidae 攀雀科

Remiz consobrinus 中華攀雀（類別：I）

Alaudidae 百靈科

Alauda gulgula 小雲雀（類別：I）

Alauda arvensis 雲雀（類別：I）

Calandrella dukhunensis 蒙古短趾百靈（類別：I）

Alaudala cheleensis 亞洲短趾百靈（類別：I）

Pycnonotidae 鵯科

Hemixos castanonotus 栗背短腳鵯（類別：I）

Ixos mcclellandii 綠翅短腳鵯（類別：I）

Hypsipetes amaurotis 栗耳短腳鵯（類別：I）

Hypsipetes leucocephalus 黑短腳鵯（類別：I）

Pycnonotus sinensis 白頭鵯（類別：I）

Pycnonotus jocosus 紅耳鵯（類別：I）

Pycnonotus aurigaster 白喉紅臀鵯（類別：I）

Hirundinidae 燕科

Riparia riparia 崖沙燕（類別：I）

Riparia chinensis 灰喉沙燕（類別：I）

Hirundo tahitica 洋斑燕（類別：I）

Hirundo rustica 家燕（類別：I）

Delichon lagopodum 白腹毛腳燕（類別：I）

Delichon dasypus 煙腹毛腳燕（類別：I）

Cecropis daurica 金腰燕（類別：I）

Pnoepygidae 鷦眉科

Pnoepyga pusilla 小鷦鶥（類別：I）

Cettiidae 樹鶯科

Abroscopus albogularis 棕臉鶲鶯（類別：I）

Phyllergates cucullatus 金頭縫葉鶯（類別：I）

Horornis canturians 遠東樹鶯（類別：I）

Horornis fortipes 強腳樹鶯（類別：I）

Urosphena squameiceps 鱗頭樹鶯（類別：I）

Urosphena pallidipes 淡腳樹鶯（類別：I）

Aegithalidae 長尾山雀科

Aegithalos concinnus 紅頭長尾山雀（類別：I）

Phylloscopidae 柳鶯科

Phylloscopus sibilatrix 林柳鶯（類別：I）

Phylloscopus humei 淡眉柳鶯（類別：I）

Phylloscopus inornatus 黃眉柳鶯（類別：I）

Phylloscopus yunnanensis 雲南柳鶯（類別：I）

Phylloscopus proregulus 黃腰柳鶯（類別：I）

Phylloscopus armandii 棕眉柳鶯（類別：I）

Phylloscopus schwarzi 巨嘴柳鶯（類別：I）

Phylloscopus fuscatus 褐柳鶯（類別：I）

Phylloscopus subaffinis 棕腹柳鶯（類別：I）

Phylloscopus trochilus 歐柳鶯（類別：I）

Phylloscopus collybita 嘰喳柳鶯（類別：I）

Phylloscopus coronatus 冕柳鶯（類別：I）

Phylloscopus ijimae 飯島柳鶯（類別：I）

Phylloscopus intermedius 白眶鶲鶯（類別：I）

Phylloscopus tephrocephalus 灰冠鶲鶯（類別：I）

Phylloscopus valentini 比氏鶲鶯（類別：I）

Phylloscopus soror 純色尾鶲鶯（類別：I）

Phylloscopus omeiensis 峨嵋鶲鶯（類別：I）

Phylloscopus plumbeitarsus 雙斑柳鶯（類別：I）

Phylloscopus trochiloides 暗綠柳鶯（類別：I）

Phylloscopus emeiensis 峨眉柳鶯（類別：I）

Phylloscopus borealoides 庫頁島柳鶯（類別：I）

Phylloscopus tenellipes 淡腳柳鶯（類別：I）

Phylloscopus xanthodryas 日本柳鶯（類別：I）

Phylloscopus borealis 極北柳鶯（類別：I）

Phylloscopus castaniceps 栗頭鶲鶯（類別：I）

Phylloscopus ricketti 黑眉柳鶯（類別：I）

Phylloscopus goodsoni 華南冠紋柳鶯（類別：I）

Phylloscopus ogilviegranti 白斑尾柳鶯（類別：I）

Acrocephalidae 葦鶯科

Acrocephalus orientalis 東方大葦鶯（類別：I）

Acrocephalus bistrigiceps 黑眉葦鶯（類別：I）

Acrocephalus concinens 鈍翅葦鶯（類別：I）

Acrocephalus tangorum 遠東葦鶯（類別：I）

Acrocephalus agricola 稻田葦鶯（類別：I）

Acrocephalus dumetorum 布氏葦鶯（類別：I）

Arundinax aedon 厚嘴葦鶯（類別：I）

Iduna caligata 靴籬鶯（類別：I）

Iduna rama 賽氏篤鶯（類別：I）

Locustellidae 蝗鶯科

Helopsaltes pryeri 斑背大尾鶯（類別：I）

Helopsaltes certhiola 小蝗鶯（類別：I）

Helopsaltes ochotensis 北蝗鶯（類別：I）

Helopsaltes pleskei 史氏蝗鶯（類別：I）

Locustella lanceolata 矛斑蝗鶯（類別：I）

Locustella luteoventris 棕褐短翅鶯（類別：I）

Locustella tacsanowskia 中華短翅鶯（類別：I）

Locustella davidi 北短翅鶯（類別：I）

Locustella mandelli 高山短翅鶯（類別：I）

Cisticelidae 扇尾鶯科

Cisticola juncidis 棕扇尾鶯（類別：I）

Cisticola exilis 金頭扇尾鶯（類別：I）

Prinia flaviventris 黃腹鷦鶯（類別：I）

Prinia inornata 純色鷦鶯（類別：I）

Orthotomus sutorius 長尾縫葉鶯（類別：I）

Sylviidae 鶯科

Curruca curruca 白喉林鶯（類別：I）

Sinosuthora webbiana 棕頭鴉雀（類別：IIA）

Zosteropidae 繡眼鳥科

Staphida torqueola 栗頸鳳鶥（類別：I）

Yuhina nigrimenta 黑頦鳳鶥（類別：I）

Zosterops erythropleurus 紅脇繡眼鳥（類別：I）

Zosterops simplex 暗綠繡眼鳥（類別：I）

Timaliidae 畫眉科

Cyanoderma ruficeps 紅頭穗鶥（類別：IIA）

Pomatorhinus ruficollis 棕頸鉤嘴鶥（類別：IIA）

Pellorneidae 雀眉科

Graminicola striatus 大草鶯（類別：I）

Alcippe hueti 黑眉雀鶥（類別：IIA）

Leiothrichidae 噪眉科

Actinodura cyanouroptera 藍翅希鶥（類別：IIB）

Leiothrix lutea 紅嘴相思鳥（類別：IIA）

Leiothrix argentauris 銀耳相思鳥（類別：IIB）

Garrulax canorus 畫眉（類別：I）

Pterorhinus chinensis 黑喉噪鶥（類別：IIA）

Pterorhinus sannio 白頰噪鶥（類別：IIA）

Pterorhinus perspicillatus 黑臉噪鶥（類別：I）

Pterorhinus pectoralis 黑領噪鶥（類別：IIA）

Pterorhinus lanceolatus 矛紋草鶥（類別：IIA）

Regulidae 戴菊科

Regulus regulus 戴菊（類別：I）

Sittidae 鳾科

Sitta frontalis 絨額鳾（類別：IIB）

Sturnidae 椋鳥科

Acridotheres cristatellus 八哥（類別：I）

Acridotheres tristis 家八哥（類別：IIB）

Spodiopsar sericeus 絲光椋鳥（類別：I）

Spodiopsar cineraceus 灰椋鳥（類別：I）

Gracupica nigricollis 黑領椋鳥（類別：I）

Agropsar sturninus 北椋鳥（類別：I）

Agropsar philippensis 栗頰椋鳥（類別：I）

Sturnia sinensis 灰背椋鳥（類別：I）

Sturnia malabarica 灰頭椋鳥（類別：I）

Pastor roseus 粉紅椋鳥（類別：I）

Sturnus vulgaris 紫翅椋鳥（類別：I）

Turdidae 鶇科

Zoothera aurea 懷氏地鶇（類別：I）

Geokichla sibirica 白眉地鶇（類別：I）

Geokichla citrina 橙頭地鶇（類別：I）

Turdus mupinensis 寶興歌鶇（類別：I）

Turdus mandarinus 烏鶇（類別：I）

Turdus cardis 烏灰鶇（類別：I）

Turdus hortulorum 灰背鶇（類別：I）

Turdus obscurus 白眉鶇（類別：I）

Turdus pallidus 白腹鶇（類別：I）

Turdus chrysolaus 赤胸鶇（類別：I）

Turdus ruficollis 赤頸鶇（類別：I）

Turdus eunomus 斑鶇（類別：I）

Turdus naumanni 紅尾鶇（類別：I）

Muscicaoidae 鶲科

Copsychus saularis 鵲鴝（類別：I）

Muscicapa griseisticta 灰紋鶲（類別：I）

Muscicapa sibirica 烏鶲（類別：I）

Muscicapa dauurica 北灰鶲（類別：I）

Muscicapa muttui 褐胸鶲（類別：I）

Muscicapa ferruginea 棕尾褐鶲（類別：I）

Cyornis hainanus 海南藍仙鶲（類別：I）

Cyornis whitei 山藍仙鶲（類別：I）

Cyornis glaucicomans 中華仙鶲（類別：I）

Cyornis brunneatus 白喉林鶲（類別：I）

Niltava davidi 棕腹大仙鶲（類別：I）

Niltava macgrigoriae 小仙鶲（類別：I）

Cyanoptila cyanomelana 白腹姬鶲（類別：I）

Cyanoptila cumatilis 琉璃藍鶲（類別：I）

Eumyias thalassinus 銅藍鶲（類別：I）

Brachypteryx leucophris 白喉短翅鶇（類別：I）

Larvivora cyane 藍歌鴝（類別：I）

Larvivora sibilans 紅尾歌鴝（類別：I）

Larvivora akahige 日本歌鴝（類別：I）

Luscinia svecica 藍喉歌鴝（類別：I）

Calliope calliope 紅喉歌鴝（類別：I）

Myiomela leucura 白尾藍地鴝（類別：I）

Tarsiger cyanurus 紅脇藍尾鴝（類別：I）

Enicurus schistaceus 灰背燕尾（類別：I）

Myophonus caeruleus 紫嘯鶇（類別：I）

Ficedula zanthopygia 白眉姬鶲（類別：I）

Ficedula elisae 綠背姬鶲（類別：I）

Ficedula narcissina 黃眉姬鶲（類別：I）

Ficedula owstoni 琉球姬鶲（類別：I）

Ficedula erithacus 鏽胸藍姬鶲（類別：I）

Ficedula mugimaki 鴝姬鶲（類別：I）

Ficedula strophiata 橙胸姬鶲（類別：I）

Ficedula superciliaris 白眉藍姬鶲（類別：I）

Ficedula albicilla 紅喉姬鶲（類別：I）

Ficedula parva 紅胸姬鶲（類別：I）

Phoenicurus ochruros 赭紅尾鴝（類別：I）

Phoenicurus hodgsoni 黑喉紅尾鴝（類別：I）

Phoenicurus auroreus 北紅尾鴝（類別：I）

Phoenicurus fuliginosus 紅尾水鴝（類別：I）

Monticola solitarius 藍磯鶇（類別：I）

Monticola rufiventris 栗腹磯鶇（類別：I）

Monticola gularis 白喉磯鶇（類別：I）

Saxicola stejnegeri 黑喉石䳭（類別：I）

Saxicola ferreus 灰林䳭（類別：I）

Oenanthe pleschanka 白頂䳭（類別：I）

Chloropseidae 葉鵯科

Chloropsis lazulina 灰冠橙腹葉鵯（類別：I）

Dicaeidae 啄花鳥科

Dicaeum minullum 純色啄花鳥（類別：I）

Dicaeum ignipectus 紅胸啄花鳥（類別：I）

Dicaeum cruentatum 朱背啄花鳥（類別：I）

Nectariniidae 花蜜鳥科

Cinnyris jugularis 黃腹花蜜鳥（類別：I）

Aethopyga gouldiae 藍喉太陽鳥（類別：I）

Aethopyga christinae 叉尾太陽鳥（類別：I）

Passeridae 雀科

Passer cinnamomeus 山麻雀（類別：I）

Passer montanus 樹麻雀（類別：I）

Passer domesticus 家麻雀（類別：I）

Ploceidae 織布鳥科

Ploceus philippinus 黃胸織雀（類別：IIC）

Estrildidae 梅花雀科

Lonchura punctulata 斑文鳥（類別：I）

Lonchura striata 白腰文鳥（類別：I）

Lonchura atricapilla 栗腹文鳥（類別：IIC）

Motacillidae 鶺鴒科

Dendronanthus indicus 山鶺鴒（類別：I）

Motacilla flava 西黃鶺鴒（類別：I）

Motacilla tschutschensis 東黃鶺鴒（類別：I）

Motacilla citreola 黃頭鶺鴒（類別：I）

Motacilla cinerea 灰鶺鴒（類別：I）

Motacilla alba 白鶺鴒（類別：I）

Anthus richardi 理氏鷚（類別：I）

Anthus godlewskii 布氏鷚（類別：I）

Anthus hodgsoni 樹鷚（類別：I）

Anthus gustavi 北鷚（類別：I）

Anthus roseatus 粉紅胸鷚（類別：I）

Anthus cervinus 紅喉鷚（類別：I）

Anthus rubescens 黃腹鷚（類別：I）

Anthus spinoletta 水鷚（類別：I）

Anthus sylvanus 山鷚（類別：I）

Fringillidae 燕雀科

Fringilla montifringilla 燕雀（類別：I）

Coccothraustes coccothraustes 錫嘴雀（類別：I）

Eophona migratoria 黑尾蠟嘴雀（類別：I）

Eophona personata 黑頭蠟嘴雀（類別：I）

Carpodacus erythrinus 普通朱雀（類別：I）

Chloris sinica 金翅雀（類別：I）

Spinus spinus 黃雀（類別：I）

Calcariidae 鐵爪鵐科

Calcarius lapponicus 鐵爪鵐（類別：I）

Emberizidae 鵐科

Emberiza lathami 鳳頭鵐（類別：I）

Emberiza siemsseni 藍鵐（類別：I）

Emberiza leucocephalos 白頭鵐（類別：I）

Emberiza hortulana 圃鵐（類別：I）

Emberiza tristrami 白眉鵐（類別：I）

Emberiza fucata 栗耳鵐（類別：I）

Emberiza pusilla 小鵐（類別：I）

Emberiza chrysophrys 黃眉鵐（類別：I）

Emberiza rustica 田鵐（類別：I）

Emberiza elegans 黃喉鵐（類別：I）

Emberiza aureola 黃胸鵐（類別：I）

Emberiza rutila 栗鵐（類別：I）

Emberiza melanocephala 黑頭鵐（類別：I）

Emberiza bruniceps 褐頭鵐（類別：I）

Emberiza sulphurata 硫磺鵐（類別：I）

Emberiza spodocephala 灰頭鵐（類別：I）

Emberiza pallasi 葦鵐（類別：I）

Emberiza yessoensis 紅頸葦鵐（類別：I）

Emberiza schoeniclus 蘆鵐（類別：I）

附錄 6-6 香港哺乳類動物名錄

資料來源
本名錄主要根據漁護署《香港陸棲哺乳動物名錄》（截至 2022 年）及其他資料製作。

陸地非飛行性

Cetartiodactyla 鯨偶蹄目

Bovidae 洞角科

Bos taurus 黃牛（外來引入）（現況：全年出沒）

Bubalus bubalis 水牛（外來引入）（現況：全年出沒）

Cervidae 鹿科

Muntiacus vaginalis 赤麂（原生）（現況：全年出沒）

Suidae 豬科

Sus scrofa 野豬（原生）（現況：全年出沒）

Carnivora 食肉目

Canidae 犬科

Canis lupus familiaris 野狗（外來引入）（現況：全年出沒）

Cuon alpinus 豺（原生）（現況：已絕跡）

Vulpes vulpes 赤狐（原生）（現況：已絕跡）

Felidae 貓科

Felis catus 野貓（外來引入）（現況：全年出沒）

Panthera pardus 豹（原生）（現況：已絕跡）

Panthera tigris amoyensis 華南虎（原生）（現況：已絕跡）

Prionailurus bengalensis 豹貓（原生）（現況：全年出沒）

Herpestidae 獴科

Herpestes javanicus 紅頰獴（有待研究）（現況：全年出沒）

Herpestes urva 食蟹獴（原生）（現況：全年出沒）

Mustelidae 鼬科

Lutra lutra 歐亞水獺（原生）（現況：全年出沒）

Melogale moschata 鼬獾（原生）（現況：全年出沒）

Mustela kathiah 黃腹鼬（有待研究）（現況：資料不詳）

Viverridae 靈貓科

Paguma larvata 果子狸（原生）（現況：全年出沒）

Viverra zibetha 五間狸（原生）（現況：已絕跡）

Viverricula indica 小靈貓（原生）（現況：全年出沒）

Pholidota 鱗甲目

Manidae 穿山甲科

Manis pentadactyla 穿山甲（原生）（現況：全年出沒）

Primates 靈長目

Cercopithecidae 猴科

Macaca fascicularis 長尾獼猴（外來引入）（現況：全年出沒）

Macaca mulatta 獼猴（再引入）（現況：全年出沒）

Rodentia 齧齒目

Hystricidae 豪豬科

Hystrix brachyura 東亞豪豬（原生）（現況：全年出沒）

Muridae 鼠科

Bandicota indica 板齒鼠（原生）（現況：全年出沒）

Callosciurus erythraeus 赤腹松鼠（外來引入）（現況：全年出沒）

Mus caroli 田鼷鼠（原生）（現況：全年出沒）

Mus musculus 小家鼠（外來引入）（現況：全年出沒）

Niviventer confucianus 社鼠（資料不詳）（現況：資料不詳）

Niviventer fulvescens 針毛鼠（原生）（現況：全年出沒）

Rattus andamanensis 印支林鼠（原生）
（現況：全年出沒）

Rattus losea 黃毛鼠（原生）（現況：全年出沒）

Rattus norvegicus 褐家鼠（外來引入）（現況：全年出沒）

Rattus rattus 屋頂鼠（外來引入）（現況：全年出沒）

Rattus tanezumi 黃胸鼠（原生）（現況：全年出沒）

Eulipotyphla 真盲缺目

Soricidae 鼩鼱科

Crocidura attenuata 灰麝鼩（原生）（現況：全年出沒）

Suncus murinus 臭鼩（原生）（現況：全年出沒）

陸地飛行性

Chiroptera 翼手目

Emballonuridae 鞘尾蝠科

Taphozous melanopogon 黑鬚墓蝠（原生）（現況：偶爾來訪）

Hipposideridae 蹄蝠科

Hipposideros armiger 大蹄蝠（原生）（現況：全年出沒）

Hipposideros gentilis 小蹄蝠（原生）（現況：全年出沒）

Miniopteridae 長翼蝠科

Miniopterus fuliginosus 長翼蝠（原生）（現況：全年出沒）

Miniopterus magnater 大長翼蝠（原生）（現況：全年出沒）

Miniopterus pusillus 南長翼蝠（原生）（現況：全年出沒）

Molossidae 犬吻蝠科

Chaerephon plicatus 皺唇犬吻蝠（原生）（現況：偶爾來訪）

Pteropodidae 狐蝠科

Cynopterus sphinx 短吻果蝠（原生）（現況：全年出沒）

Rousettus leschenaultii 棕果蝠（原生）（現況：全年出沒）

Rhinolophidae 菊頭蝠科

Rhinolophus affinis 中菊頭蝠（原生）（現況：全年出沒）

Rhinolophus pusillus 小菊頭蝠（原生）（現況：全年出沒）

Rhinolophus sinicus 中華菊頭蝠（原生）（現況：全年出沒）

Vespertilionidae 蝙蝠科

Eptesicus pachyomus 大棕蝠（原生）（現況：資料不詳）

Hypsugo pulveratus 灰伏翼（原生）（現況：全年出沒）

Myotis chinensis 中華鼠耳蝠（原生）（現況：全年出沒）

Myotis daubentonii 水鼠耳蝠（原生）（現況：資料不詳）

Myotis fimbriatus 毛腿鼠耳蝠（原生）（現況：資料不詳）

Myotis horsfieldii 霍氏鼠耳蝠（原生）（現況：全年出沒）

Myotis muricola 喜山鼠耳蝠（原生）（現況：全年出沒）

Myotis pilosus 大足鼠耳蝠（原生）（現況：全年出沒）

Nyctalus plancyi 中華山蝠（原生）（現況：全年出沒）

Pipistrellus abramus 東亞家蝠（原生）（現況：全年出沒）

*Pipistrellus sp.*1 尚未確認的伏翼蝠（原生）（現況：全年出沒）

Pipistrellus tenuis 小伏翼（原生）（現況：全年出沒）

Scotophilus kuhlii 中黃蝠（原生）（現況：全年出沒）

Tylonycteris fulvida 扁顱蝠（原生）（現況：全年出沒）

Tylonycteris tonkinensis 褐扁顱蝠（原生）（現況：資料不詳）

海洋哺乳類

Cetacea 鯨下目

Balaenopteridae 鬚鯨科

Balaenoptera edeni 布氏鯨（原生）（現況：偶爾來訪）

Balaenoptera omurai 角島鯨（原生）（現

況：偶爾來訪）

Megaptera novaeangliae 座頭鯨（原生）
（現況：偶爾來訪）

Physeteridae 抹香鯨科

Physeter macrocephalus 抹香鯨（原生）
（現況：偶爾來訪）

Delphinidae 海豚科

Delphinus delphis 真海豚（原生）（現況：
偶爾來訪）

Globicephala macrorhynchus 短肢領航鯨
（原生）（現況：偶爾來訪）

Grampus griseus 花紋海豚（原生）（現
況：偶爾來訪）

Lagenodelphis hosei 弗氏海豚（原生）（現
況：偶爾來訪）

Pseudorca crassidens 偽虎鯨（原生）（現
況：偶爾來訪）

Sousa chinensis 中華白海豚（原生）（現
況：全年出沒）

Stenella attenuata 熱帶斑海豚（原生）（現
況：偶爾來訪）

Stenella coeruleoalba 條紋海豚（原生）
（現況：偶爾來訪）

Stenella longirostris 飛旋海豚（原生）（現
況：偶爾來訪）

Steno bredanensis 糙齒海豚（原生）（現
況：偶爾來訪）

Tursiops aduncus 印度太平洋瓶鼻海豚
（原生）（現況：偶爾來訪）

Tursiops truncates 瓶鼻海豚（原生）（現
況：偶爾來訪）

Kogiidae 小抹香鯨科

Kogia breviceps 小抹香鯨（原生）（現況：
偶爾來訪）

Kogia sima 侏儒抹香鯨（原生）（現況：
偶爾來訪）

Phocoenidae 鼠海豚科

Neophocaena asiaeorientalis 窄脊江豚
（原生）（現況：偶爾來訪）

Neophocaena phocaenoides 江豚（原生）
（現況：全年出沒）

Sirenia 海牛目

Dugongidae 儒艮科

Dugong dugon 儒艮（原生）（現況：已
絕跡）

資料來源及備注

本名錄基本採用目、科兩級，每科提供物種數量，另外後附香港蜻蜓、螢火蟲和蝴蝶的詳細名錄。

者，詳見「香港蜻蜓名錄」

¨ 者，詳見「香港螢火蟲名錄」

** 者，詳見「香港蝴蝶名錄」

本名錄綜合劉紹基《香港昆蟲名錄》（2019）及其他資料製作。

Archaeognatha 石蛃目

　　Machilidae 石蛃科（下有 1 個物種）

Zygentoma 衣魚目

　　Lepismatidae 衣魚科（下有 4 個物種）

Odonata 蜻蜓目 ##

　　Aeshnidae 蜓科（下有 15 個物種）

　　Chlorogomphidae 裂唇蜓科（下有 1 個物種）

　　Cordulegastridae 大蜓科（下有 1 個物種）

　　Gomphidae 春蜓科（下有 22 個物種）

　　Libellulidae 蜻科（下有 45 個物種）

　　Macromiidae 大偽蜻科（下有 4 個物種）

　　Synthemistidae 綜蜻科（下有 4 個物種）

　　Calopterygidae 色蟌科（下有 3 個物種）

　　Chlorocyphidae 鼻蟌科（下有 1 個物種）

　　Euphaeidae 溪蟌科（下有 2 個物種）

　　Philogangidae 大溪蟌科（下有 1 個物種）

　　Rhipidolestidae 扇山蟌科（下有 2 個物種）

　　Coenagrionidae 蟌科（下有 17 個物種）

　　Platycnemididae 扇蟌科（下有 6 個物種）

　　Lestidae 絲蟌科（下有 2 個物種）

　　Platystictidae 扁蟌科（下有 4 個物種）

Ephemeroptera 蜉蝣目

　　Baetidae 四節蜉科（下有 24 個物種）

　　Caenidae 細蜉科（下有 3 個物種）

　　Prosopistomatidae 鱟蜉科（下有 1 個物種）

　　Ephemerellidae 小蜉科（下有 2 個物種）

　　Ephemeridae 蜉蝣科（下有 3 個物種）

　　Leptophlebiidae 褐蜉科（下有 8 個物種）

　　Heptageniidae 扁蜉科（下有 7 個物種）

　　Isonychiidae 等蜉科（下有 1 個物種）

　　Teloganodidae 晚蜉科（下有 1 個物種）

Dermaptera 革翅目

　　Anisolabididae 肥螋科（下有 9 個物種）

　　Chelisochidae 墊跗螋科（下有 2 個物種）

　　Forficulidae 球螋科（下有 7 個物種）

　　Spongiphoridae 苔螋科（下有 4 個物種）

　　Hemimeridae 鼠螋科（下有 1 個物種）

　　Labiduridae 蠼螋科（下有 4 個物種）

　　Diplatyidae 絲尾螋科（下有 3 個物種）

　　Pygidicranidae 大尾螋科（下有 3 個物種）

Plecoptera 襀翅目

　　Leuctridae 捲襀科（下有 1 個物種）

　　Nemouridae 叉襀科（下有 2 個物種）

　　Perlidae 石蠅科（下有 6 個物種）

　　Scopuridae 裸襀科（下有 1 個物種）

Orthoptera 直翅目

　　Acrididae 劍角蝗科（下有 62 個物種）

　　Chorotypidae 脊蝗科（下有 3 個物種）

　　Pyrgomorphidae 錐頭蝗科（下有 3 個物種）

　　Tetrigidae 蚱科（下有 22 個物種）

　　Gryllidae 蟋蟀科（下有 46 個物種）

　　Mogoplistidae 癩蟋科（下有 5 個物種）

　　Phalangopsidae 蛛蟋科（下有 3 個物種）

　　Trigonidiidae 蛉蟋科（下有 20 個物種）

　　Gryllotalpidae 螻蛄科（下有 1 個物種）

　　Myrmecophilidae 蟻蟋科（下有 1 個物種）

　　Rhaphidophoridae 駝螽科（下有 1 個物種）

　　Gryllacrididae 蟋螽科（下有 6 個物種）

　　Tettigoniidae 螽斯科（下有 39 個物種）

　　Tridactylidae 蚤螻科（下有 1 個物種）

Embioptera 紡足目

　　Oligotomidae 等尾絲蟻科（下有 5 個物種）

Phasmida 䗛目

　　Aschiphasmatidae 柄翅䗛科（下有 1 個物種）

Heteropterygidae 異翅䗛科（下有 2 個物種）

Diapheromeridae 笛䗛科（下有 1 個物種）

Lonchodidae 長角棒䗛科（下有 11 個物種）

Phasmatidae 䗛科（下有 5 個物種）

Mantodea 螳螂目

Rivetinidae 谷螳科（下有 1 個物種）

Toxoderidae 箭螳科（下有 1 個物種）

Gonypetidae 寬膝螳科（下有 4 個物種）

Hymenopodidae 花螳科（下有 8 個物種）

Mantidae 螳科（下有 12 個物種）

Nanomantidae 矮螳科（下有 2 個物種）

Blattodea 蜚蠊目

Blaberidae 碩蠊科（下有 21 個物種）

Ectobiidae 姬蠊科（下有 20 個物種）

Archotermopsidae 原白蟻科（下有 1 個物種）

Blattidae 蜚蠊科（下有 11 個物種）

Kalotermitidae 木白蟻科（下有 10 個物種）

Rhinotermitidae 鼻白蟻科（下有 18 個物種）

Termitidae 白蟻科（下有 19 個物種）

Corydidae 鱉蠊科（下有 2 個物種）

Nocticolidae 蠜蠊科（下有 1 個物種）

Thysanoptera 纓翅目

Aeolothripidae 紋薊馬科（下有 1 個物種）

Thripidae 薊馬科（下有 56 個物種）

Phlaeothripidae 管薊馬科（下有 38 個物種）

Hemiptera 半翅目

Aphrophoridae 尖胸沫蟬科（下有 11 個物種）

Cercopidae 沫蟬科（下有 14 個物種）

Machaerotidae 棘沫蟬科（下有 2 個物種）

Cicadidae 蟬科（下有 36 個物種）

Cixiidae 菱蠟蟬科（下有 5 個物種）

Delphacidae 飛蝨科（下有 38 個物種）

Achilidae 穎蠟蟬科（下有 2 個物種）

Derbidae 袖蠟蟬科（下有 11 個物種）

Dictyopharidae 象蠟蟬科（下有 6 個物種）

Flatidae 蛾蠟蟬科（下有 13 個物種）

Fulgoridae 蠟蟬科（下有 8 個物種）

Issidae 瓢蠟蟬科（下有 14 個物種）

Lophopidae 璐蠟蟬科（下有 4 個物種）

Meenoplidae 粒脈蠟蟬科（下有 1 個物種）

Nogodinidae 脊唇蠟蟬科（下有 1 個物種）

Ricaniidae 廣翅蠟蟬科（下有 10 個物種）

Tropiduchidae 扁蠟蟬科（下有 10 個物種）

Cicadellidae 葉蟬科（下有 125 個物種）

Membracidae 角蟬科（下有 23 個物種）

Aphelocheiridae 蓋蝽科（下有 1 個物種）

Aradidae 扁蝽科（下有 5 個物種）

Anthocoridae 花蝽科（下有 10 個物種）

Cimicidae 臭蟲科（下有 2 個物種）

Alydidae 蛛緣蝽科（下有 16 個物種）

Coreidae 緣蝽科（下有 52 個物種）

Rhopalidae 姬緣蝽科（下有 5 個物種）

Corixidae 划蝽科（下有 4 個物種）

Gerridae 黽蝽科（下有 14 個物種）

Veliidae 寬肩蝽科（下有 6 個物種）

Hebridae 膜蝽科（下有 1 個物種）

Hydrometridae 尺蝽科（下有 1 個物種）

Leptopodidae 細蝽科（下有 1 個物種）

Berytidae 蹺蝽科（下有 5 個物種）

Blissidae 桿長蝽科（下有 5 個物種）

Colobathristidae 束蝽科（下有 2 個物種）

Cymidae 莎長蝽科（下有 1 個物種）

Geocoridae 大眼長蝽科（下有 4 個物種）

Heterogastridae 翅室長蝽科（下有 6 個物種）

Lygaeidae 長蝽科（下有 12 個物種）

Malcidae 束長蝽科（下有 1 個物種）

Ninidae 尼長蝽科（下有 1 個物種）

Oxycarenidae 尖長蝽科（下有 3 個物種）

Pachygronthidae 梭長蝽科（下有 5 個物種）

Rhyparochromidae 地長蝽科（下有 34 個物種）

Mesoveliidae 水蝽科（下有 1 個物種）

Miridae 盲蝽科（下有 66 個物種）

Tingidae 網蝽科（下有 25 個物種）

Nabidae 姬蝽科（下有 5 個物種）

Naucoridae 潛蝽科（下有 1 個物種）

Belostomatidae 負蝽科（下有 4 個物種）

Nepidae 蠍蝽科（下有 6 個物種）

Helotrephidae 蚤蝽科（下有 6 個物種）

Notonectidae 仰蝽科（下有 7 個物種）

Pleidae 固蝽科（下有 1 個物種）

Ochteridae 跳蝽科（下有 1 個物種）

Acanthosomatidae 同蝽科（下有 8 個物種）

Cydnidae 土蝽科（下有 7 個物種）

Dinidoridae 兜蝽科（下有 8 個物種）

Pentatomidae 蝽科（下有 99 個物種）

Plataspidae 龜蝽科（下有 18 個物種）

Scutelleridae 盾蝽科（下有 26 個物種）

Tessaratomidae 荔蝽科（下有 4 個物種）

Urostylididae 異蝽科（下有 1 個物種）

Largidae 大紅蝽科（下有 6 個物種）

Pyrrhocoridae 紅蝽科（下有 11 個物種）

Reduviidae 獵蝽科（下有 82 個物種）

Aleyrodidae 粉蝨科（下有 84 個物種）

Aphididae 蚜科（下有 138 個物種）

Aclerdidae 仁蚧科（下有 1 個物種）

Asterolecanidae 鏈蚧科（下有 6 個物種）

Coccidae 蠟蚧科（下有 38 個物種）

Conchaspididae 禿蚧科（下有 1 個物種）

Diaspididae 盾蚧科（下有 121 個物種）

Eriococcidae 絨蚧科（下有 2 個物種）

Halimococcidae 棕蚧科（下有 1 個物種）

Kerriidae 膠蚧科（下有 6 個物種）

Lecanodiaspididae 盤蚧科（下有 1 個物種）

Monophlebidae 綿蚧科（下有 15 個物種）

Ortheziidae 旌蚧科（下有 1 個物種）

Pseudococcidae 粉蚧科（下有 39 個物種）

Rhizoecidae 根粉蚧科（下有 8 個物種）

Xylococcidae 木珠蚧科（下有 1 個物種）

Adelgidae 球蚜科（下有 1 個物種）

Aphalaridae 斑木蝨科（下有 2 個物種）

Calophyidae 麗木蝨科（下有 2 個物種）

Carsidaridae 裂木蝨科（下有 8 個物種）

Homotomidae 同木蝨科（下有 6 個物種）

Liviidae 扁木蝨科（下有 7 個物種）

Phacopteronidae 花木蝨科（下有 3 個物種）

Psyllidae 木蝨科（下有 7 個物種）

Triozidae 個木蝨科（下有 10 個物種）

Psocodea 嚙蟲目

Amphipsocidae 雙嚙科（下有 1 個物種）

Caeciliusidae 單嚙科（下有 2 個物種）

Ectopsocidae 外嚙蟲科（下有 10 個物種）

Elipsocidae 沼嚙科（下有 2 個物種）

Epipsocidae 上嚙科（下有 1 個物種）

Hemipsocidae 半嚙科（下有 1 個物種）

Lachesillidae 姬嚙科（下有 1 個物種）

Mesopsocidae 斑嚙蟲科（下有 1 個物種）

Myopsocidae 鼠嚙科（下有 1 個物種）

Peripsocidae 圍嚙科（下有 9 個物種）

Philotarsidae 黑斑嚙蟲科（下有 2 個物種）

Pseudocaeciliidae 叉嚙蟲科（下有 5 個物種）

Psocidae 嚙科（下有 28 個物種）

Stenopsocidae 狹嚙科（下有 1 個物種）

Amphientomidae 重嚙科（下有 1 個物種）

Liposcelididae 虱嚙科（下有 4 個物種）

Pachytroctidae 厚嚙科（下有 1 個物種）

Lepidopsocidae 鱗嚙科（下有 1 個物種）

Psoquillidac 圓翅嚙蟲科（下有 1 個物種）

Hymenoptera 膜翅目

Ampulicidae 長背泥蜂科（下有 6 個物種）

Apidae 蜜蜂科（下有 43 個物種）

Colletidae 分舌蜂科（下有 4 個物種）

Crabronidae 方頭泥蜂科（下有 32 個物種）

Halictidae 隧蜂科（下有 16 個物種）

Megachilidae 切葉蜂科（下有 21 個物種）

Psenidae 三室泥蜂科（下有 6 個物種）

Sphecidae 泥蜂科（下有 21 個物種）

Bethylidae 腫腿蜂科（下有 8 個物種）

Chrysididae 青蜂科（下有 16 個物種）

Dryinidae 螯蜂科（下有 34 個物種）

Sclerogibbidae 短節蜂科（下有 1 個物種）

Formicidae 蟻科（下有 308 個物種）

Mutillidae 蟻蜂科（下有 19 個物種）

Pompilidae 蛛蜂科（下有 24 個物種）

Scoliidae 土蜂科（下有 16 個物種）

Tiphiidae 鈎土蜂科（下有 1 個物種）

Vespidae 胡蜂科（下有 82 個物種）

Zethidae 長腹胡蜂科（下有 1 個物種）

Agaonidae 榕小蜂科（下有 19 個物種）

Aphelinidae 蚜小蜂科（下有 35 個物種）

Ceraphronidae 分盾細蜂科（下有 1 個物種）

Cerocephalidae 蟻形金小蜂科（下有 1 個物種）

Chalcididae 小蜂科（下有 17 個物種）

Cleonymidae 腫腿小蜂科（下有 2 個物種）

Encyrtidae 跳小蜂科（下有 35 個物種）

Epichrysomallidea 隱針榕小蜂科（下有 6 個物種）

Eucharitidae 蟻小蜂科（下有 2 個物種）

Eulophidae 姬小蜂科（下有 34 個物種）

Eunotidae 蚧金小蜂科（下有 2 個物種）

Eupelmidae 旋小蜂科（下有 7 個物種）

Eurytomidae 廣肩小蜂科（下有 4 個物種）

Leucospidae 褶翅小蜂科（下有 4 個物種）

Mymaridae 纓小蜂科（下有 3 個物種）

Ormyridae 刻腹小蜂科（下有 4 個物種）

Pteromalidae 金小蜂科（下有 22 個物種）

Spalangiidae 俑小蜂科（下有 2 個物種）

Torymidae 長尾小蜂科（下有 6 個物種）

Trichogrammatidae 赤眼蜂科（下有 8 個物種）

Cynipidae 癭蜂科（下有 2 個物種）

Eucoilidae 匙胸腰蜂科（下有 1 個物種）

Platygastridae 廣腹細蜂科（下有 7 個物種）

Proctotrupidae 細蜂科（下有 1 個物種）

Aulacidae 舉腹蜂科（下有 2 個物種）

Evaniidae 旗腹蜂科（下有 1 個物種）

Gasteruptiidae 褶翅蜂科（下有 1 個物種）

Braconidae 繭蜂科（下有 78 個物種）

Ichneumonidae 姬蜂科（下有 82 個物種）

Stephanidae 冠蜂科（下有 1 個物種）

Trigonalidae 鉤腹蜂科（下有 1 個物種）

Siricidae 樹蜂科（下有 1 個物種）

Argidae 三節葉蜂科（下有 5 個物種）

Cimbicidae 錘角葉蜂科（下有 1 個物種）

Diprionidae 松葉蜂科（下有 1 個物種）

Tenthredinidae 葉蜂科（下有 8 個物種）

Xyelidae 棒蜂科（下有 2 個物種）

Megaloptera 廣翅目

Corydalidae 魚蛉科（下有 10 個物種）

Sialidae 泥蛉科（下有 1 個物種）

Neuroptera 脈翅目

Coniopterygidae 粉蛉科（下有 3 個物種）

Chrysopidae 草蛉科（下有 12 個物種）

Hemerobiidae 褐蛉科（下有 5 個物種）

Mantispidae 螳蛉科（下有 1 個物種）

Osmylidae 溪蛉科（下有 2 個物種）

Myrmeleontidae 蟻蛉科（下有 8 個物種）

Strepsiptera 捻翅目

Halictophagidae 櫛蝂科（下有 1 個物種）

Myrmecolacidae 蟻蝂科（下有 2 個物種）

Coleoptera 鞘翅目

Carabidae 步甲科（下有 239 個物種）

Dytiscidae 龍蝨科（下有 44 個物種）

Noteridae 小粒龍蝨科（下有 8 個物種）

Gyrinidae 豉甲科（下有 8 個物種）

Haliplidae 沼梭甲科（下有 4 個物種）

Cupedidae 長扁甲科（下有 1 個物種）

Micromalthidae 復變甲科（下有 1 個物種）

Bostrichidae 長蠹科（下有 21 個物種）

Dermestidae 皮蠹科（下有 18 個物種）

Ptinidae 蛛甲科（下有 12 個物種）

Cerambycidae 天牛科（下有 276 個物種）

Disteniidae 瘦天牛科（下有 1 個物種）

Vesperidae 暗天牛科（下有 2 個物種）

Chrysomelidae 葉甲科（下有 262 個物種）

Cleridae 郭公蟲科（下有 18 個物種）

Melyridae 擬花螢科（下有 3 個物種）

Prioceridae 細花螢科（下有 6 個物種）

Trogossitidae 穀盜科（下有 2 個物種）

Bothrideridae 穴甲科（下有 2 個物種）

Cerylonidae 皮堅甲科（下有 1 個物種）

Coccinellidae 瓢蟲科（下有 102 個物種）

Corylophidae 擬球甲科（下有 2 個物種）

Discolomatidae 盤甲科（下有 1 個物種）

Endomychidae 偽瓢蟲科（下有 8 個物種）

Lathridiidae 薪甲科（下有 7 個物種）

Cryptophagidae 隱食甲科（下有 1 個物種）

Cucujidae 扁甲科（下有 5 個物種）

Erotylidae 大蕈甲科（下有 11 個物種）

Monotomidae 小扁甲科（下有 1 個物種）

Nitidulidae 露尾甲科（下有 16 個物種）

Phalacridae 姬花甲科（下有 5 個物種）

Propalticidae 皮跳甲科（下有 1 個物種）

Silvanidae 鋸穀盜科（下有 9 個物種）

Anthribidae 長角象科（下有 14 個物種）

Attelabidae 卷象科（下有 15 個物種）

Brachyceridae 百合象科（下有 3 個物種）

Brentidae 三錐象科（下有 11 個物種）

Curculionidae 象甲科（下有 123 個物種）

Lymexylidae 筒蠹科（下有 1 個物種）

Anthicidae 蟻形甲科（下有 6 個物種）

Ciidae 木蕈甲科（下有 1 個物種）

Meloidae 芫菁科（下有 14 個物種）

Mordellidae 花蚤科（下有 10 個物種）

Mycetophagidae 小蕈甲科（下有 4 個物種）

Oedemeridae 擬天牛科（下有 5 個物種）

Ripiphoridae 大花蚤科（下有 1 個物種）

Salpingidae 縊胸甲科（下有 2 個物種）

Scraptiidae 擬花蚤科（下有 1 個物種）

Tenebrionidae 擬步甲科（下有 65 個物種）

Trictenotomidae 三櫛牛科（下有 1 個物種）

Zopheridae 幽甲科（下有 1 個物種）

Buprestidae 吉丁科（下有 35 個物種）

Callirhipidae 扇角甲科（下有 2 個物種）

Dryopidae 泥甲科（下有 2 個物種）

Elmidae 溪泥甲科（下有 4 個物種）

Eulichadidae 擎爪泥甲科（下有 2 個物種）

Heteroceridae 長泥甲科（下有 5 個物種）

Limnichidae 澤甲科（下有 2 個物種）

Psephenidae 扁泥甲科（下有 6 個物種）

Ptilodactylidae 長花蚤科（下有 1 個物種）

Cantharidae 花螢科（下有 6 個物種）

Elateridae 叩甲科（下有 36 個物種）

Eucnemidae 隱唇叩甲科（下有 1 個物種）

Lampyridae 螢科（下有 22 個物種）^^

Lycidae 紅螢科（下有 6 個物種）

Rhagophthalmidae 凹眼螢科（下有 3 個物種）^^

Scirtidae 沼甲科（下有 2 個物種）

Geotrupidae 糞金龜科（下有 4 個物種）

Lucanidae 鍬甲科（下有 8 個物種）

Passalidae 黑蜣科（下有 1 個物種）

Scarabaeidae 金龜科（下有 190 個物種）

Trogidae 皮金龜科（下有 4 個物種）

Histeridae 閻甲科（下有 16 個物種）

Hydrophilidae 牙甲科（下有 78 個物種）

Leiodidae 球蕈甲科（下有 5 個物種）

Silphidae 葬甲科（下有 4 個物種）

Staphylinidae 隱翅蟲科（下有 421 個物種）

Trichoptera 毛翅目

Dipseudopsidae 畸距石蛾科（下有 1 個物種）

Ecnomidae 徑石蛾科（下有 1 個物種）

Hydropsychidae 紋石蛾科（下有 11 個物種）

Philopotamidae 等翅石蛾科（下有 1 個物種）

Polycentropodidae 多距石蛾科（下有 4 個物種）

Psychomyiidae 蝶石蛾科（下有 1 個物種）

Stenopsychidae 角石蛾科（下有 1 個物種）

Xiphocentronidae 劍石蛾科（下有 2 個物種）

Brachycentridae 短石蛾科（下有 1 個物種）

Calamoceratidae 枝石蛾科（下有 4 個物種）

Goeridae 瘤石蛾科（下有 1 個物種）

Helicopsychidae 鉤翅石蛾科（下有 1 個物種）

Lepidostomatidae 鱗石蛾科（下有 2 個物種）

Leptoceridae 長角石蛾科（下有 5 個物種）

Molannidae 細翅石蛾科（下有 1 個物種）

Odontoceridae 齒角石蛾科（下有 4 個物種）

Glossosomatidae 舌石蛾科（下有 1 個物種）

Rhyacophilidae 原石蛾科（下有 2 個物種）

Hydroptilidae 小石蛾科（下有 11 個物種）

Lepidoptera 鱗翅目

Adelidae 長角蛾科（下有 2 個物種）

Heliozelidae 日蛾科（下有 1 個物種）

Alucitidae 多翼蛾科（下有 2 個物種）

Bombycidae 蠶蛾科（下有 6 個物種）

Brahmaeidae 水臘蛾科（下有 1 個物種）

Endromidae 樺蛾科（下有 3 個物種）

Eupterotidae 帶蛾科（下有 8 個物種）

Saturniidae 王蛾科（下有 10 個物種）

Sphingidae 天蛾科（下有 90 個物種）

Callidulidae 錨紋蛾科（下有 2 個物種）

Choreutidae 擬捲葉蛾科（下有 8 個物種）

Carposinidae 果蛀蛾科（下有 2 個物種）

Brachodidae 短角蛾科（下有 2 個物種）

Cossidae 木蠹蛾科（下有 6 個物種）

Dudgeoneidae 杜蠹蛾科（下有 1 個物種）

Metarbelidae 擬木蠹蛾科（下有 4 個物種）

Sesiidae 透翅蛾科（下有 29 個物種）

Drepanidae 鉤蛾科（下有 20 個物種）

Autostichidae 列蛾科（下有 17 個物種）

Batrachedridae 蛙蛾科（下有 1 個物種）

Blastobasidae 遮顏蛾科（下有 2 個物種）

Coleophoridae 鞘蛾科（下有 2 個物種）

Cosmopterigidae 尖蛾科（下有 18 個物種）

Elachistidae 小潛蛾科（下有 7 個物種）

Gelechiidae 麥蛾科（下有 60 個物種）

Lecithoceridae 祝蛾科（下有 20 個物種）

Oecophoridae 織蛾科（下有 26 個物種）

Peleopodidae 鳩蛾科（下有 4 個物種）

Scythrididae 絹蛾科（下有 1 個物種）

Stathmopodidae 展足蛾科（下有 16 個物種）

Xyloryctidae 木蛾科（下有 9 個物種）

Geometridae 尺蛾科（下有 394 個物種）

Uraniidae 燕蛾科（下有 26 個物種）

Gracillariidae 細蛾科（下有 45 個物種）

Roeslerstammiidae 纖蛾科（下有 1 個物種）

Hepialidae 蝙蝠蛾科（下有 5 個物種）

Hyblaeidae 駝蛾科（下有 2 個物種）

Immidae 奇蛾科（下有 3 個物種）

Lasiocampidae 枯葉蛾科（下有 19 個物種）

Micropterigidae 小翅蛾科（下有 1 個物種）

Opostegidae 莖潛蛾科（下有 2 個物種）

Erebidae 裳蛾科（下有 593 個物種）

Euteliidae 尾夜蛾科（下有 35 個物種）

Noctuidae 夜蛾科（下有 236 個物種）

Nolidae 瘤蛾科（下有 91 個物種）

Notodontidae 舟蛾科（下有 60 個物種）

Hesperiidae 弄蝶科（下有 61 個物種）**

Lycaenidae 灰蝶科（下有 59 個物種）**

Nymphalidae 蛺蝶科（下有 84 個物種）**

Papilionidae 鳳蝶科（下有 22 個物種）**

Pieridae 粉蝶科（下有 22 個物種）**

Riodinidae 蜆蝶科（下有 3 個物種）**

Pterophoridae 羽蛾科（下有 26 個物種）

Crambidae 草螟科（下有 339 個物種）

Pyralidae 螟蛾科（下有 145 個物種）

Thyrididae 網蛾科（下有 25 個物種）

Eriocottidae 綿蛾科（下有 1 個物種）

Psychidae 蓑蛾科（下有 19 個物種）

Tineidae 穀蛾科（下有 33 個物種）

Tischeriidae 冠潛蛾科（下有 1 個物種）

Tortricidae 捲蛾科（下有 123 個物種）

Argyresthiidae 銀蛾科（下有 2 個物種）

Attevidae 斑巢蛾科（下有 1 個物種）

Glyphipterigidae 雕蛾科（下有 3 個物種）

Lyonetiidae 潛蛾科（下有 4 個物種）

Plutellidae 菜蛾科（下有 3 個物種）

Yponomeutidae 巢蛾科（下有 5 個物種）

Epipyropidae 寄蛾科（下有 1 個物種）

Lacturidae 擬斑蛾科（下有 1 個物種）

Limacodidae 刺蛾科（下有 44 個物種）

Zygaenidae 斑蛾科（下有 32 個物種）

Siphonaptera 蚤目

Ceratophyllidae 角葉蚤科（下有 1 個物種）

Leptopsyllidae 細蚤科（下有 1 個物種）

Pulicidae 蚤科（下有 5 個物種）

Mecoptera 長翅目

Panorpidae 蠍蛉科（下有 2 個物種）

Diptera 雙翅目

Canacidae 濱蠅科（下有 2 個物種）

Chloropidae 稈蠅科（下有 27 個物種）

Milichiidae 葉蠅科（下有 3 個物種）

Tethinidae 岸蠅科（下有 3 個物種）

Diopsidae 突眼蠅科（下有 4 個物種）

Psilidae 莖蠅科（下有 2 個物種）

Drosophilidae 果蠅科（下有 26 個物種）

Ephydridae 水蠅科（下有 19 個物種）

Hippoboscidae 蝨蠅科（下有 5 個物種）

Nycteribiidae 蛛蠅科（下有 1 個物種）

Celyphidae 甲蠅科（下有 6 個物種）

Chamaemyiidae 斑腹蠅科（下有 1 個物種）

Lauxaniidae 縞蠅科（下有 16 個物種）

Anthomyiidae 花蠅科（下有 3 個物種）

Fanniidae 廁蠅科（下有 4 個物種）

Muscidae 蠅科（下有 67 個物種）

Scathophagidae 糞蠅科（下有 1 個物種）

Acroceridae 小頭虻科（下有 1 個物種）

Fergusoninidae 佛蠅科（下有 1 個物種）

Micropezidae 瘦足蠅科（下有 3 個物種）

Neriidae 指角蠅科（下有 3 個物種）

Calliphoridae 麗蠅科（下有 40 個物種）

Rhinophoridae 短角寄蠅科（下有 2 個物種）

Sarcophagidae 麻蠅科（下有 24 個物種）

Tachinidae 寄蠅科（下有 60 個物種）

Agromyzidae 潛蠅科（下有 30 個物種）

Conopidae 眼蠅科（下有 4 個物種）

Sciomyzidae 沼蠅科（下有 5 個物種）

Sepsidae 鼓翅蠅科（下有 5 個物種）

Sphaeroceridae 小糞蠅科（下有 9 個物種）

Lonchaeidae 尖尾蠅科（下有 2 個物種）

Piophilidae 酪蠅科（下有 1 個物種）

Platystomatidae 廣口蠅科（下有 7 個物種）

Pyrgotidae 蜣蠅科（下有 2 個物種）

Tephritidae 實蠅科（下有 50 個物種）

Ulidiidae 斑蠅科（下有 2 個物種）

Phoridae 蚤蠅科（下有 8 個物種）

Pipunculidae 頭蠅科（下有 3 個物種）

Platypezidae 扁足蠅科（下有 1 個物種）

Syrphidae 食蚜蠅科（下有 68 個物種）

Asilidae 食蟲虻科（下有 20 個物種）
Bombyliidae 蜂虻科（下有 11 個物種）
Scenopinidae 窗虻科（下有 2 個物種）
Therevidae 劍虻科（下有 1 個物種）
Dolichopodidae 長足虻科（下有 20 個物種）
Empididae 舞虻科（下有 7 個物種）
Rhagionidae 鷸虻科（下有 3 個物種）
Stratiomyidae 水虻科（下有 19 個物種）
Tabanidae 虻科（下有 31 個物種）
Xylomyidae 木虻科（下有 1 個物種）
Cecidomyiidae 癭蚊科（下有 14 個物種）
Mycetophilidae 菌蚊科（下有 2 個物種）
Sciaridae 眼蕈蚊科（下有 2 個物種）
Bibionidae 毛蚊科（下有 3 個物種）
Scatopsidae 糞蚊科（下有 1 個物種）
Ceratopogonidae 蠓科（下有 64 個物種）
Chironomidae 搖蚊科（下有 14 個物種）
Simuliidae 蚋科（下有 9 個物種）
Culicidae 蚊科（下有 93 個物種）
Blephariceridae 網蚊科（下有 1 個物種）
Psychodidae 蛾蠓科（下有 6 個物種）
Limoniidae 沼大蚊科（下有 14 個物種）
Tipulidae 大蚊科（下有 7 個物種）
Nymphomyiidae 纓翅蚊科（下有 1 個物種）

香港蜻蜓名錄
Odonata 蜻蜓目
Anisoptera 差翅亞目
Aeshnoidea 蜓總科
Aeshnidae 蜓科

Anaciaeschna jaspidea 碧翠蜓

Anax guttatus 斑偉蜓

Anax immaculifrons 黃偉蜓

Anax indicus 印度偉蜓

Anax nigrofasciatus nigrofasciatus 黑紋偉蜓

Anax parthenope julius 碧偉蜓

Cephalaeschna klotsae 克氏頭蜓

Gynacantha japonica 日本長尾蜓

Gynacantha ryukyuensis 琉球長尾蜓

Gynacantha saltatrix 跳長尾蜓

Gynacantha subinterrupta 細腰長尾蜓

Planaeschna skiaperipola 幽靈黑額蜓

Polycanthagyna erythromelas 紅褐多棘蜓

Polycanthagyna ornithocephala 藍黑多棘蜓

Tetracanthagyna waterhousei 沃氏短痣蜓

Cordulegastroidea 大蜓總科

Chlorogomphidae 裂唇蜓科

Chlorogomphus papilio 蝴蝶裂唇蜓

Cordulegastridae 大蜓科

Anotogaster sp. 圓臀大蜓屬

Gomphidea 春蜓總科

Gomphidae 春蜓科

Asiagomphus hainanensis 海南亞春蜓

Burmagomphus vermicularis 聯紋緬春蜓

Euthygomphus koxingai 國姓簡尾春蜓

Fukienogomphus choifongae 賽芳閩春蜓

Gomphidia kelloggi 克氏小葉春蜓

Heliogomphus retroflexus 扭尾曦春蜓

Heliogomphus scorpio 獨角曦春蜓

Ictinogomphus pertinax 霸王葉春蜓

Labrogomphus torvus 凶猛春蜓

Lamelligomphus hainanensis 海南環尾春蜓

Leptogomphus hongkongensis 香港纖春蜓

Megalogomphus sommeri 薩默碩春蜓

Melligomphus guangdongensis 廣東彎尾春蜓

Ophiogomphus sinicus 中華長鉤春蜓

Paragomphus capricornis 鉤尾副春蜓

Sieboldius alexanderi 亞力施春蜓

Sieboldius deflexus 折尾施春蜓

Sinictinogomphus clavatus 大團扇春蜓

Stylogomphus chunliuae 純鎏尖尾春蜓

Stylogomphus sp. 尖尾春蜓屬
Stylurus annulatus 環紋擴腹春蜓
Stylurus clathratus 黑面擴腹春蜓
Libelluloidea 蜻總科
　Libellulidae 蜻科
　　Acisoma panorpoides 錐腹蜻
　　Aethriamanta brevipennis 紅腹異蜻
　　Brachydiplax flavovittata 藍額疏脈蜻
　　Brachythemis contaminate 黃翅蜻
　　Crocothemis servilia servilia 紅蜻
　　Diplacodes nebulosa 斑藍小蜻
　　Diplacodes trivialis 紋藍小蜻
　　Hydrobasileus croceus 臀斑楔翅蜻
　　Indothemis carnatica 深藍印蜻
　　Lyriothemis elegantissima 華麗寬腹蜻
　　Macrodiplax cora 高翔溿蜻
　　Nannophya pygmaea 侏紅小蜻
　　Nannophyopsis clara 膨腹斑小蜻
　　Neurothemis fulvia 網脈蜻
　　Neurothemis tullia tullia 截斑脈蜻
　　Onychothemis tonkinensis 海灣爪蜻
　　Orthetrum albistylum 白尾灰蜻
　　Orthetrum chrysis 華麗灰蜻
　　Orthetrum glaucum 黑尾灰蜻
　　Orthetrum luzonicum 呂宋灰蜻
　　Orthetrum melania 異色灰蜻
　　Orthetrum poecilops poecilops 斑灰蜻
　　Orthetrum pruinosum neglectum 赤褐灰蜻
　　Orthetrum sabina sabina 狹腹灰蜻
　　Orthetrum triangulare triangulare 鼎脈灰蜻
　　Palpopleura sexmaculata sexmaculata 六斑曲緣蜻
　　Pantala flavescens 黃蜻
　　Potamarcha congener 濕地狹翅蜻
　　Pseudothemis zonata 玉帶蜻
　　Rhodothemis rufa 紅胭蜻
　　Rhyothemis fuliginosa 黑麗翅蜻
　　Rhyothemis triangularis 三角麗翅蜻
　　Rhyothemis variegata aria 斑麗翅蜻
　　Sympetrum darwinianum 夏赤蜻

Sympetrum fonscolombii 方氏赤蜻
Tholymis tillarga 雲斑蜻
Tramea transmarina euryale 海神斜痣蜻
Tramea virginia 華斜痣蜻
Trithemis aurora 曉褐蜻
Trithemis festiva 慶褐蜻
Trithemis pallidinervis 灰脈褐蜻
Urothemis signata signata 赤斑曲鉤脈蜻
Zygonyx asahinai 朝比奈虹蜻
Zygonyx iris insignis 彩虹蜻
Zyxomma petiolatum 細腹開臀蜻
　Macromiidae 大偽蜻科
　　Epophthalmia elegans 閃藍麗大偽蜻
　　Macromia berlandi 伯蘭大偽蜻
　　Macromia katae 天使大偽蜻
　　Macromia urania 天王大偽蜻
　Synthemistidae 綜蜻科
　　Idionyx claudia 郁異偽蜻
　　Idionyx victor 威異偽蜻
　　Macromidia ellenae 伊中偽蜻
　　Macromidia rapida 颼中偽蜻

Zygoptera 束翅亞目
　Calopterygoidea 色蟌總科
　　Calopterygidae 色蟌科
　　　Matrona basilaris 透頂單脈色蟌
　　　Mnais mneme 煙翅綠色蟌
　　　Neurobasis chinensis chinensis 華艷色蟌
　　Chlorocyphidae 鼻蟌科
　　　Heliocypha perforata perforate 三斑陽鼻蟌
　　Euphaeidae 溪蟌科
　　　Euphaea decorate 方帶溪蟌
　　　Euphaea opaca 褐翅溪蟌
　　Philogangidae 大溪蟌科
　　　Philoganga vetusta 大溪蟌
　　Rhipidolestidae 扇山蟌科
　　　Agriomorpha fusca 白尾野蟌
　　　Rhipidolestes janetae 珍妮扇山蟌
　Coenagrionoidea 蟌總科
　　Coenagrionidae 蟌科
　　　Aciagrion approximans 霜藍狹翅蟌

Agriocnemis femina oryzae 杯斑小蟌
Agriocnemis lacteola 白腹小蟌
Agriocnemis pygmaea 黃尾小蟌
Ceriagrion auranticum ryukyuanum
翠胸黃蟌
Ischnura asiatica 東亞異痣蟌
Ischnura rufostigma 赤斑異痣蟌
Ischnura senegalensis 褐斑異痣蟌
Mortonagrion hirosei 廣瀨妹蟌
Onychargia atrocyana 毛面同痣蟌
Paracercion calamorum dyeri 藍紋尾
蟌
Paracercion hieroglyphicum 隼尾蟌
Paracercion melanotum 黑背尾蟌
Pseudagrion microcephalum 綠斑蟌
Pseudagrion pruinosum fraseri 赤斑
蟌
Pseudagrion rubriceps rubriceps 丹
頂斑蟌
Pseudagrion spencei 褐斑蟌
Platycnemididae 扇蟌科
Calicnemia sinensis 華麗扇蟌
Coeliccia cyanomelas 黃紋長腹扇蟌
Copera marginipes 黃狹扇蟌
Prodasineura autumnalis 烏微橋原蟌
Prodasineura croconota 朱背微橋原
蟌
Pseudocopera ciliate 毛擬狹扇蟌
Lestoidea 絲蟌總科
Lestidae 絲蟌科
Lestes nodalis 蕾尾絲蟌
Lestes praemorsus praemorsus 舟尾
絲蟌
Platystictidae 扁蟌科
Drepanosticta hongkongensis 香港鐮
扁蟌
Protosticta beaumonti 黃頸原扁蟌
Protosticta taipokauensis 白瑞原扁
蟌
Sinosticta ogatai 緒方華扁蟌

香港螢火蟲名錄
Coleoptera 鞘翅目
Elateroidea 叩甲總科

Lampyridae 螢科
Cyphonocerinae 雙櫛角螢亞科
Cyphonocerus longicornus 長角雙櫛
角螢
Lampyrinae 螢亞科
Diaphanes citrinus 橙螢
Diaphanes lampyroides 鋸角雪螢
Lamprigera taimoshana 大帽山扁螢
Pyrocoelia analis 寬緣窗螢
Pyrocoelia lunata 弦月窗螢
Pyrocoelia sanguiniventer 赤腹窗螢
Vesta sinuate 波緣櫛角螢
Luciolinae 熠螢亞科
Abscondita terminalis 邊褐端黑螢
Aquatica ficta 黃緣水螢
Aquatica leii 雷氏螢
Asymmetricata circumdata 橙緣歪片
熠螢
Curtos fulvocapitalis 黃頭脈翅螢
Luciola curtithorax 擬紋螢
Luciola kagiana 紅胸黑翅螢
Luciola tuberculate 瘤胸熠螢
Medeopteryx hongkongensis 香港擬
屈翅螢
Pteroptyx maipo 香港曲翅螢
Pygoluciola qingyu 穹宇螢
Ototretinae 弩螢亞科
Drilaster sp. 弩螢屬
Oculogryphus chenghoyanae 鄭凱甄
怪眼螢
Stenocladius bicoloripes 雙色垂鬚螢
Rhagophthalmidae 凹眼螢科
Diplocladon atripennis 黑翅多點雌光
螢
Rhagophthalmus hiemalis 寒冬凹眼螢
Rhagophthalmus motschulskyi 莫氏
凹眼螢

香港蝴蝶名錄
Lepidoptera 鱗翅目
Papilionoidea 鳳蝶總科
Hesperiidae 弄蝶科
Coeliadinae 豎翅弄蝶亞科
Badamia exclamationis 尖翅弄蝶

Burara gomata gomata 白傘弄蝶
Burara jaina Jaina 橙翅傘弄蝶
Burara oedipodea belesis 黑斑傘弄蝶
Choaspes benjaminii formosana 綠弄蝶
Choaspes hemixanthus japonica 半黃綠弄蝶
Hasora anura china 無趾弄蝶
Hasora badra badra 三斑趾弄蝶
Hasora chromus chromus 雙斑趾弄蝶
Hasora taminatus malayana 銀針趾弄蝶
Hasora vitta indica 緯帶趾弄蝶
Hesperiinae 弄蝶亞科
Aeromachus jhora jhora 寬鍔弄蝶
Aeromachus pygmaeus 侏儒鍔弄蝶
Ampittia dioscorides etura 黃斑弄蝶
Ampittia virgata virgata 鉤形黃斑弄蝶
Astictopterus jama chinensis 腌翅弄蝶
Baoris farri farri 刺脛弄蝶
Borbo cinnara 秈弄蝶
Caltoris bromus bromus 斑珂弄蝶
Caltoris cahira 珂弄蝶
Cephrenes acalle 金斑弄蝶
Erionota torus 黃斑蕉弄蝶
Halpe paupera walthewi 珀酣弄蝶
Halpe porus 雙子酣弄蝶
Hyarotis adrastus praba 希弄蝶
Iambrix salsala salsala 雅弄蝶
Isoteinon lamprospilus lamprospilus 旖弄蝶
Matapa aria 瑪弄蝶
Notocrypta curvifascia curvifascia 曲紋袖弄蝶
Notocrypta paralysos 窄紋袖弄蝶
Parnara bada bada 么紋稻弄蝶
Parnara ganga 曲紋稻弄蝶
Parnara guttata 直紋稻弄蝶
Pelopidas agna agna 南亞穀弄蝶
Pelopidas assamensis 印度穀弄蝶
Pelopidas conjuncta conjuncta 古銅穀弄蝶
Pelopidas mathias oberthueri 隱紋穀弄蝶
Pelopidas subochraceus barneyi 近赭穀弄蝶
Polytremis lubricans lubricans 黃紋孔弄蝶
Potanthus confucius confucius 孔子黃室弄蝶
Potanthus pava pava 寬紋黃室弄蝶
Potanthus pseudomaesa clio 擬黃室弄蝶
Potanthus trachala trachala 斷紋黃室弄蝶
Pseudoborbo bevani 擬秈弄蝶
Suastus gremius gremius 素弄蝶
Taractrocera ceramas 草黃弄蝶
Taractrocera maevius 薇黃弄蝶
Telicota bambusae horisha 竹長標弄蝶
Telicota besta besta 黑脈長標弄蝶
Telicota colon stinga 長標弄蝶
Telicota ohara formosana 黃紋長標弄蝶
Thoressa monastyrskyi 黑斑陀弄蝶
Udaspes folus 薑弄蝶
Zographetus satwa 黃裳腫脈弄蝶
Pyrginae 花弄蝶亞科
Abraximorpha davidii davidii 白弄蝶
Caprona alida alida 白彩弄蝶
Celaenorrhinus leucocera 白角星弄蝶
Gerosis phisara rex 匪夷捷弄蝶
Odontoptilum angulata angulate 角翅弄蝶
Tagiades litigiosa litigiosa 沾邊裙弄蝶
Tagiades menaka menaka 黑邊裙弄蝶
Lycaenidae 灰蝶科
Curetinae 銀灰蝶亞科
Curetis acuta dentata 尖翅銀灰蝶
Lycaeninae 灰蝶亞科
Heliophorus epicles phoenicoparyphus 彩灰蝶
Miletinae 雲灰蝶亞科

Miletus chinensis chinensis 中華雲灰蝶

Taraka hamada isona 蚜灰蝶

Polyommatinae 眼灰蝶亞科

Acytolepis puspa gisca 鈕灰蝶

Catochrysops panormus exiguus 藍咖灰蝶

Catochrysops strabo strabo 咖灰蝶

Celastrina lavendularis limbate 薰衣琉璃灰蝶

Chilades lajus leucofasciatus 紫灰蝶

Chilades pandava pandava 曲紋紫灰蝶

Euchrysops cnejus cnejus 棕灰蝶

Everes lacturnus rileyi 長尾藍灰蝶

Famegana alsulus eggletoni 琺灰蝶

Freyeria putli 普福來灰蝶

Jamides alecto alocina 素雅灰蝶

Jamides bochus bochus 雅灰蝶

Jamides celeno celeno 錫冷雅灰蝶

Lampides boeticus 亮灰蝶

Leptotes plinius 細灰蝶

Megisba malaya sikkima 美姬灰蝶

Nacaduba berenice 百娜灰蝶

Nacaduba kurava euplea 古樓娜灰蝶

Neopithecops zalmora zalmora 一點灰蝶

Pithecops corvus 黑丸灰蝶

Prosotas dubiosa 疑波灰蝶

Prosotas nora 波灰蝶

Pseudozizeeria maha serica 酢漿灰蝶

Tongeia filicaudia 點玄灰蝶

Udara albocaerulea albocaerulea 白斑嫵灰蝶

Udara dilecta dilecta 嫵灰蝶

Zizeeria karsandra 吉灰蝶

Zizina otis otis 毛眼灰蝶

Zizula hylax 長腹灰蝶

Theclinae 線灰蝶亞科

Ancema blanka 白襯安灰蝶

Ancema ctesia agalla 安灰蝶

Arhopala bazalus turbata 百嬈灰蝶

Arhopala birmana birmana 緬甸嬈灰蝶

Arhopala centaurus pirithous 銀鏈嬈灰蝶

Arhopala paramuta paramuta 小嬈灰蝶

Arhopala rama ramose 齒翅嬈灰蝶

Artipe eryx eryx 綠灰蝶

Creon cleobis cleobis 克灰蝶

Deudorix epijarbas menesicles 玳灰蝶

Deudorix smilis 斯米玳灰蝶

Horaga albimacula triumphalis 白斑灰蝶

Horaga onyx moltrechti 斑灰蝶

Iraota timoleon timoleon 鐵木萊異灰蝶

Mahathala ameria hainani 瑪灰蝶

Pratapa deva devula 珀灰蝶

Rachana jalindra 艾灰蝶

Rapala manea schistacea 麻燕灰蝶

Remelana jangala mudra 萊灰蝶

Sinthusa chandrana grotei 生灰蝶

Sinthusa nasaka 娜生灰蝶

Spindasis lohita formosana 銀線灰蝶

Spindasis syama peguanus 豆粒銀線灰蝶

Tajuria cippus malcolmi 雙尾灰蝶

Tajuria maculate 豹斑雙尾灰蝶

Zeltus amasa 珍灰蝶

Nymphalidae 蛺蝶科

Apaturinae 閃蛺蝶亞科

Euripus nyctelius 芒蛺蝶

Hestina assimilis assimilis 黑脈蛺蝶

Rohana parisatis staurakius 羅蛺蝶

Sephisa chandra androdamas 帥蛺蝶

Biblidinae 苾蛺蝶亞科

Ariadne ariadne alternus 波蛺蝶

Charaxinae 螯蛺蝶亞科

Charaxes bernardus bernardus 白帶螯蛺蝶

Charaxes marmax marmax 螯蛺蝶

Polyura athamas athamas 窄斑鳳尾蛺蝶

Polyura nepenthes nepenthes 忘憂尾蛺蝶

Cyrestinae 絲蛺蝶亞科

 Cyrestis thyodamas chinensis 網絲蛺蝶

 Dichorragia nesimachus formosanus 電蛺蝶

Danainae 斑蝶亞科

 Danaus chrysippus chrysippus 金斑蝶

 Danaus genutia genutia 虎斑蝶

 Euploea core amymone 幻紫斑蝶

 Euploea midamus midamus 藍點紫斑蝶

 Euploea mulciber mulciber 異型紫斑蝶

 Euploea sylvester swinhoei 雙標紫斑蝶

 Ideopsis similis similis 擬旖斑蝶

 Parantica aglea melanoides 絹斑蝶

 Parantica melaneus melaneus 黑絹斑蝶

 Parantica sita sita 大絹斑蝶

 Parantica swinhoei 史氏絹斑蝶

 Tirumala limniace limniace 青斑蝶

 Tirumala septentrionis septentrionis 嗇青斑蝶

Heliconiinae 釉蛺蝶亞科

 Acraea issoria 苧麻珍蝶

 Argyreus hyperbius hyperbius 斐豹蛺蝶

 Cethosia biblis biblis 紅鋸蛺蝶

 Cirrochroa tyche mithila 幸運輣蛺蝶

 Cupha erymanthis erymanthis 黃襟蛺蝶

 Phalanta phalantha phalantha 琺蛺蝶

 Vagrans egista sinha 彩蛺蝶

Limenitidinae 線蛺蝶亞科

 Athyma cama camasa 雙色帶蛺蝶

 Athyma nefte seitzi 相思帶蛺蝶

 Athyma perius perius 玄珠帶蛺蝶

 Athyma ranga serica 離斑帶蛺蝶

 Athyma selenophora leucophryne 新月帶蛺蝶

 Cynitia whiteheadi 綠裙蛺蝶

 Euthalia aconthea aditha 矛翠蛺蝶

 Euthalia lubentina lubentina 紅斑翠蛺蝶

 Euthalia phemius seitzi 尖翅翠蛺蝶

 Lexias pardalis 小豹律蛺蝶

 Limenitis sulpitia sulpitia 殘鍔線蛺蝶

 Moduza procris procris 穆蛺蝶

 Neptis cartica 卡環蛺蝶

 Neptis clinia susruta 珂環蛺蝶

 Neptis hylas hylas 中環蛺蝶

 Neptis miah 彌環蛺蝶

 Neptis nata 娜環蛺蝶

 Neptis soma tayalina 娑環蛺蝶

 Pantoporia hordonia rihodona 金蟠蛺蝶

 Parasarpa dudu hainensis 丫紋俳蛺蝶

 Phaedyma columella columella 柱菲蛺蝶

Nymphalinae 蛺蝶亞科

 Hypolimnas bolina kezia 幻紫斑蛺蝶

 Hypolimnas misippus 金斑蛺蝶

 Junonia almana almana 美眼蛺蝶

 Junonia atlites atlites 波紋眼蛺蝶

 Junonia hierta hierta 黃裳眼蛺蝶

 Junonia iphita iphita 鉤翅眼蛺蝶

 Junonia lemonias lemonias 蛇眼蛺蝶

 Junonia orithya orithya 翠藍眼蛺蝶

 Kallima inachus chinensis 枯葉蛺蝶

 Kaniska canace 琉璃蛺蝶

 Polygonia c-aureum 黃鉤蛺蝶

 Symbrenthia lilaea lunica 散紋盛蛺蝶

 Vanessa cardui 小紅蛺蝶

 Vanessa indica indica 大紅蛺蝶

Satyrinae 眼蝶亞科

 Discophora sondaica tulliana 鳳眼方環蝶

 Elymnias hypermnestra hainana 翠袖鋸眼蝶

 Lethe chandica 曲紋黛眼蝶

 Lethe confusa confuse 白帶黛眼蝶

 Lethe europa beroe 長紋黛眼蝶

 Lethe rohria permagnis 波紋黛眼蝶

 Lethe verma stenopa 玉帶黛眼蝶

 Melanitis leda leda 暮眼蝶

Melanitis phedima bela 睇暮眼蝶

Mycalesis mineus mineus 小眉眼蝶

Mycalesis zonata 平頂眉眼蝶

Neope muirheadii muirheadii 蒙鏈蔭眼蝶

Ypthima baldus baldus 矍眼蝶

Ypthima imitans 擬四眼矍眼蝶

Ypthima lisandra lisandra 黎桑矍眼蝶

Ypthima norma norma 小三矍眼蝶

Ypthima praenubila 前霧矍眼蝶

Papilioninae 鳳蝶亞科

Byasa confusus 中華麝鳳蝶

Graphium agamemnon agamemnon 統帥青鳳蝶

Graphium cloanthus clymenus 寬帶青鳳蝶

Graphium doson axion 木蘭青鳳蝶

Graphium sarpedon sarpedon 青鳳蝶

Lamproptera curius walker 燕鳳蝶

Pachliopta aristolochiae goniopeltis 紅珠鳳蝶

Papilio agestor kuangtungensis 褐斑鳳蝶

Papilio bianor bianor 碧鳳蝶

Papilio clytia clytia 斑鳳蝶

Papilio demoleus demoleus 達摩鳳蝶

Papilio dialis dialis 穹翠鳳蝶

Papilio helenus helenus 玉斑鳳蝶

Papilio machaon 金鳳蝶

Papilio memnon agenor 美鳳蝶

Papilio paris paris 巴黎翠鳳蝶

Papilio polytes polytes 玉帶鳳蝶

Papilio protenor protenor 藍鳳蝶

Papilio xuthus xuthus 柑橘鳳蝶

Pathysa antiphates antiphates 綠鳳蝶

Troides aeacus aeacus 金裳鳳蝶

Troides helena spilotia 裳鳳蝶

Pieridae 粉蝶科

Coliadinae 黃粉蝶亞科

Catopsilia pomona pomona 遷粉蝶

Catopsilia pyranthe pyranthe 梨花遷粉蝶

Dercas verhuelli verhuelli 檀方粉蝶

Eurema blanda hylama 檗黃粉蝶

Eurema brigitta rubella 無標黃粉蝶

Eurema hecabe hecabe 寬邊黃粉蝶

Eurema laeta betheseba 尖角黃粉蝶

Pierinae 粉蝶亞科

Appias albina darada 白翅尖粉蝶

Appias lyncida eleonora 靈奇尖粉蝶

Cepora nadina 青園粉蝶

Cepora nerissa nerissa 黑脈園粉蝶

Delias acalis acalis 紅腋斑粉蝶

Delias belladonna kwangtungensis 豔婦斑粉蝶

Delias hyparete hierte 優越斑粉蝶

Delias pasithoe pasithoe 報喜斑粉蝶

Hebomoia glaucippe glaucippe 鶴頂粉蝶

Ixias pyrene pyrene 橙粉蝶

Leptosia nina nina 纖粉蝶

Pieris canidia canidia 東方菜粉蝶

Pieris rapae crucivora 菜粉蝶

Prioneris philonome clemanthe 紅肩鋸粉蝶

Prioneris thestylis formosana 鋸粉蝶

Riodinidae 蜆蝶科

Nemeobiidae 古蜆蝶亞科

Abisara echerius echerius 蛇目褐蜆蝶

Dodona egeon egeon 大斑尾蜆蝶

Zemeros flegyas flegyas 波蜆蝶

附錄 6-8　香港蜘蛛名錄

資料來源
本名錄主要根據黃志俊《香港蜘蛛圖鑒》（2016）、iNaturalist 資料庫及其他資料製成。

Agelenidae 漏斗蛛科

Agelena difficilis 機敏異漏斗蛛

Agelena sylvatica 森林漏斗蛛

Agelena tungchis 黑背漏斗蛛

Bifidocoelotes obscurus 暗叉隙蛛

Bifidocoelotes primus 初叉隙蛛

Coelotes sp. 隙蛛

Iwogumoa sp. 亞隙蛛

Amaurobiidae 暗蛛科

Taira sp. 拉蛛

Anyphaenidae 近管蛛科

Anyphaena taiwanensis 台灣近管蛛

Araneidae 園蛛科

Aoaraneus pentagrammicus 五紋園蛛

Arachnura melanura 黃尾園蛛

Araneus ejusmodi 黃斑園蛛

Araneus tetraspinulus 四棘園蛛

Araneus ventricosus 大腹園蛛

Araneus viridiventris 淺綠園蛛

Araniella sp. 痣蛛

Argiope aemula 好勝金蛛

Argiope aetheroides 類高居金蛛

Argiope minuta 小悅目金蛛

Argiope ocula 目金蛛

Argiope perforata 孔金蛛

Argiope vietnamensis 越南金蛛

Bijoaraneus mitificus 黑斑園蛛

Cyclosa alba 白艾蛛

Cyclosa argentata 銀斑艾蛛

Cyclosa argenteoalba 銀背艾蛛

Cyclosa atrata 黑尾艾蛛

Cyclosa confusa 濁斑艾蛛

Cyclosa cylindrata 柱艾蛛

Cyclosa ginnaga 長腹艾蛛

Cyclosa hamulata 長褐艾蛛

Cyclosa monticola 山地艾蛛

Cyclosa mulmeiensis 角腹艾蛛

Cyclosa nigra 黑腹艾蛛

Cyclosa omonaga 長臉艾蛛

Cyrtarachne bufo 蟾蜍曲腹蛛

Cyrtarachne inaequalis 對稱曲腹蛛

Cyrtophora cicatrosa 後帶雲斑蛛

Cyrtophora guangxiensis 廣西雲斑蛛

Cyrtophora moluccensis 摩鹿加雲斑蛛

Cyrtophora unicolor 全色雲斑蛛

Eriovixia excelsa 艾瑟毛園蛛

Eriovixia hainanensis 海南毛園蛛

Eriovixia laglaizei 拖尾毛園蛛

Eriovixia nigrimaculata 黑斑毛園蛛

Eriovixia pseudocentrodes 偽尖腹毛園蛛

Gasteracantha kuhli 庫氏棘腹蛛

Gea spinipes 刺佳蛛

Hypsosinga alboria 華南高亮腹蛛

Larinia sp. 肥蛛

Neoscona inusta 卵形新園蛛

Neoscona mellotteei 梅氏新園蛛

Neoscona menghaiensis 勐海新園蛛

Neoscona multiplicans 多褶新園蛛

Neoscoan nautica 嗜水新園蛛

Neoscona punctigera 豐滿新園蛛

Neoscona scylla 青新園蛛

Neoscona scylloides 類青新園蛛

Neoscona vigilans 警戒新園蛛

Nephila pilipes 斑絡新婦

Trichonephila clavata 棒絡新婦

Ordgarius hobsoni 何氏瘤腹蛛

Ordgarius sexspinosus 六棘瘤腹蛛

Paraplectana tsushimensis 對馬瓢蛛

Parawixia dehaani 德氏南蛛

Poltys columnaris 柱狀錐頭蛛

Poltys idae 枯葉錐頭蛛

Poltys illepidus 丑錐頭蛛

Poltys stygius 淡黑錐頭蛛

Atypidae 地蛛科

Atypus heterothecus 異囊地蛛

Atypus karschi 卡氏地蛛

Clubionidae 管巢蛛科

Clubiona deletrix 斑管巢蛛

Matidia sp. 馬蒂蛛

Corinnidae 圓顎蛛科

Castianeira hongkong 香港純蛛

Corinnomma severum 嚴肅心顎蛛

Echinax panache 羽狀刺蛛

Spinirta sp. 刺突蛛

Ctenidae 櫛足蛛科

Anahita fauna 田野阿納蛛

Anahita maolan 茂蘭阿納蛛

Ctenus yaeyamensis 石垣櫛足蛛

Ctenizidae 螲蟷科

Latouchia sp. 拉土蛛

Deinopidae 妖面蛛科

Asianopis zhuanghaoyuni 莊氏亞妖面蛛

Dictynidae 卷葉蛛科

Ajmonia sp. 阿卷葉蛛

Cheiracanthiidae 紅螯蛛科

Cheiracanthium sp. 紅螯蛛

Gnaphosidae 平腹蛛科

Cladothela sp. 枝疣蛛

Hitobia sp. 希托蛛

Hongkongia wuae 胡氏香港蛛

Urozelotes sp. 尾狂蛛

Zelotes asiaticus 亞洲狂蛛

Hahniidae 柵蛛科

Hahnia zhejiangensis 浙江柵蛛

Hersiliidae 長紡蛛科

Hersilia albomaculata 白斑長紡蛛

Hersilia asiatica 亞洲長紡蛛

Hersilia savignyi 薩氏長紡蛛

Hersilia striata 波紋長紡蛛

Macrothelidae 大疣蛛科

Macrothele sp. 大疣蛛

Linyphiidae 皿蛛科

Hylyphantes graminicola 草間鑽頭蛛

Neriene cavaleriei 卡氏蓋蛛

Prosoponoides sinense 黑斑蓋蛛

Liocranidae 光盔蛛科

Oedignatha platnicki 普氏膨顎蛛

Liphistiidae 節板蛛科

Heptathela hongkong 香港七紡蛛

Lycosidae 狼蛛科

Arctosa subamylacea 近阿米熊蛛

Hippasa holmerae 猴馬蛛

Lycosa coelestis 黑腹狼蛛

Ovia alboannulata 白環羊蛛

Pardosa laura 溝渠豹蛛

Pardosa pseudoannulata 擬環紋豹蛛

Pardosa pusiola 細豹蛛

Pardosa sumatrana 蘇門答臘豹蛛

Pirata sp. 水狼蛛

Piratula piratoides 類小水狼蛛

Trochosa ruricoloides 類奇異獾蛛

Wadicosa fidelis 忠娲蛛

Mimetidae 擬態蛛科

Mimetus testaceus 突腹擬態蛛

Nesticidae 類球蛛科

Nesticella yanbeiensis 雁北小類球蛛

Oecobiidae 擬壁錢科

Oecobius navus 船擬壁錢

Oonopidae 卵形蛛科

Ischnothyreus sp. 弱斑蛛

Oxyopidae 貓蛛科

Hamadruas hieroglyphica 象形文樹貓蛛

Hamadruas sikkimensis 錫金文樹貓蛛

Hamataliwa sp. 哈貓蛛

Oxyopes fujianicus 福建貓蛛

Oxyopes lineatipes 綫紋貓蛛

Oxyopes macilentus 細紋貓蛛
Oxyopes sertatoides 擬斜紋貓蛛
Oxyopes sertatus 斜紋貓蛛

Philodromidae 逍遙蛛科
　Philodromus sp. 逍遙蛛
　Thanatus hongkong 香港狼逍遙蛛

Pholcidae　幽靈蛛科
　Belisana sp. 貝爾蛛
　Crossopriza lyoni 萊氏壺腹蛛
　Leptopholcus sp. 瘦幽蛛
　Pholcus sp. 幽靈蛛
　Physocyclus globosus 球狀環蛛
　Smeringopus pallidus 蒼白擬幽靈蛛

Phrurolithidae 刺足蛛科
　Otacilia sp. 奧塔蛛
　Phrurolithus sp. 刺足蛛

Pisauridae 盜蛛科
　Dendrolycosa songi 宋氏樹盜蛛
　Dolomedes mizhoanus 褐腹狻蛛
　Dolomedes raptor 掠狻蛛
　Hygropoda higenaga 長肢潮盜蛛
　Hygropoda yunnan 雲南潮盜蛛
　Perenethis venusta 華麗四角蛛
　Polyboea zonaformis 帶形多盜蛛
　Qianlingula sp. 黔跑蛛

Pschridae 褸網蛛科
　Psechrus rani 冉氏褸網蛛

Salticidae 跳蛛科
　Afraflacilla sp. 非弗蛛
　Asemonea sichuanensis 四川暗跳蛛
　Asemonea tanikawai 谷川暗跳蛛
　Indopadilla annamita 安南包氏蛛
　Bianor sp. 菱頭蛛
　Bristowia heterospinosa 巨刺布氏蛛
　Burmattus pococki 波氏緬蛛
　Carrhotus sannio 角貓跳蛛
　Carrhotus viduus 白斑貓跳蛛
　Chinattus sp. 華蛛
　Chrysilla acerosa 針狀麗跳蛛

Chrysilla lauta 華美麗跳蛛
Cocalus concolor 單色灰蛛
Copocrossa sp. 龍蝦蛛
Cosmophasis lami 拉邁宇跳蛛
Cytaea sp. 胞蛛
Epeus alboguttatus 白斑艾普蛛
Epeus glorius 榮艾普蛛
Epocilla blairei 布氏艷蛛
Epocilla calcarata 鋸艷蛛
Euochin atrata 斑華蛛
Evarcha bicoronata 雙冠獵蛛
Evarcha bulbosa 鱗狀獵蛛
Evarcha flavocincta 花帶獵蛛
Evarcha kochi 黃帶獵蛛
Gelotia syringopalpis 針管膠跳蛛
Habrocestum hongkongiense 香港美蛛
Hakka himeshimensis 姬島苦役蛛
Harmochirus brachiatus 鰓蛤莫蛛
Harmochirus insulanus 孤蛤莫蛛
Hasarius adansoni 花哈沙蛛
Helicius sp.
Heliophanus sp. 閃蛛
Holoplatys digitatus 指狀扁平跳蛛
Irura bidenticulata 雙齒翹蛛
Irura trigonapophysis 角突翹蛛
Mendoza sp. 蒙蛛
Menemerus bivittatus 雙帶扁蠅虎
Menemerus fulvus 金黃扁蠅虎
Myrmarachne angusta 狹蟻蛛
Myrmarachne formosana 臺灣蟻蛛
Myrmarachne gisti 吉蟻蛛
Myrmarachne japonica 日本蟻蛛
Toxeus globosus 球蟻蛛
Toxeus magnus 大蟻蛛
Toxeus maxillosus 顎蟻蛛
Nepalicius koreanus
Nungia epigynalis 上位蝶蛛
Ocrisiona frenata 繮脊跳蛛
Okinawicius tokarensis 寶島沖繩條蛛
Orcevia proszynskii 波蘭奧爾蛛
Orientattus hongkong
Pancorius crassipes 粗腳盤蛛
Phaeacius malayensis 馬來弗蛛
Phintella accentifera　扇形金蟬蛛

Phintella bifurcilinea 花腹金蟬蛛
Phintella suavis 蘇氏金蟬蛛
Phintella vittata 條紋金蟬蛛
Phintelloides versicolor 多色金蟬蛛
Plexippus paykulli 褐條斑蠅虎
Plexippus petersi 彼德條斑蠅虎
Plexippus setipes 條紋蠅虎
Portia labiata 唇鬚孔蛛
Portia orientalis 東方孔蛛
Portia quei 昆孔蛛
Ptocasius strupifer 毛垛兜跳蛛
Rhene albigera 阿貝寬胸蠅虎
Rhene atrata 暗寬胸蠅虎
Rhene flavicomans 黃毛寬胸蠅虎
Rhene flavigera 黃寬胸蠅虎
Rhene rubrigera 鏽寬胸蠅虎
Rhene setipes
Rudakius sp. 魯氏蛛
Siler collingwoodi 科氏翠蛛
Siler cupreus 藍翠蛛
Siler semiglaucus 玉翠蛛
Spartaeus zhangi 張氏散蛛
Synagelides longus
Telamonia caprina 開普紐蛛
Telamonia festiva 多彩紐蛛
Thiania bhamoensis 巴莫方胸蛛
Thiania inermis 非武氏方胸蛛
Thiania suboppressa 細齒方胸蛛
Thyene imperialis 闊莎茵蛛
Thyene orientalis 東方莎茵蛛
Uroballus carlei 卡氏毛蟲跳蛛

Scytodidae 花皮蛛科
Dictis striatipes 條紋代提蛛
Scytodes sp. 花皮蛛
Stedocys sp. 胸蛛

Selenopidae 擬扁蛛科
Siamspinops sp. 暹羅棘擬扁蛛

Sparassidae 巨蟹蛛科
Gnathopalystes sp. 顎突蛛
Heteropoda amphora 對巨蟹蛛
Heteropoda onoi 奧氏巨蟹蛛
Heteropoda pingtungensis 屏東巨蟹蛛

Heteropoda venatoria 白額巨蟹蛛
Olios menghaiensis 勐海奧利蛛
Pandercetes sp. 盤蛛
Pseudopoda serrata 鋸齒擬高腳蛛
Thelcticopis severa 嚴乳突蛛

Tetragnathidae 肖蛸科
Guizyiella sp. 桂齊蛛
Leucauge blanda 肩斑銀鱗蛛
Leucauge celebesiana 西里銀鱗蛛
Leucauge tanikawai 谷川銀鱗蛛
Leucauge tessellata 方格銀鱗蛛
Leucauge wulingensis 武陵銀鱗蛛
Leucauge xiuying 秀英銀鱗蛛
Orsinome diporusa 雙孔波斑蛛
Tetragnatha caudicula 尖尾肖蛸
Tetragnatha mandibulata 長螯肖蛸
Tetragnatha nitens 華麗肖蛸
Tetragnatha praedonia 前齒肖蛸
Tetragnatha squamata 鱗紋肖蛸
Tylorida striata 條紋隆背蛛
Tylorida ventralis 橫紋隆背蛛

Theraphosidae 捕鳥蛛科
Phlogiellus bogadeki 鮑氏焰美蛛
Phloiellus watasei 渡瀨焰美蛛

Theridiidae 球蛛科
Anelosimus sp. 粗腳蛛
Argyrodes bonadea 白銀斑蛛
Argyrodes fissifrons 裂額銀斑蛛
Argyrodes flavescens 黃銀斑蛛
Argyrodes miniaceus 赤腹寄居姬蛛
Ariamnes cylindrogaster 蚓腹阿里蛛
Campanicola campanulata 鐘巢鐘蛛
Chikunia nigra 黑色千國蛛
Chrysso lingchuangensis 靈川麗蛛
Meotipa pulcherrima 漂亮美蒂蛛
Chrysso viridiventris 淺綠麗蛛
Coleosoma floridanum 佛羅里達鞘腹蛛
Coleosoma sp. 鞘腹蛛
Dipoena sp. 圓腹蛛
Dipoena turriceps 塔圓腹蛛
Episinus gibbus 駝背丘腹蛛
Episinus nubilus 雲斑丘腹蛛

Emertonella sp. 埃蛛
Faiditus xiphias 劍額寄居姬蛛
Latrodectus geometricus 幾何寇蛛
Lasaeola sp. 萊薩蛛
Moneta mirabilis 奇異短跗蛛
Nesticodes rufipes 紅足島蛛
Nihonhimea japonica 日本公主蛛
Parasteatoda celsabdomina 翹腹擬肥腹蛛
Parasteatoda cingulata 環繞擬肥腹蛛
Parasteatoda songi 宋氏擬肥腹蛛
Parasteatoda tepidariorum 溫室擬肥腹蛛
Phycosoma digitula 指狀藻蛛
Phycosoma flavomarginatum 黃緣藻蛛
Phycosoma labiale 唇藻蛛
Platnickina sp. 普克蛛
Rhomphaea labiata 唇形菱球蛛
Rhomphaea sagana 矛腹菱球蛛
Steatoda cingulata 半月肥腹蛛
Steatoda erigoniformis 七斑肥腹蛛
Theridion sp. 球蛛
Thwaitesia glabicauda 圓尾銀板蛛
Thwaitesia margaritifera 珍珠銀板蛛

Thomisidae 蟹蛛科

Alcimochthes limbatus 緣弓蟹蛛
Amyciaea forticeps 大頭蟻蟹蛛
Angaeus rhombifer 菱帶安格蛛
Boliscus sp. 疣蟹蛛
Borboropactus sp. 泥蟹蛛
Camaricus sp. 頂蟹蛛
Diaea simplex 狩蛛
Ebrechtella pseudovatia 偽弓足伊氏蛛
Ebrechtella tricuspidata 三突伊氏蛛
Henriksenia hilaris 悅亨氏蛛
Lysiteles hongkong 香港微蟹蛛
Massuria bellula 美麗塊蟹蛛
Mastira tegularis 覆瓦乳蟹蛛
Misumenops hongkong 香港花蛛

Misumenops xinjie 新界花蛛
Monaeses sp. 莫蟹蛛
Oxytate bhutanica 不丹綠蟹蛛
Oxytate hoshizuna 沖繩綠蟹蛛
Pharta sp. 范蟹蛛
Philodamia gongi 龔氏喜蟹蛛
Platythomisus sp. 板蟹蛛
Pycnaxis sp. 密蟹蛛
Runcinia insecta 白條鋸足蛛
Runcinia sp. 鋸足蛛
Sinothomisus hainanus 海南華蟹蛛
Strigoplus guizhouensis 貴州耙蟹蛛
Simorcus asiaticus 亞洲長瘤蟹蛛
Synema sp. 花葉蛛
Thomisus labefactus 角紅蟹蛛
Thomisus okinawensis 沖繩蟹蛛
Tmarus menglae 勐臘峭腹蛛
Tmarus taiwanus 臺灣峭腹蛛
Xysticus croceus 波紋花蟹蛛
Xysticus sp. 花蟹蛛

Titanoecidae 隱石蛛科

Pandava laminata 薄片龐蛛

Trachelidae 管蛛科

Utivarachna gui 突頭蛛

Uloboridae 蠛蛛科

Miagrammopes orientalis 東方長蠛蛛
Octonoba sp. 渦蛛
Philoponella wuyiensis 武夷喜蠛蛛
Uloborus guangxiensis 廣西蠛蛛
Zosis geniculata 結突腰蠛蛛

Zodariidae 擬平腹蛛科

Asceua sp. 阿斯蛛
Heliconilla oblonga 長圓螺蛛
Mallinella sp. 馬利蛛

資料來源及備注

本名錄綜合研究成果論文及香港大學太古海洋研究所製作的香港海洋物種名冊（Hong Kong Register of Marine Species），網址：https://www.marinespecies.org/hkrms/。

物種中文譯名主要參照以下文獻：

劉瑞玉主編：《中國海洋生物名錄》（北京：科學出版社，2008），1267 頁；Liu, R. (ed.), *Checklist of Marine Biota of China Seas* (Beijing: Science Presse, 2008), pp.1267.

本物種名錄只收入十足目及口足目甲殼類物種。

Decapoda 十足目
　Dendrobrachiata 枝鰓亞目
　　Penaeoidea 對蝦總科
　　　Penaeidae 對蝦科
　　　　Alcockpenaeopsis hungerfordii 亨氏仿對蝦
　　　　Atypopenaeus stenodactylus 細指異對蝦
　　　　Batepenaeopsis tenella 細巧仿對蝦
　　　　Kishinouyepenaeopsis cornuta 角突仿對蝦
　　　　Megokris pescadoreensis 澎湖大突蝦
　　　　Metapenaeopsis barbata 鬚赤蝦
　　　　Metapenaeopsis mogiensis 門司赤蝦
　　　　Metapenaeopsis palmensis 婆羅門赤蝦
　　　　Metapenaeopsis stridulans 音響赤蝦
　　　　Metapenaeus affinis 近緣新對蝦
　　　　Metapenaeus ensis 刀額新對蝦
　　　　Metapenaeus intermedius 中型新對蝦
　　　　Metapenaeus joyneri 周氏新對蝦
　　　　Metapenaeus moyebi 沙棲新對蝦
　　　　Mierspenaeopsis hardwickii 哈氏仿對蝦
　　　　Parapenaeus investigatoris 印度擬對蝦
　　　　Parapenaeus longipes 長足擬對蝦
　　　　Penaeus chinensis 中國對蝦
　　　　Penaeus indicus 印度對蝦
　　　　Penaeus japonicus 日本對蝦
　　　　Penaeus latisulcatus 寬溝對蝦
　　　　Penaeus merguiensis 墨吉對蝦
　　　　Penaeus monodon 斑節對蝦
　　　　Penaeus penicillatus 長毛對蝦
　　　　Penaeus semisulcatus 短溝對蝦
　　　　Trachysalambria curvirostris 鷹爪蝦
　　　　Trachysalambria longipes 長足鷹爪蝦
　　　　Trachysalambria malaiana 馬來鷹爪蝦

　　Sicyonidae 單肢蝦科
　　　Sicyonia lancifer 披針單肢蝦
　　　Sicyonia ocellata 眼斑單肢蝦
　　Solenoceridae 管鞭蝦科
　　　Solenocera crassicornis 中華管鞭蝦
　　　Solenocera koelbeli 凹陷管鞭蝦
　　Sergestoidea 櫻蝦總科
　　　Luciferidae 瑩蝦科
　　　　Lucifer faxoni 費氏瑩蝦
　　　　Lucifer hanseni 漢森瑩蝦
　　　　Lucifer intermedius 間型瑩蝦
　　　　Lucifer penicillifer 刷狀瑩蝦
　　　　Lucifer typus 正型瑩蝦
　　　Sergestidae 櫻蝦科
　　　　Acetes erythraeus 紅毛蝦
　　　　Acetes japonicus 日本毛蝦
　Pleocyemata 抱卵亞目
　　Caridea 真蝦下目
　　　Alpheoidea 鼓蝦總科
　　　　Alpheidae 鼓蝦科
　　　　　Alpheus bannerorum 斑納鼓蝦
　　　　　Alpheus bellulus
　　　　　Alpheus bidens 雙齒鼓蝦
　　　　　Alpheus bisincisus 雙凹鼓蝦
　　　　　Alpheus brevicristatus 短脊鼓蝦
　　　　　Alpheus digitalis 長指鼓蝦
　　　　　Alpheus dispar 異鼓蝦
　　　　　Alpheus edwardsii 艾德華鼓蝦
　　　　　Alpheus hippothoe 快馬鼓蝦
　　　　　Alpheus hoplocheles 刺螯鼓蝦
　　　　　Alpheus inopinatus 偶見鼓蝦
　　　　　Alpheus japonicus 日本鼓蝦
　　　　　Alpheus leviusculus 光殼鼓蝦
　　　　　Alpheus lobidens 葉齒鼓蝦

Alpheus longiforceps
Alpheus malleodigitus 錘指鼓蝦
Alpheus microstylus 短刺鼓蝦
Alpheus pacificus 太平鼓蝦
Alpheus paludicola
Alpheus paracrinitus 副百合鼓蝦
Alpheus paralcyone 副海綿鼓蝦
Alpheus pareuchirus 側螯鼓蝦
Alpheus parvirostris 細角鼓蝦
Alpheus polyxo 雙爪鼓蝦
Alpheus rapacida 貪食鼓蝦
Alpheus rapax
Alpheus serenei 藍螯鼓蝦
Alpheus sibogae 東方鼓蝦
Alpheus splendidus 光鼓蝦
Alpheus spongiarum
Alpheus strenuus strenuus 強壯鼓蝦
Alpheus sudara 蘇答拉鼓蝦
Alpheus tirmiziae 齊米鼓蝦
Arete dorsalis 高背阿萊鼓蝦
Athanas dimorphus 異形角鼓蝦
Athanas hongkongensis 香港角鼓蝦
Athanas ornithorhynchus 鳥嘴角鼓蝦
Athanas parvus
Automate anacanthopus 刺足澳托蝦
Automate dolichognatha 長顎澳托蝦
Betaeus granulimanus 粒螯乙鼓蝦
Prionalpheus mortoni 莫雅頓鋸鼓蝦
Salmoneus serratidigitus 鋸指折螯蝦
Salmoneus sibogae
Synalpheus coutierei 吉潔合鼓蝦
Synalpheus hastilicrassus 粗矛合鼓蝦
Synalpheus incasta 箭脊合鼓蝦
Synalpheus neomeris 新角合鼓蝦
Synalpheus neptunus 海神合鼓蝦
Synalpheus nilandensis 尼蘭合鼓蝦
Synalpheus streptodactylus 扭指合鼓蝦
Hippolytidae 藻蝦科
Hippolyte ventricosa 褐藻蝦
Latreutes mucronatus 鑱形深額蝦
Tozeuma lanceolatum 多齒船形蝦

Lysmatidae 鞭腕蝦科
Exhippolysmata ensirostris ensirostris 長額擬鞭腕蝦
Lysmata vittata 紅條鞭腕蝦
Ogyrididae 長眼蝦科
Ogyrides orientalis 東方長眼蝦
Thoridae 托蝦科
Heptacarpus sp. 七腕蝦屬
Thor paschalis 復活托蝦
Atyoidea 匙指蝦總科
Atyidae 匙指蝦科
Caridina apodosis 歸還米蝦
Caridina cantonensis 廣東米蝦
Caridina gracilipes
Caridina lanceifrons 劍額米蝦
Caridina longirostris 長額米蝦
Caridina serrata 鋸緣米蝦
Caridina trifasciata 三紋米蝦
Crangonoidea 褐蝦總科
Crangonidae 褐蝦科
Crangon affinis 脊腹褐蝦
Philocheras carinicauda 脊尾南褐蝦
Philocheras lowisi 婁氏褐蝦
Nematocarcinoidea 長足蝦總科
Rhynchocinetidae 活額蝦科
Rhynchocinetes brucei
Palaemonidae 長臂蝦科
Actinimenes ornatus 錦裝岩蝦
Anchistus custos 葫蘆貝隱蝦
Ancylocaris brevicarpalis 短腕岩蝦
Ancylomenes holthuisi 霍氏濱蝦
Conchodytes monodactylus 單指江瑤蝦
Coralliocaris graminea 翠條珊瑚蝦
Cristimenes commensalis 共棲岩蝦
Cristimenes cristimanus 珠掌岩蝦
Cuapetes demani
Cuapetes elegans
Gnathophyllum americanum 美洲葉顎蝦
Hamodactylus boschmai 波氏鈎指蝦
Hamopontonia corallicola 珊瑚鈎隱蝦
Macrobrachium formosense 台灣沼蝦
Macrobrachium hainanense 海南沼蝦
Macrobrachium nipponense 日本沼蝦
Onycocaris bocki 博克雙爪蝦

621

Onycocaris oligodentata 寡齒雙爪蝦

Onycocaris quadratophthalma 方形雙爪蝦

Palaemon concinnus 結白長臂蝦

Palaemon modestus 秀麗白蝦

Palaemon pacificus 太平長臂蝦

Palaemon serrifer 鋸齒長臂蝦

Palaemon styliferus

Palaemon tonkinensis 越南吉潔蝦

Palaemonella rotumana 圓掌擬長臂蝦

Periclimenaeus arabicus 阿拉伯小岩蝦

Periclimenaeus rastrifer 耙形小岩蝦

Periclimenes digitalis 細指岩蝦

Periclimenes hongkongensis 香港岩蝦

Periclimenes perturbans 混亂岩蝦

Periclimenes sinensis 中華岩蝦

Periclimenes toloensis 托羅岩蝦

Periclimenoides odontodactylus 齒指擬岩蝦

Zenopontonia soror 姊妹岩蝦

Pandaloidea 長額蝦總科

Chlorotocellidae

Chlorotocella gracilis 纖細綠點蝦

Pandalidae 長額蝦科

Procletes levicarina 滑脊等腕蝦

Pasiphaeoidea 玻璃蝦總科

Pasiphaeidae 玻璃蝦科

Leptochela gracilis 細腕蝦

Leptochela pugnax 猛細腕蝦

Leptochela sydniensis

Processoidea 異指蝦總科

Processidae 異指蝦科

Processa aequimana 等螯異指蝦

Processa demani 戴曼異指蝦

Processa macrognatha

Processa sulcata 溝紋異指蝦

Stenopodidea 蝟蝦下目

Spongicolidae 儷蝦科

Microprosthema validum 微肢猥蝦

Stenopodidae 蝟蝦科

Stenopus hispidus 猥蝦

Axiidea 甲蝦下目

Axiidae 阿姑蝦科

Oxyrhynchaxius japonicus 日本長眼阿

姑蝦

Callianassidae 美人蝦科

Callianassa sp. 美人蝦屬

Neotrypaea harmandi 哈氏和美蝦

Neotrypaea japonica 日本和美蝦

Neotrypaea petalura 扁尾和美蝦

Gebiidea 螻蛄蝦下目

Laomediidae 泥蝦科

Laomedia astacina 泥蝦

Upogebiidae 螻蛄蝦科

Austinogebia edulis 美食螻蛄蝦

Austinogebia wuhsienweni 伍氏螻蛄蝦

Upogebia carinicauda 脊尾螻蛄蝦

Upogebia major 大螻蛄蝦

Achelata 無螯下目

Palinuridae 龍蝦科

Panulirus stimpsoni 中國龍蝦

Scyllaridae 蟬蝦科

Biarctus sordidus 泥污雙齒蟬蝦

Eduarctus martensii 馬氏艾蟬蝦

Ibacus ciliatus 毛緣扇蝦

Ibacus novemdentatus 九齒扇蝦

Petrarctus rugosus 粗糙硬甲蟬蝦

Remiarctus bertholdii 雙斑槳蟬蝦

Scyllarides squammosus 鱗突擬扇蝦

Anomura 異尾下目

Galatheoidea 鎧甲蝦總科

Galatheidae 鎧甲蝦科

Allogalathea elegans 美麗異海蝦

Galathea consobrina

Galathea ohshimai

Galathea orientalis 東方鎧甲蝦

Galathea subsquamata 似鱗鎧甲蝦

Porcellanidae 瓷蟹科

Aliaporcellana suluensis 蘇祿異瓷蟹

Enosteoides ornatus 裝飾似豆瓷蟹

Lissoporcellana quadrilobata 四葉光滑瓷蟹

Lissoporcellana spinuligera 刺額光滑瓷蟹

Lissoporcellana streptochiroides 扭螯光滑瓷蟹

Pachycheles pectinicarpus 櫛腕厚螯瓷蟹

Pachycheles sculptus 雕刻厚螯瓷蟹

Pachycheles stevensii 司氏厚螯瓷蟹

Petrolisthes boscii 鱗鴨岩瓷蟹
Petrolisthes coccineus 紅褐岩瓷蟹
Petrolisthes japonicus 日本岩瓷蟹
Petrolisthes lamarckii 拉氏岩瓷蟹
Petrolisthes militaris 好鬥岩瓷蟹
Pisidia dispar 異形豆瓷蟹
Pisidia gordoni 戈氏豆瓷蟹
Pisidia serratifrons 鋸額豆瓷蟹
Pisidia streptochiroides 扭螯豆瓷蟹
Polyonyx biunguiculatus 雙爪多指瓷蟹
Polyonyx obesulus 肥胖多指瓷蟹
Porcellana pulchra 美麗瓷蟹
Porcellanella triloba 三葉小瓷蟹
Raphidopus ciliatus 絨毛細足蟹
Hippoidea 蟬蟹總科
　Albuneidae 管鬚蟹科
　　Albunea symmysta 東方管鬚蟹
　Hippidae 蟬蟹科
　　Hippa pacifica 太平洋蟬蟹
Paguroidea 寄居蟹總科
　Calcinidae 硬殼寄居蟹科
　　Calcinus gaimardi 精緻硬殼寄居蟹
　　Calcinus laevimanus 光螯硬殼寄居蟹
　　Ciliopagurus krempfi 克氏纖毛寄居蟹
　　Dardanus aspersus 紅星真寄居蟹
　　Dardanus crassimanus 厚螯真寄居蟹
　　Dardanus hessii 刺足真寄居蟹
　　Dardanus impressus 印紋真寄居蟹
　　Dardanus pedunculatus 小足真寄居蟹
　Diogenidae 活額寄居蟹科
　　Clibanarius bimaculatus 雙斑細螯寄居蟹
　　Clibanarius clibanarius 細螯寄居蟹
　　Clibanarius infraspinatus 下齒細螯寄居蟹
　　Clibanarius longitarsus 扁長細螯寄居蟹
　　Clibanarius padavensis 脉足細螯寄居蟹
　　Clibanarius ransoni 瑞氏細螯寄居蟹
　　Clibanarius striolatus 條紋細螯寄居蟹
　　Clibanarius virescens 藍綠細螯寄居蟹
　　Diogenes edwardsii 艾氏活額寄居蟹
　　Diogenes paracristimanus 擬脊活額寄居蟹
　　Diogenes rectimanus 直螯活額寄居蟹
　　Diogenes spinifrons 棘刺活額寄居蟹
　　Paguristes sp.1 長眼寄居蟹屬種 1

　　Paguristes sp.2 長眼寄居蟹屬種 2
　Paguridae 寄居蟹科
　　Anapagrides sp.
　　Pagurus filholi 長腕寄居蟹
　　Pagurus hedleyi
　　Pagurus imaii
　　Pagurus minutus 小形寄居蟹
　　Pagurus trigonocheirus
　　Spiropagurus spiriger 旋刺寄居蟹
Brachyura 短尾下目
　Aethroidea 奇淨蟹總科
　　Aethridae 奇淨蟹科
　　　Drachiella morum 桑椹蟹
　Calappoidea 饅頭蟹總科
　　Calappidae 饅頭蟹科
　　　Calappa calappa 饅頭蟹
　　　Calappa capellonis 山羊饅頭蟹
　　　Calappa hepatica 肝葉饅頭蟹
　　　Calappa lophos 卷折饅頭蟹
　　　Calappa philargius 逍遙饅頭蟹
　　　Cycloes granulosa 顆粒圓殼蟹
　　　Mursia armata 武裝筐型蟹
　　Matutidae 黎明蟹科
　　　Matuta planipes 紅綫黎明蟹
　　　Matuta victor 勝利黎明蟹
　Carpilioidea 瓢蟹總科
　　Carpiliidae 瓢蟹科
　　　Carpilius maculatus 紅斑瓢蟹
　Corystoidea 盔蟹總科
　　Corystidae 盔蟹科
　　　Gomeza bicornis 雙角卵蟹
　　　Jonas distinctus 顯著瓊娜蟹
　Cryptochiroidea 隱螯蟹總科
　　Cryptochiridae 隱螯蟹科
　　　Neotroglocarcinus hongkongensis 香港假珊隱蟹
　　　Pseudocryptochirus viridis
　Dairoidea 疣扇蟹總科
　　Dairidae 疣扇蟹科
　　　Daira perlata 廣闊疣扇蟹
　Dorippoidea 關公蟹總科
　　Dorippidae 關公蟹科
　　　Dorippe quadridens 四齒關公蟹
　　　Dorippe sinica 中華關公蟹

Dorippe tenuipes 細足關公蟹
Dorippoides facchino 偽裝仿關公蟹
Heikeopsis arachnoides 蜘蛛擬平家蟹
Heikeopsis japonica 日本擬平家蟹
Neodorippe callida 熟練關公蟹
Paradorippe granulata 顆粒擬關公蟹
Dromioidea 綿蟹總科
Dromiidae 綿蟹科
Conchoecetes atlas
Lauridromia dehaani 漢氏勞綿蟹
Petalomera granulata 顆粒板蟹
Dynomenidae 貝綿蟹科
Hirsutodynomene spinosa 多刺粗毛貝
綿蟹
Eriphioidea 酋婦蟹總科
Eriphiidae 酋婦蟹科
Eriphia ferox 凶猛酋婦蟹
Eriphia sebana 光手酋婦蟹
Menippidae 哲蟹科
Menippe rumphii 破裂哲扇蟹
Sphaerozius nitidus 光輝圓扇蟹
Oziidae 團扇蟹科
Epixanthus corrosus 粗粒石扇蟹
Epixanthus frontalis 平額石扇蟹
Eupilumnus globosus 球真毛刺蟹
Gecarcinucoidea 擬地蟹總科
Gecarcinucidae 擬地蟹科
Somanniathelphusa zanklon
Goneplacoidea 長腳蟹總科
Euryplacidae 寬背蟹科
Eucrate alcocki 阿氏強蟹
Eucrate crenata 隆綫強蟹
Eucrate solaris 太陽強蟹
Eucrate tripunctata
Henicoplax nitida
Heteroplax transversa
Trissoplax dentata 雌異背蟹
Goneplacidae 長腳蟹科
Carcinoplax longimanus 長手隆背蟹
Carcinoplax haswelli
Carcinoplax purpurea 紫隆背蟹
Entricoplax vestita 泥腳隆背蟹
Scalopidiidae 掘沙蟹科
Scalopidia spinosipes 刺足掘沙蟹

Grapsoidea 方蟹總科
Grapsidae 方蟹科
Grapsus albolineatus 白紋方蟹
Metopograpsus frontalis 寬額大額蟹
Metopograpsus quadridentatus 四齒大
額蟹
Percnidae 盾牌蟹科
Percnon sinense 中華盾牌蟹
Plagusiidae 斜紋蟹科
Guinusia dentipes 齒突斜紋蟹
Plagusia squamosa 鱗突斜紋蟹
Sesarmidae 相手蟹科
Chiromantes haematocheir 紅螯螳臂蟹
Clistocoeloma sinense 中華泥毛蟹
Clistocoeloma villosum 柔毛泥毛蟹
Episesarma versicolor 泡粒新相手蟹
Fasciarma fasciatum
Haberma tingkok 汀角攀樹蟹
Nanosesarma minutum 小相手蟹
Nanosesarma pontianacense 刺指小相
手蟹
Neosarmatium indicum 印度新脹蟹
Orisarma dehaani 漢氏東方相手蟹
Orisarma intermedium 中型東方相手蟹
Orisarma patshuni 柏氏東方相手蟹
Orisarma sinense 中華東方相手蟹
Parasesarma affine 近親擬相手蟹
Parasesarma continentale 大陸擬相手蟹
Parasesarma maipoense 米埔擬相手蟹
Parasesarma pictum 斑點擬相手蟹
Parasesarma tripectinis 三櫛擬相手蟹
Parasesarma ungulata 細爪擬相手蟹
Sarmatium striaticarpus 吉氏脹蟹
Sinosesarma tangi 唐氏華相手蟹
Varunidae 弓蟹科
Asthenognathus hexagonum 六角倒顎蟹
Asthenognathus inaequipes 異足倒顎蟹
Chasmagnathus convexus 隆背張口蟹
Cyclograpsus incisus 缺刻圓方蟹
Cyclograpsus intermedius 中型圓方蟹
Eriocheir hepuensis 合浦絨螯蟹
Eriocheir japonica 日本絨螯蟹
Gaetice depressus 平背蜞
Gaetice ungulatus

Helice latimera 側足厚蟹
Helice sp. 厚蟹屬
Hemigrapsus penicillatus 絨螯近方蟹
Hemigrapsus sanguineus 肉球近方蟹
Hemigrapsus takanoi
Metaplax elegans 秀麗長方蟹
Metaplax longipes 長足長方蟹
Metaplax tredecim 十三疣長方蟹
Neoeriocheir leptognathus 狹頸新絨螯蟹
Parapyxidognathus deianira 長方擬方額蟹
Sestrostoma toriumii
Varuna litterata 字紋弓蟹
Varuna yui 游氏弓蟹

Hexapodoidea 六足蟹總科
  Hexapodidae 六足蟹科
    Hexalaughlia orientalis
    Hexapinus simplex
    Mariaplax chenae
    Mariaplax exigua

Hymenosomatoidea 膜殼蟹總科
  Hymenosomatidae 膜殼蟹科
    Halicarcinus setirostris 毛額濱蟹
    Neorhynchoplax introversa 凹背新尖額蟹
    Neorhynchoplax sinensis 中華新尖額蟹

Leucosioidea 玉蟹總科
  Iphiculidae 精幹蟹科
    Iphiculus spongiosus 海綿精幹蟹
    Pariphiculus mariannae 海洋擬精幹蟹
  Leucosiidae 玉蟹科
    Alox somphos 海綿溝甲蟹
    Arcania globata 球形栗殼蟹
    Arcania gracilis 纖細栗殼蟹
    Arcania heptacantha 七刺栗殼蟹
    Arcania septemspinosa 脊七刺栗殼蟹
    Arcania tropicalis
    Arcania undecimspinosa 十一刺栗殼蟹
    Coleusia urania 弓背易玉蟹
    Ebalia hayamaensis
    Ebalia scabriuscula 粗糙堅殼蟹
    Euclosiana unidentata 單雌岐玉蟹
    Hiplyra platycheir
    Ixa cylindrus 圓筒飛輪蟹
    Ixa edwardsii 艾氏飛輪蟹
    Ixoides cornutus 雙角轉輪蟹

Leucosia anatum 鴨額玉蟹
Lyphira heterograna
Myra celeris
Myra hainanica 海南長臂蟹
Nursia plicata 摺痕五角蟹
Nursilia tonsor 修容仿五角蟹
Onychomorpha lamelligera 薄片爪形蟹
Ovilyra fuliginosa
Paranursia abbreviata 短小擬五角蟹
Philyra malefactrix 果拳蟹
Pyrhila carinata
Pyrhila pisum
Seulocia latirostrata
Seulocia rhomboidalis 斜方化玉蟹
Seulocia vittata 帶紋化玉蟹
Urnalana haematosticta 紅點壇形蟹

Majoidea 蜘蛛蟹總科
  Epialtidae 臥蛛蟹科
    Doclea armata 武裝絨球蟹
    Doclea canalifera 溝狀絨球蟹
    Doclea rissoni 里氏絨球蟹
    Huenia heraldica 異形藻片蟹
    Hyastenus cracentis 整潔互敬蟹
    Hyastenus diacanthus 雙角互敬蟹
    Hyastenus ducator
    Hyastenus hilgendorfi 希氏互敬蟹
    Menaethius monoceros 單角蟹
    Naxioides robillardi 洛彼長腿蟹
    Phalangipus filiformis 絲狀長崎蟹
    Phalangipus longipes 長足長崎蟹
    Pugettia nipponensis 日本磯蟹
    Pugettia quadridens 四齒磯蟹
    Xenocarcinus tuberculatus 疣背扁異蟹
  Inachidae 尖頭蟹科
    Achaeus japonicus 日本英雄蟹
    Achaeus lacertosus 強狀英雄蟹
    Achaeus tuberculatus 有疣英雄蟹
    Camposcia retusa 鈍喀曲毛蟹
  Majidae 蜘蛛蟹科
    Leptomithrax eldredgei
    Micippa philyra 拳折額蟹
    Micippa platipes 扁足折額蟹
    Micippa thalia 豪華折額蟹
    Ovimaja compressipes

Prismatopus aculeatus 尖刺棱蛛蟹
Schizophrys aspera 粗甲裂顎蟹
Ocypodoidea 沙蟹總科
　Camptandriidae 猴面蟹科
　　Baruna sinensis 中華巴隆蟹
　　Camptandrium sexdentatum 六齒猴面蟹
　　Cleistostoma dilatatum 寬身閉口蟹
　　Moguai elongatum 長身魔鬼蟹
　　Mortensenella forceps 仿倒顎蟹
　　Paracleistostoma crassipilum 濃毛擬閉口蟹
　　Paracleistostoma depressum 扁平擬閉口蟹
　Dotillidae 毛帶蟹科
　　Dotilla wichmanni 衛氏毛帶蟹
　　Ilyoplax formosensis 台灣泥蟹
　　Ilyoplax ningpoensis 寧波泥蟹
　　Ilyoplax pingi 秉氏泥蟹
　　Ilyoplax serrata 鋸眼泥蟹
　　Ilyoplax tansuiensis 淡水泥蟹
　　Ilyoplax tenella
　　Scopimera bitympana 雙扇股窗蟹
　　Scopimera curtelsona 短尾股窗蟹
　　Scopimera globosa 圓球股窗蟹
　　Scopimera intermedia 中型股窗蟹
　　Tmethypocoelis ceratophora 角眼拜佛蟹
　　Shenius anomalus 異常沈氏蟹
　Macrophthalmidae 大眼蟹科
　　Macrophthalmus abbreviatus 短身大眼蟹
　　Macrophthalmus banzai 萬歲大眼蟹
　　Macrophthalmus convexus 隆背大眼蟹
　　Macrophthalmus definitus 明秀大眼蟹
　　Macrophthalmus dentatus 齒大眼蟹
　　Macrophthalmus depressus
　　Macrophthalmus erato 悅目大眼蟹
　　Macrophthalmus pacificus 太平大眼蟹
　　Macrophthalmus tomentosus 絨毛大眼蟹
　　Macrophthalmus latreillei 拉氏大眼蟹
　　Tritodynamia dilatata 寬身三強蟹
　　Tritodynamia horvathi 霍氏三強蟹
　　Tritodynamia rathbunae 蘭氏三強蟹
　Mictyridae 和尚蟹科
　　Mictyris brevidactylus 短指和尚蟹
　Ocypodidae 沙蟹科

Austruca lactea 乳白南方招潮蟹
Gelasimus borealis 北方丑招潮蟹
Ocypode ceratophthalmus 角眼沙蟹
Ocypode mortoni 摩氏沙蟹
Ocypode sinensis 中華沙蟹
Paraleptuca splendida 麗彩擬瘦招潮蟹
Tubuca acuta 銳齒管招潮蟹
Tubuca arcuata 弧邊管招潮蟹
Tubuca paradussumieri 擬屠氏管招潮蟹
Xenophthalmidae 短眼蟹科
　Anomalifrons lightana 萊氏異額蟹
　Neoxenophthalmus obscurus 模糊新短眼蟹
　Xenophthalmus pinnotheroides 豆形短眼蟹
Orithyioidea 虎頭蟹總科
　Orithyiidae 虎頭蟹科
　　Orithyia sinica 中華虎頭蟹
Palicoidea 扁蟹總科
　Palicidae 扁蟹科
　　Parapalicus trituberculatus 三疣擬扁蟹
Parthenopoidea 菱蟹總科
　Parthenopidae 菱蟹科
　　Cryptopodia fornicata 環狀隱足蟹
　　Cryptopodia transitans 橫展隱足蟹
　　Enoplolambrus echinatus 刺猥武裝緊握蟹
　　Enoplolambrus laciniatus
　　Enoplolambrus validus 強壯武裝緊握蟹
　　Parthenope longimanus 長手菱蟹
　　Pseudolambrus tarpeius
　　Rhinolambrus lippus
　　Rhinolambrus longispinus 長刺束頸緊握蟹
Pilumnoidea 毛刺蟹總科
　Galenidae 靜蟹科
　　Parapanope orientalis
　　Galene bispinosa 雙刺靜蟹
　　Halimede fragifer 脆弱暴蟹
　　Halimede ochtodes 五角暴蟹
　Pilumnidae 毛刺蟹科
　　Actumnus dorsipes 背足楊梅蟹
　　Actumnus elegans
　　Actumnus setifer 疏毛楊梅蟹
　　Actumnus squamosus 鱗狀楊梅蟹
　　Aniptumnus quadridentatus

Bathypilumnus sinensis 中華深毛刺蟹

Benthopanope eucratoides 真壯海神蟹

Ceratocarcinus frontodentata 額齒角蟹

Ceratocarcinus trilobatus 三葉角蟹

Ceratoplax ciliata

Cryptocoeloma haswelli

Glabropilumnus laevimanus 光掌光毛蟹

Glabropilumnus seminudus 半裸光毛蟹

Harrovia albolineata 白紋短角蟹

Heteropanope glabra 光滑異裝蟹

Heteropilumnus ciliatus 披發異毛蟹

Heteropilumnus cristatus

Heteropilumnus holthuisi 侯氏異毛刺蟹

Heteropilumnus sasekumari

Latopilumnus conicus

Nanopilumnus rouxi

Permanotus purpureus 紫彼爾蟹

Pilumnopeus convexus

Pilumnopeus makianus 馬氏毛粒蟹

Pilumnus cursor 疾行毛刺蟹

Pilumnus longicornis 長角毛刺蟹

Pilumnus minutus 小巧毛刺蟹

Pilumnus trispinosus 三刺毛刺蟹

Pilumnus vespertilio 蝙蝠毛刺蟹

Rhizopa gracilipes

Ser fukiensis 福建佘氏蟹

Typhlocarcinops canaliculata 溝紋擬盲蟹

Typhlocarcinops decrescens

Typhlocarcinops denticarpes 齒腕擬盲蟹

Typhlocarcinops raouli

Typhlocarcinus nudus 裸盲蟹

Typhlocarcinus villosus 毛盲蟹

Vellumnus penicillatus

Xestopilumnus cultripollex 扁指潔毛刺蟹

Pinnotheroidea 豆蟹總科

  Pinnotheridae 豆蟹科

    Amusiotheres obtusidentatus

    Arcotheres atrinae

    Arcotheres cyclinus 青蛤蚶豆蟹

    Arcotheres sinensis 中華蚶豆蟹

    Durckheimia caeca 盲硬豆蟹

    Indopinnixa mortoni 摩氏印度巴豆蟹

    Indopinnixa sipunculana 星蟲印度巴豆蟹

    Pinnixa balanoglossana

Pinnixa penultipedalis 寬腿巴豆蟹

Pinnotheres dilatatus 寬豆蟹

Pinnotheres excussus 脹腹豆蟹

Pinnotheres gordoni 戈氏豆蟹

Pinnotheres haiyangensis 海陽豆蟹

Pinnotheres luminatus 光豆蟹

Pinnotheres obscurus

Pinnotheres parvulus 小豆蟹

Pinnotheres pholadis 隱匿豆蟹

Portunoidea 梭子蟹總科

  Carcinidae 濱蟹科

    Liocarcinus strigilis

  Geryonidae 怪蟹科

    Ovalipes punctatus 細點圓趾蟹

  Portunidae 梭子蟹科

    Alionectes Pulchricrictation 麗紋劍泳蟹

    Charybdis annulata 環紋蟳

    Charybdis brevispinosa 短刺蟳

    Charybdis truncata 直額蟳

    Charybdis acuta 鋭齒蟳

    Charybdis affinis 近親蟳

    Charybdis anisodon 異齒蟳

    Charybdis bimaculata 雙斑蟳

    Charybdis feriata 鏽斑蟳

    Charybdis granulata 顆粒蟳

    Charybdis hellerii 鈍齒蟳

    Charybdis hongkongensis 香港蟳

    Charybdis japonica 日本蟳

    Charybdis lucifera 晶瑩蟳

    Charybdis miles 武士蟳

    Charybdis natator 善泳蟳

    Charybdis orientalis 東方蟳

    Charybdis vadorum 疾進蟳

    Charybdis variegata 變態蟳

    Eodemus pseudohastatoides 假矛形劍泳蟹

    Eodemus subtilis

    Eodemus unidens 單齒劍泳蟹

    Eodemus pseudohastatoides

    Goniosupradens acutifrons 尖額蟳

    Incultus tuberculosus

    Lissocarcinus arkati 阿嘎光背蟹

    Lissocarcinus orbicularis 紫斑光背蟹

    Lupocycloporus gracilimanus 纖手狼環

孔蟹

Monomia argentata 銀光單梭蟹

Monomia haanii 漢氏單梭蟹

Monomia rubromarginatus

Podophthalmus vigil 看守長眼蟹

Portunus pelagicus 遠海梭子蟹

Portunus sanguinolentus 紅星梭子蟹

Portunus trituberculatus 三疣梭子蟹

Scylla olivacea 橄欖青蟹

Scylla paramamosain 擬曼賽因青蟹

Scylla serrata 鋸緣青蟹

Thalamita admete 野生短槳蟹

Thalamita chaptalii 鉤肢短槳蟹

Thalamita imparimana 異掌短槳蟹

Thalamita picta 斑點短槳蟹

Thalamita sima 雙額短槳蟹

Thranita crenata 鈍齒長槳蟹

Thranita danae 達氏長槳蟹

Thranita pelsarti

Thranita prymna 底棲長槳蟹

Thranita spinicarpa

Eodermus subtilis

Potamoidea 溪蟹總科

　Potamidae 溪蟹科

　　Cryptopotamon anacoluthon

　　Nanhaipotamon aculatum 尖肢南海溪蟹

　　Nanhaipotamon hongkongense 香港南
海溪蟹

Raninoidea 蛙蟹總科

　Lyreididae 琵琶蟹科

　　Lyreidus stenops 窄額琵琶蟹

　　Lyreidus tridentatus 三齒琵琶蟹

　Raninidae 蛙蟹科

　　Ranina ranina 蛙蟹

Trapezioidea 梯形蟹總科

　Tetraliidae 梯形蟹科

　　Tetralia glaberrima 光潔擬梯形蟹

Xanthoidea 扇蟹總科

　Xanthidae 扇蟹科

　　Actaea pura

　　Actaeodes mutatus

　　Actaeodes tomentosus 絨毛仿銀杏蟹

　　Atergatis dilatatus 寬身愛潔蟹

　　Atergatis floridus 花紋愛潔蟹

Atergatis integerrimus 正直愛潔蟹

Atergatis latissimus 偏側愛潔蟹

Atergatis reticulatus 細紋愛潔蟹

Atergatopsis germaini 蕾近愛潔蟹

Banareia subglobosa 球形鎧蟹

Chlorodiella nigra 黑指綠蟹

Cymo melanodactylus 黑指波紋蟹

Demania reynaudii 雷氏鱗斑蟹

Demania scaberrima 粗糙鱗斑蟹

Epiactaea margaritifera

Epiactaea nodulosa 疙瘩上銀杏蟹

Etisus anaglyptus 似雕滑面蟹

Etisus laevimanus 光手滑面蟹

Gaillardiellus orientalis 東方蓋氏蟹

Gaillardiellus rueppelli 呂氏蓋氏蟹

Leptodius affinis

Leptodius davaoensis

Leptodius gracilis 細巧皺蟹

Leptodius sanguineus 肉球皺蟹

Liagore rubromaculata 紅斑斗蟹

Liomera caelata 雕刻花瓣蟹

Liomera laevis 光滑花瓣蟹

Liomera margaritata 珍珠花瓣蟹

Liomera venosa 脈花瓣蟹

Lophozozymus pictor 繡花脊熟若蟹

Macromedaeus distinguendus 特異大權蟹

Medaeops granulosus 顆粒仿權位蟹

Novactaea pulchella 美麗新銀杏蟹

Palapedia integra 光輝柱足蟹

Paramedaeus simplex

Pilodius granulatus 顆粒毛殼蟹

Pilodius miersi

Pseudoliomera helleri 赫氏假花瓣蟹

Stomatopoda 口足目

Unipeltata 單楯亞目

Gonodactyloidea 指蝦蛄總科

　Gonodactylidae 指蝦蛄科

　　Gonodactylaceus falcatus 鐮狀獨指蝦蛄

　Odontodactylidae 齒指蝦蛄科

　　Odontodactylus japonicus 日本齒指蝦蛄

　Pseudosquillidae 假蝦蛄科

　　Pseudosquilla ciliata 多毛假蝦蛄

Parasquilloidea 偽蝦蛄總科

Parasquillidae 偽蝦蛄科
    Faughnia haani 韓氏芳蝦蛄
Squilloidea 蝦蛄總科
  Squillidae 蝦蛄科
    Anchisquilla fasciata 條尾近蝦蛄
    Carinosquilla multicarinata 多脊蝦蛄
    Clorida bombayensis 孟買綠蝦蛄
    Clorida decorata 飾尾蝦蛄
    Cloridopsis scorpio 蠍形擬綠蝦蛄
    Dictyosquilla foveolata 窩紋蝦蛄

Erugosquilla woodmasoni 伍氏平蝦蛄
Harpiosquilla harpax 猛蝦蛄
Harpiosquilla raphidea 棘突猛蝦蛄
Lophosquilla costata 脊條摺蝦蛄
Lophosquilla makarovi
Miyakella nepa 長叉三宅蝦蛄
Oratosquilla kempi 黑斑口蝦蛄
Oratosquilla oratoria 口蝦蛄
Oratosquillina interrupta 斷脊小口蝦蛄
Oratosquillina perpensa 前刺小口蝦蛄

資料來源

本名錄主要綜合以下資料來源製成：

香港大學太古海洋研究所製作的香港海洋物種名冊（Hong Kong Register of Marine Species），網址：https://www.marinespecies.org/hkrms/

台灣物種名錄 https://taibnet.sinica.edu.tw/home.php?

林光宇：〈西沙群島潮間帶的後鰓類軟體動物〉，《海洋科學集刊》，1975 年第 10 期，頁 141-154。

林光宇、尤仲傑：〈浙江近海裸鰓類的研究〉，《海洋科學集刊》，1990 年第 31 期，頁 147-162。

尤仲傑、林光宇：〈中國近海海牛亞目（軟體動物）的區系分析〉，《動物學雜誌》，2005 年第 40 期，頁 85-90。

張農等：〈我國東南沿海地區織紋螺科的種類與毒性〉，《生態毒理學報》，2009 年第 4 期，頁 289-294。

孫啟夢：〈中國近海蟹守螺科（Cerithiidae）兩新紀錄種及常見種名修訂〉，《海洋與湖沼》，2014 年第 45 期，頁 902-906。

徐鳳山、張均龍：《中國動物志無脊椎動物第五十七卷軟體動物門雙殼綱櫻蛤科雙帶蛤科》（北京：科學出版社，2018）。

高春霞等：〈基於穩定同位素技術的浙江南部近海主要漁業生物營養級〉，《中國水產科學》，2020 年第 27 期，頁 438-453。

胡亮：《福建平潭島海域底棲貝類物種多樣性及其地理分佈》，《生物多樣性》，2021 年第 29 期，頁 1403-1410。

Ng, T. P. T., Cheng, M. C. F., Ho, K. K. Y., Lui, G. C. S., Leung, K. M. Y. and Williams, G. A., "Hong Kong's rich marine biodiversity: the unseen wealth of South China's megalopolis," *Biodiversity and Conservation*, Vol.26 (2017): pp.23-36.

Bivalvia　雙殼綱

Adapedonta 貧齒蛤目

Hiatellidae 縫棲蛤科

Hiatella arctica

Pharidae 刀蟶科

Pharella acuminata

Siliqua grayana 長圓荚蟶

Sinonovacula constricta 毛蟶蛤

Solenidae 竹蟶科

Solen brevissimus

Solen cylindraceus

Solen exiguus 侏儒竹蟶

Solen roseomaculatus　桃紅竹蟶

Solen strictus 竹蟶

Anomalodesmata 異韌帶總目

Laternulidae 薄殼蛤科

Exolaternula spengleri

Laternula anatina 截尾薄殼蛤

Laternula boschasina 剖刀鴨嘴蛤

Arcida 魁蛤目

Arcidae 魁蛤科

Acar olivercoseli

Acar plicata 白鬚魁蛤

Anadara antiquata 古毛蛤

Anadara broughtonii 魁蛤

Anadara consociata 聯珠蚶

Anadara cornea 角毛蚶

Anadara craticulata

Anadara crebricostata 密肋粗飾蚶

Anadara disparilis

Anadara ferruginea 繡色毛蚶

Anadara globosa 圓毛蚶

Anadara kagoshimensis

Anadara satowi 大毛蚶

Anadara tricenicosta 粗飾蚶

Barbatia amygdalumtostum 紅杏鬚魁蛤

Barbatia candida

Barbatia decussata 布紋蚶

Barbatia foliata 鬚魁蛤

Barbatia obliquata

Barbatia stearnsii 獸脂魁蛤

Barbatia trapezina

Barbatia virescens 青鬚魁蛤

Lamarcka avellana 榛蚶

Mesocibota bistrigata 雙紋鬚魁蛤

Mesocibota signata 斑頂鬚蚶

Tegillarca granosa 血蚶

Tegillarca nodifera 結毛蚶

Tetrarca boucardi

Trisidos kiyonoi 鱗片扭蚶

Trisidos semitorta 半扭魁蛤

Cucullaeidae 圓魁蛤科

　Cucullaea labiata 圓魁蛤

Noetiidae 靈蛤科

　Arcopsis afra

　Congetia vivianae

　Didimacar tenebrica 大土豆魁蛤

　Estellacar galactodes

　Estellacar olivacea 橄欖蚶

　Sheldonella bisulcata

　Striarca symmetrica 對稱擬蚶

　Verilarca bivia

　Verilarca interplicata 細肋毛蚶

　Verilarca thielei 提氏細紋蚶

Cardiida 鳥蛤目

　Cardiidae 鳥蛤科

　　Acrosterigma impolitum 粗糙鳥蛤

　　Acrosterigma maculosum 沙糙鳥蛤

　　Cerastoderma edule 歐洲鳥蛤

　　Fragum fragum 白莓鳥尾蛤

　　Frigidocardium exasperatum

　　Fulvia aperta 氣泡鳥尾蛤

　　Fulvia australis 南方鳥尾蛤

　　Fulvia hungerfordi 韓氏薄殼鳥蛤

　　Fulvia mutica 日本鳥尾蛤

　　Maoricardium setosum 粗毛鳥尾蛤

　　Tridacna maxima 長硨磲蛤

　　Vepricardium asiaticum 亞洲鳥尾蛤

　　Vepricardium coronatum 鑲邊鳥蛤

　　Vepricardium multispinosum 多刺鳥尾蛤

　　Vepricardium sinense 中華鳥尾蛤

　Donacidae 斧蛤科

　　Donax cuneatus 楔形斧蛤

　　Donax faba 豆斧蛤

　　Donax incarnatus

　　Donax semisulcatus

　Psammobiidae 紫雲蛤科

　　Asaphis violascens 紫晃蛤

　　Gari elongata

　　Gari lessoni

　　Gari maculosa 斑紋紫雲蛤

　　Gari radiata 輻射紫雲蛤

　　Gari truncata 截形紫雲蛤

　　Hiatula diphos 雙線血蚶

Nuttallia japonica

Semelidae 唱片蛤科

　Abra philippinensis

　Abra scotti

　Leptomya pura 潔小海螂

　Semele cordiformis 索形雙帶蛤

　Semele crenulata 齒紋雙帶蛤

　Theora iridescens

　Theora lata 側底理蛤

　Theora lubrica

Solecurtidae 毛蟶科

　Azorinus abbreviatus 簡略截蟶

　Azorinus coarctatus 狹佐吉蛤

　Solecurtus divaricatus 歧紋毛蟶

Tellinidae 櫻蛤科

　Angulus lanceolatus

　Arcopaginula inflata

　Dallitellina rostrata

　Exotica cygnus

　Hanleyanus oblongus 長韓瑞蛤

　Hanleyanus vestalis 衣韓瑞蛤

　Heteromacoma irus 粗異白櫻蛤

　Iridona compressissima 扁彩虹蛤

　Iridona iridescens 彩虹蛤

　Jitlada culter 粉紅櫻花蛤

　Jitlada hanleyi 韓氏吉櫻蛤

　Jitlada juvenilis 幼吉櫻蛤

　Macoma incongrua 異白櫻蛤

　Macomopsis chinensis 中國擬白櫻蛤

　Nitidotellina lischkei 小亮櫻蛤

　Nitidotellina pallidula 蒼白亮櫻蛤

　Nitidotellina valtonis 北海道櫻蛤

　Phylloda foliacea 枯葉櫻蛤

　Psammacoma candida 美女白櫻蛤

　Psammacoma gubernaculum 截形白櫻蛤

　Semelangulus miyatensis 宮田櫻蛤

　Serratina capsoides 擬箱美麗蛤

　Tellinella virgata 日光櫻蛤

　Tellinides timorensis 仿櫻蛤

　Tonganaella perna

Carditida 心蛤目

　Carditidae 心蛤科

　　Cardita leana 灰算盤蛤

　　Cardita variegata 算盤蛤

Crassatellidae 厚殼蛤科
   Crenocrassatella yagurai
   Nipponocrassatella nana 小真厚殼蛤
Cuspidarioidea 杓蛤總科
  Cuspidariidae 杓蛤科
   Cardiomya sinica 中華帚形蛤
Galeommatida 鼬眼蛤目
  Galeommatidae 鼬眼蛤科
   Ephippodontina oedipus
   Lepirodes layardi 龍潼鼬眼蛤
   Lepirodes politus 光滑鼬眼蛤
   Lepirodes vitreus
   Pseudogaleomma japonica 日本酥豆蛤
   Scintilla cuvieri
   Scintilla imperatoris
   Scintilla nitidella 光亮賊蛤
   Scintillona brissae
  Lasaeidae 猿頭蛤科
   Borniopsis ariakensis 阿里亞絨蛤
   Borniopsis macrophtalmensis
   Borniopsis maipoensis
   Borniopsis nodosa 結絨蛤
   Borniopsis ochetostomae 溝紋絨蛤
   Borniopsis subsinuata 亞曲蝦蛄蛤
   Borniopsis tsurumaru 絨蛤
   Curvemysella paula 弓形寄生蛤
   Devonia semperi 內殼德文蛤
   Entovalva mirabilis
   Kellia porculus 豆形凱利蛤
   Kurtiella triangularis 三角鞍蛤
   Lasaea adansoni
   Lasaea nipponica 栗色拉沙蛤
   Lasaea undulata
   Montacutona compacta 緊閉孟達蛤
   Montacutona mutsuwanensis 陸奧孟達蛤
   Nipponomysella subtruncata 斷頭日本蝦蛤
   Rochefortia triangularis
   Salpocola ohshimai
Gastrochaenida 開腹蛤目
  Gastrochaenidae 開腹蛤科
   Cucurbitula cymbium
   Dufoichaena dentifera
   Gastrochaena cuneiformis 開腹蛤

   Gastrochaena ovata 卵形開腹蛤
Limida 狐蛤目
  Limidae 狐蛤科
   Lima lima
   Limaria fragilis 薄片狐蛤
   Limaria hirasei 平瀨狐蛤
   Limaria hongkongensis 香港雪銼蛤
   Limaria orientalis
Lucinida 滿月蛤目
  Lucinidae 滿月蛤科
   Cardiolucina civica 麝滿月蛤
   Cardiolucina rugosa 強肋心滿月蛤
   Codakia tigerina 滿月蛤
   Ctena bella
   Ctena delicatula 迷人櫛紋蛤
   Pegophysema bialata 斯氏無齒蛤
Myida 海螂目
  Corbulidae 抱蛤科
   Corbula crispa
   Corbula densesculpta 小形微藍蛤
   Corbula erythrodon 紅唇抱蛤
   Corbula hydropica
   Corbula ovalina 褐心抱蛤
   Corbula sinensis
   Corbula smithiana
   Potamocorbula amurensis 黑龍江河籃蛤
   Potamocorbula laevis 光滑河籃蛤
  Dreissenidae 飾貝科
   Mytilopsis sallei 似殼菜蛤
  Myidae 海螂科
   Cryptomya busoensis 側扁隱海螂
   Mya arenaria 大海螂蛤
  Pholadidae 鷗蛤科
   Aspidopholas tubigera 管盾海筍
   Barnea dilatata 寬殼全海筍
   Barnea fragilis 脆殼全海筍
   Barnea manilensis 馬尼拉鷗蛤
   Martesia striata 細紋鷗蛤
  Teredinidae 蛀船蛤科
   Bankia campanellata
   Bankia carinata 脊節鎧船蛆
   Lyrodus massa 套環蛀船蛤
   Lyrodus medilobatus
   Lyrodus pedicellatus

Nausitora hedleyi
Teredo furcifera 叉船蛆
Teredo johnsoni
Teredo navalis 船蛆

Mytilida 貽貝目

Mytilidae 殼菜蛤科

Amygdalum watsoni 大杏蛤
Arcuatula elegans 雅致弧蛤
Arcuatula japonica 日本肌蛤
Arcuatula senhousia 東亞殼菜蛤
Botula cinnamomea
Brachidontes mutabilis 短齒蛤
Brachidontes pharaonis
Brachidontes ustulatus
Byssogerdius striatulus 條紋短齒蛤
Byssogerdius subsulcatus
Gregariella coralliophaga 珊瑚蜊
Jolya elongata
Leiosolenus calyculatus
Leiosolenus hanleyanus
Leiosolenus lima
Leiosolenus malaccanus
Leiosolenus mucronatus 細尖石蟶
Leiosolenus simplex
Limnoperna fortunei 河殼菜蛤
Lithophaga antillarum 安的列斯石蟶
Lithophaga teres 黑石蜊
Modiolus auriculatus 雲雀殼菜蛤
Modiolus barbatus
Modiolus comptus 絨雲雀蛤
Modiolus modiolus 偏頂蛤
Modiolus modulaides 角偏頂蛤
Modiolus nipponicus 日本殼菜蛤
Modiolus philippinarum 菲律賓殼菜蛤
Musculus cupreus 邊網殼菜蛤
Musculus nana
Mytella speciosa
Mytilisepta bifurcata
Mytilisepta keenae 肯氏隔貽貝
Mytilisepta virgata 紫孔雀殼菜蛤
Mytilus galloprovincialis 地中海貽貝
Perna viridis 翡翠貽貝
Septifer bilocularis 孔雀殼菜蛤
Septifer excisus 白孔雀殼菜蛤

Xenostrobus atratus 黑蕎麥蛤
Xenostrobus securis 斧形殼菜蛤

Nuculanida 彎錦蛤目

Malletiidae 豌豆蛤科

Carinineilo angulata

Nuculanidae 彎錦蛤科

Saccella mauritiana

Tindariidae 袖珍碎蛤科

Tindaria siberutensis

Yoldiidae 綾衣蛤科

Orthoyoldia lepidula 鱗梯形蛤

Nuculida 銀錦蛤目

Nuculidae 銀錦蛤科

Ennucula cumingii 孔氏胡桃蛤

Ostreida 牡蠣目

Gryphaeidae 綠曲牡蠣科

Hyotissa hyotis 硨磲牡蠣
Hyotissa inermis 覆瓦牡蠣
Hyotissa sinensis 中華牡蠣

Isognomonidae 障泥蛤科

Isognomon ephippium 扁平鉗蛤
Isognomon isognomum 太平洋障泥蛤
Isognomon legumen 白障泥蛤
Isognomon nucleus 小障泥蛤
Isognomon perna 花紋障泥蛤

Malleidae 丁蠣科

Malleus albus 丁蠣
Malleus malleus 黑丁蠣
Malleus regula 短耳丁蠣

Margaritidae

Pinctada chemnitzii 台灣鶯蛤
Pinctada fucata 凹珠母蛤
Pinctada imbricata
Pinctada margaritifera 黑蝶真珠蛤
Pinctada maxima 白蝶珍珠蛤

Ostreidae 牡蠣科

Alectryonella plicatula 褶牡蠣
Dendostrea cristata
Dendostrea folium 齒緣牡蠣
Dendostrea sandvichensis
Magallana angulata 葡萄牙巨牡蠣
Magallana ariakensis
Magallana bilineata 雙線牡蠣
Magallana gigas 長牡蠣

Magallana hongkongensis 香港牡蠣
Ostrea denselamellosa 拖鞋牡蠣
Planostrea pestigris 鵝掌牡蠣
Saccostrea cucullata 僧帽牡蠣
Saccostrea scyphophilla 黑齒牡蠣
Pinnidae 江珧蛤科
Atrina inflata
Atrina pectinata 牛角江珧蛤
Atrina penna 羽狀江珧蛤
Atrina vexillum 黑旗江珧蛤
Pinna atropurpurea 黑紫江珧蛤
Pinna attenuata
Pinna bicolor 雙色江珧蛤
Pinna muricata 尖角江珧蛤
Streptopinna saccata 袋狀江珧蛤
Pteriidae 鶯蛤科
Pteria avicular 黑鶯蛤
Pteria heteroptera
Pteria lata 寬鶯蛤
Pteria maura
Pteria peasei 皮亞氏鶯蛤
Pteria penguin 企鵝鶯蛤
Vulsellidae 鳳凰蛤科
Crenatula picta
Electroma alacorvi 鴉翅電光蛤
Vulsella vulsella 鳳凰蛤

Pandoroidea 屠刀蛤總科
Lyonsiidae 波浪蛤科
Lyonsia kawamurai 球形里昂司蛤
Pandoridae 屠刀蛤科
Frenamya ceylanica
Pectinida 海扇蛤目
Anomiidae 銀蛤科
Anomia achaeus
Anomia chinensis 銀蛤
Anomia ephippium 歐洲銀蛤
Enigmonia aenigmatica 難解不等蛤
Isomonia umbonata
Pectinidae 海扇蛤科
Amusium pleuronectes 亞洲日月蛤
Decatopecten plica 褶紋肋扇貝
Laevichlamys cuneata
Mimachlamys crassicostata
Minnivola pyxidata

Pecten excavatus 凹頂扇貝
Pedum spondyloideum 海菊海扇蛤
Volachlamys singaporina 新加坡掌扇貝
Ylistrum japonicum
Placunidae 雲母蛤科
Placuna placenta 雲母蛤
Plicatulidae 貓爪蛤科
Plicatula complanata
Plicatula muricata
Plicatula plicata 太平洋貓爪蛤
Plicatula regularis 簡易襞蛤
Spondylidae 海菊蛤科
Spondylus nicobaricus 尼可巴海菊蛤
Spondylus squamosus 魚鱗海菊蛤

Thracioidea 色雷西總科
Periplomatidae 湯匙蛤科
Cochlodesma praetenue
Thraciidae 色雷西蛤科
Trigonothracia jinxingae 金星蝶鉸蛤
Venerida 簾蛤目
Anatinellidae 水鴨蛤科
Raeta pulchella 秀麗波紋蛤
Chamidae 偏口蛤科
Chama asperella 棘猿頭蛤
Chama brassica 寶石偏口蛤
Chama dunkeri 丹氏偏口蛤
Chama pacifica 太平洋偏口蛤
Pseudochama retroversa 反轉偏口蛤
Cyrenidae 花蜆科
Corbicula fluminea 台灣蜆
Corbicula similis 大蜆
Geloina bengalensis
Geloina expansa 掉地蛤
Glauconomidae 疊蛤科
Glauconome chinensis 中華疊蛤
Mactridae 馬珂蛤科
Lutraria rhynchaena 弓獺蛤
Mactra antiquata 西施馬珂蛤（貴妃蚌）
Mactra quadrangularis 四角蛤蜊
Mactrinula reevesii
Mactromeris polynyma 斯廷普森蛤
Meropesta nicobarica 尼可巴馬珂蛤
Mesodesmatidae 尖峰蛤科
Atactodea striata 尖峰蛤

Coecella chinensis 中華尖峰蛤

Coecella horsfieldii

Trapezidae 船蛤科

Coralliophaga coralliophaga 珊瑚船蛤

Neotrapezium liratum 紋斑棱蛤

Neotrapezium sublaevigatum 次光滑棱蛤

Ungulinidae 蹄蛤科

Felaniella sowerbyi 蹄蛤

Felaniella usta 灰雙齒蛤

Joannisiella abbreviata

Joannisiella cumingii

Joannisiella oblonga

Veneridae 簾蛤科

Anomalocardia flexuosa 曲畸心蛤

Anomalodiscus squamosus 歪簾蛤

Bassina hiraseana

Callista chinensis 中華長文蛤

Callocardia guttata 斑點美心蛤

Circe quoyi

Circe tumefacta

Costellipitar manillae 馬尼拉條紋卵蛤

Cryptonema producta 突畸心蛤

Cyclina orientalis

Cyclina sinensis 環文蛤

Dosinia aspera 刺鏡蛤

Dosinia bilunulata 滿月鏡蛤

Dosinia biscocta 餅乾鏡蛤

Dosinia caerulea 絲紋鏡蛤

Dosinia histrio 帆鏡蛤

Dosinia japonica 日本鏡蛤

Dosinia levissima

Gafrarium aequivocum 山形縱簾蛤

Gafrarium dispar 枝條縱簾蛤

Gafrarium divaricatum 歧紋簾蛤

Gafrarium pectinatum 加夫蛤

Irus irus

Irus mitis 百合簾蛤

Laevicirce hongkongensis

Macridiscus aequilatera 花蛤

Macridiscus donacinus

Marcia hiantina 裂紋格特蛤

Marcia japonica 日本格特蛤

Marcia recens 理紋格特蛤

Meretrix cf. meretrix 文蛤

Meretrix petechialis 中華文蛤

Paphia euglypta 粗肋橫簾蛤

Paphia kreipli

Paphia philippiana 文文橫簾蛤

Paratapes textilis

Paratapes undulatus

Pelecyora nana 凸鏡蛤

Pelecyora trigona 三角凸卵蛤

Petricola japonica

Pitar affinis

Pitar pellucidus

Pitar striatus

Pitar sulfureus

Placamen isabellina 伊莎貝蛋糕簾蛤

Placamen lamellatum 木彫蛋糕簾蛤

Protapes gallus

Ruditapes philippinarum 菲律賓簾蛤

Tapes belcheri 四射綴錦蛤

Tapes conspersus 鈍綴錦蛤

Tapes literatus 淺蜊

Tapes sericeus

Timoclea habei

Timoclea imbricata 鱗片帝紋蛤

Timoclea lionota 文格帝紋蛤

Timoclea marica

Timoclea micra 小簾蛤

Venerupis aspera

Cephalopoda 頭足綱

Myopsida 閉眼目

Loliginidae 槍魷科

Loliolus beka 火槍魷

Loliolus japonica 日本鎖管

Loliolus uyii 尤氏槍魷

Sepioteuthis lessoniana 萊氏擬烏賊

Uroteuthis chinensis 中國槍魷

Uroteuthis duvaucelii 杜氏槍魷

Uroteuthis edulis 劍尖槍魷

Uroteuthis singhalensis 斯里蘭卡鎖管

Octopoda 章魚目

Argonautidae 船蛸科

Argonauta argo 船蛸

Argonauta hians 闊船蛸

Octopodidae 章魚科

Amphioctopus aegina 白線章魚
Amphioctopus fangsiao 飯蛸
Amphioctopus marginatus 條紋蛸
Amphioctopus membranaceus 膜蛸
Callistoctopus luteus 紅章
Cistopus indicus 小孔蛸
Hapalochlaena fasciata 藍紋章魚
Octopus vulgaris 真蛸
Tremoctopodidae 水孔蛸科
Tremoctopus violaceus 印太水孔蛸
Oegopsida 開眼目
Cranchiidae 小頭魷科
Cranchia scabra 小頭魷
Ommastrephidae 柔魚科
Nototodarus hawaiiensis 夏威夷雙柔魚
Sthenoteuthis oualaniensis 奧蘭鳶魷
Todarodes pacificus 太平洋魷
Sepiida 烏賊目
Sepiadariidae 擬耳烏賊科
Sepiadarium kochii 寇氏擬耳烏賊
Sepiidae 烏賊科
Metasepia tullbergi 花烏賊
Sepia aculeata 尖烏賊
Sepia brevimana
Sepia esculenta 真烏賊
Sepia kobiensis 神戶烏賊
Sepia latimanus 寬腕烏賊
Sepia lycidas 唇瓣烏賊
Sepia omani 紅殼烏賊
Sepia pharaonis 虎斑烏賊
Sepia recurvirostra 曲針烏賊
Sepia vossi 福斯氏烏賊
Sepiella japonica 日本無針烏賊
Sepiolidae 耳烏賊科
Euprymna berryi 目斗仔
Euprymna morsei 四盤耳烏賊
Euprymna stenodactyla
Lusepiola birostrata 雙喙耳烏賊

Gastropoda 腹足綱
Acochlidioidea
Pseudunelidae
Pseudunela cornuta
Acteonoidea 捻螺總科

Acteonidae 捻螺科
Japonactaeon sieboldii 希氏和捻螺
Obrussena bracteata
Punctacteon yamamurae 黑紋斑捻螺
Pupa affinis 親緣蛹螺
Pupa solidula 斑點硬捻螺
Pupa sulcata 縱溝蛹螺
Aplustridae 船尾螺科
Bullina lineata 豔捻螺
Amphiboloidea 兩棲螺總科
Amphibolidae 兩棲螺科
Salinator fragilis
Aplysiida 海鹿目
Aplysiidae 海鹿科
Aplysia dactylomela 黑指紋海兔
Aplysia juliana 染斑海鹿
Aplysia kurodai 黑斑海兔
Aplysia oculifera 眼斑海兔
Aplysia sagamiana
Bursatella leachii 褐海兔
Architaenioglossa 古扭舌目
Cyclophoridae 環口螺科
Cyclophorus punctatus 斑點環口螺
Cyclotus chinensis 中國圓螺
Lagocheilus hungerfordianus 環帶兔唇螺
Lagocheilus pellicosta 肋兔唇螺
Scabrina hirsute 多毛粗糙螺
Pupinidae 蛹螺科
Tylotoechus pulchellus 麗圓頂螺
Diplommatinidae 倍唇螺科
Diplommatina paxillus 短柱倍唇螺
Diplommatina tantilla
Alycaeidae 帶管螺科
Dioryx pilula
Metalycaeus latecostatus
Architectonicoidea 車輪螺總科
Architectonicidae 車輪螺科
Architectonica maculata
Architectonica perspectiva 黑線車輪螺
Heliacus variegatus 繩紋車輪螺
Caenogastropoda 新進腹足目
Batillariidae 灘棲螺科
Batillaria attramentaria 瘦灘棲螺
Batillaria cumingii 瘦灘棲螺

Batillaria multiformis 多型灘棲螺
Batillaria sordida 黑瘤灘棲螺
Batillaria zonalis 縱帶灘棲螺
Cerithiidae 蟹守螺科
Cerithidium cerithinum
Cerithidium fuscum
Cerithium alutaceum
Cerithium caeruleum
Cerithium coralium 珊瑚蟹守螺
Cerithium dialeucum 蕾絲蟹守螺
Cerithium echinatum 棘蟹守螺
Cerithium novaehollandiae 階梯蟹守螺
Cerithium traillii 特氏蟹守螺
Clypeomorus batillariaeformis 海蜷楯桑葚
螺
Clypeomorus bifasciata 雙帶楯桑葚螺
Clypeomorus brevis 白斑蟹守螺
Clypeomorus irrorata
Clypeomorus petrosa 石楯桑葚螺
Rhinoclavis kochi 柯氏蟹守螺
Rhinoclavis sinensis 中華銼棒螺
Rhinoclavis sordidula 堅實蟹守螺
Cerithiopsidae 右錐螺科
Cerithiopsis subreticulata
Seila dextroversa
Dialidae 天螺科
Diala semistriata 精天螺
Epitoniidae 海蛳螺科
Acrilla acuminata 頂尖海蛳螺
Epitonium dubium 都比海蛳螺
Epitonium scalare 綺蛳螺
Gyroscala commutata
Janthina umbilicata 侏儒紫螺
Planaxidae 平軸螺科
Fossarus lamellosus
Fossarus trochlearis 小堡螺
Planaxis sulcatus 平軸螺
Supplanaxis niger 黑芝麻螺
Potamididae 海蜷螺科
Cerithidea balteata
Cerithidea moerchii 莫氏擬蟹守螺
Cerithidea tonkiniana
Pirenella alata 翼小塔螺
Pirenella asiatica 亞洲小塔螺

Pirenella cingulata
Pirenella incisa
Pirenella microptera
Pirenella nanhaiensis
Pirenella pupiformis
Terebralia palustris 泥海蜷
Terebralia sulcata 溝紋荀光螺
Scaliolidae
Finella pupoides
Finella purpureoapicata
Thiaridae 錐蜷科
Sermyla riquetii 斜肋齒蜷
Triphoridae 左錐螺科
Coriophora fusca
Mastonia cingulifera 三色玄珠螺
Mastonia rubra 豔珠左錐螺
Triphora acuta
Viriola corrugata 黃色光肋螺
Viriola tricincta
Turritellidae 錐螺科
Turritella alba
Turritella bacillum 棒錐螺
Turritella cingulifera 小錐螺
Turritella terebra 筍錐螺
Cephalaspidea 頭楯目
Aglajidae 似海牛科
Philinopsis speciosa
Alacuppidae
Mimatys punctulatus
Bullidae 棗螺科
Bulla ampulla 台灣棗螺
Bulla vernicosa 棗螺
Cylichnidae 冰柱螺科
Cylichna biplicata 雙褶盒螺
Cylichna protracta
Cylichna rimata
Decorifer insignis 冰柱螺
Eocylichna musashiensis 武藏原盒螺
Semiretusa borneensis 婆羅囊螺
Haminoeidae 長葡萄螺科
Aliculastrum cylindricum 長葡萄螺
Aliculastrum volvulina
Bakawan puti
Haloa japonica 葡萄螺

Haminoea margaritoides 珠光月華螺

Haminoea yamagutii

Lamprohaminoea cymbalum 琢葡萄螺

Liloa porcellana 瓷麗羅螺

Vellicolla ooformis

Philinidae 殼蛞蝓科

Philine cumingii 古氏日本泊螺

Philine orientalis 東方殼蛞蝓

Yokoyamaia orientalis 東方齒緣殼蛞蝓

Retusidae 凹塔螺科

Pyrunculus longiformis 長形梨螺

Pyrunculus phialus 碗梨螺

Pyrunculus pyriformis 曲線冰柱螺

Pyrunculus tokyoensis 東京梨螺

Relichna venustula 蒼鷹原盒螺

Retusa cecillii 解氏囊螺

Retusa elegantissima 優美囊螺

Rhizoridae

Volvulella ovulina

Volvulella tokunagai 德永尖卷螺

Scaphandridae 粗米螺科

Scaphander teramachii 寺町日本泊螺

Tornatinidae

Acteocina eumicra

Acteocina exilis 細弱擬捻螺

Acteocina gordonis 扭唇擬捻螺

Acteocina simplex 簡樸擬捻螺

Cycloneritida 蜑形目

Helicinidae 蝸蝸牛科

Aphanoconia hungerfordiana 韓氏松球螺

Neritidae 蜑螺科

Clithon faba 豆彩螺

Clithon oualaniense 奧萊彩螺

Clithon retropictum 石蜑螺

Clithon sowerbianum 多色彩螺

Neripteron cornucopia

Neripteron violaceum 紫游螺

Nerita albicilla 漁舟蜑螺

Nerita balteata 黑線蜑螺

Nerita chamaeleon 大圓蜑螺

Nerita histrio 花圓蜑螺

Nerita plicata 白肋蜑螺

Nerita planospira 平頂蜑螺

Nerita polita 玉女蜑螺

Nerita striata 高腰蜑螺

Nerita undata 粗紋蜑螺

Nerita undulata

Nerita yoldii 齒紋蜑螺

Phenacolepadidae 扁帽螺科

Plesiothyreus osculans

Plesiothyreus scobinatus

Ellobiida 耳螺目

Ellobiidae 耳螺科

Auriculastra duplicata 雙鳥來螺

Auriculastra subula 長耳螺

Cassidula aurisfelis 鼬冠耳螺

Cassidula nucleus 核冠耳螺

Cassidula plecotrematoides 鼺耳螺

Cassidula schmackeriana 粗毛冠耳螺

Cassidula sowerbyana 索冠耳螺

Ellobium aurisjudae 布紋大耳螺

Ellobium chinense 中華大耳螺

Laemodonta exarata

Laemodonta minuta 微小耳螺

Laemodonta octanfracta 八分小耳螺

Laemodonta punctatostriata 穿刺左式螺

Laemodonta punctigera 黑環左式螺

Laemodonta typica 有臍小耳螺

Melampus triticeus 醫巫螺

Microtralia alba

Pedipes jouani 趾螺

Pythia cecillii

Pythia fimbriosa 纓女教士螺

Lepetellida 深海白笠目

Fissurellidae 裂螺科

Diodora cruciata

Diodora mus 黑斑透孔螺

Diodora octagona 蛛網透孔螺

Diodora quadriradiata 布紋透孔螺

Diodora suprapunicea 草花透孔螺

Diodora ticaonica 鑰孔透孔螺

Emarginula bicancellata 雙格凹緣蜮

Scutus sinensis 鴨嘴螺

Scutus unguis 皺紋鴨嘴螺

Haliotidae 鮑螺科

Haliotis diversicolor 九孔鮑

Haliotis planata 扁鮑螺

Haliotis tuberculata

Littorinimorpha 玉黍螺目
  Assimineidae 山椒蝸牛科
    Angustassiminea nitida 光澤椒蝸牛
    Assiminea lutea 黃山椒蝸牛
    Assiminea parvula
    Assiminea subeffusa
    Assiminea violacea 菫擬沼螺
    Assiminea woodmasoniana
    Optediceros breviculum 短山椒蝸牛
    Ovassiminea dohrniana 線條山椒蝸牛
  Bursidae 蛙螺科
    Bufonaria granosa
    Bufonaria rana 赤蛙螺
    Dulcerana granularis 果粒蛙螺
    Tutufa oyamai 大山蛙螺
  Caecidae 蛆管螺科
    Caecum attenuatum
    Caecum glabrum
    Caecum variegatum
    Caecum vertebrale
  Caledoniellidae
    Sigaretornus planus 扁螺
  Calyptraeidae 舟螺科
    Calyptraea sakaguchii 栗色舟螺
    Calyptraea yokoyamai
    Crepidula onyx 拖鞋舟螺
    Desmaulus extinctorium 笠舟螺
    Ergaea walshi 扁舟螺
  Cassidae 唐冠螺科
    Casmaria erinaceus 小鬙螺
    Phalium bandatum 金帶鬙螺
    Phalium flammiferum 條紋鬙螺
    Phalium glaucum 灰鬙螺
    Semicassis bisulcata 乳白鬙螺
  Cymatiidae 嵌線螺科
    Gelagna succincta 隱蔽嵌線螺
    Gyrineum natator 美珠翼法螺
    Linatella caudata 鶉法螺
    Monoplex parthenopeus 黑齒法螺
    Monoplex pilearis 毛法螺
    Ranularia pyrum 大象法螺
    Ranularia sinensis 中華嵌線螺
    Reticutriton pfeifferianus 菲氏瘦法螺
  Cypraeidae 寶螺科

    Bistolida hirundo 大熊寶螺
    Cribrarula cribraria 花鹿寶螺
    Cypraea tigris 黑星寶螺
    Erronea caurica 厚緣擬棗貝
    Erronea errones 擬棗貝
    Erronea onyx 瑪瑙擬棗貝
    Ficadusta pulchella 秀麗擬棗貝
    Luria isabella 黃褐祿亞貝
    Lyncina carneola 肉色寶貝
    Lyncina vitellus 白星寶螺
    Mauritia arabica 阿拉伯寶螺
    Monetaria annulus 環紋貨貝
    Monetaria caputserpentis 雪山寶螺
    Monetaria moneta 黃色寶螺
    Naria erosa 腰斑寶螺
    Naria helvola 紅花寶螺
    Naria labrolineata 梨皮寶螺
    Naria miliaris 初雪寶螺
    Ovatipsa chinensis 中華寶螺
    Palmadusta asellus 棕帶焦掌貝
    Palmadusta clandestina 焦掌貝
    Purpuradusta gracilis 小眼寶螺
    Staphylaea limacina 蛞蝓葡萄貝
    Staphylaea staphylaea
    Talostolida teres
  Eulimidae 瓷螺科
    Annulobalcis yamamotoi
    Apicalia habei 波部瓷螺
    Echineulima mittrei
    Eulima bifascialis 雙帶瓷螺
    Eulima lacca 拉卡瓷螺
    Melanella acicula
    Parvioris fulvescens
    Parvioris mortoni
    Parvioris shoplandi
  Ficidae 枇杷螺科
    Ficus ficus 小枇杷螺
    Ficus filosa 麻布枇杷螺
    Ficus gracilis 大枇杷螺
    Ficus variegata 花球枇杷螺
  Hipponicidae 頂蓋螺科
    Pilosabia trigona 毛蓋螺
  Iravadiidae 河口螺科
    Iravadia bombayana 柏衲埃列螺

Iravadia ornata 錦繡埃列螺
Iravadia quadrasi 方格河口螺
Lantauia taylori
Littorinidae 濱螺科
Echinolittorina malaccana 塔結節濱螺
Echinolittorina radiata 輻射濱螺
Echinolittorina vidua 變化結節濱螺
Littoraria ardouiniana 斑肋濱螺
Littoraria articulata 蔴花濱螺
Littoraria melanostoma 黑口濱螺
Littoraria pallescens 多彩濱螺
Littoraria sinensis 中華濱螺
Littoraria undulata 波紋濱螺
Littorina brevicula 短濱螺
Mainwaringia rhizophila 紅帶濱螺
Peasiella fasciata
Peasiella habei 波部豆濱螺
Peasiella infracostata 條肋濱螺
Peasiella lutulenta 不潔濱螺
Peasiella roepstorffiana 飛碟濱螺
Naticidae 玉螺科
Eunaticina papilla 乳頭玉螺
Mammilla kurodai 黑田玉螺
Mammilla mammata 褐帶玉螺
Mammilla melanostoma 黑唇玉螺
Mammilla simiae
Natica spadicea
Natica vitellus 腰帶玉螺
Naticarius alapapilionis 蝴蝶玉螺
Neverita didyma 扁玉螺
Notocochlis gualteriana 小灰玉螺
Paratectonatica tigrina 豹斑玉螺
Polinices albumen 扁球玉螺
Polinices mammilla 白玉螺
Polinices peselephanti 包氏玉螺
Sinum delessertii 狄氏寶螺
Sinum haliotoideum
Sinum incisum 扁耳玉螺
Sinum japonicum 日本扁玉螺
Sinum javanicum 南洋扁玉螺
Sinum planulatum 扁玉螺
Tanea lineata 細紋玉螺
Ovulidae 海兔螺科
Calcarovula longirostrata

Crenavolva striatula
Cuspivolva allynsmithi
Cuspivolva cuspis
Cuspivolva platysia
Diminovula punctata 斑擬鼻螺
Diminovula whitworthi 白氏擬鼻螺
Globovula cavanaghi
Ovula ovum 海兔螺
Phenacovolva brevirostris 短菱角螺
Phenacovolva lahainaensis
Phenacovolva rosea 玫瑰菱角螺
Phenacovolva subreflexa 次反射騙梭螺
Sandalia triticea 玫瑰海兔螺
Testudovolva nipponensis 日本海兔螺
Volva volva 長菱角螺
Personidae 扭法螺科
Distorsio reticularis 毛扭法螺
Rissoinidae
Phosinella media
Rissoina ambigua 疑似麂眼螺
Strombidae 鳳凰螺科
Canarium mutabile 花瓶鳳凰螺
Canarium urceus 黑嘴鳳凰螺
Conomurex luhuanus 紅嬌鳳凰螺
Doxander vittatus 竹筍鳳凰螺
Euprotomus aurisdianae 緋袖鳳凰螺
Laevistrombus canarium 水晶鳳凰螺
Laevistrombus turturella
Lambis lambis 蜘蛛螺
Tonnidae 鶉螺科
Eudolium bairdii 銼紋鶉螺
Eudolium crosseanum
Malea pomum 粗齒鶉螺
Tonna allium 寬溝鶉螺
Tonna boucheti
Tonna canaliculata 平凹鶉螺
Tonna chinensis 中華鶉螺
Tonna dolium 南方花點鶉螺
Tonna lischkeana 花鶉螺
Tonna luteostoma 黃口鶉螺
Tonna perdix 鶉螺
Tonna sulcosa 褐帶鶉螺
Tonna tigrina 厚殼鶉螺
Tonna zonata

Tornidae 齒輪螺科

 Pseudoliotia pulchella 白菊齒輪螺

Vanikoridae 白雕螺科

 Macromphalus tornatilis

 Vanikoro fenestrata 老鼠白彫螺

Vermetidae 蛇螺科

 Thylacodes adamsii

Vitrinellidae 玻璃螺科

 Circulus mortoni

Xenophoridae 綴殼螺科

 Onustus exutus 陽傘螺

 Stellaria solaris 扶輪螺

Zebinidae

 Stosicia annulata

 Zebina tridentata 三齒麂眼螺

Lottioidea 蓮花青螺總科

Acmaeidae 青螺科

 Rhodopetala rosea

Eoacmaeidae 真青螺科

 Eoacmaea conoidalis

Lottiidae 蓮花青螺科

 Lottia cellanica

 Lottia dorsuosa 鴨青螺

 Lottia luchuana 雜斑蓮花青螺

 Lottia mortoni

 Nipponacmea concinna 高青螺

 Nipponacmea fuscoviridis

 Nipponacmea gloriosa

 Nipponacmea nigrans

 Nipponacmea schrenckii 花青螺

 Patelloida conulus 高腰花帽青螺

 Patelloida heroldi 花邊青螺

 Patelloida lentiginosa 雀斑青螺

 Patelloida pygmaea 高腰花帽青螺

 Patelloida ryukyuensis 琉球擬帽貝

 Patelloida saccharina 鵨足青螺

 Patelloida striata 射線青螺

 Patelloida toloensis

 Scurria variabilis

Lymnaeoidea 椎實螺總科

Planorbidae 扁蜷科

 Pettancylus baconi 培根氏費拉螺

Neogastropoda 新腹足目

Babyloniidae 鳳螺科

 Babylonia areolata 南海象牙鳳螺

 Babylonia formosae 台灣鳳螺

 Babylonia lutosa 霧花鳳螺

Cancellariidae 核螺科

 Merica oblonga 橄欖核螺

 Mirandaphera tosaensis

 Scalptia obliquata 歪斜核螺

 Scalptia scalariformis 折紋核螺

Clavatulidae

 Turricula javana 台灣捲管螺

 Turricula nelliae 環珠捲管螺

Cochlespiridae 東港捲管螺科

 Nihonia australis 澳洲捲管螺

Columbellidae 麥螺科

 Euplica borealis 駝背麥螺

 Euplica scripta 花麥螺

 Indomitrella puella

 Mitrella albuginosa 茄形麥螺

 Mitrella bicincta 花帶麥螺

 Mitrella burchardi 布爾小核螺

 Mitrella scripta 火焰麥螺

 Pyrene punctata 紅麥螺

 Zafra minuta

 Zafra pumila 小雜螺

Conidae 芋螺科

 Conasprella jaspidea

 Conasprella pealii

 Conus achatinus 花瑪瑙芋螺

 Conus betulinus 別緻芋螺

 Conus capitaneus 船長芋螺

 Conus caracteristicus 唐草芋螺

 Conus chaldaeus 小斑芋螺

 Conus ebraeus 斑芋螺

 Conus emaciatus 少女芋螺

 Conus eximius 特殊芋螺

 Conus flavidus 紫霞芋螺

 Conus fulmen 玳瑁芋螺

 Conus generalis 將軍芋螺

 Conus hyaena

 Conus lividus 晚霞芋螺

 Conus miles 柳絲芋螺

 Conus muriculatus 紫端芋螺

 Conus musicus 樂譜芋螺

 Conus nussatella 飛彈芋螺

Conus parvatus
Conus tessulatus 紅磚芋螺
Conus textile 織錦芋螺
Conus vexillum 旗幟芋螺
Pygmaeconus papalis
Drilliidae
　Clathrodrillia flavidula
　Clathrodrillia gibbosa
Fasciolariidae 旋螺科
　Latirus polygonus 多稜旋螺
Harpidae 楊桃螺科
　Harpa major 大楊桃螺
Mangeliidae 芒果螺科
　Hemicythara octangulata
　Mangelia dorsuosa
　Pseudorhaphitoma ditylota
Marginellidae 穀米螺科
　Cryptospira ventricosa
Melongenidae 香螺科
　Brunneifusus ternatanus
　Hemifusus colosseus 長香螺
　Hemifusus tuba 香螺
Mitridae 筆螺科
　Imbricaria interlirata 金彈簧筆螺
　Isara chinensis
　Pseudonebularia rubritincta
　Pterygia crenulata 彈頭筆螺
　Strigatella aurantia 黃金筆螺
　Strigatella luctuosa 褐黑筆螺
　Strigatella scutulata 花焰筆螺
Muricidae 骨螺科
　Azumamorula mutica 斑結螺
　Bedevina birileffi 籠目結螺
　Chicoreus asianus 亞洲千手螺
　Chicoreus brunneus 黑千手螺
　Chicoreus microphyllus 多彩千手螺
　Chicoreus torrefactus 千手螺
　Coralliophila costularis 紡錘珊瑚螺
　Coralliophila violacea 紫口珊瑚螺
　Drupella margariticola 稜結螺
　Drupella rugosa 鏈結螺
　Ergalatax contracta 粗肋結螺
　Indothais blanfordi
　Indothais gradata

Indothais lacera
Lataxiena blosvillei
Lataxiena fimbriata 花籃骨螺
Leptoconchus peronii
Mancinella echinata 棘岩螺
Mipus crebrilamellosus 積鱗花仙螺
Morula spinosa 棘結螺
Murex aduncospinosus 華南骨螺
Murex trapa 寶島骨螺
Murex tribulus 長刺骨螺
Muricodrupa anaxares 白瘤結螺
Neothais marginatra 暗唇核果螺
Pterynotus alatus 芭蕉螺
Rapa rapa 洋蔥螺
Rapana bezoar 小皺岩螺
Rapana rapiformis 白皺岩螺
Reishia clavigera 疣荔枝螺
Reishia luteostoma 黃口岩螺
Semiricinula squamigera
Semiricinula tissoti
Tenguella granulata 結螺
Tenguella musiva 鑲珠核果螺
Nassariidae 織紋螺科
Nassarius acuminatus
Nassarius albescens
Nassarius arcularia 花冠織紋螺
Nassarius celebensis
Nassarius clathratus 方格織紋螺
Nassarius conoidalis 球織紋螺
Nassarius crematus 焦斑織紋螺
Nassarius delicatus
Nassarius dorsatus 縱槽織紋螺
Nassarius glans 橡子織紋螺
Nassarius gregarius 群棲織紋螺
Nassarius hepaticus 節織紋螺
Nassarius livescens 正織紋螺
Nassarius multivocus
Nassarius nodiferus 粗肋織紋螺
Nassarius papillosus 疣織紋螺
Nassarius pyrrhus
Nassarius reeveanus 芮氏織紋螺
Nassarius sinarum 半褶織紋螺
Nassarius siquijorensis 西格織紋螺
Nassarius succinctus 紅帶織紋螺

Nassarius sufflatus 素面織紋螺
Nassarius teretiusculus
Reticunassa festiva 粗紋織紋螺
Reticunassa paupera 金黃織紋螺
Tritia reticulata
Olividae 榧螺科
Agaronia ispidula
Oliva mustelina 台灣榧螺
Oliva oliva 正榧螺
Olivella spreta
Pisaniidae
Cantharus cecillei 塞西雷峨螺
Engina armillata
Engina menkeana
Pseudomelatomidae 西美螺科
Aguilaria subochracea 斜肋玉米捲管螺
Cheungbeia mindanensis
Cheungbeia robusta
Funa jeffreysii
Funa latisinuata
Inquisitor latifasciata 側帶裁判螺
Ptychobela nodulosa
Ptychobela suturalis
Raphitomidae
Kermia lutea
Terebridae 筍螺科
Duplicaria spectabilis
Turbinellidae 拳螺科
Vasum ceramicum 長拳螺
Turridae 捲管螺科
Lophiotoma leucotropis 白線捲管螺
Unedogemmula deshayesii
Volutidae 渦螺科
Melo melo 椰子渦螺
Nudibranchia 裸鰓目
Abronicidae
Abronica purpureoanulata
Aeolidiidae 蓑海牛科
Aeolidiella albopunctata
Anteaeolidiella cacaotica
Anteaeolidiella indica
Anteaeolidiella takanosimensis
Baeolidia japonica
Limenandra fusiformis

Arminidae 片鰓海牛科
Armina babai 微點舌片鰓海蛞蝓
Armina comta
Armina japonica
Armina papillata 乳突片鰓海牛
Armina punctilopsis
Armina punctulata
Armina variolosa
Dermatobranchus tongshanensis
Bornellidae 二列鰓海牛科
Bornella stellifera
Cadlinellidae 嘉德林多彩海牛科
Cadlinella ornatissima 裝飾法官海麒麟
Calycidorididae
Diaphorodoris mitsuii 三井瓣海蛞蝓
Chromodorididae 多彩海牛科
Chromodoris aspersa 濺斑多彩海牛
Chromodoris dianae 黛安娜多彩海蛞蝓
Chromodoris lineolata 條紋多彩海牛
Chromodoris orientalis 東洋多彩海蛞蝓
Chromodoris striatella 細紋多彩海牛
Diversidoris aurantionodulosa 細紋多形海牛
Doriprismatica atromarginata
Glossodoris cincta 腰帶多彩海蛞蝓
Glossodoris rufomarginata 橘色多彩海麒麟
Goniobranchus collingwoodi
Goniobranchus fidelis
Goniobranchus geometricus 幾何多彩海蛞蝓
Goniobranchus rubrocornutus
Goniobranchus sinensis 中國多彩海蛞蝓
Goniobranchus tumuliferus 小丘多彩海蛞蝓
Goniobranchus verrieri 維氏多彩海蛞蝓
Hypselodoris festiva 青高海牛
Hypselodoris kanga 杏藍斑高海牛
Hypselodoris maritima 海洋高澤海麒麟
Hypselodoris placida 藍斑高海牛
Mexichromis multituberculata 多疣多彩海蛞蝓
Verconia hongkongiensis 香港多彩海蛞蝓
Verconia nivalis 雪白多彩海蛞蝓

Dendrodorididae 枝鰓海牛科
  Dendrodoris areolata 網窩枝鰓海牛
  Dendrodoris fumata 煙色枝鰓海牛
  Dendrodoris guttata 瘤斑枝鰓海牛
  Dendrodoris krusensternii 克氏枝鰓海牛
  Dendrodoris nigra 黑枝鰓海牛
  Doriopsilla areolata
  Doriopsilla miniata
Discodorididae 盤海牛科
  Asteronotus cespitosus 草皮星背海蛞蝓
  Carminodoris nodulosa
  Peltodoris aurea 華麗盾海牛
  Peltodoris murrea 毛利盾海牛
  Platydoris ellioti
  Rostanga arbutus 草莓叉棘海牛
  Rostanga dentacus 齒尖叉棘海牛
  Rostanga orientalis 東方叉棘海牛
  Sclerodoris japonica
  Sclerodoris rubicunda
  Sclerodoris tuberculata 瘤突硬皮海牛
  Sebadoris fragilis 割裂圓盤海蛞蝓
Dorididae 海牛科
  Doris verrucosa 多疣海牛
  Homoiodoris japonica 日本石磺海牛
Embletoniidae
  Embletonia gracilis
  Embletonia pulchra
Facelinidae 灰翼海牛科
  Austraeolis ornata
  Sakuraeolis enosimensis 白斑馬蹄鰓海牛
  Sakuraeolis japonica
Goniodorididae 隅海蛞蝓科
  Goniodoridella savignyi 薩氏小脊海牛
  Goniodoris castanea 粟隅海牛
  Goniodoris felis 貓隅海蛞蝓
  Goniodoris joubini
  Okenia barnardi 巴氏脊突海牛
  Okenia eolida
  Okenia hiroi 紅禾慶海牛
  Okenia japonica 日本隅海蛞蝓
  Okenia pilosa 多毛禾慶海牛
  Okenia plana 扁脊突海牛
  Trapania aurata 金黃鐮海牛
  Trapania darvelli 達氏鐮海牛

  Trapania japonica 日本鐮海牛
  Trapania toddi 網紋鐮海牛
Myrrhinidae 沒藥灰翼科
  Phyllodesmium magnum 巨叢沒藥灰翼海牛
  Phyllodesmium opalescens 多變沒藥灰翼海牛
Phyllidiidae 葉海牛科
  Phyllidia varico 葉海麒麟
  Phyllidiella pustulosa 突丘葉海麒麟
Polyceridae 多角海牛科
  Gymnodoris alba 白裸海牛
  Gymnodoris ceylonica 錫蘭裸海牛
  Gymnodoris citrina 黃色裸海牛
  Gymnodoris impudica 花斑裸海蛞蝓
  Gymnodoris inornata 無飾裸海牛
  Gymnodoris striata 條紋裸海牛
  Gymnodoris subflava 微黃裸海牛
  Kalinga ornata 佩飾巢海麒麟
  Kaloplocamus acutus 尖銳捲髮海牛
  Kaloplocamus ramosus 多枝鬃髮海牛
  Lamellana gymnota 裸瓣鰓海牛
  Plocamopherus ceylonicus 錫蘭卷髮海蛞蝓
  Plocamopherus tilesii 尾脊捲毛海牛
  Polycera fujitai 福氏多角海牛
Pseudovermidae
  Pseudovermis chinensis
Samlidae 集蓑翼海牛科
  Samla bicolor
Trinchesiidae 羽蜫背鰓海牛科
  Catriona nigricolora 黑色卡蓑海牛
  Phestilla lugubris
  Phestilla melanobrachia 黑枝背鰓海蛞蝓
  Trinchesia ornata
Tritoniidae 三歧海牛科
  Marionia echinomuriceae
Oxynooidea 長足螺總科
  Oxynoidae 長足螺科
    Lobiger sagamiensis
  Volvatellidae 圓捲螺科
    Volvatella viridis
Patelloidea 笠螺總科
  Nacellidae 花笠螺科

Cellana eucosmia

Cellana grata 斗笠螺

Cellana radiata 車輪笠螺

Cellana testudinaria 龜甲笠螺

Cellana toreuma 花笠螺

Patellidae 笠螺科

Scutellastra flexuosa 星笠螺

Scutellastra optima 大星笠螺

Plakobranchoidea 海天牛總科

Costasiellidae 天兔科

Costasiella pallida

Limapontiidae 柱狀科

Ercolania boodleae 布氏葉鰓螺

Ercolania coerulea

Ercolania gopalai

Ercolania tentaculata

Ercolania translucens

Plakobranchidae 海天牛科

Elysia atroviridis 深綠海天牛

Elysia chilkensis 長角海天牛

Elysia flavomacula

Elysia japonica 日本海天牛

Elysia leucolegnote

Elysia nigrocapitata 黑頭海天牛

Elysia obtusa

Elysia trisinuata 三兇海天牛

Elysia verrucosa 多疣海天牛

Thuridilla gracilis 細身海天牛

Platyhedyloidea

Platyhedylidae

Gascoignella aprica

Pleurobranchida 側鰓目

Pleurobranchaeidae 無殼側鰓科

Euselenops luniceps 明月側鰓海牛

Pleurobranchaea brockii 尾棘無殼側鰓海牛

Pleurobranchaea maculata 斑紋無殼側鰓海牛

Pleurobranchidae 側鰓海牛科

Berthellina delicata 美麗全緣側鰓海牛

Pteropoda 翼足目

Cavoliniidae 駝蝶螺科

Telodiacria quadridentata

Clionidae 海若螺科

Paraclione longicaudata 擬海若螺

Creseidae

Boasia chierchiae

Creseis acicula 蜻蜓角駝蝶螺

Creseis virgula 企鵝角駝蝶螺

Desmopteridae 蝴蝶螺科

Desmopterus papilio 蝴蝶螺

Limacinidae 蜐螺科

Limacina trochiformis 馬蹄唬螺

Pyramidelloidea 塔螺總科

Amathinidae 白塔螺科

Amathina oyamai

Amathina tricarinata 三龍骨毛螺

Carinorbis clathrata

Pyramidellidae 塔螺科

Linopyrga tantilla

Otopleura auriscati 貓耳塔螺

Ringiculoidea 露齒螺總科

Ringiculidae 厚唇螺科

Ringicula arctata

Ringicula denticulata 鋸齒露齒螺

Ringicula kurodai 狹小露齒螺

Ringicula niinoi 齒痕露齒螺

Ringicula shenzhenensis 深圳露齒螺

Seguenziida 陀螺目

Chilodontaidae 唇齒螺科

Euchelus asper

Euchelus scaber 粗糙真蹄螺

Siphonariida 松螺目

Siphonariidae 松螺科

Siphonaria acmaeoides

Siphonaria atra 大松螺

Siphonaria corallina

Siphonaria japonica 日本松螺

Siphonaria laciniosa 花松螺

Siphonaria Sirius 菊松螺

Systellommatophora 收眼目

Onchidiidae 石磺科

Laspionchis boucheti

Onchidium reevesii 瘤背石磺

Onchidium stuxbergi

Paromoionchis tumidus

Peronia verruculata 石磺

Platevindex mortoni 莫雅頓石磺

Wallaconchis graniferus

Trochida 鐘螺目

Angariidae 棘冠螺科

Angaria delphinus 棘冠螺

Calliostomatidae

Calliostoma zizyphinum

Tristichotrochus unicus 單一麗口螺

Colloniidae 小蠑螺科

Bothropoma pilula

Liotiidae 花冠螺科

Dentarene loculosa 琉球花冠螺

Tegulidae 瓦螺科

Rochia maxima 馬蹄鐘螺

Rochia nilotica 牛蹄鐘螺

Tectus pyramis 銀塔鐘螺

Tegula argyrostoma 黑鐘螺

Tegula nigerrima 臍孔黑鐘螺

Tegula rugata

Tegula rustica 粗瘤黑鐘螺

Tegula xanthostigma 素面黑鐘螺

Trochidae 鐘螺科

Broderipia rosea

Cantharidus bisbalteatus

Clanculus denticulatus 鐵珠鐘螺

Clanculus margaritarius 小草莓鐘螺

Diloma nigerrimum

Monodonta australis

Monodonta labio 單齒螺

Monodonta neritoides 黑草蓆鐘螺

Monodonta perplexa 扭鐘螺

Pseudominolia biangulosa

Stomatia phymotis 口螺

Trochus calcaratus 山形鐘螺

Trochus maculatus 花斑鐘螺

Trochus stellatus 血斑鐘螺

Umbonium costatum 肋蝸螺

Umbonium moniliferum 鍊珠蝸螺

Umbonium vestiarium 彩虹蝸螺

Turbinidae 蠑螺科

Astralium haematragum 白星螺

Astralium rhodostomum

Bellastraea squamifera

Lunella granulata 粒花冠小月螺

Turbo argyrostomus 銀口蠑螺

Turbo bruneus 虎斑蠑螺

Turbo cornutus 角蠑螺

Stylommatophora 柄眼目

Achatinidae 瑪瑙螺科

Allopeas gracile 細鑽螺

Allopeas clavulinum 棒形鑽螺

Lissachatina fulica 褐雲瑪瑙螺

Lissachatina immaculata 無斑瑪瑙螺

Opeas striatussum 條紋鑽螺

Opeas pellitum 皮氏鑽螺

Paropeas achatinaceum

Subulina octona

Tortaxis erectus 豎捲軸螺

Tortaxis mandarinus 柑捲軸螺

Achatinellidae 小瑪瑙螺科

Tornatellides boeningi

Ariophantidae 擬阿勇蛞蝓科

Megaustenia imperator 帝巨奧氏蛞蝓

Macrochlamys superlita 光滑巨楯蛞蝓

Macrochlamys nitidissima 光亮巨楯蛞蝓

Macrochlamys discus 圓盤巨楯蛞蝓

Microcystina schmackeriana 斯氏擬小囊螺

Parmarion martensi

Parmarion sinensis

Camaenidae 堅螺科

Ageists（Plectotropis）gerlachi 格氏環肋螺

Aegista（Plectotropis）subconella 近圓錐形環肋螺

Bradybaena similaris 同型巴蝸牛

Camaena hainanensis 海南堅螺

Camaena cicatricosa 皺疤堅螺

Moellendorffia trisinuata 三凹多粒螺

Satsuma meridionalis 南方薩摩蝸牛

Trichochloritis hungerfordiana 韓氏毛蝸牛

Chronidae 克氏螺科

Kaliella depressa 扁恰里螺

Kaliella hongkongensis 香港恰里螺

Clausiliidae 煙管螺科

Papilliphaedusa lorraini 羅氏乳頭管螺

Papilliphaedusa porphyrea 紅棕色乳頭管螺

Tauphaedusa broderseni 布氏陶管螺

Diapheridae
  Parasinoennea splendens 華麗近彎螺
Enidae 艾納螺科
  Apoecus albescens
Helicarionidae 勇蝸科
  Sitala trochula
Philomycidae 嗜粘液蛞蝓科
  Meghimatium bilineatum 雙線巨篷蛞蝓
  Meghimatium pictum 繡花巨篷蛞蝓
Plectopylidae 圈螺科
  Gudeodiscus pulvinaris 枕形古氏圈螺
Succineidae 琥珀螺科
  Succinea erythrophana 赤琥珀螺
  Succinea arundinetorum 蘆葦琥珀螺
  Succinea chinensis 中國琥珀螺
Streptaxidae 扭軸蝸牛科
  Gulella (Huttonella) bicolor 雙色胡氏螺
  Haploptychius sinensis 中華單齒蝸牛

Systellommatophora 並眼目
Veronicellidae 足襞蛞蝓科
  Laevicaulis alte 高突滑陽蛞蝓
  Vaginulus chinensis 中國復套蛞蝓
  Valiguna siamensis 暹羅瓦氏蛞蝓

Umbraculida 傘殼目
Umbraculidae
  Umbraculum umbraculum 中華傘螺

Polyplacophora 多板綱
Chitonida 石鱉目

Acanthochitonidae 毛膚石鱉科
  Craspedochiton laqueatus 波緣石鱉
  Leptoplax doederleini
  Notoplax formosa
Chaetopleuridae
  Chaetopleura sowerbiana
Chitonidae 石鱉科
  Acanthopleura loochooana 琉球石鱉
  Liolophura japonica 日本花棘石鱉
  Lucilina amanda 秀麗石鱉
  Lucilina lamellosa 鱗紋石鱉
  Onithochiton hirasei 錦石鱉
  Rhyssoplax komaiana 鱗紋石鱉
Ischnochitonidae 薄石鱉科
  Ischnochiton boninensis 小笠原銼石鱉
  Ischnochiton comptus 薄石鱉
  Lepidozona bisculpta
  Lepidozona christiaensi
  Lepidozona coreanica 朝鮮鱗帶石鱉
  Lepidozona nipponica 日本鱗帶石鱉
  Lepidozona vietnamensis
Mopaliidae 鬃毛石鱉科
  Placiphorella stimpsoni 史氏寬板石鱉

Scaphopoda 掘足綱
Dentaliida 象牙貝目
Gadilinidae 纖細象牙貝科
  Episiphon kiaochowwanense 膠州灣角貝

附錄 6-11　香港棘皮動物名錄

資料來源

本名錄主要綜合以下資料製作：

香港大學太古海洋研究所製作的香港海洋物種名冊（Hong Kong Register of Marine Species），網址：https://www.marinespecies.org/hkrms/

臺灣物種名錄，https://taibnet.sinica.edu.tw/home.php?

廖玉麟：《中國動物志無脊椎動物第四十卷棘皮動物門蛇尾綱》（北京：科學出版社，2004）。

李坤瑄：《大陸青島中國科學院海洋研究所典藏海膽標本檢視比對 II》（台灣：自然科學博物館，2011）。

李坤瑄：《大陸青島中國科學院海洋研究所典藏海膽、海星標本檢視比對與青島產標本採集》（台灣：自然科學博物館，2012）。

Ng, T. P. T., Cheng, M. C. F., Ho, K. K. Y., Lui, G. C. S., Leung, K. M. Y. and Williams, G. A., "Hong Kong's rich marine biodiversity: the unseen wealth of South China's megalopolis," *Biodiversity and Conservation*, Vol.26 (2017): pp.23-36.

Asteroidea 海星綱

Forcipulatida 鉗棘目

Asteriidae 海盤車科

Aphelasterias japonica 日本滑海盤車

Asterias versicolor 異色海盤車

Coscinasterias acutispina 尖棘篩海盤車

Distolasterias nipon 日本長腕海盤車

Paxillosida 柱體目

Astropectinidae 槭海星科

Astropecten monacanthus 單棘槭海星

Astropecten polyacanthus 多棘槭海星

Astropecten umbrinus

Astropecten vappa 華普槭海星

Craspidaster Hesperus 鑲邊海星

Luidiidae 砂海星科

Luidia hardwicki 哈氏砂海星

Luidia longispina

Luidia maculata 斑砂海星

Luidia quinaria 砂海星

Spinulosida 有棘目

Echinasteridae 棘海星科

Echinaster luzonicus 呂宋棘海星

Valvatida 有瓣目

Archasteridae 飛白楓海星科

Archaster typicus 飛白楓海星

Asterinidae 海燕科

Aquilonastra limboonkengi 林氏海燕

Indianastra sarasini 直齒海燕

Goniasteridae 角海星科

Anthenoides lithosorus

Ophidiasteridae 蛇星科

Linckia laevigata 藍指海星

Ophidiaster armatus 飾物蛇星

Ophidiaster cribrarius 少篩蛇星

Oreasteridae 瘤海星科

Anthenea aspera 糙五角海星

Anthenea flavescens

Anthenea mertoni

Culcita novaeguineae 麵包海星

Gymnanthenea difficilis

Pentaceraster magnificus

Pentaceraster regulus

Crinoidea 海百合綱

Comatulida 海羊齒目

Antedonidae 海羊齒科

Antedon bifida

Colobometridae 短羽枝科

Cyllometra manca

Oligometra serripinna 鋸翅寡羽枝

Comatulidae 櫛羽星科

Anneissia pinguis

Capillaster multiradiatus 多輻毛細星

Comanthus parvicirrus 小卷海齒花

Comatula solaris 太陽頭星

Himerometridae 美羽枝科

Craspedometra acuticirra

Mariametridae 瑪麗羽枝科

Dichrometra flagellata

Dichrometra palmata 掌麗羽枝

Thalassometridae 海羽枝科

Parametra orion 青足側羽枝
Tropiometridae 脊羽枝科
  Tropiometra afra
  Tropiometra macrodiscus
Zygometridae 節羽枝科
  Catoptometra rubroflava
  Zygometra comata

Echinoidea 海膽綱
Camarodonta 拱齒目
Echinometridae 長海膽科
  Echinometra mathaei 梅氏長海膽
  Heliocidaris crassispina 紫海膽
Parasaleniidae 偏海膽科
  Parasalenia gratiosa 偏海膽
Temnopleuridae 刻肋海膽科
  Paratrema doederleini
  Salmaciella dussumieri 杜氏窪角海膽
  Salmacis bicolor 疏棘角孔海膽
  Salmacis sphaeroides 雜色角孔海膽
  Temnopleurus reevesii 芮氏刻肋海膽
  Temnopleurus toreumaticus 細雕刻肋海膽
  Temnotrema maculatum 斑刻孔海膽
Toxopneustidae 毒棘海膽科
  Tripneustes gratilla 白棘三列海膽
Clypeasteroida 盾形目
Clypeasteridae 盾海膽科
  Clypeaster virescens 綠盾海膽
Diadematoida 冠海膽目
Diadematidae 冠海膽科
  Diadema savignyi 沙氏冠海膽
  Diadema setosum 刺冠海膽
  Echinothrix calamaris 環刺棘海膽
Echinolampadacea
Laganidae 餅乾海膽科
  Jacksonaster depressum 薄傑氏星海膽
  Laganum decagonale 十角餅乾海膽
  Peronella lesueuri 雷氏餅海膽
Rotulidae
  Fibulariella volva
Spatangoida 猥團目
Brissidae 壺海膽科
  Brissus latecarinatus 脊背壺海膽

Metalia spatagus 心形海壺
Loveniidae 拉文海膽科
  Lovenia elongata 長拉文海膽
  Lovenia subcarinata 扁拉文海膽
Palaeostomatidae
  Palaeostoma mirabile
Pericosmidae 緣帶海膽科
  Faorina chinensis 中華釜海膽
  Pericosmus melanostomus
Schizasteridae 裂星海膽科
  Schizaster lacunosus 凹裂星海膽

Holothuroidea 海參綱
Apodida 無足目
Chiridotidae 指參科
  Polycheira rufescens 紫輪參
Synaptidae 錨參科
  Patinapta ooplax 卵板步錨參
  Protankyra bidentata 棘刺錨參
  Protankyra magnihamula 巨鉤刺錨參
Dendrochirotida 枝手目
Cucumariidae 瓜參科
  Actinocucumis typica 模式輻瓜參
  Cercodemas anceps
  Colochirus crassus
  Colochirus quadrangularis 方柱翼手參
  Leptopentacta imbricata 細五角瓜參
  Pseudocolochirus violaceus 紫偽翼手參
Phyllophoridae 沙雞子科
  Thyone papuensis 巴布賽瓜參
  Thyone pedata 足賽瓜參
Sclerodactylidae 硬瓜參科
  Afrocucumis africana 非洲異瓜參
  Cladolabes crassus 粗枝柄參
Holothuriida 海參目
Holothuriidae 海參科
  Actinopyga echinites 棘輻肛參
  Actinopyga obesa
  Bohadschia argus 蛇目白尼參
  Holothuria Arenicola 蚓參
  Holothuria cinerascens 黑刺星海參
  Holothuria fuscocinerea 棕環參
  Holothuria hilla 黃疣海參
  Holothuria insignis 獨特海參

Holothuria kurti

Holothuria leucospilota 玉足海參

Holothuria moebii 米氏怪參

Holothuria pardalis 豹斑海參

Holothuria pervicax 虎紋參

Holothuria scabra 糙海參

Molpadida 芋參目

　Caudinidae 尻參科

　　Acaudina molpadioides 海地瓜

　　Paracaudina chilensis 海棒槌

Ophiuroidea 蛇尾綱

　Amphilepidida 陽燧足目

　　Amphiuridae 陽燧足科

　　　Amphiodia microplax 小鱗三齒蛇尾

　　　Amphiodia obtecta

　　　Amphioplus depressus 洼顎倍棘蛇尾

　　　Amphioplus intermedius 中間倍棘蛇尾

　　　Amphioplus laevis 光滑倍棘蛇尾

　　　Amphioplus lucidus 光輝倍棘蛇尾

　　　Amphipholis sobrina 清晰雙鱗蛇尾

　　　Amphipholis squamata 小雙鱗蛇尾

　　　Amphiura hexactis

　　　Ophiocentrus inaequalis 不等盤棘蛇尾

　　　Ophiocentrus putnami 蒲氏盤棘蛇尾

　　　Paracrocnida sinensis 中華疣盤蛇尾

　　Hemieuryalidae 半蔓蛇尾科

　　　Ophioplocus imbricatus 迭鱗片蛇尾

　　　Ophioplocus japonicus 日本片蛇尾

　　Ophiactidae 輻蛇尾科

　　　Ophiactis macrolepidota 大鱗輻蛇尾

　　　Ophiactis modesta 平輻蛇尾

　　　Ophiactis picteti 皮氏輻蛇尾

　　　Ophiactis plana

Ophiactis savignyi 輻蛇尾

Ophionereididae 蛹蛇尾科

　Ophionereis dubia 中華蜓蛇尾

Ophiotrichidae 刺蛇尾科

　Macrophiothrix longipeda 長大刺蛇尾

　Macrophiothrix variabilis 變異大刺蛇尾

　Ophiocnemis marmorata 斑瘤蛇尾

　Ophiogymna elegans

　Ophiogymna funesta 平靜裸蛇尾

　Ophiogymna pulchella 美點裸蛇尾

　Ophiomaza cacaotica 棕板蛇尾

　Ophiopteron elegans 美鰭棘蛇尾

　Ophiothela mirabilis

　Ophiothrix ciliaris 星刺蛇尾

　Ophiothrix exigua 小刺蛇尾

　Ophiothrix plana 平板刺蛇尾

　Ophiothrix proteus 海神刺蛇尾

　Ophiothrix savignyi 輻刺蛇尾

Euryalida 蔓蛇尾目

　Euryalidae 蔓蛇尾科

　　Euryale purpurea 紫蔓蛇尾

　　Trichaster palmiferus 掌枝蛇尾

　Gorgonocephalidae 筐蛇尾科

　　Astroglymma sculptum

Ophiacanthida 棘蛇尾目

　Ophiocomidae 櫛蛇尾科

　　Ophiomastix mixta 混棘鞭蛇尾

　Ophiodermatidae 皮蛇尾科

　　Ophiarachnella gorgonia 綠蛛蛇尾

　　Ophiarachnella infernalis 亞蛛蛇尾

Ophiurida 真蛇尾目

　Ophiopyrgidae

　　Ophiuroglypha kinbergi

附錄 6-12　香港刺胞動物名錄

資料來源
本名錄主要綜合以下資料來源製作：

香港大學太古海洋研究所製作的香港海洋物種名冊（Hong Kong Register of Marine Species），網址：https://www.marinespecies.org/hkrms/

中國科學院生物多樣性委員會：〈中國生物物種名錄 2022 版〉，2023 年 1 月 10 日瀏覽，http://www.sp2000.org.cn/browse/browse_taxa。

漁農自然護理署：〈物種數據庫〉，香港生物多樣性資訊站，2023 年 1 月 10 日瀏覽，https://bih.gov.hk/tc/speciesdatabase/index.html。

鍾國芳，邵廣昭：〈臺灣生物分類階層樹狀名錄〉，臺灣物種名錄網路電子版 version 2022 網站，2023 年 1 月 10 日瀏覽，http://taibnet.sinica.edu.tw。

李陽、徐奎棟：〈中國海海葵目（刺胞動物門：珊瑚蟲綱）物種多樣性與區系特點〉，《海洋與湖沼》，2020 年第 51 期，頁 434-442。

周永權、郭俊傑、胡景泰、伍澤賡：《香港常見珊瑚圖鑑（第三版）》（香港：漁農自然護理署，2018）。

林秉均：《台灣南部及北部海域水螅水母群聚之時空分佈》（台灣：中山大學碩士論文，2010）。

林茂等：〈西太平洋浮游動物種類多樣性〉，《生物多樣性》，2011 年第 6 期，頁 646-654。

陳乃觀等：《香港石珊瑚圖鑑》（香港：郊野公園之友會，天地圖書有限公司，2005）。

曾令銘、紀力偉、何蔭達、周永權：《香港珊瑚礁普查指標無脊椎動物圖鑑》（香港：漁農自然護理署，香港中文大學及珊瑚礁普查基金，2020）。

劉文亮、嚴瑩：《常見海濱動物野外識別手冊》（重慶：重慶大學出版社，2018）。

戴昌鳳、洪聖雯：《台灣珊瑚圖鑑》（台灣：貓頭鷹出版，2009）。

Ng, T. P. T., Cheng, M. C. F., Ho, K. K. Y., Lui, G. C. S., Leung, K. M. Y. and Williams, G. A., "Hong Kong's rich marine biodiversity: the unseen wealth of South China's megalopolis," *Biodiversity and Conservation*, Vol.26 (2017): pp.23-36.

Anthozoa 珊瑚蟲綱

Hexacorallia 六放珊瑚亞綱

Actiniaria 海葵目

Actiniidae 海葵科

Actinia equina 等指海葵

Anemonia sulcata 溝迎風海葵

Anthopleura buddemeieri 布氏襟疣海葵

Anthopleura chinensis 中國側花海葵

Anthopleura dixoniana 叉側花海葵、狄氏襟疣海葵

Anthopleura incerta 不定側花海葵

Anthopleura japonica 日本側花海葵

Anthopleura mortoni 莫雅頓側花海葵

Anthopleura nigrescens 黑側花海葵

Anthopleura stimpsonii 斯氏側花海葵

Condylactis doreensis 多琳巨指海葵、斑馬海葵

Entacmaea quadricolor 四色內展海葵、四色篷錐海葵、奶嘴海葵

Epiactis japonica 日本皮上海葵

Paracondylactis hertwigi 亨氏近瘤海葵

Spheractis cheungae 洞球海葵、石小

海葵

Synantheopsis prima

Urticina felina 大麗花海葵

Actinostolidae 甲胄海葵科

Paranthus sociatus

Aiptasiidae 固邊海葵科

Paraiptasia radiata 放射擬邊海葵

Andvakiidae 山醒海葵科

Gymnophellia hutchingsae 哈氏裸石海葵

Boloceroididae 漂浮海葵科

Boloceroides mcmurrichi 馬氏漂浮海葵

Diadumenidae 縱條磯海葵科

Diadumene lineata 縱條全叢海葵、縱條磯海葵

Edwardsiidae 愛氏海葵科

Edwardsia japonica 日本愛氏海葵

Exocoelactinidae

Exocoelactis actinostoloides

Halcampidae 蠕形海葵科

Metedwardsia akkeshi

Hormathiidae 鏈索海葵科

Calliactis japonica 日本美麗海葵

Calliactis polypus 蟌形美麗海葵

Sagartiidae 綠海葵科

Cancrisocia expansa 伸展蟹海葵

Carcinactis ichikawai

Stichodactylidae 列指海葵科

Stichodactyla gigantea 巨型列指海葵

Antipatharia 黑角珊瑚目

Antipathidae 黑珊瑚科

Antipathes curvata 黑角珊瑚

Antipathes densa

Antipathes dichotoma 二叉黑珊瑚

Antipathes grandiflora

Antipathes grandis 大黑珊瑚

Antipathes viminalis 枝條黑珊瑚

Cirrhipathes anguina

Cirrhipathes musculosa

Cirrhipathes rumphii

Cirrhipathes sinensis 中華鞭角珊瑚

Cirrhipathes spiralis 螺旋鞭角珊瑚

Hillopathes ramosa

Scleractinia 石珊瑚目

Acroporidae 鹿角珊瑚科

Acropora digitifera 指形鹿角珊瑚

Acropora glauca 板葉鹿角珊瑚

Acropora japonica 日本軸孔珊瑚

Acropora pruinosa 霜鹿角珊瑚

Acropora solitaryensis 索利鹿角珊瑚、
單獨鹿角珊瑚

Acropora tumida 隆起鹿角珊瑚

Acropora valida 強壯鹿角珊瑚、變異軸
孔珊瑚

Alveopora gigas 大穴孔珊瑚

Alveopora japonica 日本汽孔珊瑚

Montipora hoffmeisteri 何氏薔薇珊瑚

Montipora mollis 彎柔薔薇珊瑚

Montipora peltiformis 翼形薔薇珊瑚、
翼形表孔珊瑚

Montipora turgescens 膨脹薔薇珊瑚、
膨脹表孔珊瑚

Montipora turtlensis 龜島薔薇珊瑚

Montipora venosa 脈狀薔薇珊瑚

Leptoseris mycetoseroides 類菌薄層
珊瑚

Leptoseris scabra 凹凸柔紋珊瑚、鱗柔
紋珊瑚、鱗形柔紋珊瑚

Pavona decussata 十字牡丹珊瑚、板
葉雀屏珊瑚

Astrocoeniidae 星珊瑚科

Stylocoeniella guentheri 罩柱群珊瑚

Coscinaraeidae 篩珊瑚科

Coscinaraea crassa 粗糙篩珊瑚、殼狀
篩孔珊瑚

Coscinaraea monile 珠狀篩珊瑚

Dendrophylliidae 木珊瑚科

Cladopsammia gracilis

Dendrophyllia robusta

Duncanopsammia peltata

Tubastraea chloromura 綠壁筒星珊瑚

Tubastraea coccinea 短管星珊瑚、圓
管星珊瑚

Tubastraea dendroida 樹型筒星珊瑚

Tubastraea diaphana 叉生管星珊瑚

Tubastraea megacorallita 大杯筒星珊瑚

Tubastraea micranthus 黑管星珊瑚

Tubastraea violacea 紫肉筒星珊瑚

Turbinaria frondens 複葉陀螺珊瑚、葉
形盤珊瑚

Turbinaria mesenterina 皺摺陀螺珊瑚、
膜形盤珊瑚

Turbinaria peltata 盾形陀螺珊瑚

Turbinaria reniformis 腎形陀螺珊瑚

Euphylliidae 真葉珊瑚科

Galaxea astreata 稀杯盔形珊瑚

Galaxea fascicularis 叢生盔形珊瑚

Fungiidae 蕈珊瑚科

Lithophyllon undulatum 波形石葉珊瑚

Leptastreidae

Leptastrea purpurea 紫小星珊瑚

Leptastrea transversa 橫小星珊瑚

Lobophylliidae 葉狀珊瑚科

Acanthastrea echinata 大棘星珊瑚

Acanthastrea hemprichii 聯合棘星珊瑚

Acanthastrea minuta 微細棘星珊瑚

Acanthastrea subechinata 底次棘星珊
瑚

Echinophyllia aspera 粗糙刺葉珊瑚

Micromussa amakusensis 天草小褶葉
珊瑚

Micromussa lordhowensis 豪島小褶葉
珊瑚

Merulinidae 裸肋珊瑚科

Astrea curta 簡短小星珊瑚

Catalaphyllia jardinei 尼羅河珊瑚

Coelastrea aspera 粗糙腔星珊瑚

Cyphastrea chalcidicum 碓突刺星珊瑚

Cyphastrea japonica 日本刺星珊瑚

Cyphastrea microphthalma 小葉刺星珊
瑚

Cyphastrea serailia 鋸齒刺星珊瑚

Dipsastraea amicorum 和平盤星珊瑚

Dipsastraea danai 達耶氏盤星珊瑚

Dipsastraea favus 黃癬盤星珊瑚

Dipsastraea helianthoides 向日葵盤星
珊瑚

Dipsastraea lizardensis 神農島盤星珊瑚

Dipsastraea maritima 海洋盤星珊瑚

Dipsastraea matthaii 翹齒盤星珊瑚

Dipsastraea mirabilis

Dipsastraea pallida 圓紋盤星珊瑚

Dipsastraea rotumana 羅圖馬盤星珊瑚

Dipsastraea speciosa 標準盤星珊瑚

Dipsastraea veroni 美龍氏盤星珊瑚

Favites abdita 秘密角蜂巢珊瑚

Favites acuticollis 尖丘角蜂巢珊瑚

Favites chinensis 中華角蜂巢珊瑚

Favites complanata 板葉角蜂巢珊瑚

Favites flexuosa 多彎角蜂巢珊瑚

Favites halicora 海孔角蜂巢珊瑚、實心
角菊珊瑚

Favites magnistellata 大角蜂巢珊瑚

Favites micropentagonus 小五邊角蜂巢
珊瑚

Favites paraflexuosus 輔邊多彎角蜂巢
珊瑚

Favites pentagona 五邊角蜂巢珊瑚

Goniastrea favulus 似蜂巢菊花珊瑚

Hydnophora exesa 腐蝕刺柄珊瑚

Paragoniastrea australensis 澳洲副菊花

珊瑚

Platygyra acuta 尖邊扁腦珊瑚

Platygyra carnosa 肉質扁腦珊瑚

Platygyra ryukyuensis 琉球扁腦珊瑚

Platygyra verweyi 美偉氏扁腦珊瑚

Platygyra yaeyamaensis 八重山扁腦珊
瑚

Oculinidae 目珊瑚科

Cyathelia axillaris 腋生叢杯珊瑚

Oulastreidae 黑星珊瑚科

Oulastrea crispata 黑星珊瑚

Plesiastreidae 同星珊瑚科

Plesiastrea versipora 多孔同星珊瑚

Poritidae 濱珊瑚科

Bernardpora stutchburyi 斯氏柏氏珊瑚

Goniopora cellulosa 細胞角孔珊瑚

Goniopora columna 柱狀角孔珊瑚

Goniopora djiboutiensis 大角孔珊瑚

Goniopora fruticosa 灌叢管孔珊瑚

Goniopora lobata 團塊角孔珊瑚

Goniopora planulata 扁平角孔珊瑚

Porites aranetai 亞氏濱珊瑚

Porites cylindrica 細柱濱珊瑚

Porites deformis 變形濱珊瑚

Porites lobata 團塊濱珊瑚

Porites lutea 澄黃濱珊瑚

Porites solida 堅實濱珊瑚

Psammocoridae 沙珊瑚科

Psammocora columna 柱紋篩珊瑚、柱
形篩孔珊瑚、柱紋篩孔珊瑚

Psammocora contigua 毗鄰沙珊瑚、連
續沙珊瑚

Psammocora haimiana 海氏沙珊瑚

Psammocora nierstraszi 不等脊塍沙珊
瑚、曲紋沙珊瑚

Psammocora profundacella 深室沙珊
瑚、深紋沙珊瑚、表面沙珊瑚

Rhizangiidae 根珊瑚科

Culicia stellata

Oulangia stokesiana

Pseudosiderastrea tayamai 假鐵星珊瑚

Octocorallia 八放珊瑚亞綱

Malacalcyonacea

Alcyoniidae 軟珊瑚科

   Gersemia clavata

   Sarcophyton tenuispiculatuma 肉質軟
珊瑚、細骨肉質軟珊瑚

   Sinularia brassica 甘藍指軟珊瑚、卷曲
指形軟珊瑚

   Sinularia fungoides 蕈狀指形軟珊瑚

Anthogorgiidae 棘柳珊瑚科

   Anthogorgia bocki 塊花柳珊瑚、柏克花
柳珊瑚

   Anthogorgia divaricata 叉花柳珊瑚

   Muricella abnormalis 直針小尖柳珊瑚

   Muricella flexuosa 彎曲小尖柳珊瑚

Cladiellidae

   Cladiella digitulata 多指小枝軟珊瑚

   Cladiella humesi 胡氏小枝軟珊瑚

   Cladiella madagascarensis 馬島小枝軟
珊瑚

   Cladiella pachyclados 粗壯小枝軟珊瑚

   Cladiella subtilis 細微小枝軟珊瑚

Euplexauridae

   Euplexaura curvata 曲真網柳珊瑚

   Euplexaura erecta 直真網柳珊瑚、直立
真網柳珊瑚

   Euplexaura robusta 強韌真網柳珊瑚

Isididae 竹珊瑚科

   Hicksonella guishanensis 桂山希氏柳珊
瑚

   Hicksonella princeps 厚希氏柳珊瑚、根
葉希氏珊瑚

Melithaeidae 扇珊瑚科

   Iciligorgia brunnea

Nephtheidae 穗珊瑚科、棘軟珊瑚科

   Dendronephthya gigantea 大棘穗軟珊
瑚、巨大棘穗軟珊瑚

   Dendronephthya spinifera 密針棘穗軟
珊瑚

   Dendronephthya studeri

   Litophyton chabrolii

   Scleronephthya corymbosa 傘房硬棘軟
珊瑚

   Scleronephthya gracillima 骨穗軟珊瑚、
美麗骨穗軟珊瑚、硬棘軟珊瑚

   Scleronephthya pustulosa 丘疹硬棘軟
珊瑚、丘疹骨穗軟珊瑚

Nephthyigorgiidae

   Nephthyigorgia annectens

Paramuriceidae 類尖柳珊瑚科

   Acanthogorgia inermis

   Acanthogorgia vegae 粗疣棘柳珊瑚、
星棘柳珊瑚

   Echinogorgia complexa 組刺柳珊瑚

   Echinogorgia japonica

   Echinogorgia lami 拉氏刺柳珊瑚

   Echinogorgia pseudosassapo 疏枝刺柳
珊瑚、枝網棘柳珊瑚

   Echinogorgia reticulata

   Echinogorgia sassapo

   Echinomuricea coccinea 猩紅刺尖柳珊
瑚

   Echinomuricea indomalaccensis 印馬刺
尖柳珊瑚

   Echinomuricea spinifera

   Menella flora

   Menella indica 印度小月柳珊瑚

   Menella praelonga 長小月柳珊瑚

   Menella rubescens 紅小月柳珊瑚、花
小月柳珊瑚、紅細鞭珊瑚

   Villogorgia compressa 緊絨柳珊瑚

Sarcophytidae

   Lobophytum denticulatum 小齒葉軟珊
瑚

   Lobophytum depressum 短矮葉軟珊瑚

   Lobophytum mortoni 莫雅頓葉軟珊瑚

   Lobophytum sarcophytoides 擬肉芝葉
軟珊瑚、肉質葉形軟珊瑚、豆莢軟珊瑚

   Lobophytum venustum 風雅葉軟珊瑚

   Sarcophyton elegans 華麗肉芝軟珊
瑚、優雅肉質軟珊瑚、華麗肉質軟珊瑚

   Sarcophyton tenuispiculatum 細梢肉芝
軟珊瑚、細骨肉質軟珊瑚

   Sarcophyton tumulosum 小丘肉芝軟珊
瑚、小突肉質軟珊瑚

   Sclerophytum fungoides

   Sclerophytum inexplicitum

   Sclerophytum polydactylum

Sinulariidae

    Sinularia brassica 甘藍指軟珊瑚、卷曲指形軟珊瑚、短指軟珊瑚

Subergorgiidae 軟柳珊瑚科

    Annella reticulata

    Subergorgia koellikeri 小疣軟柳珊瑚

Tubiporidae 笙珊瑚科

    Telesto arborea 樹石花軟珊瑚

Xeniidae 傘軟珊瑚科

    Sansibia flava 金色桑給巴爾軟珊瑚、叢羽珊瑚

Scleralcyonacea

  Coralliidae 紅珊瑚科

    Paraminabea hongkongensis

    Paraminabea indica

    Paraminabea rubeusa 紅近南軟珊瑚

  Ellisellidae 鞭珊瑚科

    Dichotella gemmacea 芽雙叉珊瑚、芽雙叉鞭珊瑚

    Ellisella erythraea 黃鞭柳珊瑚

    Ellisella gracilis 細鞭柳珊瑚

    Ellisella laevis 滑鞭柳珊瑚

    Junceella juncea 燈心草柳珊瑚、紅蘆葦珊瑚、紅蘆莖珊瑚

  Kophobelemnidae 棍海鰓科

    Sclerobelemnon burgeri 伯氏硬槍海鰓

  Parisididae 等柳珊瑚科

    Parisis laxa

  Pennatulidae 海鰓科

    Pennatula fimbriata 纓海鰓

    Pteroeides sparmannii 斯氏棘海鰓

  Stachyptilidae

    Stachyptilum dofleini 多福穗海鰓

  Veretillidae 棒海鰓科

    Cavernularia obesa 強壯仙人掌海鰓

Ceriantharia 角海葵亞綱

  Spirularia

    Cerianthidae 角海葵科

      Cerianthus filiformis 蕨形角海葵

Cubozoa 立方水母綱

  Carybdeida 燈水母目

    Tripedaliidae 三槳水母科

      Tripedalia maipoensis 米埔三槳水母

Hydrozoa 水螅蟲綱

  Hydroidolina 軟水母亞綱

    Anthoathecata 花水母目、花裸螅目

      Bougainvilliidae

        Bougainvillia muscus 莖鮑螅水母

      Corymorphidae 棒狀水母科

        Corymorpha bigelowi 真囊水母

        Euphysa aurata 耳狀囊水母

        Euphysa brevia

      Eudendriidae 真枝螅科

        Eudendrium racemosum 總狀真枝螅

      Hydractiniidae 介螅水母科

        Hydractinia apicata 頂突介螅水母

      Porpitidae 銀幣水母科

        Porpita porpita 銀幣水母

        Velella velella 帆水母

      Proboscidactylidae 枝管水母科

        Proboscidactyla flavicirrata 四枝管水母

        Proboscidactyla ornata 芽口枝管水母

      Protiaridae 原帽水母科

        Latitiara orientalis 東方寬帽水母

      Rathkeidae 唇腕水母科

        Podocorynoides minima

      Tubulariidae 筒螅水母科

        Ectopleura crocea 中胚花筒螅

        Ectopleura minerva 雙手外肋水母

        Ectopleura xiamenensis 廈門外肋水母

      Zancleidae 鐮螅水母科

        Zanclea costata 峭狀鐮螅水母

    Leptothecata 軟水母目、被鞘螅目

      Aequoreidae 多管水母科

        Aequorea macrodactyla 大型多管水母

        Aequorea parva 細小多管水母

        Aequorea pensilis 鏡形多管水母

      Aglaopheniidae 羽螅水母科

        Aglaophenia whiteleggei 佳美羽螅

      Campanulariidae 鐘螅水母科

        Clytia discoida 盤形美螅水母

        Clytia hemisphaerica 半球美螅水母

        Clytia mccradyi 子瑩美螅水母

        Obelia geniculata 膝狀藪枝螅

Cirrholoveniidae 卷絲水母科

    Cirrholovenia tetranema 四手捲絲水母

Eirenidae 和平水母科

    Eirene brevigona 短腺和平水母

    Eirene brevistylus 短柄和平水母

    Eirene hexanemalis 六輻和平水母

    Eirene kambara 蟹形和平水母

    Eirene menoni 細頸和平水母

    Eutima orientalis 東方真瘤水母

    Helgicirrha malayensis 馬來側絲水母

Lovenellidae 觸絲水母科

    Eucheilota hongkongensis 香港真唇水母

    Eucheilota maasi

    Eucheilota macrogona 大腺真唇水母

    Eucheilota menoni 黑球真唇水母

    Eucheilota multicirris 多絲真唇水母

    Eucheilota paradoxica 奇異真唇水母

    Eucheilota taiwanensis 台灣真唇水母

Malagazziidae 瑪拉水母科

    Octophialucium medium 中型八擬杯水母

Phialellidae 似杯水母科

    Phialella fragilis 脆弱似杯水母

Siphonophorae 管水母目

    Abylidae 多面水母科

       Abylopsis tetragona 深杯水母、方擬多面水母

    Diphyidae 雙生水母科

       Chelophyes appendiculata 爪室水母

       Chelophyes contorta 扭形爪室水母、扭歪爪室水母

       Diphyes chamissonis 雙生水母

       Diphyes dispar 異雙生水母

       Eudoxoides spiralis 螺旋尖角水母

       Lensia subtilis 淺室水母、細淺室水母

       Lensia subtiloides 擬細淺室水母

       Muggiaea atlantica 五角水母

       Sulculeolaria quadrivalvis 四齒無棱水母

    Hippopodiidae 馬蹄水母科

       Hippopodius hippopus 馬蹄水母

       Vogtia glabra 光滑擬蹄水母、小口擬蹄水母、無疣擬蹄水母

Physaliidae 僧帽水母科

    Physalia physalis 僧帽水母

Physophoridae 氣囊水母科

    Physophora hydrostatica 氣囊水母

Trachylinac 硬水母亞綱

  Limnomedusae 淡水水母目

    Geryoniidae 怪水母科

       Liriope tetraphylla 四葉小舌水母

    Olindiidae 花笠水母科

       Craspedacusta sowerbii 索氏桃花水母、桃花水母

  Narcomedusae 筐水母目、剛水母目

    Aeginidae 間囊水母科

       Aeginura grimaldii 八手筐水母

    Cuninidae 主囊水母科

       Cunina octonaria 八囊搖籃水母

    Solmarisidae 太陽水母科

       Solmaris leucostyla 太陽水母

    Solmundaeginidae

       Solmundella bitentaculata 兩手筐水母

  Trachymedusae 硬水母目

    Rhopalonematidae 棍手水母科

       Aglaura hemistoma 半口壯麗水母

       Amphogona apicata 頂突甕水母

Scyphozoa 缽水母綱

Discomedusae 圓盤水母亞綱

  Rhizostomeae 根口水母目

    Cassiopeidae 倒立水母科

       Cassiopea andromeda 倒立水母、仙后水母

    Catostylidae 鞭棍水母科

       Acromitus flagellatus 鞭腕水母、河水母

    Mastigiidae 硝水母科

       Mastigias papua 巴布亞硝水母、巴布亞斑點水母、珍珠水母

       Phyllorhiza punctata 澳洲斑點水母

    Rhizostomatidae 根口水母科

       Rhopilema hispidum 黃斑海蜇

    Stomolophidae 口冠水母科

       Stomolophus meleagris 沙海蜇、砲彈水母、口冠水母

Semaeostomeae 旗口水母目
  Cyaneidae 霞水母科
    Cyanea nozakii 白色霞水母、幽靈水母
  Pelagiidae 游水母科
    Chrysaora chinensis 中華金水母

Pelagia noctiluca 夜光游水母
Pelagia panopyra
Ulmaridae 羊鬚水母科
  Aurelia aurita 海月水母、月亮水母

附錄 6-13　香港環節動物名錄

資料來源

本名錄主要利用綜合以下三項及其他資料製作：

香港大學太古海洋研究所製作的香港海洋物種名冊（Hong Kong Register of Marine Species），網址：https://www.marinespecies.org/hkrms/

Law, M. M. S., "Earthworm communities in Hong Kong and their ecosystem functions in soil greenhouse gas balance and nutrient cycling" (PhD thesis, Chinese University of Hong Kong, 2019).

Sun, Y., Ten Hove, H. A. and Qiu, J. W., "Serpulidae (Annelida: Polychaeta) from Hong Kong," Zootaxa , Vol.3424 (2012): pp.1-42.

Polychaeta 多毛綱
- Amphinomida 仙蟲目
  - Amphinomidae 仙蟲科
    - *Amphinome jukesi*
    - *Chloeia bimaculata* 雙斑海毛蟲
    - *Chloeia flava*
    - *Chloeia fusca*
    - *Chloeia parva* 梯斑海毛蟲
    - *Chloeia viridis*
    - *Cryptonome parvecarunculata*
    - *Linopherus ambigua*
    - *Linopherus hirsuta*
    - *Linopherus paucibranchiata*
  - Euphrosinidae 海刺蟲科
    - *Euphrosine myrtosa*
- Echiuroidea 螠蟲目
  - Echiuridae 螠科
    - *Echiurus echiurus*
  - Thalassematidae
    - *Anelassorhynchus sabinus*
    - *Listriolobus brevirostris*
    - *Ochetostoma erythrogrammon*
    - *Thalassema fuscum*
  - Urechidae 棘螠科
    - *Urechis caupo*
- Eunicida 磯沙蠶目
  - Dorvilleidae 豆維蟲科
    - *Dorvillea pseudorubrovittata*
    - *Schistomeringos incerta*
    - *Schistomeringos rudolphi*
  - Eunicidae 磯沙蠶科
    - *Eunice afra*
    - *Eunice antennata* 珠須磯沙蠶
    - *Eunice indica*

- *Eunice vittata*
- *Leodice antennata*
- *Leodice australis*
- *Lysidice collaris*
- *Lysidice natalensis*
- *Lysidice ninetta*
- *Lysidice unicornis*
- *Marphysa depressa*
- *Marphysa hongkongensa*
- *Marphysa sanguinea*
- *Nicidion cincta*
- *Palola siciliensis*
- *Palola viridis*
- *Paucibranchia adenensis*
- *Paucibranchia bellii*
- *Paucibranchia stragulum*
- Lumbrineridae 索沙蠶科
  - *Gallardoneris shiinoi*
  - *Kuwaita heteropoda*
  - *Lumbrineriopsis mucronata*
  - *Lumbrineris inflata*
  - *Lumbrineris latreilli*
  - *Ninoe palmata*
  - *Scoletoma longifolia*
  - *Sergioneris nagae*
- Oenonidae
  - *Arabella iricolor*
  - *Drilonereis filum*
  - *Drilonereis logani*
  - *Drilonereis planiceps*
  - *Notocirrus biaciculus*
  - *Oenone fulgida*
- Onuphidae 歐努菲蟲科
  - *Diopatra chiliensis*

香港志 — 自然 · 自然資源與生態

658

Diopatra neapolitana

Diopatra variabilis

Onuphis eremita

Onuphis geophiliformis

Phyllodocida 葉鬚蟲目

Acoetidae 蠕鱗蟲科

Acoetes melanonota

Polyodontes atromarginatus

Chrysopetalidae 金扇蟲科

Bhawania goodei

Chrysopetalum debile

Paleaequor breve

Paleanotus bellis

Paleanotus chrysolepis

Eulepethidae 真鱗蟲科

Eulepethus hamifer

Glyceridae 吻沙蠶科

Glycera alba

Glycera chirori

Glycera cinnamomea

Glycera decipiens

Glycera onomichiensis

Glycera robusta

Glycera subaenea

Glycera tenuis

Glycera tesselata

Glycera tridactyla

Glycera unicornis

Goniadidae 角吻沙蠶科

Glycinde bonhourei

Glycinde kameruniana

Glycinde oligodon

Goniada japonica

Goniada maculata

Goniada multidentata

Goniada paucidens

Hesionidae 海女蟲科

Gyptis pacificus

Leocrates chinensis

Leocrates claparedii

Leocrates wesenberglundae

Micropodarke dubia

Oxydromus agilis

Oxydromus angustifrons

Oxydromus obscurus

Oxydromus pugettensis

Iphionidae

Iphione muricata

Nephtyidae 齒吻沙蠶科

Aglaophamus dibranchis

Aglaophamus dicirroides

Aglaophamus lyrochaeta

Aglaophamus sinensis

Aglaophamus toloensis

Aglaophamus urupani

Micronephthys oligobranchia

Micronephthys sphaerocirrata

Nephtys ciliata

Nephtys polybranchia

Nereididae 沙蠶科

Alitta succinea

Alitta virens

Ceratonereis（Composetia）costae

Ceratonereis（Composetia）hircinicola

Ceratonereis mirabilis

Cheilonereis cyclurus

Composetia marmorata

Dendronereis pinnaticirris 羽鬚鰓沙蠶

Hediste japonica

Leonnates decipiens

Leonnates nipponicus

Leonnates persicus

Namalycastis abiuma

Neanthes acuminata

Neanthes flava

Neanthes glandicincta

Neanthes maculata

Neanthes unifasciata

Nectoneanthes oxypoda

Nereis heterocirrata

Nereis longior

Nereis multignatha

Nereis neoneanthes

Nereis nichollsi

Nereis pelagica

Nereis persica

Paraleonnates uschakovi

Perinereis camiguina

Perinereis camiguinoides

Perinereis cultrifera 獨齒圍沙蠶

Perinereis floridana

Perinereis vallata

Perinereis vancaurica

Platynereis bicanaliculata

Pseudonereis variegata

Simplisetia erythraeensis

Sinonereis hetcropoda

Tambalagamia fauveli

Tylonereis bogoyawlenskyi

Paralacydoniidae

Paralacydonia paradoxa

Phyllodocidae 葉鬚蟲科

Eteone pacifica

Eulalia viridis

Eumida sanguinea

Mysta siphodonta

Mysta tchangsii

Nereiphylla castanea

Notophyllum splendens

Phyllodoce madeirensis

Pilargidae 白毛蟲科

Pilargis verrucosa

Sigambra bassi

Sigambra constricta

Sigambra hanaokai

Sigambra tentaculata

Synelmis albini

Polynoidae 多鱗蟲科

Halosydna brevisetosa

Halosydnopsis pilosa

Harmothoe asiatica

Harmothoe dictyophora

Harmothoe imbricata

Harmothoe minuta

Hololepidella nigropunctata

Lagisca hirsuta

Lepidonotus Lepidonotus dentatus

Lepidonotus carinulatus

Lepidonotus helotypus

Lepidonotus squamatus 方背鱗蟲

Lepidonotus tenuisetosus

Nonparahalosydna pleiolepis

Paradyte crinoidicola

Paradyte tentaculata

Parahalosydna pleiolepis

Parahalosydnopsis hartmanae

Paralepidonotus ampulliferus

Perolepis ohshimai

Thormora jukesii

Sigalionidae 錫鱗蟲科

Labioleanira yhleni

Pisione complexa

Sigalion spinosus

Sthenelais boa

Sthenelais fusca

Sthenelais nami

Sthenolepis areolata

Sthenolepis japonica

Syllidae 裂蟲科

Branchiosyllis exilis

Branchiosyllis maculata

Myrianida pachycera

Sphaerosyllis capensis

Syllis alternata

Syllis amica

Syllis benguellana

Syllis cornuta

Syllis gracilis

Syllis hyalina

Syllis variegata

Trypanosyllis taeniaeformis

Trypanosyllis zebra

Westheidesyllis gesae

Tomopteridae 浮蠶科

Tomopteris cavallii

Tomopteris planktonis

Tomopteris rolasi

Typhloscolecidae 盲蠶科

Sagitella kowalewskii

Travisiopsis lobifera

Typhloscolex muelleri

Sabellida 纓鰓蟲目

Sabellidae 纓鰓蟲科

Acromegalomma vesiculosum

Branchiomma cingulatum

Laonome indica

Myxicola infundibulum
Parasabella albicans
Parasabella japonica
Parasabella microphthalma
Potamilla leptochaeta
Potamilla neglecta
Potamilla torelli
Pseudobranchiomma orientalis
Pseudobranchiomma zebuensis
Pseudopotamilla reniformis
Sabellastarte zebuensis

Serpulidae 龍介蟲科
  Hydroides albiceps
  Hydroides dirampha
  Hydroides elegans 華美盤管蟲
  Hydroides exaltata
  Hydroides ezoensis
  Hydroides fusicola
  Hydroides longistylaris
  Hydroides norvegica
  Hydroides operculata
  Hydroides rhombobula
  Hydroides sanctaecrucis
  Hydroides similis
  Hydroides tambalagamensis
  Metavermilia acanthophora
  Metavermilia cf. inflata
  Neodexiospira foraminosa
  Pomatostegus actinoceras
  Pomatostegus stellatus
  Protula bispiralis 椰樹管蟲
  Salmacina cf. dysteri
  Serpula cf. granulosa
  Serpula watsoni
  Spirobranchus corniculatus-complex
  Spirobranchus giganteus
  Spirobranchus kraussii 克氏旋鰓蟲
  Spirobranchus latiscapus
  Spirobranchus tetraceros 四犄旋鰓蟲
  Spirobranchus triqueter
  Vermiliopsis glandigera

Spionida 海稚蟲目
  Poecilochaetidae 雜毛蟲科
    Poecilochaetus hystricosus

Poecilochaetus serpens
Poecilochaetus spinulosus
Poecilochaetus tricirratus
Poecilochaetus tropicus

Spionidae 海稚蟲科
  Aonides oxycephala
  Boccardiella hamata
  Dipolydora socialis
  Dipolydora tentaculata
  Laonice cirrata
  Paraprionospio pinnata
  Polydora maculata
  Polydorella novaegeorgiae
  Prionospio cirrifera
  Prionospio ehlersi
  Prionospio japonica
  Prionospio malmgreni
  Prionospio membranacea
  Prionospio polybranchiata
  Prionospio pygmaeus
  Prionospio queenslandica
  Prionospio rugosa
  Prionospio saccifera
  Prionospio sexoculata
  Pseudopolydora kempi
  Pseudopolydora paucibranchiata
  Pseudopolydora vexillosa
  Scolelepis (*Parascolelepis*) *texana*
  Scolelepis (*Scolelepis*) *squamata*
  Spio martinensis
  Spiophanes bombyx

Trochochaetidae 輪毛蟲科
  Trochochaeta diverapoda
  Trochochaeta orissae

Terebellida 蟄龍介目
Ampharetidae 雙櫛蟲科
  Ampharete acutifrons
  Ampharete finmarchica
  Anobothrus gracilis
  Lysippe labiata
  Phyllocomus hiltoni
  Samytha gurjanovae
  Samythella dubia

Cirratulidae 絲鰓蟲科

Aphelochaeta filibranchia

Aphelochaeta filiformis

Aphelochaeta marioni

Aphelochaeta multifilis

Chaetozone flagellifera

Chaetozone maotienae

Chaetozone setosa

Cirratulus tentaculatus

Cirriformia capensis

Cirriformia filigera

Cirriformia tentaculata

Timarete punctata

Flabelligeridae 扇毛蟲科

Brada ferruginea

Brada talehsapensis

Bradabyssa villosa

Daylithos parmatus

Pherusa bengalensis

Pherusa parmata 有盾海扇蟲

Piromis congoense

Semiodera curviseta

Melinnidae

Isolda albula

Isolda pulchella

Melinna cristata

Pectinariidae 筆帽蟲科

Cistenides hyperborea

Lagis bocki

Lagis crenulatus

Lagis koreni

Pectinaria conchilega

Pectinaria papillosa

Sternaspidae 不倒翁蟲科

Sternaspis scutata

Terebellidae 蟄龍介科

Amaeana antipoda

Amaeana occidentalis

Amaeana trilobata

Amphitrite oculata

Eupolymnia umbonis

Lanice auricula

Lanice conchilega

Loimia bandera

Loimia ingens

Loimia medusa

Longicarpus nodus

Lysilla pacifica

Pista brevibranchiata

Pista cristata

Pista pacifica

Pista typha

Pista violacea

Polycirrus dodeka

Polycirrus multus

Polycirrus quadratus

Rhinothelepus occabus

Streblosoma duplicata

Terebella copia

Terebella ehrenbergi

Terebella plagiostoma

Terebella punctata

Thelepus opimus

Thelepus pulvinus

Thelepus setosus

Trichobranchidae 毛鰓蟲科

Terebellides stroemii

Trichobranchus glacialis

Trichobranchus roseus

Incertae sedis 未定目

Capitellidae 小頭蟲科

Capitella capitata 小頭蟲

Capitellethus dispar

Dasybranchus caducus

Heteromastus filiformis

Heteromastus similis

Mediomastus californiensis

Notomastus aberans

Notomastus latericeus

Parheteromastus tenuis

Chaetopteridae 燐蟲科

Chaetopterus qiani

Mesochaetopterus japonicus

Mesochaetopterus minutus

Mesochaetopterus tingkokensis

Spiochaetopterus costarum

Cossuridae 單指蟲科

Cossura aciculata

Cossura coasta

Cossura dimorpha

Magelonidae 長手沙蠶科

Magelona cincta

Magelona crenulifrons

Magelona japonica

Magelona pacifica

Maldanidae 竹節蟲科

Maldane sarsi

Maldanella harai

Metasychis disparidentatus

Metasychis gotoi

Praxillella gracilis

Nerillidae 原須蟲科

Nerilla antennata

Opheliidae 海蛹科

Armandia intermedia 阿曼吉蟲

Armandia leptocirris

Ophelina acuminata

Ophelina grandis

Orbiniidae 錐頭蟲科

Leitoscoloplos kerguelensis

Leodamas gracilis

Leodamas orientalis

Leodamas rubrus

Leodamas gracilis

Leodamas rubrus

Orbinia vietnamensis

Phylo kupfferi

Phylo ornata

Scoloplos armiger

Scoloplos (Scoloplos) marsupialis

Scoloplos tumidus

Oweniidae 歐文蟲科

Owenia fusiformis

Paraonidae 異毛蟲科

Aricidea (Aricidea) fragilis

Aricidea eximia

Aricidea fragilis

Cirrophorus branchiatus

Cirrophorus furcatus

Cirrophorus miyakoensis

Levinsenia gracilis

Paradoneis lyra

Polygordiidae

Polygordius appendiculatus

Sabellariidae 帚毛蟲科

Sabellaria alcocki

Saccocirridae 囊須蟲科

Pharyngocirrus gabriellae

Scalibregmatidae

Scalibregma inflatum

Clitellata 環帶綱

Oligochaeta 寡毛亞綱

Crassiclitellata 厚環帶目

Megascolecidae 巨蚓科

Amynthas anticus 靠前遠盲蚓

Amynthas asperhillum 參狀遠盲蚓

Amynthas bimontis 壁山遠盲蚓

Amynthas carnosus 多肉遠盲蚓

Amynthas corticis 皮質遠盲蚓

Amynthas directus 直管遠盲蚓

Amynthas gracilis 簡潔遠盲蚓

Amynthas faciatus 金環遠盲蚓

Amynthas hongkongensis 香港遠盲蚓

Amynthas hupeiensis 湖北遠盲蚓

Amynthas instabilis 不穩遠盲蚓

Amynthas leohri 洛爾遠盲蚓

Amynthas morrisi morrisi 毛利遠盲蚓

Amynthas robustus 壯偉遠盲蚓

Amynthas rockefelleri 洛氏遠盲蚓

Amynthas transitorius 過渡遠盲蚓

Amynthas ultorius 營膽遠盲蚓

Megascolex mauritii 莫氏巨蚓

Metaphire californica 加州腔蚓

Metaphire capensis 好望角腔蚓

Metaphire flavarundoida 黃竹腔蚓

Metaphire hesperidum 西方腔蚓

Metaphire quadragenatius 四旬腔蚓

Pontodrilus litoralis

Rhinodrillidae 吻蚓科

Pontoscolex corethrurus 南美岸蚓

Pontoscolex guangdongensis

Enchytraeida

Enchytraeidae

Grania hongkongensis

Grania inermis

Grania stilifera

Marionina coatesae

Marionina levitheca

Marionina nevisensis

Marionina vancouverensis

Stephensoniella marina

Stephensoniella sterreri

Tubificida 顫蚓目

Naididae 仙女蟲科

Ainudrilus gcminus

Ainudrilus gibsoni

Ainudrilus lutulentus

Ainudrilus taitamensis

Aktedrilus cavus

Aktedrilus cuneus

Aktedrilus floridensis

Aktedrilus locyi

Aktedrilus longitubularis

Aktedrilus mortoni

Aktedrilus parviprostatus

Aktedrilus parvithecatus

Aktedrilus sinensis

Bathydrilus edwardsi

Doliodrilus longidentatus

Doliodrilus tener

Duridrilus piger

Duridrilus tardus

Gianius eximius

Heronidrilus bihamis

Heronidrilus fastigatus

Heronidrilus hutchingsae

Heterodrilus keenani

Heterodrilus virilis

Jamiesoniella athecata

Jamiesoniella enigmatica

Limnodriloides agnes

Limnodriloides biforis

Limnodriloides fraternus

Limnodriloides fuscus

Limnodriloides lateroporus

Limnodriloides macinnesi

Limnodriloides parahastatus

Limnodriloides pierantonii

Limnodriloides rubicundus

Limnodriloides tenuiductus

Limnodriloides toloensis

Limnodriloides uniampullatus

Limnodriloides virginiae

Monopylephorus parvus

Pacifidrilus darvelli

Pacifidrilus vanus

Paranais frici

Paranais litoralis

Paupidrilus breviductus

Pectinodrilus disparatus

Pectinodrilus hoihaensis

Pectinodrilus molestus

Rhizodrilus russus

Smithsonidrilus irregularis

Smithsonidrilus minusculus

Smithsonidrilus tenuiculus

Smithsonidrilus tuber

Smithsonidrilus vesiculatus

Tectidrilus achaetus

Tectidrilus pictoni

Thalassodrilides briani

Thalassodrilides gurwitschi

Tubificoides imajimai

Uniporodrilus furcatus

Hirudinea 蛭亞綱

Arhynchobdellida 無吻蛭目

Haemadipsidae 山蛭科

Tritetrabdella taiwana 台灣三顎四環蛭

Hirudinidae 醫蛭科

Hirudinaria manillensis 菲擬醫蛭 / 菲牛蛭

Whitmania laevis 光潤金線蛭

Myxobdella annandalei 軟體黏蛭

Praobdellidae 寄生蛭科

Dinobdella ferox 鼻蛭

附錄 7-1　香港苔蘚植物名錄

資料來源及備注

香港苔蘚植物共計 72 科 160 屬 387 種，其中苔類 29 科 52 屬 143 種，蘚類 40 科 103 屬 239 種，角苔類 3 科 5 屬 5 種。如中文名稱屬新擬者，則在名稱後加括弧説明。

本地特有種後加 *；珍稀種類後加 ☆（注：只有蘚類有此項評估，苔類和角苔類沒有）；國家重點保護種類後加 ★。

名錄排序參考《廣東苔蘚志》，並略有修改。

Marchantiophyta 苔類植物門

Haplomitriaceae 裸蒴苔科

Haplomitrium mnioides（Lindb.）R.M. Schust. 圓葉裸蒴苔

Lepicoleaceae 復叉苔科

Mastigophora diclados（Brid.）Nees 硬須苔

Herbertaceae 剪葉苔科

Herbertus aduncus（Dicks.）S. Gray 剪葉苔

Trichocoleaceae 絨苔科

Trichocolea tomentella（Ehrh.）Dumort. 絨苔

Lepidoziaceae 指葉苔科

Bazzania fauriana（Steph.）S. Hatt. 厚角鞭苔

Bazzania japonica（Sande Lac.）Lindb. 日本鞭苔

Bazzania pompeana（Sande Lac.）Mitt. 尖齒鞭苔

Bazzania sikkimensis（Steph.）Herzog 錫金鞭苔

Bazzania tricrenata（Wahlenb.）Trevis. 三齒鞭苔

Bazzania tridens（Reinw. *et al.*）Trevis. 三裂鞭苔

Kurzia gonyotricha（Sande Lac.）Grolle 細指苔

Lepidozia fauriana Steph. 東亞指葉苔

Lepidozia vitrea Steph. 硬指葉苔

Lepidozia wallichiana Gott. 瓦氏指葉苔

Calypogeiaceae 護蒴苔科

Calypogeia arguta Nees & Mont. 刺葉護蒴苔

Calypogeia tosana（Steph.）Steph. 雙齒護蒴苔

Mizutania riccardioides Furuki & Z. Iwats. 擬護蒴苔（新擬中文名）

Cephaloziaceae 大萼苔科

Cephalozia hamatiloba Steph. 彎葉大萼苔

Cephalozia macounii（Austin）Austin 短瓣大萼苔

Cephalozia otaruensis Steph. var. *otaruensis* 疏葉大萼苔原變種

Cephalozia otaruensis Steph. var. *setiloba*（Steph.）Amak. 疏葉大萼苔毛瓣變種（新擬中文名）

Cephaloziellaceae 擬大萼苔科

Cephaloziella microphylla（Steph.）Douin 小葉擬大萼苔

Cylindrocolea tagawae（N. Kitag.）R. M. Schust. 東亞筒萼苔

Jackiellaceae 甲殼苔科

Jackiella javanica Schiffn. 甲殼苔

Jungermanniaceae 葉苔科

Nardia assamica（Mitt.）Amakawa 南亞被蒴苔

Nardia scalaris Gray 密葉被蒴苔

Notoscyphus lutescens（Lehm. & Lindenb.）Mitt. 假苞苔

Solenostoma infuscum（Mitt.）J.Hentschel 褐綠管口苔

Solenostoma tetragonum（Lindenb.）R.M.Schust. ex Váňa & D.G. Long 四褶管

口苔

Solenostoma truncatum (Nees) R.M.Schust. ex Váňa & D.G. Long 截葉管口苔

Anastrophyllaceae 挺葉苔科

Plicanthus birmensis (Steph.) R.M. Schust. 全緣褶萼苔

Scapaniaceae 合葉苔科

Scapania ligulata subsp. *stephanii* (Müll. Frib.) Potemkin, Piippo & T.J. Kop. 舌葉合葉苔多齒亞種

Scapania ciliata Sande Lac. 刺邊合葉苔

Geocalycaceae 地萼苔科

Chiloscyphus minor (Nees) J.J. Engel & R.M. Schust. 芽胞裂萼苔

Chiloscyphus polyanthos (L.) Corda 裂萼苔

Heteroscyphus argutus (Reinw. *et al.*) Schiffn. 四齒異萼苔

Heteroscyphus coalitus (Hook.) Schiffn. 雙齒異萼苔

Heteroscyphus planus (Mitt.) Schiffn. 平葉異萼苔

Plagiochilaceae 羽苔科

Plagiochila chinensis Steph. 中華羽苔

Plagiochila fordiana Steph. 福氏羽苔

Plagiochila javanica (Sw.) Nees & Mont. 爪哇羽苔

Plagiochila parvifolia Lindenb. 圓頭羽苔

Plagiochila peculiaris Schiffn. 大蠕形羽苔

Plagiochila sciophila Nees 刺葉羽苔

Plagiochila semidecurrens (Lehm. & Lindenb.) Lindenb. 延葉羽苔

Radulaceae 扁萼苔科

Radula apiculata Sande Lac. 尖瓣扁萼苔

Radula cavifolia Hampe 大瓣扁萼苔

Radula japonica Gott. ex Steph. 日本扁萼苔

Radula javanica Gott. 爪哇扁萼苔

Radula kojana Steph. 尖葉扁萼苔

Radula obtusiloba Steph. 鈍瓣扁萼苔

Radula oyamensis Steph. 東亞扁萼苔

Radula tokiensis Steph. 東京扁萼苔

Porellaceae 光萼苔科

Porella campylophylla (Lehm. & Lindenb.) Trevis. 多齒光萼苔

Porella perrottetiana (Mont.) Trevis. 毛邊光萼苔

Frullaceae 耳葉苔科

Frullania ericoides (Nees ex Mart.) Mont. 皺葉耳葉苔

Frullania moniliata (Reinw. *et al.*) Mont. 列胞耳葉苔

Frullania motoyata Steph. 短萼耳葉苔

Frullania muscicola Steph. 盔瓣耳葉苔

Frullania nepalensis (Spreng.) Lehm. & Lindenb. 尼泊爾耳葉苔

Frullania tamarisci (L.) Dumort. 歐耳葉苔

Frullania tamsuina Steph. 淡水耳葉苔

Frullania trichodes Mitt. 油胞耳葉苔

Jubulaceae 毛耳苔科

Jubula javanica Steph. 爪哇毛耳苔

Lejeuneaceae 細鱗苔科

Acrolejeunea pusilla (Steph.) Grolle & Gradst. 小頂鱗苔

Archilejeunea planiuscula (Mitt.) Steph. 平葉原鱗苔

Cheilolejeunea intertexta (Lindb.) Steph. 圓葉唇鱗苔

Cheilolejeunea osumiensis (S. Hatt.) Mizut. 東亞唇鱗苔

Cheilolejeunea ryukyuensis Mizut. 琉球唇鱗苔

Cheilolejeunea trapezia (Nees) Kachroo & R.M. Schust. 粗莖唇鱗苔

Cheilolejeunea trifaria (Reinw. *et al.*) Mizut. 闊葉唇鱗苔

Cheilolejeunea ventricosa (Schiffn.) X.L. He 膨葉唇鱗苔

Cheilolejeunea xanthocarpa (Lehm. & Lindenb.) Malombe 卷邊唇鱗苔

Cololejeunea appressa (A. Evans) Benedix 薄葉疣鱗苔

Cololejeunea caihuaella But & P.C. Wu 長瓣疣鱗苔 *

Cololejeunea ceratilobula (P.C. Chen) R.M. Schust. 日本疣鱗苔

Cololejeunea floccosa (Lehm. & Lindenb.) Schiffn. 棉毛疣鱗苔

Cololejeunea hasskarliana (Lehm. & Lindenb.) Schiffn. 密刺疣鱗苔

Cololejeunea lanciloba Steph. 狹瓣疣鱗苔

Cololejeunea latilobula (Herzog) Tixier 闊瓣疣鱗苔

Cololejeunea ocellata (Horik.) Benedix 列胞疣鱗苔

Cololejeunea ocelloides (Horik.) S. Hatt. 多胞疣鱗苔

Cololejeunea planissima (Mitt.) Abeyw. 粗齒疣鱗苔

Cololejeunea pseudocristallina P.C. Chen & P.C. Wu 尖葉疣鱗苔

Cololejeunea raduliloba Steph. 擬疣鱗苔

Cololejeunea schmidtii Steph. 許氏疣鱗苔

Cololejeunea schwabei Herzog 全緣疣鱗苔

Cololejeunea spinosa (Horik.) Pande & Misra. 刺疣鱗苔

Cololejeunea stylosa (Steph.) A. Evans 副體疣鱗苔

Cololejeunea trichomanis (Gott.) Steph. 單體疣鱗苔

Drepanolejeunea angustifolia (Mitt.) Grolle 狹葉角鱗苔

Drepanolejeunea erecta (Steph.) Mizut. 日本角鱗苔

Drepanolejeunea spicata (Steph.) Grolle & R.L. Zhu 長角角鱗苔

Drepanolejeunea ternatensis (Gott.) Schiffn. 單齒角鱗苔

Lejeunea anisophylla Mont. 狹瓣細鱗苔

Lejeunea cocoes Mitt. 瓣葉細鱗苔

Lejeunea catanduana (Steph.) H.A. Mill., H. Whittier & B. Whittier 齒瓣細鱗苔

Lejeunea curviloba Steph. 彎葉細鱗苔

Lejeunea flava (Sw.) Nees 黃色細鱗苔

Lejeunea japonica Mitt. 日本細鱗苔

Lejeunea magohukui Mizut. 三重細鱗苔

Lejeunea otiana S. Hatt. 角齒細鱗苔

Lejeunea parva (S. Hatt.) Mizut. 小葉細鱗苔

Lejeunea tuberculosa Steph. 疣萼細鱗苔

Lejeunea ulicina (Taylor) Gott. 疏葉細鱗苔

Leptolejeunea elliptica (Lehm. & Lindenb.) Schiffn. 尖葉薄鱗苔

Lopholejeunea applanata (Reinw. *et al.*) Schiffn. 尖葉冠鱗苔

Lopholejeunea eulopha (Taylor) Schiffn. 大葉冠鱗苔

Lopholejeunea subfusca (Nees) Steph. 褐冠鱗苔

Mastigolejeunea auriculata (Wilson & Hook.) Schiffn. 鞭鱗苔

Pedinolejeunea desciscens (Steph.) P.C. Wu & But 線瓣片鱗苔

Pedinolejeunea reineckeana (Steph.) P.C. Wu & But 台灣片鱗苔

Ptychanthus striatus (Lehm & Lindenb.) Nees 皺萼苔

Spruceanthus kiushianus (Horik.) X.Q. Shi, R.L. Zhu & Gradst. 東亞多褶苔

Spruceanthus polymorphus (Sande Lac.) Verd. 變異多褶苔

Spruceanthus semirepandus (Nees) Verd. 多褶苔

Stenolejeunea apiculata (Sande Lac.) R.M. Schust. 尖葉狹鱗苔

Thysananthus flavescens (S. Hatt.) Gradst. 黃葉毛鱗苔

Trocholejeunea sandvicensis (Gott.) Mizut. 南亞瓦鱗苔

Tuyamaella molischii (Schiffn.) S. Hatt. 鞍葉苔

Fossombrobiaceae 小葉苔科

Fossombronia cristula Austin 波葉小葉苔

Makinoaceae 南溪苔科

Makinoa crispata (Steph.) Miyake 南溪苔

Pallaviciniaceae 帶葉苔科

Pallavicinia lyellii (Hook.) Gray 帶葉苔

Pallavicinia subciliata (Aust.) Steph. 長刺帶葉苔

Aneuraceae 綠片苔科

Aneura pinguis (L.) Dumort. 綠片苔

Riccardia jackii Schiffn. 南亞片葉苔

Riccardia kodame Mizut. & S. Hatt. 單胞片葉苔

Riccardia latifrons (Lindb.) Lindb. 寬片葉苔

Riccardia miyakeana Schiffn. 東亞片葉苔

Riccardia multifida (L.) Gray 片葉苔

Riccardia palmata (Hedw.) Carruth. 掌狀片葉苔

Metzgeriaceae 叉苔科

Metzgeria conjugata Lindenb. 平叉苔

Metzgeria consanguinea Schiffn. 狹尖叉苔

Metzgeria furcata (L.) Dumort. 叉苔

Wiesnerellaceae 魏氏苔科

Dumortiera hirsuta (Sw.) Nees 毛地錢

Conocephalaceae 蛇苔科

Conocephalum conicum (L.) Dumort. 蛇苔

Conocephalum japonicum (Thunb.) Grolle 小蛇苔

Aytoniaceae 疣冠苔科

Reboulia hemisphaerica (L.) Raddi 石地錢

Marchantiaceae 地錢科

Marchantia emarginata Reinw. *et al.* ssp. *tosana* (Steph.) Bischl. 楔瓣地錢東亞亞種

Marchantia polymorpha L. 地錢

Marchantia paleacea Bertol. 粗裂地錢

Ricciaceae 錢苔科

Riccia fluitans L. 叉錢苔

Riccia glauca L. 錢苔

Bryophyta 蘚類植物門

Archidiaceae 無軸蘚科

Archidium ohioense Schimp. ex Muell. Hal. 中華無軸蘚☆

Ditrichaceae 牛毛蘚科

Ditrichum pallidum (Hedw.) Hampe 黃牛毛蘚

Eccremidium brisbanicum (Broth.) Stone & Scoll 龍骨裂蒴蘚☆

Garckea flexuosa (Griff.) Marg. & Nork. 荷苞蘚☆

Dicranaceae 曲尾蘚科

Campylopus atrovirens De Not. 長葉曲柄蘚☆

Campylopus ericoides (Griff.) A. Jaeger 毛葉曲柄蘚☆

Campylopus laxitextus Sande Lac. 疏網曲柄蘚

Campylopus serratus Sande Lac. 齒邊曲柄蘚

Campylopus sinensis (Muell. Hal.) J.-P. Frahm 中華曲柄蘚

Campylopus taiwanensis Sakurai 台灣曲柄蘚☆

Campylopus umbellatus (Arnott) Paris 節莖曲柄蘚

Dicranella coarctata (Muell. Hal.) Bosch & Sande Lac. var. *coarctata* 南亞小曲尾蘚原變種

Dicranella coarctata (Muell. Hal.) Bosch & Sande Lac. var. *torrentium* Cardot 南亞小曲尾蘚激流變種☆

Dicranella varia (Hedw.) Schimp. 變形小曲尾蘚☆

Dicranodontium asperulum (Mitt.) Broth. 粗葉青毛蘚☆

Dicranodontium didictyon (Mitt.) A. Jaeger 山地青毛蘚☆

Dicranoloma assimile (Hampe) Paris 大錦葉蘚☆

Dicranoloma cylindrothecium (Mitt.) Sakurai 長蒴錦葉蘚

Holomitrium densifolium (Wilson) Wijk. &

Marg. 密葉苞領蘚

Holomitrium vaginatum (Hook.) Brid. 柱鞘苞領蘚☆

Leptochichella brasiliensis (Duby) Ochyra 梨蒴纖毛蘚☆

Leucoloma molle (Muell. Hal.) Mitt. 柔葉白錦蘚

Leucoloma walkeri Broth. 狹葉白錦蘚☆

Trematodon longicollis Michx. 長蒴蘚

Leucobryaceae 白髮蘚科

Leucobryum aduncum Dozy & Molk. 彎葉白髮蘚☆

Leucobryum boninense Sull. & Lesq. 粗葉白髮蘚☆

Leucobryum bowringii Mitt. 狹葉白髮蘚

Leucobryum humillimum Cardot 白髮蘚☆

Leucobryum javense (Brid.) Mitt. 爪哇白髮蘚☆

Leucobryum juniperoideum (Brid.) Muell. Hal. 檜葉白髮蘚★

Leucobryum scabrum Sande Lac. 疣葉白髮蘚

Leucophanes glaucum (Schwaegr.) Mitt. 刺肋白睫蘚☆

Octoblepharum albidum Hedw. 八齒蘚

Fissidentaceae 鳳尾蘚科

Fissidens bryoides Hedw. var. *schmidii* (Muell. Hal.) R.S. Chopra & S.S. Kumar 小鳳尾蘚乳突變種☆

Fissidens ceylonensis Dozy & Molk. 錫蘭鳳尾蘚

Fissidens crenulatus Mitt. 齒葉鳳尾蘚

Fissidens crispulus Brid. var. *cripulus* 黃葉鳳尾蘚原變種

Fissidens crispulus Brid. var. *robinsonii* (Broth.) Z. Iwats. & Z.H. Li 黃葉鳳尾蘚魯賓變種☆

Fissidens curvatus Hornsch. 直葉鳳尾蘚☆

Fissidens dubius P. Beauv. 卷葉鳳尾蘚

Fissidens flaccidus Mitt. 暖地鳳尾蘚

Fissidens gardneri Mitt. 短肋鳳尾蘚☆

Fissidens geminiflorus Dozy & Molk. 二形鳳尾蘚

Fissidens geppii M. Fleisch. 黃邊鳳尾蘚☆

Fissidens guangdongensis Z. Iwats. & Z.H. Li 廣東鳳尾蘚☆

Fissidens gymnogynus Besch. 裸萼鳳尾蘚☆

Fissidens hollianus Dozy & Molk. 糙柄鳳尾蘚

Fissidens cf. *incognitus* Gangulee 集疣鳳尾蘚☆

Fissidens javanicus Dozy & Molk. 爪哇鳳尾蘚

Fissidens jungermannioides Griff. 暗邊鳳尾蘚☆

Fissidens kinabaluensis Z. Iwats. 擬狹葉鳳尾蘚

Fissidens linearis Brid. var. *obscurirete* (Broth. & Paris) Stone 線葉鳳尾蘚暗色變種

Fissidens minutus Thwaites & Mitt. in Mitt. 微鳳尾蘚☆

Fissidens nobilis Griff. 大鳳尾蘚

Fissidens oblongifolius Hook. f. & Wilson 曲肋鳳尾蘚

Fissidens pellucidus Hornsch. 粗肋鳳尾蘚

Fissidens polypodioides Hedw. 網孔鳳尾蘚☆

Fissidens serratus Muell. Hal. 銳齒鳳尾蘚☆

Fissidens teysmannianus Dozy & Molk. 南京鳳尾蘚☆

Fissidens tosanensis Broth. 擬小鳳尾蘚☆

Fissidens zollingeri Mont. 車氏鳳尾蘚☆

Calymperaceae 花葉蘚科

Calymperes afzelii Swartz 梯網花葉蘚☆

Calymperes erosum Muell. Hal. 圓網花葉蘚

Calymperes fasciculatum Dozy & Molk. 劍葉花葉蘚

Calymperes graeffeanum Muell. Hal. 擬兜葉花葉蘚☆

Calymperes lonchophyllum Schwaegr. 花葉蘚

Calymperes molluccense Schwaegr. 兜葉花葉蘚

Calymperes tenerum Muell. Hal. 細葉花葉蘚

Mitthyridium fasciculatum (Hook. & Grev.) H.

Rob. 匍網蘚☆

Mitthyridium flavum (Muell. Hal.) H. Rob. 黃匍網蘚☆

Syrrhopodon armatus Mitt. 鞘刺網蘚

Syrrhopodon chenii Reese & P.-J. Lin 陳氏網蘚☆

Syrrhopodon flammeonnervis Muell. Hal. 紅肋網蘚☆

Syrrhopodon gardneri (Hook.) Schwaegr. 網蘚☆

Syrrhopodon hongkongensis L. Zhang 香港網蘚＊☆

Syrrhopodon japonicus (Besch.) Broth. 日本網蘚

Syrrhopodon prolifer Schwaegr. var. *tosaensis* (Cardot) Orban & Reese 巴西網蘚鞘齒變種

Syrrhopodon spiculosus Hook. & Grev. 細刺網蘚☆

Syrrhopodon trachyphyllus Mont. 鞘齒網蘚☆

Pottiaceae 叢蘚科

Anoectangium thomsonii Mitt. 卷葉叢本蘚

Barbula arcuata Griff. 砂地扭口蘚☆

Barbula indica (Hook.) Spreng. in Steud. 小扭口蘚

Barbula javanica Dozy & Molk. 爪哇扭口蘚☆

Barbula unguiculata Hedw. 扭口蘚

Gymnostomiella longinervis Broth. 長肋疣壺蘚☆

Hyophila involuta (Hook.) A. Jaeger 卷葉濕地蘚

Hyophila javanica (Nees & Blume) Brid. 濕地蘚

Hyophila setschwanica (Broth.) Hilp. ex P.C. Chen 四川濕地蘚

Luisierella barbula (Schwaegr.) Steere 短莖盧氏蘚☆

Scopelophila cataractae (Mitt.) Broth. 劍葉舌葉蘚

Trichostomum hattorianum B.C. Tan & Z. Iwats. 捲葉毛口蘚☆

Weissia controversa Hedw. 小石蘚

Weissia edentula Mitt. 缺齒小石蘚☆

Weissia longifolia Mitt. 皺葉小石蘚

Grimmiaceae 紫萼蘚科

Codriophorus anomodontoides (Cardot) Bednarek-Ochyra & Ochyra 黃無尖蘚☆

Ephemeraceae 天命蘚科

Micromitrium tenerum (Bruch & Schimp.) Crosby 細蓑蘚☆

Funariaceae 葫蘆蘚科

Funaria hygrometrica Hedw. 葫蘆蘚

Physcomitrium eurystomum Sendtn. 紅蒴立碗蘚☆

Physcomitrium japonicum (Hedw.) Mitt. 日本立碗蘚☆

Physcomitrium sphaericum (Ludw.) Fuernr. in Hampe 立碗蘚☆

Bryaceae 真蘚科

Brachymenium exile (Dozy & Molk.) Bosch & Sande Lac. 纖枝短月蘚

Bryum argenteum Hedw. 真蘚

Bryum atrovirens Brid. 紅蒴真蘚

Bryum billardieri Schwaegr. 比拉真蘚

Bryum caespiticium Hedw. 叢生真蘚

Bryum capillare Hedw. 細葉真蘚☆

Bryum cellulare Hook. in Schwaegr. 柔葉真蘚

Bryum coronatum Schwaegr. 蕊形真蘚☆

Pohlia camptotrachela (Renauld & Cardot) Broth. 糙枝絲瓜蘚☆

Pohlia proligera (Kindb.) Broth. 卵蒴絲瓜蘚

Rhodobryum giganteum (Schwaegr.) Paris 暖地大葉蘚☆

Mniaceae 提燈蘚科

Plagiomnium acutum (Lindb.) T. J. Kop. 尖葉匐燈蘚

Plagiomnium cuspidatum (Hedw.) T. J. Kop. 匐燈蘚

Plagiomnium succulentum (Mitt.) T. J. Kop.

大葉匐燈蘚

Plagiomnium vesicatum (Besch.) T. J. Kop. 圓葉匐燈蘚☆

Trachycystis microphylla (Dozy & Molk.) Lindb. 疣燈蘚☆

Rhizogoniaceae 檜蘚科

Pyrrhobryum spiniforme (Hedw.) Mitt. 刺葉檜蘚

Bartramiaceae 珠蘚科

Philonotis hastata (Duby) Wijk. & Marg. 密葉澤蘚☆

Philonotis thwaitesii Mitt. 細葉澤蘚

Philonotis turneriana (Schwaegr.) Mitt. 東亞澤蘚☆

Orthotrichaceae 木靈蘚科

Macromitrium ferriei Cardot & Ther. 福氏蓑蘚

Macromitrium gymnostomum Sull. & Lesp. 缺齒蓑蘚☆

Macromitrium heterodictyon Dixon 異枝蓑蘚 *☆

Macromitrium japonicum Dozy & Molk. 鈍葉蓑蘚☆

Macromitrium microstomum (Hook. & Grev.) Schwaegr. 長柄蓑蘚

Macromitrium nepalense (Hook. & Grev.) Schwaegr. 尼泊爾蓑蘚☆

Macromitrium subincurvum Cardot & Ther. 短芒尖蓑蘚 *

Macromitrium tuberculatum Dixon 香港蓑蘚 *☆

Schlotheimia grevilleana Mitt. 南亞火蘚☆

Schlotheimia pungens E. B. Bartram 小火蘚☆

Racopilaceae 卷柏蘚科

Racopilum cusipidigerum (Schwaegr.) Angstrom 薄壁卷柏蘚

Cryphaeaceae 隱蒴蘚科

Pilotrichopsis dentata (Mont.) Besch. 毛枝蘚☆

Trachypodaceae 扭葉蘚科

Trachypus humilis Lindb. 小扭葉蘚☆

Myuriaceae 金毛蘚科

Oedicladium fragile Cardot 脆葉紅毛蘚

Oedicladium rufescens (Reinw. & Hornsch.) Mitt. 紅毛蘚☆

Oedicladium serricuspe (Broth.) Nog. & Z. Iwats. 小紅毛蘚☆

Palisadula chrysophylla (Cardot) Toyama 柵孔蘚☆

Pterobryaceae 蕨蘚科

Calyptothecium wightii (Mitt.) M. Fleisch. 長尖耳平蘚

Meteoriaceae 蔓蘚科

Aerobryopsis praisii (Cardot) Broth. 扭葉灰氣蘚☆

Aerobryopsis subdivergens (Broth.) Broth. 大灰氣蘚☆

Aerobryopsis wallichii (Brid.) M. Fleisch. 灰氣蘚☆

Barbella convolvens (Mitt.) Broth. 纖細懸蘚☆

Barbella linearifolia S.H. Lin 狹葉懸蘚

Duthiella wallichii (Mitt.) Broth. 綠鋸蘚☆

Floribundaria floribunda (Dozy & Molk.) M. Fleisch. 絲帶蘚☆

Meteorium subpolytrichum (Besch.) Broth. 粗枝蔓蘚

Neodicladiella flagellifera (Cardot) Huttunen & D. Quandt. 鞭枝新絲蘚

Pseudobarbella attenuata (Thwaites & Mitt.) Nog. 短尖假懸蘚

Pseudobarbella leveri (Renauld & Cardot) Nog. 假懸蘚☆

Neckeraceae 平蘚科

Homalia trichomanoides (Hedw.) Brid. 扁枝蘚

Homaliodendron exiguum (Bosch & Sande Lac.) M. Fleisch. 小樹平蘚

Homaliodendron flabellatum (Sm.) M.

Fleisch. 樹平蘚

Homaliodendron microdendrom (Mont.) M. Fleisch. 鈍葉樹平蘚

Himantocladium plumula (Nees) M. Fleisch. 小波葉蘚☆

Neckeropsis obtusata (Mont.) M. Fleisch. 鈍葉擬平蘚

Thamnobryaceae 木蘚科

Shevockia anacamptolepis (Muell. Hal.) Enroth & M.C.Ji 卵葉亮蒴蘚

Thamnobryum plicatulum (Sande Lac.) Z. Iwats. 褶葉木蘚

Leptodontaceae 細齒蘚科

Caduciella guangdongensis Enroth 廣東尾枝蘚☆

Hookeriaceae 油蘚科

Callicostella papillata (Mont.) Mitt. 強肋蘚

Distichophyllum collenchymatosum Cardot 厚角黃蘚

Distichophyllum maibarae Besch. 東亞黃蘚

Hookeria acutifolia Hook. & Grev. 尖葉油蘚☆

Hookeriopsis utacamundiana (Mont.) Broth. 並齒擬油蘚

Hypopterygiaceae 孔雀蘚科

Cyathophorum adiantum (Griff.) Mitt. 粗齒雉尾蘚☆

Hypopterygium tamariscii (Sw.) Brid. ex Muell. Hal. 南亞孔雀蘚

Lopidium struthiopteris (Brid.) M. Fleisch. 爪哇雀尾蘚☆

Theliaceae 鱗蘚科

Fauriella tenerrima Broth. 小粗疣蘚☆

Fabroniaceae 碎米蘚科

Schwetschkeopsis fabronia (Schwaegr.) Broth. 擬附乾蘚☆

Leskeaceae 薄羅蘚科

Pseudoleskeopsis zippelii (Dozy & Molk.) Broth. 擬草蘚

Anomodontaceae 牛舌蘚科

Haplohymenium pseudo-triste (Muell. Hal.) Broth. 擬多枝蘚☆

Herpetineuron toccoae (Sull. & Lesq.) Cardot 羊角蘚

Thuidiaceae 羽蘚科

Claopodium aciculum (Broth.) Broth. 狹葉麻羽蘚

Claopodium assurgens (Sull. & Lesq.) Cardot 大麻羽蘚

Haplocladium angustifolium (Hampe & Muell. Hal.) Broth. 狹葉小羽蘚☆

Haplocladium microphyllum (Hedw.) Broth. 細葉小羽蘚☆

Thuidium cymbifolium (Dozy & Molk.) Dozy & Molk. 大羽蘚

Thuidium delicatulum (Hedw.) Schimp. 細枝羽蘚

Thuidium glaucinoides Broth. 擬灰羽蘚

Thuidium pristocalyx (Muell. Hal.) A. Jaeger 灰羽蘚

Brachytheciaceae 青蘚科

Brachythecium garovaglioides Muell. Hal. 圓枝青蘚☆

Brachythecium moriense Besch. 柔葉青蘚☆

Brachythecium plumosum (Hedw.) Bruch & Schimp. 羽枝青蘚☆

Eurhynchium asperisetum (Muell. Hal.) E. B. Bartram 疣柄美喙蘚

Eurhynchium hians (Hedw.) Sande Lac. 寬葉美喙蘚☆

Eurhynchium savatieri Schimp. ex Besch. 密葉美喙蘚☆

Rhynchostegium pallidifolium (Mitt.) A. Jaeger 淡葉長喙蘚☆

Rhynchostegium riparioides (Hedw.) Cardot 水生長喙蘚

Entodontaceae 絹蘚科

Entodon cladorrizans (Hedw.) Muell. Hal. 絹蘚☆

Entodon concinnus (De Not.) Paris 厚角絹蘚☆

Entodon macropodus (Hedw.) Muell. Hal. 長柄絹蘚

Entodon obtusatus Broth. 鈍葉絹蘚

Entodon viridulus Cardot 綠葉绢蘚☆

Stereodontaceae 硬葉蘚科

Entodontopsis anceps (Bosch & Sande Lac.) W.R. Buck & R.R. Ireland 尖葉擬絹蘚

Plagiotheciaceae 棉蘚科

Plagiothecium cavifolium (Brid.) Z. Iwats. 圓條棉蘚☆

Plagiothecium euryphyllum (Cardot & Ther.) Z. Iwats. 直葉棉蘚☆

Plagiothecium nemorale (Mitt.) A. Jeager 垂蒴棉蘚☆

Sematophyllaceae 錦蘚科

Acroporium secundum (Reinw. & Hornsch.) M. Fleisch. 心葉頂胞蘚☆

Brotherella erythrocaulis (Mitt.) M. Fleisch. 赤莖小錦蘚☆

Brotherella falcata (Dozy & Molk.) M. Fleisch. 彎葉小錦蘚☆

Clastobryopsis planula (Mitt.) M. Fleisch. 擬疣胞蘚

Isocladiella surcularis (Dixon) B.C. Tan & Mohamed 鞭枝蘚

Papillidiopsis complanata (Dixon) W.R. Buck & B.C. Tan 疣柄擬刺疣蘚☆

Papillidiopsis macrosticta (Broth. & Paris) W.R. Buck & B.C. Tan 褶邊擬刺疣蘚☆

Sematophyllum subhumile (Muell. Hal.) M. Fleisch. 矮錦蘚

Sematophyllum subpinnatum (Brid.) E. Britton 錦蘚

Sematophyllum subpinnatum (Brid.) Britt. f. *tristiculum* (Mitt.) B.C. Tan & Y. Jia 錦蘚三列葉變型

Taxithelium instratum (Brid.) Broth. 南亞麻錦蘚☆

Taxithelium lindbergii (A. Jaeger) Renauld & Cardot 短莖麻錦蘚

Taxithelium nepalense (Schwaegr.) Broth. 尼泊爾麻錦蘚

Taxithelium oblongifolium (Sull. & Lesq.) Z. Iwats. 卵葉麻錦蘚☆

Trichosteleum boschii (Dozy & Molk.) A. Jaeger 垂蒴刺疣蘚

Hypnaceae 灰蘚科

Ctenidium andoi N. Nishim. 柔枝梳蘚

Ctenidium capillifolium (Mitt.) Broth. 毛葉梳蘚

Ctenidium serratifolium (Cardot) Broth. 齒葉梳蘚

Ectropothecium dealbatum (Reinw. & Hornsch.) A. Jaeger 淡葉偏蒴蘚

Ectropothecium monumentorum (Duby) A. Jaeger 爪哇偏蒴蘚

Ectropothecium obtusulum (Cardot) Z. Iwats. 鈍葉偏蒴蘚☆

Ectropothecium zollingeri (Muell. Hal.) A. Jaeger 平葉偏蒴蘚

Hypnum plumaeformae Wilson var. *plumaeformae* 大灰蘚原變種

Hypnum plumaeformae Wilson var. *minus* Broth. ex Ando 大灰蘚小型變種☆

Isopterygium albescens (Hook.) A. Jaeger 淡色同葉蘚

Isopterygium minutirameum (Muell. Hal.) A. Jaeger 纖枝同葉蘚☆

Phyllodon lingulatus (Cardot) W.R. Buck 舌形葉齒蘚☆

Pseudotaxiphyllum pohliaecarpum (Sull. & Lesp.) Z. Iwats. 東亞擬鱗葉蘚

Stereodontopsis pseudorevoluta (Reimers) Ando 擬硬葉蘚

Taxiphyllum arcuatum (Besch. & Sande Lac.) S. He 鈍頭鱗葉蘚☆

Taxiphyllum pilosum (Broth. & Yasuda) Z. Iwats. 疏毛鱗葉蘚

Taxiphyllum taxirameum (Mitt.) M. Fleisch. 鱗葉蘚

Vesicularia ferriei (Cardot & Ther.) Broth. 暖地明葉蘚☆

Vesicularia inflectens (Brid.) Muell. Hal. 彎葉明葉蘚

Vesicularia montagnei (Schimp.) Broth. 明葉蘚☆

Vesicularia reticulata (Dozy & Molk.) Broth. 長尖明葉蘚☆

Hylocomiaceae 塔蘚科

Macrothamnium macrocarpum (Reinw. & Hornsch.) M. Fleisch. 南木蘚☆

Diphysciaceae 短頸蘚科

Diphyscium mucronifolium Mitt. 卷葉短頸蘚

Polytrichaceae 金髮蘚科

Atrichum undulatum (Hedw.) P. Beauv. var. *gracilisetum* Besch. 仙鶴蘚多蒴變種☆

Pogonatum camusii (Ther.) A. Touw 穗髮小金髮蘚☆

Pogonatum contortum (Brid.) Lesq. 扭葉小金髮蘚

Pogonatum neesii (Muell. Hal.) Dozy 硬葉小金髮蘚☆

Polytrichastrum formosum (Hedw.) G.L. Smith 台灣擬金髮蘚☆

Anthocerophyta 角苔植物門

Anthocerotaceae 角苔科

Anthoceros punctatus L. 角苔

Folioceros fuciformis (Mont.) Bharadw. 褐角苔

Notothyladaceae 短角苔科

Phaeoceros laevis (L.) Prosk. 黃角苔

Dendrocerotaceae 樹角苔科

Dendroceros tubercularis Hatt. 東亞樹角苔

Megaceros flagellaris (Mitt.) Steph. 東亞大角苔

附錄 7-2　香港蕨類植物名錄

資料來源及備註

綜合香港植物標本室《香港植物資料庫》（截至 2023）及其他相關資料。

** 者，代表已列入香港法例第 96 章《林區及郊區條例》

者，代表已列入香港法例第 586 章《保護瀕危動植物物種條例》

「AFCD 評估」為漁護署按世界自然保護聯盟（IUCN）制定的《紅色名錄等級及標準》，考慮該植物物種於香港及中國內地的現狀後，對其威脅等級作出評估。

Acrostichaceae 鹵蕨科

Acrostichum aureum 鹵蕨（原生）

Adiantaceae 鐵線蕨科

Adiantum capillus-veneris 鐵線蕨（原生）

Adiantum caudatum 鞭葉鐵線蕨（原生）

Adiantum flabellulatum 扇葉鐵線蕨（原生）

Adiantum malesianum 南洋鐵線蕨（原生）

Adiantum philippense 半月形鐵線蕨、菲島鐵線蕨（原生）

Angiopteridaceae 蓮座蕨科

Angiopteris fokiensis 福建蓮座蕨（原生）**

Aspidiaceae 叉蕨科

Hemigramma decurrens 沙皮蕨（原生）

Pleocnemia conjugata 有蓋黃腺蕨（原生）

Pleocnemia winitii 黃腺蕨（原生）

Quercifilix zeylanica 地耳蕨（原生）

Tectaria decurrens 下延叉蕨（原生）

Tectaria phaeocaulis 條裂叉蕨（原生）

Tectaria subtriphylla 叉蕨（原生）

Aspleniaceae 鐵角蕨科

Asplenium adnatum 合生鐵角蕨（原生）

Asplenium austrochinense 華南鐵角蕨（原生）

Asplenium cheilosorum 齒果鐵角蕨（原生）

Asplenium crinicaule 毛軸鐵角蕨（原生）

Asplenium ensiforme 劍葉鐵角蕨（原生）

Asplenium falcatum 鐮葉鐵角蕨（原生）

Asplenium griffithianum 厚葉鐵角蕨（原生）

Asplenium neolaserpitiifolium 大羽鐵角蕨（原生）

Asplenium normale 倒掛鐵角蕨（原生）

Asplenium obscurum 綠稈鐵角蕨（原生）

Asplenium prolongatum 長葉鐵角蕨（原生）

Asplenium pseudolaserpitiifolium 假大羽鐵角蕨（原生）

Asplenium unilaterale 半邊鐵角蕨（原生）

Asplenium wrightii 狹翅鐵角蕨、萊氏鐵角蕨、翅柄鐵角蕨（原生）

Neottopteris nidus 巢蕨、雀巢芒（原生）**

Athyriaceae 蹄蓋蕨科

Allantodia contermina 邊生短腸蕨（原生）

Allantodia dilatata 毛柄短腸蕨、膨大短腸蕨（原生）

Allantodia matthewii 闊片短腸蕨（原生）

Allantodia metteniana 江南短腸蕨（原生）

Allantodia virescens 淡綠短腸蕨、刺鱗雙蓋蕨（原生）

Athyriopsis petersenii 毛軸假蹄蓋蕨（原生）

Callipteris esculenta 菜蕨、嫩蹄蓋蕨（原生）

Diplazium donianum 雙蓋蕨（原生）

Diplazium maonense 馬鞍山雙蓋蕨（原生）

Diplazium subsinuatum 單葉雙蓋蕨（原生）

Diplazium tomitaroanum 裂葉雙蓋蕨（原生）

Monomelangium pullingeri 毛子蕨（原生）

Azollaceae 滿江紅科

Azolla imbricata 滿江紅（原生）

Blechnaceae 烏毛蕨科

Blechnum orientale 烏毛蕨（原生）

Brainea insignis 蘇鐵蕨（原生）（AFCD 評估：易危）

Chieniopteris harlandii 崇澍蕨（原生）

Chieniopteris kempii 裂羽崇澍蕨（原生）

Woodwardia japonica 狗脊、狗脊蕨（原生）

Woodwardia orientalis 東方狗脊（原生）

Woodwardia prolifera 珠芽狗脊（原生）

Woodwardia unigemmata 頂芽狗脊（原生）

Bolbitidaceae 實蕨科

Bolbitis laxireticulata 網脈實蕨（原生）

Bolbitis subcordata 華南實蕨（原生）

Egenolfia appendiculata 刺蕨（原生）

Egenolfia sinensis 中華刺蕨（原生）

Cyatheaceae 桫欏科

Alsophila spinulosa 刺桫欏（原生）（AFCD 評估：易危）（中國紅皮書：漸危）** ##

Gymnosphaera hancockii 細齒黑桫欏（原生）（AFCD 評估：易危）** ##

Gymnosphaera podophylla 黑桫欏、柄葉樹蕨（原生）（AFCD 評估：易危）** ##

Sphaeropteris lepifera 筆筒樹（非原生）****

Davalliaceae 骨碎補科

Davallia austrosinica 華南骨碎補（原生）

Davallia denticulata 假脈骨碎補（原生）

Davallia formosana 大葉骨碎補（原生）

Humata repens 陰石蕨（原生）

Humata tyermanii 圓蓋陰石蕨（原生）

Dennstaedtiaceae 碗蕨科

Microlepia hancei 華南鱗蓋蕨（原生）

Microlepia hookeriana 虎克鱗蓋蕨（原生）

Microlepia marginata 邊緣鱗蓋蕨（原生）

Microlepia strigosa 粗毛鱗蓋蕨（原生）

Dicksoniaceae 蚌殼蕨科

Cibotium barometz 金毛狗、鯨口蕨（原生）（AFCD 評估：易危）##

Drynariaceae 槲蕨科

Pseudodrynaria coronans 崖薑（原生）

Dryopteridaceae 鱗毛蕨科

Arachniodes chinensis 中華芒蕨（原生）

Arachniodes exilis 芒蕨（原生）

Arachniodes nigrospinosa 黑鱗芒蕨（原生）

Arachniodes rhomboidea 斜方芒蕨（原生）

Cyrtomidictyum basipinnatum 單葉鞭葉蕨（原生）

Cyrtomium balansae 鐮羽貫眾（原生）

Cyrtomium falcatum 全緣貫眾（原生）

Dryopteris championii 闊鱗鱗毛蕨（原生）

Dryopteris decipiens 異蓋鱗毛蕨（原生）

Dryopteris fuscipes 黑足鱗毛蕨（原生）

Dryopteris podophylla 柄葉鱗毛蕨（原生）

Dryopteris scottii 無蓋鱗毛蕨（原生）

Dryopteris sparsa 稀羽鱗毛蕨（原生）

Dryopteris tenuicula 嶺南鱗毛蕨（原生）

Dryopteris varia 變異鱗毛蕨（原生）

Polystichum eximium 華南耳蕨（原生）

Elaphoglossaceae 舌蕨科

Elaphoglossum yoshinagae 華南舌蕨（原生）

Equisetaceae 木賊科

Equisetum debile 筆管草、纖弱木賊（原生）

Equisetum ramosissimum 節節草、分枝木賊（原生）

Gleicheniaceae 裏白科

Dicranopteris linearis 鐵芒萁（原生）

Dicranopteris pedata 芒萁（原生）

Dicranopteris splendida 大羽芒萁（原生）

Diplopterygium cantonense 粵裏白（原生）

Diplopterygium chinensis 中華裏白（原生）

Diplopterygium glaucum 裏白（原生）

Sticherus laevigatus 假芒萁（原生）

Grammitidaceae 禾葉蕨科

Grammitis hirtella 紅毛禾葉蕨（原生）

Grammitis lasiosora 兩廣禾葉蕨（非原生）

Hemionitidaceae 裸子蕨科

Pityrogramma calomelanos 粉葉蕨（原生）

Huperziaceae 石杉科

Huperzia austrosinica 華南石杉（原生）

Huperzia serrata 蛇足石杉、千層塔（原生）

Phlegmariurus carinatus 龍骨馬尾杉（非原生）

Phlegmariurus fordii 華南馬尾杉、福氏馬尾杉（原生）

Hymenophyllaceae 膜蕨科

Crepidomanes bipunctatum 南洋假脈蕨

（原生）
Crepidomanes hainanense 海南假脈蕨（原生）
Crepidomanes intramarginale 緣內假脈蕨
（原生）
Crepidomanes latemarginale 闊邊假脈蕨
（原生）
Crepidomanes racemulosum 長柄假脈蕨
（原生）
Gonocormus minutus 團扇蕨（原生）
Gonocormus nitidulus 細口團扇蕨（原生）
Hymenophyllum austrosinicum 華南膜蕨
（原生）
Mecodium badium 露蕨（原生）
Mecodium microsorum 小果露蕨（原生）
Mecodium osmundoides 長柄露蕨（原生）
Selenodesmium siamense 華南長筒蕨（原生）
Trichomanes auriculatum 瓶蕨（原生）
Trichomanes orientale 華東瓶蕨（原生）

Hypolepidaceae 姬蕨科
Hypolepis punctata 姬蕨（原生）

Lindsaeaceae 鱗始蕨科
Lindsaea ensifolia 劍葉鱗始蕨、雙唇蕨（原生）
Lindsaea heterophylla 異葉鱗始蕨、異葉雙唇
蕨（原生）
Lindsaea orbiculata 團葉鱗始蕨（原生）
Sphenomeris biflora 闊片烏蕨（原生）
Sphenomeris chinensis 烏蕨、烏韭（原生）

Lomariopsidaceae 藤蕨科
Lomagramma matthewii 網藤蕨（原生）

Loxogrammaceae 劍蕨科
Loxogramme salicifolia 柳葉劍蕨、狹葉劍蕨
（原生）

Lycopodiaceae 石松科
Lycopodiastrum casuarinoides 藤石松、石子
藤（原生）
Lycopodiella caroliniana 廣東小石松、嘉氏石
松（原生）
Palhinhaea cernua 鋪地蜈蚣、燈籠草（原生）

Lygodiaceae 海金沙科

Lygodium conforme 華南海金沙、掌葉海金沙
（原生）
Lygodium flexuosum 曲軸海金沙（原生）
Lygodium japonicum 海金沙（原生）
Lygodium scandens 小葉海金沙（原生）

Marsileaceae 蘋科
Marsilea crenata 南國田字草（原生）
Marsilea quadrifolia 蘋（原生）

Nephrolepidaceae 腎蕨科
Nephrolepis auriculata 腎蕨（原生）
Nephrolepis biserrata 長葉腎蕨（原生）
Nephrolepis hirsutula 毛葉腎蕨（原生）

Oleandraceae 條蕨科
Oleandra intermedia 圓基條蕨（原生）

Ophioglossaceae 箭蕨科
Ophioglossum pedunculosum 尖頭箭蕨、卵
葉箭蕨（原生）
Ophioglossum reticulatum 心葉箭蕨（原生）
Ophioglossum thermale 狹葉箭蕨（原生）

Osmundaceae 紫萁科
Osmunda angustifolia 狹葉紫萁（原生）
Osmunda banksiifolia 粗齒紫萁（原生）
Osmunda japonica 紫萁（原生）
Osmunda mildei 粵紫萁（原生）
Osmunda vachellii 華南紫萁（原生）

Parkeriaceae 水蕨科
Ceratopteris thalictroides 水蕨（原生）（AFCD
評估：易危）

Plagiogyriaceae 瘤足蕨科
Plagiogyria tenuifolia 華南瘤足蕨（原生）
（AFCD 評估：瀕危）

Platyceriaceae 鹿角蕨科
Platycerium bifurcatum 二歧鹿角蕨（非原生）

Polypodiaceae 水龍骨科
Colysis elliptica 線蕨、蛇眼草（原生）
Colysis hemionitidea 斷線蕨（原生）
Colysis pothifolia 寬羽線蕨（原生）

Colysis wrightii 褐葉線蕨（原生）

Lemmaphyllum microphyllum 伏石蕨（原生）

Lepidogrammitis diversa 披針骨牌蕨（原生）

Lepidogrammitis rostrata 骨牌蕨（非原生）

Lepisorus obscurevenulosus 粵瓦韋（原生）

Lepisorus thunbergianus 瓦韋（原生）

Microsorium buergerianum 攀援星蕨（原生）

Microsorium fortunei 江南星蕨（原生）

Microsorium insigne 羽裂星蕨（原生）

Microsorium pteropus 有翅星蕨（原生）

Microsorium punctatum 星蕨（原生）

Microsorium zippelii 顯脈星蕨（原生）

Phymatodes longissima 多羽瘤蕨（原生）

Phymatodes scolopendria 瘤蕨（原生）

Pyrrosia adnascens 貼生石韋（原生）

Pyrrosia lingua 石韋（原生）

Psilotaceae 松葉蕨科

Psilotum nudum 松葉蕨（原生）

Pteridaceae 鳳尾蕨科

Histiopteris incisa 栗蕨（原生）

Pteris biaurita 狹眼鳳尾蕨（原生）

Pteris cadieri 條紋鳳尾蕨（原生）

Pteris deltodon 岩鳳尾蕨（原生）

Pteris dispar 刺齒鳳尾蕨、刺齒半邊旗（原生）

Pteris ensiformis 劍葉鳳尾蕨（原生）

Pteris fauriei 金釵鳳尾蕨（原生）

Pteris finotii 疏裂鳳尾蕨（原生）

Pteris grevilleana 林下鳳尾蕨（原生）

Pteris insignis 全緣鳳尾蕨（原生）

Pteris linearis 線羽鳳尾蕨（原生）

Pteris multifida 井欄邊草（原生）

Pteris oshimensis 斜羽鳳尾蕨（原生）

Pteris semipinnata 半邊旗（原生）

Pteris vittata 蜈蚣草（原生）

Pteridiaceae 蕨科

Pteridium aquilinum var. *latiusculum* 蕨（原生）

Salviniaceae 槐葉蘋科

Salvinia cucullata 勺葉槐葉蘋（非原生）

Salvinia natans 槐葉蘋（原生）

Selaginellaceae 卷柏科

Selaginella biformis 二形卷柏（原生）

Selaginella braunii 毛枝卷柏（非原生）

Selaginella ciliaris 緣毛卷柏（原生）

Selaginella delicatula 薄葉卷柏（原生）

Selaginella doederleinii 深綠卷柏（原生）

Selaginella involvens 密葉卷柏、兗州卷柏（原生）

Selaginella kraussiana 地柏（非原生）

Selaginella labordei 細葉卷柏（原生）

Selaginella limbata 耳基卷柏（原生）

Selaginella moellendorffii 江南卷柏（原生）

Selaginella remotifolia 疏葉卷柏（原生）

Selaginella scabrifolia 糙葉卷柏（原生）

Selaginella tamariscina 卷柏、還魂草（原生）

Selaginella trachyphylla 粗葉卷柏（原生）

Selaginella uncinata 翠雲草（原生）

Selaginella xipholepis 劍葉卷柏（原生）

Sinopteridaceae 中國蕨科

Aleuritopteris pseudofarinosa 粉背蕨（原生）

Cheilosoria chusana 毛軸碎米蕨（原生）

Cheilosoria mysurensis 碎米蕨（原生）

Cheilosoria tenuifolia 薄葉碎米蕨（原生）

Doryopteris concolor 烏軸蕨（原生）

Notholaena hirsuta 隱囊蕨（原生）

Onychium japonicum 日本金粉蕨（原生）

Stenochlaenaceae 光葉藤蕨科

Stenochlaena palustris 光葉藤蕨（原生）

Thelypteridaceae 金星蕨科

Ampelopteris prolifera 星毛蕨（原生）

Cyclosorus acuminatus 漸尖毛蕨（原生）

Cyclosorus aridus 乾旱毛蕨（原生）

Cyclosorus dentatus 齒牙毛蕨（原生）

Cyclosorus heterocarpus 異子毛蕨（原生）

Cyclosorus interruptus 間斷毛蕨、毛蕨（原生）

Cyclosorus latipinnus 寬羽毛蕨（原生）

Cyclosorus parasiticus 華南毛蕨（原生）

Dictyocline griffithii 聖蕨（原生）

Dictyocline wilfordii 羽裂聖蕨（原生）

Macrothelypteris torresiana 普通針毛蕨（原生）

Parathelypteris angulariloba 鈍頭金星蕨（原生）

Parathelypteris glanduligera 金星蕨（原生）
Pronephrium gymnopteridifrons 毛蓋新月蕨、大羽新月蕨（原生）
Pronephrium lakhimpurense 紅色新月蕨（原生）
Pronephrium megacuspe 微紅新月蕨（原生）
Pronephrium simplex 單葉新月蕨（原生）
Pronephrium triphyllum 三羽新月蕨（原生）
Pseudocyclosorus ciliatus 溪邊假毛蕨（原生）
Pseudocyclosorus falcilobus 鐮片假毛蕨（原生）
Pseudocyclosorus subochthodes 普通假毛蕨（原生）
Pseudocyclosorus tylodes 假毛蕨（原生）

Vittariaceae 書帶蕨科
Vittaria flexuosa 書帶蕨（原生）

資料來源及備注

綜合香港植物標本室《香港植物資料庫》（截至 2023）及其他相關資料。

** 者，代表已列入香港法例第 96 章《林區及郊區條例》

者，代表已列入香港法例第 586 章《保護瀕危動植物物種條例》

「AFCD 評估」為漁護署按世界自然保護聯盟（IUCN）制定的《紅色名錄等級及標準》，考慮該植物物種於香港及中國內地的現狀後，對其威脅等級作出評估。

Araucariaceae 南洋衫科

Agathis dammara 貝殼杉

Araucaria bidwillii 大葉南洋杉、塔杉

Araucaria columnaris 柱狀南洋杉

Araucaria cunninghamii 南洋杉、花旗杉

Araucaria heterophylla 異葉南洋杉

Cephalotaxaceae 三尖杉科

Amentotaxus argotaenia 穗花杉（原生）
（AFCD 評估：易危）（中國紅皮書：漸危）**

Cupressaceae 柏科

Callitris cupressiformis 彎垂柏松

Callitris robusta 柏松

Chamaecyparis pisifera 絨柏、雲松

Cupressus funebris 柏木、垂柏

Fokienia hodginsii 福建柏

Juniperus chinensis L. 圓柏

Juniperus chinensis L. 'Kaizuca' 龍柏

Platycladus orientalis 側柏

Cycadaceae 蘇鐵科

Cycas media 澳洲蘇鐵 ##

Cycas revoluta 蘇鐵 ##

Cycas taiwaniana 廣東蘇鐵、台灣蘇鐵 ##

Ginkgoaceae 銀杏科

Ginkgo biloba 銀杏、白果樹

Gnetaceae 買麻藤科

Gnetum luofuense 羅浮買麻藤（原生）

Gnetum parvifolium 小葉買麻藤（原生）

Pinaceae 松科

Keteleeria fortunei 油杉（原生）（AFCD 評估：易危）（中國紅皮書：漸危）**

Pinus elliottii 濕地松、愛氏松

Pinus massoniana 馬尾松（原生）

Pinus taeda 火炬松

Podocarpaceae 羅漢松科

Nageia nagi 竹柏

Podocarpus macrophyllus 羅漢松（原生）

Podocarpus macrophyllus var. *maki* 短葉羅漢松

Podocarpus neriifolius 百日青（原生）##

Taxodiaceae 杉科

Cryptomeria japonica 日本柳杉

Cunninghamia lanceolata 杉木

Glyptostrobus pensilis 水松

Metasequoia glyptostroboides 水杉

Taxodium distichum 落羽杉

Zamiaceae 澤米蘇鐵科

Zamia furfuracea 澤米蘇鐵、牙買加蘇鐵 ##

附錄 7-4　香港雙子葉植物名錄

資料來源及備註
綜合香港植物標本室《香港植物資料庫》（截至 2023）及其他相關資料。
** 者，代表已列入香港法例第 96 章《林區及郊區條例》
者，代表已列入香港法例第 586 章《保護瀕危動植物物種條例》
拉丁學名旁邊有 × 者，代表雜交物種
「AFCD 評估」為漁護署按世界自然保護聯盟（IUCN）制定的《紅色名錄等級及標準》，考慮該植物物種於香港及中國內地的現狀後，對其威脅等級作出評估。

Acanthaceae 爵床科

Acanthus ilicifolius 老鼠簕（原生）

Acanthus ilicifolius var. *xiamenensis* 廈門老鼠簕（原生）

Andrographis paniculata 穿心蓮、鬚藥草

Asystasia gangetica 寬葉十萬錯

Asystasia micrantha 小花十萬錯

Barleria cristata 假杜鵑、鴨仔花

Barleria lupulina 有刺鴨咀花

Clinacanthus nutans 鱷嘴花

Codonacanthus pauciflorus 鐘花草、鐘刺草（原生）

Dicliptera chinensis 狗肝菜（原生）

Dipteracanthus repens 楠草、蘆莉草（原生）

Eranthemum andersoni 安氏可愛花

Eranthemum pulchellum 可愛花

Fittonia verschaffeltii var. *argyroneura* 白脈網紋草、白脈費道花

Fittonia verschaffeltii var. *pearsei* 紅脈網紋草、紅脈費道花

Hygrophila erecta 小葉水蓑衣（原生）

Hygrophila megalantha 大花水蓑衣（原生）

Hygrophila salicifolia 水蓑衣（原生）

Hypoestes purpurea 槍刀藥、紅絲線（原生）

Hypoestes sanguinolenta 斑葉槍刀藥

Jacobinia velutina 串心花

Justicia adhatoda 鴨嘴花

Justicia austrosinensis 華南爵床（原生）

Justicia brandegeeana 蝦衣草

Justicia carnea 珊瑚花

Justicia championii 杜根藤、杉氏爵床（原生）

Justicia gendarussa 小駁骨、駁骨丹、小還魂（原生）

Justicia hayatai 早田氏爵床（原生）

Justicia procumbens 爵床、鼠尾紅（原生）

Justicia ventricosa 黑葉小駁骨、黑葉爵床（原生）

Lepidagathis incurva 鱗花草（原生）

Odontonema tubiforme 紅樓花

Pachystachys lutea 金苞花、黃鴨咀花

Pseuderanthemum carruthersii 擬美花

Pseuderanthemum carruthersii 'Variegatum' 斑葉擬美花

Rhinacanthus nasutus 靈枝草、扭序花、仙鶴草

Ruellia coerulea 蘭花草

Rungia chinensis 中華孩兒草（原生）

Rungia pectinata 孩兒草（原生）

Sanchezia parvibracteata 小苞黃脈爵床

Staurogyne concinnula 糙葉叉柱花（原生）

Strobilanthes apricus 山一籠雞（原生）

Strobilanthes cusia 馬藍（原生）

Strobilanthes dalzielii 曲枝馬藍（原生）

Strobilanthes dimorphotricha 球花馬藍、腺毛馬藍（原生）

Strobilanthes tetraspermus 四子馬藍（原生）

Thunbergia alata 翼葉老鴉嘴

Thunbergia erecta 硬枝老鴉嘴

Thunbergia fragrans 碗花草、老鴉嘴

Thunbergia grandiflora 大花老鴉嘴（原生）

Thunbergia laurifolia 桂葉老鴉嘴

Thunbergia mysorensis 黃花老鴉嘴

Aceraceae 槭樹科

Acer buergerianum 三角槭

Acer palmatum 雞爪槭

Acer reticulatum 網脈槭、長葉槭（原生）

Acer sino-oblongum 濱海槭、華南飛蛾樹、

劍葉槭（原生）

Acer tutcheri 嶺南槭（原生）

Actinidiaceae 獼猴桃科

Actinidia callosa var. discolor 異色獼猴桃
（原生）

Actinidia latifolia 闊葉獼猴桃（原生）

Saurauia tristyla 水東哥、米花樹（原生）

Aizoaceae 番杏科

Sesuvium portulacastrum 海馬齒、濱莧
（原生）

Tetragonia tetragonioides 番杏（原生）

Alangiaceae 八角楓科

Alangium chinense 八角楓（原生）

Amaranthaceae 莧科

Achyranthes aspera 土牛膝、倒扣草（原生）

Achyranthes bidentata 牛膝（原生）

Alternanthera bettzickiana 錦繡莧、紅草

Alternanthera dentata 紅龍莧

Alternanthera paronychioides 星星蝦鉗菜

Alternanthera philoxeroides 空心莧、空心蓮
子草

Alternanthera pungens 刺花蓮子草

Alternanthera sessilis 蝦鉗菜、蓮子草（原生）

Amaranthus blitum 凹頭莧（原生）

Amaranthus spinosus 刺莧

Amaranthus tricolor 莧菜

Amaranthus viridis 綠莧、野莧（原生）

Celosia argentea 青葙、野雞冠（原生）

Celosia argentea var. cristata 雞冠花

Celosia argentea var. plumosa 鳳尾球

Cyathula prostrata 杯莧、金鉤草（原生）

Gomphrena celosioides 銀花莧、野千日紅

Gomphrena globosa 千日紅、百日紅、日日
紅

Iresine herbstii 血莧、血葉

Anacardiaceae 漆樹科

Choerospondias axillaris 南酸棗、酸棗（原生）

Dracontomelon duperreanum 人面子

Mangifera indica 杧果

Pistacia atlantica 大西洋黃連木

Pistacia chinensis 黃連木

Rhus chinensis 鹽膚木（原生）

Rhus hypoleuca 白背鹽膚木、白背漆（原生）

Rhus succedanea 木蠟樹、野漆樹（原生）

Schinus terebinthifolia 巴西青香木

Spondias dulcis 食用檳榔青

Spondias lakonensis 嶺南酸棗

Annonaceae 番荔枝科

Annona glabra 圓滑番荔枝、牛心果

Annona squamosa 番荔枝

Artabotrys hexapetalus 鷹爪花

Artabotrys hongkongensis 香港鷹爪花
（原生）

Cananga odorata 依蘭、依蘭香

Desmos chinensis 假鷹爪、酒餅葉（原生）

Fissistigma glaucescens 白葉瓜馥木（原生）

Fissistigma oldhamii 瓜馥木（原生）

Fissistigma uonicum 香港瓜馥木（原生）

Popowia pisocarpa 嘉陵花（原生）（AFCD
評估：易危）

Uvaria boniana 光葉紫玉盤（原生）

Uvaria calamistrata 刺果紫玉盤（原生）

Uvaria grandiflora 大花紫玉盤、山椒（原生）

Uvaria macrophylla 紫玉盤（原生）

Apiaceae 傘形科

Anethum graveolens 蒔蘿

Angelica decursiva 紫花前胡

Apium graveolens 芹菜

Centella asiatica 積雪草、崩大碗（原生）

Coriandrum sativum 芫荽

Cyclospermum leptophyllum 細葉旱芹（原生）

Daucus carota var. sativa 胡蘿蔔、金筍

Eryngium foetidum 刺芹、假芫荽（原生）

Foeniculum vulgare 茴香

Glehnia littoralis 珊瑚菜、北沙參（原生）
（AFCD 評估：易危）（中國紅皮書：漸危）

Hydrocotyle sibthorpioides 天胡荽（原生）

Hydrocotyle sibthorpioides var. batrachium 破
銅錢（原生）

Hydrocotyle verticillata 銅錢草

Hydrocotyle wilfordii 腎葉天胡荽、惠氏天胡
荽（原生）

Oenanthe benghalensis 短幅水芹、少花水芹（原生）

Oenanthe javanica 水芹（原生）

Ostericum citriodorum 隔山香、檸檬香鹹草（原生）

Petroselinum crispum 歐芹、洋芫荽

Peucedanum praeruptorum 前胡、白花前胡（原生）

Pimpinella diversifolia 異葉茴芹（原生）

Sanicula lamelligera 薄片變豆菜（原生）

Apocynaceae 夾竹桃科

Adenium obesum 天寶花、沙漠玫瑰

Allamanda cathartica 軟枝黃蟬

Allamanda schottii 黃蟬、硬枝黃蟬

Alstonia scholaris 糖膠樹、黑板樹

Alyxia sinensis 鏈珠藤、念珠藤（原生）

Anodendron affine 鱔藤、欖葛（原生）

Beaumontia grandiflora 清明花

Carissa carandas 刺黃果

Carissa macrocarpa 大果假虎刺、大花假虎刺

Catharanthus roseus 長春花

Cerbera manghas 海杜果（原生）

Chonemorpha eriostylis 鹿角藤

Ichnocarpus frutescens 腰骨藤（原生）

Ichnocarpus jacquetii 少花腰骨藤（原生）

Kopsia arborea 蕊木（原生）

Mandevilla boliviensis 雞蛋花藤

Melodinus fusiformis 尖山橙（原生）

Melodinus suaveolens 山橙（原生）

Nerium oleander 夾竹桃

Ochrosia elliptica 古城玫瑰樹

Plumeria obtusa 鈍葉雞蛋花

Plumeria rubra 雞蛋花、紅雞蛋花

Pottsia laxiflora 簾子藤、疏花薄梗藤（原生）

Rauvolfia verticillata 蘿芙木（原生）

Strophanthus divaricatus 羊角拗（原生）

Tabernaemontana bovina 藥用狗牙花

Tabernaemontana divaricata 狗牙花

Thevetia peruviana 黃花夾竹桃

Thevetia peruviana 'Aurantiana' 紅酒杯花

Trachelospermum jasminoides 絡石（原生）

Urceola micrantha 杜仲藤（原生）

Urceola rosea 酸葉膠藤（原生）

Wrightia laevis 藍樹（原生）

Aquifoliaceae 冬青科

Ilex asprella 梅葉冬青、秤星樹（原生）

Ilex asprella var. tapuensis 大埔秤星樹（原生）

Ilex championii 凹葉冬青（原生）

Ilex chapaensis 沙壩冬青（原生）

Ilex cinerea 灰冬青（原生）

Ilex cornuta 枸骨

Ilex crenata 齒葉冬青

Ilex dasyphylla 黃毛冬青（原生）

Ilex ficoidea 榕葉冬青（原生）

Ilex graciliflora 細花冬青、纖花冬青（原生）

Ilex hanceana 青茶冬青、青茶（原生）

Ilex kwangtungensis 廣東冬青（原生）

Ilex lancilimba 劍葉冬青（原生）

Ilex latifolia 大葉冬青

Ilex lohfauensis 羅浮冬青、矮冬青（原生）

Ilex memecylifolia 谷木葉冬青、谷木冬青（原生）

Ilex pubescens 毛冬青（原生）

Ilex rotunda 鐵冬青

Ilex rotunda var. microcarpa 小果鐵冬青、微果冬青、救必應（原生）

Ilex triflora 三花冬青（原生）

Ilex viridis 綠冬青、亮葉冬青（原生）

Araliaceae 五加科

Aralia chinensis 楤木（原生）

Aralia finlaysoniana 虎刺楤木（原生）

Dendropanax dentigerus 樹參（原生）

Dendropanax proteus 變葉樹參（原生）

Eleutherococcus trifoliatus 白簕、白簕花（原生）

Fatsia japonica 八角金盤

Hedera helix 洋常春藤

Heteropanax fragrans 幌傘楓、火通木

Polyscias fruticosa 南洋參

Polyscias guilfoylei 銀邊南洋參、福祿桐、假沙梨

Schefflera actinophylla 輻葉鵝掌柴、澳洲鵝掌柴、傘樹

Schefflera arboricola 鵝掌藤

Schefflera heptaphylla 鵝掌柴、鴨腳木（原生）

Tetrapanax papyriferus 通脫木

Aristolochiaceae 馬兜鈴科

Aristolochia championii 長葉馬兜鈴（原生）
（AFCD 評估：極危）

Aristolochia fordiana 福氏馬兜鈴、通城虎
（原生）

Aristolochia mollis 柔毛馬兜鈴（原生）

Aristolochia tagala 印度馬兜鈴、耳葉馬兜鈴
（原生）**

Aristolochia thwaitesii 海邊馬兜鈴、田氏馬兜
鈴（原生）（AFCD 評估：易危）

Aristolochia westlandii 香港馬兜鈴、威氏馬兜
鈴（原生）（AFCD 評估：極危）

Asarum hongkongense 香港細辛（原生）
（AFCD 評估：極危）

Asarum leptophyllum 薄葉細辛（原生）

Asclepiadaceae 蘿藦科

Asclepias curassavica 馬利筋、連生桂子花

Ceropegia trichantha 吊燈花、三刺臘花

Cryptolepis sinensis 白葉藤（原生）

Cryptostegia grandiflora 大花桉葉藤

Cynanchum corymbosum 刺瓜（原生）

Cynanchum insulanum 海南杯冠藤（原生）

Cynanchum paniculatum 徐長卿、了刁竹
（原生）

Dischidia chinensis 眼樹蓮、瓜子金（原生）

Dregea volubilis 南山藤（原生）

Gomphocarpus physocarpus 汽球花

Graphistemma pictum 天星藤（原生）

Gymnanthera oblonga 海島藤（原生）

Gymnema inodorum 廣東匙羹藤（原生）

Gymnema sylvestre 匙羹藤（原生）

Hoya carnosa 球蘭、毬蘭（原生）

Jasminanthes mucronata 黑鰻藤（原生）

Marsdenia lachnostoma 毛喉牛奶菜（原生）
（AFCD 評估：極危）

Marsdenia tinctoria 藍葉藤、芙蓉蘭（原生）

Pentasachme caudatum 石蘿藦（原生）

Telosma cordata 夜來香

Toxocarpus fuscus 鏽毛弓果藤（原生）

Toxocarpus wightianus 弓果藤（原生）

Tylophora ovata 娃兒藤（原生）

Asteraceae 菊科

Acanthospermum hispidum 毛葉刺苞果

Adenostemma lavenia 下田菊（原生）

Ageratum conyzoides 藿香薊、勝紅薊

Ageratum houstonianum 熊耳草

Ainsliaea fragrans 杏葉兔兒風、兔兒風（原生）

Ainsliaea macroclinidioides 燈檯兔兒風（原生）

Ainsliaea walkeri 華南兔兒風、獲氏兔兒風
（原生）

Ambrosia artemisiifolia 豚草、海艾

Anisopappus chinensis 山黃菊（原生）

Argyranthemum frutescens 木茼蒿、白仔菊

Artemisia annua 黃花蒿（原生）

Artemisia capillaris 茵陳蒿（原生）

Artemisia indica 五月艾（原生）

Artemisia japonica 牡蒿（原生）

Artemisia lactiflora 白苞蒿、甜菜子（原生）

Artemisia lavandulaefolia 野艾蒿（原生）

Artemisia princeps 魁蒿（原生）

Aster ageratoides 三脈紫菀、山白菊（原生）

Aster ageratoides var. scaberulus 微糙三脈紫
菀（原生）

Aster baccharoides 白舌紫菀（原生）

Aster novi-belgii 荷蘭菊

Aster panduratus 琴葉紫菀（原生）

Aster striatus 香港紫菀（原生）

Aster subulatus 鑽形紫菀

Bidens alba 白花鬼針草

Bidens bipinnata 婆婆針（原生）

Bidens biternata 金盞銀盤（原生）

Bidens pilosa 鬼針草

Blainvillea acmella 百能葳（原生）

Blumea balsamifera 艾納香（原生）

Blumea clarkei 七里明（原生）

Blumea hieraciifolia 毛氈草（原生）

Blumea lacera 見霜黃（原生）

Blumea laciniata 六耳鈴（原生）

Blumea lanceolaria 千頭艾納香（原生）

Blumea megacephala 東風草、大頭艾納香
（原生）

Blumea mollis 柔毛艾納香（原生）

Blumea oblongifolia 長圓葉艾納香（原生）

Blumea sessiliflora 無梗艾納香（原生）

Calendula officinalis 金盞花、金鐘

Callistephus chinensis 翠菊

Carpesium abrotanoides 天名精（原生）

Centaurea cyanus 矢車菊

Centipeda minima 石胡荽（原生）

Chorisis repens 苦蕒菜（原生）

Chrysanthemum carinatum 蒿子桿、三色菊

Chrysanthemum coronarium 艾菜、歐茼蒿

Chrysanthemum segetum 茼蒿、南茼蒿

Cirsium hupehense 湖北薊、馬刺薊（原生）

Cirsium japonicum 薊（原生）

Cirsium lineare 絲葉薊（原生）

Conyza bonariensis 香絲草

Conyza canadensis 小蓬草、小白酒草

Conyza japonica 白酒草（原生）

Conyza sumatrensis 蘇門白酒草

Coreopsis lanceolata 劍葉金雞菊

Coreopsis tinctoria 兩色金雞菊、波斯菊、鐵菊

Cosmos bipinnatus 秋英

Cotula anthemoides 芫荽菊（原生）

Crassocephalum crepidioides 野茼蒿

Crossostephium chinense 芙蓉菊（原生）

Dahlia pinnata 大麗花、洋芍藥

Dendranthema indicum 野菊（原生）

Dendranthema morifolium 菊花

Dichrocephala integrifolia 魚眼草（原生）

Duhaldea cappa 羊耳菊、白牛膽（原生）

Eclipta prostrata 鱧腸、白花蟛蜞菊（原生）

Elephantopus scaber 地膽草（原生）

Elephantopus tomentosus 白花地膽草（原生）

Emilia prenanthoidea 小一點紅（原生）

Emilia sonchifolia 一點紅、雞腳草（原生）

Epaltes australis 球菊、鵝不食草（原生）

Erechtites hieraciifolius 梁子菜

Erechtites valerianifolius 裂葉菊芹、菊芹

Erigeron karvinskianus 加勒比飛蓬

Eupatorium chinense 華澤蘭、蘭草（原生）

Eupatorium japonicum 白頭婆、澤蘭（原生）

Eupatorium lindleyanum 林澤蘭（原生）

Eupatorium odoratum 飛機草

Farfugium japonicum 大吳風草、橐吾（原生）

Gaillardia aristata 宿根天人菊、荔枝菊

Gaillardia pulchella 天人菊

Galinsoga parviflora 牛膝菊、辣子草、珍珠草

Gerbera jamesonii 非洲菊、扶郎花

Gerbera piloselloides 毛大丁草（原生）

Glossocardia bidens 鹿角草、香茹（原生）

Gnaphalium affine 鼠麴草、佛耳草（原生）

Gnaphalium hypoleucum 秋鼠麴草、黃花艾（原生）

Gnaphalium pensylvanicum 匙葉鼠麴草（原生）

Gnaphalium polycaulon 多莖鼠麴草（原生）

Grangea maderaspatana 田基黃、荔枝菊（原生）

Gynura aurantiaca 紫絨草、紫絨藤

Gynura bicolor 風鳳菜、紅鳳菜、兩色三七草

Gynura divaricata 白子菜、雞菜（原生）

Gynura japonica 三七草

Helianthus annuus 向日葵

Helianthus tuberosus 菊芋、菊薯

Hemisteptia lyrata 泥胡菜（原生）

Ixeridium chinense 中華小苦蕒、山苦蕒（原生）

Ixeridium gracile 纖細苦蕒菜（原生）

Ixeris japonica 剪刀股（原生）

Ixeris polycephala 多頭苦蕒菜（原生）

Kalimeris indica 馬蘭、雞兒腸（原生）

Lactuca sativa 萵苣、生菜

Lagascea mollis 單花葵

Lagenophora stipitata 瓶頭草、瓶頭菊（原生）

Laggera alata 六棱菊、鹿耳苓（原生）

Launaea sarmentosa 匐莖栓果菊、蔓栓果菊（原生）

Leucanthemum vulgare 濱菊、延命菊

Ligularia japonica 大頭橐吾（原生）

Microglossa pyrifolia 小舌菊（原生）

Mikania micrantha 薇甘菊

Paraixeris denticulata 黃瓜菜（原生）

Parthenium hysterophorus 銀膠菊

Pectis prostrata 伏生香檬菊

Pericallis × hybrida 瓜葉菊

Pertya pungens 尖苞帚菊（原生）（AFCD 評估：極危）

Pluchea indica 闊苞菊、煙茜（原生）

Pluchea pteropoda 光梗闊苞菊、翅煙茜（原生）

Porophyllum ruderale 葩葩洛

Praxelis clematidea 假臭草

Pseudelephantopus spicatus 假地膽草
Pterocypsela indica 翅果菊、山萵苣（原生）
Pterocypsela laciniata 多裂翅果菊（原生）
Pterocypsela raddeana 毛脈翅果菊（原生）
Rudbeckia hirta 黑心金光菊
Sanvitalia procumbens 蛇目菊
Saussurea japonica 風毛菊（原生）
Senecio scandens 千里光（原生）
Senecio stauntonii 閩粵千里光（原生）
Sigesbeckia orientalis 豨薟、蝦拑草（原生）
Solidago decurrens 一枝黃花（原生）
Soliva anthemifolia 裸柱菊、座地菊
Sonchus arvensis 苣蕒菜（原生）
Sonchus oleraceus 苦苣菜、苦蕒菜
Spilanthes grandiflora 大花金鈕扣（原生）
Spilanthes paniculata 金鈕扣（原生）
Stokesia cyanea 琉璃菊
Synedrella nodiflora 金腰箭、苞殼菊
Tagetes erecta 萬壽菊
Tagetes patula 孔雀草、藤菊
Tagetes tenuifolia 細葉萬壽菊
Taraxacum officinale 藥用蒲公英
Tithonia diversifolia 腫柄菊、假向日葵
Tridax procumbens 羽芒菊、中美高
Vernonia cinerea 夜香牛（原生）
Vernonia cumingiana 毒根斑鳩菊（原生）
Vernonia elliptica 光耀藤
Vernonia gratiosa 台灣斑鳩菊（原生）
Vernonia maritima 濱海斑鳩菊
Vernonia patula 鹹蝦花（原生）
Vernonia saligna 柳葉斑鳩菊（原生）
Vernonia solanifolia 茄葉斑鳩菊、斑鳩菊
（原生）
Wedelia biflora 雙頭菊、攀花蟛蜞菊（原生）
Wedelia chinensis 蟛蜞菊（原生）
Wedelia prostrata 鹵地菊（原生）
Wedelia trilobata 三裂葉蟛蜞菊
Wedelia wallichii 山蟛蜞菊（原生）
Xanthium sibiricum 蒼耳（原生）
Youngia heterophylla 異葉黃鵪菜、苦蕒菜
（原生）
Youngia japonica 黃鵪菜、日本苦蕒菜（原生）
Zinnia violacea 百日菊、魚尾菊

Balanophoraceae 蛇菰科
Balanophora harlandii 紅苳蛇菰（原生）
Balanophora hongkongensis 香港蛇菰（原生）

Balsaminaceae 鳳仙花科
Impatiens balsamina 鳳仙花
Impatiens chinensis 華鳳仙（原生）
Impatiens hongkongensis 香港鳳仙（原生）
（AFCD 評估：瀕危）**
Impatiens walleriana 非洲鳳仙

Basellaceae 落葵科
Anredera cordifolia 落葵薯
Basella alba 落葵、潺菜

Begoniaceae 秋海棠科
Begonia × tuberhybrida 球根海棠
Begonia coccinea 紅花竹節秋海棠
Begonia cucullata var. hookeri 四季秋海棠
Begonia fimbristipula 紫背天葵（原生）
Begonia hongkongensis 香港秋海棠（原生）
Begonia longifolia 粗喙秋海棠（原生）
Begonia maculata 竹節秋海棠
Begonia palmata 裂葉秋海棠（原生）
Begonia rex-cultorum 斑葉秋海棠

Berberidaceae 小檗科
Mahonia bealei 闊葉十大功勞
Mahonia fortunei 十大功勞
Mahonia oiwakensis 海島十大功勞（原生）
（AFCD 評估：瀕危）
Nandina domestica 南天竹

Betulaceae 樺木科
Alnus japonica 赤楊
Carpinus insularis 香港鵝耳櫪（原生）

Bignoniaceae 紫葳科
Campsis grandiflora 凌霄
Catalpa speciosa 黃金樹、西美梓
Clytostoma callistegioides 連理藤
Crescentia alata 十字架樹
Jacaranda mimosifolia 藍花楹
Kigelia africana 吊燈樹
Macfadyena unguis-cati 貓爪藤

Markhamia stipulata var. kerrii 貓尾木
Oroxylum indicum 木蝴蝶、千層紙（原生）
Pandorea ricasoliana 非洲凌霄、肖粉凌霄
Pseudocalymma alliaceum 蒜香藤
Pyrostegia venusta 炮仗花
Radermachera hainanensis 海南菜豆樹
Radermachera sinica 菜豆樹
Spathodea campanulata 火焰樹、火焰木
Tabebuia argentea 銀鱗金鈴木
Tabebuia chrysantha 黃鐘木、風鈴木
Tabebuia heterophylla 異葉黃鐘木
Tecoma capensis 硬骨凌霄、洋凌霄
Tecoma stans 黃鐘花

Bixaceae 紅木科
Bixa orellana 紅木

Bombacaceae 木棉科
Bombax ceiba 木棉
Ceiba pentandra 吉貝、美洲木棉
Chorisia speciosa 絲木棉、美人樹
Pachira aquatica 瓜栗

Boraginaceae 紫草科
Borago officinalis 玻璃苣、琉璃苣
Bothriospermum zeylanicum 柔弱斑種草
（原生）
Carmona microphylla 基及樹、福建茶
Cordia dichotoma 破布木（原生）
Ehretia acuminata 厚殼樹（原生）
Ehretia longiflora 長花厚殼樹（原生）
Heliotropium indicum 大尾搖（原生）
Heliotropium strigosum 細葉天芥菜（原生）
Tournefortia montana 紫丹（原生）（AFCD 評估：易危）

Brassicaceae 十字花科
Brassica juncea 芥菜、大葉芥菜、梅菜
Brassica oleracea 葉甘藍
Brassica oleracea var. albiflora 芥蘭
Brassica oleracea var. botrytis 椰菜花、花椰菜
Brassica oleracea var. capitata 椰菜
Brassica oleracea var. gongylodes 芥蘭頭、擘藍

Brassica oleracea var. italica 西蘭花
Brassica rapa 蕪菁、大頭菜
Brassica rapa var. chinensis 白菜、青菜
Brassica rapa var. glabra 大白菜、黃牙白、白菜
Brassica rapa var. oleifera 蕓薹、油菜
Brassica rapa var. parachinensis 菜心
Capsella bursa-pastoris 薺菜（原生）
Cardamine flexuosa 彎曲碎米薺、碎米薺（原生）
Coronopus didymus 臭薺（原生）
Lepidium virginicum 北美獨行菜（原生）
Lobularia maritima 香雪球
Nasturtium officinale 西洋菜
Raphanus sativus 蘿蔔、萊菔
Rorippa cantoniensis 廣州蔊菜、微子蔊菜（原生）
Rorippa dubia 無瓣蔊菜（原生）
Rorippa indica 蔊菜、塘葛菜（原生）

Buddlejaceae 醉魚草科
Buddleja asiatica 白背楓、駁骨丹（原生）
Buddleja davidii 大葉醉魚草
Buddleja lindleyana 醉魚草、百寶花（原生）
Buddleja madagascariensis 漿果醉魚草、醉魚藤
Buddleja officinalis 密蒙花

Burseraceae 橄欖科
Canarium album 橄欖、白欖
Canarium pimela 烏欖

Buxaceae 黃楊科
Buxus bodinieri 雀舌黃楊（原生）
Buxus harlandii 匙葉黃楊（原生）（AFCD 評估：易危）
Buxus sinica 黃楊（原生）
Buxus sinica subsp. aemulans 尖葉黃楊（原生）
Sarcococca longipetiolata 長柄野扇花（原生）（AFCD 評估：易危）

Cactaceae 仙人掌科
Echinocactus grusonii 金琥、象牙球 ##
Epiphyllum oxypetalum 曇花 ##

Gymnocalycium mihanovichii var. friedrichii 牡丹玉、瑞雲丸 ##

Hylocereus undatus 量天尺 ##

Opuntia stricta var. dillenii 仙人掌 ##

Pereskia aculeata 木麒麟

Pereskia grandifolia 大葉木麒麟

Schlumbergera truncata 蟹爪 ##

Cacsalpiniaccac 蘇木科

Bauhinia × blakeana 洋紫荊（原生）

Bauhinia acuminata 矮白花羊蹄甲

Bauhinia championii 缺葉藤、龍鬚藤（原生）

Bauhinia corymbosa 首冠藤、深裂葉羊蹄甲

Bauhinia galpinii 嘉氏羊蹄甲

Bauhinia glauca 粉葉羊蹄甲、羊蹄甲藤（原生）

Bauhinia purpurea 紅花羊蹄甲

Bauhinia tomentosa 黃花羊蹄甲

Bauhinia variegata 宮粉羊蹄甲

Bauhinia variegata var. candida 白花洋紫荊

Caesalpinia bonduc 刺果蘇木（原生）

Caesalpinia crista 華南雲實、假老虎簕（原生）

Caesalpinia decapetala 雲實（原生）

Caesalpinia minax 喙莢雲實、南蛇簕（原生）

Caesalpinia pulcherrima 洋金鳳、金鳳花

Caesalpinia sappan 蘇木（原生）

Caesalpinia vernalis 春雲實（原生）

Cassia fistula 臘腸樹、豬腸豆

Cassia javanica 爪哇決明

Cassia javanica var. indochinensis 節果決明

Cercis chinensis 紫荊

Chamaecrista leschenaultiana 短葉決明、大葉山扁豆（原生）

Chamaecrista mimosoides 含羞草決明、山扁豆（原生）

Delonix regia 鳳凰木

Gleditsia australis 小果皂莢（原生）

Gleditsia fera 華南皂莢（原生）

Gleditsia triacanthos 美國皂莢

Lysidice rhodostegia 儀花

Parkinsonia aculeata 扁軸木

Peltophorum pterocarpum 盾柱木、雙翼豆

Peltophorum tonkinense 銀珠

Saraca dives 中國無憂花

Senna alata 翅莢決明

Senna bicapsularis 雙莢決明

Senna hirsuta 毛莢決明

Senna multijuga 密葉決明

Senna occidentalis 望江南、野扁豆

Senna polyphylla 多葉決明

Senna siamea 鐵刀木

Senna sophera 槐葉決明、江南槐

Senna spectabilis 美麗決明、美洲槐

Senna sulfurea 粉葉決明

Senna surattensis 黃槐決明、黃槐

Senna tora 決明

Tamarindus indica 酸豆

Callitrichaceae 水馬齒科

Callitriche palustris var. elegans 東北水馬齒（原生）

Callitriche palustris var. oryzetorum 廣東水馬齒（原生）

Calycanthaceae 臘梅科

Chimonanthus praecox 臘梅

Campanulaceae 桔梗科

Codonopsis javanica 金錢豹、土黨參（原生）

Codonopsis lanceolata 羊乳、輪葉黨參（原生）

Laurentia longiflora 同瓣草

Lobelia alsinoides subsp. hancei 假半邊蓮（原生）

Lobelia chinensis 半邊蓮（原生）

Lobelia zeylanica 疏毛半邊蓮、肉質半邊蓮（原生）

Platycodon grandiflorus 桔梗（原生）**

Pratia nummularia 銅錘玉帶草（原生）

Sphenoclea zeylanica 尖瓣花（原生）

Wahlenbergia marginata 藍花參、娃兒草（原生）

Cannabaceae 大麻科

Humulus scandens 葎草

Capparaceae 白花菜科

Arivela viscosa 黃花草、臭屎菜（原生）

Capparis acutifolia 獨行千里、尖葉槌果藤（原生）

Capparis cantoniensis 廣州槌果藤（原生）

Cleome burmannii 印度白花菜

Cleome rutidosperma 皺子白花菜

Crateva trifoliata 鈍葉魚木

Crateva unilocularis 樹頭菜

Gynandropsis gynandra 白花菜、羊角菜

Tarenaya hassleriana 醉蝶花

Caprifoliaceae 忍冬科

Abelia × grandiflora 大花六道木

Abelia chinensis 糯米條、茶條樹（原生）

Lonicera confusa 華南忍冬、山銀花（原生）

Lonicera japonica 忍冬、金銀花（原生）

Lonicera longiflora 長花忍冬（原生）

Lonicera macrantha 大花忍冬（原生）

Lonicera rhytidophylla 皺葉忍冬、顯脈忍冬（原生）

Lonicera sempervirens 穿葉忍冬

Sambucus chinensis 接骨草（原生）

Viburnum hanceanum 蝶花莢蒾（原生）

Viburnum luzonicum 呂宋莢蒾（原生）

Viburnum odoratissimum 珊瑚樹（原生）

Viburnum sempervirens 常綠莢蒾、堅莢樹（原生）

Caricaceae 番木瓜科

Carica papaya 番木瓜

Caryophyllaceae 石竹科

Cerastium fontanum subsp. vulgare 簇生卷耳（原生）

Dianthus barbatus 十樣錦、鬚苞石竹

Dianthus caryophyllus 麝香石竹、康乃馨、丁香花

Dianthus chinensis 石竹

Drymaria cordata 荷蓮豆（原生）

Gypsophila paniculata 線形瞿麥、圓錐石頭花

Lychnis fulgens 剪秋羅

Myosoton aquaticum 鵝腸菜、牛繁縷（原生）

Polycarpaea corymbosa 白鼓釘（原生）

Polycarpon prostratum 多莢草（原生）

Sagina japonica 漆姑草（原生）

Spergularia salina 擬漆姑（原生）

Stellaria alsine 雀舌草（原生）

Stellaria media 繁縷、魚腸草（原生）

Casuarinaceae 木麻黃科

Allocasuarina littoralis 海濱異木麻黃、海濱木麻黃

Casuarina cunninghamiana 細枝木麻黃、肯氏木麻黃

Casuarina equisetifolia 木麻黃、牛尾松

Celastraceae 衛矛科

Celastrus aculeatus 過山楓（原生）

Celastrus hindsii 青江藤（原生）

Celastrus monospermus 獨子藤、單子南蛇藤（原生）

Celastrus stylosus 顯柱南蛇藤（原生）

Elaeodendron orientale 福木

Euonymus actinocarpa 紫刺衛矛（原生）

Euonymus fortunei 扶芳藤（原生）

Euonymus gibber 流蘇衛矛

Euonymus glaber 光葉衛矛

Euonymus japonicus var. albomarginatus 銀邊衛矛

Euonymus laxiflorus 疏花衛矛（原生）

Euonymus nitidus 中華衛矛（原生）

Euonymus tsoi 長葉衛矛（原生）（AFCD 評估：極危）

Loeseneriella concinna 程香仔樹、希藤（原生）

Microtropis biflora 雙花假衛矛（原生）

Microtropis fokienensis 福建假衛矛（原生）

Microtropis obscurinervia 隱脈假衛矛（原生）

Microtropis reticulata 細脈假衛矛、少脈假衛矛（原生）

Ceratophyllaceae 金魚藻科

Ceratophyllum demersum 金魚藻

Chenopodiaceae 藜科

Atriplex maximowicziana 海濱藜（原生）

Bassia scoparia 地膚

Beta vulgaris var. cicla 莙蓬菜

Chenopodium acuminatum subsp. virgatum 狹葉尖頭葉藜（原生）

Chenopodium album 藜（原生）

Chenopodium ficifolium 小藜（原生）

Dysphania ambrosioides 土荊芥、小荊芥

Spinacia oleracea 菠菜

Suaeda australis 南方鹹蓬（原生）

Chloranthaceae 金粟蘭科

Chloranthus serratus 及己、四葉對（原生）

Chloranthus spicatus 金粟蘭、珍珠蘭

Sarcandra glabra 草珊瑚、雞爪蘭、九節楓
（原生）

Clusiaceae 山竹子科

Calophyllum membranaceum 胡桐（原生）

Cratoxylum cochinchinense 黃牛木（原生）

Garcinia multiflora 多花山竹子（原生）

Garcinia oblongifolia 嶺南山竹子、黃牙果
（原生）

Garcinia subelliptica 菲島福木

Hypericum attenuatum 趕山鞭

Hypericum japonicum 地耳草、田基黃（原生）

Hypericum monogynum 金絲桃

Hypericum patulum 金絲梅

Hypericum sampsonii 元寶草（原生）

Combretaceae 使君子科

Combretum alfredii 風車子（原生）

Lumnitzera racemosa 欖李（原生）

Quisqualis indica 使君子

Terminalia arjuna 阿江欖仁

Terminalia catappa 欖仁樹

Terminalia chebula 訶子

Terminalia mantaly 小葉欖仁

Terminalia muelleri 美洲欖仁

Connaraceae 牛栓藤科

Rourea microphylla 小葉紅葉藤、紅葉藤
（原生）

Rourea minor 大葉紅葉藤、牛栓藤（原生）

Convolvulaceae 旋花科

Argyreia acuta 白鶴藤（原生）

Argyreia capitiformis 頭花銀背藤（原生）

Argyreia mollis 銀背藤（原生）

Argyreia nervosa 美麗銀背藤

Calystegia hederacea 打碗花、旋花（原生）

Dichondra micrantha 馬蹄金（原生）

Erycibe obtusifolia 丁公藤（原生）

Evolvulus alsinoides 土丁桂（原生）

Hewittia malabarica 豬菜藤（原生）

Ipomoea alba 月光花

Ipomoea aquatica 蕹菜

Ipomoea batatas 番薯

Ipomoea biflora 心萼薯（原生）

Ipomoea cairica 五爪金龍

Ipomoea carnea subsp. *fistulosa* 樹牽牛

Ipomoea coccinea 橙紅蔦蘿

Ipomoea fimbriosepala 狹花心萼薯（原生）

Ipomoea horsfalliae 王子薯

Ipomoea imperati 假厚藤（原生）

Ipomoea indica 變色牽牛

Ipomoea mauritiana 七爪龍

Ipomoea nil 牽牛

Ipomoea obscura 小心葉薯、紫心牽牛（原生）

Ipomoea pes-caprae 厚藤、海灘牽牛（原生）

Ipomoea pileata 帽苞薯藤（原生）

Ipomoea purpurea 圓葉牽牛

Ipomoea quamoclit 蔦蘿松

Ipomoea triloba 三裂葉薯、三裂葉牽牛

Jacquemontia paniculata 小牽牛（原生）

Merremia dissecta 多裂魚黃草（原生）

Merremia hederacea 魚黃草（原生）

Merremia hirta 毛山豬菜（原生）

Merremia quinata 指葉山豬菜（原生）

Merremia sibirica 北魚黃草（原生）

Merremia tuberosa 木玫瑰

Merremia umbellata subsp. *orientalis* 山豬菜
（原生）

Operculina turpethum 盒果藤（原生）

Xenostegia tridentata 地旋花（原生）

Cornaceae 山茱萸科

Aucuba chinensis 桃葉珊瑚（原生）

Camptotheca acuminata 喜樹

Dendrobenthamia hongkongensis 香港四照花
（原生）**

Crassulaceae 景天科

Crassula argentea 玉樹

Crassula lycopodioides 青鎖龍

Echeveria glauca 蓮花掌

Kalanchoe blossfeldiana 多花伽藍菜

Kalanchoe daigremontiana 大葉落地生根

Kalanchoe flammea 紅川蓮、紅花伽藍菜
Kalanchoe integra 匙葉伽藍菜
Kalanchoe laciniata 伽藍菜
Kalanchoe pinnata 落地生根
Kalanchoe synsepala 趣蝶蓮
Kalanchoe tubiflora 洋吊鐘
Sedum alfredii 東南景天
Sedum lineare 佛甲草

Cucurbitaceae 葫蘆科

Benincasa hispida 冬瓜
Benincasa hispida var. chieh-qua 節瓜
Citrullus lanatus 西瓜
Coccinia grandis 紅瓜（原生）
Cucumis melo 甜瓜
Cucumis melo var. conomon 白瓜、越瓜
Cucumis sativus 黃瓜、青瓜
Cucurbita moschata 南瓜
Gymnopetalum chinense 金瓜、越南裸瓣瓜
（原生）
Gynostemma pentaphyllum 絞股藍（原生）
Lagenaria siceraria 葫蘆
Luffa acutangula 廣東絲瓜、絲瓜
Luffa aegyptiaca 水瓜
Momordica charantia 苦瓜
Momordica charantia var. abbreviata 短角苦瓜
Momordica cochinchinensis 木鱉子（原生）
Sechium edule 佛手瓜、合掌瓜
Solena amplexicaulis 茅瓜（原生）
Trichosanthes anguina 蛇瓜
Trichosanthes cucumeroides 王瓜（原生）
Trichosanthes pedata 叉指葉栝樓（原生）
Trichosanthes pilosa 全緣栝樓、野王瓜
（原生）
Trichosanthes rosthornii 中華栝樓（原生）
Zehneria japonica 老鼠拉冬瓜（原生）

Cuscutaceae 菟絲子科

Cuscuta australis 南方菟絲子（原生）
Cuscuta campestris 田野菟絲子（原生）
Cuscuta chinensis 菟絲子（原生）
Cuscuta japonica 金燈藤（原生）

Daphniphyllaceae 交讓木科

Daphniphyllum calycinum 牛耳楓（原生）

Daphniphyllum pentandrum 虎皮楠、交讓木
（原生）

Dilleniaceae 第倫桃科

Dillenia alata 厚葉黃花樹
Dillenia indica 五椏果、第倫桃
Tetracera asiatica 錫葉藤（原生）

Dipterocarpaceae 龍腦香科

Shorea robusta 婆羅雙樹

Droseraceae 茅膏菜科

Drosera burmannii 錦地羅、落地金錢（原生）
Drosera indica 長葉茅膏菜、印度茅膏菜
（原生）
Drosera oblanceolata 長柱茅膏菜（原生）
（AFCD 評估：易危）
Drosera peltata 光萼茅膏菜、茅膏菜（原
生）**
Drosera spathulata 寬苞茅膏菜（原生）

Ebenaceae 柿科

Diospyros eriantha 烏柿、烏材（原生）
Diospyros kaki 柿
Diospyros morrisiana 羅浮柿（原生）
Diospyros tsangii 油杯子、延平柿（原生）
Diospyros tutcheri 嶺南柿（原生）
Diospyros vaccinioides 小果柿（原生）

Elaeagnaceae 胡頹子科

Elaeagnus loureirii 雞柏紫藤、羅氏胡頹子
（原生）
Elaeagnus tutcheri 香港胡頹子、塔氏胡頹子
（原生）

Elaeocarpaceae 杜英科

Elaeocarpus chinensis 中華杜英、野杜英
（原生）
Elaeocarpus decipiens 杜英（原生）
Elaeocarpus dubius 顯脈杜英、山模果（原生）
Elaeocarpus hainanensis 水石榕
Elaeocarpus japonicus 日本杜英（原生）
Elaeocarpus nitentifolius 絹毛杜英（原生）
Elaeocarpus rugosus 毛果杜英
Elaeocarpus sylvestris 山杜英、膽八樹（原生）

Sloanea sinensis 猴歡喜、香港猴歡喜（原生）

Ericaceae 杜鵑花科

Enkianthus quinqueflorus 吊鐘花（原生）**

Lyonia ovalifolia var. hebecarpa 毛果珍珠花
（原生）

Pieris swinhoei 長萼馬醉木（原生）

Rhododendron championiae 毛葉杜鵑（原
生）**

Rhododendron farrerae 華麗杜鵑（原生）**

Rhododendron hongkongense 香港杜鵑（原
生）（AFCD 評估：易危）**

Rhododendron moulmainense 羊角杜鵑（原
生）**

Rhododendron mucronatum 白杜鵑 **

Rhododendron pulchrum 錦繡杜鵑 **

Rhododendron pulchrum var. phoeniceum 紫
杜鵑花、紫杜鵑

Rhododendron simiarum 南華杜鵑（原生）**

Rhododendron simsii 紅杜鵑（原生）**

Vaccinium bracteatum var. chinense 小葉烏飯
樹（原生）

Vaccinium iteophyllum 黃背越橘（原生）

Euphorbiaceae 大戟科

Acalypha australis 鐵莧菜、朴草（原生）

Acalypha hispida 紅穗鐵莧菜、狗尾紅

Acalypha indica 熱帶鐵莧菜、山樸草（原生）

Acalypha lanceolata 麻葉鐵莧菜（原生）

Acalypha suirenbiensis 花蓮鐵莧菜

Acalypha wilkesiana 紅桑

Alchornea trewioides 紅背山麻桿（原生）

Aleurites moluccana 石栗

Antidesma bunius 五月茶、五味子（原生）

Antidesma fordii 黃毛五月茶、早禾樹（原生）

Antidesma ghaesembilla 方葉五月茶（原生）

Antidesma japonicum 日本五月茶、五味子木
（原生）

Antidesma montanum 山地五月茶（原生）

Antidesma pseudomicrophyllum 柳葉五月茶
（原生）

Antidesma venosum 小葉五月茶（原生）

Aporosa dioica 銀柴、大沙葉（原生）

Baccaurea ramiflora 木奶果（原生）

Bischofia javanica 秋楓（原生）

Bischofia polycarpa 重陽木

Breynia fruticosa 黑面神、鬼畫符（原生）

Breynia nivosa 紅葉黑面神

Bridelia insulana 禾串樹、大葉逼迫子（原生）

Bridelia tomentosa 土蜜樹、逼迫仔（原生）

Claoxylon indicum 白桐樹、丟了棒（原生）

Cleidion brevipetiolatum 棒柄花、爪哇棘當
（原生）

Codiaeum variegatum 變葉木、灑金榕

Croton crassifolius 雞骨香、金錦楓（原生）

Croton hancei 香港巴豆、海斯巴豆（原生）
（AFCD 評估：極危）

Croton lachnocarpus 毛果巴豆（原生）

Croton moonii 月光巴豆

Croton tiglium 巴豆（原生）

Drypetes arcuatinervia 拱網核果木、拱弧脈核
果木（原生）

Endospermum chinense 黃桐（原生）

Euphorbia antiquorum 火殃簕 ##

Euphorbia atoto 濱海大戟、海濱大戟（原
生）##

Euphorbia bifida 細齒大戟（原生）

Euphorbia cyathophora 猩猩草

Euphorbia esula 乳漿大戟、貓眼草、乳漿草

Euphorbia helioscopia 澤漆

Euphorbia heterophylla 白苞猩猩草、柳葉大戟

Euphorbia hirta 飛揚草

Euphorbia hypericifolia 通奶草（原生）

Euphorbia milii 鐵海棠 ##

Euphorbia prostrata 匍匐大戟、鋪地草 ##

Euphorbia pulcherrima 一品紅

Euphorbia thymifolia 千根草、小飛揚（原生）

Euphorbia tirucalli 綠玉樹、光棍樹 ##

Excoecaria agallocha 海漆（原生）

Excoecaria cochinchinensis 紅背桂

Flueggea virosa 白飯樹、金柑藤（原生）

Glochidion eriocarpum 毛果算盤子、毛漆、漆
大姑（原生）

Glochidion hirsutum 厚葉算盤子（原生）

Glochidion lanceolarium 艾膠算盤子、大葉算
盤子（原生）

Glochidion philippicum 菲島算盤子、甜葉算盤
子（原生）

Glochidion puberum 算盤子（原生）

Glochidion rubrum 台閩算盤子（原生）

Glochidion triandrum 裏白算盤子（原生）

Glochidion wrightii 白背算盤子（原生）

Glochidion zeylanicum 香港算盤子（原生）

Jatropha curcas 麻瘋樹

Jatropha glandulifera 有腺麻瘋樹、油蘆子

Jatropha gossypifolia 棉葉麻瘋樹

Jatropha integerrima 全緣葉麻瘋樹、全緣葉珊瑚

Jatropha multifida 珊瑚花

Jatropha podagrica 佛肚樹

Macaranga denticulata 中平樹

Macaranga lowii 刺果血桐（原生）

Macaranga sampsonii 鼎湖血桐（原生）

Macaranga tanarius var. tomentosa 血桐（原生）

Mallotus apelta 白背葉、白桐、楸桐（原生）

Mallotus barbatus 毛桐

Mallotus hookerianus 粗毛野桐（原生）

Mallotus paniculatus 白楸（原生）

Mallotus peltatus 山苦茶、富列野桐（原生）

Mallotus philippensis 粗糠柴（原生）

Mallotus repandus 石岩楓（原生）

Manihot esculenta 木薯

Pedilanthus tithymaloides 紅雀珊瑚

Phyllanthus acidus 酸果葉下珠

Phyllanthus cochinchinensis 越南葉下珠、鐵包金（原生）

Phyllanthus emblica 餘甘子、油甘子（原生）

Phyllanthus glaucus 青灰葉下珠（原生）

Phyllanthus leptoclados 細枝葉下珠、幼枝葉下珠（原生）

Phyllanthus maderaspatensis 麻德拉斯葉下珠

Phyllanthus myrtifolius 瘤腺葉下珠

Phyllanthus niruri 珠子草（原生）

Phyllanthus reticulatus 小果葉下珠、爛頭砵（原生）

Phyllanthus urinaria 葉下珠、珍珠草（原生）

Phyllanthus ussuriensis 蜜甘草（原生）

Phyllanthus virgatus 黃珠子草（原生）

Putranjiva formosana 台灣假黃楊、台灣核果木（原生）（AFCD 評估：瀕危）

Putranjiva roxburghii 假黃楊、藥用核果木

Reutealis trisperma 三籽桐

Ricinus communis 蓖麻

Sapium atrobadiomaculatum 斑籽烏桕（原生）

Sapium discolor 山烏桕（原生）

Sapium sebiferum 烏桕（原生）

Sauropus androgynus 守宮木、樹仔菜

Sauropus bacciformis 艾堇（原生）

Sauropus garrettii 蒼葉守宮木

Sauropus spatulifolius 龍脷葉

Sebastiania chamaelea 地楊桃、色柏木（原生）

Trigonostemon chinensis 三寶木（原生）

Vernicia fordii 油桐、三年桐

Vernicia montana 木油樹、千年桐

Fabaceae 蝶形花科

Abrus cantoniensis 廣州相思子、廣東相思子（原生）

Abrus mollis 毛相思子（原生）

Abrus precatorius 相思子（原生）

Aeschynomene americana 美洲合萌

Aeschynomene indica 合萌、田皂角（原生）

Alysicarpus bupleurifolius 柴胡葉鏈莢豆（原生）

Alysicarpus vaginalis 鏈莢豆（原生）

Arachis duranensis 蔓花生

Arachis hypogaea 落花生

Astragalus sinicus 紫雲英

Bowringia callicarpa 藤槐（原生）

Cajanus cajan 木豆

Cajanus scarabaeoides 蔓草蟲豆（原生）

Canavalia gladiata 刀豆

Canavalia lineata 狹刀豆（原生）

Canavalia maritima 海刀豆（原生）

Centrosema pubescens 距瓣豆

Christia obcordata 鋪地蝙蝠草、羅藟草（原生）

Christia vespertilionis 蝙蝠草

Clitoria hanceana 廣東蝶豆、韓氏蝶豆（原生）

Clitoria ternatea 蝶豆

Codariocalyx gyroides 圓葉舞草（原生）

Crotalaria albida 響鈴豆（原生）

Crotalaria assamica 大豬屎豆

Crotalaria calycina 長萼豬屎豆（原生）

Crotalaria chinensis 中國豬屎豆（原生）

Crotalaria ferruginea 假地藍（原生）

Crotalaria juncea 印度麻

Crotalaria linifolia 線葉豬屎豆

Crotalaria linifolia var. stenophylla 狹葉豬屎豆
（原生）

Crotalaria pallida var. obovata 豬屎豆

Crotalaria retusa 吊裙草（原生）

Crotalaria sessiliflora 野百合、農吉利（原生）

Crotalaria uncinclla 球果豬屎豆、鉤狀豬屎豆
（原生）

Crotalaria verrucosa 多疣豬屎豆、藍花豬屎豆

Crotalaria zanzibarica 光萼豬屎豆

Cullen corylifolium 補骨脂

Dalbergia assamica 南嶺黃檀（原生）##

Dalbergia benthamii 兩廣黃檀（原生）##

Dalbergia candenatensis 彎枝黃檀、扭黃檀
（原生）##

Dalbergia hancei 藤黃檀（原生）##

Dalbergia millettii 香港黃檀（原生）##

Dalbergia odorifera 降香黃檀 ##

Dalbergia sissoo 印度黃檀 ##

Dendrolobium triangulare 假木豆（原生）

Derris alborubra 白花魚藤（原生）

Derris fordii var. lucida 亮葉中南魚藤（原生）

Derris trifoliata 魚藤（原生）

Desmodium caudatum 小槐花、山螞蝗（原生）

Desmodium gangeticum 大葉山螞蝗（原生）

Desmodium heterocarpon 假地豆（原生）

Desmodium heterocarpon var. strigosum 糙毛
假地豆（原生）

Desmodium heterophyllum 異葉山螞蝗（原生）

Desmodium microphyllum 小葉三點金、中葉山
綠豆（原生）

Desmodium reticulatum 顯脈山綠豆（原生）

Desmodium scorpiurus 蝎尾山瑪蝗

Desmodium sequax 長波葉山螞蝗（原生）

Desmodium styracifolium 金錢草（原生）

Desmodium tortuosum 南美山螞蝗、扭莢山綠
豆

Desmodium triflorum 三點金（原生）

Desmodium velutinum 絨毛山螞蝗（原生）

Dunbaria crinita 簇毛野扁豆

Dunbaria fusca 黃毛野扁豆（原生）

Dunbaria podocarpa 長柄野扁豆（原生）

Dunbaria punctata 圓葉野扁豆（原生）

Dunbaria villosa 野扁豆（原生）

Eriosema chinense 雞頭薯、豬仔笠（原生）

Erythrina caffra 南非刺桐

Erythrina corallodendron 龍牙花

Erythrina crista-galli 雞冠刺桐

Erythrina humeana 納塔爾刺桐

Erythrina lysistemon 黑刺桐

Erythrina speciosa 象牙花

Erythrina variegata 刺桐

Flemingia macrophylla 大葉千斤拔（原生）

Flemingia prostrata 千斤拔（原生）

Fordia cauliflora 幹花豆

Galactia tenuiflora 乳豆（原生）

Geissaspis cristata 睫苞豆、雞冠苞覆花
（原生）

Gliricidia sepium 格力豆

Glycine max 大豆

Hylodesmum laterale 側序長柄山螞蝗（原生）

Hylodesmum leptopus 細長柄山螞蝗（原生）

Indigofera hirsuta 硬毛木藍、剛毛木籃（原生）

Indigofera spicata 穗序木藍、鋪地木籃（原生）

Indigofera suffruticosa 野青樹

Indigofera tinctoria 木藍、藍靛（原生）

Indigofera venulosa 脈葉木藍（原生）

Kummerowia striata 雞眼草（原生）

Lablab purpureus 扁豆

Lathyrus odoratus 香豌豆

Lespedeza chinensis 中華胡枝子（原生）

Lespedeza cuneata 截葉鐵掃帚（原生）

Lespedeza formosa 美麗胡枝子（原生）

Maackia australis 華南馬鞍樹（原生）

Macroptilium atropurpureum 紫花大翼豆

Macroptilium lathyroides 大翼豆

Medicago falcata 野苜蓿

Medicago lupulina 天藍苜蓿

Medicago polymorpha 南苜蓿

Medicago sativa 紫苜蓿

Millettia championii 綠花崖豆藤、綠花雞血藤
（原生）

Millettia dielsiana 香花崖豆藤、山雞血藤
（原生）

Millettia nitida 亮葉崖豆藤、亮葉雞血藤
（原生）

Millettia oosperma 皺果崖豆藤（原生）

Millettia oraria 香港崖豆、香港崖豆藤（原生）

Millettia pachycarpa 厚果崖豆藤、厚果雞血藤（原生）

Millettia pulchra 印度崖豆、印度雞血藤（原生）

Millettia reticulata 雞血藤（原生）

Millettia speciosa 美麗崖豆藤、美麗雞血藤（原生）

Mucuna birdwoodiana 白花油麻藤、勃氏黧豆（原生）

Mucuna championii 港油麻藤、香港黧豆（原生）（AFCD 評估：瀕危）

Mucuna macrobotrys 大球油麻藤、長莢黧豆（原生）

Ormosia emarginata 凹葉紅豆（原生）

Ormosia indurata 韌莢紅豆（原生）

Ormosia pachycarpa 茸莢紅豆（原生）（AFCD 評估：瀕危）

Ormosia pinnata 海南紅豆

Ormosia semicastrata 軟莢紅豆（原生）

Pachyrhizus erosus 豆薯、沙葛

Phaseolus vulgaris 菜豆

Phyllodium elegans 毛排錢草（原生）

Phyllodium pulchellum 排錢草（原生）

Pisum sativum 豌豆

Pongamia pinnata 水黃皮（原生）

Psophocarpus tetragonolobus 四棱豆

Pterocarpus indicus 紫檀

Pueraria lobata 葛（原生）

Pueraria lobata var. montana 葛麻姆（原生）

Pueraria lobata var. thomsonii 粉葛

Pueraria phaseoloides 三裂葉野葛（原生）

Pycnospora lutescens 密子豆（原生）

Rhynchosia volubilis 鹿藿（原生）

Sesbania bispinosa 刺田菁（原生）

Sesbania cannabina 田菁

Sesbania grandiflora 大花田菁

Sesbania javanica 沼生田菁（原生）

Smithia conferta 密花坡油甘（原生）

Smithia salsuginea 鹽鹹土坡油甘（原生）

Sophora japonica 槐

Sophora tomentosa 絨毛槐、海南豆樹（原生）

Spatholobus suberectus 密花豆（原生）

Strongylodon macrobotrys 綠玉藤

Stylosanthes guianensis 圭亞那筆花豆

Tadehagi triquetrum 葫蘆茶（原生）

Tephrosia candida 白灰毛豆

Tephrosia purpurea 灰毛豆、紅花灰葉（原生）

Tephrosia vestita 黃灰毛豆、黃毛灰葉（原生）

Tipuana tipu 大班木

Trifolium campestre 草原車軸草

Trifolium repens 白車軸草

Uraria crinita 貓尾草（原生）

Uraria lagopodioides 狸尾豆（原生）

Uraria picta 美花狸美豆（原生）

Vicia faba 蠶豆

Vicia hirsuta 小巢菜、翹搖

Vicia sativa 野豌豆

Vigna angularis 赤豆、紅豆

Vigna marina 濱豇豆（原生）

Vigna minima 賊小豆、山綠豆（原生）

Vigna radiata 綠豆

Vigna umbellata 赤小豆

Vigna unguiculata 豇豆

Vigna unguiculata subsp. cylindrica 短豇豆、眉豆

Vigna unguiculata subsp. sesquipedalis 長豇豆、豆角

Vigna unguiculata subsp. unguiculata 豇豆

Wisteria sinensis 紫藤

Zornia gibbosa 丁葵草（原生）

Fagaceae 殼斗科

Castanea mollissima 栗

Castanopsis carlesii 米櫧、小紅栲（原生）

Castanopsis concinna 華南錐、毛葉栲栗（原生）（AFCD 評估：易危）（中國紅皮書：瀕危）

Castanopsis eyrei 甜櫧、埃氏栲（原生）

Castanopsis fabri 羅浮錐、白櫟（原生）

Castanopsis fargesii 栲（原生）

Castanopsis fissa 鸚蒴錐、裂鬥錐栗（原生）

Castanopsis fordii 毛錐（原生）

Castanopsis kawakamii 吊皮錐（原生）（AFCD 評估：易危）（中國紅皮書：稀有）

Castanopsis lamontii 鹿角錐、鐵錐樹（原生）

Castanopsis sclerophylla 苦櫧（原生）

Cyclobalanopsis bella 檳榔青岡（原生）

Cyclobalanopsis blakei 櫟子青岡、櫟子樹

（原生）

Cyclobalanopsis championii 嶺南青岡（原生）

Cyclobalanopsis chungii 福建青岡（原生）

Cyclobalanopsis edithiae 華南青岡（原生）

Cyclobalanopsis glauca 青岡（原生）

Cyclobalanopsis hui 雷公青岡（原生）

Cyclobalanopsis litseoides 木薑葉青岡（原生）

Cyclobalanopsis myrsinifolia 小葉青岡（原生）

Cyclobalanopsis neglecta 竹葉青岡（原生）

Lithocarpus attenuatus 尖葉柯、尾尖石柯
（原生）

Lithocarpus corneus 煙斗柯、石柯（原生）

Lithocarpus elizabethae 厚斗柯（原生）

Lithocarpus fenestratus 泥柯（原生）

Lithocarpus glaber 柯（原生）

Lithocarpus haipinii 耳柯、卷葉石櫟（原生）

Lithocarpus hancei 硬殼柯、漢斯石柯（原生）

Lithocarpus harlandii 港柯、夏蘭柯（原生）

Lithocarpus irwinii 廣南柯（原生）

Lithocarpus iteaphyllus 鼠刺葉柯（原生）

Lithocarpus konishii 油葉柯（原生）（AFCD 評
估：易危）

Lithocarpus litseifolius 木薑葉柯、多穗柯
（原生）

Lithocarpus macilentus 粉葉柯（原生）（AFCD
評估：瀕危）

Lithocarpus quercifolius 櫟葉柯（原生）

Quercus acutissima 麻櫟（原生）

Quercus fabri 白櫟（原生）

Flacourtiaceae 大風子科

Casearia glomerata 嘉賜樹（原生）

Casearia velutina 毛嘉賜樹（原生）

Dovyalis hebecarpa 錫蘭莓

Flacourtia rukam 大葉刺籬木（原生）

Gynocardia odorata 馬蛋果

Homalium ceylanicum 斯里蘭卡天料木、紅花
天料木

Homalium cochinchinense 天料木（原生）

Scolopia chinensis 刺柊（原生）

Scolopia saeva 廣東刺柊（原生）

Xylosma congesta 柞木（原生）

Xylosma longifolia 長葉柞木（原生）

Fumariaceae 荷包牡丹科

Corydalis balansae 台灣黃堇（原生）

Gentianaceae 龍膽科

Cotylanthera paucisquama 杯藥草（原生）

Exacum tetragonum 藻百年（原生）

Gentiana loureiroi 華南龍膽（原生）

Tripterospermum nienkui 香港雙蝴蝶、蔓龍膽
（原生）

Geraniaceae 牻牛兒苗科

Erodium cicutarium 芹葉牻牛兒苗、牻牛兒苗

Pelargonium graveolens 香葉天竺葵、香葉

Pelargonium hortorum 天竺葵、洋葵

Gesneriaceae 苦苣苔科

Achimenes grandiflora 戲法草

Aeschynanthus acuminatus 芒毛苣苔（原生）

Boea hygrometrica 旋蒴苣苔（原生）

Boeica guileana 紫花短筒苣苔、佳氏苣苔（原
生）（AFCD 評估：瀕危）

Chirita sinensis 唇柱苣苔（原生）

Didymostigma obtusum 雙片苣苔（原生）

Oreocharis benthamii 大葉石上蓮、石上蓮
（原生）

Rhynchotechum ellipticum 線柱苣苔、冠萼線
柱苣苔（原生）

Saintpaulia ionantha 非洲紫羅蘭

Sinningia speciosa 大岩桐

Goodeniaceae 草海桐科

Calogyne pilosa subsp. *chinensis* 火花離根香
（原生）

Scaevola hainanensis 海南草海桐（原生）

Scaevola taccada 草海桐（原生）

Grossulariaceae 鼠刺科

Itea chinensis 老鼠刺、鼠刺（原生）

Haloragaceae 小二仙草科

Gonocarpus chinensis 黃花小二仙草（原生）

Gonocarpus micranthus 小二仙草（原生）

Myriophyllum aquaticum 粉綠狐尾藻

Myriophyllum spicatum 穗狀狐尾藻、草蘺
（原生）

Myriophyllum tetrandrum 四蕊狐尾藻、四蕊雜（原生）

Hamamelidaceae 金縷梅科

Altingia chinensis 蕈樹、阿丁楓、山荔枝（原生）

Altingia gracilipes 細柄蕈樹（原生）

Corylopsis multiflora 瑞木、大果蠟瓣花（原生）

Distyliopsis dunnii 尖葉假蚊母樹、尖葉水絲梨（原生）

Distyliopsis tutcheri 鈍葉假蚊母樹、鈍葉水絲梨、廣東水絲梨（原生）

Distylium racemosum 蚊母樹（原生）

Eustigma oblongifolium 秀柱花（原生）

Exbucklandia tonkinensis 大果馬蹄荷（原生）

Liquidambar formosana 楓香（原生）

Loropetalum chinense 檵木、紙末花（原生）

Loropetalum chinense f. *rubrum* 紅花檵木

Loropetalum subcordatum 四藥門花（原生）（AFCD 評估：極危）（中國紅皮書：稀有）

Mytilaria laosensis 殼菜果

Rhodoleia championii 紅花荷、紅苞木、吊鐘王（原生）（AFCD 評估：易危）**

Hernandiaceae 蓮葉桐科

Illigera celebica 寬藥青藤、青藤（原生）**

Hydrangeaceae 繡球花科

Dichroa febrifuga 常山（原生）

Hydrangea macrophylla 繡球

Pileostegia tomentella 星毛冠蓋藤（原生）

Pileostegia viburnoides 冠蓋藤（原生）

Icacinaceae 茶茱萸科

Mappianthus iodoides 甜果藤、定心藤（原生）

Illiciaceae 八角科

Illicium angustisepalum 大嶼八角（原生）（AFCD 評估：瀕危）**

Illicium dunnianum 紅花八角、鄧氏八角（原生）**

Illicium leiophyllum 平滑葉八角、野八角（原生）**

Illicium micranthum 小花八角（原生）**

Ixonanthaceae 黏木科

Ixonanthes reticulata 黏木（原生）（AFCD 評估：易危）（中國紅皮書：漸危）

Juglandaceae 胡桃科

Engelhardia fenzelii 白皮黃杞（原生）

Engelhardia roxburghiana 黃杞（原生）

Pterocarya stenoptera 楓楊

Lamiaceae 唇形科

Ajuga nipponensis 紫背金盤（原生）

Ajuga reptans var. purpurea 紫色匍匐筋骨草

Anisomeles indica 廣防風、防風草（原生）

Clerodendranthus spicatus 腎茶、貓鬚草

Clinopodium gracile 細風輪菜（原生）

Coleus aromaticus 芳香鞘蕊花

Coleus carnosifolius 肉葉鞘蕊花

Coleus scutellarioides 五彩蘇、洋紫蘇

Dysophylla stellata 水虎尾、邊氏水珍珠菜（原生）

Elsholtzia argyi 紫花香薷（原生）

Glechoma longituba 活血丹（原生）

Gomphostemma chinense 中華錐花（原生）

Hanceola sinensis 四輪香

Hyptis rhomboidea 吊球草

Hyptis suaveolens 山香

Isodon amethystoides 香茶菜（原生）

Isodon coetsa 細錐香茶菜（原生）

Isodon lophanthoides 線紋香茶菜（原生）

Isodon ternifolius 牛尾草（原生）

Lavandula angustifolia 薰衣草

Leonurus japonicus 益母草、紅花艾（原生）

Leucas lavandulifolia 線葉白絨草（原生）

Leucas mollissima var. chinensis 疏毛白絨草、柔毛繡球防風（原生）

Leucas zeylanica 皺面草、錫蘭繡球防風（原生）

Marrubium vulgare 歐夏至草

Mentha canadensis 薄荷

Mesona chinensis 涼粉草、仙草（原生）

Mosla dianthera 小魚仙草（原生）

Mosla scabra 石薺薴（原生）

Ocimum basilicum 羅勒、九層塔、薰尊

Ocimum tenuiflorum 聖羅勒

Origanum majorana

Paraphlomis javanica var. coronata 小葉假糙蘇、假糙蘇（原生）

Perilla frutescens 紫蘇

Perilla frutescens var. crispa 回回蘇

Perilla frutescens var. purpurascens 野生紫蘇

Pogostemon auricularius 水珍珠菜、毛水珍珠菜（原生）

Pogostemon championii 短穗刺蕊草、杉氏刺蕊草（原生）（AFCD 評估：極危）

Salvia chinensis 華鼠尾草（原生）

Salvia coccinea 朱唇

Salvia farinacea 粉萼鼠尾草、藍絲線

Salvia japonica 鼠尾草（原生）

Salvia leucantha 白鼠尾草

Salvia officinalis 撒爾維亞

Salvia plebeia 荔枝草、雪見草（原生）

Salvia splendens 一串紅、西洋紅

Satureja montana 歐香料

Scutellaria barbata 半枝蓮

Scutellaria formosana 藍花黃芩（原生）

Scutellaria indica 韓信草、耳挖草（原生）

Scutellaria tayloriana 偏花黃芩（原生）

Stachys geobombycis 地蠶、野芝麻

Teucrium quadrifarium 鐵軸草、牛尾草（原生）

Teucrium viscidum 血見愁、山藿香（原生）

Thymus vulgaris 百里香

Lardizabalaceae 木通科

Akebia quinata 木通（原生）

Akebia trifoliata var. australis 白木通（原生）

Stauntonia brunoniana 牛藤果（原生）

Stauntonia chinensis 野木瓜、華野木瓜（原生）

Stauntonia decora 翅野木瓜（原生）

Stauntonia obovata 倒卵葉野木瓜（原生）

Lauraceae 樟科

Beilschmiedia fordii 廣東瓊楠（原生）

Beilschmiedia glandulosa 香港瓊楠、腺葉瓊楠（原生）

Cassytha filiformis 無根藤（原生）

Cinnamomum appelianum 毛桂（原生）

Cinnamomum burmannii 陰香（原生）

Cinnamomum camphora 樟（原生）

Cinnamomum cassia 肉桂

Cinnamomum jensenianum 野黃桂（原生）

Cinnamomum parthenoxylon 黃樟（原生）

Cinnamomum validinerve 粗脈桂（原生）

Cryptocarya chinensis 厚殼桂（原生）

Cryptocarya concinna 黃果厚殼桂、黃果桂（原生）

Cryptocarya densiflora 叢花厚殼桂（原生）

Lindera aggregata 烏藥（原生）

Lindera aggregata var. playfairii 小葉烏藥、小烏藥（原生）

Lindera communis 香葉樹（原生）

Lindera megaphylla 黑殼楠（原生）

Lindera metcalfiana 滇粵山胡椒（原生）

Lindera nacusua 絨毛山胡椒（原生）

Litsea acutivena 尖脈木薑子（原生）

Litsea cubeba 木薑子、山蒼樹（原生）

Litsea elongata 黃丹木薑子、黃丹（原生）

Litsea glutinosa 潺槁樹（原生）

Litsea greenmaniana 華南木薑子（原生）

Litsea monopetala 假柿木薑子、假柿樹（原生）

Litsea rotundifolia 圓葉豺皮樟（原生）

Litsea rotundifolia var. oblongifolia 豺皮樟（原生）

Litsea verticillata 輪葉木薑子、槁樹（原生）

Machilus breviflora 短序潤楠、短花楠（原生）

Machilus chekiangensis 浙江潤楠、長序潤楠（原生）

Machilus chinensis 華潤楠、香港楠（原生）

Machilus gamblei 黃心樹、芳槁潤楠（原生）

Machilus grijsii 黃絨潤楠、黃楠（原生）

Machilus kwangtungensis 廣東潤楠（原生）

Machilus leptophylla 薄葉潤楠（原生）

Machilus oreophila 建潤楠、水楠

Machilus pauhoi 刨花潤楠、多脈潤楠、密脈潤楠（原生）

Machilus robusta 粗壯潤楠（原生）

Machilus thunbergii 紅楠（原生）

Machilus velutina 絨毛潤楠（原生）

Machilus wangchiana 信宜潤楠、嘉道理楠（原生）

Neolitsea cambodiana var. glabra 香港新木薑子（原生）

Neolitsea chui 鴨公樹（原生）

Neolitsea kwangsiensis 廣西新木薑子（原生）（AFCD 評估：易危）

Neolitsea levinei 大葉新木薑子（原生）

Neolitsea ovatifolia 卵葉新木薑子（原生）

Neolitsea phanerophlebia 顯脈新木薑子（原生）

Neolitsea pulchella 美麗新木薑子（原生）

Persea americana 鱷梨、牛油果

Sinopora hongkongensis 孔藥楠（原生）（AFCD 評估：極危）

Lentibulariaceae 狸藻科

Utricularia aurea 黃花狸藻、狗尾茜（原生）

Utricularia bifida 挖耳草、割雞芒（原生）

Utricularia caerulea 短梗挖耳草、藍狸藻（原生）

Utricularia gibba 少花狸藻（原生）

Utricularia sandersonii 小白兔狸藻

Utricularia striatula 圓葉挖耳草、圓葉挖耳藻（原生）

Utricularia uliginosa 濕地挖耳草（原生）

Loganiaceae 馬錢科

Fagraea ceilanica 灰莉

Gardneria multiflora 蓬萊葛、多花蓬萊葛（原生）

Gelsemium elegans 鉤吻、胡蔓藤、斷腸草（原生）

Mitrasacme indica 姬苗（原生）

Mitrasacme pygmaea 水田白、裸莖姬苗（原生）

Strychnos angustiflora 牛眼馬錢、狹花馬錢（原生）

Strychnos cathayensis 華馬錢（原生）

Strychnos umbellata 傘花馬錢、繖花馬錢（原生）

Loranthaceae 桑寄生科

Dendrophthoe pentandra 五蕊寄生（原生）

Helixanthera parasitica 離瓣寄生、五瓣寄生（原生）

Macrosolen cochinchinensis 鞘花、苞花寄生（原生）

Scurrula parasitica 紅花寄生（原生）

Taxillus chinensis 廣寄生（原生）

Lythraceae 千屈菜科

Ammannia arenaria 耳基水莧（原生）

Ammannia baccifera 水莧菜、細葉水莧（原生）

Ammannia multiflora 多花水莧（原生）

Cuphea hyssopifolia 細葉萼距花

Cuphea petiolata 黏毛萼距花

Cuphea platycentra 火紅萼距花、雪茄花

Lafoensia vandelliana 麗薇、萊浮樹

Lagerstroemia fordii 廣東紫薇（原生）（AFCD 評估：易危）**

Lagerstroemia indica 紫薇 **

Lagerstroemia speciosa 大花紫薇、洋紫薇 **

Lagerstroemia subcostata 南紫薇 **

Lawsonia inermis 散沫花、指甲花

Rotala diversifolia 異葉節節菜（原生）

Rotala indica 節節菜（原生）

Rotala pentandra 薄瓣節節菜（原生）

Rotala rotundifolia 圓葉節節菜（原生）

Woodfordia fruticosa 蝦仔花

Magnoliaceae 木蘭科

Lirianthe championii 香港木蘭（原生）**

Lirianthe coco 夜香木蘭、夜合花 **

Magnolia grandiflora 荷花玉蘭、洋玉蘭 **

Manglietia fordiana 木蓮、綠楠（原生）**

Michelia × *alba* 白蘭 **

Michelia champaca 黃蘭 **

Michelia chapensis 樂昌含笑、景烈含笑（原生）**

Michelia figo 含笑 **

Michelia maclurei 醉香含笑、火力楠 **

Michelia maudiae 深山含笑、莫氏含笑（原生）**

Michelia odora 觀光木（原生）（AFCD 評估：易危）（中國紅皮書：稀有）**

Yulania × *soulangeana* 二喬木蘭、紫玉蘭 **

Yulania denudata 玉蘭、玉堂春 **

Yulania liliiflora 紫玉蘭、辛夷 **

Malpighiaceae 金虎尾科

　　Hiptage benghalensis 風箏果、風車藤（原生）

　　Malpighia coccigera 金虎尾

　　Malpighia glabra 亮葉金虎尾

　　Thryallis gracilis 金英

　　Tristellateia australasiae 三星果

Malvaceae 錦葵科

　　Abelmoschus csculcntus 咖啡黃葵、金寶菜

　　Abelmoschus moschatus 黃葵（原生）

　　Abutilon indicum 磨盤草（原生）

　　Abutilon pictum 金鈴花

　　Abutilon theophrasti 苘麻（原生）

　　Alcea rosea 蜀葵

　　Hibiscus hamabo 黃芙蓉

　　Hibiscus mutabilis 木芙蓉、芙蓉花

　　Hibiscus rosa-sinensis 朱槿、扶桑、大紅花

　　Hibiscus sabdariffa 玫瑰茄

　　Hibiscus schizopetalus 吊燈花、裂瓣槿

　　Hibiscus syriacus 木槿

　　Hibiscus tiliaceus 黃槿（原生）

　　Malva cathayensis 錦葵

　　Malva verticillata 冬葵、冬莧葵

　　Malvastrum coromandelianum 賽葵、黃花草、
黃花棉（原生）

　　Malvaviscus penduliflorus 垂花懸鈴花

　　Sida acuta 黃花稔（原生）

　　Sida alnifolia 榿葉黃花稔（原生）

　　Sida cordata 長梗黃花稔（原生）

　　Sida cordifolia 心葉黃花稔（原生）

　　Sida rhombifolia 白背黃花稔（原生）

　　Sida subcordata 榛葉黃花稔（原生）

　　Thespesia populnea 恒春黃槿、繖楊（原生）

　　Urena lobata 肖梵天花、地桃花、繡頭婆
（原生）

　　Urena procumbens 梵天花、狗腳跡（原生）

Melastomataceae 野牡丹科

　　Barthea barthei 棱果花、芭茜（原生）

　　Blastus cochinchinensis 柏拉木（原生）

　　Blastus pauciflorus 少花柏拉木（原生）

　　Bredia fordii 葉底紅（原生）

　　Fordiophyton peperomiifolium 無距花（原生）

　　Melastoma dodecandrum 地菍（原生）

　　Melastoma intermedium 細葉野牡丹（原生）

　　Melastoma malabathricum 野牡丹（原生）

　　Melastoma sanguineum 毛菍（原生）

　　Memecylon ligustrifolium 谷木（原生）

　　Memecylon nigrescens 黑葉谷木（原生）

　　Osbeckia chinensis 金錦香（原生）

　　Sonerila cantonensis 蜂斗草（原生）

　　Sonerila erecta 三蕊草（原生）

Meliaceae 楝科

　　Aglaia odorata 米仔蘭

　　Aglaia odorata var. microphyllina 小葉米仔蘭

　　Chukrasia tabularis 麻楝

　　Dysoxylum hongkongense 香港樫木（原生）
（AFCD 評估：易危）.

　　Khaya senegalensis 非洲楝

　　Melia azedarach 楝、苦楝、森樹

　　Melia toosendan 川楝

　　Sandoricum koetjape 山道楝

　　Swietenia mahagoni 桃花心木

　　Toona rubriflora 紅花香椿（原生）

　　Toona sinensis 香椿

Menispermaceae 防己科

　　Cocculus orbiculatus 木防己（原生）

　　Cyclea hypoglauca 粉葉輪環藤（原生）

　　Diploclisia glaucescens 蒼白秤鉤風、防己
（原生）

　　Hypserpa nitida 夜花藤（原生）

　　Pericampylus glaucus 細圓藤、豬菜藤（原生）

　　Stephania longa 糞箕篤、千金藤（原生）

　　Stephania tetrandra 粉防己、石蟾蜍（原生）

　　Tinospora sagittata 青牛膽（原生）

　　Tinospora sinensis 中華青牛膽、寬筋藤
（原生）

Menyanthaceae 荇菜科

　　Nymphoides cristata 水皮蓮

　　Nymphoides peltata 荇菜

Mimosaceae 含羞草科

　　Acacia auriculiformis 耳果相思、耳葉相思

Acacia concinna 藤金合歡、小合歡（原生）

Acacia confusa 台灣相思

Acacia dealbata 銀荊

Acacia farnesiana 金合歡

Acacia holosericea 絹毛相思

Acacia mangium 大葉相思、馬占相思

Acacia pennata 羽葉金合歡、笏仔梅（原生）

Acacia podalyriifolia 珍珠合歡

Adenanthera microsperma 海紅豆、孔雀豆
（原生）

Albizia chinensis 楹樹（原生）

Albizia corniculata 天香藤（原生）

Albizia julibrissin 合歡

Albizia lebbeck 大葉合歡

Albizia procera 黃豆樹

Archidendron clypearia 猴耳環（原生）

Archidendron lucidum 亮葉猴耳環（原生）

Archidendron utile 薄葉猴耳環（原生）

Calliandra haematocephala 朱纓花、紅絨球

Calliandra riparia 小朱纓花

Desmanthus virgatus 合歡草

Entada phaseoloides 榼藤、過江龍（原生）

Falcataria moluccana 南洋楹

Leucaena leucocephala 銀合歡

Mimosa bimucronata 光莢含羞草

Mimosa diplotricha 巴西含羞草

Mimosa diplotricha var. inermis 無刺含羞草

Mimosa pigra 刺軸含羞草

Mimosa pudica 含羞草

Pithecellobium dulce 牛蹄豆

Samanea saman 雨樹

Molluginaceae 粟米草科

Mollugo stricta 粟米草（原生）

Mollugo verticillata 種棱粟米草、輪葉粟米草
（原生）

Moraceae 桑科

Artocarpus communis 麵包樹

Artocarpus heterophyllus 菠蘿蜜

Artocarpus hypargyreus 白桂木（原生）
（AFCD 評估：近危）

Artocarpus nitidus subsp. lingnanensis 桂木、

紅桂木

Artocarpus styracifolius 二色菠蘿蜜（原生）

Artocarpus tonkinensis 胭脂樹（原生）

Broussonetia kaempferi var. australis 藤構
（原生）

Broussonetia papyrifera 構樹（原生）

Fatoua villosa 水蛇麻、桑草（原生）

Ficus altissima 高山榕、雞榕

Ficus annulata 環紋榕

Ficus benghalensis var. krishnae 囊葉榕

Ficus benjamina 垂葉榕

Ficus binnendijkii 阿里垂榕

Ficus carica 無花果

Ficus concinna 雅榕（原生）

Ficus elastica 印度榕、印度橡樹

Ficus erecta 天仙果（原生）

Ficus esquiroliana 黃毛榕、馬鞍天仙果（原生）

Ficus fistulosa 水同木（原生）

Ficus formosana 台灣榕（原生）

Ficus hederacea 藤榕、爬牆榕（原生）

Ficus hirta 粗葉榕、牛奶仔（原生）

Ficus hispida 對葉榕、牛乳樹（原生）

Ficus langkokensis 青藤公（原生）

Ficus lyrata 大琴葉榕

Ficus microcarpa 榕樹、細葉榕（原生）

Ficus nervosa 九丁樹、凸葉榕（原生）

Ficus pandurata 琴葉榕（原生）

Ficus pumila 薜荔、文頭郎（原生）

Ficus pyriformis 舶梨榕（原生）

Ficus religiosa 菩提樹

Ficus rumphii 心葉榕、假菩提樹

Ficus sagittata 羊乳榕、箭葉榕（原生）

Ficus sarmentosa var. impressa 爬藤榕、凹葉
榕（原生）

Ficus simplicissima 裂掌榕（原生）

Ficus subpisocarpa 筆管榕（原生）

Ficus subulata 假斜葉榕（原生）

Ficus tinctoria subsp. gibbosa 斜葉榕、水榕
（原生）

Ficus triangularis 三角榕

Ficus variegata 青果榕（原生）

Ficus variolosa 變葉榕（原生）

Ficus vasculosa 白肉榕（原生）
Ficus virens 黃葛樹、大葉榕（原生）
Maclura cochinchinensis 構棘、葨芝（原生）
Maclura tricuspidata 柘樹（原生）
Malaisia scandens 牛筋藤（原生）
Morus alba 桑（原生）

Moringaceae 辣木科
Moringa oleifera 辣木

Myoporaceae 苦檻藍科
Myoporum bontioides 苦檻藍（原生）

Myricaceae 楊梅科
Morella rubra 楊梅（原生）

Myristicaceae 肉豆蔻科
Myristica fragrans 肉豆蔻
Myristica guateriifolia 短梗肉豆蔻

Myrsinaceae 紫金牛科
Aegiceras corniculatum 蠟燭果、桐花樹
（原生）
Ardisia crenata 朱砂根（原生）
Ardisia cymosa 小紫金牛（原生）
Ardisia elliptica 東方紫金牛
Ardisia faberi 月月紅（原生）
Ardisia fordii 灰色紫金牛（原生）
Ardisia hanceana 郎傘樹、大羅傘樹（原生）
Ardisia lindleyana 山血丹、腺點紫金牛（原生）
Ardisia maclurei 心葉紫金牛（原生）
Ardisia mamillata 虎舌紅（原生）
Ardisia primulifolia 蓮座紫金牛（原生）
Ardisia pusilla 九節龍（原生）
Ardisia quinquegona 羅傘樹（原生）
Ardisia sieboldii 多枝紫金牛（原生）
Ardisia villosa 雪下紅（原生）
Embelia laeta 酸藤子（原生）
Embelia parviflora 當歸藤（原生）
Embelia ribes 白花酸藤子（原生）
Embelia rudis 網脈酸藤子（原生）
Embelia undulata 平葉酸藤子（原生）
Embelia vestita 密齒酸藤子（原生）
Maesa japonica 杜莖山（原生）
Maesa montana 金珠柳（原生）

Maesa perlarius 鯽魚膽（原生）
Myrsine seguinii 密花樹（原生）

Myrtaceae 桃金娘科
Acmena acuminatissima 肖蒲桃（原生）
Baeckea frutescens 崗松（原生）
Callistemon pinifolius 松葉紅千層
Callistemon rigidus 紅千層
Callistemon viminalis 串錢柳
Cleistocalyx nervosum 水翁（原生）
Corymbia citriodora 檸檬桉
Corymbia torelliana 毛葉桉
Decaspermum gracilentum 子楝樹、桑枝米碎葉（原生）
Eucalyptus camaldulensis 赤桉
Eucalyptus camaldulensis subsp. obtusa 鈍蓋赤桉
Eucalyptus exserta 窿緣桉
Eucalyptus grandis 巨桉
Eucalyptus robusta 大葉桉
Eucalyptus tereticornis 細葉桉
Eucalyptus urophylla 尾葉桉
Eugenia uniflora 紅果仔
Eugenia ventenatii 維氏紅果仔
Leptospermum scoparium 掃帚葉澳洲茶
Lophostemon confertus 紅膠木
Melaleuca armillaris 下垂白千層、針葉白千層
Melaleuca cajuputi subsp. cumingiana 白千層
Melaleuca genistifolia
Melaleuca nodosa
Melaleuca parviflora 小葉白千層
Psidium cattleianum var. littorale 草莓番石榴
Psidium guajava 番石榴
Rhodomyrtus tomentosa 桃金娘、崗棯
（原生）
Syncarpia glomulifera 白心膠
Syzygium buxifolium 赤楠（原生）
Syzygium championii 灶地烏骨木、子凌蒲桃
（原生）
Syzygium cumini 烏墨、海南蒲桃
Syzygium euonymifolium 衛矛葉蒲桃（原生）
Syzygium hancei 韓氏蒲桃、紅鱗蒲桃（原生）
Syzygium impressum 凹脈赤楠（原生）
Syzygium jambos 蒲桃

Syzygium kwangtungense 廣東蒲桃（原生）
Syzygium levinei 山蒲桃（原生）
Syzygium odoratum 香花蒲桃（原生）
Syzygium rehderianum 紅枝蒲桃（原生）
Syzygium samarangense 洋蒲桃
Tristaniopsis laurina 月桂異紅膠木
Xanthostemon chrysanthus 金蒲桃

Nelumbonaceae 蓮科
Nelumbo nucifera 蓮、荷花

Nepenthaceae 豬籠草科
Nepenthes mirabilis 豬籠草（原生）（AFCD 評估：易危）**##

Nyctaginaceae 紫茉莉科
Boerhavia diffusa 黃細心（原生）
Boerhavia erecta 直立黃細心（原生）
Bougainvillea glabra 光葉子花
Bougainvillea spectabilis 葉子花、毛寶巾、簕杜鵑
Mirabilis jalapa 紫茉莉

Nymphaeaceae 睡蓮科
Nymphaea alba var. rubra 紅睡蓮
Nymphaea lotus var. pubescens 柔毛齒葉睡蓮
Nymphaea nouchali 延藥睡蓮
Nymphaea tetragona 睡蓮、白睡蓮

Olacaceae 鐵青樹科
Schoepfia chinensis 華南青皮木、青皮樹（原生）**

Oleaceae 木犀科
Chionanthus ramiflorus 枝花李欖（原生）
Chionanthus retusus 流蘇樹（原生）
Fraxinus chinensis 白蠟樹
Fraxinus griffithii 光蠟樹（原生）
Fraxinus insularis 苦櫪木（原生）
Jasminum elongatum 扭肚藤（原生）
Jasminum lanceolaria 清香藤（原生）
Jasminum mesnyi 雲南黃素馨、黃素馨
Jasminum multiflorum 毛茉莉
Jasminum nervosum 青藤仔
Jasminum sambac 茉莉花

Jasminum sinense 華素馨（原生）
Ligustrum liukiuense 台灣女貞（原生）
Ligustrum longipedicellatum 長柄女貞（原生）
Ligustrum lucidum 女貞
Ligustrum punctifolium 斑葉女貞（原生）
Ligustrum sinense 山指甲
Olea tsoongii 異株木犀欖（原生）
Osmanthus fragrans 桂花、木犀
Osmanthus marginatus 厚邊木犀、月桂（原生）
Osmanthus matsumuranus 牛矢果（原生）
Osmanthus minor 小葉月桂（原生）

Onagraceae 柳葉菜科
Ludwigia × taiwanensis 台灣水龍
Ludwigia adscendens 水龍（原生）
Ludwigia decurrens 翼莖水丁香
Ludwigia hyssopifolia 草龍（原生）
Ludwigia octovalvis 毛草龍（原生）
Ludwigia perennis 細花丁香蓼（原生）
Oenothera drummondii 海濱月見草（原生）

Opiliaceae 山柑子科
Cansjera rheedei 山柑藤、山柑（原生）

Orobanchaceae 列當科
Aeginetia indica 野菰（原生）

Oxalidaceae 酢漿草科
Averrhoa carambola 楊桃
Oxalis corniculata 酢漿草（原生）
Oxalis debilis subsp. corymbosa 紅花酢漿草

Pandaceae 小盤木科
Microdesmis caseariifolia 小盤木（原生）

Papaveraceae 罌粟科
Argemone mexicana 薊罌粟
Papaver rhoeas 虞美人

Passifloraceae 西番蓮科
Passiflora cochinchinensis 蛇王藤（原生）
Passiflora edulis 雞蛋果
Passiflora foetida 龍珠果
Passiflora suberosa 南美西番蓮、三角西番蓮

Pedaliaceae 胡麻科

Sesamum indicum 芝麻、脂麻、巨勝

Pentaphylacaceae 五列木科

Pentaphylax euryoides 五列木（原生）

Phytolaccaceae 商陸科

Phytolacca acinosa 商陸

Phytolacca americana 美洲商陸

Rivina humilis 數珠珊瑚

Piperaceae 胡椒科

Peperomia blanda 石蟬草（原生）

Peperomia obtusifolia 鈍葉豆瓣綠

Peperomia pellucida 草胡椒

Peperomia sandersii 西瓜皮

Piper austrosinense 華南胡椒（原生）

Piper betle 蔞葉

Piper cathayanum 華山蔞、青蒟（原生）

Piper hancei 山蒟（原生）

Piper hongkongense 毛蒟（原生）

Piper sarmentosum 假蒟（原生）

Pittosporaceae 海桐花科

Pittosporum glabratum 光葉海桐、崖花子
（原生）

Pittosporum glabratum var. neriifolium 狹葉海
桐（原生）

Pittosporum tobira 海桐

Plantaginaceae 車前草科

Plantago lanceolata 長葉車前、長葉車前草

Plantago major 車前草（原生）

Platanaceae 懸鈴木科

Platanus × acerifolia 二球懸鈴木、英國梧
桐、槭葉懸鈴木

Plumbaginaceae 白花丹科

Limonium sinense 補血草（原生）

Plumbago indica 紫花丹

Plumbago zeylanica 白花丹（原生）

Podostemaceae 川苔草科

Cladopus austrosinensis 飛瀑草（原生）

Polemoniaceae 花荵科

Cobaea scandens 科巴藤

Polygalaceae 遠志科

Polygala chinensis 華南遠志、金不換（原生）

Polygala fallax 黃花倒水蓮、屈頭雞（原生）

Polygala hongkongensis 香港遠志（原生）

Polygala japonica 瓜子金（原生）

Polygala latouchei 大葉金牛、岩生遠志（原生）
（AFCD 評估：瀕危）

Polygala paniculata 圓錐遠志

Polygala polifolia 小花遠志（原生）

Salomonia cantoniensis 齒果草、莎蘿莽
（原生）

Salomonia ciliata 橢圓葉齒果草、睫毛齒果草
（原生）

Salomonia elongata 寄生鱗葉草（原生）

Securidaca inappendiculata 蟬翼藤、蟬翼木
（原生）

Polygonaceae 蓼科

Antigonon leptopus 珊瑚藤

Fallopia multiflora 何首烏（原生）

Homalocladium platycladum 竹節蓼

Persicaria barbata 毛蓼（原生）

Persicaria capitata 頭花蓼

Persicaria chinensis 火炭母（原生）

Persicaria dichotoma 二歧蓼（原生）

Persicaria glabra 光蓼（原生）

Persicaria hastatosagittata 長葉箭蓼（原生）

Persicaria hydropiper 水蓼（原生）

Persicaria japonica 日本蓼、蠶繭蓼（原生）

Persicaria jucunda 愉悅蓼（原生）

Persicaria kawagoeana 柔莖蓼（原生）

Persicaria lapathifolia 大馬蓼（原生）

Persicaria lapathifolia var. salicifolia 綿毛大馬
蓼（原生）

Persicaria longiseta 長鬃蓼（原生）

Persicaria muricata 小花蓼、散托水蓼（原生）

Persicaria orientalis 紅蓼、紅草（原生）

Persicaria perfoliata 杠板歸、貫葉蓼（原生）

Persicaria posumbu 叢枝蓼（原生）

Persicaria praetermissa 疏蓼（原生）

Persicaria pubescens 伏毛蓼、短毛蓼（原生）

Persicaria senticosa 刺蓼、廊茵（原生）

Persicaria strigosa 糙毛蓼（原生）

Persicaria tinctoria 蓼藍（原生）

Persicaria viscosa 黏毛蓼、香蓼（原生）

Polygonum plebeium 腋花蓼、習見蓼（原生）

Reynoutria japonica 虎杖（原生）

Rumex dentatus 齒果酸模（原生）

Rumex japonicus 羊蹄（原生）

Rumex microcarpus 小果酸模（原生）

Rumex trisetifer 長刺酸模、假菠菜（原生）

Portulacaceae 馬齒莧科

Portulaca grandiflora 松葉牡丹、大花馬齒莧

Portulaca oleracea 馬齒莧、瓜子菜（原生）

Portulaca pilosa 毛馬齒莧（原生）

Talinum paniculatum 土人參

Talinum triangulare 稜軸土人參

Primulaceae 報春花科

Anagallis arvensis 琉璃繁縷

Cyclamen persicum 仙客來、兔仔花 ##

Lysimachia alpestris 香港過路黃（原生）
（AFCD 評估：極危）

Lysimachia candida 澤珍珠菜（原生）

Lysimachia decurrens 延葉珍珠菜（原生）

Lysimachia fortunei 紅根草（原生）

Primula sinensis 藏報春

Proteaceae 山龍眼科

Grevillea banksii 昆士蘭銀樺、紅花銀樺

Grevillea robusta 銀樺

Helicia cochinchinensis 小果山龍眼、越南山龍眼（原生）

Helicia kwangtungensis 廣東山龍眼（原生）

Helicia reticulata 網脈山龍眼（原生）

Macadamia ternifolia 澳洲堅果

Punicaceae 安石榴科

Punica granatum 安石榴

Ranunculaceae 毛茛科

Clematis chinensis 威靈仙（原生）

Clematis crassifolia 厚葉鐵線蓮（原生）

Clematis loureiroana 絲鐵線蓮、甘木通、長毛鐵線蓮（原生）

Clematis meyeniana 毛柱鐵線蓮、甘草藤（原生）

Clematis meyeniana var. granulata 沙葉鐵線蓮（原生）

Clematis parviloba 裂葉鐵線蓮、小裂鐵線蓮（原生）

Clematis tinghuensis 鼎湖鐵線蓮（原生）

Clematis uncinata 柱果鐵線蓮、鉤葉鐵線蓮（原生）

Ranunculus cantoniensis 禺毛茛、小回回蒜、自扣草（原生）

Ranunculus sceleratus 石龍芮（原生）

Thalictrum acutifolium 尖葉唐松草、白蓬草（原生）

Rhamnaceae 鼠李科

Berchemia floribunda 多花勾兒茶（原生）

Berchemia lineata 鐵包金、老鼠耳（原生）

Hovenia acerba 枳椇

Paliurus ramosissimus 馬甲子（原生）

Rhamnus brachypoda 山綠柴（原生）

Rhamnus crenata 長葉凍綠（原生）

Rhamnus napalensis 尼泊爾鼠李、半樹藤（原生）

Sageretia thea 雀梅藤（原生）

Ventilago leiocarpa 翼核果（原生）

Ziziphus jujuba 棗

Ziziphus mauritiana 滇刺棗

Rhizophoraceae 紅樹科

Bruguiera gymnorhiza 木欖（原生）

Carallia brachiata 竹節樹（原生）

Kandelia obovata 秋茄樹、紅莦、水筆仔（原生）

Rosaceae 薔薇科

Agrimonia pilosa 龍芽草（原生）

Agrimonia pilosa var. nepalensis 黃龍尾（原生）

Duchesnea indica 蛇莓（原生）

Eriobotrya fragrans 香花枇杷、山枇杷（原生）

Eriobotrya japonica 枇杷

Fragaria × ananassa 草莓

Photinia benthamiana 閩粵石楠（原生）

Photinia raupingensis 饒平石楠（原生）

Photinia serratifolia 石楠

Potentilla supina var. ternata 三葉朝天委陵菜

Prunus campanulata 鐘花櫻桃、山櫻、緋寒櫻

Prunus marginata 全緣櫻桃、鑲邊櫻（原生）

Prunus mume 梅

Prunus persica 桃

Prunus phaeosticta 腺葉桂櫻、腺葉野櫻
（原生）

Prunus salicina 李

Prunus zippeliana 大葉桂櫻（原生）

Pygeum topengii 臀果木（原生）

Pyracantha crenulata 火棘、細圓齒火棘

Pyrus calleryana 豆梨、麻子梨（原生）

Pyrus pyrifolia 沙梨、梨

Rhaphiolepis indica 石斑木、車輪梅、春花
（原生）

Rhaphiolepis lanceolata 細葉石斑木（原生）

Rosa chinensis 月季花

Rosa cymosa 小果薔薇

Rosa henryi 軟條七薔薇、亨氏薔薇（原生）

Rosa kwangtungensis 廣東薔薇（原生）

Rosa kwangtungensis var. plena 重瓣廣東薔
薇（原生）

Rosa laevigata 金櫻子（原生）

Rosa luciae 光葉薔薇（原生）

Rosa multiflora 野薔薇、七姊妹

Rosa rugosa 玫瑰

Rubus alceifolius 粗葉懸鉤子（原生）

Rubus leucanthus 白花懸鉤子（原生）

Rubus parvifolius 茅莓、草楊莓子（原生）

Rubus pirifolius 梨葉懸鉤子（原生）

Rubus reflexus 鏽毛莓、蛇泡簕（原生）

Rubus rosifolius 空心泡、薔薇莓（原生）

Rubus tsangii 光葉懸鉤子（原生）

Rubus tsangiorum 東南懸鉤子（原生）

Spiraea cantoniensis 麻葉繡線菊、麻葉繡球

Spiraea chinensis 中華繡線菊（原生）

Spiraea prunifolia 李葉繡線菊

Spiraea thunbergii 珍珠繡線菊

Rubiaceae 茜草科

Adina pilulifera 水團花（原生）

Aidia canthioides 香楠、山黃皮（原生）

Aidia cochinchinensis 茜樹、越南香楠、亨氏
香楠（原生）

Aidia pycnantha 多毛茜草樹（原生）

Alleizettella leucocarpa 白果香楠、白果山黃皮
（原生）

Antirhea chinensis 毛茶（原生）

Canthium dicoccum 魚骨木、鐵矢米（原生）

Canthium horridum 豬肚木、小葉鐵矢米
（原生）

Catunaregam spinosa 山石榴、山蒲桃（原生）

Cephalanthus tetrandrus 風箱樹（原生）

Coffea arabica 小粒咖啡

Coptosapelta diffusa 流蘇子（原生）

Diplospora dubia 狗骨柴、三萼木（原生）

Galium aparine var. echinospermum 拉拉藤
（原生）

Gardenia jasminoides 梔子、水橫枝（原生）

Gardenia jasminoides var. fortuniana 白蟾

Gardenia stenophylla 狹葉梔子

Gardenia thunbergia 南非梔子

Geophila herbacea 愛地草（原生）

Hamelia patens 長隔木、希美利

Hedyotis acutangula 金草、方骨草（原生）

Hedyotis ampliflora 廣花耳草（原生）

Hedyotis auricularia 耳草（原生）

Hedyotis biflora 雙花耳草（原生）

Hedyotis bodinieri 大帽山耳草（原生）

Hedyotis bracteosa 大苞耳草（原生）

Hedyotis communis 大眾耳草（原生）

Hedyotis consanguinea 擬金草、紅花耳草
（原生）

Hedyotis corymbosa 傘房花耳草、繖房花耳草
（原生）

Hedyotis costata 脈耳草（原生）

Hedyotis diffusa 白花蛇舌草（原生）

Hedyotis effusa 鼎湖耳草（原生）

Hedyotis hedyotidea 牛白藤（原生）

Hedyotis herbacea 丹草（原生）

Hedyotis loganioides 粵港耳草（原生）

Hedyotis matthewii 疏花耳草（原生）

Hedyotis pinifolia 松葉耳草（原生）

Hedyotis shiuyingiae 秀英耳草（原生）

Hedyotis tenelliflora 纖花耳草（原生）

Hedyotis uncinella 長節耳草（原生）

Hedyotis vachellii 香港耳草、華氏耳草（原生）

Hedyotis verticillata 粗葉耳草、輪葉耳草（原生）

Ixora chinensis 龍船花、山丹（原生）

Ixora coccinea 紅仙丹花、橙紅龍船花

Ixora coccinea f. *lutea* 黃龍船花、黃花龍船花

Ixora finlaysoniana 薄葉龍船花

Ixora undulata 波葉山丹

Knoxia corymbosa 紅芽大戟、諾斯氏草（原生）

Lasianthus attenuatus 斜基粗葉木、小葉雞屎樹（原生）

Lasianthus chinensis 粗葉木（原生）

Lasianthus curtisii 廣東粗葉木（原生）

Lasianthus fordii 羅浮粗葉木（原生）

Lasianthus formosensis 台灣粗葉木（原生）

Lasianthus hirsutus 雞屎樹、毛雞屎樹（原生）

Lasianthus trichophlebus 鐘萼粗葉木（原生）

Lasianthus verticillatus 斜脈粗葉木（原生）

Mitracarpus hirtus 蓋裂果（原生）

Morinda cochinchinensis 大果巴戟、柔毛雞眼藤（原生）

Morinda parvifolia 雞眼藤（原生）

Morinda umbellata 羊角藤（原生）

Mussaenda erosa 楠藤、野白紙扇（原生）

Mussaenda erythrophylla 紅葉金花

Mussaenda kwangtungensis 廣東玉葉金花（原生）

Mussaenda pubescens 玉葉金花（原生）

Nauclea officinalis 烏檀（原生）（AFCD 評估：易危）

Nauclea orientalis 東方烏檀

Neanotis boerhaavioides 卷毛新耳草、黃細心假耳草（原生）

Neanotis hirsuta 落葉新耳草（原生）

Neanotis thwaitesiana 新耳草（原生）

Ophiorrhiza cantoniensis 廣州蛇根草（原生）

Ophiorrhiza japonica 日本蛇根草（原生）

Ophiorrhiza pumila 短小蛇根草、矮蛇根（原生）

Oxyceros sinensis 雞爪簕（原生）

Paederia pertomentosa 白毛雞矢藤（原生）

Paederia scandens 雞矢藤（原生）

Paederia scandens var. tomentosa 毛雞矢藤、毛葉雞矢藤（原生）

Pavetta hongkongensis 香港大沙葉、茜木（原生）**

Pentas lanceolata 五星花

Pertusadina metcalfii 海南槽裂木（原生）

Psychotria asiatica 九節、山大刀（原生）

Psychotria serpens 蔓九節、穿根藤（原生）

Psychotria tutcheri 假九節、小葉九節（原生）

Richardia scabra 墨苜蓿、李察草

Rondeletia odorata 郎德木

Rothmannia globosa 羅德曼

Rothmannia longiflora 長花羅德曼

Rubia wallichiana 多花茜草（原生）

Serissa japonica 六月雪

Serissa serissoides 白馬骨、滿天星

Spermacoce articularis 糙葉豐花草、多節波利亞草（原生）

Spermacoce latifolia 闊葉豐花草

Spermacoce mauritiana 二萼豐花草（原生）

Spermacoce prostrata 匍匐豐花草

Spermacoce stricta 豐花草、波利亞草（原生）

Tarenna attenuata 假桂烏口樹、達崙木（原生）

Tarenna mollissima 白花苦燈籠、烏口樹（原生）

Uncaria hirsuta 毛鉤藤、剛毛鉤藤（原生）

Uncaria homomalla 北越鉤藤（原生）

Uncaria macrophylla 大葉鉤藤（原生）

Rutaceae 芸香科

Acronychia pedunculata 山油柑、降真香（原生）

Aegle marmelos 木橘、肖木蘋果

Atalantia buxifolia 酒餅簕（原生）

Citrus X paradisi 葡萄柚、西柚

Citrus aurantiifolia 來檬

Citrus limonia 黎檬

Citrus maxima 柚

Citrus medica 香櫞、枸櫞

Citrus medica var. sarcodactylis 佛手

Citrus reticulata 柑橘

Citrus sinensis 甜橙、橙

Clausena lansium 黃皮

Euodia ridleyi 細裂三椏苦

Fortunella hindsii 山橘（原生）

Fortunella japonica 金柑、圓金橘

Fortunella margarita 金橘

Glycosmis parviflora 小花山小橘、山小橘
（原生）

Melicope pteleifolia 蜜茱萸、三椏苦（原生）

Murraya koenigii 調料九里香

Murraya paniculata 九里香

Ruta graveolens 芸香、臭草

Skimmia arborescens 喬木茵芋（原生）

Tetradium glabrifolium 棟葉吳茱萸（原生）

Toddalia asiatica 飛龍掌血、簕鉤（原生）

Zanthoxylum ailanthoides 椿葉花椒、樗葉花椒
（原生）

Zanthoxylum avicennae 簕欓花椒、簕欓
（原生）

Zanthoxylum myriacanthum 大葉臭花椒
（原生）

Zanthoxylum nitidum 兩面針（原生）

Zanthoxylum ovalifolium 異葉花椒（原生）

Zanthoxylum piperitum 胡椒木

Zanthoxylum scandens 花椒簕（原生）

Sabiaceae 清風藤科

Meliosma fordii 香皮樹、福氏泡花樹（原生）

Meliosma rigida 筆羅子、筆實子（原生）

Meliosma squamulata 樟葉泡花樹、綠樟
（原生）

Meliosma thorelii 山欖葉泡花樹（原生）

Sabia limoniacea 檸檬清風藤、清風藤（原生）

Sabia swinhoei 尖葉清風藤（原生）

Salicaceae 楊柳科

Salix × leucopithecia 銀柳、棉花柳

Salix babylonica 垂柳

Santalaceae 檀香科

Dendrotrophe varians 寄生藤（原生）

Thesium chinense 百蕊草（原生）

Sapindaceae 無患子科

Cardiospermum halicacabum 倒地鈴、包袱草

（原生）

Dimocarpus longan 龍眼

Dodonaea viscosa 車桑子、坡柳（原生）

Harpullia cupanioides 假山蘿、哈莆木

Koelreuteria bipinnata 複羽葉欒樹

Litchi chinensis 荔枝

Sapindus saponaria 無患子、木患子（原生）

Sapotaceae 山欖科

Chrysophyllum cainito 星蘋果

Chrysophyllum lanceolatum var. stellatocarpon
金葉樹（原生）

Lucuma nervosa 蛋黃果

Manilkara zapota 人心果

Mimusops elengi 香欖、牛油果

Sarcosperma laurinum 肉實樹（原生）

Sinosideroxylon wightianum 革葉鐵欖、鐵欖
（原生）

Synsepalum dulcificum 神秘果

Sargentodoxaceae 大血藤科

Sargentodoxa cuneata 大血藤、千年健
（原生）

Saururaceae 三白草科

Houttuynia cordata 蕺菜、魚腥草（原生）

Saururus chinensis 三白草（原生）

Saxifragaceae 虎耳草科

Saxifraga stolonifera 虎耳草

Schisandraceae 五味子科

Kadsura coccinea 黑老虎、冷飯團（原生）

Kadsura heteroclita 異形南五味子、過山龍藤
（原生）

Scrophulariaceae 玄參科

Adenosma glutinosum 毛麝香（原生）

Adenosma indianum 球花毛麝香（原生）

Antirrhinum majus 金魚草

Bacopa monnieri 假馬齒莧（原生）

Bacopa repens 田玄參（原生）

Buchnera cruciata 黑草、鬼羽箭（原生）

Centranthera cochinchinensis 胡麻草（原生）

Centranthera tranquebarica 矮胡麻草（原生）

Dopatrium junceum 虻眼（原生）

Limnophila aromatica 紫蘇草（原生）

Limnophila chinensis 中華石龍尾、毛石龍尾（原生）

Limnophila heterophylla 異葉石龍尾（原生）

Limnophila rugosa 大葉石龍尾（原生）

Limnophila sessiliflora 石龍尾（原生）

Lindernia anagallis 長蒴母草、長果母草（原生）

Lindernia antipoda 泥花草（原生）

Lindernia ciliata 刺齒泥花草（原生）

Lindernia crustacea 母草（原生）

Lindernia hyssopioides 尖果母草（原生）

Lindernia micrantha 狹葉母草（原生）

Lindernia oblonga 棱萼母草（原生）

Lindernia procumbens 陌上菜（原生）

Lindernia pusilla 細莖母草（原生）

Lindernia rotundifolia 圓葉母草

Lindernia ruellioides 旱田草（原生）

Mazus pumilus 通泉草（原生）

Mecardonia procumbens 黃花過長沙舅

Microcarpaea minima 小果草、微果草（原生）

Paulownia fortunei 白花泡桐、泡桐

Picria felterrae 苦玄參（原生）

Russelia equisetiformis 爆仗竹、吉祥草

Russelia sarmentosa 毛爆仗花

Scoparia dulcis 野甘草

Siphonostegia chinensis 陰行草（原生）

Siphonostegia laeta 腺毛陰行草（原生）

Sopubia matsumurae 毛果短冠草、短冠草（原生）

Striga asiatica 獨腳金（原生）

Striga masuria 大獨腳金（原生）

Torenia asiatica 光葉蝴蝶草、光葉翼萼（原生）

Torenia benthamiana 毛葉蝴蝶草（原生）

Torenia biniflora 二花蝴蝶草（原生）

Torenia concolor 單色蝴蝶草、單色翼萼（原生）

Torenia flava 黃花蝴蝶草、黃花翼萼（原生）

Torenia fordii 紫斑蝴蝶草、紫斑翼萼（原生）

Torenia fournieri 藍豬耳

Veronica javanica 多枝婆婆納

Veronica persica 阿拉伯婆婆納

Veronica undulata 水苦蕒（原生）

Simaroubaceae 苦木科

Ailanthus fordii 常綠臭椿、福氏臭椿（原生）（AFCD 評估：近危）**

Brucea javanica 鴉膽子、苦參子（原生）

Picrasma quassioides 苦樹（原生）

Solanaceae 茄科

Brunfelsia calycina 大鴛鴦茉莉

Brunfelsia macrophylla 大葉鴛鴦茉莉

Capsicum annuum 辣椒、牛角椒、長辣椒

Capsicum annuum var. *conoides* 朝天椒

Capsicum annuum var. *fasciculatum* 簇生椒

Capsicum annuum var. *grossum* 菜椒、燈籠椒

Cestrum nocturnum 夜香樹、丁香花

Datura metel 洋金花、白花曼陀羅

Datura stramonium 曼陀羅

Lycianthes biflora 紅絲線、十萼茄（原生）

Lycium chinense 枸杞

Lycopersicon esculentum 番茄

Nicandra physalodes 假酸漿

Nicotiana × *sanderae* 煙草花

Nicotiana tabacum 煙草

Nierembergia hippomanica var. *violaceae* 杯花

Petunia hybrida 碧冬茄

Physalis alkekengi 酸漿

Physalis angulata 苦蘵、燈籠果（原生）

Solanum americanum 少花龍葵

Solanum capsicoides 牛茄子、癲茄

Solanum erianthum 假煙葉樹、土煙葉

Solanum lasiocarpum 毛茄（原生）

Solanum mammosum 乳茄、五代同堂茄

Solanum melongena 茄、矮瓜

Solanum nigrum 龍葵（原生）

Solanum pseudocapsicum 珊瑚櫻、玉珊瑚

Solanum pseudocapsicum var. *diflorum* 瑪瑙珠、珊瑚豆

Solanum torvum 水茄

Solanum tuberosum 馬鈴薯、洋芋

Solanum undatum 野茄（原生）

Solanum violaceum 刺天茄（原生）

Solanum wrightii 大花茄

Sonneratiaceae 海桑科

Sonneratia apetala 無瓣海桑

Sonneratia caseolaris 海桑

Staphyleaceae 省沽油科

Turpinia arguta 銳尖山香圓（原生）

Turpinia montana 山香圓（原生）

Sterculiaceae 梧桐科

Ambroma augustum 昂天蓮

Brachychiton acerifolius 槭葉蘋婆

Brachychiton discolor 澳洲蘋婆

Byttneria grandifolia 刺果藤（原生）

Dombeya burgessiae 伯吉斯吊芙蓉

Dombeya natalensis 好望角吊芙蓉

Dombeya wallichii 吊芙蓉

Firmiana simplex 梧桐

Helicteres angustifolia 山芝麻（原生）

Heritiera littoralis 銀葉樹（原生）

Melochia corchorifolia 馬鬆子（原生）

Pentapetes phoenicea 午時花

Pterospermum heterophyllum 翻白葉樹（原生）

Reevesia thyrsoidea 梭羅樹（原生）

Sterculia lanceolata 假蘋婆（原生）

Sterculia monosperma 蘋婆

Waltheria indica 蛇婆子（原生）

Stylidiaceae 花柱草科

Stylidium tenellum 狹葉花柱草、小滴絲草（原生）

Stylidium uliginosum 花柱草、滴絲草（原生）

Styracaceae 安息香科

Alniphyllum fortunei 赤楊葉（原生）

Huodendron biaristatum var. parviflorum 嶺南山茉莉（原生）

Rehderodendron kwangtungense 廣東木瓜紅（原生）（AFCD 評估：易危）**

Styrax confusus 賽山梅、狗肝柴（原生）

Styrax odoratissimus 芳香安息香、芬芳安息香（原生）

Styrax suberifolius 栓葉安息香、紅皮（原生）

Symplocaceae 山礬科

Symplocos adenophylla 腺葉山礬（原生）

Symplocos adenopus 腺柄山礬（原生）

Symplocos anomala 薄葉山礬（原生）

Symplocos cochinchinensis 越南山礬（原生）

Symplocos cochinchinensis var. laurina 黃牛奶樹（原生）

Symplocos confusa 南嶺山礬（原生）

Symplocos congesta 密花山礬（原生）

Symplocos decora 美山礬（原生）

Symplocos fordii 三裂山礬（原生）

Symplocos glauca 羊舌樹（原生）

Symplocos lancifolia 光葉山礬（原生）

Symplocos lucida 厚葉山礬、光亮山礬、厚皮灰木（原生）

Symplocos paniculata 白檀（原生）

Symplocos setchuensis 四川山礬（原生）

Symplocos sumuntia 山礬（原生）

Symplocos wikstroemiifolia 微毛山礬（原生）

Tamaricaceae 檉柳科

Tamarix chinensis 檉柳

Theaceae 山茶科

Adinandra glischroloma var. jubata 長毛楊桐（原生）

Adinandra millettii 黃瑞木（原生）

Anneslea fragrans 茶梨（原生）（AFCD 評估：近危）

Camellia caudata 長尾毛蕊茶、尾葉茶（原生）**

Camellia crapnelliana 紅皮糙果茶、克氏茶（原生）（AFCD 評估：易危）（中國紅皮書：漸危）**

Camellia euryoides 柃葉茶（原生）**

Camellia furfuracea 糙果茶（原生）**

Camellia granthamiana 大苞山茶、葛量洪茶（原生）（AFCD 評估：瀕危）（中國紅皮書：瀕危）**

Camellia hongkongensis 香港茶（原生）（AFCD 評估：瀕危）**

Camellia japonica 山茶 **

Camellia kissii 落瓣油茶（原生）**

Camellia oleifera 油茶（原生）**

Camellia reticulata 滇山茶 **

Camellia salicifolia 柳葉茶（原生）**

Camellia sasanqua 茶梅 **

Camellia sinensis 茶（原生）**

Camellia sinensis var. waldenae 香花茶（原生）**

Cleyera japonica 紅淡比（原生）

Cleyera parvifolia 小葉紅淡比（原生）

Eurya acuminatissima 尖葉毛柃（原生）

Eurya chinensis 米碎花、崗茶（原生）

Eurya chinensis var. glabra 光枝米碎花（原生）

Eurya distichophylla 二列葉柃（原生）

Eurya groffii 崗柃（原生）

Eurya loquaiana 細枝柃（原生）

Eurya macartneyi 黑柃（原生）

Eurya muricata 格葯柃（原生）

Eurya nitida 細齒葉柃（原生）

Polyspora axillaris 大頭茶（原生）

Pyrenaria microcarpa 小果石筆木（原生）

Pyrenaria spectabilis 石筆木（原生）**

Pyrenaria symplocifolia 卵葉石筆木（原生）

Schima superba 木荷、荷樹（原生）

Schima wallichii 紅木荷

Stewartia villosa 柔毛紫莖、毛折柄茶（原生）

Ternstroemia gymnanthera 厚皮香（原生）

Ternstroemia kwangtungensis 廣東厚皮香（原生）（AFCD 評估：近危）

Ternstroemia luteoflora 尖萼厚皮香（原生）

Ternstroemia microphylla 小葉厚皮香（原生）

Thymelaeaceae 瑞香科

Aquilaria sinensis 土沉香、牙香樹、白木香（原生）（AFCD 評估：近危）（中國紅皮書：漸危）##

Daphne cannabina 白瑞香（原生）

Daphne championii 小葉瑞香、毛葉瑞香（原生）

Wikstroemia indica 了哥王（原生）

Wikstroemia monnula 北江蕘花（原生）

Wikstroemia nutans 細軸蕘花（原生）

Tiliaceae 椴樹科

Corchorus aestuans 甜麻、假黃麻（原生）

Corchorus capsularis 黃麻

Grewia biloba 扁擔桿（原生）

Grewia eriocarpa 毛果扁擔桿

Grewia oligandra 寡蕊扁擔桿、粗毛扁擔桿（原生）

Microcos nervosa 破布葉、布渣葉（原生）

Triumfetta cana 毛刺蒴麻（原生）

Triumfetta rhomboidea 刺蒴麻（原生）

Tropaeolaceae 旱金蓮科

Tropaeolum majus 旱金蓮、金蓮花

Ulmaceae 榆科

Aphananthe aspera 糙葉樹（原生）

Aphananthe cuspidata 滇糙葉樹、坡命工（原生）

Celtis biondii 紫彈朴（原生）

Celtis sinensis 朴樹（原生）

Celtis timorensis 假玉桂、樟葉朴（原生）

Gironniera subaequalis 白顏樹（原生）

Trema cannabina 光葉山黃麻（原生）

Trema orientalis 異色山黃麻（原生）

Trema tomentosa 山黃麻（原生）

Ulmus parvifolia 榔榆

Urticaceae 蕁麻科

Boehmeria densiflora 密花苧麻（原生）

Boehmeria macrophylla 水苧麻（原生）

Boehmeria macrophylla var. scabrella 糙葉水苧麻（原生）

Boehmeria nivea 苧麻

Boehmeria nivea var. tenacissima 青葉苧麻（原生）

Gonostegia hirta 糯米團（原生）

Laportea interrupta 紅小麻

Oreocnide frutescens 紫麻（原生）

Oreocnide frutescens subsp. insignis 細梗紫麻（原生）

Pellionia brevifolia 短葉赤車（原生）

Pellionia grijsii 華南赤車（原生）

Pellionia radicans 赤車（原生）

Pellionia repens 吐煙花

Pellionia scabra 蔓赤車（原生）

Pilea aquarum subsp. acutidentata 銳齒濕生冷水花（原生）

Pilea cadierei 花葉冷水花

Pilea chartacea 紙質冷水花（原生）

Pilea glaberrima 點乳冷水花（原生）

Pilea microphylla 小葉冷水花

Pilea nummulariifolia 古錢冷水花

Pilea peploides 齒葉冷水花（原生）

Pilea sinofasciata 粗齒冷水花（原生）
Pilea swinglei 三角冷水花（原生）
Pouzolzia zeylanica 霧水葛（原生）
Procris crenata 藤麻（原生）

Verbenaceae 馬鞭草科

Avicennia marina 海欖雌、白骨壤（原生）
Callicarpa brevipes 短柄紫珠、短序紫珠
（原生）
Callicarpa cathayana 華紫珠（原生）
Callicarpa dichotoma 白棠子樹（原生）
Callicarpa formosana 杜虹花（原生）
Callicarpa integerrima 全緣葉紫珠（原生）
Callicarpa kochiana 枇杷葉紫珠（原生）
Callicarpa longibracteata 長苞紫珠（原生）
Callicarpa longissima 尖尾楓（原生）
Callicarpa macrophylla 大葉紫珠（原生）
Callicarpa nudiflora 裸花紫珠（原生）
Callicarpa rubella 紅紫珠（原生）
Caryopteris incana 蘭香草、蕕（原生）
Citharexylum caudatum 尾葉琴木
Clerodendrum canescens 灰毛大青、獅子球
（原生）
Clerodendrum chinense 重瓣臭茉莉、臭茉
莉、臭牡丹（原生）
Clerodendrum cyrtophyllum 大青（原生）
Clerodendrum fortunatum 白花燈籠、鬼燈籠
（原生）
Clerodendrum inerme 苦郎樹、假茉莉、苦櫧
（原生）
Clerodendrum japonicum 楨桐
Clerodendrum lindleyi 尖齒臭茉莉（原生）
Clerodendrum macrosiphon 天女散花龍吐珠
Clerodendrum myricoides 楊梅葉大青
Clerodendrum speciosissimum 爪哇楨桐
Clerodendrum splendens 紅龍吐珠、龍吐珠藤
Clerodendrum thomsoniae 龍吐珠
Clerodendrum wallichii 垂茉莉、黑葉龍吐珠
Duranta erecta 假連翹
Gmelina arborea 雲南石梓、印度石梓
Gmelina chinensis 石梓、華石梓（原生）
（AFCD 評估：易危）
Gmelina hystrix 刺石梓
Holmskioldia sanguinea 冬紅花

Lantana camara 馬纓丹、如意草
Lantana camara 'Snow White' 雪白馬纓丹
Lantana montevidensis 小葉馬纓丹、鋪地臭金
鳳
Lantana trifolia 三葉臭金鳳
Petrea volubilis 藍花藤、錫葉藤
Phyla nodiflora 過江藤（原生）
Premna serratifolia 傘序臭黃荊、美娘子
（原生）
Stachytarpheta jamaicensis 假馬鞭、假敗醬
Tectona grandis 柚木
Verbena × hybrida 鋪地馬鞭草
Verbena bonariensis 南美馬鞭草
Verbena officinalis 馬鞭草（原生）
Verbena rigida 顯脈馬鞭草
Verbena tenuisecta
Vitex agnus-castus 紫花牡荊
Vitex negundo 黃荊（原生）
Vitex negundo var. cannabifolia 牡荊（原生）
Vitex quinata 山牡荊（原生）
Vitex rotundifolia 單葉蔓荊、白背蔓荊（原生）
Vitex trifolia 蔓荊（原生）
Vitex tripinnata 越南牡荊、小花牡荊

Violaceae 堇菜科

Viola arcuata 堇菜（原生）
Viola betonicifolia 戟葉堇菜（原生）
Viola diffusa 蔓堇菜（原生）
Viola inconspicua 長萼堇菜（原生）
Viola odorata 香堇菜、紫羅蘭
Viola tricolor 三色堇

Viscaceae 檞寄生科

Korthalsella japonica 栗寄生（原生）
Viscum articulatum 扁枝檞寄生（原生）
Viscum diospyrosicola 棱枝檞寄生（原生）
Viscum ovalifolium 瘤果檞寄生（原生）

Vitaceae 葡萄科

Ampelopsis cantoniensis 廣東蛇葡萄（原生）
Ampelopsis heterophylla var. kulingensis 牯嶺
蛇葡萄（原生）
Cayratia corniculata 角花烏蘞莓（原生）
Cayratia japonica 烏蘞莓（原生）
Cissus pteroclada 翼莖白粉藤（原生）

Cissus repens 白粉藤（原生）

Parthenocissus dalzielii 爬牆虎、異葉爬山虎

Tetrastigma hemsleyanum 三葉崖爬藤、三葉青（原生）

Tetrastigma planicaule 扁擔藤、崖爬藤（原生）

Vitis balanseana 小果葡萄（原生）

Vitis bryoniifolia 蘡薁、野葡萄（原生）

Vitis flexuosa 葛藟葡萄（原生）

Vitis retordii 綿毛葡萄（原生）

Vitis sinocinerea 小葉葡萄（原生）

Vitis tsoii 狹葉葡萄（原生）

Vitis vinifera 葡萄

Xanthophyllaceae 黃葉樹科

Xanthophyllum hainanense 黃葉樹（原生）

資料來源及備注

綜合香港植物標本室《香港植物資料庫》（截至 2023）及其他相關資料。

** 者，代表已列入香港法例第 96 章《林區及郊區條例》

者，代表已列入香港法例第 586 章《保護瀕危動植物種條例》

拉丁學名旁邊有 × 者，代表雜交物種「AFCD 評估」為漁護署按世界自然保護聯盟（IUCN）制定的《紅色名錄等級及標準》，考慮該植物物種於香港及中國內地的現狀後，對其威脅等級作出評估。

Acoraceae 菖蒲科

Acorus gramineus 金錢蒲、石菖蒲（原生）

Agavaceae 龍舌蘭科

Agave americana 龍舌蘭

Agave angustifolia 狹葉龍舌蘭、波羅麻

Cordyline fruticosa 朱蕉、鐵樹

Dracaena angustifolia 長花龍血樹

Dracaena draco 龍血樹、龍樹

Dracaena fragrans 巴西鐵樹

Dracaena marginata 紅邊鐵樹

Dracaena reflexa Variegata 分枝鐵樹

Dracaena sanderiana 辛氏龍樹、富貴竹

Furcraea foetida 縫線麻

Polianthes tuberosa 晚香玉、玉簪花

Sansevieria cylindrica 圓柱虎尾蘭

Sansevieria trifasciata 虎尾蘭

Yucca gloriosa 大絲蘭、鳳尾蘭

Alismataceae 澤瀉科

Alisma plantago-aquatica 澤瀉

Sagittaria guayanensis subsp. *lappula* 冠果草（原生）

Sagittaria trifolia subsp. *leucopetala* 慈姑

Aloeaceae 蘆薈科

Aloe vera 蘆薈

Kniphofia uvaria 火把花

Aponogetonaceae 水蕹科

Aponogeton lakhonensis 水蕹、田乾草（原生）

Araceae 天南星科

Aglaonema modestum 廣東萬年青、粵萬年青

Alocasia cucullata 尖尾芋、假海芋（原生）

Alocasia macrorrhizos 海芋（原生）

Amorphophallus dunnii 南蛇棒、鄧氏蒟蒻（原生）

Amorphophallus kiusianus 東亞魔芋（原生）

Anthurium andraeanum 花燭

Anthurium crystallinum 水晶花燭

Anthurium scherzerianum 火鶴花

Arisaema cordatum 心檐南星、心葉天南星（原生）

Arisaema erubescens 一把傘南星、一把傘天南星（原生）

Arisaema heterophyllum 異葉天南星（原生）

Arisaema penicillatum 畫筆南星、頂刷天南星（原生）（AFCD 評估：易危）

Caladium bicolor 五彩芋、花葉芋

Colocasia esculenta 芋（原生）

Dieffenbachia seguine 花葉萬年青

Epipremnum aureum 綠蘿、芋葉藤

Epipremnum pinnatum 麒麟葉、麒麟尾

Lasia spinosa 刺芋

Monstera deliciosa 龜背竹、蓬來蕉

Philodendron bipinnatifidum 裂葉喜樹蕉

Philodendron cordatum 心葉喜樹蕉

Philodendron panduriforme 琴葉喜樹蕉

Philodendron squamiferum 鱗葉喜樹蕉

Pinellia ternata 半夏（原生）

Pinellia tripartita 三裂葉半夏（原生）

Pistia stratiotes 大藻（原生）

Pothos chinensis 石柑、石柑子（原生）

Rhaphidophora hongkongensis 獅子尾、崖角藤（原生）

Spathiphyllum floribundum 白鶴芋

Syngonium auritum 長耳合果芋

Syngonium podophyllum 合果芋

Typhonium blumei 犁頭尖、山半夏（原生）

Typhonium flagelliforme 鞭簷犁頭尖

Typhonium trilobatum 馬蹄犁頭尖
Zantedeschia aethiopica 馬蹄蓮

Arecaceae 棕櫚科

Acoelorrhaphe wrightii 棕葵
Archontophoenix alexandrae 假檳榔
Arenga engleri 山棕、白欖王
Arenga pinnata 砂糖椰子、橢榔
Calamus egregius 短葉省藤、澤生藤、省藤（原生）
Calamus tetradactylus 白藤、雞藤（原生）
Calamus thysanolepis 毛鱗省藤（原生）
Calamus walkeri 多果省藤（原生）
Caryota maxima 魚尾葵
Caryota mitis 短穗魚尾葵、小魚尾葵
Caryota urens 董棕
Cocos nucifera 椰子
Daemonorops jenkinsiana 黃藤、真白藤（原生）
Dypsis lutescens 散尾葵
Hyophorbe lagenicaulis 酒瓶椰子
Licuala fordiana 穗花軸櫚、扇櫚（原生）
Livistona chinensis 蒲葵
Livistona saribus 大葉蒲葵
Phoenix canariensis 加那利刺葵
Phoenix dactylifera 海棗、棗椰樹
Phoenix loureiroi 刺葵（原生）
Phoenix roebelenii 江邊刺葵、日本葵
Ptychosperma macarthurii 齒葉葵、麥氏葵
Rhapis excelsa 棕竹（原生）
Rhapis gracilis 細棕竹
Roystonea regia 大王椰子、王棕
Syagrus romanzoffiana 皇后葵、金山葵
Trachycarpus fortunei 棕櫚
Washingtonia robusta 大絲葵、華盛頓葵

Bromeliaceae 鳳梨科

Aechmea fasciata 蜻蜓鳳梨
Ananas comosus 鳳梨、菠蘿
Billbergia pyramidalis 水塔花
Cryptanthus bromelioides 銀背姬鳳梨
Cryptanthus bromelioides var. tricolor 三色鳳梨
Vriesea fosteriana 紅票
Vriesea splendens 火劍

Burmanniaceae 水玉簪科

Burmannia championii 頭花水玉簪（原生）
Burmannia chinensis 香港水玉簪（原生）
Burmannia coelestis 三品一枝花、雛錫杖（原生）
Burmannia itoana 纖草（原生）
Burmannia wallichii 亭立、華氏水玉簪（原生）
Thismia hongkongensis 香港水玉杯（原生）
Thismia tentaculata 三絲水玉杯（原生）

Cannaceae 美人蕉科

Canna × generalis 大花美人蕉
Canna glauca 粉美人蕉
Canna indica 美人蕉

Commelinaceae 鴨跖草科

Amischotolype hispida 穿鞘花（原生）
Commelina auriculata 耳苞鴨跖草（原生）
Commelina benghalensis 飯包草（原生）
Commelina communis 鴨跖草（原生）
Commelina diffusa 節節草（原生）
Commelina paludosa 大苞鴨跖草（原生）
Cyanotis arachnoidea 蛛絲毛藍耳草（原生）
Cyanotis axillaris 鞘苞花（原生）
Cyanotis vaga 藍耳草（原生）
Floscopa scandens 聚花草（原生）
Murdannia bracteata 大苞水竹葉（原生）
Murdannia loriformis 牛軛草（原生）
Murdannia nudiflora 裸花水竹葉（原生）
Murdannia simplex 細竹篙草（原生）
Murdannia triquetra 水竹葉（原生）
Murdannia vaginata 細柄水竹葉（原生）
Pollia secundiflora 長花枝杜若、杜若（原生）
Pollia siamensis 長柄杜若（原生）
Tradescantia fluminensis 巴西水竹葉
Tradescantia pallida 紫鴨跖草
Tradescantia spathacea 紫背萬年青、蚌花
Tradescantia zebrina 吊竹梅、水竹草

Costaceae 閉鞘薑科

Costus speciosus 閉鞘薑

Cyperaceae 莎草科

Abildgaardia ovata 獨穗柄果莎（原生）
Actinoschoenus chinensis 中華星穗莎（原生）

Bulbostylis barbata 球柱草、畎莎（原生）

Bulbostylis densa 絲葉球柱草（原生）

Bulbostylis puberula 毛鱗球柱草（原生）

Carex arisanensis 阿里山薹草（原生）

Carex baccans 漿果薹草、山稗子（原生）

Carex bodinieri 濱海薹草（原生）

Carex breviculmis 青綠薹草（原生）

Carex canina 長柄薹草、果柄薹草（原生）

Carex chinensis 中華薹草（原生）

Carex cruciata 十字薹草、十字苔（原生）

Carex cryptostachys 隱穗薹草（原生）

Carex filicina 蕨狀薹草（原生）

Carex funhuangshanica 鳳凰山薹草（原生）

Carex graciliflora 纖花薹草（原生）

Carex harlandii 長囊薹草（原生）

Carex ligata 香港薹草（原生）

Carex maculata 斑點果薹草（原生）

Carex manca 彎柄薹草、缺如薹草（原生）

Carex nemostachys 條穗薹草（原生）

Carex nexa 聯結薹草（原生）

Carex phacota 鏡子薹草（原生）

Carex pruinosa 粉被薹草（原生）

Carex pseudolaticeps 彌勒山薹草（原生）

Carex pumila 矮生薹草（原生）

Carex scaposa 花葶薹草（原生）

Carex teinogyna 長柱頭薹草、細梗薹草
（原生）

Carex tenebrosa 芒尖鱗薹草、薄葉薹草
（原生）

Carex tenuispicula 纖穗薹草（原生）

Carex tristachya 三穗薹草（原生）

Carex truncatigluma 截鱗薹草（原生）

Carex tsiangii 三念薹草（原生）

Carex zunyiensis 遵義薹草（原生）

Cladium chinense 華克拉莎（原生）

Cyperus compressus 扁穗莎草、沙田草
（原生）

Cyperus cuspidatus 長尖莎草（原生）

Cyperus difformis 異型莎草（原生）

Cyperus diffusus 多脈莎草、綠穗莎草（原生）

Cyperus distans 疏穗莎草、疏穎莎草（原生）

Cyperus eleusinoides 穆穗莎草（原生）

Cyperus exaltatus 高稈莎草（原生）

Cyperus haspan 畦畔莎草（原生）

Cyperus imbricatus 疊穗莎草（原生）

Cyperus involucratus 風車草

Cyperus iria 碎米莎草（原生）

Cyperus malaccensis 茳芏（原生）

Cyperus malaccensis var. brevifolius 短葉茳
芏、鹹水草（原生）

Cyperus nutans 垂穗莎草（原生）

Cyperus odoratus 斷節莎

Cyperus orthostachyus 三輪草

Cyperus papyrus 紙莎草

Cyperus pilosus 毛軸莎草（原生）

Cyperus platystylis 盤柱莎草（原生）

Cyperus procerus 闊穗莎草（原生）

Cyperus prolifer 矮紙莎草

Cyperus pygmaeus 矮莎草（原生）

Cyperus rotundus 香附子、香頭草、莎草
（原生）

Cyperus stoloniferus 粗根莖莎草（原生）

Cyperus surinamensis 蘇里南莎草

Cyperus tenuiculmis 四棱穗莎草（原生）

Cyperus tenuispica 窄穗莎草（原生）

Diplacrum caricinum 裂穎茅（原生）

Eleocharis acicularis 牛毛氈（原生）

Eleocharis acutangula 銳棱荸薺（原生）

Eleocharis atropurpurea 紫果藺（原生）

Eleocharis dulcis 荸薺、馬蹄

Eleocharis equisetina 木賊狀荸薺、木賊狀馬蹄
（原生）

Eleocharis geniculata 黑籽荸薺（原生）

Eleocharis ochrostachys 假馬蹄、假荸薺
（原生）

Eleocharis pellucida var. japonica 稻田荸薺、
透明鱗荸薺（原生）

Eleocharis retroflexa 貝殼葉荸薺（原生）

Eleocharis spiralis 螺旋鱗荸薺（原生）

Eleocharis tetraquetra 龍師草（原生）

Fimbristylis acuminata 披針穗飄拂草（原生）

Fimbristylis aestivalis 夏飄拂草（原生）

Fimbristylis complanata 扁鞘飄拂草（原生）

Fimbristylis cymosa 黑果飄拂草（原生）

Fimbristylis dichotoma 兩歧飄拂草、棱穗飄拂
草（原生）

Fimbristylis diphylloides 擬二葉飄拂草（原生）

Fimbristylis eragrostis 知風飄拂草（原生）

Fimbristylis exaltata 血色飄拂草（原生）

Fimbristylis fusca 褐穗飄拂草（原生）

Fimbristylis hookeriana 金色飄拂草、羅浮飄拂草（原生）

Fimbristylis insignis 硬穗飄拂草（原生）

Fimbristylis leptoclada 纖細飄拂草、纖莖飄拂草（原生）

Fimbristylis littoralis 水虱草、日照飄拂草（原生）

Fimbristylis longispica 長穗飄拂草（原生）

Fimbristylis nutans 垂穗飄拂草（原生）

Fimbristylis pauciflora 海南飄拂草（原生）

Fimbristylis polytrichoides 細葉飄拂草（原生）

Fimbristylis rigidula 結壯飄拂草、剛穗飄拂草（原生）

Fimbristylis schoenoides 少穗飄拂草（原生）

Fimbristylis sericea 絹毛飄拂草（原生）

Fimbristylis sieboldii 鏽鱗飄拂草（原生）

Fimbristylis subbispicata 雙穗飄拂草（原生）

Fimbristylis tetragona 四棱飄拂草、四穗飄拂草（原生）

Fimbristylis thomsonii 西南飄拂草（原生）

Fimbristylis tomentosa 絨毛飄拂草（原生）

Fimbristylis tristachya 三穗飄拂草（原生）

Fimbristylis velata 曲芒飄拂草（原生）

Fuirena ciliaris 毛芙蘭草（原生）

Fuirena umbellata 芙蘭草（原生）

Gahnia tristis 黑莎草（原生）

Hypolytrum hainanense 海南割雞芒（原生）

Hypolytrum nemorum 割雞芒、海薄利（原生）

Juncellus serotinus 水莎草（原生）

Kyllinga brevifolia 短葉水蜈蚣（原生）

Kyllinga nemoralis 單穗水蜈蚣（原生）

Kyllinga polyphylla 水蜈蚣、香根水蜈蚣

Lepidosperma chinense 鱗子莎、炮仗草（原生）

Lepironia articulata 石龍芻、蒲草、肇慶草

Lipocarpha chinensis 華湖瓜草、銀色湖瓜草（原生）

Lipocarpha microcephala 湖瓜草（原生）

Machaerina ensigera 劍葉莎（原生）

Machaerina rubiginosa 圓葉劍葉莎（原生）

Mapania silhetensis 華擂鼓薳、擂鼓薳（原生）

Mariscus cyperinus 莎草磚子苗（原生）

Mariscus cyperoides 磚子苗（原生）

Mariscus javanicus 羽穗磚子苗（原生）

Mariscus radians 輻射磚子苗（原生）

Pycreus flavidus 球穗扁莎（原生）

Pycreus polystachyos 多枝扁莎（原生）

Pycreus pumilus 矮扁莎（原生）

Pycreus sanguinolentus 紅鱗扁莎（原生）

Remirea maritima 海濱莎（原生）

Rhynchospora brownii 皺果刺子莞（原生）

Rhynchospora chinensis 華刺子莞（原生）

Rhynchospora corymbosa 傘房刺子莞、繖房刺子莞（原生）

Rhynchospora gracillima 柔弱刺子莞（原生）

Rhynchospora malasica 馬來刺子莞、日本刺子莞（原生）

Rhynchospora rubra 刺子莞（原生）

Schoenoplectus juncoides 螢藺（原生）

Schoenoplectus lateriflorus 側花水蔥（原生）

Schoenoplectus subulatus 鑽苞水蔥（原生）

Schoenoplectus triangulatus 水毛花（原生）

Schoenus falcatus 赤箭莎（原生）

Scirpus hainanensis 海南薦草（原生）

Scirpus ternatanus 百穗薦草、棒螢藺（原生）

Scleria ciliaris 緣毛珍珠茅、華珍珠茅（原生）

Scleria corymbosa 傘房珍珠茅、繖房珍珠茅（原生）

Scleria harlandii 圓稈珍珠茅、夏蘭珍珠茅（原生）

Scleria laxa 疏鬆珍珠茅（原生）

Scleria levis 毛果珍珠茅、珍珠茅（原生）

Scleria lithosperma 石果珍珠茅（原生）

Scleria parvula 小型珍珠茅（原生）

Scleria rugosa 皺果珍珠茅（原生）

Scleria terrestris 高稈珍珠茅（原生）

Dioscoreaceae 薯蕷科

Dioscorea alata 參薯、大薯

Dioscorea benthamii 大青薯、邊氏薯蕷（原生）

Dioscorea bulbifera 黃獨（原生）

Dioscorea cirrhosa 薯莨（原生）

Dioscorea fordii 山薯、福氏薯蕷（原生）

Dioscorea futschauensis 福州薯蕷（原生）

Dioscorea hamiltonii 褐苞薯蕷（原生）

Dioscorea hispida 白薯莨（原生）

Dioscorea pentaphylla 五葉薯蕷（原生）

Eriocaulaceae 穀精草科

Eriocaulon australe 毛穀精草（原生）

Eriocaulon cinereum 白藥穀精草、淡灰穀精草（原生）

Eriocaulon nantoense 南投穀精草（原生）

Eriocaulon setaceum 絲葉穀精草（原生）

Eriocaulon sexangulare 華南穀精草（原生）

Eriocaulon tonkinense 越南穀精草、短萼穀精草（原生）

Eriocaulon truncatum 菲律賓穀精草（原生）

HAEMODORACEAE 血草科（血皮草科）

Xiphidium coeruleum 劍葉草

Hydrocharitaceae 水鱉科

Blyxa aubertii 無尾水篩、簀藻（原生）

Blyxa japonica 水篩（原生）

Egeria densa 水蘊草

Halophila beccarii 貝克喜鹽草、貝克鹽藻（原生）

Halophila minor 小喜鹽草（原生）

Halophila ovalis 喜鹽草（原生）

Hydrilla verticillata 黑藻、水藻

Ottelia alismoides 龍舌草、水車前（原生）

Vallisneria natans 苦草（原生）

Iridaceae 鳶尾科

Belamcanda chinensis 射干、較剪蘭

Crocosmia × *crocosmiiflora* 雄黃蘭

Freesia refracta 香雪蘭、洋玉簪

Gladiolus × *gandavensis* 唐菖蒲、劍蘭

Iris japonica 蝴蝶花

Iris speculatrix 小花鳶尾（原生）**

Iris tectorum 鳶尾、藍蝴蝶

Moraea iridioides 肖鳶尾

Neomarica northiana 新瑪麗雅

Sisyrinchium rosulatum 庭菖蒲

Sparaxis grandiflora 南非鳶尾

Tigridia pavonia 虎皮花

Juncaceae 燈心草科

Juncus effusus 燈心草（原生）

Juncus prismatocarpus 笄石菖（原生）

Juncus prismatocarpus subsp. teretifolius 圓柱葉燈心草（原生）

Lemnaceae 浮萍科

Lemna minor 浮萍（原生）

Spirodela polyrhiza 紫萍、浮萍（原生）

Wolffia globosa 無根萍（原生）

Liliaceae 百合科

Agapanthus africanus 百子蓮

Allium ascalonicum 分蔥、香蔥

Allium cepa 洋蔥

Allium chinense 薤頭

Allium fistulosum 蔥

Allium hookeri 寬葉韭

Allium porrum 大蒜

Allium sativum 蒜頭

Allium tuberosum 韭

Alstroemeria psittacina

Asparagus cochinchinensis 天門冬（原生）

Asparagus densiflorus Sprengen 非洲天門冬

Asparagus setaceus 文竹

Aspidistra fimbriata 流蘇蜘蛛抱蛋（原生）

Aspidistra lurida 九龍盤（原生）

Aspidistra minutiflora 小花蜘蛛抱蛋（原生）

Aspidistra punctata 紫點蜘蛛抱蛋（原生）

Barnardia japonica 綿棗兒、天蒜（原生）

Campylandra wattii 彎蕊開口箭（原生）

Chionographis chinensis 白絲草（原生）

Chlorophytum comosum 吊蘭

Chlorophytum laxum 小花吊蘭（原生）

Clivia miniata 君子蘭

Crinum asiaticum var. sinicum 文殊蘭（原生）

Crinum latifolium 西南文殊蘭、大葉文殊蘭

Curculigo capitulata 大葉仙茅（原生）

Curculigo orchioides 仙茅（原生）

Cyrtanthus mackenii 南非百合、南腓合

Dianella ensifolia 山菅蘭（原生）

Disporum cantoniense 萬壽竹、山竹花

Disporum uniflorum 少花萬壽竹（原生）

Drimiopsis saundersiae 斑葉草

Eucharis × *grandiflora* 南美蘭

Eurycles sylvestris

Gloriosa rothschildiana 春嘉蘭

Gloriosa superba 嘉蘭、鐵線雞爪

Haemanthus katharinae 繡球百合
Haemanthus multiflorus 網球花
Hemerocallis citrina 黃花菜
Hemerocallis fulva 萱草、金針菜
Hippeastrum vittatum 花朱頂蘭、朱頂蘭
Hosta plantaginea 玉簪
Hosta ventricosa 紫萼
Hyline worsleyi
Hymenocallis littoralis 水鬼蕉、蜘蛛蘭
Hypoxis aurea 小金梅草（原生）
Lilium brownii 野百合、淡紫百合（原生）**
Lilium lancifolium 卷丹
Lilium longiflorum 麝香百合
Lilium speciosum 美麗百合、鹿子百合
Liriope spicata 山麥冬、麥門冬（原生）
Lycoris aurea 忽地笑、脱衣換錦
Lycoris radiata 石蒜
Narcissus tazetta var. chinensis 水仙
Nerine filifolia
Nothoscordum gracile
Ophiopogon jaburan 花葉沿階草
Ophiopogon japonicus 麥冬、沿階草（原生）
Ophiopogon reversus 高節沿階草（原生）
Pancratium biflorum 全能花
Paris polyphylla var. chinensis 華重樓、重樓
（原生）（AFCD 評估：易危）
Peliosanthes macrostegia 大蓋球子草（原生）
Reineckea carnea 吉祥草
Sprekelia formosissima 龍頭花、火燕蘭
Thysanotus chinensis 異蕊草（原生）
Tulbaghia violacea 蒜味草
Tulipa gesneriana 鬱金香
Vallota speciosa
Veratrum schindleri 牯嶺藜蘆（原生）
Zephyranthes candida 蔥蓮、玉簾
Zephyranthes carinata 韭蓮、風雨花
Zephyranthes rosea 玫瑰蔥蓮

Limnocharitaceae 黃花藺科（黃花絨葉草科）

Limnocharis flava 黃花藺、黃花利末加里

Marantaceae 竹芋科

Calathea ornata 肖竹芋

Calathea zebrina 絨葉肖竹芋、班葉肖竹芋
Maranta arundinacea 竹芋
Maranta bicolor 花葉竹芋
Phrynium placentarium 尖苞柊葉、小花柊葉
（原生）
Phrynium rheedei 柊葉（原生）
Stromanthe sanguinea 紫背竹芋、苳葉

Musaceae 芭蕉科

Musa × paradisiaca 大蕉、甘蕉
Musa acuminata Dwarf Cavendish 香蕉
Musa balbisiana 野蕉（原生）
Musa coccinea 紅蕉

Najadaceae 茨藻科

Najas graminea 草茨藻（原生）
Najas pseudogracillima 擬纖細茨藻（原生）
Najas pseudograminea 擬草茨藻（原生）

Orchidaceae 蘭科

Acampe rigida 多花脆蘭、蕉蘭（原生）****###
Acanthephippium striatum 錐囊罈花蘭、中華罈花蘭（原生）****###
Ania hongkongensis 香港安蘭、香港帶唇蘭（原生）****
Ania ruybarrettoi 南方安蘭、南方帶唇蘭（原生）（AFCD 評估：極危）****
Anoectochilus yungianus 香港金線蘭、容氏開唇蘭（原生）****
Aphyllorchis montana 無葉蘭（原生）****###
Appendicula cornuta 牛齒蘭（原生）****
Arundina graminifolia 竹葉蘭（原生）****
Bletilla striata 白芨 **
Brachycorythis galeandra 短距苞葉蘭、短盔蘭（原生）****###
Bulbophyllum affine 赤唇石豆蘭（原生）****###
Bulbophyllum ambrosia 芳香石豆蘭、馥石豆（原生）****
Bulbophyllum kwangtungense 廣東石豆蘭（原生）****
Bulbophyllum levinei 齒瓣石豆蘭（原生）****###
Bulbophyllum odoratissimum 密花石豆蘭、香石豆蘭（原生）****
Bulbophyllum stenobulbon 短足石豆蘭（原生）

Calanthe graciliflora 鉤距蝦脊蘭（原生）**\#\#

Calanthe speciosa 二列葉蝦脊蘭、八仙蘭（原生）**\#\#

Calanthe sylvatica 長距蝦脊蘭、粉紅蝦脊蘭（原生）**\#\#

Calanthe triplicata 三褶蝦脊蘭、白花蝦脊蘭（原生）**\#\#

Cephalantheropsis obcordata 黃蘭、嶺南黃蘭（原生）**\#\#

Cheirostylis chinensis 中華叉柱蘭、甌蘭（原生）**\#\#

Cheirostylis clibborndyeri 叉柱蘭、太魯閣叉柱蘭（原生）**\#\#

Cheirostylis jamesleungii 粉紅叉柱蘭、毛甌蘭（原生）**\#\#

Cheirostylis liukiuensis 琉球叉柱蘭（原生）**\#\#

Cheirostylis monteiroi 箭藥叉柱蘭、大花甌蘭（原生）（AFCD 評估：極危）**\#\#

Cheirostylis pusilla 細小叉柱蘭（原生）**\#\#

Cirrhopetalum bicolor 二色卷瓣蘭、二色石豆蘭（原生）（AFCD 評估：極危）**\#\#

Cirrhopetalum delitescens 直唇卷瓣蘭（原生）**\#\#

Cirrhopetalum miniatum 斑唇卷瓣蘭（原生）**\#\#

Cirrhopetalum tigridum 虎斑卷瓣蘭（原生）**\#\#

Cirrhopetalum tseanum 香港卷瓣蘭（原生）**\#\#

Cleisostoma paniculatum 大序隔距蘭、多花隔距蘭（原生）**\#\#

Cleisostoma rostratum 尖喙隔距蘭、福氏隔距蘭（原生）**\#\#

Cleisostoma simondii var. guangdongense 廣東隔距蘭、柱葉隔距蘭（原生）**\#\#

Cleisostoma williamsonii 紅花隔距蘭（原生）**\#\#

Coelogyne fimbriata 流蘇貝母蘭（原生）**\#\#

Coelogyne leungiana 單唇貝母蘭（原生）**\#\#

Cryptostylis arachnites 隱柱蘭（原生）**\#\#

Cymbidium aloifolium 紋瓣蘭、吊莨蘭 **

Cymbidium ensifolium 建蘭（原生）**\#\#

Cymbidium kanran 寒蘭（原生）**\#\#

Cymbidium lancifolium 兔耳蘭（原生）**\#\#

Cymbidium maclehoseae 冬月蘭（原生）**\#\#

Cymbidium sinense 墨蘭（原生）**\#\#

Dendrobium aduncum 鉤狀石斛（原生）**\#\#

Dendrobium loddigesii 美花石斛（原生）（AFCD 評估：易危）**\#\#

Dendrobium nobile 金釵石斛 **

Dendrobium spatella 劍葉石斛（原生）**\#\#

Didymoplexiella siamensis 錨柱蘭（原生）**\#\#

Diploprora championii 蛇舌蘭（原生）**\#\#

Disperis lantauensis 香港雙袋蘭、象鼻蘭（原生）**\#\#

Epidendrum ibaguense 樹蘭、紅附樹蘭 **

Epipogium roseum 虎舌蘭（原生）**\#\#

Eria corneri 半柱毛蘭（原生）**\#\#

Eria gagnepainii 香港毛蘭（原生）** \#\#

Eria lasiopetala 白綿毛蘭、黃毛蘭（原生）**\#\#

Eria rosea 玫瑰毛蘭（原生）**\#\#

Eria sinica 小毛蘭、中國毛蘭（原生）**\#\#

Eulophia flava 黃花美冠蘭（原生）**\#\#

Eulophia graminea 美冠蘭（原生）**\#\#

Eulophia zollingeri 無葉美冠蘭（原生）**\#\#

Gastrochilus japonicus 黃松盆距蘭（原生）**\#\#

Gastrochilus kadooriei 嘉道理盆距蘭（原生）

Gastrodia peichatieniana 北插天天麻（原生）**\#\#

Geodorum densiflorum 地寶蘭、密花地寶蘭（原生）**\#\#

Goodyera foliosa 多葉斑葉蘭（原生）**\#\#

Goodyera procera 高斑葉蘭（原生）**\#\#

Goodyera seikoomontana 歌綠斑葉蘭、香港斑葉蘭（原生）** \#\#

Goodyera viridiflora 綠花斑葉蘭（原生）**\#\#

Goodyera yangmeishanensis 小小斑葉蘭（原生）**\#\#

Habenaria ciliolaris 毛葶玉鳳花、睫毛蘭（原生）**\#\#

Habenaria coultousii 香港玉鳳花（原生）（AFCD 評估：極危）**\#\#

Habenaria dentata 鵝毛玉鳳花、齒片鷺蘭（原生）**\#\#

Habenaria leptoloba 細裂玉鳳花、天使蘭、仙子蘭（原生）（AFCD 評估：瀕危）**\#\#

Habenaria linguella 坡參（原生）**\#\#

Habenaria reniformis 腎葉玉鳳花、腎葉鷺蘭（原生）** \#\#

Habenaria rhodocheila 橙黃玉鳳花、紅人蘭（原生）**\#\#

Hetaeria abbreviata 小片翻唇蘭、亮葉翻唇蘭（原生）**\#\#

Hetaeria youngsayei 香港翻唇蘭、卵葉翻唇蘭（原生）**\#\#

Liparis bootanensis 鐮翅羊耳蒜（原生）**\#\#

Liparis ferruginea 鏽色羊耳蒜（原生）**\#\#

Liparis gigantea 紫花羊耳蒜（原生）**\#\#

Liparis nervosa 見血青、脈羊耳蒜（原生）**\#\#

Liparis odorata 香花羊耳蒜、香羊耳蒜（原生）**\#\#

Liparis ruybarrettoi 包瑞羊耳蒜（原生）**\#\#

Liparis stricklandiana 扇唇羊耳蒜（原生）**\#\#

Liparis viridiflora 長莖羊耳蒜、綠花羊耳蒜（原生）**\#\#

Ludisia discolor 血葉蘭、石蠶（原生）（AFCD 評估：瀕危）**\#\#

Malaxis acuminata 淺裂沼蘭、紫盾沼蘭（原生）**\#\#

Malaxis latifolia 闊葉沼蘭（原生）**\#\#

Mischobulbum cordifolium 心葉球柄蘭（原生）**\#\#

Nephelaphyllum tenuiflorum 雲葉蘭、雞冠雲葉蘭（原生）（AFCD 評估：瀕危）**\#\#

Nervilia fordii 毛唇芋蘭 **\#\#

Nervilia plicata 毛葉芋蘭（原生）**\#\#

Neuwiedia singapureana 三蕊蘭（原生）**\#\#

Pachystoma pubescens 粉口蘭（原生）**\#\#

Paphiopedilum appletonianum 卷萼兜蘭 **

Paphiopedilum armeniacum 杏黃兜蘭 **

Paphiopedilum hirsutissimum 帶葉兜蘭 **

Paphiopedilum malipoense 麻栗坡兜蘭 **

Paphiopedilum micranthum 硬葉兜蘭 **

Paphiopedilum niveum 雪白兜蘭 **

Paphiopedilum parishii 飄帶兜蘭 **

Paphiopedilum purpuratum 紫紋兜蘭、兜蘭（原生）（AFCD 評估：易危）** \#\#

Paphiopedilum villosum 紫毛兜蘭 **

Pecteilis susannae 白蝶蘭、鵝毛白蝶花（原生）** \#\#

Pelexia obliqua 肥根蘭（原生）**\#\#

Peristylus calcaratus 長鬚闊蕊蘭（原生）**\#\#

Peristylus densus 稠密闊蕊蘭（原生）**\#\#

Peristylus goodyeroides 闊蕊蘭、綠花闊蕊蘭（原生）**\#\#

Peristylus lacertifer 撕唇闊蕊蘭、青花闊蕊蘭（原生）**\#\#

Peristylus tentaculatus 觸鬚闊蕊蘭（原生）**\#\#

Phaius tankervilliae 鶴頂蘭（原生）**\#\#

Phalaenopsis amabilis 蝴蝶蘭、蝶蘭 **

Pholidota cantonensis 細葉石仙桃、廣州石仙桃（原生）**\#\#

Pholidota chinensis 石仙桃、石蘭（原生）**\#\#

Platanthera mandarinorum 尾瓣舌唇蘭（原生）**\#\#

Platanthera minor 小舌唇蘭（原生）**\#\#

Platanthera tipuloides 筒距舌唇蘭（原生）**\#\#

Robiquetia succisa 寄樹蘭、小葉寄樹蘭（原生）**\#\#

Spathoglottis pubescens 苞舌蘭（原生）**\#\#

Spiranthes hongkongensis 香港綬草（原生）**\#\#

Spiranthes sinensis 綬草（原生）**\#\#

Tainia dunnii 帶唇蘭（原生）**\#\#

Thelasis pygmaea 矮柱蘭、香港矮唇蘭（原生）**\#\#

Thrixspermum centipeda 白點蘭（原生）**\#\#

Tropidia curculigoides 短穗竹莖蘭、仙茅竹莖蘭（原生）**\#\#

Vanda coerulea 大花萬帶蘭 **

Vrydagzynea nuda 二尾蘭（原生）**\#\#

Zeuxine affinis 纖細線柱蘭（原生）**\#\#

Zeuxine parvifolia 白花線柱蘭（原生）**\#\#

Zeuxine strateumatica 線柱蘭（原生）**\#\#

Pandanaceae 露兜樹科

Pandanus austrosinensis 露兜草（原生）

Pandanus kaida 簕古子、露兜簕（原生）

Pandanus sanderii 花葉露兜

Pandanus tectorius 露兜樹（原生）

Pandanus urophyllus 分叉露兜（原生）

Pandanus utilis 扇葉露兜樹、馬達加斯加露兜

Philydraceae 田蔥科

Philydrum lanuginosum 田蔥（原生）

Poaceae 禾本科

× *Thyrsocalamus liang* 大泰竹

Acroceras tonkinense 山雞穀草（原生）

Alloteropsis cimicina 臭蟲草（原生）

Alloteropsis semialata 毛穎草（原生）

Alopecurus aequalis 看麥娘（原生）

Alopecurus japonicus 日本看麥娘（原生）

Andropogon chinensis 華鬚芒草（原生）

Apluda mutica 水蔗草（原生）

Apocopis intermedius 異穗楔穎草（原生）

Apocopis wrightii 瑞氏楔穎草（原生）

Aristida chinensis 華三芒草（原生）

Aristida cumingiana 黃毛草（原生）

Arthraxon hispidus 藎草、毛竹（原生）

Arundinella nepalensis 石芒草、石珍芒（原生）

Arundinella setosa 刺芒野古草（原生）

Arundo donax 蘆竹（原生）

Avena fatua 野燕麥

Avena fatua var. glabrata 光稃野燕麥

Avena sativa 燕麥

Axonopus compressus 地毯草

Axonopus fissifolius 類地毯草

Bambusa albolineata 花竹

Bambusa bambos 印度簕竹、簕竹

Bambusa basihirsuta 扁竹

Bambusa beecheyana 吊絲球竹、釣絲球竹

Bambusa beecheyana var. pubescens 大頭典竹

Bambusa chungii 粉簞竹

Bambusa chunii 煥鏞簕竹（原生）（AFCD 評估：野外滅絕）

Bambusa contracta 破篾黃竹

Bambusa cornigera 牛角竹

Bambusa dissimulator 坭簕竹、桷仔竹、長枝仔竹

Bambusa dissimulator var. albinodia 白節坭簕竹

Bambusa dissimulator var. hispida 毛簕竹

Bambusa dolichoclada 長枝竹

Bambusa eutuldoides 大眼竹

Bambusa eutuldoides var. basistriata 銀絲大眼竹

Bambusa eutuldoides var. viridivittata 青絲黃竹

Bambusa flexuosa 小簕竹

Bambusa gibba 坭竹

Bambusa gibboides 魚肚腩竹

Bambusa glaucescens 孝順竹、蓬萊竹（原生）

Bambusa glaucescens 'Silverstripe' 銀絲竹（原生）

Bambusa glaucescens 'Alphonse Karr' 小琴絲竹、花孝順竹

Bambusa glaucescens 'Fernleaf' 鳳尾竹

Bambusa glaucescens 'Stripestem Fernleaf' 小葉琴絲竹

Bambusa glaucescens var. riviereorum 觀音竹

Bambusa indigena 鄉土竹

Bambusa insularis 黎庵高竹

Bambusa lapidea 油簕竹、油刺竹

Bambusa malingensis 馬嶺竹

Bambusa mutabilis 黃竹仔

Bambusa oldhamii 綠竹

Bambusa pachinensis var. hirsutissima 長毛米篩竹

Bambusa pervariabilis 撐篙竹

Bambusa rigida 硬頭黃竹

Bambusa rutila 木竹

Bambusa sinospinosa 車筒竹

Bambusa teres 馬甲竹

Bambusa textilis 青皮竹

Bambusa textilis var. glabra 光稃青皮竹、黃竹

Bambusa textilis var. gracilis 崖州竹

Bambusa tuldoides 青稈竹、花眉竹（原生）

Bambusa ventricosa 佛肚竹

Bambusa vulgaris 龍頭竹、銀竹、泰山竹

Bambusa vulgaris 'Vittata' 黃金間碧竹

Bambusa vulgaris 'Wamin' 大佛肚竹

Bothriochloa bladhii 臭根子草（原生）

Bothriochloa ischaemum 白羊草、鴨咀孔穎草（原生）

Bothriochloa pertusa 孔穎草（原生）

Bouteloua simplex 格蘭馬草

Brachiaria brizantha 柵狀臂形草（原生）

Brachiaria mutica 巴拉草、爬拉草

Brachiaria subquadripara 四生臂形草（原生）

Capillipedium assimile 硬稈子草、竹枝細柄草（原生）

Capillipedium parviflorum 細柄草、吊絲草（原生）

Cenchrus echinatus 蒺藜草

Centotheca lappacea 假淡竹葉（原生）

Cephalostachyum pergracile 香糯竹

Chimonobambusa quadrangularis 方竹、四方竹

Chloris barbata 孟仁草、虎尾草（原生）

Chloris formosana 台灣虎尾草（原生）

Chloris gayana 非洲虎尾草

Chloris virgata 虎尾草（原生）

Chrysopogon aciculatus 竹節草、假雀麥（原生）

Chrysopogon zizanioides 香根草

Coelachne simpliciuscula 小麗草（原生）

Coix lacryma-jobi 薏苡、川穀（原生）

Cymbopogon goeringii 橘草、香港桔草（原生）

Cymbopogon martini 魯沙香茅

Cymbopogon mekongensis 青香茅（原生）

Cymbopogon nardus 亞香茅、楓茅

Cymbopogon tortilis 扭鞘香茅（原生）

Cynodon dactylon 狗牙根、絆根草（原生）

Cynodon plectostachyus 星草

Cyrtococcum patens 弓果黍（原生）

Cyrtococcum patens var. latifolium 散穗弓果黍（原生）

Dactyloctenium aegyptium 龍爪茅（原生）

Dendrocalamus asper 馬來甜龍竹、高舌竹

Dendrocalamus barbatus 小葉龍竹

Dendrocalamus barbatus var. internodiradicatus 毛腳龍竹

Dendrocalamus brandisii 勃氏甜龍竹

Dendrocalamus latiflorus 麻竹

Dendrocalamus minor 吊絲竹

Dendrocalamus pulverulentus 粉麻竹

Dendrocalamus pulverulentus var. amoenus 花吊絲竹

Dendrocalamus strictus 牡竹

Dichanthium annulatum 雙花草（原生）

Digitaria ciliaris 纖毛馬唐、升馬唐（原生）

Digitaria ciliaris var. chrysoblephara 毛馬唐（原生）

Digitaria cruciata 十字馬唐（原生）

Digitaria fibrosa 纖維馬唐（原生）

Digitaria henryi 亨利馬唐（原生）

Digitaria heterantha 二型馬唐（原生）

Digitaria longiflora 長花馬唐、長花水草（原生）

Digitaria radicosa 紅尾翎（原生）

Digitaria sanguinalis 馬唐（原生）

Digitaria setigera 海南馬唐、短穎馬唐（原生）

Digitaria violascens 紫馬唐（原生）

Dimeria falcata 鐮形觿茅（原生）

Dimeria ornithopoda 觿茅（原生）

Dimeria sinensis 華觿茅（原生）

Echinochloa colona 光頭稗（原生）

Echinochloa crusgalli 稗、大骨草（原生）

Echinochloa crusgalli var. austrojaponensis 小旱稗、小果稗（原生）

Echinochloa crusgalli var. breviseta 短芒稗（原生）

Echinochloa cruspavonis 孔雀稗（原生）

Echinochloa glabrescens 硬稃稗（原生）

Eleusine coracana 穆、龍爪稷

Eleusine indica 牛筋草、蟋蟀草（原生）

Enteropogon dolichostachyus 腸鬚草（原生）

Eragrostis atrovirens 鼠婦草、卡氏畫眉草（原生）

Eragrostis autumnalis 秋畫眉草（原生）

Eragrostis brownii 長畫眉草、長穗畫眉草（原生）

Eragrostis cumingii 珠芽畫眉草（原生）

Eragrostis curvula 彎葉畫眉草

Eragrostis cylindrica 短穗畫眉草（原生）

Eragrostis fauriei 佛歐里畫眉草（原生）

Eragrostis ferruginea 知風草（原生）

Eragrostis japonica 亂草、旱田草（原生）

Eragrostis pilosa var. imberbis 無毛畫眉草（原生）

Eragrostis pilosissima 多毛知風草、疏毛畫眉草（原生）

Eragrostis spartinoides 呂宋畫眉草（原生）

Eragrostis tenella 鯽魚草、南方知風草（原生）

Eragrostis unioloides 牛虱草、牛蚤草（原生）

Eremochloa ciliaris 蜈蚣草（原生）

Eremochloa ophiuroides 假儉草（原生）

Eremochloa zeylanica 馬陸草（原生）

Eriachne pallescens 鷓鴣草（原生）

Eriochloa procera 高野黍（原生）

Eulalia phaeothrix 棕茅（原生）

Eulalia quadrinervis 四脈金茅（原生）

Eulalia speciosa 金茅（原生）

Garnotia acutigluma 三芒耳稃草（原生）

Garnotia patula 耳稃草、葛氏草（原生）

Garnotia patula var. mutica 無芒耳稃草（原生）

Gigantochloa atroviolacca 紫稈巨竹、黑毛巨竹

Gigantochloa levis 毛筍竹

Gigantochloa verticillata 花巨竹

Hackelochloa granularis 球穗草（原生）

Hemarthria compressa 扁穗牛鞭草、牛鞭草（原生）

Heteropogon contortus 黃茅（原生）

Hordeum vulgare 大麥

Hymenachne amplexicaulis 膜稃草（原生）

Hyparrhenia diplandra 短梗苞茅（原生）

Ichnanthus pallens var. major 大距花黍（原生）

Imperata cylindrica var. major 大白茅、絲茅（原生）

Indocalamus herklotsii 粽巴箬竹、光籜箬竹（原生）

Indocalamus longiauritus 箬葉竹、糉葉竹（原生）

Indocalamus sinicus 水銀竹、華箬竹（原生）

Isachne albens 白花柳葉箬（原生）

Isachne globosa 柳葉箬（原生）

Isachne myosotis 荏弱柳葉箬（原生）

Ischaemum aristatum 有芒鴨嘴草（原生）

Ischaemum aristatum var. glaucum 鴨嘴草（原生）

Ischaemum barbatum 粗毛鴨嘴草（原生）

Ischaemum ciliare 細毛鴨嘴草（原生）

Ischaemum muticum 無芒鴨嘴草（原生）

Ischaemum rugosum 田間鴨嘴草（原生）

Leersia hexandra 李氏禾、蓉草（原生）

Leptochloa chinensis 千金子、油草（原生）

Leptochloa fusca 雙稃草（原生）

Leptochloa panicea 蟣子草（原生）

Lolium perenne 黑麥草

Lophatherum gracile 淡竹葉（原生）

Melinis minutiflora 糖蜜草

Melinis repens 紅毛草

Melocanna humilis 梨竹、象鼻竹

Microchloa indica 小草（原生）

Microstegium ciliatum 剛莠竹（原生）

Microstegium fasciculatum 蔓生莠竹（原生）

Microstegium vimineum 柔枝莠竹、莠竹（原生）

Miscanthus floridulus 五節芒（原生）

Miscanthus sinensis 芒、茅丁（原生）

Mnesithea laevis 假蛇尾草（原生）

Mnesithea mollicoma 毛儉草（原生）

Neyraudia reynaudiana 類蘆、石珍茅（原生）

Oligostachyum shiuyingianum 秀英竹（原生）
（AFCD 評估：易危）

Oplismenus compositus 竹葉草（原生）

Oryza sativa 稻

Ottochloa nodosa 露籽草（原生）

Ottochloa nodosa var. micrantha 小花露籽草（原生）

Panicum brevifolium 短葉黍（原生）

Panicum dichotomiflorum 洋野黍、水生黍（原生）

Panicum incomtum 藤竹草（原生）

Panicum maximum 大黍

Panicum notatum 心葉稷、山黍（原生）

Panicum repens 鋪地黍、枯骨草（原生）

Paspalum conjugatum 兩耳草（原生）

Paspalum dilatatum 毛花雀稗

Paspalum distichum 雙穗雀稗（原生）

Paspalum longifolium 長葉雀稗（原生）

Paspalum notatum 百喜草

Paspalum scrobiculatum 鴨姆草、雀稗（原生）

Paspalum scrobiculatum var. orbiculare 圓果雀稗（原生）

Paspalum urvillei 絲毛雀稗

Paspalum vaginatum 海雀稗（原生）

Pennisetum alopecuroides 狼尾草、狗仔草（原生）

Pennisetum mezianum 禦穀

Pennisetum polystachion 牧地狼尾草、多穗狼尾草

Pennisetum purpureum 象草、紫狼尾草

Perotis indica 茅根（原生）

Perotis rara 大花茅根（原生）

Phalaris canariensis 加那利鷸草、金絲雀草

Phragmites australis 蘆葦（原生）

Phragmites vallatorius 卡開蘆、水竹（原生）

Phyllostachys aurea 人面竹、羅漢竹

Phyllostachys aureosulcata 'Spectabilis' 金鑲玉竹

Phyllostachys bambusoides f. *lacrima-deae* 斑竹

Phyllostachys bambusoides 桂竹、剛竹

Phyllostachys edulis 'Heterocycla' 龜甲竹

Phyllostachys iridescens 紅哺雞竹

Phyllostachys nidularia 篏竹、白筍竹、花竹（原生）

Phyllostachys nigra 紫竹、黑竹

Phyllostachys viridis 'Houzeau' 綠皮黃筋竹

Phyllostachys vivax 烏哺雞竹

Phyllostachys vivax 'Aureocaulis' 黃稈烏哺雞竹

Pleioblastus gramineus 大明竹

Poa annua 早熟禾（原生）

Pogonatherum crinitum 金絲草（原生）

Pogonatherum paniceum 金髮草（原生）

Polypogon fugax 棒頭草（原生）

Polypogon monspeliensis 長芒棒頭草（原生）

Polytrias indica 單序草（原生）

Pseudopogonatherum contortum 筆草（原生）

Pseudopogonatherum koretrostachys 刺葉假金髮草（原生）

Pseudosasa amabilis 茶稈竹、籬竹

Pseudosasa cantorii 托竹（原生）

Pseudosasa hindsii 篲竹（原生）

Pseudosasa japonica 矢竹

Pseudosasa japonica var. *tsutsumiana* 辣韭矢竹

Rottboellia cochinchinensis 筒軸茅（原生）

Saccharum arundinaceum 斑茅、大密（原生）

Saccharum fallax 金貓尾（原生）

Saccharum officinarum 甘蔗

Saccharum spontaneum 甜根子草、割手密（原生）

Sacciolepis indica 囊穎草、滑草（原生）

Sasa auricoma 菲黃竹

Sasa subglabra 光笹竹（原生）（AFCD 評估：極危）

Schizachyrium brevifolium 裂稃草（原生）

Schizachyrium sanguineum 紅裂稃草（原生）

Schizostachyum dumetorum 苗竹仔、　竹（原生）

Schizostachyum funghomii 沙羅單竹

Schizostachyum pseudolima 思勞竹

Setaria faberi 大狗尾草（原生）

Setaria geniculata 莠狗尾草

Setaria italica 粱、小米、穀子

Setaria italica var. *germanica* 粟

Setaria palmifolia 棕葉狗尾草（原生）

Setaria parviflora 幽狗尾草（原生）

Setaria plicata 皺葉狗尾草（原生）

Setaria verticillata 倒刺狗尾草（原生）

Sinobambusa tootsik 唐竹、寺竹

Sorghum bicolor 高粱

Sorghum halepense 石茅、亞刺伯高粱

Sorghum nitidum 光高粱（原生）

Sorghum propinquum 擬高粱

Sorghum sudanense 蘇丹草

Sphaerocaryum malaccense 稗薑（原生）

Spinifex littoreus 鬣刺（原生）

Sporobolus fertilis 鼠尾粟（原生）

Sporobolus virginicus 鹽地鼠尾粟、鹽地鼠尾草（原生）

Stenotaphrum helferi 鈍葉草（原生）

Stenotaphrum secundatum 側鈍葉草

Themeda triandra 黃背草（原生）

Themeda villosa 菅（原生）

Thuarea involuta 蒭雷草（原生）

Thyrsostachys siamensis 泰竹

Thysanolaena latifolia 粽葉蘆（原生）

Triticum aestivum 普通小麥、小麥

Zea mays 玉蜀黍

Zoysia matrella 溝葉結縷草（原生）

Zoysia pacifica 細葉結縷草

Zoysia sinica 中華結縷草、結縷草（原生）（AFCD 評估：易危）

Pontederiaceae 雨久花科

Eichhornia crassipes 鳳眼藍、大水萍

Monochoria hastata 箭葉雨久花（原生）

Monochoria vaginalis 鴨舌草（原生）

Potamogetonaceae 眼子菜科

Potamogeton pusillus 小眼子菜（原生）

Ruppiaceae 川蔓藻科

Ruppia maritima 川蔓藻（原生）

Smilacaceae 菝葜科

Heterosmilax gaudichaudiana 合絲肖菝葜
（原生）

Heterosmilax japonica 肖菝葜（原生）

Smilax china 菝葜、金剛藤（原生）

Smilax cocculoides 銀葉菝葜（原生）

Smilax glabra 土茯苓、光葉菝葜（原生）

Smilax hypoglauca 粉背菝葜、長葉菝葜
（原生）

Smilax lanceifolia var. *opaca* 暗色菝葜（原生）

Smilax ocreata 抱莖菝葜（原生）

Smilax retroflexa 蒼白菝葜（原生）

Stemonaceae 百部科

Stemona tuberosa 大百部、百部（原生）

Strelitziaceae 旅人蕉科

Ravenala madagascariensis 旅人蕉

Strelitzia nicolai 大鶴望蘭、扇蕉

Strelitzia reginae 鶴望蘭、天堂鳥蕉

Taccaceae 蒟蒻薯科

Schizocapsa plantaginea 裂果薯（原生）

Triuridaceae 霉草科

Sciaphila ramosa 多枝霉草（原生）（AFCD 評估：極危）

Sciaphila secundiflora 大柱霉草（原生）（AFCD 評估：極危）

Typhaceae 香蒲科

Typha angustifolia 水燭

Xyridaceae 黃眼草科

Xyris bancana 中國黃眼草、黃穀精（原生）

Xyris indica 黃眼草（原生）

Xyris pauciflora 蔥草（原生）

Zingiberaceae 薑科

Alpinia calcarata 距花山薑（原生）

Alpinia formosana 美山薑（原生）

Alpinia galanga 紅豆蔻（原生）

Alpinia hainanensis 草荳蔻（原生）

Alpinia japonica 山薑（原生）

Alpinia oblongifolia 華山薑（原生）

Alpinia officinarum 高良薑（原生）

Alpinia sichuanensis 四川山薑、箭稈風（原生）

Alpinia stachyodes 密苞山薑（原生）

Alpinia zerumbet 豔山薑（原生）

Alpinia zerumbet 'Variegata' 花葉豔山薑

Curcuma aromatica 鬱金

Curcuma longa 薑黃

Curcuma phaeocaulis 莪朮

Etlingera elatior 火炬薑

Globba racemosa 舞花薑（原生）

Hedychium coccineum 紅薑花

Hedychium coronarium 薑花

Hedychium gardnerianum 印度薑花

Kaempferia pulchra 花葉山柰

Stahlianthus involucratus 土田七、薑三七

Zingiber corallinum 珊瑚薑（原生）

Zingiber integrilabrum 全唇薑（原生）（AFCD 評估：極危）

Zingiber mioga 蘘荷（原生）

Zingiber officinale 薑

Zingiber striolatum 陽荷（原生）

Zingiber zerumbet 紅球薑（原生）

Zosteraceae 大葉藻科

Zostera japonica 矮大葉藻（原生）

附錄 8-1 香港大型真菌名錄

資料來源
綜合 Lu, B.H., Hyde, K.D., Ho, W.H.,Tsui, K.M., Taylor, J.E., Wong, K.M., Yanna, Zhou, D.Z, "Checklist of Hong Kong Fungi". *Fungal Diversity Research Series No. 5*. Fungal Diversity Press, Hong Kong 及其他相關資料。

Ascomycota 子囊菌門
  Pezizomycotina 盤菌亞門
    Geoglossomycetes 地舌菌綱
    Incertae sedis 亞綱級未定
     Geoglossales 地舌菌目
      Geoglossaceae 地舌菌科
       Geoglossum 地舌菌屬
        Geoglossum nigritum 黑地舌菌
    Leotiomycetes 錘舌菌綱
    Leotiomycetidae 錘舌菌亞綱
     Helotiales 柔膜菌目
      Helotiaceae 柔膜菌科
       Dicephalospora 二頭孢盤菌屬
        Dicephalospora rufocornea 橙紅二頭孢盤菌
       Helotium 柔膜菌屬
        Helotium hongkongense 香港柔膜菌

      Lachnaceae 粒毛盤菌科
       Lachnum 粒毛盤菌屬
        Lachnum cylindricum 柱型粒毛盤菌
        Lachnum granulatum 粗糙粒毛盤菌
        Lachnum hongkongense 香港粒毛盤菌
        Lachnum palmae 棕櫚粒毛盤菌
       Perrotia 鈍囊盤菌屬
        Perrotia hongkongensis 香港鈍囊盤菌

      Pezizellaceae 盤菌科
       Calycina 似杯盤菌屬
        Calycina hongkongensis 香港似杯盤菌

Pezizomycetes 盤菌綱
  Pezizomycetidae 盤菌亞綱
   Pezizales 盤菌目
    Sarcoscyphaceae 肉杯菌科
     Cookeina 毛杯菌屬
      Cookeina sinensis 中國毛杯菌
     Phillipsia 歪盤菌屬
      Phillipsia chinensis 中華歪盤菌

    Sarcosomataceae 肉盤菌科
     Trichaleurina 長毛飾孢盤菌屬
      Trichaleurina javanica 爪哇長毛飾孢盤菌

Sordariomycetes 糞殼菌綱
  Xylariomycetidae 炭角菌亞綱
   Hypocreales 肉座菌目
    Cordycepitaceae 蟲草科
     Cordyceps 蟲草屬
      Cordyceps cylindrica 柱形蟲草
    Ophiocordycipitaceae 線蟲草菌科
     Ophiocordyceps 線蟲草屬
      Ophiocordyceps jiangxiensis 江西線蟲草
      Ophiocordyceps myrmecophila 螞蟻線蟲草
   Xylariales 炭角菌目
    Hypoxylaceae 炭團菌科
     Daldinia 炭球菌屬
      Daldinia concentrica 同心環紋炭團菌
      Daldinia eschscholtzii 光輪層炭球菌
     Hypoxylon 炭團菌屬
      Hypoxylon annulatum 環形炭團菌
      Hypoxylon fuscopurpureum 暗紫炭團菌

Hypoxylon kretzschmarioides 克雷炭團菌

Hypoxylon multiforme 多形炭團菌

Hypoxylon oceranicum 海洋炭團菌

Hypoxylon truncatum 截孔炭團菌

Xylariaceae 炭角菌科
  Kretzschmaria 柄座菌屬
    Kretzschmaria deusta 焦色柄座菌
  Xylaria 炭角菌屬
    Xylaria hongkongensis 香港炭角菌
    Xylaria nigripes 黑柄炭角菌

Basidiomycota 擔子菌門

Agaricomycotina 蘑菇亞門
  Agaricomycetes 蘑菇綱
    Agaricomycetidae 蘑菇亞綱
      Agaricales 蘑菇目
        Agaricaceae 蘑菇科
          Agaricus 蘑菇屬
            Agaricus abruptibulbus 球基蘑菇
            Agaricus arvensis 野蘑菇
            Agaricus bisporus 雙孢蘑菇
            Agaricus campestris 蘑菇
            Agaricus comtulus 小白蘑菇
            Agaricus micromegethus 雀斑蘑菇
            Agaricus moelleri 灰鱗蘑菇
            Agaricus placomyces 雙環林地蘑菇
            Agaricus praeclaresquamosus 細褐鱗蘑菇
            Agaricus praeclaresquamosus 雙環林地蘑菇
            Agaricus purpurellus 紫色蘑菇
            Agaricus rubellus 紫小蘑菇
            Agaricus semotus 小紅褐蘑菇
            Agaricus silvaticus 林地蘑菇
            Agaricus silvicola 白林地蘑菇
            Agaricus subrutilescens 紫紅蘑菇
          Calvatia 禿馬勃屬
            Calvatia craniiformis 頭狀禿馬勃
            Calvatia cyathiformis 杯形禿馬勃

Calvatia gigantea 大禿馬勃

Calvatia lilacina 紫色禿馬勃

Chlorophyllum 青褶傘屬
  Chlorophyllum molybdites 大青褶傘
  Chlorophyllum rhacodes 粗鱗青褶傘

Coprinus 鬼傘屬
  Coprinus comatus 毛頭鬼傘
  Coprinus sterquilinus 糞生鬼傘

Echinoderma 鱗環柄菇屬
  Echinoderma asperum 灰鱗環柄菇

Heinemannomyces 海氏蘑菇屬
  Heinemannomyces splendidissimus 華麗海氏菇

Lepiota 環柄菇屬
  Lepiota castanea 栗色環柄菇
  Lepiota cinnamomea 紅鱗環柄菇
  Lepiota cristata 冠環柄菇
  Lepiota clypeolaria 盾形環柄菇
  Lepiota elaiophylla
  Lepiota fusciceps 灰褐鱗環柄菇
  Lepiota otsuensis 褐紫鱗環柄菇
  Lepiota ventriosospora 梭孢環柄菇

Leucoagaricus 白環蘑屬
  Leucoagaricus americanus 美洲白環蘑
  Leucoagaricus atrosquamulosus 黑鱗白環蘑
  Leucoagaricus meleagris 珠雞白環蘑
  Leucoagaricus rubrotinctus 紅色白環蘑

Leucocoprinus 白鬼傘屬
  Leucocoprinus birnbaumii 純黃白鬼傘
  Leucocoprinus cretaceus 白堊白鬼傘
  Leucocoprinus cepistipes 肥腳白鬼傘
  Leucocoprinus fragilissimus 易碎白鬼傘

Macrolepiota 大環柄菇屬

  Macrolepiota procera 高大環柄菇

Micropsalliota 小蘑菇屬

  Micropsalliota globocystis 球囊小蘑菇

  Micropsalliota lateritia var. vinaceipes 磚紅小蘑菇

  Micropsalliota furfuracea 糠鱗小蘑菇

Amanitaceae 鵝膏科

Amanita 鵝膏屬

  Amanita avellaneifolia 榛子色鵝膏

  Amanita excelsa 塊鱗鵝膏

  Amanita exitialis 致命白鵝膏

  Amanita farinosa 小托柄鵝膏

  Amanita fritillaria 格紋鵝膏

  Amanita fuliginea 灰花紋鵝膏

  Amanita fuscoflava 褐頂黃緣鵝膏

  Amanita griseoverrucosa 灰疣鵝膏

  Amanita japonica 日本鵝膏

  Amanita kotohiraensis 異味鵝膏

  Amanita macrocarpa 大鵝膏

  Amanita neoovoidea 擬卵蓋鵝膏

  Amanita oberwinkleriana 歐氏鵝膏

  Amanita phalloides var. striatula 條紋毒鵝膏

  Amanita pseudoporphyria 假褐雲斑鵝膏

  Amanita pseudovaginata 假灰托鵝膏

  Amanita rubescens 赭蓋鵝膏

  Amanita sinensis 中華鵝膏

  Amanita spissa 塊鱗灰毒鵝膏

  Amanita spissacea 角鱗灰鵝膏

  Amanita spreta 紋緣鵝膏

  Amanita subglobosa 球基鵝膏

  Amanita vaginata 灰托鵝膏

  Amanita virgineoides 錐鱗白鵝膏

Limacella 黏傘屬

  Limacella delicata 茶色黏傘

Bolbitiaceae 糞鏽傘科

Bolbitius 糞鏽傘屬

  Bolbitius vitellinus 糞鏽傘

Conocybe 錐蓋傘屬

  Conocybe apala 乳白錐蓋傘

  Conocybe pulchella 華美錐蓋傘

Callistosporiaceae 色孢菌科

Callistosporium 色孢菌屬

  Callistosporium luteo-olivaceum 黃褐色孢菌

Macrocybe 大口蘑屬

  Macrocybe lobayensis 洛巴伊大口蘑

Clavariaceae 珊瑚菌科

Clavaria 珊瑚菌屬

  Clavaria argillacea 土黃色珊瑚菌

  Clavaria fragilis 脆珊瑚菌

  Clavaria vermicularis 蟲形珊瑚菌

  Clavulinopsis aurantiocinnabarina 金赤擬鎖瑚菌

  Clavulinopsis helvola 微黃擬鎖瑚菌

  Clavulinopsis miyabeana 紅擬鎖瑚菌

  Clavulinopsis laeticolor 悅色擬鎖瑚菌

Ramariopsis 擬枝瑚菌屬

  Ramariopsis kunzei 孔策擬枝瑚菌

Crepidotaceae 鏽耳科

Crepidotus 靴耳屬

  Crepidotus applanatus 平蓋靴耳

  Crepidotus mollis 黏靴耳

  Crepidotus sulphurinus 硫黃靴耳

  Crepidotus boninensis 小笠原靴耳

  Crepidotus variabilis 變形靴耳

Cyphellaceae 掛鐘菌科

Chondrostereum 黑韌革菌屬

  Chondrostereum purpureum 紫褐

韌革菌

Entolomataceae 粉褶菌科
  Entoloma 粉褶菌屬
    Entoloma album 白尖粉褶菌
    Entoloma atrum 黑紫粉褶菌
    Entoloma chytrophilum 紫迷粉褶菌
    Entoloma cyanonigrum 藍黑粉褶菌
    Entoloma cyaneum 灰紫粉褶菌
    Entoloma grayanum 灰褐粉褶菌
    Entoloma mastoideum 乳頭狀粉褶菌
    Entoloma murrayi 尖頂粉褶菌
    Entoloma hongkongense 香港粉褶菌
    Entoloma omiense 近江粉褶菌
    Entoloma rhodopolium 褐蓋粉褶菌
    Entoloma sericellum 絹毛粉褶菌
    Entoloma subclitocyboides 近杯狀粉褶菌
    Entoloma strictius 直柄狀粉褶菌
    Entoloma tubaeforme 喇叭狀粉褶菌
  Inocephalus 纖頭菇屬
    Inocephalus virescens 變綠粉褶菌

Hydnangiaceae 軸腹菌科
  Laccaria 蠟蘑屬
    Laccaria alba 白蠟蘑
    Laccaria amethystina 紫蠟蘑
    Laccaria laccata 紅蠟蘑

Hygrophoraceae 蠟傘科
  Cuphophyllus 拱頂菇屬
    Cuphophyllus virgineus 潔白拱頂菇
  Hygrocybe 濕傘屬
    Hygrocybe acutoconica 橙紅濕傘
    Hygrocybe cantharellus 雞油菌狀濕傘
    Hygrocybe cuspidata 突頂橙紅濕傘
    Hygrocybe flavescens 淺黃褐濕傘
    Hygrocybe marchii 瑪爾奇濕傘
    Hygrocybe miniata 小紅錐濕傘
    Hygrocybe nigrescens 變黑濕傘
  Hygrophorus 蠟傘屬
    Hygrophorus eburneus 象牙白蠟傘

Hymenogastraceae 層腹菌科
  Gymnopilus 裸傘屬
    Gymnopilus aeruginosus 綠褐裸傘
    Gymnopilus dilepis 熱帶紫褐裸傘
    Gymnopilus liquiritiae 條緣裸傘
  Psilocybe 光蓋傘屬
    Psilocybe cubensis 古巴裸蓋菇
    Psilocybe cyanescens 暗藍裸蓋菇
    Psilocybe fasciata 褐光裸蓋菇

Incertae sedis 科級未定
  Ampulloclitocybe 棒柄杯傘屬
    Ampulloclitocybe clavipes 棒柄瓶杯傘
  Cyathus 黑蛋巢屬
    Cyathus striatus 隆紋黑蛋巢菌
    Cyathus stercoreus 糞生黑蛋巢菌
  Clitocybe 杯傘屬
    Clitocybe fragrans 芳香杯傘
  Clitopilus 斜蓋傘屬
    Clitopilus crispus 皺波斜蓋傘
    Clitopilus odora 黃綠杯傘
    Clitopilus prunulus 斜蓋傘
    Clitopilus subscyphoides 近杯狀斜蓋傘
  Collybia 金錢菌屬
    Collybia alboflavida 白黃金錢菌
  Lepista 香蘑屬
    Lepista nuda 紫丁香蘑

Lepista sordida 花臉香蘑
Megacollybia 大金錢菌屬
　Megacollybia platyphylla 寬褶大金錢菌
Melanoleuca 銔囊蘑屬
　Melanoleuca melaleuca 黑白銔囊蘑
Pleurocybella 圓孢側耳屬
　Pleurocybella porrigens 貝形圓孢側耳
Tricholomopsis 擬口蘑屬
　Tricholomopsis bambusina 竹林擬口蘑屬
　Tricholomopsis decora 黃擬口蘑屬
　Tricholomopsis rutilans 赭紅擬口蘑屬

Inocybaceae 絲蓋傘科
　Inocybe 絲蓋傘屬
　Inocybe asterospora 星孢絲蓋傘
　Pseudosperma 裂蓋傘屬
　Pseudosperma rimosum 裂蓋傘
　Pseudosperma umbrinellum 茶褐裂蓋傘

Phyllotopsidaceae 黃側耳科
　Phyllotopsis 黃側耳屬
　Phyllotopsis rhodophylla 粉紅黃側耳

Pleurotaceae 側耳科
　Hohenbuehelia 亞側耳屬
　Hohenbuehelia fluxilis 小亞側耳
　Hohenbuehelia petaloides 勺狀亞側耳
　Pleurotus 側耳屬
　Pleurotus citrinopileatus 金頂側耳
　Pleurotus cornucopiae 白黃側耳
　Pleurotus cystidiosus 泡囊側耳
　Pleurotus dryinus 櫟生側耳
　Pleurotus giganteus 大側耳
　Pleurotus ostreatus 平菇

Pleurotus pulmonarius 肺形側耳
Pleurotus spodoleucus 長柄側耳
Resupinatus 伏褶菌屬
　Resupinatus applicatus 小伏褶菌

Lycoperdaceae 馬勃科
　Apioperdon 梨形馬勃屬
　Apioperdon pyriforme 梨形馬勃
　Bovista 灰球菌屬
　Bovista pusilla 小灰球菌
　Bovista plumbea 鉛色灰球菌
　Bovistella 靜灰球菌屬
　Bovistella caelata 龜裂靜灰球菌
　Bovistella sinensis 中國靜灰球菌
　Lanopila 擬禿馬勃屬
　Lanopila nipponica 日本擬禿馬勃
　Lycoperdon 馬勃屬
　Lycoperdon asperum 粒皮馬勃
　Lycoperdon hongkongense 香港馬勃
　Lycoperdon perlatum 網狀馬勃
　Lycoperdon pratense 網紋馬勃
　Lycoperdon spadiceum 棗紅馬勃

Lyophyllaceae 離褶傘科
　Hypsizygus 玉蕈屬
　Hypsizygus marmoreus 真姬菇
　Lyophyllum 離褶傘屬
　Lyophyllum fumosum 荷葉離褶傘
　Ossicaulis 硬柄菇屬
　Ossicaulis lignatilis 木生硬柄菇
　Tricholomella 小口蘑屬
　Tricholomella constricta 純白小口蘑
　Termitomyces 蟻巢傘屬
　Termitomyces clypeatus 盾尖蟻巢傘
　Termitomyces microcarpus 小蟻巢傘菌
　Termitomyces intermedius 間型雞樅菌

Termitomyces eurrhizus 雞樅菌

Marasmiaceae 小皮傘科
　Campanella 脈褶菌屬
　　Campanella junghuhnii 脈褶菌
　Marasmius 小皮傘屬
　　Marasmius cohaerens 聯柄小皮傘
　　Marasmius confluens 簇生小皮傘
　　Marasmius crinis-equi 馬宗小皮傘
　　Marasmius floriceps 花蓋小皮傘
　　Marasmius graminum 草生小皮傘
　　Marasmius epiphyllus 葉生小皮傘
　　Marasmius maximus 大型小皮傘
　　Marasmius neosessilis 新無柄小皮傘
　　Marasmius oreades 硬柄小皮傘
　　Marasmius personatus 盾狀小皮傘
　　Marasmius pulcherripes 玫瑰紅小皮傘
　　Marasmius purpureostriatus 紫條溝小皮傘
　　Marasmius rotula 小白小皮傘
　　Marasmius siccus 琥珀小皮傘
　Tetrapyrgos 四角孢傘屬
　　Tetrapyrgos nigripes 黑柄四角孢傘

Mycenaceae 小菇科
　Mycena 小菇屬
　　Mycena alphitophora 纖弱小菇
　　Mycena brunneisetosa 褐剛毛小菇
　　Mycena pura 潔小菇
　Panellus 扇菇屬
　　Panellus stipticus 鱗皮扇菇
　Xeromphalina 乾臍菇屬
　　Xeromphalina campanella 鐘型乾臍菇

Omphalotaceae 光茸菌菇科
　Anthracophyllum 炭褶菌屬
　　Anthracophyllum nigritum 褐紅炭褶菌
　Collybiopsis 擬金錢菌屬
　　Collybiopsis ramealis 枝生擬金錢菌
　Gymnopus 裸腳菇屬
　　Gymnopus brassicolens 蕓薹裸腳菇
　　Gymnopus confluens 絨柄裸腳菇
　　Gymnopus dryophila 櫟生裸腳菇
　　Gymnopus erythropus 紅柄裸腳菇
　　Gymnopus putillus 寶寶裸腳菇
　Lentinula 香菇屬
　　Lentinula edodes 香菇
　Marasmiellus 微皮傘屬
　　Marasmiellus candidus 白微皮傘
　　Marasmiellus albofuscus 褐白微皮傘
　Neonothopanus 假革耳屬
　　Neonothopanus nambi 新假革耳
　Rhodocollybia 紅金錢菌屬
　　Rhodocollybia butyracea 乳酪紅金錢菌

Pluteaceae 光柄菇科
　Pluteus 光柄菇屬
　　Pluteus albidus 小白光柄菇
　　Pluteus leoninus 獅黃光柄菇
　　Pluteus romellii 變黃光柄菇
　　Pluteus pellitus 白光柄菇
　　Pluteus salicinus 柳生光柄菇
　　Pluteus atromarginatus 黑邊光柄菇
　Volvariella 小包腳菇屬
　　Volvariella bombycina 絲蓋草菇
　　Volvariella speciosa 美麗草菇
　　Volvariella volvacea 草菇
　　Volvariella nivea 雪白草菇
　Volvopluteus 包腳菇屬

Volvopluteus gloiocephalus 黏包腳菇

Physalacriaceae 膨瑚菌科
 Armillaria 蜜環菌屬
  Armillaria mellea 蜜環菌
 Cyptotrama 鱗蓋傘屬
  Cyptotrama asprata 金黃鱗蓋傘
 Flammulina 小火菇屬
  Flammulina velutipes 金針菇
 Hymenopellis 長根菇屬
  Hymenopellis radicata 長根奧德蘑
 Mucidula 黏蓋菌屬
  Mucidula mucida 小黏蓋菌
 Oudemansiella 小奧德蘑屬
  Oudemansiella bii 畢氏小奧德蘑
  Oudemansiella canarii 熱帶小奧德蘑
  Oudemansiella brunneomarginata 褐褶緣小奧德蘑
 Physalacria 膨瑚菌屬
  Physalacria maipoensis 米埔膨瑚菌
 Xerula 幹蘑屬
  Xerula sinopudens 中華幹蘑

Psathyrellaceae 小脆柄菇科
 Candolleomyces 燭柄菇屬
  Candolleomyces candolleanus 黃蓋脆柄菇
 Coprinellus 小鬼傘屬
  Coprinellus disseminatus 簇生類鬼傘
  Coprinellus micaceus 晶粒小鬼傘
  Coprinellus radians 輻毛小鬼傘
  Coprinellus subimpatiens 亞鳳仙小鬼傘
 Coprinopsis 擬鬼傘屬
  Coprinopsis cinerea 灰蓋擬鬼傘
  Coprinopsis atramentaria 墨汁擬鬼傘
 Lacrymaria 絨毛脆柄菇屬
  Lacrymaria lacrymabunda 絨毛脆柄菇
 Panaeolus 斑褶菇屬
  Panaeolus papilionaceus 鐘形斑褶菇
 Parasola 超鬼傘屬
  Parasola leiocephala 射紋超鬼傘
  Parasola plicatilis 褶紋超鬼傘
 Psathyrella 小脆柄菇屬
  Psathyrella obtusata 鈍頂小脆柄菇
  Psathyrella piluliformis 丸形小脆柄菇
  Psathyrella rugocephala 皺蓋小脆柄菇
 Tulosesus 刺毛鬼傘屬
  Tulosesus aokii 小刺毛鬼傘

Sarcomyxaceae 黏肉菇菌科
 Sarcomyxa 黏肉菇屬
  Sarcomyxa serotina 冬蘑

Schizophyllaceae 裂褶菌科
 Schizophyllum 裂褶菌屬
  Schizophyllum commune 裂褶菌

Strophariaceae 球蓋菇科
 Agrocybe 田頭菇屬
  Agrocybe cylindracea 柱狀田頭菇
  Agrocybe dura 硬田頭菇
  Agrocybe farinosa 無環田頭菇
  Agrocybe paludosa 沼地田頭菇
  Agrocybe pediades 淺黃田頭菇
  Agrocybe praecox 田頭菇
 Hypholoma 垂幕菇屬
  Hypholoma cinnabarinum 橙紅鱗垂幕菇
  Hypholoma fasciculare 簇生垂幕菇
 Kuehneromyces 庫恩菌屬
  Kuehneromyces mutabilis 毛柄庫恩菌
 Leratiomyces 勒氏菌屬
  Leratiomyces squamosus 鱗狀

Strobilomyces seminudus 半裸松
塔牛肝菌
Strobilomyces strobilaceus 松塔
牛肝菌
Strobilomyces verruculosus 疣蓋
松塔牛肝菌
Tylopilus 粉孢牛肝菌屬
Tylopilus ballouii 鏽蓋粉孢牛肝菌
Tylopilus otsuensis 大津粉孢牛
肝菌
Tylopilus felleus 苦粉孢牛肝菌
Tylopilus plumbeoviolaceoides 類
鉛紫粉孢牛肝菌
Tylopilus violatinctus 淡紫粉孢牛
肝菌
Xerocomellus 小絨蓋牛肝菌屬
Xerocomellus chrysenteron 紅絨
蓋牛肝菌
Xerocomus 絨蓋牛肝菌屬
Xerocomus subtomentosus 細
絨牛肝菌
Xerocomus yunnanensis 雲南絨
蓋牛肝菌

Calostomataceae 麗口包菌科
Calostoma 麗口包屬
Calostoma cinnabarinum 紅皮美
口菌
Calostoma japonicum 日本美口
菌

Diplocystidiaceae 二圓孢牛肝菌科
Astraeus 硬皮地星屬
Astraeus hygrometricus 硬皮地
星

Coniophoraceae 粉孢革菌科
Gyrodontium 圓齒菌屬
Gyrodontium sacchari 糖圓齒菌

Hygrophoropsidaceae 擬蠟傘科
Hygrophoropsis 擬蠟傘屬
Hygrophoropsis aurantiaca 橙黃
擬蠟傘

Paxillaceae 椿菇科
Gyrodon 短孢牛肝菌屬
Gyrodon castaneus 栗樹圓孢牛
肝菌
Gyrodon lividus 鉛色圓孢牛肝菌
Meiorganum 小椿菇屬
Meiorganum curtisii 波紋椿菇

Rhizopogonaceae 鬚腹菌科
Rhizopogon 鬚腹菌屬
Rhizopogon nigrescens 變黑鬚
腹菌
Rhizopogon rubescens 紅根鬚腹
菌

Tapinellaceae 牛肝菌科
Tapinella 小塔氏菌屬
Tapinella panuoides 耳狀網褶菌

Sclerodermataceae 硬皮馬勃科
Pisolithus 豆馬勃屬
Pisolithus arhizus 豆馬勃
Pisolithus tinctorius 彩色豆馬勃
Scleroderma 硬皮馬勃屬
Scleroderma areolatum 龜紋硬皮
馬勃
Scleroderma bovista 大孢硬皮馬
勃
Scleroderma cepa 光硬皮馬勃
Scleroderma citrinum 橙黃硬皮
馬勃
Scleroderma flavidum 黃硬皮馬
勃
Scleroderma polyrhizum 多根硬
皮馬勃
Scleroderma verrucosum 多疣硬
皮馬勃

Serpulaceae 幹腐菌科
Serpula 幹腐菌屬
Serpula similis 相似幹腐菌

Suillaceae 乳牛肝菌科

Suillus 乳牛肝菌屬

  Suillus americanus 美洲乳牛肝菌

  Suillus bovinus 黏蓋乳牛肝菌

  Suillus brevipes 短柄乳牛肝菌

  Suillus granulatus 點柄乳牛肝菌

  Suillus placidus 白黃乳牛肝菌

  Suillus subluteus 亞褐環乳牛肝菌

  Suillus tomentosus 絨毛乳牛肝菌

Cantharellales 雞油菌目

  Hydnaceae 齒菌科

    Cantharellus 雞油菌屬

      Cantharellus cibarius 雞油菌

      Cantharellus cinnabarinus 紅雞油菌

      Cantharellus cinereus 灰色雞油菌

      Cantharellus minor 小雞油菌

    Clavulina 鎖瑚菌屬

      Clavulina coralloides 冠鎖瑚菌

    Craterellus 喇叭菌屬

      Craterellus aureus 金黃喇叭菌

      Craterellus cornucopioides 灰喇叭菌

    Multiclavula 多枝瑚菌屬

      Multiclavula clara 潔多枝瑚菌

Gomphales 釘菇目

  Gomphaceae 釘菇科

    Gomphus 釘菇屬

      Gomphus clavatus 棒釘菇

    Phaeoclavulina 暗鎖瑚菌屬

      Phaeoclavulina cyanocephala 藍頂褐鎖瑚菌

    Ramaria 枝瑚菌屬

      Ramaria apiculata 尖枝瑚菌

      Ramaria fennica 千手枝瑚菌

      Ramaria formosa 粉紅枝瑚菌

Auriculariomycetidae 木耳亞綱

  Auriculariales 木耳目

    Auriculariaceae 木耳科

Auricularia 木耳屬

  Auricularia auricula-judae 黑木耳

  Auricularia cornea 毛木耳

  Auricularia delicata 皺木耳

  Auricularia fuscosuccinea 褐黃木耳

Exidia 膠耳屬

  Exidia recisa 短膠耳

Phallomycetidae 鬼筆亞綱

  Geastrales 地星目

    Geastraceae 地星科

      Geastrum 地星屬

        Geastrum mirabile 木生地星

        Geastrum saccatum 袋形地星

        Geastrum triplex 木生地星

    Phallaceae 鬼筆科

      Lysurus 散尾鬼筆屬

        Lysurus arachnoideus 星頭散尾鬼筆

        Lysurus mokusin 五稜散尾鬼筆

      Phallus 鬼筆屬

        Phallus multicolor 黃裙鬼筆

        Phallus impudicus 白鬼筆

        Phallus indusiate 長裙鬼筆

        Phallus rubicundus 深紅鬼筆

        Phallus tenuis 細黃鬼筆

      Pseudocolus 假鬼筆屬

        Pseudocolus fusiformis 三爪假鬼筆

  Hysterangiales 輻片包目

    Phallogastraceae 鬼笔腹菌科

      Protubera 塊腹菌屬

        Protubera nipponica 日本塊腹菌

Incertae sedis 亞綱級未定

  Gloeophyllales 褐褶菌目

    Gloeophyllaceae 褐褶菌科

      Gloeophyllum 褐褶菌屬

        Gloeophyllum sepiarium 深褐褶菌

      Neolentinus 新香菇屬

Neolentinus lepideus 豹皮新香菇

Hymenochaetales 刺革菌目
  Hymenochaetaceae 刺革菌科
    Coltricia 集毛菌屬
      Coltricia cinnamomea 肉桂集毛菌
      Coltricia montagnei 大集毛菌
      Coltricia perennis 多年生集毛菌
    Cyclomyces 環褶菌屬
      Cyclomyces setiporus 口孔環褶菌
    Fuscoporia 褐孔菌屬
      Fuscoporia senex 老褐孔菌
    Hymenochaete 刺革菌屬
      Hymenochaete cyclolamellata 褐環刺革菌
      Hymenochaete xerantica 褐黃刺革菌
    Onnia 翁孔菌屬
      Onnia orientalis 東方翁孔菌
    Phellinopsis 擬木層孔菌屬
      Phellinopsis conchata 貝狀擬木層孔菌
    Phellinus 木層孔菌屬
      Phellinus igniarius 火木層孔菌
    Pyrrhoderma 紅皮孔菌屬
      Pyrrhoderma noxium 褐根病菌
    Trichaptum 附毛菌屬
      Trichaptum abietinum 冷杉附毛菌
      Trichaptum fuscoviolaceum 褐紫附毛菌

  Rickenellaceae 小瑞克菌科
    Cotylidia 杯革菌屬
      Cotylidia diaphana 明亮杯革菌

Polyporales 多孔菌目
  Cerrenaceae 齒毛菌科
    Cerrena 齒毛菌屬
      Cerrena unicolor 單色齒毛菌

  Fomitopsidaceae 白肉迷孔菌科

Antrodia 薄孔菌屬
  Antrodia albida 白薄孔菌

Ganodermataceae 靈芝科
  Ganoderma 靈芝屬
    Ganoderma australe 南方靈芝
    Ganoderma applanatum 樹舌靈芝
    Ganoderma calidophilum 喜熱靈芝
    Ganoderma cochlear 匙狀靈芝
    Ganoderma hainanense 海南靈芝
    Ganoderma koningsbergii 膠紋靈芝
    Ganoderma lobatum 層迭靈芝
    Ganoderma oroflavum 黃孔靈芝
    Ganoderma sessile 無柄靈芝
    Ganoderma sinense 紫芝
    Ganoderma tenus 密紋靈芝
    Ganoderma tsugae 松杉靈芝
    Ganoderma valesiacum 紫光靈芝
  Sanguinoderma 血芝屬
    Sanguinoderma rugosum 血芝
    Sanguinoderma rude 皺蓋血芝

Grifolaceae 樹花菌科
  Grifola 樹花菌屬
    Grifola frondosa 灰樹花

Incrustoporiaceae 泥蓋孔菌科
  Tyromyces 乾酪菌屬
    Tyromyces lacteus 蹄形乾酪菌
    Tyromyces sambuceus 接骨木乾酪菌

Ischnodermataceae 皮菌科
  Ischnoderma 皮菌屬
    Ischnoderma resinosum 皺皮菌

Meripilaceae 薄孔菌科
  phallomyce 硬孔菌屬
    Rigidoporus microporus 小孔硬

孔菌

Meruliaceae 皺孔菌科
  Climacodon 肉齒菌屬
    Climacodon pulcherrimus 美麗小肉齒菌

Panaceae 革耳科
  Panus 革耳屬
    Panus brunneipes 纖毛革耳
    Panus neostrigosus 新粗毛革耳

Phanerochaetaceae 原毛平革菌科
  Bjerkandera 煙管菌屬
    Bjerkandera adusta 煙管菌

Podoscyphaceae 柄杯菌科
  Abortiporus 殘孔菌屬
    Abortiporus biennis 二年殘孔菌
  Podoscypha 柄杯菌屬
    Podoscypha thozetii 托塞柄杯菌

Polyporaceae 多孔菌科
  Amauroderma 假芝屬
    Amauroderma auriscalpium 耳匙假芝
    Amauroderma hongkongense 香港假芝
  Cerioporus 蠟孔菌屬
    Cerioporus leptocephalus 薄蓋蠟孔菌
    Cerioporus varius 多變蠟孔菌
  Daedaleopsis 擬迷孔菌屬
    Daedaleopsis nipponica 日本擬迷孔菌
  Earliella 俄氏孔菌屬
    Earliella scabrosa 紅貝俄氏孔菌
  Favolus 棱孔菌屬
    Favolus grammocephalus 條蓋菱孔菌
    Favolus tenuiculus 纖薄菱孔菌
  Fomes 層孔菌屬
    Fomes fomentarius 木蹄層孔菌
  Hexagonia 蜂窩菌屬

Hexagonia rigida 硬蜂窩菌
Lentinus 香菇屬
  Lentinus arcularius 漏斗香菇
  Lentinus sajor-caju 鳳尾菇
  Lentinus squarrosulus 翹鱗香菇
  Lentinus trigrinus 虎皮香菇
Microporus 小孔菌屬
  Microporus affinis 近緣小孔菌
Neofavolus 新棱孔菌屬
  Neofavolus alveolaris 大孔新棱孔菌
Pseudofavolus 假棱孔菌屬
  Pseudofavolus tenuis 薄假棱孔菌
Polyporus 多孔菌屬
  Polyporus tuberaster 菌核多孔菌
  Polyporus umbellatus 豬苓多孔菌
Rigidoporus 硬孔菌屬
  Rigidoporus ulmaria 榆硬孔菌
Royoporus 冠孔菌屬
  Royoporus spatulata 匙形冠孔菌
Trametes 栓孔菌屬
  Trametes apiaria 毛硬栓孔菌
  Trametes cinnabarina 朱紅栓孔菌
  Trametes coccinea 深紅栓孔菌
  Trametes elegans 雅致栓孔菌
  Trametes hirsuta 毛栓孔菌
  Trametes gibbosa 迷宮栓孔菌
  Trametes orientalis 東方栓孔菌
  Trametes pubescens 絨毛栓菌
  Trametes suaveolens 香栓菌
  Trametes vernicipes 漆柄栓孔菌
  Trametes versicolor 雲芝
Truncospora 畸孢孔菌屬
  Truncospora ochroleuca 赭白畸孢孔菌

Incertae sedis 科級未定
Amaropostia 苦味波斯特孔菌屬
  Amaropostia stiptica 柄生苦味波

斯特孔菌

Russulales 紅菇目
Auriscalpiaceae 耳匙菌科
Artomyces 杯珊瑚菌屬
Artomyces pyxidata 杯密瑚菌
Lentinellus 小香菇屬
Lentinellus cochleatus 貝殼狀小香菇

Hericiaceae 猴頭菇科
Hericium 猴頭菇屬
Hericium erinaceus 猴頭菇

Russulaceae 紅菇科
Lactarius 乳菇屬
Lactarius deliciosus 松乳菇
Lactarius gracilis 纖細乳菇
Lactarius hatsudake 紅汁乳菇
Lactarius hygrophoroides 稀褶乳菇
Lactarius indigo 靛藍乳菇
Lactarius waltersii 沃爾特乳菇
Lactarius psammicola
Lactifluus 多汁乳菇屬
Lactifluus volemus 多汁乳菇
Russula 紅菇屬
Russula aeruginea 銅綠紅菇
Russula alboareolata 白紋紅菇
Russula amoena 怡紅菇
Russula crustosa 黃斑紅菇
Russula delica 大白菇
Russula emetica 毒紅菇
Russula foetens 臭黃紅菇
Russula japonica 日本紅菇
Russula lilacea 淡紫紅菇
Russula nitida 紅菇
Russula sanguinea 血紅菇
Russula senecis 點柄臭黃菇
Russula minutula 小紅菇
Russula vesca 菱紅菇
Russula virescens 變綠紅菇

Stereaceae 韌革菌科

Stereum 韌革菌屬
Stereum hirsutum 毛韌革菌
Stereum ostrea 蠔韌革菌
Stereum rugosum 皺韌革菌
Xylobolus 木丸菌屬
Xylobolus spectabilis 金絲趨木菌

Thelephorales 革菌目
Bankeraceae 煙白齒菌科
Hydnellum 亞齒菌屬
Hydnellum scabrosum 粗糙亞齒菌
Sarcodon 肉齒菌屬
Sarcodon imbricatus 翹鱗肉齒菌

Thelephoraceae 革菌科
Phellodon 栓齒菌屬
Phellodon niger 黑栓齒菌
Thelephora 革菌屬
Thelephora palmata 掌狀革菌
Thelephora terrestris 疣 po 革菌
Thelephora vialis 蓮座革菌

Dacrymycetes 花耳綱
Incertae sedis 亞綱級未定
Dacrymycetales 花耳目
Dacrymycetaceae 花耳科
Calocera 膠角耳屬
Calocera cornea 角狀膠角耳
Calocera viscosa 膠角耳
Dacrymyces 花耳屬
Dacrymyces chrysospermus 掌狀花耳
Dacryopinax 桂花耳屬
Dacryopinax spathularia 匙蓋假花耳

Tremellomycetes 銀耳綱
Tremellomycetidea 銀耳亞綱
Tremellales 銀耳目
Tremellaceae 銀耳科
Tremella 銀耳屬
Tremella fuciformis 銀耳
Tremella mesenterica 黃金銀耳

主要參考文獻

政府和相關組織文件及報告

立法會食物安全及環境衛生事務委員會：《加強規管食物內有害物質諮詢公眾討論文件》，立法會 CB(2)599/20-21(03) 號文件（香港：食物環境衛生署食物安全中心出版，2021）。

《香港年報》（1972-2018）。

香港特別行政區政府土木工程拓展署：《香港地質考察指引》（香港：土木工程拓展署土力工程處，2007）。

香港特別行政區政府土木工程拓展署：《波浪測量》（2020）。

香港特別行政區政府土木工程拓展署：《香港地質調查報告、圖表報告及地質圖：Geological Map of Hong Kong》（2006）。

香港特別行政區政府水務署：《水務署年報》2000-2018（香港：水務署，2000-2018）。

香港特別行政區政府食物安全中心：〈切勿採摘及進食野生菇類〉，《食物安全焦點》2013 年 5 月第 82 期〈食物事故點滴〉。

香港特別行政區政府食物安全中心：《食品微生物含量指引（一般即食食品及指定食品）》二零一四年八月修訂本。

香港特別行政區政府食物環境衛生署：《香港首個總膳食研究：霉菌毒素》（香港：香港食物環境衛生署，2013）。

香港特別行政區政府發展局：《高空綠化 — 香港高空綠化的植物應用圖鑑》（香港：發展局綠化、園境及樹木管理組，2015)。

香港特別行政區政府漁農自然護理署：《香港水生植物圖鑑》（香港：漁農自然護理署，2015）。

《香港特別行政區政府漁農自然護理署年報》（2019-2020）。

香港特別行政區政府審計署：《審計署署長第五十五號報告書 - 第 8 章 管理及減少水管爆裂及滲漏》（香港：審計署，2010）。

香港特別行政區政府審計署：《審計署署長第五十七號報告書 - 第 12 章 未經授權用水及水錶欠準所導致的用水流失》（香港：審計署，2011）。

香港特別行政區政府審計署：《審計署署長第五十七號報告書 - 第 4 章 管理用水供求》（香港：審計署，2015）。

香港特別行政區政府審計署：《審計署署長第七十七號報告書 - 第 5 章 沖廁水供應的管理》（香港：審計署，2021）。

香港特別行政區政府機電工程署：《香港能源最終用途數據》2004-2017（香港：機電工程署，2004-2017）。

香港特別行政區政府環境局：《香港氣候行動藍圖2030+》（香港：環境局，2017）。

香港特別行政區政府環境保護署：《香港環境保護》2000-2017（香港：環境保護署，2000-2017）。

香港特別行政區政府環境保護署：《2021 年香港海水水質年報》。

香港特別行政區政府環境保護署：《海水水質數據》（2021）。

Camp Dresser & McKee International Inc. in association with GHK (HK) Ltd, *Study on the Potential Applications of Renewable Energy in Hong Kong, Stage 1 Study Report* (Hong Kong: Electrical & Mechanical Services Department, 2002).

Campbell, S. D. G. and Parry, S., *Report on the investigation of kaolin-rich zones in weathered rocks in Hong Kong* (GEO Special Project Report No. SPR 5/2001) (2002).

Cipullo, A., Irfan, T. Y., *Aggregate properties of medium-grained granite from Diamond Hill* (GCO Technical Note No. TN 3/88) (1985).

Department of Public Works, Hong Kong Government, *Report of the Director of Public Works* (1888-1939).

Environmental Resources Management, HKSAR Government, *2008 Update of Terrestrial Habitat Mapping and Ranking Based on Conservation Value*. Report submitted to

Sustainable Development Division, HKSAR Government.

Frost, D. V., *Geology of Yuen Long* (Hong Kong Geological Survey Sheet Report No. 1) (Hong Kong: Geotechnical Engineering Office, 1992).

Fyfe, J. A., Shaw, R., Campbell, S. D. G., Lai, K. W. and Kirk, P. A., *The Quaternary Geology of Hong Kong* (Hong Kong: Geotechnical Engineering Office, 2000).

Geotechnical Control Office, Hong Kong Government, *Mid-Level Study: Report on Geology, Hydrology and Soil Properties* (Hong Kong: Geotechnical Control Office, Public Works Department, 1982).

Geotechnical Engineering Office, Hong Kong Government, *Factors Affecting Sinkhole Formation* (GEO report No. 28) (1988).

Hong Kong Government/Hong Kong SAR Government, *Hong Kong Annual Report* (1946-2018).

Hong Kong Herbarium & South China Botanical Garden, *Flora of Hong Kong*, Vol. 1-4 (Hong Kong: Agriculture, Fisheries & Conservation Department, Hong Kong, 2007-2011).

Irfan, T. Y., *Aggregate properties of Fine-, Medium-, and Megacrystic Granites from Lamma Island* (GCO Technical Note No.11/89) (1985).

Irfan, T. Y., *Aggregate properties of monzonite from Turret Hill quarry* (GCO Technical Note No. TN 3/87) (1985).

Irfan, T. Y., *Mineralogy and fabric characterization and classification of weathered granite rocks in Hong Kong* (GEO Report 41) (1994).

Leather, R. I. and Hor, M. N., *A preliminary list of plant diseases in Hong Kong*, Agricultural Bulletin no. 2 (Hong Kong: Government printer, 1969).

Legislative Council, HKSAR Government, "Management of stray cattle and handling nuisances of wild animals", CB(2)737/20-21(01), 8 February 2021, pp. 1-5.

Leung, D. Y. C., *Final Report - Feasibility Study of Using Biodiesel as Motor Fuel in Hong Kong* (Hong Kong: Geotechnical Engineering Office, Civil Engineering Department, 2003).

Leung, K. M. Y., Lui, K. K.Y., Wai, T. C., Cheung, A.Y.T., Chan, B. K.K. and Yau, C., "Study on the Soft Shore in Hoi Ha Wan Marine Park," Final Report to The Agriculture, Fisheries and Conservation Department AFCD/SQ/2/05 (April, 2006), unpublished.

Nip, T., Dudgeon D., Cheng, H. T., Cheng, C. F., Wong, D., Liang, J., Yip, P., Chan, T., Lam, S., Lai, S. and Cheung K. W., AFCD Biodiversity Strategy and Action Plan, Focus Group on Status and Trends and Red List Assessment - Final Report — Appendix 8: Freshwater Fishes Sub-group Report (2014).

Planning Department, HKSAR Government, "Consultancy Study to Analyse Broad Land Use Pattern of Hong Kong — Executive Summary" (2001)

Scott Wilson (Hong Kong) Ltd, *Environmental Impact Assessment - Final Assessment Report: Tai O Sheltered Boat Anchorage Environmental and Drainage Impact Assessment* (Hong Kong: Civil Engineering Department, 2000).

Shin, P. K. S., Cheung, S. G., Laurie, K., "Status, trends and recommendations on protection of selected marine invertebrates - Hong Kong's living fossils," Focus Group Report, Status and Trend and Red List Focus Group, Appendix 10 (Hong Kong: Agriculture, Fisheries and Conversation Department, 2014).

Sustainable Development Unit, Office of the Chief Secretary for Administration, HKSAR Government, *A First Sustainable Development Strategy for Hong Kong* (Hong Kong: Government Logistics Department, 2005).

United State Bureau of Mines, *Mineral Trade Notes: V.34-35 1952* (District of Columbus, U.S.: Department of the Interior, Bureau of Mines, 1952).

Werner, A. B. T., *International strategic mineral*

issues summary report, tungsten (District of Columbis: USGS Circular 930-O, U. S. Department of the Interior, U. S. Geological Survey, 2013).

古籍

屈大均:《廣東新語》（北京:中華書局,1985）。

陳伯陶:《東莞縣志》（民國十六年〔1927〕東莞養和印務局鉛印本）,收入廣東省地方史志辦公室輯:《廣東歷代方志集成·廣州府部》,第 24、25 冊（廣州:嶺南美術出版社,2009）。

靳文謨修、鄧文蔚纂:《新安縣志》（清康熙二十七年〔1688〕刻本）,收入廣東省地方史志辦公室輯:《廣東歷代方志集成·廣州府部》,第 26 冊（廣州:嶺南美術出版社,2009）。

舒懋官修、王崇熙纂:《新安縣志》（清嘉慶二十四年〔1819〕刻本）,收入廣東省地方史志辦公室輯:《廣東歷代方志集成·廣州府部》,第 26 冊（廣州:嶺南美術出版社,2009）。

劉恂:《嶺表錄異》（北京:中華書局,1985）。

盧祥:《東莞縣志》（明天順八年〔1464〕刻本）,收入廣東省地方 史志辦公室輯:《廣東歷代方志集成·廣州府部》,第 22 冊（廣州:嶺南美術出版社,2009）。

報章刊物

《文匯報》（香港,1948-2023）。

《明報》（香港,1959-2023）。

《香港仔》（香港,2018-2023）。

《香港商報》（香港,1952-2023）。

South China Morning Post (Hong Kong, 1903-2023).

專著及論文

丁錦華:〈為害竹類的梯頂飛虱屬種類〉,《竹子研究匯刊》,1990 年第 1 期,頁 74-77。

丁錦華:《中國動物誌:昆蟲綱 第四十五卷 同翅目 飛虱科》（北京:科學出版社,2006）。

子羽:《香港掌故》三集（廣州:廣東人民出版社,1985）。

中國科學院南京土壤研究所土壤系統分類課題組:《中國土壤系統分類檢索》（第三版）（合肥:中國科技大學出版社,2001）。

亢菊俠:〈中國叉脈葉蟬族分類研究（半翅目:葉蟬科:小葉蟬亞科）〉（楊凌:西北農林科技大學碩士論文,2007）。

尤平:〈水生鱗翅類－螟蛾科水螟亞科〉,《昆蟲知識》,2005 年第 5 期,頁 595-598。

尤仲傑、林光宇:〈中國近海海牛亞目（軟體動物）的區系分析〉,《動物學雜誌》,2005 年第 40 期,頁 85-90。

文煥然、江應梁、何業恒、高耀亭:〈歷史時期中國野象的初步研究〉,收入文煥然等著、文榕生選編整理:《中國歷史時期植物與動物變遷研究》（重慶:重慶出版社,2006）,頁 186-200。

文煥然遺稿、文榕生整理:〈再探歷史時期中國野象的變遷〉,收入文煥然等著、文榕生選編整理:《中國歷史時期植物與動物變遷研究》（重慶:重慶出版社,2006）,頁 207-215。

文煥然遺稿、文榕生整理:〈再探歷史時期的中國野象分布〉,收入文煥然等著、文榕生選編整理:《中國歷史時期植物與動物變遷研究》（重慶:重慶出版社,2006）,頁 201-206。

文錫禧:《香港金魚》（香港:市政局,1988）。

文錫禧、韓國章（Hodgkiss, I. J.）:《香港淡水魚類》（香港:市政局,1981）。

方永琴:〈中國帶葉蟬族形態分類及區系分析〉（貴陽:貴州大學碩士論文,2020）。

方志剛、武三安、徐華潮:〈中國竹子蚧蟲名錄（同翅目:蚧總科）〉,《浙江林學院學報》,2001 年第 1 期,頁 102-110。

牛敏敏:〈中國盾蚧亞科分類及系統發育研究（半翅目:蚧總科）〉（楊凌:西北農林科技大學博士論文,2020）。

王丹：〈江西省草螟亞科分類學研究（鱗翅目，草螟科）〉（南昌：江西農業大學碩士論文，2019）。

王心麗、詹慶斌、王愛芹：《中國動物誌：昆蟲綱 第六十八卷 脈翅目 蟻蛉總科》（北京：科學出版社，2018）。

王立松、錢子剛：《中國藥用地衣圖鑒》（昆明：雲南科技出版社，2013）。

王旭：〈中國蟬族系統分類研究（半翅目：蟬科）〉（楊凌：西北農林科技大學碩士論文，2014）

王甬胤：〈中國背筋隱翅蟲屬分類研究（鞘翅目：隱翅蟲科：異形隱翅蟲亞科）〉（上海：上海師範大學碩士論文，2008）。

王海嬰：《福建武夷山赤麂（*Muntiacus vaginalis*）活動節律和行為時間分配的研究》（廈門：廈門大學碩士論文，2017）。

王滿強：〈中國袖蠟蟬科分類研究（半翅目：蠟蟬總科）〉（楊凌：西北農林科技大學碩士論文，2010）。

王銀竹：〈長蠹科和長小蠹科昆蟲 PCR-RDB 鑒定技術及其分子系統進化研究〉（廣州：中山大學碩士論文，2010）。

王曉婭：〈中國安菱蠟蟬族分類及 DNA 條形碼研究〉（貴陽：貴州大學碩士論文，2021）。

王韜：《弢園文錄外編》（北京：中華書局，1959）。

卡遜（Karsen, S. J.）、劉惠寧、鮑嘉天（Bogadek, A.）著，周家焯譯：《香港的兩棲類和爬行類》（香港：市政局，1988）。

左興海：〈浙江及海南水螟亞科分類學研究（鱗翅目：草螟科）〉（天津：南開大學碩士論文，2022）。

申效誠、孫浩、趙華東：〈中國夜蛾科昆蟲的物種多樣性及分佈格局〉，《昆蟲學報》，2007 年第 7 期，頁 709-719。

白海艷：〈中國細蛾科系統學研究（鱗翅目：細蛾總科）〉（天津：南開大學博士論文，2009）。

白理桃（Barretto, G.）、楊俊成著，謝成枝譯：《香港蘭花》（香港：市政局，1982）。

白瑞凱：〈中國菱蠟蟬亞科分類研究（半翅目：菱蠟蟬科）〉（楊凌：西北農林科技大學碩士論文，2015）。

白德（Brad, S. M.）著，招紹瓚譯：《香港文物誌》（香港：市政局，1988）。

任順祥、王興民、龐虹、彭正強、曾濤：《中國瓢蟲原色圖鑑》（北京：科學出版社，2009）。

任樹芝：《中國動物誌：昆蟲綱 第士三卷 半翅目 異翅亞目 姬蝽科》（北京：科學出版社，1998）。

伊文博、卜文俊：〈中國三種稻緣蝽名稱訂正〉，《環境昆蟲學報》，2017 年第 2 期，頁 460-463。

朱弘復：《中國動物誌：昆蟲綱 第十一卷 鱗翅目 天蛾科》（北京：科學出版社，2017）。

朱弘復、王林瑤：《中國動物誌：昆蟲綱 第五卷 鱗翅目 蠶蛾科 大蠶蛾科 網蛾科》（北京：科學出版社，2016）。

朱明生、宋大祥：〈寬胸蛛屬 1 新種記述（蜘蛛目：球蛛科）〉，《蛛形學報》，1997 年第 2 期，頁 93-95。

朱晉德、陳式立：《礦世鉅著：香港礦業史》（香港：地球知源 ProjecTerrae，2015）。

朱耿平：〈中國土蝽科系統學及生物地理學研究（半翅目：異翅亞目）〉（天津：南開大學博士論文，2011）。

朱靈：〈中國脊胸隱翅蟲屬分類研究（鞘翅目：隱翅蟲科：異形隱翅蟲亞科）〉（上海：上海師範大學碩士論文，2008）。

何宏力：〈中國窗翅葉蟬亞科分子系統學研究〉（貴陽：貴州大學碩士論文，2019）。

何佩然：《點滴話當年：香港供水一百五十年》（香港：商務印書館，2001）。

何佩然：《地換山移：香港海港及土地發展一百六十年》（香港：商務印書館，2004）。

何孟恆：《香港有毒植物》（香港：市政局，1988）。

何維俊：《香港的竹節蟲》（香港：香港昆蟲學會，2013）。

吳德鄰、張力主編：《廣東苔蘚志》（廣州：廣東科技出版社，2013）。

吳鴻：《天目山動物誌（第十卷）》（杭州：浙江大學出版社，2021）。

吳鵬程、賈渝主編：《中國苔蘚志》（北京：科學出版社，1994）。

呂德恒：《地衣概覽》（香港：野外動向有限公司，2017）。

宋大祥、朱明生、胡嘉儀：〈香港蜘蛛數新種記述〉,《蛛形學報》,1997 年第 2 期,頁 81-86。

宋大祥、胡嘉儀:〈香港蜘蛛初報〉,《河南師範大學學報(自然科學版)》,1997 年第 2 期,頁 186-192。

宋大祥,胡嘉儀:〈香港七紡蛛屬(蜘蛛目:節板蛛科)一新種〉,《動物學雜誌》,1997 年第 3 期,頁 1-3。

宋大祥、謝莉萍、朱明生、胡嘉儀:〈香港跳蛛記述(蜘蛛目:跳蛛科)〉,《四川動物》,1997 年第 4 期,頁 149-152。

宋月華:〈中國斑葉蟬族分類研究〉(貴陽:貴州大學碩士論文,2007)。

宋月華、李子忠:〈中國塔葉蟬族昆蟲種類名錄(半翅目:葉蟬科:小葉蟬亞科)〉,《天津農業科學》,2012 年第 2 期,頁 145-148。

宋釗:〈中國麗步甲屬和壺步甲的分類研究(鞘翅目:步甲科)〉(廣州:華南農業大學碩士論文,2015)。

李玉、劉淑豔:《菌物學》(北京:科學出版社,2015)。

李玉建:〈中國耳葉蟬亞科區系分類研究(半翅目:葉蟬科)〉(貴陽:貴州大學碩士論文,2009)。

李后魂:《中國麥蛾(一)》(天津:南開大學出版社,2002)。

李后魂:《河南昆蟲志:鱗翅目 螟蛾總科》(北京:科學出版社,2009)。

李坤瑄:《大陸青島中國科學院海洋研究所典藏海膽標本檢視比對 II》(台灣:自然科學博物館,2011)。

李坤瑄:《大陸青島中國科學院海洋研究所典藏海膽、海星標本檢視比對與青島產標本採集》(台灣:自然科學博物館,2012)。

李春衛、劉偉、丁冬孫、段月清:〈江西銅鈸山草蛉科分類學研究〉,《江西農業大學學報》2014 年第 3 期,頁 542-549。

李國鋒、侯雲萍、王春梅、楊誠華:〈西雙版納奇楠沉香林昆蟲群落結構與功能研究〉,《四川動物》,2016 年第 2 期,頁 190-200。

李添進、周錦超、吳兆洪:《香港植物志:蕨類植物門》(香港:嘉道理農場暨植物園,2003)。

李惠萍主編:《口岸截獲蚧蟲彩色圖鑒》(北京:中國農業出版社,2021)。

李陽、徐奎棟:〈中國海海葵目(刺胞動物門:珊瑚蟲綱)物種多樣性與區系特點〉,《海洋與湖沼》,2020 年第 51 期,頁 434-442。

李慧瑩、鄒桂昌、楊祥利編:〈馬鞍山礦業發展簡史〉,載《馬鞍山風物志:鞍山歲月,小城今昔》(香港:馬鞍山民康促進會,2012),第二章。

李衛春:〈中國苔蟆亞科和草蟆亞科系統學研究(鱗翅目:螟蛾總科:草蟆科)〉(天津:南開大學博士論文,2022)。

李錦華:《香港魚類自然百態》(香港:香港自然探索學會,2013)。

李靜:〈中國大蕈甲科部分類群分類研究〉(保定:河北大學博士論文,2006)。

李麗芬、林建新、吳國恩、陳勁東、楊柳菁:《魚魚得水 - 香港淡水魚圖鑑》(香港:漁農自然護理署、郊野公園之友會、天地圖書有限公司,2004)。

杜詩雅(Thrower, S. L.)著,何國英譯:《香港樹木(第二卷)》(香港:市政局,1972)。

杜詩雅(Thrower, S. L.)著,何國英譯:《香港攀援狀植物》(香港:市政局,1986)。

杜詩雅(Thrower, S. L.)著,何國英譯:《香港灌木(第二卷)》(香港:市政局,1986)。

杜詩雅(Thrower, S. L.)著,何國英譯:《香港草本植物(第二卷)》(香港:市政局,1987)。

杜詩雅(Thrower, S. L.)著,何國英譯:《香港樹木彙編》(香港:市政局,1990)。

杜詩雅(Thrower, S. L.)著,賴明洲、錢之廣合譯:《香港地衣》(香港:市政局,1992)。

車艷麗:〈中國球瓢蠟蟬亞科分類研究(同翅目:瓢蠟蟬科)〉(楊凌:西北農林科技大學碩士論文,2003)。

邢夢然:〈中國穀蛾科增補性研究(鱗翅目:穀蛾總科)〉(天津:南開大學碩士論文,2020)。

邢濟春:〈中國角頂葉蟬族分類及系統發育研究(半翅目:葉蟬科:角頂葉蟬亞科)〉(貴陽:貴州大學碩士論文,2009)。

周世榮:〈海濱瓷都 —— 再談香港大埔碗窰的青花瓷〉,載區家發等:《香港大埔碗窰青花瓷窰址 —— 發掘及研究》(香港:康樂及文化事務署香港文化博物館,2000),頁 94-102。

周永權、郭俊傑、胡景泰、伍澤賡:《香港常見珊瑚圖鑑》(第三版)(香港:漁農自然護理署,

2016)。

周長發:〈中國大陸蜉蝣目分類研究〉(天津:南開大學博士論文,2002)。

周長發、歸鴻、周開亞:〈中國蜉蝣目稚蟲科檢索表(昆蟲綱)〉,《南京師大學報(自然科學版)》,2003 年第 2 期,頁 65-68。

周紅章、羅天宏、張葉軍:《中國動物誌:昆蟲綱 第七十五卷 鞘翅目 閻甲總科 扁圓甲科 長閻甲科 閻甲科》(北京:科學出版社,2002)。

周喜樂、張憲春、孫久瓊、嚴岳鴻(2016):〈中國石松類和蕨類植物的多樣性與地理分佈〉,《生物多樣性》,2016 年 第 24 卷第 1 期,頁 102-107。

周蕾:〈中國小石蛾科分類研究(昆蟲綱:毛翅目)〉(南京:南京農業大學碩士論文,2009)。

林光宇:〈西沙群島潮間帶的後鰓類軟體動物〉,《海洋科學集刊》,1975 年第 10 期,頁 141-154。

林光宇、尤仲傑:〈浙江近海裸鰓類的研究〉,《海洋科學集刊》,1990 年第 31 期,頁 147-162。

林秉均:《台灣南部及北部海域水螅水母群聚之時空分佈》(台灣:中山大學碩士論文,2010)。

林若雁、陳穎欣、劉天佑:《尋水誌:香港水資源的歷史見證》(香港:長春社文化古蹟資源中心,2022)。

林茂等:〈西太平洋浮游動物種類多樣性〉,《生物多樣性》,2011 年第 6 期,頁 646-654。

林敏鑒、章士美、林征:〈中國兜蝽科昆蟲名錄(半翅目:蝽總科)〉,《江西植保》,2000 年第 1 期,頁 17-19。

武春生:《中國動物誌:昆蟲綱 第七卷 鱗翅目 視蛾科》(北京:科學出版社,1997)。

武春生、方承萊:《中國動物誌:昆蟲綱 第三十一卷 鱗翅目 舟蛾科》(北京:科學出版社,2003)。

武春生、方承萊:《河南昆蟲志鱗翅目:刺蛾科 枯葉蛾科 舟蛾科 燈蛾科 毒蛾科 鹿蛾科》(北京:科學出版社,2010)。

武春生、劉友樵:《中國動物誌:昆蟲綱 第四十七卷 鱗翅目 枯葉蛾科》(北京:科學出版社,2006)。

祁勝平:〈中國姬蟬亞科的系統分類研究(半翅目:蟬科)〉(楊凌:西北農林科技大學碩士論文,

2014)。

邵天玉:〈中國西南地區瘤蛾族(鱗翅目:夜蛾科:瘤蛾亞科)分類學研究〉(哈爾濱:東北林業大學博士論文,2011)。

門秋雷:〈中國扁蠟蟬科分類研究(半翅目:蠟蟬總科)〉(楊凌:西北農林科技大學碩士論文,2009)。

姚亞林、羅強、董夢書、陳祥盛、楊琳:〈慈竹葉蟬類害蟲 DNA 條形碼分析〉,《四川動物》,2018 年第 2 期,頁 127-138。

姜海萍、張承良、鄧開頌編著:《東江水兩地情:內地與香港關係視野中的東江水供香港問題研究》(廣州:廣東教育出版社,2020)。

柯爾(Orr, J.)著,何孟恆譯:《香港裸鰓類動物》(香港:市政局,1985)。

柯爾(Orr, J.)著,何孟恆譯:《香港海產貝類》(香港:市政局,1988)。

段亞妮:〈中國角頂葉蟬族分類研究(半翅目:葉蟬科:角頂葉蟬亞科)〉(楊凌:西北農林科技大學碩士論文,2005)。

段亞妮、張雅林:〈中國角頂葉蟬亞科新記錄──刀莖點斑葉蟬(半翅目:葉蟬科)〉,《昆蟲分類學報》,2009 年第 4 期,頁 269-271。

紀樹欽:〈中國西南地區刺蛾科 Limacodidae 分類研究〉(廣州:華南農業大學碩士論文,2018)。

胡亮:《福建平潭島海域底棲貝類物種多樣性及其地理分佈》,《生物多樣性》,2021 年第 29 期,頁 1403-1410。

苑彩霞、陳國棟:〈中國樹甲族昆蟲區系初步分析(鞘翅目:擬步甲科)〉,《四川動物》,2017 年第 3 期,頁 346-350。

香港水務署編輯委員會著:《涓滴長流:香港水務署水質監控五十載迎向未來》(香港:天地國書有限公司,2015)。

香港市政事務署編,鄧萱祥攝影:《香港樹木》(香港:香港政府印務局,1972)。

香港市政事務署編:《香港灌木》(香港:香港政府印務局,1975)。

香港特別行政區政府漁農自然護理署香港植物標本室、中國科學院華南植物園編著:《香港竹類誌》(香港:香港特別行政區政府漁農自然護理署,2021)。

香樂思(Geoffrey A. C. Herklots)著,彭玉文

譯：《野外香港歲時記》（香港：中華書局，2018）。

倫翠婉：《海岸情報—珊瑚篇》（香港：郊野公園之友會，天地圖書有限公司，2003）。

孫啟夢等：〈中國近海蟹守螺科（Cerithiidae）兩新紀錄種及常見種名修訂〉，《海洋與湖沼》，2014 年第 45 期，頁 902-906。

孫龍華、畢可可、黃華枝：〈相思擬木蠹蛾 Arbela baibarana 的研究現狀〉，《廣東園林》，2019 年第 1 期，頁 54-58。

徐丹：〈中國闊野螟屬的分子系統學研究〉（重慶：西南大學碩士論文，2016）。

徐芹、肖能文：《中國陸棲蚯蚓》（北京：中國農業出版社，2010）。

徐紅霞：〈中國紋吉丁族系統分類學研究（鞘翅目：吉丁總科：窄吉丁亞科）〉（北京：中國科學院大學博士論文，2013）。

徐家生、李后魂：〈禾螟亞科昆蟲—重要的農業害蟲〉，《昆蟲知識》，2006 年第 5 期，頁 742-746。

徐振國、劉小利、金濤：《中國的透翅蛾鱗翅目：透翅蛾科》（北京：中國林業出版社，2019）。

徐湘、李樞強：〈香港蜘蛛區系研究〉，《蛛形學報》，2006 年第 1 期，頁 27-32。

徐業：〈中國長柄葉蟬屬群分類及系統發育研究（半翅目：葉蟬科：小葉蟬亞科）〉（楊凌：西北農林科技大學碩士論文，2016）。

徐鳳山、張均龍：《中國動物志無脊椎動物第五十七卷軟體動物門雙殼綱櫻蛤科雙帶蛤科》（北京：科學出版社，2018）。

殷子為：〈中國苔蘚甲族的分類學及屬級系統發育研究〉（上海：華東師範大學博士論文，2014）。

祖國浩、楊澤寧、鄭霞林、張玉靜與李成德（2020）。〈綠翅絹野螟的一種新寄生性天敵〉，《中國森林病蟲》，2020 年第 6 期，頁 16-18。

秦道正：〈中國小綠葉蟬族分類研究（同翅目：葉蟬科）〉（楊凌：西北農林科技大學博士論文，2003）。

袁忠林：〈葉蟬科生物地理學研究（半翅目：頭喙亞目）〉（楊凌：西北農林科技大學博士論文，2004）。

除吉山：〈雲南擬步甲區系與地理分佈特徵（鞘翅目：擬步甲總科）〉（保定：河北大學博士論文，2013）。

馬勇、孫兆惠、劉振生、滕麗微：〈赤狐食性的研究進展〉，《經濟動物學報》，2014 年第一期，頁 53-58。

馬駿超：〈（第 01 號）中國沫蟬科昆蟲之蠡訂〉，《臺灣省農業試驗所專報》，1947 年第 1 期，頁 1-30。

高春霞等：〈基於穩定同位素技術的浙江南部近海主要漁業生物營養級〉，《中國水產科學》，2020 年第 27 期，頁 438-453。

高彩華、畢培曦：〈九龍大霧山的葉附生苔類植物〉（附英文摘要），《雲南植物研究》，1988 年第 10 卷第 3 期，頁 353-356。

高翠青：〈長蝽總科十個科中國種類修訂及形態學和系統發育研究（半翅目：異翅亞目）〉（天津：南開大學博士論文，2010）。

區家發等：《香港大埔碗窰青花瓷窯址：調查與研究》（香港：香港區域市政局，1997）。

張力：〈苔蘚之雙城故事：香港 vs 澳門〉，《森林與人類》，2003 年第 10 期，頁 58-67。

張力、葉文：〈廣東苔蘚植物的現狀與評估〉，載王瑞江主編：《廣東高等植物紅色名錄》（鄭州：河南科學技術出版社，2022），第二章，頁 7-34。

張丹丹、李后魂：〈中國絹須野螟屬屬研究（鱗翅目，草螟科，野螟亞科，斑野螟族）〉（英文），《動物分類學報》，2005 年第 1 期，頁 144-149。

張加勇：〈中國石蛃目昆蟲的分類研究〉（南京：南京師範大學碩士論文，2005）。

張生芳、樊新華、高淵、詹國輝：《儲藏物甲蟲》（北京：科學出版社，2016）。

張宏達、黃雲暉、繆汝槐、葉創興、廖文波、金建華：《種子植物系統學》（北京：科學出版社，2004）。

張志升、王露雨：《中國蜘蛛生態大圖鑑》（重慶：重慶大學出版社，2017）。

張孟聞、宗愉、馬積藩：《中國動物志－爬行綱第一卷　總論　、龜鱉目、鱷形目》（北京：科學出版社，1998）。

張展鴻：〈1957〉，載朱耀偉主編：《香港關鍵詞：想像新未來》（香港：香港中文大學出版社，2019），頁 69-74。

張浩淼：《中國蜻蜓大圖鑑》（重慶：重慶大學出版社，2019）。

張偉權、許狄利（Hill, S. D.）：《香港昆蟲（卷一）》（香港：市政局，1988）。

張華：〈中國角吉丁屬分類研究（鞘翅目：吉丁科：潛吉丁族）〉（南充：西華師範大學碩士論文，2020）。

張超：〈中國西南地區秘夜蛾屬和粘夜蛾屬（鱗翅目：夜蛾科）分類研究〉（哈爾濱：東北林業大學碩士論文，2016）。

張新民：〈世界橫脊葉蟬亞科系統分類研究（半翅目：葉蟬科）〉（楊凌：西北農林科技大學博士論文，2011）。

張農等：〈我國東南沿海地區織紋螺科的種類與毒性〉，《生態毒理學報》，2009 年第 4 期，頁 289-294。

張鳳斌：〈中國西南地區髯須夜蛾亞科（鱗翅目：夜蛾科）分類學研究〉（哈爾濱：東北林業大學博士論文，2010）。

張樹庭、卯曉嵐：《香港蕈菌》（香港：中文大學出版社，1995）。

曹飛、楊卉芃、王威、張亮：〈全球鎢礦資源概況及供需分析〉，《礦產保護與利用》，2018 年第 2 期，頁 145-150。

曹夢飛：〈四種螟蛾的轉錄組測序及雌雄個體和種間差異基因表達分析〉（西安：陝西師範大學碩士論文，2020）。

梁志紅、陳斌：〈突偽葉甲亞科 5 個中國新紀錄記述〉，《重慶師範大學學報（自然科學版）》，2019 年第 3 期，頁 51-55。

畢培曦：《香港竹譜》（香港：市政局，1985）。

莊港生、賴譽文、鄺健銘：〈公共空間與社群：從榕樹頭說起〉，《政學》，2009 年第 2 期，頁 6-71。

許狄思（Hill, S. D.）、費嘉倫（Karen, Phillipps）著，何迪媛譯：《香港動物原色圖鑑》（香港：市政局，1989）。

許狄思（Hill, S. D.）著，何迪媛譯：《香港昆蟲（卷二）》（香港：市政局，1992）。

許霖慶、徐是雄：《香港食用植物》（香港：市政局，1988）。

許靜楊：〈中國齒爪盲蝽亞科系統學研究（半翅目：盲蝽科）〉（天津：南開大學博士論文，2008）。

郭正福、廖菲菲、彭觀地、余澤平、王錦華、王倩、丁冬蓀：〈中國夜蛾科二新記錄種及目夜蛾科大陸一新記錄種記述（鱗翅目）〉，《南方林業科學》，2018 年第 4 期，頁 67-69。

郭昆：中國扁蚜科的系統分類研究（同翅目：蚜總科）〉（西安：陝西師範大學碩士論文，2005）。

閆鳳鳴：《中國粉虱志》（河南：河南科學技術出版社，2017）。

陳一心、王保海、林大武：《西藏夜蛾志》（河南：河南科學技術出版社，2014）。

陳乃觀、陳璃、蔡莉斯、麥海莉、李美華、伍澤賡：《香港石珊瑚圖鑑》（香港：郊野公園之友會，天地圖書有限公司，2005）。

陳小華：〈中國金翅夜蛾亞科分類研究（鱗翅目：夜蛾科）〉（楊凌：西北農林科技大學碩士論文，2008）。

陳志華、黃家樑：《簡明香港歷史》（香港：明報出版社，1998）。

陳娜：〈中國薄翅野螟亞科和齒螟亞科分類學初步研究（鱗翅目：草螟科）〉（天津：南開大學碩士論文，2013）。

陳堅峰、張家盛、賀貞意、林峰毅、鄧詠詩、劉惠寧、鮑嘉天：《蛙蛙世界》（香港：郊野公園之友會，天地圖書有限公司，2005）。

陳堅峰、張家盛、賀貞意、林峰毅、鄧詠詩、謝萬里：《追蹤蛇影》（香港：郊野公園之友會，天地圖書有限公司，2006）。

陳祥盛、張爭光、常志敏：《中國瓢蠟蟬和短翅蠟蟬（半翅目：蠟蟬總科）》（貴州：貴州科技出版社，2014）。

陳萍、鄧禪娟：〈東莞古代鹽業沿海城鎮的興起〉，《鹽業史研究》，2010 年第 4 期，頁 59-67。

陳萍萍、Anderson, N. M.：〈中國電椿科昆蟲名錄（半翅目）〉，《林業科學》，1993 年第 3 期，頁 92-100。

麥永禮等編：《香港有毒植物圖鑑：臨床毒理學透視》（香港：醫院管理局毒理學參考化驗室，2018）。

喬格俠：《中國動物誌：昆蟲綱 第六十卷 半翅目扁蚜科和平翅蚜科》（北京：科學出版社，2017）。

彭凌飛、張雅林、王應倫：〈中國緣蛾蠟蟬屬分類與二新紀錄種（半翅目，蛾蠟蟬科）〉，《動物分類學報》，2009 年第 4 期，頁 878-884。

彭琪崇著，鈕柏燊譯：《香港礦物》（香港：市政局，1992）。

彭觀地、郭正福、王錦華、余澤平、丁冬田、韓輝林：〈江西發現鱗翅目大陸新記錄種 II（目夜蛾科、夜蛾科）〉，《南方林業科學》，2018 年第 5 期，頁 62-65。

曾令銘、紀力偉、何蔭達、周永權：《香港珊瑚礁普查指標無脊椎動物圖鑑》（香港：漁農自然護理署，香港中文大學及珊瑚礁普查基金，2020）。

曾憲鋒、莊雪影、劉全儒、唐光大、邱賀媛：《廣東東部植物區系與植物群落研究》（北京：科學出版社，2011）。

湯開建：〈宋代香港地區的鹽業生產及鹽的走私〉，《暨南學報（哲學社會科學版）》，1995 年第 2 期，頁 53-60。

項蘭斌：〈中國灰尺蛾亞科 11 屬系統分類學研究（鱗翅目：尺蛾科）〉（荊州：長江大學碩士論文，2018）。

黃志俊：《香港蜘蛛圖鑑》（香港：香港自然探索學會，2016）。

黃國華、譚濟才：〈中國冠潛蛾科一新記錄屬及一新記錄種〉，《昆蟲分類學報》，2009 年第 1 期，頁 58-61。

黃復生、朱世模、平正明、何秀松、李桂祥、高道蓉：《中國動物誌：昆蟲綱 第十七卷 等翅目》（北京：科學出版社，2000）。

楊平之：《高黎貢山蛾類圖鑑 昆蟲綱：鱗翅目（精）》（北京：科學出版社，2016）。

楊玉霞：〈中國豆芫菁屬 Epicauta 分類研究（鞘翅目：擬步甲總科：芫菁科）〉（保定：河北大學碩士論文，2007）。

楊定、劉星月：《中國動物誌：昆蟲綱 第五十一卷 廣翅目》（北京：科學出版社，2010）。

楊定、張婷婷：《中國水虻總誌》（北京：中國農業大學出版社，2013）。

楊星科、楊集昆、李文柱：《中國動物誌：昆蟲綱 第三十九卷 脈翅目 草蛉科》（北京：科學出版社，2005）。

楊琳琳：〈中國穀蛾科九亞科系統學研究（鱗翅目：谷蛾總科）〉（天津：南開大學博士論文，2013）。

楊潼：《中國動物誌：環節動物門：蛭綱》（北京：

科學出版社，1996）。

楊曉慶：〈中國舌甲族分類研究（鞘翅目：擬步甲科：菌甲亞科）〉（保定：河北大學碩士論文，2012）。

葉子林編著：《新界·舊事：遺跡、建築和風俗》（香港：萬里書店，2007）。

葉林豐：《香港方物志》（香港：中華書局，1958）。

董賽紅、任國棟：〈中國雲南爍甲屬分類研究及中國工新紀錄種（鞘翅目：擬步甲科：爍甲族）〉，《四川動物》，2017 年第 6 期，頁 697-701。

虞國躍：〈中國新記錄種—忍冬粉虱 Aleyrodes lonicerae Walker（半翅目：粉虱科）〉，《昆蟲學報》，2015 年第 12 期，頁 1368-1372。

詹志勇：《香港市區冠軍樹》（香港：臨時市政局，1998）。

詹志勇：《細説榕樹》（香港：郊野公園之友會，天地圖書有限公司，2005）。

詹志勇：《細説洋紫荊》（香港：郊野公園之友會，天地圖書有限公司，2006）。

詹金鈺：〈中國斑野螟亞科幼蟲比較形態學及系統發育分析（鱗翅目：草螟科）〉（楊凌：西北農林科技大學碩士論文，2022）。

詹肇泰編著：《香港跳蛛圖鑑：跳蛛·蠅虎·金絲貓》（香港：香港萬里機構出版，2007）。

賈鳳龍、吳武、蒲蟄龍：〈中國厚腹牙甲屬（Pachusternum Motschulsky）昆蟲〉，《中山大學學報：自然科學版》，1998 年第 1 期，頁 125-127。

賈鳳龍：〈中國梭腹牙甲屬二新紀錄種及黃緣梭腹牙甲一新異名〉，《昆蟲分類學報》，2002 年第 1 期，頁 76-77。

鄒思思：〈中國筒隱翅蟲亞科分類學（鞘翅目：隱翅蟲科）〉（北京：中國科學院動物研究所碩士論文，2013）。

鄔博穩：〈中國綿蚧科昆蟲的分類研究（半翅目：蚧次目）〉（北京：北京林業大學碩士論文，2019）。

嘉道理農場暨植物園：《嘉道理農場暨植物園的飛蛾—2020 年嘉道理農場暨植物園野生動物名錄附錄》（香港：嘉道理農場暨植物園，2020）。

圖力古爾主編：《蕈菌分類學》（北京：科學出版社，2018）。

廖玉麟：《中國動物志無脊椎動物第四十卷棘皮動物門蛇尾綱》（北京：科學出版社，2004）。

榮華：〈中國叢螟亞科分類學研究（鱗翅目：螟蛾總科：螟蛾科）〉（天津：南開大學博士論文，2017）。

趙仲苓：《中國動物誌：昆蟲綱 第三十卷 鱗翅目毒蛾科》（北京：科學技術出版社，2003）。

趙婷婷、吳俊、韓輝林：〈長鬚夜蛾亞科（鱗翅目：目夜蛾科）中國大陸 5 新記錄種的記述〉，《東北林業大學學報》2019 年第 7 期，頁 130—134。

趙暘：〈中國脈翅目褐蛉科的系統分類研究〉（北京：中國農業大學博士論文，2016）。

劉友樵、李廣武：《中國動物誌：昆蟲綱 第二十七卷 鱗翅目 卷蛾科》（北京：科學出版社，2002）。

劉文亮、嚴瑩：《常見海濱動物野外識別手冊》（重慶：重慶大學出版社，2018）。

劉自然：〈白緣葦野螟初步觀察〉，《昆蟲知識》，1984 年第 2 期，頁 69-70。

劉杉杉、董賽紅、任國棟：〈河北擬步甲多樣性組成與區系分析〉，《四川動物》，2015 年第 6 期，頁 903-909。

劉延濱：〈中國急流牙甲族的系統學研究〉（瀋陽：中國科學院瀋陽應用生態研究所博士論文，2007）。

劉南威、何廣才主編：《澳門自然地理》（廣州：廣東省地圖出版社，1992）。

劉紅霞：〈中國斑螟亞科（擬斑螟族、隱斑螟和斑螟亞族）分類學研究（鱗翅目：螟蛾科）〉（天津：南開大學博士論文，2014）。

劉淑蓉：〈中國祝蛾亞科分類學研究（鱗翅目：祝蛾科）〉（天津：南開大學博士論文，2014）。

劉紹基：《香港昆蟲名錄》（香港：漁農自然護理署，2019）。

劉騰騰：〈中國銀蛾科系統分類學及八仙山潛葉小蛾類生物學初步研究〉（天津：南開大學博士論文，2015）。

歐達敦（Atherton, M. J.）、潘納德（Burnett, A. D.）著，李作明譯：《香港岩石》（香港：市政局，1988）。

潘炯華、鍾麟、鄭慈英、伍漢霖、劉家照：《廣東淡水魚類誌》（中國：廣東科技出版社，1991）。

蔡平、孫江華、江佳富、Britton, O. K.、David, O.：〈中國葛藤葉蟬名錄及新種、新記錄描述（同翅目：葉蟬科）〉，《林業科學》，2001 年第 3 期，頁 92-100。

鄧晗嵩：〈貴州蛾蠟蟬科昆蟲分類學研究（半翅目：蠟蟬總科）〉（貴陽：貴州大學碩士論文，2009）。

鄧銘澤：《一菇一世界：菇菌趣味新知》（香港：天地圖書出版有限公司，2016）。

鄭發科：〈中國伊里隱翅蟲屬二新種（鞘翅目：隱翅蟲科，隱翅蟲亞科）〉，《昆蟲學報》，1993 年第 4 期，頁 490-492。

鄭發科、王振吉、劉志萍：〈中國頰脊隱翅蟲屬附點頰脊隱翅蟲亞屬三新種（鞘翅目：隱翅蟲科，隱翅蟲亞科）〉，《昆蟲分類學報》，2008 年第 4 期，頁 667-673。

鄭遠技 Yanna, "Biodiversity, ecology and taxonomy of saprobic fungi on palm fronds" (PhD thesis, University of Hong Kong, 2001).

盧文（Romer, J. D.）：《香港的一種毒蛇－紅脖遊蛇》（香港：市政局，1979）。

蕭國健：《香港古代史》（香港：中華書局，2006）。

賴亦德、陳俊宏：《台灣常見蚯蚓、蛭類圖鑑》（台灣：遠足文化，2018）。

錢碩楠：〈香港小蛾類昆蟲整理（除捲蛾總科和螟蛾總科）及中國弧蛀果蛾屬分類研究〉（天津：南開大學碩士論文，2018）。

駱永明、章海波、趙其國、黃銘洪：〈香港土壤研究 I：研究現狀與展望〉，《土壤學報》，2005 年 2 期，頁 314-322。

駱永明等：《香港地區土壤及其環境》（北京：科學出版社，2007）。

龍景昌：〈我很小，但我很堅強：無處不在的苔蘚〉，《就係香港》，2018 年試刊特別號，頁 202-215。

戴昌鳳、洪聖雯：《台灣珊瑚圖鑑》（台灣：貓頭鷹出版，2009）。

薛清泉：〈中國及周邊國家片角葉蟬亞科分類研究（半翅目：葉蟬科）〉（楊凌：西北農林科技大學碩士論文，2014）。

謝桐音：〈中國蠍蝽次目（Nepomorpha）系統學研究（半翅目：異翅亞目）〉（天津：南開大學博士論文，2015）。

謝桐音、劉國卿：《中國蠍蝽次目名錄（半翅目：異翅亞目）（II）》（天津：南開大學昆蟲學研究所，2013）。

韓紅香、薛大勇：《中國動物誌：昆蟲綱 第五十四卷 鱗翅目 尺蛾科 尺蛾亞科》（北京：科學出版社，2011）。

韓國章（Hodgkiss, I. J.）著，何孟恆譯：《香港淡水植物》（香港：市政局，1978）。

韓國章（Hodgkiss, I. J.）、李國仁：《香港海藻》（香港：市政局，1984）。

魏中華：〈中國潛吉丁屬分類學研究（鞘翅目：吉丁總科：窄吉丁亞科）〉（南充：西華師範大學碩士論文，2017）。

羅香林：《一八四二年以前之香港及其對外交通》（香港：中國學社，1959）。

羅強、陳祥盛、楊琳：〈中國額垠葉蟬屬的形態比較研究〉，《四川動物》，2017 年第 1 期，頁 75-81。

蘇子夏編著：《香港地理》（香港：商務印書館，1940）。

蘇美靈：《香港蕨類》（香港：市政局，1994）。

蘇偉賢、鄧麗君、蕭偉立：《香港地質：四億年的旅程》（香港：土木工程拓展署，2009）。

饒玖才：《香港方物古今》（香港：天地圖書有限公司，1999）。

顧雅綸（Griffiths, D. A.）著，何孟恆譯：《香港菌類》（香港：市政局，1978）。

顧雅綸（Griffiths, D. A.）：《香港禾草與莎草》（香港：市政局，1983）。

龔子同：《中國土壤系統分類》（北京：科學出版社，1999）。

Abbas, S., Nichol, J. E., Zhang, J. and Fischer, G. A., "The accumulation of species and recovery of species composition along a 70 year succession in a tropical secondary forest," *Ecological Indicators*, Vol.106 (2019): 105524.

Ades, Gary W. J., "New mammal family in Hong Kong," *Porcupine!*, Vol. 8/9 (1993): p.1.

Ades, Gary W. J., "New bat species for Hong Kong," *Porcupine!*, Vol.15 (1996): p.10.

Ades, Gary W. J., "The species composition, distribution, and population size of Hong Kong bats," *Memoris of the Hong Kong Natural History Society*, Vol.22 (1999): pp.183-209.

Ades, Gary W. J., *Bats of Hong Kong* (Hong Kong: World Wide Fund for Nature [HK], 1990).

Agriculture, Fisheries, and Conservation Department, "Scarabaeinae in Hong Kong: The First Record of Tribe Deltochilini, Genus *Panelus* and Three Species (*Panelus parvulus*, *Panelus tonkinensis* and *Onthophagus vigilans*), and the Updated Checklist," *Hong Kong Biodiversity,* Vol.26 (2020): pp.25-28.

Ahyong, S. T., Chu, K. H., Chan, T. Y. and Chen Q. C., "Stomatopoda of the Zhujiang Estuary between Hong Kong and Macau," *Crustaceana*, Vol.72, no.1 (1999): pp.37-54.

Alcock, A., "Materials for a carcinological fauna of India. No. 1. The Brachyura Oxyrhyncha," *Journal of the Asiatic Society of Bengal,* Vol.64 (1895): pp.157-291.

Alcock, A., "Materials for a carcinological fauna of India. No. 2. The Brachyura Oxystoma," *Journal of the Asiatic Society of Bengal,* Vol.65 (1896): pp.134-296.

Alcock, A., "Materials for a carcinological fauna of India. No. 3. The Brachyura Cyclometopa. Part I. The family Xanthidae," *Journal of the Asiatic Society of Bengal*, Vol.67, no.2 (1898): pp.67-233.

Alcock, A., "Materials for a carcinological fauna of India. No. 4. The Brachyura Cyclometopa. Part II. A revision of the Cyclometopa with an account of the families Portunidæ, Cancridæ and Corystidæ," *Journal of the Asiatic Society of Bengal*, Vol.68 (1899): pp.1-104.

Alcock, A., "Materials for a carcinological fauna of India. No. 5. The Brachyura Primigenia, or Dromiacea," *Journal of the Asiatic Society of Bengal*, Vol.68 (1900a): pp.123-169.

Alcock, A., "Materials for a carcinological fauna of India. No. 6. The Brachyura Catometopa, or Grapsoidea," *Journal of the Asiatic Society of Bengal*, Vol.69, no.2 (1900b):

pp.279-456.

Alcock, A., "A revision of the 'Genus' *Peneus* with diagnoses of some new species and varieties," *The Annals and Magazine of Natural History*, Vol.16 (1905): pp.508-532.

Alcock, A., *Catalogue of the Indian decapod Crustacea in the collection of the Indian Museum. Part II. Anomura. Fasciculus I. Pagurides* (Calcutta: Trustees of the Indian Museum, 1905).

Alcock, A., *Catalogue of the Indian decapod Crustacea in the collection of the Indian Museum. Part III. Macrura. Fasciculus I. The prawns of the Peneus group* (Calcutta: Trustees of the Indian Museum,1906).

Anderson, E. N., "The ethnoichthyology of the Hong Kong boat people" (PhD thesis, University of California, Berkley, 1967).

Ang, P., *Coral restoration in Tolo harbour and channel* (Hong Kong: The Chinese University of Hong Kong, 2018).

Anonymous, "Stop neglecting fungi," Nature Microbiology, Vol.2 (2017): 17120.

Aptroot, A. and Seaward, M. R. D., "Annotated checklist of Hong Kong Lichens," *Tropical Bryology*, Vol.17 (1999): pp.57-101.

Armbruster, C. E., Mobley, H. L. T. and Pearson, M. M., "Pathogenesis of Proteus mirabilis Infection," *EcoSal Plus*, Vol.8(1) (2018).

Ashraf, N., Kubat, R. C., Poplin, V., Adenis, A. A., Denning, D. W., Wright, L., McCotter, O., Schwartz, I. S., Jackson, B. R., Chiller, T. and Bahr, N. C., "Re-drawing the maps for endemic mycoses," *Mycopathologia*, Vol.185 (2020): pp.843-865.

Awoleye, O. A., *Weathering and iron oxide mineralogy of Hong Kong Granite* (Scotland: University of Glasgow, 1991).

Baker, D., "The Development of Fisheries Research in Hong Kong," *Hong Kong University Fisheries Journal*, No.1 (1954): pp.53-62.

Bakus, G. J., "Toxicity in holothurians: a geographical pattern," *Biotropica*, Vol.6 (1974): pp.229-236.

Balss, H., "Ostasiatische Decapoden I. Die Galatheiden und Paguriden," *Beitraege zur Naturgeschichte Ostasiens*, Vol.2, no.9 (1913): pp. 1-85.

Balss, H., "Ostasiatische Decapoden II. Die Natantia und Reptantia," Beiträge zur Naturgeschichte Ostasiens. Vol.2, no.10 (1914): pp.1-101, Plate 1.

Balss, H., "Ostasiatische Decapoden. III. Die Dromiaceen, Oxystomen und Parthenopiden," *Archiv für Naturgeschichte*, jahrg. 88, abt. A, hft. 3 (1922a): pp.104-140.

Balss, H., "Ostasiatische Decapoden. IV. Brachyrhynchen (Cancridea)," *Archiv für Naturgeschichte*, jahrg. 88, abt. A, hft. 11 (1922b): pp.94-166.

Balss, H., "Ostasiatische Decapoden. V. Die Oxyrhynchen und Schlussteil," *Archiv für Naturgeschichte*, jahrg. 90, abt. A, hft. 5 (1924): pp.20-84.

Bamber, R. N., "Peracarid crustaceans from Cape d'Aguilar and Hong Kong, I. Mysidacea, and Isopoda: Anthuridea," in *The Marine Flora and Fauna of Hong Kong and Southern China IV*, edited by B. Morton (Hong Kong: Hong Kong University Press, 1997), pp.77-86.

Bamber, R. N., "Peracarid crustaceans from Cape d'Aguilar and Hong Kong, II. Tanaidacea: Apseudomorpha," in *The Marine Flora and Fauna of Hong Kong and Southern China IV*, edited by B. Morton (Hong Kong: Hong Kong University Press, 1997), pp.87-102.

Bamber, R. N. and Bird, G. J., "Peracarid crustaceans from Cape d'Aguilar and Hong Kong, III. Tanaidacea: Tanaidomorpha," in *The Marine Flora and Fauna of Hong Kong and Southern China IV*, edited by B. Morton (Hong Kong: Hong Kong University Press, 1997), pp.103-142.

Banner, D. M. and Banner, A. H., "Annotated chcklist of alpheid and ogyridid shrimp from the Philippine Archipelago and the South China Sea," *Micronesica*, Vol.14, no.2 (1978):

pp.215-257.

Barber, A. H., Lu, D. and Pugno, N. M., "Extreme strength observed in limpet teeth," *Journal of the Royal Society Interface*, Vol.12 (2015): 20141326.

Barghoorn, E. S. and Linder, D. H., "Marine fungi: their taxonomy and biology," *Farlowia*, Vol.1 (1944): pp.395-467.

Barretto, G., Cribb, P. and Gale, S., *The wild orchids of Hong Kong* (Kota Kinabalu, Sabah, Malaysia: Natural History Publications Borneo Sdn. Bhd. in association with Kadoorie Farm and Botanic Garden Hong Kong, 2011).

Barthélémy, C., "Nest trapping, a simple method for gathering information on life histories of solitary bees and wasps. Bionomics of 21 species of solitary aculeate in Hong Kong," *Hong Kong Entomological Bulletin*, Vol.4, no.1 (2012): pp.3-37.

Barthélémy, C. and Olmi, M., "Checklist of Dryinidae and Sclerogibbidae (Hymenoptera, Chrysidoidea) from Hong Kong," *Zootaxa*, Vol.4615, no.3 (2019): pp.529-548.

Batty, A. L., Dixon, K. W., Brundrett, M. C., Sivasithamparam, K., "Orchid conservation and mycorrhizal associations," in *Microorganisms in plant conservation and biodiversity*, edited by K. Sivasithamparam, K. W. Dixon and R. L. Barrett (Dordrecht: Kluwer Academic Publishers, 2002), pp.195-226.

Beard, E. H. (eds.), *Colonial Geology and Mineral Resources: the quarterly bulletin of the Colonial Geological Surveys* (London: Her Majesty's Stationery Office, 1956), volume 6, part 4.

Bentham, G., *Flora Hongkongensis: a description of the flowering plants and ferns of the island of Hongkong* (London: Lovell Reeve, 1861).

Benton, M. J., Wilf, P. and Sauquet, H., "The Angiosperm Terrestrial Revolution and the origins of modern biodiversity," *New Phytologist*, Vol.233, no.5 (2022): pp.2017-

2035.

Bingham, B. L. and Burr, J., Wounded Head, H., "Causes and consequences of arm damage in the sea star *Leptasterias hexactis*," *Canadian Journal of Zoology*, Vol.78 (2000): pp.596-605.

Blackie, W. J., *The Kadoorie Agricultural Aid Association: Agricultural and Animal Husbandry Ventures: Second Report* (Hong Kong: Kadoorie Agricultural Aid Association, 1956).

Bocharova, E. S. and Kozevich, I. A., "Modes or reproduction in sea anemones (Cnidaria, Anthozoa)," *Biological Bulletin*, Vol.38 (2021): pp.849-860.

Bones, L., "The behaviour and ecology of the Hong Kong fiddler crabs, with special reference to *Uca lactea* and *Uca vocans*" (PhD thesis, University of Hong Kong, 1983).

Boring, A. M., "The Amphibia of Hong Kong Part I," *Hong Kong Naturalist*, Vol.5, no.1 (1934): pp.8-22.

Boring, A. M., "The Amphibia of Hong Kong Part II," *Hong Kong Naturalist*, Vol.5, no.2 (1934): pp.11-14.

Boring, A. M., "The Amphibia of Hong Kong Part III," *Hong Kong Naturalist*, Vol.7, no.1 (1936): pp.11-14.

Bowles, J. F. W., "Oxides," in *Encyclopedia of Geology (Second Edition)*, edited by David Alderton and Scott A. Elias (Amsterdam: Academic Press, 2021), pp.428-441.

Brady, G. S., "Les entomostraces de Hong Kong," In *Les Fonds de la Mer*, Eds. Folin, L. De, Perier, L., Vol.1, no.1 (1869): pp.155—159, pl. 16.

Bravo, H., Cheng, C. L. Y, Iannucci, A., Natali, C., Quadros, A., Rhodes, M., Yip, M. L., Cannicci, S., and Fratini, S., "A DNA barcode library for mangrove gastropods and crabs of Hong Kong and the Greater Bay Area reveals an unexpected faunal diversity associated with the intertidal forests of southern China," *BMC Ecology and Evolution*, Vol.21, no.1 (2021): pp.1-180.

Brouwer, S., Rivera-Hernandez, T. and Curren, B. F. et al, "Pathogenesis, epidemiology and control of Group A Streptococcus infection," *Nature Reviews Microbiology*, Vol.21 (2023): pp.431-447.

Bruce, A. J., "A new species of the genus *Linuparus* White, from the South China Sea (Crustacea Decapoda)," *Zoologische Mededelingen*, Vol.41, no.1 (1965): pp.1-13.

Bruce, A. J., "On a new species of *Nephrops* (Decapoda, Reptantia) from the South China Sea," *Crustaceana*, Vol.9, no.3 (1965): pp.274-284

Bruce, A. J., "*Nephrops sinensis* sp. nov., a new species of lobster from the South China Sea," *Crustaceana,* Vol.10, no.2 (1966): pp.155-166.

Bruce, N. L., "On a small collection of marine Isopoda from Hong Kong," in *First International Marine Biological Workshop: The Marine Flora and Fauna of Hong Kong and Southern China, Hong Kong, 1980*, edited by B. Morton and C. K. Cheng (Hong Kong: Hong Kong University Press, 1982), pp.315-324.

Bruce, N. L., "New records of isopod crustaceans (Flabellifera) from Hong Kong," in *Proceedings of the Second International Marine Biological Workshop: The Marine Fauna and Flora of Hong Kong, 1986*, edited by B. Morton (Hong Kong: Hong Kong University Press, 1990), pp. 549-554.

Bunker, S. G., Saunders, R. M. K. and Pang, C. C., *Portraits of Trees of Hong Kong and Southern China* (Hong Kong: Earnshaw Books, 2019).

Burrows, M. T., Harvey, R. and Robb, L., "Wave exposure indices from digital coastlines and the prediction of rocky shore community structure," *Marine Ecology Progress Series*, Vol.353 (2008): pp.1-12.

But, P. P. H., Li, M., Wan, M. S. M. and Chan, Y. M., "*Exacum paucisquamum* (CB Clarke) Klack. A New Record of Mycoheterotroph (Gentianaceae) to the Flora of Hong Kong," *Taiwania*, Vol.57, no.3 (2012): pp.300-304.

Byrne, M., "Evisceration behaviour and the seasonal incidence of evisceration in the holothurian *Eupentacta quinquesemita* (Selenka)," *Ophelia*, Vol.24 (1985): pp.75-90.

Byrne, M., "The life history of the gastropod *Thyonicola americana* Tikasingh, endoparasitic in a seasonally eviscerating holothurian host," *Ophelia*, Vol.24 (1985): pp.91-101.

Cai, L., Hyde, K. D. and Tsui, C. K. M., "Genera of freshwater fungi," *Fungal Diversity Research Series*, Vol.18 (2006): pp.1-261.

Calado, M. D. L. and Barata, M., "Salt marsh fungi," in *Marine Fungi and Fungal-like Organisms*, edited by E.B.G. Jones and K.L. Pang (Boston: De Gruyter, 2012), pp.345-381.

Candia Carnevali, M. D., "Regeneration in echinoderms: repair, regrowth, cloning," *Invertebrate Survival Journal*, Vol.3 (2006): pp.64-76.

Cannicci, S., Burrows, D., Fratini, S., Smith, T. J., Offenberg, J. and Dahdouh-Guebas, F., "Faunal impact on vegetation structure and ecosystem function in mangrove forests: a review," *Aquatic Botany*, Vol.89 (2008): pp.186-200.

Cannicci, S. and Ng, P. K. L., "A new species of micro-mangrove crab of the genus *Haberma* Ng & Schubart, 2002 (Crustacea, Brachyura, Sesarmidae) from Hong Kong," *Zookeys*, Vol.662 (2017): pp.67-78.

Cao, T. K. T. and Bae, Y. J., "Togoperla thinhi, a new stonefly from central Vietnam (Plecoptera: Perlidae)," *Animal cells and systems*, Vol.14, no.3 (2010): pp.221-224.

Capponi, M., Sureau, P. and Segretain, G., "Penicillose de *Rhizomys sinensis*," *Le Bulletin de la Société de Pathologie Exotique*, Vol.49 (1956): pp.418-421.

Carey, G. J., Chalmers, M.L., Diskin, D. A., Kennerley, P. R., Leader, P. J., Leven, M. R., Lewthwaite, R. W., Melville, D. S., Turnbull, M. and Young, L., *The Avifauna of Hong Kong* (Hong Kong: The Hong Kong Bird Watching Society, 2001).

Carrion, A. D. A., Hinsinger, D. D. and Strijk, J. S., "Genomics of the critically endangered monotypic genus Sinopora: the plastome of S. hongkongensis (Lauraceae)," *Mitochondrial DNA Part B*, Vol.5, no.1 (2020): pp.379-381.

Cassin, J., "Birds," In *Narrative of the Expedition of an American Squadron to the China Seas and Japan, under the command of Commodore M. C. Perry, United States Navy*, edited by F. L. Hawks, Vol 2 (1856): pp. 217-248.

Cassin, J., "Catalogue of Birds collected by the United States North Pacific Surveying and Exploring Expedition, in command of Captain John Rodgers, United States Navy, with notes and descriptions of new species," *Proceedings of the Academy of Natural Sciences of Philadelphia*, Vol. 14 (1862): pp. 312-328.

Cassis, G. and Namyatova, A. A., "Revision and phylogeny of the fern-inhabiting genus Felisacus Distant (Insecta, Heteroptera, Miridae, Bryocorinae)," *Bulletin of American Museum of Natural*, Vol.403(2016): pp.1-168.

Castro, V. S., Carvalho, R. C. T., Conte-Junior C. A. and Figueredo, E. E. S., "Shiga-toxin Producing Escherichia coli: Pathogenicity, Supershedding, Diagnostic Methods, Occurrence, and Foodborne Outbreaks," *Comprehensive reviews in food science and food safety*, Vol.16, no.6 (2017): pp.1269-1280.

Cha, M. W., Young, L. and Wong, K. M., "The future of traditional extensive (*gei wai*) shrimp farming at the Mai Po Marshes Nature Reserve, Hong Kong," *Hydrobiologia*, Vol.352 (1997): pp.295-303.

Cha, M. W., "A survey of mudflat gastropods in Deep Bay, Hong Kong," in *The Mangrove Ecosystem of Deep Bay and the Mai Po Marshes, Hong Kong*, edited by S. Y. Lee (Hong Kong: Hong Kong University Press, 1999), p.33-44.

Chan H. K., "Phylogeography and Cryptic Diversity of Occidozyga lima (gravenhorst 1829)" (MPhil thesis, University of Hong Kong, 2013).

Chan, A. L. K., Chan, K. K., Choi, C. L. S., McCorry, D., Lee, M. W. and Ang, P. O., *Field Guide to the Hard Corals of Hong Kong* (Hong Kong: Agriculture, Fisheries and Conservation Department, 2005).

Chan, B. K. K. and Williams. G. A., "The impact of physical stress and molluscan grazing on the settlement and recruitment of *Tetraclita* species (Cirripedia: Balanomorpha) on a tropical shore," *Journal of Experimental Marine Biology and Ecology*, Vol.284 (2003): pp.1-23.

Chan, B. K. K., Chan, K. K. Y. and Leung, P. C. M., "Burrow architecture of the ghost crab *Ocypode ceratophthalma* on a sandy shore in Hong Kong," *Hydrobiologia*, Vol.560, no.1 (2006): pp.43-49.

Chan, B. K. K., Morritt, D., De Pirro, M., Leung, K. M. Y. and Williams, G. A., "Summer mortality: effects on the distribution and abundance of the acorn barnacle *Tetraclita japonica* on tropical shores," *Marine Ecology Progress Series*, Vol.328 (2006): pp.195-204.

Chan, B. P. L., "Sustainability and Biodiversity: The Impact, Alternative Design and Prospects for Restoration of Channelized Lowland Streams in Hong Kong" (PhD thesis, University of Hong Kong, 2001).

Chan, C. K., Lam, H. C., Chiu, S. W., Tse, M. L. and Lau, F. L., "Mushroom poisoning in Hong Kong: a ten-year review," *Hong Kong Medical Journal*, Vol.22 (2016): pp.124-130.

Chan, H. M., "A survey of trace metals in *Perna viridis* (L.) (Bivalvia: Mytilacea) from the coastal waters of Hong Kong," *Asian Marine Biology*, Vol.5 (1988): pp.89-102.

Chan, K. W., "A Discussion on the Origin of Quartz-syenite in Cha Kwo Ling Kaolin Mine Site" (master's diss., University of Hong Kong, 2001).

Chan, K. and Millis, S., "The Search for New Aggregate Sources in Hong Kong," IAEG/AEG Annual Meeting Proceedings, San Francisco, California, Vol.3 (2018).

Chan, L. L., *Benthic habitat mapping in Tung*

Ping Chau marine park (Hong Kong: Agriculture, Fisheries and Conservation Department, The City University of Hong Kong, 2021).

Chan, S. K. F., Chan, A. S. W., Cheung, K. S., Ho, C. Y., Ng, C. K. Y. and Tang, W. S., "The Skinks of Hong Kong," *Hong Kong Biodiversity*, Vol.17 (2009): pp.1-13.

Chan, T. Y. and Chu, K. H., "Lobsters of Hong Kong," *Chinese Aquaculture (Taipei)*, Vol.466 (1991): pp.13-24.

Chan, W. Y., Law, K. M. and Vrijmoed, L. L. P., "A comparative study of qualitative sampling methods for the analysis of the indoor air molds," in Proceedings of ISIAQ 7th International Conference (Healthy Buildings), Singapore (2003), pp.679-684.

Chang, S. T. and Mao, X. L., *Hong Kong Mushrooms* (Hong Kong: The Chinese University Press, 1995).

Chao, C. T., Lee, S. Y., Yang, W. S., Chen, H. W., Fang, C. C., Yen, C. J., Chiang, C. K., Hung, K. Y. and Huang, J. W., "Viridans streptococci in peritoneal dialysis peritonitis: clinical courses and long-term outcomes," *Peritoneal dialysis international*, Vol.35, no.3 (2015): pp.333-341.

Chau, K. C. and Lo, W. K., "The pinus scrub community as an indicator of soil in Hong Kong," *Plant and Soil*, Vol.56 (1980): pp.243-254.

Chau, K. C. and Chan, W. Y., "Planter soil in Hong Kong: I Soil properties and characteristics," *Arboricultural Journal*, Vol.24 (2000): pp.59-74.

Chau, K. C. and Chan, W. Y., "Planter soil in Hong Kong: II Fluxes of nitrogen and phosphorous," *Arboricultural Journal*, Vol.24 (2000): pp.189-208.

Chau, K. L., "The ecology of fire in Hong Kong" (PhD thesis, University of Hong Kong, 1994).

Chau, K. W. and Jiang, Y. W., "3D numerical model for Pearl River Estuary," *Journal of Hydraulic Engineering*, Vol.127 (2001): pp.72-82.

Chau, L. K. C. and Corlett, R.T., "Fire and weather in Hong Kong," Proc. 12th Conference on Fire and Forest Meteorology, Georgia, Society of American Foresters, 1994: pp.442-452.

Chau, M. L., Chen, S. L., Yap, M., Hartantyo, S. H. P., Chiew, P. K. T., Fernandez, C. J., Wong, W. K., Fong, R. K., Tan, W. L., Tan, B. Z. Y., Ng, Y., Aung, K. T., Mehershahi, K. S., Goh, C., Kang, J. S. L., Barkham, T., Leong, A. O. K., Gutiérrez, R. A. and Ng, L. C., "Group B Streptococcus Infections Caused by Improper Sourcing and Handling of Fish for Raw Consumption, Singapore, 2015-2016," *Emerging Infectious Diseases*, Vol.23, no.12 (2017): pp.2002-2010.

Cheang, C. C., Lau, D. C. C., Ang, P. O. and Chow, W. K., "Feeding of *Luidia maculata* on bioeroding *Diadema setosum* in Hong Kong: possible diet shift for the starfish?," *Marine Biodiversity*, Vol.45 (2015): pp.607-608.

Chen, Q. C. and Zhang, S. Z., "The pelagic copepods of the South China Sea I," *Studia Marina Sinica,* Vol.9 (1974): pp.101-116, 8 pls.

Chen, Q. C. and Shen, C. J., "The pelagic copepods of the South China Sea II," *Studia Marina Sinica*, Vol.9 (1974): pp.125-137.

Chen, Q. C., "The pelagic copepods of the South China Sea. III," in *Contributions on Marine Biological Research of the South China Sea*, Eds. South China Sea Institute of Oceanography, Chinese Academy of Science (Beijing: Ocean Press, 1983), pp. 133-138.

Chen, T. B., Wong, J. W. C., Zhou, H. Y. and Wong, M. H., "Assessment of trace metal distribution and contamination in surface soils of Hong Kong," *Environmental Pollution*, Vol.96, no.1 (1997): 61-68.

Chen, Y., "On a small collection of Earthworms from Hong Kong with descriptions of some new species," *Bulletin of the Fan Memorial Institute of Biology*, Vol.6 (1935): pp.33-59.

Chen, Y., "The ecology and biology of

amphioxus in Hong Kong" (PhD thesis, City University of Hong Kong, 2007).

Cheng, J. and Wong, M. H., "Effects of earthworms on Zn fractionation in soils," *Biology and Fertility of Soils*, Vol.36, no.1 (2002), pp.72-78.

Cheng, V. C. C., Chan, J. F. W., Ngan, A. H. Y., To, K. K. W., Leung, S. Y., Tsoi, H. W., Yam, W. C., Tai, J. W. M., Wong, S. S. Y., Tse, H., Li, I. W. S., Lau, S. K. P., Woo, P. C. Y., Leung, A. Y. H., Lie, A. K. W., Liang, R. H. S., Que, T. L., Ho, P. L. and Yuen, K. Y., "Outbreak of intestinal infection due to *Rhizopus microspores*," *Journal of Clinical Microbiology*, Vol.47 (2009): pp.2834-2843.

Cheung, S. G., Ho, Y. Y. and Shin, P. K. S., "Clam harvesting on soft shores in Hong Kong - the extent of the activity and its ecological significance," in *Turning the tides: a festschrift in honour of Professor Brian Morton,* edited by P. K. S. Shin (Hong Kong: Marine Biological Association of Hong Kong, 2003), pp.255-267.

Cheung, S. M., "Ecology, Conservation and Trade of Freshwater Turtles in Hong Kong and Southern China, with particular reference to the Critically Endangered Cuora trifasciata," (PhD thesis, University of Hong Kong, 2007).

Cheung, T. S., "A key to the identification of Hong Kong penaeid prawns with comments on points of systematic interest," *Hong Kong University Fisheries Journal*, Vol.3(1960): pp.61-69.

Cheung, T. S., "The natural history of the commercial species of Hong Kong Pnaidae (Crustacea, Decapoda)," *The Annals and Magazine of Natural History*, Vol.13, no.6 (1963): pp.3, 401-433.

Cheung, W. W. L. and Sadovy, Y., "Retrospective evaluation of data-limited fisheries: a case from Hong Kong," *Reviews in Fish Biology and Fisheries*, Vol.14 (2004): pp.181-206.

Chiang, T. L., Wu, C. R. and Chao, S. Y., "Physical and geographical origins of the South China Sea Warm Current," *Journal of Geophysical Research*, Vol.113 (2008): C08028.

Chin, I. M., "Variation in *Monodonta labio* among different intertidal habitats in Hong Kong" (PhD thesis, University of Hong Kong, 2003).

Chiu, H. M. C., "Population dynamics of *Saccostrea cucullata* (Bivalvia: Ostreidae) from five shores in Hong Kong," *Asian Marine Biology*, Vol.15 (1998): pp.73-103.

Chiu, S. T., "*Anthocidaris crassispina* (Echinodermata: Echinoidea) grazing epibenthic macroalgae in Hong Kong," *Asian Marine Biology*, Vol.5 (1988): pp.123-132.

Chong, D. H. and Dudgeon, D., "Hong Kong fishes: an annotated checklist with remarks on conservation status," *Memoirs of the Hong Kong Natural History Society*, Vol.19 (1992): pp.79-112.

Chow, C. K., Wong, S. S. Y., Ho, A. C. W. and Lau, S. K. P., "Unilateral epistaxis after swimming in a stream," *Hong Kong Medical Journal*, Vol.11 (2005): pp.110-112.

Chow, P. K., Chan, W. Y. and Vrijmoed, L. L. P., "An investigation on the occurrence of fungi and bacteria in the MVAC system in an office premise," in Proceedings of the 10th International Conference on Indoor Air Quality and Climate (Indoor Air), Beijing, China (2005), pp.1096-1100.

Christenhusz, M., Zhang, X. C. and Schneider, H., "A linear sequence of extant families and genera of lycophytes and ferns," *Phytotaxa*, Vol.19 (2011): pp.7-54.

Chuang, S. H., "Sites of oxygen uptake in *Ochetostoma erythrogrammon* Leuckart & Rueppell (Echiuroidea)," *Biological Bulletin*, Vol.123 (1962): pp.86-93.

Chui, A. P. Y., Wong, M. C., Liu, S. H., Lee, G. W., Chan, S. W., Lau, P. L., Leung, S. M. and Ang, P., "Gametogenesis, Embryogenesis, and Fertilization Ecology of Platygyra acuta in Marginal Nonreefal Coral Communities in Hong Kong," *Journal of Marine Biology* (2014): pp.1-9.

Chung, M. K., Hu, R., Cheung, K. C. and Wong, M. H., "Pollutants in Hong Kong

Soils: Organochlorine Pesticides and Polychlorinated Biphenyls," *bioRxiv* (2000).

Chung, M. K., Hu, R., Cheung, K. C. and Wong, M. H., "Pollutants in Hong Kong soils: Polycyclic aromatic hydrocarbons," *Chemosphere (Oxford)*, Vol.67, no.3 (2007): pp.464-473.

Chung, M.K., Cheung, K.C. and Wong, M.H., "Pollutants in Hong Kong Soils: As, Cd, Cr, Cu, Hg, Pb and Zn," *bioRxiv* (2020).

Clark, E. G., Kanauchi, D., Kano, T., Aonuma, H., Briggs, D. E. G. and Ishiguro, A., "The function of the ophiuroid nerve ring: how a decentralized nervous system controls coordinated locomotion," *Journal of Experimental Biology*, Vol.222 (2019): jeb192104.

Clark, T. H., "The distribution of Aphermatypic corals at Cape D' Aguilar, Hong Kong," in *The Marine Flora and Fauna of Hong Kong and Southern China IV*, edited by B. Morton (Hong Kong: Hong Kong University Press, 1997), pp.219-233.

Clark, T. H., "The ecology of indigenous and transplanted corals in the Cape d' Aguilar Marine Reserve, Hong Kong" (PhD thesis, University of Hong Kong, 1997).

Clark, T. H., "A re-survey of the coral communities in the Cape 'Aguilar Marine Reserve, Hong Kong," in *The Marine Flora and Fauna of Hong Kong and Southern China V*, edited by B. Morton (Hong Kong: Hong Kong University Press, 2000), pp.341-250.

Coll, J. C., Bowden, B. F., Tapiolas, D. M. and Dunlap, W. C., "In situ isolation of allelochemicals released from soft corals (Coelenterata: Octocorallia): a totally submersible sampling apparatus," *Journal of Experimental Marine Biology and Ecology*, Vol.60 (1982): pp.293-299.

Collinson, P. R. J., "The ecology of a peripheral, subtropical coral community in Hong Hong" (PhD thesis, University of Hong Kong, 1997).

Condon, R. H., Graham, W. M., Duarte, C. M., Pitt, K. A., Lucas, C. H., Haddock, S. H., Sutherland, K. R., Robinson, K. L.,

Dawson, M. N., Decker, M. B. and Mills, C. E., "Questioning the rise of gelatinous zooplankton in the world's oceans," *BioScience*, Vol.62 (2012): pp.160-169.

Cope, M., "A Lithophyllon dominated coral community at Hoi Ha Wan, Hong Kong," in *First International Marine Biological Workshop: The Marine Flora and Fauna of Hong Kong and Southern China, Hong Kong, 1980*, edited by B. Morton and C. K. Cheng (Hong Kong: Hong Kong University Press, 1982), pp.587-594.

Corlett, R. T., "Reproductive phenology of Hong Kong shrubland," *Journal of Tropical Ecology*, Vol.9, no.4 (1993): pp.501-510.

Corlett, R. T., "Frugivory and seed dispersal by birds in Hong Kong shrubland," *Forktail*, Vol.13 (1998): pp.23-27.

Corlett, R. T., "Environmental forestry in Hong Kong: 1871-1997," *Forest ecology and management*, Vol.116, no.1-3 (1999): pp.93-105.

Corlett, R. T., "Environmental heterogeneity and species survival in degraded tropical landscapes," in *The ecological consequences of environmental heterogeneity*, edited by M. J. Hutchings, E. A. John and A. Stewart (Oxford: Blackwell Science, 2000), pp.333-355.

Corlett, R. T., Xing, F., Ng, S. C., Chau, K. C. and Wong, L. M. Y., "Hong Kong vascular plants: distribution and status," Memoirs of the Hong Kong Natural History Society, Vol.23 (2000): pp.1-157.

Corlett, R. T., "Seed dispersal in Hong Kong, China: past, present and possible futures," *Integrative zoology*, Vol.6, no.2 (2011): pp.97-109.

Corlett, R. T., *The Ecology of Tropical East Asia* (Oxford: Oxford University Press, 2014).

Cornish, A. S., "Fish assemblages associated with shallow, fringing coral communities in sub-tropical Hong Kong: species composition, spatial and temporal patterns" (PhD thesis, University of Hong Kong, 2000).

Costello, M. J., Tsai, P., Wong, P. S., Cheung,

A. K. L., Basher, Z. and Chaudhary, C., "Marine biogeographic realms and species endemicity," *Nature Communications*, Vol.8, no.1 (2017): 1057.

Cox, P. A. and Knox, R. B., "Two-dimensional pollination in hydrophilus plants: covergent evolution in the genera *Halodule* (Cymodoceaceae), *Halophila* (Hydrocharitaceae), *Ruppia* (Ruppiaceae), and *Lepilaena* (Zannichelliaceae)," *American Journal of Botany*, Vol.76 (1989): pp.164-175.

Crane, J., *Fiddler crabs of the world (Ocypodidae: genus Uca)* (New Jersey: Princeton University Press, 1975).

Crook, A. H. and Herklots, G.A.C., *The Hong Kong Naturalist. A quarterly illustrated journal principally for Hong Kong and South China,* Vol.1-10 (1930-1941).

Crothers, J. H., "On variation in *Nucella lapillus* (L.): shell shape in populations from Pembrokeshire, south Wales," *Journal of Molluscan Studies*, Vol.40 (1973): pp.319-327.

Crothers, J. H., "Variation in dog-whelk shells in relation to wave action and crab predation," *Biological Journal of the Linnean Society*, Vol.20 (1983): pp.85-102.

Dalisay, T. U., "Biodiversity of microfungi associated with species of Bambusa and Dendrocalamus" (PhD thesis, University of Hong Kong, 1998).

Das, S. K., Shah, S. K., Chakraborty, R., Das, A. and Mitra, B., "Diversity of Orthopteran insects and their role in Tea Agro-Ecosystem of West Bengal," *Records of the Zoological Survey of India*, Vol.120, no.4 (2021): pp.433â-444.

Davie, P. J. F., "A new species and new records of intertidal crabs (Crustacea: Brachyura) from Hong Kong," in *The Marine Flora and Fauna of Hong Kong and Southern China III. Proceedings of the Fourth International Marine Biological Workshop: The Marine Flora and Fauna of Hong Kong and Southern China, Hong Kong, 11—29 April 1989*, edited by B. Morton (Hong Kong: Hong Kong University Press, 1992), pp. 345-359.

Davis, S. G. and Snelgrove, A. K., "The geology of the Lin Ma Hang lead mine, New Territories, Hong Kong," *Mining Magazine*, Vol.94 (1956): pp.73-77.

Davis, S. G., "Tungsten mineralization in Hong Kong and the New Territories," *Economic Geology*, Vol.53 (1958): pp.481-488.

Davis, S. G., "Mineralogy and Genesis of the Wolframite Ore Deposits, Needle Hill Mine, New Territories, Hong Kong," *Economic Geology*, Vol.56 (1961): pp.1238-1249.

Davis, S. G., "Mineralogy of the Ma On Shan Iron Mine, Hong Kong," *Economic Geology*, Vol.56, no.3 (1961): pp.592-602.

Davis, S. G., "The Distribution and Occurrence of Tungsten Minerals in South China and Hong Kong," in Proceedings of the Symposium on Land Use and Mineral Deposits in Hong Kong, Southern China and Southeast Asia, edited by S. G. Davis (Hong Kong: Hong Kong University Press, 1964), pp.183-188.

de Boer, W. F., "Seagrass-sediment interactions, positive feedbacks and critical thresholds for occurrence: a review," *Hydrobiologia*, Vol.591 (2007): pp.5-24.

Debelius, H. and Kuiter, R. H., *Nudibranchs of the World* (Frankfurt: Ikan-Unterwasserarchiv, 2007).

Deutsch, C., Ferrel, A., Seibel, B., Portner, H. O. and Huey, R. B., "Climate change tightens a metabolic constraint on marine habitats," *Science*, Vol.348 (2015): pp.1132-1135.

Devan-Song, A., Martelli, P. and Karraker, N. E., "Reproductive Biology and Natural History of the White-lipped Pit Viper (Trimeresurus albolabris Gray, 1842) in Hong Kong", *Herpetological Conservation and Biology*, Vol.12 (2017): pp.41-55.

DiSalvo, A. F., Fickling, A. M. and Ajello, L., "Infection caused by *Penicillium marneffei*: description of first natural infection in man," *American Journal of Clinical*

香港志 — 自然 · 自然資源與生態

Pathology, Vol.60 (1973): pp.259-263.

Dixon, H. N., "Mosses of Hong Kong: with other Chinese mosses," Hong Kong Naturalist Supplement, Vol.2 (1933): pp.1-31.

Donaher, S. E., Baillie, C. J., Smith, C. S., Zhang, Y. S., Albright, A., Trackenberg, S. N., Wellman, E. H., Woodard, N. and Gittman, R. K.., "Bivalve facilitation mediates seagrass recovery from physical disturbance in a temperate estuary," *Ecosphere*, Vol.12 (2021): e03804.

Dong, Y. W. and Williams, G. A., "Variation in cardiac performance and heat shock protein expression to thermal stress in two differently zoned limpets on a tropical rocky shore," *Marine Biology*, Vol.158 (2011): pp.1223-1231.

Dong, Y. W., Liao, M. L., Meng, X. L. and Somero, G. N., "Structural flexibility and protein adaptation to temperature: molecular dynamics analysis of malate dehydrogenases of marine molluscs," *Proceedings of the National Academy of Science*, Vol.115 (2018): pp.1274-1279.

Dong, Z., "Chapter 8-Blooms of the moon jellyfish *Aurelia*: causes, consequences and controls," in *World Seas: An Environmental Evaluation Volume III: Ecological Issues and Environmental Impacts*, edited by C. Sheppard (Netherlands: Elsevier Ltd., 2019), pp.163-171.

Dong, Z., Liu, D. and Keesing, J. K., "Jellyfish blooms in China: dominant species, causes and consequences," *Marine Pollution Bulletin*, Vol.60 (2010): pp.954-963.

Douglas, A. E., "Coral bleaching-how and why?" *Marine Pollution Bulletin*, Vol.46 (2003): pp.385-392.

Dove, R. S. and Goodhart, H. J., "Field Notes on Local Bird Records," *Memoirs of the Hong Kong Biological Circle*, Vol.1 (1953): pp.1-4.

Dove, R. S. and Goodhart, H. J., "Field observations from the Colony of Hong Kong," *Ibis* (1955): pp.311-340.

Doyle, J. A. and Endress, P. K., "Morphological phylogenetic analysis of basal angiosperms: comparison and combination with molecular data," *International Journal of Plant Sciences*, Vol.161, no.S6 (2000): pp.S121-S153.

Drzewiecka, D., "Significance and Roles of Proteus spp. Bacteria in Natural Environments," *Microbial Ecology*, Vol.72, no.4 (2016): pp.741-758.

Dubois, P., "The skeleton of postmetamorphic echinoderms in a changing world," *The Biological Bulletin*, Vol.226 (2014): pp.223-236.

Dudgeon, D., "The influence of riparian vegetation on macroinvertebrate community structure in four Hong Kong streams," *Journal of Zoology*, Vol.216, no.4 (1988): pp.609-627.

Dudgeon, D. and Corlett, R., *Hills and Streams: an ecology of Hong Kong* (Hong Kong: Hong Kong University Press, 1994).

Dudgeon, D., "Life histories, secondary production and microdistribution of heptageniid mayflies (Ephemeroptera) in a tropical forest stream," *Journal of Zoology, London,* Vol.240 (1996): pp.341-361.

Dudgeon, D., "Clinging to the wreckage: unexpected persistence of freshwater biodiversity in a degraded tropical landscape," *Aquatic Conservation: Marine and Freshwater Ecosystems*, Vol.13 (2003): pp.93-97.

Dudgeon, D. and Corlett, R., *The Ecology and Biodiversity of Hong Kong* (Hong Kong: Joint Publishing (Hong Kong) Ltd., 2004).

Dudgeon, D. and Corlett, R., *The Ecology and Biodiversity of Hong Kong*, Revised Edition (Hong Kong: Lions Nature Education Foundation, Cosmos Books Limited, 2011).

Dumont, C. P., Lau, D. C. C., Astudillo, J. C., Fong, K. F., Chak, S. T. C. and Qiu, J. W., "Coral bioerosion by the sea urchin *Diadema setosum* in Hong Kong: susceptibility of different coral species," *Journal of Experimental Marine Biology and Ecology*, Vol.441 (2013): pp.71-79.

Dunn, S. T. and Tutcher, W. J., *Flora of*

Kwangtung and Hongkong (China) : Being an Account of the Flowering Plants, Ferns and Fern Allies Together with Keys for Their Determination (London: H. M. Stationery Off., printed by Darling, 1912).

Duprey, N. N., Yasuhara, M. and Baker, D. M.., "Reefs of tomorrow: eutrophication reduces coral biodiversity in an urbanized seascape," Global Change Biology, Vol.22 (2016): pp.3550-3565.

Duzgoren-Aydin, N., Aydin, A. and Malpas, J., "Re-assessment of chemical weathering indices: case study on pyroclastic rocks of Hong Kong," Engineering Geology, Vol.63, no.1 (2002): pp.99-119.

Duzgoren-Aydin, N. and Aydin, A., 2003, "Chemical heterogeneities of weathered igneous profiles: implications for chemical indices," Environmental & Engineering Geoscience, Vol. IX, no.4 (2003): pp.363-377.

Easton, E. R. and Leung, V., "Flora and fauna of the mangal in Macau," conference paper, Programme and Abstracts, Asia-Pacific Symposium on Mangrove Ecosystems, Hong Kong, 1-3 September, 1993.

Edmunds, M., Potts, G. W., Swinfen, R. C. and Waters, V. L., "Defensive behaviour of sea anemones in response to predation by the opisthobranch mollusc Aeolidia papillosa (L.)," Journal of the Marine Biological Association of the United Kingdom, Vol.56 (1976): pp.65-83.

Edwards, C. A. and Arancon, N. Q., Biology and Ecology of Earthworms (New York: Springer, 2022).

Elvin, M., The Retreat of the Elephants: An Environmental History of China (New Haven: Yale University Press, 2004).

England, K. W., "Certain Actiniaria (Cnidaria: Anthozoa) from Hong Kong with additional data on similar species from Aden, Bahrain and Singapore," in The Marine Flora and Fauna of Hong Kong and Southern China III. Proceedings of the Fourth International Marine Biological Workshop: The Marine Flora and Fauna of Hong Kong and Southern China, Hong Kong, 11-29 April 1989, edited by B. Morton (Hong Kong: Hong Kong University Press, 1992), pp.49-95.

Environmental Resources Management, Update of Terrestrial Habitat Mapping and Ranking Based on Conservation Value (Hong Kong: Sustainable Development Unit, 2008).

Etzel, R. A., Montana, E., Sorenson, W. G., Kullman, G. J., Allan, T. M. and Dearborn, D. G., "Acute pulmonary hemorrhage in infants associated with exposure to Stachybotrys atra and other fungi," Archives of Pediatrics & Adolescent Medicine, Vol.152 (1998): pp.757-762.

Fan, K. W., "Ecophysiology of mangrove thraustochytrids" (PhD thesis, University of Hong Kong, 2002).

Fan, K. W, Jiang, Y., Ho, L. T. and Chen, F., "Differentiation in fatty acid profiles in pigmented and nonpigmented Aurantiochytrium isolated from Hong Kong mangroves," Journal of Agricultural and Food Chemistry, Vol.57, no.14 (2009): pp.6334-6341.

Fellowes, J. R., Lau, M. W. N., Dudgeon, D., Reels, G. T., Ades, G. W. J., Carey, G. J., Chan, B. P. L., Kendrick, R. C., Lee, K. S., Leven, M. R., Wilson, K. D. P. and Yu, Y. T., "Wild animals to watch: terrestrial and freshwater fauna of conservation concern in Hong Kong," Memoirs of the Hong Kong Natural History Society, Vol.25 (2002): pp.123-159.

Flammang, P., Santos, R. and Haesaerts, D., "Echinoderm adhesive secretions: from experimental characterization to biotechnological application," Molecular and Subcellular Biology, Vol.39 (2004): pp.201-220.

Fleming, D. K., "World container port rankings," Maritime Policy & Management, Vol.24 (1997): pp.175-181.

Fong, T. C. W., "Some aspects of the ecology of the seagrass Zostera japonica in Hong

Kong" (MPhil thesis, University of Hong Kong, 1998).

Fong, T. C. W., "Distribution of Hong Kong seagrasses," *Porcupine!*, Vol.18 (1998): pp.10-12.

Fong, T. C. W., "Habitat preservation or transplantation: which is better for Hong Kong seagrass conservation?," *Porcupine!*, Vol.20 (1999): pp.12-14.

Forest, F., Moat, J., Baloch, E., Brummitt, N. A., Bachman, S. P., Ickert-Bond, S. and Buerki, S., "Gymnosperms on the EDGE," *Scientific reports*, Vol.8, no. 1 (2018): 6053.

Fossette, S., Gleiss, A. C., Chalumeau, J., Bastian, T., Armstrong, C. D., Vandenabeele, S., Karpytchev, M. and Hays, G. C., "Current-oriented swimming by jellyfish and its role in bloom maintenance," *Current Biology*, Vol.25 (2015): pp.342-347.

Foster, B. A., "Shallow water barnacles from Hong Kong," in *First International Marine Biological Workshop: The Marine Flora and Fauna of Hong Kong and Southern China, Hong Kong, 1980*, edited by B. Morton and C. K. Cheng (Hong Kong: Hong Kong University Press, 1982), pp.207-232.

Fratini, S., Vannini, M., Cannicci, S. and Schubart, C. D., "Tree-climbing mangrove crabs: a case of convergent evolution," *Evolutionary Ecology Research*, Vol.7 (2005): pp.219-233.

Fredlund, D.G., "Slope Stability Analysis Incorporating the Effect of Soil Suction," in *Slope Stability* edited by M. G. Anderson and K. S. Richards (Wiley: Chichester, 1987), pp.128-144.

Fredrickson, J. K. and Gorby, Y. A., "Environmental processes mediated by iron-reducing bacteria," *Current opinion in biotechnology*, Vol.7, no.3 (1996): pp.287-294.

Fröhlich, J., "Biodiversity of microfungi associated with palms in the tropics" (PhD thesis, University of Hong Kong, 1997).

Fröhlich, J. and Hyde, K. D., "Biodiversity of palm fungi in the tropics: are global fungal diversity estimates realistic?" *Biodiversity & Conservation*, Vol.8 (1999): pp.977-1004.

Fröhlich, J. and Hyde, K. D., *Palm microfungi* (Hong Kong: Fungal Diversity Press, 2000).

Frölicher, T. L., Fischer, E. M. and Gruber, N., "Marine heatwaves under global warming," *Nature*, Vol.560 (2018): pp.360-364.

Fu, W. K. V., Karraker, N. E. and Dudgeon, D., "Breeding Dynamics, diet, and body condition of the Hong Kong Newt (Paramesotriton hongkongensis)," *Herpetological Monographs*, Vol. 27 (2013): pp.1—22.

Fyfe, J. A., Selby, I. C., Shaw, R., James, J. W. C. and Evans, C. D. R., "Quaternary sea-level change on the continental shelf of Hong Kong," *Journal of the Geological Society, London*, Vol.154 (1997): pp.1031-1038.

Gale, S. W., Kumar, P., Hu, A. Q. and Pang, K. S., "*Cheirostylis pusilla* (Orchidaceae), a new record for Hong Kong," *Kew Bulletin*, Vol.68, no.2 (2013): pp.325-330.

Gale, S. W., Yeung, W. K., Ho, N., Chan, C. S. and Kumar, P., "Four new additions and a taxonomic amendment to the orchid flora of Hong Kong," *Taiwania*, Vol.65 (2020): pp.575-587.

García-Solache, M. and Rice, L. B., "The Enterococcus: a Model of Adaptability to Its Environment," *Clinical microbiology reviews*, Vol.32, no.2 (2019).

Ge, M., Xu, Q., Fan, S., Wang, Z. and Zhang, X., "Taxonomy at order and family levels of the benthic groups of Polychaeta in the coastal waters of China," *Biodiversity Science*, Vol.26, no.9 (2018): pp.998-1003.

George, E. E., Mullinix, J. A., Meng, F., Bailey, B. A., Edwards, C., Felts, B., Haas, A. F., Hartmann, A. C., Mueller, B., Roach, T. N. F., Salamon, P., Silveira, C., Vermeij, M. J. A., Rohwer, F. and Luque, A., "Space-filling and benthic competition on coral reefs," *Aquatic Biology*, Vol.9 (2021): e11213.

George, R. W., "The distribution and evolution of the ghost crabs (Ocypode spp.) of Hong Kong with a description of a new species," in *First International Marine Biological Workshop: The Marine Flora and Fauna of Hong Kong and Southern China, Hong Kong, 1980*, edited by B. Morton, and C. K. Cheng (Hong Kong: Hong Kong University Press, 1982), pp.185-194.

Goh, T. K. and Yip, M. W., "In vivo and in vitro studies of three new species of *Trimmatostroma* associated with sooty spots of the mangrove *Aegiceras corniculatum* in Hong Kong," *Mycological Research*, Vol.100 (1996): pp.1489-1497.

Goh, T. K. and Tsui, C. K. M., "Key to common dematiaceous hyphomycetes from freshwater," in *Freshwater mycology*, edited by K. D. Hyde and C. K. M. Tsui (Hong Kong: Fungal Diversity Press, 2003), pp.325-343.

Goodkin, N. F., Switzer, A. D., McCorry, D., DeVantier, L., True, J. D., Hughen, K. A., Angeline, N. and Yang, T. T., "Coral communities of Hong Kong: long-lived corals in a marginal reef environment," *Marine Ecology Progress Series*, Vol.426 (2011): pp.185-196.

Goodyer, N. J., "Notes on the land mammals of Hong Kong," *Memoirs of the Hong Kong Natural History Society*, Vol.19 (1992): pp.71-78.

Gordon, I., "Seven new species of brachyuran from the coasts of China," *Annals and Magazine of Natural History*, series 10, Vol.6, issue 34 (1930): pp.519-525.

Gordon, I., "Brachyura from the coasts of China," *Zoology Journal of the Linnean Society of London*, Vol.37, issue 254 (1931): pp.525-558.

Grant, C. J., *The Soils and Agriculture of Hong Kong* (Hong Kong: Hong Kong Government Press, 1963).

Grant, C. J., "Soil problems affecting fish farming in Hong Kong," *Agriculture Science Hong Kong*, Vol.1 (1969): pp.75-87.

Griffiths, J., Dethier, M. N., Newsom, A., Byers, J. E., Meyer, J. J., Oyarzun, F. and Lenihan, H., "Invertebrate community responses to recreational clam digging," *Marine Biology*, Vol.149 (2006): pp.1489-1497.

Guberman, D. E., "Mineral Resource of the Month: Lead," *Earth*, Vol.55, no.11 (2018).

Guenard, B. and Dunn, R. R., "A checklist of the ants of China," *Zootaxa*, Vol.3558 (2012): pp.1-77.

Guo, Y. M., Kim, J. S., Kwan, H. S. and Chung, H. Y., "Partially purified mushroom exudates induce apoptosis in acute promyelocytic leukemia cell line (HL-60)," *Journal of Medicinal Plant Research*, Vol.7 (2013): pp.223-229.

Gupta, S. K. and Chandra, K., "An annotated check-list of Orthoptera (Insecta) from Jammu & Kashmir, India," *Munis Entomology and Zoology*, Vol.13, no.2 (2018): pp.632-646.

Gusmão, L. C. and Daly, M., "Evolution of sea anemones (Cnidaria: Actiniaria: Hormathiidae) symbiotic with hermit crabs," *Molecular Phylogenetics and Evolution*, Vol.56 (2010): pp.868-877.

Hadley, G. E., "Orchid mycorrhiza," in *Orchid Biology: Reviews and Perspectives II*, edited by J. Arditti (Comstock: Cornell University Press, 1982), pp.85-115.

Halder, S. K., *Introduction to Mineralogy and Petrology (Second Edition)* (Amsterdam: Alsevier, 2020).

Hamel, J. F. and Mercier, A., "Cuvierian tubules in tropical holothurians: usefulness and efficiency as a defence mechanism," *Marine and Freshwater Behaviour and Physiology*, Vol.33 (2000): pp.115-139.

Hance, H. F., "Flora Hongkongensis Supplementum. A compendious Supplement to Mr. Bentham's Description of the Plants of the Island of Hongkong," *Botanical Journal of the Linnean Society*, Vol.13, no.66 (1872): pp.95-144.

Hance, H. F., "Florae Hongkongensis: A compendious supplement to Mr. Bentham's description of the plants of the island of Hong Kong," *Journal of the Linnean Society*, Vol.13 (1872): pp.7-59.

Harper, E. and Morton, B., "Muricid predation upon an under-boulder community of epibyssate bivalves in the Cape D'Aguilar marine reserve, Hong Kong," in *The Marine Flora and Fauna of Hong Kong and Southern China IV,* edited by B. Morton (Hong Kong: Hong Kong University Press, 1997), pp.263-284.

Harrison, P. J., Yin, K., Lee, J. H. W., Gan, J. and Liu, H., "Physical-biological coupling in the Pearl River Estuary," *Continental Shelf Research*, Vol.28 (2008): pp.1405-1415.

Hassett, D. J. et al, "Anaerobic metabolism and quorum sensing by Pseudomonas aeruginosa biofilms in chronically infected cystic fibrosis airways: rethinking antibiotic treatment strategies and drug targets," *Advanced Drug Delivery Reviews*, Vol.54, no.11 (2002): pp.1425-1443.

Hau, B. C. and Corlett, R. T., "A survey of trees and shrubs on degraded hillsides in Hong Kong," *Memoirs of the Hong Kong Natural History Society*, Vol.25, no.2 (2002): pp.83-94.

Hawksworth, D. L. and Lücking, R., "Fungal Diversity Revisited: 2.2 to 3.8 Million Species," *Microbiology Spectrum*, Vol.5, no.4 (2017).

Hayes, J., "Hong Kong island before 1841," *Journal of the Hong Kong Branch of the Royal Asiatic Society*, Vol.24 (1984): pp.105-142.

Hazan, Z., Zumeris, J., Jacob, H., Raskin, H., Kratysh, G., Vishnia, M., Dror, N., Barliya, T., Mandel, M. and Lavie, G., "Effective prevention of microbial biofilm formation on medical devices by low-energy surface acoustic waves," *Antimicrobial Agents and Chemotherapy*, Vol.50, no.12 (2006): pp.4144-4152.

He, Z. Q., "A checklist of Chinese crickets (Orthoptera: Gryllidea)," *Zootaxa*, Vol.4369, no.4 (2018): pp.515-535.

Heck, K. L., Nadeau, D. A. and Thomas, R., "The nursery role of seagrass beds," *Gulf of Mexico Science*, Vol.15 (1997): pp.50-54.

Heding, S., "On some holothurians from Hong Kong," *The Hong Kong Naturalist*, Vol. Supplement, no.3 (1934): pp.15-25.

Hellström, M. and Benzie, J. A. H., "Robustness of size measurement in soft corals," *Coral Reefs*, Vol.30 (2011): pp.787-790.

Hencher, S. R. and Malone, A. W., "Hong Kong landslides," In *Landslides* (London: Cambridge University Press, 2012), pp.373-382.

Henry W. F., "A Synopsis of the Fishes of China" (paper series), in *The Hong Kong naturalist: a quarterly illustrated journal principally for Hong Kong and South China* (Hong Kong: Newspaper Enterprise, from Vol.1, no.1 [1930] to Vol.10, no.3-4 [1941]).

Herklots, G. A. C., "Tigress at Tai Po," *The Hong Kong Naturalist*, Vol.1 (1930): pp.41.

Herklots, G. A. C., "Orchidaceae of Hong Kong, Part IV," *The Hong Kong Naturalist*, Vol.2, no.1 (1931): pp.30-36.

Herklots, G. A. C., "The Flowering Shrubs and Trees of Hong Kong," *The Hong Kong Naturalist*, Vol.3, no.1 (1932): pp.16-31.

Herklots, G. A. C., "Felis pardus, the Leopard," *The Hong Kong Naturalist*, Vol.3, no.1 (1932): pp.68-69.

Herklots, G. A. C., "The South-China Fox, Vulpes v. hoole Swinhoe," *The Hong Kong Naturalist*, Vol.5, no.1 (1934): pp.71-73.

Herklots, G. A. C., "Civet cats of Hong Kong," *The Hong Kong Naturalist*, Vol.5, no.2 (1934): pp.91-94.

Herklots, G. A. C., "The Chinese Small Spotted Tiger-cat," *The Hong Kong Naturalist*, Vol.10, no.2 (1940): pp.128-130.

Herklots, G. A. C., "The mammals of Hong Kong" in *The Hong Kong Countryside* (Hong Kong: The South China Morning Post, Ltd., 1951), pp.81-94.

Herklots, G. A. C, *The Hong Kong Countryside* (Hong Kong: South China Morning Post Ltd., 1951).

Herklots, G. A. C., *Hong Kong Birds* (Hong Kong: South China Morning Post, 1953).

Heshiki, Y., Dissanayake, T., Zheng, T., Kang, K., Ni, Y., Xu, Z., Sarkar, C., Woo, P. C. Y., Chow, B. K. C., Baker, D., Yan, A., Webster, C. J., Panagiotou, G. and Li, J., "Toward a Metagenomic Understanding on the Bacterial Composition and Resistome in Hong Kong Banknotes," *Frontiers in Microbiology*, Vol.8 (2017): pp.1-12.

Hill, D. S., Gott, B., Morton, B. and Hodgkiss, J., *Hong Kong Ecological Habitats: Flora & Fauna* (Hong Kong: Department of Zoology, University of Hong Kong, 1978).

Hill, D. S. and Phillipps, K., *A Colour Guide to Hong Kong Animals* (Hong Kong: Government Printer, 1981).

Hill, D. S., Hore, P. and Thornton, I. W., *Insects of Hong Kong* (Hong Kong: University Press, 1982).

Hirayama, A., "Marine gammaridean Amphipoda (Crustacea) from Hong Kong. I. The family Corophiidae, genus *Corophium*," in *Proceedings of the Second International Marine Biological Workshop: The Marine Fauna and Flora of Hong Kong, 1986*, edited by B. Morton (Hong Kong: Hong Kong University Press, 1990), pp. 449-485.

Hirayama, A., "Marine gammaridean Amphipoda (Crustacea) from Hong Kong. II. The family Dexaminidae," in *Proceedings of the Second International Marine Biological Workshop: The Marine Fauna and Flora of Hong Kong, 1986*, edited by B. Morton (Hong Kong: Hong Kong University Press, 1990), pp. 487-501.

Ho, A. Y. T., Xu, J., Yin, K., Jiang, Y., Yuan, X., He, L., Anderson, D. M., Lee, J. H. W. and Harrison, P. J., "Phytoplankton biomass and production in subtropical Hong Kong waters: influence of the Pearl River outflow," *Estuaries and Coasts*, Vol.33 (2010): pp.170-181.

Ho, C. Y., "The ecology of exotic squirrels (Sciuridae) in Hong Kong, with special reference to *Callosciurus erythraeus thai* (Kloss)" (master's thesis, University of Hong Kong, 1994).

Ho, G. W. C., "Contribution to the knowledge of Oriental Phasmatodea I: A taxonomic study of the genus Parasinophasma (Phasmatodea: Necrosciinae)," *Journal of Orthoptera Research*, Vol.26, no.2 (2017): pp.181-194.

Ho, G. W. C., "First Record of Neososibia brevispina Chen & He, 2000 from Hong Kong (Phasmida: Diapheromeridae: Necrosciinae)," *Bulletin of Hong Kong Entomological Society*, Vol.9, no.2 (2017): pp.9-11.

Ho, K. K. S., et al., "Enhancing slope safety preparedness for extreme rainfall and potential climate change impacts in Hong Kong," *Slope Safety Preparedness for Impact of Climate Change* (Leiden: CRC Press, 2017), pp.105-150.

Ho, K. K. Y., Zhou, G. J., Xu, E. G. B., Wang, X. and Leung, K. M. Y., "Long-term spatio-temporal trends of organotin contaminations in the marine environment of Hong Kong," *PLoS ONE*, Vol.11 (2016): e0155632.

Ho, W. C., "Biological notes on Challia hongkongensis Ho & Nishikawa (Dermaptera: Pygidicranidae: Challinae)", *Hong Kong Entomological Bulletin*, Vol. 2, no. 2 (2010): pp.37-38.

Hodgkiss, I. J. and Morton, B., "*Halophila beccarii* Ascherson (Hydrocharitaceae) - a new record for Hong Kong, with notes on other *Halophila* species," *Memoirs of the Hong Kong Natural History Society*, Vol.13 (1978): pp.28-32.

Hodgkiss, I. J. and Morton, B., "*Zostera nana* Roth. (Potamogetonaceae) - a new record for Hong Kong," *Memoirs of the Hong Kong Natural History Society*, Vol.13 (1978): pp.23-27.

Hodgkiss, I. J. and Yim, W. W. S., "A case study of Tolo Habour, Hong Kong," in *Eutrophic shallow estuaries and lagoons*, edited by A. J. McComb (Baton Rouge: CRC Press, 1995), pp.41-57.

Hollander, J.and Butlin, R. K., "The adaptive value of phenotypic plasticity in two ecotypes of a marine gastropod," *BMC Evolutionary Biology*, Vol.10 (2010): 333.

Holthuis, L. B., "Biological results of the Snellius Expedition XIV. The Decapoda Macrura of the Snellius Expedition. I. The Stenopodidae, Nephropsidae, Scyllaridae and Palinuridae," *Temminckia*, Vol.7 (1946): pp.1-178, Plates 1-11.

Hoover H.C., "Stoping," in *Principles of Mining: Valuation, Organization and Administration* (New York: McGraw-Hill Book Co., 1909).

Hou, H. Y., "Vegetation of China With Reference to Its Geographical Distribution," *Annals of the Missouri Botanical Garden*, Vol.70, no.3 (1983): pp.509-549.

Hu, A. Q., Gale, S. W., Kumar, P., Fischer, G. and Pang, K. S., "Taxonomic notes on *Didymoplexiella siamensis* and *Gastrodia peichatieniana*, two fully mycoheterotrophic orchids new to the flora of Hong Kong," *Annales Botanici Fennici*, Vol.51 (2014): pp.177-184.

Hu, C. H., Chao, K. J. and Song, G. Z., "A comparative multi-year study of crab-eating mongoose (*Herpestes urva*) behavior in the lowland forests of south and north Taiwan by infrared automatic camera", *Quarterly Journal of Chinese Forestry*, Vol.51, no.1 (2018): pp.53-67.

Hu, D. M., Liu, F. and Cai, L., "Biodiversity of aquatic fungi in China," *Mycology*, Vol.4 (2013): pp.125-168.

Hu, Q. M., Xia, N. H., Wu, D. L., Xing, F. W., Patrick, C. C. L. and Yip, K. L., *Rare and Precious Plants of Hong Kong* (Hong Kong: Agriculture, Fisheries and Conservation Department, 2003).

Hu, S. Y., *The Genera of Orchidaceae in Hong Kong* (Hong Kong: Chinese University Press, 1977).

Huang, B., Banzon, V. F., Freeman, E., Lawrimore, J., Liu, W., Peterson, T. C., Smith, T. M., Thorne, P. W., Woodruff, S. D. and Zhang, H. M., "Extended reonstructed sea surface temperature version 4 (ERSST.v4). Part I: updrages and intercomparisons," *Journal of Climate*, Vol.28 (2015): pp.911-930.

Huang, Q., "Hong Kong's horseshoe crab," *Porcupine!*, Vol.16 (1997): pp.17-18.

Huang, R., "Spatial variation in *Cellana grata* populations: the interplay of population dynamics and food availability" (PhD thesis, University of Hong Kong, 2001).

Hui, S. F., Ho, H.F., Chan, W. W., Chan, K. W., Lo, W. C. and Cheng, K. W. E., "Floating solar cell power generation, power flow design and its connection and distribution," in *2017 7th International Conference on Power Electronics Systems and Applications - Smart Mobility, Power Transfer & Security (PESA)*, IEEE (2017), pp.1-4.

Hui, S. S. F., "Mining of Wolframite Deposit of Needle Hill Mine, Hong Kong," in *Tours Guidebook: Summary Accounts of Mines, Plants and Other Operations Visited on the Occasion of the Eleventh Commonwealth Mining and Metallurgical Congress, Hong Kong ,1978*, edited by M. J. Jones and R. Oblatt (London: Institution of Mining and Metallurgy Special Publication, 1978), pp.1-12.

Hui, T. Y., "Behavioural ecology of the sand-bubbler crab Scopimera intermedia Balss, 1934 in Hong Kong" (PhD thesis, University of Hong Kong, 2017).

Hui, T. Y. and Wong, K. J. H., "Tropical sand-bubblers heading north? First discovery of *Scopimera curtelsona* Shen, 1936 (Crustacea: Decapoda: Dotillidae) populations in Hong Kong: possible range expansion from Hainan, China," *Zootaxa*, Vol.4652, no.3 (2019): pp.520-532.

Hui, T. Y. and Williams, G. A., "Spatio-temporal variation of sediment properties reveals missing trophic links for deposit-feeding crabs in sandy shore food webs," *Marine Ecology Progress Series*, Vol.654 (2020): pp.79-92.

Hutchings, P. A., "Terebellidae (Polychaeta) from the Hong Kong region," in *The Marine Flora and Fauna of Hong Kong and Southern*

China II, edited by B. Morton (Hong Kong: Hong Kong University Press, 1990), p.377-412.

Hutchinson, N. and Williams, G. A., "Disturbance and subsequent recovery of mid-shore assemblages on seasonal, tropical, rocky shores," *Marine Ecology Progress Series,* Vol.249 (2003): pp.25-38.

Hwang, J. S. and Wong, C. K., "The China Coastal Current as a driving force for transporting Calanus sinicus (Copepoda: Calanoida) from its population centers to waters off Taiwan and Hong Kong during the winter northeast monsoon period," *Journal of Plankton Research,* Vol.27, no.2 (2005): pp.205-210.

Hyde, K.D., Fröhlich, J. and Taylor, J., "Diversity of ascomycetes on palms in the tropics," in *Biodiversity of Tropical Microfungi,* edited by K. D. Hyde (Hong Kong: Hong Kong University Press, 1997), pp.141—156.

Hyde, K. D., Zhou, D. Q. and Dalisay, T., "Bambusicolous fungi: A review," *Fungal Diversity* Vol.9 (2002): pp.1-14.

Hyde, K. D., Al-Hatmi, A., Andersen, B., Boekhout, T., Buzina, W., Dawson, T. L., Eastwood, D. C., Jones, E. B., de Hoog, S., Kang, Y. and Longcore, J. E., "The world's ten most feared fungi," *Fungal Diversity,* Vol.93 (2018): pp.161-194.

Iacarella, J. C. and Helmuth, B., "Body temperature and desiccation constrain the activity of *Littoraria irrorata* within the *Spartina alterniflora* canopy," *Journal of Thermal Biology,* Vol.37 (2012): pp.15-22.

Icely, J. and Jones, D., "Factors affecting the distribution of the genus Uca (Crustacea: Ocypodidae) on an East African shore," *Estuarine and Coastal Marine Science,* Vol.6, no.3 (1978): pp.315-325.

Ip, K. L., "Victoria harbour, western harbour and north Lantau waters," in *Coastal infrastructure development in Hong Kong a review: proceedings of the Symposium on Hydraulics of Hong Kong Waters held in Hong Kong on 28-29 November 1995,* edited by Civil Engineering Office of Civil Engineering Department (Hong Kong: Hong Kong Government, 1995), pp.33-66.

Ip, K. L., "Victoria harbour, western harbour and north Lantau waters," in *Coastal infrastructure development in Hong Kong: a review,* edited by Civil Engineering Office of Civil Engineering Department (Hong Kong: Hong Kong Government, 1996), pp.33-66.

Iwatsuki, Z., "Critical re-examination of the Asiatic mosses reported by Sullivant and Lesquereux in 1857 and 1859," *Journal of the Hattori Botanical Laboratory,* Vol.29 (1966): pp.53-69.

Jacquemyn, H., Honnay, O., Cammue, B. P., Brys, R. and Lievens, B., "Low specificity and nested subset structure characterize mycorrhizal associations in five closely related species of the genus *Orchis,*" *Molecular Ecology,* Vol.19 (2010): pp.4086-4095.

Javed, S., Li, W. M., Zeb, M., Yaqoob, A., Tackaberry, L. E., Massicotte, H. B., Egger, K. N., Cheung, P. C. K., Payne, G. W. and Lee, C. H., "Anti-Inflammatory Activity of the Wild Mushroom, Echinodontium tinctorium, in RAW264.7 Macrophage Cells and Mouse Microcirculation," *Molecules,* Vol.24 (2019): 3509.

Jefferson, T. A. and Hung, S. K. Y., "A review of the status of the Indo-Pacific humpback dolphin (Sousa chinensis) in Chinese waters," *Aquatic Mammals,* Vol.30, no.1 (2004): pp.149-158.

Jeng, M. S., Huang, H. D., Dai, C. F., Hsiao, Y. C. and Benayahu, Y., "Sclerite calcification and reef-building in the fleshy octocoral genus *Sinularia* (Octocorallia: Alcyonacea)," *Coral Reefs,* Vol.30 (2011): pp.925-933.

Jiang, A. L., Zhu, S. S., Chen, Y. Q., et al., "Alien invasive plants in Hong Kong," *Guihaia,* Vol.38, no.3 (2018): pp.289-298.

Jiang, J., Qiu, J., "Origin and evolution of earthworms belonging to the family Megascolecidae in China," *Biodiversity Science,* Vol.26, no.10 (2018): pp.1074-1082.

Jiao, J. J., Lei, S., Kuang, X., Lee, C. M., Yim, W. and Yang, S., "Reconstructed chloride concentration profiles below the seabed in Hong Kong (China) and their implications for offshore groundwater resources", *Hydrogeology Journal*, Vol.23 (2015): pp.277-286.

Jim, C. Y., "Physical and chemical properties of a Hong Kong roadside soil in relation to urban tree growth," *Urban Ecosystems*, Vol.2 (1998): pp.171-181.

Jim, C. Y., "Soil Characteristics and Management in an Urban Park in Hong Kong," *Environmental Management* Vol.22, no.5 (1998): pp.683-695.

Jim, C. Y., "Urban Soil Characteristics and Limitations for Landscape Planting in Hong Kong," *Landscape and Urban Planning*, Vol.40 (1998): pp.235-249.

Jim, C. Y., "A planning strategy to augment the diversity and biomass of roadside trees in urban Hong Kong," *Landscape and urban Planning*, Vol.44 (1999): pp.13-32.

Jim, C. Y., "Ecological and landscape rehabilitation of a quarry site in Hong Kong," *Restoration Ecology*, Vol.9, no.1 (2001): pp.85-94.

Jim, C. Y., "Soil recovery from human disturbances in tropical woodlands in Hong Kong," *Catena*, Vol.52, no.2 (2003): pp.85-103.

Jim, C. Y. and Ng, Y. Y., "Porosity of roadside soil as indicator of edaphic quality for tree planting," *Ecological Engineering*, Vol.120 (2018): pp.364-374.

Jo, C. H., Hwang, S. J., Tong, J. C. K. and Chan, J. C. L., "Implementation of tidal energy convertor in low current area," in *Advances in Renewable Energies Offshore, Proc. of the 3rd International Conference on Renewable Energies Offshore* (Lisbon: CRC Press, 2018), pp.169-174.

Johnston, A., *A preliminary plant disease survey in Hong Kong* (Roma: Food and Agriculture Organisation, 1963).

Jones, D. S. and Morton, B., "The fiddler crabs (Ocypodidae: *Uca*) of Hong Kong," *Asian Mar Biol*, Vol.11 (1994): pp.9-40.

Jones, E. B. G. and Vrijmoed, L. L. P., "Biodiversity of marine fungi in Hong Kong coastal waters," in *Perspectives on Marine Environment Change in Hong Kong and Southern China*, Eds., B. Morton (Hong Kong: Hong Kong University Press, 2003), pp.21-26.

Jones, E. B. G., Sakayaroj, J., Suetrong, S., Somrithipol, S. and Pang, K.L., "Classification of marine Ascomycota, anamorphic taxa and Basidiomycota," *Fungal Diversity*, Vol.35 (2009): pp.1-187.

Jones, E. B. G., "Are there more marine fungi to be described?" *Botanica Marina* Vol.54 (2011): pp.343-354.

Jones, E. B. G. and Pang, K. L., "Tropical aquatic fungi," *Biodiversity and Conservation* Vol.21 (2012): pp.2403-2423.

Jones, E. B. G., Suetrong, S., Bahkali, A. H., Abdel-Wahab, M. A., Boekhout, T. and Pang, K. L., "Classification of marine Ascomycota, Basidiomycota, Blastocladiomycota and Chytridiomycota," *Fungal Diversity*, Vol.3 (2015): pp.1-72.

Josephson, R. K. and March, S. C., "The swimming performance of the sea-anemone *Boloceroides*," *Journal of Experimental Biology*, Vol.44 (1966): pp.493-506.

Jurgens, L. J. and Gaylord, B., "Physical effects of habitat-forming species override latitudinal trends in temperature," *Ecology Letters*, Vol.21 (2018): pp.190-196.

Jurgens, L. J., Ashlock, L. W. and Gaylord, B., "Facilitation alters climate change risk on rocky shores," *Ecology*, Vol.103 (2022): e03596.

Kadoorie Farm and Botanic Garden, *Kadoorie Farm and Botanic Garden Annual Report April 2003 — March 2004* (Hong Kong: Kadoorie Farm and Botanic Garden Corporation, 2004).

Kadoorie Farm and Botanic Garden, "A New Locality Record for the Asian Serotine Bat, *Eptesicus pachyomus*", *Publication Series*, no.15 (2018).

Kadoorie Farm and Botanic Garden, *Native Fish of Conservation Concern in Hong Kong* (Hong Kong: Kadoorie Farm and Botanic Garden, 2019).

Kaehler, S. and Williams, G. A., "Distribution of algae on tropical rocky shores: spatial and temporal patterns of non-coralline encrusting algae in Hong Kong," *Marine Biology*, Vol.125 (1996): pp.177-187.

Kainz, K., Bauer, M. A., Madeo, F. and Carmona-Gutierrez, D., "Fungal infections in humans: the silent crisis," *Microbial Cell*, Vol.7 (2020): pp.143-145.

Kam, K. M., Au, W. F., Wong, P. Y. and Cheung, M. M., "Onychomycosis in Hong Kong," *International Journal of Dermatology*, Vol.36 (1997): pp.757-761.

Kamal, S., Lee, S. Y. and Wamken, J., "Investigating three-dimensional mesoscale habitat complexity and its ecological implications using low-cost RGB-D sensor technology," *Methods in Ecology and Evolution*, Vol.5 (2014): pp.845-853.

Kamp, J., Oppel, S., Ananin, A. A., Durnev, Y. A., Gashev, S. N., Hölzel, N., Mishchenko, A. L., Pessa, J., Smirenski, S. M., Strelnikov, E. G., Timonen, S., Wolanska, K. and Chan, S., "Global population collapse in a superabundant migratory bird and illegal trapping in China," Conservation Biology: The Journal of the Society for Conservation Biology, Vol.29, no.6 (2015): pp.1684-1694.

Kang, K., Fong, W. P. and Tsang, P. W. K., "Novel antifungal activity of purpurin against *Candida* species in vitro," *Medical Mycology*, Vol.48 (2010): pp.904-911.

Karczmarski, L., Huang, S. L., Or, C. K. M., Gui, D., Chan, S. C. Y., Lin, W., Porter, L., Wong, W. H., Zheng, R., Ho, Y. W., Chui, S. Y. S., Tiongson, A. J. C., Mo, Y., Chang, W. L., Kwok, J. H. W., Tang, R. W. K., Lee, A. T. L., Yiu, S. W., Keith, M., Gailey, G. and Wu, Y., "Humpback dolphins in Hong Kong and the Pearl River Delta: status, threats and conservation challenges," *Advances in Marine Biology*,

Vol.73 (2016): pp.27-64.

Karraker, N. E., Arrigoni, J. and Dudgeon, D., "Effects of increased salinity and an introduced predator on lowland amphibians in Southern China: species identity matters," *Biological Conservation*, Vol.143, no.5 (2010): pp.1079-1086.

Karsen, S. J., Lau, W. N. M. and Bogadok, A., *Hong Kong Amphibians and Reptiles*, Second Edition (Hong Kong, Provisional Urban Council, 1998).

Kathiresan, K. and Bingham, B. L., "Biology of mangroves and mangrove ecosystems," *Advances in Marine Biology*, Vol.40 (2001): pp.81-251.

Keenan, C. P., Davie, P. J. F. and Mann, D. L., "A revision of the genus *Scylla* De Haan, 1833 (Crustacea: Decapoda: Brachyura: Portunidae)," *The Raffles Bulletin of Zoology*, Vol.46, no.1 (1998): pp.217-245.

Kemp, S., "Preliminary descriptions of new species and varieties of Crustacea Stomatopoda in the Indian Museum," *Records of the Indian Museum*, Vol.6, no.2 (1911): pp.93-100.

Kemp, S., "An account of the Crustacea Stomatopoda of the Indo-West Pacific region based on the collection in the Indian Museum," *Memoirs of the Indian Museum*, Vol.4, no.1 (1913): pp.1-217.

Kemp, S., "Zoological results of a tour in the Far East. Crustacea Decapoda and Stomatopoda," *Memoirs of the Asiatic Society of Bengal*, Vol.6 (1918): pp.218-297.

Kennish, R., W., Williams, G. A. and Lee, S. Y., "Algal seasonality on an exposed rocky shore in Hong Kong and the dietart implications for the herbivorous crab *Grapsus albolineatus*," *Marine Biology*, Vol.125 (1996): pp.55-64.

Kershaw, J. C., "List of the Birds of the Quangtung Coast, China," *Ibis*, Vol.46 (1904): pp. 235-248.

Khalturin, K., Shinzato, C., Khalturina, M., Hamada, M., Fujie, M., Koyanagi, R., Kanda, M., Goto, H., Anton-Erxleben, F., Toyokawa,

M., Toshino, S. and Satoh, N., "Medusozoan genomes inform the evolution of the jellyfish body plan," *Nature Ecology & Evolution*, Vol.3 (2019): pp.811-822.

Kicklighter, C. E., Shabani, S., Johnson, P. M. and Derby, C. D., "Sea hares use novel antipredatory chemical defenses," *Current Biology*, Vol.15 (2005): pp.549-554.

Kitching, J. A. and Lockwood, J., "Observation on shell form and its ecological significance in thaisid gastropods of the genus *Lepsiella* in New Zealand," *Marine Biology*, Vol.28 (1974): pp.131-144.

Ko, W. C., et al, "Community-acquired Klebsiella pneumoniae bacteremia: global differences in clinical patterns," *Emerging Infectious Diseases*, Vol.8, no.2 (2002): pp.160-166.

Kohlmeyer, J. and Kohlmeyer, E., *Marine Mycology: The Higher Fungi* (New York: Academic Press, 1979).

Kong, L., Shi, Z. and Chu, L. M., "Carbon emission and sequestration of urban turfgrass systems in Hong Kong," *The Science of the Total Environment*, Vol.473-474 (2014): pp.132-138.

Koponen, T., "A Historical review of Chinese bryology," *Proceedings of the Third Meeting of the Bryologists from Central and East Europe*, Praha, 14-18 June 1982 (Praha: Univerzita Karlova, 1984), pp.283-313.

Kristensen, E., "Organic matter diagenesis at the oxic/anoxic interface in coastal marine sediments, with emphasis on the rolw of burrowing animals," *Hydrobiologia*, Vol.426 (2000): pp.1-24.

Kuang, C., Lee, J. H. W., Harrison, P. J. and Yin, K. Y., "Effect of wind speed and direction on summer tidal circulation and vertical mixing in Hong Kong waters," *Journal of Coastal Research*, Vol.27 (2011): pp.74-86.

Kumar, P., Gale, S. W., Kocyan, A., Fischer, G. A., Averyanov, L., Borosova, R. and Pang, K. S., "Gastrochilus kadooriei (Orchidaceae), a new species from Hong Kong, with notes on allied taxa in section Microphyllae found in the region," *Phytotaxa*, Vol.164, no.2 (2014): pp.91-103.

Kumar, P. and Gale, S. W., "*Anoectochilus formosanus* (Orchidaceae), a new record for Hong Kong," *Rheedea*, Vol.30, no.2 (2020): pp.293-298.

Kumar, P., Li, J. and Gale, S. W., "Integrative analyses of Crepidium (Orchidaceae, Epidendroideae, Malaxideae) shed more light on its relationships with Dienia, Liparis and Malaxis and justify reinstatement of narrow endemic C. allanii," *Botanical Journal of the Linnean Society*, Vol.198, no.3 (2022), pp.285-305.

Kwan, B. K. Y., Cheung, S. G. and Shin, P. K. S., "A dual stable isotope study for diet composition of juvenile Chinese horseshoe crab *Tachypleus tridentatus* (Xiphosura) on a seagrass-covered intertidal mudflat," *Marine Biology*, Vol.162 (2015): pp.1137-1143.

Kwan, E., Lau, Y. L., Yuen, K. Y., Jones, B. M. and Low, L. C. K., "*Penicillium marneffei* infection in a non-HIV infected child," *Journal of Paediatrics and Child Health*, Vol.33 (1997): pp.267-271.

Kwiecinski, J. M. and Horswill, A. R., "Staphylococcus aureus bloodstream infections: pathogenesis and regulatory mechanisms," *Current opinion in microbiology*, Vol.53 (2020): pp.51-60.

Kwok, W. P. W., Tang, W. S. and Kwok, B. L. H., "An introduction to two exotic mangrove species in Hong Kong: *Sonneratia caseolaris* and *S. apetala*," *Hong Kong Biodiversity*, Vol.10 (2005): pp.9-12.

Kwok, W. P. W., Yang, J. K. Y., Tong, P. Y. F. and Lam, C. P., "Distribution of seagrasses in Hong Kong," *Hong Kong Biodiversity*, Vol.8 (2005): pp.12-14.

Kwong I. H. Y., Wong, F. K. K., Fung, T., Liu, E. K. Y., Lee, R. H. and Ng, T. P. T., "A Multi-Stage Approach Combining Very High-Resolution Satellite Image, GIS Database and Post-Classification Modification Rules for Habitat Mapping in Hong Kong," *Remote Sensing*, Vol.14, no.1 (2022): 67.

Kwong, H. T. and Jiao, J. J., "Hydro-chemical reactions and origin of offshore relatively fresh pore water from core samples in Hong Kong," *Journal of Hydrology*, Vol.537 (2016): pp.283-296.

La Touche, J. D., "On Birds collected or observed in the Vicinity of Foochow and Swatow in South-eastern China," *Ibis,* (1892): pp.400-430, 477-503.

La Touche, J. D., *A Handbook of the Birds of Eastern China, Vols 1-2* (London: Taylor & Francis, 1925-1934).

Labandeira, C. C., Dilcher, D. L., Davis, D. R. and Wagner, D. L., "Ninety-seven million years of angiosperm-insect association: paleobiological insights into the meaning of coevolution," *Proceedings of the National Academy of Sciences*, Vol.91, no.25 (1994): pp.12278-12282.

Lai, R. W. S., Perkins, M. J., Ho, K. K. Y., Astudillo, J. C., Yung, M. M. N., Russell, B. D., Williams, G. A., Leung and K. M. Y., "Hong Kong's marine environments: history, challenges and opportunities," *Regional Studies in Marine Science*, Vol.8 (2016): pp.259-273.

Lai, S. Y. H., "Reservoir fishes of Hong Kong with Remarks on Conservation Options," *Memoirs of The Hong Kong Natural History Society*, Vol.27 (2011): pp.63-82.

Lai, Y. T., "Beyond the epistaxis: voluntary nasal leech (*Dinobdella ferox*) infestation revealed the leech behaviours and the host symptoms through the parasitic period," *Parasitology*, Vol.146 (2019): pp.1477-1485.

LaJeunesse, T. C., "Zooxanthellae," *Current Biology*, Vol.30 (2020): pp.R1110-R1113.

Lakhundi, S. and Zhang, K., "Methicillin-Resistant Staphylococcus aureus: Molecular Characterization, Evolution, and Epidemiology," *Clinical microbiology reviews*, Vol.31, no.4 (2018).

Lam, K. K. Y., "The colonization of an experimental artificial reef at Hoi Ha Wan Marine Park, Hong Kong" (PhD thesis, University of Hong Kong, 1998).

Lam, K. and Morton, B., "Morphological and mitchondrial-DNA analysis of the Indo-West Pacific rocky oysters (Ostreidae: *Saccostrea* species)," *Journal of Molluscan Studies*, Vol.72 (2006): pp.235-245.

Lam, K., Shin, P. K. S. and Hodgson, P., "Severe bioerosion caused by an outbreak of corallivorous *Drupella* and *Diadema* at Hoi Ha Wan marine park, Hong Kong," Coral Reefs, Vol.26 (2007): 893.

Lam, K. and Morton, B., "Soft corals, sea fans, gorgonians (Octocorallia: Alcyonacea) and black and wire corals (Ceriantipatharia: Antipatharia) from submarine caves in Hong Kong with a checklist of local species and a description of a new species of Paraminabea," *Journal of Natural History*, Vol.42, no.9-12 (2008): pp.749-780.

Lam, R. Y. C., "Transcriptomic profiles of tree pathogen Phellinus noxius under volatile organic compounds treatment and different culture media" (MPhil thesis, Chinese University of Hong Kong, 2019).

Lancefield, R. C., "A Serological Differentiation of Human and Other Groups of Hemolytic Streptococci," *Journal of Experimental Medicine*, Vol.57, no.4 (1933): pp.571-595.

Langford, R. L., "Geology of Chek Lap Kok," *Geological Society of Hong Kong Newsletter*, Vol.9, no.1 (1991): pp.21-39.

Langford, R. L., *Geology of Chek Lap Kok* (Hong Kong: Geotechnical Engineering Office, Civil Engineering Office, 1994).

Lau, S. C. Y., Thomas, M., Hancock, B. and Russell, B., "Restoration potential of Asian oysters on heavily developed coastlines," *Restoration Ecology*, Vol.28 (2020): pp.1643-1653.

Lau, W. N. M., "Habitat Use of Hong Kong Amphibians with Special Reference to the Ecology and Conservation of Philautus romeri" (PhD thesis, University of Hong Kong, 1998).

Law, M. M. S., "Earthworm communities in Hong Kong and their ecosystem functions in soil greenhouse gas balance and nutrient cycling" (PhD thesis, Chinese University of Hong Kong, 2019).

Law, M. M. S. and Lai, Y. F., "Impacts of wetting-drying cycles on short-term carbon and nitrogen dynamics in *Amynthas* earthworm casts," *Pedosphere*, Vol.31, no.3 (2021): pp.423-432.

Lawn, I. D. and Ross, D. M., "The behavioural physiology of the swimming sea anemone *Boloceroides mcmurrichi*," *Royal Society of London*, Vol.216 (1982): pp.315-334.

Lawrence, J. M., "Arm loss and regeneration in Asteroidea (Echinodermata)," in *Echinoderm research 1991*, edited by L. Scalera-Liaci and C. Canicatti (Rotterdam: A.A. Balkema, 1992), pp.37-52.

Lawrence, J. M., "Energetic costs of loss and regenaration of arms in stellate echinoderms," *Integrative & Comparative Biology*, Vol.50 (2010): pp.506-514.

Lazell, J., "The herpetofauna of Shek Kwu Chau, South China Sea, with descriptions of two new colubrid snakes," *Memoirs of Hong Kong Natural History Society*, Vol.25 (2002): pp.1-82.

Leake, J. R., "The biology of myco-heterotrophic ('saprophytic') plants," *New Phytologist*, Vol.127 (1994): pp.171-216.

Lee, C. M., Jiao, J. J., Luo, X. and Moore, W. S., "Estimation of submarine groundwater discharge and associated nutrient flux in Tolo Harbour, Hong Kong," *Science of the total Environment*, Vol.433 (2012), pp.427-433.

Lee, J. H. W. and Arega, F., "Eutrophication dynamics of Tolo Harbour, Hong Kong," *Marine Pollution Bulletin*, Vol.39 (1999): pp.187-192.

Lee, K. M., Lee, S. Y. and Connolly, R. M., "Combining stable isotope enrichment, compartmental modelling and ecological network analysis for quantitative measurement of food web dynamics," *Methods in Ecology and Evolution*, Vol.2 (2011): pp.56-65.

Lee, K. W., "The impact of foraging by soldier crabs, *Mictyris brevidactylus*, on sandy shore communities" (PhD thesis, University of Hong Kong, 2007).

Lee, L. F., "Taxonomic status of intertidal bathygobius species in Hong Kong, with emphasis on the spatial and temporal patterns of abundance of B. meggitti" (master's thesis, University of Hong Kong, 2002).

Lee, O. H. K., Williams, G. A. and Hyde, K. D., "The diets of *Littoraria ardouiniana* and *L. melanostoma* in Hong Kong mangroves," *Journal of the Marine Biological Association of the UK*, Vol.81 (2001): pp.967-973.

Lee, O. H. and Hyde, K. D., "Phylloplane fungi in Hong Kong mangroves: evaluation of study methods," *Mycologia*, Vol.94 (2002): pp.596-606.

Lee, P. P. and Lau, Y. L., "Cellular and Molecular Defects Underlying Invasive Fungal Infections - Revelations from Endemic Mycoses," *Frontiers in Immunology*, Vol.8 (2017): 735.

Lee, R. H., Cheung, K., Fellowes, J. R. and Guénard, B., "Insights Into the Chinese Pangolin's (*Manis pentadactyla*) diet in a peri-urban habitat: a case study from Hong Kong," *Tropical Conservation Science*, Vol.10 (2017): pp.1-7.

Lee, S. Y., "The ecology of a traditional tidal shrimp pond in Hong Kong, the production and fate of macrodetritus, and implications for management" (PhD thesis, University of Hong Kong, 1988).

Lee, S. Y., "Litter production and turnover of the mangrove *Kandelia candel* (L.) Druce in a Hong Kong tidal shrimp pond," *Estuarine Coastal and Shelf Science*, Vol.29 (1989): pp.75-87.

Lee, S. Y., "The importance of sesarminae crabs *Chiromanthes* spp. and inundation frequency on mangrove (*Kandelia candel* (L.) Druce) leaf litter turnover in a Hong Kong tidal shrimp pond," *Journal of Experimental Marine Biology and Ecology*, Vol.131 (1989): pp.23-43.

Lee, S. Y., "Net aerial primary productivity, litter production and decomposition of the reed *Phragmites communis* in a nature reserve in Hong Kong: management implications," *Marine Ecology Progress Series*, Vol.66 (1990): pp.161-173.

Lee, S. Y., "Annual cycle of biomass of a threatened population of the intertidal seagrass *Zostera japonica* in Hong Kong," *Marine Biology*, Vol.129 (1997): pp.183-193.

Lee, S. Y. and Leung, V., "The brachyuran fauna of the Mai Po marshes Natural Reserve and Deep Bay, Hong Kong," in *The Mangrove Ecosystem of Deep Bay and the Mai Po Marshes, Hong Kong,* edited by S. Y. Lee (Hong Kong: Hong Kong University Press, 1999), pp.57-82.

Lee, W. Ho., Lau, W. N. M., Lau, A., Rao, D. Q. and Sung, Y. H., "Introduction of Eleutherodactylus planirostris (Amphibia, Anura, Eleutherodactylidae) to Hong Kong," *Acta Herpetologica*, Vol.11 (2016): pp.85-89.

Lee, Y. C., Huang, Y. T., Tan, C. K., Kuo, Y. W., Liao, C. H., Lee, P. I. and Hsueh, P. R., "Acinetobacter baumannii and Acinetobacter genospecies 13TU and 3 bacteraemia: comparison of clinical features, prognostic factors and outcomes," *The Journal of Antimicrobial Chemotherapy*, Vol.66, no.8 (2011): pp.1839-1846.

Leung, W. H., Lai, H. Y. and Vrijmoed, L. L. P., "A comparison of indoor microbes in two old folks home with different ventilation systems," in Proceedings of the 10th International Conference on Indoor Air Quality and Climate (Indoor Air), Beijing, China (2005), pp.618-622.

Leung, C. C. D., Chan, Y. H., Ho, M. Y., Chan, M. C., Chen, C. H., Kwok, C. T. and Yeung, Y. C., "First reported case of late recurrence of pulmonary mucormycosis in a renal transplant recipient with poorly controlled diabetes mellitus," *Respirology Case Reports*, Vol.9, no.12 (2021): e0877.

Leung, K. M. Y., Kwong, R. P. Y., Ng, W. C., Horiguchi, T., Qiu, J. W., Yang, R., Song, M., Jiang, G., Zheng, G. J. and Lam, P. K. S., "Ecological risk assessments of endocrine disrupting organotin compounds using marine neogastropods in Hong Kong," *Chemosphere*, Vol.65 (2006): pp.922-938.

Leung, S. F., "The Penaeoid prawns of Hong Kong: Identities and community trends," in *Turning the tides: a festschrift in honour of Professor Brian Morton*, edited by P. K. S. Shin (Hong Kong: Marine Biological Association of Hong Kong, 2003), pp.135-157.

Leung, S. F. and Leung, K. F., "The prawn resources of the southeastern waters of Hong Kong: a comparison of the 1992, 1995 and 1998 trawl surveys," in *The Marine Flora and Fauna of Hong Kong and Southern China V*, edited by B. Morton (Hong Kong: Hong Kong University Press, 2000), pp.619-649.

Leung, S. F. and Leung, K. F., "Hong Kong's penaeid prawns: a decade long record of change in community composition," in *Perspectives on Marine Environment Change in Hong Kong and Southern China, 1977-2001: proceedings of an International Workshop Reunion Conference, Hong Kong 21-26 October 2001*, edited by B. Morton (Hong Kong: Hong Kong University Press, 2003), pp.617-656.

Li, H. K., "Thermal tolerance of *Echinolittorina* species in Hong Kong: implication for their vertical distributions" (MPhil thesis, University of Hong Kong, 2012).

Li, H., Liu, B., Davis, C. C. and Yang, Y., "Plastome phylogenomics, systematics, and divergence time estimation of the Beilschmiedia group (Lauraceae)," *Molecular phylogenetics and evolution*, Vol.151 (2020): 106901.

Li, J., Xia, N. H. and Li, X. W., "Sinopora, a new genus of Lauraceae from South China," *Novon: A Journal for Botanical Nomenclature*, Vol.18, no. 2 (2008): pp.199-201.

Li, L. Q., Song, A. X., Yin, J. Y., Siu, K. C., Wong, W. T. and Wu, J. Y., "Anti-inflammation activity of exopolysaccharides produced by a medicinal fungus Cordyceps sinensis Cs-HK1 in cell and animal models," *International journal of biological macromolecules*, Vol.149 (2020): pp.1042-1050.

Li, L., "Hong Kong's Isopods," in *Perspectives on Marine Environment Change in Hong Kong and Southern China, 1977-2001: proceedings of an International Workshop Reunion Conference, Hong Kong 21-26 October 2001*, edited by B. Morton (Hong Kong: Hong Kong University Press, 2003), pp137-166.

Li, S. T. L., Yiu, E. P. F., Wong, A. H. Y., Yeung, J. C. T. and Yu, L. W. H., "Successful treatment of *Lasiodiplodia theobromae* keratitis — Assessing the role of voriconazole," *Case Reports in Ophthalmology*, Vol.7 (2016): pp.179-185.

Li, W., Chau, K. T., Li, J. and Zhang, X., "Wave power generation and its feasibility in Hong Kong," in *Proc. 8th International Conference on Advances in Power System Control, Operation and Management*, 2009.

Lim, P., *Forgotten souls: a social history of the Hong Kong cemetery* (Hong Kong: Hong Kong University Press, 2011).

Lin, C. H. and Nozawa, Y., "The influence of seawater temperature on the timing of coral spawning," *Coral Reefs*, Vol.42, no. 2 (2023): pp.417-426.

Lin, J., Liu, X., Lai, T., He, B., Du, J. and Zheng, X., "Trophic importance of the seagrass *Halophila ovalis* in the food web of a Hepu seagrass bed and adjacent waters, Beihai, China," *Ecological Indicators*, Vol.125 (2021): 107607.

Lin, S. Y., "The fishing industries of Hong Kong," *Hong Kong University Fisheries Journal*, Vol. 1 (1949): pp.5-160.

Lin, S. Y., "Freshwater Fishes of Hong Kong," *Journal of the Hong Kong Fisheries Research Station*, Vol. II, no.1 (1949).

Lin, Y. J., Shao, L., Hänggi, A., Caleb, J. T. D., Koh, J. K. H., Jäger, P. and Li, S. Q., "Asianopis gen. nov., a new genus of the spider family Deinopidae from Asia,"

ZooKeys, Vol.911 (2020): pp.67-99.

Little, C., *The Biology of Soft Shores and Estuaries* (Oxford: Oxford University Press, 2000).

Liu, B., Ye, J., Liu, S., Wang, Y., Yang, Y., Lai, Y. and Lin, Q., "Families and genera of Chinese angiosperms: a synoptic classification based on APG III," *Biodiversity Science*, Vol.23, no. 2 (2015): pp.225-231.

Liu, C., Choi, M. W., Li, X. and Cheung, C. K., "Immunomodulatory effect of structurally-characterized mushroom sclerotial polysaccharides isolated from Polyporus rhinocerus on human monoctyes THP-1," *Journal of Functional Foods*, Vol.41 (2018): pp.90-99.

Liu, J. G., Hang, K. Y., Wong, C. K., Hon, C. H., Williams, C., Mar, S. S. and Fischer, G. A., "Seventeen Newly Recorded Species to the Flora of Hong Kong, China," *Journal of Tropical and Subtropical Botany*, Vol.29, no.2 (2021): pp.123-131.

Liu, J. H. and Kueh, C. S. W., "Biomonitoring of heavy metals and trace organics using the intertidal mussel *Perna viridis* in Hong Kong coastal waters," *Marine Pollution Bulletin*, Vol.51 (2005): pp.857-875.

Liu, J. X., Wang, Y. X., Wu, J. Z., Georgiev, M. I., Xu, B. J., Wong, K. H., Bai, W. B. and Tian, L. M., "Isolation, Structural Properties, and Bioactivities of Polysaccharides from Mushrooms Termitomyces: A Review," *Journal of Agricultural and Food Chemistry*, Vol.70, no. 1 (2022): pp.21-33.

Liu, J. Y., "Status of marine biodiversity of the China seas," *PLoS ONE*, Vol.8 (2013): e50719.

Liu, X. Y. and Yang, D., "Revision of the genus Sialis from Oriental China (Megaloptera: Sialidae)," *Zootaxa*, Vol.1108 (2006): pp.23-35.

Loft, B., "The land vertebrates of Hong Kong," in *The Fauna of Hong Kong*, edited by B. Lofts (Hong Kong: The Hong Kong Branch of Royal Asiatic Society, 1976).

Logunov, D. V. and Obenauer, S., "A new

species of Uroballus Simon, 1902 (Araneae: Salticidae) from Hong Kong, a jumping spider that appears to mimic lichen moth caterpillars," *Israel Journal of Zoology*, Vol.49, no.1 (2019): pp.1-9.

London, D., "Ore-forming processes within granitic pegmatites," *Ore Geology Reviews*, Vol.101 (2018): pp.349-383,

Lu, B. H. et al, *Checklist of Hong Kong Fungi* (Hong Kong: Fungal Diversity Press, 2000).

Lu, L. M., Mao, L. F., Yang, T., Ye, J. F., Liu, B., Li, H. L. and Chen, Z. D., "Evolutionary history of the angiosperm flora of China," *Nature*, Vol.554, no. 7691 (2018): pp.234-238.

Lumb, P., "The residual soils of Hong Kong," *Geotechnique*, Vol.15, no. 2 (1965): pp.180-194.

Lumb, P., "Slope failures in Hong Kong," *Quarterly Journal of Engineering Geology and Hydrogeology*, Vol.8, no.1 (1975): pp.31-65.

Luo, X., Jiao, J. J., Moore, W. S. and Lee, C. M., "Submarine groundwater discharge estimation in an urbanized embayment in Hong Kong via short-lived radium isotopes and its implication of nutrient loadings and primary production", *Marine Pollution Bulletin*, Vol.82, no.1-2 (2014): pp.144-154.

Ma, H. H. T., "Hong Kong intertidal isopods (Isopoda: Oniscidea), with notes on the feeding and reproduction of *Armadilloniscus litoralis* Budde-Lund, 1885," in *Proceedings of the Second International Marine Biological Workshop: The Marine Fauna and Flora of Hong Kong, 1986*, edited by B. Morton (Hong Kong: Hong Kong University Press, 1990), pp1023-1031.

MacIntyre, H. L., Geider, R. J. and Miller, D. C., "Microphytobenthos: the ecological role of the 'Secret Garden' of unvegetated, shallow-water marine habitats. I. Distribution, abundance and primary production," *Estuaries*, Vol.19 (1996): pp.186-201.

Mackie, A. S. Y., "A new species of *Scoloplos* (Polychaeta: Orbiniidae) from Hong Kong and a comparison with the closely related *Scoloplos marsupialis* Southern, 1921 from India," *Asian Marine Biology*, Vol.8 (1991): pp.35-44.

MacPherson, K. L., "The history of marine science in Hong Kong (1841-1977)," in *Perspectives on Marine Environmental Change in Hong Kong and Southern China, 1977-2001*, edited by B. Morton (Hong Kong: Hong Kong University Press, 2003), pp.7-29.

Madigan, M. and Martinko, J., *Brock Biology of Microorganisms*, 11th Edition (Pearson: Prentice Hall, 2006).

Mageshwaran, V. and Pandiyan, K., (2022). "Isolation and Characterization of Enterobacter, Klebsiella, and Clostridium," in *Practical Handbook on Agricultural Microbiology. Springer Protocols Handbooks,* edited by N. Amaresan, P. Patel and D. Amin (New York: Humana Press, 2022).

Maitland, D. P., "Crabs that breathe air with their legs - *Scopimera* and *Dotilla*," *Nature*, Vol.319 (1986): pp.493-495.

Mak, Y. K. Y., Tao, L. S. R., Ho, V. C. M., Dudgeon, D., Cheung, W. W. L. and Leung, K. M. Y., "Initial recovery of demersal fish communities in coastal waters of Hong Kong, south China, follwoing a trawl ban," *Reviews in Fish Biology and Fisheries*, Vol.31 (2021): pp.989-1007.

Mak, Y. M. and Williams, G. A., "Littorinids control high intertidal biofilm abundance on tropical, Hong Kong rocky shores," *Journal of Experimental Marine Biology and Ecology*, Vol.233 (1999): pp.81-94.

Malul, D., Lotan, T., Makovsky, Y., Holzman, R. and Shavit, U., "The Levantine jellyfish Rhopilema nomadica and Rhizostoma pulmo swim faster against the flow than with the flow," *Scientific Reports*, Vol.9 (2019): 120337.

Mao, Y. H., Song, A. X., Li, L. Q., Siu, K. C., Yang, Y., Yao, Z. P. and Wu, J. Y., "A high-molecular weight exopolysaccharide from the Cs-HK1 fungus: Ultrasonic degradation, characterization and in vitro fecal fermentation," *Carbohydrate Polymers*, Vol.246 (2020), 116636.

Mar, S. S. and Saunders, R. M., "*Thismia hongkongensis* (Thismiaceae): a new mycoheterotrophic species from Hong Kong, China, with observations on floral visitors and seed dispersal," *PhytoKeys*, Vol.46 (2015): pp.21-33.

Marafa, L. M. and Chau, K. C., "Effect of hill fire on upland soil in Hong Kong," *Forest Ecology and Management*, Vol.120 (1999): pp.97-104.

Marafa, L. M. and Chau, K. C., "Morphological and chemical properties of soil along a vegetation gradient affected by fire in Hong Kong," *Soil Science*, Vol.164, no. 9 (1999): pp.683-691.

Markham, J. C., "Bopyrid isopods parasitic on decapod crustaceans in Hong Kong and southern China," in *First International Marine Biological Workshop: The Marine Flora and Fauna of Hong Kong and Southern China, Hong Kong, 1980*, edited by B. S. Morton and C. K. Cheng (Hong Kong: Hong Kong University Press, 1982), pp.325-391.

Markham, J. C., "Further notes on the isopoda Bopyridae of Hong Kong," in *Proceedings of the Second International Marine Biological Workshop: The Marine Fauna and Flora of Hong Kong, 1986*, edited by B. Morton (Hong Kong: Hong Kong University Press, 1990), pp.555-566.

Markham, J. C., "Second list of additions to the Isopoda Bopyridae of Hong Kong," in *The marine fauna and flora of Hong Kong and southern China 3. Vol. 1. Introduction, taxonomy and ecology. Proceedings of the Fourth International Marine Biological Workshop, 11-29 April 1989*, edited by Morton, B. (Hong Kong: Hong Kong University Press, 1992), pp.277-302.

Marshall, D. J., Dong, Y. W., McQuaid, C. D. and Williams, G. A., "Thermal adaptation in the intertidal snail *Echinolittorina malaccana* contradicts current theory by revealing the crucial roles of resting metabolism," *Journal of Experimental Biology*, Vol.214 (2011): pp.3649-3657.

Marshall, D. J. and Chua, T., "Boundary layer convective heating and thermoregulatory behaviour during aerial exposure in the rocky eulittoral fringe snail *Echinolittorina malaccana*," *Journal of Experimental Marine Biology and Ecology*, Vol.430-431 (2012): pp.25-31.

Marshall, P. M. and Phillips, J. G., "Plans for conserving the wildlife of Hong Kong," *Oryx*, Vol.8, no. 2 (1965): pp.107-112.

Marshall, P., "Hong Kong Mammals," *Journal of the Hong Kong Branch of the Royal Asiatic Society*, Vol.7 (1967): pp.*11-20*.

Marshall, P., *Wild Mammals of Hong Kong* (Hong Kong: Oxford University Press, 1967).

Martins, A. D. and Barros, F., "Ecological functions of Polychaetes along estarine gradients," *Frontiers in Marine Science*, Vol.9 (2022): 780318.

Massoni, J., Doyle, J. and Sauquet, H., "Fossil calibration of Magnoliidae, an ancient lineage of angiosperms," *Palaeontologia Electronica*, Vol.18, no. 1 (2015): pp.1-25.

McAfee, D., Bishop, M. J., Yu, T. N. and Williams, G. A., "Structural traits dictate abiotic stress amelioration by intertidal oysters," *Functional Ecology*, Vol.32 (2018): pp.2666-2677.

McBride, C. J., Williams, A. H. and Henry, R. P., "Effects of temperature on climbing behavior of *Littorina irrorata*: on avoiding a hot foot," *Marine Behaviour and Physiology*, Vol.14 (1989): pp.93-100.

McCorry, D., "Shallow Scleractinian coral communities of Yan Chau Tong. Lai Chi Wo Marine Park and Outer Double Heaven, Hong Kong," in *The Marine Flora and Fauna of Hong Kong and Southern China V*, edited by B. Morton (Hong Kong: Hong Kong University Press, 2000), pp.351-368.

McCorry, D., "Hong Kong's scleractinian coral communities: status, threats and proposals for management" (PhD thesis, University of Hong Kong, 2002).

McDougall, C., Degnan, B. M., "The evolution of mollusc shells," *WIREs Developmental Biology*, Vol.7 (2018): e313.

McGuinness, K. A., "The climbing behaviour of *Cerithidea anticipata* (Mollusca: Gastropoda): the roles of physical and biological factors," *Australian Journal of Ecology*, Vol.19 (1994): pp.283-289.

McLachlan, A. and Turner, I., "The interstitial environment of sandy beaches," *Marine Ecology*, Vol.15 (1994): pp.177-212.

McMillan, S. E., Wong, T. C., Hau, B. C. H. and Bonebrake, T. C., "Fish farmers highlight opportunities and warnings for urban carnivore conservation," *Conservation Science and Practice*, Vol.1, no.8 (2019), e79.

McNeill, J. (eds.), *International Code of Nomenclature for algae, fungi and plants (Melbourne Code)* (Königstein: Koeltz Scientific Books, 2012), Vol. 154, p. 240.

Meadows, P. S., Meadows, A. and Murray, J. M. H., "Biological modifiers of marine benthic seascapes: their role as ecosystem engineers," *Geomorphology*, Vol.157-158 (2012): pp.31-48.

Melville, D. S. and Chan, S. S. Y., "The discovery of *Ruppia maritima* L. (Ruppiaceae) at Mai Po, Hong Kong," *Memoirs of the Hong Kong Natural History Society*, Vol.19 (1992): pp.123-125.

Miao, L. and Qian, P. Y., "Antagonistic antimicrobial activity of marine fungi and bacteria isolated from marine biofilm and seawaters of Hong Kong," *Aquatic Microbial Ecology*, Vol.38 (2005): pp.231-238.

Mieszkowska, N., Kendall, M. A., Hawkins, S. J., Leaper, R., Williamson, P., Hardman-Mountford, J. and Southward, A. J., "Changes in the range of some common rocky shore species in Britain - a response to climate change?" *Hydrobiologia*, Vol.555 (2006): pp.241-251.

Miller, L. P. and Denn, Y. M. W., "Importance of behavior and morphological traits for controlling body temperature in littorinid snails," *The Biological Bulletin*, Vol.220 (2011): pp.209-223.

Millis, S., Chan, K. and Wallace, M., "Aggregate supply in Hong Kong: past, present and looking to the future," *Quarterly Journal of Engineering Geology and Hydrogeology*, Vol.52 (2019): pp.173-181

Mistakidis, M. N., "The crustacean resources and related fisheries in the countries bordering the South China Sea (Cover Title: The South China Sea Fisheries Crustacean Resources)," South China Sea Fisheries Development and Coordinating Programme SCS/DEV/73/7 (United Nations: Indo-Pacific Fisheries Council, Food and Agricultural Organization of the United Nations, 1973).

Mitchell, A. M. and Mitchell, T. J., "Streptococcus pneumoniae: virulence factors and variation," *Clinical microbiology and infection*, Vol.16, no.5 (2010): pp.411-418.

Moore, P. G., "Preliminary notes on a collection of Amphipoda from Hong Kong," in *Proceedings of the Second International Marine Biological Workshop: The Marine Fauna and Flora of Hong Kong, 1986*, edited by B. Morton (Hong Kong: Hong Kong University Press, 1990), pp.503-513.

Morris, S., "Preliminary guide to the oysters of Hong Kong," *Asian Marine Biology*, Vol.2 (1985): pp.119-138.

Mortensen, T., "Echinoderms of Hong Kong," *The Hong Kong Naturalist*, Vol. Supplement(3) (1934): pp.1-14.

Morton, B. and Wu, S. S., "The hydrology of the coastal waters of Hong Kong," *Environmental Research*, Vol.10 (1975): pp.319-347.

Morton, B., "The Coastal Seafood of Hong Kong," in *The Future of the Hong Kong Seashore*, edited by B. Morton (Hong Kong: Oxford University Press, 1979), pp.125-150.

Morton, B. and Morton, J., *The Sea Shore Ecology of Hong Kong* (Hong Kong: Hong Kong University Press, 1983).

Morton, B., "Recent marine introductions into Hong Kong," *Bulletin of Marine Science*,

Vol.41 (1987): pp.503-513.

Morton, B., "A case for marine conservation: Hong Kong's Scleractinian coral communities," in *The Marine Flora and Fauna of Hong Kong and Southern China III. Proceedings of the Fourth International Marine Biological Workshop: The Marine Flora and Fauna of Hong Kong and Southern China, Hong Kong, 11—29 April 1989*, edited by B. Morton (Hong Kong: Hong Kong University Press, 1992), pp.3-13.

Morton, B., "Hong Kong's coral communities: status, threats and management plans," *Marine Pollution Bulletin*, Vol.29 (1994): pp.74-83.

Morton B., "Hong Kong's International Malacological, Wetland and Marine Biological Workshops (1977-1998): Changing local attitudes towards marine conservation," in *Perspectives on Marine Environment Change in Hong Kong and Southern China, 1977-2001: proceedings of an International Workshop Reunion Conference, Hong Kong 21-26 October 2001*, edited by B. Morton (Hong Kong: Hong Kong University Press, 2003), pp 31-71.

Morton, B., "The joint Swire Institute of Marine Science, Hong Kong, and Natural History Museum, London, Hong Kong Submarine Caves Expedition, 2002: introduction," Journal of natural history, Vol.42, no.9-12 (2008): pp. 721-728.

Morton, B. and Leung, K. F., "Introduction of the alien *Xenostrobus securis* (Bivalvia: Mytilidae) into Hong Kong, China: interaction with and impacts upon native species and the earlier introduced *Mytilopsis sallei* (Bivalvia: Dreissenidae)," *Marine Pollution Bulletin*, Vol.92 (2015): pp.134-142.

Morton, B., "Hong Kong's mangrove biodiversity and its conservation within the context of a southern Chinese megalopolis. A review and a proposal for Lai Chi Wo to be designated as a World Heritage Site," *Regional Studies in Marine Science*, Vol.8 (2016): pp.382-399.

Morton, B. "Editorial. Hong Kong's marine parks.

New developments and proposals," *Marine Pollution Bulletin*, Vol.163 (2021): 111925.

Morton, B., Leung, S. F. and Leung, K. F., "The biology and functional morphology of *Meretrix* cf. *meretrix* (Bivalvia: Veneridae: Meretricinae) at Tong Fuk Miu Wan, Shui Hau, Lantau Island, Hong Kong," *Regional Studies in Marine Science*, Vol.45 (2021): 101842.

Mui, K. W., Chan, W. Y., Wong, L. T. and Hui, P. S., "Fungi—an indoor air quality assessment parameter for air-conditioned offices," *Building Services Engineering Research and Technology*, Vol.28 (2007): pp.365-374.

Mui, K. W., Chan, W. Y., Wong, L. T. and Hui, P. S., "Scoping indoor airborne fungi in an excellent indoor air quality office building in Hong Kong," *Building Services Engineering Research and Technology*, Vol.31 (2010): pp.191-199.

Mukai, H., Nishihira, M., Kamisato, H. and Fujimoto, Y., "Distribution and abundance of the sea-star *Archaster typicus* in Kabira Cove, Ishigaki Island, Okinawa," *Bulletin of Marine Science*, Vol.38 (1986): pp.366-383.

Nakano, R. and Hirose, E., "Field experiments on the feeding of the nudibranch *Gymnodoris* spp. (Nudibranchia: Doridina: Gymnodorididae) in Japan," *Veliger*, Vol.51 (2011): pp.66-75.

Nakano, T. and Sung, Y. H., "A new host record for *Tritetrabdella taiwana* (Hirudinida: Arhynchobdellida: Haemadipsidae) from the Asian Painted Frog *Kaloula pulchra* (Anura: Microhylidae) in Hong Kong, China, with a Taxonomic Noteon *T. taiwana*," *Comparative Parasitology*, Vol.81, no.1 (2014): pp.125-129.

Naruse, T. and Ng, P. K. L., "A new species of *Chiromantes* s. str. (Decapoda: Brachyura: Sesarmidae) from the Ryukyu Islands, Japan, with a note on the identity of *Holometopus serenei* Soh, 1978," *Crustacean Research*, Vol.37 (2008): pp.1-13

Nash, J. M. and Dale, M. J., "Geology and

hydrogeology of natural tunnel erosion in Geology of Superficial deposits in Hong Kong," *Geological Society of Hong Kong*, Bull. No. 1 (1984): pp.61-72.

Neurath, M. F., Überla, K. and Ng, S. C., "Gut as viral reservoir: lessons from gut viromes, HIV and COVID-19," *Gut*, Vol.70 (2021): pp.1605-1608.

Ng, C. K. Y., Ang, P. O., Russell, D. J., Balazs, G. H. and Murphy, M. B., "Marine macrophytes and plastics consumed by green turtle (*Chelonia mydas*) in Hong Kong, South China Sea region," *Chelonian Conservation and Biology*, Vol.15 (2016): pp.289-292.

Ng, C. K. Y., Dutton, P. H., Chan, S. K. F., Cheung, K. S., Qiu, J. W. and Sun, Y. N., "Characterization and conservation concerns of green turtles (*Chelonia mydas*) nesting in Hong Kong, China," Pacific Science, Vol.68 (2014): pp.231-243.

Ng, M. K. and Cook, A., "Reclamation: an urban development strategy under fire," *Land Use Policy*, Vol.14 (1997): pp.5-23.

Ng, P. K. L., Khac, H. N. and Rahayu, D. L., "On the taxonomy and ecology of the mangrove crab *Perisesarma maipoense* (Soh, 1978) (Crustacea: Decapoda: Brachyura: Sesarmidae) from Vietnam," *The Raffles Bulletin of Zoology*, Vol.58, no. 2 (2010): pp.239-243.

Ng, P. K. L. and Tan, L. W. H., "The 'shell peeling' structure of the box crab, *Calappa philargius* (Linn.) and other crabs in relation to mollusc shell architecture," *Journal of the Singapore National Academy of Science*, Vol.13 (1984): pp.195-199.

Ng, S. C. and Corlett, R. T., "The bad biodiversity: alien plant species in Hong Kong," *Biodiversity Science*, Vol. 10 (2002): pp.109-118.

Ng, S. L. and Leung, S., "Behavioral response of Info-Pacific humpback dolphin (*Sousa chinensis*) to vessel traffic," *Marine Environmental Research*, Vol.56 (2003): pp.555-567.

Ng, T. P. T., Cheng, M. C. F., Ho, K. K. Y., Lui, G. C.

S., Leung, K. M. Y. and Williams, G. A., "Hong Kong's rich marine biodiversity: the unseen wealth of South China's megalopolis," *Biodiversity and Conservation*, Vol.26 (2017): pp.23-36.

Ng, T. P. T., Lau, S. L. Y., Seuront, L., Davies, M. S., Stafford, R., Marshall, D. J. and Williams, G. A., "Linking behaviour and climate change in intertidal ectotherms: insights from littorinid snails," *Journal of Experimental Marine Biology and Ecology*, Vol.492 (2017): pp.121-131.

Ng, W. P., "Cha Kwo Ling Kaolin Mine Site" (master's dissertation, University of Hong Kong, 1963).

Ni, H. and Kwok, K. Y., "Marine Fish Fauna in Hong Kong Waters," *Zoological Studies,* Vol. 38 (1999): pp.130-152.

Nicholson, S., "Cytological and physiological biomarker responses from green mussels, *Perna viridis* (L.) transplanted to contaminated sites in Hong Kong coastal waters," *Marine Pollution Bulletin*, Vol.39 (1999): pp.261-268.

Nunn, S. C., West, R. C. and Wirth, V. von, "A revision of the selenocosmiine tarantula genus Phlogiellus Pocock 1897 (Araneae: Theraphosidae), with description of 4 new species," *International Journal of Zoology*, Vol.2016 (2016): pp.1-54.

Ohtaki, H., Maki, E. and Tomiyama, K., "Tree climbing behavior of the snail *Cerithidea rhizophorarum* (Gastropoda: Potamididae)," *Venus*, Vol.61 (2002): pp.215-223.

Ohwada, T., "A new species of Aglaophamus (Polychaeta: Nephtyidae) from Hong Kong," in *The Marine Flora and Fauna of Hong Kong and Southern China III. Proceedings of the Fourth International Marine Biological Workshop: The Marine Flora and Fauna of Hong Kong and Southern China, Hong Kong, 11—29 April 1989*, edited by B. Morton (Hong Kong: Hong Kong University Press, 1992), pp.149-155.

Olson, D. M., Dinerstein, E., Wikramanayake, E. D., Burgess, N. D., Powell, G. V. N.,

Underwood, E. C., D'Amico, J. A., Itoua, I., Strand, H. E., Morrison, J. C., Loucks, C. J., Allnutt, T. F., Ricketts, T. H., Kura, Y., Lamoreux, J. F., Wettengel, W. W., Hedao, P. and Kassem, K. R., "Terrestrial ecoregions of the world: a new map of life on Earth," *Bioscience*, Vol.51(11) (2001): pp.933-938.

Oren, I. and Merzbach, D., "Clinical and epidemiological significance of species identification of coagulase-negative staphylococci in a microbiological laboratory," *Israel Journal of Medical Science*, Vol.26, no.3 (1990): pp.125-128.

Owen, R. B., "Modern fine-grained sedimentation - spatial variability and envionmental controls on an inner pericontinental shelf, Hong Kong," *Marine Geology*, Vol.214 (2005): pp.1-26.

Owen, B. and Shaw, R., *Hong Kong Landscapes: Shaping the Barren Rock* (Hong Kong: Hong Kong University Press, 2007).

Pan, B., Chen, M., Pan, W. and Liao, W., "Histoplasmosis: a new endemic fungal infection in China? Review and analysis of cases," *Mycoses*, Vol.56 (2013): pp.212-221.

Pang, C. C., Ma, X. K. K., Hung, T. T. H. and Hau, B. C. H., "Early ecological succession on landslide trails, Hong Kong, China," *Ecoscience*, Vol.25, no.2 (2018): pp.153-161.

Pang, C. C., Ma, X. K. K., Lo, J. P. L., Hung, T. T. H. and Hau, B. C. H., "Vegetation succession on landslides in Hong Kong: Plant regeneration, survivorship and constraints to restoration," *Global Ecology and Conservation*, Vol.15 (2018): e00428.

Pang, K. L., Vrijmoed, L. L., Goh, T. K., Plaingam, N. and Jones, E. B. G., "Fungal endophytes associated with *Kandelia candel* (Rhizophoraceae) in Mai Po nature reserve, Hong Kong," *Botanica Marina*, Vol.51 (2008): pp.171-178.

Pang, K. L., Chen, I. A., Ju, W. T. and Guo, S. Y., "A checklist of marine fungi of Hong Kong," *Fungal Science*, Vol.31 (2016): pp.7-17.

Peart, M. R., "Patterns of erosion and sediment production in Hong Kong," in *Erosion and Sediment Yield: Global and Regional Perspectives* (Proceedings of the Exeter Symposium), July 1996 Vol.236 (1996): pp.241-248.

Peart, M. R., Hill, R. D. and Fok, L., "Environmental change, hillslope erosion and suspended sediment: Some observations from Hong Kong," *Catena*, Vol.79, no.3 (2009): pp.198-204.

Peckham, R., "Hygienic Nature: Afforestation and the greening of colonial Hong Kong," *Modern Asian Studies*, Vol.49, no. 4 (2015): pp.1177-1209.

Pei, K. J. C. and Wang, Y., "Some observations on the reproduction of the Taiwan ferret badger (*Melogale moschata subaurantiaca*) in southern Taiwan," *Zoological Studies*, Vol.34, no.2 (1995): pp.88-95.

Pei, K. J. C., Lai, Y. C., Corlett, R. T. and Suen, K. Y., "The larger mammal fauna of Hong Kong: species survival in a highly degraded landscape," *Zoological Studies*, Vol.49, no.2 (2010): pp.253-264.

Pereira, R. A., "Tiger in the New Territories," *The Hong Kong Naturalist*, Vol.5, no.4 (1934): pp.322-323.

Pereira, R. A., "Tiger in the New Territories, additional note," *The Hong Kong Naturalist*, Vol.6, no.1 (1935): pp.81-82.

Petrikkos, G., Skiada, A., Lortholary, O., Roilides, E., Walsh, T. J. and Kontoyiannis, D. P., "Epidemiology and clinical manifestations of mucormycosis," *Clinical Infectious Diseases*, Vol.54 (suppl_1) (2012): pp.S23—S34.

Pfeffer G., "Die Panzerkrebse des Hamburger Museums," *Verhandlungen des naturwissenschaftlichen Vereins von Hamburg-Altona*, Neue Folge.5 (1881): pp.22-55.

Pfister, S. H. and Sayre, G., *Cryptogams of the United States North Pacific Exploring Expedition, 1853-1856: unpublished manuscripts of Fungi by Miles Joseph Berkeley and Moses Ashley Curtis, Lichens by Edward Tuckermen, Musci by William*

Starling Sullivant and Leo Lesquereux (Cambridge, Massachusetts: Farlow Reference Library and Herbarium of Cryptogamic Botany, Harvard University, 1978).

Phillips, C. J. and Wilson, N., "A collection of bats from Hong Kong," *Journal of Mammalogy*, Vol.49, no.1 (1968): pp.128-133.

Photita, W., Lumyong, S., Lumyong, P., Ho, W. H., McKenzie, E. H. C. and Hyde, K. D., "Fungi on Musa acuminata in Hong Kong," *Fungal diversity*, Vol.6 (2001): pp.99-106.

Pickens, P. E., "Systems that control the burrowing behaviour of a sea anemone," *Journal of Experimental Biology*, Vol.135 (1988): pp.133-164.

Pierce, M. P., Leong, C. M. and Guénard, B., "A new species and new record of the cryptobiotic ant genus Ponera Latreille, 1804 (Hymenoptera, Formicidae) from Hong Kong," *ZooKeys*, Vol.867, no.2 (2019): pp.9-21.

Pitman, J. and Peck, R., "The physical nature of the Hong Kong seashore," in *The Future of Hong Kong Seashore*, edited by B. Morton (Hong Kong: Oxford University Press, 1979), pp.15-43.

Piwetz, S., Jefferson, T. A. and Würsig, B., "Effects of coastal construction on Indo-Pacific humpback dolphin (*Sousa chinensis*) behavior and habitat-use off Hong Kong," *Frontiers in Marine Science*, Vol.8 (2021).

Ponder, W. F., "The anatomy and relationships of three species of vitrinelliform gastropods (Caenogastropoda: Rissooidea) from Hong Kong," in *The Malacofauna of Hong Kong and Southern China III*, edited by B. Morton (Hong Kong: Hong Kong University Press, 1994), pp.186-215.

Poon, D. Y. N., Chan, B. K. K. and Williams, G. A., "Spatial and temporal variation in diets of the crabs *Metopograpsus frontalis* (Grapsidae) and *Perisesarma bidens* (Sesarmidae): Implications for mangrove food webs," *Hydrobiologia*, Vol.638 (2010):

pp.29-40.

Poon, Y. D., "The population dynamics and feeding ecology of the mangrove crabs, *Metopograpsus frontalis* (Grapsidae) and *Perisesarma bidens* (Sesarmidae), in Hong Kong" (master's thesis, University of Hong Kong, 2004).

Purcell, J. E., "Climate effects on formation of jellyfish and ctenophore blooms: a review," *Journal of the Marine Biological Association of the United Kingdom*, Vol.85 (2005): pp.461-476.

Purcell, J. E., Uye, S. I. and Lo, W. T., "Anthropogenic causes of jellyfish blooms and their direct consequences for humans: a review," *Marine Ecology Progress Series*, Vol.350 (2007): pp.153-174.

Qiu, J. W., Lau, D. C. C., Cheang, C. C. and Chow, W. K., "Community-level destruction of hard corals by the sea urchin *Diadema setosum*," *Marine Pollution Bulletin*, Vol.85 (2014): pp.783-788.

Rainbow, P. S., "Biomonitoring of marine heavy metal pollution and its application in Hong Kong waters," in *The Marine Biology of the South China Sea*, edited by B. Morton (Hong Kong: University of Hong Kong, 1993), p.235-252.

Rajapandian, R. and Natchiappan, S., "Diversity and Distribution Records of Orthoptera (Insecta) in Nagarhole Tiger Reserve, Karnataka, India," *Proceedings of the Zoological Society*, Vol.73, no.4 (2020): pp.362-379.

Ramirez-Barahona, S., Sauquet, H. and Magallon, S., "The delayed and geographically heterogeneous diversification of flowering plant families," *Nature Ecology & Evolution*, Vol.4, no.9 (2020): pp.1232-1238.

Rasheed, M. A., "Recovery and succession in a multi-species tropical seagrass meadow following experimental disturbance: the role of sexual and asexual reproduction," *Journal of Experimental Marine Biology and Ecology*, Vol.310 (2004): pp.13-45.

Rasmussen, H. N. and Rasmussen, F. N., "Orchid mycorrhiza: implications of a mycophagous life style," *Oikos*, Vol.118 (2009): pp.334-345.

Reels, Graham, "Distribution of large mammals in Hong Kong," *Porcupine!*, Vol.15 (1996): pp.36-38.

Reyes, K., Bardossy, A. C. and Zervos, M., "Vancomycin-Resistant Enterococci: Epidemiology, Infection Prevention, and Control," *Infectious disease clinics of North America*, Vol.30, no.4 (2016): pp.953-965.

Reyes-Bonilla, H. and Jordán-Dahlgren, E., "Caribbean coral reefs: past, present and insights into the future," in *Marine animal forests: the ecology of benthic biodiversity hotspots*, edited by S. Rossi, L. Bramanti, A. Gori and C. Orejas (Cham: Springer International Publishing, 2017), p.31-72

Richardson, C. A., Dustan, P. and Lang, J. C., "Maintenance of living space by sweeper tentacles of Montastrea cavernosa, a Caribbean reef coral," *Marine Biology*, Vol.55 (1979): pp.181-186.

Roberts, K. J. and Strange, P. J., "The geology and exploitation of the Needle Hill wolframite deposit," *Geological Society of Hong Kong Newsletter*, Vol.9, no.3 (1991): pp.29-40

Robinson, G. R., Jr., Hammarstrom, J. M. and Olson, D. W., "Graphite," in chapter J of *Critical mineral resources of the United States — Economic and environmental geology and prospects for future supply*, edited by K. J. Schulz, J. H. DeYoung Jr., R. R. Seal II, D. C. Bradley (Reston, Virginia: U.S. Geological Survey, 2017), 1802, pp.J1-J24.

Roden, M. M., Zaoutis, T. E., Buchanan, W. L., Knudsen, T. A., Sarkisova, T. A., Schaufele, R. L., Sein, M., Sein, T., Chiou, C. C., Chu, J. H. and Kontoyiannis, D. P., "Epidemiology and outcome of zygomycosis: a review of 929 reported cases," *Clinical infectious diseases*, Vol.41 (2005): pp.634-653.

Romer, J. D., "Bats know from Hong Kong," *Memoirs of the Hong Kong Natural History Society*, Vol.4 (1960): p.4.

Romer, J. D., "First record of the Grey Shrew Crocidura attenuate in Hong Kong," *Memoirs of the Hong Kong Natural History Society*, Vol.6 (1962): p. 13.

Romer, J. D., "Further Records of Bats in Hong Kong," *Memoirs of the Hong Kong Natural History Society*, Vol.7 (1966): pp.4-5.

Romer, J. D., "Note on Long-tailed Macaque in Hong Kong," *Memoirs of the Hong Kong Natural History Society*, Vol.7 (1966): p.16.

Romer, J. D., "Overwintering eggs of the lizard Gekko gecko (L.)," *Memoirs of The Hong Kong Natural History Society*, Vol.7 (1966): pp.11-12.

Romer, J. D., "Annotated Checklist with Keys to the Bats of Hong Kong," *Memoirs of the Hong Kong Natural History Society*, Vol.9 (1974): pp.1-6.

Romer, J. D., "Annotated Checklist with Keys to the Lizards of Hong Kong," *Memoirs of Hong Kong Natural History Society*, Vol.10 (1975): pp. 1-13.

Romer, J. D., "Annotated Checklist with Keys to the Chelonians of Hong Kong," *Memoirs of the Hong Kong Natural History Society*, Vol.12 (1978): pp.1-10.

Romer, J. D., "Annotated Checklist with Keys to the Adult Amphibians of Hong Kong," *Memoirs of the Hong Kong Natural History Society*, Vol.15 (1979): pp.1-14.

Romer, J. D., "Second Revised Annotated Checklist with Keys to the Snakes of Hong Kong," *Memoirs of Hong Kong Natural History Society*, Vol.14 (1979): pp.1-23.

Rouse, G. W., Jermiin, L. S., Wilson, N. G., Eeckhaut, I., Lanterbecq, D., Oji, T., Young, G. M., Browning, T., Cisternas, P., Helgen, L. E., Stuckkey, M. and Messing, C. G., "Fixed, free, and fixed: the fickle phylogeny of extant Crinoidea (Echinodermata) and their Permain-Triassic origin," *Molecular Phylogenetics and Evolution*, Vol.66 (2013): pp.161-181.

Sadovy, Y. and Cornish, A. S., *Reef fishes of Hong Kong* (Hong Kong: Hong Kong University Press, 2000).

Saha, S., Sengupta, J., Banerjee, D. and Khetan, A., "Lasiodiplodia theobromae Keratitis: A Case Report and Review of Literature," *Mycopathologia*, Vol.174, no. 4 (2012): pp.335-339.

Sakai, K. and Shinomiya, S., "Preliminary report on eight new genera formerly attributed to *Parapenaeopsis* Alcock, 1901, sensu lato (Decapoda, Penaeidae)," *Crustaceana*, Vol.84, no. 4 (2011): pp.491-504.

Sakamoto, Y., Yokoyama, J. and Maki, M., "Mycorrhizal diversity of the orchid *Cephalanthera longibracteata* in Japan," *Mycoscience*, Vol.56 (2015): pp.183-189.

Sakayaroj, J., Jones, E. B. G., Chatmala, I., Phongpaichit, S., "Marine fungi," in *Thai Fungal Diversity*, edited by E. B. G. Jones, M. Tanticharoen and K. D. Hyde (Thailand: BIOTEC, 2004), pp.107-117.

Sammarco, P. W., Coll, J. C., La Barre, S. and Willis, B., "Competitive strategies of soft corals (Coelenterata: Octocorallia): allelopathic effects on selected scleractinian corals," *Coral Reefs*, Vol.1 (1983): pp.173-178.

Sammarco, P. W., Coll, J. C. and La Barre, S., "Competitive strategies of soft corals (Coelenterata: Octocorallia). II. Variable defensive responses and susceptibility to scleractinian corals," *Journal of Experimental Marine Biology and Ecology*, Vol.91 (1985): pp.199-215.

Schalk, I. J., Rigouin, C. and Godet, J., "An overview of siderophore biosynthesis among fluorescent Pseudomonads and new insights into their complex cellular organization," *Environmental Microbiology*, Vol.22, no.4 (2020): pp.1447-1466.

Schneider, H. and Schuettpelz, E., "A community-derived classification for extant lycophytes and ferns," *Journal of systematics and evolution*, Vol.54, no.6 (2016): pp.563-603.

Schubart, C. D. and Ng, P. K. L., "Revision of the intertidal and semiterrestrial crab genera *Chiromantes* Gistel, 1848, and *Pseudosesarma* Serène & Soh, 1970 (Crustacea: Brachyura: Sesarmidae), using morphology and molecular phylogenetics, with the establishment of nine new genera and two new species," *Raffles Bulletin of Zoology*, Vol.68 (2020), pp.891-994.

Scott, A. and Harrison, P. L., "Larval settlement and juvenile development of sea anemones that provide habitat for anemonefish," *Marine Biology*, Vol.154 (2008): pp.833-839.

Scott, P. J. B., *The Corals of Hong Kong* (Hong Kong: Hong Kong University Press, 1984).

Scott, P. J. B. and Cope, M., "The distribution of scleractinian corals at six sites within Tolo harbour and channel," in *The Marine Flora and Fauna of Hong Kong and Southern China*, edited by. B. Morton and C. K. Tseng (Hong Kong: Hong Kong University Press, 1980), pp.575-585.

Scott, P. J. B. and Cope, M., "The distribution of Scleractinian corals at six sites within Tolo Harbour and Channel," in *First International Marine Biological Workshop: The Marine Flora and Fauna of Hong Kong and Southern China, Hong Kong, 1980*, edited by S. Morton and C. K. Cheng (Hong Kong: Hong Kong University Press, 1982), pp.575-586.

Scott, P. J. B. and Cope, M., "Tolo revisited: a survey of the corals in Tolo harbour and channel six years and half a million people later," in *The Marine Flora and Fauna of Hong Kong and Southern China II*, edited by B. Morton (Hong Kong: Hong Kong University Press, 1990), pp.1203-1220.

Seabrooke, W., Hui, E. C. M., Lam, W. H. K. and Wong, G. K. C., "Forecasting cargo growth and regional role of the port of Hong Kong," *Cities*, Vol.20 (2003): pp.51-64.

Seed, R. and Brotohadikusumo, N. A., "Spatial variation in the molluscan fauna associated with *Septifer virgatus* (Bivalvia: Mytilidae) at Cape d'Aguilar, Hong Kong," in *Proceedings of the third international workshop on the malacofauna of Hong Kong and southern China*, edited by B. Morton (Hong Kong: Hong Kong University Press, 1994), p.427-

444.

Seemann, B., *The botany of the voyage of HMS Herald: Under the command of Captain Henry Kellett, RN, CB, during the years 1845-51* (London: Lovell Reeve, 1857).

Sekino, M. and Yamashita, H., "Mitochondrial and nuclear DNA analyses of *Saccostrea* oysters in Japan highlight the confused taxonomy of the genus," *Journal of Molluscan Studies*, Vol.82 (2016): pp.492-506.

Selvan, K. M., Veeraswami, G. G. and Hussain, S. A., "Dietary preference of the Asiatic wild dog (Cuon alpinus)," *Mammalian Biology*, Vol.78, no.6 (2013): pp.486-489.

Seuront, L. and Ng, T. P. T., "Standing in the sun: infrared thermography reveals distinct thermal regulatory behaviours in two tropical high-shore littorinid snails," *Journal of Molluscan Studies*, Vol.82 (2016): p.336-340.

Sewell, R. J. and Kirk, P. A., *Geology of Tung Chung and Northshore Lantau Island* (Hong Kong: Geotechnical Engineering Office, Civil Engineering Department, 2002).

Shaltami, et al., "Iron Ores: A Review," Conference Paper of the 22th International Conference on Ore Deposits (ICOD2020), University of Dar es Salaam, Tanzania, 2020.

Shan, X. C., Liew, E. C. Y., Weatherhead, M. A. and Hodgkiss, I. J., "Characterization and taxonomic placement of *Rhizoctonia*-like endophytes from orchid roots," *Mycologia*, Vol.94 (2002): pp.230-239.

Shek, C. T., "Wrinkle-lipped Free-tailed Bat (*Chaerephon plicata* 皺唇犬吻蝠) in Hong Kong," *Hong Kong Biodiversity*, Vol.11 (2006): p.11.

Shek, C. T., *A Field Guide to the Terrestrial Mammals of Hong Kong* (Hong Kong: Agriculture, Fisheries and Conservation Department, 2006).

Shek, C. T. and Chan, C. S. M., "Mist Net Survey of Bats with Three New Bat Species Records For Hong Kong," *Hong Kong Biodiversity*, Vol.11 (2006): pp.1-7.

Shek, C. T., Chan, C. S. M. and Wan, Y. F., "Camera Trap Survey of Hong Kong Terrestrial Mammals in 2002-2006," *Hong Kong Biodiversity*, Vol.15 (2007): pp.1-11.

Shen, C. J., "The crabs of Hong Kong, Part 1," *The Hong Kong Naturalist*, Vol.2, no.2 (1931): pp.92-110, text-figs. 1-11, pls. 4-10.

Shen, C. J., "The crabs of Hong Kong, Part 2," *The Hong Kong Naturalist*, Vol.2, no.3 (1931): pp.185-197, text-figs. 1-13, pls. 12-14.

Shen, C. J., "The crabs of Hong Kong, Part 3," *The Hong Kong Naturalist*, Vol.3, no.1 (1932): pp.32-45, text-figs. 1-10, pls. 8-9.

Shen, C. J., "The Crabs of Hong Kong, Part 4," *The Hong Kong Naturalist*, Vol. Supplement 3 (1934): pp.37-56, figs. 1-18.

Shen, C. J., "On some new and rare crabs of the families Pinnotheridae, Grapsidae and Ocypodidae," *Chinese Journal of Zoology*, Vol.1 (1935): pp.19-40, figs. 1-15.

Shen, C. J., "Notes on the family Hapalocarcinudae (coral-infesting crabs) with descriptions of two new species," *The Hong Kong Naturalist*, Vol. Supplement 5 (1936): pp.21-26, pls. 1-2.

Shen, C. J., "Four new species of Brachyura from Chinese seas," *Journal of the Hong Kong Fisheries Research Station*, Vol.1, no.2 (1940): pp.255-262.

Shen, C. J., "The brachyuran fauna of Hongkong," *Journal of the Hong Kong Fisheries Research Station*, Vol.1, no.2 (1940): pp.211-242.

Shih, H. T., Hsu, J. W., Wong, K. J. H. and Ng, N. K., "Review of the mudflat varunid crab genus *Metaplax* (Crustacea, Brachyura, Varunidae) from East Asia and northern Vietnam," *ZooKeys*, Vol.877 (2019), pp.1-29.

Shiklomanov, L. A., "World Freshwater Resources," in *Water in Crisis: A Guide to World's Freshwater Resources*, edited by P. H. Gleick (New York: Oxford University Press, 1993), pp.13-24.

Shin, P. K. S., "Some polychaetous annelids from Hong Kong waters," in *First*

International Marine Biological Workshop: The Marine Flora and Fauna of Hong Kong and Southern China, Hong Kong, 1980, edited by B. Morton and C. K. Cheng (Hong Kong: Hong Kong University Press, 1982), pp.161-172.

Shin, P. K. S., "The macrobenthich infauna of Tolo Harbour and Tolo Channel, Hong Kong," in First International Marine Biological Workshop: The Marine Flora and Fauna of Hong Kong and Southern China, Hong Kong, 1980, edited by B. Morton and C. K. Cheng (Hong Kong: Hong Kong University Press, 1982), pp.721-731.

Shin, P. K. S. and Thompson, G. B., "Spatial distribution of the infaunal benthos of Hong Kong," Marine Ecology Progress Series, Vol.10 (1982): pp.37-47.

Shin, P. K. S., "Benthic invertebrate communities in Tolo Harbour and Mirs Bay: a review," in The Marine Flora and Fauna of Hong Kong and Southern China II, edited by B. Morton (Hong Kong: Hong Kong University Press, 1990), pp.883-898.

Shin, P. K. S., "Biodiversity of subtidal benthic polychaetes in Hong Kong coastal waters," in The Marine Biology of the South China Sea. Proceedings of the Third International Conference on the Marine Biology of the South China Sea, Hong Kong, edited by B. Morton, (Hong Kong: Hong Kong University Press, 1998), pp.57-74.

Shin, P. K. S., Li, H. Y. and Cheung, S. G., "Horseshoe crabs in Hong Kong: current population status and human exploitation," in Biology and conservation of horseshoe crabs, edited by J. T. Tanacredi, M. L. Botton and D. R. Smith (Boston: Springer, 2009), pp.347-360.

Shunula, J. P. and Ndibalem, V., "Grazing preferences of Diadema setosum and Heliocidaris erythrogramma (Echinoderms) on an assortment of marine algae," Aquatic Botany, Vol.25 (1986): pp.91-95.

Siu, K. C., Chen, X. and Wu, J. Y., "Constituents actually responsible for the antioxidant activities of crude polysaccharides isolated from mushrooms," Journal of Functional Foods, Vol.11 (2014): pp.548-556.

Smale, D. A., Wernberg, T., Oliver, E. C. J., Thomsen, M., Harvey, B. P., Strub, S. C., Burrows, M. T., Alexander, L. V., Benthuysen, J. A., Donat, M. G., Feng, M., Hobday, A. J., Holbrook, N. J., Perkins-Kirkpatrick, S. E., Scannell, H. A., Gupta, A. S., Payne, B. L. and Moore, P. J., "Marine heatwaves threaten global biodiversity and the provision of ecosystem services," Nature Climate Change, Vol.9 (2019): pp.306-312.

Smith, G. J. D., "A Molecular Systematic Study of the Xylariales (Ascomycota)" (PhD thesis, University of Hong Kong, 2003).

So, J. Y., "Understanding the clam diggers' environmental attitude and behaviour towards clam digging activity in Shui Hau, Hong Kong" (master's thesis, University of Hong Kong, 2019).

So, K. J. Y., Cheang, C. C., Hui, T. Y. and Chan, J. K. Y., "Understanding the behavioural gap between perceived and actual environmental behaviour: investigating the clam-harvesting pattern in Hong Kong SAR, China," Journal of Cleaner Production, Vol.316 (2021): 128259.

So, K. Y. K. and Dudgeon, D., "When is protection not conservation? A case study of semi-natural freshwater marshes in Hong Kong," Aquatic Conservation: Marine and Freshwater Ecosystems, Vol.31, no.12 (2021): pp.3345-3356.

So, M. L., Hong Kong Plant Diseases (Hong Kong: Urban Council, 1991).

So, M. L., Mosses and liverworts of Hong Kong (Hong Kong: Heavenly People Depot,1995).

So, Y. K. K., "Ecology, conservation and management of Hong Kong freshwater marshlands." (PhD thesis, University of Hong Kong, 2019).

Soh, C. L., "On a collection of sesarmine crabs (Decapoda, Brachyura, Grapsidae) from Hong Kong," Memoirs of the Hong Kong Natural History Society, Vol.13 (1978): pp.9-22.

Song, D. X., Zhu, M. S. and Wu, K. Y., "Some new species of the spiders from Hong Kong," *Acta Arachnologica Sinica*, Vol.6 (1997): pp.81-86.

Stanley K. H. S. and To, A. W. L., "Ocean fifteen: new records of reef fish species in Hong Kong," *Marine Biodiversity Records*, Vol.11 (2018): 24

Stanley, G. D., "Photosymbiosis and the evolution of modern coral reefs," *Science*, Vol.312 (2006): pp.857-858.

Stanley, K. H. S. and To, A. W. L., "New records of four reef fish species for Hong Kong," *Marine Biodiversity Records*, Vol.9 (2016): 82.

Stewart, J. E., Kim, M. S., Ota, Y., Sahashi, N., Hanna, J. W., Akiba, M., Ata, J. P., Atibalentja, N., Brooks, F., Chung, C. L., Dann, E. K., Mohd Farid, A., Hattori, T., Lee, S. S., Otto, K., Pegg, G. S., Schlub, R. L., Shuey, L. S., Tang, A. M. C., Tsai, J.-N., Cannon, P. G. and Klopfenstein, N. B., "Phylogenetic and population genetic analyses reveal three distinct lineages of the invasive brown root-rot pathogen, Phellinus noxius, and bioclimatic modeling predicts differences in associated climate niches," European Journal of Plant Pathology, Vol.156, no.3 (2020): pp.751-766.

Stimpson, W., "Prodromus descriptionis animalium evertebratorum, quae in Expeditione ad Oceanum Pacificum Septentrionalem, a Republica Federata missa, Cadwaladaro Ringgold et Johanne Rodgers Ducibus, observavit et descripsit. Pars III. Crustacea Maioidea," in *Proceedings of the Academy of Natural Sciences of Philadelphia*, Vol.9 (1857): pp.216-221.

Stimpson, W., "Prodromus descriptionis animalium evertebratorum, quae in Expeditione ad Oceanum Pacificum Septentrionalem, a Republica Federata missa, Cadwaladaro Ringgold et Johanne Rodgers Ducibus, observavit et descripsit. Pars IV. Crustacea Cancroidea et Corystoidea," in *Proceedings of the Academy of Natural Sciences of Philadelphia*, Vol.10 (1858): pp.31-40.

Stimpson, W., "Prodromus descriptionis animalium evertebratorum, quae in Expeditione ad Oceanum Pacificum Septentrionalem, a Republica Federata missa, Cadwaladaro Ringgold et Johanne Rodgers Ducibus, observavit et descripsit. Pars V. Crustacea Ocypodoidea," in *Proceedings of the Academy of Natural Sciences of Philadelphia*, Vol.10 (1858): pp.93-110.

Stimpson, W., "Prodromus descriptionis animalium evertebratorum, quae in Expeditione ad Oceanum Pacificum Septentrionalem, a Republica Federata missa, Cadwaladaro Ringgold et Johanne Rodgers Ducibus, observavit et descripsit. Pars VI. Crustacea Oxystomata," in *Proceedings of the Academy of Natural Sciences of Philadelphia*, Vol.10 (1858), pp.159-163.

Stimpson, W., "Prodromus descriptionis animalium evertebratorum, quae in Expeditione ad Oceanum Pacificum Septentrionalem, a Republica Federata missa, Cadwaladaro Ringgold et Johanne Rodgers Ducibus, observavit et descripsit. Pars VII. Crustacea Anomura," in *Proceedings of the Academy of Natural Sciences of Philadelphia*, Vol. 10 (1858): pp.225-252.

Stimpson, W., "Prodromus descriptionis animalium evertebratorum, quae in Expeditione ad Oceanum Pacificum Septentrionalem, a Republica Federata missa, Cadwaladaro Ringgold et Johanne Rodgers Ducibus, observavit et descripsit. Pars VIII. Crustacea Macrura," in Proceedings of the Academy of Natural Sciences of Philadelphia, Vol.12 (1860): pp.22-47.

Stimpson, W., *Report on the Crustacea (Brachyura and Anomura) collected by the North Pacific Exploring Expedition, 1853-1856* (District of Columbia: Smithsonian Miscellaneous Collections, 1907).

Styan, F. W., "On the birds of the lower Yangtse basin — Part I," *Ibis,* Vol.33 (1891): pp.316-359.

Styan, F. W., "On the birds of the lower Yangtse Basin — Part II," *Ibis,* Vol.33 (1891): pp.481-510.

Styan, F. W., "On five apparently new species of birds from Hainan," *Ibis*, Vol.35 (1893): pp.54-57.

Styan, F. W., "Notes on the ornithology of China," *Ibis*, Vol.36 (1894): pp.329-337.

Su, D. Y., Yang, L. X., Shi, X., Ma, X. Y., Zhou, X. F., Hedges, S. B. and Zhong, B. J., "Large-scale phylogenomic analyses reveal the monophyly of bryophytes and Neoproterozoic origin of land plants," *Molecular Biology and Evolution*, Vol.38 (2021): pp.3332-3344.

Su, Y., Yang, F., Chen, L. and Cheung, P. C. K., "Mushroom Carboxymethylated β-d-Glucan Functions as a Macrophage-Targeting Carrier for Iron Oxide Nanoparticles and an Inducer of Proinflammatory Macrophage Polarization for Immunotherapy," *Journal of Agricultural and Food Chemistry*, Vol.70, no.23 (2022): pp.7110-7121.

Suen, L. K. P., Lung, V. Y. T., Boost, M. V., Au-Yeung, C. H. and Siu, G. K. H., "Microbiological evaluation of different hand drying methods for removing bacteria from washed hands," *Scientific Reports*, Vol.9 (2019):13754.

Sullivant, W. S. and Lesquereux, L., "Characters of some new Musci collected by Charles Wright in the North Pacific Exploring Expedition, under the command of Captain John Rogers," Proceedings of the American Academy of Arts and Science, Vol.4 (1859): pp.275-282.

Sun, J., Wei, L., Yin, R., Jiang, F. and Shang, C., "Microbial iron reduction enhances in-situ control of biogenic hydrogen sulfide by FeOOH granules in sediments of polluted urban waters," *Water Research*, Vol.171 (2020): 115453.

Sun, N. C. M., Pei, K. J. C. and Wu, L. Y., "Long term monitoring of the reproductive behavior of wild Chinese pangolin (Manis pentadactyla)," *Scientific Reports*, Vol.11, no.1 (2021): pp.1-9.

Sun, Y. and Qiu, J. W., "A new species of *Lagis* (Polychaeta: Pectinariidae) from Hong Kong," *Zootaxa*, Vol.3264 (2012): pp.61-68.

Sun, Y., Ten Hove, H. A. and Qiu, J. W., "Serpulidae (Annelida: Polychaeta) from Hong Kong," *Zootaxa*, Vol.3424 (2012): pp.1-42.

Sun, Y., Tsui, J. H. Y., Wong, R. T. H., Cheung, R. N. C., Ng, M. K. P., Or, C. K. M. and Qiu, J. W., "A New Species of Box Jellyfish (Cnidaria: Tripedaliidae: Tripedalia) from Hong Kong, China," *Zoological Studies*, Vol.62 (2023): 17.

Sun, Y., Zuo, T., Cheung, C. P., Gu, W., Wan, Y., Zhang, F., Chen, N., Zhan, H., Yeoh, Y. K., Niu, J., Du, Y., Zhang, F., Wen, Y., Yu, J., Sung, J. J., Chan, P. K., Chan, F. K., Wang, K., Ng, S. C. and Miao, Y., "Population-level configurations of gut mycobiome across six ethnicities in urban and rural China," *Gastroenterology*, Vol.160 (2021): pp.272-286.

Sung, Y. H., "A new species of Amolops (Anura: Ranidae) from southern China," *Zootaxa*, Vol. 4170, no.3 (2016): pp.525-538.

Sung, Y. H., Hau, B. C. H. and Karraker, N. E., "Spatial Ecology of Endangered Big-headed Turtles (Platysternon megacephalum): Implications of its Vulnerability to Illegal Trapping," *The Journal of Wildlife Management*, Vol. 79 (2015): pp.537-543.

Sung, Y. H., Hau, C. H. B. and Karraker, N. E., "Reproduction of endangered Big-headed Turtle, Platysternon megacephalum (Reptilia: Testudines: Platysternidae)", *Acta Herpetologica*, Vol. 9 (2014): pp.243-247.

Sung, Y. H., Karraker, N. E. and Hau, B. C. H., "Terrestrial herpetofaunal assemblages in secondary forests and exotic Lophostemon confertus plantations in South China,"*Forest Ecology and Management*, Vol. 270 (2012): pp.71-77.

Sung, Y. H., Karraker, N. E. and Hau, C. H.

B., "Demographic evidence of illegal harvesting of an endangered Asian turtle," *Conservation Biology*, Vol. 27 (2013): pp. 1421-1428.

Sung, Y. H., Yang, J. and Wang, Y., "A new species of Leptolalax (Anura: Megophryidae) from southern China," *Asian Herpetological Research*, Vol. 5, no.2 (2014): pp.80-90.

Swan, E. F., "Seasonal evisceration in the sea cucumber, *Parastichopus californicus* (Stimpson)," *Science*, Vol.133 (1964): pp.1078-1079.

Swarts, N. D. and Dixon, K. W., "Perspectives on orchid conservation in botanic gardens," *Trends in Plant Science*, Vol.14 (2009): pp.590-598.

Swe, A., Jeewon, R., Pointing, S. B. and Hyde, K. D., "Diversity and abundance of nematode-trapping fungi from decaying litter in terrestrial, freshwater and mangrove habitats," *Biodiversity and Conservation*, Vol.18 (2009): pp.1695-1714.

Swinhoe, R., "Notes on the Ornithology of Hong Kong, Macao and Canton, made during the latter end of February, March, April, and the beginning of May, 1860," *Ibis* (1861): pp.23-57.

Swinhoe, R., "Catalogue of the Birds of China, with Remarks principally on their Geographical Distribution," *Proceedings of the Zoological Society* (1863): pp.259-339.

Swinhoe, R., "A Revised Catalogue of the Birds of China and its Islands, with Descriptions of New Species, References to former Notes, and occasional Remarks," *Proceedings of the Zoological Society* (1871): pp.337-423.

Taheri, S., Peloso, C. and Dupont, L., "Harmful or useful? A case study of the exotic peregrine earthworm morphospecies *Pontoscolex corethrurus*," *Soil Biology and Biochemistry*, Vol.116 (2018): pp.277-289.

Tam, N. F. Y., Wong, Y. S., Lu, C. Y. and Berry, R., "Mapping and characterization of mangrove plant communities in Hong Kong," *Hydrobiologia*, Vol.352 (1997): pp.25-37.

Tambutté, S., Holcomb, M., Ferrier-Pagès, C., Reynaud, S., Tambutté, É., Zoccola, D. and Allemand, D., "Coral biomineralization: from the gene to the environment," *Journal of Experimental Marine Biology and Ecology*, Vol.408 (2011): pp.58-78.

Tan, B. C. and Pocs, T., "Bryogeography and conservation of bryophytes," in *Bryophyte Ecology*, edited by A. J. Shaw and B. Goffinet (Cambridge: Cambridge University Press, 2000), pp.403-448.

Tanaka, N., Uehara, K. and Murata, J., "Correlation between pollen morphology and pollination mechanisms in the Hydrocharitaceae," *Journal of Plant Research*, Vol.117 (2004): pp.265-276.

Tang, A. M. C., "Phylogenetic Utility of Ribosomal and Protein-coding genes in Sordariomycetes Systematics and Evolutionary Relationships within the Xylariaceae" (PhD thesis, University of Hong Kong, 2007).

Tang, A. M. C., Jeewon, R. and Hyde, K. D., "Phylogenetic utility of protein (RPB2, β-tubulin) and ribosomal (LSU, SSU) gene sequences in the systematics of Sordariomycetes," *Antonie van Leeuwenhoek International Journal of General and Molecular Microbiology*, Vol.91 (2007): pp.327-349.

Tang, A. M. C., Jeewon, R. and Hyde, K. D., "A re-evaluation of Phylogenetic relationships within Xylariaceae," *Fungal Diversity*, Vol.34 (2009): pp.127-155.

Tang, W. S. M., "Geographic information system as a data management tool for marine resource planning in Hong Kong" (PhD thesis, University of Hong Kong, 1999).

Tao, L. S. R., Lau, D. C. P., Perkins, M. J., Hui, T. T. Y., Yau, J. K. C., Mak, Y. K. Y., Lau, E. T. C., Dudgeon, D. and Leung, K. M. Y., "Stable-isotope based trophic metrics reveal early recovery of tropical crustacean assemblages following a trawl ban," *Ecological Indicators*, Vol.117 (2020): 106610.

Taylor, C. K., Barthélémy, C., Chi, R. C. S. and Guénard, B., "Review of Psenulus species (Hymenoptera, Psenidae) in the Hong Kong SAR, with description of three new species," *Journal of Hymenoptera Research*, Vol.1 (2020), pp.169-212.

Taylor, C. and Barthélémy, C., "A review of the digger wasps (Insecta: Hymenoptera: Scoliidae) of Hong Kong, with description of one new species and a key to known species," *European Journal of Taxonomy,* Vol.786, no.1 (2021), pp.1-92.

Taylor, D. L., Bruns, T. D. and Hodges, S. A., "Evidence for mycorrhizal races in a cheating orchid," Proceedings of the Royal Society of London Series B: Biological Sciences, Vol.271 (2004): pp.35-43.

Taylor, J. D. and Morton, B., "The diets of predatory gastropods in the Cape D'Aguilar marine reserve, Hong Kong," *Asian Marine Biology*, Vol.13 (1996): pp.141-166.

Taylor, J. E., "Biodiversity of distribution of Microfungi on Palms" (PhD thesis, University of Hong Kong, 1997).

Taylor, J. W., "One Fungus = One Name: DNA and fungal nomenclature twenty years after PCR," *IMA Fungus*, Vol.2, no.2 (2011): pp.113-120.

Terenzini, J., Li, Y. and Falkenberg, L. J., "Unlocking Hong Kong's hidden jellyfish diversity with citizen science," *Regional Studies in Marine Science*, Vol.62 (2023): 102896.

Terman, J. L. and Neller, R., "The erodibility of soils beneath wildfire prone grasslands in the humid tropics, Hong Kong," *Catena*, Vol.36 (1999): pp.49-64.

Thompson, G. B. and Shin, P. K. S., "Sewage pollution and the infaunal benthos of Victoria Harbour, Hong Kong," *Journal of Experimental Marine Biology and Ecology*, Vol.67 (1983): pp.279-299.

To, A. W. L., Ching, K. S. H. and Shea, S. K. H., *Hong Kong reef fish photo guide* (Hong Kong: Eco-Education and Resources Centre, 2013).

Tong, C. P., "Distribution and preference of landscape features and foraging sites of insectivorous bats in Hong Kong urban parks" (master's thesis, University of Hong Kong, 2016).

Tong, H., Cai, L., Zhou, G., Yuan, T., Zhang, W., Tian, R., Huang, H. and Qian, P. Y., "Temperature shapes coral-algal symbiosis in the South China Sea," *Scientific Reports*, Vol.7 (2017): 40118.

Tong, X. and Dudgeon, D., "Ephemerellidae (Insecta: Ephemeroptera) from Hong Kong, China, with descriptions of two new species," *Aquatic Insects,* Vol. 22 (2000): pp.197-207.

Tong, X. and Dudgeon, D., "Three new species of the genus Caenis (Ephemeroptera, Caenidae) from Hong Kong, China.," *Zoological Research* Vol.23 (2002): pp.232-238.

Tong, X. and Dudgeon, D., "Two new species of Heptageniidae from China (Insecta, Ephemeroptera)," *Acta Zootaxonomia Sinica,* Vol. 28 (2003): pp.469-473.

Tong, Y., Pang, K. S. and Xia, N., "*Carpinus insularis* (Betulaceae), a new species from Hong Kong, China," *Journal of Tropical and Subtropical Botany*, Vol.22, no.2 (2014): pp.121-124.

Tsang, A. H. F. and Dudgeon, D., "A manipulative field experiment reveals the ecological effects of invasive mosquitofish (*Gambusia affinis*) in a tropical wetland," *Freshwater Biology*, Vol.66, no.5 (2021): pp.869-883.

Tsang, K. S. W., "The genomics of the tree pathogen fungus phellinus noxius and microbiota analysis of the rhizosphere of infected trees" (MPhil thesis, Chinese University of Hong Kong, 2020).

Tsang, K. S., Lam, R. Y. and Kwan, H. S., "Draft genomes of the fungal pathogen Phellinus noxius in Hong Kong," *bioRxiv* (2007).

Tsang, K. S., Cheung, M. K., Lam, R. Y. and Kwan, H. S., "A preliminary examination of the bacterial, archaeal, and fungal rhizosphere microbiome in healthy and Phellinus noxius-infected trees," *MicrobiologyOpen*, Vol.9, no.10 (2020): e1115.

Tsang, P. W. K., Bandara, H. M. H. N. and Fong, W. P., "Purpurin suppresses *Candida albicans* biofilm formation and hyphal development," *PLoS One*, Vol.7 (2012): e50866.

Tsang, P. W. K., Wong, A. P. K., Yang, H. P. and Li, N. F., "Purpurin triggers caspase-independent apoptosis in *Candida dubliniensis* biofilms," *PLoS One*, Vol.8 (2013): e86032.

Tsang, P. W. K., Wong, A. K., Jung, H. S. and Fong, W. P., "Sub-MIC levels of purpurin inhibit membrane ATPase-mediated proton efflux activity in the human fungal pathogen *Candida albicans*," *The Journal of Antibiotics*, Vol.67 (2014): pp.349-350.

Tse, K. C. and Jiao, J. J., "Estimation of Submarine Groundwater Discharge in Plover Cove, Tolo Harbour, Hong Kong by [222]Rn", *Marine Chemistry*, Vol.111, no.3 (2008): pp.160-170.

Tseng, W. Y., "The pelagic Ostracoda of Hong Kong," in *First International Marine Biological Workshop: The Marine Flora and Fauna of Hong Kong and Southern China, Hong Kong, 1980*, edited by B. Morton and C. K. Cheng (Hong Kong: Hong Kong University Press, 1982), pp.401-430.

Tseng, W. Y. and Cheng, W. W., "The economic shrimps of Hong Kong," in *First International Marine Biological Workshop: The Marine Flora and Fauna of Hong Kong and Southern China, Hong Kong, 1980*, edited by B. Morton and C. K. Cheng (Hong Kong: Hong Kong University Press, 1982), pp.285-313.

Tsui, C. K. M. and Hyde, K. D. (eds), *Freshwater mycology* (Hong Kong: Fungal Diversity Press, 2003).

Tsui, C. K. M., Fan, K. W., Chow, R. K. K., Jones, E. B. G. and Vrijmoed, L. L. P., "Zoospore production and motility of mangrove thraustochytrids from Hong Kong under various salinities," *Mycoscience*, Vol.53 (2012): pp.1-9.

Tsui, J. T. C. and Leung, D. Y. C., "Viability of renewable energy technologies under the Feed-in-Tariff scheme in Hong Kong," *Transactions Hong Kong Institution of Engineers*, Vol.29, no.3 (2022): pp.210-221.

Tsutsumi, C., Hirayama, Y., Kato, M., Yatabe-Kakugawa, Y. and Zhang, S. Z., "Molecular evidence on the origin of Osmunda ×mildei (Osmundaceae)," *American Fern Journal*, Vol.102, no.1 (2012): pp.55-68.

U.S. Geological Survey, "Graphite (natural)," in *Mineral commodity summaries 2021* (Reston, Virginia: U.S. Geological Survey, 2021).

Van Alstyne, K. L., Flanagan, J. C. and Gifford, S. A., "Recreational clam harvesting affects sediment nutrients remineralization and the growth of the green macroalga *Ulva lactuca*," *Journal of Experimental Marine Biology and Ecology*, Vol.401 (2011): pp.57-62.

Vandenspiegel, D., Jangoux, M. and Flammang, P., "Maintaining the line of defense: regeneration of Cuvierian tubules in the sea cucumber *Holothuria forskali* (Echinodermata, Holothuroidea)," *The Biological Bulletin*, Vol.198 (2000): pp.34-49.

Vannini, M., Rorandelli, R., Lahteenoja, O., Mrabu, E. and Fratini, S., "Tree-climbing behaviour of *Cerithidea decollata*, a western Indian Ocean mangrove gastropod (Mollusca: Potamididae)," *Journal of the Marine Biological Association of the UK*, Vol.86 (2006): pp.1429-1439.

Varpe, Ø., "Life History Adaptations to Seasonality," *Integrative and Comparative Biology*, Vol. 57, no.5 (2017): pp.943-960.

Vasile, R. S., Manning, R. B. and Lemaitre, R., "William Stimpson's Journal from the North Pacific Exploring Expedition, 1853-1856," *Crustacean Research*, special number 5 (2005): pp.1-220.

Vaughan, R. E. and Jones, K. H., "The Birds of

Hong Kong, Macao, and the West River or Si Kiang in South-eastern China, with Special Reference to their Nidification and Seasonal Movements," *Ibis,* Vol.55 (1913): pp.17-76, 163-201, 351-384.

Veron, J. E. N., "Hermatypic Scleractinia of Hong Kong — an annotated list of species," in *First International Marine Biological Workshop: The Marine Flora and Fauna of Hong Kong and Southern China, Hong Kong, 1980*, edited by B. Morton and C. K. Cheng (Hong Kong: Hong Kong University Press, 1982), pp.111-126.

Visca, P., Seifert, H. and Towner, K. J., "Acinetobacter infection--an emerging threat to human health," *International Union of Biochemistry and Molecular Biology Life*, Vol.63, no.12 (2011): pp.1048-1054.

Vrijmoed, L. L. P, Bourjault, J., Fan, K. W., Chen, F. and Shin, P. K. S., "Docosahexaenoic acid (DHA) production from mangrove thraustochytrids, their physiology and potential application as an aquaculture feed," in *Turning the tides: A Festschrift in Honour of Professor Brian Morton*, edited by P. K. S. Shin (Hong Kong: The Marine Biological Association of Hong Kong, 2003).

Wai, T. C., Ng, J. S. S., Leung, K. M. Y., Dudgeon, D. and Williams, G. A., "The source and fate of organic matter and the significance of detrital pathways in a tropical coastal ecosystem," *Limnology and Oceanography*, Vol.53 (2008): pp.1479-1492.

Walden, B. M. and Wu, S. Y., *Wild flowers of South China and Hong Kong around the year: paintings of 255 flowering plants from living specimens* (Hong Kong: Sino-American Publishing Co., 1977).

Walker, F. J., *Field observations on birds in the Colony of Hong Kong* (Hong Kong: Hong Kong Bird Watching Society, 1958).

Walker, M. E., "Petroglyphs, Lightning, and Magnetism," *Journal of California and Great Basin Anthropology*, Vol.27, no.1 (2007): pp.52-71.

Wan, J. M. F., Yang, M. and Sit, W. H.,

"Mechanisms of Yun Zhi Control of Tumor Cell Proliferation) Control of Tumor Cell Proliferation," *Chinese Journal of Integrated Traditional and Western Medicine*, Vol.3 (1997): p.74.

Wan, L., Zhang, H., Liu, M., Lin, Y. and Lin, H., "Early monitoring of exotic mangrove *Sonneratia* in Hong Kong using deep convolutional network at half-meter resolution," *IEEE Geoscience and Remote Sensing Letters*, Vol.18 (2021): pp.203-207.

Wan, M., "The status of scleractinian corals in Hong Kong and their conservation" (master's diss., University of Hong Kong, 2001).

Wan, Z., "A study on coral restoration in Hong Kong with reef building coral *Acropora digitifera*" (master's diss., University of Hong Kong, 2020).

Wang, G., Zhao, G., Chao, X., Xie, L. and Wang, H., "The Characteristic of Virulence, Biofilm and Antibiotic Resistance of Klebsiella pneumoniae," *International Journal of Environmental Research and Public Health*, Vol.17, no.17 (2020): 6278.

Wang, H., Hu, C. and Shi, B., "The control of red water occurrence and opportunistic pathogens risks in drinking water distribution systems: A review," *Journal of environmental sciences (China)*, Vol. 112 (2021): pp.92-98.

Wang, L., Teng, L., Zhang, X., Liu, X., Lyu, Q., Yang, Y. and Liu, W., "Discovery and characterization of tyrosinases from sea anemone pedal disc," *Journal of Adhesion Science and Technology*, Vol.34 (2020): pp.1840-1852.

Wang, Z., Leung, K. M. Y., Sung, Y. H., Dudgeon, D. and Qiu, J. W., "Recovery of tropical marine benthos after a trawl ban demonstrates linkage between abiotic and biotic changes," *Communication Biology*, Vol.4, no.1 (2021): pp.212-218.

Wang, Z., Zhang, Y. and Qiu, J. W., "A new species in the *Marohysa sanguinea* complex (Annelida, Eunicidae) from Hong Kong," *Zoological Studies*, Vol.57 (2018): 48.

Wang, Z., Zhang, Y., Xie, Y. J. and Qiu, J. W., "Two species of fireworms (Annelida: Amphinomidae: *Chloeia*) from Hong Kong," *Zoological Studies*, Vol.58 (2019): e22.

Wayne, N. L. and Rissman, E. F., "Tropical photoperiods affect reproductive development in the musk shrew, *Suncus murinus*," *Physiology & behavior*, Vol.50, no.3 (1991): pp.549-553.

Wear, R. G. and Stiling, H. P., "A guide to the genera and species of prawns of the family Penaeidae (Crustacea: Decapoda) from Hong Kong waters," *Hong Kong Fisheries Bulletin*, Vol.4 (1974): pp.97-108.

Weber, K. A., Achenbach, L. A., Coates, J. D., "Microorganisms pumping iron: anaerobic microbial iron oxidation and reduction," *Nature reviews Microbiology*, Vol.4, no.10 (2006): pp.752-764.

Weil, R. R. and Brady, N. C., *The Nature and Properties of Soils* Global Edition (15th Ed.) (Harlow: Pearson, 2017).

Wellington, G. M., "Reversal of digestive interactions between Pacific reef corals: mediation by sweeper tentacles," *Oecologia*, Vol.47 (1980): pp.340-343.

Whatley, R. and Zhao, Q., "A revision of Brady's 1869 study of the Ostracoda of Hong Kong," *Micropalaeontology*, Vol.7 (1988): pp.21-29.

Whiteside, P. G. D. and Rodger, J. G., "Application of numerical modelling to sand dredging and mud disposal," in *Coastal infrastructure development in Hong Kong: a review*, edited by Civil Engineering Office of Civil Engineering Department (Hong Kong: Hong Kong Government, 1996), pp.361-372.

Whitman, W. B., *Bergey's Manual of Systematics of Archaea and Bacteria*, Edited by William Barnaby Whitman (Hoboken, New Jersey: Wiley, 2015).

Whitton, S. R., "Microfungi on the Pandanaceae" (PhD thesis, University of Hong Kong, 1999).

Whitton, S. R., McKenzie, E. H. and Hyde, K. D., "Anamorphic fungi associated with Pandanaceae," In *Fungi associated with Pandanaceae* (Dordrecht: Springer, 2012), pp. 125-353.

Williams, G. A., "Seasonal variation in algal species richness and abundance in the presence of molluscan herbivores on a tropical rocky shore," *Journal of Experimental Marine Biology and Ecology*, Vol.167 (1993): pp.261-275.

Williams, G. A., "The relationship between shade and molluscan grazing in structuring communities on a moderately-exposed tropical rocky shore," *Journal of Experimental Marine Biology and Ecology*, Vol.178 (1994): pp.79-95.

Williams, G. A. and Chan, B. K. K., Dong, Y. W., "Rocky shores of mainland China, Taiwan and Hong Kong," in *Interactions in the Marine Benthos - Global Patterns and Processes*, edited by S. J. Hawkins, K. Bohn, L. B. Firth and G. A. Williams (Systematics Association, Cambridge University Press, 2019), pp.360-390.

Williams, R. B., "Locomotory behaviour and functional morphology of Nematostella vectensis (Anthozoa: Actiniaria: Edwardsiidae): a contribution to a comparative study of burrowing behaviour in athenarian sea anemones," *Zoologische Verhandelingen*, Vol.345 (2003): pp.437-484.

Williams, T., "The Story of Lin Ma Hang Lead Mine, 1915-1962," Geological Society of Hong Kong Newsletter, Vol.9, no.4 (1991): pp.3-27.

Wilson, K. D. P. and Wong, E. C. K., "Fisheries, mariculture and marine protected areas," in *Coastal infrastructure development in Hong Kong: a review*, edited by Civil Engineering Office of Civil Engineering Department (Hong Kong: Hong Kong Government, 1996), pp.215-231.

Wilson, W., "Mosses collected by T. Anderson, Esq. Surgeon of H. M. S. Plover on the Coast, from Chusan to Hong-Kong; Dec. 1845, to March, 1846," *Journal of Botany (London)*, Vol.7 (1848): pp.273-278.

Wong, C. K., "Tadpole Assemblages in Freshwater Wetlands in Hong Kong and Anti-predator Responses in Anuran Tadpoles" (PhD thesis, Chinese University of Hong Kong, 2012).

Wong, C. L., *Hong Kong Macaques* (Hong Kong: Agriculture, Fisheries and Conservation Department, 2001).

Wong, E. C. K., "The ecology of exposed sandy beaches in Hong Kong with particular reference to *Donax semigranosus* and *D. cuneatus* (Bivalvia: Donacidae)" (MPhil thesis, University of Hong Kong, 1989).

Wong, J. C. Y., Thompson, P., Xie, J. Y., Qiu, J. W. and Baker, D. M., "*Symbiodinium* clade C generality among common scleractinian corals in subtropical Hong Kong," *Regional Studies in Marine Science*, Vol.8 (2016): pp.439-444.

Wong, J. W. C., Li, G. X. and Wong, M. H., "The growth of Brassica chinensis in heavy-metal-contaminated sewage sludge compost from Hong Kong," *Bioresource technology*, Vol.58, no.3 (1996): pp.309-313.

Wong, K. J. H., Shih, H. T. and Chan, B. K. K., "The ghost crab *Ocypode mortoni* George, 1982 (Crustacea: Decapoda: Ocypodidae): redescription, distribution at its type locality, and the phylogeny of East Asian Ocypode species," *Zootaxa*, Vol.3550 (2012): pp.71-87.

Wong, K. M., "Diversity, host preference, and vertical distribution of saprobic fungi on grasses and sedges in Hong Kong" (PhD thesis, University of Hong Kong, 2000).

Wong, K. T., Chui, A. P. Y., Lam, E. K. Y. and Aug, P., "A 30-year monitoring of changes in coral community structure following anthropogenic disturbances in Tolo harbour and channel, Hong Kong," *Marine Pollution Bulletin*, Vol.133 (2018): pp.900-910.

Wong, L. T., Chan, W. Y., Mui, K. W. and Hui, P. S., "An assessment of airborne fungi exposure risk level in air-conditioned office," *Indoor and Built Environment*, Vol.18 (2009): pp.553-561.

Wong, M. H. and Au, K. C., "Contents of Cd, Fe, Mn and Zn in the tissue of *Katelysia hiantina*

collected from Tolo harbour, an almost land-locked sea," *Hydrobiological Bulletin*, Vol.18 (1984): pp.95-101.

Wong, M. H. and Li, W. W., "An ecological survey of the heavy metal contamination of the edible clam *Paphia* sp. on the iron-ore tailings of Tolo harbour, Hong Kong," *Hydrobiologia*, Vol.56 (1977): pp.265-272.

Wong, M. H., Wong, J. W. C. and Chen, T. B., "Trace metal contamination of the Hong Kong soil environment: a review," in *Contaminants and the Soil Environment in the Australasia-Pacific Region*, edited by R. Naidu et al. (Dordrecht: Kluwer Academic Publisher, 1996), pp.501-511.

Wong, N. P. L. and Ng, T. P. T., "Potamidid snails in Hong Kong mangroves," *Hong Kong Biodiversity*, Vol.25 (2018): pp.2-11.

Wong, P. L., "An assessment of seasonal abundance of Halophila ovalis (R. Brown) Hooker f. and potential for conservation in Hong Kong" (master's diss., University of Hong Kong, 2018).

Wong, W. Y., Chow, L. H, Wu, T. H., Ma, K. Y., Tsang, L. M. and Chu, K. H., "Conservation of freshwater wildlife in Hong Kong: A genetic perspective," *Aquatic conservation*, Vol.29, no.12 (2019): pp.2204-2218.

Wood-Mason, J., "Natural history notes from H. M.'s Indian Marine Survey Steamer 'Investigator' Commander Alfred Carpenter, R. N., Commanding. No. 4. Description of a new species of crustacea belonging to the Brachyurous Family Raninidae," *Journal of the Asiatic Society of Bengal*, Vol.56 (1887): pp.206-209, pl.1.

Woods, N. W. and Langford, R. L., "The geology and exploitation of the West Brother Island graphite deposit," *Geological Society of Hong Kong Newsletter*, Vol.9, no.2 (1991): pp.24-35.

Wu P. C. and Crosby, M. R., *Moss Flora of China English Version (Vol. 8)* (Beijing & NewYork: Science Press & St. Louis: Missouri Botanical Garden Press, 2005).

Wu, F., Zhou, L. W., Yang, Z. L., Bau, T., Li, T.

H. and Dai, Y. C., "Resource diversity of Chinese macrofungi: edible, medicinal and poisonous species," *Fungal Diversity*, Vol.98 (2019): pp.1-76.

Wu, K. Y., "Variation in Hong Kong Spider Communities: the effects of season and habitat" (MPhil thesis, University of Hong Kong, 1998).

Wu, P. C. and But, P. P. H., *Hepatic Flora of Hong Kong* (Harbin: Northeast Forestry University Press, 2009).

Wu, R. S. S., "The distribution of littoral barnacles in Hong Kong," in *Proceedings of the Pacific Science Association Special Symposium on Marine Sciences, Hong Kong, 1973*, edited by B. Morton (Hong Kong: The Government Printer, 1975), pp.146-153.

Wu, R. S. S., Lau, T. C., Fung, W. K. M., Ko, P. H. and Leung, K. M. Y., "An 'artificial mussel' for monitoring heavy metals in marine environments," *Environmental Pollution*, Vol.145 (2007): pp.104-110.

Xiang, L., Chan, L. C. and Wong, J. W., "Removal of heavy metals from anaerobically digested sewage sludge by isolated indigenous iron-oxidizing bacteria," *Chemosphere*, Vol.41, no.1-2 (2000): pp.283-287.

Xie, J. Y., Yeung, Y. H., Kwok, C. K., Kei, K., Ang, P., Chan, L. L., Cheang, C. C., Chow, W. K. and Qiu, J. W., "Localized bleaching and quick recovery in Hong Kong's coral communities," *Marine Pollution Bulletin*, Vol.153 (2020): 110950.

Xu X., Han X. and Li, S. Q., "Three new spider species of the family Thomisidae from Hong Kong (Arachnida: Araneae)," *Entomologica Fennica*, Vol.19 (2008): pp.13-17.

Xu, X., Wong, C. Y., Tam, N. F. Y., Lo, H. S. and Cheung, S. G., "Microplastics in invertebrates on soft shores in Hong Kong: influence of habitat, taxa and feeding mode," *Science of the Total Environment*, Vol.715 (2020): 136999.

Yamamuro, M. and Chirapart, A., "Quality of the seagrass *Halophila ovalis* on a Thai interidal flat as food for the dugong," *Journal of Oceanography*, Vol.61 (2005): pp.183-186.

Yamamuro, R., Hosokawa, N., Otsuka, Y. and Osawa, R., "Clinical Characteristics of Corynebacterium Bacteremia Caused by Different Species, Japan, 2014-2020," *Emerging infectious disease*, Vol.27, no.12 (2021): pp.2981-2987.

Yan, W. T., Lau, C. P., Leung, K. M. Y. and Davies, S. N. G., "Problems and proposects of revitalizing marine pearl cultivation in highly urbanized coasts: a case study of Tolo habour in Hong Kong," *Regional Studies in Marine Science*, Vol.31 (2019): 100756.

Yan, Y. H., Ng, S. C. and Xing, F. W., "Additions to fern flora of Hong Kong, China," *Guihaia*, Vol.26, no.1 (2006): pp.5-7.

Yang, K. Y., Lee, S. Y. and Williams, G. A., "Selective feeding by the mudskipper (*Boleophthalmus pectinirostris*) on the microalgal assemblage of a tropical mudflat," *Marine Biology*, Vol.143 (2003): pp.245-256.

Yang, Y., Fu, D. Z. and Wang, Q., "Origin of flowers: hypotheses and evidence," *Acta Botanica Boreali-Occidentalia Sinica*, Vol.24 (2004): pp.2366-2380.

Yang, Y., Chan, W. Y., Wu, C. L., Kong, R. Y. C. and Lai, A. C. K., "Minimizing the exposure of airborne pathogens by upper-room ultraviolet germicidal irradiation: An experimental and numerical study," *Journal of Royal Society of Interface*, Vol.9 (2012): pp.3184-3195.

Yau, S. M. and Lau, A., "First record of the Australian redclaw crayfish *Cherax quadricarinatus* (von Martens, 1868) in Hong Kong, China," *BioInvasions Record*, Vol.10, no.2 (2021): pp.369-377.

Yeung, A. C. Y., "The ecology of *Nerita yoldii* and *Nerita albicilla* on Hong Kong rocky shores" (PhD thesis, University of Hong Kong, 2006).

Yeung, C. H. Y., "Effects of drought on the larvae of the Short-legged Horned Toad, *Panophrys brachykolos* (Inger and Romer,

1961) (Anura: Megophryidae), and the Lesser Spiny Frog, *Quasipaa exilispinosa* (Liu and Hu 1975) (Dicroglossidae), in Hong Kong," *Reptiles & Amphibians*, Vol.28, no.2 (2021): pp. 352-354.

Yeung, C. W., Cheang, C. C., Lee, M. W., Fung, H. L., Chow, W. K. and Ang, P., "Environmental variabilities and the distribution of octocorals and black corals in Hong Kong," *Marine Pollution Bulletin*, Vol.85 (2014): pp.774-782.

Yeung, S. Y., "The fungal diversity of Pinaceae in Hong Kong" (MPhil thesis, University of Hong Kong, 2005).

Yeung, Y. H., Xie, J. Y., Lai, V. C. S. and Qiu, J. W., "Can portunid crabs protect massive coral against the attack by long-spined sea urchins?," *Regional Studies in Marine Science*, Vol.38 (2020): 101374.

Yeung, Y. H., Xie, J. Y., Kwok, C. K., Kei, K., Aug, P., Chan, L. L., Dellisanti, W., Cheang, C. C., Chow, W. K. and Qiu, J. W., "Hong Kong's subtropical scleractinian coral communities: baseline, envrionmental drivers and management implications," *Marine Pollution Bulletin*, Vol.167 (2021): 112289.

Yip, K. L., "History of bryology of Hong Kong," in *Mosses and Liverworts of Hong Kong: Volume 2*, edited by R. L. Zhu and M. L. So (Hong Kong: Heavenly People Depot, 1996), pp.ix-xiii.

Yip, K. L. and Lai, P. C. C., "*Halophila minor* (Hydrocharitaceae), a new record with taxonomic notes of the *Halophila* from the Hong Kong Special Administrative Region, China," *Acta Phylotaxonomica Sinica*, Vol.44 (2006): pp.457-463.

Yipp, M. W., Hau, C. H. and Walthew, G., "Conservation evaluation of nine Hong Kong mangals," *Hydrobiologia*, Vol.295 (1995): pp.323-333.

Yiu, S. K. F., Chow, C. F. Y., Tsang, S. H. T., Zhang, X., Chung, J. T. H., Sin, S. Y. T., Chow, W. K. and Chan, L. L., "New record of the Japanese seahorse Hippocampus mohnikei Bleeker, 1853 (Syngnathiformes: Syngnathidae) in Hong Kong waters," *Check List*, Vol.18, no.3 (2022): pp.455-461.

Yogi, M. K. and Khan, M. S., "New record of a small carpenter bee, Ceratina compacta Smith (Hymenoptera: Apidae) from India," *Journal of Apicultural Research*, Vol.60, no.5 (2021): pp.842-844.

Young, G. A., Yule, A. B. and Walker, G., "Adhesion in the sea anemones Actinia equina L. and Metridium senile (L.)," *The Journal of Bioadhesion and Biofilm Research*, Vol.1 (1988): pp.137-146.

Yu, X., Cheng, J. and Wong, M. H. "Earthworm—mycorrhiza interaction on Cd uptake and growth of ryegrass," *Soil Biology and Biochemistry*, Vol.37, no.2 (2005), pp.195-201.

Yuen, W. C., Chan, Y. F., Loke, S. L., Seto, W. H., Poon, G. P. and Wong, K. K., "Chronic lymphadenopathy caused by *Penicillium marneffei*: a condition mimicking tuberculous lymphadenopathy," *British Journal of Surgery*, Vol.73 (1986): pp.1007-1008.

Zeng, D-L., Zhao, J-F., Luk, K. H., Cheung, S. T., Wong, K. H. and Chen, T-F., "Potentiation of in Vivo Anticancer Efficacy of Selenium Nanoparticles by Mushroom Polysaccharides Surface Decoration," *Journal of Agricultural and Food Chemistry*, Vol.67, no.10 (2019): pp.2865-2876.

Zhang, H. B., Luo, Y. M. and Wong, M. H., "Residues of organochlorine pesticides in soils of Hong Kong," Chemosphere, Vol.63 (2006): pp.633-641.

Zhang, H. B., Luo, Y. M., Wong, M. H., Zhao, Q. G. and Zhang, G. L., "Concentrations and possible sources of polychlorinated biphenyls in the soils of Hong Kong," *Geoderma*, Vol.138, no.3 (2007): pp.244-251.

Zhang, H. and Chu, L. M., "Early Development of Soil Microbial Communities on Rehabilitated Quarries," *Restoration Ecology*, Vol.21, no.4 (2013): pp.490-497.

Zhang, H. and Chu, L. M., "Rehabilitation of quarries in Hong Kong," in Proceedings of 2010 International Conference on Environmental Engineering and Applications

(ICEEA 2010), edited by S. Baby and Y. Dan (Singapore: Institute of Electrical and Electronic Engineers (IEEE), 2010), pp.214-217.

Zhang, J., Zhang, S., Xu, F. and Zhang, S., "Introduction to the history of malacology in China," *The Bulletin of the Russian Far East Malacological Society*, Vol.18 (2014): pp.107-119.

Zhang, J. and Fischer, G. A., "Reconsideration of the native range of the Chinese Swamp Cypress (Glyptostrobus pensilis) based on new insights from historic, remnant and planted populations," *Global Ecology and Conservation*, Vol.32 (2021): e01927.

Zhang, L., "Diversity and conservation of Hong Kong bryophytes" (PhD thesis, University of Hong Kong, 2001).

Zhang, L., "An updated and annotated inventory of Hong Kong bryophytes," *Memoirs of the Hong Kong Natural History Society*, Vol.26 (2003): pp.1-133.

Zhang, L., Corlett, R. T. and Chau, L., "Syrrhopodon hongkongensis (Calymperaceae, Musci), a new species from Hong Kong, China," *Bryologist*, Vol.102, no.1 (1999): pp.122-124.

Zhang, L. and Corlett, R. T., "Phytogeography of Hong Kong bryophytes," *Journal of Biogeography*, Vol.30 (2003): pp.1329-1337.

Zhang, L. and Corlett, R. T., "Conservation of Mosses of Hong Kong (with Chinese abstract)," *Journal of Fairylake Botanical Garden*, Vo.11, no.3-4 (2012): pp.12-26.

Zhang, L. and Corlett, R. T., "Patterns of Bryophyte Diversity and Community Composition in Hong Kong (with Chinese abstract)," *Journal of Fairylake Botanical Garden*, Vol.11, no.3-4 (2012): pp1-11.

Zhang, L. and Lin, P. J., "A checklist of bryophytes of Hong Kong," *Journal of the Hattori Botanical Laboratory*, Vol.81 (1997): pp.307-326.

Zhang, L., Lin, P. J., He, Z. X. and Chau, L. K. C., "Bryophytes of Kadoorie Farm & Botanic Garden, Hong Kong (with Chinese abstract)," *Journal of Fairylake Botanical Garden*, Vol.7, no.1 (2008): pp.2-11.

Zhang, T., Kalimuthu, S., Rajasekar, V., Xu, F., Yiu, Y. C., Hui, T. K., Neelakantan, P. and Chu, Z., "Biofilm inhibition in oral pathogens by nanodiamonds," *Biomaterials Science*, Vol.9 (2021): pp.5127-5135.

Zhao, J., et al., "Global airborne bacterial community-interactions with Earth's microbiomes and anthropogenic activities," Proceedings of the National Academy of Science, PNAS Vol.119, no.42 (2022).

Zheng, X., Gong, W., Li, C., Zhang, L., Bian, Y., Kwan, H. S., Cheung, M. K. and Xiao, Y., "Comprehensive Evaluation of Shiitake Strains (Lentinus edodes, Agaricomycetes) Based on Polysaccharide Content and Agronomic Traits," *International Journal of Medicinal Mushrooms*, Vol.21 (2019): pp.851-864.

Zhou, D., "Biodiversity of saprobic microfungi associated with bamboo in Hong Kong and Kunming, China" (PhD thesis, University of Hong Kong, 2000).

Zhou, H. and Morton, B., "The diets of juvenile horseshoe crabs. *Tachypleus tridentatus* and *Carcinoscorpius rotundicauda* (Xiphosura), from nursery beaches proposed for conservation in Hong Kong," *Journal of Natural History*, Vol.38 (2004): pp.1915-1925.

Zhu, D., Hui, D., Huang, Z., Qiao, X., Tong, S., Wang, M., Yang, Q. and Yu, S., "Comparative impact of light and neighbor effect on the growth of introduced species *Sonneratia apetala* and native mangrove species in China: implications for restoration," *Restoration Ecology*, Vol.30 (2022): e13522.

Zhu, H. and Zhang, L. M., "Field investigation of erosion resistance of common grass species for soil bioengineering in Hong Kong," *Acta Geotech*, Vol.11 (2016): pp.1047-1059.

Zhu, H. L., Liu, J. G., Zhang, J. L., Hang, K. Y., Yeung, W. K. and Fischer, G. A., "Ten newly recorded taxa to the flora of Hong Kong, China," *Guihaia*, Vol.38, no.9 (2018):

pp.1221-1228.

Zhu, R. L. and So, M. L., *Mosses and Liverworts of Hong Kong Volume 2* (Hong Kong: Heavenly People Depot, 1996).

Zhuang, W. Y. and Hyde, K. D., "New species of Lachnum and Perrotia from Hong Kong, China," *Mycologia*, Vol.93 (2001): pp.606-611.

Zhuang, X. Y. and Corlett, R. T., "Forest and forest succession in Hong Kong, China," *Journal of Tropical Ecology*, Vol.13, no.6 (1997): pp.857-866.

Ziegenhorn, M. A., "Sea urchin covering behavior: a comparative review," in *Sea urchin: from Environment to Aquaculture and Biomedicine*, edited by M. Angello (Rijeka, Croatia: IntechOpen, 2017), pp.19-33.

Zou, R. L. "A numerical taxonomic study of Turbinaria (Scleractinia) from Hong Kong," in *First International Marine Biological Workshop: The Marine Flora and Fauna of Hong Kong and Southern China, Hong Kong, 1980*, edited by B. Morton and C. K. Cheng (Hong Kong: Hong Kong University Press, 1982), pp.127-134.

Zou, R. L. and Scott, P. J. B., "The Gorgonacea of Hong Kong," in *First International Marine Biological Workshop: The Marine Flora and Fauna of Hong Kong and Southern China, Hong Kong, 1980*, edited by B. Morton and C. K. Cheng (Hong Kong: Hong Kong University Press, 1982), pp.135-160.

Zuo, T., Zhan, H., Zhang, F., Liu, Q., Tso, E. Y. K., Lui, G. C. Y., Chen, N., Li, A., Lu, W., Chan, F. K. L., Chan, P. K. S. and Ng, S. C., "Alterations in fecal fungal microbiome of patients with COVID-19 during time of hospitalization until discharge," *Gastroenterology*, Vol.159 (2020): pp.1302-1310.

網上資料庫

世界魚類數據庫。

台灣物種名錄網站。

台灣魚類資料庫。

香港生物多樣性訊息系統。

香港生物多樣性資訊站。

香港浸會大學中醫藥學院藥用植物圖像數據庫。

香港特別行政區政府漁農自然護理署香港魚網網站。

香港植物標本室香港植物資料庫。

114°E Hong Kong Reef Fish Survey Website.

Copernicus Climate Change Service (C3S) Climate Data Store (CDS).

Hong Kong Register of Marine Species Website.

Our World in Data website.

Pictures of tropical lichens Website.

Plants of the World Online Website.

The IUCN Red List of Threatened Species.

World Register of Marine Species Website.

World Spider Catalog Website.

網站及多媒體資料

O.PARK1 網站

中華電力有限公司網站

世界自然基金會「海寶圖」網站

世界自然基金會香港分會網站

世界自然基金會蜆類保育尺網頁

世界衛生組織網站

物種 2000 中國節點網站

思考 HK 網站

香港 01 網站

香港自然生態論壇

香港城市大學網站

香港科技大學 WavyOcean 網站

香港科技大學網站

香港特別行政區立法會網站

香港特別行政區政府土木工程拓展署香港地質
（網上互動版）網站

香港特別行政區政府水務署網站

香港特別行政區政府地政總署網站

香港特別行政區政府香港天文台網站

香港特別行政區政府香港電台網站

香港特別行政區政府海事處《香港港口與海事處
歷史》網站

香港特別行政區政府海事處海道測量部 eSeaGo
應用程式

香港特別行政區政府海事處網站

香港特別行政區政府規劃署《香港土地用途》網站

香港特別行政區政府渠務署網站

香港特別行政區政府新聞公報網站

香港特別行政區政府新聞網

香港特別行政區政府漁農自然護理署網站

香港特別行政區政府機電工程署網站

香港特別行政區政府環境保護署網站

香港特別行政區政府環境保護署環境影響評估條
例網站

香港理工大學網站

香港魚類學會網站

香港電燈有限公司網站

香港觀鳥會網站

《馬鞍山風物志》網站

「尋礦：香港礦石及礦場」網誌

源‧區（T‧PARK）網站

萬興之友網站

衛奕信勳爵文物信託

環保基金香港蜘蛛大搜查生態教育計劃網站

Center for Climate and Energy Solutions
Website

Geology.com Wesite

International Renewable Energy Agency
Website

Museum für Naturkunde Berlin Website

Royal Society of Chemistry Website

Statista Website

The Industrial History of Hong Kong Group
Website

US Environmental Protection Agency Website

鳴謝

中央人民政府駐香港特別行政區聯絡辦公室

香港特別行政區政府

世界自然（香港）基金會　　　　　　古物古蹟辦事處

地球知源有限公司　　　　　　　　　長春社

南華早報出版有限公司　　　　　　　建造業零碳天地

政府檔案處歷史檔案館　　　　　　　香港 01 有限公司

香港大學太古海洋科學研究所鯨豚生　香港大學許士芬地質博物館
　態研究小組

香港大學圖書館　　　　　　　　　　香港中文大學

香港天文台 🌀　　　　　　　　　　香港戶外生態教育協會

香港文化博物館　　　　　　　　　　香港特別行政區政府土木工程拓展署

香港特別行政區政府土木工程拓展署　香港特別行政區政府水務署
　轄下土力工程處

香港特別行政區政府地政總署　　　　香港特別行政區政府地政總署測繪處

香港特別行政區政府渠務署　　　　　香港特別行政區政府發展局

香港特別行政區政府發展局文物保育　香港特別行政區政府漁農自然護理署
　專員辦事處

香港觀鳥會　　　　　　　　　　　　基督教環球佈道會

許士芬地質博物館　　　　　　　　　嘉道理農場暨植物園

114°E Hong Kong Reef Fish Survey　Centers for Disease Control and Prevention

Yale University Press

王展豪　伍潔芸　危令敦　吳長勝　吳德強　吳韻菁　岑頌天
呂德恒　宋亦希　李熙瑜　沈鼎榮　林　釗　林超英　邱建文
張　力　張嘉詠　張肇堅　梁啟軒　許天欣　陳釗賢　陳漢輝
陳龍生　黃筑君　彭家禮　曾顯鋒　馮寶儀　黃志俊　楊松穎
鄧銘澤　甄華達　鄭華明　鄭樂宜　黎育科　劉偉庭　劉樂儀
駱永明　賴貫之　簡偉發　羅文雪　羅卓文　羅家輝　蘇英健

Andrew Cornish　　　Arnold Kaufman　　　Cherry Ho

Dr. George P. Kubica　　　Dr. Mike Miller　　　Dr. Richard Facklam

Dr. W.A. Clark　　　Eric Keung　　　Jane Fröhlich　　　Marco Chan

Stan Shea　　　Wanson Choi　　　Yiu Wai Hong　　　Yvonne Sadovy

（按筆畫序排列）

香港地方志中心

由全國政協副主席董建華先生牽頭創建的團結香港基金於
2019 年 8 月成立「香港地方志中心」。中心匯集眾多社會賢
達和專家學者,承擔編纂首部《香港志》的歷史使命。《香港
志》承傳中華民族逾二千年編修地方志的優良傳統,秉持以
史為據,述而不論的原則,全面、系統、客觀地記錄香港社
會變遷,梳理歷史脈絡,達至「存史、資政、育人」的功能,
為香港和國家留存一份珍貴的文化資產。

《香港志》共分十個部類,包括:總述、大事記、自然、經
濟、文化、社會、政治、人物、地名及附錄;另設三卷專題
志;總共 65 卷,53 冊,全套志書約 2400 萬字,是香港歷來
最浩瀚的文史工程。

香港地方志中心網頁

博采眾議　力臻完善

國有史,地有志。香港地方志中心承傳中華民族編修地方志
的優良傳統,肩負編纂首部《香港志》的歷史使命。《香港志》
記述內容廣泛,力爭全面、準確、系統,中心設立勘誤機制
及網上問卷,邀請各界建言指正、反饋意見,以匯聚集體智
慧,力臻至善。

立即提交意見